"파리는 센 강 위에 가로놓여 있는 도서관의 거대한 열람실이다."

발터 벤야민이 1926년 3월 지크프리트 크라카우어에게 보낸 우편엽서

벤야민에게 파리는 '19세기의 수도'였다. 그에게 파리는 근본적으로 보들레르의 파리, 아케이드들의 파리, 생시몽과 푸리에의 공상적 사회주의의 파리, 만국박람회의 파리, 바리케이드와 코뮌의 파리, 오스만의 파리, 신유행품점의 파리, 사진의 파리 등 19세기에 자본주의가 태어난, 따라서 20세기의 자본주의를 독해할 수 있는 유력한 공간이었다. 하지만 무엇보다 벤야민에게 파리는 국립도서관의 파리였다. 13년 동안 그는 극단적인 경제적 궁핍과 고립무원의 처지에서도 '20세기 최대의 서사시'인 『아케이드 프로젝트』를 작성하기 위해 결코 이 도시를 떠나지 못한다.

지붕 위에서 내려다본 아케이드의 모습
아케이드는 19세기 초에 자본주의의 꽃으로 등장했다가 순식간에 쓰레기로 버려진 대표
적인 건축물이었다. 이 아케이드는, 자본주의가 생산하는 세계는 천국에서 지옥으로 돌변
하며, 꿈에서 악몽으로 급변한다는 벤야민의 기본적인 생각을 가장 잘 보여주는 상징 중
의 하나였다.

국립도서관의 목록실에서 작업 중인 발터 벤야민(1937년)

"스타일은 사유가 글쓰기의 왕국에 들어가려면 반드시 넘어야 하는 줄넘기 줄이다."

1937년 국립도서관에서 『19세기 대백과사전』을 열람하고 있는 발터 벤야민
(사진: 기셀라 프로인트)

◀ 파리 국립도서관 내부 모습(1936년)
"여기 오시면 국립도서관에서 하고 있는 작업의 몇몇 측면을 보여드리는 것이 저의 가장 간절한 바람 가운데 하나인데, 이에 당신보다 더 적합한 사람은 없을 것입니다. 사실 국립도서관은 이 세상에서 가장 놀랄 만한 열람실을 갖고 있으며, 그곳에서의 작업은 마치 오페라의 한 장면 같습니다. 다만 아쉬운 것은 6시에 도서관 문을 닫는다는 것인데, 연극이 6시경에 시작되던 시대의 유산이지요. 『아케이드』가 생명을 되찾았습니다."

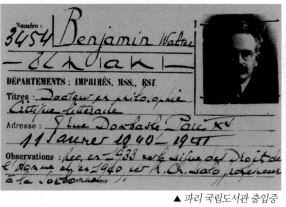

▲ 파리 국립도서관 출입증

▶ 아드리엔 모니에 서점에서 책을 읽고 있는 벤야민

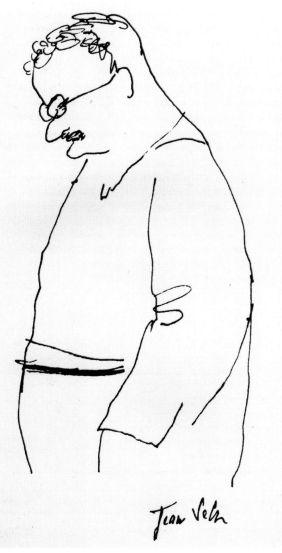

장 셸츠가 그린 발터 벤야민의 캐리커처(1933년)
보들레르의 '산책자'가 대중과 소비문화의 경계선에서 어슬렁거리며 호기심과 소외감을 동시에 느끼는 경계인이었다면 이제 벤야민의 이 캐리커처가 보여주는 대로 20세기의 산책자인 고독한 지식인은 오직 자기 내면의 우주만을 향하고 있다.

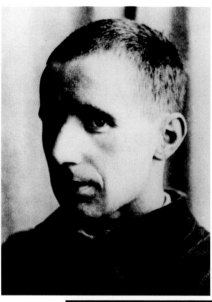

▲ 릴케(1875~1926년)
"아르프의 그림이나 슈트람의 시 앞에서는 드랭의 그림이나 릴케의 시 앞에서 하듯이 마음을 가다듬어 천천히 관조하거나 평가를 내려본다는 것이 불가능하다."

▲▲ 브레히트(1898~1956년)
저녁에 브레히트는 내가 정원에서 『자본』을 읽고 있는 것을 보았다. "당신이 이제 와서야 마르크스를 읽고 있다는 것은 참 좋은 일입니다. 더구나 사람들이 점점 더 그를 거론하지 않는 이 마당에 말입니다." 이 말에 대해 나는 "많이 거론된 책은 그것이 일단 유행이 지나간 후에 읽기를 좋아합니다"라고 대답했다.

▶ 호프만슈탈(1874~1929년)
"외적인 형태를 두고 하는 말 같지만 집요하게 비밀을 파고들면서 그렇게 아름다운 표현을 보여주다니 놀랍습니다. 이러한 아름다움은 지금까지 보기 드문 순수하면서도 추호의 흔들림이 없는 사고에서 유래합니다."

◀ 카프카(1883~1924년)
"내 진영에는 아픈 자의 천사로서 카프카가 있네. 나는 『소송』을 읽고 있네."
"미숙하고 서투른 인간들을 위해 희망이라는 것은 존재하는 것이다."

▲ 보들레르(1821~1867년)
"그는 현대의 센세이션이 지불해야 할 대가, 즉 충격 체험 속에서 아우라가 붕괴되는 현상을 단적으로 지적했다. 이러한 아우라의 붕괴 현상에 동의하기 위해 그는 비싼 대가를 치러야만 했다. 하지만 그것이 그의 시의 법칙이다."

▶ 프루스트(1871~1922년)
"그는 그의 내부에서 구제할 길 없는 슬픔 ― 그는 한때 이러한 슬픔을 현재 순간의 본질 속에 존재하는 고칠 수 없는 불완전성이라고 불렀다 ― 을 정복했고 또 기억의 벌집으로부터는 사고의 벌 떼를 위해 그의 집을 지었던 것이다."

▶ 조르주 바타이유(1897~1962년)
1924~1942년까지 파리의 국립도서관 사서로 일했
다. 벤야민과는 다른 의미에서 도서관이 우주였던
사람이었다. 동시에 로제 카이유아, 미셸 레리스
등과 함께 사회학회를 결성했는데, 벤야민은 당시
이 모임에 드나들면서 이들과 교유했다.

▲ 테오도르 아도르노(1903~1969년)
벤야민의 가장 뛰어난 제자들 중 한 명이
자, 가장 날카로운 비평을 가한 최초의 독
자이기도 했다.

▲ 게르숌 숄렘(1897~1982년)
"벤야민의 죽음은 유럽 정신의 죽음이다."

▲ 아스자 라시스(1891~1979년)
아스자 라시스는 벤야민을 유일하게 기다리게 할
수 있는 여인이자 유토피아로서의 공산주의를 상
징하는 인물이기도 했다.

"작은 스포트라이트처럼 빛을 반사하는 안경알,
뻣뻣한 검은 머리, 좁은 코, 서툰 손놀림 ─ 그는
짐 꾸러미를 놓치기도 했다. 간단히 말해,
진짜 지식인, 유복한 배경을 가진 지식인이었다."

◀ 한나 아렌트(1906~1975년)
"발터 벤야민은
20세기 최후의
지성인이다."

Paris, vue sur l'avenue de l'Opéra, 1934. Photo de droite : Franz Hessel en 1928.

평생 한 번도 도시를 떠나본 적이 없으며 그의 사유와 여행 또한 모두 도시와 도시 사이를 떠돈 점에서 어쩌면 발터 벤야민을 최초의 모더니스트라고 부를 수 있을 것이다. 도시가 곧 고향이었고 도시의 냄새에 취했으며 도시의 이런저런 소음에 끌린 최초의 도시인이었던 벤야민의 사유의 범주들이 독창적이었던 것은 아마 이와 관련되어 있을 것이다.

발터 벤야민이 1924년 7월 7일 게르숌 숄렘에게 보낸 편지

무엇보다 벤야민은 다작의 서한 작가이기도 했다. 그의 편지들에는 마치 보들레르의 '내면의 풍경들'처럼 20세기라는 극단의 시대를 고통으로 강행군한 한 거인의 내면의 지적 여정이 고스란히 담겨 있다.

"숄렘, 어쨌든 나는 자네의 이 편지 구절들을 일종의 역사 기록으로 본다네."

포르부의 공동묘지
국경을 넘다 자살로 생을 마감한 벤야민은 이곳의 무덤에 묻혀 있지만 정확한 묘지의 위치는 확인되고 있지 않다.

"첫째, 도와주기 위해서 누군가 한 사람은 바보가 되어야 한다는 점이다.
둘째, 어떤 바보의 도움만이 진정한 의미의 도움이라는 점이다. 다만 분명치 않은 것은 그러한 도움이 사람에게도 효력을 미칠 수 있을 것인가 하는 점이다.
오히려 그러한 도움은 어쩌면 천사들에게로 향하는 것인지도 모른다. 그런데 천사들은 그런 도움 없이도 해나갈 수 있는 것이다. 그래서 카프카가 말했던 것처럼 무한히 많은 희망이 있지만 다만 그것은 우리를 위한 희망이 아닌 것이다."

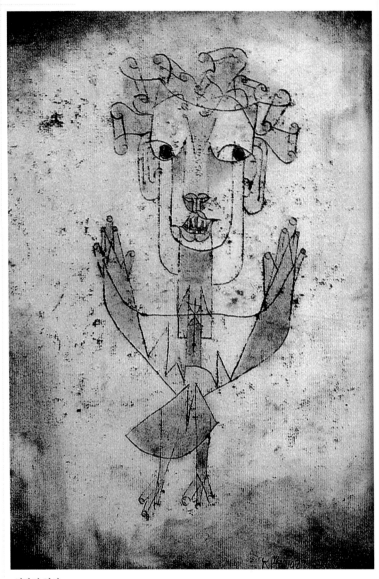

역사의 천사

"메시아는 구원자로서만 오는 것이 아니다. 그는 반그리스도의 극복자로서도
오는 것이다. 과거로부터 희망의 불꽃을 점화할 수 있는 재능이 주어진 사람은 오로지,
죽은 사람들까지도 적으로부터 안전하지 못하리라는 것을 투철하게 인식하고 있는
특정한 역사가인 것이다."

「파사주들(Passages)」
포르부에 있는 발터 벤야민 기념물(다니 카라반 작).

아케이드 프로젝트

WALTER BENJAMIN

아케이드 프로젝트

발터 벤야민

조형준 옮김

새물결

Das Passagen-Werk by Walter Benjamin, herausgegeben von Rolf Tiedemann (Walter Benjamin, *Gesammelte Schriften*, V · 1, 2. Unter Mitwirkung von Theodor W. Adorno und Gershom Scholem. Herausgegeben von Rolf Tiedemann und Hermann Schweppenhäuser)

Copyright © 1982 by Suhrkamp Verlag, Frankfurt am Main
Korean translation copyright © 2005 by Saemulgyul Publishing House

This Korean edition was published by arrangement with Suhrkamp Verlag, Frankfurt am Main through Bestun Korea Agency Co., Seoul.

옮긴이 조형준
서울대학교 인문대학 영어영문학과 졸업, 동대학원 수료
대표적인 역서로는 안토니오 그람시의 『그람시와 함께 읽는 문화: 대중 문화 / 언어학 / 저널리즘』, 움베르토 에코의 『포스트 모던인가 새로운 중세인가』, 프랑코 모레티의 『근대의 서사시: 괴테의 <파우스트>에서 마르케스의 <백년의 고독>까지』, 얀 아르튀스-베르트랑의 『하늘에서 본 지구』 (공역), 발터 벤야민의 『일방통행로』, 『베를린의 어린시절』 『괴테의 친화력: 신화, 구원, 희망』 등이 있다.

아케이드 프로젝트 I

지은이 발터 벤야민 | 옮긴이 조형준 | 펴낸이 조형준 | 펴낸곳 새물결 출판사
1판1쇄 2005년 7월 18일 | 1판 8쇄 2022년 12월 31일
등록 서울 제15-52호(1989.11.9) 주소 서울특별시 연서로 48길 12, 513동 502호
전화 (편집부) 3141–8696 (영업부) 3141–8697
E-mail saemulgyul@gmail.com
ISBN 89-5559-150-0 (03100)
       89-5559-149-7 (세트)

일러두기

1. 본서의 번역(전 4권으로 분권된다)은 롤프 티데만이 편집한 발터 벤야민, 『전집』 5권의 1, 2권(1982년, 주어캄프 출판사)을 저본으로 했으며, 장 라코스트가 번역한 프랑스어판 『파리 — 19세기의 수도』 그리고 하워드 에일랜드와 케빈 맥러글린이 번역한 영어판 『아케이드 프로젝트』(2002년, 하버드 대학 출판부)와 일본의 이와나미 서점(岩波書店)에서 집단 번역으로 출판된 『파사주 론』(전 5권, 1995년)을 참조했다.

2. 각 단편 말미에 붙어 있는 단편 번호(예를 들어 [A 2, 1])는 벤야민 본인의 것이다.

3. 원문 중 [ ]과 ( )는 벤야민 본인의 것이며, < >는 독일어판 편집자인 롤프 티데만의 것이며, | |는 한국어판 옮긴이의 삽입에 의한 것이다.

4. ■■는 다른 테마 혹은 새로운 테마로 옮길 것을 생각해 벤야민 본인이 표시해놓은 것이다. '■날씨■'처럼 실제로는 존재하지 않는 항목도 있다.

5. 주의 경우 「편집자 서문」의 각주는 롤프 티데만의 것을, *의 경우 옮긴이의 것을 가리킨다. 본문의 후주의 경우 [R.T.]는 롤프 티데만의 주를, [J. L.]은 장 라코스트의 주를 가리킨다. 그 밖의 다른 주는 모두 한국어판 옮긴이가 프랑스어 번역판, 영어 번역판, 일어 번역판을 참조해 따로 작성한 것이다.

6. 본문 중의 이탤릭체에 의한 강조는 굵은 글씨로, 대문자는 고딕으로 처리했다.

7. 서적, 시집, 연극, 오페라는 『 』로, 논문이나 시, 음악 · 미술 작품의 경우에는 「 」로 표시했다.

8. 인명과 지명 표기는 브리태니커 사전에 따르는 것을 원칙으로 하되 몇몇 경우에는 현지 발음에 가깝게 표기했다.

9. 본문 중에 인용된 문헌 중 기존 번역이 있는 경우 원칙적으로 기존 번역을 참고했으나 전후 문맥에 따라 번역을 수정했다.

10. 원어 병기는 본문이 너무 복잡해지지 않도록 가급적 피하였으며, 대신 주요 개념어는 한국어판 옮긴이 서문에 이어 따로 용어 해제를 만들었고, 인명 등의 다른 자료들은 본서 4권 말미의 찾아보기에서 처리하였다.

차 례

〈아케이드 프로젝트 I〉

〈아케이드 프로젝트 II〉차례

노트와 자료들(계속)

최초의 초고(파리의 아케이드들 1)

초기의 초고

부록

아아, 이 세계를 완전히 분해해서 다시 조립할 수 있다면

언젠가 오마르 카이얌을 읽다가 "아아, 이 세계를 완전히 분해해서 다시 조립할 수 있다면"이라는 흥미로운 구절을 발견한 적이 있다. 신이 계시한 질서나 자연 그대로의 질서가 아니라 '지상의 척도'를 새롭게 세우려는 시인이나 모든 꿈꾸는 자들의 바람을 이보다 더 잘 표현하는 말도 없지 않을까 하는 생각이 들었다. 발터 벤야민의 『아케이드 프로젝트』를 번역하면서 종종 이 책이야말로 오마르 카이얌의 바람을 맞춤하게 실천하고 있지 않은가 하는 생각이 머리를 스쳐 지나갔다. 벤야민이 수행하고 있는 작업은 19세기의 자본주의를 완전히 분해한 다음 거기서 나온 부품들로 자본주의 자체를 완전히 새롭게 조립해보려는 시도로 보였기 때문이다. 아니면 벤야민의 작업을 보르헤스의 상상의 도서관처럼 무한대로 증식하고 번식하는 도서관에 비유해보면 어떨까. 우주 속에 숨어 있는 수많은 저자들의 온갖 글에서 인용하고 차용한 문장들, 그리고 그에 대한 한 고독한 저자의 주해와 해석이 저자 본인의 육성과 끊임없이 몸을 뒤섞고, 각각의 목소리들이 몽타주되어 변주와 합주를 반복하며 새로운 성좌를 만드는 기이한 우주적 도서관. 또는 에밀 졸라의 『부바르와 페퀴세』나 로베르트 무질의 『특성 없는 남자』처럼 글쓰기가 곧 삶이고 삶이 곧 글쓰기로 이러한 삶=글쓰기가 시작도 끝도 없이 이어지며, 그리하여 어디서부터 읽어도 무방한 아포리즘적 사유의 정수?

또 우리에게 익숙한 '리얼리즘 대 모더니즘'이라는 대립항을 이용해 그의 작업의 고유성을 이렇게 비교해보면 어떨까? 세계를 있는 그대로 재현하려는 '리얼리즘'이나 세계를 의식의 흐름 속에서 재구성하려는 '모더니즘'과 달리, 벤야민은 세계를 완전히 부수어 다시 조립하려 한다고 말이다. 이렇게 해서 만들어진 독특한 몽타주 작품으로서의 우주적 도서관이 바로 『아케이드 프로젝트』이다. 혹은 벤야민을 마르크스와 이렇게 비교해보면 어떨까? 마르크스가 정치적 망명지 런던의 대영박물관 도서관에서 『자본』을 통해 자본주의의 하부구조에 일종의 X레이를 투사했다면 벤야민은 지적 고향인 파리의 국립도서관에 틀어박혀 자본주의의 꿈과 욕망의 쓰레기들을 뒤적거리며 자본주의의 상부구조에 일종의 내시경을 들이대고 있었다고 말이다. 즉 마르크스가 X레이 투시 작업을 통해 자본주의라는 몸체의 외적인 기본 틀을 드러냈다면 벤야민은 섬세한 내시경을 통해 자본주의라는 신체의 각 기관의 내밀한 작동 메커니즘과 흐름을 미시적으로 추적하고 있다고 볼 수 있지 않을까? 20세기 들어 자본주의의 바깥이 아니라 안에서 이루어진 가장 정밀하고 섬세한 내시경적 진단. 벤야민의 작업은 20세기의 여러 사조들과 비교해볼 때 위와 같은 변별성을 가질 뿐만 아니라 동시에 지극히 현대적이고, 디지털적이기도 하다.

벤야민의 이 텍스트는 '20세기에 쓰여진 가장 위대한 서사시'라는 평가가 있듯이 천 개의 입구와 출구를 동시에 가진 거대한 개미굴 같은 형태로 마치 멀티미디어처럼 누구나 멀티유저가 되어 각자의 입장과 위치에서 얼마든지 자유롭게 접속해도 좋을 것이다. 즉, 벤야민의 이『아케이드 프로젝트』는 온갖 종류와 방향의 사유들이 '댓글'과 '펌글', '블로그' 형태로 접속을 기다리는 무한한 정보의 바다www처럼 보이지 않는가. 우연의 일치이든 아니면 작가와 텍스트의 미완의 운명 때문이든 멀티 텍스트가 되어버린 이 책은 그만큼 형식면에서도 디지털 문화를 선구적으로 예시하면서 오늘날의 디지털적 글쓰기를 반성적으로 되돌아볼 수 있도록 해준다.

하지만 다시 오마르 카이얌의 말을 빌리자면 이『아케이드』에는 완전히 분해한 후 조립하다 만 부품과 흔적과 설계도와 구상만이 덜렁 남아 있을 뿐이다. 분해와 조립의 딱 중간 상태라고나 할까. 아니면 데생과 스케치와 무수히 많은 인용문들과 원고만 덜렁 남겨놓고 아주 멀리 떠나버린 사람의 복잡한 작업실 또는 온갖 퍼즐과 레고를 갖고 놀다가 어디론가 사라져버린 아이의 놀이방처럼 보이기도 한다. 이제 이러한 작업실 또는 놀이방을 정돈하고 재배치하는 일은 오직 후세에 살아남은 자들만이 할 수 있는 작업이 되었지만 어느 누구도 그것을 '완성'할 수는 없으리라.

이 텍스트는 '애초부터 미완성의 운명을 타고난 프로젝트'라는 독일어판 편집자의 말은 또다른 울림을 낳는다. 즉 책도 삶도 모두 완성될 수 없었던 벤야민의 운명에 덧붙여 그의 수용사 또한 독특한 운명을 겪어온 것처럼 보이기 때문이다. 예컨대 과거의 68 혁명의 이론적 자원의 소진과 함께 '벤야민 르네상스'가 일어났듯이 지금 미국과 유럽에서는 포스트모더니즘의 소진과 함께 다시 벤야민 르네상스의 바람이 불고 있다. 특히 지금 서구 사상계의 새로운 스타로 떠오르고 있는 아감벤의 벤야민 해석, 그리고 프랑스에서의 칼 슈미트 논쟁을 매개로 벤야민은 현대(성)의 아포리아들을 가장 선구적으로 사유한 사상가로 재평가되고 있는 것이다. 이처럼 당대의 주류적 에너지가 전부 소진되었을 때에야 비로소 되돌아보게 되는 거울로서의 벤야민의 사유는 마르크스주의의 열기와 포스트모더니즘의 냉기조차 모두 가시고 사방이 적적하기만 한 지금의 우리에게 어떤 의미를 갖고 있을까? 아래에서는 주로 벤야민의 '현재성'과 관련된 몇 가지 단상들을 중심으로 이 질문에 답하는 형식으로 옮긴이의 서문을 대신해볼 생각이다. 벤야민 본인이 13년 동안 중단과 계속을 반복해온 이 복잡한 텍스트에 대한 편집상의 상세한 정보와 독해 방법상의 중요 쟁점에 대해서는 「편집자 서문」을 그리고 이 텍스트가 벤야민의 사유의 진화 과정에서 차지하는 위치에 대해서는 이마무라의 안내글을 따로 참조하길 바란다.

　「편집자 서문」에서도 질문되지 않은 것들, 하지만 누구나 다 갖게 되는 세 가지 의문들을 하나하나 짚어보면서 발터 벤야민의 '현재성' 내지 당대성을 되물어보자. 『아케이드 프로젝트』를 대할 때 누구나 자연스럽게 다음과 같은 질문을 떠올리지 않을까? 먼저 왜 파시즘이 기승을 부리던 20세기 중엽에 하필이면 당대의 자본주의가 아니라 19세기의 자본주의를 연구했을까? 게다가 19세기의 자본주의라면 단연 런던이 세계의 수도였는데, 왜 파리를 '19세기의 수도'라 부르며 연구 대상으로 선택했을까? 또 왜 정치나 경제가 아니라 '문화' 연구일까?

먼저 첫번째 질문을 이렇게 재정식화해보자. 왜 벤야민의 내시경은 20세기라는 당대가 아니라 하필 19세기라는 자본주의의 유아기로 향했던 것일까? 시인 워즈워스는 시「무지개」에서 '아이는 어른의 아버지'라고 노래한다. 물론 이러한 역설적 인식은 일종의 신플라톤주의적 인식론에 입각해, '무지개'로 대표되는 본래의 자연=본성이라는 이데아에 어른들보다는 아이들이 더 가깝다는 철학적 세계관을 표현하는 것이지만, 이 말은 벤야민의 자본주의 인식에도 그대로 적용될 수 있다. 다시 말해 20세기에 들어 파시즘과 제국주의 형태로 '어른이 다 된 자본주의'의 실상을, 역설적이지만 이 자본주의가 아직 '아이'였던 19세기에서 찾으려는 것이다. 자본주의가 막 아이로 탄생하던 시기에『정신현상학』을 집필한 헤겔은 미숙아의 위치에서 자본주의가 어른이 되어나가는 역정을 상세히 서술한 바 있다. 이와 달리 자본주의가 막 19세기식 제국주의라는 성년기에 접어들던 시기의 마르크스는 어른으로서의 자본주의의 본모습은 볼 수 없었다. 그에게서 오히려 자본주의는 프롤레타리아라는 새로운 '아이들'의 혁명에 의해 어른이 되기 전에 타도되는 것으로 인식되었다. 이에 반해 벤야민은 당대의 지배적 인식론을 거슬러, 광기와 광포함이 극에 달한 가운데 어른이 된 자본주의를 분석하기 위해 자본의 유년기로 눈길을 던진다. '근원의 역사'로 말이다. 그것도 자본주의 초창기에 무지개처럼 드리워졌던 욕망과 유혹의 쓰레기더미들로 소급해 들어가면서. 즉 벤야민은 자본의 유년기로 돌아갈 뿐만 아니라 자본에서 배제되고 망각되고 억압된 것들에게 '구원'의 시선을 던진다. 그리하여 그의 작업은 아래로부터의 역사학으로 나아가게 되는데, 그것은 20세기에 비슷한 경로를 밟은 '아날학파'나 좌파의 '민중사학'과는 전혀 다른 방식으로 억압되고 억눌린 것에 대해 사유할 수 있게 해준다. 아마 벤야민이 초기에 이 『아케이드 프로젝트』에 '변증법의 요정의 나라'라는 제목을 붙였던 것도 이와 무관하지는 않을 것이다.

벤야민이 이처럼 '아이의 눈'을 통해 자본주의라는 어른의 신체를 탐구하는 방법을 택한 것은 자본주의에 대한 그의 인식과 깊이 관련되어 있다. 즉 이 책을 통해 쉽게 확인할 수 있듯이 자본주의는 '새로움'을 끊임없이 양산하지만 그것은 생산과 동시에 가장 낡은 것이 되는 기이한 변증법적 운명을 겪는 것이다. 그리하여 최신의 것=쓰레기라는 역설적 등식은 벤야민이 보기에는 오히려 자본주의의 내밀한 비밀인 동시에 '정상적인' 역사적 경로이다.

이렇게 볼 때만이 진보에 대한 낙관론적 믿음이야말로 '쇠망의 시대'라는 비관론적 인식과 더불어 진정한 '진보'의 최고의 적이라는 그의 반-역사주의가 이해될 수 있을 것이다. 또 인간 자체가 가장 악마적이며, 인간의 모든 행위는 동일한 것의 영겁회귀에 불과하다는 보들레르와 블랑키의 시선을 통해 20세기의 역사를 바라보는 것 또한 마찬가지이다. 즉 '근원의 역사'를 통해 19세기를 '구원'함으로써 20세기 자본주의의 '현재'를 조명하려는 그는 헤겔식으로 19세기를 부르주아적 질서의 완성 과정으로 보지도, 또 니체처럼 댄디즘과 고전주의에 입각해 19세기 (그리고 20세기의) '교양'의 붕괴를 비관적으로 바라보지도, 또 좌파처럼 진보의 고난에 찬 승리의 행군으로 바라보지도 않는 것이다. 오히려 그의 역사관이나 19세기(20세기) 이해는 이러한 세 가지 상이한 견해와의 끊임없는 대결과 지양과정의 연속으로 점철되어 있다. 보들레르의 '악의 꽃'처럼 형용모순적인 자본주의를 추적하는 그의 시선은 악에 대한 분노나 꽃에 대한 도취가 아니라 '악'이 매혹과 도취가 되는 역설적 변증법 그리고 자본주의라는 인공 낙원에 대한 산책자의 이중적 시선을 유지하는 것이다.

이렇게 볼 때 벤야민이 택한 길을 대략 '뿌리'로 돌아가 자본주의를 근본적으로 다시, 전혀 다르게 생각하기로 요약해볼 수 있을 것이다. 따라서 그가 세계를 홀로 마주한 고독한 단독자의 삶을 살아야 했던 것, 그리고 어두운 세상을 바라보는 그의 사유의 도구들 ─ '아우라', '근원의 역사', '환(등)상', '산책', '구원', '각성', '역사의 천사' 등 ─ 또한 극히 이질적이고 낯설기 짝이 없었던 것은 아마 그의 이러한 인식론적 입장에서 볼 때 너무나 당연한 것이었다. 이와 관련해 그를 둘러싸고 있는 잘못된 질문들, 예를 들어 그가 과연 정통파 마르크스주의자에 가깝냐 아니면 카발라주의자에 가깝냐 하는 질문은 이러한 인식론적 위치 설정에 비추어 되물어져야 할 것이다.

자본주의에 대한 그의 독특한 인식론적 위치 설정, 그의 독자적인 사유의 도구들, 단독자라는 그의 삶의 궤적은 이처럼 꼬리에 꼬리를 물며 맞물려 있는데, 여기에 또 하나 덧붙여야 할 것은 그의 독특한 글쓰기이다. "스타일이 사람을 말해준다Le style est homme"라는 뷔퐁의 말을 굳이 언급하지 않더라도 실제로 어떤 추상적 세계관이 가장 명증하게 표현되는 것은 구체적인 글쓰기에서이다. 따라서 20세기 들어 가장 섬세하고 아름다운 사유의 흔적을 남긴 벤야민, 아무도 모방할 수도, 반복할 수도, 완벽하게 이해할 수도 없는 그만의 고유한 단독자의 삶을 산 그가 그만의 독특한 글쓰기를 남긴 것은 너무나 당연한 것이었다.

그는 글쓰기를 시작할 때부터 20세기 들어 특히 독일 문학계에서 '비평'이라는 장르가 실종되었다고 한탄하면서 비평가가 아니라 '비평'이라는 장르를 새롭게 설립하는 문필가를 꿈꾸었다. 따라서 그에게서 지대한 영향을 받은 아도르노의 '미학 이론'이라는 용어처럼 '이론'이 '미학'이 되기를, 아니 이론이 미학과 한 몸이 되는 새로운 글쓰기의 경지를 추구했던 그를 20세기의 가장 독창적이며, 창조적인 '작가'로 꼽는 것은 너무나 당연하리라. 이러한 점에서 클로스프스키와 함께 프랑스어 번역을 통해 벤야민이 프랑스 지성계에 소개되는 데 지대한 공헌을 했으며, 서둘러 파리를 떠나면서 조르주 바타이유에게 맡긴 『아케이드 프로젝트』의 전후 발굴에서 지대한 역할을 한 미사크가 『벤야민의 파사주들』에서 벤야민의 친구인 숄렘을 이렇게 질책한 것 또한 너무나 당연한 일일 것이다. 즉 숄렘이 추도문에서 벤야민을 '빼어난 이론가, 형이상학자' 등등으로 평가하지만 미사크가 보기에 벤야민은 무엇보다 '작가'였으며, 그러한 규정 없이는 실제로 벤야민의 작업은 알맹이를 잃어버리게 된다고 말이다. 그만큼 벤야민은 촘촘한 사유와 섬세한 글쓰기의 새롭고 독창적인 경지를 보여준다.

하지만 벤야민의 사유가 독창성과 비주류성에 의해서만 특징지어지는 것은 아니다. 그의 사유는 독창적이고 비주류적인 동시에 당대적이고 '주류적인' 것이기도 하기 때문이다. 벤야민은 사유의 돛을 정확하게 올리되 그것이 세계사의 풍향을 맞이하도록 하는 것이 중요하다는 말로 자신의 방법론을 요약하고 있는데, 그의 사유의 돛은 당대의 다른 이들의 배와 비교해볼 때는 비주류적인 듯이 보이지만 그의 사유가 겨냥하는 대상은 세계사의 흐름과 정확하게 일치했던 것이다. 가령 바이마르 체제에 대해 그는 이 체제의 '완성'이나 '타도'를 주장하는 비판자들이나 좌파들보다는 이 체제의 경박성과 의회 만능주의에 맞서 오히려 민주주의의 위기와 '주권 이론'을 설파한 칼 슈미트의 냉정한 현실 인식에 접근해간다. 이처럼 벤야민이 시대의 비주류였던 것은 세계를 회피하거나 오독했기 때문이 아니라 세상을 다른 식으로 바라보았기 때문이다. 그리하여 그는 이 책에서 20세기의 다른 이론가들이 여백과 공백, 흔적으로 남겨두거나 무시한 영역에 고독한 산책자의 발자국을 긴 여운과 함께 남겨두게 되는 것이다.

그러면 이제 두번째 질문으로 넘어가 보기로 하자. 벤야민은 파리를 '19세기의 수도'라고 부른다. 하지만 19세기에 '세계의 수도'는 런던이었다. 그런데도 왜 벤야민은 런던이 아니라 굳이 파리를 자본주의의 유아기를 연구할 수 있는 도시로 선택했을까? 이것 또한 자본주의와 마르크스주의에 대한 그의 독특한 문제의식과 밀접하게 관련되어 있는 것처럼 보인다. 가령 그는 이 책의 [N]장에서 몇 차례 반복해서 이야기하고 있듯이 '반영' 이론은 마르크스 본인에게서 이미 폐기 처분된 것으로 본다. 이뿐만이 아니다. 그는 하부구조와 상부구조의 관계도 '표현'의 관계로 본다. 따라서 그가 파리를 '19세기의 수도'로 선택한 것은 이 '악의 꽃'의 도시를 통해 당대의 소박한 반영 이론과 인식론들을 논박하고 반박하려는 전술적 고려 때문이 아니었을까? 파리만큼 속류 마르크스주의의 기계론적 상부구조론과 진보 이론을 강력하게 논박하는 도시가 또 있었을까? 실제로 파리는 런던의 마르크스조차 계속 논박하지 않았던가?

산업 혁명이 잘 보여주듯이 세계 자본주의의 '모범생'인 런던이 제국주의로서도 선두 주자였다면 프랑스 혁명으로 대변되는 정치 혁명의 선두 주자인 파리는 유럽식 자본주의의 용광로이자 '문제아'였다고 보면 어떨까? 예컨대 런던에서는 파리에서만큼 치열한 내전이나 계급투쟁 그리고 기술technic과 예술art 간의 투쟁은 벌어지지 않았다. 따라서 조금은 무리가 따르지만 자본이 전 지구적 제국주의로 발전하는 모습을 가장 전형적으로 보여준 런던이 하부구조상의 19세기의 세계의 수도였다면 아무래도 파리는 상부구조상의 19세기의 수도였다고 비유해볼 수 있지 않을까? 실제로 마르크스의 이론에서 일종의 큰 공백으로 남아 있는 정치와 문화 이론의 경우 마르크스는 프랑스 내전과 파리 코뮌을 통해 정치와 혁명 이론을 정립하고 수정하고 논증해야 하지 않았던가? 즉 이미 19세기에 마르크스에게서 런던과 파리는 각기 경제와 정치를 대변하면서 서로를 논박하고 수정하는 길항 관계에 있었던 것이다. 이처럼 벤야민이 파리를 19세기의 수도로 택한 두 가지 이유를 함께 고려할 때 이 저작의 독특한 의미를 한층 더 분명하게 이해할 수 있을 것이다.

이리하여 결국 우리가 『아케이드 프로젝트』에서 얻을 수 있는 것은 어떤 '문화' 이론이나 문화 '비평'이 아니라 자본주의에 대한 전혀 낯선, 다른 방식의 전복적 사유가 아닐까? 물론 벤야민의 많은 글이 '상부구조'와 관련된 텍스트들을 다루고 있는 것은 사실이지만 그것들을 독해하는 벤야민의 시선은 온전히 자본주의라는 심층을 겨냥하고 있기 때문이다. 우리가 그의 사유를 '자본주의에 대한 안에서의 전혀 다른 발본적 사유'라고 부르는 것은 앞서 정리한 대로 그의 사유가 가진 독특한 독자성 때문이다. 세계를 '해석'하거나 '변혁'하는 것이 아니라, 완전히 분해해 다시 조립하려는 그의 인식론적 입장, 자본주의를 내부에서 바라본다는, 게다가 아이의 모습에서 어른의 모습을 읽는다는 그의 인식론적 위치 설정, 그리고 그의 사유의 도구들이 자본주의가 발생시킨 개념들이 아니라 고독한 단독자의 우주론적 사유에서 발생한 것이라는 점, 마지막으로 19세기에 파리가 가진 지정학적·인식론적 위치에 대한 인식이 그것이다.

이렇게 볼 때만이 결국 통속적인 종말론과 지도자 숭배라는 종교적 실천으로 변질되고 만 20세기의 마르크스(주의)나 '계몽의 변증법'이라는 말이 잘 보여주듯이 이성에 대한 도저한 비관주의가 관류하고 있는 프랑크푸르트 학파와 변별되는 그의 독특한 사유를 올바로 포착할 수 있을 것이다. 이처럼 자본주의에 대한 전혀 다른 그의 사유 방식이 20세기 들어와 정치에 대한 사유를 전복시킨 칼 슈미트, 그리고 동일한 문제의식을 공유하고 있는 한편으로 그와는 다른 역사철학을 전개한 하이데거와 '불꽃 튀기는 논전'을 벌이리라고 벤야민 본인이 예상한 이유 또한 여기서 찾을 수 있을 것이다. 지금까지 벤야민은 주로 프랑크푸르트 학파와의 친소 관계를 중심으로, 또는 마르크스주의와의 차이와 동일성이라는 관점에서, 마지막으로 숄렘의 유대교적 사유와의 친연성을 중심으로 논의되어왔지만 오히려 한편으로는 여기에 칼 슈미트식의 정치적 문제들과 다른 한편으로는 하이데거적 역사철학과의 대결이라는 관점을 추가해야만 그의 온전한 모습을 찾을 수 있을 것이다.

우리가 앞에서 계속 벤야민을 다른 사상가들과 비교하면서 그의 인식론적 입장과 위치를 가늠해보았던 것은 그렇게 할 때만이 비로소 지금 유럽과 미국에서 다시 불고 있는 '벤야민 르네상스'를 제대로 이해할 수 있지 않을까 하는 생각에서이다. 그렇게 할 때에만 비로소 뒤늦은 벤야민 붐의 '현재성'을 온전히 자리매김할 수 있기 때문이다. 세계를 완전히 분해해 다시 조립해보려고 했지만 고립무원 속에서 진행되다가 결국 우주론적 '실패'로 끝나고 만 그의 인간적인, 너무나 인간적인 삶과 작업은 다른 한편으로는 오히려 '실패한' 20세기를 정직하게 되돌아볼 수 있는 새로운 사유의 용광로가 되어줄 것이다. 루카치의 시대와의 불화가 결국에는 체제와의 봉합으로 끝났고, 하이데거의 체제와의 야합이 결국 시대와의 잘못된 만남으로 끝났던 반면 벤야민의 '미완'과 '실패'는 20세기의 미완과 실패를 이제야 비로소 투명하게 조망할 수 있는 새로운 천사의 눈길을 보내고 있지 않은가? 니체는 횔덜린을 가리켜 '무장하지 않은 영혼 그 자체'라고 부른 바 있는데, 아마 자본과 이데올로기의 무장으로 점철된 '궁핍한 시대' 20세기를 '무장하지 않은 영혼 그 자체'로 투시한 벤야민이야말로 우리가 '궁핍한 시대에 사유는 무엇인가'를 끊임없이 되묻는 데서 사유의 '빵과 포도주'로서 모두의 생각과 몸을 계속 정화시켜줄 것이다.

이 텍스트의 편찬의 역사가 잘 보여주듯이 실제로 이 미완성 저작은 이제 망자亡者의 것이 아니라 누구의 것도 아닌 상태로 있다가 결국 만인의 손에 놓인 퍼즐 같은 것이 되어버린 또다른 운명을 살고 있다. 그리고 20세기에는 망각의 어둠 속에 있던 이 텍스트는 21세기에 들어와 자본주의를 이해하기 위해 필요한 작업 도구와 연장을 가장 많이 갖춘 최고의 공구통이 되었다. 마치 마르크스가 헤겔을 물구나무 세웠듯이 20세기의 모든 인식론과 역사철학을 물구나무 세워 소박한 진보 신앙과 인식론의 지평을 산산조각 내 새로운 인식의 성좌星座를 제시하려는 그의 시도에서 우리는 21세기의 자본주의 그 자체를 새롭게 해석할 수 있는 강력한 무기를 발견할 수 있을 것이다.

이렇게까지 생각해보면 이처럼 주인 잃은 '운명적인 책'을 번역하는 옮긴이의 고통과 즐거움이 어떠한 것이었는지를 많은 독자들이 이해할 수 있으리라. 마치 영화의 몽타주 기법처럼 '사물들이 스스로 말하게 하라Let thing in itself speak'라는 철칙을 철저하게 고수하고 있는 그의 단편들을 다시 언어와 서사로 환원시키는 작업은 말 그대로 고통 중의 고통이었다. 보여주기 위한 책을 읽을 수 있는 책으로 번역하기. 게다가 이 책을 번역하는 것은 마치 온갖 언어의 잔해가 쌓인 바벨 탑을 발굴하는 것과 같았다. 게다가 19세기를 배경으로 한 수많은 인용문과 역사적 사실과 사건, 인물들이 아무런 배경 설명 없이 돌출하고 출몰하는 데는 망연자실할 수밖에 없었다. 그래서 옮긴이는 이 옮긴이 서문에 이어 일본어판 옮긴이 중의 하나인 이마무라의 간단한 안내글을 붙이고 옮긴이 본인이 선택한 역어를 독일어-불어와 함께 일람표로 정리해 독자들의 편의를 도모해보았다. 하지만 여전히 적절하지 않은 역어가 있을 것이다. 실제로 역어 선택에서는 여러 모로 망설일 수밖에 없었는데, 왜냐하면 이 '원고'의 경우 많은 역어가 엄밀한 과학적 규정에 따라 사용되고 있는 것이 사실이지만 여전히 느슨하게 사용되는 대목도 적지 않기 때문이다. 게다가 벤야민이 인용하고 있는 글 속에서의 의미와 벤야민 본인이 사용하는 의미가 일치하지 않는 경우도 적잖은 등 역어들을 수미일관하게 사용하는 데는 많은 어려움이 따랐다.

이와 달리 일부 용어의 경우 과연 기왕의 관례적 역어를 그대로 사용할지를 두고 고민할 수밖에 없었는데, 예를 들어 Romanticism을 '낭만주의'로 번역하는 문제가 그러했다. 적어도 제2제정기의 보나파르티즘을 배경으로 한 이 저서에서 '로만티시즘'을 '로마주의' 내지 '로마 제국 모방'으로 번역하는 것이 정확했으나 그렇게 번역할 경우 역어 체계가 전체적으로 흔들릴 것으로 우려되어 그대로 '낭만주의'로 두었지만 불만족스럽기는 여전하다. 예를 들어 파리를 한 번이라도 여행해본 사람이라면 금방 알 수 있지만 제정 양식으로 지어진 마들렌 성당을 두고 '로마를 흉내 냈다'고는 할 수 있어도 '낭만적'이라고는 도저히 할 수 없지 않을까?

수많은 인용문들 중 한국어 번역본이 있는 경우 옮긴이는 가능하면 최대한 기존의 번역본을 참조했다. 하지만 많은 경우 일정 부분 수정이 가해져 있다. 해당되는 부분과 함께 수정 여부를 밝혀놓았기 때문에 의문이 가는 점에 대해 독자들은 다른 이본들을 비교해볼 수 있을 것이다.

이 한국어판 번역은 우연한 계기에 따라 이루어졌다. 옮긴이가 이 전설적인 책을 처음 읽어본 것은 영국 문화원 주최로 2002년 케임브리지 대학에서 개최된 하계 세미나에 참석했을 때였다. 아침 9시부터 밤 9시까지 2주 동안 온갖 주제와 작가를 종횡하며 강행군으로 진행된 케임브리지 세미나 동안 마침 영어 번역본으로 출간된 이 책은 마치 대학 입학 시험 동안 책상 아래 숨겨두고 몰래 읽는 '만화

책'처럼 자본주의에 대한 온갖 만화경을 내 눈앞에 새롭게 펼쳐 보였다. 이후 마치 군것질 하듯이 단편단편 진행되어온 번역은 어떤 부분은 폭풍우 휘몰아치듯이, 다른 어떤 부분은 끊임없는 한숨 소리와 함께, 그리고 어떤 부분은 순풍에 돛을 달듯이, 그리고 또 다른 부분은 역풍에 돛대라도 꺾일 듯한 모양새로 진행되었다.

하지만 전 4권으로 분권되는 이 『아케이드 프로젝트』의 첫 2권을 먼저 내면서 제일 먼저 떠오르는 것은 이 '고독한 번역'을 고독하지 않은 우정의 작업으로 만들어준 사람들이다. 무엇보다 먼저 파리의 박진우는 지난 3년 동안 벤야민을 서구의 사상사 속에 새롭게 위치시켜 바라볼 수 있도록 해준 나의 멘토였다. 특히 벤야민의 파리 연구가 제2제정 시기, 즉 보나파르티즘 연구와 관련되어 있으며, 이것은 실제로는 일종의 20세기의 보나파르티즘이랄 수 있는 히틀러의 파시즘 연구와 맥락적으로 연관되어 있을지 모른다는 그의 코멘트는 왜 망명지에서 (한가하게?) '문화 연구'에 몰두했을까 하는 우문에 현답을 제공해주었다. 또 나의 잦은 파리 방문에도 언제나 보나파르트와 사진에 대해, 파리의 백화점들에 대해, 벤야민이 살던 집에 대해 풍부한 설명을 베풀어준 박진우의 우의에 감사와 우정의 인사를 전하고 싶다. 그리고 옮긴이의 벤야민 번역에 대한 이종영 선생님의 격려와 자극 또한 잊을 수 없다. 하지만 무엇보다 선생님은 '지식(인)의 고독'과 '진리를 향한 용기'와 관련해 내게는 사표와 같은 분이시다. 나의 고통 어린 투정에 언제나 용기를 불어넣어준 선생님께도 감사의 인사를 드린다. 그리고 동경의 김항은 예의 끝 모를 박식함으로 벤야민-칼 슈미트-아감벤 등 내게는 전혀 미지의 영역이었던 지적 계보 속에서 벤야민을 바라볼 수 있는 새로운 안목을 제공해주었다. 언제나 소년 같은 미소에 끝 모를 듯이 이어지는 그의 지성사 강의를 듣는 것 그 자체가 내게는 벤야민에게서 논쟁적으로 남을 수 있는 '정치'와 '문화'를 새롭게 바라볼 수 있는 새로운 자극제였다. 또 한 사람 잊을 수 없는 사람은 파리의 맹정현이다. 벤야민에 대해서는 많은 이야기를 나눌 수 없었지만 유난히도 잦았던 파리 출장 때마다 파리와 자본주의 그리고 라캉에 대해 그와 나눈 진지하고 속 깊은 대화들이 이 번역본에 얼마나 깊이 삼투되어 있는지를 그가 알아볼 수 있다면 나에게는 큰 기쁨일 것이다. 그리고 소설가 함정임은 『하늘에서 본 지구』를 비롯해 그 동안 내가 번역한 많은 책에 그의 섬세한 손길과 따뜻한 눈길이 얼마나 깊이 배어들어 있는지를 금방 눈치 챌 수 있으리라. 시인 박상순은 몇 년 전부터 내가 이처럼 '터무니없는 작업'에 매달리고 있는 것을 눈치 채고는 이심전심으로 이 번역 '프로젝트'에 대한 후원과 격려를 아끼지 않았다. 그리하여 결국에는 졸역을 가릴 수 있을 만큼 멋진 표지까지 '뚝딱' 만들어주었다. 단순한 감사의 인사는 췌사가 되리라. 마지막으로 정일준 형은 지난 10년이 넘는 동안 나의 가장 든든한 후원자였다. 이 벤야민 번역 속에서 정일준 형이 '자본'과 제국과 문화와 교양과 지식인 등에 대해 내게 들려준 귀중한 가르침들이 얼마나 생생히 녹아 있는가를 알아볼 수 있다면 나로서는 그에게 입은 여러 은혜를 조금은 탕감할 수 있으리라. 무료 전시회라는 옮긴이의 '불가능한 프로젝트'를 옆에서 묵묵히 지원하며 은근히 이 책의 출간까지 후원해온 원선희에게도 감사의 인사와 함께 이 책에서 풍진이는 현실을 잠시 잊고 순수한 인식의 즐거움을 발견할 수 있기를 기원한다. 그리고 섬세한 눈길로 혹시 발생할 수 있는 오류를 최소화해준 편집부의 이병무에게도 깊은 감사를 드린다.

이 책은 얀 아르튀스-베르트랑의 '하늘에서 본 지구' 프로젝트와 동시에 진행되었다. 발터 벤야민과 얀은 지난 2년 동안 나의 삶을 거의 20년의 강도로 지배해온 두 저자였다. 벤야민은 자본을 '착취'나 '저항'이나 '악', 즉 결국 자본의 바깥이 아니라 안에서, 유혹이라는 관점에서 파악하고, 그런 연후에야 비로소 자본주의 이후를 구상하는 새로운 방법과 관련해 마르크스의 『자본』이후 내게 가장 많은 것을 암시해주었다. 얀의 프로젝트, 특히 '무료'로 진행되는 그의 전시회는 자본(주의)을 이윤이나 착취를 발생시키지 않는 제로(0)라는 관점에서 바라보게 해줌으로써 자본주의의 실상과 만화경을 보다 깊이 이해할 수 있는 눈을 틔워주었다. 마지막으로 이 책을 번역하면서, 예를 들어 보들레르를 옮기면서 서정주나 김수영을 이런 식으로 연구해야 하지 않나 하는 유혹과 반성이 얼마나 옮긴이를 강하게 사로잡았는지를 고백하면서 이 책이 우리의 구체적인 탐구에서도 여전한 현재성을 갖고 있다는 것을 덧붙이고 싶다.

끝으로 도대체 자본은 만들 생각조차 없이, 자본이라고는 도저히 발생할 길 없는 삶에만 매달리는 나의 2년간에 걸친 분투와 고통을 지켜보며 언제나 늘 든든한 후원자가 되어준 아내와 사랑스런 딸 수아 그리고 많이 놀아주지 못해 늘 미안한 아들 중휘에게 이 졸역서를 바친다.

2005년 5월 옮긴이 識

벤야민이 걸어온 길 — 변한 것과 변하지 않은 것들

_이마무라

발터 벤야민은 생애에 걸쳐 세 개의 '방법 서설'을 남겼다 — (1) 『독일 비극의 기원』에서의 인식론적 비평, (2) 『아케이드 프로젝트』에 들어 있는 「N: 인식론에 관해, 진보 이론」, (3) '역사철학 테제(「역사 개념에 대해」).' 그리고 세번째의 '역사철학 테제'는 아마 벤야민이 예정하고 있던 저작(『아케이드 프로젝트』)을 위한 인식 비평 서론으로서 서두에 놓아도 좋을 것이며, 실제로 벤야민 본인도 친구에게 보낸 편지에서 그러한 구상을 흘리고 있기도 하다.

앞서 벤야민이 세 개의 방법 서설을 남겼다고 언급했으나 엄밀히 말하면 세 개가 아니라 '아케이드 론' 연구에 몰두하기 시작한 때부터 어떤 의미에서는 항상 방법 서설을 쓰고 있었는지도 모른다. 앞서 언급한 「N: 인식론」뿐만 아니라 '파리 — 19세기의 수도'에 관한 두 개의 개요(1935년과 1939년)도 하나의 방법 서설이며 「번역가의 과제」 역시 『독일 비극의 기원』의 「서론」에 필적할 만한 철학적

인식론이라고 할 수 있다. 벤야민은 「미래의 철학 프로그램」(1917~1918년) 이래 철학적 자기 이해를 끊임없이 모색해왔는데 이들을 다 시야에 넣는다면 실로 많은 '서설'이 존재한다고 할 수 있을 것이다. 그러나 방법을 내용이나 소재로부터 독립시켜 논하는 것이야말로 아마 벤야민이 가장 싫어하는 방법일 것이다. 따라서 우리는 그의 몇 가지 방법 서설을 독립적으로 다루지 않도록 배려해야 한다. 실제로 벤야민의 역사철학적 인식 스타일은 앞서 언급한 세 개의 추상도 높은 논의보다 본서의 자료나 주석 속에서 종종 더 예리하게 표현되고 있기도 하다. 이러한 관점에서 극단적인 표현을 쓴다면 『아케이드 프로젝트』('파리 — 19세기의 수도'라는 제목의 두 개요, 보들레르 론, 『중앙공원』을 포함해서)가 벤야민의 역사철학의 실상이라고 말할 수 있을 것이다. 단편 하나하나, 그리고 엄청난 규모의 인용문 하나하나가 모두 벤야민의 역사철학적 인식의 일부분을 이루고 있는 것이다. 소재와 하나가 된 '인식 방법'이야말로 벤야민의 역사철학 혹은 그의 사고의 본래 모습이라는 것에 주의를 기울여야 한다.

　이상의 사항을 염두에 두면서 아래에서는 다소 추상적이며 도식적이지만 벤야민의 '방법 서설'에 대한 간단한 해설을 시도해보고자 한다.

　앞서 언급한 세 개의 '서설'의 내용 혹은 골격을 이루는 기본적인 요소는 거의 동일하다. 『독일 비극의 기원』의 시대부터, 아니 이를 준비하기 시작한 1916년부터 벤야민의 사고는 항상 일관되어 있었다. 그중에서 가장 심혈을 기울인 것이 『독일 비극의 기원』의 「서설」이다. 이러한 의미에서 벤야민의 역사철학을 이해하려면 무엇보다 『독일 비극의 기원』을 참고해야 한다. 그것은 서론과 본문을 포함해서 벤야민의 이후의 모든 작업의 기본 입장, 그리고 기술을 위한 용어법을 결정하고 있다. 『아케이드 프로젝트』역시 『독일 비극의 기원』의 시선 아래 기획된 것이다. 벤야민 본인이 그렇게 증언하고 있다. "바로크 시대에 관한 책에서 17세기에 현대의 빛을 비춘 것과 마찬가지로, 하지만 그보다 더 명확하게, 19세기에 관해 그러한 작업을 수행할 것"([N 1a, 2]).

그러나 『독일 비극의 기원』에서 『아케이드 프로젝트』와 '역사철학 테제' 까지는 상당한 시간이 흘렀으며, 당연히 그 동안 사색도 깊어졌을 것이기 때문에 새로운 관점이 추가되었을 것이며 따라서 방법론의 정밀화가 이루어졌다고 보는 것이 정당할 것이다. 환언하면 역사철학적 구도의 기본선은 유지되지만 동시에 미묘한 변화 혹은 사상의 깊이가 생겨난 것이다. 그러면 아래에서는 논의의 편의를 위해 처음부터 끝까지 그대로 유지된 동일한 요소와 새롭게 첨가된 요소를 나눠 벤야민이 걸어온 길을 더듬어보기로 하자.

A 동일한 요소

1) 우회로서의 방법
벤야민은 『독일 비극의 기원』의 「인식론 서설」 앞머리에서 '트락타트Traktat[1]의 개념' 을 논하면서 자신의 방법의 이미지를 제시

---

1) Traktat란 논문, 특히 종교상의 논문을 가리킨다.

한다. 트락타트와 마찬가지로 역사철학의 방법은 우회적 표현이라고.

사상의 주위를 몇 번이나 선회하면서 사색을 계속 해나가는 방법은 이후 벤야민의 저작을 보면 알 수 있듯이 그의 스타일 그 자체이다. 단순히 추고를 거듭하는 것이 아니라 어떤 사항의 진리에 이르기까지 끈기 있게 몇 번이고 '세분화 기법'을 구사하는 것이다. 끈기 있는 요구와 모자이크적인 세부 조각들의 조립은 서로 조응한다. '모자이크'라든지 '사고의 세부 조각들'이라는 용어는 벤야민의 역사철학의 키워드이다. 아니 그것 이상으로 그의 정신의 기질을 가장 잘 표현하고 있다. 히틀러의 군화에 내몰렸을 때 그는 굳이 이탈리아로 가는데, 거기서 그는 교회의 스테인드글라스에 감동한다. 이것은 모자이크적 표현이 얼마나 그의 정신에 있어 절박한 문제였는지 잘 말해준다. 사고의 세부 조각들에 침잠해야 비로소 진리의 내용을 완전히 파악할 수 있다는 벤야민 방법의 실례는 우선 바로크 연극론과 더불어 파리의 아케이드 연구에서 찾아볼 수 있다. 『아케이드 프로젝트』에 들어 있는 엄청난 양의 인용문이 여기서 말하는 '사고의 세부 조각들'이다. 사유를 위한 세부적이고 사사로운 단편이 없이는 표현이 불가능하다면 마찬가지로 '인용' 없이는 아케이드 연구도 있을 수 없다. 「번역가의 과제」에는 깨진 사기그릇의 파편이라는 이미지가 나오는데, 그것은 숄렘의 루리아파 신학에서 차용된 이미지로 바로 이 파편이 여기서 말하는 모자이크이며 사고의 단편에 대한 비유이다. 깨진 사기그릇의 파편을 갖고 그릇을 재구성하는 것이 역사철학의 방법인 것이다.

2) 진리와 이념

'이념 속에서 현상을 구원하는 것'은 '이념에 의한 개체의 구원'이다(『독일 비극의 기원』). 개념은 현상을 분해하지만 개념에 의한 인식은 아직 진리가 아니다. 개념에 의해 분할되어 나온 현상의 요소들을 재배치해서 이념의 성좌로 되찾았을 때 비로소 이념 속에서 이루어지는 그러한 요소들의 배치가 진리가 된다. 벤야민은 진리는 '무지향적'이라고 말한다(『독일 비극의 기원』). 진리에 걸맞은 태도는 진리로의 무지향적 참여라는 벤야민의 테제는 신비적으로 들릴지 모르지만 그렇지 않다. 이러한 진리론은 앞서 언급한 사고의 단편 혹은 모자이크를 염두에 두면서 생각해야 할 것이다. 사고의 단편이 중요한 것은 그것이 이념에 의한 구원과 연결되어 있기 때문이다. 그리고 이들 단편을 이념 속에 둘 때 그가 말하는 '참여'가 사물의 '이름'에 대한 해석이라는 형태로 이루어진다. 사물의 '명칭'에 대한 구원론적 해석이 벤야민의 진리를 표현한다. 의미 작용이 아니라 이름이 벤야민 언어론의 중추를 이루고 있다. 전달될 수 없는 것의 해석이 필요하기 때문에 비로소 무지향적 참여가 그의 방법이 된다. 『아케이드 프로젝트』에서 '이름'이 그토록 중시되는 것은 바로 이 때문이다.

3) 자연사의 개념

벤야민이 말하는 '자연사Naturgeschichte' 개념은 18세기의 린네나 뷔퐁의 박물학natural history을 가리키는 것이 아니다. 그것은 벤야민의 신조어로, 상당히 특이한 것이다. 그의 '자연사'는 '자연'과 '역사'라는 양극단을 한 단어로 합친 것이다. 그것은 다음과 같이 정의내릴 수 있다. ― 자연은 낡아 쓸모없는 것이 되면 인간의 역사가 된다고. 환언하면 자연은 부패하면 역사의 이미지를 띠고, 반대로 역사는 자연으로 변모한다. '자연사'를 해석적으로 다시 쓰면 '자연=역사'이다. 이처럼 이 두 양극단은 정반대이지만 불가분의 관계를 지니고 있다. 그리고 '위기' 상황에서 모든 것은 이러한 의미에서의 '자연사적' 존재가 된다. 벤야민은 이를 바로크 연구에서 인용한다(『독일 비극의 기원』). 이 개념은 '폐허'와 동일한 의미를 갖고 있다. 폐허는 '히포크라테스적 모습(임종의 표정)'을 지닌 자연=역사의 별명이다. 17세기뿐만 아니라 19세기에도 역시 사물은 자연사적 성격을 갖는다. 바로크 론이 폐허론이었던 것처럼 아케이드 론 역시 폐허론인 것은 바로 이 때문이다.

4) 우울과 알레고리

우울이 벤야민에게 있어 중요한 것은 이러한 기질이 파괴적인 것으로, 인간적인 것이나 역사적인 것을 파괴하고 소위 사체로 만드는 시선이기 때문이다. 우울은 현상을 해체하고 세부 조각들이나 모자이크를 만들어낸다. 우울에 의해 해체된 현상의 단편은 죽어야 하는 것으로, 알레고리가 된다. 사물의 세계에서 폐허인 것이 개념에서는 알레고리이다(『독일비극의 기원』). 우울/알레고리가 철학적 방법의 하나가 되는 것은 그것이 해체와 분해 작용을 하기 때문이다. 그것은 벤야민적 단자론Monadologie의 방법과 하나이다. 즉 개념에 의한 분해와 이념에 의한 개체의 구제는 우울/알레고리라는 이미지를 이룬다. 그리고 아케이드 론에서는 보들레르와 블랑키를 대상으로 이러한 이미지적 방법이 구사된다.

5) 파국(카타스트로피)

『독일 비극의 기원』에서는 파국론이 17세기의 주권론과 예외 상태론으로 등장한다. 그러나 파국론은 거기서 그치지 않고 이 저작의 기초적 지평을 이루고 있다. 파국은 자연=역사의 개념, 우울/알레고리 등과 하나로 이어져 있다. 이 아케이드 론에서는 형상을 한순간에 빛나게 해서 독해하는 기법의 배경을 이루며, '역사철학 테제'에서는 '지금'의 파국적 시간론으로서 재편된다. 파국은 단순히 경험적 현상을 가리키는 것이 아니라 오히려 그것보다 훨씬 더 많은 것을 함축하고 있는 인식 기법을 가리킨다. 사물을 관련성으로부터 떼어내 '지금' 속에 끼워넣는 독해는 알레고리 시인이나 수집가의 사물에 대한 태도와 동일하다. 혁명론에서 수집가까지 포괄하는 것이 바로 이 '파국' 개념이다.

6) 권태

『독일 비극의 기원』에는 '삶으로서의 권태'라는 말이 나온다. 권태는 '슬픔'을 낳는다. 이 '슬픔'은 '우울'과 이어진다. 권태로운 인간은 슬픔과 우울에 빠진다. 그때 인간이 하는 것이 기분전환=오락이다. 벤야민은 파스칼의 『팡세』에서 한 문장을 길게 인용하면서 권태와 기분전환의 관계를 지적하고 있다. 권태는 인간, 특히 현대적 인간의 존재론적 기초이다. 17세기에는 전제 군주에게서, 19세기에는 모든 인간에게서 나타나는 것은 이 때문이다. 아케이드 론에서 이러한 권태론은 보들레르, 푸리에, 블랑키를 논하는 지평이 된다.

B. 변화된 요소들

이 책 『아케이드 프로젝트』가 '19세기의 트라우어슈필Trauer-spiel' [2)]인 이유는 앞서의 논의로부터 분명해질 것이다. 그러나 이 책에는 『독일 비극의 기원』에는 없던 혹은 충분히 발전되지 않은 요소가 몇 가지 있다.

1) 몽타주 론

역사적 과거에 대한 독해 방법을 벤야민은 이 책에서 몽타주 론으로 정의내리고 있다([N 1, 10]). 몽타주 론의 목적은 단순히 눈앞에서 현상을 조립하는 것이 아니다. 과거가 현재와 충돌해서 그러한 충격의 불꽃에 의해 과거의 관련성에서 분리되어 나온 사물('세부 조각들')을 파국의 지평에서 재구성하는 것이 그것이다. 우울에 의한 현상의 해체 작용, 단자론적 미분화와 동일한 것이 몽타주 론의 방법으로서 되살아나고 있는 셈이다.

2) 변증법적 이미지와 정지 상태의 변증법

벤야민의 변증법은 헤겔과 마르크스의 변증법이 과정적인 데 반해 정지적이다. 그것이 그의 독창적 공헌이다. 파국이라든지 순간 혹은 위기를 사상의 지평으로 삼는 벤야민의 정신에 있어서는 연속적 과정보다는 불연속적 순간이 결정적으로 중요하다. '사고가 긴장들로 가득한 성좌=상황에서 정지할 때 거기에 변증법적 이미지가

---

2) '비애극'으로도 번역되는 Trauerspiel은 특히 독일의 바로크 시기에 유행한 장르 형식으로 보편적 의미의 비극Tragödie과는 구분되는 성격을 갖고 있다.

나타난다'([N 10a, 3]). 정지의 순간에 출현하는 이미지는 '진리' 개념의 후계자이다. 그리고 이것이 시간론적으로 변용되어 역사철학의 인식론으로 될 때 '지금'의 시간성이 된다. 그것이 벤야민이 말하는 '메시아의 시간'인 것이다.

3) 애상론

『독일 비극의 기원』에서는 플라톤의 상기론이 언급되고 있다. 그러나 거기에는 벌써 알레고리와 우울에 잠긴 상태로 슬픔과 애도에 의해 상기되는 전망이 이미 존재했었다. 그것은 이 책에서는 '애상'이라는 용어로 나타난다. 아마도 그는 이 개념 속에서 한편으로는 플라톤에서 헤겔에 이르는 전통적 상기론을, 다른 한편으로는 동시대의 프루스트의 기억/상기론을 염두에 두면서 트라우어Trauer의 기분에 잠겨 역사 독해 방법에 정진하고자 했던 것이리라. 이는 아직 이론적으로는 미완성 단계이지만 아마 벤야민 역사철학의 마지막 단어일 것이다.

이상은 본서에 수록된 「N: 인식론에 관해, 진보 이론」의 항목을 어떻게 읽어야 하는지에 대한 옮긴이 나름의 해석이다. 물론 이와 다르게 읽는 방법도 얼마든지 가능하겠지만 그러한 독해가 하나하나 모여 벤야민이라는 보물 산에서 수많은 보배를 캐낼 수 있을 것이다. 나의 사견은 그저 하나의 참고 자료로 비판적으로 이용되었으면 한다.

더욱이 이 책에는 '생시몽, 철도', '푸리에', '마르크스', '사회운동' 등의 항목이 실려 있다. 이것들에게도 벤야민의 '관심'이 머

물고 있으며, 그것들은 단순한 발췌집이 아니다. 그러나 그것들 각
각에 대해서는 독자가 자유롭게 해석을 즐기기 바란다. 사족이지만
한 마디 부연하면, '생시몽, 철도'와 '푸리에' 항목에서는 지금까지
는 주목하지 않았던 요소들이 강조되어 인용되고 있다. 푸리에에 대
해서나 생시몽에 대해 새로운 해석법을 촉구하는 계기가 될 수 있기
를 기대한다. 벤야민은 19세기 전반기의 사회 사상의 위대한 독자이
며 잊혀진 사상가들의 구원자 혹은 유명한 사상가 중에서 잊혀진 측
면의 구원자였다는 것을 지적하는 것도 결코 헛된 일은 아닐 것이
다.

<용어 해제>

독일어	프랑스어	번역어
der Abfall	le déchet	찌꺼기
der Abgrund	l'abîme, le gouffre	심연
die Ähnlichkeit	la ressemblance	유사성
der Allegoriker	l'allégoricien	알레고리가
das Andenken	le souvenir	추념/추억
die Antike	l'antiquite	고대
Bazaar	bazar	바자/시장
Avenue	avenue	아브뉘
Boulevard/Straße	boulevard	불르바르/대로
Bild/Bildhaft	image	이미지/이미지적
die Darstellung	la présentation	기술記述
die Durchdringung	la compénétration	철저하게 겪어내기
die Einfühlung	l'indentification(empathique)	감정 이입
das Eingedenken	la remémoration	애상/회상
der Eisenbau	la construction en fer	철골 건축
die Erfahrung	l'expérience	경험
die Erinnerung	la ressovenir	상기/회상/추억
die Erkennbarkeit	la connaissabilité	인식 가능성
das Erlebnis	l'expérience vécue	체험
das Erwachen	le réveil	각성/자각
die Ferne	le lointain	멀리 있는 것
der Flaneur	le flâneur	산책자
die Galerie	le galerie	갤러리/갈레리
das Gedächtnis	la mémoire	기억

das Gehäuse	le boîtier	용기容器
die Gemütlichkeit	la quiétude, l'intimité	안락함/편안함
Gestalt	forme	형상
das Gewesen	l'Autrefois	옛날/과거
der Grübler	le méditatif	명상가
die Hohlform	le moule en creux	빈 주형
das Jetzt	le Maimtenant	지금
das Interieur	l'intérieur	실내
der Jugendstil	le modern style	유겐트슈틸/모던스타일
das Kollektiv	le collectif	집단
das Kolportage	le colportage	싸구려 통속본
die Kultur	la culture	문화
die Langweile	l'ennui	권태
die Menge	la foule	군중
die Messe	foire	견본시
die Muße	le loisir	무위無爲
der Müßiggang	l'oisiveté	한가한 사람
das Moderne	le moderne	현대적인 것
die Moderne	la modernité	현대(성)
die Nähe	le proche	가까이 있는 것
das Neue	le Nouveau	새로움
das Panorama	le panorama	파노라마
die Passage	le passage	아케이드/파사주
die Phantasie	le rêveries, le fantaisies	상상
die Phantasmagorie	la fantasmagorie	환(등)상
der Physiognomiker	le physiognomoniste	관상가
die Puppe	la poupé	인형

der Rausch	l'ivresse	도취
die Rettung	la sauvetage	구원
der Sammler	le collectionneur	수집가
das Sammeln	l'art de collectionner	수집하기
dis Sammlung	la collection	수집
der Schein	l'apparaence(illusoire)	가상
das Schreiben	narration	기술記述
die Schwelle	le seuil	문턱
Signatur	signature	각인/표식
die Spur	la trace	흔적
die Straße	le rue	가街/거리/가로
das Studium	l'étude	탐구/연구
das Tiefsinn	la pénétration	침잠
das Traumhaus	la maison de rêve	꿈의 집
die Traumstadt	la ville de rêve	꿈의 도시
das Träumen	la songerie	꿈
die Überdeckung	la superposition	겹침
der Umschlag	le renversement	전도
der Untergang	le déclin	몰락
die Urgeschichte	la préhistoire	근원의 역사
der Verfall	la décadence	쇠망
die Vergangenheit	le passé	과거
die Vergegenwärtigung	le rappel(au présent)	현실화
die Verschränkung	l'entrecroisement	교직交織/짜 맞추기
die Ware	la marchandise	상품
das Warenhaus	le grand magasin	백화점
die Weltausstellung	l'exposition universalle	만국박람회

der Wunsch	le souhait	원망
die Wunschbilder	les images de souhait	원망상
der Zauber	le sortilège, la magie	매력
die Zerstreuung	la distraction, la dispersion	오락/한가함
zertreuen(den Schein)	dissiper	가상의 파괴
die Zweideutigkeit	l'ambiguïté	모호성

편집자 서문

편집자 서문[*]

도대체 하나의 책으로 존재하기 훨씬 전부터 이미 운명이 정해져 있는 책들이 있다. 미완으로 끝난 벤야민의 이 책 『아케이드 프로젝트』의 경우가 바로 그렇다. 1950년에 발표한 한 논문에서 아도르노가 최초로 언급한 이래[1] 이 책을 둘러싸고 온갖 전설이 떠돌게 되었다. 이러한 전설은 1966년에 2권으로 된 벤야민의 『서한집』 선집이 발간되면서 더 큰 자양분을 얻게 되는데, 이 선집에는 이 프로젝트에서 저자인 벤야민이 의도했던 것에 대한 다양한 발언들이 담겨져 있긴 하되, 그 발언들 전부가 실려 있던 것도, 게다가 내적으로 정합적인 것도 아니었기 때문이다.[2] 그리하여 『아케이드 프로젝트』

---

[*] 영어본을 비롯한 다른 번역본에는 이 서문에 「정지 상태의 변증법」이라는 제목이 붙어 있다.

[1] 아도르노, 「발터 벤야민의 초상」, 『디 노이에 룬트샤우』, 61호(1950), 579~582페이지를 보라.

를 둘러싸고 극히 상반된 소문들이 퍼져나가, 벤야민에 대한 각각의 해석이 경합하는 경우 이 책이야말로 그의 지적인 면모가 던지는 수수께끼를 풀어줄 것이라는 기대를 품고 많은 사람들이 이 책을 언급하고 나서게 되었다. 하지만 그러한 희망은 실망을 안겨줄 것이다. 오히려 『아케이드 프로젝트』의 단편들은 "그렇게 하면 틀림없이 많은 수수께끼가 풀리겠지"라고 말하는 파우스트에게 "아니, 더 많은 수수께끼가 연달아 나오게 될 거야"*라고 답하는 메피스토의 대답과 비슷할 것이다. 따라서 이 전집 5권을 통해 그의 단편들을 출판하는 것은 무엇보다 이 『아케이드 프로젝트』 자체를 통해 그 동안 유포되어온 온갖 소문에 종지부를 찍기 위해서이다.

실제로 1927년부터 1940년에 생을 마감할 때까지 벤야민이 13년 동안 전념했으며, 본인의 필생의 작업chef-d'œuvre으로 간주해 온 이 프로젝트가 어떠한 것인가에 대한 매우 신뢰할 만한 정보를 전해주는 텍스트들은 이미 오래 전부터 세상에 나와 있었다. 즉, 그가 생애의 마지막 10년 동안 쓴 중요한 텍스트의 대부분은 『아케이드 프로젝트』에 출발점을 갖고 있었던 것이다. 그런데 만약 완성되었다면 이 프로젝트는 다름 아니라 19세기의 역사철학 그 자체가 되었을 것이다. 1935년에 작성한 「파리 — 19세기의 수도」라는 개요는 당시 벤야민이 몰두하고 있던 소재와 주제들을 요약해서 보여준다. 이 개요에서는 19세기를 구성할 때 지침으로 삼아야 하는 '역

---

* 괴테, 『파우스트』, 4040행 이하.
2) 발터 벤야민, 『서한집』, 게르숌 숄렘과 아도르노 편집, 프랑크푸르트 암 마인, 1966의 이곳저곳을 보라. 이 5권의 편집자는 벤야민이 가까운 사람들과 주고받은 편지들 중 이 『아케이드 프로젝트』에 관해 언급하고 있는 내용들을 전부 이 독일어본 전집 5권의 1081~1183페이지에 실어두었다.

사적 도식주의'(V, 1150)[3]라는 개념이 소개되고 있는 반면 1935/36년의「복제 기술 시대의 예술 작품」은 소재상으로는『아케이드 프로젝트』와 어떠한 관련도 없지만 — 이 글은 19세기의 현상이 아니라 20세기의 현상을 다루고 있다 — 그럼에도 불구하고 방법론적으로는 연관되어 있다. 이 글에서 벤야민은 '역사 구성 작업이 소실점으로 수렴되어가게 될 정확한 지점을 현재 속에서 지적하려고' 했다(V, 1149). 또 1937~1939년에 작성된, 연속적인 단편들로 이루어진 보들레르에 관한 방대한 작업은『아케이드 프로젝트』의 '축소형 모델'을 보여주는 반면「예술 작품」에서 설정한 방법론적 문제들은 1940년의「역사 개념에 대해」에서의 테제들로 다시 한 번 다루어지는데, 아도르노에 따르면 이 테제들이야말로 "『아케이드 프로젝트』의 진행에 따라 동시에 발전해온 인식론적 고찰들을 집약하고 있다".[4] 이 프로젝트 자체 중 지금까지 남아 있는 것, 즉 벤야민의 이『전집』5권을 구성하는 무수히 많은 노트와 발췌문들이 이론적 측면에서 볼 때 앞서 언급한 논문들에서 종종 정곡을 찌르는 방식으로 정식화되어 있는 내용을 넘어서는 경우는 거의 없다. 따라서『아케이드 프로젝트』를 연구하려면 반드시 — 물론 단순한 독법으로는 결코 벤야민의 의도들이 쉽게 드러나지는 않을 것이다 —「예술 작품」, 보들레르를 다루고 있는 텍스트들,「역사 개념에 대해」의 테제들을 함께 고찰하고, 끊임없이 염두에 두어야 한다. 물론 이들 텍스

---

3)『전집』에서 인용하는 경우 본문 안의 괄호 안에 해당 권수와 페이지만 표시하기로 한다. 하지만『아케이드 프로젝트』— 즉 '노트와 자료들', '최초의 초고', '초기의 초고' — 의 개별적인 부분에서 인용하는 경우 각 노트의 출전을 하나하나 밝혀두었다.
4) 아도르노,「발터 벤야민에 대해」, 롤프 티데만 편집, 프랑크푸르트 암 마인, 1970, 26페이지.

트들은 『아케이드 프로젝트』를 준비하는 성격의 글이든 아니면 그와는 전혀 무관한 글이든 이 책과는 완전히 독립적인 것이지만 말이다.

그런데 본래의 『아케이드 프로젝트』를 구성하는 단편들은 건물을 짓기 위한 건축 자재에 비교할 수 있을 텐데, 이 건물은 이제 겨우 평면도만 완성되거나 초석을 놓기 위한 구멍을 막 판 상태라고 할 수 있다. 책 맨 앞에 실린 두 개의 개요에서 벤야민은 각각 1935년과 1939년 단계에서 염두에 두고 있던 계획을 개략적으로 묘사하고 있다. 두 개요는 6절 또는 5절로 구성되어 있는데, 각 절은 앞으로 쓰게 될 책에서 같은 숫자의 장을 구성하거나 아니면 앞에서의 건물의 비유를 계속하자면 앞으로 지어질 건물의 1층부터 6층(또는 5층)에 상응하는 것이었다. 초석을 놓기 위한 구멍 옆에는 수많은 발췌문이 쌓여 있는데, 이것들로는 벽을 세우려고 했을 것이다. 그리고 벤야민 본인의 성찰들이 이 건물 전체를 지탱시키는 모르타르 역할을 할 예정이었다. 이러한 이론적·해석적 성찰 중 많은 것들이 그대로 남아 있지만 결국 그것들은 대량의 발췌문들 뒤로 거의 사라져버릴 것처럼 보인다. 편집자로서도 종종 이처럼 숨이 탁 막힐 정도로 엄청난 양의 인용문을 전부 출판하는 것이 과연 의미가 있을지 의심스러울 때가 있었다. 혹시 벤야민 본인이 쓴 텍스트만 출판하는 것이 더 낫지 않을까, 그렇다면 훨씬 더 읽기 쉽게 순서를 배열할 수 있을 테고, 빛나는 아포리즘과 기성의 생각들을 뒤흔드는 단편들을 집중적으로 모을 수 있을 텐데라는 생각이 들기도 했다. 하지만 그렇게 했다가는 이 『아케이드 프로젝트』에서 어떤 것이 시도되었는지를, 즉 지금 독자들이 인용문들 뒤에서 간파해낼 수 있는 것을 전혀 파악할 수 없게 될 것이다. 자료와 이론, 인용과 해석을 지금까지 행해져온 어떤 서술 형식과도 다른 새로운 성좌 속에 배치해 전체적인 중점은 자료와 인용에 놓이고, 그리하여 이론과 해석은 금욕적으로 뒤로 물러서도록 하는 것이 벤야민의 의도였다. 벤야민은 『아케이드 프로젝트』에서 해결하려고 하는 '역사 유물론의 핵심 문제'를 다음과 같은 질문으로 정식화한다.

어떤 방식으로 시각성을 높이는 것과 마르크스주의적 방법을 관철시키는 것을 결합시킬 수 있을까? 이러한 길로 나가기 위한 첫번째 단계는 몽타주 원리를 역사 속에 도입하는 것이 될 수 있을 것이다. 즉 극히 작은, 극히 정밀하고 잘라서 조립할 수 있는 건축 부품들로 큰 건물을 세우는 것이다. 실로 자그마한 개별적 계기들에 대한 분석을 통해 전체 사건의 결정체를 찾아내는 것이다([N 2, 6]).[5]

무수한 인용문들이 바로 이러한 건축 부품들을 구성하는데, 이 때문에 이 책에서는 그것들을 뺄 수 없었다. 일단 전체의 건축술에 익숙해진 독자들이라면 큰 어려움 없이 인용문들을 분별해가며 읽

[5] 아도르노에 따르면 "분명한 설명은 모두 포기하고, 오직 소재의 충격적인 몽타주를 통해서만 의미들을 드러내는 것"이 벤야민의 의도였다. "[……] 반反·주관주의의 즉위를 위해 그의 주저는 오직 인용문들로만 구성되어야 한다"(아도르노, 앞의 글, 26페이지). 이러한 생각은 진짜 벤야민다운 것처럼 보일 수도 있지만 편집자는 벤야민이 그런 식으로 작업하려고 했을 리는 없다고 확신한다. 편지에서도 그런 의도를 밝힌 언급은 찾아볼 수 없다. 아도르노는 『아케이드 프로젝트』 자체에 들어 있는 두 개의 노트([N 1, 10] 그리고 [N 1a, 8])를 전거로 제시하지만 이 두 노트를 그렇게 해석해서는 안 된다. 이 두 노트 중의 하나는 이미 1928년인가 1929년, 즉 벤야민이 아직 에세이를 쓸 생각이라고 선언하고 있던 시기의 것이기 때문이다. ― 이때 벤야민은 '최초의 초고'([O °, 36]을 참조하라)를 쓰기 시작했는데, 당시 인용문들의 몽타주 형태로 글을 쓴다는 것은 생각조차 안 하고 있었다.

을 수 있으며, 거의 모든 인용문에 대해 벤야민이 그때그때마다 어떤 매력을 느끼며 옮겼는지, 해당 인용문이 전체 구성 속에서 어떤 기능을 하는지 또 전체를 집약하는 사건으로 집약되는 결정체는 어떤 것인지를 확인할 수 있을 것이다. 물론 그렇게 하려면 『일방통행로』에서 '무한히 작은 것 속에서 해답을 구할 수 있는 능력'(IV, 117)으로 규정된 상상력Phantasie을 키워야 할 것이다. 그러한 상상력이 몸에 배게 된다면 파리 국립도서관의 먼지 쌓인 장서들에서 벤야민이 수집한 죽은 철자들은 생생하게 되살아나기 시작할 것이며, 어쩌면 벤야민이 채 완성하지 못한 건물도 독자들의 사색적인 눈앞에는 어렴풋하게나마 윤곽이 떠오를지도 모르겠다.

그런데 이처럼 어렴풋한 그림자만 보이는 사정은 이 건물을 마치 위에서 조망하듯이 하나의 전체로서 명확한 형태로 묘사하는 것을 방해하는데, 종종 서지학상의 난점들 때문에 그러한 경우가 많다. 대부분의 단편은 매우 짧고 종종 어떤 생각을 간략히만 표현하고 있기 때문에 벤야민이 과연 그러한 단편들을 어떻게 연결시킬 생각이었는지를 거의 간파할 수 없다. 그는 언뜻 떠오른 착상을 종종 노트해두곤 했는데, 흔히 뾰족한 펜으로 막 휘갈겨 쓴 이러한 기록들을 과연 작업의 진행 과정에서 그대로 사용할 생각이었는지 아니었는지를 판단하기가 불가능하다. 또한 이론적인 노트들 중에는 상호 모순적인 것이나 연결될 수 없는 것들도 없지 않다. 나아가 인용문 다음에는 벤야민 본인의 글이 따라 나오는 경우가 많은데, 이 경우 그것이 단지 인용된 부분에 대한 단순한 해석에 불과한 것인지 아니면 벤야민 본인의 입장을 표명하고 있는지를 항상 구별할 수 있는 것도 아니다. 따라서 『아케이드 프로젝트』에서 의도되었던 것의 핵심적인 요소를 짧게 묘사하고, 벤야민의 기획의 이론적 연

48

결 고리들을 지적하고 몇 가지 중심 범주들을 해명해보려고 시도해보는 것도 도움이 될 것이다. 편집자는 아래에서 단지 지난 몇 년 동안 이 작업을 해오면서 맛보았던 몇 가지 경험만을 이야기해볼 생각이다. 이를 통해 분명히 이 책을 접하면서 마치 미궁 속에 들어선 것 같은 느낌을 가질 수밖에 없게 될 독자들이 최초의 방향이나마 제대로 잡는 데 도움이 될 수 있기를 바란다. 하지만『아케이드 프로젝트』가 제기하는 여러 가지 이론적 질문들을 상론하는 것은 피하기로 한다.

엄밀히 말해『아케이드 프로젝트』는 각기 다른 연구 단계에 작성된 두 개의 완전히 상이한 설계도에 따라 지어진 건물이다. 대략 1927년 중반에서 1929년 가을까지의 첫번째 단계에 벤야민은「파리의 아케이드들: 변증법의 요정의 나라」라는 제목의 에세이를 쓸 생각이었다.[6] 이 프로젝트를 최초로 언급하고 있는 편지에서는 그것이『일방통행로』의 연속이라는 말을 찾아볼 수 있다(V, 1083). 물론 이때 밴야민이 생각하고 있던 것은『일방통행로』식의 아포리즘적 형식이라기보다는 오히려 그러한 형식을 통해 추구되는 구체화의 특수한 방법이었다. '|『일방통행로』에서| 아이들의 놀이, 건물, 삶의 이러저러한 상황과 관련해 여기저기서 찾아볼 수 있던 극도의 구체성'을 이제 '한 시대'를 대상으로 획득해야 한다(V, 1091). 벤야민의 의도는 처음부터 철학적인 것이었으며, 이 작업에 전념하고 있던 시기 내내 줄곧 그러했다. '역사철학과 관련해 과연 어디까지

6) 이에 앞서 프란츠 헤셀과 함께 아케이드에 관한 잡지 기사를 쓸 계획을 세운 적이 있었다. ── 아마 그렇게 오래간 것 같지는 않다. 이에 대해서는 이 책, 즉 독일어판 원서의 1341페이지 이하를 참조하라.

"구체적일 수 있는지"'를 '시험해보려' 했던 것이다. 그는 19세기의 역사를 추상적으로 구성하는 것이 아니라 '하나의 현실에 대한 주석'으로서 기술하려고 했다. 『아케이드 프로젝트』를 위한 '최초의 초고'에서는 일종의 주제 목록이라고도 할 수 있는 것을 찾아볼 수 있는데, 이것은 그가 이 단계에서 어떠한 것을 다루려고 했는지를 알려준다. 거리들, 백화점들, 파노라마들, 만국박람회, 조명 방식들, 패션, 광고, 매춘, 수집가들, 산책자들, 도박사, 권태 등이 그것이다. 아직까지 아케이드 자체는 그저 다른 많은 주제 중의 하나에 불과했다. 아케이드는 19세기 초반 새로운 것이라는 점을 특히 강조하면서 등장했지만 이후 세월이 흐르면서 기능을 상실한 도시 건축의 온갖 현상 중의 하나였다. 급속하게 발전하는 자본주의의 생산력에 수반되어 나오는 여러 가지 신제품이나 혁신들은 점점 더 빠른 속도로 낡아빠진 것이 되는데, 벤야민은 여기서 초기의 현대성 전체의 각인을 찾아내려 했다. 두드러지지 않는 것들의 현상 속에서 직접 지향하는 탐구*intentione recta* ─ 관상술 ─ 을 통해 그러한 특징을 찾아내려 했다. 부랑자를 보여주는 것, 폐기물들을 몽타주해 보여주는 것을 통해서 말이다([O°, 36]). 이와 비슷하게 이미 『일방통행로』에서도 그의 사유는 구체적인 것과 특수한 것 속에 가라앉아, 그것들의 비밀을 직접적으로, 어떠한 이론적 매개도 거치지 않고 캐내려고 시도한 바 있었다. 이처럼 개별적인 여기 이곳에서의 존재Diesda에 몰두하는 것이 이러한 사유 일반의 특징이다. 강단 철학에는 온갖 선험적인 지시 사항과 금지 사항의 상세한 일람표가 있으나 그는 그러한 것에는 전혀 구애받지 않고 겸손하게 일종의 '부드러운 경험zarter Empirie'으로 만족하는데, 물론 이처럼 겸손하지만 그것을 추구하는 그의 태도는 통상적인 겸손함과는 거리가 멀다. 이 경험은 괴테처럼 사물의 배후나 위에 본질이 있다고 추정하는 것이 아니라 사물들 자체 속에서 사물의 본질을 보려고 한다.

19세기에 고유한 사물의 세계를, 그리고 이 속에서 현대의 신화 *mythologie moderne*를 최초로 발견한 것은 초현실주의자들로서, 아라공은 『파리의 농부』 서문을 이 신화에 바치고 있는가 하면 이 신화의 예술적인 하늘 위로는 브르통의 『나자』가 우뚝 솟아 있다. 벤야민은 '『아케이드 프로젝트』 앞에 놓인 불투명 칸막이'(V, 1090) 라고 부른 「초현실주의」론에서 이들을 이렇게 칭송한다. "이들이 최초로 '낡아빠진 것' 속에서 출현하는 혁명적 에너지를 간파했다. 즉 최초의 철골 건축물, 최초의 공장 건축, 최초의 사진, 살롱의 그 랜드피아노, 5년 전의 의복, 화려한 레스토랑 등 유행에서 벗어나기 시작하면서 사멸하기 시작한 것들에서 혁명적 에너지를 보았던 것 이다"(II, 299). 『아케이드 프로젝트』 또한 이러한 소재의 층, 즉 최근 의 과거의 침전물을 겨냥하고 있다. 아라공이 파사주 드 로페라를 산책하면서 꿈결vague de rêves처럼 낯선, 지금까지 전혀 엿볼 수 없던 현실의 영역 속으로 끌려들어갔듯이 벤야민은 역사 속에서 지 금까지 한 번도 주목되지 않았던, 줄곧 무시되어온 역사의 구석으로 가라앉아 이전까지 누구도 본 적이 없는 것을 끄집어내려고 했다.

1927년 아라공은 2년 전 불르바르들 간의 내부 순환로를 만들기 위해 희생된 파사주 드 로페라를 '인간 수족관aquarium humain' 으로 부른 바 있는데, 이제는 인적이 거의 끊긴 어제의 폐허야말로 오늘의 수수께끼가 풀리는 곳으로서 『아케이드 프로젝트』를 위한 비할 데 없는 자극제가 되어주었다(V, 1117 참조). 벤야민은 아라공 이 말하는 아케이드들의 '청록색의 어스름 빛*lueur glauque*'을 반복해서 인용한다. 사물들은 꿈을 통해 이러한 빛 속에 잠겨들며, 이 꿈을 통해 낯선 것인 동시에 피부에 와 닿는 것으로 나타난다. 이처럼 구체성이라는 개념이 벤야민의 이론적 장비의 한 극을 이룬다면 초현실주의적인 꿈 이론이 다른 한 극을 이룬다. 『아케이드 프로젝트』의 최초의 구상들은 구체화와 꿈이라는 이러한 양극 사이에서 진행된다.[7] 초기의 초현실주의자들은 꿈을 통해 경험적인 현실 전체가 가진 힘을 박탈하고, 목적 합리성에 기초한 경험적 현실의 조직(화)을 마치 단순한 꿈의 내용인 양 취급했는데, 이러한 꿈의 언어는 오직 간접적으로만 해독될 수 있는 것이었다. 꿈의 광학光學을 깨어 있는 세계에 비춤으로써 이 세계의 태내에 잠들어 있는, 은폐되어 있는 잠재적 사고를 해방시켜야 한다는 것이다. 벤야민도 이와 비슷한 방법으로 역사를 기술하려고 했다. 즉 19세기의 사물들의 세계를 다루면서 그것이 마치 19세기 사람들이 꿈꾼 사물들의 세계인 것처럼 다루려고 했다. 아무튼 꿈을 꾸는 개인에게 있어 무의식적 행동과 자본주의적 생산 조건 하의 역사는 아래와 같은 점에서 비슷하다고 할 수 있다. 즉 역사는 꿈과 마찬가지로 인간에 의해 만들어지지만 어떤 의식이나 계획 없이 만들어지는 것이다. "아케이드를 근본부터 이해하기 위해 우리는 이 아케이드를 꿈의 가장 깊은 심층으로 가라앉힌다"([F°, 34]). 이처럼 꿈의 모델을 19세기에 적용한다면 이 시대로부터 완결된 시대라는 성격, 이제는 영원히 어

---

7) 이곳 그리고 아래 부분에서 첫번째 초고와 두번째 초고에서 인용할 때는 벤야민 본인이 1935년 8월 16일 그레텔 벤야민에게 보낸 편지에서 언급한 방식과 똑같은 방식이 따른다(독일어판 원서의 1138페이지 이하를 보라). 즉 인용 부호만 표시한다. 이들 초고들로는 개별적인 텍스트를 만들려고 했던 것은 아니다. 특히 두번째 초고로 1935년의 개요를 쓸 생각도 아니었다. 벤야민은 그의 작품을 프로젝트의 두 단계 동안 쓴 노트들 전체에 대한 해석을 통해 유추할 수 있는 것으로 만들려고 구상하고 있었다.

제의 일이 되어버려 말 그대로 역사가 되어버린 시대라는 성격을 박탈할 수 있을 것이다. 19세기의 생산 수단과 삶의 형식은 (당시의) 현장에서 그리고 지배적인 생산 질서 안에서 존재했던 양상으로 끝나는 것이 아니다. 벤야민은 동시에 그것들 속에서 온갖 이미지를 만들어내는 집단 무의식의 환상이 작용하고 있다는 것을 간파했는데, 이 집단 무의식은 꿈을 꾸면서 자신의 역사적 한계를 넘어서 이미 현재에까지 도달해 있는 것이다. 벤야민은 정신분석이 가르쳐준 의식의 양상, 즉 '항상 각성 상태와 수면 상태 사이에서 다양하게 왔다 갔다 하는 등 극히 유동적인 양상'을 '개인에게서 집단으로' 전용함으로써([G°, 27]) 아케이드 같은 건축상의 산물은 분명 산업상의 생산 질서에 의해 등장하고 또 그러한 질서에 봉사하지만 동시에 자본주의의 틀 안에서는 실현되지 않은 것, 결코 실현될 수 없는 것을 안에 품고 있다는 것을 보여주려고 했다. 예를 들어 벤야민이 종종 언급하곤 했던 미래의 유리 건축. "어떠한 시대도 꿈을 향한 측면, 유아적 측면을 갖고 있다"([F°, 7]). 역사의 이러한 측면을 고찰하는 쪽을 향하는 벤야민의 시선은 "고전적인 역사 서술에서는 '옛날 옛적에'라는 형태로 잠들어 있는 역사의 엄청난 힘들을 해방시켜야 한다"([O°, 71]).

『아케이드 프로젝트』를 위한 최초의 메모와 거의 동시에 벤야민이 쓴 글들 중에는 자기가 꾼 꿈의 기록이 많은데, 당시 그는 또한 각종 마약으로 실험을 시도했다. 공업적 생산의 압력 하에서 사유나 사유의 대상, 즉 주체나 객체가 모두 경직되는데, 꿈의 기록과 마약에 의한 실험 모두 이처럼 경(직)화되고 겉 딱지가 앉는 상태를 타파하기 위한 시도였다.[8] 꿈속에서뿐만 아니라 약물에 의한 도취를 통해서도 벤야민은 '특히 은밀한 친밀성들로 가득 찬 세계'([A°,

4])가 열리는 것을 보았는데, 이 세계 속에서 사물들은 '극히 모순적인 방식으로 상호 결합해' '온갖 형태의 친화성들'을 보여준다([A°, 5]). 꿈과 도취는 자아가 아직도 사물들과 미메시스적으로 생동감 있게 교류할 수 있는 경험의 영역을 열어주는 것처럼 보였다. 벤야민은 초기의 철학적 탐구 이래 칸트에 의해 설정된 한계를 돌파하고 '초기 철학자들의 다양하고 풍부한 경험 개념'을 지금 다시 한번 손에 넣고 신학의 여러 가지 경험을 복원할 수 있는 경험 개념을 계속 추구해왔다.[9] 물론 그는 초현실주의자들의 경험에서 신학적 경험의 재건은 무리이며 그것을 세속의 세계로 옮겨놓는 것이 중요하다는 것을 배웠다.

이러한 경험은 결코 꿈에 국한되는 것도, 해시시를 흡입하거나 아편을 피우는 몇 시간에만 한정되는 것도 아니다. '초현실주의적 경험'은 종교적 엑스터시나 마약에 의한 엑스터시에 지나지 않는다고 생각하는 것은 커다란 잘못이다. [……] 하지만 종교적 계시를 진정으로, 그리고 창조적으로 극복하는 것은 마약으로는 절대 불가능하다. 진정한 극복은 세속의 계시에 있다. 즉, 유물론적이며 인간학적인 영감 속에 있는데, 해시시나 아편 그리고 그 밖의 다른 그와 비슷한 것들은 그저 그러한 영감의 예비 단계를 이루는 것에 불과할 뿐이다(II, 297).

---

8) 헤르만 쉬베펜호이저, 「세속적 계시의 예비 학교」, in 벤야민, 『해시시에 관해. 단편소설적인 글들, 보고문, 자료들』, 틸만 렉스로트 편집, 4판, 프랑크푸르트 암 마인, 1981, 9~30페이지를 보라.
9) 무엇보다 「미래의 철학의 프로그램에 대해」(II, 157~171)를 보라. 인용은 『전집』 4권에 실려 있는 「지각에 관해」라는 이전의 단편에서 했다.

벤야민은 19세기 사물들의 세계의 꿈의 해몽가가 되어 이러한 세속의 계시를 역사 속에 도입하려고 했다. 여기서 표명된 인식적 의도는 얼마 후 곧 정식화되는 미메시스적 능력이라는 이론과 관련되어 있는 것처럼 보이는데, 이 이론의 핵심은 경험 이론에 있다.[10] 이 이론에 따르면 경험은 유사성들을 산출하고 지각할 수 있는 재능에 의존하고 있는데, 이 재능은 인류라는 종의 역사가 흘러오면서 크게 변해왔다. 원래 사물에 대한 인간의 감각적-정성적* 태도였던 것이 계통 발생 속에서 점점 더 비감각적 유사성을 지각하는 능력으로 변용되었는데, 벤야민은 바로 이것을 언어와 문자의 성과로 본다. 그런데 추상화하는 인식에 맞서 벤야민이 말하는 경험은 미메시스적 태도와 직접적 접촉을 고수하려고 한다. 그에게 중요한 것은 '느낌으로 아는 앎'으로서, 이것은 '감각적으로 눈앞에 나타나는 것'에서 자양분을 얻을 뿐만 아니라 '단순한 앎, 심지어 죽은 데이터를 경험한 것, 체험한 것처럼 사용'하는 것도 가능하다(〔e°, 1〕). 그리하여 이미지들이 개념들을 대신하게 된다. 즉 기호(학)의 성긴 망을 빠져나오는 모든 것을 감추고 있는 꿈의 수수께끼 이미지들, 퍼즐 그림 같은 꿈의 이미지들. 인식은 오직 이러한 이미지들만을 포착하려고 노력해야 한다. 19세기의 이미지 언어들이 그것으로, 이것은 19세기의 '가장 깊은 곳에서 잠들어 있는 층'(〔G°, 27〕)을 대변한다. 바로 이 심층을 『아케이드 프로젝트』에서 깨워 일으켜야 〔각성시켜야〕 한다.

* 화학 분석으로 물질의 성분을 밝혀 전하는 것을 가리킨다.
10) 「유사성 이론」과 「미메시스 능력에 관해」(II, 204~213).『아케이드 프로젝트』를 위한 '최초의 초고' 중 가장 뒤늦게 쓴 텍스트 중의 하나는 벤야민의 미메시스 이론의 배포胚胞를 형성하고 있는 것 같다.

벤야민은 각성이라는 모티브를 통해 동시에 자신이 초현실주의자들과 결별하고 있다는 것을 알았다. 초현실주의자들은 삶과 예술의 경계선을 없애려고 했다. 즉 문학을 삶으로 살아가기 위해, 아니면 역으로 삶을 문학으로 동화시키기 위해 문학을 '정지시키려' (II, 621) 했다. 초기의 초현실주의자들에게서 현실과 꿈은 서로 장식 수술로 연결되어 꿈결 같은, 탈현실화된 현실로 변해가며, 그로부터 현실적 실천과 요청으로 되돌아 나올 길은 전혀 없게 된다. 벤야민은 아라공을 '꿈의 영역에 집착'하고 있으며, 그에게서는 여전히 신화가 '신화인 채로 머물러 있다'([H°, 17])고 비판한다. 즉 아라공의 신화는 단순한 신화에 머물러 있으며, 이성이 재침투할 여지가 전혀 없다는 것이다. 초현실주의자들의 이미지의 증폭은 지금과 어제를 나누는 차이들을 없애버린다. 또 과거를 현재 속으로 거두어들이는 대신 '사물들을 다시 멀리 떼어놓으며' '역사 분야를 멀리서 바라보고 마는 낭만주의적 태도'([C°, 5])와 흡사한 태도를 고수한다. 이와 반대로 벤야민은 '사물을 공간적으로 가까이 끌어당기고', '사물을 우리의 삶 속으로 끌어들이려'([I°, 2]) 했다. 과거의 사물을 꿈의 층들 속에 가라앉히는 방법은 벤야민을 초현실주의자들과 연결시키고 있었지만 그것은 『아케이드 프로젝트』에서는 자기 목적이 아니라 방법적 준비, 일종의 실험 수속이었다. 19세기는 그로부터 깨어나야 할 꿈이다. 그것이 걸어놓은 주문이 깨어지지 않은 한 현재를 무겁게 짓누를 악몽이다. 꿈의 이미지들과 꿈으로부터의 각성의 관계는 벤야민에 따르면 표현과 해석 사이의 관계와 동일한데, 그는 무엇보다 이미지가 일단 해석되면 주문을 풀 수 있으리라 생각했다. 벤야민이 말하는 각성이란 '하나의 시대에서 진정으로 풀려나는'([h°, 3]) 것으로, 헤겔의 지양처럼 이중적 의미를 가진 것이다. 19세기를 보존하는 가운데 19세기를 극복하는 것, 현재를 위해 19세기를 '구원'하는 것이다. 벤야민은 '현재를 꿈이 가리키는 각성의 세계로 경험하기 위해 꿈의 강도强度로 과거라고 하는 이전에 있었던 것을 겪는 것'을 '역사 연구의 새로운, 변증법적 방법'([F°, 6])으로 정의했다. 이러한 생각의 저변에는 신비적인 역사 개념이 깔려 있는데, 벤야민은 후기의 테제인「역사 개념에 대해」에 이르기까지 이를 포기하지 않았다. 어떠한 현재도 역사의 특정한 계기와 공시적으로 존재해야 한다. 개별적인 과거의 모든 사실은 오직 특정한 역사적 시대에서만 '해독 가능'하게 되듯이 말이다.

> 변증법적 이미지 속에서 과거의 어떤 특정한 시대에 존재했던 것은 항상 동시에 '고래로 존재해온 것'이기도 하다. 그러나 그 자체로서 그것은 매번 특정한 시대에만 출현한다. 즉 인류가 눈을 비비며 바로 이러한 꿈의 이미지를 그 자체로 인식하는 시대에만. 바로 이 순간 역사가가 그러한 꿈의 이미지에 관한 해몽의 과제를 받아들이는 것이다([N 4, 1]).

그러나 이를 위해 과거를 신화의 세계와 분리시키는 것은 불가능하며 반대로 '"신화"를 역사 공간 속으로 해체시켜야'([H°, 17]) 한다. 따라서 벤야민은 '가장 가까이 있는 것에 대한 구체적이고 유물론적인 반성'을 요구한다. 그에게서는 '우리와 가까운 것, 우리를 규정하고 있는 것에 대한 서술'([C°, 5])만이 중요하다. 이러한 의미에서 역사가는 역사의 현장 속에 몸을 담고 있으면서 그러한 입장에서 바라보는 것을 그만두어야 한다. 지나가버린 과거를 현재의 삶 속에 등장시켜야 한다. '가까움의 파토스'([I°, 2])가 쉽게 사라지는 '감정 이입'을 대체하도록 해야 한다. 그렇게 되면 과거의 갖가지 사물과 사건들은 고정된 것, 변하지 않는 것으로 역사가에게 주어지는 소여所與가 아니게 된다. 이와 반대로 "변증법은 과거의 갖가지 사물과 사건들을 들쑤시고, 혁명적으로 전복시켜 가장 위에 있던 것을 가장 아래로 내려가게 한다"([D°, 4]). 19세기의 꿈으로부터 깨어나려면 바로 이러한 일을 수행해야 한다. 따라서 '꿈에서 깨어나려는 시도'야말로 벤야민에게는 '변증법적 전도의 가장 좋은 예'([D°, 7])이다.

『아케이드 프로젝트』와 관련된 노트를 처음 작성할 때 벤야민이 염두에 두고 있던 것을 풀 수 있는 단서는 아마 아래 문장에서 찾을 수 있을 것이다. "자본주의는 꿈을 수반한 새로운 잠이 유럽을 덮친 하나의 자연 현상으로, 이러한 잠 속에서 신화적 힘들이 재활성화되었다"([K 1a, 8]). 문제 설정. 자본주의를 인식하려는 관심, 벤야민은 그것을 역사 유물론과 공유하고 있었다. 물론 그렇다고 해서 역사 유물론을 그대로 수용한 것은 아니지만 말이다. 게다가 자본주의를 규정하기 위해 사용한 개념들, 즉 자연, 꿈, 신화 등은 원래 형이상학과 신학에서 영감을 얻은 그의 독창적 사유 속에 들어 있던 용어에서 유래한다. 젊은 벤야민의 역사철학적 개념들은 신화 비판을 중심으로 회전하고 있는데, 그가 보기에 신화란 멍에처럼 둘러씌워진 타율적인 것으로 선사 시대에는 인간을 주술처럼 묵종 상태에 붙잡아두고 이후의 모든 역사 속에서도 직접적 폭력이든 부르주아적 법의 형태든 극히 다양한 형태로 계속 살아남아온 것이었다.[11]
『아케이드 프로젝트』를 위한 '최초의 초고'에서의 자본주의 비판도

11) R. 티데만, 『발터 벤야민의 철학 연구』, 2판, 프랑크푸르트 암 마인, 1973, 76페이지 이하 그리고 98페이지 이하.

이처럼 신화 비판에 머물러 있는데, 19세기는 '이제까지 단지 광기만이 횡행하는' 영역처럼 보였기 때문이다. "그러나 이러한 토양에는 모두 언젠가는 한번 이성을 섞어넣고, 그로부터 광기와 신화의 관목은 제거해야만 한다. 여기서는 19세기를 대상으로 그러한 일을 수행해야 한다"([G°, 13]). 그는 이제 막 시작되고 있는 고도 자본주의의 지배적인 의식 내용과 표상 형식을 이렇게 규정한다. 한편으로는 '최신의 것, 가장 현대적인 것의 센세이션', 다른 한편으로는 '동일한 것의 영겁회귀'의 이미지가 그것이다. ― 두 가지 모두 '역사를 전혀 모르는 집단이 꿈꾸는 사건의 꿈의 형성물들'([M°, 14])이다. 벤야민은 이러한 해석을 통해 그러한 의식 내용이나 표상 형식이 비역사적인, 여전히 신화에 사로잡혀 있는 형태들이라는 것을 간파해낸다. 이러한 형태들은 그러한 해석을 통해 비로소 신화의 주술을 무효화시키고 그로부터 깨어나기 시작한다. 현대를 '지옥의 시간'이라고 해석하면서 그는 직접 신학적 방식으로 이렇게 말한다.

세계의 모습, 거대한 머리는 최신의 것에서도 전혀 달라지지 않았으며, 이 '최신의 것'은 모든 측면에서 언제나 이전과 똑같은 것이 […] 문제이다. 바로 이것이 지옥의 영원성과 함께 새디스트들의 혁신욕을 구성한다. 이러한 '현대'가 뚜렷하게 모습을 드러내는 흔적들 전체를 규정하는 것, 그것은 지옥을 서술하는 것이다([G°, 17]).

신학은 텍스트 속으로 가라앉듯이 역사적인 것 속으로 가라앉아 그것을 해석하는 '현실에 대한 주석'으로서, 『아케이드 프로젝트』의 '기초 학문'([O°, 9])을 제공해주어야 한다. 물론 그와 함께 정치가 '역사에 대해 우위'([h°, 2])를 확보해야 한다. 『아케이드 프로젝트』의 '최초의 초고' 단계에서 벤야민은 아직 신학적 범주들과 정치적 범주들의 매개보다는 ─ 『유토피아의 정신』에서의 블로흐와 매우 흡사하게 그리고 누가 봐도 분명하게 이 책을 모델로 삼아 ─ 이 두 범주들의 일치를 염두에 두고 있었다. 그는 자기 계획의 특징을 규정짓기 위해 여러 차례 블로흐의 개념들에 의존한다. 예를 들어 "유행은 체험한 순간의 어두움 속에 있다. 그러나 그것은 집단적 어두움이다"(IO°, 11). 블로흐에게서 무언가를 체험하는 개인은 그러한 순간에는 아직 자기 자신을 인지하지 못하고 있다. 그와 마찬가지로 벤야민에게서도 역사의 모든 현상은 꿈꾸는 집단 자체에게는 불투명하고, 조명되지 않는다. 블로흐에 따르면 개인의 경험은 어떤 경우에도 지금 바로 지나간 것의 경험으로서밖에 존재하지 않듯이 벤야민의 현재 해석 또한 지금 막 지나가버린 것과 관련되어 있다. 그에게서 현재적 행위란 역사의 꿈으로부터의 각성이며, 과거에 지나가버린 것들의 '폭발'이며, 혁명적 전환이다. 그는 '이[『아케이드』] 작업에서 다뤄지게 될 모든 사태는 프롤레타리아의 자기 의식화 과정에서 명확해질 것'이라고 확신하고 있었다(IO°, 68). 그는 주저 없이 그것을 프롤레타리아 혁명의 준비의 일환으로 이해했다. "과거의 연관들에 변증법적으로 침투하고 그것을 현재화하는 것은 현재적 행위의 진리(성)를 검증하는 것이다"(IO°, 5). 즉 『아케이드 프로젝트』는 그러한 행위 그 자체는 아닐지 모르지만 그러한 행위 이론에는 기여할 수 있으리라는 것이다. 역사가의 과제가 '과거의 구원' ─ 또는 벤야민이 블로흐의 다른 개념을 인용해서 정식화한 바에 따르자면 ─ '아직 의식되지 못한 과거에 대한 지식의 각성' ([H°, 17)으로 규정되는 것은 바로 이 때문이다. 즉, '아직 의식되지 못한 지식이라는 관점'을 '다양한 시대의 집단에' 적용(IO°, 50)하는 방식으로 그렇게 하려는 것이다. 이 단계에서 『아케이드 프로젝트』는 신비적 재건으로 구상되었다. 벤야민이 이해하는 바의 변증법적 사고는 그때까지 역사에서 미래를 품고 있는 '적극적' 요소를 후진적인 '부정적' 요소로부터 구별하는 것이었다. 그런 다음

따라서 이처럼 일단 배제된 부정적인 부분에 새롭게 구분법을 적용해 그러한 [……] 부분에서도 새롭게 적극적인, 즉 이전과는 전혀 다른 의미를 가진 부분이 출현하도록 하는 것은 결정적 중요성을 가진다. 이런 식으로 무한대로 계속된다. 과거 전체가 어떤 아직 알려지지 않은 역사의 복원 속에서 현재 속에 참여할 때까지 말이다([N 1a, 3]).

이처럼 『아케이드 프로젝트』에서는 19세기가 이러한 형태로 현재 속으로 들어와야 한다. 벤야민에게서 이를 조금이라도 훼손시키는 혁명적 행동은 허용되지 않는다. 그에게 혁명이란 최고의 과거의 구원으로서, 그것은 '모든 사물에 있어서 최고의 생명의 파괴 불가능성'([O°, 1])을 드러내주어야 한다. — 이처럼 20년대 말의 벤야민의 사유 속에서는 신학과 공산주의가 수렴되고 있었다. 그리고 초기의 비의적 글들뿐만 아니라 『독일 비극의 기원』에까지 이르는 위대한 미학적 글들의 자양분을 제공해온 형이상학적·역사철학적·신학적 수원水源들은 『아케이드 프로젝트』에도 여전히 막힘없이 흘러들어 자양분을 제공하게 된다.

이 모든 것이 『아케이드 프로젝트』가 되어야 했지만 어떤 것도 그렇게 되지 못했다. — 이런 식으로 벤야민의 문장을 하나 비틀어 말하고 싶어진다. 1929년 가을 이 작업이 중단된 데는 여러 이유가

있었다. 벤야민 본인은 나중에 이 일을 되돌아보면서 특히 서술 문제 때문이었다고 보았다. 즉 '광상시적 성격'을 부여했기 때문이라는 것이다. 분명히 그는 '최초의 초고'에 '변증법의 요정의 나라'라는 부제를 붙인 바 있었다(V, 1117). '허용될 수 없는 "시적인"' 정식화 방법(V, 1138) — 당시 벤야민은 그런 방식으로 작업할 수밖에 없다고 보았다 — 은 '우리 세대의 결정적인 역사적 관심사를 대상'(V, 1137)으로 하는 이 작업과는 어울릴 수가 없었을 것이다. 벤야민은 오직 역사 유물론만이 그러한 관심사를 보장해줄 수 있다고 생각했다. 따라서 『아케이드 프로젝트』를 쓰면서 벤야민이 직면한 난관들 또한 당연히 마르크스주의 이론에 대한 태도에서 정점에 달했다. 비록 처음부터 벤야민은 공산당 정치에 동의하고 있었으나 이러한 정치적 신앙 고백에서 마르크스주의에 대한 이론적 연구로 나가야 할 필요성을 스스로에게 납득시켜야 했는데, 본격적으로 착수하기 전에 적어도 수용이라는 형태로라도 시작되어야 할 필요가 있었다. 『아케이드 프로젝트』를 '형이상학이 제기하는' '일체의 반론'에 맞설 수 있도록 해야 했기 때문이다. '근본적으로 형이상학에 의해 추동되는 대량의 사상'을 '개주 과정' 속에 집어넣어 저자로 하여금 '정통파 마르크스주의 측에서 이러한 작업 방식과 관련해 무슨 말을 하더라도 평정을 유지할 수 있도록'(V, 1118) 하는 것이 중요했다. 벤야민은 '태평스럽게 태곳적 방식대로 자연을 집중적으로 탐구하는 철학 방식' — 이것이 최초의 초안에 있는 '낭만주의적 형식'과 '광상시적 조야함'의 토대를 이루고 있었다 — 은 본인이 '역사적'이라고 특징지은 바 있는 호르크하이머와 아도르노와의 대화와 함께 종결된 것으로 보았는데(V, 1117), 이 대화는 1929년 9월 아니면 10월에 프랑크푸르트와 쾨니히슈타인에서 있었다. 여러

가지 가능성으로 보아 그때까지 써놓았던 원고 — 본 전집의 출판
과 함께 편집자가 '최초의 초고'라고 부른 텍스트들 — 에 대해 논
의하던 중 두 사람은 19세기를 본격적으로 다루려면 마르크스의 자
본 분석을 무시해서는 안 된다고 주장했던 것처럼 보이며, 이때까
지만 해도 아직 마르크스를 거의 읽어보지 못한 벤야민은 그러한
지적에서 큰 영향을 받았을 가능성이 크다.[12] 어쨌든 1930년 1월 20

12) '최초의 초고'에서 경제학 범주들은 단지 띄엄띄엄 그리고 대개는 은유적인 방식
으로만 사용되고 있는데,『자본』 1권과 3권에서 아무런 주석 표시 없이 두 문장을 인용
하고 있는 것을 볼 수 있다. 이『자본』은 '초판'을 가리키고 있다(Q °, 4]). 1권의 경우
특히 시사적인데, 왜냐하면 '초판'으로 불리는 1867년판은 아주 희귀하고, 거의 한 번
도 인용되지 않기 때문이다. 호르크하이머와 아도르노가 1929년 가을에 있은 '역사적
대화' 동안 벤야민에게 해당 구절을 일러주었을 것이라고 추정해볼 수 있을 것이다. 당
시 사회조사연구소의 장서에는 초판이 한 질 소장되어 있었는데, 호르크하이머는 종종
희귀본에서 인용하는 습관이 있었기 때문이다.『자본』 1판에서 해당 구절을 검토해보면
그러한 추정이 맞다는 것을 확인할 수 있다. 이 구절은 상품의 물신적 성격에 대한 결정
적 정식화들을 담고 있다. 이 개념의 '전개'가『아케이드 프로젝트』의 두번째 초안의
'중점'을 이룰 계획이었다(아래의 65페이지를 보라). 문제의 구절의 기입 직후 '최초의
초고'의 원고는 포기되는데, 이는『자본』을 읽을 필요가 있다는 제안에 따른 난점 때문
이었을 가능성이 크다. [아래의 주 내용은 영어판에만 들어 있다.] 이 책이 출간된 이후에
야 비로소 사용할 수 있게 되었기 때문에 이 5권에는 들어 있지 않은 아도르노의 편지,
즉 1935년 6월 8일 호르크하이머에게 보낸 편지는 이러한 추정이 정확하다는 것을 확인
해준다. 아도르노는 첫번째 개요의 특징을 이렇게 요약한다. "19세기를 '변증법적 이미
지로서의 상품'이라는 범주를 통해 '스타일'로 열려는 시도." 이어 그는 이렇게 말한다.
"이러한 구상은 저와 가까운 만큼(그리고 저 또한 여러 해 동안 그것의 빚을 지고 있죠)이
나 당신에게 빚지고 있습니다. 프랑크푸르트의 칼튼 호텔에서 당신, 벤야민 그리고 제가
— 아스자 라시스와 그레텔도 함께 있었죠 — 변증법적 이미지에 관해 가진 저 길이 기
억에 남을 대화에서 상품에 핵심적인 것으로서의 역사적 이미지의 양상을 주장한 사람
은 당신이었습니다. 그 대화 이후 이 문제에 관한 벤야민과 저의 사유는 결정적으로 방
향을 전환하게 되었습니다. 키에르케고르에 관한 아도르노의 책에는 그러한 조짐이 담
겨 있으며, '아케이드 초고'는 누가 봐도 분명하게 그것을 담고 있습니다."

일 숄렘에게 보낸 편지에서는 이 일을 끝내려면 헤겔 철학뿐만 아니라 『자본』의 몇몇 측면을 연구할 필요가 있다는 언급을 찾아볼 수 있다(V, 1094). 이러한 연구는 그로부터 4년 후인 1934년 초 새롭게 『아케이드 프로젝트』에 착수할 때까지도 완결되지 못했다. 이 작업은 '새로운 면모'(V, 1103)를 드러내는데, 이것은 아마 망명이라는 정치적 경험에서 적잖이 유래했을 것이다. 누가 봐도 확연하게 사회사로 되돌아가는 것을 보아도 이를 분명하게 알 수 있는데, 이 사회사는 '최초의 초고'에서도 전혀 찾아볼 수 없는 것은 아니었지만 초현실주의적 지향에 의해 가려져 있었다. 이전의 모티브들 중 아무것도 포기되지 않았지만 건물은 한층 더 견고한 초석을 얻게 되었다. 여기에 아래와 같은 테마가 추가되었다. 오스만식 도시 개조, 바리케이드전, 철도, 각종 음모들, 동업 직인 조합, 사회 운동, 증권 거래소, 경제사, 코뮌, 종파들의 역사, 에콜 폴리테크니크. 그리고 마르크스, 푸리에, 생시몽에 관한 발췌문이 만들어졌다. 하지만 이처럼 주제군을 확대했다고 해서 벤야민이 새로운 주제에 따로 책 — 에세이를 쓸 생각은 책으로 바뀌었다 — 의 한 장을 할애할 생각이었던 것은 전혀 아니다. 그런데 이 책의 주제는 이제 '19세기 예술의 운명'(V, 1151)으로 정해져 이전 초고에서보다도 훨씬 더 협소해진 것처럼 보였다. 하지만 그것을 너무 액면 그대로 받아들일 필요는 없다. 왜냐하면 이 작업의 두번째 단계에서 벤야민이 의도했던 것을 다른 어떤 글에서보다도 더 분명하게 요약하고 있는 1935년의 「개요」에는 『아케이드 프로젝트』가 처음부터 다루게 될 주제들이 모두 열거되어 있기 때문이다. 아케이드들, 파노라마들, 만국박람회, 실내, 파리의 거리들이 그것이다. 이 개요의 제목인 '파리 — 19세기의 수도'는 이후에도 확정적인 것으로 그대로 유지되며,

1939년에 조금 더 상세히 프랑스어로 쓴 두번째 「개요」에도 그대로 계승된다. 그것은 두번째 초고의 '새롭고 정확한 사회학적 관점'을 결정적으로 참조하고 있는데, 그러한 전망은 '해석에 촘촘한 망을 씌워주는 안정된 틀'을 제공해줄 것이라고 쓰고 있다(V, 1118). 하지만 해석은 이제 이 책의 대상들 ─ 즉 19세기 프랑스의 문화적 상부구조들 ─ 을 마르크스가 말하는 소위 상품의 물신적 성격까지 환원시켜야 했다. 1935년 단계에 이러한 개념의 '전개'가 계획 중인 책의 '중심'에 놓여 있으며(V, 1112), 1938년에는 『아케이드 프로젝트』의 '기본 범주들'은 '상품의 물신적 성격에 대한 규정에서 수렴될 것'이라고 쓰고 있다(V, 1166). '최초의 초고'에서 이 개념은 아무런 연관도 없이 단 한 군데([O°, 38])에서만 사용되었을 뿐이다. 의문의 여지 없이 당시의 단계에서는 상품의 물신적 성격이 『아케이드 프로젝트』 전체의 핵심적 해석틀이 되어야 한다는 등의 생각은 전혀 할 수 없었다. 1935년 5월 첫번째 「개요」를 쓸 때도 여전히 어떤 주제와 관련해 마르크스의 글에서 해당 부분을 찾아 상술하는 것은 벤야민에게 그다지 친숙한 일이 아니었을 것이다. 짐작건대 그는 1935년 6월 초, 즉 개요를 다 쓴 후에야 비로소 『자본』 1권을 '여기저기 들여다보기' 시작했을 것이다(V, 1122). 혹시 상품의 물신적 성격에 관한 이론을 알고 있었다면 그것은 아마 무엇보다 먼저 루카치식의 해석을 통해서였을 것이다. 그의 세대의 다른 많은 좌파 지식인들과 마찬가지로 벤야민은 마르크스주의적인 도구를 대부분 『역사와 계급의식』의 「물상화」 장에 빚지고 있었다.

　루카치가 상품 물신주의라는 경제적 실태를 철학으로까지 소급해서 추적하고, 물상화라는 범주를 부르주아적 사고의 이율배반에서 유래하는 것으로 설명했듯이 벤야민도 고도 자본주의 시대의 문화를 이와 똑같이 다루려고 했다. 마르크스는 자본주의적 생산에 고유한 가치의 추상화가 이데올로기적 의식을 — 이러한 의식 속에서 노동의 사회적 성격은 노동 생산물의 대상적 · 물적 성격으로 반영된다 — 낳는다는 것을 보여주었는데, 벤야민은 당시를 지배하던 '물상화된 문화 개념' 속에서도 이와 똑같은 의식이 작동하고 있음을 간파했다. 이 때문에 '인간 정신의 창조물'은 '발생뿐만 아니라 전승에서도 지속적인 사회적 노동에 빚지고 있다'(V, 1255)는 사실이 은폐된다. 19세기 문화의 운명은 다름 아니라 문화가 바로 이처럼 상품으로서의 성격을 띠게 된 데서 찾을 수 있는데, 벤야민에 따르면 그것은 '문화재' 속에서 **환(등)상**Phantasmagorie으로 나타난다. 환(등)상: 망상, 환영은 이미 상품 그 자체이며, 이 상품 속에서 교환가치 혹은 가치 형태는 사용가치를 은폐한다. 자본주의적 생산 과정은 노동을 수행하는 인간에게 자연력으로 대립하고 있으며, 그러한 과정 전체가 환(등)상이다. 벤야민에 따르면 문화적 환(등)상이 표현하는 것은 다음과 같다. 즉 '이 시대의 사회적 상황과 산물에 고유한 양의성'(본서 106페이지)이 그것으로, 마르크스에게서도 이것이 '자본주의의 경제 세계'를 규정하고 있다. '예를 들어 인간의 노고를 덜어주는 것이 아니라 착취를 강화시키는 기계를 통해 분명하게' 나타나는 양의성([K 3, 5]). 벤야민이 반복해서 사용하는 이 환(등)상이라는 개념은 마르크스가 상품의 물신적 성격이라고 부르는 것의 다른 이름에 불과한 것 같다. 게다가 우리는 이미 마르크스 본인이 이 말을 사용하고 있는 것을 발견할 수 있다. 『자본』의 물신적 성격에 관한 장 중 자본주의적 생산 조건 하에서의 노동을 특징짓는 '특정한 사회적 관계'를 설명하고 있는 유명한 구절에서 그러한 노동은 인간들에게 '사물과 사물의 관계라는 환(등)상적 형태'를 취한다고 서술하고 있는 것이다.[13] 마르크스가 염두에 두고 있던 이러한 사태가 바로 부르주아 경제에 '필연적인 허위' 의식으로, 그것이 필연적인 것이라고 해서 그만큼 덜 위선적인 것은 아니다. 그러나 벤야민이 문화 문제에 관심을 가졌던 것은 이데올로기적 내용Gehalt, 즉 이데올로기 비판을 통해 폭로되는 심층적인 내용 때문이었다기보다는 미망과 약속을 동시에 담고 있는 문화의 표층 혹은 외면 때문이었다. '무엇보다 전 세기에 탄생한 상품 생산에 의해 조건지어져 있는 산물이나 생활 형식들'은 '직접적 현존 속에서는 감각적으로 "미화"되어 있다'(V, 1256). 그에게는 바로 이러한 직접적 현존이 문제였으며, 그가 『아케이드 프로젝트』에서 추적하는 비밀은 이처럼 현상으로 드러나는 비밀이었다. '상품을 생산하는 사회가 자기 주위를 (……) 둘러싸는 번쩍거림光輝'(V, 1256)이 바로 환(등)상이다. — 이러한 번쩍거림은 상품의 물신적 성격 못지않게 관념론 미학의 '아름다운 가상'과도 연관되어 있는 것처럼 보인다. '19세기의 매혹적인 이미지들'(I, 1153)도 환(등)상적이며, 그것들은 '사회적 생산물의 미숙함과 사회적 생산 질서의 결함을 지양하는 동시에 미화시키려는' 19세기의 집단적 '원망상'(본서 94페이지)들이었다. 무엇보다 환(등)상의 기능은 미화하는 데 있는 것 같다. 예를 들어 만국박람회에서는 상품의 가치 결정의 추상성을 가려버림으로써 상품의 교환가치를 미화시킨다. 또 수집가도 수집품에서 상품으로서의 성격을 제거함으로써 사물을 미화시킨다. 또한 아케이드에서는 '이 세기가 새로운 기술적 가능성을 새로운 사회 질서에

13) 칼 마르크스, 『자본』, 1권, 칼 마르크스/프리드리히 엥겔스, 『전집』, 23권, 3판, 베를린, 1969, 86페이지(『자본』에서 인용할 경우 옮긴이가 사용한 '이론과 실천' 판에는 MEW의 해당 페이지가 표시되어 있기 때문에 국역본의 페이지는 표시하지 않는다 — 옮긴이).

조응시킬 수 없었기 때문에'(V, 1257) 철골 구조와 유리 건축이 미화되었다. 1937년 말 블랑키의 『천체에 의한 영원』 — 위대한 혁명가가 말년에 감옥에서 쓴 우주론적 환(등)상 — 을 우연히 알게 된 벤야민은 거기서 19세기를 지옥으로 보는 자신의 사색을 다시 한 번 확인할 수 있었다. 19세기가 특히 현대적인 것으로 과시하려 한 모든 새로운 것의 가상적 성격은 이 시대 최고의 이념 즉 진보 이념 속에서 절정에 달하는데, 벤야민은 그것이 블랑키에 의해 '역사 그 자체의 환(등)상'으로 고발되고 있는 것을 발견했다. 그것은 '최신의 것인 양 장식하고 으스대며 걷고 있으나 사실은 상상할 수 없을 정도로 오래된 것', '동일한 것의 영겁회귀로서, 여기서 인류는 저주받은 자'(V, 1256) 중의 하나로 등장할 뿐이라고 고발하고 있는 것이다. 벤야민은 블랑키에게서 이러한 환(등)상 속에는 동시에 '더할 나위 없이 신랄한 비판', '사회에 대한 더할 나위 없이 무시무시한 탄핵'(V, 1256f)이 들어 있다는 것을 배웠다. 그리하여 환(등)상을 미화하는 힘은 계몽으로 반전된다. 즉 '인류는 환(등)상이 자신들 안에 자리하고 있는 한 신화적 불안으로 인해 고통받을 것'(V, 1256)이라는 통찰로 말이다. 이 세기는 항상 문화적 환(등)상을 통해 '낡은 사회 질서'를 변증법적으로 초월했다. 아케이드와 실내, 박람회장과 파노라마는 '원망의 상징'으로서 '꿈의 세계의 잔해'이다. 미래를 예견하는 것으로서의 블로흐적인 미래의 꿈꾸기이다. "모든 시대는 바로 다음 시대를 꿈꾸는데, 꿈을 꾸면서 각성을 재촉하기도 한다. 모든 시대는 자체의 종말을 안으로 감추고 있다." 벤야민에게서 몰락 중인 부르주아 문화의 이러한 종말을 규정하고자 할 뿐만 아니라 동시에 촉진시키려는 변증법적 사유는 '역사적 각성의 도구'이다(본서 112페이지).

상품에 물신적 성격으로 부여되는 속성은 상품을 생산하는 사회 그 자체에도 달라붙어 있다. 하지만 분명 그러한 사회는 그 자체로 존재하는 것이 아니라 항상 바로 이러한 상품을 생산하고 있다는 사실을 사상拾象할 때만이 스스로를 표상하고 이해할 수 있다고 믿고 있다([X 13a]).

마르크스라면 아마 이런 식으로 생각하기는 힘들었을 것이다. 그에 따르면 상품의 물신적 성격은 거꾸로 인간에게 그의 노동의 성격이 마치 실제로 존재하는 것인 양 현상하는 데서, 즉 '사람과 사람 사이의 물적 관계와 사물들 간의 사회적 관계'로 나타나는 데서 찾을 수 있다.[14] 자본을 분석해보면 상품의 물신적 성격의 *quid pro quo*(착각)은 객관적인 것이지 환(등)상이 아니라는 것을 확인할 수 있다. 마르크스의 입장에서 보면 상품 생산 사회가 상품을 생산하고 있다는 사실을 사상할 수 있는 것은 더 높은 단계의 사회 구성체로의 과도기에서 상품 생산을 구체적으로 그만둘 때뿐이며, 그 밖에는 그렇게 할 수 없을 것이라는 생각을 거부했을 것이다. 따라서 비록 그리 생산적인 것은 아니겠지만 벤야민이 마르크스 이론을 오해하고 있었음을 증명하는 일은 그리 어려운 일이 아닐 것이다.

벤야민은 마르크스주의 예술 이론에 거의 관심을 보이지 않았는데, 그에게 이 이론은 '때로는 허풍을 치기도 하고, 때로는 스콜라적'인 것처럼 보였다([N 4a, 2]). 그에게는 유물론적 분석의 영역에 속한 대부분의 글들보다 프루스트가 쓴 세 개의 짧은 문장이 더 가치가 있었다([K 3, 4]). 마르크스주의 예술 이론가들은 대부분 문화를 경제 발전의 단순한 반영으로 설명했으나 벤야민은 이를 거부했

14) 앞의 책, 87페이지.

다. 그는 미학적 반영 이론은 '상부구조의 이데올로기들은 여러 관계를 왜곡되고 비틀린 형태로 반영한다'는 마르크스의 지적에 의해 이미 무용지물이 되어버린 것으로 보았다(K 2, 5). 그는 여기에 다음과 같은 물음을 연결시키고 있다.

하부구조가 사고나 경험의 소재라는 점에서 어느 정도 상부구조를 규정하고 있다 하더라도 그러한 규정이 단순한 반영과 같은 것이 아니라면 도대체 그것을 — 그러한 규정의 발생 원인은 완전히 제외한다고 하더라도 — 어떻게 특징지어야 하는가? 하부구조의 표현으로서가 정답이다. 상부구조는 하부구조의 표현이다. 사회의 존재를 규정하는 경제적 조건들은 상부구조에서 표현된다. 이것은 잠자고 있는 사람의 경우 가득 찬 위장이 꿈의 내용을 인과적으로 '조건지을' 지 몰라도 그것을 반영하는 것이 아니라 표현하는 것과 완전히 동일하다(K 2, 5).

벤야민은 『아케이드 프로젝트』에서 이데올로기 비판식으로 작업하지 않았다.[15] 오히려 그는 유물론적 골상학Physignomie이라는 이념에 몰두했는데, 그는 이를 마르크스주의 이론의 보완 혹은 확충으로 구상했던 것 같다. 골상학은 외면에서 내면을 추측하며, 부분에서 전체를 해명하며, 특수한 것 속에서 일반적인 것을 묘사한다. 골상학은 육체를 가진 지금 여기 있는 것Diesda에서 출발한다는 점에서 유명론적이며, 구상적인 것의 영역에서 출발한다는 점에서 귀납적이다. 『아케이드 프로젝트』는 '기본적으로 최초의 산업

---

15) 위르겐 하버마스, 『발터 벤야민. 의식화시키는 또는 구원하는 비평가』, 『철학적 · 정치적 측면도』, 3판, 프랑크푸르트 암 마인, 1981, 336~376페이지.

제품, 최초의 산업 건축물, 최초의 기계뿐만 아니라 최초의 백화점, 광고 등의 표현으로서의 성격을 다룰'([N 1a, 7]) 예정이었다. 이러한 표현으로서의 성격 속에서 벤야민은 직접적으로 손이 미치지 않는 것, 즉 19세기의 각인을 찾아내려고 했다. 그에게는 '표현의 관련'이 중요했다. "문화가 어떻게 경제에서 성립하는가가 아니라 문화 속에서 경제가 어떻게 표현되는가를 서술할 것"([N 1a, 6]). 『아케이드 프로젝트』의 첫번째 노트에서 두번째 노트로 나아간 벤야민의 궤적이 역사 유물론의 요구에 맞서 자기 작업의 타당성을 주장하기 위한 노력을 기록하고 있다면 이와 동일하게 형이상학과 신학에 속하는 모티브들도 이 시기의 마지막 단계에서 구상된 골상학 속에서 전혀 손상되지 않은 채 살아남아 있다. 문화 속에서 경제가 어떻게 표현되는지를 서술하는 것, 그것은 '경제 과정을 눈에 보이는 원-현상으로, 즉 아케이드에서 벌어지는 모든 삶(따라서 19세기에 벌어지는 모든 삶)의 현상이 그곳으로부터 발생하는 원-현상'으로서 파악하려는 시도([N 1a, 6])였다. 벤야민은 이미 『독일 비극의 기원』에서 자신의 진리 개념을 설명하기 위해 괴테의 원-현상을 수용한 바 있었다.[16] 이 저서에서 기원이라는 개념은 '이러한 괴테의 기본 개념을 자연 영역에서 역사 영역으로 엄밀하고 또 이론의 여지 없이 옮겨놓은 것'이었다.

그런데 이 『아케이드 프로젝트』에서 나도 그러한 기원을 탐구할 생각이다. 즉 파리의 아케이드들의 형성과 변천의 기원을 시작부터 쇠퇴기까지 추적해 그러한 기원을 경제적 사실들 속에서 파악해보려고

---

16) 티데만, 앞의 책, 79~89페이지를 보라.

한다. 하지만 인과 관계라는 관점, 즉 원인으로서 보는 경우 그러한 사실들은 결코 원-현상이 될 수 없다. 오직 내발적 발전 — 오히려 전개Auswicklung라고 하는 편이 더 나을지도 모르지만 — 에 따라 아케이드의 일련의 구체적 · 역사적 형태들을 자신 속에서 출현시킬 때만이 원-현상들이 될 수 있다. 마치 식물의 잎이 경험적인 식물계의 온갖 풍요로움을 스스로 펼쳐 보이듯이 말이다([N 2a, 4]).

여기서 형이상학적 궤변과 신학적 투덜거림이 인식론 속에서 되돌아오고 있다. 비록 경제에 의해 역설적인 방식으로 가면이 벗겨지는 것을 안 후에는 가라앉는 것처럼 보이지만 말이다. 경제적 사실의 표현으로 나타나는 원-현상은 『독일 비극의 기원』에서 경험을 매개로 나타나는 이념들과는 어떻게 구분될 수 있을까? 벤야민은 단자론적 진리라는 초기의 생각을 통해 이 문제를 해결하는데, 그것은 『아케이드 프로젝트』의 모든 단계를 지배하고 있을 뿐만 아니라 심지어 「역사 개념에 대해」라는 테제에서도 그대로 남아 있다. 『독일 비극의 기원』에서는 이념이 단자로서 '세계의 이미지'를 내부에 감추고 있다면(I, 228) 『아케이드 프로젝트』에서는 원-현상으로서의 표현이 역사의 원-현상을 내포하고 있다. 자본주의적 생산의 본질은 경제가 문화적으로 표현되는 구체적인 역사적 형태들을 통해서 파악되어야 한다. 단순한 개념성, 그러한 개념성의 추상성들로는 자본주의적 생산이 가진 마력으로부터 벗어나기에는 불충분하며, 이 때문에 일반성을 안에서 암호화하고 있는 이미지들을 해독하기 위한 미메시스적 · 구상적 교정책이 고안되었다. 그리고 골상학적 사유에는 '부르주아지가 세운 기념비들이 실제로 붕괴하기도 전에 이미 그것들을 폐허로 간파할 임무'(본서 112페이지)가 부여되었다.

『아케이드 프로젝트』에서 읽어낼 수 있는 유물론적 골상학에 대한 서설은 벤야민의 가장 중요한 구상 중의 하나로 꼽을 수 있을 것이다. 거기에는 마르크스주의가 오늘날까지 미완의 과제로 남겨두고 있는 미학 이론이 하나의 프로그램으로 예고되어 있다. 과연 그러한 프로그램이 약속한 바대로 충분히 실행되었는지, 골상학이 유물론적 과제를 제대로 감당했는지는 『아케이드 프로젝트』 자체의 완성만이 증명할 수 있었을 것이다.

역사와 역사 기술에 대해 기존과는 다른 개념, 그것이 『아케이드 프로젝트』의 두 개의 초고를 이어주는 소위 연결 고리가 되고 있다. 이 두 개념의 논쟁의 칼끝은 19세기를 지배한 진보 개념을 겨냥하고 있다. 객관적 세계에 벌써 환(등)상이라는 이름을 붙인 — 그렇게 한 것은 아마 우연이 아닐 것이다 — 쇼펜하우어를 예외로 하면 관념론 철학은 진보를 '역사의 흐름 전체를 나타내는 표식'([N 13, 1])으로 보고 있으며, 이를 통해 진보로부터 계몽적 · 비판적 기능을 박탈해버렸다. 심지어 생산력 발전에 대한 마르크스의 확신조차도 진보 개념을 실체화한 것으로, 20세기의 경험들에 직면한 벤야민에게는 더이상 유지될 수 없는 것으로 보였던 것이 틀림없다. 이와 비슷하게 노동 운동의 정치적 실천 역시 숙련과 지식의 진보는 결코 인류의 진보 그 자체는 아니라는 것, 자연의 지배에 의한 진보에는 사회의 퇴보가 수반된다는 것을 망각했다(I, 700f.). 벤야민은 『아케이드 프로젝트』의 '최초의 초고'에서 이미 '진보 이데올로기'를 '모든 부분에서 극복한 역사철학'([O°, 5])을 요구했으며, 나중에 그는 이를 역사철학 테제를 통해 수행한다. 그런데 이 테제에 들어 있는 역사의 이미지들은 생산력과 생산관계의 변증법보다는 원-이미지와 환영 사이에서 위험천만한 마술을 부리는 클라게스를 더 강하게 연상시킨다. 이 테제 중의 하나에서 — 벤야민적 의미의 — 역사 유물론자의 알레고리로 등장하는 것은 역사의 천사인데,[17] 기력을 상실한 그의 눈앞에 이제까지의 모든 역사는 '잔해 위에 또 잔해를 쉼없이 쌓이게 하고 또 이 잔해를 발 앞에 내팽개치는' 파국으로 놓여 있다(I, 697). 이제까지 역사 기술에 사용되어온 모든 범주는 이 천사에 의해 효력을 상실한다. 이 유물론자는 '서서히 생성되어 간다'는 모든 생각도 논박된 것으로 간주하며, '발전'도 그에게는 '겉으로만 그렇게 보일 뿐이다'([F°, 6], [K 1, 3]). 다른 무엇보다 그는 역사의 '연속성을 만들어내는 것'([N 9a, 5])을 포기한다. 역사에서 그러한 연속성이 존재한다는 것을 증명해주는 유일한 증거는 공포의 역사뿐인 반면 이 천사에게는 구원과 해방이 문제이기 때문이다. 그리하여 『아케이드 프로젝트』에서는 다름 아니라 역사관의 '코페르니쿠스적 전환'([F°, 7], [K 1, 1~3])이 이루어져야 한다. 그에 따르면 마치 칸트가 인식 비판을 통해 객관성을 주체의 심층에 정초시켰듯이 지나간 역사는 현재의 현실 속에 근거하고 있는 것으로 파악되어야 한다. 역사 인식 속에서 주체와 객체, 현재와 과거가 만나는 관계에서 먼저 이러한 전환이 이루어졌다.

즉 지금까지는 '과거에 존재했던 것'을 고정점으로 보고, 현재는 일일이 손으로 하나하나 확인하면서 인식을 이러한 고정점 쪽으로 끌

---

17) 티데만, 「역사 유물론인가 정치적 메시아주의인가? 발터 벤야민의 역사철학의 정치적 내용」, 『벤야민의 테제 '역사 개념에 관하여'에 관한 연구 논문 모음집』, 페터 불트하우프 편집, 프랑크푸르트 암 마인, 1975, 86페이지를 보라.

어오려고 노력하는 것으로 생각되어왔다. 그런데 이제 이러한 관계를 역전시켜, 과거에 존재했던 것은 변증법적 전환, 각성된 의식이 돌연 출현하는 장이 되어야 한다. 앞으로는 정치가 역사에 대해 우위를 차지하도록 해야 한다. 사실들Fakten은 바로 지금 우리 앞에서 처음 일어난 것이 될 것이며, 그리고 그것을 확인하는 것이 바로 상기가 할 일이다([K 1, 2]).

역사적 시선은 더이상 현재에서 과거의 역사로 거슬러 올라가는 것이 아니라 후자에서 나와 전자로 침투해간다. 벤야민은 19세기의 '당시의 삶 그리고 외견상으로는 부차적이고, 지금은 사라져버린 듯한 형식들로부터 오늘날의 삶, 오늘날의 형식들'을 읽어내려고 했다([N 1, 11]). 역사적 대상에 대한 오늘날의 관심은 '그러한 관심 그 자체가 이미 자신의 대상 속에서 미리 형성되고 있다'는 것을 느끼고 있으며 '무엇보다 그러한 관심이 자기 자체 속에서 대상을 구체화하고, 과거의 존재에서 "지금 존재"(즉 각성하고 있는 존재!)라고 하는 보다 고차원적인 구체화로서 상승했다'고 느끼고 있다([K 2, 3]). 역사의 대상은 계속 변해갈 것이며, 후일 그것이 현실적인 것이 될 때에야 비로소 (원래 이 말의 강조적인 의미에서) 역사적인 것이 될 것이다. 역사는 시간 속에서의 연속적 관계들을 다루고 있으나 벤야민에게서 이제 그것은 이미 지나가버린 것을 인식 가능하게 해주는 지금에 도달하는 형태로 현재와 겹쳐지는 성좌들로 대치된다. '인식이 가능해지는 지금'에 대해 벤야민은 종종 바로 '나의' 인식론이라고 말하는데(V, 1148), 이것은 관념론과 실증주의적 역사주의에 맞선 이중적인 전선 설정에서 발전되어 나온 것이다. 실증주의적 역사주의는 역사 기술자를 소위 과거 속으로 데려가 과거의 모든 것을 순전히 자체적으로만, '감정 이입적'으로 이해하도록 하려 하지만 결국 '동질적이며 공허한 시간'을 단순한 '수많은 사실들'로 채울 뿐인 반면(I, 702) 관념론적 역사 구성들은 이와 반대로 미래의 전망을 독점해 역사 속에 자연의 계획이 자율적으로 진행되지만 원칙적으로는 결코 완결될 수 없는 진보가 있다고 제멋대로 전제한다. 두 입장 모두 역사 속에서 '처음부터 시대에 뒤처진 것, 고뇌로 가득한 것, 엇나간 것들은 모두'(I, 343) 망각 속으로 내몰고 있다. 그러나 바로 그것이, 즉 역사 속에 기초로 놓여 있지만 역사에 있어 완성되지 못했던 바로 그것이 바로 벤야민이『아케이드 프로젝트』에서 수행하려는 유물론적 역사 기술의 대상이 될 예정이었다. 과거에 있었던 일 모두 특정한 시대가 되어야 비로소 인식 가능해진다는 것, 그것은 역사가의 자 때문에 그러한 것이 아니다. 그것은 객관적인 역사적 성좌들을 드러내준다.

> 역사는 동질적이며 공허한 시간으로서가 아니라 지금이라고 하는 때 Jetztzeit에 의해 충족된 시간을 형성하고 있는 구조 그 자체이다. 따라서 로베스피에르에게서 고대 로마는 이 지금이라는 시간을 잉태한 과거로서, 그는 이 과거를 역사의 연속에서 떼어내 버렸다. 프랑스 혁명은 스스로를 재림한 로마로 생각했다. 그리고 고대 로마를 인용했다(I, 701).

벤야민은『아케이드 프로젝트』에서 바로 이런 식으로 작업을 수행하려 했다. 현재가 이 책의 텍스트를 제공하고, 역사는 이 텍스트 속의 인용문이 되는 식으로 말이다. '역사를 기술한다는 것은 곧 [……] 역사를 **인용하는 것**'([N 11, 3])이기 때문이다.

역사를 바라보는 시각의 코페르니쿠스적 전환 — 이는 동시에 그리고 무엇보다 먼저 전통적인 진리 개념의 전도를 의미했다.

> '시대를 초월한 영원한 진리'와 같은 개념과는 단호히 결별할 것. 그러나 진리라는 것은 — 마르크스주의에서 주장하는 것처럼 — 인식의 시대적 함수일 뿐만 아니라 동시에 그것을 인식하는 것과 인식되는 것 모두 속에 감추어져 있는 시대의 핵과 연결되어 있기도 하다. 따라서 영원한 것은 어쨌든 이념이라기보다는 오히려 옷주름이라고 할 수 있다(N 3, 2).

역사 속에서 이러한 시대의 핵은 정말로 일어나거나 현실의 시간의 차원에서 연장되는 것으로 파악되는 것이 아니라 발전이 한순간 정지되고 사건의 힘이 응고되어서 존립하고 있는 어떤 것이 되고 시간 자체가 농축되어서 미분소가 되며, 지금이라는 때가 '특정한 인식이 가능한 지금'이라는 것이 밝혀질 때 비로소 드러난다. 즉 "이 지금 속에서 진리에는 폭발 직전의 시간이 장전된다"(N 3, 1). 이처럼 이 지금은 아케이드 자체의, 또한 유행이나 부르주아 실내의 '가장 내밀한 이미지'(IO °, 8)로 나타난다. 『아케이드 프로젝트』에서 인식하려는 과거에 있던 모든 것의 이미지로서 나타나는 것이다. 벤야민은 그때와 지금의 이러한 배치 구성Konfiguration을 위해 '변증법적 이미지'라는 이름을 고안해내며, 이것의 내실을 '정지 상태의 변증법'이라고 규정한다. 변증법적 이미지와 정지 상태의 변증법은 분명히 『아케이드 프로젝트』의 중심 범주를 구성한다. 그러나 그것들이 의미하는 바가 항상 명확한 것은 아니며, 결코 용어 상의 일관성을 보여주지 못한다. 벤야민의 텍스트에서는 적어도 두 개의 다른 의미로 사용되고 있는데, 이 두 가지 의미는 다소 무관하며 어쨌든 이 둘을 매끈하게 합치시키는 것은 불가능하다. 전에 즉 1935년의 개요에서 ― 이러한 점에서 이 개요는 오히려 '최초의 초고'의 모티브들을 요약하고 있는 것처럼 보인다 ― 벤야민은 변증법적 이미지를 집단 무의식 속의 원망과 꿈의 이미지로 특정特定한 바 있는데, '새로운 것에서 자극받아 이미지를 만들어내는' 이러한 무의식의 '공상력'은 '지나간 근원적인 것'을 가리키고 있다.

어느 시대든 다음 시대를 여러 가지 이미지를 통해 떠올려볼 수 있도록 해주는 꿈속에서 다음 시대는 근원의 역사의 요소, 즉 계급 없는 사회의 요소들과 단단히 결합되어 나타난다. 집단의 무의식 속에 보존되어 있는 그러한 사회에 대한 경험은 새로운 것과 철저하게 교차하는 가운데 유토피아를 낳는다(본서 94페이지).

현대는 '근원의 역사'를 '이 시대의 사회적 상황과 산물에 고유한 양의성을 통해' 인용해야 한다. 이 "양의성은 이미지를 통한 변증법의 드러남, 정지 상태의 변증법의 법칙이다. 이러한 정지 상태가 유토피아이며, 따라서 변증법적 이미지는 꿈의 이미지이다. 상품 그 자체, 즉 물신으로서의 상품이 이러한 이미지를 제시해준다"(본서 106페이지). 이러한 문장은 아도르노에게서 결정적인 비판을 받는데, 아도르노로서는 변증법적 이미지가 '집단 의식 속에서 물신적 성격을 받아들이는 방식'이라는 말은 용납할 수 없었다. 왜냐하면 상품의 물신적 성격은 결코 '의식의 사태事態'가 아니기 때문이다(V, 1128). 아도르노의 이러한 비판에서 영향을 받은 벤야민은 이후 그러한 사유 노선을 포기했다. 1939년의 두번째 「개요」에서 이에 해당하는 구절은 저자에게 더이상 만족스럽지 않았기 때문에 생략되었다(V, 1157 참조). 1940년의 「역사 개념에 대해」의 테제들에서 이 정지 상태의 변증법은 거의 발견술적 원리처럼 기능하는 것처럼 보인다. 즉 역사 유물론자가 대상을 다룰 때 이용하는 방법처럼 말이다.

> 역사 유물론자는 과도기가 아니라 시간이 멈추어 선 정지 상태에 이르고 있는 현재라는 개념을 포기할 수 없다. 이러한 개념만이 그가 지금 역사를 쓰고 있는 현재를 정의할 수 있기 때문이다. [……] 유물론적 역사 기술은 [……] 하나의 구성 원리에 근거를 두고 있다. 사유에는 생각의 흐름만이 아니라 생각의 정지도 포함된다. 사유는, 그것이 긴장으로 충만된 성좌 속에서 돌연 정지하는 것만으로도 그러한 성좌에 충격을 가하며, 이를 통해 사고는 하나의 단자로 결정화된다. 역사 유물론자는 오직 그가 단자로서 마주 보고 있는 역사적 대상에만 접근한다. 이러한 구조 속에서 그는 사건의 메시아적인 정지의 표식, 다시 말해 억압된 과거를 위한 투쟁에서 나타나는 혁명적 기회의 신호를 인식한다(I, 702f.).

실제로 벤야민의 사유는 항상 변증법적 이미지 속에서 진행되었다. '모든 형성된 |사회| 형태를 운동의 흐름 속에서 (……) 파악하는'[18] 마르크스의 변증법과 반대로 운동의 흐름을 멈추려는 벤야민의 변증법은 모든 생성을 존재로 파악하려고 했다. 아도르노의 말을 빌리면 벤야민의 철학은 "상품 물신주의를 자기화했다. 사물(성)의 기

---

18) 마르크스, 앞의 책, 28페이지.

형적 주술에서 풀려나려면 모든 것은 마법에 걸린 듯 사물로 바뀌어야 한다".[19] 그의 철학은 이미지를 통해 전개된다. 역사적 · 사회적 현상을 마치 자연사적 현상인 양 '읽어내려고' 하는 것을 보면 이를 알 수 있다. 그의 철학에서 모든 이미지들이 변증법적 이미지가 되는 것은 각각의 이미지의 역사적 지수 때문이다. 이러한 변증법적 이미지 속에서 '과거의 어떤 특정한 시대에 존재했던 것은 항상 동시에 "고래로부터 존재해온 것"이기도 하며'(N 4, 1), 이를 통해 그것은 신화적인 것에 사로잡히게 된다. 하지만 동시에 이미지를 포착해야 하는 역사 유물론자는 '과거에 지나가버린 것 속에 희망의 불꽃을 일으키고', '역사적 전통을 그것을 억압하려는 순응주의로부터' '새롭게 회복할 수 있는'(I, 695) 재능을 갖춰야 한다. 변증법을 정지 상태에 둠으로써 역사의 '승리자들'이 지금까지 역사와 맺어온 계약은 취소되며, 모든 파토스는 억압된 것들의 구원으로 옮겨가게 된다.

분명히 변증법적 구상성을 고정시키는 것은 벤야민에게서 결코 역사가가 임의의 시대의 임의의 대상에 적용할 수 있는 방법이 아니었다. 그에게서 역사 기술은 마르크스에게서와 마찬가지로 정치적 실천과 분리될 수 없는 것이었다. 역사를 기술하는 자가 과거를 구원한다는 것은 인류의 실천적 해방과 결합되어 있다. 물론 '자본주의적 생산은 (……) 하나의 자연적 과정의 필연성에 따라 자신의 부정을 낳는다'[20]는 마르크스주의적 견해와 비교해보면 벤야민의 이론 속에는 무정부주의적이며 블랑키적인 요소가 그대로 남아 있지만 말이다.

19) 아도르노, 앞의 책, 17페이지.
20) 마르크스, 앞의 책, 791페이지.

실제로 자체에 고유한 혁명적 기회를 갖고 있지 않은 순간은 존재하지 않는다. [……] 혁명적 사상가에게는 어떠한 역사적 순간에도 정치 정세에서 생겨난 특수한 혁명적 기회가 인정된다. 그러나 그것이 그에게 인정되는 것은 그에 못지않게 그때까지 폐쇄되어 있던 특정한 과거의 방에 대한 이 순간의 권능에 의해서이다. 이러한 방에 들어가는 것은 정치적 행동과 정확히 일치하기 때문이다(I, 1231).

정치적 행동은 "아무리 파괴적인 것이라도 메시아적 행동이라는 점을 분명히 해야 한다"(I, 1231). 벤야민의 역사 유물론은 정치적 메시아주의와 거의 구분되지 않는다. 히틀러와 스탈린 사이의 불가침 조약이 체결된 데 따른 충격으로 쓰여진 것으로 보이는 후일의 한 메모에서 그는 '자본주의는 결코 자연사하지 않을 것'이라는 것이 바로 '우리 세대의 경험'이라고 서술하고 있다([X 11a, 3]). 그렇다면 더이상 마르크스적인 인내심을 갖고 혁명의 발발을 고대할 수만은 없으며, 이제 혁명은 단지 역사의 종말론적인 **종언**으로밖에는 생각할 수 없게 되었다. "계급 없는 사회는 역사의 진보의 최종 목표가 아니라 그렇게 자주 실패하지만 마침내 성취되는 진보의 중단인 것이다"(I, 1231). 신화에서의 깨어남은 『아케이드 프로젝트』의 역사 기술자가 그리고 있는 대로 구원 속에서 정지 상태에 빠진 역사라는 메시아적 모델을 따라야 한다. '역사 인식의 주체는 투쟁하고 있는, 억압된 계급 그 자체'(I, 700)이다. 그리고 정지 상태의 변증법의 역사가는 이 계급 자체의 사자使者라고 상상해볼 수 있을 것이다. 그는 『구약』의 사상을, 즉 예언이 메시아를 앞서며, 메시아는 예언에 따른다는 생각을 포기하지 않는다. 그러나 그의 역사가에게는 "과거가 요구하는 **약한** 메시아적인 힘이 주어진다". 이 역사가는 "과거의 이미지라는 것은 만약 현재가 그러한 이미지 안에서 자신과 관련되어 있다는 것을 인식하지 못한다면 현재의 일각일각에 언제라도 되돌릴 길 없이 사라져버릴지도 모르는 것인데, 그는 이러한 이미지를 포착함으로써 그러한 요구를 기꺼이 받아들인다"(I, 694f.). 벤야민은 역사의 진화 내부에서 단지 신화적인 항상-동일한 것밖에는 인식할 수 없었으며, 진보는 일절 인식할 수 없었다. 게다가 이 진보를 단지 도약 — '과거로의 호랑이의 도약'(I, 701)(하지만 이것은 실제로는 역사 밖으로의 도약이었다) — 그리고 메시아 왕국의 도래로밖에는 생각할 수 없었다. 그는 이러한 신비적 역사관을 다음과 같은 식의 변증법, 즉 매개가 전도에 완전히 자리를 내주며 화해적 요소가 파괴적·비판적 요소에 양보하는 변증법과 화해시키려고 했다. '역사의 흐름의 연속성으로부터' 변증법적 이미지를 '떼어내는' 것([N 10a, 3])은 혁명 도중 신력新曆을 도입하거나 7월 혁명 당시의 파리에서처럼 교회의 시계탑에 발포함으로써 시간을 멈추려고 했던 무정부주의적 충동과 흡사한 것이었다. 시간에서 떼어낸 사물들이 이미지로 속박하고 있는 시선은 '역사의 히포크라테스적 모습facies hippocratica', 신화의 '경직된 원原-풍경'을 바라보는 고르곤의 시선이다(I, 343). 그러나 과거에 있었던 것과 지금이 '섬광처럼' 통합되어 하나의 성좌가 되는 신비로운 순간, 즉 '인식 가능성으로서의 지금 속'에서 과거에 있었던 것의 이미지가 순간적으로 번쩍이는 신비로운 순간([N 9, 7]), 그것은 메시아적 관점에서 보자면 변증법적·전환적인 것 또는 유물론적으로 말하자면 혁명적인 것이 된다.* '메시아적 시간'이라는 이러한 관점으로부터 벤

* 이하부터 인용문 앞 문장까지의 글은 영어본에만 나오는 것이다 ― 옮긴이.

야민은 현재를 파국으로 규정했다(I, 1243). 즉 앙겔루스 노부스가 과거의 역사를 뒤돌아볼 때 이 천사를 맞이하는 '단 하나의 파국'의 연장으로서 말이다. 마치 벤야민은 '과거와 미래 사이에 큰 하이픈'을, 마르크스 이후 지워져버린 것으로 생각되는 큰 하이픈을 재도입하기를 원하는 것처럼 보인다. 하지만 심지어 벤야민의 후기 작업조차 역사를 참조하는 것을 완전히 포기하지는 않는다. 앙리 포시용은 예술에서 고전적인 것을 'bonheur rapide(즉각적인 즐거움)', 그리스인들의 카이루 아크메*chairou achme*로 규정했는데, 벤야민은 이러한 규정을 그의 메시아적 정지라는 개념을 위해 사용하고 싶어했다(I, 1229를 보라). 정지 상태의 변증법, 최종적 정지, 역사적 동[역]학의 종말 — 헤겔은 아리스토텔레스를 따라 이것이 국가에 의해 완성되는 것으로 보고 싶어했다 — 은 벤야민에게서는 오직 예술에서만 예시될 수 있었다. 『아케이드 프로젝트』에서 진보에 대한 '엄밀한 규정'은 따라서 오직 예술이라는 관점에서만이 내려질 수 있었다.

> 진정한 예술 작품이라면 반드시 작품 속으로 빠져들려는 사람을 향해 마치 밝아오는 아침녘 바람처럼 상쾌한 바람이 불어오는 장소를 갖고 있다. 이로부터 종종 진보와는 전혀 무관한 것으로 간주되어온 예술이 진보에 대한 진정한 규정에 기여할 수 있다는 것이 드러난다. 진보는 시대의 경과의 연속성이 아니라 그러한 연속성에 대한 간섭 속에 있다([N 9a, 7]).

바로 이러한 의미에서 첫번째 「개요」의 문제적 규정을 구원해볼 수 있을지도 모르겠다. 그에 따르면 변증법적 이미지 속에서 집단 무의식의 신화적·근원의 역사적 경험들은 "새로운 것과 철저하게 교차하는 가운데 유토피아를 낳는데, 이 유토피아는 오래도록 길이 남을 건축물에서 한순간의 유행에 이르기까지 삶의 무수한 배치 구성 속에 흔적을 남겨왔다"(본서 94페이지). 그러한 흔적들을 드러내고, '역사의 쓰레기들'을 모으고, 그것들의 종언을 위해 그것들을 '구원' 하기 위해 벤야민은 정지 상태의 변증법을 고안해낸 것이다. 그는 반-진화론적 역사관의 정신에 따라 역사를 기술하려는 역설적인 동시에 놀라운 시도를 감행한 것이다. 벤야민이 이미 이『아케이드 프로젝트』에 착수하기 오래 전부터 갖고 있던 인식, 즉 '세속적인 것은 [······] 분명 그 자체로서는 [메시아] 왕국의 범주는 아니지만 그래도 메시아가 은밀히 다가오는 하나의 범주, 게다가 가장 적절한 범주 중의 하나'(II, 204)라는 인식을『아케이드 프로젝트』로 가져오는 것이 '사건의 메시아적 정지'로서의 정지 상태의 변증법의 과제였다고 할 수 있다. 이런 식으로 세속의 계시라는 벤야민의 이념은 끝까지 '계시로 빛나며', 그의 유물론적 영감도 이런 식으로 '영감을 얻으며', 벤야민의 유물론도 이와 비슷하게 온갖 '개주 과정'에도 불구하고 신학적 성격을 그대로 유지한다. 그의 유물론은 오직 '신학이 차용하고 있는' 인형이라는 의미에서만 역사 유물론이었다. 그럼에도 불구하고 이 유물론이 '승리할 것이다'(I, 693). 당연히 과연 이처럼 복잡한 요구가 실현될 수 있을지 의심스러울 수도 있을 것이다. 그러한 경우 인내심 있게『아케이드 프로젝트』의 지형을 보측步測하고 온갖 우회로나 샛길 ─ 이 책에서는 아무것도 빼지 않았다 ─ 을 따라온 독자는 결국 아무도 손대지 않은 건축 자재가 아니라 폐허와 마주하고 있다고 생각할지도 모르겠다. 그러나 이『아케이드 프로젝트』의 단편들에 대해서도 벤야민이 독일의 바로크『비극』에 대해 쓴 것, 즉 '장대한 건물의 설계 이념은 잘 보존되어 있는 몇몇 부분들에서보다는 폐허에서 더 인상적으로 엿볼 수 있다'(I, 409)는 말이 그대로 해당될 수 있을 것이다.

*

이『아케이드 프로젝트』는 벤야민이 1935년과 1939년에 자신의 프로젝트를 요약한 두 개의「개요」로 시작된다. 초기에 쓴 논문인「토성의 테두리 또는 철골 건축에 관해」와 더불어 이 두 개요는 복잡하게 구성되어 있는『아케이드 프로젝트』중 유일하게 완결된 형태의 글로 간주될 수 있다. 하지만 이 두 개요는 발표하기 위해 쓴 것이 아니다. 독일어로 쓴 1935년의 개요는 사회조사연구소를 위해 쓴 것으로, 연구소는 이후 이『아케이드 프로젝트』를 연구소가 지원하는 연구 과제 중의 하나로 채택했다. 프랑스어로 쓴 개요는 호르크하이머의 권유로 쓴 것으로, 호르크하이머는 이것을 갖고 미국의 후원자가 벤야민에 관심을 갖도록 해볼 생각이었다.

이『아케이드 프로젝트』에서 가장 중요하며 또 외견상으로도 가장 많은 분량을 차지하고 있는 부분은 주제와 대상별로 정리하고 분류한 '노트와 자료들'의 초고들이다. 이것이 본래의『아케이드 프로젝트』의 초고들로, 이것들은 2차대전 중 파리의 국립도서관에 보관되어 있었다. 벤야민은 1928년 가을이나 겨울부터 1929년 말까지 그리고 이후 다시 1934년 초부터 이 원고를 작성하는 작업에 착수했던 것 같다. 마지막 메모는 파리 탈출 직전인 1940년 봄에 이루어졌다. 노트의 차례는 각 노트가 성립한 시간적 순서와 일치하지는 않는다. 벤야민은 연구 과정에서 다루고 싶은 새로운 주제가 나타날 때마다 항상 새로운 주제의 묶음Konvolut을 만들었던 것 같다. 예를 들어 '무위無爲'라는 주제의 묶음 m은 1939년 봄 이전에는 시작되지 않았다. 그래도 병행해서 써내려간 각각의 주제의 묶음 안에서 노트는 쓰여진 순서를 따르고 있는 것처럼 보일지도 모르겠다. 하지만 그것이 항상 성립 순서와 일치한다고는 볼 수 없다. 이미 최초의 단계에서부터 정해진 주제에 따라 작업이 이루어졌는데, 그것을 정리한 묶음 속에는 벤야민이 낡은 초고에서 발췌한 다음 '노트와 자료들'의 초고 속으로 옮겨놓은 메모들을 볼 수 있기 때문이다. 이러한 경우 노트들은 새로 배열되고, 그때그때마다 각 주제의 묶음들의 처음 페이지들은 누가 봐도 합당하며 알기 쉬운 원리를 따르고 있다. 이와 반대로 후일, 즉 1934년부터 추가된 페이지들 그리고 1934년과 그 이후에 처음 만들어진 주제의 묶음들은 모두 대개는 벤야민의 연구 혹은 더 흔하게는 그의 독서의 우연한 흐름에 의해 만들어진 것처럼 보인다.

5권을 편집하면서 '노트와 자료들'에 이어 실어놓은 '최초의 초고' — 1927년 중반경 시작되어 1929년 12월, 늦어도 1930년 초에 중단되기까지 계속 쓰여진 노트들 — 은 대부분의 내용이 '노트와 자료들'의 방대한 초고 속에 통합되어 있음에도 불구하고 그대로 전체를 수록했다. 그것들의 도움이 있어야만 이 작업의 첫번째 단계에서 두번째 단계로의 이행을 규정한 '개주 과정'을 추적할 수 있기 때문이다.

텍스트 부분의 마지막에 실려 있는 '초기의 초고' 중 「아케이드들」이라는 제목의 텍스트는 이 프로젝트의 최초의 단계, 즉 벤야민이 아직 프란츠 헤셀과 함께 잡지 기사를 쓰려고 생각하고 있던 시기의 것이다. 1927년 중반에 쓴 것으로 보이는 이 초고는 아마 벤야민과 헤셸이 공동으로 쓴 것으로 추정된다. 「파리의 아케이드들 2」라는 제목의 텍스트는 벤야민이 1928~1929년경 이 『아케이드 프로젝트』를 에세이로 쓰려고 계획했다는 것을 간파할 수 있도록 해준다. 이 텍스트는 벤야민이 그때까지 한 번도 사용해보지 않은 고가의 수제품 종이 위에 씌어 있는데, 게다가 그것은 그가 좀체 사용하지 않는 대형 용지이기도 하다. 마치 무슨 축제를 위해 집필에 착수한 것처럼 보일 정도이다. 물론 그는 더이상은 앞으로 나가지 못했다. 그는 자체 완결적인 각각의 텍스트들을 어떤 순서로 배치할지를 결정하지 못했는데, 곧 주석이 붙거나 주석이 붙지 않은 인용문이나 출전이 중간중간에 끼어들게 되면서 결국 비대해진다. '노트와 자료들' 뿐만 아니라 '최초의 초고'들까지도 완전히 *in extentio* 그리고 초고의 배열 그대로 인쇄되었으나 편자는 「파리의 아케이드들 2」의 경우에는 다른 방식을 취해야 한다고 생각했다. 이 초고 속의 미완결된 메모나 인용문들은 '노트와 자료들' 속으로 옮겨 적었든지 아니면 파기한 것처럼 보이기 때문에 그것을 책에 싣는 것은 포기했다. 인쇄는 완전히 정식화된 텍스트들로 한정했으며, 배열 순서는 편집자의 독자적 생각에 따른 것이다. 벤야민의 가장 중요한, 그리고 이렇게 말할 수 있다면, 가장 훌륭한 텍스트들에 속하는 이 텍스트들은 '노트와 자료들'의 여기저기서 반복해서 나오지만 그것들을 제한된 범위에서나마 이 책에 실은 것은 벤야민이 염두에 두고 있었지만 결국 쓰지 못했던 에세이에 대한 어떤 인상을 전달하기 위해서이다. 마지막 텍스트인 「토성의 테두리 또는 철골 건축에 관해」도 마찬가지로 초기의 작업 단계에 속하는 것이다. 출판되지는 않았으나 잡지 기사로 쓴 이 논문이 아케이드 프로젝트라는 복합체의 부산물이었을 가능성도 배제할 수는 없기 때문이다.

두 「개요」에 익숙해진 독자들은 [N]장, 즉 「인식론에 관해, 진보 이론」부터 읽기 시작해 '노트와 자료들' 의 시작 부분으로 돌아가는 방식을 택하면 이 책에 대한 연구를 의미 있게 진행할 수 있을 것이다. 게다가 '노트와 자료들' 을 읽을 때도 우선 활자 크기가 좀더 큰 단편들만 한정해서 읽는 것도 가능한데, 그러한 글들은 벤야민의 성찰 아니면 아무리 맹아적이더라도 어떤 형태로든 그가 이런저런 논평을 달아놓은 발췌문을 담고 있다. 단순히 자료의 메모로 벤야민의 논평을 포함하고 있지 않은 인용문이나 노트, 즉 벤야민의 입장 표명이 들어 있지 않은 단순한 사실 기록들은 활자 크기를 줄여 인쇄했다.[21] '아케이드 프로젝트' 가 완성되었다면 이론과 소재를 이런 식으로 구별하지는 않았을 테지만 단편 형태로밖에 남아 있지 않은 이 작품의 성격은 객관적으로 벤야민의 이론적 성찰에 각별한 의미를, 벤야민이 각각의 소재들에서 작열시키고 싶어했던 빛을 각 소재들에게 던져주는 각별한 의미를 부여해준다. 당연히 벤야민의 의도를 완전히 이해하려면 무엇보다 노트 전체를 읽어보는 것, 그다지 두드러져 보이지 않는 것까지 포함해 최후의 인용문 하나하나까지 철저히 연구하는 것이 필요하다는 것은 새삼 강조할 필요가 없을 것이다.

21) 활자 크기에 따른 구별과 관련해 '최초의 초고' 에서 그러한 구별은 본문에서와는 다른 의미를 갖고 있다는 것을 주의할 것. 거기서 작은 활자는 원고 상태로 쓰여지고 대부분이 '노트와 자료들' 속으로 옮겨 적어진 노트들을 가리킨다(국역판에서는 독일어판에서처럼 활자 크기로 구분하는 대신 활자 크기는 동일하되 서체와 농도를 달리하는 방법을 택했다 — 옮긴이).

개요들

파리 — 19세기의 수도[*]

> "물은 푸르고 꽃은 빨갛고.
> 눈에 부드럽게 비치는 석양의 풍경.
> 정처없이 걸어가는 사람들. 숙녀분들의 산책.
> 뒤에는 소녀들이 따르고"
> 응위엔-트롱-히엡, 『프랑스의 수도 파리. 시집』,
> 하노이, 1897년, 시 25번.

I. 푸리에 또는 아케이드들

> "궁전의 마법의 원주들이
> 손님들에게 알리고 있다.
> 주랑의 진열품들을 보면
> 산업이 예술과 겨루고 있다는 것을."
> 『파리의 신 풍경』, 파리, 1828년, 1권, 27페이지.

파리의 아케이드들은 대부분 1822년 이후 15년 동안 만들어졌
다. 아케이드가 등장하기 위한 첫번째 조건은 직물 거래의 번창이

[*] 1935년의 개요. 「파리 — 19세기의 수도」라는 제목이 붙은 이 개요는 뉴욕에 있던 사
회조사연구소의 공동 소장이던 프리드리히 폴록의 요청으로 벤야민이 1935년 5월에 독
일어로 쓴 것이다. 이것은 발터 벤야민, 『글모음집 Schriften』, 2권, 프랑크푸르트, 주어캄
프, 1955년에 처음 발표되었다 — 편집자 주.

다. 신유행품점[1] 즉 대규모 상품을 가게 안에 상비한 최초의 점포들이 등장하기 시작한다. 이것은 백화점의 전신이기도 하다. 발자크가 "마들렌 성당 광장에서 생-드니 문까지 쭉 진열되어 있는 상품들의 위대한 시詩가 각양각색의 시구를 노래하고 있다"[2]라고 쓴 시대가 바로 이때였다. 아케이드는 사치품 거래의 중심지였다. 아케이드를 장식하기 위해 예술이 상인들에게 봉사하기 시작한다. 당시 사람들은 지치지 않고 아케이드들을 찬미했다. 이후에도 오랫동안 아케이드는 여행객들에게는 중심重心으로 남아 있었다. 『그림으로 보는 파리 안내』에는 이렇게 쓰여 있다. "산업에 의한 사치가 만들어낸 새로운 발명품인 이들 아케이드는 몇 개의 건물을 이어 만들어진 통로로 벽은 지붕으로 덮여 있으며, 대리석으로 되어 있는데, 건물의 소유주들이 이러한 투기를 위해 힘을 합쳤던 것이다. 천장에서 빛을 받아들이는 이러한 통로 양측에는 극히 우아한 상점들이 늘어서 있는데, 이리하여 이러한 아케이드는 하나의 도시, 아니 축소된 하나의 세계이다." 아케이드는 가스등을 최초로 선보인 곳이기도 하다.

아케이드가 등장하게 된 두번째 조건은 철골 건축의 시작에서 찾을 수 있다. |나폴레옹 1세 시대의| 제정 시대의 예술 양식은 이 기술이 고대 그리스풍 건축의 혁신에 공헌할 수 있는 것으로 보았다. 건축 이론가인 뵈티허는 '새로운 체계의 예술 형식들과 관련해 그리스적 형식 원리'가 지배적인 것이 되도록 해야 한다고 주장했는데, 이 말은 당시의 일반적 확신을 표현하는 것이기도 했다.[3] 제1제정의 예술 양식은 국가를 자기 목적화하려는 혁명적 테러리즘의 양식이었다. 나폴레옹이, 국가가 부르주아 계급의 지배 도구라는 기능적 본질을 전혀 이해하지 못했듯이 이 시대의 건축가들 또한 철의

기능적 본질을, 즉 철의 등장과 함께 구성 원리가 건축을 지배하기 시작하리라는 것을 이해하지 못했다. 건축가들은 기둥을 만들 때는 폼페이풍의 원주를, 공장을 만들 때는 주택을 모방했다. 후일 최초의 기차역이 샬레⁴⁾를 모방하듯이 말이다. "구조가 하부 의식의 역할을 담당하게 된다."⁵⁾ 그럼에도 불구하고 혁명 전쟁 시대에 나온 기사Engénieur라는 개념이 통용되기 시작하면서 건설가와 장식가, 에콜 폴리테크니크와 에콜 데 보자르⁶⁾ 간의 투쟁이 시작된다.

철과 함께 건축 역사상 최초로 인공적인 건축 재료가 등장한다. 철은 19세기에 가속도가 붙으면서 빠른 속도로 발전한다. 이러한 발전은 1820년대 말 이후 다양하게 실험되어오던 기관차가 철로 위에서만 달릴 수 있다는 것이 밝혀지면서 결정적 자극을 얻게 된다. 선로야말로 조립|몽타주| 가능한 최초의 철재로, 지주의 선구였다. 철을 주택 건축에 사용하는 것은 피했으며 대신 아케이드나 박람회장, 즉 일시적인 목적에 쓰이는 건물들에 사용했다. 이와 동시에 건축에 유리를 사용하는 범위도 넓어졌다. 그러나 유리를 건축 자재로 널리 사용하기 위한 사회적 전제가 형성되는 것은 100년이나 지나서야 가능했다. 쉐르바르트의 『유리 건축』(1914년)에서까지도 유리의 사용은 유토피아와 관련해 등장하고 있다.⁷⁾

"모든 시대는 다음 시대를 꿈꾼다."
미슐레, 「미래로! 미래로!」⁸⁾

집단 의식 속에서는 처음에는 아직 낡은 형태의 생산 수단에 의해 지배받고 있는 듯한 새로운 형태의 생산 수단(마르크스)에 새로운 것과 낡은 것이 철저하게 상호 침투하고 있는 형상들이 상응하고 있다. 이러한 이미지들이 원망상들로, 이것들 속에서 집단은 사회적 생산물의 미숙함과 사회적 생산 질서의 결함을 지양하는 동시에 미화하려고 한다. 이와 더불어 이러한 원망들 속에는 시대에 뒤처진 것 — 여기에는 이제는 소용없게 된 것도 포함된다 — 과 단절하려는 단호한 의지가 나타나 있다. 이러한 경향은 새로운 것에서 자극받아 이미지를 만들어내는 판타지가 사실은 지나간 근원적인 것과 이어져 있다는 것을 분명히 해주고 있다. 어느 시대든 다음 시대를 여러 가지 이미지를 통해 떠올려볼 수 있도록 해주는 꿈속에서 다음 시대는 근원의 역사의 요소, 즉 계급 없는 사회의 요소들과 단단히 결합되어 나타난다. 집단의 무의식 속에 보존되어 있는 그러한 사회에 대한 경험은 새로운 것과 철저하게 교차하는 가운데 유토피아를 낳는데, 이 유토피아는 오래도록 길이 남을 건축물에서 한순간의 유행에 이르기까지 삶의 무수한 배치 구성 속에 흔적을 남겨왔다.

이러한 관계는 푸리에의 유토피아에서 찾아볼 수 있다. 이 유토피아를 탄생시킨 가장 내밀한 원동력은 기계의 출현이다. 그러나 이러한 사실은 유토피아에 대한 그의 서술에서는 직접적으로 표현되지 않는다. 오히려 그의 서술은 상거래의 비도덕성 그리고 이러한 상거래를 위해 동원된 도덕의 기만성에서 출발하고 있다. 그는 팔랑스테르|협동 생활체|를 통해 인간들을 도덕이 필요 없는 관계들로 되돌려놓으려 한다. 극히 복잡한 이 조직은 기계 장치 같은 모습을 하고 있다. 여러 가지 정념들이 얽히고설켜, 즉 기계 정념 passions mécanistes과 음모 정념passions cabaliste이 복잡하게 뒤엉켜 작용하는 것, 그것이 바로 집단 심리를 소재로 만든 단순한 기계 유사물이다. 인간들로 만들어진 이러한 기계 장치는 게으름뱅이

의 극락, 태고부터의 원망의 상징을 만들어냈는데, 푸리에의 유토피아는 이것에 새로운 생명을 불어넣었다.

푸리에는 아케이드를 팔랑스테르의 건축을 위한 규범으로 보았다. 푸리에에 의해 아케이드가 반동적으로 개조된 것은 매우 특징적이다. 즉 아케이드는 원래 장사를 목적으로 지어진 것이었으나 푸리에에게서는 주거 장소로 바뀐 것이다. 팔랑스테르는 아케이드로 이루어진 도시가 된 것이다. 푸리에는 제정기의 엄격한 형식 세계 속에 '비더마이어' [9]의 다채롭고 목가적인 풍경을 확립시켰다. 이 목가적인 풍경이 발하는 광채는 점점 빛이 바래기는 하지만 졸라까지 이어진다. 졸라는 『테레즈 라캥』에서는 아케이드에 이별을 고하나 『노동』에서는 푸리에의 사고를 받아들인다. ― 마르크스는 칼 그륀에 맞서 푸리에를 옹호하면서 푸리에의 '장대한 인간관' [10]을 강조한다. 마르크스는 또 푸리에의 유머에도 주목하고 있다. 실제로 『레바나』의 장 파울에게 교육자 푸리에와 비슷한 면이 있으며 『유리 건축』의 쉐르바르트도 유토피아주의자 푸리에에 근접해 있다. [11]

II. 다게르 또는 파노라마

"태양이여, 조심하라!"
A. J. 비르츠, 『문학 작품집』, 파리, 1870년, 374페이지.

건축이 철골 건축의 등장과 함께 예술에서 분리되어 홀로 길을

걷기 시작했다고 한다면 회화에서도 파노라마의 등장과 함께 똑같은 현상이 나타난다. 파노라마의 보급이 정점에 달한 시기는 아케이드가 등장한 때와 일치한다. 사람들은 지칠 줄 모르고 기술적 묘책을 동원해 파노라마를 자연을 완전히 닮은 것으로 만들려고 했다. 풍경 속에서의 하루의 시간의 경과, 달이 떠오르는 모습, 폭포 소리 등을 모방하려고 했다. |자크-루이| 다비드는 파노라마에 가서 스케치하도록 제자들을 훈련시켰다. 파노라마로 재현된 자연을 진짜처럼 보이도록 하는 방법을 사용함으로써 파노라마는 사진을 넘어 영화와 유성 영화의 선구가 되었다.

파노라마형 문학이 파노라마와 동시에 등장한다. 『100과 1의 책』, 『프랑스인의 자화상』, 『파리의 악마』, 『대도시』 등이 그러한 문학들이다. 이 작품들은 통속물의 집단 집필을 예비하는 성격을 갖는데, 이를 위해 30년대에 지라르댕이 문예란에 틀을 마련해준다. 이것들은 각각의 스케치로 이루어져 있는데, 일화 중심의 서술 형식은 파노라마 앞에 입체적으로 놓인 전경에 상응하며 각 이야기에 들어 있는 정보의 배경은 파노라마의 배경에 그려진 배경화에 상응한다. 이러한 문학은 사회적으로도 파노라마적이다. 노동자가 계급과 무관한 형태로 목가적인 풍경의 첨경添景으로 그려지고 있는 것은 파노라마가 마지막이다.

기술에 대한 예술의 관계가 철저하게 바뀌었다는 것을 알린 파노라마는 동시에 새로운 생활 감정의 표현이기도 했다. 시골에 비해 도시의 인간이 정치적으로 우월하다는 것은 이 세기가 지남에 따라 점점 더 분명해졌는데, 도시의 인간들은 파노라마를 통해 시골을 도시 속에 집어넣으려고 했다. 도시는 파노라마에서 교외의 전원 풍경Landschaft으로 펼쳐지는데, 이것은 도시가 나중에 좀더 미묘한 형태로 산책자에게 전원 풍경이 되는 것과 비슷하다. 다게 르는 파노라마 화가 프레보의 제자인데, 이 프레보의 상점은 파사 주 데 파노라마에 있었다. 프레보와 다게르가 사용한 파노라마에 대한 묘사. 그러나 다게르의 파노라마는 1839년에 소실되었다. 같 은 해 그는 다게레오타이프의 사진을 발명했다고 발표했다.

|프랑수아| 아라고는 의회 연설에서 사진술을 소개했다. 그는 기 술의 역사에서 사진이 어떠한 위치를 차지하는지 설명했다. 그리고 사진의 과학적 응용에 대해 여러 가지 예언을 했다. 그에 대해 예술 가들은 사진이 예술로서의 가치를 가질 수 있는지를 놓고 논쟁을 벌이기 시작했다. 사진은 세밀 초상화가라는 엄청난 직업 집단을 절멸시켰다. 단순히 경제적인 이유에서만 이러한 일이 벌어진 것은 아니었다. 초기의 사진이 세밀 초상화보다 예술적으로 더 뛰어났기 때문이다. 그렇게 된 기술적인 이유로는 노출 시간이 긴 데 있었다. 긴 노출 시간으로 인해 피사체인 인물은 최고도로 집중할 필요가 있었기 때문이다. 사회적 이유로는 최초의 사진가들이 아방가르드 에 속해 있었으며, 사진을 찍는 고객들도 대부분 아방가르드였던 정황을 들 수 있다. 나다르가 동업자들보다 한 수 더 뛰어났던 것은 파리의 하수구에서 촬영하려 한 시도를 보면 잘 알 수 있다. 그로 인 해 처음으로 대물렌즈를 발명할 필요성이 제기되었기 때문이다. 이 렌즈의 의미는 새로운 기술적·사회적 현실에 직면해 회화나 판화 의 정보 안에 포함되는 주관적 색조가 점점 의문시되면 될수록 그 만큼 더 점점 더 중요해졌다.

1855년의 만국박람회에서 최초로 '사진'이라는 이름의 특별 전 시회가 개최되었다. 같은 해 비르츠는 사진에 관한 장대한 논문을 발표하는데, 이 글에서 회화의 철학적 계발을 사진의 과제로 규정

하고 있다.[12] 그는 바로 그의 그림이 보여주고 있듯이 이러한 계발을 정치적 의미로 이해했다. 비르츠는 몽타주를 통해 사진을 선동을 위해 활용할 수 있다는 것을 예측하지는 못했다 하더라도 그것을 요청한 최초의 인물일 것이다. 교통망의 점진적인 확대에 따라 회화의 정보적 가치는 점점 더 축소되었다. 그러자 회화는 사진에 대항해 먼저 회화의 색채적 요소를 강조하게 된다. 마침내 큐비즘이 인상주의를 대신해 자리를 잡자 회화는 당분간 사진으로서는 도저히 따라올 수 없는 폭넓은 독자적 영역을 확보하게 된다. 그러자 사진은 사진 나름대로 19세기 중반부터 전에는 전혀 손에 넣을 수 없었거나 아니면 개별 고객을 위한 그림 형태로만 주어질 수 있었던 인물, 풍경, 사건을 시장에 무제한 공급함으로써 상품 경제의 범위를 크게 확대시켰다. 매출액을 올리기 위해 사진은 그때그때의 유행에 따라 촬영 기술을 바꿈으로써 피사체를 새롭게 보이도록 했는데, 이러한 기술적 혁신이 이후 사진의 역사를 결정짓게 된다.

III. 그랑빌 또는 만국박람회

"그렇습니다, 오 성스런 생시몽이여, 파리에서 중국까지 전 세계가
당신의 교리를 따를 때
황금시대는 찬란하게 빛나며 되살아날 것입니다.
홍차와 초콜릿이 흐르고
평야에는 갓 구워낸 양이 뛰어다니고
센 강에는 기름에 살짝 튀긴 곤들메기가 헤엄칠 것입니다.

땅 위에서는 잘게 부수어 튀긴 쿠르통으로 장식된 채
프리카세와 함께 요리된 시금치가 자랄 것입니다.
그리고 과일나무에서는 애플 콩포트가 열리고
농부들은 여러 겹의 깃이 달린 외투와 부츠를 수확할 것입니다.
포도주는 눈이 되고 닭은 비가 되어 내릴 것입니다.
그리고 하늘에서는 순무로 조리한 오리들이 떨어질 것입니다."
랑글레/방데뷔르크,『청동왕 루이와 생시몽주의자』
(팔레-루아얄 극장, 1832년 2월 27일).[14]

만국박람회는 상품이라는 물신을 위한 순례지이다. "유럽 전체
가 상품을 보러 나섰다"고 1855년에 텐은 말하고 있다.[14] 만국박람
회에 앞서 먼저 국민 규모의 산업박람회가 개최되었는데, 이러한
성격의 최초의 박람회는 1798년 샹-드-마르스에서 개최되었다. 이
최초의 박람회는 "노동자 계급을 즐겁게 해주고 싶다"는 바람에서
개최되었는데, 실제로 노동 계급에게 "해방의 축제가 되었다".[15] 노
동자 계급이 고객으로 전면에 등장한 것이다. 오락 산업의 틀은 아
직 마련되어 있지 않았다. 민중 축제가 그러한 틀을 마련해주었다.
산업에 대한 샤프탈의 연설이 이 박람회의 개막을 장식했다. ─ 지
구 전체의 산업화를 계획하고 있던 생시몽주의자들이 만국박람회
라는 아이디어를 받아들였다. 이처럼 새로운 영역의 최초의 권위자
였던 슈발리에는 앙팡탱의 제자로 생시몽주의 기관지인 『글로브』
의 발행인이었다. 그러나 생시몽주의자들은 세계 경제의 흐름은 예
측하고 있었으나 계급투쟁은 예상하지 못했다. 이들은 19세기 중엽
에 산업이나 상업적인 계획들에는 적극적으로 참여했지만 프롤레
타리아에 관한 문제에서는 무기력할 수밖에 없었다.

만국박람회는 상품의 교환가치를 미화한다. 박람회가 만들어놓은 틀 안에서 상품의 사용가치는 뒤로 밀려난다. 만국박람회는 환(등)상을 열어주는데, 사람들은 기분전환을 위해 그러한 공간으로 들어간다. 오락 산업은 인간을 상품의 높이까지 끌어올림으로써 쉽게 기분전환을 할 수 있게 해주었다. 인간은 자기 자신으로부터의 소외와 타인으로부터의 소외를 즐기는 가운데 오락 산업의 조작에 몸을 맡긴다. 상품을 옥좌에 앉히고 이 상품을 둘러싼 빛이 기분전환을 가져다주는데, 이것이야말로 그랑빌 예술의 은밀한 주제라고 할 수 있다. 이에 상응해 그의 예술은 유토피아적 요소와 냉소적 요소로 분열된다. 생명이 없는 대상을 묘사할 때의 약아빠진 수법은 마르크스가 상품의 '신학적 변덕'[16]으로 부른 것에 상응한다. 이 수법은 '특제품spécialité' 속에서 분명하게 드러난다. — '특제품'이란 이 시대에 사치품 산업에서 등장한 상품 표시 방법을 말한다. 그랑빌의 펜 아래서는 자연 전체가 '특제품'으로 바뀐다. 그는 전 자연을 광고 — 이 말도 당시에 생겨났다 — 가 제품을 제시하기 시작한 것과 동일한 정신으로 제시했다. 그는 광기에 휩싸여 생을 마감한다.

"패션: 죽음 나리! 죽음 나리!"
레오파르디, 『패션과 죽음의 대화』[17]

만국박람회는 상품의 우주를 만들어냈다. 그랑빌의 환상적인 작품들은 우주까지도 상품의 성격을 가진 것으로 만들어버렸다. 그의 환상적인 작품들은 우주를 현대화한다. 토성의 테두리環는 주철 발코니가 되고, 토성의 주민들은 저녁마다 그곳에서 시원한 바람을 썰 것이다. 판화로 묘사된 이러한 유토피아의 문학적 맞짝이 바로 푸리에주의적인 자연 연구가인 투스넬의 저서들이다. ― 패션은 상품이라는 물신을 어떻게 숭배해야 하는지 의례를 지정한다. 그랑빌은 패션의 이러한 요청을 일용품뿐만 아니라 우주에까지 확대한다. 그는 패션을 극단까지 추구하는 가운데 이 패션의 본성을 드러낸다. 패션은 유기적인 것과 모순된다. 그것은 살아 있는 육체를 무기물의 세계와 교차시킨다. 살아 있는 존재 속에서 주검의 권리를 인정하는 것이다. 무기물적인 것에서 섹스어필을 느끼는 페티시즘이야말로 패션의 생명의 핵심이다. 상품 숭배는 이 페티시즘이 자신에게 봉사하도록 만든다.

1867년의 파리 만국박람회에 즈음해 빅토르 위고는 「유럽의 모든 국민들에게」라는 성명을 발표했다. 그러나 유럽 국민들의 이해관계를 그보다 앞서 그리고 좀더 분명하게 대변한 것은 프랑스의 노동자 파견단들이었다. 1851년의 런던 만국박람회에 1차 파견단이, 1862년의 런던 만국박람회에는 750명에 달하는 제2차 파견단이 참가했다. 이 제2차 파견단은 마르크스가 국제노동자연맹을 창설하는 데 간접적이지만 중요한 의미를 갖고 있었다. ― 자본주의 문화의 환(등)상은 1867년의 만국박람회 때 가장 휘황찬란하게 만개했다. 제2제정은 권력의 정점에 있었다. 파리는 사치와 유행의 수도로 공인되었다. 오펜바흐가 파리의 삶의 리듬을 정했다. 오페레타는 자본의 항상적인 지배에 대한 아이러니컬한 유토피아이다.

IV. 루이-필립 또는 실내

루이-필립 치세에 개인이 역사의 무대에 등장한다. 새로운 선거법의 도입을 통해 민주적 기구가 확대되던 이 시기는 기조가 주도한 의회가 부패한 시기와 겹친다. 의회의 보호 하에 지배 계급은 원래 하던 일을 계속해가면서 역사를 만들어나간다. 이들은 보유 주식에 유리한 상황을 조성하기 위해 철도 건설을 촉진했다. 이들이 루이-필립의 지배를 지원한 것은 그것이 장사를 하는 개인으로서의 그들의 지배로 이어졌기 때문이다. 7월 혁명으로 부르주아는 1789년의 목표를 실현한다(마르크스).

개인에게 있어 최초로 생활 공간이 노동 장소와 대립된다. 이제 생활은 실내에서 이루어지게 된다. 계산대는 실내의 하나의 보완물에 지나지 않게 된다. 계산대에 앉아 세상의 움직임을 계산하는 개인은 실내에 넘쳐나는 여러 가지 환상에 편안하게 해줄 것을 요구한다. 이러한 요구는 그가 직업적 고려를 사회적 고려에까지 확대할 생각이 없기 때문에 그만큼 더 절박한 것이 된다. 사적인 환경을 만들 때 이 두 가지는 모두 배제된다. 이로부터 환(등)상에 빠진 실내가 나오게 된다. 그리고 이것은 개인에게는 우주를 대변하게 된다. 그는 이 실내에 멀리 있는 곳과 과거를 수집해 들인다. 그의 거실은 세계 극장의 박스석이다.

유겐트슈틸[19]에 대해 한마디. 실내는 세기의 전환기에 유겐트슈틸에 의해 대변혁에 휩싸인다. 물론 표방하는 이데올로기에 따르면 유겐트슈틸은 실내의 완성을 가져오는 것 같다. 고독한 영혼의 미화가 목표처럼 보인다. 그리고 개인주의가 이 유겐트슈틸의 이론이다. 반 데 벨데는 이렇게 주장한다. 집은 개성의 표현이며 장식은 집에 있어 회화에서의 서명과 같다고. 그러나 유겐트슈틸의 진정한 의미는 이러한 이데올로기에는 나타나 있지 않다. 그것은 기술에 의해 예술의 상아탑 안에 포위되어버린 예술의 마지막 출격 시도를 대변한다. 그것은 비축해놓은 내면성의 모든 것을 동원한다. 그것은 영매술로 써내려간 선線의 언어, 기술로 무장한 환경에 대항하는 벌거벗은 식물적 자연의 상징으로서의 꽃으로 표현된다. 철골 건축의 새로운 요소, 지주 형식에 유겐트슈틸은 몰두한다. 그것은 장식 속에서 예술의 이러한 형식을 재탈환하려고 부심한다. 콘크리트가 건축에서 조형의 새로운 가능성을 약속한다. 이맘때쯤 해서 생활 공간의 실제적 중점이 사무실로 옮겨간다. 현실성을 잃어버린 인간은 자기 방에 자기 나름의 도망갈 구멍을 만든다.『건축가 솔네스』에는 유겐트슈틸의 결말이 이렇게 묘사되어 있다. 내면성을 근거로 기술에 대항하려는 개인의 시도는 파국을 맞이하지 않을 수 없다는 것이 그것이다.

"나는 믿는다 …… 내 영혼을. 소중한 물건처럼."
레옹 되벨,『작품집』, 파리, 1929년, 193페이지.

실내는 예술의 피신처이다. 그리고 수집가가 이 실내의 진정한 거주자이다. 그는 사물의 미화를 본업으로 삼는다. 그에게는 사물을 소유함으로써 사물에서 상품으로서의 성격을 영원히 제거하는 시시포스의 과제가 부과된다. 그러나 그는 사물에 사용가치가 아니라 호사가의 가치를 부여할 뿐이다. 수집가는 멀리 있는 곳이나 과거의 세계뿐만 아니라 동시에 더 나은 세상, 즉 인간에게 필요한 것이 지금의 일상생활에서보다 훨씬 더 잘 주어지는 것은 아니지만 그래도 사물이 유용성이라는 고역으로부터 자유로운 세상에 대해 몽상한다.

실내는 단순히 개인의 우주일 뿐만 아니라 방물 상자이기도 하다. 거주한다는 것은 흔적을 남기는 것을 의미한다. 실내에서는 이러한 흔적이 강조된다. 덮개나 커버류, 용기나 케이스류가 풍부하게 고안되어 거기에 일상의 실용품의 흔적이 남겨진다. 거주자의 흔적도 실내에 남겨진다. 이러한 흔적을 추적하는 탐정 소설이 등장한다. 포는 「가구의 철학」 그리고 그 밖의 다른 추리 소설에서 자신이 실내의 최초의 관상가임을 보여준다. 최초의 탐정 소설의 범인은 상류 사회의 신사도 그렇다고 무뢰한도 아니며, 부르주아 계급의 한 개인이다.

V. 보들레르 또는 파리의 거리들

"모든 것이 내게는 알레고리가 되고."
보들레르, 「백조」[20]

우울을 자양분으로 삼고 있는 보들레르의 천재성은 알레고리의 천재성이다. 보들레르에게 와서 파리는 최초로 서정시의 대상이 된다. 이 시는 결코 고향 찬가 같은 것이 아니다. 오히려 이 도시를 응시하는 알레고리 시인의 시선, 소외된 자의 시선이다. 그것은 또한 산책자의 시선으로, 그의 생활 형태는 마음을 달래주는 어슴푸레한 빛 뒤로 대도시 주민에게 다가오고 있는 비참함을 감추고 있다. 산책자는 여전히 문턱 위에, 대도시뿐만 아니라 부르주아 계급의 문턱 위에 서 있다. 아직 어느 쪽도 완전히 그를 수중에 넣지는 못하고 있다. 그는 어느 쪽에도 안주하지 못한다. 그는 군중 속에서 피신처를 찾는다. 군중의 관상학에 대한 초기의 기여는 이미 엥겔스와 포에 의해 이루어진 바 있다. 군중이란 베일로서, 그것을 통해 보면 산책자에게 익숙한 도시는 환(등)상으로 비쳐진다. 군중 속에서 도시는 때로는 풍경이, 때로는 거실이 된다. 곧 이 두 가지는 백화점의 요소가 되며, 백화점은 정처 없이 어슬렁거리는 것조차 상품 판매에 이용한다. 백화점은 산책자가 마지막으로 다다르는 곳이다.

　산책자 형태로 지성이 시장에 발을 들여놓는다. 겉으로는 시장을 둘러보기 위해서라고 말하지만 실제로는 자기를 살 사람을 찾기 위해서. 아직 후원자를 갖고 있지만 이미 시장에 익숙해지기 시작한 이 중간 단계에서 지성은 보헤미안의 형태를 취한다. 이들의 경제적 입장의 불확실성에는 이들의 정치적 기능의 애매함이 대응한다. 후자는 직업적 음모가들에게서 가장 현저하게 드러나는데, 이들은 모두 철두철미 보헤미안에 속한다. 이들의 최초의 활동 영역은 군대지만 이후에는 소시민 계급, 때로는 프롤레타리아가 된다. 그러나 이 계층은 프롤레타리아의 진정한 지도자를 적으로 간주한다. 『공산당 선언』이 이들의 정치적 존재에 종지부를 찍는다. 보들레르의 시는 이 계층의 반역적 파토스에서 힘을 얻는다. 보들레르는 반-

사회적 무리에 가담한다. 그는 매춘부들과만 성적인 교섭을 할 수 있었다.

"아베르누스 호수로 내려가는 것은 쉽다."

베르길리우스, 『아이네이스』[21]

보들레르 시에서 독특한 점은 여자와 죽음의 이미지들이 제3의 형상, 즉 파리의 형상과 뒤섞여 있는 데 있다. 그의 시에서 다뤄지는 파리는 가라앉은 도시, 게다가 땅 끝으로 가라앉았다기보다 해저로 침몰한 도시이다. 이 도시의 저승의 요소 — 지리학적 지층으로 말하자면 오래 전에 버려진 센 강의 하상河床 — 가 보들레르에게 어떤 흔적을 남기고 있는 듯하다. 그러나 보들레르가 이 도시에 대해 노래하는 '죽음의 냄새가 나는 목가'에서 결정적인 것은 하나의 사회적 기층基層, 현대적 기층이다. 현대(성)야말로 그의 시의 기본음이다. 그는 우울로써 이상을 깨뜨린다(「우울과 이상」). 그러나 이 현대(성)는 항상 근원의 역사를 인용한다. 여기에서 그러한 인용이 이루어지는 것은 이 시대의 사회적 상황과 산물에 고유한 양의성이 존재하기 때문이다. 이러한 양의성은 이미지를 통한 변증법의 드러남, 정지 상태의 변증법의 법칙이다. 이러한 정지 상태가 유토피아이며, 따라서 변증법적 이미지는 꿈의 이미지이다. 상품 그 자체, 즉 물신으로서의 상품이 이러한 이미지를 제시해준다. 집이면서 동시에 도로이기도 한 아케이드 또한 이러한 이미지를 제시해준다. 판매인과 상품을 한 몸에 겸하고 있는 매춘부도 마찬가지이다.

106

"나는 나의 지리를 알기 위해 여행한다."

'어느 광인의 수기' (마르셀 레자, 『광인의 예술』, 파리, 1907년, 131페이지).

『악의 꽃』의 마지막 시, 「여행」. "오, 죽음, 늙은 선장이여, 때는 왔도다! 닻을 올려라!" 산책자의 마지막 여행. 그것은 죽음으로의 여행이다. 목표. 새로운 것. "미지의 바닥에서 **새로운 것**을 발견하기 위해!"[22] 새로운 것은 상품의 사용가치와는 독립된 질을 갖는다. 그것은 집단 무의식이 만들어낸 이미지들에게는 도저히 양보할 수 없는 가상의 근원이다. 패션이 지칠 줄 모르고 대변하려는 허위의식의 정수이다. 이 새로운 것의 가상은 마치 한 거울이 다른 거울에 비치듯이 영원히 동일한 것의 가상으로 비쳐진다. 이러한 가상이 만들어낸 것이 바로 '문화사'라는 환(등)상으로, 이 속에서 부르주아지는 허위의식을 만끽한다. 스스로의 사명을 의심하기 시작하며, 더이상 '유용성과 분리 불가능한 것'(보들레르)[23]이 되지 않으려는 예술은 새로운 것을 최고의 가치로 삼아야 한다. 그러한 예술에서 '새로운 것의 판정자arbiter novarum rerum'는 속물이 된다. 이러한 속물과 예술의 관계는 패션과 댄디의 관계와 동일하다. — 17세기에 알레고리가 변증법적 이미지의 규준이 된 것처럼 19세기에는 새로움이 규준이 된다. 신유행품점을 신문도 찬양하기에 이른다. 신문이 정신적 가치의 시장을 조직하며, 거기서 호경기가 탄생한다. 비순응주의자들은 예술을 시장에 넘겨주는 것에 저항한다. 이들은 '예술을 위한 예술'의 기치 아래 결집한다. 이로부터 예술을 기술의 발전으로부터 차단하려는 총체적 예술 작품이라는 구상이 탄생한다. 이러한 작품을 칭송하기 위해 마련된 성별식은 상품을 미화하는 기분전환과 대조를 이룬다. 양자 모두 인간의 사회적 존재는 추상화하고 있다. 보들레르는 바그너에게 현혹되었다.

VI. 오스만 또는 바리케이드

"나는 숭배한다. 미와 선과 위대한 것들을.
귀를 즐겁게 해주는 것이든 눈을 매료시키는 것이든
위대한 예술에 영감을 불어넣어 주는 아름다운 자연을.
나는 꽃이 만발한 봄 ─ 여인들과 장미를 사랑한다!"
(오스만 남작), 『나이 든 한 라이언족의 고백』[20]

"온갖 장식의 꽃이 피는 나라,
풍경의 매력, 건축의 매력
모든 무대 장치 효과는
오로지 원근법의 법칙만 따른다."
프란츠 빌레, 『극장─교리문답』, 뮌헨, 74페이지.

길게 일직선으로 뻗은 도로들로 원근법적 전망을 확보하는 것이
오스만식 도시 계획의 이상이었다. 그것은 19세기에 반복적으로 등
장했던 경향, 즉 기술상의 필요 사항을 예술적 목표 설정을 통해 고
상하게 만들려는 경향에 상응하는 것이었다. 그리하여 부르주아 계
급의 세속적 · 종교적 지배를 위한 기관들을 거리에 도입해서 신격
화시켜야 했다. 그리하여 거리들은 완성되기 전에는 천막으로 덮어
두었다가 기념비처럼 제막식을 거행했다. ─ 오스만의 '활동은 나폴
레옹 3세의 제국주의에 호응하는 것이었다. 나폴레옹 3세는 금융

자본을 비호했다. 파리는 투기의 전성기를 맞이하고 있었다. 주식 투기가 봉건 사회 때부터 이어져 내려온 도박 형식들을 대체했다. 산책자는 공간의 환(幻)상에 몸을 맡기는데, 이것은 도박꾼이 몰두하는 시간의 환(幻)상에 상응하는 것이었다. 도박은 시간을 일종의 마약으로 바꾼다. 라파르그는 도박을 경기景氣의 비밀의 축소판 모조품으로 설명한다.[25] 오스만에 의한 토지 수용에 따라 사기성 투기가 횡행하게 된다. |최고재판소인| 파쇄원은 부르주아와 오를레앙 왕조파로 이루어진 야당에 신경을 쓰면서 판결을 내리기 때문에 오스만식 도시 개조 계획은 재정 위기에 빠지게 된다.

오스만은 그의 독재권을 떠받치기 위해 파리를 특별 행정구로 만들려고 했다. 1864년의 의회 연설에서 그는 대도시의 뿌리 없는 주민들에 대한 증오심을 그대로 드러냈다. 그런데 그러한 인구는 오스만의 계획이 진행됨에 따라 증대 일로를 걷는다. 임대료의 급등은 프롤레타리아를 교외로 내몰았다. 파리의 구역들은 이런 식으로 독자적 면모를 잃어버린다. 그리고 '적색 지대'가 형성된다. 오스만은 자기를 '해체 전문 예술가'로 부른 바 있다. 그는 자기 사업을 천명으로 여겼으며, 회상록에서도 이를 강조했다. 그러나 그는 파리 시민을 그들의 도시로부터 소외시켰다. 파리 시민들은 파리에 살면서도 편하지가 않았다. 그리고 이 대도시의 비인간적 성격을 의식하기 시작했다. 막심 뒤 캉의 기념비적 저서 『파리』는 이러한 의식에서 쓰여졌다.[26] '오스만화된 어떤 사람의 예레미야 애가'가 이 작품에 성서의 애가 형식을 부여하고 있다.[27]

오스만식 도시 개조 사업의 진정한 목적은 내란에 맞서 이 도시를 지키는 것이었다. 그는 시내에서의 바리케이드 설치를 영원히 불가능하게 만들려고 했다. 이미 루이-필립도 이러한 목적에서 목연와木煉瓦 포장을 도입한 바 있었다. 그럼에도 불구하고 2월 혁명에서는 바리케이드가 중요한 역할을 담당했다.[28] 엥겔스는 바리케이드전 전술 연구에 몰두했다. 오스만은 이를 이중의 방책으로 저지하려고 했다. 즉 도로 폭을 넓혀 바리케이드 설치를 불가능하게 하고, 병영과 노동자 지구를 최단거리로 연결하는 새로운 도로를 만들려고 했던 것이다. 당시 사람들은 그러한 계획에 '전략적 미화' 라는 이름을 붙였다.

> "보여주라, 음모를 좌절시키고,
> 오 공화국이여, 악덕의 무리에게,
> 메두사와 같은 너의 거대한 모습을,
> 붉은 번개의 한가운데에서."
> 1850년경의 노동자들의 노래(아돌프 슈타르, 『파리에서의 2개월』,
> 올덴부르크, 1851년, 2권, 99페이지).[29]

바리케이드는 코뮌 동안 새로 부활되었다. 전보다 훨씬 더 견고하고 튼튼하게 구축되었다. 큰 불르바르들을 가로막은 바리케이드들은 종종 2층 높이까지 달했으며, 뒤에는 참호를 감추고 있었다. 『공산당 선언』이 직업 음모가 시대에 종지부를 찍은 것처럼 코뮌은 프롤레타리아의 초기 시대를 지배했던 환상에 종언을 고했다. 이를 통해 부르주아지와 손 잡고 1789년의 과제를 완성하는 것이 프롤레타리아 혁명의 과제라는 환상이 불식되었다. 바로 이러한 환상이 1831년에서 1871년까지, 즉 리옹 봉기에서 파리 코뮌까지의 시대를 지배하고 있었다. 그러나 부르주아지는 결코 그러한 오류를 공유하지 않았다. 프롤레타리아의 사회적 권리에 맞선 그들의 투쟁은 이미 대혁명 때부터 시작되었으며 이러한 투쟁을 은폐한 박애주의 운동과 동시에 전개되었는데, 이 운동은 나폴레옹 3세 치하에서 최고조에 달했다. 그의 통치 기간에 이 운동의 기념비적 작품인 르 플레의 『유럽의 노동자들』이 나온다.[30] 부르주아는 어느 시대든 박애주의를 감추면서 프롤레타리아에 대한 계급투쟁을 공공연히 실천하고 있었다. 1831년 이미 『주르날 데 데바』지에도 나와 있는 바대로 부르주아는 "어떠한 공장주도 자기 공장 안에서는 노예들에게 둘러싸인 대농장의 소유주처럼 살고 있다"는 것을 인정한 바 있다. 어떠한 혁명 이론에 의해서도 지표를 제시받지 못한 것은 과거의 노동자 봉기의 불행이지만 다른 면에서 볼 때 그것은 동시에 자발적 힘과 열정을 갖고 새로운 사회 건설에 착수할 수 있게 해준 조건이기도 했다. 코뮌에서 정점에 달한 이러한 열정이 일시적으로 부르주아지의 최고 분자를 노동자 계급 편으로 끌어들이기도 하지만 동시에 결국 부르주아 계급의 최악의 분자에 굴복하게 만들기도 한다. 랭보와 쿠르베는 코뮌에 대한 지지를 공개적으로 선언했다. 파리의 대화재는 오스만의 파괴 사업에 걸맞은 종막이었다.

> "내 멋쟁이 선친은 파리에 다녀오신 적이 있다."
> 칼 구츠코브, 『파리에서 온 편지』, 1권, 라이프치히,
> 1842년, 1권, 58페이지.

부르주아지의 폐허들에 대해 최초로 언급한 것은 발자크였다.[31] 그러나 초현실주의가 처음으로 이 폐허에 눈을 뜨게 해주었다. 생산력의 발전은 19세기의 원망들을, 심지어 그것들을 대변하는 수많은 기념비들이 채 붕괴되기도 전에 벌써 산산조각 내버렸다. 16세

기에 과학이 철학에서 해방된 것처럼 19세기에는 이러한 발전이 조형 형식들을 예술에서 해방시켜주었다. 기사들이 건축가로 건물을 만들면서 이러한 과정이 시작되었다. 사진에 의한 자연의 재현이 뒤를 이었다. 그리고 공상의 산물이 상업 그래픽으로 실용화될 조짐이 보이기 시작했다. 문학은 문예란 속에서 편집되는 쓰라림을 겪게 된다. 이러한 생산물은 모두 이제 막 상품으로 시장에 들어갈 참이었다. 하지만 아직 문턱에서 주저하고 있다. 아케이드와 실내, 박람회장과 파노라마는 이러한 주저의 시대의 산물이다. 꿈의 세계의 잔재인 것이다. 눈을 떴을 때 모든 꿈의 요소들을 살리는 것이 변증법적 사고의 정석이 되어야 한다. 따라서 변증법적 사고는 역사적 각성의 도구이다. 사실 모든 시대는 바로 다음 시대를 꿈꾸는데, 뿐만 아니라 꿈을 꾸면서 꿈으로부터의 각성을 재촉하기도 한다. 모든 시대는 자체의 종말을 안으로 감추고 그러한 종말을 — 이미 헤겔이 간파했듯이 — 간지奸智로 전개해나간다. 상품 경제의 동요와 함께 우리는 부르주아지가 세운 기념비들이 실제로 붕괴하기도 전에 이미 그것들을 폐허로 간파하기 시작한다.

112

파리 — 19세기의 수도[*]
개요

서론

"역사는 야누스처럼 두 개의 얼굴을 갖고 있다.
과거를 보고 있든 아니면 현재를 보고 있든
역사는 같은 것을 보고 있다."
막심 뒤 캉, 『파리』, 6권, 315페이지.

[*] 이 두번째 개요 「파리 — 19세기의 수도」는 막스 호르크하이머의 요청으로 1939년 3월에 벤야민이 프랑스어로 쓴 것이다. 호르크하이머는 프랑크 알트슐이라는 이름의 한 은행가에게 『아케이드 프로젝트』에 대한 후원을 요청할 생각이었다. 이 개요를 위해 벤야민은 이론적인 '서론'과 '결론'을 추가했다. 독일어로 썼던 개요를 프랑스어로 다시 고쳐 쓰면서 벤야민은 일련의 중요한 수정을 가했는데, 특히 푸리에(A, II), 루이-필립(C, II와 III) 그리고 보들레르(D, II와 III)와 관련해 그러하다. 동시에 사실과 관련된 많은 자료들은 빼버린다. 1939년 3월 13일에 호르크하이머에게 보낸 편지(V, 1171)를 참조하라 — 편집자 주.

113

본서가 대상으로 하는 것은 역사의 본질을 파악하려면 헤로도토스와 조간 신문을 비교해보는 것만으로도 충분하다는 어투로 쇼펜하우어가 표현한 바 있는 착각이다.[1] 이것은 19세기의 역사관에서 전형적으로 나타나는 현기증과 같은 감각을 표현하고 있다. 이 역사관은 세계의 흐름을 사물 형태로 응고된 사실의 무한 연쇄로 구성하는 관점에 상응하고 있다. 이러한 역사관이 특징적으로 남아 있는 것이 바로 '문명사'로 불리는 것으로, 이것은 인류의 생활 형태나 창조물을 하나하나 목록에 담는다. 이런 식으로 문명의 보물전 안에 쌓이는 수많은 재물은 이제부터 영원히 신분을 보증받은 것처럼 보인다. 이러한 역사관은 이러한 재물들의 존재뿐만 아니라 계승도 사회의 지속적인 노력 덕분이라는 사실을 경시하고 있는데, 더욱이 이러한 노력에 의해 이들 재물은 기묘하게 변질된다. 우리의 탐구는 문명이 이런 식으로 사물화되어 재현됨에 따라 우리가 19세기에서 물려받은 새로운 생활 형태나 경제와 기술에 기반한 새로운 창조물들이 어떻게 환(등)상의 우주 속으로 들어가는지를 보여주는 것을 목적으로 한다. 이러한 창조물들은 이데올로기적 치환에 의해 이론적 방식으로뿐만 아니라 감각적 현전의 직접성을 통해서도 이러한 '계시'를 받아들인다. 그것들은 환(등)상으로서 나타난다. 철골 건축의 최초의 활용이라고 할 수 있는 '아케이드'에서도 같은 식으로 나타나며, 오락 산업과 의미심장한 관계를 맺고 있는 만국박람회에서도 그런 식으로 나타난다. 시장의 환(등)상에 몸을 맡기는 산책자의 체험도 이와 동일한 계열의 현상에 속한다. 사람들이 오직 유형으로만 나타나는 시장의 이러한 환상에 실내의 환상이, 즉 자기가 사는 방에 개인적 삶의 흔적을 남기고 싶어하는 인간의 강렬한 성향에서 비롯된 실내의 환상이 대응하고 있다. 문명 그 자체의 환(등)상은 오스만이라는 대표 선수를 통해, 그리고 그의 파리 개조 사업을 통해 분명하게 표현된 바 있다. — 그럼에도 불구하고 상품 생산 사회가 그렇게 해서 만들어내는 호화로움과 휘황찬란함 그리고 안전하다는 착각도 위협으로부터는 보호받지 못하고 있다. 제2제정의 붕괴와 파리 코뮌은 그것을 상기시켜주었다. 같은 시기 이 사회가 가장 두려워하는 적인 블랑키는 최후의 저서에서 이러한 환(등)상의 무시무시한 특징을 이 사회에 보여주었다. 그곳에서 그려지고 있는 인류는 영겁의 벌에 처해진 것처럼 보인다. 인류가 새로운 것으로서 기대할 수 있는 것은 모두 항상 이미 존재하고 있는 현실이라는 것이 폭로된다. 나아가 이 새로운 것도 새로운 유행이 사회를 쇄신시킬 수 없는 것과 마찬가지로 인류에게 해방적 해결책을 마련해줄 수 없다. 블랑키의 우주적 사색은 환(등)상이 사라지지 않는 한 인류는 신화적 불안에 괴로워할 것이라는 가르침을 전해준다.

A. 푸리에 또는 아케이드들

I

"궁전의 마법의 원주들이
손님들에게 알리고 있다.
주랑의 진열품들을 보면

파리의 아케이드들은 대부분 1822년 이후 15년 동안 만들어졌
다. 아케이드의 발달을 위한 첫번째 조건은 직물 거래가 절정기를
구가하고 있던 데서 찾을 수 있다. 대량의 상품을 재고로 상비하고
있는 최초의 상점인 신유행품점이 등장하기 시작한다. 이것은 백화
점의 선구이기도 하다. 발자크가 이렇게 썼을 때 그가 시사하고 있
는 것도 바로 이 시기이다. "마들렌 성당 광장에서 생-드니 문까지
쭉 진열되어 있는 상품들의 위대한 시가 각양각색의 시구를 노래하
고 있다." 아케이드는 사치품 거래의 중심지였다. 아케이드를 장식
하기 위해 예술은 상인에게 봉사한다. 동시대 사람들은 끊임없이
아케이드를 찬미했다. 그 후에도 오랫동안 아케이드는 여행자들을
매혹시켰다. 『그림으로 보는 파리 안내』에는 이렇게 쓰여 있다. "산
업에 의한 사치가 만들어낸 새로운 발명품인 이들 아케이드는 몇
개의 건물을 이어 만들어진 통로로 벽은 지붕으로 덮여 있으며, 대
리석으로 되어 있는데, 건물의 소유주들이 이러한 투기를 위해 힘
을 합쳤던 것이다. 천장에서 빛을 받아들이는 이러한 통로 양측에
는 극히 우아한 상점들이 늘어서 있는데, 이리하여 이러한 아케이
드는 하나의 도시, 아니 축소된 하나의 세계이다." 최초의 가스등이
켜진 것도 이 아케이드에서였다.

아케이드의 발전에 필요한 두번째 조건은 철골 건축의 시작이었
다. 제1제정기에 이 기술은 고대 그리스풍의 고전주의를 향해 건축
술을 혁신하는 데 공헌한 것으로 여겨졌다. 건축 이론가인 뵈티허
가 이렇게 서술할 때, 그는 당시의 일반적인 견해를 표명한 것이었

다. — '새로운 체계의 예술 형식들과 관련해 그리스적 형식 원리'가 실행에 옮겨져야 한다. 제정 양식은 국가를 자기 목적화하려는 혁명적 테러리즘의 양식이다. 나폴레옹이 부르주아지를 위한 권력 수단이라는 국가의 기능성을 이해하지 못한 것처럼 당시의 건축가들도 구성 원리가 건축에 있어 우위를 점할 수 있도록 해준 철의 기능성을 이해하지 못했다. 건축가들은 기둥을 만들 때는 폼페이풍의 원주를, 또 공장을 만들 때는 주택을 모방했다. 후일 최초의 철도역이 샬레의 겉모습을 모방하듯이 말이다. 구조는 하부 의식의 역할을 담당하게 된다. 그럼에도 불구하고 혁명 전쟁기에 나온 기사라는 개념이 통용되기 시작한다. 그리고 건축가와 장식가, 에콜 폴리테크니크와 에콜 데 보자르 간의 경쟁이 시작된다.

로마인들 이래 최초로 새로운 인공 건축 재료인 철이 출현한다. 철은 계속 진화하는데, 이러한 리듬은 19세기 내내 점점 더 가속화된다. 증기 기관차 — 1828~1829년 이래 실로 엄청난 시험이 이루어졌다 — 가 철로 된 레일 위에서만 달릴 수 있다는 것이 확인되면서 철의 진화는 결정적 자극을 받는다. 철로는 철로 조립된 최초의 부품이다. 이것은 지주의 선구이다. 건물을 짓는 데 철을 이용하는 것은 피했지만 아케이드, 박람회장, 역 — 모두 임시적인 이용을 위한 건물들이다 — 에는 권장되었다.

II

"대중의 이해 관심은 일단 그것이 역사의 무대에 등장하기에 다다르면 대중에 대해 인간이 품고 있는 이념이나 표상 속에서 진정한 한계를 훨씬 넘어서게 된다는 것도 놀랄 만한 일은 아니다."
마르크스/엥겔스,『신성 가족』[2]

푸리에가 구상한 유토피아에게 주어진 가장 내밀한 추진력은 기계의 출현에서 찾을 수 있다. 팔랑스테르는 도덕(성)이 아무런 실효도 없는 관계들의 체계로 인간들을 되돌려놓으려고 한다. 이러한 맥락에서 보면 페늘롱보다는 네로가 사회에 더 유용한 성원일 것이다. 푸리에가 꿈꾼 사회는 미덕에 기반한 사회가 아니라 정념을 원동력으로 효율적으로 기능하는 사회였다. 모든 정념이 톱니바퀴 장치처럼 맞물리는 것, 기계 정념과 음모 정념의 착종된 결합을 통해 푸리에는 집단 심리를 마치 시계 장치처럼 생각했다. 푸리에가 말하는 조화 사회는 이처럼 톱니바퀴처럼 돌아가는 운동의 필연적 산물이다.

푸리에는 제정 시대의 엄숙한 형식들의 세계 속에 1830년대 양식으로 채색된 목가풍을 도입했다. 그는 다채로운 구상의 산물과 암호를 좋아하는 특이 체질의 산물이 혼합된 체계를 고안해낸다. 푸리에의 '조화'는 어떠한 전통의 수비학과도 무관하다. 실제로 이 조화는 그가 독특하게 내린 포고의 직접적 산물이다. — 즉 조직적 상상력의 고심의 산물로, 그에게서 이 상상력은 극단까지 발전한다. 예를 들어 그는 만남이 도시인들에게 얼마나 중요한지를 예견했다. 팔랑스테르 주민의 하루는 자택이 아니라 중개인에 의해 여러 만남이 이루어지는 증권거래소를 닮은 큰 홀 속에서 조직된다.

푸리에는 아케이드를 팔랑스테르의 건축을 위한 규범으로 생각했다. 이것은 그의 유토피아의 '제정 시대'적인 성격을 두드러지게 해주는데, 본인도 그것을 솔직히 인정한다. "협동 상태는 너무 오랫

118

동안 연기되어온 만큼 처음에는 그만큼 더 멋진 것이 되리라. 솔론과 페리클레스의 시대의 그리스는 벌써 그것을 시도할 수 있었다."[3] 원래 상업적 용도로 고안된 아케이드는 푸리에에게서는 주거용 건물이 된다. 팔랑스테르는 아케이드로 만들어진 도시이다. '아케이드들의 도시'에서 기사에 의한 건축은 몽환적 성격을 띤다. '아케이드들의 도시'는 19세기 하반기에 막 접어들 때까지 파리인들의 시선을 사로잡은 꿈이었다. 1869년까지 여전히 푸리에의 '갤러리형 거리'는 무알랭의『2000년의 파리』의 유토피아의 밑그림이 되고 있다.[4] 여기서 도시는 상점이나 아파트와 더불어 이 도시를 산책자를 위한 이상적인 배경으로 만들어주는 구조 형태를 취하고 있다.

　마르크스는 칼 그륀에 맞서 푸리에를 옹호하면서 그의 '장대한 인간관'을 높이 평가한다. 마르크스는 헤겔과 더불어 푸리에야말로 소부르주아적 원리가 별 볼 일 없다는 것을 적나라하게 폭로한 유일한 사람이라고 평가했다. 헤겔에게서는 이러한 유형이 체계적으로 지양되는데, 푸리에에게서는 그것이 유머스럽게 무효화되는 방식으로 양자가 조응하고 있다. 푸리에주의적인 유토피아의 가장 주목할 만한 특징 중의 하나는 인간에 의한 자연의 착취 — 이 사상은 다음 시기에 널리 확산된다 — 가 푸리에에게는 전혀 낯선 것이었다는 점이다. 대신 기술은 푸리에에게서 오히려 자연의 화약에 점화하는 불꽃과 같은 것이 된다. 아마 이것이 팔랑스테르가 '폭발에 의해' 전파될 것이라는 그의 다소 특이한 견해를 이해할 수 있는 열쇠를 제공해줄 것이다. 인간에 의한 자연의 착취라는 후대의 생각은 생산 수단의 소유자에 의한 인간의 사실상의 착취를 반영하고 있다. 사회생활 속에 기술을 통합시키는 것이 좌절되었다면 그러한 실패의 원인은 이러한 착취에 있다.

B. 그랑빌 또는 만국박람회

I

"그렇습니다, 오 성스런 생시몽이여, 파리에서 중국까지 전 세계가
당신의 교리를 따를 때
황금시대는 찬란하게 빛나며 되살아날 것입니다.
홍차와 초콜릿이 흐르고
평야에는 갓 구워낸 양이 뛰어다니고
센 강에는 기름에 살짝 튀긴 곤들메기가 헤엄칠 것입니다.
땅 위에서는 잘게 부수어 튀긴 쿠르통으로 장식된 채
프리카세와 함께 요리된 시금치가 자랄 것입니다.
그리고 과일나무에서는 애플 콩포트가 열리고
농부들은 여러 겹의 깃이 달린 외투와 부츠를 수확할 것입니다.
포도주는 눈이 되고 닭은 비가 되어 내릴 것입니다.
그리고 하늘에서는 순무로 조리한 오리들이 떨어질 것입니다."

랑글레/방데뷔르크, 『청동왕 루이와 생시몽주의자』

(팔레-루아얄 극장, 1832년 2월 27일).

만국박람회는 상품이라는 물신의 순례의 중심지이다. "유럽 전체가 상품을 보러 나섰다"고 1855년에 텐은 서술하고 있다. 만국박람회의 전신은 전국산업박람회로, 최초의 박람회는 1798년 샹-드-마르스에서 개최되었다. 이 최초의 박람회는 "노동자 계급을 즐기게 해주고 싶다"는 바람에서 탄생했는데, "해방의 축제가 되었다". 노동자들이 최초의 고객을 형성하게 된다. 오락 산업의 틀은 아직

120

확립되어 있지 않았다. 민중 축제가 그러한 틀을 제공했다. 산업에 대한 샤프탈의 유명한 연설로 이 박람회가 개막되었다. ― 지구 전체의 산업화를 계획하고 있던 생시몽주의자들은 만국박람회라는 프로젝트를 받아들였다. 이 새로운 분야의 최초의 권위자였던 슈발리에는 앙팡탱의 제자로, 생시몽주의 기관지인 『글로브』의 발행인이었다. 생시몽주의자들은 세계적인 산업의 발전은 예측했으나 계급투쟁은 예상하지 못했다. 따라서 우리는 그들이 19세기 중엽에 모든 상업적·공업적 기업에 참여한 것과는 대조적으로 프롤레타리아에 관한 문제에 대해서는 무력했다는 것을 알 수 있다.

만국박람회는 상품의 교환가치를 이상화한다. 그리고 사용가치는 이차적인 위치로 밀려나는 틀을 만들어낸다. 만국박람회는 소비로부터 강제적으로 배제당한 군중이 상품의 교환가치와 일체화할 때까지 이 교환가치에 속속들이 침투당하는 학교이다. "전시품에 손대지 말 것." 이리하여 만국박람회는 기분전환을 위한 환(등)상에 접근할 수 있도록 해준다. 개인은 오락 산업이라는 틀 안에서 이러한 기분전환에 몸을 맡기는데, 이러한 틀 속에서 그는 항상 밀집된 군중의 하나의 구성 요소가 된다. 이러한 대중은 유원지의 롤러코스터나 회전목마, 무한궤도 등을 타고 소리를 지르며 즐거워하지만 이들의 태도는 순수한 반동에 불과할 뿐이다. 그리하여 그들은 정치 선전뿐만 아니라 산업적 선전이 기대하는 바대로 복종하는 훈련을 받고 있을 뿐이다. ― 상품을 옥좌에 앉히고, 이 상품을 둘러싼 광휘가 기분전환을 가져다줄 수 있도록 하는 것, 바로 이것이 그랑빌 예술의 은밀한 주제이다. 그의 유토피아적 요소와 냉소적 요소 사이의 불균형은 여기에서부터 발생한다. 생명이 없는 대상을 묘사할 때의 그의 교묘한 기교는 마르크스가 상품의 '신학적 변덕'으로

부르는 것에 상응한다. 이 기교는 '특제품' — 이 시기에 사치품 산업에 등장한 상품의 호칭 — 속에서 구체적으로 표현된다. 만국박람회는 '특제품'으로 이루어진 세계를 구성하는데, 그랑빌의 환상적인 작품들도 이와 똑같은 것을 실현한다. 우주를 현대화하는 것이다. 그의 손에 걸리면 토성의 테두리는 토성의 주민들이 저녁 무렵 산책하러 나오는 주철의 발코니가 된다. 이와 동일한 방법으로 만국박람회장에서 주철 발코니는 토성의 테두리가 되어 모험삼아 그곳을 걷는 사람들은 자신들이 토성의 주민으로 변신했다고 느끼는 마술적 환(등)상 속에 빠져 들어간다. 판화로 묘사된 이 유토피아에 대응하는 문학은 푸리에주의자 학자 투스넬의 작품이다. 투스넬은 패션 잡지에 자연과학에 관한 기사를 쓰고 있다. 그의 동물학은 동물의 세계를 패션의 지배에 따라 분류한다. 그는 여성을 남성과 동물 사이의 매개자로 간주한다. 여성은 소위 동물의 세계의 장식가이며, 동물은 그에 대한 대가로서 털과 모피를 여성에게 바친다. "수사자는 손톱깎이를 갖고 있는 이가 아름다운 이라면 기꺼이 발톱을 깎을 것이다."[5]

II

> "패션: 죽음 나리! 죽음 나리!"
> 레오파르디, 『패션과 죽음의 대화』

패션은 상품이라는 물신을 어떻게 숭배해야 하는지 의례를 지정한다. 그랑빌은 패션의 권위를 일용품뿐만 아니라 우주에까지 확대한다. 그것을 극한까지 몰고나감으로써 패션의 본성을 드러낸다. 패션은 살아 있는 육체를 무기물의 세계와 연결시킨다. 살아 있는 존재에 대해 주검의 권리를 옹호한다. 이러한 비유기적인 것의 섹스어필에 굴복하는 페티시즘이 패션의 생명력이 된다. 그랑빌의 환상적인 작품은 패션의 이러한 정신에 대응하는데, 후일 아폴리네르는 이것을 이러한 이미지로 묘사한다. "자연계의 모든 소재가 지금 여성복의 구성 요소가 될 수 있다. 나는 코르크 마개로 만들어진 매력적인 드레스를 본 적이 있다. …… 자기, 도기, 토기 등이 복식예술 속에 돌연 출현했다. …… 베네치아 유리로 구두가, 바카라의 크리스털 유리로 모자가 만들어졌다."[6]

C. 루이-필립 또는 실내

I

"나는 믿는다 …… 내 영혼을. 소중한 물건처럼."
레옹 되벨, 『작품집』, 파리, 1929년, 193페이지.

　루이-필립 치세에 개인le particuliér이 역사에 등장한다. 개인에게 있어 최초로 거주를 위한 장소와 노동을 위한 장소가 대립한다. 거주를 위한 장소가 실내가 되며, 사무실이 보완물이 된다(그러나 사무실은 지구본이나 벽에 걸려 있는 지도, 난간에 의해 오늘날의 주거용 방 이전의 바로크적 형태의 잔재라는 인상을 주는 계산대와는 분명하게 구분된다). 사무실에서는 현실적인 사항밖에는 고려하지 않는 개인은 실내에서는 온갖 환상을 품게 된다. 이러한 욕구는 그가 사업과 관련된 관심사를 자신의 사회적 기능에 대한 분명한 의식과 연결시킬 생각이 전혀 없는 만큼 그만큼 더 절박하게 다가온다. 자신을 둘러싼 사적인 환경을 정비할 때 그는 이들 두 가지 관심사를 물리친다. 실내라는 환(등)상의 세계는 여기에서부터 생겨난다. 개인에게 있어 실내는 우주 그 자체이다. 그는 그곳에 멀리 떨어진 지방이나 과거의 추억을 끌어 모은다. 그의 살롱은 세계라고 하는 극장의 박스석이다.

실내는 예술이 도망갈 수 있는 피신처이다. 수집가는 실내의 진정한 점유자가 된다. 그는 사물의 이상화라고 하는 그의 특기를 실행한다. 그는 사물을 소유함으로써 사물에서 상품으로서의 성격을 박탈해야 하는 시시포스적인 임무를 짊어지고 있다. 그러나 그는 사용가치가 아니라 애호가의 가치를 부여하는 것밖에는 할 수 없다. 수집가는 저 멀리 오래 전에 사라진 세계뿐만 아니라 동시에 더 좋은 세계를 선호한다. 즉 인간에게 필요한 것이 지금의 일상생활에서보다 훨씬 더 잘 주어지는 것은 아니지만 그래도 사물이 유용성이라는 고역으로부터 자유로운 세상을 말이다.

II

"머리는 ……
침실용 소탁자 위에서 미나리아재비처럼

124

쉬고 있다."

보들레르, 「여자 순교자」

실내는 한 개인의 우주일 뿐만 아니라 방물 상자이기도 하다. 루이-필립 이래 부르주아지 중에는 대도시에서의 사생활의 흔적의 부재를 되돌리려는 경향이 나타났다. 그는 이러한 보충을 자기 아파트의 네 벽 속에서 발견하려고 했다. 자주 사용하는 물건과 액세서리류의 흔적이 사라지지 않도록 배려하는 것이 그의 명예와 관련되기라도 한 듯 모든 상황이 전개되어갔다. 쉼 없이 수많은 물건을 모방했다. 슬리퍼와 시계, 식기와 우산을 위해 커버나 케이스를 고안했다. 모든 접촉의 흔적을 고스란히 남기는 벨루어 천과 플러시 천이 특히 선호되었다. 제2제정 양식에서 아파트는 일종의 선실이 된다. 이곳의 거주자의 흔적이 실내 속에 주조된 형태로 남게 되었다. 바로 여기서 이들 흔적을 조사하고, 실마리를 더듬어가는 탐정 소설이 발생한다. 에드가 포는 「가구의 철학」과 '새로운 탐정 소설들'에서 최초의 실내의 관상가가 된다. 초기의 탐정 소설에서 범인은 신사도, 빈둥거리는 부랑자도 아니며 그저 부르주아 계급의 한 개인에 불과하다(「검은 고양이」, 「고자질하는 심장」, 「윌리엄 윌슨」).

III

"**나의** 집Heim에 대한 이러한 탐구Suchen는 …… **나의** 시련Heimsuchung이
었다. …… **나의** 집은 어디 있는가?
그것에 대해 묻고, 찾고, 찾아다녔으나 발견하지 못했던 것이다."

실내의 청산은 19세기의 마지막 십여 년 동안 '모던 스타일'에 의해 이루어졌으나 이것은 오랫동안 준비되어온 것이었다. 실내 예술은 풍속 예술이었다. '모던 스타일'이 이 장르의 조종을 울렸다. 그것은 세기의 질병, 즉 항상 뭔가를 받아들이려는 갈망의 이름 하에 이 장르의 자기 도취에 맞섰다. '모던 스타일'은 몇몇 건축 구조 형태를 처음으로 도입했다. 또 그러한 형태를 기능적 관계들에서 분리시키는 동시에 그것을 자연의 정수定數로 제시하려고 했다. 즉 그것들의 양식화를 시도했다. 철골 건축의 새로운 요소, 특히 '지주'라는 형태가 '모던 스타일'의 주의를 끈다. 장식의 영역에서 이 스타일은 이러한 형태들을 예술 속에 도입시키려고 했다. 콘크리트는 건축의 새로운 잠재력을 제공해준다. 반 데 벨데에게서 집은 개성의 조형적 표현으로서 나타난다. 이 집에서 장식적 모티브는 회화에서 화가의 서명 역할을 한다. 이 모티브는 선으로 표현된, 영매가 깃든 것 같은 언어를 말하는 것에 크게 기뻐하지만 거기서는 식물적 생명의 상징인 꽃이 건축물의 선 그 자체 속으로 스며들어간다('모던 스타일'의 곡선은 『악의 꽃』의 제목에도 이미 나와 있다. 일종의 화환이 『악의 꽃』부터 오딜롱 르동의 '꽃들의 혼'을 거쳐 스완의 '카틀레야catleya하는 것'⁸⁾으로 이어지는 연결 고리를 분명하게 해주고 있다). — 이후 푸리에가 예견한 대로 시민 생활의 진정한 틀을 사무실이나 비즈니스 센터 속에서 추구하려는 경향은 점점 더 강해져갔다. 삶을 위한 허구적 틀은 개인의 집 안에 구축된다. 『건축가 솔네스』가 '모던 스타일'을 결산하는 작품이 되는 것은 이 때문이다. 즉 내면성의 비약에 의거해 기술에 맞서려는 개인의 시도는 파멸에 이를

수밖에 없다는 것이 그것이다. 건축가 솔네스는 그가 만든 탑 위에서 뛰어내려 자살했다.[9]

D. 보들레르 또는 파리의 거리들

I

"모든 것이 내게는 알레고리가 되고."

보들레르, 「백조」

보들레르의 천부적 재능은 우울을 자양분으로 하는 것으로 알레고리적인 것이다. 보들레르에게서 최초로 파리는 서정시의 주제가된다. 이 시는 지역적인 것이기는 하나 향토시와는 정반대되는 것이다. 이 도시를 응시하는 알레고리의 천재의 시선은 오히려 깊은소외감을 드러낸다. 그것은 산책자의 시선이지만 그의 생활 양식은마음 편안할 것 같은 환영 이면에 우리 대도시의 미래의 주민들의비참함을 감추고 있다. 산책자는 군중 속에서 피신처를 찾는다. 군중이란 베일이며, 이를 통해 보면 친숙한 도시는 산책자에게 환(등)상으로 변형된다. 도시가 어떤 때는 풍경으로 다른 때는 방으로 나타나는 이러한 환(등)상은 이후 백화점 장식의 영감을 제공해주었던 것처럼 보인다. 백화점은 이러한 산책까지도 매출에 이용하고있다. 아무튼 백화점은 산책에 마지막으로 남겨진 장소이다.

산책자의 모습으로 지성이 시장에 익숙해져간다. 지성은 그저 시장을 한 바퀴 둘러보려는 것뿐이라고 생각하지만 그렇게 시장에 굴복하는 것이다. 실제로는 이미 그런 식으로 고객을 찾고 있는 것이다. 아직 후원자가 있지만 이미 시장의 요구에 따르기 시작하는 이 중간 단계에서 지성은 (연재소설의 공간에서) 보헤미안을 형성한다. 경제적 입장의 불명확함에 그의 정치적 기능의 애매함이 대응한다. 이러한 애매함은 직업 음모가들의 모습 속에서 매우 분명하게 나타나는데, 이들은 보헤미안들에서 충원된다. 블랑키는 이 계층을 대표하는 가장 걸출한 인물이다. 19세기에 그의 권위에 필적할 만한 혁명적 권위를 가진 사람은 없었다. 블랑키의 이미지가 「악마 연도連禱」[10] 속을 번개처럼 지나간다. 그럼에도 불구하고 보들레르의 반역이 언제나 비사회적인 인간의 성격의 것이었다는 점에는 변함이 없다. 그의 반역에는 출구가 없다. 평생 유일한 성적 의사소통을 그는 한 명의 창녀와만 실현할 수 있었다.

II

> "어디를 봐도 구분하기 힘들다.
> 똑같은 지옥에서 나온 이 백 살 먹은 쌍둥이는."
> 보들레르, 「일곱 늙은이」

산책자는 시장의 척후斥候 같은 사람이다. 이처럼 척후라고 할 수 있는 그는 동시에 군중의 탐사자이기도 하다. 군중은 허물없이 다가오는 사람에게 일종의 도취감을 불어넣는데, 이러한 도취에는

128

매우 특수한 환상이 수반된다. 지나가는 사람이 군중에 섞여 이리저리 밀려가는 것을 보고 외관을 바탕으로 그가 어떤 사람인지 알수 있다고, 그의 영혼의 가장 깊은 구석까지 샅샅이 파악했다고 자아도취에 빠지는 것이다. 당시의 생리학[11]에는 이처럼 기발한 생각을 뒷받침해주는 자료가 풍부했다. 발자크의 작품이 뛰어난 사례를 제공해준다. 보행자들에게서 드러나는 유형적 특징이 어찌나 명명백백했던지 그러한 특징을 넘어 각 인물에 고유한 특성을 파악하려는 호기심이 그로부터 생긴다 해도 이상할 것이 없었다. 그러나 전술한 바의 관상학자가 뭔가를 꿰뚫어 보았다고 하지만 그것이 결국에는 착각에 불과하듯이 이에 상응하는 악몽도 있는데, 어떤 인물에 고유한, 다른 사람과는 다른 그러한 특색을 그저 새로운 유형이라는 구성 요소를 드러낼 뿐이라고 생각하는 것이 그것이다. 그리하여 결국 극히 분명한 개성이 어떤 유형의 하나의 사례에 불과하게 되는 것이다. 바로 이때 산책의 한가운데 불안을 일으키는 환(등)상이 출현한다. 보들레르는 「일곱 늙은이」에서 이러한 환(등)상을 마음껏 전개해 보았다. 이 시에서는 소름끼치는 모습의 한 노인이 7차례나 반복해서 출현한다. 항상 같은 모습으로 증식해가는 모습으로 한 개인이 묘사되는 것은 아무리 기발한 특이성을 동원하더라도 이미 유형의 마법의 원을 끊을 수 없는 도시인의 불안을 증거해준다. 보들레르는 이러한 행렬의 모습이 지옥과 같다고 말한다. 그러나 그가 평생 추구해온 새로운 것은 다름 아니라 이 '항상 동일한' 환(등)상을 소재로 하고 있었다(이 시는 해시시 흡연자의 꿈을 옮겨 적어놓은 것이라는 증거를 제시할 수 있을지는 모르나 그렇다고 해서 이러한 해석이 훼손되거나 하는 것은 아니다).

III

"미지의 밑바닥에 잠겨들련다. **새로운 것**을 찾기 위하여!"

보들레르, 「여행」

보들레르에게서 알레고리적 형식의 열쇠는 상품이 가격으로 인해 갖게 되는 독특한 의미│작용│와 긴밀하게 연결되어 있다. 사물이 그러한 의미│작용│에 의해 기묘하게도 비천해진다는 것, 이것은 17세기 알레고리의 특징인데 사물이 상품으로서의 가격에 의해 기묘하게 비천해지는 것이 이에 상응한다. 보들레르에게서는 상품으로서 가격을 결정해야 하기 때문에 사물이 이처럼 비천해지는 것에 새로움이라는 것의 헤아릴 수 없는 가치가 맞서 있다. 새로움이란 이미 어떠한 해석도 또 어떠한 비교도 할 수 없는 어떤 절대적인 것을 대변한다. 그것은 예술의 마지막 성채가 된다.『악의 꽃』의 마지막 시 「여행」. "오, **죽음**, 늙은 선장이여, 때는 왔도다! 닻을 올려라!" 산책자의 마지막 여행. 그것은 **죽음**으로의 여행이다. 목표. **새로운 것**. 새로운 것이란 상품의 사용가치와는 독립된 성질이다. 그것은 패션이 끊임없이 퍼트리는 착각의 근원이다. 예술의 최후의 방어선이 상품의 공격의 최전선과 일치하는 것, 이것은 보들레르에게는 감추어져 있어야 했다.

「우울과 이상」 —『악의 꽃』의 첫번째 시군의 제목에서 프랑스어에서 가장 오래된 외래어가 가장 최근의 외래어와 함께 나란히 배열되어 있다.[12] 보들레르에게서 이 두 개념 사이에 모순은 없다. 그는 우울에서 이상의 최근의 변모를 본 것이다. — 그에게서 이상은 우울이 최초로 표현되는 곳으로 보인다. 최고로 새로운 것이 최고로 낡은 것으로서 제시되는 이러한 제목을 통해 보들레르는 현대성이란 개념에 가장 강력한 형태를 부여했다. 그의 예술 이론 전체가 '현대적 미'를 축으로 하고 있으며, 그에게서 현대(성)의 기준은 다음과 같은 것으로 보였다. 즉, 현대(성)란 언젠가 태고의 것이 될 숙명이 각인되어 있는 것, 그리고 그것을 현대(성)의 탄생을 지켜본 사람이라면 누구에게나 드러내는 것이 그것이다. 이것이 전혀 예기치 못했던 것의 본질로서, 보들레르에게서 바로 그것이 미의 양도 불가능한 성질을 이룬다. 현대(성) 자체의 얼굴이 태고의 시선으로 우리를 노려보고 있다. 그리스인들에게서 메두사의 시선이 그러했던 것처럼.

E. 오스만 또는 바리케이드

I

"나는 숭배한다. 미와 선과 위대한 것들을.
귀를 즐겁게 해주는 것이든 눈을 매료시키는 것이든
위대한 예술에 영감을 불어넣어 주는 아름다운 자연을.
나는 꽃이 만발한 봄 — 여인들과 장미를 사랑한다!"
(오스만 남작), 『나이 든 한 라이언족의 고백』

오스만의 활동은 금융 자본주의를 우대하는 나폴레옹 3세의 제국주의 속에 편입되어간다. 파리에서 투기는 정점에 달한다. 오스만이 행한 토지 수용은 거의 사기 수준에 가까운 투기를 불러일으킨다. 파쇄원의 판결은 부르주아와 오를레앙 왕조파로 이루어진 야당의 의중을 반영해 내려지고 있었기 때문에 오스만의 정책에 따른 재정 위기를 증폭시킬 수밖에 없었다. 오스만은 파리를 특별 행정구로 만들어 자신의 독재에 확실한 기반을 부여하고자 했다. 1864년에는 의회 연설을 통해 대도시의 불안정한 계층에 대한 증오심을 과감하게 폭발시켰다. 이 주민층은 그의 사업의 결과 증대 일로를 걷는다. 임대료의 인상은 프롤레타리아를 교외로 내쫓는다. 그로 인해 파리의 거리들은 독자적 표정을 잃게 된다. 그리고 '적색 지대'가 생긴다. 오스만은 '해체 전문 예술가'라는 직함을 스스로에게 부여한다. 그가 계획한 사업에 스스로 사명감을 갖고 있었던 것이다. 자서전에서도 그것을 강조하고 있다. 레알은 오스만이 건설한 것 중에서 가장 성공적인 건축물로 통하지만 이미 흥미로운 징조를 나타낸다. 파리라는 시가 탄생한 요람인 시테 섬에 대해 사람들은 이렇게 말했다. 오스만이 손댄 이후에는 성당 하나와 병원 하나, 관청 하나, 병영 하나밖에 남지 않았다고. 위고와 메리메는 오스만의 갖가지 개조가 파리 시민들의 눈에는 얼마나 나폴레옹 3세의 전제 정치의 기념비로밖에 보이지 않는지를 넌지시 암시하고 있다. 파리시의 주민들은 이미 여러 가지로 불편해졌다. 대도시의 비인간성을 인식하기 시작한 것이다. 막심 뒤 캉의 기념비적인 저서 『파리』는 이러한 인식을 바탕으로 성립되었다. 메리옹의 동판화(1850년경)는 늙은 파리의 데스마스크가 되어버렸다.

　　오스만이 벌인 사업의 진정한 목적은 내란이 발생할 경우를 대비하는 것이었다. 파리의 거리들에 바리케이드를 구축하는 것을 영구적으로 불가능하게 만들고 싶어했다. 같은 목적으로 루이-필립은 이미 포장용 목연와를 도입한 바 있었다. 그럼에도 불구하고 2월 혁명 때에는 바리케이드가 중요한 역할을 했다. 엥겔스는 바리케이드 전의 전술 문제에 몰두했다. 오스만은 이를 두 가지 방법으로 저지하려고 했다. 도로 폭을 넓혀 바리케이드 건설을 불가능하게 하고, 새로운 도로를 만들어 병영과 노동자 구역을 직선으로 연결하도록 하는 것이 그것이었다. 당시 사람들은 그의 사업에 '전략적 미화' 라는 이름을 붙여주었다.

II

> "온갖 장식의 꽃이 피는 나라,
> 풍경의 매력, 건축의 매력
> 모든 무대 장치 효과는
> 오로지 원근법의 법칙만 따른다."
> 프란츠 뷜레, 『극장―교리문답』, 뮌헨, 74페이지.

도시 계획자로서의 오스만의 이상은 널찍한 대로들이 길게 늘어서 원근법적 전망 속에 한눈에 탁 들어오도록 만드는 것이었다. 이러한 이상은 19세기에 반복적으로 등장했던 경향, 즉 기술적 필요를 유사-예술적 목표를 내세워 고상한 것으로 만들려는 경향에 상응하고 있다. 부르주아 계급의 정신적·세속적 권력의 전당은 이처럼 길게 이어진 도로들의 틀 속에서 신격화되어야 했다. 개통식 전에 천막으로 전망을 가리고, 기념비의 제막식을 실시하듯이 막을 들어올렸으며 이때 성당, 역, 기마상 또는 문명의 다른 상징들이 시야에 들어왔다. 오스만에 의한 파리 개조를 통해 환(등)상이 돌로 바뀌었다. 영구히 계속될 것으로 만들었으나 동시에 그러한 환상들은 불안정한 성격도 금방 드러냈다. 아브뉘 드 오페라 — 당시의 악담에 따르면 이것은 오텔 뒤 루브르 수위실의 전망을 틔워주기 위해 만든 것이었다고 한다 — 조차 지사 오스만의 과대망상은 겨우 충족시켜주었을 뿐이다.

III

> "보여주라, 음모를 좌절시키고,
> 오 공화국이여, 악덕의 무리에게,
> 메두사와 같은 너의 거대한 모습을,
> 붉은 번개의 한가운데에서."
> 1850년경의 노동자들의 노래(아돌프 슈타르,
> 『파리에서의 2개월』, 올덴부르크, 1851년, 2권, 99페이지).

바리케이드는 코뮌을 통해 부활되었다. 기존의 것보다 훨씬 더 견고하고 튼튼하게 구상되었다. 바리케이드는 큰 불르바르들을 차단하고 건물 2층 높이까지 달하는 경우도 종종 있었으며 안쪽에는 참호를 감추고 있었다. 『공산당 선언』이 직업 음모가의 시대에 종지부를 찍었듯이 파리 코뮌은 프롤레타리아의 초기의 원망들을 지배했던 환(등)상에 종지부를 찍었다. 코뮌 덕분에 프롤레타리아 혁명의 과제는 부르주아와 긴밀히 협력해 1789년의 대사업을 완성시켜나가는 것이라는 환상이 사라진다. 이러한 망상이 리옹 폭동에서 코뮌까지 이어지는 1831년에서 1871년 사이의 시대를 특징지었다. 부르주아는 단 한 번도 이러한 오류를 범하지 않았다. 프롤레타리아의 사회적 권리에 대항하는 부르주아의 투쟁은 대혁명 때부터 시작되었다. 그것은 박애주의 운동과 일치하는데, 앞의 투쟁을 은폐한 이 운동은 나폴레옹 3세 치하에 최고조에 달했다. 그의 통치 하에 이 운동의 기념비적 작품인 르 플레의 저서 『유럽의 노동자들』이 탄생한다.

부르주아는 겉으로 표명하는 입장에서는 박애주의를 제창하면서도 항상 뒤에서는 계급투쟁을 고수했다.[13] 1831년 이미 『주르날 데 데바』지에도 나와 있는 것처럼 부르주아는 "어떠한 공장주도 자기 공장 안에서는 노예들에게 둘러싸인 대농장의 소유주처럼 살고 있다"는 것을 인정한 바 있다. 과거의 노동자 폭동들이 어떠한 혁명 이론으로도 지표를 제시받지 못한 것은 치명적인 것이지만 다른 관점에서 보면 그것은 또한 직접적인 힘과 열정으로 새로운 사회를 실현할 수 있도록 이끈 필수적인 조건이기도 했다. 코뮌에서 절정에 달한 이러한 열정은 부르주아의 최고 분자를 때로는 노동자 편으로 끌어들였지만 결국에는 부르주아의 가장 비열한 분자들에게 노동자를 굴복시켜왔다. 랭보와 쿠르베는 파리 코뮌 측에 섰다. 파리의 대화재는 오스만 남작의 파괴 사업에 걸맞은 종막이었다.

결론

"19세기 사람들이여, 우리가 출현하는 시각은

영원히 정해져 있으며, 항상 우리를 동일한 상태로 되돌려놓는다."

오귀스트 블랑키, 『천체에 의한 영원』, 파리, 1872년, 74/75페이지.

파리 코뮌 동안 블랑키는 토로 요새에 투옥되어 있었다. 『천체에 의한 영원』은 그곳에서 집필한 것이다. 이 책은 19세기의 갖가지 환(등)상의 성좌에 우주적 성격을 가진 최후의 환(등)상을 하나 더해 완결시킨 것으로 다른 모든 환(등)상에 대한 가장 신랄한 비판을 함축하고 있다. 이 저서의 주요 부분을 이루는 한 독학자의 독창적 고찰은 저자의 혁명적 고양을 잔혹하게 반박하게 되는 사색에 이르는 길을 연다. 블랑키가 이 책 속에서 전개하고 있는 우주관은 기계론적 자연과학에서 소재를 차용하고 있으나 머지않아 그것은 지옥의 비전임이 드러난다. 게다가 그것은 말년에 블랑키가 자기를 패배시켰다는 것을 인정하지 않을 수 없었던 바로 그 사회의 보완물이었다. 그런데 그가 사회에 대해 선언하는 무시무시한 논고가 이 사회의 결과에 무조건적으로 종속되는 형태를 띤다는 점이야말로 이러한 틀이 얼마나 역설적인가를 잘 보여주는데, 분명 이러한 역설은 저자 본인에게도 감추어져 있었을 것이다. 이 저서는 『차라투스트라』보다 10년 앞서 사물의 영겁회귀 이념을 제시했다. 비장감은 훨씬 더 적지만 환상을 유도하는 힘은 거의 극단적이라고 할 방식으로 말이다.

그렇다고 그러한 우주관에서 우쭐대거나 하는 모습은 전혀 보이지 않는다. 오히려 숨이 막히는 기분이 든다. 블랑키는 여기서 결국 역사 자체의 환상 ― 최근의 것으로 가장하고 잘난 체하며 돌아다니는 기억할 수도 없는 태고 ― 이라는 것이 명백해지는 진보의 이미지를 추적하는 데 몰두하고 있다. 핵심적인 구절을 보기로 하자.

136

우주 전체는 수많은 별들로 이루어져 있다. 이를 창조하기 위해 자연은 겨우 100종류의 **원소**밖에는 갖고 있지 않다. 이 자원을 훌륭하게 활용하고 있음에도 불구하고 또 이러한 자원이 자연의 번식력이 허용하는 무수히 많은 방식의 조합임에도 불구하고 결과는 그러한 원소들 자체의 수가 유한한 것처럼 필연적으로 **유한**하다. 따라서 자연은 넓이를 메우기 위해 **원초적 조합** 또는 **유형**의 하나하나를 무한대로 반복해야만 한다./따라서 모든 천체는 어떠한 것이든 시간과 공간 속에서 무한한 수로 존재하는데, 그것의 한 측면에서만 그러한 것이 아니라 탄생에서 사멸까지 존속하고 있는 매초마다 그러하다. …… 지구는 이러한 천체 중의 하나이다. 모든 인간은 존재하는 매초마다 영원하다. 나는 이 순간 토로 요새의 감옥 안에서 쓰고 있는 것을 영겁에 걸쳐 써오고 있으며 앞으로도 써나갈 것이다. 책상에 앉아, 펜으로, 지금과 똑같은 옷을 입고, 지금과 동일한 상황에서 말이다. 이것은 누구에게나 마찬가지이다. …… 우리와 똑 닮은 사람들은 시간과 공간 속에 무수히 존재한다. 양심상 이보다 더 많은 것을 요구할 수는 없을 것이다. 이들 분신들도 살과 뼈가 있으며, 바지나 외투 또는 크리놀린 스커트를 입고 머리를 묶어 올리고 있다. 이들은 결코 유령이 아니다. 영원화된 현재인 것이다./그러나 여기에 큰 결점이 있다. 진보가 없는 것이다. …… 우리가 진보라고 부르는 것은 각각의 세계에 국한되어 있으며, 그러한 세계와 함께 사라진다. 항상 그리고 어디서나, 지구라는 투기장에서는 똑같이 좁은 무대 위에서 똑같은 드라마가 똑같은 배경에서 펼쳐질 뿐이다. 자신의 위대함에 저 혼자 반해 법석을 떠는 인류는 스스로를 우주라고 믿고, 끝없이 펼쳐진 곳에서 살고 있는 것처럼 착각하지만 실제로는 감옥 안에 살고 있다. 그러다가 마침내 극히 깊은 모멸감 속에서 인류의 교만함이라는 짐을 짊어진 지구와 함께 파멸에 이르고 말 것이다. 다른 천체 위에서도 똑같은 단조로움, 똑같은 무기력이 반복된다. 우주는 무한히 반복되며, 제자리걸음을 할 뿐이다. 영겁은 무한 속에서 똑같은 것을 반복해서 태연하게 연기하고 있다.[14]

희망 없는 이러한 체념이 이 위대한 혁명가의 최후의 말이다. 이 세기는 새로운 사회 질서로 새로운 기술적 잠재성에 대응할 수 없었다. 이러한 환(등)상의 중심에 서서 사람을 현혹시키며 새로운 것과 낡은 것을 중재하는 자들이 승리하는 것은 바로 이 때문이다. 스스로의 환(등)상에 지배되는 세계, 바로 그것이 ― 보들레르의 표현을 빌리자면 ― 현대(성)이다. 블랑키의 비전은 ― 일곱 늙은이가 그것의 사자인 것처럼 보인다 ― 이 현대 속에 우주 전체를 돌입시킨다. 결국 새롭다는 것은 영겁의 벌을 받아야 할 속성처럼 보인다. 이 책보다 조금 전에 나온 보드빌 『천국과 지옥』에서처럼 말이다. 이 보드빌에서 지옥의 형벌은 어떠한 시대에서도 최신의 것, '영원하며, 항상 새로운 천벌'로 묘사되고 있다. 블랑키가 마치 유령인 양 말을 거는 19세기 사람들은 바로 이 지옥 출신들이다.

노트와 자료들

A
〔아케이드, 신유행품점, 신유행품점 점원〕

"궁전의 마법의 원주들이 손님들에게 알리고 있다.
주랑의 진열품들을 보면
산업이 예술과 겨루고 있다는 것을."
『파리의 신 풍경』, 파리, 1828년, 1권, 27페이지.

"몸과 목소리의 대대적인 할인 판매입니다.
이 더할 나위 없는 호사로움이여,
두 번 다시는 팔러 안 나옵니다."
랭보[1]

『그림으로 보는 파리 가이드북』은 1852년의 센 강변의 이 도시와 주변의 모습을 빠짐없이 담고 있는데, 이렇게 말하고 있다. "도심의 불르바르들과 관련해 반복적으로 떠오르는 것은 그곳까지 이어진 아케이드들이다. 산업에 의한 사치가 만들어낸 새로운 발명품인 이들 아케이드는 몇 개의 건물을 이어 만들어진 통로로 벽은 지붕으로 덮여 있으며, 대리석으로 되어 있는데, 건물의 소유주들이 이러한 투기를 위해 힘을 합쳤던 것이다. 천장에서 빛을 받아들이는 이러한 통로 양측에는 극히 우아한 상점들이 늘어서 있는데, 이리하여 이러한 아케이드는 하나의 도시, 아니 축소된 하나의 세계이다." ■산책자■ "안에서 구매할 의사가 있는 사람은 필요한 건 모두손에 넣을 수 있다. 갑자기 소나기라도 내릴라치면 아케이드들은

141

우산을 준비하지 못한 모든 사람들에게 일종의 피신처를 제공해주며, 좁기는 하지만 안전한 산책길을 제공해준다. 물론 이때는 판매하는 측도 나름대로 이익을 얻는다." ■날씨■

이 문장은 아케이드를 묘사한 고전적인 명문*locus classicus*이다. 산책자나 날씨에 관한 여담들이 이로부터 시작해 발전되어 나올 뿐만 아니라 아케이드 건축과 관련해 경제적·건축적 측면에서 말할 수 있는 여러 가지 사항도 이와 관련해 논의하는 것이 안성맞춤이기 때문이다.   [A 1, 1]

신유행품점 이름. 라 피유 도뇌르/라 베스탈/르 파주 앵콩스탕/르 마스크 드 페/르 프티 샤프롱 루즈/라 프티 나네트/라 쇼미에르 알레망/오 맘루크/오 코앵 드 라 뤼 — 대부분 성공한 보드빌에서 유래한 것이다. ■신화■ 어느 장갑 가게 이름: 오 시-드방 죈 옴므. 과자 가게 이름: 오 자름 드 베르테르.[2]

"보석 가게 이름은 진짜처럼 보이는 커다란 가짜 보석을 이용해 **상감 세공 글씨**로 문 위에 새겨놓았다." 에두아르트 크롤로프, 『파리의 정경』, 함부르크, 1839년, 2권, 73페이지. "베로-도다 갤러리에 식료품점이 하나 있다. 이곳의 문 위에는 전 세계 요리라는 글자가 새겨져 있다. 이 글자의 철자 하나하나는 도요새, 꿩, 산토끼, 가지 진 사슴뿔, 바다가재, 물고기, 새의 신장 등을 극히 기묘하게 조합해 만들었다." 크롤로프, 『파리의 정경』, 함부르크, 1839년, 2권, 75페이지. ■그랑빌■   [A 1, 2]

장사가 잘 되면 상점 주인들은 1주일 치를 선매해 상품을 쌓아 두기 위해 공간을 2층까지 넓혔다. 이와 함께 이전까지의 부티크

142

boutique가 상점magasin이 되었다. [A 1, 3]

이때만 해도 발자크는 이렇게 쓸 수 있었다. "마들렌 성당 광장에서 생-드니 문까지 쭉 진열되어 있는 상품들의 위대한 시가 각양각색의 시구를 노래하고 있다."『파리의 악마』, 파리, 1846년, 2권, 91페이지(발자크, 「파리의 불르바르들」). [A 1, 4]

"프랑스와 주변 지역의 여왕 폐하이신 산업에 의해 **특제품**Spécialité이 발견된 바로 그날, 사람들 말에 의하면 상인과 그 밖의 다른 사회적 **전문**spécialité 업종을 **전담하는**spécial 메르쿠리우스는 지팡이로 증권거래소 정문을 세 번 두드리며 프로세르피나³⁾의 수염에 걸고 그 말이 맘에 꼭 든다고 맹세했다고 한다." ■신화■ 하지만 이 특제품이라는 말은 처음에는 사치품에만 사용되었다.『대도시 ─ 파리의 신 풍경』, 파리, 1844년, 2권, 57페이지(마르크 푸르니에,「파리의 특제품」). [A 1, 5]

"오페라 극장 주변의 거리가 비좁고 또 항상 이 극장에 마차들이 쇄도하는 바람에 보행자들이 밖으로 나갈 때는 위험에 노출된다는 이유로 1821년 일군의 투기꾼들이 새로운 극장을 불르바르에서 분리하고 있는 건물의 일부를 활용하자는 아이디어를 내놓았다./ 이 계획은 발기인들에게는 수입원이 되는 동시에 군중들에게도 큰 이익이었다./실제로 목조 지붕의 소형 아케이드를 경유해 오페라 극장의 현관에서 직접 그리고 안전하게 갤러리들로, 다시 그곳에서 불르바르들로 통행할 수 있었다. …… 각 상점을 나누고 있는 도리아식 엔태블러처entablature 위에 이층짜리 아파트가 세워졌는데, 다시 이들 아파트 위를 갤러리 전체에 걸쳐 통유리 지붕이 덮고 있다." J. A. 뒬로르, 『1821년에서 지금까지의 파리의 자연, 시민, 정신의 역사』, 파리, 1835년, 2권, 28/29페이지.　　　[A 1, 6]

1870년까지는 마차가 거리를 지배했다. 보도는 폭이 너무 좁아 보행자들은 잔뜩 몸을 웅크려야만 했다. 그래서 산책은 대개 아케이드에서 이루어졌는데, 아케이드는 악천후와 교통으로부터 행인을 보호해주었다. "지금은 거리도 더 넓어지고 보도도 한층 더 여유로워졌기 때문에 아버지 세대에게는 아케이드 안에서 말고는 불가능했던 쾌적한 산책이 용이해졌다." ■산책자■ 에드몽 보르페르, 『파리의 어제와 오늘, 거리의 연대기』, 파리, 1900년, 67페이지.
　　　[A 1a, 1]

아케이드의 이름. 파사주 데 파노라마, 파사주 베로-도다, 파사주 데지르(과거에는 유곽으로 통해 있었다), 파사주 콜베르, 파사주 비비엔, 파사주 뒤 퐁뇌프, 파사주 뒤 케르,[4] 파사주 드 라 레위니옹, 파사주 드 로페라, 파사주 드 라 트리니테, 파사주 뒤 쉬발-블랑, 파사주 프레시에르<베시에레?>, 파사주 드 부아 드 불로뉴, 파사주 그로-테트(파사주 데 파노라마는 처음에는 '파사주 미레스'[5]로 불렸다).　　　[A 1a, 2]

(블루아 가와 그르넬-생-토노레 가 사이에 건설된) 파사주 베로-도다의 "이름은 두 사람의 부유한 돼지 도축업자인 베로 씨와 도다 씨에게서 유래하는데, 이 두 사람은 1823년에 부속 건물과 함께 이 아케이드 건설에 착수했다. 어마어마한 규모의 개발이었다. 그리

144

하여 당시 이 아케이드는 '두 구역이 만들어낸 아름다운 예술 작품'으로 불리었다." J. A. 뒬로르, 『1821년부터 지금까지의 파리의 자연, 시민, 정신의 역사』, 파리, 1835년, 2권, 34페이지. [A 1a, 3]

파사주 베로-도다의 바닥에는 대리석이 깔려 있었다. 여배우 라셀⁶⁾이 한때 그곳에서 살았다.   [A 1a, 4]

갈레리 콜베르 26번지. "그곳에서는 장갑 장수 차림의 싹싹한 미인이 아름다움을 뽐내고 있었다. 그녀에게 접근하기는 쉬웠으나 젊음의 문제의 경우 그녀가 중시하는 것은 자기 젊음뿐이었다. 그녀는 좋아하는 남자들에게 장신구를 사줄 것을 집요하게 요구했는데, 그것으로 한 재산 챙기려는 기대를 하고 있었다. …… 유리 안의 이 젊은 미인은 랍솔뤼|절대|라고 불리었다. 하지만 그녀를 탐구하려고 해도 철학은 이리저리 뛰어다닐 뿐 시간만 허비하게 될 것이다. 실제로 장갑을 팔고 있던 것은 그녀의 하인으로, 안의 미녀와 함께하려면 장갑이 필요했던 것이다." ■인형들■매춘부들■ 르푀브, 『파리의 낡은 집들』, 4권, <파리, 1875년>, 70페이지.
                                                                [A 1a, 5]

코메르스의 좁은 골목. "여기서 양을 이용해 최초로 기요틴의 시험이 이루어졌다. 당시 이 도구의 발명자는 코메르스의 좁은 골목과 랑시앙-코메디 가에 살았다." 르푀브, 『파리의 낡은 집들』, 4권, 148페이지.   [A 1a, 6]

"파사주 뒤 케르는 이곳의 주된 업종이 석판화 인쇄업이었기 때문에 나폴레옹 3세가 상업 광고물에 대한 인지세를 폐지했을 때 틀림 없이 그곳을 온갖 조명으로 장식했을 것이다. 이러한 면세 조치로 아케이드는 부유해졌으며, 대신 미화美化를 위해 돈을 지출함으로써 감사를 표시했다. 그때까지 이곳의 갤러리들에서는 유리로 덮이지 않은 곳이 몇 군데인가 있었기 때문에 비가 내리면 우산이 필요했었다." 르푀브, 『파리의 낡은 집들』, 2권, 233페이지. ■꿈의 집 ■ 날씨 ■ (이집트풍 장식). [A 1a, 7]

과거에는 앙부아즈 골목이었던 모베르 골목. 1756년경 4번지와 6번지에 여자 독약 조제사가 두 명의 여자 조수와 함께 살고 있었다. 어느 날 아침 세 명 모두 독가스를 맡고 살해된 시체로 발견되었다. [A 1a, 8]

루이 18세 치하에서의 |프로이센-프랑스 전쟁 직후의| 유령 회사 범람 시대. 신유행품점이라는 극적인 간판이 나오면서 예술은 상인에게 봉사하게 된다. [A 1a, 9]

"건설 시기가 1800년까지 거슬러 올라가며 사교계의 평판도 확고했던 파사주 데 파노라마 다음으로 1826년 도축업자인 베로와 도다에 의해 개설된 아케이드를 예로 들어보자. 이것은 1832년에 아르누가 석판화로 묘사한 바 있다. 1800년 이후 다시 새로운 아케이드가 건설되는 것을 보려면 1822년까지 기다려야 한다. 이때부터 1834년 사이에 이처럼 독특한 통로 대부분이 건설되었다. 이 중 가장 중요한 갤러리들은 남쪽으로는 크루아-데-프티-샹 가, 북쪽으로는 그랑주-바틀리에 가, 동쪽으로는 불르바르 드 세바스토폴,

서쪽으로는 방타두르 가로 둘러싸여 있는 지역에 집중되어 있다."
마르셀 포에트, 『중심가의 삶』, 파리, 1925년, 373/374페이지.

[A 1a, 10]

파사주 데 파노라마의 상점들. 레스토랑 베롱, 도서 대여점, 악보
점, 마르키|초콜릿 가게|, 술집, 메리야스 가게, 잡화점, 바느질 가
게, 구두 가게, 양복점, 구둣방, 양말 가게, 풍자화 서점, 바리에테
극장. 이에 반해 파사주 비비엔은 소박한 곳이었다. 거기에 사치품
상점은 없었다. ■꿈의 집 ― 많은 부속 예배당을 거느린 본당으로
서의 아케이드■

[A 2, 1]

사람들은 "자코뱅 당의 수호신과 기업가들의 수호신"이라고 함
께 묶어서 말하곤 했다. 하지만 "신께 찬양 드리리. 그리고 우리 가
게들에게도"라는 말을 루이-필립이 한 것으로 돌리기도 했다. 상품
자본의 신전으로서의 아케이드.

[A 2, 2]

파리에서 가장 최근에 세워진 아케이드는 샹젤리제에 있는데, 미
국의 진주왕이 세운 이 곳에는 가게가 없다. ■쇠망■

[A 2, 3]

"앙시앵레짐 말기쯤 파리에서는 바자 같은 가게와 정가 판매점을
세우려는 시도가 있었다. 왕정복고기와 루이-필립 치하에서 디아
블 부아퇴, 되 마고, 프티 마틀로, 피그말리온 같은 몇몇 대규모 신
유행품점이 문을 열었다. 그러나 지금의 상점과 비교해보면 이들
은 확실히 소규모에 불과했다. 실제로 백화점 시대는 제2제정기에
나 비로소 시작된다. 백화점은 1870년 이후 크게 발전한 다음 발전

에 발전을 거듭해간다." E. 르바쇠르, 『프랑스 상업사』, 2권, 파리,
1912년, 449페이지. [A 2, 4]

백화점의 기원이 아케이드? 앞서 말한 상점 중 어떤 것이 아케
이드에 있었을까? [A 2, 5]

특제품 제도는 — 덧붙여 말하자면 — 또한 이전 세기의 40년대
에 풍속화가 융성(발생까지는 아니더라도 말이다)한 이유를 풀 수 있
는 역사 유물론적 열쇠를 제공해준다. 부르주아가 예술에서 차지하
는 비중이 커져감에 따라 이러한 유형의 회화는 다양해져간다. 하
지만 이 계층의 예술 이해가 점점 더 협소해져감에 따라 내용도, 재
현되는 대상도 마찬가지로 협소해져간다. 그리하여 역사화, 동물화,
아이들의 모습, 수도사나 가족, 마을의 생활을 묘사한 그림 등이 명
확히 규정된 장르들로 등장했다. ▪사진▪ [A 2, 6]

상업이 로트레아몽과 랭보에게 미친 영향을 추적해볼 것! [A 2, 7]

"특히 총재 정부 시대(추정컨대 1830년경까지??)에서 유래하는 또
다른 특징은 천의 가벼움일 것이다. 살을 에는 추위 속에서도 모피
나 따뜻한 솜을 넣은 외투를 입은 사람은 극히 드물었다<?>. 피부
를 추위에 노출시킬 위험을 무릅쓰고 여성들은 마치 혹독한 겨울
이 존재하지 않기라도 하듯, 자연이 갑자기 영원한 낙원으로 바뀌
기라도 한 듯한 복장을 하게 된다." 그랑-카르테레, 『세련된 옷차
림』, 파리, 34페이지. [A 2, 8]

더군다나 당시에는 극장이 패션과 관련되어 있는 것에 어휘를 제공했다. 타라르풍 모자, 테오도르풍 모자, 피가로풍 모자, 그랑 프레트레풍 모자, 이피게니아풍 모자, 칼프르나드풍 모자, 빅투아르풍 모자. 발레에서 현실적인 것의 기원을 찾으려는 것과 똑같은 어리석음은 1830년경 어느 신문에 '르 실프'라는 제호를 붙인 데서도 잘 드러난 바 있다. ■패션■　　　　　　　　　　　　　　　[A 2, 9]

마틸드 황녀 저택에서 열린 한 야회夜會에서 알렉상드르 뒤마가 읊은 시. 이 시는 나폴레옹 3세를 겨냥하고 있다.
> "황제로서의 장려함에서라면
> 백부나 조카나 똑같다.
> 백부가 수도capitales를 빼앗는다면
> 조카는 우리의 자본capitaux을 빼앗는다."

얼음같이 차가운 침묵이 이어졌다. 이 이야기는 『오라스 드 비엘-카스텔 백작의 나폴레옹 3세 치세에 대한 회고』, 2권, 파리, 1883년, 185페이지에 들어 있다.　　　　　　　　　　　[A 2, 10]

"쿨리스'〕는 밤낮을 가리지 않고 이루어진다. 여기에는 폐장이라는 것이 없다. 밤조차도 거의 없다. 마침내 카페 토르토니가 문을 닫으면 장내 중개인들이 길게 줄을 지어 인접해 있는 불르바르들로 나와 우왕좌왕하는데, 가장 붐비는 곳은 파사주 드 로페라 앞이다." 율리우스 로덴베르크, 『햇빛과 등불 아래의 파리』, 라이프치히, 1867년, 97페이지.　　　　　　　　　　[A 2, 11]

루이-필립 치하에서 이루어진 철도주에 대한 투기.　[A 2, 12]

"게다가 같은 가계[즉 로스차일드 가]에서 미레스가 나왔다. 그는 놀라울 정도로 달변이었지만 손해는 결국 이득이라고 채권자들을 납득시키려고 할 때만 말을 할 뿐이었다. — 그럼에도 불구하고 그의 이름은 시끌벅적한 소송 끝에 '파사주 미레스'에서 지워져 이 파사주는 '파사주 데 프랭스'(훌륭한 레스토랑인 페테르스가 있는 곳)로 바뀌었다." 로덴베르크, 『햇빛과 등불 아래의 파리』, 라이프치히, 1867년, 98페이지.   [A 2a, 1]

거리에서 주식 시세표를 파는 행상들의 외침. 오르고 있을 때는 '주가 상승 중'이라고 하고, 하락 중일 때는 '주가 요동 중'이라고 한다. '하락'이라는 용어는 경찰이 금지하고 있었다.   [A 2a, 2]

파사주 드 로페라는 장외 거래에서는 |베를린의| 크란츨러에케에 비견되는 의미를 갖는다. <">독일 전쟁|1866년의 프로이센-오스트리아 전쟁|이 터지기 전 시기 상장사의 은어들: 3%의 이자는 '알퐁신', 부동산 은행은 '뚱보 에르네스', 이탈리아 공채는 …… '가엾은 빅토르', 동산 은행은 …… '꼬마 쥘'로 불렸다.<"> 로덴베르크, <라이프치히, 1867년>, 100페이지에서 인용.   [A 2a, 3]

주식 중매인이 되기 위한 권리금은 200만[8]에서 140만 프랑.

[A 2a, 4]

"아케이드는 거의 모두 왕정복고기에 건설되었다." 테오도르 뮈레, 『연극을 통해 본 역사』, 파리, 1865년, 2권, 300페이지.

[A 2a, 5]

150

스크리브와 루즈몽의 『앞과 사이와 뒤』에 대한 몇 가지 사항. 초연은 1828년 6월 28일. 이 3부작의 1부는 앙시앵레짐기 사회를, 2부는 공포 정치를 묘사했고, 3부는 왕정복고기를 무대로 하고 있다. 주인공은 장군으로 그는 평화로운 시대가 되면 사업가, 그것도 유력한 공장주가 된다. "여기서는 공장제 수공업이 군인-중산층 농민이 경작하던 밭을 최고 수준으로 대신한다. 산업에 대한 찬가는 왕정복고기의 보드빌에 의해 불려졌는데, 그것은 결코 **병사나 월계관 수여자**에 대한 찬사 못지않았다. 부르주아 계급이 정도는 각각 다르지만 귀족 계급의 반대쪽에 위치하게 되었다. 노동으로 획득한 재산은 오래된 문장紋章 그리고 오래된 영주의 저택에 있는 작은 탑과 대조될 수밖에 없게 된 것이다. 이 제3신분이 지배 권력이 되자 이번에는 이들에게 아첨하는 자들이 생겨났다." 테오도르 뮈레, 『연극을 통해 본 역사』, 2권, 306페이지.   [A 2a, 6]

"갈레리 도를레앙을 건설하기 위해 1828~1829년에 해체된" 레 갈레리 드 부아에는 "부티크가 3열로 들어서 있었는데, 그것들은 결코 사치스럽다고는 할 수 없었다. 오갈 수 있도록 2열의 통로가 있었는데, 이 통로는 법포帆布와 판자로 덮여 있었으며 위에는 빛이 들어올 수 있도록 유리를 몇 개 끼워넣었다. 사람들의 발길로 잘 다져진 이곳의 땅 위를 정말 편안하게 걸어다닐 수 있었는데, 종종 갑자기 소나기라도 내리면 땅바닥은 진흙으로 바뀌었다. 하지만 뭐 어떤가? 그래도 사방에서 사람들이 누가 봐도 멋지다고 하지 않을 수 없는 이곳으로 몰려와서는 즐비하게 늘어서 있는 상점들 사이에서 밀치락 달치락 시끌벅적하게 굴었는데, 이러한 상점조차 나중에 만들어진 다른 상점들과 비교하면 그저 노점과 비슷해 보일 뿐이었다. 이들 상점은 주로 두 업종이 차지하고 있었는데, 두 업종은 각자의 매력으로 사람들을 끌어당겼다. 먼저 엄청난 수의 바느질 수선일 하는 여자들이 있었는데, 이들은 바깥쪽으로 놓인 큰 의자에 앉아 일하고 있었다. 그런데 심지어 외부와 이들을 구분해주는 유리가 없는 경우도 있었다. 이들의 원기 왕성한 얼굴 표정은 많은 산책자들에게 바로 그러한 장소가 매력을 끄는 주된 이유 중의 하나였다. 그리고 갈레리 드 부아는 서적 거래의 새로운 중심지였다." 테오도로 뮈레, 『연극을 통해 본 역사』, 2권, 225/226페이지.   [A 2a, 7]

율리우스 로덴베르크는 파사주 드 로페라에 있는 작은 도서 대여점에 대해 이렇게 쓰고 있다. "어스름한 이 작은 방은 내 기억 속에 아주 기분 좋은 느낌으로 남아 있다. 거기에는 높은 책장과 녹색 테이블, 빨간 수염이 난 담당 직원(대단한 애서가인 그는 다른 사람에게 책을 가져다주는 대신 항상 소설을 읽고 있었다)과 매일 아침마다 해외에 나와 있는 독일인의 마음을 기쁘게 해주는 독일 신문(『쾰른 신문』만은 예외로 평균 잡아 10일에 한 번밖에는 오지 않았다)이 있었다. 그리고 파리에 뭔가 새로운 소식이 있으면 여기서 정보를 얻을 수 있었다. 그것은 작게 속삭이는 목소리로(앞서 말한 빨간 수염의 직원이 떠드는 소리가 자기나 다른 사람을 방해하지 않도록 엄격히 감시하고 있었기 때문이다) 입에서 귀로 전달되었다. 혹은 거의 소리를 내지 않고 펜에서 종이로, 마침내 책상에서 옆 우체통으로 전달되었다. 친절한 사무실 여직원은 누구에게나 미소를 짓고 있다. 특파원용 편지지와 봉투가 준비되어 있었다. 최초의 소식이 발송된다. 쾰른과 아우크스부르크에 뉴스가 전해진다. 그런데 지금 ─ 12시다!

― 자, 한잔 하러 갈까." 로덴베르크, 『햇빛과 등불 아래의 파리』, 라<이프>치<히>, 1867년, 6/7페이지. [A 2a, 8]

"파사주 뒤 케르는 규모는 작았지만 과거 몽마르트르 가에 있던 파사주 뒤 소몽을 방불케 한다. 그곳은 지금은 바쇼몽 가가 차지하고 있다." 폴 레오토, 「오래된 파리」, 『메르퀴르 드 프랑스』, 1927년, 503페이지(10<월> 15일). [A 3, 1]

"오직 그곳에서만 찾아볼 수 있는 장사에 종사하는 오래된 모델의 상점들 위에는 구식의 작은 복2층들이 있는데, 창문에는 각 상점을 나타내는 번호가 금속판으로 표시되어 있었다. 곳곳에 문이 있어 복도와 연결되어 있었으며, 복도 끝에는 이들 복2층으로 나가는 작은 계단이 있었다. 이러한 문 중의 하나의 둥근 손잡이 근처에 손으로 쓴 다음과 같은 종이가 붙어 있었다."

> *문 옆에*
> *일하는 사람이 있으니*
> *문을*
> *조용히*
> *닫아주시기 바랍니다.*

[A 3, 2]

거기에는 다른 표시가 하나 더 붙어 있었다(레오토, 「오래된 파리」, 『메<르퀴르> 드 프<랑스>』, 1927년, 502/503페이지).

> **안젤라**
> *2층 우측*

[A 3, 3]

백화점의 옛날 이름은 '염가 창고docks á bon marché'이다. 기디온, 『프랑스의 건축』, <라이프치히/베를린, 1928년>, 31페이지.
[A 3, 4]

아케이드의 상점이 백화점으로 발전하는 것. 백화점의 원리. "각층이 하나의 단일한 공간을 이룬다. '말하자면 **한**눈에 전체를 바라볼 수' 있어야 한다." 기디온, 『프랑스의 건축』, 34페이지.　[A 3, 5]

기디온은 (『프랑스의 건축<』>, 35페이지에서) "군중을 환영하고 계속 잡아끈다"(『과학과 산업』, 1925년, 143호, 6페이지)는 근본 법칙이 어떻게 프랭탕 백화점을 지을 때(1881~89년) 타락한 건축 형태로 이어졌는지를 보여주고 있다. 상품 자본의 기능!　[A 3, 6]

"증권거래소 출입이 금지된 여성들도 출입구에 모여 철제 격자문을 통해 장세에 관한 정보를 수집하고 출입이 가능한 사람들에게 주문한다."『제2제정 하의 파리의 변모』(포에트/클루조/앙리오 저), <파리, 1910년>, '파리 시립도서관 및 역사기념건조물 사업국' 전에 즈음해 간행, 66페이지.　[A 3, 7]

"특제품은 취급하지 않습니다"라고 '회색 머리를 한' 유명한 고물상인 프레맹은 아베스 광장에 있는 상점의 간판 위에 써놓았다. 여기서, 오래된 잡동사니에서 이전 세기의 초기 몇십 년 동안 '특제품'의 지배에 의해 억압받기 시작했던 장사의 오래된 표정이 되살아나고 있다. 이 '거대한 쓰레기장'을 가게 주인인 프레맹은 '오 필로소프|철학자의 금'이라고 이름 붙였다. ― 스토아주의를 이런 식으

로 파괴하고 해체하다니! 벽에 붙인 포스터에는 "주의, 종이의 이면을 보지 마시오/유사품에 주의"라고 쓰여 있다. 그리고 "달빛 아래서는 아무것도 사지 않습니다"라고도 쓰여 있다.   [A 3, 8]

분명히 거리에서 담배를 피우는 것이 아직 일반화되어 있지 않은 때였는데도 아케이드 안에서는 담배를 피우고 있었다. "여기서 아케이드에서의 삶에 대해 한마디 덧붙여야겠다. 아케이드는 산책자와 흡연자들이 좋아하는 장소이며, 온갖 종류의 소규모 장사가 이루어지는 투기장이다. 어떤 아케이드든 세탁 시설이 적어도 한 군데는 있다. 조건이 허락하는 한 최대한 우아하게 실내를 꾸민 작은 방에서 신사들은 높은 의자에 앉아 여유 있게 잡지를 읽고 있다. 그러는 동안 일하는 사람이 브러시로 이들의 양복과 부츠에 묻은 먼지와 때를 부지런히 털어낸다." 페르디난트 폰 갈, 『파리와 파리의 살롱들』, 2권, <올덴부르크, 1845년>, 22/23페이지.   [A 3, 9]

최초의 온실Wintergarten.[9] — 화단을 유리로 둘러쌌으며, 받침 시렁, 분수가 있으며 일부는 지하에 있다. 팔레-루아얄의 정원에 있던 그곳에는 1864년(지금도 아직 있을까?)에는 분수 연못이 있었다. 이 온실이 설치된 것은 1788년이다.   [A 3, 10]

"베푸르 시실리엔, 르 솔리테르, 라 피유 말 가르데, 르 솔다 라부뢰르, 데 되 마고, 르 프티 생-토마, 르 가뉴-드니예[10] 같은 최초의 신유행품점이 들어서기 시작한 것은 왕정복고기 말 무렵이었다." 뒤베크/데스프젤, 『파리의 역사』, 파리, 1926년, 360페이지.

[A 3, 11]

"1820년 파사주 비올레와 파사주 데 되 파비용이 …… 개설되었다. 이들 아케이드는 당시로서는 새로운 것 중의 하나였다. 민간 주도로 만들어진 이들 갤러리들에는 지붕을 얹었는데, 이곳에 들어선 상점들은 패션 덕분에 번영을 구가했다. 가장 유명했던 것이 파사주 데 파노라마로, 그곳의 인기는 1822~1831년까지 이어진다. 일요일이면 사람들은 떼를 지어 '파노라마 혹은 다른 불르바르에 간다'고 뮈세는 말하고 있다. 다소 임기응변적이기는 했지만 '시테cité', 즉 집주인 조합의 공동 경비 부담으로 지은 짧은 통로 혹은 막다른 좁은 골목이 건설된 것 또한 민간 주도에 의한 것이었다." 뤼시앙 뒤베크/피에르 데스프젤, 『파리의 역사』, 파리, 1926년, 355/56페이지.   [A 3a, 1]

1825년 '파사주 도핀, 파사주 소세드, 파사주 슈와쇨'과 시테 베르제르가 개설되었다. "1827년 …… 파사주 콜베르, 파사주 크뤼솔, 파사주 드 랭뒤스트리가 ……, 1828년에는 …… 파사주 브라디와 파사주 데 그라비에르가 개설되었으며 팔레-루아얄에서는 이 해 소실된 갈레리 드 부아 자리에 갈레리 도를레앙의 건설이 시작되었다." 뒤베크/데스프젤, 『파리의 역사』, 파리, 357/8페이지.
                                            [A 3a, 2]

"백화점의 선조인 라 빌 드 파리가 1843년 몽마르트르 가 174번지에 등장했다." 뒤베크/데스프젤, 『파리의 역사』, 파리, 389페이지.
                                            [A 3a, 3]

"억수같이 내리 퍼붓는 비가 내게 심술을 부린다. 그러면 슬쩍 아케이드로 들어가 비를 피한다. 천장이 전부 유리로 덮여 있는 이들 수많은 통로는 종종 수많은 샛길로 연달아 이어져 있는 상점들로 종횡으로 뚫려 있어 각자 원하는 방향으로 빠른 지름길을 택해 갈 수 있도록 되어 있다. 이러한 아케이드의 일부는 아주 우아하게 지어져 있으며, 악천후나 이처럼 휘황하게 빛나는 불빛으로 한껏 밤의 정취를 돋우는 밤이면 이곳을 찾아와 한번 산책하고픈 욕망을 부추긴다. — 죽 늘어서 있는 휘황찬란한 상점들을 말이다." 에두아르트 데브리엔트, 『파리에서 온 편지』, 베를린, 1840년, 34페이지.   [A 3a, 4]

"갤러리형 거리Rue-Galerie — 팔랑스테르의 갤러리형 거리는 조화궁palais d'harmonie의 가장 주요한 방이며, 이는 문명 속에서는 전혀 생각조차 할 수 없는 것이다. 겨울에는 난방이 들어오고, 여름에는 시원한 바람이 불어온다. 연속적인 열주 회랑형 실내인 갤러리형 거리는 팔랑스테르의 2층에 설치되어 있다"(루브르의 갤러리를 본 사람은 이것을 조화궁의 갤러리형 거리를 위한 모델로 간주할 수 있을 것이다). 푸리에, 『보편통일론』, 1822년, 462페이지에서 인용. 그리고 『산업과 조합의 신세계』, 1829년, 69페이지, 125페이지, 272페이지. E. 실베를랭, 『팔랑스테르 사회학 사전』, 파리, 1911년, 386페이지. 추가: "갤러리 — 지붕이 덮여 있고 난방이 들어오는 갤러리들이 팔랑스테르 주거지의 여러 부분을 연결하여 갤러리형 거리를 형성한다." 푸리에, 『절충론 혹은 사변론 및 조직화의 일상적인 개괄』, 14페이지. E. 실베를랭, 앞의 책, 197/98페이지에서 인용.   [A 3a, 5]

파사주 뒤 케르는 왕년의 쿠르 데 미라클 옆에 붙어 있다. 1799년
에 이전의 피유 디외 | 간호수도회 | 정원 자리에 세워졌다. [A 3a, 6]

장사와 교통은 거리의 두 가지 구성 요소이다. 그런데 아케이드
에서 후자의 요소는 실제로는 죽어버렸다. 교통은 흔적으로밖에 남
아 있지 않다. 아케이드는 그저 장사에 대해서만 추파를 던지는 거
리로, 욕망을 북돋우는 것에만 몰두한다. 이러한 거리에서는 교통이
라는 체내 순환이 정지되기 때문에 상품이 아케이드의 양측 가장자
리로 쏟아져 나와 마치 종양에 걸린 조직처럼 환상적인 방식으로
결합한다. ― 산책자는 교통을 방해한다. 그렇다고 그는 손님도 아
니다. 상품인 것이다.   [A 3a, 7]

백화점의 설립과 더불어 역사상 처음으로 소비자들이 스스로를
군중으로 느끼기 시작했다(과거에는 오직 궁핍만이 그것을 가르쳐줄
수 있었다). 동시에 장사가 가진 요부 같고 눈만 자극시키는 요소가
터무니없이 확대된다.   [A 4, 1]

대량 생산품의 제조와 더불어 특제품이라는 개념이 등장한다.
이 개념이 독창성Originalität이라는 개념과 맺고 있는 관계를 규명
할 것.   [A 4, 2]

"팔레-루아얄에서의 장사에 위기가 닥쳤다는 것은 인정하지만 그
렇게 된 원인은 매춘부들이 없어진 데 있는 것이 아니라 새로운 아
케이드의 개통과 다른 몇 개의 아케이드가 확장되고 미화된 데 있
다고 생각한다. 파사주 드 로페라, 파사주 뒤 그랑-세르프, 파사주

뒤 소몽, 파사주 드 베로-도다, 파사주 들로름, 파사주 드 슈와쇨, 파사주 데 파노라마의 아케이드를 예로 들 수 있다." F. F. A. 베로, 『파리의 매춘부와 매춘부 단속』, 파리/라이프치히, 1839년, 1권, 205페이지.   [A 4, 3]

"팔레-루아얄의 장사가 창녀들femmes de débauche이 없어짐으로써 정말 피해를 입었는지는 알 수가 없다. 하지만 분명한 것은 그곳에서는 체면을 차리려는 대중들의 태도가 엄청나게 증가했다는 것이다. …… 게다가 지금은 지체 높은 여성들이 기꺼이 갤러리의 상점으로 쇼핑하러 가고 있는 것처럼 보인다. 이것은 상인들에게는 아주 유리한 보상이 아닐 수 없다. 왜냐하면 팔레-루아얄이 거의 벌거벗은 것이나 마찬가지인 매춘부들로 넘쳐날 때 군중의 시선은 이들에게 향해 있었으나 지역의 상업을 번영시킨 것은 이러한 광경을 즐기는 사람들이 아니었기 때문이다. 거기에 찾아오는 일부 사람들은 이미 방종한 생활로 파산한 이들이었으며 다른 사람들은 방탕의 유혹에 빠져 물건을, 심지어 필수품마저 살 생각조차 없었다. 나는 이처럼 지나칠 정도로 관용적인 시대에도 팔레-루아얄의 몇몇 상점은 문을 닫았으며 다른 상점에도 고객의 발길이 거의 끊어졌다 …… 고 단언할 수 있다고 믿는다. 이처럼 이곳에서 상업은 전혀 번영하지 않았으며, 따라서 당시 사업의 부진을 매춘부filles publiques가 없어졌기 때문이라고 탓하기보다는 오히려 당시 매춘부들이 자유롭게 다니던 것에 원인이 있다고 말하는 편이 더 정확할 것이다. 매춘부가 없어짐으로써 상인들에게는 매춘부나 방탕한 자들보다 훨씬 더 도움이 되는 수많은 산책자가 이 갤러리와 정원으로 되돌아온 것이다." F. F. A. 베로, 『파리의 매

춘부』, 파리/라이프치히, 1839년, 1권, 207~209페이지.   [A 4, 4]

> "카페는
> 미식가와 흡연자로 가득.
> 극장은
> 유쾌한 관객들로 만원.
> 아케이드는
> 멍하니 바라보는 사람과 열광자들로 북적대고.
> 소매치기가 우글거린다.
> 산책자들 뒤쪽에서는."

에느리와 르므완, 「밤의 파리」, H. 구르동 드 즈누이야크, 『1830 ~1870년 사이의 거리의 유행가』, 파리, 1879년, 46/47페이지에 서 인용. 보들레르의 「어스름 저녁」과 비교해볼 것.   [A 4a, 1]

"그렇다면 잠자리를 구할 수 있는 돈이 한 푼도 없는 사람들은? 파 사주든 아케이드이든 잠을 잘 만한 곳이면 어디든지, 또 경찰이나 소유자의 방해 없이 잠들 수 있는 곳이라면 길모퉁이 어디서든 잠 을 잔다." 프리드리히 엥겔스, 『영국 노동자 계급의 상태』, 2판, 라 이프치히, 1848년, 46페이지([대도시]).   [A 4a, 2]

"어느 가게든 하나같이 오크재로 된 계산대는 온갖 종류와 온갖 크 기의 금속 위폐들로 장식되어 있었으며, 문에는 맹금猛禽들이 있어 야 할 위치에 어김없이 박혀 있어, 가게 주인의 철저한 성실성을 논 박의 여지 없이 과시하고 있다." 나다르, 『내가 사진가였을 때』, 파 리, <1900년>, 294페이지([1830년 경]).   [A 4a, 3]

갤러리형 거리에 대해 푸리에는 이렇게 말한다. "이처럼 바깥바람을 쐬지 않고도 쉽게 어디든지 갈 수 있고, 우박이 내릴 때도 진흙탕이나 추위 걱정 없이 얇은 옷에 칼라 구두를 신고 무도회나 연극을 보러 갈 수 있는 것은 너무나 새로운 매력으로서 그것만으로도 팔랑스테르에서 겨울의 하루를 보낸 사람이라면 누구나 우리의 도시와 성城을 싫어하게 될 것이다. 이러한 건조물이 문명의 온갖 용도로 사용된다면 비바람을 피할 수 있고 스토브나 환기 장치로 온도가 조절된 곳을 통행할 수 있다는 편리함만으로도 엄청난 가치가 있음을 인정할 수 있을 것이다. 임대료가 …… 다른 건물들의 두 배라 해도 수요가 있을 것이다." E. 푸아송, 『푸리에[선집]』, 파리, 1932년, 144페이지.   [A 4a, 4]

"갤러리형 거리란 실내 통행 방식으로, 이것만으로도 궁전과 문명으로 이루어진 아름다운 문명 도시들을 하잘것없는 것으로 여기도록 만들기에 충분할 것이다. …… 프랑스 왕은 문명 세계의 최고 군주 중의 하나이다. 그의 튈르리 궁에는 심지어 현관조차 없다. 왕이나 왕비, 왕가 사람들은 마차에 탈 때나 마차에서 내릴 때 가게 앞까지 마차를 오게 하는 소시민들과 마찬가지로 비가 내리면 젖을 수밖에 없다. 물론 비가 내릴 경우 군주에게 우산을 씌워줄 하인과 시종들은 많이 있을 것이다. 하지만 그래도 여전히 현관과 일행을 보호해줄 피신처는 어디에도 없다. …… 조화궁의 가장 소중한 매력 중의 하나인 갤러리형 거리를 묘사해보기로 하자. 팔랑주에는 바깥 거리, 혹은 지붕 없이 바깥바람을 쐬어야 하는 노천 길은 전혀 없다. 말 그대로 이 건물의 모든 구역은 2층으로 된 건물 전체를 둘러싸고 있는 넓은 갤러리를 통해 사방으로 돌아다닐 수 있다.

이 길의 끝에는 원주 위의 통로 혹은 멋지게 장식해놓은 매력적인 지하 통로가 있는데, 이것이 이 궁의 모든 부분과 부속 시설물을 연결하고 있다. 이런 식으로 안쪽이 비바람으로부터 보호되고, 또 어느 계절에도 스토브나 환기 시설로 기온이 조절되는 통로를 우아하게 통행할 수 있다. ……갤러리형 거리, 혹은 '연속 열주 회랑'은 2층에 설치되어 있다. 1층에는 맞지 않는다. 1층에는 마차용 아케이드들을 설치해야 하기 때문이다. …… 팔랑주의 갤러리형 거리에는 양쪽에서 모두 채광이 되는 것은 아니다. 각각의 주거부와 접해 있기 때문이다. 이들 주거부에는 침실이 이열로 늘어서 있는데, 그리하여 한쪽 열은 들판 쪽으로, 또다른 한쪽은 갤러리형 거리 쪽으로 창문이 나 있다. 이리하여 갤러리형 거리는 3층 높이로, 창문은 갤러리형 거리 쪽으로 나 있게 될 것이다. …… 1층의 몇 군데에는 공공 홀과 주방이 설치되어 있을 텐데, 이것은 중2층까지 연결되어 있다. 주방에는 2층 홀로 요리를 올려 보내기 위한 구멍이 곳곳에 있다. 이러한 구멍은 축제일 등에 단체나 대집단이 찾아와 공공 홀, 즉 세리스테르[11]에 다 들어가지 못하고 갤러리형 거리에서 두 열로 늘어선 테이블에서 식사해야 하게 될 때 매우 유용할 것이다. 모든 공공 교류 홀을 1층에 설치하는 것은 두 가지 이유에서 피해야 한다. 첫번째 이유는 1층의 낮은 쪽에 장로들의 주거를, 그리고 중2층에는 어린이들의 주거를 마련할 필요가 있기 때문이다. 두번째 이유는 장년층의 비산업적인 교류로부터 어린이들을 격리시킬 필요가 있기 때문이다." 푸아송, 『푸리에[선집]』, 파리, 1932년, 139~144페이지.   [A 5]

"그렇습니다, 그렇고말고요. 티베트의 힘은 당신도 알고 계실 겁니다.

고귀한 천진함의 집요한 적으로,

이것이 모습을 드러내자마자 모두 매혹되어버립니다.

점원의 아내도, 부르주아의 딸도

엄격하고 정숙한 여자도, 냉담하고 세련된 여자도.

지금 사랑하는 사람들에게 이것은 마음을 사로잡는 계기로서

이 패션의 지배력에 맞설 엄격함 같은 것은 있을 수 없습니다.

정말 부끄러운 것은 그러한 엄격함을 갖고 있지 않은 것입니다.

게다가 이들 직물은 지금 널리 유포시키고 있는 기지 넘치는 말을 통해

비웃는 말의 날카로움을 무디게 만듭니다.

이를 보면 마치 득의양양한 부적과 같아 보입니다.

그것은 정신을 놓게 하고 마음을 매료시킵니다.

이 때문에 나타나기만 해도 벌써 승리하고, 정복이 임박하게 됩니다.

이는 정복자로서, 군주로서, 주인으로서 군림합니다.

사랑의 신은 화살통을 내팽개치고

캐시미어로 자기 눈가리개를 만들었습니다."

에두아르 [당글몽], 『캐시미어』, 1막 운문 희극, 1826년 12월 16일 파리의 오데옹 왕립극장에서 초연, 파리, 1827년, 30페이지.

[A 5a, 1]

델보는 코드뤽-뒤클로[12]에 대해 이렇게 언급하고 있다. "그는 …… 그에게 아무런 빛도 없는 루이-필립 치세에, 그에게 상당한 빛이

있었던 샤를 10세 치세에서 했던 짓을 했다. …… 그의 이름이 사람들의 기억에서 사라지는 데보다 그의 뼈가 썩는 데 시간이 더 오래 걸렸다." 알프레드 델보, 『낮의 라이언족』, 파리, 1867년, 28/29페이지.   [A 5a, 2]

"그리스 태생의 한 여성이 파리에 소개한 귀중한 직물인 캐시미어를 프랑스에서 널리 보급시키려고 생각한 것은 이집트 원정 이후였다.[13] 테르노 씨는 …… 힌두스탄산 염소를 프랑스에 순화시키려는 멋진 구상을 세웠다. 이후 …… 몇 세기 전부터 명성을 떨치고 있던 제품과 유리하게 경쟁하기 위해 얼마나 많은 직공을 양성하고 얼마나 많은 직업을 창출해야 했던가! 우리나라 제조업자들도 프랑스제 숄에 관한 여성들의 편견에 대해 …… 승리를 거두기 시작하고 있다. …… 우리 화단의 빛나는 꽃과 화려한 조화를 솜씨 좋게 재현해서 인도인들의 이상한 도안을 여성들이 단번에 잊게 만드는 데 성공했다. 재미있고 우아한 문장으로 이처럼 흥미진진한 소재를 모두 다룬 책이 하나 있다. M. 레이의 『숄의 역사』는 원래 파리의 숄 제조업자들을 위해 쓴 책이지만 분명 여성들의 관심도 끌 것이다. …… 이 책은 분명 저자가 만드는 호화로운 제품과 함께 외국 제품에 대한 프랑스인들의 열기를 식히는 데도 기여할 것이다. 모피와 캐시미어 숄의 제조업자인 레이는 …… 가격이 170프랑에서 500프랑까지 하는 캐시미어를 몇 점 전시하고 있다. 그에게 많은 것을 빚지고 있는데, 특히 …… 자연 그대로의 꽃을 완벽하게 모방할 수 있는 기술이 개선되어 오리엔트의 기이한 야자나무 잎을 대신하게 된 것을 가장 큰 업적으로 꼽을 수 있다. 우리가 아무리 찬사를 보낸다 해도 그가 우리에게 남겨준 혜택에는 미치지 못할 것이며 …… 오랜 기간에 걸친 연구와 재능 덕분에 이 문필가 겸 공장주가 의당 누려야 마땅한 명예를 제대로 전달할 수 없을 것이다. 따라서 그저 그의 이름을 거론하는 것으로 만족하기로 한다." 슈누/H. D.,『1827년 두에 시에서 개최된 산업·공예 물품전의 설명서』, 두에, 1827년, 24/25페이지.　　　　　[A 6, 1]

1850년 이후. "르 봉 마르셰, 르 루브르, 라 벨 자르디니에르 같은 백화점이 설립된 것은 이 즈음이다. 1852년 '봉 마르셰'의 총 매출액은 45만 프랑에 지나지 않았다. 그러나 1869년에는 2,100만 프랑으로 증가했다." 기셀라 프로인트,『사회학적 관점에서 본 사진』(초<고>, 85/86페이지), 라비스,『프랑스사』에서 인용.　　　[A 6, 2]

"인쇄업자들은 …… 18세기 말경 널따란 부지를 확보할 수 있었다. …… 파사주 뒤 케르와 그 주변. …… 그러나 파리가 확장되면서 인쇄업자들은 …… 시 전역으로 흩어졌다. …… 아아 슬프다! 인쇄업자들의 탐욕이라니! …… 오늘날 투기 근성으로 타락한 노동자들은 …… 생-드니 가와 미라클 골목 사이에는 여전히 자신들의 진정한 수호신들이 잊혀진 채 누워 있는 낡고 찌든 긴 갤러리가 존재한다는 것을 …… 기억해야만 할 것이다." 에두아르 푸코,『발명가 파리』, 파리, 1844년, 154페이지.　　　　　[A 6, 3]

파사주 뒤 소몽에 대한 묘사. "3개의 돌계단을 통해 몽토르고이 가와 통해 있다. 아치형의 큰 유리 지붕을 받치고 있는 벽기둥들로 장식된 좁은 통로였다. 이웃해 있는 집들에서 버린 쓰레기로 더럽혀져 있었다. 입구에는 양철로 만든 연어 간판이 이곳의 주된 특징을

마르세유의 라 벨 자르디니에르의 분관 중의 하나. 1863년 3월 28일자
『삽화로 보는 세계』에 들어 있다. [A 6, 2]를 보라.

나타내고 있다. 생선 냄새 …… 그리고 마늘 냄새가 주위에 가득하다. 이는 무엇보다 프랑스 남부에서 파리로 온 사람들이 이곳에서 모이곤 했기 때문이다. …… 상점의 출입구 너머로 어스름한 작은 방이 보이고, 거기에서 당시 매우 흔했던 마호가니 가구들이 그럭저럭 한 줄기 빛줄기에 모습을 드러내고 있었다. 거기서 더 앞으로 나가면 파이프 연기로 자욱한 작은 술집, 허브나 스파이스, 외국산 과일의 야릇한 향기가 흘러나오는 식민지 토산품점, 춤꾼들을 위해 일요일과 평일 밤에 문을 여는 댄스홀, 그리고 마지막으로 체케리니라는 사람의 도서 대여점이 있었는데 손님들에게 신문이나 책을 제공했다." J. 뤼카–뒤브르통, 『알리보 사건 혹은 궁지에 몰린 루이–필립(1836년)』, 파리, 1927년, 114/115페이지.   [A 6a, 1]

파사주 뒤 소몽은 바리케이드전의 무대가 되었던 적이 있다. 이때 — 1832년 6월 5일에 행해진 라마르크 장군의 장례식 때 발생한 소요가 계기가 되어 — 200명의 노동자들이 군대와 대치했다.

[A 6a, 2]

"마르탱 — 선생님, 아시나요? 말하자면 …… 사업이 세계의 왕입니다!

드제네 — 마르탱 씨, 저도 같은 의견입니다. 하지만 왕만으로는 부족합니다. 신하들도 필요합니다. 그래서 그림이나 조각, 음악이 필요한 거죠. ……

마르탱 — 그럼요, 얼마간은 필요하겠죠. …… 저도 예술을 후원했습니다. 최근에 문을 연 제 가게, 카페 드 프랑스에는 알레고리를 화제畵題로 한 그림을 많이 놓아두었습니다. …… 게다가 밤이 되면 연주자를 들어오게 합니다. …… 마지막으로 혹시 제가 집에 초대하게 된다면 …… 아마 열주 아래 옷을 거의 걸치지 않은 커다란 입상이 두 개 놓여 있으며, 각각 머리 위에는 각등角燈이 불을 밝히고 있는 것을 볼 수 있을 겁니다.

드제네 ─ 각등이라고요?

마르탱 ─ 저는 조각을 그런 식으로 이해합니다. 무언가에 봉사해야 한단 말이죠. …… 하지만 허공에 다리나 팔을 올리고 서 있는 상 같은 것이 무슨 쓸모가 있겠습니까? 안에 가스관도 장치되어 있지 않은데 말이죠. …… 그렇지 않나요?"

테오도르 바리에, 『파리 사람들』, 파리, 1885년(보드빌 극장, 1854년 12월 28일), 26페이지[이 연극은 1839년을 배경으로 하고 있다].

[A 6a, 3]

파사주 뒤 데지르[14]라는 것이 있었다. [A 6a, 4]

코드뤽-뒤클로 ─ 팔레-루아얄의 단역. 왕당파로 방데 지방의 반란에 참가해 싸웠다. 그가 샤를 10세 밑에서 대접을 받지 못한 것에 불만을 품은 것은 다 근거가 있었다. 그는 넝마를 두르고 공개석상에 나타나거나 수염을 기름으로써 그에 항의했다. [A 6a, 5]

파사주 베로-도다의 한 상점의 정면을 그린 판화에 대해. "이처럼 절묘한 배치는 아무리 칭찬해도 지나치지 않을 것이다. 외부의 세련됨과 가스 조명에 사용된 램프 ─ 이것은 각 상점을 나누고 있는 두 개의 벽기둥의 기둥머리들 사이에 설치되어 있다. 그리고 이들 사이에는 반사경 장식이 달려 있었다 ─ 가 자아내는 생생하고 탁

월한 효과가 그러했다." 판<화>실.   [A 7, 1]

파사주 브라디 32번지에 세탁소인 메종 도니에르가 있었다. 그곳
은 '거대한 작업장'과 '일하는 사람이 많은 것'으로 <유명했다>.
이 시대의 판화에서 작은 다락방 지붕을 머리에 얹은 3층 건물인
이 가게의 모습을 볼 수 있다. 창문 너머로 소녀들 ― 아주 수가 많
았다 ― 을 볼 수 있다. 천장에는 빨래가 널려 있다.   [A 7, 2]

제1제정기의 한 판화 ―「세 명의 술탄 사이에서의 숄 춤」. 판
<화>실.   [A 7, 3]

오트빌 가 36번지의 아케이드의 입면도와 평면도. 검인을 찍은 종
이에 검정, 파랑, 분홍색으로 그린 것으로 1856년의 것이다. 아케
이드 부속 저택도 비슷한 방식으로 그려져 있다. 그리고 굵은 글씨
로 '임대 물건'이라고 인쇄되어 있다. 판<화>실.   [A 7, 4]

최초의 백화점은 동방의 바자Bazar를 모방한 것처럼 보인다. 동
판화를 보면 최소한 1880년까지는 채광을 위한 안뜰과 면해 있는
계단의 난간에 융단을 뒤집어씌우는 것이 유행이었다는 것을 알 수
있다. '빌 드 생-드니'점이 그렇다. 판<화>실.   [A 7, 5]

"통상 갈레리 드 오를로주와 갈레리 뒤 바로메트르라고 불리는 두
개의 갤러리가 있는 파사주 드 로페라 ……. 1821년 르 펠티에 가
에 오페라 극장이 문을 열면서 이곳이 인기를 끌게 되는데, 1825년
에는 베리 공작부인이 몸소 갈레리 뒤 바로메트르에 자리 잡은 '우

로파마'라는 파노라마의 개관식을 거행하기 위해 이곳까지 온다. …… 왕정복고 시대에 그리젯[15]들이 지하에 개업한 이달리 홀에서 춤을 추었다. …… 그후 '디방 드 로페라'라는 카페가 이 아케이드에 문을 열었다. …… 그 밖에도 이곳에서는 카롱 무기점, 마르게리 악보 출판사, 롤레 제과점, 그리고 마지막으로 오페라 향수점도 찾아볼 수 있었다. 여기에다 '헤어 아티스트', 즉 손수건, 유품 상자, 그리고 유발灣髮 기념품 제조사인 르모니에 …… 를 첨가해야 할 것이다." 폴 다리스트, 『불르바르의 삶과 세계(1830~1870년)』, 파리, <1930년>, 14~16페이지.   [A 7, 6]

"파사주 데 파노라마는 입구 양쪽에 세워져 있는 두 개의 파노라마를 기념해서 이렇게 이름지어졌으나 이들 파노라마는 1831년에 없어졌다." 폴 다리스트, 『불르바르의 삶과 세계(1830~1870년)』, 파리, 14페이지.   [A 7, 7]

'인도산 숄의 신기함'에 대한 미슐레의 멋진 극찬. 이것은 그의 『인류의 성서』, 파리, 1864년 중 인도 예술을 다루는 장에 나와 있다.   [A 7a, 1]

"예후다 벤 할레비[16]는,
그녀[17]는 생각했다, 충분히
존경받는 것이리라.
아름다운 마분지 상자 안에 모셔지기만 한다면.

거기에는 중국풍의 우아한

파사주 드 로페라. 파리의 카르나벨레 박물관 제공.
© Photothèque des Musees de la Ville de Paris.
[A 7, 6]을 보라.

파사주 데 파노라마 앞의 거리 광경. 오피츠의 석판화,
1814년. 프랑스 국립도서관 제공. [A 7, 7]을 보라.

아라베스크 문양이 장식되어 있다.

마치 파사주 파노라마에 있는

마르키의 귀여운 봉봉을 넣은 것처럼."

하인리히 하이네, 「예후다 벤 할레비」, 「히브리풍의 노래」, 『로만체로』, 3권의 4(비젠그룬트 아도르노의 편지에서 인용).　　　[A 7a, 2]

간판. 수수께끼 그림 맞히기가 유행한 후 문학과 전쟁을 빗댄 비유법이 유행하게 되었다. "베수비오 화산이 폼페이를 삼킨 것처럼 몽마르트르 언덕의 폭발이 파리를 삼켜버리기라도 한다면 1,500년 후에 간판을 통해 우리나라 전쟁의 역사와 문학사를 재구성해낼 수 있을 것이다." 빅토르 푸르넬, 『파리의 거리에서 볼 수 있는 것들』, 파리, 1858년, 286페이지(「간판과 포스터」).　　　[A 7a, 3]

산업에서의 상호 보호에 관한 샤프탈의 연설. "소비자들이 구매할 때 천의 품질의 정도를 올바르게 식별할 수 있다고 생각해서는 안 됩니다. 아니, 여러분, 소비자는 그것을 구분할 수 없습니다. 소비자는 자기가 이해할 수 있는 것만을 판단합니다. 과연 염료의 내구성, 천의 미세함의 정도, 마무리 가공의 특징과 질을 정확하게 파악하는 데 눈과 촉감만으로 충분하겠습니까?" 샤프탈, 『제품의 위조와 가짜 이름의 사용에 관한 법률안 검토 특별위원회의 명에 따른 보고』[프랑스 귀족원 의원 1824년 회기, 1824년 7월 17일], 5페이지. ― 상품에 관한 지식이 전문화되어감에 따라 신용이 점점 더 중요한 의미를 갖게 된다.　　　[A 7a, 4]

"그런데 이 쿨리스에 대해서는 어떻게 얘기하면 좋을까? 증권거래소에 2시간씩이나 불법적으로 들어가는 것만으로는 만족하지 못하고, 얼마 전까지만 해도 하루에 두 번 파사주 드 로페라 맞은편에 있는 불르바르 데지탈리앵의 야외에서 거래가 이루어졌다. 500~600명에 달하는 투기꾼들이 마치 음모가들처럼 낮은 목소리로 속삭이며 빽빽한 군중을 이루어 어설프게 약 40명에 달하는 무허가 중개인들의 꽁무니를 쫓아가고 있는 동안 살은 쪘지만 기운은 하나도 없는 양을 몰아 도축장으로 끌고 가는 것처럼 경관들이 뒤에서 그들을 몰아세우고 있었다." M. J. 뒤코 (드 곤드랭), 『증권거래소에서는 어떻게 파산하는가』, 파리, 1858년, 19페이지.

[A 7a, 5]

생-마르탱 가 271번지. 파사주 뒤 쉬발 루즈에서 라스네르[18]가 살인을 저질렀다.   [A 7a, 6]

간판 : "에페-시에épé-scié"[19]   [A 7a, 7]

「보르자르 가, 부르봉-비유뇌브 가, 케르 가 및 쿠르 데 미라클의 주민들께. 케르 광장에서 시작해 보르자르 가에 이르러 생-바르브 가 정면까지 직접 이어져 부르봉-비유뇌브 가와 오트빌 가를 연결하는 두 개의 지붕이 딸린 아케이드 건설 계획」에서 발췌. "주민 여러분, 오래 전부터 우리는 본 구역의 장래를 두고 부심해왔습니다만 불르바르와 가까운 곳에 있는 토지들이 의당 가져야만 할 가치를 전혀 갖고 있지 못한 점을 우려하고 있습니다. 이러한 사태는 연결망을 구축하면 바뀔 것입니다만 토지의 높이가 너무나도 다르기 때문에 이 구역에 새로 거리를 건설하는 것은 무리이며, 유일하게

174

실현 가능한 것으로 이러한 제안을 드릴 수 있어 영광으로 생각합니다. 그러니 여러분들도 지주로서 …… 저의 제안에 협력과 함께 찬성을 보내주시면 영광이겠습니다. …… 찬성하는 분은 모두 설립될 회사의 액면가 250프랑의 주식을 한 주당 5프랑에 의무적으로 구입해야 합니다. 총 3,000프랑의 자본만 모이면 지금의 예비 출연은 종료될 것입니다. 지금으로서는 이상의 금액으로 충분하다고 판단됩니다."「파리, 1847년 10월 20일」, 인쇄된 신청 권유서. [A 8, 1]

"파사주 드 슈와쇨에서는 '왕실 자연학자' 콩트 씨가 본인도 출연하는 2회의 마술 쇼 사이에 유명한 아동극단을 선보였는데, 이 극단의 아이들은 빼어난 연기자들이었다." J.-L. 크로즈, 「1835년 여름 파리의 몇 가지 풍경들」(『르 탕』, 1935년 8월 22일자). [A 8, 2]

"역사적 전환기라고 할 수 있는 시기에 파리의 상인들은 패션 nouveauté계를 일변시킨 두 가지를 발견한다. 상품의 진열과 남자 종업원이 그것이다. 진열된 상품으로 상점을 1층에서 다락방까지 장식했으며 상점 정면을 기함旗艦처럼 꾸미는 데 360미터의 천을 사용했다. 이어 남자 종업원의 채용. 이를 통해 여성에 의한 남성의 유혹 — 앙시앵레짐기의 상점 주인들이 생각하고 있었던 것 — 이 그것보다 심리적으로 훨씬 더 교활한 남성에 의한 여성의 유혹으로 대체되었다. 두 가지 변화와 함께 정찰제 판매와 정가 판매제의 도입이 추가될 수 있을 것이다." H. 클루조/R.-H. 발랑시, 『인간희극의 파리』(『발자크와 그의 납품업자들』), 파리, 1926년, 31~32페이지(「신유행품점」). [A 8, 3]

발자크는 한 신유행품점이 과거 『인간희극』의 출판업자였던 에첼이 쓰던 방을 빌리자 이렇게 말했다. "『인간희극』이 캐시미어 희극에 자리를 내주었다"(클루조/발랑시, 『인간희극의 파리』, 37페이지).

[A 8, 4]

파사주 뒤 코메르스-생-탕드레 — 도서 대여점.　　　[A 8a, 1]

"사회주의 정부는 파리의 모든 건물의 법적인 소유자가 되자마자 모든 건물을 건축가들에게 위임해서 거기에 **갤러리형 거리**를 건설하도록 …… 명령했다. …… 건축가들은 위임받은 사명을 완벽하게 수행했다. 그들은 모든 건물의 2층에 있는 방들 중 거리와 면한 방은 모두 접수한 다음 각 방을 구분하는 벽을 모두 제거해버렸다. 그런 다음 거리와의 경계벽에 커다란 창문을 설치해 **갤러리형 거리**를 완성시켰는데, 이 거리는 보통 침실과 폭과 높이가 같았으며 길이는 한 구역의 건축물 전체와 같았다. 인접한 건물들의 각 층이 거의 같은 높이로 되어 있는 새로운 구역의 갤러리 바닥은 높이가 일정했다. …… 그러나 오래된 거리에서는 …… 조심해서 바닥을 높이거나 낮춰야 하는 경우가 많았으며, 아니면 아예 그것을 포기하고 바닥에 급경사면을 조금 만들거나 도중에 몇 단 정도 계단을 만들어야만 하는 경우도 종종 있었다. 그리하여 전 구역의 건물의 2층을 …… 관통하는 갤러리가 들어서게 되면 …… 도시 전체를 포괄하는 …… 갤러리망을 만들기 위해 이처럼 고립된 구역들을 상호 연결시키기만 하면 된다. 모든 거리를 가로질러 지붕을 씌운 통로를 만들면 쉽게 이러한 일을 마무리할 수 있다. 이와 비슷하지만 이들보다 훨씬 긴 통로가 여러 불르바르나 광장, 센 강을 가

176

로지르는 다리 위에도 걸쳐져 있었기 때문에 …… 결국 산책자는 한 번도 바깥으로 노출되지 않고도 시내 전체를 걸어다닐 수 있다. …… 파리 사람들은 새로운 갤러리의 맛을 알게 되면서 오래된 거리에는 더이상 발길을 돌리고 싶어하지 않게 되었다. 오래된 거리는 개에게나 어울리는 곳이라고 말하고들 있다." 토니 무알랭, 『2000년의 파리』, 파리, 1869년, 9~11페이지. [A 8a, 2]

"2층은 갤러리형 거리가 차지한다. …… 큰 도로를 따라 …… 갤러리형 거리는 살롱형 거리를 형성한다. …… 이보다 훨씬 좁은 다른 갤러리들은 이보다 훨씬 더 소박하게 장식된다. 이러한 갤러리들은 소매점에 할당되었는데, 이곳의 상품들은 통행인들이 점포 앞이 아니라 내부 그 자체를 왕래할 수 있는 형태로 진열되었다." 토니 무알랭, 『2000년의 파리』, 파리, 1869년, 15/16페이지 (「모델하우스」). [A 8a, 3]

신유행품점 점원. "파리에 적어도 2만 명은 있다. …… 신유행품점 점원의 대다수는 고등학교의 고전 과정을 수료한 자들이다. …… 개중에는 어느 작업장에도 속하지 않은 화가나 건축가들도 있어, 이들은 진열품의 구성, 유행품의 디자인 결정, 어떠한 방향으로 유행을 창조할 것인가를 결정하는 등 이 두 분야의 예술에서 …… 몸에 익힌 지식을 훌륭하게 활용하고 있다." 피에르 라루스, 『19세기 대백과사전』, 3권, 파리, 1867년(「신유행품점 점원」 항목), 150페이지. [A 9, 1]

" '풍속 연구' [20]의 저자가 허구의 작품에서 당대의 유력한 상인의 이름을 그대로 인쇄하기로 한 것은 어떤 동기에서였을까? 우선, 본인이 즐겨보고자 했던 것만은 의심의 여지가 없다. …… 그렇게 묘사한 것은 이로써 설명된다. 하지만 직접 인용하는 경우에는 이와 다른 이유를 찾을 필요가 있다. 그리고 거기서 우리는 매우 분명한 선전 의도 이상의 다른 이유는 찾을 수 없다. 발자크는 광고, 특히 간접 광고의 힘을 처음으로 간파한 사람 중의 하나이다. 당시 …… 신문은 그러한 힘을 알지 못했다. …… 기껏해야 밤 12시가 되어 인쇄공이 정식으로 조판하려고 할 때 광고를 내는 사람은 파트 드 르뇨나 브라질의 물약을 광고한 몇 줄을 기사 하단에 가까스로 삽입하곤 했다. 신문 광고 자체는 미지의 것이었다. 소설 속에 슬쩍 끼워넣는 교묘한 수법은 이보다 훨씬 더 미지의 것이었다. …… 발자크가 작품에서 선택한 납품업자는 …… 그의 납품업자라고 단언해도 틀리지 않을 것이다. …… 『세자르 비로토』의 작가만큼 광고의 무한한 힘을 간파한 사람은 없을 것이다. …… 굳이 이것을 확인해보고 싶다면 …… 그가 본인의 제조업자들이나 이들이 제공하는 상품에 부여하는 형용사만 열거하는 것만으로도 충분할 것이다. 그는 부끄러움이라고는 모르는지 이렇게 쓴다. **유명한** 빅토린, **저명한** 이발사 플레지르, 우리 시대의 **가장 유명한** 재단사 스타우브, 라 미쇼디에르 가(주소까지 쓰고 있다)의 **유명한** 제화점 가이, …… '파리 …… 즉 **전 세계** 최고의 레스토랑 …… 로셰 드 캉칼의 요리'." H. 클루조/R.-H. 발랑시, 『인간희극의 파리: 발자크와 그의 납품업자들』, 파리, 1926년, 7~9페이지 및 177~9페이지.   [A 9, 2]

파사주 베로-도다는 크루아-데-프티 샹 가와 장-자크-루소 가를 연결하고 있다. 1840년경 카베는 이 장-자크-루소 가에 있는 그의 살롱에서 몇 번인가 모임을 가졌다. 이 모임의 분위기를 마르탱 나도²¹⁾의 『전 석공 견습생 레오나르의 회상록』이 다음과 같이 전해주고 있다. "그는 막 사용하고 있던 타월과 면도기를 아직 그대로 손에 들고 있다. 그는 우리가 복장도 제대로 갖추고 자세도 제법 진지한 것을 보고 매우 기뻐하는 것 같았다. 그는 이렇게 말했다. '아, 여러분(시민 여러분이라고 말하지 않았다), 여러분의 적들이 여러분들을 보기만 했더라도! 그러면 비판하려는 마음이 쏙 들어갔을 겁니다. 여러분의 몸가짐이나 말하는 태도는 교양 있는 집안 사람들과 하등 다를 바 없으니 말이죠.'" 샤를 브누아, 「1848년의 사람」, 2권에서 인용(『레뷔 데 되 몽드』, 1914년 2월 1일자, 641/42페이지). 카베를 특징짓는 것은 노동자는 집필 활동을 할 필요가 없다는 생각을 갖고 있었던 것이다. [A 9, 3]

살롱형 거리. "그것들[즉 갤러리형 거리] 안의 가장 넓고, 가장 좋은 장소를 차지하고 있는 것은 정성 들여 장식되어 있으며 화려한 가구가 갖추어져 있다. 벽과 천장에는 …… 진귀한 대리석, 금박 …… 거울이 붙어 있고, 그림으로 장식되어 있다. 창문들은 호화로운 발과 경이로운 무늬의 자수가 새겨진 커튼으로 장식되어 있다. 피곤에 지친 산책자가 편안하게 앉을 수 있도록 …… 의자, 안락의자, 소파가 갖추어져 있다. 마지막으로 예술적인 가구, 골동품 장식장 …… 온갖 골동품이 진열된 진열창 …… 생화를 꽂은 화병, 살아 있는 물고기를 풀어놓은 수조, 진귀한 새를 넣어둔 새장. 이러한 것들이 밤이 되면 …… 금을 입힌 촛대형 조명 도구와 크리스털 유리의 샹들리에에 비쳐 갤러리형 거리의 장식을 한층 더 완벽하게 만들어주고 있다./정부는 파리의 민중에 속한 거리들이 가장 강력한 군주들의 살롱을 장려함 면에서 능가하기를 바라고 있다. …… 갤러리형 거리는 아침부터 서비스 요원들에게 맡겨져 환기가 이루어지고, 정성 들여 청소하고, 빗질하고, 먼지를 털고 가구를 닦는 작업이 이루어져 어디서나 최상의 청결이 유지된다. 그런 다음 계절에 따라 창문을 닫거나 열어놓았으며, 불을 지피거나 차양을 내린다. …… 9시에서 10시까지 사이 이러한 청소 작업은 모두 종료되며, 이때부터 그때까지 뜸하던 통행인의 왕래가 본격적으로 많아지기 시작한다. 불결하거나 큰 짐을 짊어진 사람은 절대 갤러리 안으로 들어올 수 없었다. 마찬가지로 담배를 피우거나 침을 뱉는 행위 등도 금지되었다." 토니 무알랭, 『2000년의 파리』, 파리, 1869년, 26~29페이지(「갤러리형 거리의 외관」).

[A 9a, 1]

신유행품점은 나폴레옹 1세가 허락한 영업의 자유 때문에 등장할 수 있었다. "1817년에는 유명했던 라 피유 말 가르데, 르 디아블 부아토, 르 마스크 드 페, 또는 레 되 마고 등과 같은 이름의 상점들은 지금은 하나도 남아 있지 않다. 루이-필립 치하에서 이들을 대신해 들어앉은 상점들의 대부분도 훗날 라 벨 페르미에르나 쇼세-당탱처럼 사라졌다. 아니면 르 쿠앵 드 라 뤼와 르 포브르 디아블처럼 별 이문을 남기지 못하고 팔려버렸다." G. 다브넬 자작, 「현대적 삶의 메커니즘」, 1권, 「백화점」(『레뷔 데 되 몽드』, 1894년 7월 15일자, 334페이지).

[A 9a, 2]

필리퐁의 풍자 신문 『캐리커처』의 발행처는 파사주 베로-도다에 있었다.   [A 9a, 3]

파사주 뒤 케르. 나폴레옹이 이집트에서 귀국한 후에 만들어졌다.
부조 중에는 왠지 이집트를 연상시키는 부분들이 있다. — 다른 무
엇보다 스핑크스를 닮은 입구의 두부頭部가 그렇다. "아케이드는
슬프고, 어둡고, 어느 순간이든 불쾌한 방식으로 모든 것이 교차하
고 있다. …… 이들 아케이드에는 …… 석판 인쇄 공방과 제본집들
이나 입주할 것 같다. 인근 거리들에는 밀짚모자 제조소들이나 들
어설 수 있는 것처럼 말이다. 지나다니는 사람들의 인적도 뜸하
다." 엘리 베르테, 「케르 가와 파사주 뒤 케르」(『우리 도시 파리』, 파
리, <1854년>), 362페이지.   [A 10, 1]

"1798년과 1799년, 이집트 원정이 계기가 되어 숄이 엄청나게 유
행하게 되었다. 인도 가까이까지 갈 기회가 있었던 원정군의 장군
들 중에는 아내나 여자 친구에게 …… 캐시미어 숄을 보내온 이들
도 있었다. 이때부터 캐시미어 열병이라고도 불러도 좋을 만큼 캐
시미어 유행이 확산되어갔는데, 이는 집정 정부 시대에 널리 확산
되다가 제정 하에서 성장을 거듭, 왕정복고 시대에는 거대한 흐름
이 되어 7월 정권 하에서는 감당할 수 없을 정도가 되었으며 마침
내 1848년 2월 혁명 이후에는 스핑크스처럼 되었다." 『우리 도시
파리』, 파리, 139페이지(A. 뒤랑, 「숄 — 인도의 캐시미어와 프랑스의
캐시미어」). 리슐리외 가 39번지에 있는 상점 '오 앵디앵'의 주인
인 마르탱 씨와의 인터뷰가 들어 있다. 전에 1,500~2,000프랑이
던 숄이 지금은 600~1,000프랑까지 가격이 내려갔다고 보고하고
있다.   [A 10, 2]

브라지에, 가브리엘, 뒤메르상, 『아케이드와 거리들』, 1막 보드빌, 1827년 3월 7일 파리의 바리에테 극장에서 초연, 1827년 파리에서. — 주주인 뒬링고가 부르는 풍자가의 시작 부분.

"아케이드를 위해 나는

거듭 감사의 기도를 드리네.

파사주 들로름에

10만 프랑을 투자했으니까"(5/6페이지).

"파리의 모든 거리를 유리 지붕으로 덮으려 한다고 들었어. 그렇게 하면 아름다운 온실이 되겠지. 그러면 우리는 안에서 멜론처럼 살 거야"(19페이지).   [A 10, 3]

지라르, 『묘비 혹은 매장 제도가 풍속에 미친 영향에 대해』(파리, 1801년)로부터. "생-드니 가 근처에 새로 세워진 파사주 뒤 케르는 …… 일부지만 묘석으로 포장되어 있는데, 위에 새겨진 고딕풍의 비명과 문장은 아직 지워지지 않았다." 저자는 여기서 경건한 신앙이 무너지는 모습을 지적하려 하고 있다. 에두아르 푸르니에, 『파리의 거리들의 기록과 전설』, 파리, 1864년, 154페이지에서 인용.   [A 10, 4]

브라지에, 가브리엘, 뒤메르상, 『아케이드와 거리들 또는 전쟁이 선포되었다』, 1막 보드빌, 1827년 3월 7일 파리의 바리에테 극장에서 초연, 1827년 파리에서. — 아케이드 반대파는 우산 가게 주인 뒤프롱 씨, 마차 임대업자의 아내 뒤엘데 부인, 모자 제조업자 무페타르 씨, 나막신 제조 판매업자인 블랑망토 씨, 금리생활자 뒤박 부인으로 이루어져 있다. — 이들은 모두 다른 구역 사람들이다.

아케이드파 편에 선 것은 딜링고 씨이다. 왜냐하면 그는 아케이드 주식에 돈을 투자했기 때문이다. 딜링고 씨의 변호사는 푸르Pour| 찬성| 씨이며, 반대파 변호사는 콩트르Contre|반대| 씨이다. 마지막에서 세번째 장면(14장)에서는 콩트르 씨가 거리 대표자들의 선두에 나선다. 이들은 자기 거리의 이름을 나타내는 깃발을 내걸고 있다. 그것들 중에는 우르스 가, 베르제르 가, 크루와상 가, 퓌-키-파를 가, 그랑-위를뢰르 가와 같은 이름을 볼 수 있다.[22] 그리고 이에 대응하는 듯한 다음 장면에서는 아케이드파가 자신들의 깃발을 들고 행진한다. 예를 들어 파사주 뒤 소몽, 파사주 드 랑크르, 파사주 뒤 그랑-세르프[23] 파사주 뒤 퐁뇌프, 파사주 드 로페라, 파사주 뒤 파노라마와 같은 아케이드들이 그것이다. 이어지는 마지막 장면(16장)에서는 루테티아[24]가 대지의 품에서 출현한다. 처음에는 늙은 여자의 모습을 하고 있다. 그녀 앞에서 콩트르 씨는 거리파의 입장에서 아케이드파를 공격하는 변론을 펼친다. "144개의 아케이드가 입을 쩍 벌리고 우리 고객들을 집어삼켜, 우리 쪽 인파가 ― 한가한 사람도 있고 바쁜 사람도 있습니다만 ― 끊임없이 저쪽으로 흘러 들어가고 있습니다! 그런데도 파리의 거리들이 이런 식으로 계속 권리를 침해당하는 것에 무관심하게 있으라는 말씀이십니까? 아니, 그럴 수는 없습니다. 우리는 …… 우리의 144개의 적을 금지할 것과 1,550만 프랑의 손해 배상을 청구합니다"(29페이지). 아케이드를 지지하는 푸르 씨의 변론은 노래의 형식을 빌리고 있다. 일부를 인용해보면 다음과 같다.

"여러분은 금지하라고 주장하지만 우리도 꽤 도움이 된답니다.

우리의 유쾌한 모습 덕분에

온 파리에 오리엔트에서는 유명한

바자가 유행하게 되지 않았습니까?

　……

사람들이 모여들어 오랫동안 들여다보는 이 벽들은 어떤가

요?

무엇보다 이 장식들, 원주들은?

마치 아테네에 있는 것처럼 취미가 장사를 받들어 모시기 위

해

이 신전은 세워졌습니다"(29/30페이지):

루테티아는 이 분쟁을 이렇게 중재한다. "말하고자 하는 바는 알았

다. 빛의 정령들이며, 내 목소리를 따르라"(이 순간 갑자기 갤러리 전

체에 가스등 조명이 들어온다)(31페이지). 그리고 아케이드파와 거리

파가 하나가 되어 춤을 추면서 이 보드빌은 막을 내린다.

[A 10a, 1]

"나는 조금도 주저하지 않고 — 고지식한 미술평론가에게 아무리

바보스럽게 보인다 해도 상관없다 — 석판 인쇄를 확산시킨 것은

신유행품점 점원들이었다고 쓸 생각이다. …… 라파엘로풍의 인

물이나 르노의 브리세이스상을 어쩔 수 없이 사용하게 되었다면

석판 인쇄는 아마 망했을 것이다. 이를 신유행품점 점원이 구해준

것이다." 앙리 부쇼, 『석판화』, 파리, <1895년>, 50/51페이지.

[A 11, 1]

"파사주 비비엔Vivienne에서

그녀는 내게 말했다. 비엔Vienne 지방 태생이라고.

그러고는 덧붙였다.

작은아버지 집에 살고 있다고.

아버지의 형제 집에!

작은아버지의 종기를 치료해주고 있는데

그러한 삶도 나름대로 매력이 넘친다고 했다.

나는 이 아가씨를 만나기로 약속했다,

파사주 본-누벨에서.

하지만 파사주 브라디에서

바람맞았다.

      ……

뭐 그런 거지. 스쳐가는 사랑les amours de passage[25]은!"
나르시스 르보 작사, 레옹-폴 파르그, 「파리의 카페들」, 2권[『뷔』,
9호, 416페이지, 1936년 3월 4일]에서 인용.   [A 11, 2]

"왜 이 이야기에 『골동품점』이라는 제목이 붙어 있는지, 언뜻 봐
서는 …… 특별한 이유를 찾을 수 없는 것처럼 보일 것이다. 등장
인물 중에서 이런 종류의 상점과 조금이라도 관련이 있는 사람은
둘뿐이며, 게다가 이 두 사람조차 이야기가 시작되고 얼마 지나지
않아 골동품점을 나가서 다시는 돌아오지 않는다. …… 그러나 좀
더 인내심을 갖고 이 문제를 검토해보면 이 제목이 디킨스 소설 전
체의 일종의 열쇠라는 것을 알게 된다. 그의 이야기에서는 항상 거
리에서의 어떤 추억이 출발점이 되고 있다. 그리고 상점, 아마도
모든 것 중에서 가장 시적인 것이랄 수 있는 상점이 종종 그의 상상
력에 날개를 달아준다. 실제로 그에게는 모든 상점이 소설을 구상
할 수 있는 계기가 된다. 일련의 다양한 구상 중에서도 …… 『거

리』라는 제목으로 끊임없이 연재하는 구상에 착수해 상점 하나하나에 한 장을 할애하지 않은 것은 아무래도 이상하다고 하지 않을 수 없다. 특히 『골동품점』과 맞짝을 이루는 『제과점』, 『약국』, 『기름집』과 같은 매력적인 소설을 쓸 수 있었을 텐데 말이다." G. K. 체스터튼, 『디킨스』, 로랑 뒤퐁/마르탱 뒤퐁 역, 파리, 1927년, 82/83페이지.[26]   [A 11, 3]

"물론 푸리에 본인이 과연 얼마나 그러한 공상을 확신하고 있었는지 의문시되는 것도 당연하다. 종종 그는 원고에서 단지 비유적으로 말한 것을 말 그대로 받아들이고 게다가 자신이 '일부터 특이함을 추구했다'고 주장하는 비평가들 때문에 난처하다고 말하고 있다. 적어도 의도적으로 협잡꾼 같은 면, 자기 체계를 시작할 때 당시 막 발전하기 시작한 상업 광고 수법을 차용한 부분이 있다고 생각해도 큰 무리는 아닐 것이다." F. 아르망/R. 모블랑, 『푸리에』, 파리, 1937년, 1권, 158페이지. ■박람회■   [A 11a, 1]

프루동이 생애 말년 무렵에 한 고백(『정의』[27]에 들어 있다. ─ 이를 팔랑스테르라는 푸리에의 비전과 비교해볼 것). "나는 문명인이 되어야 했다. 하지만 고백하자면 내가 그렇게 해서 얻은 얼마 안 되는 것에도 이미 질려 있다. …… 사회 계층제와는 반대로 하층민들이 위에 살고 상류층들은 지면과 가까운 쪽에 자리를 잡고 있는 3층 이상의 건물이 나는 너무 싫다"(아르망 퀴빌리에, 「마르크스와 프루동」, 『마르크스주의에 비추어서』, 2권, 1부, 파리, 1937년, 211페이지에서 인용).
                                                        [A 11a, 2]

블랑키. "'나는 1830년의 삼색모 제1호를 쓰고 있었는데, 그것은 파사주 뒤 코메르스의 보댕 부인이 만들어준 것이다' 라고 그는 말했다." 귀스타브 조프루아, 『유폐자』, 파리, 1897년, 240페이지.

[A 11a, 3]

보들레르가 아직 이렇게 쓸 수 있던 시기였다. "인도산 손수건이나 숄처럼 빛나는 책." 보들레르, 『낭만파 예술』, 파리, 192페이지 (「피에르 뒤퐁」).

[A 11a, 4]

크로자트의 컬렉션에는 1808년의 파사주 데 파노라마를 그린 아름다운 작품이 들어 있다. 이 컬렉션에는 구두약 가게 선전 포스터도 있는데, 주로 긴 장화를 신은 고양이가 그려져 있다. [A 11a, 5]

보들레르는 1861년 12월 25일 숄을 저당 잡히려고 했던 것에 대해 어머니 앞으로 이렇게 쓰고 있다. "새해가 다가오자 |전당포| 사무실에는 캐시미어가 산처럼 쌓였으며, 손님들이 더이상 캐시미어를 갖고 오지 못하게 할 방도를 궁리 중이랍니다." 샤를 보들레르, 『어머니에게 보낸 편지』, 파리, 1932년, 198페이지.   [A 11a, 6]

"금세기는 독창적인 창조성이 풍부한 고립된 힘들의 치세를 획일적인 힘들의 치세로 이어주게 될 것이다. 이 획일적인 힘은 사물을 평균화하고, 제품을 균일화해서 대량으로 방출하고, 사회라고 하는 것의 최종적인 표현인 통일적인 사고에 복종시키게 될 것이다." H. 드 발자크, 『명사 고디사르』, 파리, 칼망-레비 판, 1페이지 (1837년).

[A 11a, 7]

봉 마르셰의 매출은 1852년에서 1863년 사이에 45만 프랑에서 700만 프랑으로 증가했다. 이윤의 신장은 퍼센트상으로는 이보다 훨씬 더 적었을 것이다. 박리다매야말로 대량의 고객 유치와 상품의 대규모 제공이라는 주된 영업 방침에 맞는 새로운 원리였다. 1852년에 부시코[28]는 신유행품점인 오 봉 마르셰의 소유자인 비도와 공동으로 경영하게 되었다. "참신했던 것은 보증된 상품을 싼 가격에 파는 것이었다. 각 상품에는 정찰 가격이 찍히게 되었는데, 이러한 또 하나의 과감한 혁신을 통해 값을 깎거나 에누리 판매, 즉 사는 사람의 얼굴을 보고 상품의 값을 정하는 일이 없어졌다. — 손님이 원하면 거래를 취소할 수 있는 '반품' 제도도 도입되었다. — 마지막으로 판매액에 따라 임금을 달리하는 제도의 거의 전면적인 도입. 이러한 것들이 새로운 경영 방법의 구성 요소였다." 조르주 다브넬, 「현대적 삶의 메커니즘, 백화점」(『레뷔 데 되 몽드』, 파리, 1894년, 335/336페이지, 124권).   [A 12, 1]

백화점의 당초 계획으로는 값을 흥정하는 시간을 줄임으로써 소매점에 비해 시간을 절약할 수 있도록 하는 것이 중요한 역할을 했다.   [A 12, 2]

뵈르네의 『루브르 산업박람회』 중의 「숄, 캐시미어」 장. 루드비히 뵈르네, 『전집』, 함부르크/프랑크푸르트 암 마인, 1862년, 3권, 260페이지.   [A 12, 3]

아케이드의 모습은 보들레르의 「너그러운 노름꾼」의 시작 문장에 나와 있다. "이 신기한 지하 소굴 옆을 어디에 입구가 있는지도 모

파리의 오 봉 마르셰 백화점. 목판화(1880년경). [A 12, 1]을 보라.

른 채 그렇게도 자주 지나다닐 수가 있었다니 참으로 이상한 느낌
이 들었다." <보들레르, 『작품집』, Y. G. 르 단텍 교정 · 주, 파리,
1931년>, 1권, 456페이지.[29]   [A 12, 4]

백화점의 특징. 손님들은 그곳에서 스스로를 군중으로 느낀다.
그들은 엄청나게 진열되어 있는 상품에 직면한다. 그들은 모든 층
을 한눈에 바라본다. 그들은 정찰 금액을 지불한다. '상품의 교환'
은 가능하다.   [A 12, 5]

"극장이나 공공 산책로 …… 가 있는 도시의 구역, 따라서 대부분
이방인들이 살고 있거나 헤매고 다니는 구역에서는 상점이 없는
건물은 하나도 없다. 1분 안에, 한 걸음 사이에 사람을 끌어당기는
매력을 발휘하도록 해야 한다. 왜냐하면 1분 이상 걸리거나 한 발
만 더 가더라도 통행인은 벌써 다른 상점 앞에 있기 때문이다.
…… 눈은 마치 억지로 그런 것처럼 시선을 빼앗기는데, 사람들은
거기에 서서 시선이 되돌아올 때까지 위를 보고 그곳을 응시할 수
밖에 없다. 상점 주인과 상품의 이름이 문이나 창문 위에 걸린 간판
에 수십 차례나 나란히, 아니면 위아래로 쓰여 있어 이 바깥에서 보
면 마치 연습장에 똑같은 단어를 끊임없이 반복해서 쓰는 어린 학
생의 받아쓰기 공책처럼 보인다. 천들은 견본처럼 전시되는 것이
아니라 전체가 완전히 펼쳐진 상태로 문이나 창문 앞에 늘어뜨려
져 있다. 끝이 이리저리 뒤엉킨 채 4층에서 상점 도로 바닥까지 늘
어져 있는 경우도 흔하다./제화점은 상점의 바깥 전체를 마치 일개
대대처럼 질서 정연하게 늘어서 있는 온갖 색깔의 구두로 칠해두
고 있다. 열쇠점 간판은 6피트 높이의 금박 열쇠이다. 천국의 문이

아무리 크다 해도 이보다 더 큰 열쇠는 필요 없을 것이다. 스타킹 상점 앞에는 320센티미터의 하얀 스타킹이 그려져 있는데, 어두울 때 보면 마치 하얀 유령이 나타났다고 착각할 정도로 오싹했다. …… 물론 이보다 품위 있고 우아한 방법으로 발과 눈이 많은 상점 앞에 걸려 있는 그림에 사로잡히는 경우도 있었다. …… 이러한 그림이 진짜 예술 작품인 경우도 드물지 않았다. 만약 이러한 그림이 루브르 박물관에 걸려 있었다면 이를 감식할 수 있는 사람은 그러한 그림 앞에서 감동까지는 하지 않겠지만 기쁜 마음으로 발길을 멈출 것이다. 어느 가발 제조업자의 가게 앞에는 한 장의 그림이 걸려 있었는데, 분명히 조악한 솜씨로 그려지기는 했지만 익살스러운 생각이 담겨 있었다. 황태자 압살롬이 머리카락으로 나무에 매달린 채 적의 창에 찔려 있는 것이다. 그리고 아래에는 다음과 같은 시가 있다. '압살롬의 불쌍한 최후를 보라/가발을 썼더라면 죽음을 면할 수도 있었을 것을.' 다른 …… 그림은 무릎을 꿇고 기사의 손에서 화환을 받아드는 장미 소녀를 묘사하고 있는데, 이것은 장신구점의 문을 장식하고 있다." 루드비히 뵈르네, 『파리 묘사(1822년과 1823년)』, 6장 「상점」(『전집』), 함<부르크>/프랑크푸르트 암 마인, 1862년, 3권, 46~49페이지.   [A 12a]

보들레르의 '대도시의 종교적 도취'[30]에 대해. 백화점이란 이러한 도취에 바쳐진 사원이다.   [A 13]

파리의 아케이드들

밸라둘룸 궁전

파사주 소몽

블루아 가의 입구인 갈레리 베로-도다

파사주 데 프랭스

파사주 조프루아

갈레리 도를레앙

건설 중인 잡테리 도물레앙

갈레리 도를레앙

갈레리 콜베르

표터—상가 입구인 갤러리 비비엔

1815년경의 팔레-루아얄

1810년경의 파사주 데 파노라마

갈레리 도를레앙, 1830년경의 라 로통드

1826년에 화재로 전소되기 전의 바자 프랑세의 입구

이달리 무도회장

1830년경의 불르바르의 풍경

아브뉘 울리히(오늘날의 포슈 가)

『샤리바리』지의 구독 요청

NOUVEAU MODÈLE DES KIOSQUES LUMINEUX

EXÉCUTÉ SUR LE DESSIN DE M. ALPHAND, INGÉNIEUR DE LA VILLE DE PARIS.

불로뱌 르망르마을(1805년)

파노라마를 볼 수 있는 원형 건물들(1814년)

과거 팔레 드 쥐스티스가 있던 곳에 세워진 파-페르뒤홀 — 베리옹의 동판화(1855년)

LA BOURSE AU PASSAGE DE L'OPÉRA.

1ᵉʳ BOURSIER – J'ai quatre cents chemins !....
2ᵐᵉ BOURSIER – Quel chemin ?...
INTERRUPTEUR – Celui de la préfecture de police......, où vous allez me suivre.......

CHEMIN DE FER DE LA BELGIQUE

SALLE DES PETITS FERS-A-REPASSER

À PARIS.

FABRIQUE SPÉCIALE DES MACHINES À COUDRE AMÉRICAINES SYSTÈME SINGER

롬바르드 메지테라니엥에 있는 누벨 서점

풍-오-상주 — 메리옹의 동판화(1855년)

라 모르그 — 메리옹의 동판화(1854년)

갈레리 도를레앙

파사주 슈와쉴

파사주 슈와쇨

파사주 데 파노라마

파사주 소몽의 입구, 몽마르트르 가

갈레리 베로-도다

파사주 데 파노라마, 불르바르 몽마르트르 입구

파사주 조프루아

갈레리 뒤 바로메트르

갈레리 콜베르

갈레리 비비엔

파사주 데 프랑스

파시주 비 프랭스의 착색 유리창의 세부

파사주 베르도

파사주 뒤 케르, 케르 광장의 입구

파사주 뒤 케르

NEF DU GRAND   CAFÉ PARISIEN

해부학 실습

B

[패션]

그리고 권태는 매춘부가 그 앞에서 죽음을 우롱하는 격자창이
다. ■권태■   [B 1, 1]

아케이드는 과거 사람들이 자전거를 배우던 실내 홀과 비슷하
다. 이러한 홀에서 여성은 가장 유혹적인 모습을 띠었다. 자전거를
탄 모습이 바로 그것이었다. 당시 포스터에는 이러한 여성들의 모
습이 그려져 있다. 셰레는 여성의 이러한 아름다움을 포착한 화가
이다. 자전거를 탈 때의 여성의 복장은 이후의 운동복을 선구적으
로, 무의식중에 선취한 형태를 하고 있는데, 그러한 복장은 이보다
조금 전 또는 조금 후에 공장이나 자동차에서 등장하는 꿈의 초기
형태에 상응하고 있다. 즉 초기의 공장 건물들이 전통적인 형태의

주택 건축에 집착하고, 최초의 자동차 차체가 마차 형태를 본떴듯이, 여성이 자전거를 탈 때의 복장에는 운동에 걸맞은 표현이 우아함이라는 전통적인 이상형과 아직도 갈등을 빚고 있는데, 이러한 갈등에서 태어난 것이 냉혹하고 새디즘적인 주름으로서 바로 이것이 당시 남성들의 세계에서 이처럼 자전거를 탄 여성의 모습을 그토록 이해하기 힘들 정도로 도발적인 것으로 만들었던 것이다. ■ 꿈의 집 ■ [B 1, 2]

"이 해[1880년경] 르네상스풍의 패션이 기승을 부리기 시작했을 뿐만 아니라 다른 한편으로 여성들 사이에서는 스포츠, 특히 승마에 대한 새로운 관심이 나타나기 시작했는데, 이 두 가지가 정반대 방향에서 패션에 영향을 미쳤다. 1882~1885년 여심을 갈라놓고 있던 이러한 패션 감각들을 중재하려는 시도가 있었는데, 그것은 기발한 느낌을 주기는 했지만 항상 아름다웠던 것은 아니다. 허리선을 가능한 한 몸에 딱 달라붙도록 간소화하고, 대신 스커트는 가능하면 그만큼 더 로코코풍으로 만든 것도 그러한 시도 중의 하나였다." 『독일 패션 70년』, 1925년, 84~87페이지. [B 1, 3]

여기서 패션은 여성과 상품 — 쾌락과 사체 — 사이에 변증법적인 거래 장소를 열어놓았다. 패션에 오랫동안 봉사해온 건방진 부하인 죽음은 세기世紀를 자로 재고, 절약을 위해 스스로 마네킹을 만들어 자기 손으로 재고를 떨이로 처리해버리려고 하는데, 그것은 프랑스어로는 '혁명révolution|=회전|'이라고 불린다. 왜냐하면 지금까지 패션은 갖가지 사체에 대한 패러디 이외의 아무것도 아니었기 때문이다. 패션이란 여성을 이용한 죽음의 도발이며, 도저히 잊

기 힘든 날카로운 웃음소리가 간간이 들리는 가운데 부패와 나누는 쓸쓸한 대화이다. 이것이 바로 패션이다. 패션이 그렇게 빨리 변하는 것은 바로 이 때문이다. 패션은 죽음을 부추기며, 죽음이 패션을 타도하고자 뒤돌아보면 이미 패션은 다른 것, 새로운 패션으로 바뀌어 있다. 패션은 100년 동안 죽음에 대등하게 겨뤄왔다. 이제야 마침내 철수하는 참이다. 그러나 죽음은 새로운 저승의 강, 아케이드를 통과하며 흘러가는 아스팔트의 강 양안에 매춘부들을 전리품으로 배치한다. ■ 혁명 ■ 사랑 ■   [B 1, 4]

> "광장들, 오 파리의 광장이여, 끝없는 구경거리를 주는 곳이여,
>
> 그곳에선 잡화상인 마담 라 모르가 이 세상의 쉬지 못하는 길들,
>
> 끝없는 리본들을 말기도 하고 감기도 하면서
>
> 새로운 나비매듭, 주름 장식, 꽃, 모자 장식, 모조 과일들을 고안해낸다 —,
>
> 하지만 모두가 거짓되게 물감을 들였으니, —
>
> 운명의 값싼 겨울 모자에나 어울리는 것들일 뿐이다."
> R. M. 릴케, 『두이노의 비가』, 라이프치히, 1923년, 23페이지.[1)]
>
>   [B 1, 5]

"딱 맞는 장소에 있는 것은 없다고 볼 수 있으며, 패션이 모든 것의 장소를 결정한다."『알퐁스 카르의 경구』, 파리, 1877년, 129페이지. "기품 있는 여성이 밤에 옷을 벗다가 자신이 사실은 하루 종일 입고 있었던 대로의 인간이라는 것을 알게 된다면 다음날 아침 의

기소침해 비탄에 빠질 것이라고 나는 생각한다." 알퐁스 카르, F. Th. 피셔, 『패션과 시니시즘』, 슈투트가르트, 1879년, 106/107페이지에서 인용. [B 1, 6]

카르[2]에게서 합리주의적인 패션 이론을 찾아볼 수 있는데, 그것은 종교의 기원에 관한 합리주의적인 이론과 매우 밀접한 관계가 있다. 예를 들어 기장이 긴 스커트가 등장한 것은 일부 여성들이 못생긴 <발>을 감추려는 데 관심이 있었기 때문이라고 그는 생각한다. 또는 어떤 형태의 모자와 헤어스타일은 빈약한 머리카락을 숱이 많은 것처럼 보이려고 하는 바람에서 비롯된 것이라고 비난한다. [B 1, 7]

이전 세기의 마지막 10년 동안 어디서 여성들이 남자들에게 가장 매혹적인 모습을 드러내고, 어떤 모습으로 남자들을 가장 내밀하게 기대에 차게 만들었는지를 알고 있는 사람이 오늘날 몇이나 되겠는가? 자전거를 배우던 아스팔트로 포장된 실내 홀이 바로 그곳이다. 자전거를 탄 여성은 포스터에서 우선권을 놓고 여자 샹송 가수와 경쟁하며, 패션이 나아가야 할 가장 대담한 노선을 제시했다. [B 1, 8]

철학자들이 패션에 열렬한 관심을 보이는 것은 패션의 터무니없는 예견력 때문이다. 예술은 종종 예를 들어 회화의 경우에서처럼 현실을 우리가 실제로 지각하는 것보다 몇 년이나 앞서 예견한다는 것은 잘 알려져 있다. 기술이 네온사인이나 그 밖의 다른 장치를 통해 거리와 홀을 온갖 색깔의 빛으로 비추기 훨씬 전에 이미 |예술에

서| 그처럼 다채로운 색으로 빛나는 거리와 홀을 볼 수 있다. 게다가 앞으로 다가오고 있는 것을 예감하는 예술가들 한 사람 한 사람의 감지력은 분명 상류 사회의 부인보다 훨씬 더 뛰어날 것이다. 그럼에도 불구하고 패션은 다가올 것에 대해 예술보다 훨씬 더 항상적이며, 정확한 접촉을 유지하고 있다. 그것은 미래에 다가올 것을 감지하는 여성 집단의 비할 데 없는 후각 덕분이다. 새로운 시즌이 다가오면 최신 복장에는 다가올 어떤 것을 알리는 비밀스런 표시가 반드시 들어 있기 마련이다. 그러한 신호를 읽어내는 방법을 익힌 사람이라면 누구나 예술의 최신 경향뿐만 아니라 새로운 법전이나 전쟁, 혁명까지도 미리 감지할 수 있을 것이다.[3] — 의문의 여지 없이 바로 여기에 패션의 가장 큰 매력이 있다. 하지만 동시에 그러한 매력을 잘 활용해야 하는 어려움도 여기에 있다.   [B 1a, 1]

"러시아 민담을 번역하든 스웨덴의 가족 대하 전설saga을 번역하든 아니면 영국의 악한 소설을 번역하든 대중의 동향을 선도하는 것이 문제가 되는 경우 우리는 항상 프랑스로 되돌아가게 된다. 왜냐하면 대중을 움직이는 것은 항상 어떤 것이 진리이기 때문이 아니라 언제나 그것이 유행이 되기 때문이다." 구츠코브, 『파리에서 온 편지』, 2권, <라이프치히, 1842년>, 227/228페이지. 그런데 대중을 선도하는 것은 매번 최신의 것이지만 그것이 대중을 선도할 수 있는 것은 이 최신의 것이 실제로는 가장 오래된 것, 이미 존재했던 것, 가장 친숙한 것의 매개를 통해 나타나는 경우에 한해서이다. 이러한 극劇, 최신의 것이 이런 식으로 이미 존재했던 것을 매개로 만들어지는 방법이 패션 본래의 변증법적인 극을 이룬다. 이러한 식으로만, 즉 이러한 변증법의 장대한 연출로서만 이전 세기 중반에

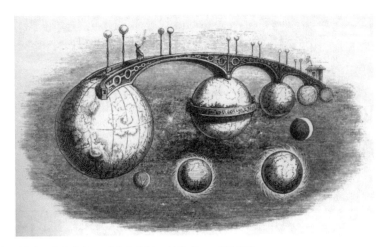

「행성들 간의 다리」. 그랑빌의 판화(1844년). [B 1a, 2]를 보라.

열광적인 반응을 불러일으킨 그랑빌의 독특한 저서들을 이해할 수 있다. 그는 새로운 부채를 이리스의 부채라고 소개한다. 그리고 새로운 데생은 무지개를 나타내고, 은하수는 가스등으로 비춰진 밤거리로 나타나고,「달 ― 자화상」은 구름 위가 아니라 최근 유행하는 벨벳 쿠션 위에서 쉬고 있다.[4] 이것을 볼 때마다 우리는 비로소 따분하기 짝이 없고, 상상력이 결여된 바로 이 세기에 사회 속에 있는 모든 꿈의 에너지는 몇 배나 더 격렬하게 패션이라고 하는 이 불가해한, 안개에 싸인 소리 없는 영역으로, 오성은 도저히 따라갈 수 없는 영역으로 도망갔다는 것을 알 수 있게 된다. 패션은 초현실주의의 선구자, 아니 영원한 대리인인 것이다.   [B 1a, 2]

「자전거를 타고 하는 결혼식」이라는 샤를 베르니에의 두 개의 외설적인 그림은 대조를 이루고 있는데, 각각 떠남과 돌아옴을 묘사하고 있다. 자전거는 스커트를 걷어 올린 모습을 묘사할 수 있는 생각지도 못한 가능성을 열어주었다.   [B 1a, 3]

패션에 대한 최종적인 전망은 어떤 세대에서도 바로 지나간 세대가 상상할 수 있는 가장 효과적인 항-최음제로 작용한다는 사실을 관찰할 때에만 얻을 수 있다. 전 세대에 대해 이러한 평가를 내리는 것은 일반적으로 생각되고 있는 것만큼 그렇게 완전히 부당한 것은 아니다. 어떠한 패션에도 사랑에 대한 통렬한 아이러니가 얼마간은 존재한다. 어떠한 패션에도 온갖 성적인 도착들이 가차 없이 암시되어 있다. 그리고 어떠한 패션도 사랑에 대한 은밀한 저항들로 가득 차 있다. 이러한 점에서 아래의 그랑-카르테레의 관찰은 피상적이기는 하지만 한번 고찰해볼 만한 가치가 있다. "몇몇 패션의 터무니없음을 실제로 간파할 수 있는 것은 연애하는 장면들에서이다. 그 자체로 이미 튀는, 끝을 올린 머리나 실크해트, 허리를 조인 프록코트, 숄, 그랑 파멜라grandes pamélas, 천으로 된 반장화 등으로 연애하는 제스처나 자세를 취하고 있는 남녀는 그로테스크하지 않은가?"이처럼 과거 세대들의 패션을 분석해보는 것은 통상 생각하는 것보다는 훨씬 더 중요한 의미를 가진다. 역사적으로 어떤 복장이 유행했나와 관련해 가장 중요한 측면 중의 하나는 그것이 무엇보다 연극 분야에서 과거의 패션 문제와 맞서고 있다는 점이다. 극장을 통해 의상 문제는 예술과 시의 활동에 깊숙이 개입하는데, 이 속에서 패션은 유지되는 동시에 극복된다.   [B 1a, 4]

삶에 지금까지와는 전혀 다른 리듬을 초래한 새로운 속도가 등장하면 사람들은 이와 흡사한 문제에 직면하게 된다. 그런데 이 새로운 리듬도 처음에는 말하자면 그저 재미삼아 한번 시도해본 것이었다. 꼬마 유람 철도[9]가 등장하자 파리 사람들은 뭔가에 홀린 듯 이 오락에 탐닉한다. 1810년경 한 기록자는 어떤 부인이 어느 날 저녁 당시 이 공중 놀이기구가 있던 몽수리 공원에서 75프랑이나 되는 돈을 탕진했다고 기록하고 있다. 새로운 삶의 속도는 전혀 예상 못한 방식으로 선언되는 경우가 많았다. 예를 들어 포스터. "하루 또는 한 시간 동안만 유지되는 이미지. 소나기에 씻겨 내려가고, 부랑자들 손에 더럽혀지고, 태양빛으로 바래고, 때로는 풀이 마르기도 전에 다른 이미지가 위에 붙여지기도 하는 이들 포스터들은 우리를 밀어내는 급속한 속도의 삶, 격동의 삶, 다양한 형태의 삶을 신문보다 훨씬 더 강렬하게 상징하고 있다." 모리스 탈마이르, 『피의 촌村』, 파리, 1901년, 269페이지. 포스터가 막 등장하던 무렵에는 부착

248

방식이나 보호 방안, 포스터 위에 다른 포스터를 붙이는 것을 금지하는 것 등에 대한 법률이 아직 마련되어 있지 않았다. 따라서 어느날 아침에 일어나보면 창문이 포스터로 도배되어 있는 것을 볼 수도 있었다<이런>. 센세이션을 원하는 이 묘한 욕구는 태곳적부터 패션을 통해 충족되어왔다. 그러나 그렇게 된 진정한 원인은 신학적 연구만이 분명하게 밝혀줄 수 있을 것이다. 왜냐하면 그러한 욕구는 역사의 흐름에 대한 인간의 깊은 정동적인 태도를 드러내기 때문이다. 센세이션에 대한 이러한 욕구를 일곱 가지 대죄 중의 하나에 첨가하면 어떨까 하는 생각이 들 정도인데, 아무튼 어떤 기록자가 이와 관련해 묵시론적인 예언을 첨부해 언젠가 인간은 과도한 전기빛에 눈이 멀고 너무나도 빨리 전달되는 뉴스 때문에 미쳐버리게 될 때가 올 것이라고 예견한다 해도 특별히 놀랄 것은 없을 것이다(자크 파비앙, 『꿈속의 파리』, 파리, 1863년에서 인용). [B 2, 1]

"1856년 10월 4일 짐나즈 극장에서 『현란한 옷차림을 한 사람들』이라는 제목의 연극이 상연되었다. 이 무렵에는 크리놀린이 전성기를 구가하던 시기로, 한껏 부풀린 여성복이 유행했다. 주역을 맡은 여배우는 작가의 풍자적인 의도를 간파하고 있었기 때문에 희극적인, 거의 우스꽝스러울 정도로 일부러 허리 아래를 과장되게 부풀린 드레스를 입었다. 그러나 초연 다음날 20명이 넘는 귀부인들이 견본으로 쓰게 드레스를 빌려달라고 하는 바람에 1주일 후 크리놀린 스커트의 크기는 두 배로 부풀어버렸다." 막심 뒤 캉, 『파리』, 6권, 192페이지. [B 2, 2]

"패션은 고급스럽고 이상적인 미에 대한 항상 허무하고 종종 우스

Des dames d'un demi-monde, mais n'ayant pas de demi-jupes.

당시의 유행에 따라 크리놀린 스커트를 입은 고급 매춘부.
오노레 도미에의 석판화(1855년). 사진 설명은 이렇다.
"화류계demi-monde 여자들. 하지만 반半-스커트를 입지는 않는다."
[B 2, 2]를 보라.

꽝스러우며, 때로는 위험한 탐구이다." 뒤 캉, 『파리』, 6권, 294페이지.　　　　　　　　　　　　　　　　　　　　　　　[B 2, 3]

발자크의 모토는 지옥의 시간을 설명하는 데 적합하다. 즉 왜 이 시대는 죽음을 인정하려고 하지 않는지, 또 왜 패션은 죽음을 우롱하는지, 왜 교통의 가속화와 신문 뉴스의 전달 속도(이것이 신문의 연속적인 발행 여부를 결정한다)는 어떠한 중단이나 갑작스러운 종결도 제거하려고 하는지, 그리고 일종의 단절로서의 죽음이 신이 지휘하고 있는 시간의 직선적인 연속성 — 물론 연속성의 정도는 각기 다르다 — 과 어떠한 관련이 있는지를 말이다. — 고대에도 패션이라고 하는 것이 있었을까? 아니면 '테두리의 힘'[6]이 그것을 금지했을까?　　　　　　　　　　　　　　　　　　　　　[B 2, 4]

"그녀는 세상 모든 사람과 동시대인이었다." 주앙도, 『프뤼당스 오트숌』, 파리, 1927년, 129페이지. 세상 모든 사람과 동시대인이다. — 이것은 패션이 여성에게 줄 수 있는 가장 열광적이며 가장 비밀스러운 충족감이다.　　　　　　　　　　　　　　　　　　　[B 2, 5]

패션이 파리라는 시에 미친 힘은 다음 문장에 상징적으로 나타나 있다. "나는 파리의 지도를 샀다. 그것은 손수건에 인쇄되어 있었다." 구츠코브, 『파리에서 온 편지』, 1권, <라이프치히, 1842년>, 82페이지.　　　　　　　　　　　　　　　　　　　　　　[B 2a, 1]

크리놀린 스커트에 관한 의학적 논의. 크리놀린 스커트는 로코코풍 스커트와 마찬가지로 "스커트 속의 다리가 상쾌하고 기분 좋게 시원함을 느낄 수 있기 때문에 얼마든지 입어도 좋다는 의견이 있었다. "…… [그러나] 의사의 입장에서 보면 이처럼 명성이 자자한 시원함 때문에 벌써 많은 사람이 감기에 걸렸으며, 신체의 선을 감추는 것이 크리놀린 스커트 본래의 목적이었지만 거꾸로 그것을 너무 빨리 엉망으로 만든다는 것을 알아야만 한다." F. Th. 피셔, 『비평의 길』, 신판, 3권, 슈투트가르트, 1861년, 100페이지「오늘날의 패션에 관한 분별 있는 견해」]. [B 2a, 2]

"혁명기와 제1제정기의 프랑스에서 패션이 의상을 현대적인 방식으로 재단하고 재봉해 그리스 시대의 균형의 묘를 모방했던 것은 어리석은 짓"이다. 피셔, 「오늘날의 패션에 관한 분별 있는 견해」, 99페이지. [B 2a, 3]

색이 튀지 않는 편직 머플러 ─ 인도산 명주 머플러 ─ 를 남성들도 매고 있다. [B 2a, 4]

손목까지 덮는 넓은 소매의 남성복 패션에 대한 F. Th. 피셔의 견해. "그것은 이미 소매가 아니며 새의 날개의 흔적, 펭귄의 짧은 날개, 물고기의 지느러미이다. 걸을 때 이 어색한 부속물의 움직임은 물건들을 휩쓸거나, 끌거나, 마치 배의 노를 젓는 것 같아 바보나 얼간이의 우직하고 우스꽝스러운 동작과 비슷하다." 피셔, 「오늘날의 패션에 관한 분별 있는 견해」, 111페이지. [B 2a, 5]

부르주아적 관점에서 패션에 가해진 중요한 정치적 비판. "이 「분별 있는 견해」의 저자는 기차를 타려다가 최신 유행하는 셔츠의 깃을 단 젊은이를 처음 보았을 때 정말 솔직히 가톨릭 신부를 보았다고 생각했다. 왜냐하면 그처럼 하얀 옷깃은 가톨릭 성직자들의 유명한 칼라와 똑같은 높이로 목 아래로 내려와 있었으며, 게다가 긴 웃옷도 검은색이었기 때문이다. 그 젊은이가 최신 유행하는 옷을 걸친 세속의 인간이라는 것을 알았을 때 저자는 자신이 본 셔츠의 옷깃이 무엇을 의미하는지를 즉각 간파했다. '오, 우리에게서는 모든 것이, 모든 것이 동일해져버렸다. 종교 협약조차 말이다! 그래서 안 될 이유라도 있단 말인가? 고귀한 젊은이들처럼 계몽을 열광적으로 지지해야만 하는가? 혹 계층에 따른 서열이 피상적인 정신 해방에 의해, 즉 언제나 결국 고귀한 인간들의 즐거움을 파괴할 뿐인 정신 해방에 의해 초래되는 천박화보다는 더 낫지 않을까?' ― 이 옷깃은 목 부분을 곧고 날카로운 선으로 두르고 있어 입고 있는 사람은 마치 이제 막 목이 잘린 사람처럼 보이는데, 이 모습은 무엇에 질리고 질린 사람의 성격에 딱 들어맞는다는 말을 덧붙이고 싶다." 이 문장에 이어 보라색[7]에 대한 격렬한 반발이 이어진다. 피셔, 「오늘날의 패션에 관한 분별 있는 견해」, 112페이지.   [B 2a, 6]

1850/60년대의 반동에 대해. "|깃발의| 색깔을 선명하게 하는 것은 웃음거리가 된다고 생각했으며, 조리 있게 처리하는 것은 유치한 것으로 보였다. 이러한 조건에서 어찌 복장도 마찬가지로 아무 색깔도 없고, 축 늘어지는 동시에 꽉 조른 듯하지 않을 수 있었겠는가?" 피셔, 117페이지. 이러한 관점에서 그는 크리놀린 스커트를 제국주의의 강화와 관련해서 논하고 있다. "여기 이 스커트처럼 넓게 퍼졌지만 속은 비어 있는 이 제국주의는 1848년이라는 해의 모든 조류의 역류의 마지막이자 가장 강렬한 표현으로서 버팀대가

든 스커트처럼 모든 측면, 즉 좋은 측면과 나쁜 측면, 정당한 측면
과 부당한 측면 모두를 감싸 안은 채 그것들 모두에 지배력을 행사
해나갔다." 119페이지.   [B 2a, 7]

"즉 근본적으로 그것들은 자유로운 동시에 부자유스럽기도 하다.
거기는 강제와 유머가 교차하는 어스름 지대이다. …… 형식이 환
상적인 것이 되어갈수록 구속된 의지를 곁눈질하며 명철하고 아이
러니한 의식이 그만큼 점점 강하게 나타난다. 바로 이 의식이 그러
한 어리석음은 더이상 지속되지 않으리라는 것을 보장해준다. 그
리고 의식이 증가할수록 그것이 힘을 발휘하고, 행동에 나서 굴레
에서 벗어날 날도 가까워진다는 것도 함께 말이다." 피셔, 122/
123페이지.   [B 2a, 8]

아폴리네르의 『학살당한 시인』(파리, 1927년, 74페이지 이하)에
들어 있는 패션 장은 패션의 괴벽 같은 가능성, 혁명적인 동시에 초
현실주의적인 가능성을 밝혀주는 가장 중요한 구절 중의 하나이다.
특히 이 부분은 초현실주의가 그랑빌과 맺고 있는 관계를 밝혀주기
도 한다.[8]   [B 2a, 9]

어째서 패션은 어떤 것이든 추종하는 걸까. 최근 심포니 음악에
도 표제가 붙는 것처럼 여성의 야회복에도 여러 가지 표제가 붙었
다. 1901년 파리에서 빅토르 푸르베[9]는 '봄의 강가'라는 제목의 우
아한 의상을 발표했다.   [B 2a, 10]

당시 패션의 특징. 도대체 완전한 나체라는 사실을 결코 알지 못

하게 하면서도 신체라는 것을 암시하기.   [B 3, 1]

"1890년경이 되자 비단은 더이상 외출복의 최고급 소재로 간주되지 않게 되었으며, 대신 안감 소재로서 그때까지 알려지지 않았던 의미를 인정받게 된다. 1870년에서 1890년까지 의복은 매우 고가였다. 따라서 패션의 변화도 여러 면에서 아주 제한적이었으며, 옛날 옷을 고쳐 뭔가 새로운 옷이 만들어진 것처럼 보이게 만드는 수선 정도로 한정되었다."『독일 패션 70년』, 1925년, 71페이지.
[B 3, 2]

"1873년 …… 엉덩이 뒤쪽에 부착시킨 쿠션을 감싸고 넓게 퍼져나간 이 해의 스커트는 주름을 잡은 커튼처럼 플리츠마다 장식이나 밑단 장식, 리본 등이 달려 있어 재봉사가 아니라 실내 장식가의 손으로 만들어진 것처럼 보였다." J. W. 삼손, 『현대 여성의 패션』, 베를린/쾰른, 1927년, 8/9페이지.   [B 3, 3]

영구화의 방법 중 밀랍 인형관에 보관되어 있는, 일시적으로 유행하다 사라져버리고 만 것의 영구화와 패션의 여러 형태의 영구화만큼 충격적인 것은 없다. 그것을 한 번이라도 보았다면 앙드레 브르통처럼 그레뱅 박물관의 전시관 한구석에서 양말대님을 고쳐 매고 있는 여성 밀랍 인형의 모습에 마음을 빼앗기고 말 것이다(『나자』, <파리 1928년>, 199페이지).   [B 3, 4]

"사초속屬 식물의 긴 줄기를 가지런히 배열한 커다란 백합이나 수련 꽃 장식은 머리 장식으로 하더라도 아주 우아해 보일 텐데, 그것

은 이루 헤아릴 수 없이 섬세하고 가볍게 흔들리는 공기의 정령이
나 샘의 정령을 연상시킨다. — 또한 예를 들어 타오르는 듯한 갈
색 머리는 우아한 가지들에 매달려 있는 과일로 장식하는 것보다
더 매력적인 방법은 없을 것이다. 체리나 건포도, 담쟁이나 들꽃을
배합한 포도 송이 혹은 타오르는 듯한 빨간 우단으로 만든 긴 물봉
선화 — 빨간 엽맥에다 이슬을 머금은 듯한 잎은 왕관이 된다 —
등으로 말이다. 또 이 왕관에는 극히 아름다운 선인장 *Cactus
Speciosus*, 길고 하얀 깃털의 꽃실을 가진 선인장을 달아도 좋을
것이다. 일반적으로 머리 장식용으로는 꽃이 가장 선호된다. — 과
거 흰서양장미를 큰꼬까오랑캐꽃과 담쟁이 줄기, 아니 가지와 함
께 그림처럼 아름답게 묶어 만든 그러한 화환을 본 적이 있다. 마디
마다 얽혀 있는 가지들은 너무 교묘해서 마치 자연 그 자체의 손길
이 미친 것 같은 착각을 불러일으킬 정도였다. — 가만히 만져보기
만 해도 봉우리가 달려 있는 긴 가지나 줄기는 양쪽으로 흔들렸
다."『바자』, 3차년도, 베를린, 1857년, 11페이지(베로니카 폰 G.,
「패션」).   [B 3, 5]

유행에 뒤처진 것이라는 인상을 받는 것은 어떤 방식이든 오직
가장 현실적인 것이 언급될 경우뿐이다. 가장 현대적인 건축술의
출발은 아케이드에서 찾을 수 있지만 그것이 현대인에게는 유행에
뒤처진 것처럼 비치는 것은 마치 아버지가 아들에게 골동품처럼 비
치는 것과 마찬가지이다.   [B 3, 6]

나는 이렇게 정식화해본 적이 있다. "영원한 것은 어쨌든 어떤 이
념이라기보다는 오히려 옷의 주름 장식이다."[10] ▪변증법적 이미지▪

물신 숭배에서 성Sexus은 유기적인 세계와 무기적인 세계 사이의 장벽을 제거한다. 복장과 장식이 성과 결탁한다. 성은 죽은 것만큼이나 살아 있는 육체도 편안하게 생각한다. 게다가 살아 있는 육체는 성에게 죽은 것 안에서 자리 잡을 수 있는 길을 제시하기까지 한다. 머리카락은 성의 이 두 영역 사이에 놓여 있는 경계 지역이다. 격정의 도취 한가운데 뭔가 다른 것이 성 속에서 열린다. 육체의 여러 풍경이 그것이다. 그러한 풍경들은 이미 살아 있는 것이 아니지만 아직 눈으로 볼 수는 있다. 물론 그렇다고는 하나 이 풍경 안쪽의 깊숙한 곳으로 들어갈수록 시각은 오히려 촉각이나 후각에게 이 죽음의 영역의 안내역을 맡기게 된다. 꿈속에서는 유방이 크게 부풀어 올라 지구처럼 숲이나 바위에 감싸이는 것도 드물지 않다. 이때 시선은 그러한 생명들을 골짜기의 바닥에 잠들어 있는 유리 같은 호수의 깊은 곳으로 잠기도록 한다. 이러한 풍경들은 성을 무기물의 세계로 이끌고 가는 길들과 교차한다. 패션이라고 하는 것은 그 자체로서는 성을 좀더 깊이 물질의 세계로 유혹하는 또다른 매체에 불과하다.   [B 3, 8]

"트리스투즈는 말했다. '올해 패션은 기묘하며 그렇기 때문에 익숙해지기 쉽습니다. 단순하지만 환상으로 넘치거든요. 자연계의 여러 영역의 어떤 물질이라도 지금 여성들의 복장의 구성에 도입될 수 있을 것입니다. 코르크 마개로 만들어진 매력적인 드레스를 본 적이 있습니다. …… 한 일류 디자이너는 송아지 가죽으로 장정한 옛날 책의 표지를 이용해 테일러 메이드 수트를 내놓으려고 생각 중에 있습니다. …… 생선뼈는 모자에 붙이기에 안성맞춤이죠. 멋쟁이 젊은 여자들이 산티아고 드 콤포스텔라[11]로 순례를 떠나는 사람들 같은 옷을 입고 있는 것을 자주 보았을 겁니다. 이 여자들의 옷에는 생 자크의 가리비가 점점이 아로새겨져 있을 것입니다. 자기나 도자기, 도기도 돌연 복식 예술에 등장하더군요. …… 새의 깃털은 지금 모자뿐만 아니라 구두나 장갑의 장식에도 이용됩니다. 내년에는 우산에도 달아본다고 하는군요. 베네치아산 유리로 구두도 만들고 바카라의 크리스털 유리로 모자도 만들려고 한다는 군요. …… 그리고 잊고 있었지만 얼마 전 수요일에 불르바르에서 작은 거울 조각을 덕지덕지 붙여 만든 옷을 입은 젠 체하는 중년 부인을 봤어요. 태양빛이 닿자 아주 화려하게 빛났죠. 금광이 산책을 나왔다고나 할까요. 나중에 비가 내려서 은광처럼 되어버리긴 했지만 말이죠. …… 패션은 실용적으로 바뀌고 있으며, 더이상 어떤 것도 업신여기거나 하지는 않습니다. 모든 것을 고귀한 것으로 만들어줍니다. 낭만주의자들이 말에 대해 한 것을 패션은 물질에 대해 하고 있는 것이죠.'" 기욤 아폴리네르, 『학살당한 시인』, 신판, 파리, 1927년, 75~77페이지.   [B 3a, 1]

한 풍자화가는 ― 1867년경 ― 크리놀린 스커트의 뼈대를 새장에 비유해서 묘사하고 있는데, 한 어린 소녀가 이 새장 안에 닭 몇 마리와 앵무새 한 마리를 키우고 있다. S. 루이 소노레, 『제2제정 하의 파리의 삶』, 파리, 1929년, 245페이지.   [B 3a, 2]

"해수욕이 …… 점잔만 빼며 거추장스럽기만 한 크리놀린 스커트에 최초의 일격을 가했다." 루이 소노레, 『제2제정 하의 파리의 삶』, 파리, 1929년, 247페이지.   [B 3a, 3]

"패션은 오직 극단적인 것으로만 구성된다. 패션은 본성상 극단을 추구하기 때문에 어느 특정한 형식을 버리면 정반대 형식에 몸을 맡기는 수밖에 달리 방법이 없다." 『독일 패션 70년』, 1925년, 51페이지. 패션에서 가장 극단적으로 대립하는 것들: 경박함과 죽음.
[B 3a, 4]

"우리는 크리놀린 스커트를 프랑스 제2제정의 상징, 이 시대의 과장된 거짓과 공허하고 잘난 체하는 방만함의 상징으로 간주한다. 제2제정은 붕괴되었다. …… 그러나 …… 파리의 세계는 제정이 붕괴되기 직전 여성의 패션에서 그를 둘러싼 분위기의 전혀 다른 측면을 과시할 만큼의 시간적인 여유는 있었다. 그러나 공화정은 그러한 경향을 이어받아 유지하기에는 충분하지 않았다." F. Th. 피셔, 『패션과 시니시즘』, 슈투트가르트, 1879년, 6페이지. 피셔는 여기서 본인이 암시하고 있는 새로운 패션을 이렇게 설명한다. "몸을 비스듬히 횡단하도록 재단된 옷은 복부에 딱 달라붙도록 되어 있다"(6페이지). 조금 뒤 페이지에서 그는 그러한 옷을 입은 여성을 "옷을 입었지만 발가벗고 있는 듯하다"(8페이지)고 표현하고 있다.   [B 3a, 5]

프리델은 여성에 관해 이렇게 말하고 있다. "여성들의 복장의 역사는 놀라울 정도로 몇 가지 변화밖에 보여주지 않는다. 재빠르게 바뀌는 동시에 그만큼 빈번하게 되돌아오는 몇 가지 뉘앙스가 돌고 돌 뿐이다. 예를 들어 끌리는 옷자락의 길이라든지 머리 장식의 높이, 소매 길이, 스커트의 부푼 정도, 가슴이 파진 정도나 허리선의 위치 등 단지 뉘앙스의 차이뿐이다. 목하 유행 중인 소년처럼 짧게 깎은 머리 형태처럼 혁명적인 변화조차 '동일한 것의 영겁회귀'에 불과하다." 에곤 프리델, 『현대 문화사』, 3권, 뮌헨, 1931년, 88페이지. 저자에 따르면 여성의 패션은 보다 다양하며 좀더 결정적인 변화를 보이는 남성의 패션과 구분된다.   [B 4, 1]

"카베의 소설인 『이카리아 여행』에서 미래에 실현될 것으로 약속된 온갖 것 중 적어도 한 가지는 실현되었다. 즉 카베는 그의 체계를 담고 있는 이 소설에서 미래의 공산주의 국가는 공상의 산물은 하나도 받아들여서는 안 되며, 또한 어떠한 점에서도 변화를 받아들여서는 안 된다는 것을 증명하려고 했다. 따라서 그는 이카리아에서 모든 패션, 특히 패션의 변덕 심한 여사제들인 디자이너들, 더욱이 금세공인, 사치에 봉사하는 그 밖의 다른 모든 직업을 추방해버리며, 복장이나 도구 등은 결코 바꾸지 말 것을 요구하고 있다." 지그문트 엥글렌더, 『프랑스 노동자 연맹의 역사』, 2권, 함부르크, 1864년, 165~166페이지.   [B 4, 2]

1828년 오페라 『포르티치의 벙어리 딸』이 초연되었다.[12] 그것은 파도처럼 물결치는 음악, 대사에 따라 위 아래로 파도치는 우아한 주름들로 만들어진 오페라이다. 주름들이 승리의 행진을 시작했을 때(당초에는 터키풍 숄로서 유행했다) 이 오페라가 히트를 기록했던 것도 수긍이 간다. 왕을 이러한 영향으로부터 지켜 안전한 곳으로 옮기는 것을 제일의 사명으로 하는 반란은 1830년의 반란 — 뭐라해도 이 혁명은 지배 계층 내의 역관계의 역전을 은폐하는 주름들

에 지나지 않았다 ― 의 전주곡이었던 것 같다. [B 4, 3]

패션이 죽는 것은 아마 ― 예를 들어 러시아의 경우처럼 ― 더이상 속도를 따라갈 수 없기 때문이 아닐까 ― 적어도 몇몇 영역에서는? [B 4, 4]

그랑빌의 작품은 패션에 관한 진정한 우주 진화론이다. 그의 작품 일부에는 '패션, 자연과 투쟁하다'라는 제목을 붙일 수 있을 것이다. 호가스[13]와 그랑빌을 비교해볼 것. 그랑빌을 로트레아몽과 비교해볼 것. ― 그랑빌에게서 그림 설명의 비대화는 무엇을 의미할까? [B 4, 5]

"패션은 …… 분명 증인이지만 상류 사회의 역사의 증인에 불과하다. 왜냐하면 어떤 나라에서든 …… 가난한 사람들은 역사를 갖지 못하는 것과 마찬가지로 패션도 갖지 못하며, 그들의 생각이나 취미, 심지어 삶도 거의 변하지 않기 때문이다. 분명히 …… 공적인 삶이 서민들의 생활에도 침투하기 시작하기는 했으나 아무래도 시간이 걸릴 것이다." 외젠 몽트뤼, 『두 명의 프랑스인이 산 19세기』, 파리, 241페이지. [B 4, 6]

아래의 지적은 패션이 지배 계급의 특정한 이해관계의 위장술로 어떤 의미를 갖는지를 간파할 수 있도록 해준다. "지배자들은 커다란 변화에 대해서는 강한 반감을 갖고 있다. 그들은 모든 것이 그대로 있기를 바란다. 가능하다면 천 년이고 만 년이고. 가능하면 달은 항상 하늘에 걸려 있고, 태양도 저물지 않기를 바란다. 그러면 누구도 더이상 배가 고프지 않을 것이며, 저녁을 먹고 싶다는 생각도 들지 않을 것이다. 그들이 총을 쏘아도 적은 되받아치지 않을 것이다. 그들의 총알이 마지막 한 발이어야 한다." 베르톨트 브레히트, 「진실을 쓸 때의 5가지 어려움」(『우리 시대』, 8권, 2/3호, 1935년 4월, 파리/바젤/프라하, 32페이지).   [B 4a, 1]

막-오를랑은 그랑빌에게서 발견할 수 있는 초현실주의와의 유사성을 강조하며 이와 관련해 월트 디즈니의 작품에 주목할 것을 촉구하면서 이렇게 말한다. "그것은 죽음과 관련된 어떠한 싹도 포함하고 있지 않다. 이러한 점에서 항상 자체 내에 죽음의 존재를 내포하고 있는 그랑빌의 유머와는 구분된다." 막-오를랑, 「선구자 그랑빌」(『그래픽 기술 공예』, 44호, 1934년 12월 15일자, <24페이지>).
                    [B 4a, 2]

"대규모 신작 의상 발표회는 약 2~3시간 동안 계속된다. 패션 모델들이 얼마나 빠른 속도로 익숙해지냐에 따라 시간은 달라진다. 마지막에는 전통에 따라 베일을 쓴 신부가 나타난다." 헬렌 그룬트, 『패션의 본질에 대해』, 19페이지(미출간, 뮌헨, 1935년). 이러한 관습에 따름으로써 패션은 현재의 관습을 존중하지만 동시에 관습 앞에 멈춰 서는 것은 아니라는 것을 알린다.   [B 4a, 3]

현재의 패션과 그것의 의미. 1935년 봄, 여성들의 패션에 뭔가 새로운 것이 등장했다. 중간 정도 크기의 금속성 배지에 자기 이름 앞글자만 새겨서 점퍼나 코트에 붙이고 다니는 것이 유행했다. 남성들 클럽에서는 이전부터 유행했던 배지가 이런 식으로 여성들 사이에서까지 패션으로서 유행하게 된 것이다. 하지만 다른 한편 이 것은 사적 영역이 점점 더 제한되게 되었다는 것을 의미하기도 한 다. 모르는 사람의 이름, 게다가 세례명이 접은 옷깃에 매달려 공개 되었기 때문이다. 이것을 통해 처음 보는 여성과의 '교제'가 수월해 졌다는 것은 이차적인 중요성만 가질 뿐이다.   [B 4a, 4]

"패션의 창조자는 …… 사교계에 출입하며 이 사교계의 온갖 대소 사에서 전체에 대한 인상을 얻고, 예술 생활에 참여하고 연극이나 음악회의 초연이나 전람회를 관람하고 센세이션을 일으킨 책을 읽 는다. — 다시 말해 파란만장한 현실이 제시하는 …… 다양한 자극 …… 에 의해 그들의 영감은 북돋워진다. 그러나 어떠한 현재도 결 코 과거로부터 완전하게 분리될 수 없기 때문에 과거로부터도 자 극을 받는다. …… 물론 패션을 주도하고 있는 목소리와 조화를 이 루는 정도로밖에는 이용될 수 없지만 말이다. 마네 전람회에서 힌 트를 얻어 나온 앞이마까지 푹 눌러 쓴 작은 모자는 다름 아니라 우 리가 이전 세기말과 싸울 새로운 각오가 되어 있다는 것을 증명해 준다." 헬렌 그룬트, 『패션의 본질에 대해』, <뮌헨, 1935년>, 13페 이지.   [B 4a, 5]

고급 양장점의 광고 전쟁과 패션 담당 기자에 대해. "우리의 바람 이 일치하면 그(패션 담당 기자)의 일은 훨씬 수월해질 것이다. 하지 만 동시에 어떤 신문이나 잡지도 다른 데서 이미 소개한 것은 새로 운 것으로 보려고 하지 않기 때문에 그의 일은 어려워진다. 이러한 딜레마로부터 그를, 그리고 우리를 구할 수 있는 것은 사진가와 디 자이너뿐이다. 이들은 포즈나 조명의 조작을 통해 한 가지 의상으로부터 다양한 모습을 끌어낼 수 있기 때문이다. 유력한 잡지들은 …… 기술적·예술적으로 세련된 온갖 장비를 구비한 독자적인 사진 스튜디오를 갖고 있으며, 유능한 전문 사진가가 이를 이끌고 있다. …… 그러나 이렇게 만들어진 사진은 고객이 해당 신제품을 사게 될 때까지, 즉 처음 발표되고 나서 통상 4~6주가 지날 때까지는 공개가 금지된다. 이러한 조치가 취해지는 이유는 무엇일까? — 부인들 또한 이처럼 새로운 의상을 입고 파티에 나갔을 때 사람들을 놀라게 하는 효과를 놓치고 싶어하지 않기 때문이다." 헬렌 그룬트, 『패션의 본질에 대해』, 21/22페이지(미출간, 뮌헨, 1935년).

[B 5, 1]

스테판 말라르메가 편집한 잡지 『최신 유행』(파리, 1874년) 6호까지의 목차 개요에는 '훌륭한 박물학자인 투스넬과 가진 대화의 결과로 얻게 된 유쾌하고 경쾌한 스케치'가 하나 들어 있다. 이 목차 개요는 『미노토르』(2권), 6호, 1935년 겨울, <27페이지>에 전재되어 있다.

[B 5, 2]

『브렘 사전 보급판』, 771페이지에 묘사되어 있는 얼룩말에서 말로의 진화에 관련해서 본 생물학적인 패션 이론.[14] "이러한 진화는 몇백만 년에 걸쳐 일어났다. …… 말에게는 속도와 질주 면에서 어느 누구에게도 뒤지지 않으려는 성향이 있다. …… 현재 존재하는 동물 중 가장 원시적이라고 할 이 짐승은 눈에 확 띄는 얼룩 모양을 하고 있다. 그런데 기묘한 것은 얼룩말의 얼룩 무늬가 늑골이나 등뼈의 배열 방식에 따라 달라진다는 점이다. 또한 앞발이나 대퇴부의 독특한 얼룩 무늬에 따라 그러한 부분들의 상태를 바깥으로부터도 판단할 수 있는 것도 신기하다. 이 얼룩 무늬는 무엇을 의미할까? 보호색으로 작용하지 않는 것은 분명하다. …… 얼룩 무늬가 …… '아무런 도움이 되지 않음'에도 불구하고 계속 보존되고 있는 것을 보면 뭔가 특별한 의미를 갖고 있는 것이 틀림없다. 교미기에 특히 활발해지는 내적인 움직임을 촉발하는 외적인 성적 매력과 관련지을 수 있지 않을까? 이러한 이론에서 우리의 주제를 위해 무엇을 끌어낼 수 있을까? ― 뭔가 근본적으로 중요한 것이 있지 않을까? ― '이치에 맞지 않는' 패션은 인류가 나체이기를 멈추고 의복을 걸치게 된 이래 현명한 자연의 역할을 대신해오고 있는 것이다. …… 즉 패션은 변천하면서 …… 체형의 모든 부분을 끊임없이 수정하기 때문에 여성들에게 미를 위해 끊임없이 노력하도록 강요하고 있는 것이다." 헬렌 그룬트, 『패션의 본질에 대해』, <뮌헨, 1935년>, 7/8페이지.   [B 5, 3]

1900년 파리 만국박람회에는 의상관이 설치되어, 모든 민족의 의상이나 각 시대의 유행복 차림을 한 밀랍 인형이 그에 걸맞은 배경 앞에 전시되어 있었다.   [B 5a, 1]

"하지만 우리는 …… 우리 주위에서 …… 현대 세계의 무질서한 운동이 우리에게 강요하는 혼란과 낭비가 어떤 결과를 가져오는지를 보고 있다. 예술은 어수선한 것과는 맞지 않는다. 우리의 이상은 고작 10년 지속되면 그만이다! **새로운 것**에 대한 어리석은 미신이 ― 유감스럽게도 그것이 **후세**의 평가에 대한 예부터의 탁월한 신뢰를 대신하고 있다 ― 우리의 노력에 터무니없이 환상적인 목표를 제시하고, 극히 쉽게 사라질 것, 본질적으로 오래 지속되지 않을 것, 즉 신기한 것의 센세이션을 불러일으키는 데 노력을 집중시키도록 만들고 있다. …… 그러나 여기에서 볼 수 있는 것은 모두 몇 세기에 걸쳐 향유되고, 사람들을 유혹하고, 매료시켜온 것이며, 이것의 자부심의 모든 것이 냉정한 태도로 우리에게 이렇게 말하고 있다 — **나는 조금도 신기하지 않다**라고. 시간이 내가 이용한 화재畵材를 손상시킬지는 모르지만 시간이 나를 파괴하지 않는 한 나는 인간이라고 불리기에 적합한 누군가의 무관심이나 경멸의 결과로서 파괴되는 일은 없을 것이다." 폴 발레리, 「머리말」(『치마부에에서 티에폴로까지의 이탈리아 미술가전』, 프티 팔레, 1935년), IV페이지와 VII페이지.   [B 5a, 2]

"부르주아의 승리는 여성의 복장을 바꾸었다. 의복과 헤어스타일은 가로로 퍼져 나가 …… 어깻죽지가 부풀고 소맷부리가 넓어진다. 그러다가 …… 마침내 곧 예전처럼 살대를 넣은 페티코트가 다시 유행하며, 불룩한 스커트도 유행했다. 이러한 차림으로 여성들은 늘 서서 — 가정생활에서 — 생활하도록 운명지어진 것처럼 보였다. 왜냐하면 이러한 식의 복장에서는 움직이는 것을 생각했거나 움직이는 것을 도와주도록 배려한 흔적을 조금도 찾아볼 수 없기 때문이다. 제2제정이 등장했을 때와는 정반대 사태가 벌어진 것이다. 가족 간의 연결 고리가 느슨해지고, 사치가 늘어가면서 풍속이 타락해 마침내 복장만으로는 여염집 여인과 고급 매춘부를 구분하기가 곤란해졌다. 이런 식으로 이 시대 여성들의 옷차림은 머리에서 발끝까지 완전히 바뀌었다. …… 파니에[15]는 뒤쪽으로 옮겨가 엉덩이를 강조했다. 여성이 앉아 있지 못하게 할 만한 것은 뭐든지 발달했으며, 여성의 보행을 어렵게 만드는 것은 모두 제거되었다. 여성들은 옆에서 보았을 때를 기준으로 헤어스타일을 꾸미고 복장을 갖춰 입었다. 여기에서 옆에서 본 모습이란…… 스쳐 지나가는 사람의 실루엣, 우리 시야에서 사라질 사람의 실루엣이기 때문이다. 옷차림은 세계를 쓸고 가는 급속한 운동의 이미지가 되었다." 샤를 블랑, 「여성의 복장에 대한 고찰」(『프랑스 학사원』, 1872년 10<월> 25일), 12/13페이지. [B 5a, 3]

"오늘날의 패션의 본질을 파악하려면 변화욕, 미적 감각, 겉치레를 좋아하는 것, 모방 본능 등과 같은 …… 개인적인 동기에 집착해서는 안 된다. 이러한 동기들이 극히 다양한 시대에 …… 의상의 형태를 결정하는 데 …… 일정한 역할을 했다는 것은 의심의 여지가 없다. 그러나 오늘날의 의미에서 패션은 개인적 동기가 아니라 사회적 동기를 갖고 있으며, 이를 올바로 인식하지 않고서는 패션의 본질을 전체적으로 이해할 수 없다. 상류 계급이 하류 계급, 좀 더 정확하게는 중간 계급으로부터 스스로를 구별지으려는 노력이 바로 패션을 구성한다. …… 패션은 끊임없이 해체되기 때문에 항상 새롭게 세워지는 장벽이며, 이를 통해 상류 세계는 중류 사회와 스스로를 차단시키려고 한다. 그리하여 신분상의 허영심이 쳇바퀴 돌듯 하는 현상이 무한대로 반복된다. 한 집단은 뒤에서 쫓아오는 자들보다 조금이라도 앞서려고 노력하고, 다른 집단은 최신 유행을 즉각 받아들여 그러한 차이를 다시 없애려는 것이 그것이다. 이것으로 현대 패션의 특징적인 양상을 설명할 수 있을 것이다. 먼저 패션은 상류 사회에서 기원하며 그것을 중간 계급이 모방한다. 패션은 위에서 아래로 퍼져나가는 것이지 결코 아래에서 위로 올라갈 수 있는 것이 아니다. …… 중간 계급이 새로운 패션을 유행시키려고 시도해봐도 …… 결코 잘 되지 않을 것이다. 상류 계급에게 있어 중간 계급이 이 계급만의 독자적인 패션을 만들어내려는 것만큼 더 바람직하지 않은 것은 없다[주] 물론 그렇다고 하여 이것이 파리의 화류계의 쓰레기 더미에서 새로운 패션의 원형을 찾거나, 출처가 음란한 패션을 유행시키는 것을 막을 수는 없을 것이다. 피셔가 …… 엄청나게 비난받았으나 …… 내가 보기에는 더할 나위 없이 상찬할 만한 패션 론에서 …… 분명하게 지적했듯이 말이다). 따라서 두번째로 패션은 부단히 변한다. 중간 계급이 새로 등장한 패션을 받아들이자마자 그것은 …… 상류 계급에게서는 이미 가치를 잃어버리게 된다. …… 따라서 참신함은 패션의 불가결한 조건이다. …… 패션의 수명은 패션의 보급 속도에 반비례하며, 우리 시대에는 커뮤니케이션 수단이 점점 더 완벽해지면서 패션의 전파 수단도 증가하는 만큼 패션은 점점 단명하게 된다. …… 마지막으로 앞서 언급한 사회적 동기로부터 오늘날의 패션이 가진 세번째 특징도 설명되는데 …… 폭군적 성격이 그것이다. 패션에는 어떤 사람이 '상류 사회에 속해 있는지 그렇지 않은지'에 대한 외적인 기준이 포함되어 있다. 이를 포기할 생각이 없는 사람은 설령 …… 새롭게 유행하고 있는 패션이 아무리 싫더라도 그러한 유행을 따르지 않을 수 없다. …… 패션은 이런 식으로 평가해야 한다. …… 약체인 데다 어리석은 패션을 흉내만 내고 있는 계층도 자신의 존엄에 눈을 뜨고 자부심을 갖게 되면 …… 패션의 운명은 다할 것이다. 그리고 의상으로 신분 차이를 강조할 필요를 느끼지 못하거나 혹은 신분 차이가 있을 경우 그것을 존중하기에 충분한 분별을 갖고 있던 모든 민족에게서 한때 그랬던 것과 마찬가지로 미는 다시 본래의 장소를 차지하게 될 것이다." 루돌프 폰 예링, 『법의 목적』, 2권, 라<이프>

치<히>, 1883년, 234~238페이지.   [B 6; B 6a, 1]

나폴레옹 3세 시대에 대해. "돈을 버는 것은 거의 관능적인 정열의
대상이 되고, 사랑은 금전의 문제가 된다. 프랑스 낭만주의 시대에
사랑의 이상형은 바느질하는 헌신적인 여자였으나 지금은 몸을 파
는 창부lorette[16]이다. …… 패션 속에 소년 같은 뉘앙스가 들어가
면서 부인들은 칼라를 붙이고, 넥타이를 하고, 외투를 걸치고, 연
미복처럼 마감질된 웃옷이나 …… 주아브 병[17]의 재킷 혹은 장교복
을 입고 산책용 지팡이를 들고, 외알 안경을 쓴다. 강렬하게 대조
를 이루는 현란한 색을 선호해서 머리 모양도 그렇게 꾸민다. 불꽃
처럼 빨간 머리카락이 인기가 있다. …… 마치 고급 매춘부를 연기
하는 듯한 사교계의 부인이 유행의 이상형이 된다." 에곤 프리델,
『현대 문화사』, 3권, 뮌헨, 1931년, 203페이지. 이러한 패션의 '거
칠고 촌스러운 평민적 성격'은 저자에게는 신흥 벼락부자에 의한
'아래로부터의 …… 침공'으로 생각되고 있다.   [B 6a, 2]

"무명천이 비단이나 공단을 대신하고 머지않아 혁명적인 정신
…… 덕분에 하층 계급의 복장은 점점 더 단정해지고 보기에도 더
낫게 될 것이다." 에두아르 푸코, 『발명가 파리 ― 프랑스 산업의
생리학』, 파리, 1844년, 64페이지(프랑스 대혁명과 관련해).[B 6a, 3]

|판화를| 좀더 자세히 살펴보면 몇 개의 인형의 머리 외에는 모두
오직 의복으로만 만들어진 그룹이 있다. 설명문: "의자에 앉아 있
는 인형, 가짜 칼라가 달린 마네킹, 가짜 머리를 단 마네킹, 가짜 장
신구를 단 마네킹 …… 이것이야말로 롱샹|경마장|이다." 판<화>

실.   [B 6a, 4]

"1829년에 델라슬 상점에 들어간 사람은 정말 잡다한 천을 발견했
을 것이다. ─ 일본 자수, 알람브라 천, 오리엔트산 견직, 스토콜린
stokoline, 카스피 해 지방의 메오티드, 실레니, 아랍의 홍보랏빛
천, 중국산 바가친코프Bagazinkoff. …… 1830년 혁명에 의해
…… 패션의 통치권은 센 강을 넘어섰으며 쇼세 당탱[18]이 귀족적인
포부르|생-제르망|[19]를 대신했다." 폴 다리스트, 『불르바르의 삶
과 세계(1830~1870년)』, <파리, 1930년>, 227페이지.   [B 6a, 5]

"부유한 시민은 질서의 벗이기 때문에 상품을 배달받으면 적어도
일 년에 한 번은 대금을 지불한다. 그러나 패션을 좇는 화려한 스
타, 소위 '라이언족'은 재단사에게 돈을 지불한다고 해도 10년에
한 번 지불할 뿐이다."『파리에서 보낸 8일』, 파리, 1855년 7월,
125페이지.   [B 7, 1]

"틱 장애tics를 유행으로 만든 것은 나다. 지금은 코안경이 그것을
대체했다. …… 틱 장애란 입이나 의복의 어떤 운동과 함께 한쪽
눈을 찡긋하는 것을 말한다. …… 우아한 남성의 표정은 항상 ……
경련을 일으키며, 찡그린 요소를 갖고 있어야 한다. 이러한 안면의
동요는 타고난 악마적 태도나 격정에서 오는 흥분, 또는 마지막으
로 각자가 생각하고 있는 어떤 것 탓으로 돌릴 수 있다."『부랑아
파리』,『빌보케의 회상』의 저자[탁실 들로르], (파리, 1854년, 25/26
페이지).   [B 7, 2]

"옷을 런던에서 주문해서 만드는 유행은 남성들만 사로잡았다. 여성들의 패션은 외국 여성이라도 항상 파리에서 옷을 사는 것이었다." 샤를 세뇨보스, 『프랑스 국민의 진정한 역사』, 파리, 1932년, 402페이지.   [B 7, 3]

『파리의 삶』을 창간한 마르슬랭은 '크리놀린 스커트의 네 개의 시대'를 묘사하고 있다.   [B 7, 4]

크리놀린 스커트가 "제국주의에 의한 반동의 상징이라는 데는 아무런 오해의 소지가 없을 것이다. 잔뜩 부풀어서는 속은 텅 빈 채 확산되어나간 제국주의 말이다. 이것은 …… 혁명의 좋은 면이나 나쁜 면, 정당한 면이나 부당한 면도 모두 종 모양의 스커트처럼 감싸면서 권력을 펼쳐나갔다. …… 그것은 일순간의 변덕처럼 보이며, 예를 들어 12월 2일 사건처럼 특정한 기간에 걸쳐 계속되었다."[20] F. Th. 피셔, 에두아르트 푹스, 『유럽 민족들의 캐리커처들』, 뮌헨, 2권, 156페이지에서 인용.   [B 7, 5]

40년대 초에는 비비엔 가가 신유행품들의 중심지였다.   [B 7, 6]

짐멜은 "패션의 발명은 현대에는 점점 더 경제의 객관적인 노동 체제에 편입되어간다"고 지적한다. "어딘가에서 하나의 의복 상품이 생겨난 다음 그것이 패션이 되는 것이 아니라 의복 상품들은 분명히 패션이 되려는 목적에 맞게 만들어진다." 마지막 문장에서 말하고 있는 대립 관계는 어느 정도는 부르주아 시대와 봉건 시대 사이의 대립 관계에도 적용될 수 있을 것이다. 게오르그 짐멜, 『철학

적 문화』, 라<이프>치<히>, 1911년, 34페이지(「패션」).   [B 7, 7]

짐멜은 "왜 특히 여성이 일반적으로 패션에 그토록 목을 매다시피
하는지?"를 설명하면서 "역사의 거의 대부분의 시기 동안 숙명적
으로 사회적 입지가 약할 수밖에 없었기 때문에 여성들은 '관습'
이라면 어떤 것과도 밀접한 관계를 맺어야 했기 때문"이라고 답하
고 있다. 게오르그 짐멜, 『철학적 문화』, 라<이프>치<히>, 1911
년, 47페이지(「패션」).   [B 7, 8]

덧붙여 말하자면 패션에 대한 아래의 분석은 19세기 하반기에
부르주아 계급에서 유행한 여행의 의미를 새로 조명해줄 수 있을
것이다. "자극의 중점은 실질적인 중심에서 점차 자극의 시작과 끝
으로 옮겨간다. 이러한 이행은 예를 들어 여송연을 궐련 담배가 대
신하는 것과 같은 …… 극히 사소한 징조로부터 시작해서, 이별과
재회를 특별히 강조하는 가운데 일 년 동안의 삶을 가능하면 짧은
기간으로 나눠 최대한 설레는 삶을 살려는 여행에 대한 열의에서
분명하게 나타난다. 현대적 삶의 …… 속도는 삶의 질적인 내용의
급속한 변화에 대한 갈망을 나타내고 있을 뿐만 아니라 시작과 끝
이라는 경계의 형식적 자극이 얼마나 강한지도 함께 말해주고 있
다." 게오르그 짐멜, 『철학적 문화』, 라<이프>치<히>, 1911년, 41페
이지(「패션」).   [B 7a, 1]

짐멜은 이렇게 주장한다. "패션은 항상 계급의 패션이며, 상류 계
층의 패션은 그보다 낮은 계층과는 구별되며, 후자의 계층이 이를
받아들이는 순간 포기해버린다." 게오르그 짐멜, 『철학적 문화』,

272

라<이프>치<히>, 1911년, 32페이지(「패션」).   [B 7a, 2]

패션이 급속하게 바뀌면 "그것은 과거처럼 더이상 고가 …… 가 아니게 된다". "여기서 …… 독특한 순환이 …… 발생한다. 패션이 급속하게 바뀌면 바뀔수록 상품의 값어치는 그만큼 싸진다. 그리고 상품의 값이 싸질수록 소비자들도 그만큼 패션을 급속하게 바꾸도록 부추겨지며 제조자들도 그렇게 하지 않을 수 없게 된다." 게오르그 짐멜, 『철학적 문화』, 라<이프>치<히>, 1911년, 58/59페이지(「패션」).   [B 7a, 3]

예링의 패션 론에 대한 푹스의 견해. "반복해서 말하는 부분이지만 패션이 빈번하게 변화하는 것은 계급적인 구별을 두고자 하는 관심에 의한 것이라고는 해도 그것은 몇 가지 이유 중의 하나에 불과하다. 두번째 이유로서 이익률을 높이기 위해 끊임없이 매출을 향상시켜야 하는 사유재산제 자본주의의 생산 양식을 들 수 있는데 이것도 …… 마찬가지로 중요하다. …… 이 두번째 이유를 예링은 완전히 무시했다. 세번째 이유도 그는 간과했다. 즉, 패션이 에로틱한 자극을 목적으로 하고 있다는 점이다. 최신 유행하는 옷을 입은 남자 혹은 여자의 에로틱한 자극이 그때까지와는 다른 형태로 떠오를 때 그러한 목적은 보다 효과적으로 달성될 수 있다. …… F. Th. 피셔가 …… 패션에 대해 쓴 것은 예링보다 20년이나 이전이었기 때문에 그는 패션 형성에 있어 계급적인 구분의 경량을 아직 알지 못했으나 …… 대신 다른 한편으로 의복이 갖는 에로틱한 문제는 의식하고 있었다." 에두아르트 푹스, 『중세에서 현대까지 삽화로 보는 풍속의 역사, 부르주아 시대』, 별권, 뮌헨,

53/54페이지.   [B 7a, 4]

에두아르트 푹스(『중세에서 현대까지 삽화로 보는 풍속의 역사, 부르주아 시대』, 별권, 뮌헨, 56/57페이지)가 F. Th. 피셔의 말로서 ─ 출전은 명시하고 있지 않다 ─ 인용하고 있는 바에 따르면 남성의 의복이 회색인 것은 남성들의 세계가 '더할 나위 없이 둔감하고' 생기없고, 무기력한 것을 상징한다.   [B 8, 1]

"제작 수단에 대한 깊은 지식, …… 능숙하고 일관된 작업 …… 을 기발한 감수성에 따른 충동적인 행위와 대립시키려는 어리석고 유해한 발상은 낭만주의 시대를 특징짓는 인물의 유약함과 경박함의 가장 벗어나기 어렵고 개탄스런 증상 중의 하나이다. 작품의 지속성에 대한 배려는 이미 약화되고 사람들의 정신 속에서는 깜짝 놀래키려는 욕망이 그것을 대신하고 있다. 예술은 연속적인 단절이라는 법칙에 따를 것을 강요받고 있다. 대담함이 제 맘대로 움직이는 사태가 벌어졌다. 과거에는 전통이 지상명령이었다면 이제는 대담함이 지상명령이 되었다. 요컨대 고객의 취향을 극히 빈번하게 바꾸어버리는 패션 ─ 아무래도 이것의 본질은 끊임없이 변하는 가변성에 있다 ─ 이 천천히 형성되는 양식, 유파, 명성 등을 대신하게 되었다. 그러나 패션이 미술이 가는 말로를 받아들였다고 말하는 것은 장사가 미술에 끼어들고 있다고 말하는 것과 마찬가지이다." 폴 발레리, 『예술론』, 파리, 187/188페이지(「코로에 관해」).   [B 8, 2]

"인도 사라사는 크고 중요한 혁명이었다. 반항적이며 은혜를 모르

274

는 천인 무명이 하루가 다르게 그토록 빛나는 변모를 겪고, 그렇게 변모된 상태로 …… 가난한 사람들의 손에까지 미칠 수 있도록 하기 위해서는 과학과 예술이 공동으로 노력할 필요가 있었다. 예전에는 모든 여성이 파란색이나 검정색 옷을 입고 있었는데, 닳을 것을 우려해 10년 동안 세탁 한 번 하지 않는 것이 예사였다. 하지만 오늘날엔 가난한 노동자인 남편들도 하루 치 일당이면 아내에게 꽃무늬 옷을 사줄 수 있게 되었다. 산책길에서 마주치는 현란한 옷차림의 여성들은 전에는 모두 상복 같은 옷차림을 하고 있었다." J. 미슐레, 『민중』, 파리, 1846년, 80/81페이지.   [B 8, 3]

"현대적인 남녀의 원형을 창조한 것은 이미 예전처럼 예술이 아니라 의류 장사이다. …… 사람들은 마네킹을 모방하며 영혼은 육체의 이미지가 된다." 앙리 폴레스, 「상업 예술」(『방드르디』, 1937년 2월 <12일>). 영국의 남성 패션과 틱 장애를 참조할 것.   [B 8, 4]

"조화 사회Harmonie에서는 계산에 의하면 패션의 변화와 …… 기성복 제조에서 유래하는 결함이 1인당 연간 500프랑의 손실을 가져온다고 한다. 왜냐하면 아무리 가난한 조화 사회의 주민이라도 계절별로 다른 의복이 들어 있는 옷장을 갖고 있기 때문이다. …… 의복과 가구에 관한 한 조화 사회는 가능하면 최대한도로 다양성을 추구하지만 그것들을 위한 지출은 최소한으로 억제하는 것을 목표로 한다. …… 협동 노동으로 만든 제품이 탁월하기 때문에 …… 거기서 제조된 제품은 어느 것이나 완성도가 높아, 가구나 의복은 …… 영구적으로 사용할 수 있다." <푸리에>, 아르망/모블랑, 『푸리에』, 파리, 1937년, 2권, 196페이지와 198페이지에서 인용.   [B 8a, 1]

"이러한 현대성의 취향이 어찌나 발전했는지 보들레르도 발자크와 마찬가지로 그것을 패션과 복장의 극히 보잘것없는 세부 사항에 이르기까지 확대해서 적용할 정도였다. 두 사람 모두 이 두 문제를 세부적으로 연구하고 그것을 도덕과 철학의 문제로 삼고 있다. 왜냐하면 그러한 세부 사항은 직접적인 현실의 가장 날카롭고 가장 공격적이며 가장 인간을 초조하게 만들 뿐만 아니라 가장 보편적으로 경험되는 측면이기 때문이다." [주] "게다가 보들레르에게 있어 이러한 관심사는 그가 도덕과 현대성의 문제로 보고 있는 댄디즘에 대한 그의 중요한 이론과 결합되어 있다." 로제 카이유아, 「파리 — 현대의 신화」(*NRF*, 25권 284호, 1937년 5월 1일, 692페이지).   [B 8a, 2]

"대 사건이다! 아름다운 부인들belles dames이 어느 날 둔부를 부풀리고 싶다는 욕망에 사로잡힌다. 서둘러 힙 라인용 **허리받침**을 수천 개 제조하라! …… 하지만 펑퍼짐한 엉덩이에 달랑 툭 튀어나온 꼬리뼈에 **엉덩이에 대는 천** 한 장뿐이라니! 정말 하찮은 것이지 않은가 …… '타도 엉덩이! 크리놀린 스커트 만세!' 그러자 갑자기 문명 세계가 종 모양 스커트의 제조소로 바뀐다. 왜 여성들은 방울 장식을 잊었을까? …… 가만히 있어서는 안 되고 저 아래서 소리를 내야 한다. …… 브레다 구역과 포부르 생-제르맹은 신앙심으로도, 하얀 가루와 곱슬머리 만드는 것으로도 경쟁하고 있다. …… 성당을 모델로 해도 좋을 것이다! 저녁 예배 시간마다 성당의 오르간과 사제는 『시편』의 노래 구절을 번갈아가며 읊고 있다. 방

276

울 장식을 단 아름다운 부인들은 이러한 사례에서 배울 수도 있을 것이다. 말과 방울이 딸랑딸랑 하는 소리가 번갈아가며 대화를 촉진하는 방법을 말이다." A. 블랑키, 『사회 비평』, 파리, 1885년, 1권, 83/4페이지(「사치」). — 「사치」는 사치품 산업에 대한 논박이다.

[B 8a, 3]

어느 세대든 바로 이전 세대의 패션을 생각할 수 있는 한 최고로 철저한 항-최음제로 체험한다. 이러한 판단은 생각하는 것만큼 그렇게 초점에서 벗어난 것은 아니다. 패션은 정도 차는 있지만 모두 사랑에 대한 신랄한 풍자를 포함하고 있으며, 모든 패션 속에는 극히 무자비한 방식으로 성적 도착의 기미가 들어 있다. 모든 패션은 유기적인 것과 대립하고 있다. 모든 패션은 살아 있는 육체를 무기물의 세계와 결합시킨다. 살아 있는 것에서 패션은 사체의 모든 권리를 감지한다. 무기적인 것에서 섹스어필을 느끼는 물신 숭배야말로 패션의 생명의 핵이다.

[B 9, 1]

탄생과 죽음은 그것이 실제로 일어날 때는 — 전자는 자연적 상황에 의해, 후자는 사회적 상황에 의해 — 패션의 활동 여지를 상당히 제한한다. 이러한 사실은 다음의 이중적 상황을 생각하면 쉽게 이해할 수 있다. 첫번째 것은 탄생과 관련되어 있는데, 자연에 의한 생명의 새로운 창조는 패션의 영역에서는 새롭고 특이한 것 Nouveautät에 의해 '지양된다'. 다른 하나는 죽음과 관련되어 있다. 탄생에서와 마찬가지로 죽음도 패션에 있어 '지양' 되는 것 같은데, 특히 패션에 의해 만들어지는 무기적인 것의 섹스어필을 통해 그렇게 된다.

[B 9, 2]

바로크 문학에서는 여체의 아름다움을 세부적으로 나눠 각 부분을 무엇인가에 비유함으로써 두드러지게 묘사하는 것을 선호했으나 이는 은밀히 사체의 이미지를 기반으로 하고 있다. 여성의 아름다움을 찬양할 만한 각각의 부분으로 나누는 것은 사체의 해부와 비슷하며, 신체의 부분을 비유할 때 자주 이용되었던 설화 석고, 눈, 보석, 혹은 다른 무기적인 형상들도 마찬가지다(이러한 세분화는 보들레르의 「아름다운 배」에서도 찾아볼 수 있다).　　　　　[B 9, 3]

남성복의 어두운 색에 대한 립스의 견해. 그는 이렇게 생각한다. "우리는 일반적으로 화려한 색, 특히 남성복의 화려한 색에 대해서는 꺼리는데, 바로 여기서 종종 언급되는 우리 성격의 독특함이 분명하게 드러난다. 모든 이론은 회색이며, 생명의 황금 나무는 녹색이다.[21] 물론 녹색뿐만 아니라 빨간색, 노란색, 파란색이기도 하다. 검은색에 이르기까지 …… 다양한 농도의 회색에 대한 우리의 편애에는 …… 지적인 교양의 이론을 다른 무엇보다 높게 평가하고 심지어 미를 즐기려고조차 하지 않으며 …… 그것을 비판하려는 우리의 사회적 태도 혹은 그와 비슷한 태도가 분명하게 나타나 있다. 이로 인해 …… 우리의 정신 생활은 점점 더 차가워지고 색은 바래간다." 테오도르 립스, 「우리 의복의 상징성에 대해」[『북과 남』, 33호, 브레슬라우/베를린, 1885년, 352페이지].　　　　　[B 9, 4]

패션이란 망각이 초래할지도 모를 무시무시한 결말을 집단적인 규모로 보정하기 위한 약제이다. 어떤 시기가 단명할수록 그러한 시대는 그만큼 더 패션 지향적이다. [K 2a, 3] 참조.　　　　　[B 9a, 1]

패션의 환(등)상적인 효과에 대해 포시용은 이렇게 쓰고 있다. "그러나 …… 패션 역시 …… 잡종을 창조하고 인간에게 동물이나 꽃의 프로필을 강요한다. …… 패션은 이처럼 형태적 환경의 수동적인 장식이 아니라 환경 그 자체인 인위적 인성을 창출한다. 번갈아가며 문장紋章, 연극, 몽환극, 건축의 성질을 띠는 이 인성은 …… 장식의 시학을 규칙으로 삼으며, 따라서 이 인위적 인성이 선이라고 부르는 것은 …… 아마도 생리적인 데다 매우 가변적인 규범과 …… 황당무계한 형상 사이에 이루어지는 미묘한 타협에 불과할지도 모른다." 앙리 포시용, 『형태의 삶』, 파리, 1934년, 41페이지.[22]

[B 9a, 2]

여성용 모자만큼 에로틱한 경향을 다양하게 표현하면서 동시에 맘대로 차려 입을 수 있는 의복도 거의 없을 것이다. 남성들의 경우 머리에 쓰는 것의 의미가 그것의 독특한 영역 ― 즉 정치 ― 에 있어 소수의 고정된 모델에 엄격하게 매여 있는 데 반해 여성용 모자의 에로틱한 의미는 뉘앙스가 워낙 다양해 판별하기가 힘들다. 여기서 가장 흥미로운 것은 성기를 상징적으로 암시하는 여러 가지 가능성들이 아니다. 오히려 의표를 찌르는 것은 모자로부터 시작해 나머지 의복을 다 설명할 수 있다는 것이다. 헬<렌> 그룬트는 재기 넘치는 추측을 하고 있는데, 크리놀린 스커트와 동시에 유행한 보닛[23]은 실제로는 남자들에게 이 스커트의 사용 지침을 제시해주었다고 한다. 즉 보닛의 넓은 창은 위로 젖혀지게 되어 있었는데 ― 이를 통해 크리놀린 스커트를 위로 젖히기 위해서는 어떻게 해야 하는지를 암시해줌으로써 남성이 여성에게 성적으로 다가가는 것을 한층 더 쉽게 해주었다는 것이다.

[B 10, 1]

호모 사피엔스라고 하는 종의 암컷의 경우 — 이 종이 존재한 가
장 초기의 시기를 생각해본다면 — 수평 자세가 최대의 이점을 갖고
있었던 것이 분명하다. 이 자세는 오늘날 임산부가 흔히 복대를 사
용하는 것을 보더라도 알 수 있듯이 암컷에게 임신의 부담을 덜어
준다. 이로부터 출발해 어쩌면 감히 이렇게 질문해볼 수도 있을 것
이다. 직립해서 걷게 된 것은 일반적으로 암컷보다는 수컷에서 더
빨리 나타나지 않았느냐고 말이다. 만약 그렇다고 한다면 여성은
지금 개나 고양이처럼 네 발로 기어다니고 남성의 종이 되었을지도
모른다. 이러한 상상에서 한발 더 나아가면 아마 이러한 데까지 생
각이 미치게 될 것이다. 즉 성교 시 양성이 정면으로 얼굴을 마주 보
는 것은 원래 일종의 도착이었으며, 암컷에게 직립해서 걷도록 가
르친 것은 적어도 이러한 도착은 아니었는가라고 말이다(논문 「수집
가와 역사가로서의 에두아르트 푹스<」>의 주석 참조).[24]   [B 10, 2]

"이처럼 직립해서 걸으려는 성향이 신체의 다른 부분의 구조와 작
용에 어떠한 영향을 미치는가를 조사 연구하는 것은 …… 매우 흥
미로울 것이다. 유기체의 구조는 모든 부분이 밀접하게 관련되어
있다는 것은 의심의 여지가 없으나 현재 우리 과학의 상태로 볼 때
이와 관련해 직립 자세에 따른 특이한 영향은 완전히 설명되고 있
지 않다는 것을 고백하지 않을 수 없다. …… 내부 기관의 구조와
기능에 미치는 중요한 영향은 어느 것 하나 설명되고 있지 않다. 직
립 자세에서는 모든 힘이 다른 작용을 하고, 혈액도 다른 형태로 신
경을 자극한다는 헤르더의 가설이 생활 양식상의 중요한 상이점까
지 설명하고 있는지에 대해서는 그것을 증명할 어떠한 근거도 없
다." 헤르만 로체, 『소우주』, 2권, 라<이프>치<히>, 1858년, 90페

이지.   [B 10a, 1]

한 화장품 선전 팸플릿에 들어 있는 문구. 제2제정 시대 패션의 특
징을 아주 잘 표현하고 있다. 제조업자들. "이 화장품을 사용하면
피부에 장밋빛 호박단 같은 광택을 안겨다줄 것입니다." 루드비히
뵈르네, 『전집』, 함부르크/프랑크푸르트 암 마인, 1862년, 3권,
282페이지(『루브르 산업박람회』)에서 인용.   [B 10a, 2]

C

〔태고의 파리, 카타콤베, 폐허, 파리의 몰락〕

"아베르누스 호수로 내려가는 것은 쉽다."[1]

베르길리우스

"여기에서는 자동차조차도 낡아빠졌다."[2]

기욤 아폴리네르

지옥에서는 창살들이 — 알레고리로서 — 자리 잡고 있듯이 파사주 비비엔에서는 정문 입구의 조각상들이 장사의 알레고리를 대변하면서 자리 잡고 있다.   [C 1, 1]

초현실주의는 어느 아케이드에선가 탄생했다. 게다가 어떤 뮤즈들의 비호 하에서란 말인가!   [C 1, 2]

초현실주의의 아버지가 다다였다면 어머니는 아케이드였다. 아케이드를 알게 되었을 때 다다는 이미 나이가 든 상태였다. 1919년 말경 몽파르나스와 몽마르트르에 싫증이 난 아라공과 브르통은 친구들과의 회합 장소를 파사주 드 로페라의 카페로 옮겼다. 이 아케이드도 불르바르 오스만이 그곳을 관통하는 바람에 없어졌다. 루이 아라공은 135페이지를 할애해 이 아케이드에 대해 쓰고 있다. 이 135라는 페이지의 각 숫자의 합 속에는 갓 태어난 초현실주의에 선물을 바친 시인 9명이라는 숫자가 감춰져 있다. 이들의 이름은 루나, 게슈비츠 백작의 딸, 케이트 그리너웨이, 모르스, 클레오 드 메로드, 둘시네아, 리비도, 베이비 케이덤, 프리데리케 캠프너이다(게슈비츠 백작의 딸이 아니라 팁세?).[3]   [C 1, 3]

회계원은 마치 다나에[4] 같다.   [C 1, 4]

파우사니아스[5]가 『그리스 안내』를 쓴 시기는 2세기경, 즉 신전이나 그 밖의 다른 많은 기념 건축물이 폐허가 되기 시작했을 때였다.
                    [C 1, 5]

인류의 역사 중 파리라는 도시의 역사만큼 우리가 많이 알고 있는 것도 드물 것이다. 몇천 권, 몇만 권에 달하는 저서가 오로지 지상의 이 자그맣고 보잘것없는 한 점에 불과한 도시의 탐구를 위해 바쳐져왔다. 벌써 16세기에 이 오래된 루테티아 파리소룸*Lutetia Parisorum*의 고대 유산에 대한 신뢰할 만한 안내서가 등장한다. 나폴레옹 3세 치하에 인쇄된 제국 도서관의 목록에서 파리라는 표제어를 포함하고 있는 것이 거의 100페이지에 달하며, 게다가 이곳 장서도 완전하다고는 할 수 없었다. 많은 번화가는 자체에 고유한 특별 문헌을 갖고 있으며, 아무리 봐도 눈에 띌 것 같지 않은 수천 채의 집들에 대해서도 기록 문서가 남아 있다. 호프만슈탈은 <이 도시는> "오로지 삶만으로 구성된 듯한 풍경"이라고 한마디로 멋지게 표현한 바 있다. 이 도시가 사람의 마음을 끄는 매력 속에는 장대한 풍경, 좀더 엄밀하게 말하면 화산 지대의 풍경에 고유한 어떤 아름다움이 작용하고 있다. 사회적 질서라는 측면에서 본 파리는 지리학적 질서라는 측면에서 본 베수비오 화산과 좋은 대조를 이룬다. 하나는 위협적인, 위험한 단층 지괴로 이루어져 있으며 다른 하나는 끊임없이 활동 중인 혁명의 도가니이다. 하지만 베수비오 화산의 산허리들이 산록을 덮은 용암층 덕분에 에덴동산 같은 과수원으로 바뀌었듯이 파리에서는 혁명이라는 용암 위에서 다른 어디서도 찾아볼 수 없는 예술과 화려한 생활과 패션이 꽃을 피우고 있다. ■패션■   [C 1, 6]

발자크는 세계를 신화적으로 구성하면서 이 세계의 지리적 윤곽을 엄밀하게 파악함으로써 이를 확실하게 하는 방법을 사용한다. 파리야말로 그의 신화를 키우는 토양이다. ― 즉 발자크가 묘사하는 두세 명의 대은행가(뉘생장, 뒤 틸레)나 위대한 의사 오라스 비앙숑이나 기업가 세자르 비로토나 4~5명의 위대한 고급 매춘부들, 고리대금업자 고프세크,⁶ 두세 명의 변호사와 군인들이 있는 파리가 그것이다. 그런데 무엇보다 이러한 세계의 인물들이 등장하는 것은 언제나 똑같은 거리나 모퉁이, 좁은 방이나 구석에서이다. 이는 실로 파우사니아스에게 그리스가 그러했던 것처럼 그리고 파리의 아케이드들의 역사와 상황이 이제 막 파리가 접어든 이 세기의 암흑가를 위한 열쇠이듯이 지리가 모든 신화적인 전통 공간과 마찬가지로 파리라고 하는 이 신화적인 전통 공간의 개관이 될 수 있으며, 실로 그러한 공간을 여는 열쇠가 될 수 있으리라는 이야기에 다름 아니지 않을까?   [C 1, 7]

과거 파리가 성당이나 시장에 의해 규정된 것과 마찬가지로
…… 이 도시를 지리적 관점을 10배, 100배 강조해 아케이드나 문,
묘지나 사창가, 역…… 등을 중심으로 조립시켜볼 것. 나아가 살인
과 폭동, 도로망 중 피로 물든 교차로들, 휴식처, 대화재 등 남들 눈
에 띄지 않고 깊숙이 감춰진 모습들을 갖고 조립시켜볼 것. ■산책
자■   [C 1, 8]

파리 전도로 한 편의 흥미진진한 영화를 만들어낼 수는 없을까?
파리의 다양한 모습을 시간적인 순서대로 펼쳐 보임으로써 말이다.
그리고 수세기 동안 진행된 가로나 불르바르, 아케이드나 광장들의
변화를 30분이라는 시공간 안에 응축시킴으로써 말이다. 산책자는
바로 이러한 일을 하고 있는 것이 아닐까? ■산책자■   [C 1, 9]

"팔레-루아얄에서 두 발짝밖에 떨어지지 않은 곳 ― 퐁텐 골목과
뇌브-데-봉-장팡 가 사이 ― 에는 대서소와 여성이 운영하는 과
일 상점이 있는 어둡고 꾸불꾸불한 작은 아케이드가 있다. 그것은
카쿠스나 트로포니오스[7]의 동굴과 비슷할지는 몰라도 도저히 아
케이드로는 보이지 않을 것이다. ― 설령 가스등을 켜는 등 아무리
공을 들인다 해도 마찬가지이다." 델보, 『파리의 이면』, 파리,
1860년, 105/106페이지.   [C 1a, 1]

고대 그리스에는 황천으로 내려갈 수 있는 몇몇 장소가 있었다.
깨어 있을 때의 우리 존재도 하나의 대지로서, 황천으로 내려갈 수
있는 몇몇 비밀스런 지점들이 자리 잡고 있는 등, 이 대지는 꿈이 흘
러 들어오는 미지의 장소들로 가득 차 있다. 하루 종일 눈치조차 채

지 못한 채 우리는 그러한 장소들을 지나치지만 잠이 들자마자 간절히 그곳들로 되돌아가기 위해 길을 더듬으며, 그처럼 어두운 통로에서 길을 잃는다. 한낮에 도시의 집들이 이루는 미궁은 의식과 닮았다. 낮이면 아케이드(도시의 과거로 이어주는 갤러리들)를 통해 몰래 거리로 흘러들 수 있을 것이다. 그러나 밤이 되어 밀집된 집들 위로 어둠이 내리며 한층 짙어진 어둠이 무시무시한 분위기를 조성하면 한밤에 그곳을 지나가는 사람은 발걸음을 서두르게 될 것이다. ─ 우리가 미리 좁은 골목으로 들어가도록 권유하지 않는 한 말이다.

하지만 또다른 갤러리 체계가 파리 전역의 지하로 뻗어나가 있다. 지하철이 그것으로, 여기서는 밤이면 불빛이 환히 켜지면서 역 이름이 범람하고 있는 황천으로 내려가는 길을 가르쳐준다. 콩바 ─ 엘리제 ─ 조르주 5 ─ 에티엔 마르셀 ─ 솔페리노 ─ 앵발리드 ─ 보지라르 등과 같은 일련의 역 이름은 가rue나 광장 같은 과거의 불명예스러운 굴레를 벗어 던져버렸다. 전차의 라이트가 번쩍하고 지나가며, 경적이 울려 퍼지는 이곳 어둠 속에서 그것들은 흉측한 하수구의 신들이나 카타콤베의 요정들로 바뀐다. 이 미궁은 내부에 한 마리가 아니라 수없이 많은 맹목적이고 광폭한 수소를 키우고 있으며, 이 수소들의 떡 벌린 아가리에 테베의 처녀를 매년 한 명만 던져주면 되는 것이 아니라 매일 아침마다 수천 명에 달하는 창백한 안색의 바느질하는 여자들이나 채 잠이 덜 깬 점원들을 던져주어야만 한다. ■거리의 이름■ 지상에서는 거리의 이름들이 한데 뒤섞이거나 교차해서 파리라는 도시의 언어망을 형성하고 있으나 이 지하 세계에서는 전혀 그러한 것을 볼 수 없다. 여기서 각각의 이름은 독립되어 있으며, 지옥이 그의 거처라면, 아메르, 피콩,

뒤보네|의 술 광고|는 문지기들이다. [C 1a, 2]

"어떤 구역이든 진정한 전성기를 맞이하는 것은 그곳에 건물이 빽빽하게 들어차기 전이 아닐까? 건물에 파묻히게 되면 이 구역이라는 행성은 곡선을 그리며 장사에 접근해간다. 먼저 도매상, 그런 다음에는 소매상으로. 그래도 거리가 아직 새로울 때 그곳은 서민의 것이며, 그곳에서 유행이 미소 짓게 될 때에야 비로소 이들을 쫓아낸다. 그러다가 이해 당사자들이 돈을 물 쓰듯 하며 보잘것없는 집이나 각 주거지의 소유권을 둘러싸고 분쟁을 벌이게 된다. 물론 이곳에서 눈부시게 아름답고 우아한 부인들이 살롱뿐만 아니라 집, 심지어는 거리의 꽃이 되어 환대받는 한에서. 그리고 이 아름다운 부인들이 일단 보행자가 되면 이들은 상점이 몇 개 있었으면 하고 바랄 텐데, 이러한 갈망에 너무 빨리 동조해버리면 가로는 이후에까지 값비싼 대가를 치러야 하는 경우도 드물지 않게 발생할 것이다. 즉 그렇게 되면 정원이 축소되기 시작해, 대부분이 사라지게 될 것이고, 사람들은 각자의 집에서 지루하게 지내게 될 것이며, 마침내 정월 초하루가 되어도 명함에 집 주소를 기입하는 걸 꺼리는 날이 오게 될 것이다. 그렇게 되면 임차인의 대다수는 기술자들로 채워지게 될 것이다. 문에서 현관까지 연결된 길들도 종종 가난한 기술자에게 피신처를 제공하고 있는데, 이들의 초라하고 허름한 판잣집이 상점을 대신하게 된 이상 더이상 아무것도 잃을 게 없기 때문이다."⁸⁾ 르푀브, 『나폴레옹 3세 치하의 파리의 낡은 집들』, 파리/브뤼셀, 1873년, 1권, 482페이지. ■패션■ [C 1a, 3]

파리만큼 편리하고, 상세하고 항구적인 전도를 가진 대도시는 드물 것이며, 적어도 독일의 도시 중에는 하나도 없다는 것은 유럽의 대부분의 대도시들이 자존심을 제대로 지키지 못했다는 것을 슬프게 증거해준다. 여기서 말하는 지도는 파리의 모든 구區, 불로뉴와 뱅센 공원 등을 표시한 22장의 지도를 갖춘 타리드 사의 탁월한 지도를 가리킨다. 짓궂은 날씨 때문에 어느 낯선 도시의 길목 구석에서 큰 종이로 된 시가 전도 — 이 지도는 바람이 한 번 불 때마다 돛처럼 부풀어 오르고, 접힌 부분마다 찢어지며 곧 채색 인쇄도 지저분하게 짓뭉개진 채 조각조각 떨어져 나가버려 마치 퍼즐을 맞추듯이 악전고투해야 한다 — 의 신세를 진 적이 있는 사람이라면 누구나 『타리드 사의 시가 전도』를 보고 시가 전도란 모름지기 어때야 하는지를 알 수 있을 것이다. 이 시가 전도에 몰두해도 상상력이 깨어나지 않고, 이것보다는 오히려 사진이나 여행 수기로 파리 체험을 대신하려는 사람들에게는 특별히 할 말이 없다. [C 1a, 4]

파리는 지하에 퍼져 있는 동굴망 위에 자리하고 있는데, 그곳으로부터 지하철과 선로가 내는 소음이 땅 위로 울려 퍼지고, 지상에서는 승합마차나 화물 자동차가 한 대씩 지나갈 때마다 내는 반향이 긴 여운을 남긴다. 게다가 공업 기술로 만든 이 거대한 가로망과 터널망은 중세 초기부터 수세기를 가로질러 성장을 거듭해온 고대의 지하 묘지나 석회석 채석장, 인조 동굴, 카타콤베 등과 교차하고 있다. 오늘날에도 2프랑만 지불하면 파리에서 가장 어두운 이 밤의 세계를 탐방할 수 있는 입장권을 살 수 있는데, 이것은 지상 세계의 입장권보다 훨씬 쌀 뿐만 아니라 훨씬 더 안전하기까지 하다. 하지만 이 세계에 대한 중세의 견해는 이와 달랐다. 가끔 영악한 사람들은 많은 돈을 내게 하고 게다가 아무에게도 발설하지 않겠다는 약속을 받아낸 다음 동포들을 지하로 데려가 지옥의 위엄을 갖춘 악마를 보여주려고 하기도 했다는 것을 우리는 여러 문헌을 통해 알고 있다. 이것은 속이는 당사자보다는 속임을 당하는 자가 훨씬 더 손해를 입을 위험이 적은 돈벌이 사업이었을 것이다. 교회로서는 악마가 나타난다는 거짓말은 거의 신성 모독에 필적하는 것으로 여길 수밖에 없지 않았을까? 다른 면에서도 이 지하 도시는 이곳을 훤히 아는 사람들에게는 실질적인 이익을 가져다주었다. 이 지하 도시의 가로들은 징세 청부인들이 수입세를 징수할 수 있는 권리를 보증해주던 거대한 관세 장벽을 가로질러 가고 있었기 때문이다. 16세기와 18세기에 밀수는 대개 지하에서 이루어졌다. 우리는 또 세상이 소란스러울 때는 예언자 같은 사람이나 여자 예언자의 불길한 거짓말은 두말할 것도 없고 기분 나쁜 소문 — 그러한 소문의 출처는 당연히 이들이다 — 또한 카타콤베를 통해 급속하게 떠돌기 시작한다는 것을 알고 있다. 루이 16세가 도주한 다음날 혁명 정부는 이러한 통로들을 철저히 조사하라는 명령이 담긴 전단지를 배포했다. 그리고 몇 년 후 갑자기 파리의 몇 개 지구가 함몰될 것 같다는 풍문이 민중들 사이에 퍼져나갔다. [C 2, 1]

파리를 '우물fontaines'이라는 관점에서도 구성해볼 것. "몇몇 거리에는 아직 이러한 이름이 그대로 남아 있다. 이 중 가장 유명한 것으로 중앙시장에서 멀지 않은 튀리앙드리 가에 있던 퓌 다무르[9]는 물이 말라버리자 메워진 뒤 땅 높이로 평평하게 다져지는 바람에 지금은 흔적도 남아 있지 않다. 따라서 퓌-키-파를 가를 그곳에 있던 우물의 별명에 따라 부르게 할 정도로 독특한 이름의 반향을 울리던 우물이나 무두장이인 아당-레르미트가 생 빅토르 구역에

판 우물은 지금은 거의 남아 있지 않다. 퓌-모콩세이유 가, 퓌-드-페르 가, 퓌-뒤-샤피트르 가, 퓌-세르탱 가, 본-퓌 가, 게다가 전에 부-뒤-몽드 가였다가 지금은 생-클로드-몽마르트르 골목이 되어버린 퓌 가가 있다. 시장에서 파는 우물물, 져다 파는 우물물, 집집마다 배달해주는 우물물은 머지않아 공공 우물로 대체될 것이다. 그리고 파리의 최고층 주택의 최상층에서도 쉽게 물을 끌어올리게 될 우리 아이들의 시대가 되면 우리가 인간의 최고 필수품 중의 하나를 공급하기 위한 시설을 그렇게 오랫동안 원시적인 상태로 유지해온 것에 놀랄 것이다." 막심 뒤 캉, 『파리 — 기관, 기능, 생명』, 파리, 1875년, 5권, 26페이지.   [C 2, 2]

건축(술)이 아니라 인간에게 주목하는 다른 지리 안내라면 가장 조용한 구역, 가장 외진 14구를 한눈에 진정한 빛 아래 보여줄 수 있을 것이다. 적어도 쥘 자냉은 100년 전에 이미 그렇게 생각하고 있었다. 그곳에서 태어난 사람은 그곳을 떠나지 않더라도 가장 파란만장하고 대담한 생애를 보낼 수 있을 것이다. 왜냐하면 그곳에는 민중의 비참, 프롤레타리아의 궁핍을 나타내는 온갖 건물이 부단히, 조금의 빈틈도 없이 세워지고 있었기 때문이다. 산부인과, 기아棄兒 양육원, 구빈원(유명한 상테Santé), 마지막으로 (단두대가 딸린) 파리의 대 감옥인 라 상테 감옥과 단두대 등이 그것이다. 밤이 되면 사람들이 음산한 좁은 벤치 — 이것은 작은 정원에서 볼 수 있는 편안한 벤치와는 전혀 다른 것이다 — 위에, 이처럼 힘든 여정의 환승역 대기실에라도 있는 것처럼 몸을 누이고 잠을 청하는 것을 볼 수 있다.
                                                          [C 2, 3]

각 상점에는 건축상의 상징이 하나씩 있다. 약국 앞에는 반드시 계단이 있으며, 담배 가게는 길가 모퉁이를 차지하고 있는 식이다. 상점은 문턱을 이용할 줄 안다. 아케이드나 스케이트장, 수영장, 철도의 플랫폼 앞에는 문턱의 수호신, 즉 자동적으로 안에 봉봉 과자가 든 양철 알을 낳는 암탉이 서 있다. 그리고 이 암탉 옆에는 자동화된 여자 점쟁이, 즉 우리 이름을 양철 띠 위에 새기는 — 그리고 그것이 우리의 운명을 목걸이에 매어놓는다 — 자동 철인鐵印 장치가 놓여 있다. [C 2, 4]

옛날의 파리에서는 공공 도로에서 여러 형태의 처형(예를 들면 교수형)이 이루어졌다. [C 2, 5]

로덴베르크는 증권거래소의 '좀도둑 무리들'이 "그날그날의 운에 따라 당일 가장 높은 시세를 기록할 것"이라는 희망을 노려 팔아치우는 일부 무가치한 증권 — 예를 들면 미레스 금융회사의 주식 — 의 "존재는 소름이 오싹할 정도이다"라고 말하고 있다. 율리우스 로덴베르크, 『햇빛과 등불 아래의 파리』, 베를린, 1867년, 102/103페이지. [C 2a, 1]

파리에서의 삶의 보수적 경향. 1867년까지도 의자식 가마 500개를 파리에서 운행시키려는 계획을 세운 사업가가 있었다. [C 2a, 2]

파리의 신화적 지형(학)에 대해. 파리에 그러한 성격을 부여하는 것은 문이다. 이러한 문에 두 가지가 있는 것이 중요하다. 경계문과 개선문이 그것이다. 전에는 도시가 끝나는 곳을 표시하던 경계석이 도시 한가운데 들어와 있는 것은 얼마나 신비로운가. ― 다른 한편 개선문은 오늘날 도로의 안전지대가 되었다. 문은 문턱에 고유한 경험 영역에서 한 단계 더 발전해 문의 아치를 통과하는 사람들까지 바꾸기에 이른다. 귀국한 군사령관이 로마의 개선문을 지나가면 개선장군이 되었던 것이다(그렇다면 아치의 내벽에 있는 부조는 무의미한 것일까? 하나의 고전주의적인 오해?).   [C 2a, 3]

'어머니들Mütter'[10]에게로 데려다주는 갤러리들은 목재로 만들어져 있다. 목재는 또 대도시 경관의 대대적인 개조에서도 일시적이긴 하지만 꾸준히 모습을 드러내고 있으며, 현대적 교통의 한가운데에서 공사 현장의 목재나 파헤친 토대 위에 놓이는 목재 발판의 형태로 파리가 아직 시골이었던 태곳적 모습을 만들어내고 있다. ▪ 철 ▪   [C 2a, 4]

"그것은 음울함으로 시작된 이 대도시의 북쪽 거리들의 꿈으로 아마 파리뿐만 아니라 베를린 그리고 거의 알려진 것이 없는 런던에서도 그럴 것이다. 음울함으로 시작된다는 것은 파리는 여명에 비가 내리지 않아도 대기가 축축하기 때문이다. 가로의 폭은 점점 좁아지고 집들이 좌우로 달라붙기 시작하면서 그것은 마침내 더러워진 가게 진열장이 늘어선 아케이드, 소위 유리 통로가 되어버린다. 좌우측 모두 마찬가지다. 흑백 줄무늬 천의 블라우스를 입고 호시탐탐 기회를 노리는 여급들이 서빙을 하는 더러운 술집이라도 근처에 있는 것인지 싸구려 와인 냄새가 코를 찌른다. 아니면 야한 사창가라도 있는 것일까? 그러나 몇 걸음 더 나아가면 양측에 짙은 녹색의 작은 문과 시골풍 창의 쇠살문이 나타나는데, 사람들은 이

문을 *volets*[11]라고 부른다. 그곳에서는 나이 든 작은 체구의 여자들이 앉아서 실을 잣고 있으며, 농가의 정원에서처럼 촌스러운 화분이 놓여 있는 창문 뒤쪽의 그나마 귀여운 방에는 살결이 고운 처녀가 앉아 '누가 실을 잣고 있다……' 라는 노래를 부르고 있다." 프란츠 헤셀, 「초고」, 스트린드베리, 「수로 안내인의 고뇌」를 참조.[12]

[C 2a, 5]

입구 앞의 우체통. 어떤 사람이 이제 막 떠나려고 하는 세상에 신호를 보낼 수 있는 마지막 기회이다.   [C 2a, 6]

지하수망의 산책 겸 구경. 인기 코스는 샤틀레-마들렌 문이었다.

[C 2a, 7]

"교회와 귀족 제도의 폐허, 봉건제와 중세의 폐허는 숭고하며, 오늘날 승리자들을 감동시키고 깜짝 놀라게 한다. 하지만 부르주아지의 폐허는 장식용의 딱딱한 판지와 석고 벽과 착색한 추잡한 쓰레기에 불과할 것이다."『파리의 악마』, 파리, 1845년, 2권, 18페이지(발자크, 「파리에서 사라진 것」). ■수집가■   [C 2a, 8]

…… 오늘날 우리가 보는 것은 이러한 아케이드들뿐이다. 그러나 과거의 아케이드들은 전혀 그렇지 않았다. "곡괭이의 위협을 받게 된 오늘날에 와서야 비로소 아케이드는 실제로 덧없는 것을 숭배하는 신전, 저주받은 쾌락과 직업들의 유령 같은 풍경, 어제까지는 하나도 이해받지 못하더니 내일은 이미 아는 사람 하나 없는 장소가 될 것이다." 루이 아라공, 『파리의 농부』, 파리, 1926년, 19페이

지. ▪수집가▪   [C 2a, 9]

갑자기 떠오르는 어떤 도시의 과거. 크리스마스를 맞이하기 위해 불을 켜놓은 창문은 마치 1880년부터 그렇게 불을 밝히고 있었던 것처럼 빛나고 있다.   [C 2a, 10]

꿈 ─ 그것은 19세기의 근원의 역사에 대해 증언해줄 발굴이 이루어질 대지이다. ▪꿈▪   [C 2a, 11]

아케이드가 몰락한 요인들 ─ 보도 폭의 확장, 전등, 매춘부의 출입 금지, 야외 활동을 즐기는 문화.   [C 2a, 12]

시장의 작은 가건물에서의 그리스 고전극의 부활. 경시청장이 이 무대에서 허용한 것은 대화뿐이다. "이 세번째 등장인물은 소위 연극에서 두 사람의 대화밖에 허락하지 않은 경시청장의 명에 따라 대사가 없다." 제라르 드 네르발, 『재담꾼 아줌마의 카바레』, 파리, <1927년>, 259/260페이지(「불르바르 뒤 탕플의 어제와 오늘」).
                                                               [C 3, 1]

입구 앞의 우체통. 어떤 사람이 이제 막 떠나려고 하는 세상에 신호를 보낼 수 있는 마지막 기회이다.   [C 3, 2]

도시는 오직 겉으로만 동질적으로 보일 뿐이다. 심지어 도시의 이름조차 구역에 따라 다른 울림을 갖는다. 아마 꿈속을 뺀다면 도시에서만큼 경계라는 현상을 본래 모습으로 경험할 수 있는 곳도 따로 없을 것이다. 어떤 도시를 안다는 것은 철도의 교차로들을 따라, 집들을 가로질러, 공원 안과 강변을 따라 달리며 경계선으로 기능하는 선을 이해하고 있다는 것을 의미한다. 그리고 이들 경계와 더불어 다양한 구역의 외진 곳을 알고 있다는 것을 의미한다. 이러한 경계들은 문턱처럼 가로들을 가로질러 달린다. 마치 허공으로 한 걸음 내딛는 것처럼, 마치 어딘가 전혀 낯선 곳으로 내려가고 있는 것처럼 하나의 새로운 구역이 시작된다.   [C 3, 3]

아케이드나 스케이트장, 맥주집이나 테니스코트 입구에는 페나테스|집의 수호신|가 서 있다. 프랄린 과자가 든 황금 달걀을 낳는 암탉과 이름을 새겨넣는 자동 기계와 또다른 기계, 체중을 재주는 — 이것이야말로 현대판 *γνῶθι σεαυτόν*|너 자신을 알래이다 — 자동 기계, 슬롯머신, 기계로 된 여자 점쟁이 등. 여기서 주목할 만한 것은 그것이 일반적으로 실내에 놓이는 것도, 그렇다고 본래의 옥외에 놓이는 것도 아니라는 점이다. 그것들은 |안과 밖의| 통과점을 수호하고, 그것을 나타낸다. 그래서 일요일 오후 푸른 자연을 찾아 나설 때면 사람들은 수수께끼 같은 이들 페나테스도 찾게 되는 것이다. ■꿈의 집 ■사랑■   [C 3, 4]

집 안 전체에 군림하고 있는 벨소리의 전제적인 위협은 문턱의 마력에서도 엄청난 위력을 발휘한다. 어떤 것이 문턱을 넘으려면 귀를 찢는 듯한 소리를 내야 한다. 하지만 같은 벨이 내는 소리라도 이별을 고하는 경우 슬픈 종소리처럼 애처롭게 들리는 것은 신기하기 짝이 없다. — 마치 카이저 파노라마[13]에서 벨소리가 울리면 뒤로 사라져가는 영상들이 어렴풋이 떨리면서 다음 번에 나올 영상들을

296

알리는 경우처럼 말이다. ■꿈의 집■사랑■   [C 3, 5]

이들 문 ― 아케이드의 입구 ― 은 문턱이다. 어떤 돌계단도 거기 문이 있다는 것을 알려주지 않는다. 그러나 몇몇 사람이 거기서 기다리고 있는 모습을 보면 그것을 알 수 있다. 절도 있고 규칙적인 발걸음은 본인들은 모를지 몰라도 그들이 |아케이드에 들어갈 것인지 말 것인지| 결단을 앞둔 모습을 반영하고 있다. ■꿈의 집■사랑■
[C 3, 6]

빅토르 위고의 『파리의 노트르담』에 나오는 것으로 유명한 파사주 뒤 케르에 있는 쿠르 데 미라클[14] 외에도 몇 개의 다른 쿠르 데 미라클. "마레 지구의 투르넬 가에는 파사주 데 미라클과 쿠르 데 미라클이 있다. 과거에는 생-드니 가, 뒤 박 가, 네이 가, 코키에 가, 라 쥐시엔 가, 생-니케즈 가, 그리고 생-로슈 언덕 위에 다른 몇 개의 쿠르 데 미라클이 있었다." 라베돌리에르, 『새로운 파리의 역사』, 파리, 31페이지[이들 뒷골목의 이름이 유래한 성서상의 전거는 『이사야서』, 24장 4~5절 그리고 27장에서 찾아볼 수 있다].   [C 3, 7]

파리의 급배수 설비 분야에서 오스만이 거둔 성공에 관해. "시인들이라면 오스만은 천상의 신들보다는 지하의 신들에게서 더 많은 영감을 얻었다고 말할지도 모르겠다." 뒤베크/데스프젤, 『파리의 역사』, 파리, 1926년, 418페이지.   [C 3, 8]

지하철. "수많은 역에 우스꽝스러운 이름이 붙여졌다. 이 중 최악의 것은 브레게 가와 생-사뱅 가의 모퉁이에 있는 역으로, 이 역은 결국 '브레게-사뱅'이라는 약칭, 즉 시계 제조업자 브레게와 성인 사뱅의 이름을 합친 이름으로 불리게 되었다." 뒤베크/데스프젤, 앞의 책, 463페이지.　　　　　　　　　　　　　　　　[C 3, 9]

거리 풍경에서 볼 수 있는 고대적 요소로서의 목재: 공사 현장의 목재 방책.　　　　　　　　　　　　　　　　[C 3, 10]

6월 봉기. "대부분의 죄수들은 파리의 요새들 밑에 있는 채석장과 지하도를 따라 이송되었는데, 그곳들은 어찌나 넓은지 파리 인구의 절반까지 들어갈 수 있을 정도였다. 이 지하 통로의 추위는 너무 혹독해서 많은 사람들이 체온을 유지하기 위해 쉬지 않고 달리거나 팔을 움직여야 했으며 누구 하나 차가운 돌 위에 앉으려고 하지 않았다. …… 죄수들은 이 지하도의 모든 곳에 파리의 거리 이름을 붙여 서로 만났을 때는 자기 주소를 가르쳐주곤 했다." 엥글렌더, 앞의 책, <『프랑스 노동자 연맹의 역사』, 함부르크, 1864년>, 3권, 314/15페이지.　　　　　　　　　　　　　　　　[C 3a, 1]

"파리의 채석장은 모두 지하에서 연결되어 있다. …… 몇몇 곳에는 천장이 무너지지 않도록 기둥을 세워놓았다. 다른 곳에는 벽이 세워져 있었다. 이들 벽들로 인해 지하에 좁은 거리들처럼 긴 통로가 만들어지게 되었다. 길을 잃지 않도록 통로에 번호를 매겨놓은 곳도 몇 군데 있었다. ― 그렇다고는 하지만 역시 아사의 위험을 피하려면 가이드 없이는 채광을 마친 이 석회암층 안까지 너무 깊이 들어가지 않는 것이 좋다." ― '파리의 채석장의 갱도들에서는 낮에도 별을 볼 수 있다는 소문'은 오래된 어느 수직 갱도에서 유래한 것으로, "이 수갱을 지름 약 6밀리미터 크기의 작은 구멍이 뚫린 석판이 덮고 있었다. 이 구멍으로 한낮의 빛이 창백한 별처럼 아래의 어둠 속으로 스며들어왔던 것이다." J. F. 벤첸베르크, 『파리 여행 서간』, 도르트문트, 1805년, 1권, 207/208페이지. [C 3a, 2]

"헤엄치는 개 같은 소리를 내고 연기를 뿜으면서 센 강을 떠다니는 어떤 물체가 루아얄 다리에서 루이 15세 다리까지 이르는 튈르리 궁의 창 밑을 왕복하고 있었으나 그것은 그리 쓸모없는 하나의 기계이며 장난감이며 공상적인 발명가의 꿈이며 유토피아였다. 그것은 한 척의 증기선이었다. 파리 사람들은 이 무용지물을 냉담한 태도로 바라보았다." 빅토르 위고, 『레미제라블』, 1부,[15] 나다르, 『내가 사진가였을 때』, 파리, <1900년>, 280페이지에서 인용.[C 3a, 3]

"마치 마법사나 무대 감독처럼 최초의 증기 기관차가 울리는 최초의 기적은 모든 것에게 깨어나 날아가라는 신호를 보냈다." 나다르, 『내가 사진가였을 때』, 파리, 281페이지.   [C 3a, 4]

파리에 관한 귀중한 안내서 중의 하나인 막심 뒤 캉의 『파리 — 19세기 후반의 기관, 기능, 생명』(전 6권, 파리, 1893~1896년)의 성립사는 독특하다. 이 저서에 대해 어느 고서점의 카탈로그에는 이렇게 나와 있다. "정확하고 상세한 실증에 바탕한 흥미진진한 저서. 뒤 캉은 실제로 이 책의 소재를 얻기 위해 전혀 꺼리지 않고 승합마차 마부, 도로 청소부, 하수도 청소부 등 온갖 일을 직접 해보았다. 어찌나 끈질기게 매달렸던지 그는 '또 한 명의 센 지사'라는 별명을 얻게 되었으며, 나중에 상원의원이라는 고위직까지 오른 것도 이와 무관하지 않았다." 이 책의 기원에 대해 폴 부르제는 「1895년 6월 13일 아카데미에서의 연설. 막심 뒤 캉을 승계하며」(『아카데미 프랑세즈 연설문집』, 파리, 1921, 2권, 191~193페이지)에서 서술하고 있다. 부르제에 따르면 1862년 뒤 캉에게 어떤 눈병│노안│의 징후가 나타났다. 뒤 캉이 안경점인 스크레탕에 가자 안경점은 돋보기를 처방해주었다. 그러자 뒤 캉은 이렇게 말했다. "나도 세월을 이길 수 없나 보네. 한 번도 환영해본 적이 없는데 말이야. 복종해야지 어 떡하겠나. 코안경과 귀에 거는 줄 달린 안경을 부탁하네." 이번에는 부르제의 말. "안경점에는 주문한 렌즈가 없었다. 그것을 준비하는 데 30분 정도가 필요했다. 막심 뒤 캉 씨는 근처를 어슬렁거리며 30 분을 때우기 위해 안경점을 나왔다. 어느새 퐁뇌프 위에까지 오게 되었다. …… 작가는 이제 막 젊음을 뒤로 하고 체념한 태도로 진지 하게 인생을 바라보면서 여기저기 가는 곳마다 애수에 찬 자기 모 습을 보려 드는 시기 중의 하나를 맞이하고 있었다. 방금 안경점에 가서 확인하게 된 사소한 사실, 즉 신체의 쇠퇴는 평소라면 금방 잊 어버리고 말았을 것, 즉 인간과 관련된 모든 것을 지배하는 불가피 한 파괴의 법칙을 그에게 상기시켰다. …… 갑자기 그는, 동방의 여 행자로서 죽은 자들의 유해가 조용히 모래로 화하는 고독한 장소들 을 순례했던 그는 언젠가 이 도시도, 사방에서 헐떡거리는 소리가 엄청나게 들려오는 이 도시도 과거의 수많은 제국의 수도들과 마찬 가지로 사멸할 것이라는 몽상을 하기 시작했다. 그러한 몽상은 지 금 페리클레스 시대의 아테네, 바르카 가문 시대의 카르타고, 프톨 레마이오스 시대의 알렉산드리아, 카이사르 시대의 로마 등의 모습 을 정확하고 완전하게 묘사할 수 있으면 상당히 흥미로울 것이라는 생각으로 이어졌다. …… 장대한 저서의 주제가 정신 앞에 불현듯

300

나타날 수 있도록 해준 날카로운 직관 중의 하나를 통해 그는 고대의 역사가들은 본인들의 도시에 대해 쓰는 데 실패했던 저서를 파리에 대해 쓸 가능성을 분명하게 감지했다. 그는 다시 다리와 센 강, 강둑의 광경을 바라보았다. …… 그러자 원숙한 연령에 달한 그가 할 일이 분명하게 드러났다." 파리에 관한 이 현대적이며 행정기술적인 저서가 이처럼 고대의 역사에서 영감을 받았다는 사실은 매우 특징적이다. 레옹 도데가 파리의 몰락에 대해 쓴 『체험으로 겪은 파리』 중의 사크레 쾨르 관련 장을 참조할 것.[16]   [C 4]

나다르의 『내가 사진가였을 때』(파리, <1900년>, 124페이지)에 실려 있는 화려한 장인 「지하의 파리」에 들어 있는 아래의 문장은 주목할 만하다. "시인이자 철학자이기도 한 위고는 천재적인 필체로 하수도의 역사를 쓰면서 드라마보다 더 감동적으로 그것을 묘사한 후 중국에는 도시에 야채를 팔러 가서 귀중한 퇴비로 가득 찬 무거운 통을 양어깨에 짊어지고 돌아오지 않는 농민은 하나도 없다고 말하고 있다."   [C 4a, 1]

파리의 문에 대해. "입시入市 세관원들이 두 개의 원주 사이에서 모습을 드러내기 전까지는 로마나 아테네의 문 앞에 서 있는 것처럼 생각될 정도였다." 『고금에 걸친 세계의 전기』, M. 미쇼의 감수에 의한 신판, 14권, 파리, 1856년, 321페이지(P. F. L. 퐁텐의 논문).
          [C 4a, 2]

"테오필 고티에의 『변덕과 지그재그』에서 기묘한 페이지를 하나 발견했다. 거기에는 이렇게 쓰여 있다. '큰 위험이 우리를 위협하고 있다. …… 현대의 바빌론은 릴락Lylak의 탑처럼 산산조각 나지는 않을 것이며 펜타폴리스처럼 아스팔트의 바다 속으로 잠기는 일도, 테베처럼 모래 속에 묻히는 일도 없을 것이다. 단지 그곳의 주민만이 없어지고 몽포콩¹⁷⁾의 쥐들에 의해 엉망진창이 될 뿐이다.' 명철하다고는 할 수 없지만 예언자적인 몽상가의 주목할 만한 환상! 이 환상은 본질적인 면에서는 이미 올바른 것으로 입증되었다. …… 몽포콩의 쥐들은 …… 파리에게는 위험한 존재가 아니었다. 오스만의 미화 솜씨가 그들을 일소했기 때문이다. …… 그러나 몽포콩의 높은 지대에서 프롤레타리아들이 내려와 화약과 석유로 고티에가 예언한 대로 파리를 파괴하기 시작했다." 막스 노르다우, 『진정 돈이 넘쳐나는 나라로부터 ― 파리 연구와 풍경』, 라<이프>치<히>, 1878년, 1권, 75/76페이지(「벨비유」).   [C 4a, 3]

1899년 생-탕투안 가에서 지하철 공사 중 바스티유 감옥의 한 탑의 초석이 발견되었다. 판<화>실.   [C 4a, 4]

와인 시장<:> "일부는 증류주용 술 저장고, 일부는 돌을 파내 만든 와인용 지하 저장고로 이루어진 창고는 …… 말하자면 하나의 마을을 이루고 있는데, 이 마을의 거리들에는 프랑스의 가장 유명한 와인 산지의 이름이 붙여졌다." 『파리에서 보낸 8일』, 파리, 1855년 7월, 37/38페이지.   [C 4a, 5]

"카페 앙글레의 포도주 저장실은 …… 불르바르들 아래로 상당히 길게 뻗어 있었으며 극히 복잡한 좁은 길들을 이루고 있었다. 일일이 그곳을 거리별로 나누었다. …… 그리하여 부르고뉴 가, 보르

302

도 가, 본 가, 레르미타주 가, 샹베르탱 가, 톤노 …… 의 십자로로 등
이 생겨나게 되었다. 조개 껍데기로 장식된 서늘한 동굴에 다다르
면 그곳에는 샹파뉴 동굴이 있다. …… 과거의 대 영주들은 마구간
에서 만찬을 열 생각을 했었다. …… 하지만 정말 특이한 방식으로
식사를 하고 싶다면, 지하 술집 만세!" 탁실 들로르, 『부랑아 파
리』, 파리, 1854년, 79~81페이지, 83/84페이지.   [C 4a, 6]

"위고가 노상에서 걸식하는 사람을 보았을 때 …… 있는 그대로의
걸식하는 사람, 정말 현실에 있는 그대로의 걸식하는 사람을 두 눈
으로 보았다는 것을 믿었으면 좋겠다. 고대의 길 위에서 …… 고대
의 걸인을, 고대의 구걸꾼의 모습을 말이다. 벽난로의 정면 장식
중의 하나에서 대리석 석관을 보거나 현대의 굴뚝 속에서 시멘트
로 고정된 벽돌을 볼 때에도 그는 그것이 본래 무엇이었는지를 볼
수 있었다. 가족의 중심인 난로의 돌의 모습을 말이다. 고대의 노
변爐邊. 거리로 통한 문과 통상 포석으로 만드는 현관의 층층대를
볼 때도 그는 이 포석 위에서 고대의 선, 성스러운 문턱을 분명하게
구분해냈다. 그것은 같은 선이기 때문이다." 샤를 페기, 『전집
1873~1914년』, 『산문』, 파리, 1916년, 388/389페이지(「백작 빅토
르 마리 위고」).   [C 5, 1]

"앙투안 성 밖에 있는 술집들은 무녀의 동굴 위에 지어져서 항상
신선한 숨결과 통하고 있었다는 로마의 아벤티노 언덕 위 선술집
과 비슷했다. 거기 있는 테이블은 그대로 신 앞에 놓인 삼각대를 연
상시켰고 거기에 모인 사람들은 엔니우스[18]가 '무녀의 술'이라고
부른 그런 술을 마시고 있었다." 빅토르 위고, 『전집 — 소설 8』,

파리, 1881년, 55/56페이지(『레미제라블』, 4권).[19]   [C 5, 2]

"시칠리아 섬을 한 바퀴 돌아본 사람이라면 누구나 그 유명한 수도
원을 기억하고 있을 것이다. 이 수도원에서는 흙이 사체를 건조시
켜 보존해주는 특성을 갖고 있기 때문에 수도사들은 연중 특정한
시기가 되면 대신, 교황, 추기경, 전사, 왕 등 그곳의 묘지에 묻혀
있는 위인들 모두에게 예전의 의상을 입혀 광대한 카타콤베에 2열
로 늘어서게 한 다음 일반인들이 이 해골의 행렬 사이를 지나갈 수
있도록 하고 있다. …… 자! 그런데 시칠리아의 이 수도원은 우리
의 사회 상태 그 자체의 이미지이기도 하다. 예술과 문학을 장식하
고 있는 눈부시게 아름다운 정장 아래 고동치는 심장 같은 것이 있
을 리 없으며, 영감은 어디로 갔고 예술은 어디에 있고 문학은 어디
로 갔는지 이 세기를 향해 물어봐도 빛을 잃은 차가운 눈으로 빤히
쳐다보기만 하는 죽은 사람들만 있을 뿐이다." 네트망, 『도덕의 폐
허와 지식의 폐허』, 파리, 1836년 10월, 32페이지. 이것을 위고의
「개선문에 바친다」(1837년)와 비교해볼 것.   [C 5, 3]

레오 클라르티의 『기원에서 서기 3000년까지의 파리』(파리, 1886
년)의 마지막 두 장에는 각각 「파리의 폐허」와 「서기 3000년」이라
는 제목이 붙어 있다. 앞 장에는 개선문에 관한 빅토르 위고의 시의
의역이 들어 있다. 후자에서는 "라 세네피르La Cénépire에 있는
유명한 아카데미 드 플록시마에서 행한 파리의 고대 문화 유산에
대한 강의"를 소개하고 있다. "세네피르란 2500년에 케이프 혼과
남극 대륙 사이에서 발견된 …… 새로운 대륙을 말한다"(347페이
지).   [C 5, 4]

"파리 샤틀레 감옥에는 길고 큰 하나의 지하 감옥이 있었다. 그곳의 굴은 센 강의 수면보다 8피트나 낮았다. …… 사람은 안에 들어갈 수 있었으나 바깥 공기는 전혀 통하지 않았다. 굴의 천장은 돌로 둥글게 되어 있었고, 바닥은 10인치 정도 두께의 진창이었다. …… 바닥에서 3피트쯤 높이에 길고 둥근 들보가 지하실 한쪽에 이 끝에서 저 끝으로 가로 걸려 있었다. 그 들보에 일정한 간격을 두고 길이 3피트의 사슬이 늘어져 있고 …… 쇠사슬 끝에는 수갑이 달려 있었다. 갤리선에서의 강제 노동 형을 구형받은 죄수들은 툴롱 항으로 출발하는 날까지 이 지하 감옥에 갇혀 있어야 했다. 이곳의 들보 아래로 떠밀려 내려가면 어둠 속에서 흔들리는 철 수갑이 그들을 기다리고 있었다. …… 뭘 먹으려면 진창에 던져진 빵을 발뒤꿈치를 이용해 정강이로 손이 미치는 곳까지 들어올려야 했다. …… 이 지옥과 같은 무덤 구덩이에서 그들은 대체 무엇을 하고 있었을까? 무덤 속에서 할 수 있는 일을 하고 있었다. 즉 죽음을 기다리고 있었다. 또 지옥 속에서 할 수 있는 일을 하고 있었다. 즉 노래를 부르고 있었다. …… 그러나 대부분의 은어의 노래는 거의 대부분 여기에서 탄생되었다. 몽고메리 항구의 저 슬픈 후렴이 생겨난 것도 바로 이 파리의 대 샤틀레 지하 감옥에서였다. 그러한 샹송의 대부분은 우울하지만 개중에는 명랑한 것도 있다." 빅토르 위고, 『전집 ― 소설 8』, 파리, 1881년(『레미제라블』), 297/98 페이지.[20] ■ 지하의 파리 ■   [C 5a, 1]

문턱 이론에 관해. "걸어 돌아다니는 어떤 철학자가 말한 바에 따르면 파리에서 걸어다니는 사람과 마차를 타고 다니는 사람 사이에는 발판이 있는지 없는지 하는 차이밖에 없다. 아아, 발판! ……

그것은 한 나라에서 다른 나라로, 빈곤에서 호사로, 무사태평에서 근심 걱정으로 나아가는 출발점이다. 그것은 무와 같은 인간에서 전부인 인간 사이의 연결선이다. 문제는 어디에 발을 들여놓는가이다." 테오필 고티에, 「철학적 연구」(『19세기의 파리와 파리 사람들』, 파리, 1856년, 26페이지).　　　　　　　　　　　　　　　[C 5a, 2]

미래의 모델 하우스를 기술한 아래의 문장은 지하철을 어렴풋이 예측하고 있다. "매우 널찍하고 조명이 잘 되어 있는 지하실은 모두 연결되어 있다. 그것들은 가로를 따라 긴 지하 통로를 형성하고 있으며, 거기에는 지하 철도가 깔려 있다. 이 철도는 승객을 태우기 위한 것이 아니라 거추장스런 상품, 와인, 목재, 석탄 등의 운반 전용으로 그것들을 집 안까지 운반해준다. …… 이들 지하 철도들의 중요성은 점점 더 커지고 있다." 토니 무알랭, 『2000년의 파리』, 파리, 1869년, 14/15페이지(「모델 하우스」).　　　　　　　[C 5a, 3]

빅토르 위고의 「개선문에 바친다」의 구절들

II

……
……

"항상 파리는 절규하고 투덜거린다.
심각한 문제다. 파리가 침묵하는 날
세계의 소리가 무엇을 잃을지
누가 알리!"

III

"그럼에도 불구하고 파리는 침묵할 것이다! ─ 수많은 새벽
이 지난 후,
수많은 세월이 흐른 후, 수세기가 다 녹초가 되어버린 후
흐르는 물이 소리를 내며 다리에 부딪치는 이 연안이
소박한 모습으로 중얼거리고 있는 등심초들 곁으로 돌아올
때면.

센 강이
강의 심연 속으로 무너져 내린 몇몇 오래된 돔을 침식해가며
우거진 나뭇잎의 웅성거림과 새들의 노래를 구름까지
데려다주는 부드러운 바람을 보살피며
앞을 막고 있는 돌들을 빠져나갈 때.

센 강이
오래 시달려온 물길을 잠재우며,
마침내 별이 빛나는 하늘 아래를 아무도 모르게 지나가는
무수한 목소리에 귀를 기울이게 된 것을 행복해하며
밤에 어둠 속에서 하얗게 흐르게 될 때.

미친 듯이 노동하는 강한 여자 같은 이 도시가,
이 도시의 성벽에 주어진 운명을 단축해서
자기 망치로 성벽을 가루로 만들어버린 이 도시가

청동으로 화폐를, 대리석으로 포석을 만들 때

시끄러운 목소리들로 넘쳐나고 사람들이 난마처럼 뒤얽혀 웅
성거리는 것처럼 보이는 이 도시를 형성하고 있는
지붕, 종루, 구불구불한 번화가,
현관, 박공벽, 게다가 자부심으로 가득한 돔들.

광대한 들판에서 이 모든 것은 사라지고
피라미드와 판테온 중 남은 것은 하나 없고
오직 샤를마뉴가 건조한 두 개의 화강암 탑과
나폴레옹이 세운 청동 기둥 하나만 남게 될 때

너는 숭고한 삼각형을 만들 것이다!"
      ……
         ……

                    IV

"개선문이여! 너는 영원하고 완벽할 것이다.
지금 센 강이 물결 위에 비추고 있는 모든 것이
영원히 사라지고,
로마에 필적할 만한 이 도시에
이미 세 개의 정점에 선 천사와 독수리와
남자 하나밖에 남아 있지 않게 되었을 때!"
      ……

308

......

V

"아니, 시간은 사물에서 아무것도 빼앗지 않는다.

잘못 칭찬받으면서도

천천히 변신하면서

수많은 주랑이 마침내 미에 다다른다.

우리가 숭배하는 기념 건조물 위에

시간은 정면에서 후진後陣까지

엄숙한 매력을 부여한다.

설령 파괴되고 녹슬더라도

시간이 그들에게 입힌 의상에 비하면

시간이 그들로부터 벗겨내는 의상은 보잘것없다.

극히 보잘것없는 종석에도

시간은 주름을 새기고

무미건조한 대리석 모퉁이를

그런 일에 도통한 엄지손가락으로

수선한다.

작품을 보정하기 위해

화강암으로 만든 히드라의 사리들에

살아 있는 뱀이 똬리를 틀게 하는 것도 이 시간이다.

오랜 동결에서 시간이 돌을 제거하고

거기에 새 둥지를 놓을 때

고딕 지붕의 웃는 모습이 보이는 듯하다."

……

……

VIII

……

……

"아니, 모든 것은 사멸할 것이다. 이 들판에는

아직은 가득하지만 곧 사라지게 될 백성들 말고는,

인간의 흐릿한 눈과 신의 살아 있는 눈 말고는 아무것도 남지

않게 될 것이다.

아치 하나, 기둥 하나밖에는 남지 않을 것이며, 그리고

은도금된 이 강의 가운데에서는 안개 속에 절반은 좌초된 성

당이

아직도 물거품을 일으키고."

……

……

1837년 2월 2일

빅토르 위고, 『전집 — 시 3』, 파리, 1880년, 233~245페이지.

[C 6; C 6a, 1]

폐허들: 건축 이론 교육의 자료들. "우리가 살고 있는 이 시대만큼
이러한 종류의 연구에 유리했던 상황은 없었다. 12년 전부터 많은
건축물, 특히 성당이나 수도원이 해체되어 초석의 맨 아래까지 드
러나게 되었다. 모든 것이 …… 유익한 지식을 제공해주고 있다."

샤를-프랑수아 비엘, 『건물의 강도 보증에 관한 수학의 무효성에 대해』, 파리, 1805년, 43/44페이지. [C 6a, 2]

폐허들: "허름한 벽난로 굴뚝 주위에 진한 갈색 줄들이 여기저기 나 있는 높은 벽들은 건축 도면의 단면도처럼 내부 배관의 비밀을 폭로한다. …… 그러한 집들이 입을 열고 공중에 매달린 바닥, 아직도 방의 형태를 보여주고 있는 컬러 벽지들, 이제 어디로도 통하지 않는 계단, 파헤쳐진 지하 저장고, 기괴한 붕괴물들, 심한 붕괴의 흔적 등을 보여주고 있는 모습은 사실 호기심을 자아내는 광경이다. 검게 그을린 색조만 아니라면 이 모든 것은 마치 피라네시가 서둘러 에칭에 새겨넣은 바로 그 무너진 건조물, 거주 불가능한 어떤 건축물들을 빼어 닮았다." 테오필 고티에, 「폐허의 모자이크」 (『19세기의 파리와 파리 사람들』, 알렉상드르 뒤마, 테오필 고티에, 아르센 우세, 폴 드 뮈세, 루이 에노, 뒤 파일, 파리, 1856년, 38/39페이지).

[C 7, 1]

뤼린의 논문 「불르바르들」의 결론. "불르바르들은 동맥류로 죽을 것이다. 즉 가스 폭발로." 『우리 도시 파리』, 파리, <1854년>[폴 부아자르에서 출간된 선집], 62페이지. [C 7, 2]

보들레르는 1860년 1월 8일 풀레-말라시에게 보낸 편지에서 메리옹에 대해 이렇게 쓰고 있다. "그의 큰 판화 중의 하나에서 작은 기구氣球를 맹금류 무리로 대체한 것을 보고 제가 파리 하늘에 그토록 많은 독수리가 있을 리 없다고 지적하자 그는 그쪽 사람들(황제 정부)이 종종 관례에 따라 여러 가지 징조를 알아보기 위해 독수리를 풀어놓았으며 ― 게다가 그것은 신문에, 관보인『모니퇴르』에 실렸기 때문에 근거가 없는 것은 아니라고 대답했습니다." 귀스타브 조프루아,『샤를 메리옹』, 파리, 1926년, 126/127페이지에서 인용.   [C 7, 3]

개선문에 대해. "개선 행진은 로마의 국가 제도였는데, 거기에는 군사령관으로서의 권한, 군의 최고 명령권imperium을 보유하고 있다는 것이 전제되어 있었으나 다른 한편 그러한 권한은 개선식이 끝나는 당일 소멸되었다. 개선 행진의 권리를 얻기 위한 …… 여러 가지 전제조건 중에서도 가장 중요했던 것은 시의 관할 지역의 경계선을 …… 예정된 시각보다 먼저 넘지 않는 것이었다. 이를 어기면 군사령관은 통수권 ― 그것은 오직 시외에서의 군사 작전에 대해서만 유효하다 ― 뿐만 아니라 그와 함께 개선 행진의 청구권도 잃게 된다. …… 살육전에 따른 모든 오점과 죄 ― 원래는 참살된 자들의 망령들로부터 다가오는 위험도 여기에 포함되어 있지 않았을까 ― 가 최고 사령관과 그의 군대로부터 제거된다. 그것은 이제 성스러운 문 저편에 남겨지게 된다. …… 이러한 관점에서 보면 porta triumphalis|개선문|가 승리를 칭송하기 위한 기념 건조물에 다름 아니었음이 …… 분명해질 것이다." 페르디난트 노아크,「개선 행진과 개선문」(『바르부르크 문고 강연』, 5권, 라<이프>치<히>, 1928년, 150/151페이지, 154페이지).   [C 7, 4]

"에드가 포는 그가 군중 속의 인간Man of the Crowd이라고 부른 인물이 대도시의 거리를 지나가도록 했다. 불안하고 탐구심으로 가득한 이 판화가는 돌과 같은 사람Man of the Stones이다. ……

우리는 여기서 …… 지나가버린 삶의 잔해를 앞에 두고 피라네시처럼 몽상하거나 작업하지는 않지만 …… 작품을 보면 여전히 끈질긴 향수가 느껴지는 예술가를 보게 된다. …… 그가 바로 샤를 메리옹이다. 판화가로서의 그의 작품은 이제까지 도시에 관해 쓰여진 가장 심오한 시 중의 하나로, 마음을 파고드는 그의 판화들이 가진 기묘한 독창성은 직접적으로 삶의 광경을 그렸으면서도 사멸한 또는 사멸하려고 하는 지나간 삶의 모습을 바로 떠올리게 만드는 데서 찾을 수 있다. …… 이 예술가가 선택한 주제를 더할 나위 없이 치밀하고 더할 나위 없이 현실감 있게 재현한 것과는 무관하게 이러한 인상을 받게 된다. 그에게는 사물을 꿰뚫어 보는 능력이 있어 그는 분명 이처럼 견고한 형식들은 덧없는 것이며, 이들 기묘한 미는 끊임없이 바뀌고 파괴될 것이라는 것을 예감할 수 있었다. 그는 도시가 생긴 바로 그날부터 끊임없이 파괴되고 다시 만들어져온 가로나 골목길이 말하는 것에 귀를 기울여왔는데, 그의 환기적인 시가 19세기의 도시를 통해 중세에 다다르게 되는 것은 바로 이 때문이며, 직접 눈에 비치는 형태로 영원한 우울을 발산하는 것 또한 이 때문이다.

> '파리의 옛 모습 지금은 간 곳 없구나. 도시 형태는, 아! 사람의 마음보다도 더 빨리 변하도다.' [21]

보들레르의 이 두 개의 시구는 메리옹 작품집의 제사題詞로 써도 좋을 것이다." 귀스타브 조프루아, 『샤를 메리옹』, 파리, 1962년, 1∼3페이지.   [C 7a, 1]

"고대의 *porta triumphalis*가 아치형 문이었다고 생각할 필요는 전혀 없다. 오히려 이와 반대로, 단지 상징적인 행위에 이용되었을 뿐이기 때문에 본래는 극히 단순한 방식으로, 즉 두 개의 기둥과 수평의 상인방으로 세워졌을 것이다." 페르디난트 노아크, 「개선 행진과 개선문」(『바르부르크 문고 강연』, 5권, 라<이프>치<히>, 1928년, 168페이지).　　　　　　　　　　　　　　　　　　　　[C 7a, 2]

통과의례로서의 개선문의 통과 행진. "좁은 문을 웅성거리며 통과하는 군단의 통과 행진은 재생이라는 의미가 담겨 있는 '좁은 틈을 빠져나가는 행위'와 비교되어왔다." 페르디난트 노아크, 「개선 행진과 개선문」(『바르부르크 문고 강연』, 5권, 라<이프>치<히>, 1928년, 153페이지).　　　　　　　　　　　　　　　　　　　[C 7a, 3]

파리의 몰락에 대한 온갖 공상은 공업 기술이 받아들여지지 않았다는 것을 보여주는 징후이다. 그러한 공상은 대도시의 등장과 함께 이들 대도시를 완전하게 파괴해버릴 수 있는 수단 또한 발달했다는 우울한 의식의 존재를 증명해준다.　　　　　　[C 7a, 4]

노아크는 이렇게 말하고 있다. "스키피오 문은 가로 위가 아니라 가로를 마주 보고 — *adversus viam, qua in Capitolium ascenditur*|카피톨 언덕까지 올라가는 가로와 마주 보고| — 서 있었다. ……이로부터 이들 건조물들이 어떠한 실용적인 의미도 갖지 않은 순수한 기념 건조물적인 성격을 가진 것이라는 점이 분명해진다." 다른 한편 이들 건조물들이 가진 제의적인 의미는 이것들이 외따로 떨어진 채 특별한 행사 때나 사용되었던 것을 통해 분명하게 드러난다. "이후 …… 개선문이 세워진 많은 장소, 즉 가로의 입구와 출구, 다리 옆이나 다리 위, 공공 광장의 입구, 도시의 경계 등 어디

에서나 …… 로마인들에게는 경계나 문턱과 마찬가지로 그것을 성스러운 것으로 이해하려는 경향이 강력하게 나타났다." 페르디난트 노아크, 「개선 행진과 개선문」(『바르부르크 문고 강연』, 5권, 라<이프>치<히>, 1928년, 162페이지와 169페이지). [C 8, 1]

자전거에 대해. "실제로 언젠가 한 시인은 목하 유행 중인 이 신식 탈것을 두고 묵시론의 말馬이라고 부르기도 했지만 이것의 진정한 중요성을 오인해서는 안 된다."『륄르스트라시옹』, 1869년 6월 12일자, 『방드르디』, 1938년 10월 9일자에서 인용(루이 세로네, 「노인들의 코너」). [C 8, 2]

경마장을 전소시킨 화재에 대해. "근처 구역의 말하기 좋아하는 여자들은 이러한 재난이 발생한 것은 여자들이 감히 자전거를 타는 불경스런 모습에 하늘이 노했기 때문이라고 수군거렸다."『르골와』, 1869년 10월 2(?3?)일자, 『방드르디』, 1936년 10월 9일자에서 인용(루이 세로네, 「노인들의 코너」). 경마장에서는 여성들의 자전거 경주가 열렸다. [C 8, 3]

카이유아는『파리의 비밀』이나 그와 비슷한 작품을 설명하기 위해 암흑 소설roman noir, 무엇보다『우돌프 성의 비밀』을 언급하는데, 특히 '지하 저장고와 지하도의 압도적인 중요성' 때문이었다. 로제 카이유아, 「파리 ― 현대의 신화」(NRF, 25권 284호, 1937년 5월 1일, 686페이지). [C 8, 4]

"네슬Nesle 탑에서 …… 이수아르 묘지까지 좌안 전체가 …… 위에서 아래로 내려가는 뚜껑문에 불과하다. 그리고 만약 현대의 폐허들이 파리의 표면의 비밀을 폭로한다면 아마 언젠가 좌안 주민들은 지하의 비밀을 발견하고 오싹한 기분으로 잠에서 깨어날 것이다." 알렉상드르 뒤마, 『파리의 모히칸족』, 3권, 파리, 1863년.

[C 8, 5]

"블랑키의 이러한 지성, …… 이러한 침묵 전술, 카타콤베의 이러한 정략은 잘 알지 못하는 집에서 돌연히 지하로 내려가는 계단 …… 이 입을 벌리고 있는 것을 눈앞에서 보기라도 하듯 종종 바르베스를 주저하게 만들었음에 틀림없다." 귀스타브 조프루아, 『유폐자』, 1권, 파리, 1926년, 72페이지.

[C 8, 6]

메사크가 비도크의 『회상록』, 45장에서 인용한 내용(<『'탐정 소설'과 과학적 사고의 영향』, 파리, 1929년>, 419페이지). "파리는 지구상의 한 점에 불과하다. 하지만 이 점은 하수구이다. 이 점으로 모든 하수가 흘러든다."

[C 8a, 1]

5일마다 발간되는 문예 비평지 『르 파노라마』 최종호(1권 3호, 1840년 2월 25일)의 「해결 곤란한 문제」란에는 이렇게 쓰여 있다. "우주는 내일 끝날 것인가? 아니면 영원히 지속되다가 우리 행성의 종말을 보게 될 것인가? 아니면 명예롭게도 우리를 태우고 있는 이 행성은 다른 모든 세계들보다 더 오래 살아남을 것인가?" 문학잡지에서 이런 식으로 쓸 수 있다는 것이 참으로 독특하다(게다가 이미 1호의 「독자들에게」에서 『르 파노라마』를 창간한 것은 돈을 벌기 위해서라고 고백한 바 있다). 창간자는 보드빌 작가인 이폴리트 뤼카였다.

"근면한 양치기인 성녀는

매일 밤 무리를 모조리 우리로 되돌려보냈다.

세계와 파리가 계약을 종료하게 되면

분명한 발걸음과 가벼운 손으로

마지막 뜰과 마지막 정문을 지나

지하실과 접문을 지나

무리 전체를 주님 아버지의 오른쪽으로 데려가기를."

샤를 페기,『생-즈느비에브의 타피스트리』, 마르셀 레이몽,『보들
레르에서 초현실주의까지』, 파리, 1933년, 219페이지에서 인용.

[C 8a, 3]

코뮌 동안 수도원과 성직자들에 대해 표명된 혐의들. "심지어 픽
퓌스 가에서 일어난 사건을 훨씬 뛰어넘어 생-로랑의 지하 묘지까
지 민중의 열정을 자극하는 데 동원되었다. 신문의 말鰦에 이미지
를 이용한 광고가 추가되었다. 에티엔 카르자는 '전구의 도움을
빌려' 해골을 촬영했다. …… 픽퓌스가 발굴되고 이어 생-로랑 성
당이 발굴된 후 며칠인가의 간격을 두고 성모승천 수도원과 노트
르담-데-빅투아르 성당이 발굴되었다. 광기의 바람이 수도에 불
어 닥쳤다. 도처에서 사람들은 지하 묘지와 해골을 보게 될 것이라
고 생각했다." 조르주 라론즈,『1871년 코뮌의 역사』, 파리, 1928
년, 370페이지.   [C 8a, 4]

1871년<:> "민중의 상상력은 얼마든지 자유롭게 흘러나올 수 있

었다. 조금도 주저하지 않았다. 당시 의표를 찌르는 수단으로 유행하고 있던 지하도를 찾아내고 싶다고 생각하지 않은 |코뮌파의| 대장은 하나도 없었다. 생-라자르 감옥에서는 예배당에서 아르장퇴유로 통해 있다는 지하 통로, 즉 센 강의 두 지류를 가로지르며 직선거리로 약 10킬로미터 정도나 계속되는 지하도를 찾아냈다. 생-쉴피스에서 이 지하도는 베르사유 성과 연결되어 있었다고 한다." 조르주 라롱즈, 『1871년 코뮌의 역사』, 파리, 1928년, 399페이지.

[C 8a, 5]

"사실 선사 시대에 물이 있던 곳은 반드시 인간이 차지해왔다. 물이 빠지고 나서 몇 세기가 흐른 후에는 비슷한 방법으로 인간이 넘쳐나기 시작했다. 물과 똑같은 방법으로 웅덩이로 퍼져나가고 똑같은 방향으로 흘러나갔다. 인간이 가장 넘쳐났던 곳 역시 생-메리, 탕플, 파리 시청, 레알, 이노상 묘지, 오페라 극장 근처 등 물이 가장 잘 안 빠지는 곳, 침윤과 지하수로 인해 끊임없이 물이 스며나오는 곳이었다. 인구가 가장 밀집되고 가장 활기찬 구역은 아직도 한때 늪지였던 곳 위에 있다." 쥘 로맹, 『선의의 사람들』, 1권, 『10월 6일』, 파리, <1932년>, 191페이지.   [C 9, 1]

보들레르와 묘지. "집들의 높은 벽 뒤에서 몽마르트르와 메닐몽탕, 몽파르나스를 향해 가면서 그는 황혼녘에 도시의 묘지들을 떠올린다. 대도시 안에 있는 이 세 개의 다른 도시를. — 이 세 도시를 품고 있는 살아 있는 자들의 도시보다 작아 보이지만 실제로는 지하에 단으로 층층이 쌓아 올린 채 칸칸이 밀집해 있는 이곳이 훨씬 더 널찍하고 인구도 훨씬 더 많다. 그리고 오늘날 군중이 돌아다니고 있는 똑같은 장소들에서도, 예를 들어 이노상 공원 같은 곳에서도 그는 고대의 납골당을, 이제는 다 무너지거나 사라져버린 납골당을, 배에 타고 있던 모든 승무원과 함께 침몰한 배처럼 모든 죽은 자들과 함께 시간의 파도에 삼켜져버린 납골당을 떠올린다." 프랑수아 포르셰, 『샤를 보들레르의 고뇌에 찬 생애』('위인의 로망 총서', 6권), 파리, 1926년, 186/187페이지.   [C 9, 2]

송가인 「개선문에 바친다」와 유사한 부분. 이 시는 인류에게 호소하고 있다.
> "모든 사건이 동시에 외친다.
> 기념 건조물로 가득한 바벨인 너희 도시,
> 너희는 얼마나 견고한가? 아치, 탑, 피라미드들 모두 말이다.
> 어느 날 아침 샐비어와 백리향 위에 떨어진 이슬방울과 함께
> 새벽의 습한 광선이 그것들을 용해시킨다 해도 나는 놀라지 않으리.
> 그리고 너의 멋진 고층 건물들도 모두
> 결국에는 돌과 잡초 덩어리로 끝날 뿐
> 그리고 거기서는 햇빛 속에 영악한 독사가 쉿쉿 소리를 낼 뿐."

빅토르 위고, 『사탄의 최후: 신』, 파리, 1911년(「신-천사」), 475/476페이지.   [C 9, 3]

사크레 쾨르 사원에서 바라본 파리의 광경에 대해 레옹 도데는 이렇게 말한다. "이처럼 높은 곳에서 궁전, 기념 건조물, 집들 그리고 초라한 누옥의 무리를 볼 수 있는데, 그것들은 어떤 기상 이변이나

아니면 사회적 격변이 한 번 혹은 여러 번 있을 것으로 예상하고 한 군데 모여 있는 것처럼 보인다. …… 높은 곳에 있는 성당(상쾌하지만 매서운 바람은 나의 정신과 신경을 후려친다)의 애호가인 나는 푸르비에르 언덕에서 리옹의 거리들을 내려다보고, 노트르담 드 라 가르드 성당에서 마르세유 거리를 내려다보고, 사크레 쾨르 사원에서 파리의 거리를 내려다보며 몇 시간씩 보내곤 했다. …… 그러면 어떠한가! 그렇다. 그러다가 어느 순간 나는 내 안에서 경종 같은 것, 기묘한 경고 같은 것을 듣게 되었으며 이들 세 위대한 도시가 …… 낙뢰로 모두 불타버린 숲처럼 물과 불에 의한 황폐화, 대학살, 불시의 해체의 위험에 노출되어 있는 것이 보였다. 또 어떤 때는 이들 도시가 불가해한 지하의 악에 침식되어 기념 건조물이나 여러 구역들, 고귀한 집들이 모여 있는 구역들이 붕괴되는 것이 보였다. …… 이처럼 높은 곳에 있는 일종의 갑岬에서 가장 잘 보이는 것은 위협의 존재이다. 인구 밀집은 위협이며, 거대한 노역도 위협이다. 인간이 노동에 대해 욕구를 갖고 있다는 것은 잘 알려진 사실이지만 다른 욕구도 있기 때문이다. …… 인간은 혼자 있거나 집단을 이루려는 욕구, 소리 지르거나, 반항하거나, 온순해지거나, 복종하거나 하고 싶어하는 욕구를 갖고 있다. …… 마지막으로 자살에 대한 욕구가 인간의 내부에 존재하며, 인간이 형성하는 사회에서도 이 욕구는 소위 자기 보존 본능보다 강하다. 따라서 파리나 리옹이나 마르세유의 거리를 사크레 쾨르나 푸르비에르 언덕이나 노트르담 드 라 가르드 성당 위에서 볼 때 사람들이 놀라게 되는 것은 파리, 리옹, 마르세유가 모두 지금까지 존속해왔다는 점이다." 레옹 도데, 『체험으로 겪은 파리』, 1권, 『우안』, 파리, 1930년, 220/221페이지.   [C 9a, 1]

"우리는 폴리비우스 이래 고대의 유명한 도시에 대해 고대로부터 면면히 내려오는 기술記述을 갖고 있다. 길게 늘어서 있는 텅 빈 집들은 서서히 붕괴되어갔으며, 광장이나 체육관에서는 가축이 무리를 지어 풀을 뜯고, 밭으로 변해버린 원형극장에는 이곳저곳에 입상이나 헤르메스 기둥이 모습을 보이고 있다는 식의 기술을 말이다. 5세기에 로마는 한 개 마을 정도의 인구밖에 없었으나 황제들의 궁전은 아직도 사람이 살 만했다." 오스발트 슈펭글러, 『서구의 몰락』, 2권, 1부, 파리, 1933년, 151페이지.   [C 9a, 2]

D

[권태, 영겁회귀]

"태양은 모든 꿈을 삼켜버리려 하는가,
나의 쾌락의 정원의 창백한 아이들을?
하루하루가 너무 고요하고 강렬해져갔다.
충만감으로 나를 유혹하는 흐린 하늘의 환상들.
구원받지 못할지도 모른다는 불안감이 나를 덮친다.
마치 내가 신을 심판하러 가듯."

야콥 반 호디스[1]

"권태가 죽음을 기다리고 있다."

요한 페터 헤벨[2]

"기다리는 것, 그것이 인생이다."

빅토르 위고[3]

아이가 엄마와 함께 파노라마를 보고 있다. 파노라마는 스당 전투를 보여주고 있다. 아이에게는 모든 것이 멋지게만 보인다. "하늘이 너무 흐리지만 않았으면 딱인데." ― "전쟁 때 날씨는 원래 그렇단다"라고 어머니가 대답한다. ■디오라마들■

이처럼 파노라마들 또한 근본적으로는 이러한 안개의 세계에 휩싸여 있으며, 파노라마의 이미지들의 빛은 마치 비의 장막을 뚫고 들어오듯이 안으로 뚫고 들어온다. [D 1, 1]

"[보들레르의] 이 파리는 베를렌의 파리와는 상당히 다르다. 그런데 베를렌의 파리 자체가 이미 상당히 변했다. 앞의 파리는 흐리고 금 방이라도 비가 내릴 것 같은 날씨로, 위에 리옹의 이미지가 겹쳐진 듯한 파리이다. 뒤의 파리는 라파엘로의 파스텔화처럼 희끄무레하 고 어스레하다. 한쪽은 숨이 막힐 것 같고, 다른 한쪽은 상쾌한 바 람이 불어오고 빈터에는 새로운 건물이 곳곳에 세워져 있으며 멀 지 않은 곳에는 시든 나뭇가지로 덮여 있는 정자로 들어가는 문이 보인다." 프랑수아 포르셰, 『샤를 보들레르의 고뇌에 찬 생애』, 파 리, 1926년, 119페이지.   [D 1, 2]

우주의 힘들이 공허하고 유약한 인간들에게는 오직 마취 효과만 미친다는 것은 그러한 인간이 우주의 힘들이 최고로, 가장 온화하 게 나타나는 현상 중의 하나, 즉 날씨와 맺고 있는 관계를 보면 잘 알 수 있다. 날씨가 인간에게 미치는 이처럼 극히 내적이고 비밀스 러운 영향이 극히 공허한 수다의 주제가 되고 마는 것보다 더 독특 한 현상도 없을 것이다. 보통 사람들에게는 우주보다 더 지루한 것 은 없다. 그렇기 때문에 그에게서 날씨와 권태는 극히 내밀하게 연 결되어 있다. 어느 날 아침 눈을 떴을 때 비가 내리고 있다는 이유로 권총으로 자살했다는 영국의 한 우울증 환자 이야기는 이러한 태도 의 아이러니컬한 극복을 너무나 잘 보여준다. 아니면 괴테. 기상학 연구를 통해 어찌나 날씨를 해명하는 방법을 꿰뚫고 있었는지 그가 이러한 작업을 수행한 것은 이런 식으로 날씨까지도 활발한, 창조 적인 삶에 통합시키기 위해서였다고 말하고 싶은 유혹을 느낄 정도 이다.   [D 1, 3]

『파리의 우울』의 시인으로서의 보들레르. "이 시의 본질적 특징 중의 하나는 실제로 안개 속의 권태감, 권태와 다른 것을 덮고 있는 안개(도시의 안개)이다. 한마디로, 우울이 그것이다." 프랑수아 포르셰, 『샤를 보들레르의 고뇌에 찬 생애』, 파리, 1926년, 184페이지.
[D 1, 4]

에밀 타르디외는 1903년 파리에서 『권태』라는 책을 출간했는데, 이 책에서 그는 인간의 모든 행동은 권태에서 벗어나려는 무모한 시도이지만 동시에 과거, 현재, 미래의 모든 것은 바로 이러한 감정의 마르지 않는 양분인 것으로 증명된다고 주장했다. 이 말을 듣다 보면 마치 어떤 거대한 문학적 기념비, 로마인들의 권태감 *taedium vitae*을 칭송하는 영원의 *aere perennius* 기념비를 <눈앞에서 보고 있는 듯한> 느낌이 든다. 그러나 그것은 단지 새로운 오메[4]의 자기 도취적이고 쩨쩨한 잘난 체 이외의 아무것도 아닌 것으로, 그는 모든 위대한 것, 즉 영웅들의 영웅주의나 성인들의 금욕주의를 기발한 발상이라고는 찾아볼 수 없는 속물적인 불만을 정당화하기 위한 논거로 사용하고 있다.
[D 1, 5]

"밀라노 공국과 나폴리 왕국에 대한 프랑스 왕조의 권리를 주장하기 위해 이탈리아 원정에 나섰던 프랑스인들은 혹서酷暑와 싸우기 위해 여러 가지를 궁리해낸 이탈리아인들의 재능에 감탄하고 돌아왔다. 산책용 복도galerie에 감탄한 그들은 바로 모방에 들어갔다. 파리의 기후는 비가 많기 때문에 사방이 진창을 이루는 것으로 유명한데, 그리하여 과거의 경이로운 열주列柱를 만들 생각을 하게 되었다. 그리하여 한참 시간이 지난 후에 플라스 루아얄이 만들어졌다. 얼마나 기이한 건물인가? 같은 이유에서 나폴레옹 시대에 리볼리 가, 카스틸리오네 가 그리고 유명한 콜론 가가 만들어졌다." 터번 또한 이런 식으로 이집트에서 건너왔다<.>『파리의 악마』, 파리, 1845년, 2권, 11/12페이지(발자크, 「파리에서 사라진 것」).

앞에서 언급한 전쟁과 나폴레옹의 이탈리아 원정은 몇 년이나 떨어져 있을까? 콜론 가는 어디 있었을까?[5]   [D 1, 6]

"소나기는 수많은 모험을 탄생시켜왔다."[6] 점점 감소하고 있는 비의 마술적인 힘. 우비.   [D 1, 7]

비는 먼지 형태로 아케이드에 복수한다. — 루이-필립 치하에서는 혁명들 위에조차 먼지가 쌓였다. 젊은 오를레앙 공이 "멕클렌부르크 공주와 결혼식을 올렸을 때 대대적인 축하연이 열렸던 곳은 혁명[7]의 최초의 징후가 나타난 바로 그 유명한 무도장이었다. 젊은 신혼부부의 결혼 축하연을 위해 이 홀을 청소하게 되었을 때 이곳은 혁명 당시의 모습 그대로 남아 있었다. 바닥에는 근위병들이 연회를 벌인 흔적, 즉 타다 남은 초, 깨진 유리잔, 샴페인의 코르크 마개, 짓밟힌 근위병 연대의 모장帽章, 그리고 플랑드르 연대 장교들의 연회용 어깨띠 등이 그대로 여기저기 흩어져 있었다." 칼 구츠코브, 『파리에서 온 편지』, 라이프치히, 1842년, 2권, 87페이지. 역사적 장면이 판옵티콘의 요소가 된다. ■디오라마■먼지와 질식당한 원근법■   [D 1a, 1]

"그는 그랑주-바틀리에 가는 특히 먼지가 많고, 레오뮈르 가는 끔찍할 정도로 지저분하다고 변명했다." 루이 아라공, 『파리의 농부』, 파리, 1926년, 88페이지.   [D 1a, 2]

집진기로서의 플러시 천. 햇빛 속을 떠도는 먼지들의 비밀. 먼지
와 '객실.' "1840년 직후 바로 터질 듯이 쿠션을 집어넣은 프랑스제
가구가 나타났으며, 이와 함께 커버를 씌우는 양식이 배타적인 지
배권을 행사하게 되었다." 막스 폰 뵌, 『19세기의 패션』, 2권, 뮌헨,
1907년, 131페이지. 먼지를 일으키는 그 밖의 다른 것으로는 길게
끌리는 옷자락Schleppe이 있다. "최근 이와 동시에 말 그대로 치렁
치렁한 옷자락³⁾이 다시 유행하고 있다. 그러나 성가시게 길거리를
쓸고 다니지 않도록 하기 위해 어디를 갈 때는 후크와 끈으로 옷자
락을 묶어 올려 입고 있다." 프리드리히 테오도르 피셔, 『패션과 시
니시즘』, 슈투트가르트, 1879년, 12페이지. ■먼지와 질식당한 원근
법■   [D 1a, 3]

파사주 드 로페라에 있는 갈레리 뒤 테르모메트르와 갈레리 뒤 바
로메트르.⁹⁾   [D 1a, 4]

40년대의 한 문예란 집필자는 한번은 파리의 날씨를 화제로 다루
면서 코르네유는 별에 대해(『르 시드』에서), 라신은 '태양'에 대해
단 한 번밖에 쓰지 않았다고 확인해주면서 별과 꽃은 미국에서 최
초로 샤토브리앙에 의해 문학의 소재로 발견되었으며 나중에 파리
로 이식되었다고 주장하고 있다(빅토르 메리, 「파리의 기후」, 『파리의
악마』, <1권, 파리, 1845년, 245페이지>).   [D 1a, 5]

몇 개의 외설스런 그림에 대해. "국민 위병의 국왕|루이-필립| 시

대에 걸맞은 발명 ─ 부채가 아니라 우산이 그것이다. 사랑의 환상을 나누기에 딱 맞는 우산! 남의 눈에 띄지 않게 가려주는 우산. 로뱅송 섬의 덮개이자 지붕이다." 존 그랑-카르테레, 『어깨를 드러낸 선과 걷어 올린 옷자락』, 파리, <1910년>, 2권, 56페이지.

[D 1a, 6]

"여기에서만" ─ 키리코는 이렇게 말한 적이 있다 ─ "그림을 그릴 수 있다. 거리들은 참으로 다양한 명암의 회색빛을 띠고 있다……."

[D 1a, 7]

파리의 분위기를 접했다면 카뤼스[10]는 시로코[11]가 불 때의 나폴리 해안의 광경을 떠올렸을 것이다.

[D 1a, 8]

도시의 비 오는 날씨는 사람을 꼼짝 못하게 사로잡아 어린 유년 시절을 꿈꾸게 하는 매력이 있지만 대도시에서 자란 아이들만이 이를 이해할 수 있을 것이다. 비는 사방의 모든 것을 점점 더 흐릿하게 보이도록 만들며, 낮을 회색빛으로 만들 뿐만 아니라 모든 것을 동일하게 만든다. 이런 날에는 아침부터 밤까지 똑같은 일을 할 수 있다. 예를 들어 체스를 두거나 책을 읽거나 논쟁을 벌이거나 하는 일 등을 말이다. 하지만 햇빛은 이와 정반대로 시간에 음영을 가하고 몽상가의 마음을 불편하게 만든다. 따라서 몽상가는 무슨 수를 써서라도 햇빛이 강한 날은 피해야 한다. 무엇보다 빈둥거리는 게으름뱅이나 항구를 어슬렁거리는 사람이나 부랑자처럼 아침 일찍 일어나야 한다. 태양보다 먼저 제자리에 나가 있어야 하기 때문이다. 독일 출신으로는 유일하게 진짜 데카당스인 페르디난트 하르데코프[12]는 몇 년 전 에미 헤닝스[13]에게 보낸 「축복받은 아침을 위한 송가」에서 몽상가에게 햇빛이 내리비치는 날을 지내기 위한 최고의 방어책을 전수해주고 있다.   [D 1a, 9]

"피로 젖게 되면서 비로소 이 먼지poussiére[14]는 딱딱해진 것 같은 외양을 띠게 되었다." 루이 뵈이요, 『파리의 향기』, 파리, 1914년, 12페이지.   [D 1a, 10]

유럽의 다른 도시들도 주랑柱廊을 도시의 풍경 속에 도입하고 있다. 베를린은 도시의 문들을 통해 이 양식을 표준적인 것으로 만들고 있다. 특히 주목할 만한 것은 할레 문으로 나는 지금도 |할레 문이 있는| 벨-알리앙스 플라츠의 밤 풍경이 그려져 있는 푸른색 그림엽서를 잊을 수 없다. 투명 엽서로서 빛에 비추어 보면 이 광장에 면해 있는 창문들이 일제히 하늘에 걸려 있는 보름달과 똑같은 빛으로 밝게 빛났었다.   [D 2, 1]

"새로운 파리의 신축 건물들은 온갖 양식을 부활시키고 있다. 그렇다고 전체적으로 일정한 통일성이 결여되어 있는 것은 아니다. 왜냐하면 이들 양식은 모두 지루한 유형의 양식, 특히 지루한 것 중에서도 가장 지루한 양식, 즉 과장하고 일렬로 나열하는 양식을 따르고 있기 때문이다. **정렬! 차렷!** 이 도시의 암피온[15]은 상등병인 것 같다. ……/호화로운 거대한 건물들이 삐죽삐죽 들어서 있다. 너무나 보기 싫은 건물들이다. 그는 다른 건물도 세우지만 정말 꼴도 보기 싫을 정도이다. 이것들도 지루하다./이 거대한 거리들, 이 거대한 강변 도로, 이 거대한 건물이나 하수로들, 서툰 묘사 또는 서툰 꿈에서 태어난 이들의 표정은 정확히 뭐라고 할 수는 없지만 왠지 불법으로 돈을 모은 벼락부자의 모습을 암시하고 있다. 이들은 권태를 발산시키고 있다." 뵈이요, 『파리의 향기』, <파리, 1914년>, 9페이지. ■오스만■   [D 2, 2]

펠레탕은 주식 시장의 제왕인 한 억만장자를 방문했던 일을 이렇게 묘사하고 있다. "내가 저택의 정원에 들어갔을 때 빨간 조끼를 입은 한 무리의 마부들이 6마리의 영국산 말에게 빗질하는 일에 몰두해 있었다. 커다란 황금 샹들리에가 걸려 있는 대리석 계단을 올라가자, 하얀 넥타이에 장딴지가 둥글게 부푼 옷을 입은 하인이 현관 앞에 서 있다가 나를 맞았다. 그는 천장이 유리로 덮인 커다란 갤러리로 나를 안내해주었는데, 이 갤러리의 벽은 사방이 동백꽃과 그 밖의 다른 온실 식물로 장식되어 있었다. 약간의 권태감이 은근히 공기 중을 떠돌고 있었다. 첫 발을 내디뎠을 때 아편 냄새 비슷한 것이 코를 스쳐갔다. 그런 다음에는 양쪽의 홰에 온갖 나라의 앵무새들이 앉아 있는 사이를 걸어갔다. 빨강, 파랑, 녹색, 회색, 황색, 흰색 앵무새 등 없는 것이 없었다. 하지만 이들 모두 향수병을 앓고 있는 것처럼 보였다. 갤러리 저쪽에는 르네상스풍의 벽난로를 마주 보고 작은 책상이 하나 놓여 있었다. 마침 이곳 주인의 아침식사 시간이었다. …… 15분 정도 기다리니 감사하게도 그가 모습을 나타냈다. …… 몽롱한 얼굴에 연신 하품을 해대는 품이 금방이라도 꾸벅꾸벅 졸 것만 같은 모습이었다. 그는 몽유병에 걸린 사람처럼 걸었다. 그의 피로감은 이 대저택의 벽에까지 전달되었다. 앵무새들은 멍하니 떠도는 그의 생각들인 듯, 즉 그의 생각이 구체화되어 홰 위에 고정되어 있는 듯했다. ……" ■실내■ 로덴베르크,

『햇빛과 등불 아래의 파리』, <라이프치히, 1867년>, 104/105페이지.
[D 2, 3]

루즈몽과 장티는 바리에테 극장에서 「프랑스의 연회 또는 축소된 파리」를 상연했다. 나폴레옹 1세와 마리 루이즈의 결혼을 다룬 이 야기로, 도중에 앞으로 열 축하연이 화제에 올랐다. "하지만" ─ 등장인물 중의 하나가 말한다 ─ "아직 날씨가 어떨지 모르겠어 요." 대답 ─ "친구여, 걱정 말아요. 그날은 우리 군주가 고르신 날 이에요." 그런 다음 그는 이렇게 시작되는 노래를 부르기 시작한 다.

> "황제의 날카로운 눈빛은 언제나
> 미래를 꿰뚫어 본다는 것을 우리는 아네.
> 맑은 날씨가 필요할 때
> 우리는 황제의 별을 바라본다네."

테오도르 뮈레, 『연극을 통해 본 역사 1789~1851년』, 파리, 1865 년, 1권, 262페이지에서 인용.
[D 2, 4]

"권태라고 불리는 이 요설스럽고 단조로운 슬픔." 루이 뵈이요, 『파리의 향기』, 파리, 1914년, 177페이지.
[D 2, 5]

"정장이라면 어느 것에나 고귀한 기품을 뽐내기 위한 액세서리가 몇 개 달려 있는데, 모두 말할 수 없이 비싸다. 바로 못쓰게 되며, 특히 비가 오기만 하면 사용할 수 없게 되기 때문이다." 중산모의 경우가 그렇다. ■패션■ F. Th. 피셔, 「오늘날의 패션에 관한 분별 있는 견해」, <『비평의 길』, 신판 3권, 슈투트가르트, 1861년>, 124

페이지.   [D 2, 6]

무엇을 기다리고 있는지를 모를 때 권태를 느낀다. 무엇을 기다리는지 알거나 혹은 알고 있다고 믿는 것은 거의 언제나 천박함이나 산만함의 표현에 다름 아니다. 권태는 위대한 행위로 나아가기 위한 문턱이다. ― 이런 의미에서 권태의 변증법적 대립물이 무엇인지 아는 것은 중요할 것이다.   [D 2, 7]

우스꽝스럽기 짝이 없는 에밀 타르디외의 책, 『권태』(파리, 1903년). 이 책의 주요 명제는 이렇다. 인생에는 목적도 근거도 없으며, 행복이나 조화로운 상태를 추구하는 것은 모두 헛되다는 것이 그것이다. 권태를 불러오는 원인으로 추정되는 여러 가지 사정 중에는 기후도 들어 있다. ― 이 책을 일종의 20세기의 기도서로 부를 수 있을 것이다.   [D 2, 8]

권태란 안쪽에 극히 화려하고 다채로운 색깔의 비단으로 안감을 댄 따뜻한 잿빛 천과 같은 것이다. 꿈을 꿀 때 우리는 이 천으로 우리를 둘러싼다. 그러면 이 안감의 아라베스크 문양 속에서 편안하게 있을 수 있는 것이다. 그러나 이 천에 싸여 잠자고 있는 사람은 밖에서 볼 때는 잿빛 권태를 느끼고 있는 것처럼 보인다. 나중에 잠에서 깨어 꿈꾸었던 것을 이야기할라치면 그의 이야기에서는 대부분 이러한 권태밖에 들리지 않는다. 그도 그럴 것이 과연 누가 단번에 시간의 안감을 겉감으로 바꾸어놓을 수 있겠는가? 그러나 꿈에 대해 이야기하는 것은 바로 그러한 것을 하는 것을 의미한다. 그리고 아케이드도, 즉 태아가 자궁 속에서 동물들의 삶을 다시 한 번 살

듯이 안에서 우리가 부모와 조부모들의 삶을 다시 한 번 꿈처럼 살게 해주는 이 건축물도 이와 다른 방식으로 다룰 수는 없을 것이다. 이러한 공간들 속에서의 삶은 꿈속에서 벌어지는 사건들처럼 어떤 악센트도 없이 흘러간다. 산책이야말로 이러한 선잠|반半수면| 상태의 리듬이다. 1839년 파리에서는 거북이가 크게 유행했다. 세련된 무리들에게는 불르바르보다 아케이드에서 이 생물이 기어가는 속도를 흉내 내기가 훨씬 더 쉬웠으리라는 것은 충분히 상상하고도 남을 것이다. ■산책자■   [D 2a, 1]

권태는 항상 무의식적 사건들의 외면이다. 이 때문에 권태는 위대한 댄디들에게는 숭고한 것으로 보였다. 장식과 권태.   [D 2a, 2]

프랑스어에서 "temps"이 가진 이중적 의미에 대해.[16]   [D 2a, 3]

상층 계급의 이데올로기인 권태의 경제적 하부구조를 이루는 공장 노동. "해도 해도 똑같은 기계적인 공정이 언제까지나 끝나지 않고 계속되는 고된 노동의 음울한 단조로움은 시시포스의 노동과 비슷하다. 노동의 괴로움은 피곤에 지친 노동자 위에 시시포스의 바위처럼 언제나 다시 떨어진다." 프리드리히 엥겔스, 『영국 노동자 계급의 상태』, <2판, 라이프치히, 1848년>, 217페이지(마르크스, 『자본』, 함부르크, 1922년, 1권, 388페이지에서 인용).   [D 2a, 4]

'현재의 본질 자체 속에는' '고치기 힘든 불완전성'(지드의 오마주 속에 인용되어 있는 『즐거움과 나날들』을 참조[17])이 있다는 느낌이야말로 어쩌면 프루스트가 상류 사회의 사교계를 가장 깊숙한 곳에 이르기까지 알고 싶어했던 주된 동기일지도 모른다. 아니 그것은 모든 인간이 사교를 위해 모여드는 근본적인 동기일지도 모른다.
[D 2a, 5]

살롱에 관해. "모든 얼굴에 어김없이 권태의 그림자가 나타나 있다. 대화는 일반적으로 드물고 찬찬하고 무겁다. 춤을 추는 것은 대부분의 사람들에게는 일종의 고역으로 간주되고 있는데, 그런 자리에서는 춤을 추어야 예의에 어긋나지 않기 때문에 이에 따르지 않으면 안 된다." 이어 이렇게 주장한다. "아마 유럽 모든 도시의 사교계 가운데 파리의 살롱에서만큼 만족해하고, 쾌활하고 생동감 넘치는 표정을 찾아보기 힘든 곳도 없을 것이다. …… 또한 여기서만큼 견딜 수 없는 권태를 한탄하는 소리를 더 많이 들을 수 있는 곳도 없을 것이다. — 게다가 권태를 한탄하는 것이 유행하고 있기 때문이지만 동시에 그렇게 확신하고 있기 때문에 그러한 곳은 더더구나 없을 것이다.""그에 따른 당연한 결과로 사교계의 분위기는 정적과 침묵이 지배하고 있다. 이러한 것은 다른 대도시의 좀더 규모가 큰 사교계에서라면 오히려 예외적인 것이었을 것이다." 페르디난트 폰 갈, 『파리와 파리의 살롱들』, 올덴부르크, 1844년, 1권, 151~153페이지 그리고 158페이지. [D 2a, 6]

아래 문장이 주는 인상에서 출발해 아파트 안의 추시계에 대해 숙고해볼 것. "어떤 경쾌한 느낌, 서둘러 흘러가는 시간을 무심하게, 태평하게 바라보는 시선, 너무도 빨리 지나가는 시간을 무심하게 보내버리는 것 — 이러한 속성들은 겉을 중시하는 살롱의 삶과 너무나 잘 어울린다." 페르디난트 폰 갈, 『파리와 파리의 살롱들』, 2권,

올덴부르크, 1844년, 171페이지.　　　　　　　　　　[D 2a, 7]

　　역사적 장면을 그린 그림들에 들어 있는 의식儀式적인 장면들 속에서 찾아볼 수 있는 권태감, 모든 것이 사방에 자욱한 포연 속에 싸여 있는 전쟁화 속의 달콤한 무위 *dolce far niente*. 에피날 판화의 이미지들부터 마네의 「멕시코의 막시밀리앙 황제의 처형」에 이르기까지 언제나 똑같은, 하지만 언제나 새로운 신기루, 연무. 바로 여기서, 꿈을 꾸는 듯 정신 나간 예술 애호가 앞에 모그레비<?> 또는 정령이 병의 주둥아리에서 갑자기 솟아오르는 것이다.[18] ■꿈의 집, 미술관■　　　　　　　　　　　　　　　　　　　　　　[D 2a, 8]

　　카페 드 라 레장스의 체스꾼. "그곳에는 체스 판에 등을 돌리고 게임을 하는 고수들이 몇 명 있었다. 상대방이 무슨 말을 만졌는지만 들어도 금방 장군을 부를 수 있었다." 『파리의 카페의 역사』, 파리, 1857년, 87페이지.　　　　　　　　　　　　　　　[D 2a, 9]

　　"즉 고전기의 도시 건축은 명작을 탄생시킨 후 철학자나 체계를 조작하는 무리의 시대가 도래하면서 불모의 상태에 빠진다. 18세기 말에 무수히 많은 프로젝트가 등장한다. |혁명기의| **예술가 위원회**는 그것들을 일군의 원리에 맞추어 정리했는데, 제1제정은 창조적인 독창성 없이 그것을 그대로 차용했다. 그리하여 유연하고 생동감 넘치는 고전기의 |건축| 양식에 이어 체계적이고 경직된 유사 고전주의적인 양식이 나타나게 된다. …… 개선문은 루이 14세 문의 반복에 지나지 않으며 방돔의 기둥은 로마를 흉내 낸 것이며 마들렌 성당, 증권거래소와 팔레-부르봉은 고대 사원을 흉내

낸 것이다." 뤼시앙 뒤베크/피에르 데스프젤, 『파리의 역사』, 파리, 1926년, 345페이지. ■실내■   [D 3, 1]

"제1제정은 2세기 동안 지속된 고전주의로부터 개선문과 기념 건조물들을 흉내 냈다. 그런 다음 고전주의보다 훨씬 더 이전 시대의 모델을 끄집어내 놓고는 마치 새로운 발명이라도 한 것 같은 착각에 빠졌다. 제2제정은 르네상스 양식이나 고딕 양식, 폼페이 양식을 모방했다. 그런 다음 아무 양식도 없는 품위 없는 시대가 도래했다." 뒤베크/데스프젤, 『파리의 역사』, 파리, 1926년, 464페이지. ■실내■   [D 3, 2]

벵자맹 가스티노의 저서인 『철도 생활』을 위한 광고. "『철도 생활』은 매혹적인 산문시이다. 언제나 힘에 넘치고 소용돌이치는 현대의 삶의 서사시. 객차의 커튼 옆까지 피어오르는 선로의 먼지처럼 우리 앞을 스쳐 지나가는 웃음과 눈물의 파노라마." 벵자맹 가스티노, 『장밋빛 파리』, 파리, 1866년, 4페이지에서.   [D 3, 3]

시간을 내쫓는die Zeit vertreiben[19] 것이 아니라 자기 안으로 불러들여야 한다. 시간을 내쫓는(시간을 죽이고 물리치는) 자가 바로 도박꾼이다. 그의 전신에서 시간이 샘솟는다. — 마치 배터리가 에너지를 충전하듯이 시간을 충전하는 자, 이는 산책자이다. 마지막으로 세번째 유형. 그는 시간을 충전해 형태를 변형시킨 다음, 기다림이라는 형태로 다시 방출시킨다. 기다리는 자가 그이다.   [D 3, 4]

"파리가 기반하고 있는 신생대의 석회암층은 이내 먼지로 변하는

336

데, 이 먼지는 모든 석회 먼지가 그렇듯이 눈과 폐에 극심한 통증을 안겨준다. 약간의 비가 내리는 것만으로는 거의 도움이 되지 않는다. 아니, 전혀 도움이 되지 않는다. 왜냐하면 석회암은 이내 빗물을 빨아들이기 때문에 표면은 바로 건조한 상태로 되돌아가기 때문이다."게다가 파리 근교에서 잘라낸 무른 석회암들로 지어진 집들은 쓸쓸하고 음울한 회색빛을 띠고 있다. ― 황회색 기와 지붕은 해가 갈수록 검게 더럽혀져간다. ― 높고 폭이 넓은 굴뚝들은 공공 건물들을 추하게 만들고 …… 또한 구시가의 몇몇 지역에서는 건물들이 너무 밀집해 있는 바람에 반대쪽을 거의 볼 수 없을 정도이다." J. F. 벤첸베르크, 『파리 여행 서간』, 도르트문트, 1805년, 1권, 112페이지와 111페이지.   [D 3, 5]

"엥겔스는 언젠가 내게 마르크스에게 유물사관 이론의 경제 결정론이 처음으로 떠오른 것은 1848년 파리의 카페 드 라 레장스, 그러니까 1789년 혁명의 최초의 중심지 중의 하나였던 곳에서였다는 이야기를 들려준 적이 있다." 폴 라파르그, 「프리드리히 엥겔스에 대한 개인적 추억」, 『디 노이에 차이트』, 슈투트가르트, 1905년, 23권 2호, 558페이지.   [D 3, 6]

권태 ― 집단의 잠에 가담하고 있는 정도를 나타내는 지표. 그렇기 때문에 권태는 댄디들이 과시할 정도로 고상한 것일까? [D 3, 7]

1757년 파리에 카페는 아직 세 곳밖에 없었다.   [D 3a, 1]

제정기 회화의 규범. "새로운 예술가들은 '영웅적인 양식, 숭고

함' 밖에는 받아들이지 않았다. 그러나 숭고함은 '나체와 의복의 주름 장식'에 의해서밖에는 획득될 수 없었다. …… 화가들은 플루타르코스 또는 호메로스, 티투스-리비우스 혹은 베르길리우스의 문장 중에서 영감을 발견해야 했으며, 또한 다비드가 |제자인| 그로에게 충고했듯이 '누구나 알고 있는 것을 화제畵題'로 선택해야만 했다. …… 당대의 삶에서 취한 화제는 의상 때문에 '위대한 예술'에는 맞지 않았다." A. 말레/P. 그리예, 『19세기』, 파리, 1919년, 158페이지. ■패션■   [D 3a, 2]

"무언가를 관찰하는 사람에게 행복 있으라! 그에게 권태라는 말은 아무 의미도 없는 말이다." 빅토르 푸르넬, 『파리의 거리에서 볼 수 있는 것들』, 파리, 1858년, 271페이지.   [D 3a, 3]

권태는 1840년대에 유행병처럼 퍼져나가기 시작했다. 라마르틴이 처음으로 이러한 병명을 사용했다고 한다. 유명한 희극 배우 드뷔로를 다룬 짧막한 한 작품에서 이 병이 등장한다. 어느 날 파리의 저명한 신경과 의사에게 처음 보는 환자가 하나 찾아왔다. 환자는 시대의 질병, 즉 삶에 대한 의욕 상실, 심각한 의기소침, 권태감을 호소했다. 의사는 그를 자세히 진찰한 후 이렇게 말했다. "어디 특별히 안 좋은 데는 없습니다. 단지 마음을 좀 편하게 가지기만 하십시오. 기분전환도 할 겸 뭔가 해보시고요. 저녁 때 드뷔로를 보러 가면 어떻겠습니까? 그러면 인생이 달라 보일 겁니다." 그러자 환자가 대답했다. "아뇨, 선생님, 제가 바로 그 드뷔로입니다."   [D 3a, 4]

마르슈 경마장에서 돌아오는 길. "먼지는 생각보다 훨씬 심하게

338

일었다. 경마장에서 돌아오던 멋쟁이들은 거의 먼지를 뒤집어 써 어디 폼페이라도 갔다 오는 것은 아닌가 하는 생각이 들 정도였다. 먼지를 털어내려면 곡괭이까지는 아니라도 브러시라도 사용해야 할 판이었다." H. 드 펜, 『안에서 본 파리』, 파리, 1859년, 320페이지.　　　　　　　　　　　　　　　　　　　　　　　　[D 3a, 5]

"불르바르를 포장하기 위해 매캐덤 방식이 도입되었을 때 많은 풍자화가 그려졌다. 샴은 파리 사람들을 먼지 때문에 장님이 된 모습으로 그린 다음 …… 이러한 문구가 새겨진 조각상을 세우자고 제안했다. '매캐덤 씨에게 감사의 마음을 모아. 안과 의사와 안경점 일동.' 산책자들이 죽마를 타고 늪이나 수렁을 건너가는 모습을 그린 풍자화들도 있었다."『1848년 공화정 하의 파리』, '국립도서관과 역사기념건조물 사업국' 전에 즈음해서 발행, 1909년[포에트, 보르페르, 클루조, 앙리오], 25페이지.　　　　　　　　　　[D 3a, 6]

"영국만이 댄디즘을 만들어낼 수 있었다. 프랑스는 그에 상당하는 것을 만들어낼 수 없으며, 이와 마찬가지로 이웃나라인 영국도 우리나라의 …… 라이언족[20]에 상당하는 것을 만들어낼 수는 없다. 댄디들이 남을 즐겁게 해주는 것을 경멸하는 반면 이들 라이언족은 남을 즐겁게 해주기 위해 열심이다. …… 오르세 남작은 남성들을 포함해 극히 자연스럽고 열정적으로 세상 사람들을 즐겁게 해주었으나 댄디들은 사람들을 불쾌하게 만드는 것밖에는 좋아하지 않는다. …… 라이언족과 강댕gandin[21] 사이에는 심연이 가로놓여 있다. 그러나 이 강댕과 프티 크르베petit crevé[22] 사이에는 또 얼마나 큰 심연이 가로놓여 있는가!" 라루스, 『19세기 <대백과사전>』,

<4권, 파리, 1870년('댄디' 항목), 63페이지>.   [D 4, 1]

『기원에서 서기 3000년까지의 파리』(파리, 1886년)란 제목의 책의
마지막에서 세번째 앞 장에서 레오 클라르티는 비가 올 때는 수정
판으로 된 차양들이 이 도시를 덮는다고 말하고 있다. ― 1987년
의 일이라고 한다. 이 장의 제목은 「1987년에」라고 되어 있다.
                                                     [D 4, 2]

    코드뤽-뒤클로와 관련해. "우리는 어쩌면 지하에 있는 침대에서
빠져나와 무수한 화산의 노여움으로 만신창이가 된 채 우리 곁으로
돌아와 죽음 속에서 살아가고 있던 헤르쿨라네움의 어떤 악착스러
운 노시민의 잔해에 사로잡혀 있는지도 모른다."『코드뤽-뒤클로
자서전』, J. 아라고와 에두아르 구앵이 편집해서 출판, 파리, 1843년,
1권, 6페이지(「서문」). 계급 탈락자déclassé 중의 최초의 산책자.
                                                     [D 4, 3]

    사람들이 지루해하는 세계. "그러나 지루해한다고 해서 무슨 문제
가 있다는 거지?" ― "어떤 영향이 있는데! …… 어떤 영향! ……
어떤 영향, 권태, 우리나라에서? 엄청난 영향을 미칠 테지! 결정적
인 영향을! 자네도 알다시피 프랑스인들은 권태에 대해 숭배에 가
까울 정도의 경외심을 갖고 있네. 프랑스인들에게 권태란 예의바
르게 모셔야 할 무시무시한 신이지. 이러한 형식으로밖에는 프랑
스인들은 진지함을 이해할 수 없지." 에두아르 파이유롱, 『사람들
이 지루해하는 세상』(1881년), 1막 2장(에두아르 파이유롱, 『희곡 전
집』, 3권, 파리, <1911년>, 279페이지<)>.   [D 4, 4]

미슐레는 "1840년경 최초의 전문화된 노동자들의 상태를 지성과 동정심이 가득한 마음으로 묘사하고 있다. 직물 공장에는 '권태의 지옥'이 있다. '계속, 계속, 계속, 바로 이것이 심지어 마룻바닥까지 진동시키는 자동 회전 장치가 우리 귀에 대고 외치는 불변의 말이다. 이 소리에는 어느 누구도 익숙해질 수 없다.' 미슐레의 지적(예를 들면 몽상과 다양한 직기의 리듬에 대한 지적)은 종종 현대의 심리학자들의 실험적인 분석을 직감적으로 앞서고 있다". 조르주 프리드만, 『진보의 위기』, 파리, <1936년>, 244페이지[미슐레, 『민중』, 파리, 1846년, 83페이지에서 인용].   [D 4, 5]

기다리게 만든다faire attendre는 의미로 사용된 faire droguer[23]는 혁명기와 제정기 군대의 은어였다(브뤼노, 『프랑스어의 역사』, 9권, 『대혁명기와 제정기』, 파리, 1937년, <997페이지>에서 인용).   [D 4, 6]

『파리의 삶』<:> "파리는 스타니슬라스 드 프라스카타 남작이 친구인 곤드르마르크 남작을 메텔라에게 소개하기 위해 보낸 추천장에서 마치 유리 상자 안에 들어 있는 기념품처럼 나타나 있다. 아버지의 토지에 묶여 있는 이 편지의 발신자는 '이처럼 추운 나라'에서 지내고 있자니 샴페인이 있는 대연회나 하늘처럼 파란 메텔라의 규방이, 그리고 저녁식사나 노래나 술자리가 그리워 죽겠다고 호소하고 있다. 그의 눈에 파리는 화려한 빛으로 둘러싸여 있다. 그곳에서 신분 차이는 모두 사라지고 남국의 따사로움과 화려한 삶이 넘치고 있다. 메텔라는 프라스카타의 편지를 읽는다. 그러는 가운데 빛나는 작은 추억의 광경을 둘러싸고 음악이 연주된다. 마치 파리가 잃어버린 낙원인 양 우수의 정취가 흐르고 또한 마치 약속의 낙원이라도 되는 양 최상의 행복감이 넘쳐흐른다. 그리고 이러한 행동이 계속되면서 머지않아 이 편지에 그려진 추억의 이미지들 자체가 생명을 얻기 시작할 것 같은 인상을 받게 된다." S. 크라카우어, 『자크 오펜바흐와 그의 시대의 파리』, 암스테르담, 1937년, 348/349페이지.[24]   [D 4a, 1]

"낭만주의는 결국 권태, 즉 **현대적인** 삶의 감각인 권태 이론에 다다른다. 즉 권력 이론 또는 적어도 에너지 이론에 이르게 된다. …… 실제로 낭만주의는 사회가 반드시 억압해야 한다고 생각하는 일련의 본능을 인간이 간파한 사태를 가리킨다. 그러나 대체로 그것은 투쟁의 포기를 표명한다. …… 낭만주의 작가는 …… 도피와 회피의 시로 방향을 전환한다. 발자크와 보들레르의 시도는 이와 정반대로, 낭만주의자들이 오직 예술적인 차원에서만 만족하고는 포기해버린 염원들을 삶 속에 통합시키려는 방향으로 나아간다. …… 따라서 이들의 시도는 상상력이 삶에서 점점 더 커다란 역할을 할 것이라는 신화와 연결된다." 로제 카이유아, 「파리 ─ 현대의 신화」(*NRF*, 25권 284호, 1937년 5월 1일, 695페이지, 697페이지).
[D 4a, 2]

1839년: "프랑스는 지루해하고 있다." 라마르틴.   [D 4a, 3]

기에 대한 글에서 보들레르는 이렇게 말한다. "댄디즘은 하나의 모호한 제도, 결투 못지않게 기이한 제도이다. 이것은 너무나도 낡은 제도로 카이사르, 카틸리나, 알키비아데스가 적나라한 사례들을 제공하고 있다. 또 극히 일반적인 제도로 샤토브리앙은 **신세계**

의 숲속과 호숫가에서도 이것을 발견했을 정도이다." 보들레르,
『낭만파 예술』, 파리, 91페이지.   [D 4a, 4]

『낭만파 예술』에 들어 있는 기 론에서 댄디에 대해 이렇게 말하고
있다. "모두들 …… 저속함과 싸워 이를 파괴시키려는 욕구 ─ 오
늘날에는 너무 찾아보기 힘들게 되었다 ─ 의 대표자들이다. ……
댄디즘이란 데카당스의 한복판에서 타오르는 영웅주의의 최후의
불꽃이다. 그리고 여행자가 북미에서 댄디의 전형을 발견했다는
사실도 이러한 생각을 조금도 약화시키지 않는다. 왜냐하면 우리
가 야만인이라고 부르는 종족이 실제로는 사라진 위대한 문명의
잔해라고 상정하는 것을 막는 것은 아무것도 없기 때문이다. ……
G 씨가 그의 댄디 중의 하나를 종이 위에 스케치할 때는 그에게 반
드시 역사적 성격을, 감히 이렇게 말할 수 있다면 전설적 성격을 부
여했다는 점을 굳이 언급할 필요가 있을까? 만약 거기서 문제되는
것이 현재가 아니며, 통상 하찮은 것으로 간주되는 사항을 다루는
것이 아니라면 말이다." 보들레르, 『낭만파 예술』(아셰트 판, 3권),
파리, 94/95페이지.   [D 5, 1]

보들레르는 완벽한 댄디라면 반드시 주게 될 인상을 이렇게 정식
화하고 있다. "아마 부자이겠지만 할 일 없는 헤라클레스일 가능
성이 더 크다." 보들레르, 『낭만파 예술』, 파리, 96페이지. [D 5, 2]

권태에 대한 최고의 치료제는 군중이라는 생각은 기 론에 나타나
있다. "어느 날 G 씨는 평상시와 다름없이 강렬한 눈빛과 자신감
있는 몸짓으로 얘기에 광채를 더하며 이렇게 말했다. '누구나,

…… 군중 속에 있으면서도 지루해하는 사람은 누구나 바보다! 바보다! 나는 그런 사람을 경멸한다!' 라고." 보들레르, 『낭만파 예술』, 65페이지.   [D 5, 3]

보들레르가 서정적 표현의 소재로 처음 선보인 모든 대상 중에서도 **한 가지**가 두드러져 보인다. 악천후가 그것이다.   [D 5, 4]

권태에 시달리는 배우 드뷔로에 관한 유명한 일화는 기술애호협회의 샤를 부아시에르가 작사한 「권태 찬가」(파리, 1860년)의 중심 주제를 이루는데, 이 시에서 드뷔로에 관한 일화는 '카를랭Carlin' 이라는 인물에게 일어난 일로 그려지고 있다. — 카를랭은 이탈리아에서 아를레키노 역을 연기한 한 배우의 이름을 따서 지은 개의 이름[25]이다.   [D 5, 5]

"단조로움은 새로운 것을 자양분으로 삼는다." 장 보달, 『흑판』(E. 잘루, 「책의 정신」, 『누벨 리테레르』, 1937년 11월 20일자에서 인용).

[D 5, 6]

블랑키적 세계관의 보완물: 우주는 끊임없이 파국이 일어나는 장소이다.   [D 5, 7]

<『>천체에 의한 영원』에 대해. 죽을 날이 멀지 않았을 때 토로 요새가 마지막 감옥이 될 것을 예감한 블랑키는 새로운 감옥의 문을 열기 위해 이 책을 썼다.   [D 5a, 1]

『천체에 의한 영원』에 대해. 블랑키는 부르주아 사회에 굴복한다. 그러나 아무리 무릎을 꿇었어도 어찌나 대단한 힘을 가졌는지 그로 인해 부르주아 사회의 옥좌가 흔들릴 정도이다.   [D 5a, 2]

『천체에 의한 영원』에 대해. 19세기 사람들은 이 책에 펼쳐져 있는 하늘을 배경으로 별들을 바라보았다.   [D 5a, 3]

「악마 연도連禱」(<보들레르, 『전집』>, 르 단텍 판, <1권, 파리, 1931년>, 138페이지)에서는 보들레르에게서 블랑키의 모습이 나타나는 것처럼 보인다. "침착하고 거만한 눈길을 죄수에게 주는 그대."[26] 실제로 보들레르는 기억을 바탕으로 블랑키의 얼굴을 스케치한 적이 있다.   [D 5a, 4]

신기함nouveauté의 의미를 파악하려면 일상생활에서 새로운 것Neuigkeit으로 돌아가야 한다. 왜 모두들 다른 사람에게 최신의 것에 대해 전하는 걸까? 아마 죽은 자들에게 우쭐대기 위해서일 것이리라. 정말 새로운 것이 없는 경우에는 더욱 그렇다.   [D 5a, 5]

블랑키가 마지막 감옥에서 쓴 최후의 저서는 제가 보기에는 지금까지 완전히 무시되어왔습니다. 이 책은 우주론적인 사변입니다. 분명 처음 책장을 몇 장 넘길 때는 악취미에다 진부하게 보이는 것이 사실입니다. 그러나 얼마 지나지 않아 이 독학자의 미숙한 사고로 생각되었던 것이 다름 아니라 오직 이 혁명가만이 떠올릴 수 있는 사변의 준비라는 것을 알 수 있습니다. 만약 지옥이 신학의 대상이라면 실제로 이 블랑키의 사변을 신학적인 사변으로 불러도 좋을 것입니다. 블랑키가 부르주아 사회의 기계론적인 자연과학에서 뽑아낸 자료를 바탕으로 이 저서에서 전개하고 있는 우주론적 세계상은 지옥관인 동시에 블<랑키>가 말년에 자신을 패배시킨 승리자로 인정하지 않을 수 없었던 당시 사회의 보완물이기도 합니다. 정말 당혹스러운 것은 블랑키의 이러한 구상에서는 어떠한 아이러니도 찾아볼 수 없다는 것입니다. 그것은 무조건적인 굴복이지만 동시에 그러한 우주상을 자기 이미지의 투영으로서 하늘에 투사한 사회에 대한 가장 무시무시한 항의이기도 합니다. 언어적으로 극히 강렬한 어조를 지닌 이 작품은 보들레르뿐만 아니라 니체와도 극히 주목할 만한 유사성을 보여줍니다(1938년 1월 6일에 호르크하이머에게 보낸 편지).[27]   [D 5a, 6]

블랑키의 『천체에 의한 영원』에서. "종종 인생의 두 갈래 갈림길에 직면해보지 않은 사람이 있을까? 단념한 길을 따라갔더라면 그의 개성 자체는 그대로인 채 전혀 다른 삶을 살았을 수도 있다. 한 길은 빈곤, 치욕, 예속으로 통한다. 다른 한쪽은 명예와 자유로 이어진다. 이쪽에는 사랑스러운 아내와 행복, 저쪽에는 격분과 황폐함이 있다. 내가 말하는 것은 남녀 모두에게 해당된다. 우연이든 아니면 본인의 선택이든 그것은 중요하지 않다. 숙명을 피할 수는 없기 때문이다. 그러나 숙명은 영원 속에서는 아무런 발판도 찾을 수 없다. 영원은 양자택일이라는 것을 모르며, 모든 것에 여지를 두기 때문이다. 어느 하나의 지구에서 어떤 사람이 어떤 길을 따라가지만 다른 세계에 있는 그의 분신은 그러한 길을 따라가지 않는 일도 얼마든지 있을 수 있다. 그의 존재는 둘로 나뉘어, 각각에 대해 하나씩 지구가 있다. 더 나아가 이것은 두 번, 세 번, 수천 번 나뉘어

346

진다. 그리하여 그는 완벽한 분신과 함께 무수히 많은 분신의 변형 태를 갖게 되는데, 이것들은 계속 늘어나면서 항상 그의 인격을 체현하지만 그저 그의 운명의 단편들만을 붙잡을 수 있을 뿐이다. 이 세상에서 어떤 사람의 모습이었던 모든 것도 저 제상에서는 그저 한 가지 모습에 불과할 수 있다. 태어나서 죽을 때까지 엄청난 수의 지구에서 살아가는 수많은 삶 이외에도 사람들은 그와 전혀 다른 장소에서 수백만 가지나 되는 다른 형태의 삶을 산다." 귀스타브 조프루아, 『유폐자』, 파리, 1897년, 399페이지에서 인용.   [D 6, 1]

『천체에 의한 영원』의 결론으로부터. "나는 이 순간 토로 요새의 감옥 안에서 쓰고 있는 것을 영겁에 걸쳐 써오고 있으며 앞으로도 써나갈 것이다. 책상에 앉아, 펜으로, 지금과 똑같은 옷을 입고, 지금과 동일한 상황에서 말이다." 귀스타브 조프루아, 『유폐자』, 파리, 1897년, 401페이지에서 인용. 이 문장에 바로 이어 조프루아는 이렇게 서술하고 있다. "이런 식으로 그는 자기 운명을 이루 다 수를 헤아릴 수 없는 천체 속에서, 나아가 시간의 지속의 모든 순간마다 서술하고 있다. 그의 감옥은 채 헤아릴 수 없을 정도까지 증식해간다. 지상의 유폐자로 존재하는 그는 반항의 힘, 자유로운 정신으로 전 우주에 그대로 존재한다."   [D 6, 2]

『천체의 의한 영원』의 결론으로부터. "지금 이 시간, 우리 지구의 삶 전체는 태어날 때부터 죽는 순간까지, 온갖 범죄와 불행이 벌어지는 가운데 매일 무수히 많은 형제-천체에서 펼쳐지고 있다. 우리가 진보라고 부르는 것은 각각의 세계에 국한되어 있으며, 그러한 세계와 함께 사라진다. 항상 그리고 어디서나, 지구라는 투기장에서는 똑같이 좁은 무대 위에서 똑같은 드라마가 똑같은 배경에서 펼쳐질 뿐이다. 자신의 위대함에 저 혼자 반해 법석을 떠는 인류는 스스로를 우주라고 믿고, 끝없이 펼쳐진 곳에서 살고 있는 것처럼 착각하지만 실제로는 감옥 안에 살고 있다. 그러다가 마침내 극히 깊은 모멸감 속에서 인류의 교만함이라는 짐을 짊어진 지구와 함께 파멸에 이르고 말 것이다. 다른 천체 위에서도 똑같은 단조로움, 똑같은 무기력이 반복된다. 우주는 무한히 반복되며, 제자리걸음을 할 뿐이다." 귀스타브 조프루아, 『유폐자』, 파리, 1897년, 402페이지에서 인용. [D 6a, 1]

블랑키는 푸리에적인 경거망동과는 전혀 무관하다며 자기가 제출한 명제의 과학적 성격을 분명하게 강조한다. <">재료와 인간은 매번 각기 다른 방식으로 조합되지만 '무한의 요구에 부응하려면 수백만 번 반복될 필요가 있다< >는 것을 인정해야만 한다." 귀스타브 조프루아, 『유폐자』, 파리, 1897년, 400페이지에서 인용. [D 6a, 2]

블랑키의 인간 혐오. "모든 변화는 의지를 가진, 다시 말해 변덕을 가진 생물과 함께 시작된다. 특히 인간들이 끼어들자마자 그들과 함께 제멋대로 구는 것이 끼어든다. 인간들이 지구에 큰 영향을 미칠 수 있는 것 같지는 않다. …… 인간들이 소란을 일으켜도 절대 물리 현상의 자연적인 진행을 교란시키지는 못한다. 인류를 동요에 빠뜨릴 수는 있겠지만 말이다. 따라서 국가들을 분열시키고 제국을 무너트리는 …… 이러한 전복적인 영향력을 예측할 수 있어야 한다. 분명 이처럼 잔혹한 격변이 일어나도 지구 표면에는 어디

긁힌 자국 하나 남지 않을 것이다. 이러한 교란자들이 사라지고 나면 자칭 지상 최고라고 떠들던 이들의 존재는 흔적도 찾아볼 수 없을 것이며, 자연은 약간의 상처만 입은 채 원래의 처녀성을 되찾을 것이다." 블랑키, 『<천체에 의한> 영원』, 63/4페이지.   [D 6a, 3]

블랑키의 『천체에 의한 영원』의 마지막 장(8장, 「전체의 요약」). "우주 전체는 수많은 별들로 이루어져 있다. 이를 창조하기 위해 자연은 겨우 100종류의 **원소**밖에는 갖고 있지 않다. 이 자원을 훌륭하게 활용하고 있음에도 불구하고 또 이러한 자원이 자연의 번식력이 허용하는 무수히 많은 방식의 조합임에도 불구하고 결과는 그러한 원소들 자체의 수가 유한한 것처럼 필연적으로 **유한**하다. 따라서 자연은 넓이를 메우기 위해 **원초적인** 조합 또는 **유형**의 하나하나를 무한대로 반복해야만 한다./따라서 모든 천체는 어떠한 것이든 시간과 공간 속에서 무한한 수로 존재하는데, 그것의 한 측면에서만 그러한 것이 아니라 **탄생**에서 사멸까지 존속하고 있는 매초마다 그러하다. 이 표면에 분포되어 있는 모든 생물은 크든 작든, 살아 있든 죽어 있든 이러한 영속성이라는 특권을 함께 나누고 있다./지구는 이러한 천체 중의 하나이다. 모든 인간은 존재하는 매초마다 영원하다. 나는 이 순간 토로 요새의 감옥 안에서 쓰고 있는 것을 영겁에 걸쳐 써오고 있으며 앞으로도 써나갈 것이다. 책상에 앉아, 펜으로, 지금과 똑같은 옷을 입고, 지금과 동일한 상황에서 말이다. 이것은 누구에게나 마찬가지이다./모든 세계가 하나하나씩 계속해서 되살아나는 불꽃 속에 삼켜졌다가 다시 소생한 다음 다시 한 번 삼켜진다. 마치 거꾸로 세워놓으면 다시 비워지기를 끝없이 되풀이하는 모래시계처럼 단조로운 흐름인 것이다. 새로운 것은 항상 오래된 것이며, 오래된 것은 항상 새로운 것이다./하지만 지상 이외의 삶에 관심을 갖고 있는 사람들은 불멸뿐만 아니라 영원까지 부여해주는 수학적인 결론에 도취되어 있는 것은 아닐까? 우리와 똑 닮은 사람들은 시간과 공간 속에 무수히 존재한다. 양심상 이보다 더 많은 것을 요구할 수는 없을 것이다. 이들 분신들도 살과 뼈가 있으며, 바지나 외투 또는 크리놀린 스커트를 입고 머리를 묶어 올리고 있다. 이들은 결코 유령이 아니다. 영원화된 현재인 것이다./그러나 여기에 큰 결점이 있다. 진보가 없는 것이다. 슬프다. 단지 저속한 재현과 반복뿐. 지난 세계에서 일어난 사례가 그대로 미래의 세계에서도 일어난다. 분기分岐의 국면만이 희망을 향해 열려 있다. **지상에서 얻었다고 하는 모든 것이 어딘가 다른 곳에서는 현실이라는 사실**을 잊지 말자./진보는 지상에서는 우리 뒤에 올 후손들에게만 존재한다. 그들은 우리보다 더 많은 기회를 갖게 될 것이다. 우리 지구에서 지금까지 볼 수 있었던 모든 아름다운 것을 우리의 미래의 후손들은 이미 보았으며, 지금 이 순간에도 보고 있으며 언제까지나 보고 또 볼 것이다. 물론 그들 이전에 살았던 분신이나 이후에 계속될 분신들의 형태를 취해서 말이다. 개선된 인류의 자식들인 그들은 이미 우리를 추월하며 죽은 여러 지구 위에서 우리를 모욕하고 야유해왔다. 그들은 우리 모습이 이미 사라진 살아 있는 지구들에서 여전히 우리를 신랄하게 비난하고 있으며, 앞으로 태어날 지구에 대한 그들의 경멸은 영원히 우리를 따라올 것이다./그들과 우리 그리고 우리 지구의 모든 거주자들은 운명이 지구의 일련의 분신 속에서 우리에게 할당해준 때와 장소의 포로로 다시 태어나는 것이다. 우리의 영속성은 지구의 영속성의 부속물이다. 우리는 이러한 소생의 부분적인 현상에 지나

350

지 않는다. 19세기 사람들이여, 우리의 출현의 시각은 영원히 정해져 있으며, 우리를 동일한 상태로 되돌려놓거나 아니면 고작 행복한 변화가 있을 듯한 전망을 몇 가지 제시하고 만다. 더 나은 것에 대한 갈망을 한껏 충족시켜줄 수 있는 것은 이곳에는 전무하다. 어떻게 하면 좋을까? 나는 결코 나의 쾌락을 추구해오지 않았다. 오직 진리만을 추구해왔다. 여기에는 어떠한 계시도 예언도 있을 수 없으며 스펙트럼 분석과 라플라스의 우주진화론에 따른 단순한 유추가 있을 뿐이다. 이 두 가지 발견이 우리를 영원한 존재로 만들어준다. 뜻밖의 횡재일까? 그렇다면 이를 활용하기로 하자. 속임수일까? 그렇다면 그렇게 받아들이도록 하자./……/근본적으로 천체에 의한 인간의 영원성이라는 것은 우수에 젖어 있으며, 수많은 형제-세계들이 공간을 만드는 냉혹한 장벽에 의해 차단된다는 것은 더욱 슬픈 일이다. 완전히 같으면서도 서로의 존재를 감조차 잡지 못하고 지나쳐 가는 사람들이 이토록 많을 줄이야! 그러나 사실이다. 마침내 19세기에 그러한 사실이 밝혀지게 되었다. 그러나 누가 이를 믿으려 하겠는가?/게다가 지금까지 과거는 우리에게 야만을 상징하고 미래는 진보, 과학, 행복, 환상을 의미했다! 그리고 이러한 과거는 우리의 모든 분신-지구들에서 가장 화려한 문명이 흔적도 없이 사라지는 것을 보아왔다. 그리고 앞으로도 계속 흔적 하나 남기지 않고 사라져갈 것이다. 미래는 수억 개의 지구 위에서 다시 한 번 우리의 태곳적 시대에 횡행했던 무지몽매, 어리석음, 잔학을 목격하게 될 것이다!/지금 이 시간, 우리 지구의 삶 전체는 태어날 때부터 죽는 순간까지, 온갖 범죄와 불행이 벌어지는 가운데 매일 무수히 많은 형제-천체에서 펼쳐지고 있다. 우리가 진보라고 부르는 것은 각각의 세계에 국한되어 있으며, 그러한 세계와 함께 사라진다. 항상 그리고 어디서나, 지구라는 투기장에서는 똑같이 좁은 무대 위에서 똑같은 드라마가 똑같은 배경에서 펼쳐질 뿐이다. 자신의 위대함에 저 혼자 반해 법석을 떠는 인류는 스스로를 우주라고 믿고, 끝없이 펼쳐진 곳에서 살고 있는 것처럼 착각하지만 실제로는 감옥 안에 살고 있다. 그러다가 마침내 극히 깊은 모멸감 속에서 인류의 교만함이라는 짐을 짊어진 지구와 함께 파멸에 이르고 말 것이다. 다른 천체 위에서도 똑같은 단조로움, 똑같은 무기력이 반복된다. 우주는 무한히 반복되며, 제자리걸음을 할 뿐이다. 영겁은 무한 속에서 똑같은 것을 반복해서 태연하게 연기하고 있다." A. 블랑키, 『천체에 의한 영원 ─ 천문학적인 가설』, 파리, 1872년, 73~76페이지. 도중에 인용하지 않은 부분들에서는 이 지상에서 사라진 사랑하는 사람들의 분신들이 지금 이 시간 다른 별에서 우리의 분신과 함께 있다는 생각이 가져다주는 '위안'에 대해 논하고 있다.   [D 7; D 7a]

"이 사상을 가장 무시무시한 형태로 생각해보자. 있는 그대로의 삶, 거기에는 의미도 없고 목표도 없다. 하지만 삶은 불가피하게 되풀이되면서도 무無로 끝나지도 않는다. **영겁회귀**일 뿐[45페이지]. …… 우리는 최종 목적을 부정한다. 혹 우리 삶이 그러한 목적을 가졌더라도 그것은 여하튼 이미 달성되었다." 프리드리히 니체, 『전집』, 뮌헨, <1926년>, 18권(『권력에의 의지』, 1권), 46페이지.

[D 8, 1]

"영겁회귀 학설은 **학문적인** 전제를 가질 수 있을 것이다." 니체, 『전집』, 뮌헨, 18권, 49페이지(『권력에의 의지』, 1권).   [D 8, 2]

"그러나 모든 사건에는 목적이 있다고 생각하는 오래된 습관은 너무 뿌리 깊기 때문에 사색하는 자는 세계의 목표의 결여에도 또 하나의 의도가 있다고 생각하지 않도록 노력해야 할 정도이다. 세계가 의도적으로 목표를 **피하고 있다는** 이러한 생각은 세계에는 **영원히 새로움**을 위한 능력이 있다고 믿고 싶어하는 모든 사람들에게 떠올라야 할 것이다[369페이지]. …… 세계를 힘으로 보았을 때 이 세계가 무한하다고 생각하는 것은 허용되지 않는다. 왜냐하면 그렇게 생각할 수 **없기** 때문이다. …… 따라서 세계도 영원히 새로움을 보여줄 수 있는 능력이라는 것은 없다." 니체, 『전집』, 19권, <뮌헨, 1926년>, 370페이지(『권력에의 의지』, 4권).   [D 8, 3]

"세계는 …… 스스로 살아간다. 그리고 세계의 배설물이 자양분이다." 니체, 『전집』, 19권, 371페이지(『권력에의 의지』, 4권). [D 8, 4]

세계라는 것은 "만약 원환의 행복 속에 목표가 존재하지 않는다면 아무런 목표도 갖고 있지 않다. 또한 자기 자신에 이르는 원이 선한 의지를 갖고 있지 않다면 세계는 아무런 의지도 갖고 있지 않다". 니체, 『전집』, 뮌헨, 19권, 374페이지(『권력에의 의지』, 4권). [D 8, 5]

영겁회귀에 대해. "**메두사의 머리**로서의 이 위대한 사상. 세계의 모든 양상은 굳어버린다. 얼어붙은 단말마의 싸움." 프리드리히 니체, 『전집』, 뮌헨, <1925년>, 14권, 『1882~1888년의 유고』, 188페이지.   [D 8, 6]

"우리는 가장 무거운 사상을 창조했다. ― 그렇다면 이제 사상을 경쾌하게 받아들이고 최상의 행복을 느낄 수 있는 **존재를 창조해 보지 않겠는가!**" 니체, 『전집』, 뮌헨, 14권, 『1882~1888년의 유고』, 179페이지. [D 8, 7]

말년에 자연과학에 전념한 점에서 엥겔스와 블랑키는 유사하다 <.> [D 8, 8]

"세계를 특정한 양의 힘, 특정한 수의 힘의 중심들로 **생각해볼 수 있다면** ― 그 외의 상념은 **필요 없다** ― 이로부터 세계는 존재의 거대한 주사위 놀이에서 계산 가능한 수의 조합을 모두 경험한다는 결론이 나오게 된다. 무한한 시간 속에서 모든 가능한 조합은 언젠가 한 번은 실현될 것이다. 아니 그것 이상으로 무한한 수에 걸쳐 달성될 것이다. 그리고 모든 결합 사이에 그리고 그것이 다시 한 번 되돌아오기까지는 그 밖의 다른 가능한 모든 결합이 이루어질 수 있기 때문에 …… 완전히 동일한 계열의 순환 운동이 존재한다는 것이 증명될 것이다. …… 이 사상은 결코 기계론적인 것이 아니다. 왜냐하면 만약 이것이 기계론적인 것이라면 동일한 사례의 무한한 회귀는 이루어지지 않을 것이기 때문이다. 오히려 최종 상황이 만들어질 것이다. 세계가 최종 상황에 도달하는 것은 **아니므로** 기계론은 불완전하며 그저 잠정적인 가설밖에는 되지 않는다." 니체, 『전집』, 뮌헨, <1926년>, 19권, 373페이지(『권력에의 의지』, 4권). [D 8a, 1]

영겁회귀라는 이념 속에서 19세기의 역사주의는 전복되었다. 그렇게 된 결과 최근의 전통을 포함해 모든 전통이 아득히 먼 시대의 태곳적 밤 속에서 이미 일어난 일의 유산이 되었다. 이와 함께 전통은 환(등)상이라는 성격을 띠게 되는데, 이 속에서 근원의 역사는 가장 현대적인 외관으로 꾸미고 등장한다.   [D 8a, 2]

영겁회귀 학설은 기계론을 포함하고 있지 않다는 니체의 발언은 영구 기관*perpetuum mobile* 현상(그의 학설에 따르면 세계는 영구 기관에 다름 아니다)을 기계론적 세계관을 논박하기 위한 심급으로 사용할 수 있도록 해주는 것 같다.   [D 8a, 3]

현대와 고대 문제에 대해. "불안정하고 의미를 잃어버린 존재와 불가해하고 구체성을 상실한 이 세계가 아래와 같은 것을 위한 시도로서 동일한 것의 영겁회귀를 의욕하는 가운데 하나로 합류하고 있다. 즉 현대(성)가 정점에 달한 시점에 그리스인들이 가시적인 세계의 삶으로 충만한 우주 속에서 영위했던 삶을 상징Sinnbild 속에서 반복하는 것이 그것이다." 칼 뢰비트, 『니체의 동일자의 영겁회귀 철학』, 베를린, 1935년, 83페이지.   [D 8a, 4]

『천체에 의한 영원』은 보들레르가 죽은 지 4년 후, 늦어도 5년 후에 쓰여졌다(파리 코뮌과 동일한 시기?). — 이 책은 보들레르가 내쫓아버린 — 그렇게 한 충분한 이유가 있었다 — 별들이 **이** 세계에서 무슨 일을 일으킬 수 있는지를 보여준다.   [D 9, 1]

영겁회귀 이념은 유령 회사 범람 시대[26]의 비참함으로부터 행복이라는 환상을 마술처럼 불러들였다. 이 학설은 상반되는 쾌락의 경향들을, 즉 반복 경향과 영원(성)을 향한 경향을 연결시키려는 시도이다. 이러한 영웅주의는 제2제정의 비참함으로부터 마술처럼 현대(성)라는 환상을 불러내는 보들레르의 영웅주의와는 대조를 이루고 있다. [D 9, 2]

영겁회귀 사상은 부르주아 계급이 더이상 본인들이 작동시킨 생산 질서의 향후 발전을 직시할 용기를 가질 수 없게 된 시기에 등장했다. 차라투스트라의 사상과 영겁회귀 사상, 그리고 의자의 머리받침 위에 자수로 새겨놓은 '15분만'이라는 격언은 어떤 전체의 일부를 이루고 있다. [D 9, 3]

영겁회귀 학설에 대한 비판. "자연과학자로서의 니체는 …… 철학적인 딜레탕트였으며 종교의 창시자로서는 '병과 권력에의 의지의 혼합물'([『이 사람을 보라』의 서론], 83페이지)이었다."²⁹⁾ "이렇게 보면 이 학설 전체는 존재하려는 인간의 의지의 실험, 우리의 일거일동을 영원한 것으로 만들기 위한 시도에 다름 아닌 것처럼 보인다. 종교의 무신론적 대용물인 것이다. 『차라투스트라』의 설교조 문체나 종종 극히 세부적인 데에까지 『신약성서』를 그대로 모방한 구성 등이 이에 상응하고 있다"(86/87페이지). 칼 뢰비트, 『니체의 동일자의 영겁회귀 철학』, 베를린, 1935년. [D 9, 4]

차라투스트라 대신 카이사르가 니체의 이 학설의 담지자로 나오는 초고도 존재한다(뢰비트, 73페이지). 그것은 중요하다. 이것은 니체가 자기 학설이 제국주의와 어딘가 공모 관계에 있다는 것을 감지하고 있었음을 잘 보여준다. [D 9, 5]

뢰비트는 이렇게 말하고 있다. "니체의 새로운 예언은 …… 먼저 천공의 별들로부터의 예언 그리고 둘째로는 무로부터의 예언의 …… 통일체로서 …… 이것이 개인의 능력이라는 자유의 사막에서 최후의 진리가 된다." 뢰비트, 81페이지.   [D 9, 6]

라마르틴의 「별」에서.

　　　　"그리하여 꿈꾸는 눈이 본능적으로 좇는

　　　　이 황금의 구체球體들, 이 빛의 섬들은

　　　　밤의 발자국 위에 뿌려진 빛나는 황금 가루처럼

　　　　물러가는 어둠에서 무수히 반짝인다.

　　　　그것의 흔적을 좇아가는 저녁 바람은

　　　　빛나는 공간에 소용돌이처럼 그것을 흐트러뜨린다."

　　　　"우리가 찾는 모든 것, 즉 사랑과 진리는,

　　　　하늘의 축복받은 대지가 맛본 이 과일들은

　　　　당신의 눈에도 부러운 듯 빛나는 나라들에서

　　　　영원히 생명의 아이들을 기른다.

　　　　그리고 아마 인간은 언젠가 자기 운명을 다한 후

　　　　당신 곁에서 잃어버린 모든 것을 되찾게 될 것이다."

라마르틴, 『전집』, 1권, 파리, 1850년, 221페이지와 224페이지(『명상시집』). 이 명상은 라마르틴 본인이 별이 되어 별들 사이에 놓인다는 몽상으로 끝난다.   [D 9a, 1]

라마르틴의 「창공 속의 무한」으로부터.

　　　　"그럼에도 눈에도 보이지 않는 벌레 같은 인간은

희미한 구체球體의 움푹 파인 곳들을 여기저기 기어다니며
이들 빛의 크기나 무게를 측정하고
그것들에게 장소, 궤적, 법칙을 할당한다.
마치 손으로는 컴퍼스의 무게를 감당하지 못하니
태양들을 모래알들처럼 체질해버리려고 생각한 듯이."

"그리고 멀리 있는 테두리로 인해 흐릿해진 토성!"
라마르틴, 『전집』, 파리, 1850년, 81/82페이지와 82페이지(『시적·
종교적 조화』).   [D 9a, 2]

지옥의 위치의 변동. "그리고 결국 죄를 받는 장소란 무엇일까?
지구와 유사한, 아니 그보다 훨씬 더 나쁜 조건을 가진 우주의 모든
영역들이 아닐까?" 장 레이노, 『지상과 천국』, 파리, 1854년, 377페
이지. 어리석기 짝이 없는 이 책은 그의 종교 철학인 신학적 절충주
의를 새로운 신학인 양 제시하고 있다. 지옥에서의 죄받음이 영원
하다는 생각은 하나의 미신이다. "지상, 하늘, 지옥이라는 고대의 3
극은 결국 지상과 하늘이라는 드루이드교적인 이원론으로 환원된
다." XIII페이지.   [D 9a, 3]

기다린다는 것은 어떤 의미에서는 안감을 댄 권태의 안쪽이다
(헤벨, "권태는 죽음을 기다린다").   [D 9a, 4]

"내가 먼저 도착했다. 내가 그녀를 기다리도록 태어난 것이다." J.-
J. 루소, 『고백록』, 일쉼 편집, 파리, <1931년>, 3권, 115페이지.

[D 9a, 5]

358

『즐거운 지식』 4권 말미에는 영겁회귀 학설에 대한 최초의 암시가 들어 있다. "만약 어느 날 낮 혹은 밤에 당신이 가장 외롭고 고독할 때 악마가 몰래 들어와 당신에게 이렇게 말한다고 하면 어떨까? '당신이 지금 살고 있고 또 지금까지 살아온 이 삶을 다시 한 번, 아니 무한대에 걸쳐 다시 살아야 한다. 그리고 그러한 삶에는 새로운 것은 아무것도 없을 것이다. 그러기는커녕 모든 고통, 모든 쾌락, 모든 사고, 모든 한숨, 어떤 말로도 다 형언할 수 없는 삶의 온갖 대소사들이 당신에게 다시 한 번 되돌아온다. 게다가 모든 것이 똑같은 서열과 순서로. 그리고 이 거미도, 나무 사이로 흘러 들어오는 이 달빛도, 심지어 이 순간도 그리고 나 자신도. 삶의 영원한 모래 시계를 계속 반복해서 뒤집어놓고, 이 모래시계와 함께 먼지 속의 미세한 먼지에 지나지 않는 당신도 함께 말이다!' ― 그렇다면 당신은 ...... 이렇게 말하는 악마를 저주하지 않을까? 아니면 악마를 향해 '너는 신이다. 이보다 더 신적인 것을 나는 결코 들어본 적이 없다!' 라고 대답할 것만 같은 섬뜩한 순간을 이미 경험한 적이 있는가?"(뢰비트, 『니체의 <동일자의> 영겁회귀 철학』, <베를린, 1935년>, 57/8페이지에서 인용<>).   [D 10, 1]

신화의 반복으로서의 블랑키의 이론 ― 19세기의 근원의 역사의 기본 사례. 어떤 세기든 인류는 방과 후에 나머지 공부를 해야 한다nachsitzen. 19세기의 근원의 역사에 대한 기본적인 정식화로는 [N 3a, 2], 또 [N 4, 1]을 참조할 것.   [D 10, 2]

'영겁회귀' 는 근원의 역사와 관련이 있으며, 신화적 의식의 **기본** 형태이다(다름 아니라 반성적이지 않기 때문에 신화적이다).

『천체에 의한 영원』을 레이노의 『지상과 천국』 속에서 살아 있는 듯한 48년 정신과 비교해볼 것. 카수는 이에 대해 이렇게 서술하고 있다. "지상에서의 자기 운명을 깨달은 인간은 일종의 현기증을 느끼고 처음에는 이 지상에서의 운명에만 따르려고 하지 않는다. 그것을 가능한 한 최대로 광대한 시간과 공간과 연결시켜야 한다. 이보다 더 장대한 규모로 존재나 움직임이나 진보 같은 것에 취해 보고 싶다. 오직 그렇게 할 때만이 비로소 자신감과 자존심에 가득 차 장 레이노처럼 숭고한 말을 할 수 있을 것이다. '나는 오랫동안 우주를 사용해왔다'라고." "우리가 우주 속에서 만나는 것 중 우리를 높이는 데 도움이 되지 않는 것은 하나도 없으며, 우주가 내민 도움을 빌리지 않고서 우리는 진정 숭고해질 수 없다. 숭고한 위계를 이루고 있는 천체 자체도 우리가 무한을 향해 점차 위로 밟고 올라가는 일군의 계단에 불과하다." <장> 카수, 『1848년』, <파리, 1939년>, 49페이지와 48페이지. [D 10, 4]

영겁회귀의 마법의 환 속에서의 삶은 아우라적인 것에서 벗어나지 않는 삶을 보장해준다. [D 10a, 1]

삶이 행정적으로 규제되면 될수록 그만큼 더 기다리는 것을 배워야 한다. 도박은 사람들을 기다리는 것에서 해방시켜주는 커다란 매력을 갖고 있다. [D 10a, 2]

불르바르를 헤매고 다니는 사람(잡문가 feuilletoniste)은 무언가

를 기다리고 있다. '기다리는 것, 그것이 인생이다' 라는 위고의 말
은 무엇보다 이러한 인물에 해당된다.   [D 10a, 3]

신화적 사건의 본질은 회귀이다. 그러한 사건에는 숨겨진 인물
의 형태로 허무함이 새겨져 있는데, 이러한 허무함은 지하 세계의
몇몇 영웅들(탄탈로스, 시시포스, 다나오스의 딸들)의 이마에 쓰여져
있다. 19세기에 영겁회귀 사상을 다시 한 번 사유함으로써 니체는
신화적 숙명을 새롭게 실현할 인물을 체현하게 되었다(지옥에서 영
겁의 벌을 받는다는 생각은 고대의 영겁회귀 사상의 기세를 가장 무시무
시한 지점에서 꺾어버렸다. 고통의 영원성으로 순환의 영원성을 대신하
도록 한 것이다).   [D 10a, 4]

진보에 대한 믿음, 무한한 완성 가능성에 대한 믿음, ― 도덕의
영원한 과제 ― 이것들과 영겁회귀 개념은 상보적이다. 이것들은
해결 불가능한 이율배반으로, 역사적 시간에 대한 변증법적 개념은
바로 이 개념에서 출발해 전개되어야 한다. 이 개념에 비해 영겁회
귀라는 개념은 '천박한 합리주의' 에 불과한 것처럼 보인다. 진보에
대한 믿음도 바로 이러한 것이라고 비판받은 것도 같은 이유에서이
다. 진보에 대한 믿음도 영겁회귀라는 개념에 못지않게 신화적인
사고 방식에 속하기 때문이다.   [D 10a, 5]

E

[오스만식 도시 개조, 바리케이드전]

> "온갖 장식의 꽃이 피는 나라,
> 풍경의 매력, 건축의 매력,
> 모든 무대 장치 효과는
> 오로지 원근법의 법칙만 따른다."
> 프란츠 뵐레, 『극장―교리문답』, 뮌헨, 74페이지.

> "나는 숭배한다. 미와 선과 위대한 것들을,
> 귀를 즐겁게 해주는 것이든 눈을 매료시키는 것이든
> 위대한 예술에 영감을 불어넣어 주는 아름다운 자연을.
> 나는 꽃이 만발한 봄 ― 여인들과 장미를 사랑한다!"
> 『나이 든 한 라이언족의 고백』(오스만 남작, 1888년).

> "숨을 헐떡이는 수도首都들은
> 대포에 몸을 열었다."
> 피에르 뒤퐁, 『학생들의 노래』, 파리, 1849년.

비더마이어 양식의 방 본래의, 정확히 말하자면 유일한 장식은 "커튼으로서, 이 커튼의 주름은 가능한 한 정성 들여, 가급적이면 다양한 색깔의 천을 조합해 만들어졌으며 벽지 기술자가 달았다. 이론적으로 이후 거의 1세기 내내 인테리어 기술은 벽지 기술자에게 커튼을 세련되게 배치하기 위한 지침을 내리는 데만 전념해왔다". 막스 폰 뵌, 『19세기의 패션』, 2권, 뮌헨, 1907년, 130페이지. 이것은 또 창문을 초점으로 한 실내의 원근법Perspektive과 비슷하다.   [E 1, 1]

몇 단의 레이스 장식이 달린 크리놀린 스커트의 원근법적 성격. 이 스커트 속에는 최소한 5~6벌의 페티코트가 감춰져 있다. [E 1, 2]

파노라마의 수사학. 원근법적 수사. "지나가는 김에 이야기하자면 프랑스의 웅변가라면 누구나 다 연단이나 강단에서 한 번씩 써먹는 효과 만점의 수사는 대략 이렇다. '중세에는 마치 거울이 태양 광선을 받아들이는 것처럼 시대정신을 집중시킨 한 권의 책, 원시림처럼 장엄한 영광에 싸여 하늘로 솟아오른 책, ― 운운의 책 ― 결국은 …… 이렇게 위대한 책, 저렇게 대단한 책(매우 지루한 상술이 이어진다), 하여간에 엄청난 책이 한 권 있으니 ― 그것이 바로 『신곡』입니다.' …… 큰 박수 ……." 칼 구츠코브, 『파리에서 온 편지』, 라이프치히, 1842년, 2권, 151/152페이지.   [E 1, 3]

도시를 한눈에 다 들어오도록 원근법적으로 배치하려는 전략적 이유. 나폴레옹 3세 치하에서 대로를 건설한 것을 정당화하기 위한 당대의 논법에 따르면 이러한 거리들은 "'국지적인 반란이라는 상습적인 전술'에 불리하다". 마르셀 포에트, 『중심가의 삶』, 파리, 1925년, 469페이지. "상습적으로 폭동이 일어나는 이 구역에 길을 뚫자." 오스만 남작은 불르바르 드 슈트라스부르를 샤틀레까지 연장할 것을 요구하는 한 각서에서 이렇게 말하고 있다. 에밀 드 라베돌리에르, 『새로운 파리의 역사』, 52페이지. 그러나 전에도 벌써 이렇게 말하고 있다. "혁명에 사용될 건축 자재를 제공하지 않기 위해 목재로 도로를 포장할 것. 목연와木煉瓦로는 더 이상 바리케이드를 만들 수 없을 것이다." 구츠코브, 『파리에서 온 편지』, 1권, 60/61페이지. 이것이 무엇을 의미하는지는 1830년에 6,000개의 바리케이드가 만들어졌던 것을 보아도 알 수 있다.   [E 1, 4]

"파리에서 …… 사람들은 탁한 냄새가 난다는 이유로 그렇게 오랫동안 유행한 아케이드들을 피하고 있다. 아케이드는 죽어가고 있다. 종종 우울한 기분을 자아내는 파사주 들로름처럼 폐쇄되는 곳도 나오고 있다. 이 아케이드의 갤러리의 사막에서는 게리농 에르상[1]이 묘사한 폼페이를 연상시키는 장면들에서처럼 겉만 번지르르한 싸구려 고대풍 여성들의 수많은 형상이 상점들 앞마다에서 춤을 추곤 했었다. 파리인들에게 있어 담배를 피우거나 어슬렁거리며 담소를 나누곤 하던 일종의 살롱 겸 산책로였던 아케이드는 이제 비가 내리면 가장 먼저 생각나는 일종의 피신처에 불과하게 되었다. 일부 아케이드는 아직도 그곳에 남아 있는 이러저러한 유명 상점 덕분에 어느 정도 매력을 유지하고 있다. 그러나 각 아케이드의 인기랄까, 아니면 오히려 죽음의 고통을 연장시키는 것은 임차인의 지명도이다. 현대의 파리인들에게 아케이드는 큰 결점이었다. 즉 원경遠景이 막혀 있는 유화에 대해 말할 수 있는 것을 아케이드에 대해서도 똑같이 말할 수 있을 것이다. 즉 그곳에는 공기가 부족하다고 말이다." 쥘 클라르티, 『파리의 삶, 1895년』, 파리, 1896년, 47페이지 이하.   [E 1, 5]

나폴레옹 3세 치하에서 파리의 근본적인 개조는 무엇보다 콩코르드 광장과 시청을 연결하는 선상에서 이루어졌다. 아마 70년의

전쟁|프랑스-프로이센 전쟁|은 파리의 건축상의 경관을 위해서는 하늘의 축복이었을 것이다. 왜냐하면 나폴레옹 3세는 모든 도시 구역을 개조할 의도였기 때문이다. 따라서 슈타르는 1857년에 이렇게 쓸 수 있었다. "옛 파리를 보고 싶다면 서둘러야 한다. 새로운 통치자는 아무래도 옛날 건축을 가능한 한 남겨둘 생각이 없는 모양이기 때문이다." <아돌프 슈타르, 『5년 후』, 1권, 올덴부르크, 1857년, 36페이지>. [E 1, 6]

막힌 원경Perspektive은 눈에게는 플러시 천이다. 플러시 천은 루이-필립 시대의 소재이다. ■먼지와 비■ [E 1, 7]

'막힌 원경'에 대해. "다비드는 제자들에게 '**파노라마**에 가서 사생 연습을 해도 좋다'고 말하고 있다." 에밀 드 라베돌리에르, 『새로운 파리』, 파리, 31페이지. [E 1, 8]

이 시대는 원근법에 대한 채울 길 없는 갈망에 사로잡혀 있었다. 이것을 가장 인상적으로 증언해주는 것 중의 하나가 오페라 무대에 설치되었던 원근법적인 배경화로서, 그레뱅 밀랍 인형 박물관에 전시되어 있다(이 무대 장치에 대해 기술할 것). [E 1, 9]

"석조 건물 안에서 압도하는 듯한 영구성을 과시하고 있는 오스만의 건축물들은 제정의 전제적인 통치 원리를 완벽하게 재현하고 있다. 개성적인 것으로의 분절화나 유기적인 자기 발전은 모두 억압되며, '모든 개성은 철저한 증오의 대상이 된다.'" J. J. 호네거, 『현대 일반 문화사 초석』, 5권, 라이프치히, 1874년, 326페이지. 그러나 이미 루이-필립에게는 '석공왕'이라는 별명이 붙어 있었다.
[E 1a, 1]

나폴레옹 3세 치하에서의 도시 개조에 대해. "지하는 가스 배관 공
사와 하수도 건설을 위해 철저하게 파헤쳐졌다. …… 과거 파리에
서 이토록 많은 건축 자재가 운반되고, 이토록 많은 공동 주택과 관
이 건설되거나, 이토록 많은 기념 건조물을 보수하고 건립하거나,
석재로 마름질한 정면이 이토록 많이 건설된 적은 없었다. ……
서둘러야 했으며, 고가에 매입한 토지를 최대한 활용할 필요가 있
었다. 이중의 자극제였던 셈이다. 파리에서 지하 저장소는 1층만
큼 지하로 파 들어가게 되었는데, 이를 위해 지하 1층이 생겼다. 비
카가 사용 원리를 발견한 콘크리트와 시멘트의 사용은 이들 지하
층을 경제적이고 대담하게 건축하는 데 크게 공헌했다." E. 르바쇠
르, 『1789~1870년까지의 프랑스의 노동 계급과 산업의 역사』, 2
권, 파리, 1904년, 528/529페이지. ■아케이드■   [E 1a, 2]

"1848년 혁명 직후의 파리는 더이상 아무도 살지 못하는 곳이 될
것만 같았다. 날마다 점점 더 멀리 연장되고 인접 국가의 선로와 연
결되고 있던 철로를 통한 끊임없는 왕래로 인해 인구는 크게 증가
하는 반면 생활은 불안정해져갔는데, 이제 파리 주민들은 부패하
고, 비좁고, 복잡하게 뒤엉킨 골목길에 어쩔 수 없이 갇혀 그곳에
서 질식해가고 있었다." 뒤 캉, 『파리』, 6권, 253페이지.   [E 1a, 3]

오스만 하에서의 토지 수용. "몇 명인가 이 일을 일종의 전문으로
하는 변호사들이 나타났다. …… 이들은 부동산 수용, 산업적인

용도의 공적인 토지 수용, 임대차물의 수용, 감정의 수용 등에 대해 법정에서 변론을 했다. 선조 대대로 내려온 집이니 손자들을 위한 요람이니 하는 말이 논거로 제시되었다. 벼락부자에게 '어떻게 재산을 모았습니까' 라고 묻자 '토지가 수용되었습니다' 라는 대답이 들려왔다. …… 새로운 기업이, 토지를 수용당한 사람들의 이익을 챙겨준다는 명목으로 어떠한 사기 짓거리도 서슴지 않는 기업이 생겨났다. …… 이러한 기업들은 소규모 기업을 찾아내 자세한 회계 장부나 가짜 상품 목록, 가짜 상품 — 종이로 감싼 장작에 지나지 않는 경우도 흔했다 — 을 제공해주었다. 심지어 심사위원회가 정해진 날에 방문할 때는 일부러 손님을 동원해 가게를 가득 메우기까지 했다. 용케 손에 넣은 낡은 공문서 용지를 이용해 임대차 계약서를 날조해 조건을 부풀리거나 기간을 연장하거나, 날짜를 당기는 일을 서슴지 않았다. 점포를 새로 도장하고 일당 3프랑으로 급히 조달한 점원들을 배치하기도 했다. 파리 시의 금고를 강탈한 일종의 방드 누아르bande noire[2]였던 셈이다." 뒤 캉, 『파리』, 6권, 255/256페이지.   [E 1a, 4]

바리케이드 전술에 대한 엥겔스의 비판. "봉기가 실제 전술 행동에서 가져올 수 있는 최상의 것은 각각의 바리케이드를 솜씨 좋게 설치하고 방어하는 것이다." 그러나 "시가전의 고전적인 시대에서조차 바리케이드는 …… 물리적이라기보다는 정신적인 역할을 했다. 바리케이드는 군대의 견고함을 흔들어놓는 수단이었다. 이것이 성공할 때까지 바리케이드가 견뎌준다면 승리를 달성하게 된다. 그렇지 않으면 지는 것이다". 프리드리히 엥겔스, 「서설」, 칼 마르크스, 『1848년에서 1850년까지의 프랑스에서의 계급투쟁』,

베를린, 1895년, 13페이지와 14페이지.[3]   [E 1a, 5]

계급투쟁 이데올로기는 내란 전술 못지않게 당시에는 고리타분하게 보였다. 마르크스는 2월 혁명에 대해 이렇게 말한다. "금융 귀족 계급과 부르주아 일반을 혼동한 …… 프롤레타리아의 이념 속에서, 또 계급의 존재 자체를 부정하거나 기껏해야 입헌군주제의 산물로밖에 인정하지 않는 공화파의 속물적인 상상 속에서, 그리고 지금까지 지배층에서 배제되어왔던 부르주아 분파들의 위선적인 말 속에서 부르주아의 지배는 공화정의 도입과 더불어 폐지되었다. 모든 왕당파는 이때 공화파로 바뀌고 파리의 모든 백만장자는 노동자로 바뀐 것이다. 계급 관계의 이러한 환상적인 지양에 상응하는 상투어가 바로 형제애fraternité였다." 칼 마르크스, 『프랑스에서의 계급투쟁』, 베를린, 1895년, 29페이지.[4]   [E 1a, 6]

라마르틴은 일할 권리를 요구하는 선언 중에서 '산업적 그리스도의 강림'에 대해 말하고 있다. 『주르날 데 제코노미스트』, 10권, 1845년, 212페이지.[5] ■산업■   [E 1a, 7]

"도시의 재건은 …… 노동자들로 하여금 변두리 지구arrondissement에 살도록 강요함으로써 그때까지 부르주아들과 맺고 있던 이웃 관계의 끈들을 끊어버렸다." E. 르바쇠르, 『1789～1870년까지의 프랑스의 노동 계급과 산업의 역사』, 2권, <파리, 1904년>, 775페이지.   [E 2, 1]

"파리에서는 탁한 냄새가 난다." 루이 뵈이요, 『파리의 향기』, 파

리, 1914년, 14페이지. [E 2, 2]

나폴레옹 3세 때 최초로 파리에 공원, 광장, 공공 녹지가 설치되었다. 40~50개 정도가 만들어졌다. [E 2, 3]

포부르 생 탕투안 관통 공사: 프랭스 외젠, 마자스, 리샤르 르누아르Lenoire 등의 불르바르들이 전략로들로 이어졌다. [E 2, 4]

시시한 원근법을 고상하게 표현하는 것을 파노라마에서 볼 수 있다. 아래와 같이 쓸 때 막스 브로트는 실제로는 파노라마에 반대하고 있던 것이 아니라 다만 파노라마의 스타일을 명확하게 표현하고 있었을 뿐이다. "성당 내부, 또 궁전과 미술관의 내부도 아름다운 파노라마 경치들을 제공해주지는 않는다. 그것은 평범하고 죽어 있고 폐쇄된 듯한 인상을 줄 뿐이다."<막스 브로트>, 『추한 이미지들의 아름다움에 대해』, 라<이프>치<히>, 1913년, 63페이지. 맞는 말이지만 파노라마는 바로 그러한 식으로 시대의 표현 의지에 봉사한다. ■디오라마■ [E 2, 5]

1810년 6월 9일 테아트르 드 라 뤼 드 샤르트르에서 바레, 라데, 데퐁텐의 공동 작품이 초연되었다. 제목은 『뒤를리에프 씨 또는 파리의 미화』이다. 이 작품은 나폴레옹이 파리에 불러온 변화들을 마치 잡지에서처럼 빠른 속도로 연속적인 장면으로 보여준다. "이전의 연극에서 사용되던 의미심장한 성姓 중의 하나를 가진 건축가 뒤를리에프⁶⁾ 씨는 파리의 미니어처를 만들어 전시하려 하고 있다. 이 일에 30년의 수고를 아끼지 않은 만큼 그는 이제 마침내 완성되었다고 생각하고 있다. 그러나 갑자기 '창조의 혼'이 다가와 작품에서 불필요한 부분은 제거하고, 끊임없이 수정하고 첨가하도록 일을 부과했다.

> "그|나폴레옹 1세|의 아름다운 기념 건조물로 장식된
>
> 이 넓고 풍요로운 수도를
>
> 나는 우리 집 큰 객실에 판지로 모셔두고 있다.
>
> 수도의 미화를 쫓아가기는 하지만
>
> 나는 늘 뒤처질 뿐이다.
>
> 말 그대로 점점 절망스러워질 뿐.
>
> 그분이 대규모로 해놓은 것을
>
> 작은 모형으로라도 수행하는 것은 좀체 불가능하다."

이 작품은 마리 루이즈 황후에 대한 찬미로 끝난다. 파리 시의 여신이 마리 루이즈의 초상을 파리 시 최고의 아름다운 장식으로 관객들에게 높이 들어 보인다. 테오도르 뮈레, 『연극을 통해 본 역사 1789~1851년』, 파리, 1865년, 1권, 253/254페이지에서 인용.

[E 2, 6]

바리케이드를 쌓기 위해 승합마차를 이용하는 방법. 말을 마차에서 떼어내고, 승객 전원을 내리게 한 다음, 마차를 뒤집어 차축에 깃발을 동여맨다. [E 2, 7]

토지 수용에 대해. "전쟁 전 파사주 뒤 케르를 헐고 대신 서커스장을 세운다는 얘기가 있었다. 지금은 자금도 부족하고 지주들(44명)도 까다롭게 나오고 있다고 한다. 자금 부족이 오래 계속되고 지주들도 점점 더 까다롭게 나오기를 기대해보자. 앙증맞은 집들은 모

두 파괴되어버렸지만 지금으로서는 드루오 가 모퉁이에 있는 오스만 대로의 보기 흉한 통로로 만족하기로 하자." 폴 레오토, 「오래된 파리」, 『메르퀴르 드 프랑스』, 1927년, 503페이지.   [E 2, 8]

의회와 오스만. "그러던 어느 날 하원은 공포의 극에 달해 파리 한가운데 **사막!**을 만들어놨다고 그를 규탄했다. 불르바르 세바스토폴을 말하는 것이었다. ……" 르 코르뷔지에, 『도시 계획』, 파리, <1925년>, 149페이지.   [E 2, 9]

정말 중요한 것: "오스만의 연장들". 르 코르뷔지에, 『도시 계획』, 150페이지에 들어 있는 삽화들. 다양한 삽, 곡괭이, 손수레 등이 그것이다.[7]   [E 2, 10]

쥘 페리, 『오스만의 환상적인 회계 보고』, <파리, 1868년>. 제멋대로 자금을 관리하는 오스만을 겨냥한 팸플릿.   [E 2, 11]

"오스만의 설계도는 완전히 자의적인 것이었다. 도시 계획에 기반한 엄밀한 결론이 아니었다. 재정적 · 군사적 차원의 처리였다." 르 코르뷔지에, 『도시 계획』, 파리, <1925년>, 250페이지. [E 2a, 1]

"…… 그레뱅 밀랍 인형 박물관에서 현대의 유명 정객들의 전시실을 통해 이 전시실 뒤쪽의 커튼 뒤에 있는 극장의 무도회를 소개하는 방에 들어가는 도중 좌측에 사랑스러운 밀랍 인형이 보였으나 사진을 찍을 수는 없었다. ― 이 여자 인형은 안 보이는 곳에서 양말 대님을 묶고 있었는데, 내가 알기로는 도발적인 눈을 가진 유일한 입상이었다." 앙드레 브르통, 『나자』, 파리, 1928년, 199/200페이지.
패션의 모티브와 원근법의 모티브가 정말 정확하게 융합되어 있다.
■패션■   [E 2a, 2]

실내에서 꽃이 어떤 역할을 하는지를 묘사해보면 이처럼 숨 막
힐 정도로 플러시 천 일색인 세계의 특징을 제대로 알 수 있을 것이
다. 나폴레옹의 몰락 후 가장 먼저 시도된 것은 로코코로의 회귀였
다. 그러나 그것은 매우 제한된 범위로만 이루어졌다. 왕정복고 이
후의 유럽의 상황은 다음과 같았다.

"특징적인 것은 거의 모든 곳에서 코린트식 기둥밖에 사용되지
않았다는 점이다. …… 이 기둥의 화려함은 뭔가 짓누르는 듯한 느
낌을 준다. 마치 다른 한편으로 도시 개조에 따른 부단한 어수선함
이 원래 그곳 주민뿐만 아니라 이방인들에게까지도 한숨 돌리고 뭔
가 가만히 생각할 여유를 주지 않듯이 말이다. …… 모든 돌에는 전
제 권력의 표시가 남아 있고, 온갖 허식은 주변의 공기를 말 그대로
무겁고 답답한 것으로 만들고 있다. …… 어떤 이들은 이처럼 새로
운 현란함 속에서 현기증을 일으키고, 또 어떤 이들은 숨 막혀 하고,
어떤 이들은 불안하게 숨을 헐떡인다. 몇 세기에 걸쳐 해야 할 일을
불과 10년 안에 압축해서 해치워야 하는 열띤 성급함이 가슴을 짓
누르는 것이다." 『내외 소식』, 1861년 하반기, 3호, 143/144페이지
「1861년의 미술 전람회와 19세기 프랑스의 조형 예술」. 저<자>는 아
마 율리우스 마이어일 것이다. 이러한 지적은 오스만을 겨냥하고
있다. ■플러시 천■   [E 2a, 3]

중개하고 연결하는 역할을 하는 아케이드와 같은 건축물을 세우

려는 주목할 만한 경향. 이 중개라는 것은 말 그대로 공간적으로뿐만 아니라 비유적·양식적 관점에서도 그러하다. 가장 먼저 루브르와 튈르리 궁을 연결하는 길을 생각해볼 수 있다. "제정 시대 정부는 막사 이외에는 따로 독립된 건물을 거의 짓지 않았다. 이와 달리 이제 막 시작되거나 반 정도 완성된 이전 세기의 건물들을 완성시키는 데는 정말 열심이었다. …… 얼핏 정부가 특히 기존의 기념 건축물을 보존하는 일에 심혈을 기울인 것이 기묘하게 보일지도 모르겠다. …… 그러나 이 정부는 변덕스러운 날씨처럼 민중을 덮치는 것이 아니라 지속적으로 국민들의 삶 속으로 파고들어가려 하고 있다. …… 오래된 집은 무너져도 상관없지만 오래된 기념 건축물은 남겨두어야 한다." 『내외 소식』, 1861년 하반기, 3호, 139~141페이지「1861년의 미술 전람회와 19세기 프랑스의 조형 예술」]. ■꿈의 집■
[E 2a, 4]

철도가 오스만의 사업과 맺고 있는 관계. 오스만의 각서에서. "철도역은 오늘날 파리의 주요한 현관이 되었다. 이것들과 도심을 대규모 간선도로로 연결시키는 것이 시급히 필요하다." E. 드 라베돌리에르, 『새로운 파리의 역사』, 32페이지. 이것은 특히 불르바르 드 스트라스부르를 오늘날의 불르바르 세바스토폴인 샤틀레까지 연장시켜 만들 예정이던 소위 불르바르 샹트르를 가리킨다.[E 2a, 5]

기념비 제막식 같은 불르바르 세바스토폴의 개통식. "오후 2시 반 [황제의] 행렬이 생-드니 가로부터 다가오자 불르바르 드 세바스토폴의 이쪽 출구를 감추고 있던 거대한 막이 커튼처럼 걷혔다. 이 막은 두 개의 무어풍 원주 사이에 걸쳐 있었는데, 이 두 기둥의 받침대에는 예술, 과학, 산업, 교역을 상징하는 형상들이 새겨져 있었다."E. 라베돌리에르,『새로운 파리의 역사』, 32페이지.　　　[E 2a, 6]

오스만이 원근법을 선호한 것은 그가 (도시 계획) 기술에 예술 형식을 무리하게 강요하려고 시도했음을 말해준다. 이러한 시도는 항상 키치로 이어진다.　　　[E 2a, 7]

오스만은 본인에 대해 이렇게 말하고 있다. "파리의 구 포부르 뒤 룰 생. 그곳은 지금 포부르 생-토노레와 연결되어 있는데, 불르바르 오스만이 끝나고 아브뉘 드 프리드란트가 시작되는 곳이다. 콜레주 앙리 4세와 몽타뉴 생-즈느비에브(나중에 이곳에서 법학원의 강의를 듣거나 시간이 남을 때는 소르본과 콜레주 드 프랑스의 강의를 청강하곤 했다)에 위치한 구 리세 나폴레옹의 학생이던 나는 도시의 온갖 구역을 빠짐없이 돌아다녔다. 게다가 젊었을 때 나는 종종 정말 다양한 모습을 가진 파리 시의 지도 앞에서 한참 동안 이런저런 생각에 빠져들곤 했다. 이를 통해 나는 파리의 공공 도로망의 약점을 훤히 들여다보게 되었다. 지방에서 오래 살았음에도(22년을 밑돌지는 않았다) 불구하고 지난날의 추억과 인상을 그대로 간직하고 있었기 때문에 튈르리 궁으로 할 것인가 아니면 시청에 세울 것인가를 둘러싸고 논란이 벌어지고 있던 제국의 수도의 개조 작업을 지휘하기 위해 며칠 전 갑자기 부름을 받고 되돌아왔을 때 실제로 이처럼 복잡한 임무를 감당하기 위한 마음의 준비는 사람들의 추측보다는 훨씬 더 잘 되어 있었으며, 어쨌든 해결해야 할 문제의 핵심으로 대담하게 뛰어들 준비가 되어 있다고 느꼈다."『오스만 남작의 회고록』, 2권, 파리, 1890년, 34/35페이지. 이것은 종종 계획을 성공적으로 실현하려면 계획에서 실천 사이에 얼마나 오랜 시간이 필요한지를 보여준다.   [E 3, 1]

오스만 남작은 1860년에만 해도 아직 꿈의 도시였던 파리에 맞선 투쟁에 어떻게 나섰는가. 1882년의 한 기사에서. "파리에는 진흙의 산들이 있었다. 불르바르들에서도 마찬가지였다. …… 물도 시장도 빛도 부족했던 시절은 먼 옛날처럼 생각되지만 막상 지금으로부터 채 30년 전도 되지 않았다. 그러다가 가스 가로등이 일부에서 모습을 드러내기 시작했다. 사원도 없었다. 아주 오래된 사원과 가장 아름다운 사원들 중 일부는 창고나 병영이나 사무실로 사용되고 있었다. 그렇지 않은 사원들은 금방이라도 쓰러질 듯한 움막들이 계속 늘어나면서 완전히 보이지 않게 되었다. 그래도 철도가 있었다. 매일 급류처럼 여행객을 파리로 쏟아냈으며, 그들은 잠자리를 확보할 수도 또 비비 꼬인 길을 돌아다닐 수도 없었다. ……그[오스만]는 수많은 구역을 해체했다. 도시 전체를 송두리째 그렇게 했다고 해도 좋을 것이다. 그가 전염병을 끌어들이려 한다는 비명이 들려왔다. 그는 그러한 항의는 무시하고 대신 절묘한 돌파구를 열어 우리에게 거리와 공기와 삶을 주었다. 어떤 때는 거리街를, 또 어떤 때는 아브뉘나 불르바르를, 어떤 때는 광장이나 공원, 산책로를 만들었다. 그는 병원, 학교, 일군의 초등학교를 세웠다. 그는 우리에게 완벽한 강을 제공해주었다. 그리고 장대한 하수도를 팠다."『오스만 남작의 회고록』, 2권, 파리, 1890년, X, XI페이지. 『르 골루아』, 1882년 5월자에 실린 쥘 시몬의 기사에서 발췌. 많은 대문자는 오스만의 독특한 정서법이 들어가 있는 것으로 보아도 좋을 것이다.   [E 3, 2]

나폴레옹 3세와 오스만이 후일 나눈 대화로부터. 나폴레옹: "프랑스 국민은 통상 변덕이 심한 것으로 알려져 있지만 근본적으로는 전 세계에서 가장 인습적인 사람들이라는 당신 말은 정말 맞는 말이오!" — 오스만: "폐하, 지당하신 말씀이십니다. 물론 사물에 대해서만 그렇다고 덧붙여야겠지만 말입니다! …… 저는 이중의 과오를 저질렀습니다. 시의 거의 전 구역을 '불르바르화하면서', 뒤집어엎어bouleversant 파리 주민을 어수선하게 한 죄와 파리 시가 너무 오랫동안 똑같은 액자 속에서 똑같은 모습을 하고 있도록 한 죄가 그것입니다.",『오스만 남작의 회고록』, 파리, 1890년, 2권, 18/19페이지.[8]   [E 3, 3]

오스만이 센 지사로 취임했을 때 나폴레옹 3세와 가진 대화로부터. 오스만: "이렇게 덧붙이고 싶습니다. 파리 주민은 전체적으로 볼 때 개조 계획에 — 당시에는 제국 수도의 '미화'라는 말을 사용했습니다만 — 호의적이었지만 부르주아 계급의 대부분과 거의 모든 귀족 계급은 이에 적대적이었다고 말입니다." 왜 그랬을까?『오스만 남작의 회고록』, 파리, 1890년, 2권, 52페이지.   [E 3, 4]

"2월 6일 나는 뮌헨을 떠나 북부 이탈리아의 한 문서고에서 열흘간 체류한 다음 폭우 속에서 로마에 도착했습니다. 도시의 오스만식 개조가 상당히 진행된 걸 알 수 있었습니다."『페르디난트 그레고로비우스가 국무차관 헤르만 폰 틸레 앞으로 보낸 서간집』, 헤르만 폰 페테르스도르프 편집, 베를린, 1894년, 110페이지. [E 3, 5]

오스만의 별명. '오스만–대공Osman-Pascha.' 오스만 본인이 —

파리에 용수湧水를 공급한 것과 관련해 ― 이렇게 제안하고 있다. "나를 수도경水道卿으로 임명해야겠다Il faudra me faire acque-duc."[9] 또 하나의 재치 있는 농담. "나의 작위? …… 해체 전문 예술가로 발탁되었다." [E 3, 6]

"그[오스만]는 1864년 수도의 전제적인 체제를 변호하기 위해 보기 드물게 과감한 어조로 이렇게 말했다. '파리는 주민들에게는 커다란 소비 시장, 거대한 노동 현장, 온갖 야심의 투기장이거나 아니면 그저 만나서 즐기는 장소일 뿐입니다. 고향이 아닌 것입니다. ……' 이에 대해 그의 논적들은 그의 평판에 무거운 돌이라도 하나 없는 것처럼 이렇게 한마디 했다. '대다수 사람들은 파리에 와서 주위 상황을 존경할 만한 것으로 만들지만 …… 진짜 떠돌이라고 할 수 있는 다른 사람들에게서는 시민으로서의 마음가짐이라고는 하나도 찾아볼 수 없다.' 이어 철도, 행정망, 전국적인 활동의 지부들 등 모든 것이 파리로 통한다는 것을 거론하면서 이렇게 결론을 내리고 있다. '따라서 집중화와 질서의 나라 프랑스에서 수도가 자치 행정 조직과 관련해 거의 언제나 비상 체제régime exceptional 하에 있었던 것은 놀랄 일이 아니다.'" 조르주 라론즈, 『오스만 남작』, 파리, 1932년, 172/173페이지. 1864년 11월 28일의 연설에서. [E 3a, 1]

풍자만화들은 "파리가 영불 해협의 연안들, 불르바르 뒤 린|라인|과 불르바르 에스파뉴|스페인|에 맞닿아 있는 것으로 풍자하고 있다. 또는 샴[10]에 따르면 이 수도는 새해 선물로 교외의 집들을 선사받고 있다! …… 한 캐리커처에서 리볼리 가는 지평선까지 뻗어

있는 모습으로 그려져 있다." 조르주 라론즈, 『오스만 남작』, 파리, 1932년, 148/149페이지. [E 3a, 2]

"새로운 간선도로가 생기면 …… 파리 중심부를 몇 개의 역과 연결시켜, 역의 혼잡을 줄일 수 있을 것이다. 다른 간선도로들이 빈곤과 혁명에 맞선 싸움에 참가하게 될 것이다. 전염병의 진원지나 폭동의 중심지로 파고들어가고, 상쾌한 공기의 유입과 더불어 군대의 도착을 가능하게 하고, 나아가 튀르비고 가처럼 정부와 병영을 연결하며, 불르바르 뒤 프랭스 외젠처럼 병영과 변두리의 노동자 구역을 연결해주는 전략로가 그것이다." 조르주 라론즈, 『오스만 남작』, 137/138페이지. [E 3a, 3]

"무소속 의원인 뒤르포르-시브락 백작은 …… 이들 새로운 간선도로들이 폭동 진압을 용이하게 해줄 것으로 생각되지만 폭동의 발생 또한 용이하게 만들 것이라고 반론을 제기했다. 그러한 도로를 건설하려면 노동자 대군을 한곳에 모아야 하기 때문이다." 조르주 라론즈, 『오스만 남작』, 133페이지. [E 3a, 4]

오스만은 나폴레옹 3세의 생일 — 혹은 세례명 축일인지도 모른다 (4월 5일?) — 축하연을 열었다. "콩코르드 광장에서 에투알 광장까지 2열의 원주 위에 얹은 124개의 조각한 아케이드들이 샹젤리제를 꽃줄 모양으로 장식하고 있다. 『르 콩스티튀시오넬』지는 '코르도바와 알람브라를 방불케 했다'라는 식으로 이를 설명해보려고 하고 있다. …… 가로를 따라 늘어선 56개의 거대한 샹들리에 빛의 소용돌이와 그것을 받아 아래서 반짝이는 모습 그리고 수천 개의 가스등에서 나오는 깜박거리는 불빛이 내는 시각 효과는 실로 장관이었다." 조르주 라롱즈, 『오스만 남작』, 119페이지. ■산책자■ [E 3a, 5]

오스만에 대해. "파리는 독자적인 표정과 생활 방식을 갖고 있는 소 시가지, 즉 사람들이 그곳에서 나고 죽으며, 그곳에서 살기를 좋아하기 때문에 떠나는 것은 꿈조차 꾸지 않으며, 자연과 역사가 협력해 통일을 이루는 가운데 다양성을 실현시켜온 소 시가들의 집합이었으나 마침내 영원히 그렇지 않게 되었다. 중앙 집권화, 과대망상벽이 인공의 도시를 만들어, 이제 파리 사람들은 이 도시 안에서 더이상 편안한 느낌을 갖지 못하게 되었다(이 점이 아주 중요하다). 따라서 틈만 나면 사람들은 떠난다. 그리하여 휴가 강박증이라는 새로운 욕구가 생겨났다. 반대로 주민들이 떠나간 도시에는 정해진 시기에 외국인들이 도착한다. '시즌'이 시작된 것이다. 국제적 교차로가 되어버린 자신의 도시에서 파리 사람들은 마치 뿌리 뽑힌 것처럼 보인다." 뒤베크/데스프젤, <『파리의 역사』, 파리, 1926년>, 427/8페이지. [E 3a, 6]

"대부분의 시간을 토지 수용 심사위원회에 매달려야 했다. 천성적으로 정부가 하는 일이라면 못마땅해하고 무조건 대놓고 반대하는 것을 일삼는 이들 위원들은 공금을 물 쓰듯이 뿌리고 다녔는데, 그렇다고 그것이 자기들 주머니에서 나가는 돈도 아니고 그러다 보면 언젠가는 자기들도 한푼 만져보겠지 하는 생각에서 그렇게 하고 있었던 것이다. 파리 시가 150만 프랑이라는 액수를 제시하자 단 한 번의 심의로 위원회는 300만에 가까운 돈을 요구했다. 이 얼

380

마나 멋진 투기의 장인가! 어느 누가 자기 몫을 바라지 않을까? 이러한 일을 전문으로 하는 변호사들이 있었다. 중개 수수료를 받고 상당한 이익을 보장해주는 알선업자들도 있었다. 임대차 계약서 혹은 거래 관계를 거짓으로 꾸미거나, 장부를 조작하는 등의 여러 가지 방법도 있었다." 조르주 라론즈, 『오스만 남작』, 파리, 1932년, 190/91페이지.   [E 4, 1]

오스만을 비판한 『애가哀歌』에서. "너는 도시가 황량하고 우울한 곳이 되는 것을 보려고 살고 있다./너의 영광은 미래의 고고학자들의 눈에는 대단한 것이겠지만 너의 마지막 날은 슬프고 쓰라린 나날이 되리./ …… /그리고 도시의 심장은 서서히 식어갈 것이다./ …… /도마뱀과 길 잃은 개와 쥐들이 이 장대함 위에 군림하게 될 것이다. 세월에 따른 손상들이 발코니의 황금이나 도장된 벽 위에 쌓일 것이다./ …… /그리고 고독이라는 사막의 지루한 여신이 나타나 네가 어마어마한 노력을 기울여 만들어놓게 될 이 새로운 제국 위에 앉게 될 것이다."『사막, 파리 — 오스만화된 어떤 사람의 예레미야 애가』, <파리, 1868년, 7/8페이지>.   [E 4, 2]

"파리의 미화, 더 정확하게 말해서 부흥 문제는 1852년경에 제기되었다. 그때까지만 해도 이 대도시를 황폐한 상태로 방치해둘 수 있었으나 그때 뭔가 손을 써야 할 필요가 발생했다. 우연의 일치로 마침 당시 프랑스와 주변국들이 유럽을 종횡하는 주요 간선 철도의 건설 공사를 마무리짓고 있었던 것이다."『산책자가 본 새로운 파리』, 파리, 1868년, 8페이지.   [E 4, 3]

"작년에 대성공을 거둔 한 책을 읽어보면 파리의 도로가 확대된 것은 여러 가지 사상들이 왕래할 수 있도록, 그리고 무엇보다 연대聯隊가 행진할 수 있도록 하기 위해서였다는 것을 알 수 있다. 악의가 담긴 이 말은 다른 말에 뒤이어 나오고 있는데, 이는 결국 파리는 전략적으로 미화되었다는 말이나 마찬가지이다. 아마 그럴지도 모른다. …… 나는 전혀 주저하지 않고 전략적 미화야말로 모든 미화 중 가장 훌륭한 미화라고 선언한다."『산책자가 본 새로운 파리』, 파리, 1868년, 21/22페이지.   [E 4, 4]

"파리 시는 스스로에게 강제 노동을 부과했다는 말이 있다. 그것은 결국 건축 공사를 멈추고 수많은 노동자들을 출신지로 돌려보내는 바로 그날부터 입시세가 현저하게 감소할 것이라는 것을 의미한다."『산책자가 본 새로운 파리』, 파리, 1868년, 23페이지.

[E 4, 5]

파리 시의회 의원 선거의 선거권을 파리에 15개월 체류하고 있다는 증명과 결부시키자는 제안. 이유는 이렇다. "이 문제를 면밀히 검토해보면 곧 어떤 사람이 파리에 거주한 시기는 그의 인생 중 혼란스럽고 모험으로 가득 찬 격동의 시기라는 것을 알게 될 것이다."『산책자가 본 새로운 파리』, 파리, 1868년, 33페이지. [E 4, 6]

"파리 시의 터무니없는 허비는 국가를 위한 것이라는 핑계로 얼버무려지고 만다." 쥘 페리, 『오스만의 환상적인 회계 보고』, 파리, 1868년, 6페이지.   [E 4, 7]

"수억에 달하는 불하지나 이권이 은밀하게 여기저기 뿌려지고 있다. 경쟁의 원칙과 마찬가지로 공개 입찰의 원칙도 구석으로 밀려나고 있다." 페리, 『환상적인 회계 보고』, 11페이지.   [E 4a, 1]

페리는 ― 『환상적인 회계 보고』의 21~23페이지에서 ― 오스만의 사업이 진행되면서 점점 파리 시에 불리한 경향을 띠기에 이른 토지의 강제 수용에 관한 판결문을 분석하고 있다. 1858년 12월 27일의 포고 ― 페리는 이것을 그저 오래 전부터 있어온 권리의 성문화에 불과하다고 본 반면 오스만은 새로운 법률이 만들어졌다고 보았다 ― 에 따라 파리 시는 새로운 거리가 만들어지게 될 곳의 토지를 전부 수용할 수 없게 되었다. 수용할 수 있는 것은 도로 건설에 직접 필요한 부분으로 한정되었다. 이로 인해 파리 시는 도로 건설로 값이 오른 토지의 나머지 부분을 매각해서 얻을 수 있을 것으로 기대했던 여분의 이익을 놓치게 되었다.   [E 4a, 2]

1867년 12월 11일자 오스만의 메모에서. "후자의 두 가지 취득 방식이 임차인의 점유권을 반드시 정지시키는 것이 아니라는 점은 오랫동안 항상 인정되어왔다. 하지만 1861년에서 1865년까지의 다양한 판결을 통해 파쇄원은 파리 시에 관해서는 매각하는 사람의 동의를 법적으로 확인해주는 |하급 재판소의| 판결과 매매 합의서가 있으면 법률적으로는 *ipso jure* 임차인의 임대차 계약을 해약시키는 효과가 있다고 판시해왔다. 그 결과 상호 합의 하에 파리 시가 취득한 건물에서 사업을 하던 많은 임차인들은 …… 토지 수용일 전에 임대차 계약을 무효화한 다음 즉시 퇴거하고 보상해줄 것을 요구했다. …… 파리 시는 …… 예정에 없는 막대한 보상금을

지불해야 했다." 페리, 『환상적인 회계 보고』, 24페이지에서 인용.

[E 4a, 3]

"보나파르트는 '부르주아적 질서'의 확립을 사명으로 느끼고 있었다. …… 산업과 상업, 즉 부르주아가 종사하는 일이 번영해야 했다. 철도와 관련해 수많은 인가가 주어지고 국가 보조금이 교부되고 신용 대부가 이루어졌다. 부르주아 계층의 부와 사치가 증가했다. 50년대가 되자 파리에 백화점이 모습을 드러내기 시작했다. '봉 마르셰', '루브르', '벨 자르디니에르' 등이 그것이다. '봉 마르셰'의 매출액은 1852년에는 45만 프랑에 불과했으나 1869년에는 2,100만 프랑까지 증가했다." 기셀라 프로인트, 『프랑스에서 사진의 발달』(미간행).[11]

[E 4a, 4]

1830년경. "생-드니 가와 생-마르탱 가는 이 구역의 동맥이자 폭도들에게는 천혜의 지역이었다. 그곳에서는 통탄스럽게도 시가전이 너무나 용이했다. 도로의 포석을 뜯어내고, 근처에 있는 집들의 가구나 식료품점의 나무 상자를 쌓는 것만으로도 충분했다. 필요하면 지나가는 승합마차를 세워 점잖게 부인이 내리는 것을 도와주면 되었다. 따라서 이러한 테르모필레를 탈환하려면 집들을 파괴해야만 했다. 전투 보병이 중무장에 완전 군장을 하고 엄폐물이 없는 노출된 지역으로 진군하기도 한다. 바리케이드 뒤쪽에 대기하고 있던 한 줌의 폭도들이 연대 전체를 애먹일 수도 있다." 뒤베크/데스프젤, 『파리의 역사』, 파리, 1926년, 365/66페이지.

[E 4a, 5]

루이-필립 치하. "시내에 관한 기본적인 생각은 7월 혁명의 날들에 중심적인 역할을 한 전략로들, 일련의 강변 도로, 불르바르의 간선들을 새롭게 정비하는 데 있었던 모양이다. …… 마지막으로 도심의 경우 오스만화된 대로의 선조인 랑뷔토 가가 있는데, 마레지구의 레알에 있는 이 도로의 폭은 당시로서는 상당히 넓었다. 13미터였다." 뒤베크/데스프젤, 『파리의 역사』, 파리, 1926년, 382/383페이지.   [E 5, 1]

생시몽주의자. "1832년 콜레라가 유행하자 그들은 환기가 잘 안되는 구역들을 해체시킬 것을 요구했다. 훌륭한 생각이었다. 그들은 루이-필립은 삽을 들고, 라파예트 장군은 곡괭이를 들어 모범을 보여달라고 요구했다. 그러면 노동자들은 제복을 입은 폴리테크니크 생도들의 지휘 하에 군악대의 장단에 맞춰 일하고, 파리에서 가장 아름다운 부인들이 격려차 현장을 방문하리라는 것이었다." 뒤베크/데스프젤, 『파리의 역사』, 392/93페이지. ■산업 발전 ■비밀결사■   [E 5, 2]

"아무리 건물을 세우고 또 세워도 신축 건물로는 토지를 수용당한 사람들을 다 수용할 수 없었다. 그 결과 임대료에 심각한 위기가 발생했다. 임대료가 두 배로 뛴 것이다. 인구는 1851년에 1,053,000명이었으나 1866년의 병합 후에는 1,825,000명으로 증가했다. 제2제정 말기 파리에는 독립가옥이 6만 가구, 주택이 612,000호였는데, 이 중 500프랑 이하의 임대료를 내는 경우가 481,000호였다. 건물은 높이 올리고 천장은 낮춰야 했다. 따라서 법률로 천장의 최소 높이를 2미터 60센티미터로 정하지 않을 수 없었다." 뒤베크/

데스프젤, 앞의 책, 420/21페이지.   [E 5, 3]

"지사 측근들이 파렴치하게 치부한 재산. 오스만 부인이 한 살롱
에서 순진하게 이렇게 말했다는 일화가 있다. '이상하죠? 우리가
건물을 살 때마다 항상 거기로 불르바르가 통과하니 말이에요.'"
뒤베크/데스프젤, 앞의 책, 423페이지.   [E 5, 4]

"넓은 대로 끝에 오스만은 원근법을 위해 여러 기념 건조물을 세웠
다. 불르바르 세바스트폴 끝에는 트리뷔날 드 코메르스,[12] 그리고
발타르가 비잔틴 양식을 본따 지은 생-토귀스탱 성당이나 새로운
생-탕브루아즈, 생-프랑수아-자비에르 성당 등 온갖 양식을 절충
한 성당들을 말이다. 쇼세 당탱의 끝자락에 있는 트리니테 성당은
르네상스 양식을 흉내 낸 것이며, 생-클로틸드 성당은 고딕 양식
을 모방한 것이다. 생-장 드 벨비유, 생-마르셀, 생-베르나르, 생-
외젠 등의 성당은 모두 철골 건축과 의사擬似 고딕 양식의 보기 흉
한 혼합에서 생겨났다. …… 오스만은 멋진 발상을 갖고 있으면서
도 그것을 제대로 실현시키지 못했다. 조망을 도입할 것을 끈질기
게 고집했으며 직선 도로 끝에는 반드시 기념 건조물을 세우도록
했다. 발상은 뛰어났으나 실제로 완성된 것은 뭘까, 유치했다!
불르바르 스트라스부르는 트리뷔날 드 코메르스의 거대한 계단을
둘러싸고 아브뉘 드 오페라에서는 오텔 뒤 루브르의 수위실과 맞
닥뜨린다." 뒤베크/데스프젤, 앞의 책, 416페이지와 425페이지.
                                                   [E 5, 5]

"무엇보다 제2제정의 파리는 잔혹할 정도로 아름다움을 결여하고

있다. 대로 중 어느 것 하나 생-탕투안 거리의 멋진 곡선의 매력을 갖고 있지 않으며, 이 시대의 집 중 어디에서도 엄정하고 우아하게 배열된 18세기식 정문이 주는 은근한 기쁨을 맛볼 수 없다. 게다가 이 비논리적인 도시는 견고하지 않다. 이미 건축가들은 오페라 극장에 금이 가고, 라 트리니테 성당이 무너져 내리고, 생-토귀스탱 성당은 부서지고 있다는 것을 확인했다." 뒤베크/데스프젤, 앞의 책, 427페이지.   [E 5, 6]

"오스만 시대에는 새로운 도로가 필요했으나 반드시 그가 만든 것과 같은 새로운 도로가 필요했던 것은 아니다. …… 역사적 경험의 무시. …… 이것이 그의 사업에서 가장 먼저 눈에 띄는 특징이다. 오스만은 캐나다나 미국의 서부에서나 지음직한 인공적인 도시를 설계했다. …… 오스만의 도로들은 도대체 유용성이라고는 결여하고 있었으며, 아름다움이라고는 찾아볼 수 없었다. 대부분이 놀랄 만한 관통 방식을 보여주는데, 이렇다 할 수 없는 곳에서 시작해서 어디라고 할 수 없는 곳에 다다르며 도중에 있는 모든 것을 파괴시켜버리는 것이다. 도로를 조금만 구부려도 소중한 추억을 보존할 수 있는데도 말이다. …… 과도한 오스만식 개조가 아니라 너무 미흡한 오스만식 개조를 나무라야 한다. 이론에 있어서의 과대망상에 반해 그는 실제로는 어떤 장소에서도 충분히 넓게 구상하지 않았으며, 어느 곳에서도 미래를 예견하지 못했다. 그가 만든 건물의 조망들은 모두 넓이를 결여하고 있었으며 그가 만든 도로들은 너무 좁았다. 그는 장대한 구상을 했으나 크고, 정확하게, 장기적인 전망에서 구상한 것은 아니었다." 뒤베크/데스프젤, 앞의 책, 424~426페이지.   [E 5a, 1]

"파리의 개조를 지배하게 된 새로운 정신을 한마디로 규정해야 한다면 아마도 과대망상증이라고 부를 수 있을 것이다. 황제와 지사는 파리를 프랑스뿐만 아니라 세계의 수도로 만들려고 한다. …… 그로부터 코스모폴리탄적인 파리가 태어날 것이다." 뒤베크/데스프젤, 앞의 책, 404페이지.　　　　　　　　　　　　　　　　[E 5a, 2]

"세 가지 사태가 파리 개조 사업을 지배할 것이다. 도심에서 예전 수도를 도려내고 교차점을 새롭게 정비할 것을 요청하는 전략적 사태. 서쪽으로의 발전이라는 자연적 사태. 마지막으로 교외를 병합시킨다는 체계적인 과대망상증에 함축되어 있는 사태." 뒤베크/데스프젤, 앞의 책, 406페이지.　　　　　　　　　　　　　[E 5a, 3]

오스만의 적인 쥘 페리는 스당에서의 패배 소식을 듣고 이렇게 말했다. "황제의 군대는 패배했다!" 뒤베크/데스프젤, 앞의 책, 430페이지.　　　　　　　　　　　　　　　　　　　　　　　[E 5a, 4]

"오스만 시대까지 파리는 적당한 크기의 도시라 경험(주의)에 따르는 것이 이치에 맞았다. 그러다가 자연이 가하는 압력에 따라 내밀리듯 발전을 거듭하게 되었는데, 이러한 발전의 법칙은 역사의 사실들 속에서, 지형 속에서 읽어낼 수 있다. 갑자기 오스만이 혁명기와 제정기의 중앙 집권화 작업을 가속화시키고 완성시켰다. …… 이것은 주피터의 머리에서 나온 미네르바처럼 인공적이며 무절제한 창조물이며 독재 정신의 과용에서 생겨난 것이었으므로 자체의 논리에 입각해 발전하려면 독재 정신이 필요했다. 하지만 태어나자마자 그것은 원천과 끊어지게 되었다. …… 우리는 여기서 원리상 인위적인 구성은 실제로는 오직 자연이 정한 법칙에만 자신을 맡긴다는 역설적인 정황을 엿볼 수 있다." 뒤베크/데스프젤, 앞의 책, 443/44페이지.   [E 5a, 5]

"오스만 남작은 파리를 아주 폭넓게 절개하고, 엄청난 출혈이 따른 수술을 감행했다. 파리는 오스만의 외과 수술을 견디지 못할 것처럼 보였다. 그러나 오늘날 파리는 이 과감하고 용기 있는 남성이 이룩한 업적 덕분에 살아가는 것이 아닐까? 그의 도구는 무엇이었을까? 삽, 곡괭이, 짐수레, 흙손, 손수레…… 즉 새로운 기계가 사용되기까지 모든 민족이 사용하던 유치한 연장들이 사용되었다. 그의 업적은 실로 대단하다." 르 코르뷔지에, 『도시 계획』, 파리, <1925년>, 149페이지.[13]   [E 5a, 6]

지배자들은 피(경찰), 술수(패션), 마술(화려함)로 지위를 고수하려고 한다.   [E 5a, 7]

사람들 애기로 도로 확장은 크리놀린 스커트 때문에 이루어졌다고 한다.   [E 5a, 8]

마르슈 지방과 리무쟁 지방 출신이 많았던 석공들의 생활 방식(이 묘사는 1851년의 것이다. — 오스만의 토목 공사로 촉발되어 이 계층의 사람들이 대량으로 유입되기 이전이다). "석공들의 풍속은 다른 이주자들의 풍속보다 훨씬 더 눈에 띄었는데, 이들은 대개 한 세대당 적어도 젖소 한 마리의 사육이 가능한 공동 방목지가 있는 농촌의 읍이나 면에 자리 잡은 소규모 자작농 집안 출신이었다. …… 파리

오스만의 노동자들이 사용한 연장들. 작자 미상. [E 5a, 6]을 보라.

에 체류하는 동안 석공들은 독신 생활이 허용하는 한 최대한 절약하며 지냈다. 식비는 …… 한 달에 38프랑 정도이며, 주거비는 …… 한 달에 8프랑밖에 들지 않았다. 보통은 동일 직종의 노동자 10명이 한방을 쓰는데, 두 명씩 잤다. 이러한 방은 전혀 난방이 되지 않는다. 수지 양초로 불을 켜는데, 함께 사는 사람들이 돌아가며 구입했다. …… 석공은 45살이 되면 그때부터는 …… 자기 토지를 경작하기 위해 고향으로 돌아간다. …… 이러한 생활 방식은 정주민의 생활 방식과는 현격한 대조를 이룬다. 그럼에도 불구하고 몇 년 전부터 이들의 생활 방식이 눈에 보일 정도로 변하기 시작했다. …… 예를 들어 파리에 머무는 동안 젊은 석공들은 동거를 하거나 옷을 사기 위해 쓸데없이 돈을 허비하거나 다양한 모임 장소나 환락가에 드나드는 등 이전같이 전혀 딴 세상 사람처럼 굴지 않았다. 토지 소유자 신분으로 상승하는 것이 점점 더 어려워지는 것과 동시에 사회의 상류 계급에 대한 질투심은 점점 더 예민해져 갔다. 가족의 영향으로부터 멀리 떨어지다 보니 이러한 퇴폐에 굴복하기가 쉽고…… 이 와중에 사리사욕은 종교적 감정에 의한 견제를 잃고 쉽게 발달하기 마련인데 …… 아무튼 이러한 퇴폐는 종종 파리의 정착 노동자들에게서 …… 찾아볼 수 있는 천박함으로 이어지기도 한다." F. 르 플레, 『유럽의 노동자들』, 파리, 1855년, 277페이지.　　　　　　　　　　　　　　　　　　　　　　　　[E 6, 1]

나폴레옹 3세 시대의 재정 정책에 대해. "제정의 재정 정책은 일관되게 두 가지 관심사의 지배를 받아왔다. 정상적인 세입의 부족분을 메우는 것, 그리고 자본이 계속 회전하도록 유도하고 많은 일자리를 창출해주는 토목 공사를 늘리는 것이 그것이었다. 공채 등록

대장을 개설하지 않고 자금을 차입하는 방법과 즉각 지출 예산에 과도한 부담을 지우지 않는 범위 내에서 가능한 한 많은 공사를 벌이는 묘책이 동원되었다. …… 이를 위해 제국 정부는 17년 동안 세금에 의한 자연적인 수입 외에 43억 2,200만 프랑을 더 확보해야만 했다. 이처럼 막대한 보조금은 이자를 지불해야 하는 직접 차입혹은 예상 수입이 양도된 가처분 자본의 활용에 의존했기 때문에 이를 위해 계속 임시 예산을 편성하다 보니 국가의 채무와 부채가크게 늘어났다." 앙드레 코쉬, 『제2제정의 금융 조작과 경향』, 파리, 1868년, 13페이지, 20/21페이지.   [E 6, 2]

이미 6월 봉기 때 "한 집에서 다른 집으로 지나다닐 수 있도록 벽을뚫었다". 지그문트 엥글렌더, 『프랑스 노동자 연맹의 역사』, 함부르크, 1864년, 2권, 287페이지.   [E 6, 3]

"1852년 …… 보나파르티스트이기만 하면 세상의 모든 쾌락을 얻을 수 있었다. 보나파르티스트란 인간적으로 말하자면 삶의 욕망이 누구보다 강한 사람들을 이르는 말이었다. 그렇기 때문에 그들은 승리했다. 졸라는 이러한 생각에 벌떡 일어섰다. 그는 가만히 생각에 잠겼다. 저마다 자신이 있는 곳에서 자기 나름대로의 주제에 맞게 하나의 제국을 만든 사람들을 나타낼 수 있는 표현이 갑자기 떠오른 것이다. 이 제국의 생활의 가장 중요한 기능으로서의 투기, 체면 불구한 돈벌이, 끝을 알 수 없을 듯한 쾌락, 이 세 가지가 여봐란 듯이 구경거리나 축제에서 떠들썩한 형태로 과대한 예찬을 받는다. 그것들은 점점 바빌론을 연상시킬 정도였다. 그런데 이러한 숭배에 가담하고 있는 눈부신 대중 옆에는, 이들 뒤에서는 ……

어쩐지 정체가 모호한 대중이, 이제 막 깨어난 대중이 전면으로 몰려오고 있는 중이었다." 하인리히 만, 『정신과 행위』, 베를린, 1931년, 167페이지(「졸라」). [E 6a, 1]

1837년경 갈레리 콜베르에 있는 뒤팽 서점에서 컬러 석판화 시리즈가 나왔다(서명은 푸르세가?, 1837년). 거기에는 연극 관객의 여러 가지 모습이 그려져 있다. 이 시리즈 중에서 몇 가지만 보면 이렇다. 「기분 좋은 관객들」, 「박수 치는 관객들」, 「뭔가를 꾸미는 관객들」, 「오케스트라에 따라 박수를 치는 관객들」, 「주의 깊은 관객들」, 「통곡하는 관객들」. [E 6a, 2]

1786년에 나온 부아셀의 『공적 지역권地役權에 대한 반론』에서 도시 계획의 출발을 볼 수 있다. "토지의 자연스런 공동 소유가 토지 분배에 의해 사라지고 난 후 소유주들은 자기 마음대로 집을 지어 살기 시작했다. 당시에는 그러한 추세 때문에 사회 질서가 어지러워지거나 하는 일은 없었다. 그러나 도시가 등장하고 토지 소유자 맘대로, 또한 이들에게 가장 큰 이익이 되도록 건축이 진행되면서부터 사회의 안전, 건강 또는 쾌적성은 전혀 고려되지 않게 되었다. 특히 파리에서 그러했는데, 성당이나 궁전, 불르바르나 산책로는 수없이 만들었으면서도 대다수 주민의 주택에는 관심을 기울이지 않았다. 그는 파리의 거리들을 걷는 불쌍한 보행자들을 위협하는 지저분한 환경과 위험을 아주 세밀하게 묘사한다. …… 그런 다음 부아셀은 도로라고 하는 이 무시무시한 시설에 이의를 제기하며, 이러한 문제에 대한 해결책으로 마차나 비바람으로부터 보행자를 보호할 수 있도록 건물의 1층을 바람이 잘 통하는 아케이드로 만들자는 제안을 한다. 이런 식으로 그는 '모든 사람이 함께 쓰는 하나의 우산'이라는 벨라미의 아이디어를 예견해주고 있다."[14] C. 후고, 「대혁명기의 프랑스 사회주의」, 1편, 「프랑수아 부아셀」, 『디노이에 차이트』, 슈투트가르트, 1893년, 11권 1호, 813페이지.

[E 6a, 3]

1851년경의 나폴레옹 3세에 대해. "그는 프루동과 있으면 사회주의자, 지라르댕과 있으면 개혁주의자, 티에르와 있으면 반동, 공화정의 추종자와 있으면 온건한 공화주의자, 정통 왕당파와 있으면 민주주의와 혁명의 적이 된다. 그는 뭐든지 약속하며 무엇에든 서명한다." 프리드리히 스자르바디, 『파리』, 1권[이 1권만 출판되었다], 베를린, 1852년, 401페이지.

[E 6a, 4]

"루이 나폴레옹 …… 룸펜프롤레타리아의 이 대표자, 그리고 온갖 유형의 사기와 기만의 구현자인 그는 서서히 권력을 자기 주위로 끌어 모은다. 기뻐 어쩔 줄 모르며 활기차게 도미에가 다시 등장한다. 그는 뻔뻔한 포주이자 사기꾼인 '라타프왈'이라는 특출한 인물상을 만들어낸다. 항상 등 뒤에 사람 잡는 몽둥이를 감추고 있는 이 영악한 살인자는 도미에에게서는 몰락한 보나파르티즘의 이념 그 자체를 나타내게 된다." 프리츠 Th. 슐테, 「오노레 도미에」, 『디 노이에 차이트』, 슈투트가르트, 32권 1호, 835페이지. [E 7, 1]

파리의 변형과 관련해. "거기에서는 위치를 알려면 다름 아니라 나침반이 필요하다." 자크 파비앙, 『꿈속의 파리』, 파리, 1863년, 7페이지.

[E 7, 2]

아래의 언급은, 대조를 이룬다는 의미에서, 파리를 흥미롭게 조명해준다. "돈, 산업, 부가 발달할 때 이러한 정면이 만들어진다. 집은 계급 간의 차이를 나타내는 데 도움이 되는 여러 가지 모습을 감추고 있다. 런던에서는 다른 어느 곳에서보다 계급 간의 격차가 냉정하게 드러난다. 아치형 출창出窓, 선반, 내닫이 창, 처마 장식, 기둥이 미친 듯이 만들어졌다. ― 온통 기둥들이다! 기둥, 그것이야말로 귀족성이다." 페르낭 레제, 「런던」, 『뤼』, 5권 23(209)호, 1935년 6월 7일, 18페이지. [E 7, 3]

"저 멀리 오래된 마레 지구에 사는 원주민은
당탱 구역에는 좀체 발을 들여놓지 않는다.
조용한 관측소 메닐몽탕 위에서
그는 언덕에서처럼 파리를 내려다보고 있다.
신들이 그를 이 땅에서 태어나게 해서
오랫동안 절약과 소박함이 이곳에 정착하도록 했다."

[레옹 고즐랑, 『승합마차의 승리 ― 영웅적인 희극시』, 파리, 1828년, 7페이지. [E 7, 4]

"도심에서 일하는 수만 명의 가족이 밤에는 수도에서 멀리 떨어진 곳에서 잠을 잔다. 이러한 움직임은 조수와 비슷하다. 아침에 민중이 파리로 밀려와 저녁에는 썰물처럼 빠져나가는 것을 볼 수 있다. 우울한 모습이다. …… 인류가 민중에게 이토록 낙담케 하는 모습을 조장한 것은 이번이 처음이다 …… 라고 덧붙이고 싶다." A. 그랑보, 『사회를 앞에 둔 노동자』, 파리, 1868년, 63페이지(「파리의 주택」). [E 7, 5]

1830년 7월 27일. "에콜 |폴리테크니크|의 언덕 아래에는 이미 셔츠 차림의 남자들이 통을 굴리고 포석과 모래를 손수레로 운반하고 있었다. 바리케이드를 만들기 시작한 것이다." G. 피네, 『에콜 폴리테크니크의 역사』, 파리, 1887년, 142페이지.　　　[E 7a, 1]

1833년. "파리를 성벽 외의 보루들로 띠 모양으로 둘러싸는 계획이 당시 몇몇 사람들을 …… 열광시켰다. 그처럼 외따로 떨어져 있는 성채들은 시내 방위에는 무용지물이며 주민들을 위협할 뿐이라는 이의가 제기되었다. 만인이 반대했다. …… 7월 27일에 대규모 민중 시위를 조직하기 위해 온갖 방법이 동원되었다. 시위가 준비되고 있다는 이야기를 들은 정부는 계획을 포기했다. …… 그럼에도 불구하고 …… 퍼레이드 날 '보루 타도!' '요새 타도!'라는 외침이 수없이 울려 퍼졌다." G. 피네, 『에콜 폴리테크니크의 역사』, 파리, 1887년, 214/15페이지. 이에 대해 대신들은 '화약 음모' 사건으로[15] 복수하려고 했다.　　　[E 7a, 2]

1830년의 동판화들에는 폭도들이 온갖 종류의 가구를 창문에서 아래의 군대 쪽으로 내던지는 모습이 그려져 있다. 생-탕투안 가에서의 전투 때 특히 그러한 일이 많았다. 판<화>실.　　　[E 7a, 3]

라티에는 꿈에 본 파리, 실제 파리와는 구분해 '가짜 파리'라고 부른 꿈에 본 파리를 이렇게 묘사한다. "가장 순수한 파리 …… 가장 진실된 파리 …… 존재하지 않는 파리"(99페이지). "멤피스의 팔 안에서 바빌론이 왈츠를 추고, 베이징에 안겨 런던이 레도바 |보헤미아의 춤곡|를 춰도 좋을 정도로 지금 이곳은 넓다. 그러던 어느

날 파리는 자기가 루테티아의 벽 안에 갇힌 채 그저 하나의 교차로를 이루고 있을 뿐이라는 것을 알고는 잠에서 화들짝 깨어날 것이다. 다음날 이탈리아, 스페인, 덴마크, 러시아는 법령에 의해 파리시에 합병될 것이다. 3일 후에는 노바야젬라와 파우아 섬까지 시의 경계가 확대될 것이다. 파리는 세계가 되고, 우주는 파리가 될 것이다. 사바나나 팜파, 슈바르츠발트는 이 거대한 루테티아의 공원에 지나지 않게 될 것이다. 알프스 산맥, 피레네 산맥, 안데스 산맥, 히말라야 산맥은 끊임없이 펼쳐진 이 비길 데 없는 도시의 생-즈느비에브 언덕이나 러시아의 산이 되어 즐거움이나 학습, 은둔의 작은 산이 될 것이다. 하지만 이 모든 것은 아직 아무것도 아니다. 파리는 머지않아 하늘로 솟아올라 하늘 중의 하늘 위로 올라가서는 행성과 별을 교외로 삼을 것이다." 폴-에르네스트 드 라티에, 『파리는 존재하지 않는다』, 파리, 1857년, 47~49페이지. 초기의 이러한 몽상을 오스만에 대한 10년 후의 야유와 비교해볼 것.

[E 7a, 4]

라티에는 이미 그의 '가짜 파리'에서 "가짜 파리의 주요 도로를 모두 단 하나의 중심 — 튈르리 궁이라는 중심 — 에 기하학적이며 평행하게 연결하는 독특하고 단순한 도로망 체계를 제시했는데, 이것은 방어와 질서 유지를 위한 탁월한 방법이기도 했다." 폴-에르네스트 드 라티에, 『파리는 존재하지 않는다』, 파리, 1857년, 55페이지.

[E 8, 1]

"가짜 파리는 폭동만큼 무용하며 도덕에 반하는 것은 없다는 것을 이해할 만큼의 상식은 갖고 있다. 몇 분간은 체제에 대해 승리를 거둘 수 있을지 몰라도 폭동은 수세기 동안을 진압당한 채 있을 것이다. 정치에 얽매이는 대신 …… 조용히 경제 문제에 몰두한다. …… 부정 행위의 적인 군주는 …… 우리 지구 위의 하늘로 올라가기 위한 발판을 만들려면 …… 황금이, 그것도 엄청난 황금이 필요하다는 것을 …… 잘 …… 알고 있다." 폴-에르네스트 드 라티에, 『파리는 존재하지 않는다』, 파리, 1857년, 62페이지, 66/67페이지.   [E 8, 2]

7월 혁명. "총탄에 쓰러진 자들보다 다른 날아다니는 것에 쓰러진 자들이 …… 더 많았다. 사람들은 파리의 거리를 포장하는 데 사용된 사각형의 커다란 화강암을 건물 맨 위층까지 끌어올린 다음 병사들의 머리를 겨냥해서 던졌다." 프리드리히 폰 라우머, 『1830년 파리<와> 프랑스에서 온 편지』, 라<이프>치<히>, <1831년>, 2권, 145페이지.   [E 8, 3]

라우머의 저서에 나오는 제3자의 증언. "나는 무릎을 꿇고 목숨을 구걸하는 스위스인들을 사람들이 농담을 주고받으면서 학살하는 것을 보았다. 또 거의 발가벗겨진 사람이나 중상을 입은 자들을 조소하면서 바리케이드 위로 내던져 바리케이드의 높이를 높이는 걸 보았다." 프리드리히 폰 라우머, 『1830년 파리와 프랑스에서 온 편지』, 라<이프>치<히>, 1831년, 2권, 256페이지.   [E 8, 4]

1830년의 바리케이드에 대한 조사와 기록 작성. Ch. 모트, 『1830년, 파리의 혁명 — 바리케이드 및 무장 시민과 군대의 위치와 움직임을 표시한 그림 지도』(저자가 출간함, <파리, 1830>).   [E 8, 5]

A. 리에베르, 『파리의 폐허 — 100장의 사진』, 파리, 1871년, 1권에 실려 있는 한 도판의 제목.「가야르(아버지)가 만든 코뮌 병사들의 바리케이드」.   [E 8, 6]

"50두의 말이 끄는 마차를 타고 수도에 들어온 …… 황제는 파리문에서 루브르 궁을 향해 들어오다가 2,000개의 개선문 아래에서 멈춰 섰다. 그런 다음 황제를 기념해서 건립한 50개의 거상 앞을 통과한다. …… 그런데 군주에 대한 신민들의 이러한 우상 숭배를 보고 심신 깊은 사람들은 당혹감을 감출 수 없었는데, 그들의 신들도 이렇게까지는 숭배되지 않는다는 생각이 떠올랐던 것이다." 아르센 우세,「미래의 파리」(『19세기의 파리와 파리 사람들』, 파리, 1856년, 460페이지).   [E 8, 7]

나폴레옹 3세 치하에서의 변호사들의 높은 급료.   [E 8, 8]

"'영광의 3일' 동안 만들어진 4,054개의 바리케이드에는 …… 812만 5천 개의 포석이 쓰였다." 『낭만주의』 [|국립도서관|. 전람회 카탈로그, 1930년 1월 22일~3월 10일, 전시 번호 635의 설명문. A. 드 그랑사뉴/M. 플랑, 『1830년 혁명 — 파리 시가전 지도』<|>.   [E 8, 9]

"작년처럼 몇천 명의 노동자가 위협적일 정도로 침착하게 수도 파리의 거리를 행진한다면, 평화롭고 상업이 번영하고 있을 때 그들이 생업에 지장을 준다면 …… 그러한 소요를 강제로 해산시키는 것이 정부의 최우선 과제일 것이다. 그러한 소요는 그것이 소요라는 것을 모르는 만큼 더 위험하다." L. 드 카르네,「민주적 · 공산주의적 간행물들」(『레뷔 데 되 몽드』, 27권, 파리, 1841년, 746페이지).

[E 8a, 1]

"사회의 현재 움직임은 건축에 어떤 운명을 마련해놓고 있는 걸까? 주위를 둘러보자. …… 이전 어느 때보다 더 많은 기념 건조물과 궁전을 볼 수 있다. 사방에 정사각형의 거대한 돌덩어리가 솟아있는 것을 볼 수 있는데, 하나같이 견고한 것 즉 육중하고 천한 유형을 지향하고 있다. 이 와중에 유폐당한 예술의 수호신은 위대함이나 상상력을 표현할 여지는 더이상 찾아볼 수 없게 된다. 건축가의 상상력은 모두 …… 건물의 정면에 건물의 건축 양식을 단계별로 나타내거나, 벽에 장식을 하거나, 창문의 테두리에 띠 장식을 덧붙이거나 하는 데 소진되어버리고 만다. 건물의 안쪽으로 들어가면 이전 어느 때보다 많은 정원과 주랑을 볼 수 있다. …… 점점 비좁아져가는 작은 실내, 나선형 계단 한쪽 구석에 마지못해 겨우 마련한 서재와 규방, …… 인간을 집어넣기 위한 정리함인 셈이다. …… 이는 감옥 제도를 가족 집단에 응용한 것이다. 문제는 다음과 같다. 일정한 공간에 최소한의 재료를 사용해 가능한 한 많은 인간(서로를 격리시킨 채)을 밀어넣는 것이 그것이다. …… 이러한 경향, 그것은 기정사실로, 세분화의 결과이다. …… 한마디로 **각자가 스스로를 위해, 각자가 자기 집에서라는 개념**이 점점 사회의 원리가 되는 반면 공공 재산은 …… 흩어지고 낭비된다. 프랑스에서 지금 사람들의 주거에 응용된 기념비적인 건축의 죽음을 초래한 특히 적극적인 원인은 여기서 찾을 수 있다. 왜냐하면 점점 더 비좁아져가는 개인의 주택은 작은 예술품밖에는 품을 수 없기 때문이다. 이미 예술가에게는 공간이 없다. 그래서 어쩔 수 없이 이젤로 그림을 그리고, 작은 조상을 제작한다. …… 현재 막 등장하고 있는 사회와 같은 조건에서라면 예술은 막다른 골목에 몰려 산소 부족으로 질식할 것이다. 예술은 벌써 이처럼 점점 더 여유가 없어져가는 상황이 널리 퍼지면서 나타나는 결과로 인해 괴로워하고 있는데, 진보적이라고 자임하는 몇몇 사람들은 그러한 상황을 인류애의 목표로 하고 있는 것처럼 보인다. …… 건축에서는 좀처럼 예술을 위한 예술은 불가능하다. 오직 건축가가 상상력을 발휘할 수 있도록 하기 위해, 화가나 조각가들에게 일거리를 주기 위해 기념 건조물을 세우거나 하는 일은 좀처럼 없기 때문이다. 기념 건조물의 건축 방식을 …… 인간 주거의 모든 부분에 응용해야 한다. 몇몇 특권적인 사람들뿐만 아니라 모든 사람을 궁전에 살도록 해야 한다. 사람들이 모두 궁전에 살려면 다른 사람들과 함께, 협동조합 관계를 만들어 살아가는 것이 바람직하다. …… 코뮌의 모든 구성 요소가 이렇게 조합을 만들 때 비로소 예술은 우리가 묘사해온 대 발전을 이룩할 수 있을 것이다." D. 라베르당, 『예술의 사명과 예술가의 역할 — 1845년 살롱』, 파리, 1845년, 『라 팔랑주』사무소 발행, 13~15페이지.   [E 8a, 2]

"오랫동안 사람들은 불르바르boulevard라는 말이 어디서 유래했는지를 찾아왔다. 나는 이제야 비로소 이 말의 어원에 대해 확신을 갖게 되었다. 그것은 변동bouleversement[16]이라는 말의 하나의 변형일 뿐이다." 에두아르 푸르니에, 『파리의 거리들의 기록과 전설』, 파리, 1864년, 16페이지.   [E 9, 1]

"파리 시의 소송 대리인인 피카르 씨는 …… 정력적으로 파리 시의 이익을 변호해왔다. 토지가 수용될 때 바로 전날 날짜로 된 임대차 계약서가 얼마나 많이 제시되었는지, 이러한 주먹구구식의 권리 증서를 무효화시키고 피수용자의 청구를 줄이기 위해 얼마나 싸워왔는지 이루 다 말로 할 수 없을 것이다. 어느 날 시테 섬의 한 석탄상이 관인 직인이 찍힌 임대차 계약서를 제시했는데, 날짜는 실제보다 몇 년 전으로 되어 있었다. 이 단순한 남자는 벌써 낡은 집으로 한몫 단단히 잡았다고 믿고 있었다. 그러나 이 남자는 이 서류 종이의 투명 무늬 위에는 제조 연월일이 새겨져 있다는 것은 알지 못했다. 소송 대리인이 종이를 밝은 곳에 놓자 계약 연도보다 3년 뒤에 만들어진 것이라는 것이 들통났다." 오귀스트 르파주, 『파리의 정치 카페와 문학 카페』, 파리, <1874년>, 89페이지. [E 9, 2]

니에포비에의 저서에서 찾아볼 수 있는 폭동의 생리학에 대한 여러 가지 지적. "겉으로는 아무것도 달라지지 않았다. 그러나 평소와는 달리 뭔가 심상치 않은 기운이 느껴졌다. |포장을 뒤로 젖힐 수 있는| 1두 2륜마차, 승합마차, 손님을 기다렸다가 태우는 마차 할 것 없이 모두 속도를 높이는 것 같았고, 마부들은 누군가에게 쫓기듯 계속 뒤를 돌아보고 있다. 평소보다 많은 사람들이 멈춰 서 무리를 이루고 있다. …… 얼굴을 마주한 모든 사람들의 눈은 불안하게 뭔가를 묻는 표정이다. 혹시 서둘러 가고 있는 이 점원이나 노동자는 뭔가 알고 있지 않을까? 그들을 멈춰 세운 다음 물어본다. 그러자 점원과 노동자는 전혀 관심 없다는 미소를 지으며 대답한다. '모두들 바스티유 광장에 모여 있습니다', '모두들 탕플 근처에 모여 있습니다' 등등. 그러고는 사람들이 모여 있는 장소로 달려간다. …… 현장 자체의 모습은 대략 이러하다. — 사람들이 너무 몰

402

려 있어 헤치며 지나가기가 어려웠다. — 포석에는 종잇조각들이 흩어져 있다. — 무엇일까? '결코 분리될 수 없는 하나의 공화국 L 년'의 날짜가 적힌 『모니퇴르 레퀴블리캥』지의 선언이다. 그것을 집어 들고, 읽고, 토론한다. 상점들은 아직 문을 닫지 않았다. 발포 소리도 아직 들리지 않는다. …… 그러나 구세주들을 보라! 그들 이 왔다! …… 갑자기 어느 집 앞에 이 성스러운 부대가 멈춰 선다. — 그리고 갑자기 4층 창문들이 확 열리고 실탄을 넣은 상자 몇 개 가 떨어진다. …… 눈 깜짝할 사이에 배분이 이루어지며 그것이 끝나자 부대는 흩어진다. 어느 분견대分遣隊는 저쪽으로, 다른 분견 대는 이쪽으로 달린다. …… 거리에는 이미 마차들이 달리지 않는 다. — 아무 소리도 들리지 않는다. 내가 잘못 들은 게 아니라면 …… 그렇다, 북을 울리는 소리가 들린다. — 비상소집이다. — 당국이 화들짝 놀란 것이다." 가에탕 니에포비에, 『서유럽의 대도 시에 관한 생리학적 연구 — 파리』, 1840년, 201〜204페이지, 206 페이지.   [E 9, 3]

어느 바리케이드. "승합마차 한 대가 네 바퀴를 공중으로 한 채 좁 은 길의 입구를 막고 있다. — 오렌지를 담는 데 쓰였을 것으로 보 이는 나무 상자들이 우측과 좌측에 쌓여 있다. 그리고 뒤쪽에서는 큰 차륜과 온갖 틈새 사이로 작은 대포의 불꽃이 번쩍거리며 끊임 없이 작은 푸른 연기구름을 피워 올리고 있었다." 가에탕 니에포비 에, 『서유럽의 대도시에 관한 생리학적 연구 — 파리』, 파리, 1840 년, 207페이지.   [E 9a, 1]

1868년. 메리옹 사망.   [E 9a, 2]

"샤를레[17]와 라페[18]는 그들 나름대로 프랑스에서 제2제정으로 나아가는 길을 준비했다고 한다." 앙리 부쇼, 『석판화』, 파리, <1895년>, 8/9페이지.   [E 9a, 3]

파리 주위를 요새로 둘러싸는 문제와 관련된 아라고의 투고문에서 (애국적인 신문을 지원하기 위한 국민 연합)[1833년 7월 21일자, 『르 나시오날』에서 발췌]. "모든 돌출된 요새로부터 거리로 볼 때 수도의 인구가 가장 밀집된 구역으로 바로 진격할 수 있어야 한다"(5페이지). "이러한 요새 중 두 곳, 즉 이탈리아 요새와 파시 요새로도 센강 좌안의 전 구역을 화재로 휩싸이게 하기에 충분하다. …… 두 개의 다른 요새인 필립 요새와 생-쇼몽 요새로 수도의 나머지 구역을 불바다로 만들어버릴 수 있을 것이다"(8페이지).   [E 9a, 4]

<1936년> 4월 27일자 『르 피가로』지상에서 가에탕 상브와쟁은 막심 뒤 캉이 한 아래의 말을 인용하고 있다. "파리에 파리 토박이들만 있다면 혁명가도 없을 것이다." 이와 비슷한 오스만의 발언과 비교해볼 것.   [E 9a, 5]

"엥겔스가 단기간에 쓴 1막짜리 희곡이 1847년 9월 브뤼셀의 독일 노동자 연맹에서 상연되었다. 이 희곡에서는 이미 독일의 한 소도시에서 벌어진 바리케이드전이 묘사되고 있는데, 그것은 군주의 퇴위와 공화정의 선언으로 끝난다." 구스타프 마이어, 『프리드리히 엥겔스』, 1권, 『젊은 시절의 프리드리히 엥겔스』(2판), 베를린, <1933년>, 269페이지.   [E 9a, 6]

6월 봉기를 진압할 때 최초로 시가전에서 대포가 사용되었다.

[E 9a, 7]

파리 시민들에 대한 오스만의 태도는 프롤레타리아에 대한 기조의 태도와 동일선상에 있다. 기조는 프롤레타리아를 '외지인 population extérieur'이라고 부른다(게오르크 플레하노프, 「계급투쟁 학설의 시작에 대해」를 참조)[『디 노이에 차이트』, 슈투트가르트, 1903년, 21권 1호, 285페이지<>].

[E 9a, 8]

푸리에는 바리케이드 설치를 '무보수지만 정열적인 노동'의 실례로 들고 있다.

[E 9a, 9]

오스만 시절 파리 시의 토지 수용 심사위원회를 둘러쳐 먹는 것이 하나의 산업이 되었다. "이 산업의 앞잡이들은 소매상인이나 상점 주인들에게 …… 위조한 장부나 재고 목록을 조달했으며, 필요하다면 수용될 것 같은 상점을 신장 개업한 것처럼 새로 단장했으며 조사하러 왔을 때는 의뢰한 상인의 가게에 급조한 손님들이 가득 차도록 했다." S. 크라카우어, 『자크 오펜바흐와 그의 시대의 파리』, 암스테르담, 1937년, 254페이지.

[E 10, 1]

푸리에의 도시 계획. "어떤 아브뉘, 어떤 도로든 끝에서는 전원이든 공공 기념물이든 뭔가 특별한 것이 나타나야 한다. 요새들 안에서처럼 벽에 부딪히거나 마르세유의 신시가지에서처럼 흙더미에 맞닥뜨리는 문명인들의 관습은 피해야 한다. 거리에 면해 있는 모든 집은 건물이든 정원이든 1급으로 장식하도록 의무화해야 한다." 샤를 푸리에, 『노동자의 도시 ─ 도시 건축에 도입해야 하는 개량』, 파리, 1849년, 27페이지.   [E 10, 2]

오스만을 논할 때 기록해둘 것. "급속하게 신화적인 구조가 발달한다. 무수히 많은 백성의 도시에 그것을 정복할 운명을 짊어진 전설적인 영웅이 맞선다. 실제로 당시의 서적 중 수도가 불어넣은 영감 어린 염원을 담고 있지 않은 책은 거의 찾아보기 힘들며 라스티냐크의 그 유명한 외침[19]도 신기하리만큼 수수할 정도이다. ……풍송 뒤 테레이유의 주인공들도 '현대의 바빌론'(파리를 어찌 이와 다르게 부를 수 있으리)에 대한 피할 수 없는 연설에서는 그보다는 훨씬 더 서정적이다. 예를 들어 『하트 잭들의 결사結社』에 등장하는…… 가짜 윌리엄스 경 …… 의 말을 살펴보자. '오, 파리, 파리여! 네가 진정한 바빌론이다. 지성의 진정한 전장이며, 악이 숭배받고 이를 모시는 사제도 있는 진정한 전장이다. 그리고 나는 끝없이 펼쳐진 대양에 부는 미풍처럼 암흑의 대천사의 숨소리가 네 위를 영원히 지나가리라는 것을 믿는다. 미동도 않는 폭풍, 돌의 대양이여, 너의 노한 파도 한가운데서 번개를 모욕하고, 폭풍 속에서 큰 날개를 활짝 편 채 미소를 지으며 잠드는 저 검은 독수리이고 싶다. 나는 악의 정령이고 싶다. 대양, 저 극히 음험하고 거친 바다, 인간의 정념이 뛰어놀며 펄떡이는 바다의 매이고 싶다.'" 로제 카이유아, 『파리 ─ 현대의 신화』(NRF, 25권 284호, 1937년 5월 1일, 686페이지).   [E 10, 3]

1839년 5월 12일 블랑키주의자들의 반란. "그는 마치 미로 같은 파리의 거리들을 잘 알지 못하는 신규 부대가 배치되는 것을 이용하기 위해 1주일 정도 기다렸다. 교전에 참가할 1,000명 정도의 남자들은 생-드니 가와 생-마르탱 가 사이에 집결할 예정이었다. 멋진 태양 아래서 …… 오후 3시경 밝은 표정을 한 일요일의 군중들 사이에서 돌연 혁명가 무리들이 모여 모습을 나타냈다. 그러자 즉시 주위에서 사람들이 사라지고, 침묵이 나타난다." 귀스타브 조프루아, 『유폐자』, 파리, 1926년, 1권, 81/82페이지.   [E 10a, 1]

1830년 거리에 바리케이드를 설치했다고는 하나 밧줄을 둘러치는 정도였다.   [E 10a, 2]

라스티냐크의 유명한 도전(메사크 저, <『'탐정 소설'과 과학적 사고의 영향』, 파리, 1929년>, 419/20페이지에서 인용). "혼자 남은 라스티냐크는 묘지 꼭대기를 향해 몇 걸음 옮겼다. 그리고 그는 센 강의 두 기슭을 따라서 꾸불꾸불 누워 있는 파리를 내려다보았다. 이제 슬슬 등불들이 빛나기 시작하고 있었다. 그의 두 눈은 방돔 광장의 기둥과 앵발리드의 둥근 지붕 사이를 뚫어지게 바라보았다. 그곳에는 그가 들어가고 싶었던 아름다운 사교계가 있었다. 그는 벌들이 윙윙거리는 벌집에서 꿀을 미리 빨아먹은 것 같은 시선을 던지면서 우렁차게 말했다. '이제부터 파리와 나와의 대결이야!'"[20]

          [E 10a, 3]

오스만의 주장은 뒤 캉의 계산과 일치한다. 뒤 캉에 의하면 코뮌 동안 파리 인구의 75.5%가 외지인이거나 시골에서 올라온 자들이었다고 한다.   [E 10a, 4]

1870년 8월 14일 블랑키주의자들의 봉기 때 300개의 피스톨<과>
4,000개의 묵직한 단도가 준비되었다. 당시 시가전 형태의 특징은
노동자들이 피스톨보다 단도를 선호한 데서 찾을 수 있다.[E 10a, 5]

카우프만은 「건축 기술의 자율성」이라는 장 앞에 『사회계약론』에
들어 있는 다음과 같은 문장을 제사題詞로 사용하고 있다. "……
한 사람 한 사람이 전원과 연결되어 있으면서도 오직 자기 자신에
게만 복종하며, 이전과 마찬가지로 자유로울 수 있는 …… 형태.
…… 이것이야말로 사회계약이 해답을 제시하고 있는 기본 문제
이다"(42페이지). 이 장(43페이지)에는 이렇게 쓰여 있다. "쇼²¹⁾를
위한 두번째 프로젝트에서 건축물들을 각각 분리한 이유를 그[르
두²²⁾]는 이렇게 정당화하고 있다. '원칙으로 돌아가라. …… 자연
을 참조하라. 인간은 사방에서 고립되어 있다' (『건축』, 70페이지).
혁명 이전 사회의 봉건적 원리는 …… 이미 타당성을 잃었다.
…… 모든 것의 형식은 내적인 근거를 갖게 되며, 바로 이것이 회
화적인 효과를 추구하는 모든 노력을 무의미한 것처럼 보이도록
만든다. …… 거의 일격에 …… 바로크 양식의 전경화 기법은 사
라지고 말았다." E. 카우프만, 『르두에서 르 코르뷔지에까지』, 빈/
라<이프>치<히>, 1933년, 43페이지.   [E 10a, 6]

"회화적인 효과를 포기한 것과 병행해 건축 기술 분야에서는 전경
화 기법을 거부하게 되었다. 이와 관련해 극히 중요한 증상은 실루
엣이 갑자기 넓어진 것이다. …… 강판화와 목판화가 바로크 시대
에 유행한 메조틴 토요판²³⁾을 밀어내게 되었다. …… 결론부터 말
하면 혁명기의 건축 이후 수십 년 동안에는 아직 자율성의 원리가

큰 영향을 미치고는 있었으나 시간이 흐를수록 약해져 19세기 후반에는 거의 찾아볼 수가 없게 되었다." 에밀 카우프만, 『르두에서 르 코르뷔지에까지』, 빈/라<이프>치<히>, 1933년, 47페이지와 50페이지. [E 11, 1]

나폴레옹 가야르에 대해. 1871년 루아얄 가와 리볼리 가 입구에 세워진 강력한 바리케이드의 건설자. [E 11, 2]

"쇼세-당탱 가와 바스-뒤-랑파르 가 구석에는 정면을 장식하는 여인상 기둥이 눈길을 끄는 집이 한 곳 있다. 이 거리는 없어지게 되어 있었으므로 여인상 기둥이 멋있는 이 집도 지은 지 채 20년도 못 되어서 해체될 운명이다. 토지 수용 심사위원회는 소유주가 청구한 대로 300만 프랑을 배상하기로 했는데, 파리 시도 승낙했다. 300만! 이 얼마나 유용하며 생산적인 지불인가!" 오귀스트 블랑키, 『사회 비평』, 2권, 「단편과 노트」, 파리, 1885년, 341페이지. [E 11, 3]

"파리를 붕괴시키기 위해. 파리를 텅 비우고 이곳 주민들로부터 노동자들을 쫓아버리기 위한 악착 같은 계획. 인도주의를 내세워 실업의 고통에 시달리고 있는 노동자 75,000명을 프랑스 전역의 38,000개 시도군에 재배치하자는 위선적인 제안이 나왔다. 1849년." 블랑키, 『사회 비평』, 파리, 1885년, 2권, 「단편과 노트」, 313페이지. [E 11, 4]

"다브랭쿠르라는 한 인물이 내전의 전략론을 설명하러 왔다. 그에 따르면 폭동의 중심지에 군대를 머물게 해서는 절대 안 된다. 반란자들과 접촉하면 오염되어 진압할 때가 오더라도 발포를 거부한다. …… 유효한 방식. 수상한 도시를 내려다보고 있는 듯한, 그리고 언제든지 그것을 격파할 수 있는 요새를 건설하는 것이 그것이다. 병사들은 반드시 민중으로부터의 오염에서 격리된 채 병영에서 생활하도록 해야 한다." 오귀스트 블랑키, 『사회 비평』, 파리, 1885년, 2권, 232/3페이지(「생-테티엔, 1850년」).   [E 11, 5]

"파리와 지방의 오스만식 개조는 제2제정의 커다란 천재지변 중하나이다. 이처럼 무분별한 건축 공사 때문에 필수품이 모자라 가없은 사람들이 얼마나 많이 목숨을 잃었는지는 아무도 모를 것이다. 수백만 프랑을 사취한 것이 현재의 궁핍의 주된 원인 중의 하나이다. …… '건축 경기가 좋을 때는 만사가 좋았다'는 민중의 속담은 경제적 공리로 격상되었다. 그러한 계산대로라면 하늘까지치솟은 쿠푸의 수백 개의 피라미드는 흘러넘치는 풍요로움의 증거가 되어야 할 것이다. 괴상하기 짝이 없는 셈법이다. 그렇다. 저축이 교환을 질식시키지는 않을 정도로 질서가 잘 유지되는 국가에서라면 국부國富를 가리키는 진정한 온도계가 될 수 있을 것이다. 왜냐하면 그러한 경우 그것은 …… 미래를 건설할 수 있을 정도로인구가 증가하고 노동이 초과되었는지를 알려줄 것이기 때문이다. 하지만 그러한 조건이 갖추어져 있지 않은 경우 흙손은 그저 절대주의의 살인적인 몽상을 강조할 뿐이다. 절대주의는 잠시 전쟁에 대한 광란을 잊었는가 싶더니 건물에 몰두한다. …… 매수된 무리들은 목소리를 한데 모아 파리의 면모를 일신하고 있는 대규모 공사를 칭송했다. 사회적 자발성이 결여된 채 독재의 손에 의해 대규모로 돌이 옮겨지는 것만큼 슬픈 것은 없다. 이처럼 음산한 데카당스의 징후도 없다. 로마 제국이 고통 속에서 몰락에 가까워질수록 하늘 높이 치솟는 기념 건조물은 증가하고 거대해져갔다. 로마는 자기 무덤을 세우고, 아름답게 죽을 준비를 하고 있었던 것이다. 그러나 현대 세계는 죽고 싶어하지 않는다. 인류의 어리석음도 이제 종말을 향하고 있다. 사람들은 웅장한 살인들에 질렸다. 억압과 허영이라는 이중의 목적 하에 수도를 혼란 속으로 내몰아온 여러 가지 계산은 현재 실패한 것처럼 미래에도 실패하게 될 것이다." A. 블랑키, 『사회 비평』, 파리, 1885년, 1권, 『자본과 노동』, 109∼111페이지(「사치: 결론」). 『자본과 노동』의 서문은 1869년 5월 26일에 쓴 것이다.   [E 11a, 1]

"환상적인 구조물에 대해 갖고 있던 착각은 이제 깨졌다. 어디를 보더라도 100개 정도의 **단순한 물체**[20] 이외의 다른 재료는 없다. …… 이처럼 하찮은 재료로 쉬지 않고 우주를 만들고 또 만들어가야 한다. 오스만도 파리를 재건하는 데 딱 이만큼만 사용했다. 그도 똑같은 재료를 갖고 있었다. 그럼에도 불구하고 그가 만든 건물은 풍부한 변화를 꾀했다고는 볼 수 없다. 자연은 새롭게 세워지기 위해 파괴되었으나 그래도 그것이 창조해낸 피조물보다는 솜씨가 좋다. 궁핍함 속에서도 어찌나 풍부하게 궁리를 해내는지 자연이 만든 작품의 독창성에는 한계가 있다고 말하기가 주저될 정도이다." A. 블랑키, 『천체에 의한 영원 ― 천문학적 가설』, 파리, 1872년, 53페이지.   [E 11a, 2]

『신세계 극장』, 34권 5호(1938년 2월 3일자)의 129/30페이지에는

H. 부드지슬라프스키의 「크로이소스[25]가 집을 짓다」라는 논문이 실려 있는데, 그는 여기서 엥겔스의 1892년 논문 「주택 문제에 대해」를 인용하고 있다. "실제로 부르주아지가 주택 문제를 **자기** 방식으로 해결하는 데는 **한 가지** 방법이 있을 뿐이다. ─ 말하자면 그들은 해결이 항상 되풀이하여 새롭게 문제를 산출하는 식으로 문제를 해결한다. 이런 방법은 다음과 같이 불린다. '오스만.' 내가 여기에서 '오스만식'이라고 이해하고 있는 것은, 빽빽하게 건축된 노동자 구역 한가운데를 지나는 길고 똑바르며 넓은 도로를 내고 양편을 커다란 호화 건물로 둘러쌈으로써, 바리케이드 전투를 어렵게 한다고 하는 전략적 목적 이외에도 정부에 예속적인 보나파르트주의 특유의 건축 프롤레타리아트를 양성하며 또 이 도시를 순전히 호화 도시로 전환하려 하는 파리 오스만의 수법만이 아니다. 내가 '오스만'이라고 이해하고 있는 것은 특히 우리 대도시들 중심에 놓여 있는 노동자 지구에서 일반적으로 실시되고 있는 돌파구를 내는 것이다. …… 결과는 어디에서나 마찬가지이다. …… 가장 꼴사나운 골목길과 샛길이 이 엄청난 성과로 인해 부르주아지의 대단한 자화자찬 아래 사라져가고 있다. …… 그러나 그런 골목길과 샛길은 다른 어디에서 곧장 다시, 흔히 바로 근방에서 생겨나고 있는 것이다"(4권, 236페이지).[26] 이것과 뗄 수 없는 것이 주지하는 바대로 유명한 물가 문제이다. 즉 왜 런던의 신흥 노동자 주택가는(1890년경?) 슬럼가보다 사망률이 훨씬 더 높았을까? 노동자들이 높은 임대료를 지불하기 위해 제대로 된 음식을 먹지 못했기 때문이다. 펠라당의 견해에 따르면 19세기는 모든 사람들에게 먹고 입는 데 드는 비용을 줄여서라도 주거를 확보할 것을 강요해왔다.   [E 12, 1]

파울 베스트하임이 「새로운 개선문 거리」(『신세계 극장』, 34권 8호, 240페이지)에서 주장하는 대로 오스만 덕분에 파리 사람들은 대규모 임대 단지의 참혹함을 잊고 지나갈 수 있었을까?　　[E 12, 2]

파리의 시가 전도를 앞에 두고 오스만은 "이제부터 파리와 나와의 대결이야!"라는 라스티냐크의 말을 입에 올린다.　　[E 12, 3]

"새로운 불르바르는 비위생적인 구역에 공기와 빛을 불어넣어 주었다. 그러나 이 때문에 이러한 불르바르들이 지나가게 되면서 그렇지 않아도 땅값의 점증적인 상승으로 위기에 처해 있던 안마당과 정원이 거의 모든 곳에서 사라지게 되었다." 빅토르 푸르넬, 『새로운 파리와 미래의 파리』, 파리, 1868년, 224페이지(「결론」).
　　[E 12, 4]

오래된 파리는 새로운 거리들이 단조롭다고 한탄한다. 새로운 파리의 대답.

　　"왜 그렇게 온통 호통만 치십니까? ……
　　직선이라서 여유 있게 지나다닐 수 있습니다.
　　마차들과 부딪히지 않아도 됩니다.
　　그리고 눈만 좋다면 바보나 돈을 꿔달라는 자들이나
　　집달리의 입회인과 귀찮은 사람들도 피할 수 있습니다.
　　마지막으로 지금은 거리의 어느 곳에 있든
　　그리고 어떤 보행자든 다른 보행자를 얼마든지 피하거나 아니면 인사하거나 할 수 있지 않습니까."
M. 바르텔레미, 『오래된 파리와 새로운 파리』, 파리, 1861년, 5/6

페이지.   [E 12a, 1]

오래된 파리는 말한다. "임대료가 모든 것을 잡아먹고 있기 때문
에 기름기 하나 없는 음식을 먹고 있다." M. 바르텔레미, 『오래된
파리와 새로운 파리』, 파리, 1861년, 8페이지.   [E 12a, 2]

빅토르 푸르넬은 『새로운 파리와 미래의 파리』(파리, 1868년), 특히
「현대 파리의 폐허에 관한 장」에서 오스만이 어떤 규모로 파리를
파괴했는지를 이렇게 묘사하고 있다. "현대의 파리는 자기의 시대
를 기원으로 삼고자 하기 때문에 과거의 궁전이나 사원을 가차 없
이 무너뜨린 다음 대신 치장 벽토와 판자로 된 조상으로 장식한 흰
색의 호화로운 집을 세운 일종의 벼락부자이다. 이전 세기에 파리
의 기념 건조물의 연대기를 쓰는 것은 기원에서 시작해서 각 시대
를 훑어 내려오면서 파리 자체의 연대기를 쓰는 것이었다. ……
하지만 곧 그것은 우리 자체의 존재의 지난 20년의 연대기를 쓰는
일로 그치게 될 것이다." 293/94페이지.   [E 12a, 3]

오스만의 악행에 대한 푸르넬의 탁월한 기술. "포부르 생-제르망
에서 포부르 생-토노레로, 라탱 구역의 지역들에서 팔레 루아얄
부근까지, 포부르 생-드니에서 쇼세-당탱으로, 불르바르 데지탈
리앵에서 불르바르 뒤 탕플로 갈 때마다 한 대륙에서 다른 대륙으
로 건너가는 듯한 느낌이 들었다. 이 모든 지역은 수도 안에 뚜렷이
구별되는 작은 도시 — 학생의 도시, 상업의 도시, 사치의 도시, 은
거의 도시, 서민적인 활동과 쾌락의 도시 — 를 형성하고 있는데,
그럼에도 불구하고 이 모든 지역들은 일련의 뉘앙스와 이행의 정

414

도에 따라 상호 연결되어 있었다. 그런데 지금 도처에서 동일한 기하학적 직선 도로 — 하나의 원근법 안에 항상 똑같은 집의 열을 연장시키는 — 를 건설함으로써 이러한 것을 지워나가고 있다." 빅토르 푸르넬, 앞의 책, 220/21페이지(「결론」). [E 12a, 4]

"그들은 …… 숲에 무도회의 꽃을 이식하는 것과 마찬가지로 유용성과 실익도 없이 생-즈느비에브 언덕에 불르바르 데지탈리앵을 옮기고, 또 필요도 없는데 시테 섬 안에 리볼리 가를 몇 개 만들려고 한다. 그러한 짓을 하는 동안 수도의 이 요람은 완전히 붕괴되어 병영과 성당과 병원과 궁전밖에 남지 않게 될 것이다." 빅토르 푸르넬, 『새로운 파리와 미래의 파리』, 파리, 1868년, 223페이지. — 마지막 문장은 빅토르 위고의 시 「개선문에 바친다」의 시구와 비슷하다. [E 13, 1]

오스만의 과업은 오늘날 스페인 내전이 잘 보여주듯 전혀 다른 수단으로 실행되고 있다. [E 13, 2]

오스만 시대에 신축 가옥에 첫번째로 세든 사람들. "파리의 신축 건물 1층에 들어가는 떠돌이 사업가들은 세 개의 기본 범주로 나누어볼 수 있다. 대중을 상대로 하는 사진사, 특설 매장이나 13수 이하의 균일가 상점을 내고 있는 잡화상, 진귀한 물건, 특히 거대한 여자를 보여주는 광대들. 지금까지는 이처럼 재미있는 사람들을 파리의 개조로 가장 큰 이득을 본 사람들로 꼽을 수 있을 것이다." 빅토르 푸르넬, 『새로운 파리와 미래의 파리』, 파리, 1868년, 129/130페이지(「새로운 파리를 가로질러 가는 회화 산책」). [E 13, 3]

"세상 사람 모두 인정하는 바대로 레알은 지난 12년 동안 세워진 것 중 가장 흠잡을 데 없는 건축물이다. …… 무엇을 의미하는지 한눈에 알려줌으로써 정신을 만족시켜주는 논리적 조화 중의 하나가 거기에 나타나 있다." 빅토르 푸르넬, 『새로운 파리와 미래의 파리』, 213페이지.   [E 13, 4]

벌써 티소는 투기를 조장하고 있다. "파리 시는 수억 프랑에 달하는 공채를 계속 발행하고, …… 한번에 한 구역 대부분을 사들여 취미와 위생과 교통의 편의에 대한 요구에 부응하는 방식으로 그것을 재건해야 한다. 여기서 투기 문제가 제기된다." 아메데 드 티소, 『파리와 런던의 비교』, 파리, 1830년, 46/47페이지.   [E 13, 5]

라마르틴은 이미 『공화국의 과거, 현재, 미래』, 파리, 1850년, 31페이지(카수, 『48년』, <파리, 1939년>, 174/5페이지에서 인용) 중에서 "공공 장소에서 남아도는 시간을 주체하지 못하다가 타락하고, 온갖 분파의 바람에 휩쓸리고, 목소리가 제일 큰 자를 따르는 도시의 유랑하고, 부유하며 방탕한 부분"에 대해 말하고 있다.   [E 13a, 1]

파리의 임대 주택 단지에 대한 슈탈의 견해. "파리는 이미 [중세 때부터] 꼭 끼는 벨트 모양의 성벽 요새로 갇혀 있던 인구 과밀의 대도시였다. 단독 주택과 개인 주택 혹은 허름한 누옥조차 민중 계층에게는 주어지지 않았다. 대개는 정면에 창을 두 개, 종종 한 개만 낼 수 있을 정도(다른 도시에서는 창문 세 개를 내는 것이 보통이었다)의 매우 좁은 부지에 여러 층짜리 집을 지었다. 지붕은 대개 평평했으며, 뭔가 있다고 하더라도 고작 합각머리를 얹는 정도였다. ……

옥상은 종종 기묘한 모습을 하고 있었는데, 천장이 낮은 위층과 이중 박공 지붕이 빼곡히 늘어선 굴뚝의 기와 벽에 딱 달라붙어 만들어져 있었기 때문이다." 슈탈은 지붕을 자유롭게 구성하는 것 ─ 파리의 현대 건축가들도 이에 관심을 갖고 있다 ─ 에서 '환상적이며 철저하게 고딕적인 요소'를 찾고 있다. 프리츠 슈탈, 『파리』, 베를린, <1929년>, 79/80페이지.   [E 13a, 2]

"도처에서 …… 이처럼 독특한 형태의 굴뚝이 만들어졌기 때문에 이러한 형태들[이중 박공 지붕]의 혼란이 한층 더 가중되었을 뿐이다. 이것은 …… 파리의 모든 주택에서 빼놓을 수 없는 특징이다. 심지어 아무리 오래된 가옥이라도 우뚝 솟아 있는 기와 벽에서 굴뚝 도관의 머리가 나와 있는 것을 볼 수 있다. …… 파리의 건축의 기본적인 특징은 로마 시대의 것처럼 보이지만 실제로는 로마적인 것과는 거리가 멀며 오히려 이와 정반대로 고딕적이다. 굴뚝 만드는 방식이 이를 분명하게 보여주고 있다. …… 좀더 무난한 표현을 빌리자면 북방적이라고 해도 좋을 텐데, 도로의 경우 로마적 특징을 완화시키기 위해 …… 또다른 북방적 요소가 도입된 것을 볼 수 있을 것이다. 현대의 불르바르나 아브뉘들에서 …… 거의 모든 경우라고 해도 좋을 정도로 나무가 심어져 있으나 …… 도시 경관을 만들고 있는 가로수의 나열 방식은 완전히 북방적이다." 프리츠 슈탈, 『파리』, 베를린, 21/22페이지.   [E 13a, 3]

파리에서 현대식 가옥은 "기존의 것에서 서서히 발달해 나왔다. 그것이 가능했던 것은 기존의 가옥이 이미 대도시 주택의 형태를 이루고 있었기 때문이다. 예를 들어 17세기에 만들어진 이곳 방돔 광장의 집들은 당시에는 호화 저택이었으나 오늘날에는 정면은 그대로라도 안에서는 온갖 종류의 장사가 이루어지는 시설이 되었다." 프리츠 슈탈, 『파리』, 베를린, 18페이지.　　　　　　　　[E 14]

오스만 옹호론. "잘 알려진 대로 …… 19세기에 예술의 다른 기본 개념들과 함께 하나의 전체로서의 도시라는 개념이 완전히 사라져버렸다. 따라서 도시 계획 같은 것도 더이상 찾아볼 수 없게 되었다. 오래된 도로망에 끼어들 듯이 계획도 없이 건설이 진행되고 거리가 확장되었다. …… 본래적인 의미에서의 도시의 건축사라고 할 수 있는 것은 이와 함께 모든 도시에서 완료된 셈이다. 그러나 파리만은 유일한 예외이다. 파리를 앞에 두고 사람들은 이해할 수 없다는 표정과 함께, 오히려 도저히 어떻게 손을 쓸 수가 없다는 태도를 보였다"(13/14페이지). "3세대가 지났지만 사람들은 도시 계획이 무엇인지 알지 못했다. 설령 안다고 해도 과거에 기회를 놓친 것에 대해 애석해하는 것이 고작이었다. …… 바로 이러한 점을 고려할 때만이 비로소 현대의 유일무이하게 천재적인 — 그리고 간접적으로 미국의 모든 대도시를 건축하게 되는 — 도시 계획가의 업적에 경의를 표할 수 있을 것이다"(168/169페이지). "이러한 관점에서 볼 때만이 오스만이 만든 거대한 관통 도로의 진짜 의미를 알 수 있다. 이들 도로들을 통해 새로운 도시는 구시가 사이로 끼어들어가고, 어떤 의미에서는 구시가를 끌어당기지만 그렇다고 해서 구시가의 성격을 바꾸거나 하지는 않는다. 따라서 관통 도로는 편리함뿐만 아니라 미적인 효과도 갖게 되어 구시가와 신시가는 파리 이외의 다른 모든 곳에서처럼 무관하게 병존하는 것이 아니라 하나로 융화된다. 파리 어딘가에서 오래된 골목을 빠져나와 오스만이 만든 대로로 나오자마자 새로운 파리를 느낄 수 있다. 즉 신구 합쳐 300년의 파리를 느낄 수 있는 것이다. 오스만은 아브뉘나 불르바르의 형식뿐만 아니라 가옥의 형식까지 루이 14세가 만든 수도를 답습했기 때문이다. 바로 이를 통해 그의 거리들은 도시가 눈에 확 들어오는 하나의 전체를 형성하는 기능을 할 수 있었다. 그렇다, 그는 파리를 파괴한 것이 아니라 완성시킨 것이다. …… 이 점은 반드시 말해두기로 하자. 그의 개혁으로 아름다운 것이 얼마나 많이 희생되었는지는 몰라도 …… 분명 오스만은 뛰어난 능력의 소유자였으며, 그러한 일은 오직 그처럼 탁월한 사람만이 할 수 있는 것이었다는 것을 말이다." 프리츠 슈탈, 『파리 — 예술 작품으로서의 도시』, 베를린 173/174페이지.　　　　　　　　　　[E 14a]

F

[철골 건축]

"모든 시대는 다음 시대를 꿈꾼다."
미슐레, 「미래로! 미래로!」(『유럽』, 73호, 6페이지).

철골 구조가 등장하게 된 이유에 대한 변증법적 추론. 그리스의 석조 건축(각재角材로 짠 평평한 지붕) 그리고 중세의 석조 건축(아치 지붕)과의 차이는 이렇게 강조되었다. "지금까지와는 다른 정역학靜力學적 원리가 그리스와 중세의 두 예술보다 훨씬 더 격조 높은 기조음을 울리는 전혀 다른 예술이 시대의 태내에서 해방되어 생명을 얻게 될 것이다. …… 이제까지 존재하지 않던 새로운 지붕 체계 — 당연히 이에 따른 여파로 예술 형식들의 새로운 왕국이 들어서게 될 것이다 — 는 단지 기존에 알려지지 않았다기보다는 오히려 그러한 용도를 위해 주도적인 원리로 사용되지 않던 재료가 수용되기 시작할 때에야 비로소 출현할 수 있다. …… 그러한 재료가 …… 철로서, 우리 세기는 벌써 이러한 의미에서 철을 사용하기 시작했다. 정역학적 특성이 검증되고 잘 알려지면 알려질수록 철은 다가올 시

421

대의 건축 양식에서 지붕 구조의 기초로 점점 더 많이 사용되고, 정역학적인 관점에서 보자면 아치 지붕 구조 덕분에 중세가 하나의 바위로 만드는 고대 세계의 대들보 구조를 훨씬 능가한 것처럼 그리스나 중세의 지붕 구조보다 훨씬 더 뛰어난 것이 될 것이다. ……따라서 아치형 건축물들에서 정역학적인 힘의 원리를 빌려 완전히 새로운 미지의 건축 시스템의 형식 원리를 만들어낼 수 있다면 이처럼 새로운 체계의 예술 형식과 관련해 그리스 양식의 형식 원리들을 받아들여야 할 것이다."『칼 뵈티허 탄생 100주년 기념 논총』, 베를린, 1906년, 42페이지, 44~46페이지(「우리 시대의 건축 양식에의 응용이라는 관점에서 본 그리스적 건축 양식과 게르만적 건축 양식의 원리」). [F 1, 1]

너무 빨리 등장한 유리와 철. 가장 취약한 동시에 가장 강한 재료들이 아케이드에서 산산조각 나, 어떤 의미에서 능욕당했다. 전세기 중반만 해도 아직 유리와 철로 어떻게 건물을 지어야 할지를 몰랐다. 철 기둥 사이의 창유리를 통해 위에서 쏟아져 들어오는 햇빛이 그토록 지저분하고 뿌옇게 흐려져 있었던 것은 바로 이 때문이다. [F 1, 2]

"30년대 중반에 철제 가구가 침대의 뼈대, 의자, 작은 원탁, 화분 받침대 형태로 등장했다. 이러한 가구들의 특별한 장점으로 철을 사용하면 어떠한 종류든 목제 가구를 감쪽같이 모방할 수 있었던 점을 꼽았던 것은 이 시대의 특징을 아주 잘 보여준다. 1840년 직후 프랑스에서 전면을 천으로 두른 가구가 출현하는데, 이와 함께 이러한 커버를 씌우는 양식이 대유행한다." 막스 폰 뵌, 『19세기의

422

패션』, 2권, 뮌헨, 1907년, 131페이지.   [F 1, 3]

기술의 위대한 성과 두 가지, 즉 유리[1]와 주철이 손을 잡았다. "상인들이 가게 안에 켜놓은 엄청난 양의 조명은 차치하더라도 이들 갤러리들은 밤이 되면 벽기둥에 나선형 주철관에 의해 공급되는 340개의 수소 가스등으로 밝혀지고 있다." 아마 갈레리 드 로페라를 말하는 것 같다. J. A. 뒬로르, 『1821년에서 지금까지의 …… 파리의 역사』, 2권, <파리, 1835년, 29페이지>.   [F 1, 4]

"우편마차가 센 강가를 따라 올라오고 있다. 오스테를리츠 다리 위로 번개가 번쩍거린다. 글을 쓰는 걸 잠깐 쉬기로 하자!" 칼 구츠코브, 『파리에서 온 편지』, 2권, <라이프치히, 1842년>, 234페이지. 오스테를리츠 다리는 파리의 최초의 철골 건축물 중의 하나였다. 이 다리 위에서 번쩍이는 번개와 더불어 오스테를리츠 다리는 이제 막 동터오는 기술 시대의 상징이었다. 다리 가까이에는 말들이 끄는 우편마차가 달려오고 말발굽에서는 낭만적인 불꽃이 튀어오른다. 그리고 그러한 장면을 묘사하고 있는 독일 작가의 펜. 그랑빌풍의 멋진 장면이다.   [F 1, 5]

"사실 우리는 아름다운 극장도, 아름다운 철도역도, 아름다운 만국박람회장도, 아름다운 카지노도 아직 본 적이 없다. 즉 산업용이든 유흥용이든 아름다운 건물이라는 것을 알지 못한다." 모리스 탈마이르, 『피의 촌』, 파리, 1908년, 277페이지.   [F 1, 6]

주철의 매력. "아블[2]"은 그때 이 행성|토성|의 테두리는 토성 주민

들이 저녁 바람을 쐬러 나오는 환상環狀의 발코니에 다름 아니라고
확신할 수 있었다." 그랑빌, 『또다른 세계』, 파리, <1844년>, 139페
이지. ■해시시■   [F 1, 7]

주택 양식으로 지어진 공장 등을 언급할 때에는 건축의 역사에
서 찾아볼 수 있는 다음과 같은 유사한 현상을 참조할 것. "앞서 말
한 대로 감수성의 시대|18세기|에는 우정의 신전이나 자상함의 신
전이 건립되었다. 이후 고대 취향이 유행하자 즉각 정원이나 공원
이, 언덕 위에는 신전이나 신전 비슷한 것들이 대량으로 세워지게
되었다. 게다가 미의 여신과 아폴론, 뮤즈들에게 바쳐진 건물뿐만
아니라 헛간과 외양간을 포함한 농사용 건물들까지 신전 양식으로
지어졌다." 야콥 팔케, 『현대의 취향의 역사』, 라<이프>치<히>,
1866년, 373/374페이지. 따라서 건축의 가면이라는 것이 있는데, 이
러한 가면을 쓰고 1800년경의 건축은 가장무도회에 갈 때처럼 일요
일마다 베를린 주변의 곳곳에 유령과 같은 모습으로 등장했다.
                                                                           [F 1a, 1]

"공예 기술자라면 누구나 다른 분야의 재료나 만드는 방법을 모
방해서 술통 장수가 만든 것 같은 자기 컵, 자기를 닮은 유리잔, 가
죽 끈 같은 금 장신구, 등나무를 사용한 철제 탁자 등을 만들어놓고
는 취향의 기적을 이루었다고 믿었다. 이 분야에서는 사탕 과자 제
조업자 또한 자신의 취향의 영역이나 기준은 완전히 잊고 조각가나
건축가로 출세했다." 야콥 팔케, 『현대의 취향의 역사』, 380페이지.
이처럼 당혹스런 사태가 발생한 원인의 일부는 갑자기 너무나도 많
은 기술적 수단이나 새로운 재료가 하룻밤 사이에 주어진 데서 찾

을 수 있었다. 그러한 것을 점점 더 철저하게 자기 것으로 만들려 하다 보니 실수나 잘못된 시도가 발생한 것이다. 그러나 다른 한편 이러한 시도들은 기술 생산이라는 것이 처음에는 얼마나 꿈에 사로잡혀 있었는지를 가장 정확하게 증명해주고 있다(건축뿐만 아니라 기술도 어떤 단계에서는 집단적인 꿈의 증언이다).　　　　　[F 1a, 2]

"부차적인 분야인 것은 사실이지만 새로운 예술인 철골 건축이 출현했다. 뒤크네가 설계한 철도역인 동역Gare de l'Est은 이러한 점에서 건축가들이 주목할 만한 가치가 있는 것이었다. 철에 적합한 새로운 조립 방식 덕분에 이 시기에 철의 사용이 급증했다. 이 분야에서는 무엇보다 먼저 완전히 다르지만 여러 가지로 주목할 만한 두 작품, 즉 생-즈느비에브 도서관과 중앙시장인 레알을 언급할 가치가 있다. 레알은 …… 진짜 원형으로, 파리와 그 밖의 다른 도시에서 여러 차례 반복적으로 지어졌으며 마치 과거에 고딕 성당이 그랬던 것처럼 프랑스 전역으로 퍼져나가기 시작했다. …… 세부적으로는 현저한 개량이 이루어졌다. 마치 기념비 같은 금속 장식은 풍요롭고 우아해졌다. 난간, 촉대형 가로등, 모자이크 모양의 바닥 세공은 모두 미를 추구한 노력이 성공한 경우가 많았다는 것을 증언해준다. 산업 기술의 진보는 동과 주철의 합금을 가능하게 해주었다. 그러나 이 방법은 그다지 권할 만한 것은 아니다. 사치품 산업의 발달은 결국 주철을 청동이 대신하도록 했는데, 이것은 큰 성공을 거두었다. 이 때문에 몇몇 광장의 촉대형 가로등은 예술 작품이 되었다." ■가스■ 이 구절에 대한 주석. "파리에 도입된 철의 양은 1848년에 5,763톤, 1854년에 11,771톤, 1862년에 41,666톤, 1867년에 61,572톤이었다." E. 르바쇠르, 『1789~1870년까지

의 프랑스의 노동 계급과 산업의 역사』, 2권, 파리, 1904년, 531/532페이지. [F 1a, 3]

"간소하고 엄정한 건축의 재능을 가진 예술가 앙리 라브루스트는 생-즈느비에브 도서관과 국립도서관을 건설하면서 처음으로 철을 장식적으로 사용하는 데 성공했다." 르바쇠르, 앞의 책, 197페이지. [F 1a, 4]

나폴레옹이 1811년에 승인한 계획에 따라 중앙시장|레알|의 건설이 1851년에 시작되었다. 반응은 전반적으로 좋지 않았다. 이 석조 건축은 라 알 요새le fort de la Halle로 불렸다. "이처럼 불행한 시도는 다시는 반복되어서는 안 될 것이다. …… 부과된 목적에 좀더 적합한 건축 방식을 찾아야 할 것이다. 서역Gare de l'Ouest의 유리 지붕 부분과 1851년 만국박람회장으로 사용된 런던의 수정궁에 대한 기억에서 거의 주철과 유리만 사용하려는 발상이 생겨난 것은 의심의 여지가 없다. 오늘날 이러한 건물들에 요구되는 조건들을 다른 어떤 소재보다 더 잘 충족시켜줄 수 있는 이처럼 가벼운 소재를 사용하는 것은 옳다고 생각되고 있다. 1851년 이래 레알 공사는 중단 없이 계속되었으나 아직 완성되지 않았다." 막심 뒤 캉, 『파리』, 파리, 1875년, 2권, 121/122페이지. [F 1a, 5]

생-라자르 역을 대체할 신역의 건설 계획. 마들렌 성당 광장과 트롱셰 가의 모퉁이. "보고서에 따르면 '높이가 지상에서 20피트|5.6미터|, 길이가 615미터인 우아한 주철 아치로 지탱되고 있는' 철로는 생-라자르 가, 생-니콜라 가, 마튀랭 가, 가스텔란 가를 통

과할 예정이며, 각각의 가에 따로따로 역을 만들 예정이다." ■산책자. <?> 가에 인접한 기차역 ■ "…… 그것[건설 계획]만 보아도 당시 사람들이 얼마나 철도의 장래를 제대로 예상하지 못했는지를 알 수 있다. 다행히 결국 건설되지 않은 이 역의 정면은 '기념비적'이라고 묘사되기는 했지만 규모는 기묘하달 정도로 작다. 그런 규모로는 오늘날 교차로의 모퉁이마다 계속 늘어나고 있는 상점 하나도 들어설 수 없을 정도이다. 그것은 일종의 이탈리아식 건물로, 4층으로 된 이 건물의 각 층에는 8개의 창문이 있었다. 주요한 통로는 24개의 층계로 된 계단으로, 5, 6명이 옆으로 나란히 통과할 수 있을 정도의 폭을 가진 반원형 홀로 이어져 있었다." 뒤 캉, 『파리』, 1권, 238/239페이지.   [F 2, 1]

서역(지금은 무슨 역일까?)은 '조업 중인 공장과 관청이라는 이중적인 양상'을 띠고 있다. 뒤 캉, 『파리』, 1권, 241페이지. "불르바르 데 바티뇰 아래를 통과하고 있는 세 개의 터널을 뒤로 하면 역 전체를 내려다볼 수 있다. 그러면 역이 거대한 만돌린과 비슷한 형태를 하고 있다는 걸 알 수 있을 것이다. 철로가 현이라면, 선로의 분기점마다 있는 신호등은 줄 받침인 셈이다." 뒤 캉, 『파리』, 1권, 250페이지.   [F 2, 2]

"스틱스[3] 위에 강철 육교가 세워짐으로써 …… 파산한 카론." 그랑빌, 『또다른 세계』, 파리, 1844년, 138페이지.   [F 2, 3]

오펜바흐의 『파리 토박이의 삶』 1막의 무대는 역이다. "산업의 움직임은 이 세대의 핏속에까지 흐르는 것 같다. 어느 정도냐 하면,

예를 들어 플라샤는 양쪽으로 기차가 끊임없이 경적을 울리며 지나가는 조그마한 땅뙈기에 집을 지었다." 지크프리트 기디온,『프랑스의 건축』, 라이프치히/베를린, <1928년>, 13페이지. 외젠 플라샤(1802~1873년). — 철도 건설업자, 건설가.   [F 2, 4]

팔레 루아얄의 갈레리 도를레앙(1829~1831년)에 대해. "제정 양식의 창시자 중 하나인 퐁텐조차 말년에는 새로운 소재로 개종했다. 그는 1835~1836년에도 베르사유의 갈레리 데 바타이유의 목재 바닥을 철재 조립품으로 바꾸었다. — 팔레 루아얄에 있는 것과 같은 이 갤러리들은 후일 이탈리아에서 한층 더 완벽해진다. 우리에게 이러한 갤러리들은 역 등 새로운 건축 문제의 출발점이다." 지크프리트 기디온,『프랑스의 건축』, 21페이지.   [F 2, 5]

"1811년 철과 동을 혼합해 건축한 곡물 시장은 …… 건축가 벨랑제와 기사 브뤼네의 작품이었다. 이는 우리가 아는 한 건축가와 기사를 동일한 인물이 겸하지 않은 최초의 사례였다. 북역Gare du Nord을 건축한 이토르프는 벨랑제에게서 철골 건축에 대한 최초의 통찰을 얻었다. — 물론 당시 문제가 되었던 것은 철골 구조라기보다는 철의 사용이었다. 아직 목조 건축 방법을 단순히 철에 응용한 것뿐이었다." 지크프리트 기디온,『프랑스의 건축』, 20페이지.   [F 2, 6]

뵈니가 1824년에 만든 마들렌 광장 옆의 시장 건물에 대해. "주철 기둥의 섬세한 우아함은 폼페이의 벽화를 연상시킨다. '강철과 주철로 건축된 마들렌 성당 광장의 새로운 시장은 이 분야의 가장 우아한 작품 중의 하나로, 이 이상 우아하고 품위 있는 것은 상상도 못할 정도이다. ……' 에크, 『개론』." 지크프리트 기디온, 『프랑스의 건축』, 21페이지.   [F 2, 7]

"산업화를 향한 가장 중요한 일보. 기계적 수단으로 단철이나 강철로 특정한 형태를 만드는 것이 그것이다. 다양한 분야가 서로 얽히게 되었다. 건축물의 각 부분이 아니라 선로를 만드는 것에서부터 시작했다. …… 1832년의 일이었다. 형강, 즉 철골 건축의 시작이 여기에 있대이 구절에 대한 주석. 새로운 제법은 서서히 산업에 침투해 들어간다. 1845년 파리에서 천장 대들보로 이중 T형 철강이 도입된 것은 기와 기술자의 파업, 건축 붐에 따른 목재 가격의 상승, 긴 대들보를 사용하게 된 것 등에 원인이 있었다<|>." 기디온, 『프랑스의 건축』, 26페이지.   [F 2, 8]

최초의 철골 건축물들은 일시적|통과용의| 목적을 위해 지어졌다. 즉 유개 시장, 역, 박람회장 등. 이처럼 철은 즉각 경제 생활의 기능적 계기들과 연결되었다. 그러나 당시에는 기능적인 동시에 일시적이었던 것이 오늘날에는 시대의 속도가 빨라졌기 때문에 본격적이고formal 항상적인 것이라는 인상을 주기 시작하고 있다. [F 2, 9]

"레알은 두 그룹의 파빌리온으로 이루어져 있다. '덮개가 씌워진 가로들' 에 의해 연결된 이것은 다소 주의 깊게 만든 철골 건축물로서 오로와 플라샤처럼 대들보를 크게 만드는 것은 피했으며, 분명히 온실을 모델로 삼고 있다." 기디온, 『프랑스의 건축』, 28페이지.   [F 2a, 1]

북역에 대해. "1880년경에 시작된 경향, 즉 대합실, 입구, 레스토랑 등에 지나치게 널찍한 공간을 할애하는 사치를 여기서는 철저하게 피하고 있다. 그러한 흐름은 역 건축 문제를 바로크풍의 궁전을 만드는 문제로 과장시켜버리고 말았다." 기디온, 『프랑스의 건축』, 31페이지.   [F 2a, 2]

"19세기는 남이 보지 않는다고 느끼는 곳이면 어디서든 대담해진다." 기디온, 『프랑스의 건축』, 33페이지. 실제로 이 문장은 여기서와 같은 형태로 얼마든지 일반적 타당성을 가질 수 있다. 예를 들어 가정용 잡지나 아동용 도서에 실리는 익명의 삽화 예술이 이를 증명해준다.   [F 2a, 3]

역Bahnhöfe은 옛날에는 철도역Eisenbahnhöfe이라고 불렸다.[4]
                                                                   [F 2a, 4]

사람들은 예술을 형식에서부터 혁신시키려 한다. 그러나 형식이야말로 자연의 진정한 비밀이 아닐까? 자연이라는 것은 바로 그러한 형식들을 통해 순수하게 사항에 입각해sachlich 제기된 문제에, 올바르고 사항에 입각해 있으며 논리적인 해결책을 부여하기 위해 대기하고 있는 것이기 때문이다. 지상에서의 연속적인 전진 운동을 가능하게 해주는 바퀴가 발명되었을 때 누가 "이것이 원형인 것은, 즉 **차륜 형태**를 하고 있는 것은 불필요한 배려가 아닙니까?'라고 묻더라도 어느 정도는 옳은 말이 아니었을까? 결국 형식 분야에서 이룩된 모든 위대한 업적은 기술적 발견으로 이루어진 것이 아닌가? 우리 시대를 규정하게 될 어떤 형식이 기계 속에 감추어져 있는지를 우리는 이제 겨우 예감하기 시작하고 있을 뿐이다. "새로운 생산 수단의 형태가 생겨나도 초기에는 그것이 얼마나 오랜 형식에 의해 지배되는가는 …… 아마 다른 무엇보다 오늘날의 기관차가 발명되기 전에 실험되었던 기관차를 보면 잘 알 수 있을 것이다. 실제로 이 기관차는 두 개의 발을 갖고 있었으며, 또 말처럼 두 발을 번갈아 올렸다 내렸다 했던 것이다. 기계학이 더욱 발전하여 실제상의 경험이 쌓이고 난 뒤에야 비로소 그러한 형태는 완전히 기계적 원리에 따라 결정되기 시작했으며, 따라서 또 기계로 탈바꿈한 도구의 낡은 체형으로부터 완전히 해방된다."(이러한 의미에서 예를 들어 건축에서도 지주와 지붕의 존재는 '체형'이라고 할 수 있다). 인용 부분은 마르크스, 『자본』, 1장, 함부르크, 1922년, 347페이지의 주석.[5]   [F 2a, 5]

에콜 데 보자르를 통해 건축은 조형 예술 쪽에 속하게 되었다. "그것은 건축에게는 재앙이었다. 바로크 시대에 이러한 통일이 완성되며, 자명해진다. 그러나 19세기가 지나면서 그러한 통일은 분열되고 위조되어간다." 지크프리트 기디온, 『프랑스의 건축』, <라이프치히/베를린, 1928년>, 16페이지. 이러한 지적은 바로크에 대해 아주 중요한 관점을 제시해줄 뿐만 아니라 역사적으로 가장 먼저 예술이라는 개념에서 벗어난 것이 건축이라는 점을 보여준다. 혹은 더 분명하게 말한다면 건축은 '예술'로서 바라보아지는 것을 무엇보다 꺼리게 되었다는 것을 말이다. 19세기가 전에는 상상조차 할 수 없던 규모로, 하지만 근본적으로는 전보다 더 확실한 근거가 있는 것도 아니면서 정신적 생산의 산물들에 예술이라는 이름을 부과했기 때문이다.   [F 3, 1]

온실Wintergarten의 먼지 자욱한 신기루*fata morgana*, 선로들
이 교차하는 곳에 자그맣게 행복의 제단을 세워놓은 역의 음울한
광경. — 이 모든 것들이 시대에 너무 앞선 유리와 철이라는 겉만 그
럴싸한 건축물 아래서 썩어가고 있다. 19세기의 초기 30년 동안에
는 아무도 유리나 철로 건축하는 방법을 알지 못했기 때문이다. 그
러나 이 문제는 이미 오래 전에 격납고나 사일로에 의해 해결되었
다. 그런데 지금 아케이드의 건축 소재에서 일어난 일이 이 아케이
드 안에 있는 인간이라는 소재에서도 발생하고 있다. 이 거리의 철
과 같은 성격의 소유주들이 뚜쟁이들이라면, 유리처럼 깨지기 쉬운
것은 매춘부들이다.   [F 3, 2]

"신 '건축' 은 1830년경의 산업화 시점, 즉 직인적인 생산 과정이
산업적인 생산 과정으로 전환되던 시점에서 유래한다." 기디온,
『프랑스의 건축』, <라이프치히/베를린, 1928년>, 2페이지. [F 3, 3]

기술 혁신이 가진 자연스러운 상징적 힘이 얼마나 큰지를 '철도
의 선로' 는 아주 인상적으로 보여주는데, 이 선로에는 참으로 독특
하고 비할 바 없는 꿈의 세계가 들러붙어 있다. 이와 관련해 1830년
대에 선로에 반대해 얼마나 격렬한 반론이 제기되었는지를 알아야
만 이 문제의 전모를 조명할 수 있을 것이다. 예를 들어 A. 고든은
『기간 교통론』에서 증기차 — 당시에는 기관차를 그렇게 불렀다 —
는 화강암으로 만든 길 위를 달려야 한다고 주장했다. 당시에는 심
지어 구상된 소수의 철로 부설에 필요한 철조차 충분히 생산할 수
없다고 생각했던 것이다.   [F 3, 4]

432

새로운 철골 건축물 위에서 도시를 내려다볼 때의 장관 — 기디온은『프랑스의 건축』, <라이프치히/베를린, 1928년>의 61~63페이지에 들어 있는 삽화에서 마르세유의 트랑스보르되르 다리를 탁월한 사례로 제시하고 있다 — 은 오랫동안 오직 노동자와 기술자들만 볼 수 있는 것이었다는 점을 명심해야 한다. ■마르크스주의■ 당시 기술자와 프롤레타리아 말고 감히 누가 새로운 것, 결정적인 것 — 즉 이들 건축물이 주는 공간 감각 — 의 전모를 알 수 있게 해줄 계단을 올라가려고 했겠는가?   [F 3, 5]

1791년 프랑스에서 축성술과 공성술 담당 장교를 가리키는 명칭으로 '기사ingénieur'라는 용어가 등장했다. "같은 시기, 같은 나라에서 '건설Konstruktion'과 '건축Architektur'의 대립 관계가 의식적으로, 곧 개인적인 감정이 들어간 격렬함으로 표현되기 시작했다. 과거에는 전혀 이러한 대립 관계를 몰랐다. …… 그러나 혁명의 폭풍우가 잠든 후 프랑스 예술을 다시 정상적인 궤도로 돌려놓기 위한 무수한 예술 이론상의 논의에서 …… '건설가constructeur'라는 말이 '장식가décorateur'라는 말에 맞서 나타나게 된다. 이와 함께 즉각 '건설가'의 동맹자인 '기사'들도 사회적으로 독립적인 진영을 따로 만들어야 하는 것은 아닌가 하는 문제가 추가로 제기되었다." A. G. 마이어,『철골 건축물들』, 에스링겐, 1907년, 3페이지.   [F 3, 6]

"석조 건축 기술은 재단술이며, 목조 건축 기술은 조합의 기술이다. 철골 건축은 전자 그리고 후자와 어떤 공통점을 갖고 있는가?" 알프레드 고트홀트 마이어,『철골 건축물들』, 에스링겐, 1907년, 5

페이지. "돌에서는 물질의 자연스러운 정신이 느껴진다. 우리에게 철은 인공적으로 응축된 강도와 연성일 뿐이다." 앞의 책, 9페이지. "철은 강도에서는 돌보다 40배, 목재보다 10배 뛰어나지만 그럼에도 불구하고 자중自重은 돌의 4배, 목재의 8배밖에 되지 않는다. 따라서 같은 크기의 돌과 비교해볼 때 철은 무게는 4배밖에 더 나가지 않지만 40배의 부하를 견딜 수 있다." 앞의 책, 11페이지.

[F 3, 7]

"이 소재 자체가 벌써 초기 100년 동안 근본적 변모 — 주철, 연철, 용철鎔鐵 등 — 를 겪었다. 따라서 오늘날의 건축 기사는 약 50년 전과는 완전히 다른 건축 소재를 손에 넣게 된 셈이다. …… 그것들은 역사적 관점에서 고찰해볼 때 불안할 정도로 가변적인 '효소'이다. 어떠한 건축 자재도 이와 유사한 면을 갖고 있지 못하다. 이제 막 엄청난 속도의 발전이 시작되려고 하는 참이다. …… 철이라는 이 자재가 가진 여러 조건은 …… '무한의 가능성들' 속으로 휘발되어버리고 만다." A. G. 마이어, 『철골 건축물들』, 11페이지. 혁명적인 건축 자재로서의 철!   [F 3a, 1]

그런데 시정의 통속적인 의식 속에는 어떻게 비쳤는지는 당대의 한 저널리스트의 발언이 투박하지만 전형적으로 보여주는데, 그에 따르면 언젠가 후세는 '19세기에 고대 그리스의 건축술이 옛날의 순수함 그대로 다시 한 번 꽃을 피웠다'는 것을 인정하게 될 것이라고 한다. 『유럽』, 2권, 슈투트가르트/라<이프>치<히>, 1837년, 2권, 207페이지.   [F 3a, 2]

'예술의 장'으로서의 역. "만약 현대 문명의 공적인 기념비 — 철도역, 의회, 대학 강당, 시장, 시청 — 를 …… 자유롭게 소재로 삼을 수 있었다면 …… 과연 비르츠가 어떠한 신세계, 생동감 넘치며 극적이며 아름다운 신세계를 화폭에 옮겼을지를 누가 알겠는가!" A. J. 비르츠, 『문학 작품집』, 파리, 1870년, 525/26페이지. [F 3a, 3]

철골 건축에 벌써 소재 자체만으로도 어떠한 기술적 절대주의가 숨어 있는지는 건축 소재의 유효성과 유<용>성에 대한 전통적인 개념에 그것이 얼마나 대립되는지를 떠올려보면 분명해진다. "다름 아니라 철은 지하에서 파낸 그대로 사용하는 것이 아니라 건축 자재로서 인공적으로 가공되어야 하기 때문에 사람들이 일정한 불신감을 갖게 되었다. 이러한 불신은 르네상스의 일반적인 감정의 특수한 적용에 불과한 것으로, 레온 바티스타 알베르티(『건축술』, 파리 1512년, fol. XLIV)는 언젠가 한번 그러한 감정을 이렇게 표현한 바 있다. '*Nam est quidem cujusquis corporis pars indissolubilior, quae a natura concreta et counita est, quam quae hominum manu et arte conjuncta atque, compacta est*(왜냐하면 자연 그대로 통합되고 통일된 물체의 부분이 인간의 손에 의해 통합되고 조립된 부분보다 이해하기가 더 어렵기 때문이다).'" A. G. 마이어, 『철골 건축물들』, 에스링겐, 1907년, 14페이지. [F 3a, 4]

과연 건축에서 (그리고 그 밖의 다른 예술에서도) 기술적 필요성이 과거에도 형식, 양식을 오늘날처럼 그렇게 철저하게 규정했는지 — 오늘날 이것은 이 시대 모든 생산물의 각인인 것처럼 보일 정도까지 되었다 — 한번 숙고해볼 만한 가치가 있는데, 아마 이 질문에 대한 대답은 그렇지 않다일 것이다. 자재로서의 철의 경우에는 벌써 그렇다는 것이 분명하게, 아마 맨 처음부터 인정되고 있었을 것이다. 왜냐하면 "철이 건축 재료로 등장하는 기본 형태 …… 그 자체가 벌써 별개의 구성물로, 부분적으로 새로운 것"이기 때문이다. "그리고 이러한 특징은 대개는 이 건축 자재의 자연적 특성의 산물인 동시에 표현이다. 이미 그러한 특성 자체가 바로 이 형식을 위해 기술적으로 또 과학적으로 발전되고 이용되어왔기 때문이다. 원료를 직접 사용 가능한 건축 자재로 만들려는 목적의식적인 가공 과정은 철의 경우 기존의 건축 자재들보다 훨씬 더 이른 단계에 이미 시작되고 있었다. 이 경우 철광석과 철재 사이에는 돌과 마름돌, 점토와 연와, 재목과 각재角材의 관계와는 전혀 다른 관계가 지배하고 있다. 즉 철의 경우 건축 자재와 건축 양식이 훨씬 더 동질적이다."
A. G. 마이어, 『철골 건축물들』, 에스링겐, 1907년, 23페이지.

[F 3a, 5]

1840~1844년. "티에르의 발상에 따른 요새의 건축. …… 철도는 결코 작동하지 못할 것이라고 생각한 티에르는 역의 건설이 필요했던 시기에 파리에 몇 개의 문을 세우도록 했다." 뒤베크/데스프젤, 『파리의 역사』, 파리, 1926년, 386페이지.　　　　　　[F 3a, 6]

"거의 투명한 이러한 유리가 이미 15세기부터 창유리로 가정까지도 지배해왔다. 실내 공간의 발전 전체는 '더 많은 빛을!' [6]이라는 말을 따랐다. ― 17세기에 네덜란드에서 이러한 발전은 벽에 난 창의 개구부의 발전으로 이어지는데, 그것은 심지어 부르주아 가정집에서조차 평균적으로 벽면의 거의 절반을 차지했다. …… /이렇게

436

해서 빛이 넘치게는 되었으나 …… 곧 너무 밝다는 문제가 발생한다. 그리하여 이 문제를 해결하기 위해 방에는 커튼이 드리워지게 되는데, 하지만 이 커튼도 실내 장식 기술이 과대 포장되면서 곧 번거로운 일이 되어버렸다. …… /유리와 철에 의한 공간의 발전은 막다른 길에 이르렀다./그러다 갑자기 별로 그럴 것 같지 않던 원천에서 새로운 힘이 흘러 들어왔다./이번에도 역시 이 원천은 '집', '보호가 필요한 것을 몰래 감춰두기 위한' '집'이라는 것에는 변함이 없었지만 이 집은 살아 있는 것이나 신을 위한 집도 또 그렇다고 화덕의 불꽃이나 생명이 없는 소유물을 위한 집도 아니라 오히려 식물을 위한 집이었다./철과 유리로 된 현대의 모든 건축물의 근원은 온실이다." A. G. 마이어, 『철골 건축물들』, <에스링겐, 1907년>, 55페이지. ▪아케이드 안의 빛▪거울▪ 파사주는 프루스트가 묘사한 세계의 견본이다. 기묘하게도 아케이드는 이 세계와 마찬가지로 근원에 있어 식물의 존재와 연결되어 있다. [F 4, 1]

1851년의 수정궁에 대해. "장대한 이 건물 중에서도 둥근 천장을 가진 이 중앙 홀이 가장 장대하다. ― 모든 의미에서 그러하다. …… 하지만 그것 역시 공간을 구성하는 건축가가 아니라 어떤 ― 조경사의 아이디어로 그렇게 만든 것이었다. …… 그리고 거기에는 직접적인 이유가 있었다. 이처럼 중앙 홀을 높게 만든 주된 이유는 하이드파크의 이 부지에 거대한 느릅나무가 있었는데, 런던 사람들도 팩스턴 본인도 이를 잘라버리는 것을 바람직하지 않다고 생각했기 때문이다. 팩스턴은 이 느릅나무를 전에 훨씬 남쪽에 있는 채트워스에서 그랬던 것처럼 유리로 된 거대한 집으로 감쌈으로써, 의식적으로 그런 건 아니지만 그의 건물에 매우 높은 가치를 부여하게 되었다." A. G. 마이어, 『철골 건축물들』, 에스링겐, 1907년, 62페이지.   [F 4, 2]

비엘은 기사나 건설가와 대립하는 건축가로서 『건물의 강도 보증에 관한 수학의 무효성에 대해』(파리, 1805년)라는 제목으로 역학 계산을 극히 신랄하게 공격하는 포괄적인 논쟁서를 출판했다.

[F 4, 3]

아케이드, 특히 철골 건축물로서의 아케이드에 관해서는 이렇게 말할 수 있을 것이다. "가장 기본적인 구성 요소는 …… 지붕이다. '홀Halle'[7]이라는 단어의 어원 자체도 이 지붕에서 온 것이다. 홀이란 위가 덮인 공간이지 둘러싸인 공간이 아니기 때문이다. 측벽은 말하자면 '숨겨져' 있는 것이다." 이 문장의 마지막 부분은 특별한 의미에서 아케이드에 딱 들어맞는다. 아케이드의 벽은 2차적으로밖에는 홀의 벽 기능을 담당하지 못한다. 원래 그것들은 집의 벽이나 바깥면이라는 기능을 갖고 있었기 때문이다. 인용 부분은 A. G. 마이어, 『철골 건축물들』, <에스링겐, 1907년>, 69페이지에 들어 있다.

[F 4, 4]

철골 건축물로서의 아케이드는 폭넓은 공간으로는 아직 자리 잡지 못하고 있다. 아케이드가 '구식처럼' 보이는 결정적 이유가 여기 있다. 아케이드는 여기서 애매모호한 입장에 놓여 있는데, 바로크 성당과 몇 가지 유사점을 갖고 있다. "아치형 천장이 있는 바로크 성당의 '홀'에서는 부속 예배당조차 본래의 공간을 확장해야만 추가로 얻을 수 있었는데, 그것은 과거보다도 훨씬 넓어졌다. 그러나

런던의 수정궁의 실내. 윌리엄 헨리 폭스 탈보트의 사진으로부터. [F 4, 2]를 보라.

이러한 바로크의 넓은 홀에서도 '위쪽을 향한' 끌림, 위를 향하려는 황홀감이 지배하고 있으며, 이는 천장화 속에서 환성을 올리고 있다. 성당의 공간들이 집회의 공간 이상의 것을 지향하는 이상, 즉 영원한 것에 대한 생각을 간직하고 있어야 하는 한 넓이보다는 높이를 우선시하는 것이 성당 공간으로서는 필요할 것이다." A. G. 마이어, 『철골 건축물들』, 74페이지. 이렇게 되면 역으로 상품이 열을 이루고 있는 아케이드에도 뭔가 종교적인 장엄함, 즉 본당 회중석의 흔적이 남아 있다고 말할 수 있을 것이다. 아케이드는 기능적으로는 이미 폭넓은 공간이라는 영역에 속해 있지만 건축학적으로는 아직 과거의 '홀'이라는 영역에 머물러 있다. [F 4, 5]

1889년에 완성된 기계관은 1910년에 '예술적 새디즘에 의해' 철거되었다.[8] [F 4, 6]

폭넓은 공간이 만들어진 역사적 경위. "프랑스의 왕성들은 이탈리아의 르네상스 전성기 때의 궁전에서 '갈레리'를 빌려왔는데, 그것은 ─ 루브르 궁의 '아폴론 갈레리'나 베르사유의 '거울들의 갈레리'가 잘 보여주듯이 ─ 왕의 위엄 그 자체의 상징이 되었다. …… /19세기에 새로 시작된 이 갈레리의 승리의 행진은 처음에는 순전히 실용적인 구조라는 미명 하에 시작되어, 주로 저장 창고, 시장, 작업장, 공장으로 이용되었다. 그러다가 마침내 철도역 ─ 특히 전람회장으로 사용하는 문제가 대두함에 따라 이것은 다시 예술이 된다. 모든 곳에서 아무것으로도 나누어지지 않은 넓은 장소에 대한 욕구가 너무 커져 돌 아치와 나무 천장만으로는 특수한 경우를 제외하고는 그러한 욕구를 만족시킬 수 없었다. …… 고딕 양식에서 벽이 계속 커져 결국 천장으로까지 연장되었던 반면 — 파리의 기계관 …… 유형의 철로 만든 홀에서는 천장이 연속적으로 벽으로 이행하고 있다." A. G. 마이어, 『철골 건축물들』, 74/75페이지.
[F 4a, 1]

'극소성'이라는 척도가 이토록 중요했던 적도 없었다. 양에서의 극소라는 척도, '극미량'이라는 척도도 마찬가지였다. 문학이 이를 수용할 기색을 보이기 훨씬 이전에 공업 기술이나 건축 설계에서는 이러한 척도들이 사용되고 있었다. 기본적으로 그것들은 몽타주 원리의 가장 빠른 시기의 현상 형태라고 할 수 있다. 에펠 탑 건설에 대해: "따라서 여기서 무기적인 자재의 에너지를 극소의, 가장 효율적인 형태로 마무리해서 그것을 가장 효과적인 방식으로 조립시키려는 정신적 에너지의 엄청난 긴장 때문에 조형적인 조형력은 침묵한다. …… 12,000개나 되는 금속 부품, 250만 개나 되는 못 하나하나가 밀리미터 단위로 정확하게 결정되어 있다. …… 이러한 작업 현장에서는 돌을 깎아내는 정 소리 따위는 들리지 않는다. 여기서도 근력을 지배하고 있는 것은 사고로서, 이 사고가 근력을 안정된 비계와 기중기로 전달하는 것이다." A. G. 마이어, 『철골 건축물들』, 93페이지. ■선구자■
[F 4a, 2]

"오스만은 역 정책이라고 부를 만한 것을 이룩할 수 없었다. …… 역을 '파리의 새로운 문'으로 명명한 황제의 적절한 말에도 불구하고 철도의 부단한 발전은 모든 사람을 깜짝 놀라게 했으며, 모든 예측을 넘어섰다. …… 임기응변식의 대응을 쉽게 벗어날 수 없었다." 뒤베크/데스프젤, 『파리의 역사』, 파리, 1926년, 419페이지.

에펠 탑. "처음에 노도와 같은 항의가 쏟아졌음에도 불구하고 아직 추한 모습 그대로 서 있다. 그러나 무선 연구에는 도움이 되었다. …… 사람들은 이번 만국박람회는 철골 건축의 승리에 획을 긋게 될 것이라고 말해왔다. 하지만 그것의 파산에 획을 긋는 것이었다는 말이 더 정확할 것이다." 뒤베크/데스프젤, 『파리의 역사』, 461/62페이지.   [F 4a, 4]

"1878년경 사람들은 철골 건축에서 구원을 발견했다고 생각했다. 살로몽 레나크 씨의 말을 빌리자면 '수직적인 것에 대한 동경', 안이 꽉 차 있는 것에 대한 비어 있는 것의 우세, 그리고 겉으로 드러나는 골조의 가벼움은 고딕 정신의 정수가 새로운 정신과 신소재에 의해 되살아날 수 있도록 해주는 하나의 양식이 탄생되리라는 기대감을 갖게 해주었다. 그러나 기사들이 1889년 기계관과 에펠탑을 세우자 사람들은 철골 예술을 단념하고 만다. 그러나 그러한 판단은 너무 성급했다." 뒤베크/데스프젤, 앞의 책, 464페이지.   [F 4a, 5]

베랑제. "루이-필립의 정치 체제에 대해 그가 유일하게 비난한 것은 공화국을 고온의 온실 속에서 급성장시키려 했다는 것뿐이었다." 프란츠 디더리히, 「빅토르 위고」, 『디 노이에 차이트』, 20권 1호, 648페이지, 슈투트가르트, 1901년.   [F 4a, 6]

"증기 기관차가 초기의 엠파이어형에서 오늘날의 완성된 즉 물적 형태로 발전해온 경로는 하나의 발전 과정을 잘 보여준다." 요제프 아우<구스트> 룩스, 「기계 미학」, 『디 노이에 차이트』, 27권 2호, 439페이지, 슈투트가르트, 1909년.   [F 4a, 7]

"예술적인 양심, 특히 섬세한 예술가적 의식을 가진 사람들은 예술의 제단에서 건축기사들에게 욕설에 욕설을 퍼부었다. 러스킨을 떠올려보기만 해도 충분할 것이다." A. G. 마이어, 『철골 건축물들』, <에스링겐, 1907년>, 3페이지.   [F 5, 1]

제2제정 시대의 예술 이념에 관해. 도미에에 대해. "그는 근육의 흥분에 극도로 열광했다. 그의 펜은 쉼 없이 근육의 긴장과 움직임을 찬미한다. …… 그러나 그가 꿈꾼 대중의 모습은 품위가 결여된 천한 …… 소상인들 사회와는 전혀 다른 스케일을 갖고 있었다. 그가 동경한 것은 고대 그리스에서처럼 사람들이 마치 받침대에 서 있기라도 한 것처럼 원기 왕성한 아름다움을 향해 스스로를 고양시켜나갈 토대를 마련해줄 수 있는 사회적 환경이었다. …… 이러한 전제 조건 하에서 부르주아를 보면 기괴한 왜곡이 …… 생기지 않을 수 없다. 이렇게 본다면 도미에의 풍자는 헛되이 부르주아 대중과 동조하려 했던 그의 고매한 노력이 가져온 의도하지 않은 결과라고 할 수 있었다. …… 1835년 국왕 암살 계획[9]이 있었는데, 사람들은 그것이 신문에 실린 풍자화 때문이라고 비난했다. 이것은 신문의 대담한 풍자에 …… 재갈을 물릴 수 있는 좋은 구실이 되었다. 정치적인 풍자만화는 불가능하게 되었다. …… 따라서 이 시대에 변호사를 그린 그림은 …… 불과 같은 격렬함을 갖게 되었다. 법정은 아직 설전이 격렬한 흥분으로 휩싸이는 것이 인정되는 유일한 장소였기 때문이다. 그리고 변호사들은 근육을 통해 강조되는 수사修辭와 이 직업에 고유한 극적인 몸짓이 몸의 정교한 표정을 대신할 수 있는 유일한 사람들이기도 했다." 프리츠 Th. 슐테, 「오노레 도미에」, 『디 노이에 차이트』, 32권 1호, 833～835페이지.

[F 5, 2]

1853년 발타르가 설계한 레알의 건축이 실패한 것도 1851년 프랑스인 오로가 작성한 런던 박람회장의 최초 계획에서처럼 석재와 철의 조합이 제대로 이루어지지 않았기 때문이다. 파리 사람들은 발타르가 설계한 건물 ― 이것은 곧 해체되었다 ― 을 라 알 요새라고 불렀다.

[F 5, 3]

한가운데 느릅나무가 있는 수정궁에 대해. "유리로 된 이 둥근 천장 아래에서 차일, 환기 장치, 힘차게 내뿜고 있는 분수 덕분에 상쾌하고 서늘한 기분을 느낄 수 있다. 한 관람객에 따르면 '우화에 나오는 강 물결 아래 선녀나 물의 요정이 사는 수정 궁전 안에라도 와 있는 것 같은 느낌이 들었다'고 한다." A. 데미, 『<파리 만국박람회> 역사 시론』, <파리, 1907년>, 40페이지.

[F 5, 4]

"1851년 런던 만국박람회가 끝난 후 영국인들은 수정궁을 어떻게 할 것인가 하는 문제를 놓고 논의하게 되었다. 용지의 양도 증서에 삽입된 한 조항은 …… 건물의 …… 해체를 …… 요구하고 있었다. 하지만 여론은 만장일치로 이 조항의 폐지를 요구했다. …… 온갖 제안이 신문 지상을 떠들썩하게 했으나 대부분은 기발함을 자랑하는 것뿐이었다. 어떤 의사는 병원으로 개조하자고 하고, 또다른 의사는 공중 목욕탕으로 개조하자고 제안하는 식이었다. …… 대형 도서관으로 바꾸자는 사람도 있었다. 꽃에 대한 정열이 남다른 어느 영국인은 이 건물 전체를 화원으로 만들자고 주장했다." 수정궁은 프랜시스 풀러의 손에 넘겨져 시든햄으로 이전되었다. A. S. 드 동쿠르, 『만국박람회』, 릴/파리, <1889년>, 77페이지. [F 6a, 1] 참조. 증권거래소Bourse라면 뭐든지 **다루며**, 수정궁은 어떤 용도로든 **사용될 수 있었다.**   [F 5a, 1]

"철 파이프를 이용한 가구 제조업이 …… 목제 가구 제조업과 막상막하로 경쟁 중이다. 가마로 착색 구이를 하거나, …… 꽃무늬 칠보를 입히거나, 나무를 모방한 무늬를 상감으로 새겨넣거나 하는 등 철 파이프제 가구는 세련되었으며, 부셰의 그림에 나오는 문의 상부처럼 제대로 마무리되어 있다." 에두아르 푸코, 『발명가 파리 ─ 프랑스 산업의 생리학』, 파리, 1844년, 92/93페이지.[F 5a, 2]

북역 앞 광장은 1860년에는 루베[10] 광장이라고 불렸다.   [F 5a, 3]

당시의 판화에서는 역 앞 광장에는 말들이 분주히 왔다 갔다 하고, 승합마차가 자욱하게 먼지 구름을 일으키며 달려오고 있는 모습을 볼 수 있다.   [F 5a, 4]

북역의 한 상여를 묘사한 목판화의 설명문. "파리의 북쪽 철도역에서 거행된 마이어베어[11]의 장례식."   [F 5a, 5]

내부에 회랑과 나선형 철제 계단이 있는 공장 공간. 초기의 안내서와 삽화에서는 제작소와 판매소가 인형의 집에서처럼 아직 동일한 건물 안에 있는 것이 바람직하다는 생각이 단면도에 반영되어 있는 것을 볼 수 있다. 1865년의 제화업자 피네의 안내서도 그렇다. 사진가의 아틀리에처럼 위로부터 쏟아지는 빛을 피하기 위해 천장에 이동식 커튼을 부착한 아틀리에도 종종 볼 수 있다. 판<화>실.

[F 5a, 6]

에펠 탑. "우리 시대의 가장 유명한 이 건물의 특징이라면 거대한 몸체에도 불구하고 …… 자그마한 장난감 같은 느낌을 주는 데 있을 것이다. 이것은 …… 이 시대의 저속한 예술 감각은 오로지 장르와 금은 선 세공 기술의 틀 내에서만 사유할 수 있다는 것을 증명해준다." 에곤 프리델, 『현대 문화사』, 3권, 뮌헨, 1931년, 363페이지.

[F 5a, 7]

"미셸 슈발리에는 새로운 신전에 대한 꿈을 이렇게 시로 표현했다.

　'네게 내 신전을 보여주마'라고 우리 주 하느님께서 말씀하셨다.

　……

　'신전의 원주는

　주철 파이프 원주들의 묶음,

　새로운 신전의 오르간이 되었다.

　……

　골조는 철이나 주철이나

　구리나 청동으로 만들어져 있어

　건축가는 그것을 원주 위에

446

현악기를 관악기 위에 놓듯이 설치했다.

......

신전은 이리하여 하루 종일 끊임없이

새로운 조화의 울림들을 연주하고

첨탑이 피뢰침처럼 우뚝 솟아

구름 속까지 뻗어가

거기서 전기의 힘을 구하며

뇌우는 이를 활력과 전압으로 가득 채웠다.

......

긴 첨탑 끝에서는

전신기가 팔들을 흔들며

사방에서 민중에게

좋은 소식을 전해주고 있다.'"

앙리-르네 달마뉴, 『생시몽주의자들 1827~1837년』, 파리, 1930
년, 308페이지.   [F 6, 1]

제정 시대에 출현한 '일명 탱그램Casse-tête chinois'은 이 시대
가 건축에 대한 감각에 점점 더 눈을 떠가고 있음을 보여준다. 당시
의 탱그램의 완성도를 보면 풍경이나 건물, 어떤 형상을 그린 선화
線畵의 일부를 볼 수 있는데, 그것들은 조형 예술에서 큐비즘의 원리
를 최초로 예감한 것이라고 할 수 있다(판<화>실의 알레고리적인 판
화를 바탕으로, 머리를 짜내게 만드는 이 탱그램이 만화경을 대체했는지
아니면 반대였는지를 한번 검증해볼 것).   [F 6, 2]

「파리의 조감」―『파리의 노트르담』, 1권, 3부 ― 은 이 도시의

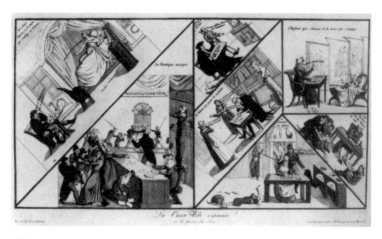

「'탱그램' 또는 오늘날의 대유행」(파리 국립도서관). [F 6, 2]를 보라.

건축사에 대한 개관을 현대에 대한 아이러니컬한 묘사로 마무리짓고 있는데, 그것은 증권거래소 건물이 건축적으로 얼마나 별 볼 일 없는지에 대한 기술에서 정점에 달하고 있다. 이 장의 중요성은 결정판(1832년)에 덧붙이는 글에서 강조되고 있는데, 저자는 이렇게 말하고 있다. "저자는 이 장들 중 하나에서 건축술의 현대적 쇠퇴와 ― 이것은 저자의 생각이지만 ― 오늘날 거의 불가피한 이 으뜸가는 예술의 죽음에 관해 불행하게도 저자에게 깊이 뿌리박힌, 심사숙고한 결과에 따른 의견을 표명하고 부연하였다." 빅토르 위고, 『전집 ― 소설 3』, 파리, 1880년, 5페이지.[12]   [F 6, 3]

산업관의 건설을 결정하기 전에 수정궁식으로 샹젤리제 거리의 일부를 가로수들과 함께 모두 지붕으로 덮자는 계획이 제안되었다.
                                                        [F 6, 4]

빅토르 위고는 『파리의 노트르담』에서 증권거래소에 대해 이렇게 서술하고 있다. "한 건물의 건축술은 용도에 적합하여, 건물을 일견하기만 해도 용도가 절로 나타나도록 되어 있어야 하는 것이라면 …… 왕궁도 될 수 있고, 시의회도 될 수 있고, 학술원도 될 수 있고, 창고도 될 수 있고, 법정도 될 수 있고, 박물관도 될 수 있고, 병사도 될 수 있고, 묘소도 될 수 있고, 사원도 될 수 있고, 극장도 될 수 있는 건축물이라고 하니 놀랍기 그지없다. …… 그리스에서라면 신전이 되었을지도 모르지만 프랑스에서는 '증권거래소'인 것이다. …… 건물 주위를 빙 돌고 있는 주랑이 있어서, 이 주랑 아래 종교 의식이라도 치르려고 하는 양 장엄하게 증권 중개인과 주식 중개인들이 그들의 이론을 위엄 있게 전개할 것이다. 그것들은 의심할 여지 없이 매우 훌륭한 건축물이다. 거기에다 리볼리 가와 같은 재미있고 다양한 수많은 아름다운 거리들을 덧붙여보면, 기구를 타고 내려다본 파리가 언젠가는 저 선들의 풍부함과 저 광경들의 다양함과 체커 놀이 판 특유의 아름다움 속의 뜻밖의 것을 보여주리라는 희망을 나는 버리지 않고 있다." 빅토르 위고, 『전집 ― 소설 3』, 파리, 1880년, 206페이지(『파리의 노트르담』).[13] [F 6a, 1]

산업관.[14] "철재 골조의 우아함과 가벼움에는 놀라지 않을 수 없다. 하지만 기사인 …… 바로 씨는 취향보다는 기교를 더 잘 보여주었다. 둥근 유리 천장의 경우 …… 배치 방법에서는 우아함이라고는 찾아볼 수 없는데, 이를 보고 떠오르는 …… 것은 …… 거대한 종 모양의 유리 천장이다. …… 산업이 속성으로 재배되고 있었다. …… 입구 양측에는 탄수차가 딸린 거대한 기관차 2대가 놓여 있다." 이러한 기관차는 아마 1855년 11월 15일 폐회를 장식하는 수상식을 기념해 그곳에 처음 갖다놓았을 것이다. 루이 에노, 「산업관」(『19세기의 파리와 파리 사람들』, 파리, 1856년, 313페이지와 315페이지). [F 6a, 2]

샤를-프랑수아 비엘, 『건물의 강도 보증에 관한 수학의 무효성에 대해』(파리, 1805년)의 몇 가지 지적. 비엘은 전체의 구성ordonnance과 건설 기술construction을 구분한다. 그리고 젊은 건축가들은 특히 전자에 대한 지식이 불충분하다고 비난한다. 그는 그에 대한 책임은 '정치적 격동의 와중에 이 예술에 대해 공적 교육이 택한 새로운 노선'에 있다고 본다(9페이지). "건축에 관여하고 있는 기하학자들의 경우 그들의 작품은 창의적인 면, 건설 기술적인 면

파리의 증권거래소(19세기 중엽). 파리 증권거래소 제공. [F 6a, 1]을 보라.

1855년 만국박람회 때의 산업관. [F 6a, 2]를 보라.

에서 보면 전체의 구성과 건물의 안정성에 관해서는 수학이 무용하다는 것을 입증했다"(10페이지). "수학자들은 …… 참신함을 강도와 조화시켰다 …… 고 주장해왔다. 이 두 단어는 오직 대수의 영역에서만 만날 수 있다"(25페이지). 이 문장이 아이러니컬한 의미로 그치는 것인지 아니면 대수가 여기에서는 수학과 대치되고 있는지 확인할 것. 저자는 루브르 교와 시테 교(둘 다 1803년에 건설되었다)를 레온 바티스타 알베르티의 원리에 따라 비판하고 있다.

[F 6a, 3]

비엘에 따르면 건설 기술에 기반해 다리를 건조하려는 최초의 시도는 1730년경에 있었던 것이 틀림없다.   [F 7, 1]

1855년 만국박람회의 개최에 맞추기 위해 오텔 뒤 루브르 건물이 급히 건설되었다. "하청업자들은 하루 작업량을 두 배로 하기 위해 처음으로 전기 조명을 이용했다. 전혀 예기치 못한 일이 발생해 작업이 지연되었다. 파리를 떠들썩하게 만든 목수들의 파업이 끝나가고 있었으나 이로 인해 파리에서는 목재 골조 시공이 불가능하게 되었다. 이 때문에 오텔 뒤 루브르는 설계상으로 구식 집의 목조를 현대적인 건축물의 철재 바닥과 조합시킨 상당히 색다른 특수성을 갖게 되었다." G. 다브넬 자작, 「현대적 삶의 메커니즘」, 1권, 「백화점」(『레뷔 데 되 몽드』, 1894년 7월 15일, 340페이지). [F 7, 2]

"처음에 철도 객차는 역마차처럼 보였으며, 노선 버스는 승합마차처럼 보였고, 전기 가로등은 가스식 샹들리에 비슷했으며, 가스식 샹들리에는 석유 램프와 비슷한 형태를 하고 있었다." 레옹 피에르-캉, 「영화의 의미」(『영화 예술』, 2권, 파리, 1927년, 7페이지).

[F 7, 3]

쉰켈의 제국 양식에 대해. "장소를 명시하는 건물, 게다가 그것이 원래 착상된 장소를 체현하고 있는 토대는 …… 탈것과 비슷하다. 그것은 그러한 방법으로밖에는 '실행'될 수 없는 건축의 이상을 전달해주기 때문이다." 칼 린페르트, 「위대한 건축 사상의 기원에 대해」(『프랑크푸르터 차이퉁』, 1936년 1월 9일).

[F 7, 4]

1889년 만국박람회에 대해. "이 성대한 축제는 무엇보다 철에 대한 찬미였다고 할 수 있다. …… 샹-드-마르스 박람회와 관련해 『코레스퐁당』지의 독자들에게 산업에 대해 몇 가지 일반적인 개요를 보여주기 위해 '철제 건축물과 철도'를 주제로 선택해보았다." 알베르 드 라파랑, 『철의 세기』, 파리, 1890년, VII/VIII페이지.

[F 7, 5]

수정궁에 대해. "건축가인 팩스턴과 발주자인 폭스와 핸더슨 씨는 단호하게 치수가 큰 재료는 사용하지 않기로 결정했다. 가장 무거운 재료는 길이 8미터의 속이 빈 주철 대들보로서, 이것들 중 어느 것도 1톤을 넘지 않았다. …… 주요 장점은 경제성에 있었다. …… 게다가 모든 재료가 공장에서 짧은 기간에 납품할 수 있는 것이었기 때문에 시공이 아주 빨리 진행되었다." 알베르 드 라파랑, 『철의 세기』, 파리, 1890년, 59페이지.

[F 7, 6]

라파랑은 철골 건축을 돌로 외장을 한 것과 철골 그대로인 것 두 가지로 분류하고 있다. 전자의 사례로서 그는 다음의 것을 들고 있다. "라브루스트는 …… 1868년 …… 대중에게 국립도서관의 열람실을 제공했다. …… 1,156평방미터에 달하는 이 열람실보다 더 만족스러운 것 또는 조화로운 것을 상상하기란 힘들다. 여기에는 채광창이 딸린 9개의 둥근 천장이 있는데, 이들 둥근 천장은 철제 격자 아치에 의해 16개의 가벼운 주철 원주들 위에 얹혀 있다. 이 중 12개의 원주는 벽에 붙어 있으며 나머지 4개는 철제의 대좌로 지탱받으며 단독으로 바닥에 서 있다." 알베르 드 라파랑, 『철의 세기』, 파리, 1890년, 56/57페이지.   [F 7a, 1]

비엘과 함께 1855년에 산업관을 세운 기사 알렉시스 바로는 에밀 바로의 동생이다.   [F 7a, 2]

1779년 최초로 주철 다리(콜부룩데일 교)[15]가 건설되는데, 1788년 이를 건설한 사람이 영국기술협회의 금메달을 수상했다. "게다가 건축가 루이가 파리에서 테아트르-프랑세의 연철 골조 시공을 끝낸 것이 1790년이니 철제 건축 100주년은 프랑스 혁명 100주년과 거의 정확하게 일치한다고 할 수 있다." A. 드 라파랑, 『철의 세기』, 파리, 1890년, 11/12페이지.   [F 7a, 3]

1822년 파리에서 목수들의 파업이 있었다.   [F 7a, 4]

탱그램에 대해. 석판화 「만화경의 승리 또는 탱그램의 최후」에 대해. 한 중국인이 이 놀이판을 갖고 쓰러져 있다. 그를 발로 짓밟고 있는 여성은 한 손에는 만화경을, 다른 한 손에는 만화경을 통해 보

이는 모양을 그린 종이 혹은 두루마리를 들고 있다. 판<화>실
(1818년의 것이다).   [F 7a, 5]

"동화에 나옴직한 집들, 즉 눈부실 정도로 반들반들하게 닦여져
있는 철과 동은 마치 살아 움직이거나 생각하는 것처럼 보이는 반
면 허약하고 창백한 인간은 그저 이들 강철 거인들의 하찮은 하인
일 뿐인 집들을 처음으로 둘러봤을 때 눈이 휘둥그레지고 가슴이
조여왔다." J. 미슐레, 『민중』, 파리, 1846년, 82페이지. 저자는 결
코 기계에 의한 생산이 과도하게 발전할 것이라는 불안감은 갖고
있지 않다. 저자에게는 소비자의 개인주의가 이를 반박하는 것처
럼 보인다. "지금은 모든 사람이 각자 …… 자기 자신이 되고 싶어
한다. 그 결과 각자의 개성에 맞는 독자성이 결여된 대규모 양산품
에 대한 평가는 아무래도 낮아지는 일이 많아질 것이다." 앞의 책,
78페이지.   [F 7a, 6]

"비올레-르-딕(1814~1879년)은 중세의 건축가들 역시 경탄할 만
한 기술의 소유자들이며 풍부한 독창성을 가진 사람들이었다는 것
을 보여주고 있다." 아메데 오장팡, 「벽화」(『프랑스 백과사전』, 16
권, 『현대 사회의 예술 및 문학』, 1부, 70페이지).   [F 8, 1]

에펠 탑 건설에 대한 항의문. "우리 작가, 화가, 조각가, 건축가들
은 …… 지금 위협받고 있는 프랑스 예술과 역사의 이름으로 우리
의 수도 한가운데 백해무익하고 추악한 에펠 탑을 세우는 것에 항
의한다. …… 이 탑의 야만적인 크기는 노트르담, 생-샤펠, 투르
생-자크 등을 압도해 우리의 모든 건축물을 모욕하고 왜소하게 만

「만화경의 승리 또는 탱그램의 최후」(1818년). 파리 국립도서관 제공. [F 7a, 5]를 보라.

들 것이다." 루이 셰로네, 「박람회의 3명의 할머니」에서 인용(『방드르디』, 1937년 4월 30일).   [F 8, 2]

불르바르 몽마르트르에 있는 뮈사르의 '하모니 홀' 안에는 몇 그루 나무가 지붕을 꿰뚫고 뻗어나가 있었다고 한다.   [F 8, 3]

"건축가 루이에 의해 철이 최초로 대규모로 사용된 것은 1783년 테아트르-프랑세를 지을 때이다. 아마 이처럼 대담한 공사는 이후에도 이루어지지 않았을 것이다. 1900년 이 극장이 화재 후 재건될 때 동일한 지붕 구조에 건축가 루이가 사용한 것보다 100배나 더 나가는 중량의 철이 사용되었다. 철구조로 일련의 건물이 만들어졌는데, 이 중 라브루스트가 지은 국립도서관의 거대한 열람실이 최초의 것이자 가장 성공적인 것이었다. …… 그러나 철재에는 많은 유지비가 든다. …… 1889년 만국박람회는 노출된 철제품이 승리한 해로 기록될 것이다. …… 1900년 만국박람회에서는 철 골조 대부분이 석고로 피복되어 있었다."『프랑스 백과사전』, 16권, 16~68페이지, 6/7(오귀스트 페레, 「집단적인 수요와 건축」).   [F 8, 4]

양식의 시대에 노출된 철제품의 승리. "힘과 필연성을 …… 강조할 필요가 있다고 생각할 때는 언제나 '철과 같은' 또는 '강철 같은' 등의 형용사가 …… 사용되는데, 이것은 아마 기계 기술에 대한 …… 열광과 이 소재의 탁월한 견고성에 대한 믿음에서 …… 나온 것으로 이해할 수 있을 것이다. 자연의 법칙은 철칙鐵則이라 불리며, 나중에는 '노동자 부대의 진군'도 그렇게 불린다. …… 제국의 통일은 강철 같은 것이어야 하며, 따라서 재상 자신이 …… 철인

鐵人이다." 돌프 슈테른베르거, 『파노라마』, 함부르크, 1938년, 31
페이지.   [F 8, 5]

철제 발코니. "극히 수수한 형태의 가옥의 경우 정면은 완전히 평
평하다. 입구와 창문들을 통해서만 구별될 뿐이다. 프랑스의 경우
창문은, 예외 없이, 아주 가난한 집의 경우에도 바닥까지 트여 있
는 '프랑스식 창porte-fenêtre'이다. …… 이를 위해서는 격자가
필요한데, 아주 가난한 집에서는 아무 장식도 없는 철 난간이 쓰이
지만 부유한 집에서는 여기에 공예적인 문양이 가미되어 있다.
…… 일정한 단계에서 그것은 장식이 된다. …… 창문의 아랫선을
강조함으로써 …… 이것은 정문을 구분하는 데도 도움이 된다. 이
것은 정문의 벽면에서 돌출하지 않으면서 두 기능을 수행한다. 현
대식으로 건축된 거대한 가옥 단지들이 자꾸 옆으로 확장되는 것
을 선호하는 것을 볼 때 건축가들은 이러한 식의 구분만으로는 만
족하지 않는 듯하다. 그들의 건축 감각은 집이 점점 더 강하게 수평
적으로 뻗어가려는 경향을 …… 제대로 표현해줄 것을 요구하게
되었다. …… 그리고 전통적인 쇠 격자에서 이를 위한 수단을 발견
했다. 그리고 하나 혹은 두 개의 층 정면에 건물의 길이와 똑같은
크기의 발코니를 만든 다음 비슷한 유형의 격자를 달아놓았는데,
그것을 검은색으로 확연하게 눈에 띄도록 함으로써 힘이 넘치는
듯한 효과를 거두도록 해놓았다. 이러한 발코니는 …… 최근 시기
까지만 해도 집을 지을 때 아주 좁게 만들던 것이었다. 이로 인해
벽면의 엄격함이 사라지긴 했지만 그럼에도 정면의 부조라고 부를
수 있는 것은 아직 평평하게 남아 있는데, 이것은 항상 평평하게 유
지되는 조형적인 장식과 마찬가지로 벽의 효과를 완전히 극복하지

는 못하고 있다. 집이 연달아 지어지면 이러한 발코니 격자들은 연속적으로 연결되어, 통로가 벽을 이루는 듯한 인상을 준다. 참고로 이러한 인상은 상층이 영업용으로 이용되는 경우에도 …… 소유자들이 간판을 다는 것이 아니라 변색되지 않는 금합금의 라틴 문자를 선호하는 경우 더욱 강해지는데, 그러한 철제 격자 위에 잘 새겨 놓으면 이런 문자는 순전히 장식적인 것으로 보일 뿐이기 때문이다." 프리츠 슈탈, 『파리』, 베를린, <1929년>, 18/19페이지. [F 8a]

G

〔박람회, 광고, 그랑빌〕

"그렇습니다, 오 성스런 생시몽이여, 파리에서 중국까지 전 세계가
당신의 교리를 따를 때
황금시대는 찬란하게 빛나며 되살아날 것입니다.
홍차와 초콜릿이 흐르고
평야에는 갓 구워낸 양이 뛰어다니고
센 강에는 기름에 살짝 튀긴 곤들메기가 헤엄칠 것입니다.
땅 위에서는 잘게 부수어 튀긴 쿠르통으로 장식된 채
프리카세와 함께 요리된 시금치가 자랄 것입니다.
그리고 과일나무에서는 애플 콩포트가 열리고
농부들은 여러 겹의 깃이 달린 외투와 부츠를 수확할 것입니다.
포도주는 눈이 되고 닭은 비가 되어 내릴 것입니다.
그리고 하늘에서는 순무로 조리한 오리들이 떨어질 것입니다."
페르디낭 랑글레와 에밀 방데뷔르크, 『청동왕 루이와 생시몽주의자: 루이 11세의
패러디』(팔레 루아얄 극장, 1832년 2월 27일),
테오도르 뮈레, 『연극을 통해 본 역사 1789~1851년』, 파리, 1865년, 3권,
191페이지에서 인용.

"토성의 환幻의 에라르드 사의 그랜드피아노로 들을 수 있는 음악"
엑토르 베를리오즈, 『노래를 통해』, 리하르트 폴이 검수한 독일어판,
라이프치히, 1864년, 104페이지(「토성의 환 안의 베토벤」).

유럽적 관점에서 보면 사태는 이렇게 보인다. 즉 중세에 그리고
19세기 초반에 이르기까지 모든 상업 제품에서 기술Technik의 발

달은 예술Kunst의 발달보다 훨씬 더 느린 속도로 진행되었다. 예술은 기술이 제공해주는 여러 가지 방법을 다양한 형태로 맘껏 활용할 수 있는 여유가 있었다. 그러나 1800년경을 경계로 시작된 사태의 전환으로 인해 예술에 속도가 요구되었으며, 이러한 속도가 숨도 쉬지 못할 정도로 빨라질수록 유행의 지배가 모든 영역에 파급되어갔다. 그리하여 마침내 오늘날의 사태에 이르게 되었다. 즉 예술로서는 이미 어떻게든 기술적 과정에 적응할 수 있는 시간을 찾는 것이 불가능하게 된 것이다. 광고란 꿈이 산업에 자기를 강요할 때 사용하는 술수이다.   [G 1, 1]

식당에 걸려 있는 액자 속의 그림에서 광고로 익숙해지게 될 주류, 반 후텐의 코코아, 아미외의 통조림 등의 등장이 예고되고 있다. 물론 식당이 갖고 있는 부르주아적인 편안함은 작은 카페 등에서 가장 오랫동안 보존되어왔다고 할 수 있다. 하지만 동시에 카페라는 공간은 임대 아파트에서 발달한 것으로 임대 아파트보다 훨씬 더 정확하게 1평방미터당 그리고 시간별로 돈을 지불해야 한다고 할 수도 있다. 이처럼 하나의 카페를 만드는 데 기초가 된 주거 공간은 하나의 알아맞히기 그림으로, 거기에는 이러한 문구가 쓰여 있다. 그럼 자본은 이 그림의 어디에 숨어 있지?   [G 1, 2]

광고에 대한 시빌풍의 예언서, 그것이 그랑빌의 작품이다. 그에게서 해학과 풍자의 원형으로 존재하고 있던 모든 것이 광고로서 비로소 진정한 모습으로 전개되는 것이다.   [G 1, 3]

1830년대 파리의 한 포목상의 광고지. "신사 숙녀 여러분/지금부터 말씀드리는 것을 부디 관대한 마음으로 경청해주시기 바랍니다. 이러한 말씀을 드리는 것도 다 여러분의 영원한 구제에 도움이 되었으면 하는 마음에서 비롯된 것입니다. 외람되지만 먼저 성서 공부에 열심을 기하라고 말씀드리고 싶습니다. 그와 더불어 메리야스, 면직물 등의 품목에서 제가 처음 도입한 놀랄 만큼 저렴한 가격에도 눈을 돌려주십시오. 파베-생-소뵈르 가 13번지." 에두아르트 크롤로프, 『파리의 정경』, 함부르크, 1839년, 2권, 50/51 페이지.   [G 1, 4]

중복과 광고. "얼마 전 팔레 루아얄에서 우연히 위층의 원기둥들 사이에 놓여진 실물 크기의 커다란 유화를 보게 되었는데, 거기에는 정장을 한 프랑스 장군이 생생한 색채로 그려져 있었다. 나는 그림 속에 어떤 역사적 장면이 그려져 있는지를 좀더 자세히 살펴보려고 안경을 꺼냈다. 그랬더니 장군은 안락의자에 앉아 앞에 무릎을 꿇고 있는 각질 치료사에게 발을 내밀고 각질 제거를 받고 있었다." J. F. 라이하르트, 『파리에서의 친서』, 함부르크, 1805년, 1권, 178페이지.   [G 1, 5]

1861년에 처음으로 석판화 포스터가 갑자기 런던의 이곳저곳의 벽에 등장했다. 포스터에는 흰 옷을 입은 여자의 등이 그려져 있었는데, 숄을 몸에 꽉 끼게 두른 여자는 지금 막 계단의 맨 위 층계참까지 서둘러 뛰어 올라와서는 얼굴은 반쯤 이쪽으로 돌리고 손가락은 입술에 댄 채 무거운 문을 활짝 열어젖히고 있고, 그렇게 해서 보이게 된 하늘에는 별들이 총총 떠 있다. 이러한 포스터로 윌키 콜린즈는 그의 신간, 탐정 소설의 걸작 중의 하나인 『흰 옷을 입은 여자』

를 선전했다. 탈마이르, 『피의 촌』, 파리, 1901년, 263/64페이지 참조.
                                                                    [G 1, 6]

유겐트슈틸이 실내에서 실패하고 그런 다음에는 바로 건축에서도 실패했지만 거리에서는 포스터라는 형태로 종종 아주 성공적인 해결책을 발견한 것은 특징적이다. 이것은 베네의 예리한 비판이 옳았음을 완전히 입증해준다. "본래의 의도를 보자면 유겐트슈틸은 결코 풍자를 겨냥한 것이 아니었다. 개혁을 시도했던 것이다. 르네상스 예술의 모방과 새로운 기계에 의해 규정되는 새로운 제작 방식 사이에 독특한 모순이 존재한다는 것을 분명하게 인식하고 있었기 때문이다. 하지만 점차 풍자적인 것으로 변해갔다. 팽팽하고 구체적인sachlich 긴장들을 형식적으로, 즉 종이 위, 아틀리에에서 해소할 수 있다고 믿었기 때문이다." ■실내■ 아돌프 베네, 『새로운 집 ― 새로운 건축』, 라<이프>치<히>, 1927년, 15페이지. 물론 전체적으로 보면 유겐트슈틸은 이와 정반대의 결과를 가져오는 것을 법칙으로 하고 있었다. 즉 어떤 시대로부터의 진정한 풀려 나옴 Ablösung은 그것이 완전히 기지List에 의해 지배된다는 점에서 역시 각성의 구조를 갖고 있는 것이다. 우리가 꿈의 영역에서 풀려 나오는 것은 이러한 기지를 갖고 있을 때이지 그렇지 않을 때가 아니다. 하지만 위선적인 풀려 나옴도 있다. 폭력(성)이 그것을 보여주는 징표이다. 바로 이 폭력(성)이 유겐트슈틸을 처음부터 몰락할 수밖에 없도록 운명지었던 것이다. ■꿈의 구조■   [G 1, 7]

광고의 가장 내밀한 결정적 의미. "잘 만들어진 포스터는 천박한 것이나 산업 또는 혁명의 영역에서밖에는 …… 존재하지 않는

464

다."모리스 탈마이르,『피의 촌』, 파리, 1901년, 277페이지. 부르주아가 여기에서처럼 광고의 경향을 한눈에 파악하고 있음을 보여주는 이와 동일한 생각. "요약하자면 포스터에서 도덕은 예술과 전혀 무관하며 예술 또한 도덕과 전혀 무관하다. 그리고 이것보다 포스터의 성격을 더 잘 규정하는 것도 없을 것이다." 탈마이르, <『피의 촌』, 파리, 1901년>, 275페이지.   [G 1, 8]

　　19세기에 몇몇 종류의 표현 방법이나 전형적인 장면 등이 광고 속으로 '이행하기' 시작했는데, 외설적인 것의 영역에서도 마찬가지 일이 일어났다. 나사렛파[1]의 양식뿐만 아니라 마카르트[2]의 양식과 유사한 것이 외설적인 그래픽 분야에 등장해 단색 석판화뿐만 아니라 칼라 석판화에도 영향을 미쳤다. 내가 본 것 중에는 언뜻 보면 용의 피를 뒤집어쓰고 있는 지크프리트를 그린 듯한 판화가 있었다. 짙푸른 숲속의 고독, 영웅을 감싸고 있는 붉은색 망토紫袍, 그대로 드러난 몸, 수면의 물보라 — 그것은 실로 세 개의 육체가 극히 복잡하게 얽혀 애무하고 있는 그림 같았는데, 싸구려 청소년 도서의 표지처럼 보였다. 바로 이것이 아케이드에서 꽃피운 포스터의 색채 언어이다. 리골레토와 프리세트처럼 유명한 캉캉 춤 댄서들의 초상화가 거기에 걸릴 거라는 말을 들으면 우리는 그것이 색채가 매우 풍부할 것이라고 생각하지 않을 수가 없다. 아케이드에서는 다른 곳에서보다 한층 더 인위적인 색채가 가능해진다. 빗이 빨간색과 녹색이라고 해서 이상하게 생각할 사람은 아무도 없다. 백설 공주의 계모도 바로 그런 빗을 갖고 있었으며, 빗으로 효과를 볼 수 없게 되면 싸구려 빗과 마찬가지로 반은 빨갛고 반은 시퍼런 아름다운 독 사과가 도움이 된다. 가는 곳마다 장갑이 객연 배우 역을 연

기하고 있다. 장갑의 색깔은 아주 다채롭지만 특히 인상적인 것은 팔꿈치까지 올라오는 검은 장갑으로, |상송 가수인| 이베트 길베르를 따라 수많은 사람들이 이 장갑에 행운을 걸어왔다. 그것이 마르가 리옹에게도 행운을 가져다주길. 그리고 스타킹은 선술집의 사이드 테이블에서는 영묘한 기운으로 가득한 고기 진열대로 모습을 바꾼다. [G 1a, 1]

초현실주의자들의 작품은 말을 상호商號처럼 다루며, 이들의 텍스트들은 근본적으로 보자면 아직 창업하지 않은 기업의 선전 팸플릿이다. 전에는 '시적인' 어휘들의 표현 영역 속에 집적되어 있다고 생각되던 상상력은 지금은 상호 속에 둥지를 틀고 있다. [G 1a, 2]

1867년에 어느 벽지 상인이 교각에 포스터를 붙였다. [G 1a, 3]

몇 년 전 어떤 시내 전차에서 포스터를 한 장 보았는데, 만약 이 세상이 공평했더라면 그러한 포스터는 위대한 문학 작품이나 위대한 회화에서만 찾아볼 수 있는 것과 같은 찬미자나 역사가, 해석가나 모방자들을 발견할 수 있었을 것이다. 실제로 내가 본 포스터는 위대한 문학 작품인 동시에 위대한 회화였다. 매우 깊은, 전혀 생각지 못했던 인상을 받을 때 종종 그러하듯이 충격이 너무 강해 그때 받은 인상은 — 이렇게 말해도 된다면 — 내게 너무도 강렬한 타격을 가했으며, 나의 의식의 밑바닥까지 파고들어와 몇 년 동안 어딘가 어두운 곳에 눈에 띄지 않게 자리하게 되었다. 내가 알고 있는 것이라고는 그것이 '불리히 소금'의 포스터이며, 이 양념의 원래 저장 창고가 플로트벨슈트라세에 있는 한 작은 지하 창고라는 사실뿐으

로 나는 몇 년간이나 플로트벨슈트라세에 하차해 그 포스터에 대해 묻고 싶은 유혹을 느끼면서 그냥 그 앞을 지나다녔다. 어느 흐릿한 일요일 오후 나는 북쪽(?) 모아비트에 갔다. 이미 4년 전에 한 번 가 본 적이 있던 그곳은 바로 이 시간대에는 유령이라도 나올 것 같은 분위기를 자아내고 있었다. 그때 나는 뢰초프슈트라세에 들러 로마에서 부치도록 한 도자기로 만든 도시의 미니어처에 대해 법랑으로 만든 미니어처의 무게에 상응하는 관세를 지불해야만 했다. 이번에는 길을 걸어가는 도중에 이미 여러 가지 징조가 의미 깊은 오후가 될 것이 틀림없다는 것을 암시하고 있었다. 실제로 그날 오후는 어느 아케이드를 발견하게 된 이야기로 끝나게 되었다. 그것은 너무나 베를린다운 이야기이기 때문에 이곳 파리와 같은 회상Erinnerung의 장소에서는 이야기하기가 적절하지 않을지도 모르겠다. 그런데 이 일이 있기 전에 나는 두 명의 아름다운 여성을 동반하고 어느 초라한 선술집 앞에 서 있었는데, 술집의 진열장은 온갖 상표의 식품들로 현란하게 장식되어 있었다. 그중 하나가 '불리히 소금'이었다. 거기에는 이 말 이외에는 아무것도 쓰여 있지 않았다. 그런데 이러한 글자 주위로 어느새, 앞서 본 포스터에 들어 있는 사막의 풍경이 떡하니 자리하고 있었다. 나는 그 풍경을 다시 쳐다보았다. 대략 이런 모습이었다. 전경에서는 말이 끄는 짐수레가 사막을 가로질러 앞으로 다가오고 있다. 이 수레에는 위에 '불리히소금'이라고 쓰여진 자루들이 실려 있다. 이 자루들 중의 하나에 난 구멍에서 흘러나오는 소금이 땅 위에 길게 선을 그리고 있다. 이러한 사막의 풍경 뒤쪽에는 두 개의 기둥에 "|불리히 소금|이 최고"라는 말이 쓰여진 거대한 두 개의 간판이 묶여 있다. 그러면 사막에 난 바퀴 자국을 따라 떨어진 소금 자국은? 그것은 몇 개의 철자를 이루어 '불리

히 소금'이라는 말을 만들고 있었다. 이처럼 칼처럼 날카롭게 조율
된 사막의 예정설에 비하면 라이프니츠적인 예정 조화는 애들 장난
같지 않았을까? 이러한 포스터 속에는 이 지상의 삶에서는 아직까
지 어느 누구도 경험해보지 못한 것들에 대한 은유가 들어 있는 것
은 아닐까? 즉 유토피아에서의 일상에 대한 은유가?   [G 1a, 4]

    "'쇼세 당탱'으로 알려진 상점에서는 최근 새로 들여온 물품을
미터 단위로 발표했다. 바레주 직물은 200만 미터가 넘으며, 실크
제품과 포플린 직물은 500만 미터가 넘으며, 여기에 다른 직물들이
300만 미터가 넘는 등 총 1,100만 미터에 가까운 직물이 새로 입점
되었다는 것이다. 『탱타마르』지는 '쇼세 당탱'을 '세계 최초의 상
점', 또 '가장 건실한 상점'으로 여성 독자들에게 추천한 후 이렇게
말하고 있다. '프랑스 철도는 전부 합쳐도 1만 킬로미터, 즉 1,000만
미터에도 미치지 못한다. 따라서 이 상점 **한곳**의 직물만으로도 프
랑스 철도 전체를 텐트를 치듯이 완전히 감쌀 수 있다. 특히 여름에
더울 때 안성맞춤일 것이다.' 서너 군데의 다른 상점도 이처럼 길이
를 척도로 비슷한 길이의 물품을 구비하고 있다는 식으로 선전하고
있는데, 이러한 직물을 전부 합치면 파리뿐만 아니라 …… 센 강을
끼고 있는 전 지역을 큰 차양으로 가릴 수 있을 것이다. '그러면 비
가 올 때도 매우 쾌적할 것이다.' 하지만 도대체 어떻게(자기도 모르
게 이러한 질문이 떠오를 것이다) 이들 상점들이 그처럼 어마어마한
분량의 상품을 창고에 넣어둘 수 있단 말인가? 대답은 매우 간단하
며 게다가 논리적이기까지 하다. 즉 어느 상점이고 우리가 다른 상
점보다 크다고 말하는 것이다.
    우리는 이런 말을 듣게 된다. '라 빌 드 파리, 수도 최대의 상점',

— '레 빌 드 프랑스, 제국 최대의 상점' — '라 쇼세 당탱, 유럽 최대의 상점' — '르 크왱 드 뤼, 세계 최대의 상점' — '세계 최대'이기 때문에 지구 어디에도 이보다 더 큰 상점은 없다. 그것이 마지막이라고 생각해야만 한다. 오! 아니다. 아직 '루브르 백화점'이 빠져있다. 이 백화점은 '우주 최대의 상점'이라는 모토를 내걸고 있다. 우주 만물 중 최대라는 것이다! 분명히 시리우스성을 포함해 어쩌면 알렉산더 폰 훔볼트가 『코스모스』에서 서술한 '사라져가는 쌍둥이 별'까지 포함해서 말이다."[3]

여기서 우리는 생성 중인 자본주의의 상품 광고와 그랑빌 간의 관계를 손바닥 들여다보듯이 볼 수 있다.

『현대 파리의 생생한 모습』, 전 4권, 쾰른, 1863/66년, 2권, 292~294페이지.   [G 2, 1]

"그러면 이제, 군주와 국가들이여, 부와 수완과 권력을 규합해 합일된 힘으로 가스등을 켜듯이 오래 전에 불길이 꺼진 화산화구는 눈으로 덮여 있지만 불이 붙기 쉬운 수소 가스가 끊임없이 피어오르고 있는데에 점화할 수 있는 방법을 논의해보기로 합시다. — 그렇게 하려면 높은 원통형 탑들로 유럽의 열원熱源들을 하늘 높이까지 끌어 올려야 합니다. 그러면 높은 하늘에서 [대기를 데우는 역할을 하면서] 이 열원들은 폭포가 되어 쏟아져 내릴 것입니다. 물론 그렇게 하려면 이 열원이 지상의 하천에 바로 혼합되어 냉각되지 않도록 극히 세심하게 신경을 써야 할 것입니다. — 인공적으로 만든 오목 거울들을 태양 광선을 반사하도록 고지에 반원형으로 배치하면 이러한 열원에 더해 대기를 따뜻하게 하는 힘을 몇 배로 늘릴 수 있을 것입니다." F. v. 브란덴부르크, 『빅토리아! 신세계!/우리 행성, 특히 우리가 사는 북반구에서 대기의 온도를 높이는 것과 관련해 기온의 총체적인 변화를 촉진하기 위한 기쁨에 찬 호소』, 2판 증보판, 베를린, 1835년, <4/5페이지>. ■가스■

어느 정신병자의 이러한 공상은 실제로는 새로운 발명의 영향 아래 그랑빌풍의 희극적이고 우주적인 양식으로 가스등을 광고하고 있다. 아무튼 광고와 우주적인 것 간의 밀접한 관계를 분석할 필요가 있다.   [G 2, 2]

박람회. "물론 모든 지역의 것이, 더 나아가 종종 과거를 회고하는 것을 포함해 모든 시대의 것이 한데 모인다. 농업, 광업, 산업, 게다가 작동하는 모습 그대로 전시해놓은 기계에서 원료, 가공 제품, 예술과 공예에 이르기까지. 거기에는 때 이른 종합을 요구하는 주목할 만한 욕구도 존재하는데, 19세기에 고유한 그러한 욕구는 다른 영역에서도 찾아볼 수 있었다. 즉 종합 예술 작품Gesamtkunstwerk이 그것이다. 이러한 작품은 그것이 등장한 분명한 실용적인 이유는 별도로 하더라도 새로운 움직임 속에 존재하는 인간적인 우주의 비전을 창출하려고 했다." 지크프리트 기디온, 『프랑스의 건축』, <라이프치히/베를린, 1928년>, 37페이지. 그러나 이러한 '때 이른 종합'은 동시에 존재의 공간과 발전의 여지를 다시 한 번 봉쇄하려는 끈질긴 시도를 드러내주기도 한다. 즉 '계급의 환기'를 방지하려는 것이다.   [G 2, 3]

통계학의 원리에 따라 조직된 1867년 박람회에 대해<:> "적도처럼 원형인 이 관館 주위를 한 바퀴 돌면 말 그대로 세계를 일주하게 된다. 모든 민족이 여기 와 있기 때문이다. 적들도 평화롭게 공존

하고 있다. 만물이 생겨날 때 성령이 물로 덮인 천체를 굽어보았듯
이 지금 이 정신은 철로 된 이 천체를 굽어보고 있다."『삽화로 보
는 1867년 만국박람회. 제국위원회가 인가한 국제 발행물』, 2권,
322페이지(기디온, 41페이지).   [G 2, 4]

1867년 박람회와 관련해. 오펜바흐에 대해. "지난 10년 동안 희극
작가의 이러한 재기 발랄함과 작곡가의 이러한 의기양양한 영감이
어떻게 하면 환상적이고 새로운 것을 발견하는 결과를 가져올 수
있는가를 놓고 경합해왔습니다. 만국박람회가 열린 1867년에 가
서야 비로소 그러한 노력은 왁자지껄한 웃음의 정점, 거의 광기에
가까운 표현의 극치에 도달할 수 있었습니다.[4] 이 극단은 이미 엄
청난 성공을 거두었는데, 머지않아 열광의 도를 넘어 오늘날의 보
잘것없는 승리로서는 도저히 생각조차 할 수 없는 것이 되었습니
다. 그해 여름 파리는 일종의 일사병에 걸렸습니다." 1899년 12월
31일, 메이야크 후임으로 선출된 앙리 라브당의 아카데미 프랑세
즈 입회 연설에서.   [G 2a, 1]

유겐트슈틸에서 광고는 해방된다. 유겐트슈틸 포스터는 "거대
하며, 항상 비유적이며 세련된 색채를 갖고 있지만 결코 목소리를
높여 주장하지는 않는다. 이들 포스터에는 무도회, 나이트클럽, 영
화 상영 안내가 그려져 있다. 이것들은 삶이 과도하게 넘쳐흐르는
곳에 안성맞춤이다. 실제로 유겐트슈틸의 관능적인 곡선은 그러한
삶에 비할 데 없이 잘 어울린다."『프랑크푸르터 차이퉁』, F. L.의 기
명 기사. 「1927년 만하임 포스터 전람회에 대해」. ■ 꿈의 의식 ■
                                                             [G 2a, 2]

런던에서 개최된 최초의 박람회는 전 세계 산업을 한자리에 모았다. 이와 관련해 사우스-켄싱턴 박물관이 건립되었다. 1862년에 다시 런던에서 2차 박람회가 열렸다. 1875년 뮌헨 박람회와 함께 독일 르네상스 양식이 유행한다. [G 2a, 3]

어느 만국박람회에 즈음해 비르츠가 표명한 견해. "우선 제일 먼저 눈에 띄는 것은 사람들이 오늘날 만들고 있는 것이 아니라 미래에 만들 것들이다./인류의 정신은 물질의 힘에 친숙해지기 시작했다." A. J. 비르츠, 『문학 작품집』, 파리, 1870년, 374페이지.

[G 2a, 4]

탈마이르는 포스터를 '고모라의 예술'이라고 불렀다. 『피의 촌』, 파리, 1901년, 286페이지. ■ 유겐트슈틸 ■ [G 2a, 5]

박물관|미술관|의 비밀스런 건축 청사진으로서의 산업박람회 — 예술: 과거에 투사된 산업 생산물. [G 2a, 6]

조지프 내쉬는 영국의 국왕을 위해 수정궁을 주제로 일련의 수채화를 그렸는데, 이 수정궁은 원래 1851년 런던 산업박람회에 즈음해 특별히 지어진 건물이었다. 최초의 만국박람회 그리고 유리와 철로 지은 최초의 기념 건축물! 이 수채화를 보면 거대한 내부 공간을 동양의 동화에나 나옴직한 방식으로 장식하려고 애쓴 모습이나 거대한 돔 곳곳마다 아케이드를 가득 메우고 있는 상품 더미 곁에 한 무더기의 청동 기념상이나 대리석 조각, 분수 등을 배치해놓은 것에 놀라지 않을 수 없을 것이다. ■ 철 ■ 실내 ■ [G 2a, 7]

수정궁의 설계안은 데본셔 공작의 수석 정원사인 조지프 팩스턴에게서 나온 것으로, 그는 공작을 위해 샤츠워스 하우스에 유리와 철로 만든 온실을 건축한 바 있었다. 그의 설계안의 뛰어난 점은 내화성이 좋다는 것과 밝다는 점, 신속한 조립 가능성과 저렴한 비용 등이었다. 그래서 그의 설계안이 |런던 건축| 위원회의 설계안을 누를 수 있었다. 현상 공모는 아무 소득 없이 끝났다.[5]   [G 2a, 8]

"그렇다, 빈의 맥주 만세! 그것을 만든 사람들은 그곳 토박이들일까? 사실 나는 그것에 대해서 아무것도 모른다. 그러나 한 가지 분명한 것은 있다. 이 맥주는 우아하고 기분을 편안하게 해준다는 것이 그것이다. 그것은 스트라스부르의 맥주도 …… 바바리아의 맥주도 아니다. …… 그것은 신들의 맥주이다. 시인의 생각처럼 맑고 물 찬 제비처럼 가볍고, 독일 철학가의 펜처럼 강하며 알코올 도수가 높다. 순수한 물처럼 소화하기 쉽고, |올림포스의 신들이 먹는| 암브로시아처럼 목을 촉촉하게 적셔준다." 누벨 오페라 극장 옆의 알레비 가 4번지에 있는 환타 비에라 드 빈의 광고, 1866년 연하 선물, 『파리 안내 연감』, 파리, 1866년, 13페이지.   [G 2a, 9]

"또다른 신조어, 'la réclame.'[6] 과연 유행할까?" 나다르, 『내가 사진가였을 때』, 파리, <1900년>, 309페이지.   [G 2a, 10]

2월 혁명과 6월 봉기 사이에. "모든 벽은 혁명파의 포스터로 뒤덮여 있었다. 몇 년 후 알프레드 델보가 『혁명의 벽』이라는 제목의 2권짜리 두꺼운 책으로 재수록해두었기 때문에 이 주목할 만한 포스터 문학이 어떠한 것이었는지 지금도 생생히 접해볼 수 있다. 그러한 종류의 포스터 하나 붙어 있지 않은 대저택과 성당은 하나도 없었다. 이전에 이 정도로 많은 게시물을 볼 수 있던 도시는 없었다. 정부조차 포고령이나 담화문을 이러한 방식으로 공시했다. 다른 한편 수천 명의 사람들이 벽보를 통해 온갖 문제에 관한 각자의 견해를 동료 시민들에게 공표했다. 국민회의의 개회가 가까워질수록 포스터의 문구도 그만큼 더 열정적이며 거칠어져갔다. …… 공적인 포고문을 알리는 광고꾼들의 수도 매일 늘어났다. 그리고 달리 할 것이라고는 아무것도 없는 수천 명의 파리 사람들이 신문팔이가 되었다." 지그문트 엥글렌더, 『프랑스 노동자 연맹의 역사』, 함부르크, 1864년, 2권, 279/80페이지.   [G 3, 1]

"통상 다음 연극이 시작되기 전에 제공되는 짤막한 소극.『포스터 붙이는 아를레키노』. 정말 멋지고 희극적인 한 장면에서 콜롬비나의 집에 희극 포스터가 붙어 있다." J. F. 라이하르트, 『파리에서의 친서』, 함부르크, 1805년, 1권, 457페이지.   [G 3, 2]

"요즈음 파리의 많은 집들이 아를레키노의 의상의 취향에 따라 장식되고 있는 것처럼 보인다. 즉 녹색, 노란색, [한 글자를 읽을 수 없다], 장미색의 커다란 종잇조각을 이어 붙인 것 같다. 포스터 붙이는 사람들은 벽을 놓고 말다툼을 벌이고 거리의 구석을 놓고 드잡이를 하기에 이르렀다. 이 중에서도 가장 걸작인 것은 이러한 포스터들이 하루에도 최소한 10차례나 겹쳐 붙여진다는 것이다." 에두아르트 크롤로프, 『파리의 정경』, 함부르크, 1839년, 2권, 57페이지.   [G 3, 3]

"1814년생인 폴 시로댕은 1835년부터 극장 일을 해왔는데, 1860 년부터는 케이크 제조업 분야의 기술이 도움이 되었다. 완성된 케이크는 라 페 가의 커다란 진열대 안에서 팔레 루아얄에서 1막 형태의 좌홍<?> 형태로 관중들에게 제공되는 껍질이 붙은 편도, 봉봉, 사탕 과자, 크래커 봉봉에 못지않게 유혹적인 눈길을 보내고 있는 것이다." 루돌프 고트샬, 「제2제정기의 극장과 드라마」[『현대: 독일 잡지 ― 백과사전을 위한 월간지, 현대』], 라<이프>치<히>, 1867년, 933페이지.   [G 3, 4]

코페의 아카데미 프랑세즈 입회 연설 ―「에레디아에 대한 답변」, 1895년 5월 30일 ― 을 읽어보면 이전에 파리에는 이상한 형태의 활자가 있었다는 것을 알 수 있다. "전에는 교차로의 모퉁이마다 전시되어 있던 정교한 글씨들, 우리는 거기서 서명 끝의 장식 획 형태로 된 글씨를 보고 베랑제의 초상이나 「바스티유의 함락」을 보듯 깜짝 놀라지 않을 수 없을 것입니다." <46페이지>.   [G 3, 5]

1836년의 『샤리바리』지에는 포스터가 집의 정면을 반 이상 덮고 있는 삽화가 게재되어 있다. 창문은 하나를 제외하고는 모두 열려 있는 것처럼 보인다. 열린 창문 밖으로 한 남자가 몸을 내밀고 포스터의 거추장스러운 부분을 잘라내고 있다.   [G 3, 6]

"에상스 다마질리, 방향성과 살균성이 있음. 뒤프라 상회의 세정 위생수." [이하는 번역이다] "우리가 이 에상스에 추장의 딸의 이름을 붙인 것은 이 제품의 훌륭한 효과의 근원을 이루는 식물 성분이 추장의 딸처럼 작열하는 기후에서 자란 것이라는 점을 표시하기

위해서일 뿐이다. 세정 위생수라는 두번째 용어는 과학에서 빌려온 것으로 이 용어를 사용한 것은 우리 제품이 부인들에게 비할 데 없는 도움을 가져다줄 뿐만 아니라 위생적인 효과도 있어, 이것이 건강에 좋다는 것을 확신한 분들 모두에게서 신뢰를 얻고 있다는 점을 알리기 위해서일 뿐이다. 왜냐하면 비록 흘러가는 세월의 흔적을 말끔하게 지워버릴 수 있는 청춘의 샘물 같은 힘은 없어도 우리 위생수는 적어도 최고의 평가를 받을 만한 가치가 있다고 자부하는 다른 수많은 효능과 함께 우아함, 순수함, 형태의 고귀함으로 우리 인류의 좀더 아름다운 절반|즉 여성|을 구성하고 있는 완벽한 기관, 조물주의 걸작의 잃어버린 위엄을 원래 그대로 복원시켜주는 더할 나위 없이 소중한 효능을 갖고 있기 때문이다. 우리 발명품의 더할 나위 없이 귀중한 도움이 없었다면 극히 소중한 동시에 섬세한 이 자랑거리 ― 이것의 신비스런 구조가 가진 섬세한 매력은 폭풍우가 한번 몰아치기라도 하면 바로 시들어버리는 연약한 한 송이 꽃을 닮았다 ― 는 기껏해야 한 순간의 영광밖에는 즐길 수 없을 것이며, 그러한 순간이 지나가면 병들고 유해한 숨소리와 피로를 몰고 오는 수유의 요청, 그리고 그에 못지않게 치명적인 코르셋의 무자비한 조임으로 인해 여위어갈 것이다. 무엇보다 부인들을 위해 고안된 에상스 다마질리는 부인들이 화장할 때의 극히 엄격하고 은밀한 요구에 부응할 수 있는 것이다. 적절한 조합 덕분에 이 에상스는 자연이 부여해준 온갖 매력을 전혀 손상시키지 않고 그대로 회복시키고, 더 나아가 발전시키고 고양시키는 데 필요한 모든 것을 하나로 융합시키고 있다." 샤를 시몽, 『1800년에서 1900년까지의 파리』, 파리, 1900년, 2권, 510페이지. 「1857년 어느 향수 제조 회사의 광고」.[7]   [G 3a, 1]

"샌드위치맨이 진지하게 몸의 앞뒤로 두 겹의 판을 짊어지고 있는데, 하지만 이것은 가볍다. 한 젊은 부인 — 이 부인의 통통한 몸은 이 걸어다니는 포스터에 비하면 일시적인 웃음밖에 주지 못한다 — 이 웃으면서 거기에 쓰여 있는 것을 읽으려고 한다. 그녀의 배를 부르게 한 행복한 남자 또한 그 나름대로의 짐을 짊어지고 있는 셈이다."『파리의 신 풍경』에 들어 있는 석판화 「빅투아르 광장의 샌드위치맨」 아래 쓰여 있는 설명글. 이것은 63번 도판의 텍스트이다. 석판화 제작자는 마를레이다. 이 책은 일종의 독기를 제거한 *ad usum Delphini* 호가스 같다.   [G 3a, 2]

『혁명의 벽』에 붙인 알프레드 델보의 서문은 이렇게 시작된다. "이『혁명의 벽』은 — 맨 아래쪽에 우리의 미천한 이름을 기입해놓았다 — 광대하고 거대한, 정말 독특한 작품으로 우리가 믿기로는 책의 역사에서 아마 전례가 없을 것이다. 집단 저작으로서 만인 씨, 또는 루터의 말대로 하면 옴네스*Omnes*|만인| 씨가 저자라고 할 수 있다."『1848년의 혁명의 벽』(16판), 파리 <1852년>, 1권, 1페이지.   [G 3a, 3]

"총재 정부 시절이던 1798년 박람회를 일반에게 공개한다는 아이디어가 샹-드-마르스에서 처음으로 실현되자 110명이 전시에 참가했으며, 25개의 메달이 수여되었다."『산업관』, H. 플롱에서 배본.   [G 4, 1]

"1801년 이후 쿠르 뒤 루브르에 신흥 산업의 제품들이 전시되었다." 뤼시앙 뒤베크/피에르 데스프젤, 『파리의 역사』, 파리, 1926

년, 335페이지.   [G 4, 2]

"1834년, 1839년, 1844년 등 5년마다 마리니 광장에서 산업 제품
이 전시되었다." 뒤베크/데스프젤, 『파리의 역사』, 389페이지.

                                                                [G 4, 3]

"최초의 박람회는 1798년으로 거슬러 올라간다. …… 샹-드-마
르스에서 개최된 박람회에는 프랑스 산업의 제품들이 전시되었는
데, 그것은 프랑수아 드 뇌프샤토의 발의에 의한 것이었다. 제정
하에서 국내 박람회는 1801년, 1802년, 1806년에 세 차례 개최되
었다. 처음 두 번은 쿠르 뒤 루브르에서, 세번째는 앵발리드에서
개최되었다. 왕정복고 시대에는 1819년, 1823년, 1827년에 3회 개
최되었으며 세 번 모두 루브르에서 열렸다. 7월 왕정 하에서는 3차
례, 1834년, 1839년, 1844년에 콩코르드 광장과 샹젤리제에서 개
최되었다. 제2공화정 하에서는 1849년에 한 번 개최되었다. 이후
1851년 만국박람회를 조직한 영국을 모방해 제정 하의 프랑스는
1855년과 1867년에 샹-드-마르스에서 만국박람회를 개최했다.
최초의 만국박람회 때 산업관이 만들어졌으나 이내 공화정 때 폐
지되었다. 제2회 만국박람회는 제2제정의 절정을 과시하는 터무
니없는 축제였다. 1878년에는 패전 후의 부흥을 증명하기 위해 새
로운 만국박람회가 열렸다. 샹-드-마르스에 포르미제가 세운 가
설 궁전이 박람회장으로 사용되었다. 이들 어마어마한 견본시
foire의 특징은 일시적이라는 것에서 찾을 수 있으나 저마다 파리
에 흔적을 남겼다. 1878년 만국박람회 때는 샤이요 언덕에 트로카
데로 궁이라는 신기한 궁전이 다비우와 부르데의 손에 의해 세워

졌으며, 더이상 사용할 수 없게 된 예나 교를 대신해 파시에 육교가 설치되었다. 1889년 만국박람회에서는 기계관이 남았다. 이 관은 그후 없어졌으나 에펠 탑은 지금도 건재하다." 뒤베크/데스프젤, 『파리의 역사』, 파리, 1926년, 461페이지.   [G 4, 4]

"'유럽 전체가 상품을 보기 위해 나섰다'고 르낭은 1855년 박람회에 대해 경멸하듯 말했다." 폴 모랑, 『1900년』, 파리, 1931년, 71페이지.   [G 4, 5]

"'올해는 어떤 정치 선전도 소용없었다'고 1900년 총회에서 한 사회주의 연설가가 말했다." 폴 모랑, 『1900년』, 파리, 1931년, 129페이지.   [G 4, 6]

"1789년에 일반 산업박람회가 샹-드-마르스에서 열릴 것이라고 공시되었다. 총재 정부는 내무대신인 프랑수아 드 뇌프샤토에게 공화국 수립을 기념해 국민 축전을 개최할 것을 위임했다. 대신이 이에 대해 여러 사람들에게 자문을 구한 결과 미끄러운 나무 오르기와 그 밖의 다른 경기가 제안되었다. 시골장 형태로 큰 시장을, 대대적인 규모로 개최할 것을 제안한 사람도 있었다. 마지막으로 그림 전람회가 함께 열려야 한다고 누군가 제안했다. 프랑수아 드 뇌프샤토는 마지막의 두 가지 제안을 결합해 국민 축제를 축하하기 위한 산업박람회를 개최한다는 아이디어를 생각해냈다. 이처럼 최초의 산업박람회는 노동 계급을 즐겁게 해주려는 바람에서 태어났으며, 실제로 이들을 위한 해방의 축제가 되었다. …… 어떤 부문의 산업이 점점 더 대중의 인기를 끌게 되었는지가 분명해졌다.

······ 사람들은 견직물 대신 양모 제품을, 공단이나 레이스 대신 제3신분 사람들의 가사 생활에 도움이 되는 직물, 즉 양모 보닛이나 모직 비로드 등을 관심 있게 보게 되었다. ······ 이 박람회의 대변인인 샤프탈은 산업 국가라는 이름을 처음으로 입에 올렸다." 지그문트 엥글렌더, 『프<랑스> 노동자 연맹의 역<사>』, 함부르크, 1864년, 1권, 51~53페이지.   [G 4, 7]

"프랑스 대혁명 100주년 기념식전을 개최하면서 프랑스의 부르주아지는 말하자면 의도적으로 사회 변혁의 경제적 가능성과 필연성을 프롤레타리아의 눈앞에 들이미는 것*ad oculus*에 신경을 썼다. 만국박람회는 프롤레타리아에게 모든 문명 국가에서 생산 수단이 도달한 전례 없는 발전 단계를 분명하게 이해할 수 있도록 해주었다. 그것은 전 세기의 유토피아주의자들의 대담하기 짝이 없는 상상력조차 훨씬 능가하는 것이었다. ······ 더 나아가 만국박람회는 생산력의 현대적 발전은 필연적으로 산업 위기를 가져와 지금 생산을 지배하고 있는 무정부 상태는 점점 더 첨예해지며, 따라서 세계 경제의 진전에도 점점 더 파괴적인 영향을 미칠 수밖에 없으리라는 것도 함께 보여주었다." G. 플레하노프, 「부르주아지는 그들의 혁명을 어떻게 기억하는가」, 『디 노이에 차이트』, 슈투트가르트, 1891년, 9권 1호, 138페이지.   [G 4a, 1]

"제국의 수도를 문명의 빛이 가장 찬란하게 빛나는 곳으로 제시하려는 독일인들의 자부심은 지극히 교만해 보일 정도지만 그럼에도 불구하고 베를린은 아직 만국박람회를 개최하지 못하고 있다. ······ 만국박람회 같은 것은 시대에 뒤떨어진 것이 되었으며, 세계적 규모를 내세우지만 이제는 그저 내용 없이 겉만 요란한 견본시에 지나지 않는다는 식의 구실 …… 을 내세워 스스로를 위로하면서 이 남부끄러운 사실을 그럴듯하게 둘러대는 것은 공허한 평계처럼 들릴 뿐이다. …… 물론 만국박람회가 가진 단점을 부인할 필요는 없을 것이다. …… 그럼에도 불구하고 역시 만국박람회는 인간의 문화를 움직이는 힘에서 보자면, 주체할 수 없을 정도로 막대한 돈을 쏟아 부어 베를린의 사방에 흘러넘치게 된 엄청난 수의 병영과 성당보다 훨씬 더 강력한 지렛대라고 할 수 있다. 만국박람회가 수차 계획되었지만 실패한 것은 …… 먼저 부르주아를 괴롭히던 에너지의 결여 때문이며, 두번째로는 거의 노골적으로 다 드러내놓은 시기심 때문이다. 절대주의적·봉건적인 군국주의는 이제 막 — 맙소사 — 싹이 트고 있는 자신들의 뿌리를 해칠 수 있는 것은 어떤 것이든 이러한 눈길로 바라보고 있다."<익명>,「계급투쟁」,『디 노이에 차이트』, 슈투트가르트, 1894년, 12권 2호, 257페이지.   [G 4a, 2]

빅토르 위고는 1867년의 만국박람회를 맞이하여 유럽의 국민들에게 선언문을 발표했다.   [G 4a, 3]

슈발리에는 앙팡탱의 제자였다.『글로브』지의 발행인.   [G 4a, 4]

롤랑 드 라 플라티에르의『방법적 백과사전』에 대해. "**매뉴팩처**에 대해 언급하면서 …… 롤랑은 이렇게 쓰고 있다. '**산업**industrie은 욕구에서 생겨났다. ……' 이를 통해 볼 때 이 용어는 *industria*의 고전적인 의미|활발함|로 사용되고 있음을 알 수 있다. 이어지는

문장은 이 점을 확실하게 해준다. '그러나 이 다산의 비뚤어진 수원은 …… 흐름이 일정하지 않아 시종일관 거꾸로 흐르며 샘에서 솟아나오는 물로 들판을 잠기게 하는데, 머지않아 전 지구로 퍼져 나간 욕구를 충족시킬 수 있는 것은 아무것도 없게 될 것이다.' …… 여기서 중요한 것은 샤프탈의 저서가 나오기 30여 년 전에 이미 industrie라는 말을 롤랑 드 라 플라티에르가 사용하고 있었다는 점이다." 앙리 오제, 『자본주의의 대두』, 파리, 1931년, 315/16페이지.   [G 4a, 5]

"가격표가 붙은 상품이 시장에 들어온다. 하나의 물건으로서의 그것의 개성이나 질은 교환을 위한 자극에 불과하다. 상품의 가치를 사회적으로 평가하는 데서 그러한 질은 전혀 중요하지 않다. 상품은 추상물로 바뀐다. 생산자의 손을 떠나 구체적인 물건으로서의 특수성으로부터 자유로워지자마자 상품은 바로 생산물이기를 멈추며 또 더이상 인간에 의해 지배받지 않게 된다. 상품은 '유령 같은 대상성'을 획득하고 독자적인 삶을 영위하기 시작한다. '상품은 언뜻 보면 자명하고 평범한 물건으로 보인다. 상품을 분석해보면 상품이란 형이상학적인 좀스러움과 신학적 변덕으로 가득 찬 매우 기묘한 물건임을 알게 된다.'[8] 인간의 의지가 미치지 않는 것이 되면서 신비로운 위계질서 속으로 자립해 들어가며, 교환 능력을 발전시키거나 쇠퇴시키며, 그 자체에 고유한 법칙에 따라 허깨비 같은 무대 위에서 연기자의 역할을 한다. 주식 상장표에서는 면화가 '오름세', 동이 '내림세', 옥수수가 '활기'를 띠고 갈탄이 '보합세', 밀이 '상승'하고, 등유가 '신장세'를 보인다. 사물들이 자립적인 인간처럼 행동한다. …… 상품은 우상으로 모습을 바꾸며, 인간의 손에 의해 만들어졌음에도 불구하고 이 우상이 인간을 지배한다. 마르크스는 상품의 물신적 성격에 대해 이렇게 말한다. '상품 세계의 이러한 물신적 성격은 상품을 생산하는 노동 특유의 사회적 성격으로부터 생겨난다. …… 그것은 인간 자신들의 일정한 사회적 관계일 뿐이며 여기에서 그러한 관계가 사람들의 눈에는 물체와 물체의 관계라는 환(등)상적 형태를 취하게 된다.'" 오토 륄레, 『칼 마르크스』, 헬레라우, <1928년>, 384/85페이지.[9]

[G 5, 1]

"직장 동료들에 의해 선발되거나 고용주들이 직접 지명하는 방식으로 1862년 런던 만국박람회에 파견된 노동자 수는 공식 계산으로 약 750명이었다. …… 이 파견단의 공적인 성격 그리고 구성 방식 때문에 당연히 프랑스에서 망명해 온 혁명가들과 공화파 인사들은 이들을 신뢰할 수 없었다. 이러한 상황을 알면 왜 이 파견단을 환영하는 모임을 가지려는 생각이 협동조합 운동과 관련되어 있던 어느 기관지의 편집자들에게서 나왔는지를 이해할 수 있을 것이다. …… 『근로자』지 편집부의 발의에 따라 7월에 프랑스 노동자 환영 위원회가 조직되었다. …… 이 위원회의 위원 중에는 …… J. 모튼 페토 …… **조지프 팩스턴**의 이름이 들어 있었다. 전면에 부각된 것은…… 산업의 이해관계로 …… 노동자들이 어려운 상황을 개선할 수 있는 **유일한** 방법은 노사 합의라는 것이 강력하게 강조되었다. …… 우리는 …… 이 모임을 IAA …… 의 탄생의 장으로 간주할 수는 없다. 그것은 전설에 지나지 않는다. …… 사실을 말하자면 그것은 단지 간접적인 결과를 통해 영국 노동자와 프랑스 노동자가 상호 이해에 도달하는 과정에서 아주 중요한 한 단계로서의 의미만을 가졌을 뿐이다." D. 라자노프, 「제1인터내셔널의 역사」(마르크스 엥겔스 기록 보관소), 1권, <프랑크푸르트 암 마인, 1928년>, 157페이지, 159/160페이지.   [G 5, 2]

"1851년 런던에서 개최된 제1차 만국박람회 때 이미 기업가에 의해 추천된 노동자가 몇 명 국비로 런던에 파견되었다. 그러나 블랑키와 에밀 드 지라르댕의 제안으로 런던에 파견된 독립적인 파견단도 있었다. …… 이 파견단은 총괄 보고서를 제출했는데, 그것을 읽어보면 영국 노동자들과 항상적인 관계를 유지하려는 시도는 흔적도 찾아볼 수 없지만 영국과 프랑스가 평화로운 관계를 유지해야 할 필요성은 분명하게 강조되고 있는 것을 알 수 있다. …… 1855년에 제2차 만국박람회가, 이번에는 파리에서 개최되었다. 이번에는 수도에서든 지방에서든 노동자 파견단을 보내는 것이 전면 금지되었다. 이를 기화로 노동자들이 조직을 만들 가능성을 두려워했던 것이다." D. 라자노프, 「제1인터내셔널의 역사」(마르크스 엥겔스 기록 보관소, 라자노프 편, 1권, 프랑크푸르트 암 마인, 150/151페이지).   [G 5a, 1]

그랑빌의 기발한 재치들은 마르크스가 상품의 '신학적 변덕' [10] 이라고 부르는 것을 교묘하게 표현하고 있다.   [G 5a, 2]

"미각은 4륜 마차와 같다. 1. 미식법, 2. 조리, 3. 음식의 보존, 4. 재배가 그것이다." <푸리에>, 『산업과 조합의 신세계<』>, 1829년에서 인용. E. 푸아송, 『푸리에』, 파리, 1932년, 130페이지. [G 5a, 3]

1851년의 제1차 런던 만국박람회와 자유무역 이념 사이의 연관
성.   [G 5a, 4]

"만국박람회는 원래 갖고 있던 성격을 대부분 잃어버렸다. 1851년
에 극히 광범위한 사람들을 사로잡았던 열광은 가라앉고 일종의
냉정한 타산이 그것을 대신하기에 이르렀다. 1851년 우리는 자유
무역 시대에 살고 있었다. …… 지금 우리는 수십 년 전부터 보호
무역주의가 점점 더 확대되는 것을 목격하고 있다. …… 박람회
참가는 …… 일종의 대표제가 되었다. …… 1850년만 해도 정부
는 이러한 일에 일절 관여하지 않는 것이 최고의 원칙으로 간주되
었으나 지금은 각국 정부가 진짜 기업가로 간주되기에 이를 정도
로 상황이 바뀌었다." 율리우스 레싱, 『만국박람회 50년』, 베를린,
1900년, 29/30페이지.   [G 5a, 5]

1851년 런던에 "크루프 사의 주강 대포 제1호가 …… 등장했다. 그
후 얼마 지나지 않아 프로이센 육군성은 이 모델의 대포를 200문
이상 주문하게 된다." 율리우스 레싱, 『만국박람회 50년』, 베를린,
1900년, 11페이지.   [G 5a, 6]

"자유무역이라는 위대한 이념을 탄생시킨 것과 동일한 사고 영역
에서 박람회에 관한 다음과 같은 견해가 나오게 되었다. …… 즉
박람회에서 돌아올 때는 모든 참가자가 아무것도 잃은 것이 없어
야 하며 이와 반대로 모든 참가자가 오히려 전보다 풍요로워진 채
돌아와야 한다. 왜냐하면 각자는 박람회에 자유롭게 최고로 좋은
것을 투자함으로써 다른 국민들이 제공하는 최고의 것을 자유롭게

가져올 수 있어야 하기 때문이다. …… 박람회의 실제 모습도 박람회라는 생각을 만들어낸 이 대담한 구상에 걸맞은 것이었다. 8개월 만에 모든 준비가 갖춰졌다. '이전이라면 누구나 기적이라고 했을 것이 지금은 역사이다.' 정말 기묘한 일이지만 이러한 운동의 핵심에는 이러한 종류의 사업을 실현하는 것은 국가가 아니라 오로지 시민들의 자유로운 활동이어야 한다는 원칙이 깔려 있었다. …… 당시 두 사람의 민간인인 먼데이 형제가 100만 마르크에 달하는 박람회장을 본인들 책임 하에 건축하겠다고 신청했다. 그러나 박람회장은 더욱 큰 규모로 짓기로 결정되었으며 그러한 사업에 필요한 몇백만 마르크의 담보 기금이 단시일 안에 모금되었다. 그리고 위대한 신사상에 대해 위대한 신양식이 제시되었다. 기사 팩스턴이 수정궁을 건축했다. 철과 유리로 18모르겐[5만 4천 평방미터]의 토지를 차지하는 궁전이 지어졌다는 동화 같은 소식이 세계의 모든 나라들에 전해졌는데, 그것은 전대미문의 얘기 같은 인상을 주었다. 바로 이 일이 있기 직전 팩스턴은 큐Kew에 온실을 하나 지었는데, 이 온실 안에서는 야자수가 쑥쑥 자라고 있었다. 그는 이 온실을 유리와 철로 된 아치형 천장으로 덮었다. 이것을 완공한 그는 더욱 용기를 얻어 새로운 과제에 착수할 수 있었다. 박람회 장소로는 런던에서 가장 훌륭한 공원인 하이드 파크가 선정되었다. 이 공원의 한가운데에는 초원이 펼쳐져 있고 울창한 느릅나무 가로수 길이 짧은 축선을 이루며 이 초원을 가로지르고 있을 뿐이었다. 소심한 사람들은 잠꼬대 같은 거짓말 때문에 이들 나무들의 생명을 희생해서는 안 된다며 목소리를 높였다. '그럼 나무들을 덮을 수 있는 아치를 만들겠습니다' 하는 것이 팩스턴의 대답이었다. 그리고 그는 …… 가로수 전체를 완전히 감싸 안을 수 있는 112피트짜리 둥근 천장의 도면을 그렸다. 무엇보다 가장 주목해야 할 점, 가장 의미 깊은 점은 증기의 힘이나 전기, 사진과 같은 현대적 관념에서 발생하고, 또한 자유무역이라는 현대적인 관념에서 태어난 런던의 만국박람회가 동시에 이 시기 내내 예술 형식의 변혁에 결정적인 자극을 주었다는 점이다. 유리와 철로 궁전을 만드는 것, 그것은 당시 사람들에게는 임시 건축물을 위한 일종의 공상에 불과한 것처럼 보였다. 지금 우리는 그것이 전혀 새로운 조형 분야를 개척한 최초의 위대한 전진이었다는 것을 이해하고 있다. …… 역사적인 양식 대신 구성적인 양식을, 그것이 현대적인 운동의 슬로건이 되었다. 이러한 생각이 최초로 승리를 구가하며 의기양양 세상 속으로 파고들어간 것이 언제였는가를 되돌이켜보자. 1851년에 런던에 수정궁이 세워지면서 바로 그렇게 되었다. 처음에 사람들은 유리와 철로 대규모 궁전을 만들 수 있으리라고는 믿으려 들지 않았다. 당시의 간행물들을 보면 지금의 우리에게는 극히 자연스럽지만 철골로 된 건축 자재들을 하나로 결합해 건물을 짓는다는 생각이 극히 신기한 것으로 그려지고 있는 것을 볼 수 있다. 더욱이 설비를 확충하지 않고 기존의 공장만으로도 이처럼 완전히 새로운 전대미문의 사업을 8개월 만에 완성한 영국은 자랑할 만하다. 사람들은 의기양양해하며 이렇게 목소리를 높였다. …… 즉 16세기에는 작은 유리 창문조차 사치품이었으나 지금은 18모르겐의 토지를 덮은 건물을 오직 유리로만 지을 수 있게 되었다고 말이다. 로타르 부혜르 같은 사람은 이 새로운 건축물이 무엇을 의미하는지를 명확하게 이해하고 있다. 그는 이렇게 말하고 있다. '가느다란 철골들에 어느 정도의 적재력이 있는지 이 건물은 아무런 꾸밈 없이 있는 그대로 건축학적으로 표현하고 있다.' 하지만

이러한 건축이 아무리 미래의 프로그램을 위해 결정적인 의미를 갖고 있더라도 …… 이러한 건물이 온갖 성향의 사람들에게 행사한 환상적인 매력은 이러한 평가를 넘어서는 것이었다. 이와 관련해 중앙의 수랑舳廊을 위해 훌륭한 가로수 길을 남겨둔 것이 중요한 의미를 가졌다. 이 공간 속으로 영국의 풍요로운 온실에서 자라난 온갖 훌륭한 식물 품종이 모여들었다. 가벼운 깃털을 가진 열대지방의 종려나무들이 500년이 지난 느릅나무들의 잎이 무성한 화관들과 뒤섞여 있고 이처럼 마술적인 숲 사이사이에는 조형 예술의 걸작들, 각종 조각 작품들, 거대한 청동상 그리고 그 밖의 다른 예술 작품들의 견본들을 배치해놓았다. 그리고 중앙에는 크리스털 유리로 된 거대한 샘이 만들어져 있다. 이 샘의 좌우에는 각각 회랑이 길게 펼쳐져 있어 사람들은 이 사이를 통해 한 민족의 전시관에서 다른 민족의 전시관으로 이동할 수 있었다. 전체가 마치 기적과 같아 사고력보다는 상상력을 더 크게 움직이게 한다. '내가 이 공간의 광경을 어떤 동화에서도 찾아볼 수 없는 것이라고 부른다면 그것은 단지 말의 신중한 절약 때문일 뿐이다. 그것은 바로 한밤중에 태양 아래서 꾸는 한여름 밤의 꿈이다'(L. B.|로타르 부혜르|). 이러한 인상은 전 세계에 감동의 물결을 전달해주었다. 나 자신도 어렸을 때 수정궁에 대한 뉴스가 독일의 우리들이 사는 곳까지 전달되었으며, 먼 시골에 있는 소도시의 부르주아의 거실 벽에도 이 궁의 사진이 걸려 있던 것을 기억하고 있다. 유리관에 넣어진 공주, 수정관에 사는 여왕과 요정들 등 우리가 오래된 동화를 통해 떠올려볼 수 있는 모든 것이 거기에 구현되어 있는 것처럼 보였다. …… 그리고 그러한 인상은 이후 몇십 년이 흘러도 변하지 않고 그대로 남아 있었다. 이 궁전의 거대한 수랑과 부속 전시관의 일부

는 시든햄으로 옮겨졌으며, 오늘날에도 그곳에 그대로 서 있다.[11] 1862년에 이 건물을 봤을 때 나는 경외의 마음과 더불어 정말 지고 지순한 기쁨을 맛보았다. 이 마술이 풀리기 위해서는 40년의 세월과 몇 차례의 화재, 그리고 수많은 비방과 중상이 필요했다. 그러나 이 마력은 오늘날까지도 완전히 풀리지 않고 있다." 율리우스 레싱, 『만국박람회 50년』, 베를린, 1900년, 6~10페이지.

[G 6; G 6a, 1]

1853년 뉴욕 박람회의 조직은 필리어스 바넘[12]에게 위임되었다.

[G 6a, 2]

"르 플레의 계산으로는 박람회 준비에는 개최 기간의 월수와 똑같은 만큼의 햇수가 필요했다. …… 분명 준비에 드는 시간과 실제로 진행되는 기간 사이에는 충격적인 불균형이 있는 셈이다." 모리스 페카르, 『경제적·사회적 관점에서 본 만국박람회 ─ 프랑스를 실례로』, 파리, 1901년, 23페이지.   [G 6a, 3]

어느 서적상의 포스터가 『1848년의 혁명의 벽』에 들어 있는데, 거기에는 다음과 같은 설명이 일종의 주석으로 달려 있다. "이번의 이 포스터와 함께 앞으로도 이 시대의 선거나 정치적 사건들과는 무관한 다른 포스터도 소개할 예정입니다. 이 포스터를 소개하는 것은 이러한 포스터들이 몇몇 실업가들이 왜 그리고 어떻게 이런저런 기회를 이용해 이익을 남기는지를 말해주고 있기 때문입니다." 포스터에서. "사기꾼에 요주의. 이 중요한 통지를 읽어보시기 바랍니다. 알렉상드르 피에르 씨는 사기꾼이나 위험 인물들이 쓰

런던 수정궁의 외부. [G 6; G 6a, 1]을 보라.

는 은어나 비어를 알지 못해 날마다 사람들이 속는 것을 방지하고
자 지금은 몰락한 전 정권의 희생자로서 그러한 무리들과 기거하
지 않을 수 없었던 괴로운 옥중 생활을 아주 유용하게 활용했습니
다. 지금 우리의 소중한 공화국 덕분에 자유를 되찾은 그는 옥중에
서 공부한 괴로운 학습의 성과를 최근 책으로 발표했습니다. 그들
이 모이는 무시무시한 장소나 심지어 '사자 우리'로까지 그는 두
려움 없이 내려갔습니다. …… 그런 무리들이 대화에서 사용하는
주요 용어를 폭로함으로써 그것들을 몰랐기 때문에 겪게 될 여러
가지 불행과 악폐를 방지하기 위해서 그렇게 한 것입니다. 그러한
용어는 오늘날까지도 그러한 무리들밖에는 모르고 있습니다. ……
노상이나 저자의 자택에서 판매."『1848년의 혁명의 벽』, 파리,
<1852년>, 1권, 320페이지.   [G 7, 1]

상품이 물신이었다면 그랑빌은 그러한 물신의 주술사였다.
                                                          [G 7, 2]

제2제정. "정부가 내세운 후보들은 …… 정견을 새하얀 백지에 인
쇄할 수 있었는데, 이 색깔은 오직 관보官報에서만 사용할 수 있었
다." A. 말레/P. 그리예,『19세기』, 파리, 1919년, 271페이지.
                                                          [G 7, 3]

유겐트슈틸에서 처음으로 인간의 신체를 광고 속에 넣는 일이
실현되었다. ▪ 유겐트슈틸 ▪   [G 7, 4]

1867년 만국박람회 때의 노동자 파견단. 교섭에서 첫번째 의제는

민법 1781조의 파기 요구였다. 거기에는 이렇게 쓰여 있다. "임금의 배분, 지난 연도의 임금 지불, 당해 연도에 지불된 선불에 관해서는 고용주의 신고대로 따른다"(140페이지). ― "1862년의 런던 박람회와 1867년의 파리 박람회에 참가한 노동자 파견단은 제2제정기, 이렇게 말할 수 있다면 심지어 19세기 후반의 사회 운동을 이끌었다. …… 그들의 보고서는 삼부회의 진정서와 비교되었다. 후자가 1789년에 정치적 · 경제적 혁명의 원인이 되었던 것과 마찬가지로 그것은 하나의 사회 발전의 신호가 되었다"(207페이지)[이러한 비교는 미셸 슈발리에의 것이다]. 하루의 노동 시간을 10시간으로 하자는 요구(121페이지). ― "40만 장의 무료 입장권이 파리를 비롯한 다른 현의 노동자들에게 나누어졌다. 구경하러 온 노동자들의 편의를 위해 3만 개가 넘는 주거가 딸린 막사가 마련되었다"<84페이지>. 앙리 푸제르, 『만국박람회의 노동자 파견단』, 몽뤼송, 1905년.   [G 7, 5]

'에콜 뒤 파사주 라울'에서 1867년에 노동자 파견단의 모임이 있었다. 푸제르, 85페이지.   [G 7a, 1]

"박람회는 이미 오래 전에 끝났는데도 파견단들은 논의를 계속하고 있으며, 노동자 의회는 파사주 라울에서 여전히 회기를 계속하고 있다." 앙리 푸제르, 『제2제정 하의 만국박람회의 노동자 파견단』, 몽뤼송, 1905년, 86/87페이지. 전체적으로 회기는 1867년 7월 21일에서 1869년 7월 1일까지 계속되었다.   [G 7a, 2]

국제노동자협회. "'노동자협회는 …… 런던 만국박람회가 열린

1862년에 창립되었다. 여기서 영국 노동자들과 프랑스 노동자들이 처음 만나 대화를 나누고 상호 계몽을 도모했다.' 1868년 3월 6일 …… 국제노동자협회를 상대로 정부가 제소한 최초의 소송 때 톨랭 씨가 한 증언." 앙리 푸제르, 『제2제정 하의 만국박람회의 노동자 파견단』, 몽뤼송, 1905년, 75페이지. 런던에서 가진 최초의 대집회에서는 폴란드인의 해방을 지지하는 선언문이 채택되었다.
[G 7a, 3]

1867년 만국박람회에 참가한 노동자 파견단이 발표한 서너 개의 보고서 중에는 상비군의 폐지와 군비 축소를 요구하는 내용도 들어 있었다. 즉 도자기에 그림 그리는 화가 파견단, 피아노 수선공 파견단, 구두공 파견단, 기계공 파견단의 보고서가 그러했다. 앙리 푸제르, 163/64페이지.
[G 7a, 4]

1867년. "사람들은 샹-드-마르스를 처음으로 보고는 기묘한 인상을 받았다. 중앙의 대로를 따라 안으로 들어갔으나 처음에는 …… 철과 연기밖에 보이지 않았다. …… 이러한 첫 인상이 너무 강렬하게 다가와 관람객들은 도중에 이 아케이드가 제공하는 온갖 오락의 유혹을 무시하고 자기도 모르게 그를 잡아끄는 어떤 움직임이 있거나 소음이 나는 쪽으로 서둘러 갔다. 기계가 일시적으로 멈춘 모든 지점에서 …… 증기 오르간의 선율과 금관 악기들의 교향곡이 울려 퍼졌다." A. S. 드 동쿠르, 『만국박람회』, 릴/파리, <1889년>, 111/12페이지.
[G 7a, 5]

1855년 만국박람회에 관한 연극. "『너무 작은 파리』, 1855년 8월 4

일, 뤽상부르 극장. 폴 뫼리스, 『파리』, 7월 21일, 포르트-생-마르탱 극장. 테<오도르> 바리에/폴 드 코크, 『파리의 역사』와 『위대한 세기들』, 9월 29일. 『박람회의 패션』, 『짐 붐 붐 ― 박람회 리뷰』. 세바스티앙 레알, 『파우스투스의 환영 또는 1855년 만국박람회』." 아돌프 데미, 『파리 만국박람회 역사 시론』, 파리, 1907년, 90페이지.   [G 7a, 6]

1862년 런던 만국박람회<:> "1851년 박람회 때의 감동적인 인상은 조금도 느낄 수 없었다. …… 그럼에도 이번 박람회에서도 몇몇 주목할 만한 성과가 있기는 했다. …… 가장 큰 놀라움을 제공한 것은 …… 중국이었다. 유럽이 그때까지 중국의 예술품에서 본 것이라고는 …… 시장에 내다놓은 흔하디흔한 상품뿐이었다. 그러나 지금 영국과 중국의 전쟁은 종결되었다. …… 여름 궁전|원명원圓明園|은, 전하는 말로는, 징벌로서 몽땅 불태워졌다고 한다.[13] 그러나 실제로 그곳에 쌓여 있던 엄청난 양의 보물 대부분을 끄집어내는 데 성공한 것은 현장에 있던 동맹국 프랑스인들보다는 영국인들이었다. 이 보물들이 1862년 런던에서 전시되었던 것이다. …… 전시자의 이름이 남성이 아니라 여성이었던 것은 진짜 소유자들이 앞에 나서는 것을 꺼렸기 때문이다." 율리우스 레싱, 『만국박람회 50년』, 베를린, 1900년, 16페이지.   [G 8, 1]

레싱(『만국박람회 50년』, 베를린, 1900년, 4페이지)은 만국박람회와 견본시Messe의 차이를 지적하고 있다. 견본시에서 상인은 갖고 있는 상품을 몽땅 들고 나온다. 이에 비해 만국박람회는 산업뿐만 아니라 상업의 신용이 고도로 발전할 것을 전제한다. 즉 수주자인 회사뿐만 아니라 주문자 사이에서 신용 거래가 고도로 발달해야 한다.   [G 8, 2]

"일부러 눈을 감지 않는 한 1798년에 샹-드-마르스에서 열린 일종의 시장, 그리고 다음 해 루브르 정원과 앵발리드의 정원에 마련된 멋진 주랑들, 그리고 마지막으로 1819년 1월 13일자로 공포된 기념할 만한 칙령[11]이 프랑스 산업의 발전에 크게 기여했다는 점을 인정하지 않을 수 없을 것이다. 공예와 평화의 수호신들에 의해 건립된 이처럼 피로 물들지 않은 전쟁 기념비를 …… 신민들이 바라볼 수 있도록 궁전의 훌륭한 회랑을 거대한 시장bazar으로 바꾸는 일이 프랑스 왕에게 맡겨진 것이다." 슈누/H. D.,『1827년 두에 시에서 개최된 산업ㆍ공예 물품전의 설명서』, 두에, 1827년, 5페이지.   [G 8, 3]

1851년 3개의 다른 노동자 파견단이 런던에 보내졌다. 어느 파견단도 중요한 성과를 거두지는 못했다. 두 개는 공식 파견단으로 한쪽은 국민의회에서, 다른 한쪽은 시 당국에서 파견한 것이었다. 사적인 파견단은 언론, 특히 에밀 드 지라르댕의 지원 하에 구성되었다. 이들 파견단의 결성에 노동자들은 아무런 영향도 미치지 못했다.   [G 8, 4]

A. S. 드 동쿠르,『만국박람회』, 릴/파리, <1889년>, 12페이지에 따른 수정궁의 크기 ― 긴 변은 560미터에 달한다.   [G 8, 5]

1862년 런던 만국박람회의 노동자 파견단에 대해. "선발 사무소는 신속하게 조직되었으나 선거 전날의 어떤 사건으로 …… 활동이 저지당했다. 파리 경시청이 이처럼 전례 없던 움직임을 불온시하면서 노동자 위원회에게 활동을 중단하라는 명령이 내려진 것이다. 그러한 조치는 …… 오해에서 비롯되지 않는 한 있을 수 없는 일이라고 확신한 위원회 위원들은 즉시 폐하께 호소했다. …… 실제로 황제는 …… 위원회가 임무를 계속할 수 있게 허가해주도록 조처했다. 그리하여 …… 200명의 파견단이 선발되었다. …… 각 소위원회에는 임무를 달성하는 데 10일간의 기간이 주어졌다. 선출된 사람에게는 출발 시 1인당 115프랑과 2등칸 철도 왕복표, 여기에 숙박과 1일 1회 식사권 그리고 박람회 입장권이 지급되었다. …… 이처럼 대규모로 사람들이 움직였지만 …… 유감스러운 사건은 단 한 건도 일어나지 않았다."『1862년 런던 만국박람회에 파견된 파리의 노동자 파견단의 보고』, 노동자 위원회 발행, 파리, 1862~1864년(1권!), III/IV페이지(이 보고에는 여러 직종의 파견단이 제출한 53개의 보고서가 들어 있다).   [G 8a, 1]

파리, 1855년. "4대의 기관차가 기계 별관의 현관을 지키고 있다. 니네베의 거대한 황소들이나 이집트 신전의 입구에서 볼 수 있는 거대한 스핑크스들처럼 말이다. 이 별관은 철과 불과 물의 나라였다. 소음이 귀를 찢는 듯했고, 두 눈은 현기증이 났다. …… 모든 것이 움직이고 있다. 양모를 빗기거나, 실을 꼬거나, 직물을 자르거나, 곡물을 탈곡하거나, 석탄을 채굴하거나, 초콜릿을 제조하거나 하는 모습들이 보였다. 모든 출품자에게 예외 없이 동력과 증기가 제공되었다. 영국인 출품자들만이 불과 물을 사용할 수 있는 혜택을 누릴 수 있던 1851년의 런던 만국박람회와는 정반대였다." A.

S. 드 동쿠르, 『만국박람회』, 릴/파리, <1889년>, 53페이지.

[G 8a, 2]

1867년에는 '오리엔탈 구역'이 인기의 중심이었다. [G 8a, 3]

1867년 박람회에는 1,500만 명의 관람객이 방문했다. [G 8a, 4]

1855년 최초로 상품에 가격표를 붙이는 것이 허용되었다.

[G 8a, 5]

"르 플레는 …… 현대식 용어로 말하자면 '특매품clou'이라고 부르는 것을 찾아낼 필요성이 얼마나 절박한 것인지를 예견하고 있었다. 동시에 그러한 필요성이 …… 박람회를 잘못된 방향으로 이끌 것도 내다보았다. 1889년 …… 클로디오-자네 씨는 바로 이 문제를 두고 이렇게 말한 바 있다. '경제학자이자 신사인 프레데릭 파시는 벌써 여러 해 동안 의회와 아카데미 연설에서 걸핏하면 길거리에 큰 시장을 세우는 짓을 남용하는 것을 탄핵해왔다. 그가 향료가 들어간 빵 과자 시장에 대해 말한 모든 것은 …… 규모는 다르지만 |프랑스 혁명| 100주년을 기리기 위한 장대한 기념식에도 그대로 적용된다.'" 그것에 관한 주석. "실제로 100주년 기념식은 대단한 성공을 거두어 에펠 탑은 짓는 데 600만 프랑이 들었으나 1889년 11월 5일 현재 시점에서 벌써 645만 9,581프랑을 벌어들였다." 모리스 페카르, 『경제적·사회적 관점에서 본 만국박람회 — 프랑스를 실례로』, 파리, 1901년, 29페이지. [G 9, 1]

샹-드-마르스에 세워진 1867년 박람회의 전시관. 일부 사람은 이 것을 로마의 콜로세움에 비교하기도 했다. "박람회 위원장인 르 플레가 내놓은 배치도는 극히 빼어난 것이었다. 전시 물품들은 품 목별로 8개의 동심원 회랑에 배분되었다. 주축을 중심으로 …… 12개의 통로가 뻗어나갔다. 주요 국가는 두 개의 통로 사이에 있는 부채꼴 모양의 지역을 할당받았다. 이런 식으로 회랑을 걸으면서 각국 산업의 현황을 견학할 수 있으며, 옆으로 연결되어 있는 통로 를 걸으면서는 각국의 여러 산업 분야의 현황을 견학할 수 있었 다." 아돌프 데미, 『파리 만국박람회 역사 시론』, 파리, 1907년, 129페이지. 같은 곳에 테오필 고티에가 1867년 9월 17일자 『모니 퇴르』지에 이 전시관에 대해 쓴 기사가 인용되어 있다. "눈앞에 있 는 것은 다른 행성 위에, 예를 들어 목성이나 토성 위에, 우리와는 아무 관련도 없는 취향에 따라 그리고 우리 눈에는 전혀 익숙하지 않은 색조로 만들어진 기념 건축물 같은 느낌이었다." 이 문장 바 로 앞에는 이렇게 쓰여 있다. "피처럼 빨간 색의 테두리를 두른 남 색의 커다란 소용돌이는 현기증을 일으켜, 건축에 대한 생각에 혼 란을 가져왔다." [G 9, 2]

1851년 만국박람회에 대한 여러 저항<:> "러시아 황제는 황태자 와 황태자비에게 …… 런던 여행을 금지했다. …… 외교 사절단들 까지 여왕에게 축하 인사를 드릴 것을 거부했다. '바로 지금' ― 알버트 대공은 1851년 4월 15일자로 모친에게 보낸 편지에서 이렇 게 쓰고 있다 ― '…… 박람회의 적들은 온갖 기를 쓰고 있습니다. 그들이 말하기를 …… 외국인들이 여기서 급진적인 혁명을 일으켜 빅토리아와 저를 죽이고 적색 공화국을 선언할 것이라고 합니다.

498

게다가 수많은 군중이 모이면 반드시 페스트가 퍼져나갈 것이며, 물건 값이 죄다 인상되었는데도 채 도망가지 못한 사람들을 집어 삼키게 될 것이라고 합니다.'" 아돌프 데미, 『파리 만국박람회 역사 시론』, 파리, 1907년, 38페이지.   [G 9, 3]

1798년 박람회에 관한 프랑수아 드 뇌프샤토의 의견(데미, 『파리 만국박람회 역사 시론』에서). "프랑스인들은" ─ 그는 이렇게 말한다 ─ "전쟁에서의 신속한 승리로 유럽을 놀래켜왔다. 바로 그와 똑같은 열의로 평화 시의 상업이나 여러 공예 분야의 직업에 착수해야 한다"(14페이지). "이 최초의 박람회는 …… 실제로 하나의 최초의 전쟁, 영국 산업에 참화를 가져올 전쟁이다"(18페이지). ─ 개막식 퍼레이드의 호전적 성격. "1. 취주악대. 2. 기병 분견대. 3. 보안계 1, 2분대. 4. 고수단. 5. 군악대. 6. 보병 일개 소대. 7. 전령관들. 8. 식전장. 9. 박람회에 출품한 공예가들. 10. 심사위원회"(15페이지). 뇌프샤토는 영국 산업에 최대의 타격을 가한 사람에게 줄 금메달을 준비했다.   [G 9a, 1]

|혁명력| 9년[15]에 열린 제2차 박람회에서는 산업 및 조형 예술 작품이 루브르 궁전의 정원에 함께 전시될 예정이었다. 그러나 예술가들은 산업가들과 공동으로 전시하기를 거부했다(데미, 19페이지).   [G 9a, 2]

1819년 박람회<.> "국왕은 박람회에 즈음해 테르노와 오베르캉에게 남작 작위를 하사했다. …… 실업가에게 귀족 작위를 하사한 것을 두고 비판의 목소리가 높았다. 1823년에는 어떠한 새로운 작위

의 하사도 없었다." 데미, 『역사 시론』, 24페이지.   [G 9a, 3]

1844년 박람회. 이에 관한 지라르댕 부인의 견해. 드 로네 자작, 『파리 서간』, 4권, 66페이지(아돌프 데미, 『역사 시론』, 27페이지에서 재인용). "그녀는 이렇게 말했다. '그것|박람회|은 즐거움일 것이지만 기이하게도 악몽과 비슷한 즐거움일 것이다.' 그런 다음 기발한 것을 빠진 것 하나 없이 하나하나 열거해 보였다. 가죽을 벗긴 말, 거대한 풍뎅이, 움직이는 턱, 공중제비를 넘는 횟수로 시간을 표시하는 터키인 인간 시계, 그리고 안젤리카[16]의 설탕절임으로 만든 『파리의 비밀』[17]에 등장하는 문지기인 피플레 부부의 초상도 빼놓지 않았다."   [G 9a, 4]

1851년 만국박람회 출품자는 14,370명, 1855년 만국박람회 출품자는 8만 명.   [G 9a, 5]

1867년의 이집트 박람회는 이집트 신전을 본뜬 건물 안에 설치되었다.   [G 9a, 6]

월폴[18]은 그의 소설인 『요새』에서 1851년 원래 만국박람회 관람객을 내다보고 지은 호텔에서 고객을 받아들이기 위해 고안해낸 여러 가지 사전 대책을 묘사하고 있다. 여기에는 경찰에 의한 호텔의 상시 감시, 호텔 파견 목사의 상주, 의사의 정기적인 아침 회진 등이 포함되어 있다.   [G 10, 1]

월폴은 한가운데 유리 분수와 오래된 느릅나무가 있는 수정궁을 이렇게 묘사하고 있다. "느릅나무들은 마치 한 마리의 야생 사자가 유리 그물에 걸려 있는 것처럼 보였다"(30페이지). 그는 값비싼 양탄자로 덮여 있는 전시관들에 대해, 특히 기계들을 자세히 묘사한다. "기계실에는 자동 방적기, 자카드식 방직기, 편지 봉투 만드는 기계, 증기 직기, 기관차 모형, 원심 펌프, 견인차 등이 전시되어 있었다. 이들 기계가 모두 미친 듯이 움직이고 있는 한편으로 실크 해트와 카포트를 입은 무수히 많은 사람들이 한구석에 앉아 인내심 있게 기다리고 있었다. 이 행성에서 인간의 시대는 끝났다는 것을 예감하지 못한 채 얌전한 모습으로 말이다." 휴 월폴, 『요새』, 함부르크/파리/볼로냐, <1933년>, 306페이지. [G 10, 2]

델보는 "매일 밤 백화점인 라 벨 자르디니에르의 쇼윈도에 눈을 고정시킨 채 하루 매상을 계산하는 모습을 지켜보는 사람들"에 대해 말하고 있다. 알프레드 델보, 『파리의 시간』, 파리, 1866년, 144페이지(「밤 8시」). [G 10, 3]

1868년 1월 31일 상원 연설에서 미셸 슈발리에는 전 해인 1867년에 설치된 산업관을 파괴될 위기로부터 구하려 했다. 이 건물을 위해 그가 제안한 몇 가지 이용 가능성 중에서 가장 주목할 만한 것은 내부를 연병장으로 사용하자는 것이었다. 원형으로 되어 있어 그러한 목적에 적합하다는 것이었다. 그는 또 이 건물을 수입품의 상설 견본 시장으로 사용할 것을 제안하기도 했다. 이에 반대하는 측의 의도는 군사적인 이유에서 샹-드-마르스에서 일체의 건물을 없애버리는 데 있는 것 같다. 미셸 슈발리에, 『1867년 만국박람회의 전시관 파괴에 항의하는 진정서에 관한 연설』, 파리, 1868년 참

조. [G 10, 4]

"만국박람회는 …… 분명 다양한 나라들에서 생산된 똑같은 제품의 가격과 품질을 가장 정확하게 비교할 수 있는 기회를 제공한다. 완전한 자유 교역을 제창하는 학파여 즐거워할지니! 만국박람회는 …… 관세의 철폐까지는 몰라도 가격 인하는 지향하고 있다." 아쉴 드 콜뤼송<?>, 『프랑스 산업 제품전의 역사』, 파리, 1855년, 544페이지. [G 10a, 1]

"인류 보편의 진보를 나타내는 이 시장에
전승 기념품을 전시하는 하나하나의 산업은
수정궁을 풍요롭게 하기 위해
요정의 마법 지팡이를 손에 쥔 것 같다.
……
부자, 학자, 예술가, 프롤레타리아
모두 만인의 안녕을 위해 진력하며
기품 있는 형제들처럼 힘을 합쳐
모두가 한 사람 한 사람의 행복을 기원하고 있다."
클레르빌/쥘 코르디에 작, 『수정궁 혹은 런던에 간 파리 사람들』
(초연 1851년 5월 26일, 포르트-생-마르탱 극장), 파리, 1851년, 6페이지. [G 10a, 2]

클레르빌의 『수정궁』의 마지막 두 장면은 수정궁의 앞과 안에서 공연되었다. 마지막|에서 두번째| 장면의 무대 지시. "수정궁의 중앙 회랑. 좌측 무대 앞쪽에 침대 하나. 침대 머리 부분에 커다란 시

계의 문자판. 무대 중앙에 소형 테이블. 위에는 몇 개의 작은 주머니와 도자기 병. 오른쪽에 전기 기계. 무대 뒤쪽에는 런던 박람회를 묘사한 도판들에서 아이디어를 얻은 여러 제품 전시"(30페이지).   [G 10a, 3]

1846년의 마르키 초콜릿 광고<:> "파사주 데 파노라마 내 및 비비엔 가 44번지에 있는 마르키 상점의 초콜릿. ─ 초콜릿 프랄린이나 그 밖의 다른 각양각색의 환상적인 초콜릿. …… 마르키 상점에서 더 없이 다양하고 우아한 형태의 초콜릿으로 고객들을 모십니다. …… 독자 여러분께 다시 한 번 올해 출판된 가장 순수하고 가장 우아하며 아름다운 시구 중에서 고르고 고른 달콤한 시 하나가 마르키 초콜릿의 세련된 맛을 한층 더 돋우어주리라고 알려드릴 수 있게 되어 다시없는 영광입니다. 저희들만이 이처럼 우호적인 이점을 누릴 수 있다고 확신하는 저희는 이 모든 다양한 아름다운 시구에 광고라는 큰 힘을 선선히 빌려준 마르키 초콜릿에 찬사를 보냅니다. 판<화>실.   [G 10a, 4]

1855년의 산업관<:> "6개의 파빌리온이 사방에서 건물을 둘러싸고 있다. 아래층에는 총 306개의 아케이드가 있다. 거대한 유리 천장이 내부를 밝게 비추고 있다. 자재로는 돌과 철과 아연만이 사용되었다. 건축비는 1,100만 프랑에 달한다. …… 중앙 회랑의 동쪽과 서쪽에 장식되어 있는 두 개의 커다란 유리 그림이 특히 주목을 끈다. …… 인물은 모두 실물 크기로 그린 것처럼 보이지만 높이는 6미터 이상이다." 『파리에서의 8일간』, 파리, 1855년 7월, 9/10페이지. 이 유리 그림은 산업 국가 프랑스와 정의正義를 형상화하고 있다.   [G 11, 1]

"『아틀리에』지의 나의 기고자들과 함께 나는 …… 경제 혁명을 이
룰 때가 왔다고 썼다. …… 비록 얼마 전까지만 해도 우리 모두 유
럽 전역의 노동자 집단은 연대하고 있으며, 다른 무엇보다도 지금
은 민족들의 정치적 연방이라는 이념 쪽으로 밀고 나가야 한다는
데 의견을 같이하고 있었지만 말이다." A. 코르봉, 『파리 민중의
비밀』, 파리, 1863년, 196페이지와 242페이지. "요약하자면, 파리
노동자 계급의 정치적 견해는 거의 전적으로 전 민족의 연방 결성
운동에 도움이 되고자 하는 정열적인 욕망 속에 내포되어 있다."
                                                            [G 11, 2]

피에스키[19]의 애인인 니나 라사브는 피에스키가 1836년 2월 19일
에 처형된 후 증권거래소 앞 광장에 있는 카페 드 라 르네상스에 회
계원으로 고용된다.   [G 11, 3]

투스넬이 말하는 동물의 상징적 의미. 두더지. "두더지는 …… 어
느 한 성격의 상징에 머물지 않는다. 이것은 하나의 사회적 시대 전
체, 즉 산업이 유아기이던 시대, 키클롭스의 시대를 상징한다.
…… 두더지는 …… 지적인 힘에 대한 난폭한 힘의 절대적인 우위
를 알레고리적으로 표현한다. …… 땅을 뒤엎고 지하로 통로를 파
들어가는 두더지와 …… 철도나 역마차를 독점한 기업가들 사이에
는 상당히 많은 유사점이 발견된다. …… 빛을 두려워하는 두더지
의 극도의 신경과민은 …… 은행이나 운송업계의 독점 기업가들
— 이들도 빛을 두려워한다 — 의 완고한 반-계몽주의와 놀라울

504

정도로 흡사한 특징을 갖고 있다." A. 투스넬, 『동물의 정신 ― 정념 동물학 ― 프랑스의 포유류』, 파리, 1884년, 469페이지와 473/474페이지.   [G 11, 4]

투스넬이 말하는 동물의 상징적 의미. 마멋. "마멋은 ― 노동으로 인해 털을 잃는다. 이것은 굴뚝 청소라는 고된 노동을 하다가 옷이 닳아버린 가난한 사부아 사람의 궁핍을 암시한다." A. 투스넬, 『동물의 정신』, 파리, 1884년, 334페이지.   [G 11, 5]

투스넬이 말하는 식물의 상징적 의미. 포도. "포도는 수다를 좋아한다. …… 자두나 올리브, 느릅나무의 어깨에 친한 척하며 기대온다. 포도는 모든 나무와 친하다." A. 투스넬, 『동물의 정신』, 파리, 1884년, 107페이지.   [G 11, 6]

투스넬은 남자 아이와 여자 아이가 서로 다른 놀이를 하는 것과 관련하여 원과 포물선 이론을 제시하고 있다. 그것은 그랑빌의 의인법을 연상시킨다. "아이들이 좋아하는 도형은 항상 구형을 띠고 있다. 공이나 굴렁쇠, 구슬 등. 아이들이 좋아하는 과일도 마찬가지다. 체리, 구즈베리, 사과, 여기에 잼이 들어간 동그란 빵 등. …… 이들 놀이를 주의 깊게 관찰해온 학자들은 한결같이 남녀 양성의 아이들이 좋아하는 놀이나 운동을 선택하는 데는 독특한 차이가 있다는 점을 지적해왔다. …… 그러면 우리의 관찰자는 여자 아이가 하는 놀이의 성격 중 어떤 점에 주목해왔는가? 그는 이러한 놀이의 특징 중 타원을 좋아하는 분명한 성향을 지목했다. 나도 실제로 여자 아이들이 좋아하는 놀이로 셔틀콕과 줄넘기를 들고 싶다. …… 줄

과 셔틀콕은 타원형 또는 포물선적인 곡선을 그린다. 왜 그럴까? 왜 여성들은 그처럼 어렸을 때부터 타원 곡선을 좋아하며 구슬이나 볼, 팽이를 노골적으로 무시하는 걸까? 그것은 원이 우정의 곡선인 데 비해 타원은 …… 사랑의 곡선이기 때문이다. 타원은 …… 여성, 백조, 아라비아의 준마, 비너스의 새|비둘기| 등 신이 자신이 좋아하는 것들에게 부여한 형상이다. 타원은 본질적으로 매력적인 형태이다. …… 천문학자들은 일반적으로 …… 왜 혹성들이 회전축에 대해 원을 그리지 않고 타원을 그리게 되었는지 알지 못했다. 지금 그들은 그러한 신비에 대해 나만큼밖에 파악하고 있지 못하다.” 투스넬, 앞의 책, 89~91페이지.   [G 11a, 1]

투스넬은 여러 가지 곡선들이 가진 상징적 의미를 해석하고 있다. 그에 따르면 원은 우정, 타원은 사랑, 포물선은 가정적인 감각, 쌍곡선은 야심을 나타낸다. 쌍곡선에 관한 장에 들어 있는 아래의 문구는 특히 그랑빌에 접근하고 있다. “쌍곡선은 야심의 곡선이다. …… 머리를 곤두박고 쌍곡선을 뒤쫓아가는 정열이 넘쳐흐르는 점근선의 끊임없는 집요함을 칭송하자. 그것은 항상 목표에 접근하고 또 접근한다. …… 그러나 도달하지는 못한다.” A. 투스넬, 『동물의 정신』, 파리, 1884년, 92페이지.   [G 11a, 2]

투스넬이 말하는 동물의 상징적 의미. 고슴도치. “게걸스럽게 먹어치우는 데다 겉모습도 흉측한 이것은 상스러운 펜의 노예의 초상이기도 하다. 자서전을 매매하며 공갈 협박을 일삼으며, 역참장의 칙허장이나 연극의 독점권을 팔며 …… 아티초크 같은 양심에서 …… 거짓 맹세와 뻔한 변명을 …… 늘어놓는다. …… 고슴도치

506

는 프랑스의 사족동물 중에서 살무사의 독에 끄떡도 하지 않는 유일한 동물이라고 한다. 유비類比만으로도 이러한 예외성을 충분히 추측할 수 있을 것이다. …… 어찌 …… 중상모략(독사)이 하급 문필가를 물어죽일 수 있으랴!" A. 투스넬, 『동물의 정신』, 파리, 1884년, 476페이지와 478페이지.   [G 11a, 3]

"번개는 구름들의 입맞춤으로, 폭풍우를 잉태하고 있으나 다산이다. 열렬히 사랑하며, 어떠한 장애에도 아랑곳하지 않고 사랑을 나누는 두 연인은 정반대 전극을 띠며 비극으로 가득 부푼 두 개의 구름이다." A. 투스넬, 『동물의 정신 — 정념 동물학 — 프랑스의 포유류』, 파리, 1884년, 100/101페이지(4판).   [G 12, 1]

투스넬의 『동물의 정신』 초판은 1847년에 간행되었다.   [G 12, 2]

"세터[20]가 존재한 흔적을 찾아 고대 문헌을 살펴보았으나 허사였다. …… 이 품종이 출현한 시기에 관해 몽유 상태의 심령자 중에서도 가장 투시력이 있는 사람들의 기억에 호소해보았다. 구할 수 있는 모든 정보를 종합해보건대 …… 이 개는 현대에 만들어진 것이라는 결론에 이르게 되었다." A. 투스넬, 『동물의 정신』, 파리, 1884년, 159페이지.   [G 12, 3]

"젊고 아름다운 여성은 진짜 볼타 전지로, …… 그녀에게서는 안에 갇혀 있는 액체가 표면의 형태와 머리카락의 절연 작용에 의해 그대로 간직되어 있다. 따라서 이 액체가 달콤한 감옥에서 도망가려 한다면 믿을 수 없을 만큼 노력해야 한다. 그리고 그러한 노력은 그에 대한 대가로 **감응력에 의해 여러 가지 다른 형태**로 생기가 주어지는 신체에 인력의 엄청난 피해를 초래한다. …… 인류라는 종의 역사에 있어 재기 넘치는 신사, 학자, 용맹한 영웅들이 …… 여성의 단 한 번의 윙크에 마치 벼락을 맞은 듯 꼼짝도 못한 사례는 얼마든지 찾아볼 수 있다. …… 성스러운 다윗 왕이 젊디젊은 아비가일을 아내로 맞아들인 것을 볼 때 그가 매끈한 타원 곡면이 집광集光적인 속성을 갖고 있다는 것을 완전히 이해하고 있었음을 알 수 있다." A. 투스넬, 『동물의 정신』, 파리, 1884년, 101~103페이지. [G 12, 4]

투스넬은 지구의 자전을 원심력과 인력의 합력으로 설명하고 있다. 그리고 다음과 같이 부연한다. "천체는 …… 열광적으로 왈츠를 추기 시작한다. …… 전날 밤까지만 해도 어두움의 차가운 침묵 속에 파묻혀 있던 지구 표면 위에서 모든 것이 웅성거리며, 움직이고, 열을 띠며, 반짝반짝 빛난다. 좋은 자리를 차지한 관찰자에게는 경이로운 광경이다. 보기에 정말 멋진 무대 장치의 전환이다. 왜냐하면 혁명(=공전)이 두 개의 태양 사이에서 발생했기 때문으로 바로 전날 저녁에 자수정색의 새로운 별이 우리 하늘에 처음 모습을 드러낸 것이다"(45페이지). 그리고 예전에 지구에서 화산이 활동하던 시대를 암시하면서 이렇게 설명한다. "통상 섬세한 체질의 소유자가 처음 왈츠를 추게 될 경우 어떠한 결과로 이어질지는 잘 알려져 있다. …… 지구 또한 최초의 시련이 닥쳤을 때는 상당히 격렬하게 흔들렸을 것이다." A. 투스넬, 『동물의 정신 — 정념 동물학 — 프랑스의 포유류』, 파리, 1884년, 44/45페이지. [G 12, 5]

투스넬의 동물학의 원리. "종의 등급은 인간과 닮은 정도와 정비례한다." 투스넬, 『동물의 정신』, 파리, 1884년, I페이지. 이 작품의 제사題辭를 참조. "인간의 가장 좋은 부분, 그것은 개이다." 샤를레.

[G 12a, 1]

기구氣球 조종사 푸아트뱅은 대형 광고회사의 지원을 받아 신화의 등장인물처럼 치장한 소녀를 데리고 그의 곤돌라로 '우라노스ㅣ천왕성ㅣ로의 상승'을 시도했다(『1848년 공화정 하의 파리. '파리 국립도서관 및 역사기념건조물 사업국' 전』, 1909년, 34페이지).[G 12a, 2]

상품만이 물신적인 자립성을 가진 것이 아니라 — 아래의 마르크스의 말이 확인해주듯이 — 생산 수단 역시 그렇다. "생산 과정을 노동 과정의 관점에서 고찰하면 노동자는 생산 수단이 아니라 …… 자신의 합목적적인 생산 활동의 …… 단순한 수단이라는 관계에 놓인다. 우리가 생산 과정을 가치 증식 과정의 관점에서 고찰할 때에는 문제가 달라진다. 생산 수단은 곧 타인의 노동을 흡수하기 위한 수단으로 모습을 바꾼다. 이미 노동자가 생산 수단을 사용하는 것이 아니라 생산 수단이 노동자를 사용하는 것이다. 생산 수단이 노동자에 의해 그의 생산 활동의 물질적 요소로 소비되는 것이 아니라 오히려 생산 수단이 노동자를 자신의 생활 과정의 효모로서 소비하는 것이다. …… 용광로나 공장이 야간에는 놀고 있어서 살아 있는 노동을 흡수하지 않는다면 그것은 자본가에게는 '순손실'이다. 바로 이 때문에 용광로나 공장은 노동력에 대한 '야간 노동 청구권'을 갖고자 한다."[21] 이러한 고찰은 그랑빌에 대한 분석에도 적용할 수 있을 것이다. 과연 임금 노동자는 어느 정도까지 물신적으

로 생명을 불어넣은 그랑빌식의 객체의 '혼'일까?　　　　[G 12a, 3]

"밤은 별의 향유香油를 잠자는 꽃에 나누어주며 다닌다. 하늘을 날아다니는 새는 모두 발에 무한한 실을 묶고 있다." 빅토르 위고, 파리 1881년, 『전집 ― 소설 8』, 114페이지(『레미제라블』, 4권).[22]

　　　　[G 12a, 4]

드뤼몽은 투스넬을 "이 세기의 가장 위대한 산문가 중의 하나"라고 부른다. 에두아르 드뤼몽, 『영웅과 어릿광대들』, 파리, <1900년>, 270페이지(「투스넬」).　　　　[G 12a, 5]

전시 기술. "한번 돌아보기만 해도 금방 알 수 있는 기본 규칙. 통로와 같은 높이의 지면에는 직접 어떤 물건도 놓아서는 안 된다는 것이 그것이다. 피아노, 가구, 물리 실험 기구, 기계 등은 받침대 위에 혹은 단상 위에 전시하는 것이 좋다. 완전히 다른 두 개의 체계를 도입해 전시대를 설치할 수 있을 것이다. 진열장 안 전시와 바깥 전시가 그것이다. 실제로 어떤 종류의 제품은 성질상 혹은 가격 때문에 공기 혹은 인간의 손과의 접촉으로부터 보호되어야 한다. 다른 한편 그대로 전시하는 편이 더 잘 보이게 되는 제품들도 있다." 『1867년 파리 만국박람회 ― 1862년 런던 만국박람회에서 가장 주목할 만한 전시대에 관한 도록. 다른 나라의 전시자들을 위한 안내서로서 사용되도록 제국위원회에서 간행』, 파리, 1866년, <5페이지>. 1862년 만국박람회의 전시관을 그린 매우 흥미로운 삽화 및 횡단도와 종단도가 그려진 접이식 판화의 대형 폴리오판 도판본으로, 부분적으로는 컬러로 그려져 있다. 국<립>도<서관>, V. 644.

2855년의 파리. "토성이나 화성에서 온 내방객들은 이곳에 도착하면 모국의 행성의 지평을 잊게 될 것이다! 파리는 앞으로 창조의 수도가 될 것이다! …… 1855년 가십란을 쓰는 자들이 가장 선호하던 테마였던 샹젤리제여, 너는 어디로 갔는가? …… 가운데가 텅 빈 철 파이프로 포장된 이 통로에서는 크리스털 유리로 지붕이 덮인 채 금융업계의 꿀벌과 말벌들이 붕붕 날아다닌다! 큰곰자리의 자본가들이 수성의 투자가와 논의 중이다! 바로 오늘 스스로의 불꽃으로 절반은 타버린 금성의 잔해를 주식으로 해서 매각하려는 참이다!" 아르센 우세, 「미래의 파리」(『19세기의 파리와 파리 사람들』, 파리, 1856년, 458/59페이지). [G 13, 2]

노동자 인터내셔널[25]의 총회의 개최지를 런던으로 고정한 것에 관해 이런 말이 퍼져나갔다. "파리의 작업장에서 태어난 아이가 런던에 수양아들로 보내졌다"(S. Ch. 브누아, 「노동자 계급의 '신'」, 『레뷔 데 되 몽드』, 1914년 3월 1일자, 104페이지). [G 13, 3]

"남성이 예의바르게 행동하는 유일한 모임이 무도회이니 우리의 모든 제도의 모델을 여성이 여왕인 그러한 무도회에 따라 정하도록 하자." A. 투스넬, 『새의 세계』, 1권, 파리, 1853년, 134페이지. 그리고 <:> "많은 남성이 무도회 동안 정중하고 예의바르게 처신하지만 그처럼 여성에게 예의를 표하는 것이 신의 계율이라는 것은 조금도 의심하지 않는다." 앞의 책, 98페이지. [G 13, 4]

가브리엘 엥겔만에 대해. "1816년 『석판화론』을 출간하면서 그는 이 메달을 책의 권두에 실물 크기로 그대로 실기 위해 크게 신경을 썼는데, 설명문에는 아래와 같은 글이 새겨져 있었다. "밀우즈(라인 강 상류 지방) 시의 G. 엥겔만 님께 이 메달을 수여합니다. 대형 석판화 제작과 석판화 기술을 개량한 공로로 드림. 이를 격려함. 1816년." 앙리 부쇼, 『석판화』, 파리, <1895년>, <38>페이지.

[G 13, 5]

런던 만국박람회에 대해. "이 광대한 박람회를 돌아다니는 관람객들은 머지않아 혼란에 빠지지 않으려면 …… 다양한 민족들을 몇개의 집단으로 묶는 것이 필요하며, 이런 식으로 산업에 따라 집단을 묶기 위해 유일하게 편리한 방법은 이상하게 들릴지 모르지만 종교적인 신앙에 기반하는 것이라는 점을 깨닫게 될 것이다. 실제로 인류를 나누고 있는 종교상의 커다란 분류 하나하나에 …… 특정한 생활 양식과 독특한 산업 활동 양상이 대응하고 있다." 미셸 슈발리에, 『진보에 대해』, 파리, 1852년, 13페이지.   [G 13a, 1]

『자본』 1장에서. "상품은 언뜻 보면 자명하고 평범한 물건처럼 보인다. 그러나 상품을 좀더 자세히 분석해보면 상품이란 형이상학적인 좀스러움과 신학적 변덕으로 가득 찬 매우 기묘한 물건임을 알게 된다. 상품이 사용가치인 이상 아무런 신비한 것도 없다. …… 목재로 책상을 만들면 목재의 형태는 바뀐다. 그럼에도 불구하고 책상은 여전히 목재이며, 하나의 일상적이고 감각적인 사물이라는 것에는 아무런 변화가 없다. 그러나 상품으로 등장하자마자 이 책상은 감각적인 동시에 초감각적인 하나의 사물로 모습을 바꾼다. 책상은 자기 다리로 땅 위에 설 뿐만 아니라 모든 다른 상품에 대해서는 거꾸로 서서 목재 머리로부터 스스로 춤을 추기 시작하는 경우보다 훨씬 더 놀라운 환상들을 펼친다."[24] 프란츠 메링, 「칼 마르크스와 비교」[라자노프 편집, 『사상가, 인간, 혁명가로서의 칼 마르크스』, 빈/베를린, <1928년>, 57페이지(『노이에 차이트』, 1908년 3월 13일자에서 전재)]에서 인용.   [G 13a, 2]

르낭은 만국박람회를 그리스의 대축제, 올림픽 경기나 여신 아테나 대축제에 비유하고 있다. 그러나 후자들에서와 달리 전자에는 시가 결여되어 있다. "두 차례에 걸쳐 유럽 전체가 진열된 상품을 보기 위해, 또한 물질적인 제품을 비교해보기 위해 길을 나섰다. 이 새로운 종류의 순례에서 돌아오면서 뭔가 빠졌다고 불평을 늘어놓는 사람은 하나도 없었다." 그리고 몇 페이지 뒤. "우리 세기는 선으로도 악으로도 향하고 있지 않다. 범용으로 향하고 있다. 오늘날 뭘 해도 성공할 수 있는 것, 그것이 바로 범용이다." 에르네스트 르낭, 『도덕과 비평론』, 파리, 1859년, 356/57과 373페이지(「박람회의 시」).   [G 13a, 3]

엑스-라-샤펠[25]의 도박장에서 체험한 해시시의 환각. "엑스-라-샤펠의 도박장의 테이블은 모든 왕국과 국가의 경화를 따뜻하게 맞이하는 국제 회의장이다. …… 레오폴드 금화, 프리드리히 빌헬름 금화, 빅토리아 여왕 금화, 나폴레옹 금화가 …… 마치 비처럼 테이블 위로 쏟아져 내린다. 이처럼 번쩍번쩍 빛나며 쌓여 있는 동전을 바라보다가 …… 문득 …… 군주의 초상들이 …… 에큐나 기니나 두카트 금화들에서 도저히 어찌해볼 도리 없이 사라져버리고 전혀 새로운 다른 얼굴에 자리를 내주고 있는 것이 보이는 듯했다. 이러한 얼굴들 대부분은 …… 원한과 탐욕 또는 분노로 …… 일그러져 있었다. 행복해 보이는 얼굴도 있었으나 극소수에 불과했다. …… 얼마 지나지 않아 이러한 현상은 …… 점점 희미해져 사라져갔으며, 다른 기상천외한 비전이 그것을 대신했다. 폐하들을 대체한 부르주아의 초상들이 …… 그러한 초상들을 가두고 있는 …… 금속제 원 안에서 …… 움직이기 시작한 것이다. 곧 부르주아의 초상들은 그러한 원에서 벗어났다. 뚜렷한 모습으로 확대되어 등장하게 된 것이다. 그런 다음 이들의 머리들이 둥글게 부푼 형태로 분명하게 부각되었다. 이들 머리는 표정뿐만 아니라 인간의 육신을 갖기에 이르렀다. 모든 금화에 난쟁이 나라의 인간들 같은 존재가 들러붙게 되었다. 모든 것이 이런저런 형상을 취했으며, 크기를 제외하고는 …… 모든 점에서 우리와 똑같은 존재들이 …… 화폐라는 화폐는 모두 모습을 감춘 도박대의 녹색 테이블에 활기를 불어넣기 시작했다. 분명 동전들이 도박대에서 딜러가 쓰는 판돈 그러모으는 갈퀴의 강철과 부딪혀 내는 소리가 들렸으나 지금은 인간으로 모습을 바꿔버린 루이 금화나 에큐에서 …… 과거에 들렸던 소리를 떠올리게 하는 것은 그것이 전부였다. 이 불쌍한 난쟁이들은 딜러가 쓰는 살인적인 갈퀴가 다가오는 것을 보고 혼비백산해 필사적으로 발버둥을 쳤으나 …… 허사였다. 게다가 …… 참패를 인정하지 않을 수 없게 된 난쟁이 형태의 도박금은 죽음의 갈퀴에 무자비하게도 끌려갔는데, 이 갈퀴로 도박금을 꽉 움켜쥔 딜러의 손아귀에 판돈을 몰아다주었던 것이다. 그러자 딜러는 — 오 이 얼마나 무시무시한 광경인가 — 이 난쟁이들을 손가락 사이에 가만히 쥐고 게걸스럽게 먹어치우는 것이었다! 나는

514

채 30분도 되지 않아 5, 6명의 무모한 난쟁이들이 그처럼 끔찍한 무덤 안으로 던져지는 것을 봤다! …… 그러나 가끔 이 무시무시한 죽음의 전장을 둘러싸고 있는 관객에게 우연히 눈을 돌리면 나를 더할 나위 없는 공포로 밀어넣는 무엇인가가 기다리고 있었다. 엄청나게 큰 판돈을 걸고 도박을 하고 있는 몇몇 도박꾼들과 도박대 위에서 몸부림치고 있는 이들 인간 미니어처들이 정말 흡사할 뿐만 아니라 완벽하게 동일하다는 사실을 발견하게 되는 것이다. …… 게다가 이들 도박사들은 …… 자식 같은 복제물들이 …… 무시무시한 갈퀴에 끌려가면서 조금씩 무너져가고 있는 것처럼 보였다. 그들은 이들 작은 분신들의 감각을 모두 공유하고 있는 것처럼 보였다. 자기의 귀여운 위조물이 갈퀴에 잡혀 딜러의 끝을 알 수 없는 탐욕의 먹이가 되려는 바로 그 순간 한 도박사가 물주의 판돈 쪽에 던진 증오와 절망으로 가득 찬 시선과 행동을 나는 평생 잊을 수 없을 것이다." 펠릭스 모르낭, 『온천 휴양지에서의 삶』, 파리, 1862년, 219~221페이지(「엑스-라-샤펠」).   [G 14]

슈발리에가 1852년에 벌써 철도에 대해 말하고 있는 어조를 기계에 대한 그랑빌의 묘사 방식과 비교해보는 것도 유용할 것이다. 그는 총 400마력의 기관차 2대가 실제 말 800두의 힘馬力에 필적할 것이라고 계산하고 있다. 어떻게 이런 말에 마구를 부착할 수 있을까? 어떻게 먹이를 조달할 수 있을까? 이어 주석에서 이렇게 덧붙이고 있다. "살아 있는 말은 짧은 여정 후에도 휴식을 취하지 않으면 안 된다는 점도 고려할 필요가 있다. 기관차에게 동일한 서비스를 제공하려면 엄청난 마리의 말을 구비하고 있어야 할 것이다." 미셸 슈발리에, 「철도」, 『정치경제학 사전』의 발췌문, 파리, 1852년, 10페이지에서.   [G 14a, 1]

1867년 기계관의 전시물 배치 원리는 르 플레에게서 나온 것이다.
                                                            [G 14a, 2]

고골리의 에세이, 「현대 건축론」에는 후일의 만국박람회를 건축
학적 측면에서 파악한 예언적인 서술이 들어 있다. 이 에세이는 30
년대 중반에 간행된 그의 논문집 『아라베스크 문양』에 수록되어 있
다. "모든 건물에" — 그는 이렇게 쓰고 있다 — "똑같은 취미와 똑
같은 척도를 강요하는 이 스콜라적인 방식과 언제쯤이면 이별할 수
있을까? 눈에 보기 좋으려면 도시는 다양한 스타일의 건물을 포함
하고 있어야 한다. 가능하면 최대한 다양한 이질적인 취미들이 도
시에서 공존할 수 있으면 좋으련만! 같은 거리에 어두운 고딕풍 건
물, 동방의 호사스런 취미로 장식된 건물, 거대한 이집트풍 건축, 균
형 잡힌 그리스풍 주택이 함께 건립될 수 있다면! 유백색의 오목한
둥근 지붕, 성당의 높은 첨탑, 동방의 주교관 형태의 지붕, 이탈리아
식 낮은 지붕, 가파르고 무겁게 장식된 플랑드르식 지붕, 정사면체
의 피라미드, 원통형 원주, 각진 오벨리스크가 다 함께 늘어서 있는
것을 볼 수 있다면!" 니콜라이 고골리, 「현대 건축론」, 블라지미르
웨이들레, 『아리스타이오스의 벌꿀』, 파리, <1936년>, 162/163페이
지(「예술의 임종」)에서 인용.   [G 14a, 3]

푸리에는 오래 전부터 문명을 '거꾸로 된 세계'라고 규정해온 민
중의 지혜에 기대고 있다.   [G 14a, 4]

516

푸리에는 제방 쌓기 경기(60만 명의 일꾼이 열정적으로 참가했다)의 승자와 케이크 굽기 시합의 승자를 함께 축하하기 위해 유프라테스 강가에서 벌어진 떠들썩한 연회를 묘사하고 싶어 안달이 나 있다. 60만 명에 이르는 산업의 운동선수들이 30만 병의 샴페인을 손에 들고 지령탑에서 신호가 떨어지기를 기다렸다가 일제히 코르크 마개를 땄다. '유프라테스의 산맥 속으로' 메아리가 울려 퍼졌다. <아르망/> 모블<랑>, <『푸리에』, 파리, 1937년>, 2권, 178/179페이지에서 인용.   [G 14a, 5]

"불쌍한 별들이여! 그들의 빛나는 역할이라고는 단지 제물로서의 역할뿐. 행성들의 생산력의 창조자이며 하녀인 그들은 그러한 생산력을 하나도 소유할 수 없고, 보답이라고는 없으며 단조롭기 짝이 없는 횃불로 그치고 마는 생애를 감수해야 한다. 그들은 희열이라고는 하나도 누리지 못한 채 계속 빛나기만 한다. 이들 뒤에는 보이지는 않지만 살아 있는 현실이 숨어 있다. 그런데 이 여왕 겸 노예들은 행복한 신민들과 동일한 소재로 만들어졌다. …… 지금은 불타는 불꽃이지만 언젠가는 어둠과 얼음으로 되어버릴 것이며, 행렬과 이 행렬의 여왕을 성운으로 증발시켜버린 충격 후에는 행성으로밖에는 소생할 수 없을 것이다." A. 블랑키, 『천체에 의한 영원』, 파리, 1872년, 69/70페이지. 괴테, "불행한 별들이여, 내 얼마나 너희를 가엾이 여기는지"[20]를 참조.   [G 15, 1]

"성당의 성구실, 증권거래소, 병사兵舍, 이 세 소굴이 합쳐져 국가들에게 어둠과 비참함과 빈곤과 죽음을 토해내고 있다. 1869년 10월." 오귀스트 블랑키, 『사회 비평』, 파리, 1885년, 2권(「단편과

노트」), 351페이지. [G 15, 2]

"죽어버린 한 사람의 부자, 그것은 막혀버린 하나의 심연이다." 50
년대. 오귀스트 블랑키, 『사회 비평』, 파리, 1885년, 2권(「단편과 노
트」), 315페이지. [G 15, 3]

셀레리의 에피날 판화 한 장은 1855년 만국박람회를 묘사하고 있
다. [G 15, 4]

탐정 소설이 가진 도취적인 요소들. 이 탐정 소설의 메커니즘에
대해 카이유아는 (해시시를 피우는 사람의 환경을 떠올리게 하는 방법
으로) 이렇게 기술하고 있다. "유아기적 사고의 특성, 특히 인공론
적 성격이 기묘하게도 생생하게 현존하는 이 세계를 지배하고 있다.
오래 전부터 이미 계획된 것 말고는 아무것도 일어나지 않는다. 외
견 그대로의 것은 하나도 없다. 반대로 모든 것이 이 세계의 주인인
전지전능한 주인공이 사용하도록 적시에 준비되어 있다. 우리는 여
기서 『판토마』의 분책에 등장하는 파리를 간파할 수 있다." 로제 카
이유아, 「파리 ― 현대의 신화」(NRF, 25권 284호, 1937년 5월 1일, 688
페이지). [G 15, 5]

"나는 매일 일군의 칼무크인, 오세이족, 인도인, 중국인이나 고대
그리스인 등이 많든 적든 모두 파리 사람이 다 된 모습으로 나의 창
문 아래를 지나가는 것을 보았다." 샤를 보들레르, 『작품집』, <Y.-
G. 르 단텍 편, 파리, 1932년>, 2권, 99페이지(「1846년 살롱 ― 이상
과 모델에 대해」). [G 15, 6]

페르디낭 브뤼노, 『기원에서 1900년까지 프랑스어의 역사』, 9권, 『대혁명기와 제정기』, 9부, 「사건, 제도, 언어」(파리, 1937년)에서 서술하고 있는 제1제정기의 광고. "한번 이렇게 자유롭게 상상해 보기로 하자. 한 천재적인 남자가 독자나 구매자들의 귀가 솔깃하도록 만들 말을 일상어의 진부한 표현 속에 뒤섞어 사용한다는 아이디어를 생각해냈다고 하자. 그는 그리스어를 선택했는데, 이는 그리스어가 신조어 형성의 마르지 않는 자원을 제공할 뿐만 아니라 라틴어보다는 덜 널리 알려져 있어 …… 고대 그리스 연구에 익숙하지 않은 세대에게는 완전한 이해가 불가능하다는 이점을 갖고 있기 때문이다. …… 우리는 그가 어떤 이름으로 불렸는지, 그가 프랑스인이었는지, 심지어 실존했는지도 알지 못한다. 어쩌면 …… 그리스어 단어는 서서히 사용되다가 어느 날 …… 이 언어 자체가 갖추고 있는 유일한 효력에 의해 광고에 적합하다는 생각이 사방에서 …… 부상할지도 모른다. …… 나로서는 몇 세대, 몇 국가가 인간에게 놀라움을 안겨다주는 이 언어로 된 간판, 그리스어의 괴물을 만드는 데 공헌했다고 생각하고 싶다. 이러한 움직임이 뚜렷하게 윤곽을 드러내기 시작한 것은 내가 지금 이야기하고 있는 시기 동안이라고 생각한다. …… 코마젠comagéne[27] 머리 기름 시대가 시작되려 하고 있다." 1229/ 1230페이지(「그리스어를 승리로 이끈 원인」).   [G 15a, 1]

"현대의 빙켈만이라면 도대체 …… 뭐라고 할까? …… 중국의 산물, 즉 기묘하고 기이하며, 형태는 비뚤어져 있으며 색채는 강렬하고 때로는 너무 섬세해 거의 덧없는 것이라고까지 해도 좋을 만한 산물을 마주한다면? 그럼에도 그것은 하나의 보편적인 미의 견본이다. 그러나 그것이 이해되려면 비평가, 관람객은 자신 속에서 신비롭게 하나의 변화를 이루어내고, 상상력에 작용하는 의지의 현상을 통해 이처럼 이색적인 개화開花를 탄생시킨 환경에 참가하는 방법을 자진해서 배울 필요가 있다." 같은 페이지의 아래 부분. "깊은 색깔로는 눈을 사로잡고 눈을 희롱하는 듯한 형태를 한 신기한 꽃들." 샤를 보들레르, 『작품집』, <르 단텍 편, 파리, 1932년>, 2권, 144/145페이지(「1855년 만국박람회」).   [G 15a, 2]

"프랑스 시, 그리고 유럽 시 일반에서 동양 취미나 동양적인 색조는 보들레르 이전까지는 다소 유치하고 가식적인 유희에 지나지 않았다. 『악의 꽃』이 나타나면서 이국적인 색채는 날카로운 도피 감각 없이는 성립할 수 없게 된다. 보들레르는 …… 부재로 스스로를 유혹한다. …… 보들레르는 여행을 통해 …… 우리에게 미지의 자연이 주는 감동을 전해주는데, 그러한 여행에서 여행자는 스스로에게서 멀어져간다. …… 그렇다고 하여 그의 정신이 바뀌는 것이 아닌 것은 분명하다. 그러나 그는 자기 영혼에게 새로운 비전을 제시한다. 영혼은 열대의 것, 영혼은 아프리카의 것, 영혼은 흑인의 것, 영혼은 노예의 것이다. 여기 진정한 국가, 진짜 아프리카나 진정한 인도가 있다." 앙드레 쉬아레스, 「서문」[샤를 보들레르, 『악의 꽃』, 파리 1933년], XXV～XXVII페이지.   [G 16, 1]

해시시에서의 공간의 매춘. 거기서 공간은 과거에 존재했던 모든 것에 봉사한다.[28)]   [G 16, 2]

19세기 중반을 지배한 패션과 동일한 방식으로 그랑빌이 자연을 ― 동물계와 식물계뿐만 아니라 우주까지도 ― 변장시킴으로서 역사는 패션이라는 모습으로 자연의 영원한 순환에서 등장하게 된다. 그랑빌이 새로운 부채를 '이리스의 부채'로 묘사할 때, 은하수가 밤에 가스등으로 불 밝혀진 아브뉘로 그려질 때, 또한 '달의 자화상'이 구름 위가 아니라 한창 유행 중인 벨벳 쿠션 위에 떠 있을 때 300년 전에 알레고리가 그랬던 것과 똑같이 역사는 철저하게 세속화되고, 자연의 연관 속으로 끌려 들어간다. [G 16, 3]

그랑빌의 행성 규모의 패션들은 특히 인류 역사에 대한 자연의 패러디이다. 그랑빌의 어릿광대들은 블랑키에게서는 무시무시한 이야기가 된다. [G 16, 4]

"박람회는 본래적 의미에서 현대적이라고 부를 수 있는 유일한 축제이다." 헤르만 로체, 『소우주』, 3권, 라<이프>치<히>, 1864년, ?페이지. [G 16, 5]

만국박람회는 소비에서 배제된 대중이 교환가치에 대한 공감을 교육받는 고등 교육기관이었다. "어떤 것이든 보는 것은 좋으나 만져서는 안 된다." [G 16, 6]

오락 산업은 대중들이 반응하는 방식들을 세련화시키고 다양화시킨다. 이런 식으로 대중이 광고의 작동 방식을 수용하기에 수월하도록 준비시키는 것이다. 따라서 이 산업을 만국박람회와 연결시키는 데는 충분한 근거가 있다. [G 16, 7]

파리를 위한 도시 계획상의 제안. "우선 가옥 형태를 다양하게 할 것, 구역별로 여러 건축 양식을 사용하며, 고딕, 터키, 중국, 이집트, 버마 등 고전적이지 않은 건축 양식도 전혀 거리낌 없이 사용하는 것 등이 바람직하다." 아메데 드 티소, 『파리와 런던의 비교』, 파리, 1830년, 150페이지. — 미래의 박람회용 건축!   [G 16a, 1]

"저 고약한 건물[산업관]이 남아 있는 한 …… 나는 기꺼이 문인이라는 직함을 포기할 것이다. …… 공예art와 산업이라! 그렇다, 1855년에 도저히 빠져나올 수 없는 갤러리들의 망, 가여운 문인들에게는 불과 6평방피트, 무덤 하나 들어갈 장소도 주어지지 않는 갤러리들의 망이 보존된 것은 실제로는 그들, 오직 그들만을 위한 것이었다. 영광 있으라! 지물상이여. …… 카피톨 언덕에 오르라, 출판업자들이여! …… 승리를 기뻐하라, 공예가들이여, 승리를 기뻐하라, 실업가들이여. 당신들은 만국박람회에서 명예와 이익을 얻었다. 그에 비해 이 가여운 문인들은 ……."(V/VI페이지). "문인들을 위한 만국박람회를, 저술가-신유행품점 점원들을 위한 수정궁을!" 바부의 「샤를 아슬리노에게 보낸 편지」에 따르면 어느 날 샹젤리제에서 만난 한 익살스런 악마가 이렇게 속삭였다고 한다. 이폴리트 바부, 『무고한 이교도들』, 파리, 1858년, XIV페이지.

[G 16a, 2]

박람회. "그처럼 일시적인 시설들은 통상 도시 형태에 어떤 영향도 미치지 않았다. …… 하지만 파리에서는 …… 그렇지 않다. 여기에서는 도시 한가운데서 대규모 박람회를 개최할 수 있으며, 거의 모든 박람회가 이 도시의 이미지에 딱 맞아떨어지는 건축물

522

을 …… 남겼다. 바로 여기서 행복하게도 거대한 기본 구상이 통하고, 지금도 계속되고 있는 도시 계획의 전통이 유지될 수 있는 이유를 찾을 수 있다. 파리는 …… 극히 규모가 큰 박람회조차 콩코르드 광장 바로 가까이에서 …… 개최할 수 있었다. 이 광장에서 서쪽으로 뻗어나간 센 강 양안에는 수 킬로미터에 걸쳐 인도와 차도 사이의 연석들을 강으로부터 뒤쪽으로 한참 물러난 상태로 배치해, 폭 넓게 일대를 자유롭게 사용할 수 있도록 만들었다. 몇 열씩이나 가로수가 펼쳐져 있는 이 일대가 전람회 개최에 가장 아름답고 편리한 가로를 제공해준다." 프리츠 슈탈, 『파리』, 베를린, <1929년>, 62페이지. [G 16a, 3]

「사람을 산책시키는 개」. 그랑빌의 판화(1844년).

「푸리에주의자가 상상하는 유토피아에서의 인간의 행복 — 먹을 것을 달래서 받는 것」. 그랑빌의 판화(1844년).

「공석에서 의상으로 대변되는 사교계 사람들」. 그랑빌의 판화(1844년).

「줄줄이 뽑혀 나와 한 덩이씩 팔리는 문학」. 그랑빌의 판화(1844년).

H

〔수집가〕

"이 모든 낡아빠진 물건들은 정신적인 가치를 갖고 있습니다."[1]
샤를 보들레르

"나는 믿는다 …… 내 영혼을. 소중한 물건la Chose처럼."
레옹 되벨, 『작품집』, 파리, 1929년, 193페이지.

이곳은 만국박람회에서 태어난 신동들, 예를 들어 안에 빛이 들어오는 것으로 특허를 딴 트렁크라든지 1미터나 되는 포켓용 나이프, 시계와 권총 역할을 동시에 하는 것으로 특허 출원을 얻은 우산의 손잡이 등의 최후의 피신처였다. 그리고 다 쓰러져가는 거대한 상 옆에는 반만 만들고 그대로 내버려둔 재료들이 굴러다니고 있었다. 좁고 어두운 골목을 통과하자 먼지를 뒤집어쓴 채 끈으로 묶여있는 책 묶음들이 도산의 흔적을 여실히 보여주는 헌책방과 버튼(진주모와 파리에서는 짝퉁de fantaisie이라고 부르는 유사품)만을 취급하는 상점 사이에 일종의 거실 같은 것이 있었다. 그림이나 흉상들로 가득한 색색의 빛바랜 벽지 위에서는 가스등이 빛을 발하고 있었다. 이 빛에 의지해 한 노파가 앉아서 책을 읽고 있었다. 노파는 몇 년 전부터 거기 혼자 있었던 듯하며, '금이든, 납이든, 망가진 것이든' 여러 개의 의치를 갖고 싶어했다. 이날 이후 우리도 미라클 박사가 올랭피아를 만드는 재료인 밀랍을 어디서 갖고 오는지[2]를 알게 되었다. ■인형■   [H 1, 1]

"군중은 파사주 비비엔으로 몰려들었다. 이곳에서는 아무도 자기 모습이 눈에 너무 띈다고는 생각하지 않았다. 하지만 너무 북적거린다고 생각했는지 파사주 콜베르는 단념했다. 그러자 언제부터였는지 아케이드 내의 원형 건물을 매일 밤 중2층 건물의 십자형 유리창에서 어렴풋이 새어나오는 조화로운 음악으로 가득 채움으로써 다시 군중을 불러들이려는 시도가 이루어졌다. 그러나 군중은 입구 바로 앞까지만 다가올 뿐 안으로 들어오려고는 하지 않았다. 이처럼 신기한 것 속에 혹시 이들의 통상적인 습관이나 오락을 해칠 어떤 음모가 숨겨져 있는 것은 아닌지 의심이 들었던 것이다." 『100과 1의 책』, 10권, 파리, 1833년, 58페이지. 15년 전에도 이와 비슷한 방법으로 W. 베르트하임 백화점[3]을 선전하려고 시도했으나 헛수고로 끝났다. 이 백화점을 관통하는 커다란 아케이드에서 몇 차례인가 콘서트가 개최되었다.   [H 1, 2]

작가 자신이 자기 작품에 대해 언급하는 것을 절대 믿어서는 안된다. 졸라는 『테레즈 라캥』을 적대적인 비평가들로부터 보호하기 위해 그것을 기질에 관한 과학적인 연구라고 설명했다. 즉 그가 시도한 것은 낙천적 기질과 신경질적 기질이 — 어떤 경우든 매우 불행한 결과를 초래하게 되는데 — 어떻게 서로 영향을 미치는지를 하나의 실례에 입각해 엄밀하게 전개해본 것일 뿐이라는 것이었다. 하지만 아무리 이렇게 이야기해도 누구 하나 만족시킬 수 없었다.

그러한 설명으로는 이 책에서 통속 소설 냄새가 나고 줄거리에서 유혈이 낭자하고 영화에나 나옴직한 잔인함이 묻어나는 이유는 무엇인지 설명이 되지 않는다. 이 이야기가 어느 아케이드에서 전개되는 것은 전혀 우연이 아니다.[4] 이 책이 실제로 무엇인가를 과학적으로 전개하고 있다고 한다면 그것은 파리 아케이드들의 죽음, 그러한 건축 양식의 부패 과정이라고 할 수 있다. 이 소설의 분위기는 이 과정에서 뿜어져 나오는 독기로 가득 차 있으며, 등장인물들은 그러한 독기에 쓰러져간다.   [H 1, 3]

    1893년 고급 매춘부들이 아케이드로부터 추방되었다.   [H 1, 4]

    음악은 몰락할 때에야 비로소, 즉 기계 음악이 유행하면서 악단 자체는 소위 유행에 뒤처지기 시작했을 때에야 비로소 이들 |아케이드| 공간에 정착하게 된 것 같다. 그렇다고 한다면 실제로 이들 악단은 오히려 그렇게 되자마자 이 아케이드 안에서 피신처를 찾았다고 말할 수 있을지도 모르겠다(아케이드 내의 '테아트로폰'은 몇몇 측면에서는 축음기의 선구였다). 그럼에도 불구하고 아케이드의 정신에 어울리는 음악들이 있는데, 지금은 구식이 되어버린 고풍스러운 콘서트, 예를 들면 몬테카를로의 카지노 악단의 콘서트에서나 들을 수 있는 파노라마풍의 음악이 그렇다. 예를 들어 다비드의 파노라마풍 작품들 ―『사막』, 『크리스토퍼 콜럼버스』, 『헤르쿨라네움』 등이 그렇다. 1860년대에(?) 아라비아의 정치 사절단이 파리에 왔을 때 오페라 극장의 대형 홀에서(?) 『사막』의 공연을 관람시켜줄 수 있었던 것을 파리 시민들은 매우 자랑스러워했다.   [H 1, 5]

"시네오라마Cinéorama. 직경 46미터나 되는 거대한 구체의 대 천
구의天球儀. 거기서는 생상스의 음악을 들을 수 있다." 쥘 클라르
티, 『파리의 삶, 1900년』, 파리, 1901년, 61페이지. ■디오라마■
[H 1, 6]

이러한 아케이드의 내부 공간은 종종 시대에 뒤처져가는 업종들
의 피신처가 되는데, 지금 잘 나가고 있는 장사도 그러한 공간에서
는 왠지 낡고 허름한 분위기를 띠게 될 것이다. 이곳은 기업 상담소
와 흥신소들의 소굴로, 이들은 2층의 갤러리에서 내리비추는 어스
름한 빛 아래서 과거의 흔적을 더듬는다. 미용실의 쇼윈도에서는
긴 머리칼의 마지막 여자들|마네킹|이 보인다. 이들은 풍부하게 웨
이브 진 채 쉽게 '웨이브가 풀어지지 않는' 머릿결을, 돌처럼 딱딱
한 가발을 쓰고 있다. 이들은 이러한 건물들로 자기만의 고유한 세
계를 만들었던 사람들, 즉 보들레르와 오딜롱 르동 ─ 르동이라는
이름 자체가 잘 말아 올려진 고수머리처럼 들린다 ─ 에게 작은 봉
납화라도 하나 바쳤어야만 했다. 그러나 뜻대로 되지 못하고 버림
받은 채 팔려나가 버리고 살로메의 머리 ─ 쇼윈도 앞에서 위안을
꿈꾸고 있는 것이 안나 칠라크[5]의 방부 처리된 머리가 아니라면 ─
로 대체되었다. 그리고 그녀들이 돌처럼 변해가는 사이 이들 위의
벽의 석조는 금이 가버리고 말았다. …… 또 …… 도 금이 가버리고
말았다.[6] ■거울■
[H 1a, 1]

수집에 있어 결정적인 것은 사물이 본래의 모든 기능에서 벗어
나 그것과 동일한 사물들과 생각할 수 있는 한 가장 긴밀하게 관련
을 갖도록 하는 것이다. 그러한 관계는 유용성과는 정반대되는 것

이며, 완전성이라는 주목할 만한 범주에 속하게 된다. 이러한 '완전성'은 어떠한 것이어야 하는가<?> 그것은 단순한 현존이라는 사물의 완전히 비합리적인 성격을 새로운, 독자적으로 만들어낸 역사적 체계 속에 배치시킴으로써, 즉 수집을 통해 극복하려는 장대한 시도이다. 그리고 진정한 수집가에게 있어 이 체계 속에 들어 있는 하나하나의 사물은 어떤 시대, 지역, 산업이나 원래의 소유자에 관한 만학의 백과사전이 된다. 마지막 전율(취득되는 데 대한 전율)이 한 사물을 빠져나가는 가운데 사물이 응고되는 순간 특정한 물건을 하나의 마법의 원 안에 봉해버리는 것이야말로 수집가가 가장 깊숙이 마술에 홀리는 순간이다. 상기된 모든 것, 생각된 모든 것, 의식된 모든 것이 그의 소유물의 주춧돌, 틀, 받침, 자물쇠가 된다. 특히 다름 아니라 τόπος ὑπερουράνιος[천상의 장소], 즉 플라톤에 따르면 사물들의 불변의 원형들이 머무는 곳이 수집가에게 낯설게 느껴질 것이라고 생각해서는 안 된다.[7] 그는 자아를 잊어버렸다. 이는 분명하다. 그러나 그는 지푸라기라도 하나 붙잡고 다시 일어날 수 있는 힘이 있으며, 그의 감성을 둘러싸고 있는 안개의 바다에서 그가 지금 바로 손에 넣은 수집품이 하나의 섬처럼 떠오르는 것이다. — 수집은 실천적인 상기Erinnern의 한 형식이며 '가까이 있는 것'의 온갖 세속적인 현현 중에서 가장 구속력이 강한 현현이다. 그렇다면 어떤 의미에서 정치적인 고찰은 아무리 사소한 종류의 것이라도 골동품 거래에서 신기원을 여는 것이 된다. 우리는 이 책에서 전 세기의 키치를 눈뜨게 해 '집합Versammlung' 시킬 수 있는 일종의 자명종을 설계해볼 생각이다.   [H 1a, 2]

죽음으로 끝난 자연, 즉 아케이드의 조가비 가게. 스트린드베리는 「수로 안내인의 고뇌」에서 "불 켜진 상점들이 나란히 있는 아케이드"에 대해 이렇게 이야기한다. "그런 다음 그는 계속해서 아케이드 안으로 들어섰다. 거기에는 온갖 종류의 상점이 있었지만 카운터 뒤쪽이나 앞쪽 모두에서 사람의 그림자라곤 보이지 않았다. 한동안 걸은 후 그는 온갖 조가비들이 가득 진열되어 있는 커다란 쇼윈도 앞에 멈춰 섰다. 문이 열려 있어 안으로 들어갔다. 바닥부터 천장까지 세계의 여러 바다에서 수집한 온갖 종류의 조가비들이 선반에 놓여 있었다. 안에는 아무도 없었으나 담배 연기가 하나의 원을 그리며 허공을 떠돌고 있었다. …… 그런 다음 그는 청백색의 긴 융단을 따라 다시 걷기 시작했다. 아케이드는 일직선이 아니라 몇 겹으로 구부러져 있었기 때문에 끝이 보이지 않았다. 계속해서 새로운 상점이 보였으나 사람은 하나도 나타나지 않았다. 상점 주인조차 보이지 않았다." 죽음으로 끝나버린 아케이드의 헤아릴 수 없는 속성이 특징적인 주제로 나타나고 있다. 스트린드베리, 『동화』, 뮌헨/베를린, 1917년, 52/53페이지, 59페이지.   [H 1a, 3]

어떻게 사물이 알레고리로까지 격상될 수 있는지를 알고 싶으면 『악의 꽃』을 철저히 살펴보아야 한다. 대문자의 용법에 주목할 것.
[H 1a, 4]

베르그송은 『물질과 기억』의 결론 부분에서 지각은 시간의 한 기능이라는 생각을 전개하고 있다. 만약 우리가 ─ 이렇게 한번 말해보기로 하자 ─ 어떤 사물에 대해서는 좀더 안정감을 갖고 살지만 다른 사물에 대해서는 좀더 성급하게, 다른 리듬에 따라 산다면 우리에게 '항구적인 것'은 아무것도 없으며, 바로 우리 눈앞에서는 온갖 일이 일어날 것이다. 모든 것이 불시에 우리에게 다가올 것이다. 하지만 대 수집가에게 사물은 바로 그러한 식으로 다가온다. 사물들이 그를 불시에 습격하는 것이다. 수집가가 사물을 기다렸다가 기다리던 사물을 만나는 방법 혹은 새로 첨가된 수집품이 다른 모든 수집품에 일으키는 변화. 이 모든 것이 수집가에게 그의 수집물이 부단한 흐름 속에 있다는 인상을 안겨준다. 이 책에서는 파리의 아케이드들 역시 한 사람의 수집가의 손안에 있는 소유물인 것처럼 고찰된다(근본적으로 수집가는 한 조각 꿈속의 삶을 살아가고 있다고 말할 수 있을 것이다. 꿈속에서도 지각과 체험의 리듬은 변해 모든 것이 ― 심지어 언뜻 극히 중립적인 것으로 보이는 것들조차 ― 불시에 우리를 덮쳐 우리의 관심사가 되기 때문이다. 아케이드를 근본적으로 이해하려면 우리는 그것을 가장 깊은 꿈의 층 속으로 가라앉힌 다음 그것들이 마치 우리를 덮쳤던 것처럼 말해야 할 것이다<)>.   [H 1a, 5]

　　"|해시시의 흡입에 의해| 알레고리를 이해하는 힘이 여러분 속에서 여태껏 몰랐으리만큼 강해진다. 말이 났으니 말이지만 이 알레고리라는 매우 **정신적인** 장르는, 졸렬한 화가 덕택으로 우리는 멸시하는 버릇이 들어버렸지만, 시의 가장 소박하고 가장 자연스런 형태의 하나로서 도취에 의해 계시를 받은 지성에 있어서는 정당한 지배력을 되찾게 되는 것이다." 샤를 보들레르, 『인공 낙원』, 파리, 1917년, 73페이지[8](이어지는 글을 통해서도 보들레르가 염두에 두고 있는 것은 상징이 아니라 실제로 알레고리라는 것은 의문의 여지 없이 분명하게 드러나 있다. 이 문장은 해시시 장에서 인용한 것이다). 알레고리로서의 수집가. ■해시시■   [H 2, 1]

"『프랑스 혁명기와 총재 정부 치하의 프랑스 사회의 역사』의 간행⁹⁾ 은 골동품 시대의 막을 열었다. ― 하지만 골동품이라는 이 말을 경 멸적인 의도가 담긴 것으로 봐서는 안 된다. 당시 역사적인 골동품 은 유물로 불렸다." 레미 드 구르몽, 『제2의 가면의 책』, 파리, 1924 년, 259페이지. 이 글은 공쿠르 형제의 작품과 관련된 논의를 담고 있다.   [H 2, 2]

사물을 생생하게 현전시키는 진정한 방법은 (우리를 사물들의 공 간 안에서 재현하는 것이 아니라) 그것들을 우리의 공간 안에서 재현 하는 것이다(수집가가 바로 그렇게 하며, 일화 또한 그렇다). 이런 식으 로 재현된 사물들은 '거대한 연관들'을 매개로 구성되는 것을 견디 지 못한다. 본질적으로는(즉 제대로 바라보려면) 과거의 위대한 사물 ― 샤르트르 대성당, 파에스툼의 |포세이돈| 신전 ― 을 바라볼 때 도 이와 마찬가지 방법을 따라야 한다. 그것들을 우리의 공간 안에 받아들여야 하는 것이다. 우리가 그들 속으로 침잠하는 것이 아니 라 그들이 우리의 삶 속으로 침투해 들어오는 것이다.   [H 2, 3]

수집품들 자체가 공장에서 생산된다는 사실은 근본적으로 매우 기묘한 사실이다. 언제부터 그랬을까? 이를 알려면 19세기의 수집 을 지배한 여러 가지 유행을 규명해야만 할 것이다. 비더마이어 시 대 ― 프랑스에서도 그랬을까? ― 의 특징은 다기茶器의 수집벽에 있었다. "부모도 자식도 친구도 친척도 상사도 부하도 다기를 통해 정성을 표시했다. 다기는 특히 선호되는 선물로 가장 인기 있는 실 내 장식품이었다. 프리드리히 빌헬름 3세가 집무실을 피라미드처럼 쌓아올린 도자기 찻잔으로 가득 메웠던 것처럼 보통 시민들 역시

인생에서 가장 중대한 사건이나 가장 소중한 시간에 대한 추억을
식기 찬장에 수집하고 있었다." 막스 폰 뵌, 『19세기의 패션』, 2권,
뮌헨, 1907년, 136페이지.   [H 2, 4]

   무엇인가를 소유하고 있는 것은 촉각적인 것에 속하는 것으로
시각적인 것과는 어떤 의미에서는 대립하고 있다. 수집가는 촉각적
인 본능을 가진 사람이다. 게다가 최근 자연주의로부터 이반離反하
면서 이전 세기를 지배했던 시각적인 것의 우위는 끝나게 되었다.
■ 산책자 ■ 산책자는 시각적이고 수집가는 촉각적이다.[10]   [H 2, 5]

   물질의 실추: 그것은 상품을 알레고리의 지위까지 격상시킨다.
상품의 물신적 성격과 알레고리.   [H 2, 6]

   진정한 수집가는 사물을 그것의 기능적인 연관들로부터 떼어놓
는다는 사실에서부터 출발해볼 수 있을 것이다. 하지만 그러한 것
만으로는 이처럼 기묘한 행동 양식을 완전히 파악할 수는 없다. 이
것이 혹시 칸트적·쇼펜하우어적인 의미에서 '이해관계를 떠난'
관찰이라고 부르는 태도의 기초를 이루고 있는 것은 아닐까? 이를
통해 수집가는 사물에 대해 어느 것과도 비견될 수 없는 시선을 획
득하기 때문이다. 세속적인 소유자의 시선이 보는 것 이상으로 혹
은 그러한 시선이 보는 것과는 전혀 다른 방식으로 보는 시선을 말
이다. 아마 그것을 위대한 관상학자의 시선과 비교하는 것이 가장
적합할 것이다. 그러나 수집가의 눈이 어떻게 사물에 가 닿는지는
이와 별개의 관찰을 통해 한층 더 선명하게 그려져야 한다. 즉 수집
가에게 있어 본인의 수집물 하나하나 속에 세계가 현전하며, 게다

가 질서정연하게 존재하고 있다는 점을 명심해야 한다. 그러나 질서정연하다고는 해도 그것은 전혀 예상치 못했던, 오히려 속인으로서는 이해할 수 없는 연관 관계를 따르고 있다. 사물의 습관적인 배열과 분류법에 비추어 보면 이러한 연관이 대략 백과사전에서 사물들의 배열이 자연의 배열과 맺고 있는 관계와 비슷해 보일 것이다. 이를 이해하려면 여기서는 다만 모든 수집가에게는 대상뿐만 아니라 대상의 과거 전체가 얼마나 중요한가를 상기할 필요가 있다. 이 과거가 어떤 대상의 성립이나 사물 자체의 품질에 관한 것이든 아니면 이전의 소유자, 구매가, 현재의 가치 등 겉으로 보기에는 외적인 역사에 속하는 세부적인 사항이든 전혀 관계가 없다. 진정한 수집가에게서 이 모든 것, '사물 자체의' 데이터나 그 밖의 다른 데이터들은 하나로 모여 그의 소유물 하나하나 속에서 완전하고 마술적인 백과사전, 하나의 세계 질서를 만들며, 이것의 개요가 그의 수집품의 **운명**이 된다. 그리하여 우리는 여기에서, 즉 수집이라는 좁은 영역에서 위대한 관상학자(수집가는 사물 세계의 관상학자이다)가 왜 운명의 해석자가 되는지를 이해할 수 있게 된다. 자기 진열장에 있는 수집품을 어떻게 취급하는지 수집가 한 명만의 모습을 살펴보는 것으로 충분할 것이다. 그는 수집품을 손에 넣자마자 그것에 의해 영감을 얻은 듯, 마술사처럼 그것을 통해 특정한 수집품의 과거와 미래를 꿰뚫어 보는 것이다(장서가를 자기의 보물인 장서를 반드시 기능적 연관성들부터 완전하게 떼어내지 않는 유일한 유형의 수집가로서 연구해보는 것도 흥미로울 것이다).   [H 2, 7; H 2a, 1]

볼프스켈의 친구인 대 수집가 파힝거는 이제는 낯설게 된 것이나 영락한 것들로 이루어진 컬렉션을 하나 만들었는데, 그것은 빈의 피그도르 컬렉션에 필적할 만한 것이었다. 그는 각 물건들이 실생활 속에서 어떤 위치에 있는지에 대해서는 거의 알지 못한다. 그는 방문객들에게 아주 오래된 도구들 말고도 손수건이나 손거울 등의 용도를 설명한다. 어느 날 슈타쿠스 광장을 지나가던 그는 뭔가를 줍기 위해 몸을 수그렸다고 한다. 땅바닥에는 그가 몇 주일이나 찾아다니던 것, 다름 아니라 잘못 인쇄되는 바람에 불과 몇 시간밖에 팔지 않았던 시가전차 승차권이 놓여 있었다고 한다.   [H 2a, 2]

수집가를 옹호하려면 다음과 같은 비난을 간과해서는 안 될 것이다. "탐욕과 노쇠는 — 기 파탱은 이렇게 지적한다 — 항상 한통속을 이루고 있다. 개인에게서도 마찬가지지만 사회에게서도 뭔가를 수집하려는 욕구를 느낀다는 것은 죽을 때가 다 되었다는 징후 중의 하나이다. 중풍에 걸리기 전의 심각한 시기에는 이러한 욕구가 한층 더 강하게 나타나는 것으로 확인된다. 신경학에서 '수집 강박증'이라고 부르는 수집벽 또한 존재한다./머리핀 컬렉션에서부터 '끈 몇 개로는 아무런 도움이 되지 않는다'라고 쓰여 있는 종이상자에 이르기까지 모든 것을 수집하는 증상이 그것이다."『7가지 대죄』, 파리, 1929년, 26/27페이지(폴 모랑, 「탐욕」). 그러나 어린이들에게서 찾아볼 수 있는 수집을 이것과 비교해볼 것!   [H 2a, 3]

"만약 골동품 상점 창고 앞에 잔뜩 쌓여 있는 이처럼 특이한 물건들을 보지 않았더라면 과연 내가 이 정도로 열심히 이 주제에 몰두했을지 의문스럽다. 그 아이를 생각할 때면 언제나 마음속에 그것들이 떠올랐으며, 또 그것들은, 말하자면, 그 아이를 늘 둘러싸고 있었으므로 그것들을 볼 때마다 아이의 모습이 두 눈 앞에 생생하게 나타났다. 굳이 공상의 나래를 달지 않더라도 그 아이의 성격에는 맞지 않으며, 그 또래의 여자 아이가 품을 만한 바람과는 전혀 동떨어진 온갖 것에 둘러싸여 있는 넬의 모습을 그려낼 수 있었던 것이다. 하지만 이러한 상황이 아니라 그 여자 아이가 아주 평범한 방에 있는 것으로 상상하려 한다면, 즉 외견상 별로 이상한 것이나 부자연스러운 것은 하나도 없는 상황에 있는 것으로 상상하려 한다면 그것은 내가 그 여자 아이의 기묘하고 고독한 생활에서 그다지 큰 인상을 받지 않았기 때문일 가능성이 크다. 말하자면 내게 그녀는 일종의 알레고리 속에 살아 있는 것처럼 보였다." 찰스 디킨스,『골동품점』, 라이프치히, 인젤 출판,[11] 18/19페이지. [H 2a, 4]

비젠그룬트는 한 미발표 논문에서 디킨스의『골동품점』에 대해 이렇게 서술하고 있다. "넬의 죽음은 아래와 같은 구절에서 결정되고 있다. '거기|골동품 상점|에는 아직 몇 개의 소품, 하찮고 가치 없는 것들이 있었다. 그녀라면 아마 기꺼이 몰래 갖고 왔을 테지만 — 그것은 불가능했다.' …… 하지만 디킨스는 이러한 사물들의 세계, 퇴짜 맞고 비루한 사물들의 세계 속에 이행과 변증법적인 구제의 가능성 자체가 잠재되어 있다는 것을 알고 있었으며, 산업 도시에 대한 묘사의 대미를 장식하고 있는 화폐에 대한 강력한 알레고리는 과거 낭만주의적인 자연 숭배가 해낼 수 있는 것보다 그것을 훨씬 더 잘 표현하고 있다. '…… 오래 써서 낡고 그을음이 묻은 페니 화가 몇 닢 있었다. 하지만 천사들의 눈에는 그것들이 묘비 위에 새겨진 금박 글자보다 더 환하게 빛날 수도 있다는 것을 누가 알겠는가.' "[12]   [H 2a, 5]

"대부분의 수집가는 애서가들이 헌책방을 어슬렁거리다가 책을 한 권 건지는 것처럼 그저 운에 따라 수집품을 형성해간다. …… 티에르 씨는 이와는 다른 방식을 택했다. 수집품을 모으기 전에 미리 머릿속에서 전체의 모습을 그려보는 것이다. 먼저 계획을 세우고, 그것을 실행하기 위해 30년을 보냈다. …… 티에르 씨는 손에 넣고 싶은 것은 반드시 손에 넣는다. …… 그러면 그는 무엇을 하려 했을까? 자기 주위에 세계의 축도縮圖를 배치하는 것이 그것이었다. 즉 약 80평방미터 정도의 공간에 로마와 피렌체, 폼페이와 베네치아, 드레스덴과 헤이그, 바티칸과 에스코리알, 대영 박물관과 에르미타슈, 알람브라 궁전과 여름 궁전 등을 한데 모아놓으려 했던 것이다. …… 티에르 씨는 30년 동안 매년 소액을 지출하는 것으로도 이처럼 엄청난 발상을 실현할 수 있었다. …… 특히 자택의 벽을 그가 다녀왔던 여행지에 대한 더할 나위 없이 소중한 추억들로 장식하기 위해 …… 가장 유명한 회화의 모사본을 축소해 그려두었다. …… 그리하여 그의 집에 들어서자마자 사람들은 먼저 레오 10세 시대[13]에 이탈리아에서 꽃피웠던 걸작들로 둘러싸이게 된다. 창문과 면해 있는 벽에는 「최후의 심판」이 걸려 있고, 이 그림의 양쪽에는 「성체의 논쟁」과 「아테네 학당」이 걸려 있다. 티치아노의 「성모승천도」는 「성 히에로니무스의 성찬식」과 「그리스도 변용도」 사이의 난로 상부를 장식하고 있다. 「성 식스투스의 성모」는 「성녀 체칠리아」와 짝을 이루고 있으며, 벽기둥에는 라파엘로의 무녀들이 그려져 있고, 이 그림 양쪽에는 「성모의 결혼」과 교황 그레고리우스 9세가 추기경 회의에서 교황의 칙서를 공포하는 모습이 그려져 있다. …… 이들 모사본은 동일하거나 또는 거의 비슷한 축척으로 축소되어 있으므로 …… 원화의 상대적인 크기를 가늠해보면서 즐길 수 있다. 그것들은 모두 수채화로 그려져 있다." 샤를 블랑, 『티에르 씨의 서재』, 파리, 1871년, 16~18페이지.

[H 3, 1]

"카시미르 페리에는 어느 날 한 저명한 수집가의 화랑을 둘러보다가 이렇게 말했다. …… '모든 것이 다 너무 훌륭하지만 결국 잠자고 있는 자본일 뿐이다.' …… 오늘날이라면 …… 카시미르 페리에에게 이렇게 대답할 수 있을 것이다. …… 즉 회화가 정말 진품이고 또 어떤 데생이 거장의 손을 거친 것으로 인정되는 경우 그것들은 …… 경제적인 가치를 되돌려주며 이윤을 발생시킬 잠을 잔다고 말이다. …… R …… 씨의 골동품이나 회화의 경매는 재능 있는 작가들의 작품은 오를레앙 <철도 주식회사>처럼 견실하며 보세 창고보다도 조금 더 확실한 가치가 있음을 숫자로 증명했다." 샤를 블랑, 『골동품의 보고』, 2권, 파리, 1858년, 578페이지.

[H 3, 2]

수집가와는 **적극적으로** 대립되는 유형이지만 사물들을 유용해야 한다는 고역으로부터 해방시켜주는 점에서 동시에 수집가의 완성을 대변하는 유형을 다음과 같은 마르크스의 말에서 찾아볼 수 있다. "사유재산이 우리를 너무나 어리석고 무기력하게 만들었기 때문에 어떤 사물은 오직 우리가 그것을 소유할 때만 비로소, 그러니까 우리를 위한 자본으로 존재할 때 또는 우리에 의해 **사용될 때**라야 비로소 **우리 것**이 된다." 칼 마르크스, 『역사 유물론』, 『초기 저작집』, 란츠후트와 마이어 편, 라이프치히, <1932년>, 1권, 299페이지(『국민경제학과 철학』).

[H 3a, 1]

542

"모든 육체적·정신적 감각 대신 …… 이 **모든** 감각의 단순한 소외, 즉 소유라는 감각이 나타났다"(**소유**라는 범주에 대해서는 『스위스로부터의 21 보겐』지에 실려 있는 헤스 관련 논문을 참조). 칼 마르크스, 『역사 유물론』, 『초기 저작집』, 라이프치히, 1권, 300페이지 (『국민경제학과 철학』).   [H 3a, 2]

"내가 실제로 사물에 대해 인간적으로 관여할 수 있는 것은 오직 사물이 내게 인간적으로 관여하는 경우뿐이다." 칼 마르크스, 『역사 유물론』, 라이프치히, 1권, 300페이지(『국민경제학과 철학』).
                                               [H 3a, 3]

클뤼니 미술관의 토대를 이루는 알렉상드르 드 소메라르의 소장품.   [H 3a, 4]

유머러스한 혼성곡Quodlibet은 수집가와 산책자의 소질을 각각 조금씩 갖고 있다.   [H 3a, 5]

수집가는 잠재적인, 태곳적의 소유 관념들을 현재에 불러일으킨다. 이러한 소유 관념들은 실제로는 아래의 발언이 암시하듯이 터부와 관련되어 있었을 수도 있다. "터부가 소유권의 원시적 형태라는 것은 …… 확실 …… 하다. 처음에는 정서적이며 '진지하게', 하지만 머지않아 일상적이며 합법적인 절차에 따라 어떤 것을 터부로 설정하는 것이 곧 하나의 권리를 구성하게 되었다. 어떤 물건을 전유하는 것은 곧 그것을 자기 이외의 다른 모든 인간에게는 신성시하고 두려워해야 할 것으로 만드는 것이다. 즉 그것이 자신에게만

'관여하도록' 만드는 것이다." N. 귀테르만/ H. 르페브르, 『신비화
된 의식』, <파리, 1936년>, 228페이지.   [H 3a, 6]

『국민경제학과 철학』에 들어 있는 마르크스의 말. "사유재산이 우
리를 너무나 어리석고 무기력하게 만들었기 때문에 어떤 사물은
오직 우리가 그것을 **소유**할 때만 비로소 …… 우리 것이 된다."
"모든 육체적 · 정신적 감각 대신 …… 이 모든 감각의 단순한 소
외, 즉 소유라는 감각이 나타났다." 후고 피셔, 『칼 마르크스 그리
고 그가 국가 및 경제와 맺고 있는 관계』, 예나, 1932년, 64페이지
에서 인용.   [H 3a, 7]

발타자르 클라에스[14]의 선조들은 대대로 수집가였다.   [H 3a, 8]

사촌 퐁스[15]의 모델: 소메라르, 소바제오, 자카즈.   [H 3a, 9]

수집이라는 행위의 생리학적인 측면은 중요하다. 이 행위를 분
석할 때는 새가 둥지를 틀 때 그러한 수집은 분명한 생물학적인 기
능을 하게 된다는 점을 간과해서는 안 된다. 바사리의 『건축학 개
론』에도 이를 암시하는 듯한 부분이 몇 군데 들어 있다. 파블로프
또한 수집에 몰두했다고 한다.   [H 4, 1]

바사리는 ─ 『건축학 개론』에서? ─ '그로테스크Groteske'라는
개념은 수집가가 보물을 넣어두던 동굴Grotten에서 유래한다고
주장했다고 한다.   [H 4, 2]

수집이라는 행위는 탐구Studium의 원-현상 중의 하나이다. 즉 학생은 지식을 수집한다.   [H 4, 3]

호이징가는 중세인들이 자신들의 소유물에 대해 어떤 관계를 맺고 있었는지를 해명하기 위해 종종 '유언'이라는 문학 장르를 통해 이를 예증하곤 한다. "이 문학 형식을 이해하려면 반드시 …… 중세인들은 실제로 아무리 하찮은 것일지라도|!| 자기 소유물에 대해서는 하나하나 따로 상세한 유언장을 작성해 처분하는 데 익숙했다는 점을 잊어서는 안 된다. 어느 가난한 부인은 일요일에 입는 제일 좋은 나들이옷과 머리쓰개는 본당 소교구에, 침대는 대녀代女에게 증여하고, 망토는 자기를 돌봐준 사람에게, 평상복은 가난한 여자에게, 전 재산인 투르 화 4파운드|이런!|와 옷 한 벌과 두건은 프란체스코회 수도회원들에게 주었다(샹피옹, 『비용』, 2권, 182페이지). 우리는 여기서도 또한 하나하나의 덕행을 모두 영원한 모범으로 삼고, 모든 풍습을 신의 의지에 따른 계획으로 바라보려는 것과 똑같은 사고 경향이 일상생활 속에 적용된 것을 찾아볼 수 있지 않을까?" J. 호이징가, 『중세의 가을』, 뮌헨, 1928년, 346페이지.[10] 이 주목할 만한 문장에서 가장 눈에 띄는 부분은 동산에 대한 이러한 관계는 아마 규격화된 대량 생산 시대에는 더이상 가능하지 않다는 점일 것이다. 따라서 당연히 이로부터 그렇다면 저자가 암시하고 있는 논증 형식, 실로 스콜라 철학 일반의 몇 가지 사유 형식(상속된 권위에 호소하는 것)은 생산 형태와 관련되어 있는 것은 아닌지 하는 의문이 생겨날 것이다. 수집가도 사물이 역사 속에서 어떻게 생겨나고 존속해나가는지를 알게 됨으로써 사물을 풍요롭게 만드는데, 그가 이러한 사물들과 맺고 있는 이와 비슷한 관계는 지금은 고풍스러워

보인다.   [H 4, 4]

  수집가의 가장 비밀스러운 동기는 아마 이렇게 표현해볼 수 있을 것이다. 즉 그는 분산에 맞서 투쟁을 벌이는 것이다. 대 수집가는 맨 처음부터 사물들이 이 세계 속에서 혼란스런 상태나 분산된 상태로 있는 것에 충격을 받는다. 이것은 바로크 시대 사람들을 그토록 강렬하게 사로잡았던 것과 똑같은 광경이다. 특히 알레고리가의 세계상은 이러한 광경에 심각한 충격을 받은 것이라고 생각하지 않고서는 설명할 도리가 없다. 알레고리가는 말하자면 수집가의 대극을 이루고 있다. 알레고리가는 각각의 사물들이 어떤 유사성을 갖고 있으며 어떤 관계를 맺고 있는지를 탐구하는 것을 통해 사물들을 해명하는 것을 포기해버렸다. 그는 사물들을 그것들 간의 연관관계로부터 떼어내어, 각 사물들의 의미를 해명하는 것을 처음부터 본인의 몽상에 맡긴다. 이와 반대로 수집가는 서로 공존할 수 있는 것들을 하나로 결합시킨다. 사물들의 유사성과 시간적인 연속성을 밝힘으로써 사물들에 관한 정보를 제공해줄 수 있는 것이다. 그럼에도 불구하고 — 설령 이 양자 사이에 어떠한 차이가 있든 이것이 다른 모든 차이보다 중요하다 — 모든 수집가 속에는 알레고리가가 숨어 있게 마련이며, 모든 알레고리가 속에는 수집가가 숨어 있게 마련이다. 수집가에 관하여 말하자면 그의 수집은 결코 완전하지 않다. 단 한 조각이라도 결여되어 있으면 그가 수집해온 모든 것은 패치워크에 그치게 되는데, 알레고리에서는 처음부터 사물들이 이러한 패치워크에 머문다. 다른 한편 알레고리가에게서 사물들이란 사정에 정통한 사람만 알 수 있는 비밀스런 사전의 표제어에 불과하므로 그는 어떤 사물을 수집해도 결코 만족할 수 없을 것이다. 왜냐하면 침잠해서 사유하는 것을 통해 사물들 하나하나에게마다 어떤 의미를 반환하도록 요구할 수 있을지는 어떤 반성으로도 예견될 수 없는 것인 만큼 어떤 사물이 다른 사물의 자리를 대신할 가능성은 그만큼 적기 때문이다.[17]   [H 4a, 1]

수집가로서의 동물(새, 개미), 아이, 노인.   [H 4a, 2]

일종의 생산적인 무질서는 비-의지적 기억의 규준인데, 이것은 수집가의 규준이기도 하다. "또 나의 생애만 해도 이미 꽤 길기 때문에 이 인생에서 만난 사람들 중에는 그들의 모습을 완성하는 데, 나의 추억의 반대쪽에 있는 다른 사람을 찾아내야 하는 사람도 몇몇 있었다. …… 그리고 이와 같은 방식으로 미술 애호가는 제단 뒤 장식벽의 문짝 한 장을 보면, 나머지가 어느 성당, 어느 박물관, 어느 개인의 수집품 속에 흩어져 있는지를 생각해낸다(마치 경매 목록을 뒤적이거나 골동품 상점을 자주 드나들면서 자기 소장품의 짝을 찾아내서 한 쌍을 짓고 말듯이 말이다). 그는 머릿속으로 제단 장식화나 제단 전체를 구성할 수 있다." 마르셀 프루스트, 『되찾은 시간』, 파리, 2권, 158페이지.[18] 이와 달리 의지적 기억은 사물에 분류 번호를 매기는 기록 관리실 같은데, 이때 사물은 각각의 분류 번호의 뒤로 사라지고 만다. "아마 지금쯤 우리는 그곳에 있었을 것이다"("내게 그것은 하나의 체험이었다"). 알레고리적인 소도구들(패치워크)의 분산적 성격이 이러한 창조적 무질서와 어떠한 관계를 맺고 있는지를 연구할 것.   [H 5, 1]

I

〔실내, 흔적〕

"1830년 낭만주의가 문학을 제패했다. 그런 다음에는 건축 속에도 침투해 장식용 골판지를 붙인 것 같은 기묘한 고딕 양식이 건물의 정면을 장식했다. 고급 가구의 제조에도 낭만주의가 영향을 미쳤다. 1834년 박람회의 한 보고자는 이렇게 말하고 있다. ― '갑자기 사람들은 기묘한 형태를 한 수많은 세간과 집기 등을 열광적으로 모아들이기 시작했다. 사람들은 낡은 성, 헌 가구 창고, 고물상에서 헌 가구 등을 끄집어내 살롱을 장식하기 시작했는데, 이 살롱은 그 밖의 다른 부분에서는 누가 보더라도 현대적이었다. ……' 가구 제조업자들은 이러한 풍조에서 영감을 얻어 가구에 대범하게 '첨두尖頭 아치와 총안銃眼'을 도입했다. 13세기의 요새에서처럼 총안이 있는 흉벽으로 뒤덮인 침대나 장롱을 볼 수 있었다." E. 르바쇠르, 앞의 책<『1789~1870년까지의 프랑스의 노동 계급과 산업의 역사』, 파리, 1904년>, 2권, 206/207페이지.   [I 1, 1]

베네는 기사풍의 대형 장롱에 대해 "동산Mobiliar[1]은 분명히 부동산Immobiliar에서 발전되어 나왔다"는 재치 있는 소견을 밝히고 있다. 이어 이러한 장롱은 '중세의 성채'와 이렇게 비교된다. "성채의 경우 한가운데 있는 작은 주거 공간을 마치 점점 더 넓어지는 큰 원을 그려나가듯 성벽, 누벽, 해자가 겹겹이 둘러싸면서 거대한 외벽을 만들어나가는 것과 마찬가지로 장롱에서도 서랍이나 수납장의 내용물은 거대한 외벽에 눌려 있다." 아돌프 베네, 『새로운 집 ― 새로운 건축』, 라이프치히, 1927년, 59, 61/62페이지.　　　　[I 1, 2]

부동산에 필적할 만한 가구의 중요성. 여기서 우리에게 주어진 과제는 조금은 쉬운 편이다. 즉 시대에 뒤떨어져 폐기된 사물의 심장부로 헤치고 들어가 진부한 것의 윤곽을 알아맞히기 그림처럼 해독한 다음 울창한 숲 한가운데 숨어 있는 '빌헬름 텔'을 찾아내는 것, 또는 '|이 그림에서| 신부는 어디 있지'라는 물음에 대답하는 것은 비교적 간단한 일이다. 그런데 정신분석은 이미 오래 전에 이러한 알아맞히기 그림들이 꿈 작업의 도식들이라는 사실을 발견했다. 그러나 우리가 이러한 정신분석과 비슷한 확신을 갖고 추적하려는 것은 정신이 아니라 사물들이다. 우리는 대상의 토템 기둥[2]을 근원의 역사라는 울창한 숲 속에서 찾아냈다. 이 토템 기둥의 가장 위에 존재하는 최후의 얼굴이 바로 키치이다.　　　　[I 1, 3]

포(Edga Allen Poe)는 가구Mobiliar를 상대하고 있다. 집단의 꿈에서 깨어나기 위한 분투.　　　　[I 1, 4]

가스등에 맞서 실내는 어떻게 자신을 지켜왔을까. "오늘날 거의 모든 신축 건물에는 가스등이 달려 있다. 정원이나 계단에서는 불타고 있으나 아직 아파트에서는 시민권을 얻지 못하고 있다. 가스등은 대기실이라든지, 때로는 심지어 식당까지는 허용되고 있지만 아직 거실에서까지는 받아들여지고 있지 않다. 왜 그럴까? 벽지의 색깔을 퇴색시키기 때문이다. 이것이 다른 사람들에게서 얻어 듣게 된 유일한 동기지만 그것들은 아무런 가치도 없다." 뒤 캉, 『파리』, 5권, 309페이지. [I 1, 5]

헤셀은 "꿈꾸는 듯 황홀한 악취미의 시대"라는 식으로 말한다. 그렇다, 이 시대는 완전히 꿈에 맞춰 만들어졌으며, 꿈을 기초로 세간이 꾸며지고 가구가 만들어졌다. 고딕풍, 페르시아풍, 르네상스풍 등 여러 양식이 교대로 이어졌다. 즉, 부르주아풍 식당의 실내에는 체사레 보르자의 연회실의 분위기가 침투해 들어갔으며, 부인의 규방에는 고딕풍 대성당이 등장하고 집주인의 서재는 무지개색으로 빛나는 페르시아 황제의 거실로 모습을 바꾸었다. 이러한 형상을 우리의 뇌리에 강하게 각인시켜주는 몽타주 사진은 이 세대들의 가장 원시적인 지각 형식에 대응하고 있다. 이러한 지각 형식이 숨쉬고 있는 갖가지 형상은 아주 서서히 실내에서 벗어나 온갖 광고 형태로 선전물, 벽보, 포스터 등에 안착되게 된다. [I 1, 6]

18<……>년경의 한 석판화 시리즈에는 커튼이 드리워져 있는 어슴푸레한 부인의 규방 안에서 등받이가 없는 터키식 긴 안락의자에 요염한 포즈로 누워 있는 여성들이 그려져 있는데, 이 그림들에는 '타호 강가에서', '네바 강가에서', '센 강가에서' 등의 설명이 새겨져 있다. 과달키비르 강, 론 강, 라인 강, 아르 강, 타미세 강 등

도 나온다. 민족 의상이 이러한 여성들을 구별해준다고는 믿기 어렵다. 이 여성들 그림 아래에 있는 '제목'은 이런 식으로 재현된 실내 공간 위에 풍경의 환상적인 이미지를 마술적으로 부여하고 있다.
[I 1, 7]

다음과 같은 살롱의 이미지를 부여하기. 즉 불룩한 커튼과 한껏 부푼 쿠션에 시선이 사로잡혀 내방객의 눈에는 등신대 크기의 대형 거울이 교회의 정면 입구로 보이고, 자그마한 2인용의 긴 소파는 곤돌라로 보이며, 유리 전구에서는 가스등 불빛이 달빛처럼 비추고 있는 살롱의 이미지.
[I 1, 8]

"우리는 전례 없던 것의 등장을 목격해왔다. 결코 **양립할 수 없다**고 믿었던 양식들의 조합을 말이다. 제1제정 혹은 왕정복고기 양식의 모자와 루이 15세 양식의 재킷의 조합을, 총재 정부 시대의 부인용 드레스와 굽 높은 구두의 조합을 말이다. 게다가 허리선을 낮춘 드레스에 허리선을 높인 프록코트를 겹쳐 입기까지 하고 있다." 존 그랑-카르테레, 『세련된 옷차림』, 파리, XVI페이지.
[I 1a, 1]

철도가 개통된 지 얼마 되지 않은 시기에 사용되던 다양한 객차의 이름. 베를리네스(유개차와 무개차가 있다), 딜리장스, 바공 가르니, 바공 농 가르니.[3] ■ 철골 건축 ■
[I 1a, 2]

"올해에도 예년보다 일찍 봄이 찾아왔으며 이전 어느 때보다 더 아름다워 우리는 실제로 이 땅에 원래 도대체 겨울이라는 것이 있는 것인지, 난로라는 것이 아름다운 탁상시계나 촛대를 올려놓는 역할 이외의 다른 목적을 갖고 있는지 거의 기억할 수 없을 정도였다. 이러한 탁상시계나 촛대는 주지하는 바대로 파리에서는 어느 방이건 없어서는 안 될 것들이다. 진정한 파리인이라면 식사를 한끼 거르는 한이 있더라도 '난로 장식'을 갖고 싶어하기 때문이다." 『현대 파리의 생활상들』, 전 4권, 쾰른, 1863/66년, 2권, 369페이지(「제정기의 가족상」). [I 1a, 3]

문턱의 마력. 스케이트장, 비어홀, 테니스코트, 행락지 등의 입구 앞에는 갖가지 페나테스⁴⁾가 놓여 있다. 프랄린 과자가 든 황금색 알을 낳는 닭, 이름을 새겨넣는 자동 기계, 슬롯머신, 점 보는 기계, 그리고 무엇보다 체중계. '너 자신을 알라'는 델포이의 신탁의 현대판인 이 기계들이 문턱을 지키고 있는 것이다. 주목할 만한 것은 이 기계들은 도시에서는 증가하지 않으면서 교외의 행락지나 비어가든에서는 없어서는 안 될 것이 되었다는 점이다. 일요일 오후 사람들은 이러한 행락지와 비어가든, 교외의 공원뿐만 아니라 비밀로 가득한 이러한 문턱들을 찾아간다. 물론 이와 똑같은 마력이 부르주아의 주거의 실내에서도 이보다 한층 더 은밀하게 영향력을 행사하고 있다. 문턱의 양 옆에 놓인 의자, 문의 마루 귀틀 옆에 붙어 있는 사진들은 몰락한 집안의 신家神들로, 이들이 견뎌내야 할 폭력은 심지어 오늘날까지도 현관에서 차임벨 소리가 울릴 때마다 우리의 가슴을 파고든다. 한 번쯤은 그러한 폭력에 맞서보는 것도 좋다. 집안에 혼자 있을 때 아무리 차임벨이 울려도 나가보지 않는 것만이라도 시도해보자. 그러면 그것이 악마를 물리치는 의식과 마찬가지로 얼마나 어려운지를 알게 될 것이다. 모든 마술적인 것과 마찬가지로 이러한 것 또한 그렇게 하는 동안에 어느새 포르노그래피의 모습으로 성적인 것 속으로 침투해간다. 1830년경 파리에서는 여닫을 수 있는 문이나 창문이 달린 외설적인 석판화가 인기를 끌었다. 뉘마 바사제의 '문과 창문이라 부르는 이미지들'이 그것이었다.

[I 1a, 4]

꿈꾸는 듯이 황홀한 기분이 드는, 또는 오리엔트풍이라고 할 수 있는 실내에 관하여. "여기서는 모든 사람이 갑작스런 행운을 꿈꾸고 있다. 모든 사람이 평화롭고 근면한 시대라면 평생 온 힘을 다 쏟아야만 얻을 수 있는 것을 단 한 번에 손에 넣으려고 한다. 작가들의 창작물들은 가정적이던 생활이 갑자기 돌변하는 이야기들로 가득 차 있다. 모두가 후작부인이나 공주, 『천일야화』의 경이로운 기적들에 몰두하고 있다. 아편을 피우는 듯한 황홀경이 국민 전체를 덮치고 있는 형국이다. 이 부분에서는 문학보다 산업이 훨씬 더 썩었다. 산업은 주식 사기를 양산했으며 모든 사물을 인위적인 욕망의 대상으로 여기며 착취를 서슴지 않았다. …… 그리고 배당금을 만들어냈다." 구츠코브, 『파리에서 온 편지』, <라이프치히, 1842년>, 1권, 93페이지.

[I 1a, 5]

"예술이 앵티미즘intimisme[5]을 추구하는 동안 …… 산업은 앞으로 전진한다." 옥타브 미르보, 『피가로』, 1889년(『건축백과사전』, 1889년, 92페이지를 참조).

[I 1a, 6]

1867년 박람회에 대해. "몇 킬로미터나 이어져 있는 이 높은 전시관은 더할 나위 없이 거대하다. 기계의 소음이 이 관을 가득 메우고 있다. 이 박람회에서 특히 유명했던 축제를 개최했을 때 손님들이 여전히 팔두八頭 마차를 타고 이곳을 찾아왔다는 것을 잊어서는 안 된다. 25미터 높이의 이 전시관에는 당시의 방들에서 통상 그렇게 하듯이 가구와 흡사한 비품을 비치해 전시관을 작게 보이게 하고 철골 구조가 주는 딱딱한 인상을 완화시키려고 했다. 사람들이 이 건물 자체의 거대함에 불안감을 감추지 못했기 때문이다." 지크프리트 기디온, 『프랑스의 건축』, <라이프치히/베를린, 1928년>, 43페이지. [I 1a, 7]

부르주아지의 지배 하에서는 도시 역시 가구와 마찬가지로 요새적인 성격을 띠게 된다. "요새화된 도시는 지금까지 항상 도시 계획을 마비시키는 속박이었다." 르 코르뷔지에, 『도시 계획』, 파리, <1925년>, 249페이지. [I 1a, 8]

집과 장롱 사이의 아주 오래된 상관 관계는 장롱 문에 가운데가 불룩 나온 원반圓盤 유리를 박아넣음으로써 새로운 변화를 맞이하게 되었다. 언제부터일까? 프랑스에서도 이러한 일이 일어났을까? [I 1a, 9]

동시대 사람들의 환상 속에서 부르주아의 파샤⁶)는 외젠 쉬였다. 그는 솔로뉴에 성을 갖고 있다. 거기에는 온갖 피부색의 여성들이 사는 하렘⁷)이 있을 것이다. 그의 사후 예수회가 그를 독살했다는 전설이 생겨났다.⁸) [I 2, 1]

구츠코브의 보고에 따르면 박람회의 전시실들은 알제에 대한 열광을 불러일으키기 위해 일부러 오리엔트풍의 정경들로 가득 채워놓았다.   [I 2, 2]

'특이함Apartheit'의 이상에 관하여. "모든 것이 당초문의 장식 곡선, 만곡彎曲, 복잡하게 꼬인 것을 지향하고 있다. 그러나 언뜻 보는 것만으로는 독자가 알아차릴 수 없는 것은 이런 식으로 사물을 배치하고 올려놓는 방법에도 특이함이 폭넓게 침투하고 있다는 점이다. 그리고 바로 이것이 우리를 기사騎士의 세계로 되돌아가게 한다./전면의 융단은 비스듬히, 대각선으로 깔려 있다. 앞쪽의 의자도 비스듬히, 대각선으로 놓여 있다. 물론 이는 우연일지도 모른다. 그러나 물건을 비스듬히, 엇비스듬히 배치하는 이러한 경향이 모든 신분, 모든 계급의 모든 주거 형태에서 볼 수 있는 것이라면 — 그리고 실제로도 그렇다 — 이는 우연이라고는 할 수 없다. …… 무엇보다 먼저 비스듬히, 엇비스듬히 배치하는 것에 특이한 매력이 있다apart고 느끼는 것이다. 여기에서도 다시 한 번 이 말은 말 그대로 받아들여야 한다. 사물은 — 여기에서는 융단이지만 — 비스듬히 배치됨으로써 전체로부터 오히려 두드러지게 된다. …… 그러나 이렇게 하는 보다 심오한 원인은 무의식 속에서 속행되고 있는 전투와 방어 자세를 고수하려는 데서 찾을 수 있다./어느 한쪽을 방어하려면 일부러 비스듬한 자세를 취하는 것이 가장 좋다. 그렇게 하면 양쪽을 다 잘 볼 수 있기 때문이다. 성채의 보루가 철각凸角을 이루도록 만들어지는 것 또한 바로 이 때문이다. …… 비스듬히 깔려 있는 융단은 이러한 보루를 연상시키지 않는가? ……/적이 습격할 것처럼 느껴지면 기사는 좌우에서 공격을 막을 수 있도록 비스듬한a parte 자세를 취했는데 몇 세기 후에는 평화를 사랑하는 시민들

556

이 공예품을 그런 식으로 배치하게 되었다. 즉 단순히 비스듬히 배치해 나머지 전체로부터 눈에 띄게 하는 것만으로도 누구나 자기 주위에 성벽이나 해자를 확보할 수 있게 되었다. 정말 말 그대로 무장한 속물Spießbürger[9]인 셈이다." 아돌프 베네,『새로운 집 ― 새로운 건축』, 라이프치히, 1927년, 45~48페이지. 이 점을 더 자세히 설명하기 위해 저자는 농반 진반으로 이렇게 말한다. "대저택을 소유할 수 있던 높은 신분의 사람들은 신분이 높다는 것을 표시하고 싶어했다. 이를 위해 봉건적 형태들, 기사 모습을 흉내 내는 것보다 더 쉬운 것이 있었을까?" 아돌프 베네, 앞의 책, 42페이지. 루카치의 말은 이 문제를 한층 더 일반적으로 파악할 수 있게 해준다. 그에 따르면 역사철학적으로 볼 때 부르주아 계급의 특징은 이들이 오랜 적인 봉건제를 분쇄하기도 전에 새로운 적인 노동자 계급이 전장에 등장하는 데서 찾을 수 있다. 따라서 부르주아 계급은 봉건제를 결코 완전히 일소할 수 없다는 것이다.   [I 2, 3]

모리스 바레스는 프루스트에 대해 "수위실에 있는 페르시아 시인"이라고 말하고 있다. 지난 세기의 실내의 비밀에 가 닿은 최초의 사람은 그런 사람일 수밖에 없지 않았을까?(이 말은 |화가인| 자크-에밀 블랑슈의『나의 모델이 되었던 사람들』, 파리, 1929년(?)에 나와 있다).[10]   [I 2, 4]

신문에 실린 광고. "주목. 비르츠 씨는 루벤스나 라파엘로의 그림 ― 진품 ― 을 소장하고 있는 미술 애호가들 중 그의 작품을 이들 거장의 그림 중의 하나와 나란히 장식하길 원하는 사람에게 무료로 그림을 그려줄 것을 제안한다." A. J. 비르츠,『문학 작품집』, 파

리, 1870년, 335페이지. [I 2, 5]

19세기의 실내. 공간은 변장하며, 유혹자처럼 여러 분위기의 의상을 갈아입는다. 자기만족에 빠진 속물은 옆방에서 샤를마뉴의 대관식 혹은 앙리 4세의 암살, 베르됭 조약의 체결, 오토와 테오파노의 결혼식 등이 진행된다고 해도 전혀 이상할 것이 없는 느낌을 조금이나마 맛보고 싶어하는 것이다. 결국 사물은 마네킹일 뿐이며, 세계사의 위대한 순간들조차 그저 의상일 뿐으로 그러한 의상 아래로 무가치한 것들과 하찮은 것들 그리고 통속적인 것과 공모의 눈길을 주고받는다. 그러한 니힐리즘이 부르주아적인 안락함의 가장 안쪽에 있는 핵을 이루고 있다. 이러한 기분은 해시시에 도취한 상태에서 악마적 만족, 악마적 지식, 악마적 휴식으로 농축된다. 하지만 이와 동시에 그를 통해 이 시대의 실내라는 것이 얼마나 도취와 꿈의 자극제였는가를 그대로 드러낸다. 그 밖에도 이러한 기분에는 자유로운, 소위 우라니아적인 대기에 대한 혐오감도 포함되어 있었는데, 이러한 대기는 당시의 실내 공간의 벽의 과도한 장식을 새롭게 조명할 수 있도록 해준다. 이러한 내부 공간 속에서 생활한다는 것은 자기 주위에 촘촘한 망을 짜는 것, 거미집 속에 스스로를 고립시키는 것이라고밖에 할 수 없다. 이 거미집 속에는 여기저기 세계적인 사건들이 바싹 말라버린 곤충들처럼 걸려 있다. 사람들은 거미집의 숨겨진 집에서 벗어나고 싶어하지 않는다.[11] [I 2, 6]

내가 두번째로 해시시를 시도해보았을 때의 경험. 샤를로테 요엘의 아틀리에의 계단. 나는 이렇게 말했다. "밀랍 인형만이 살 수 있는 건물. 이를 이용해 조형적으로 온갖 것을 해 보일 수 있겠다.

피스카토르 극단 전체가 짐을 꾸리고 떠나야 할 정도로 말이다. 작은 레버 하나로도 조명 전체의 방향을 바꿀 수 있다. 괴테 하우스를 런던의 오페라 하우스로 바꿀 수 있다. 이 건물에서 세계사 전체를 읽어낼 수 있다. 이 공간 속에 있으면 내가 왜 예전에 싸구려 행상들이 팔고 다녔던 민중 판화를 수집하는지 알게 된다. 방 안에 있으면서 모든 것을 볼 수 있다. 샤를 3세의 아들들이든 그 이외의 무엇이든 원하는 것은 모두 다 말이다."[12]   [I 2a, 1]

"톱니 모양으로 들쭉날쭉한 옷깃, 어깨 주위의 퍼프 소매,[13] ⋯⋯ 사람들은 이것을 중세 귀부인의 복장으로 잘못 생각해왔다." 야콥 팔케, 『현대의 취향의 역사』, 라이프치히, 1866년, 347페이지.
[I 2a, 2]

"휘황찬란한 아케이드들이 거리들로 인해 관통당하게 되면서 팔레 루아얄은 매력을 잃게 되었다. 물론 많은 사람들은 시대가 고결하게 되면서부터 그렇게 되었다고 말하고 있지만 말이다. 한때 그토록 악평이 자자했던 자그마한 개인용 특실은 지금 카페의 흡연실로 바뀌어버렸다. 어느 카페에나 흡연실이 있는데, 사람들은 그것을 디방[14] 각의실이라고 부른다." 구츠코브, 『파리에서 온 편지』, 1권, 라이프치히, 1842년, 226페이지. ■아케이드■   [I 2a, 3]

"베를린 산업 대박람회는 중후한 르네상스 양식의 방들로 가득하다. 재떨이조차도 고대의 모조품처럼 만들어져 있으며 입구의 현수막을 지탱시켜주는 것도 극戟[15]이며 창문이나 장롱에는 가운데가 불룩 튀어나온 원반 유리가 곳곳에 박혀 있다." 『독일 패션 70

1837년의 한 고찰. "오늘날 로코코 양식이 지배하고 있듯이 당시는 고대 양식이 지배하던 시대였다. 유행은 …… 마법의 지팡이를 한번 휘두르기만 하면 살롱을 아트리움[16]으로, 안락의자를 고대 로마의 고관의 의자로, 질질 끌리는 긴 옷을 튜닉[17]으로, 술잔을 받침 달린 잔으로, 구두를 창이 두꺼운 반장화[18]로, 기타를 리라로 변신시켰다." 소피 가이, 「콩테 아가씨의 살롱」(『유럽 교양 세계의 연대기』, 아우구스트 레발트 편, 1837년, 1권, 라<이>프<치>히/슈투트<가르트>, 358페이지). 그렇다면 "가장 난처할 때는 언제지?" "파티에 하프를 갖고 왔는데 아무도 한곡 들어보겠다고 요청하지 않을 때지"라는 식의 농담 — 이 농담은 실내에 대해서도 몇 가지를 밝혀주고 있다 — 은 아마 제정기에 나온 것이리라.　　　[I 2a, 5]

"의문의 여지 없이 당시에 유행하던 실내 장식을 모델로 삼았을 보들레르의 '무대의 소도구들'은 지난 20년 동안 '우리 대저택'에서는 조악한 취향이 단 한 점도 발견되지 않는다는 것을 자랑해온 우아한 귀부인들에게 좋은 교훈이 될 수 있을 것이다. 그토록 고생해서 겨우 도달한 소위 양식의 순수함을 주장하기 전에 먼저 다음과 같은 점에 좀더 유념했어야 한다. 여닫을 수 있는 '커튼이 달린' 침대, …… 온실과 비슷한 홀, …… 형언하기 어려운 향기로 가득한 침대, 무덤처럼 깊숙이 들어가는 소파, 꽃으로 장식한 선반, 오래 타지 않기 때문에 …… 석탄불로 조명을 대신해야 할 정도의 램프, 이러한 것들을 묘사하는 것만으로도 가장 위대하고 가장 예술적인 작가가 될 수 있다는 것을 말이다." 마르셀 프루스트, 『연대기』, 파리,

<1927년>, 224/225페이지(생략된 문장은 인용문의 전거뿐이다).[19] 이러한 지적은 아주 중요하다. 왜냐하면 미술관이나 도시 계획 문제와 관련해 제기되는 이율배반을 실내에까지 연장해서 부연할 수 있도록 해주기 때문이다. 즉 새로운 양식을 전래되어오는 것, '오래되고 낡은 것'이 갖는 신비적·허무주의적 표현력에 대립시킬 수 있게 해준다. 덧붙이자면 이 구절뿐만 아니라 그의 작품 전체("ren-fermé"[20]라는 말을 참조하라)가 프루스트가 이 두 가지 이항대립 중 어느 쪽을 택하는지를 보여준다.   [I 2a, 6]

절실히 요구되는 것은 풍속화의 유래를 밝히는 것이다. 풍속화는 그것을 필요로 했던 방에서 과연 어떠한 기능을 담당했을까? 풍속화는 최종 단계이다. 즉 머지않아 방은 어떠한 회화도 받아들이지 않게 되는 사태가 도래할 것이라는 예고이다. "풍속화. …… 이러한 식으로 구상된 예술은 여러 전문 분야의 구분에 의지할 수밖에 없지만 동시에 그림을 팔기 위해서는 절호의 조건이 만들어진다. 각각의 화가는 자기만의 특기를 가지려고 한다. 즉 중세화의 모작부터 세밀화까지 또 야영지의 광경부터 파리의 패션까지 또 말부터 개에 이르기까지 말이다. 이와 관련해 대중의 취향에 있어 그것들 사이에는 아무런 구별도 없다. ─ 같은 그림이 20번씩이나 복제되어도 그것으로 판매가 줄어들거나 하는 일은 없으며, 유행에 따라 각 응접실은 이들 유행하는 세간 중의 하나를 손에 넣으려고 한다." 비르츠, 『문학 작품집』, <파리, 1870년>, 527/528페이지.   [I 2a, 7]

유리와 철의 장비에 맞서 실내 장식 기술은 천으로 몸을 보호한다.   [I 3, 1]

대 수집가의 주거 형태Physiognomie를 차분히 관찰하는 것만으로도 충분할 것이다. 그러면 19세기의 실내를 이해하기 위한 열쇠를 얻을 수 있다. 수집가의 주거에서 사물이 서서히 공간을 점거해가는 것과 마찬가지로 19세기의 실내에서는 모든 세기의 양식상의 흔적을 수집하고 거두어들이는 가구가 점차적으로 공간을 점거해 간다. ■사물의 세계■   [I 3, 2]

다른 집 창문으로 눈을 돌릴 때마다 식사 중인 가족이라든지, 벽걸이 램프 밑의 책상 앞에 앉아 하찮기 짝이 없는 무슨 일인가에 심취해 있는 고독한 남자가 보이는 것은 왜일까? 이러한 시선이야말로 카프카 작품의 원세포이다.   [I 3, 3]

온갖 양식의 가장 행렬이 19세기 전체를 관통하고 있는 것은 지배 관계가 불투명하게 되면서 나타난 하나의 결과이다. 부르주아 권력자들은 종종 그러한 권력을 더이상 그들이 살고 있는 장소에서 행사하지 않으며, 따라서 그것은 더이상 직접적인, 무매개적인 형태로는 드러나지 않는다. 그들의 주거 양식은 그들의 거짓된 직접성이다. 공간에 있어서의 경제적 알리바이. 시간에 있어서의 실내적 알리바이.   [I 3, 4]

"그러나 자기 집에 있으면서도 향수를 느끼는 것, 그것이야말로 |회상의| 기술일 것이다. 그렇게 하려면 환상을 자유자재로 사용하는 데 능숙해야 한다." 키에르케고르, 『전집』, 4권, <『인생 항로의 단계들』, 예나, 1914년>, 12페이지. 이것이 바로 실내에 대한 정식이다.   [I 3, 5]

"내면성이란 근원의 역사를 닮은 인간의 존재를 가두는 역사의 감옥이다." 비젠그룬트-아도르노, 『키에르케고르』, 튀빙겐, 1933년, 68페이지.   [I 3, 6]

제2제정. "종과 속에 따른 논리적 종별화는 바로 이 시기에 시작되는데, 이것은 지금도 우리 대부분의 아파트 속에 살아 있다. 그러한 분류에 따르면 식당과 사무실에는 묵직한 졸참나무 재목과 호두나무 재목이, 거실에는 금박을 두른 나무나 옻칠한 나무가, 침실에는 쪽매붙임을 한 세공과 표면에 금속박을 입힌 고급 가구가 적당하다." 루이 소노레, 『제2제정 하의 파리의 삶』, 파리, 1929년, 251페이지.   [I 3, 7]

"가구에 대한 이러한 생각을 지배하고 있는 것, 그러한 생각 전체를 요약해서 나타낼 정도로 현저하게 두드러지는 것은 잔뜩 주름을 잡은 천, 널찍한 벽걸이, 그리고 그것들이 전체적으로 조화를 이루도록 만드는 기법에 대한 취향을 들 수 있다." 루이 소노레, 『제2제정 하의 파리의 삶』, 파리, 1929년, 253페이지.   [I 3, 8]

"제2제정기의 거실에서는 극히 최근에 발명되었으나 지금은 이미 완전히 사라져버린 가구를 하나 …… 볼 수 있다. 흡연용 의자가 그것으로, 사람들은 마치 말을 타듯 그곳에 걸터앉아서는 팔걸이에 기대어 하바나 시가를 맛보았다." 루이 소노레, 『제2제정 하의 파리의 삶』, 파리, 1929년, 253페이지.   [I 3, 9]

인테리어의 신기루로서의 '굴뚝의 세선세공細線細工'에 대해. "거

대한 잿빛에다 높은 곳은 격자로 둘러싸인 집들이 연달아 늘어서
있는 불르바르 구역의 …… 지붕들을 올려다보면 …… '굴뚝'이
라는 개념이 얼마나 개인주의적이며 이루 다 헤아릴 수 없는 것을
내포하고 있는지를 느끼게 된다. 각 주거의 도관들은 공용으로 사
용하는, 연기가 빠져나가는 구멍으로 합류하고 있었는데, 높은 벽
으로 둘러싸인 이 구멍 위로는 굴뚝들이 몰려 있었다. 그런데 그것
들의 폭이나 길이, 높이나 직경이 정말 제각각이었던 것이다. 아주
단순하며 …… 종종 너무 오래되어 한쪽으로 기울거나 반쯤은 깨
져버린 점토 굴뚝부터, 평평한 접시 모양이나 앞이 뾰족한 삼각대
처럼 생긴 갓이 달린 양철 굴뚝관을 거쳐 …… 투구의 면갑처럼
한쪽에 교묘히 구멍을 뚫어 회전이 가능한 고깔 모양의 갓을 가진
굴뚝관 혹은 그을음으로 검어진 기묘한 양철 돛을 단 원추형의 바
람개비 갓이 달린 굴뚝관까지 정말 다양했다. …… 파리가 지금까
지 친밀함의 마력을 지켜올 수 있었던 것은 이처럼 한 가지 형태가
가진 부드러운 아이러니 덕분이다. …… 이리하여 이 도시의 특징
인 도회적 공생이 …… 저기 높은 곳, 지붕 위에서 …… 지금 다시
한 번 반복되는 것 같다." 요아힘 폰 헬메르젠, 「파리의 굴뚝」, 『프
<랑크푸르터> 차<이퉁>』, 1933년 2월 10일자.   [I 3, 10]

비젠그룬트-아도르노는 『유혹자의 일기』의 다음 부분을 키에르
케고르의 '작품 전체'를 이해하기 위한 열쇠로 인용한 다음 주석
을 달고 있다. "이미지의 틀을 이루는 환경이 무엇보다 중요한 의
미를 갖고 있다. 바로 이것이 기억 속에, 아니 좀더 정확하게 말하
면 혼 전체에 가장 강하고 깊이 새겨져 결코 잊을 수 없는 것이 된
다. 나는 아무리 나이가 들어도 그 작은 방이 아닌 다른 곳에 있는

코르델리아를 떠올릴 수는 없을 것이다. 그녀를 방문하면 여자 하인이 문을 열고 나를 현관으로 안내했다. 내가 거실 문을 여는 순간 그녀도 자기 방에서 거실 쪽으로 들어오고 있었으므로 두 사람의 시선은 바로 문간에서 마주치게 되었다. 거실은 작고 매우 편안한 느낌으로 밀실이라고 하는 편이 좋을 정도였다. 나는 가끔 그녀와 나란히 앉아 있는 소파에서 이 방을 쳐다보는 것이 가장 마음에 들었다. 소파 앞에는 둥근 티 테이블이 놓여 있으며, 이 테이블 위에 몇 겹으로 주름이 잡혀 있는 화려한 테이블 보가 덮여 있었다. 그리고 다시 그 위에는 꽃의 형태를 한 램프가 놓여 있었다. 활짝 만개한 이 꽃의 화관 위에는 정교하게 잘라낸 종이 갓이 달려 있었는데 너무 가벼워서인지 항상 흔들리고 있었다. 기묘한 형태의 이 램프는 오리엔트를 연상시켰으며, 끊임없이 흔들리는 종이 갓의 모습은 오리엔트의 어느 땅에 부는 온화한 바람을 떠올리게 했다. 바닥은 아주 특별한 종류의 갈대로 된 융단을 깔아 가려놓았는데, 그것이 램프와 마찬가지로 이국적인 인상을 뿜어내고 있었다. 융단 위에 앉으면 나는 환상 속에서 그녀와 함께 신기한 꽃으로 가득한 대지에 앉아 있거나 혹은 저 멀리 대양을 향해 닻을 올리기도 했다. 창문이 꽤 높은 곳에 있었기 때문에 무한으로 펼쳐진 천공이 직접 우리 눈에 들어왔다. …… 코르델리아에게는 …… 어떠한 전경前景도 어울리지 않는다. 단지 수평선의 무한한 대담함만이 적합할 뿐." 이 구절 — 키에르케고르, 『전집』, 1권, <『이것인가/저것인가』, 1부, 예나, 1911년>, 348페이지 <이후> — 에 대해 비젠그룬트는 이렇게 지적하고 있다. "외적인 역사는 내적인 역사에서는 '반영|성|된 모습으로' 존재하듯이 실내에서 공간은 가상이다. 키에르케고르는 단순히 반영|성|되거나 반영|성|하는 주관 내적인

현실은 모두 가상이라는 것을 거의 인식하지 못했다. 이와 마찬가지로 실내의 형상들에서는 공간적인 것이 가상이 된다는 것도 꿰뚫어 보지 못했다. 그러나 여기서는 사물들이 그의 오류를 폭로한다. …… 실내 공간을 차지하고 있는 모든 사물은 단순한 장식에 불과하다. 그것들이 표상하고 있는 목적과는 거리가 있으며, 자체에 고유한 사용가치도 결여하고 있으며 완전히 고립된 주거 공간에서 비롯된 것에 불과하다. …… 자아는 상품과 상품들의 역사적 본질에 의해 바로 자기 영역에서 압도당한다. 상품의 가상적 성격은 역사적 · 경제적으로 사물과 사용가치의 소외를 통해 만들어진 것이다. 그러나 실내에서 사물은 언제까지나 소원한 채 그대로 있지는 않는다. …… 소외된 사물에서는 소외 그 자체가 바로 표현으로 모습을 바꾼다. …… 그리하여 말 없는 사물이 '상징'으로서 말하게 된다. 주거 공간에 사물을 정리하는 것을 배치Einrichtung라고 한다. 역사적으로 가상인 사물들이 여기에서는 변하지 않는 자연의 가상으로 배치된다. 유기적인 생명으로서의 꽃, 먼 곳에 대한 동경의 고향인 오리엔트, 영원함 그 자체를 형상하는 바다의 모습 등 고풍스런 형상들이 실내에 떠오른다. 사물들이 각자의 역사적 순간에 의해 운명처럼 짊어지게 되는 가상이란 영원한 것이기 때문이다." 테오도르 비젠그룬트-아도르노, 『키에르케고르』, 튀빙겐, 1933년, 46~48페이지.   [I 3a]

루이-필립과 함께 등장한 부르주아지는 자연을 실내로 바꾸는 것에 가치를 두었다. 1839년에 영국 대사관에서 연회가 열린 적이 있다. 200개의 장미 덤불숲이 주문되었다. "정원은" ― 어떤 목격자는 이렇게 보고하고 있다 ― "하나의 천막 지붕으로 덮여 있어 마치 담소 살롱 같았다. 이 얼마나 멋진 살롱인가! 온갖 꽃들로 가득한 화사한 화단은 거대한 화분 같아 그것을 한번 본 사람은 누구나 찬탄을 금치 못했다. 오솔길의 모래는 새로운 천으로 덮어버렸는데, 흰색 공단 구두를 위한 배려에서였다. 우묵하게 들어간 철제 벤치를 치우고 대신 중국 원산의 돋을무늬 비단과 문직紋織으로 된 긴 소파를 놓았다. 원탁 테이블 위에는 책과 화집이 놓여 있었다. 이 거대한 규방에서 잠시 휴식을 취할 수 있는 것만으로도 멋진 경험이었다. 이곳까지 마법의 노래 같은 오케스트라 소리가 침투해 들어왔다."

[I 4, 1]

당시의 패션 잡지에는 꽃다발을 오래 보존할 수 있는 방법이 실려 있었다.

[I 4, 2]

"청동색으로 눈부시게 빛나는 긴 의자에 누워 있는 오달리스크[21]처럼 이 오만한 도시는 꾸불꾸불하게 흘러가는 센 강 계곡의 따뜻한 포도밭 언덕 자락에 누워 있다." 프리드리히 엥겔스, 「파리에서 베른까지」, 『디 노이에 차이트』, 슈투트가르트, 1899년, 17권 1호, 10페이지.

[I 4, 3]

주거Wohnen에 대해 고찰할 때의 어려움. 거기에서는 한편으로 아주 먼 옛날의 것 ― 어쩌면 영원한 것 ― 이 인식되어야만, 즉 주거한다는 것은 인간이 모체에 머물러 있는 상태의 모상模像이라는 것을 인식해야만 하는 반면 다른 한편으로는 이러한 근원의 역사적인 모티브와는 별개로 가장 첨단적인 주거 방식 속에서 19세기의 생활 조건을 파악해야 하는 것이다. 어디건 주거한다는 것의 근원적인 형식은 집Haus 안에 있는 것이 아니라 용기Gehäuse 안에 있다는 점에서 찾을 수 있다. 용기에는 거기서 사는 사람의 각인이 새겨진다. 주거는 극단적인 경우에 용기로 변한다. 19세기만큼 주거 공간에 병적으로 집착했던 시기도 아마 없었을 것이다. 이 세기는 어찌나 주거를 인간을 넣을 수 있는 케이스로 인식하고 인간을 모든 부속물과 더불어 주거 속에 깊숙이 밀어 넣어버렸는지 그것은 제도 용구통의 내부, 즉 온갖 교체 부속이 깊숙이 파인 보라색 비로드 구멍 안에 들어 있는 제도 용구통의 내부를 연상시킬 정도였다. 19세기가 이러한 전용 케이스를 생각해내지 못한 물건이 과연 있을까? 회중시계, 실내화, 반숙한 달걀을 담는 컵, 한란계, 카드 등. 그리고 케이스가 없는 경우에는 씌우개, 긴 융단, 덮개, 시트 등을 생각해냈다. 20세기는 다공성多孔性과 투명성, 야외와 바깥 공기를 선호하기 때문에 이러한 낡은 의미에서의 주거 개념에 종지부를 찍게 된다. 건축가 솔네스의 주거에서 인형의 집에 대항해서 나온 것이 '인간을 위한 집'이다.[22] 유겐트슈틸이 용기의 모습을 가장 철저하게 뒤흔들었다. 오늘날 이러한 용기는 사멸했으며, 주거한다고 하는 행위는 축소되었다. 살아 있는 자에게 있어서는 호텔 방에 의해, 죽은 자에게 있어서는 화장장에 의해.　　　　　　　　　　　[I 4, 4]

　　타동사로서의 '살다wohnen' — 예를 들어 '사는 데 익숙해진 생활gewohntes Leben'이라는 의미로 사용하는 경우 — 는 이러한 행위 속에 감추어져 있는 시시각각의 현실이 무엇인지 가르쳐준다. 그것은 용기에 우리의 모습을 각인시키는 데 있다.　　　　[I 4, 5]

　　"온갖 산호 가지와 덤불 아래에서 그들은 헤엄쳐 나왔다. 온갖 책상, 온갖 의자 아래에서도. 또한 이 기묘한 클럽의 룸에 있는 유행에 뒤처진 장롱이나 옷장 속에서도 헤엄쳐 나왔다. 간단히 말해 가장 작은 물고기가 숨을 수 있는 손바닥만 한 크기의 공간이라도 있는 곳이라면 어디에서라도 갑자기 활발하게 움직이며 모습을 드러냈다." 프리드리히 게르슈테커, 『침몰한 도시』, 베를린, [1921년, 노이펠트와 헤니우스], 46페이지.   [I 4a, 1]

외젠 쉬의 『방랑하는 유대인』은 여러 가지 이유에서, 예를 들면 예수회에 대한 중상모략이나 아니면 그저 한 번 등장하고는 사라지고 마는 인물들이 헤아릴 수 없이 많다는 이유로 비판을 받았으나 어느 서평에는 이렇게 나와 있다. "소설은 통과하는 하나의 장소가 아니라 주거하는 거처이다." 폴랭 리마이라크, 「현대 소설과 프랑스 소설가론」, 『레뷔 데 되 몽드』, 11권, 파리, 1845년, 3호, 951페이지.   [I 4a, 2]

문학상의 제정기에 대해. 네포뮈센 르메르시에[25)]는 군주제, 교회, 귀족, 근거 없는 소문, 제국, 경찰, 문학, 유럽 열강들 간의 동맹 등을 알레고리적으로 전환된 이름으로 등장시키고 있다. 그의 예술적 수단은 "상징적으로 응용된 환상"이며, 그의 격률은 "암시는 나의 무기, 알레고리는 나의 방패"이다. 네포뮈센 르메르시에, 『범 範-위선 체제의 계속 혹은 19세기의 지옥 풍경』, 파리, 1832년, IX와 VII페이지.   [I 4a, 3]

르메르시에의 『람펠리와 다게르』에서의 「서론격의 설명」에서. "저명한 예술가인 다게르 씨의 발견에 대한 찬사를 주제로 한 이

시의 구성법을 청중 여러분께 소개하려면 간단한 설명이 필요할 것입니다. 이 발견은 과학 아카데미와 예술 아카데미 모두에게 똑같이 흥미로운 것입니다. 왜냐하면 그것은 데생 연구뿐만 아니라 물리학 연구와도 관련되어 있기 때문입니다. …… 저는 경의를 표할 수 있는 이러한 기회를 빌려 새로운 시의 창작법이 이처럼 특별한 발견에도 적용될 수 있기를 바랍니다. 주지하시는 바대로 고대의 신화는 …… 자연 현상을 상징적인 존재를 통해, 즉 사물 속에 체현되어 있는 각 원리들의 적극적인 재현으로 설명했습니다. …… 현대의 모방들은 지금까지는 고대시의 형식만을 빌려왔을 뿐입니다. 저는 고대시의 원리와 기본을 우리 것으로 만들려고 노력하고 있습니다. 금세기의 작시가들은 속인이라도 쉽게 이해할 수 있을 만큼 뛰어난 시인들의 예술을 실용적이며 자질구레한 사실들로까지 끌어내리는 경향을 보여주고 있습니다. 이는 진보가 아니라 데카당스입니다. 고대인이 원래 갖고 있던 정열은 이와 반대로 우아한 이상을 담고 있는 우화를 통해 드러나는 자연의 비밀을 보여줌으로써 인간의 지성을 고양시키는 경향을 띠고 있었습니다. …… 저는 이미 『아틀란티아드』에서 뉴턴 철학에 적용하는 방식으로 …… 제 이론의 토대를 여러분께 설명한 바 있는데, 그에 대해 적지 않은 격려가 있었던 것이 사실입니다. 저명한 기하학자인 라그랑주는 감사하게도 우리가 획득한 지식에 걸맞은 …… 신성학의 경이를 우리 시대의 뛰어난 시인들을 위해 창조하고자 노력했다고 저를 칭찬해주셨습니다." 네포뮈센 르메르시에, 「재기 있는 화가에 의한 디오라마의 발명에 대해」, 1829년 5월 10일 목요일 아카데미 연중 공개 회의, 파리, 1839년, 21~23페이지.

[I 4a, 4]

중도 정치 시대[24]의 마치 진짜처럼 그려진 회화에 대해. "화가는 …… 훌륭한 극작가, 멋진 의상가, 능숙한 연출가 …… 여야 한다. 공중은 …… 조형적 측면보다 주제에 훨씬 더 커다란 관심을 갖는다. '가장 어려운 것은 색의 배합이 아닐까? — 아니, 라며 이 방면에 통달한 사람은 대답했다. — 물고기의 비늘을 마치 진짜처럼 그리는 것이 더 어렵다. 교수, 변호사, 의사 같은 무리가 미학에 대해 갖고 있는 관념이란 이러한 것이다. 도처에서 |실물로 착각할 만큼| 사실적인 그림의 기적이 탄복을 불러일으켰다. 조금이라도 성공적으로 모방하기만 하면 칭찬을 받았다." 기셀라 프로인트, 『사회학적 관점에서 본 사진』(초고, 102페이지). 쥘 브르통, 『세기의 우리 화가들』, 41페이지에서 인용.   [I 5, 1]

플러시 천 — 이것은 특히 흔적이 남기 쉬운 소재이다.   [I 5, 2]

자질구레한 장신구의 유행은 제2제정기에 시작된 야금 기술의 진보에 의해 촉진되었다. "이 시기에 비로소 큐피드의 군상과 바쿠스 무녀의 군상이 나타났다. …… 오늘날 예술은 장사에 손을 대고 있으며 예술 작품의 걸작을 금색이나 수정 장식장에 진열하고 있다. 반면 조각가의 걸작이 정확하게 축소되어 싼 값에 팔렸다. — 카노바의 「세 명의 미의 여신」은 규방에 놓이고, 프라디에의 「바쿠스의 무녀」와 「목신」은 부부의 침실에 놓이는 영광을 안았다." 에두아르 푸코, 『발명가 파리 — 프랑스 산업의 생리학』, 파리, 1844년, 196/97페이지.   [I 5, 3]

"포스터 기법science은 …… 기능이 예술art이 될 정도의 드문 완성도에 도달했다. 내가 여기서 말하고자 하는 것은 …… 서체 운용calligraphie의 전문가들이 …… 선을 교묘하게 조합해 — 그러한 선의 조합을 통해 나폴레옹 이야기가 이야기되는 동시에 그려진다 — 말을 탄 나폴레옹을 재현한 것과 같은 특별한 포스터들이 아니다. 나는 그저 보통의 포스터에 대해서만 이야기하고 싶다. 포스터들이 편집상의 책략을 몰래 돕기 위해 정말 다양하고 휘황찬란한 색조를 이용해 활판 인쇄의 웅변력, 자그마한 장식 무늬들의 매혹, 색채의 매력을 얼마나 멀리까지 밀고 나갈 수 있었는지를 보는 것만으로 충분할 것이다!" 빅토르 푸르넬, 『파리의 거리에서 볼 수 있는 것들』, 파리, 1858년, 293/4페이지(「간판과 포스터」).

[I 5, 4]

알퐁스 카르의 실내. "그의 집은 평범하지 않다. 현재 그는 비비엔 가의 7층인가 8층인가에 살고 있다. 예술가가 비비엔 가에 살다니! 그의 방은 검은색 벽지로 도배되어 있다. 창문은 보라색 또는 흰색의 불투명 유리로 되어 있다. 내가 들은 바로는 책상도 의자도 없으며(어쩌다가 한번 찾아오는 손님을 위한 의자 하나만을 갖고 있을 뿐이다) 옷을 입은 채로 소파 겸용 침대에서 잔다고 한다. 그는 터키 사람처럼, 즉 쿠션 위에서 살고 있는데, 바닥 위에 엎드려 글을 쓴다. …… 방의 벽은 온갖 낡아빠진 잡동사니로 장식되어 있다. …… 중국제 화병, 데스마스크, 플뢰레|펜싱 검|, 담배 파이프가 비좁게 놓여 있다. 하인으로는 머리부터 발끝까지 진홍색 옷으로 차려 입도록 한 흑백 혼혈아를 하나 두고 있다." 쥘 르콩트, 『반 엥겔곰의 편지』, 달메라스 판, 파리, 1925년, 63/64페이지.   [I 5, 5]

도미에의 「살롱에서의 스케치」에서. 동료들에게서 벗어난 한 예술 애호가가 평원의 풍경을 배경으로 두 그루의 애달픈 포플러나무를 그린 한 장의 그림을 가리키고 있다. "우리 사회보다 더 타락하고 부패한 사회가 또 있을까. …… 사람들은 모두 많건 적건 기괴한 장면을 그린 그림밖에는 보려고 하지 않으며, 아름답고 순수한 자연을 그린 그림 앞에서 발길을 멈추는 사람은 단 하나도 없다. ……"

[I 5a, 1]

런던의 어느 살인 사건의 경우 살해당한 피해자의 신체 일부와 함께 의복 조각이 들어 있는 주머니가 발견된 것이 단서가 되었다. 경찰은 이것들부터 몇 가지 결론을 이끌어냈다. "'하나의 미뉴에트 속에도 얼마나 많은 것이 담겨 있는가!'라고 한 유명한 무용가는 말하곤 했다. 상황을 조금 바꾸어 말해보자면 또는 굳이 사람들이 원한다면 이렇게 말할 수 있지 않을까. 하나의 짤막한 외투도 얼마나 많은 것을 말해주고 있는가! 어떤 사람이 프록코트를 입을 때마다 언젠가는 그것이 수의로 사용될 수도 있으리라고 생각할지도 모른다고 말하는 것은 너무 불쾌한 일이라고 말할지도 모르겠다. 나의 가설이 온통 장밋빛만은 아니라는 것은 나도 인정한다. 그러나 앞서 언급한 대로 …… 이번 일주일은 아무래도 음울하기 짝이 없다." H. 드 페느, 『안에서 본 파리』, 파리, 1859년, 236페이지.

[I 5a, 2]

왕정복고기의 가구. "카나페|소파|, 디방, 오토만|터키의 긴 의자|, 코죄즈|2인용 안락의자|, 도르뫼즈|잠자는 의자|, 메리디엔|낮잠용 소파|." 자크 로비케, 『왕정복고기의 예술과 취미』, 파리, 1928년,

202페이지.   [I 5a, 3]

"우리는 이미 …… 인간은 혈거 상태, 하지만 소외된 적대적 형태의 혈거 형태로 되돌아가고 있다고 말한 바 있다. 야성의 인간은 …… 동굴 안에 있을 때 마치 자기 집에 있는 것같이 느낀다. …… 그러나 지하에 있는 빈민들의 주거는 서먹서먹한 힘을 띤 적대적인 주거로 가난한 사람들이 피땀 어린 노력을 쏟아 부어야만 주어진다. 그는 결코 이 주거를 자기 고향처럼, 즉 마침내 '여기 내 집에 있다'라고 외칠 수 있는 장소로 느낄 수가 없다. 오히려 그는 누군가 다른 사람의 집에, 즉 날마다 그를 기다리며 매복하고 있다가 임대료를 지불하지 않으면 즉시 내쫓아버리는 누군가 다른 사람의 집에 있는 듯이 느끼게 된다. 마찬가지로 그는 이러한 주거가 질적인 면에서 부의 천국에 있는 군주가 사는 인간다운 주거와는 정반대라는 것을 알고 있다." 칼 마르크스, 『역사 유물론』, 란츠후트/마이어 편, 라이프치히, <1932년>, 1권, 325페이지(『국민경제학과 철학』).[25]   [I 5a, 4]

포에 대한 발레리의 발언. 그는 문학 작품의 조건과 작용 법칙 일반에 대한 포의 비길 데 없는 이해력을 강조한다. "진정 일반적인 것의 특성은 풍요로움에 있다. …… 따라서 강력하고 확실한 방법을 소유하고 있던 포가 여러 장르의 발명가가 되어 과학적 단편, 현대적인 우주 진화론의 시, 탐정 소설, 병적인 심리 상태의 문학 등 상이한 장르의 최초의 …… 모범을 제시했던 것도 그리 놀랄 만한 일은 아니다." 발레리, 「<보들레르의> '악의 꽃' 서<문>」, <파리, 1926년>, XX페이지.   [I 5a, 5]

파리의 한 살롱에 대한 고티에의 아래의 묘사에서는 인간이 실내 속에 하나로 통합되어 있는 듯한 모습이 과감하게 표현되어 있다. "귀신에 홀린 듯한 시선이 부인들 무리에 쏟아진다. 부인들은 반쯤 몸을 구부린 채 부채질을 하면서 이야기를 나누는 사람들에게 귀를 기울이고 있다. 눈은 다이아몬드처럼 반짝반짝 빛나고 있으며, 어깨는 비단처럼 빛나며 입술은 꽃처럼 벌리고 있다"(인공적인 것이 떠오르는 것이다!).『19세기의 파리와 파리 사람들』, 파리, 1856년(테오필 고티에,「서론」), IV페이지.   [I 6, 1]

채 완성되지 못하고 끝나버린 레 자르디 저택[26]을 장식하고 있는 발자크의 실내. "이 저택은 …… 소위 드 발자크 씨가 필생 가장 큰 심혈을 기울였으나 결코 완성시킬 수 없었던 소설 중의 하나였다. …… 고즐란[27] 씨는 이렇게 말하고 있다. '인내심을 갖고 기다리고 있는 이들 벽에서는 아래와 같은 착상이 목탄으로 기록되어 있는 것을 발견할 수 있다. 여기는 그리스의 파로스 섬에서 나오는 대리석으로 덮을 것, 여기는 히말라야 삼목을 대좌로 사용할 것, 여기는 천장에 외젠 들라크루아의 그림을 그릴 것, 여기는 운모 대리석으로 된 난로를 설치할 것.'" 알프레드 네트망,『7월 왕정 하에서의 프랑스 문학의 역사』, 파리, 1859년, 2권, 266/267페이지.   [I 6, 2]

실내 장章의 결말은 영화 |장으로| 들어가기 위한 소도구가 등장하는 부분이 되어야 한다.   [I 6, 3]

E. R. 쿠르티우스는 발자크의 『소시민』에서 다음 부분을 인용하고 있다. "고삐 풀린 투기는 혐오스럽게도 해마다 건물 천장의 높이

를 낮추고 예전이라면 응접실 하나 정도밖에 안 되는 넓이에 주거 공간을 전부 줄여서 집어넣었으며 정원에 죽기 살기식의 전쟁을 선포했다. 이러한 투기는 어쩔 수 없이 파리의 풍속에 영향을 미칠 것이다. 곧 어쩔 수 없이 집 안에서 지내는 것보다 바깥에서 지내는 일이 더 많아질 것이다." 에른스트 로베르트 쿠르티우스, 『발자크』, 본, 1923년, 28페이지. 거리의 중요성이 여러 가지 이유에서 증가하고 있다. [I 6, 4]

주거 공간의 축소와 실내를 아름답게 꾸미려는 경향의 증대 간에는 아마 어떤 관계가 존재할 것이다. 전자에 관해서는 발자크가 중요한 점을 확인해주고 있다. "작은 그림들밖에는 찾지 않게 될 것이다. 큰 그림은 걸 곳이 없기 때문이다! 장서를 어떻게 수납할 것인지도 머지않아 골치 아픈 문제가 될 것이다. …… 어떠한 것이든 도대체 쌓아둘 장소가 없어진다! 따라서 금방 쓰고 버릴 상품을 구입하게 된다. '속옷이나 책은 오래가지 않을 것이며, 한번 쓰면 끝이다. 사람 손으로 만들어진 것은 어떠한 것이든 망가지게 되어 있다.'" 에른스트 로베르트 쿠르티우스, 『발자크』, 본, 1923년, 28/29페이지. [I 6, 5]

"식당이며 객실을 호화롭게 물들이는 석양빛은 아름다운 휘장을 통해 또는 납 창살로 무수한 칸으로 나누어진, 장식 붙은 저 높은 창문을 통해 새어든다. 가구는 거대하고, 신기하고, 야릇하며, 세련된 사람들의 넋과 같은 비밀과 자물쇠로 무장되어 있다. 거기에 거울과 금속, 피륙과 같은 금은 세공품, 그리고 도기 등은 보는 사람의 눈에 소리 없는 신비로운 교향곡을 연주한다." 샤를 보들레

576

르, 『파리의 우울』(시몬 판), 파리, 27페이지(「여행에의 권유」).[28]

[I 6a, 1]

'Comfort'[29]의 어원. "그것은 예전에는 영어에서 위로consolation를 의미했다(Comforter는 위로하는 자인 성령의 형용사이다). 이후 이 단어의 의미는 대신 안락함으로 바뀐다. 오늘날에는 세계의 모든 언어에서 이 말은 합리적인 편의만을 가리킨다." 블라지미르 웨이들레, 『아리스타이오스의 벌꿀』, 파리, <1936년>, 175페이지(「예술의 임종」).

[I 6a, 2]

"몸가짐이 가벼운 젊은 여재봉사들은 …… 더이상 임대한 방에서 살지 않으며 스튜디오에서 산다(점점 더 자주 도처에서 주거용 방을 '스튜디오'라고 부르는 것을 듣게 된다. 마치 예술가나 학생이 점점 증가하기라도 하듯이 말이다)." 앙리 폴레스, 「상업 예술」(『방드르디』, 1937년 2월 <12>일자).

[I 6a, 3]

현대의 행정 기구를 통해 흔적이 증대하는 것. 발자크는 그것에 주목하고 있다. "프랑스의 불쌍한 여인들이여, 세상에 파묻혀 문명의 한가운데에서 극히 시시한 사랑의 이야기를 자아내기 위해 최선을 다하라. 문명은 공공의 광장에서 전세 마차의 도착과 출발 시각을 알리고, 모든 편지를 센 다음 편지가 우편함에 투입될 때와 배달될 때 두 번에 걸쳐 우표를 붙이고 가옥에 번호를 매기며 …… 그리고 언젠가는 토지 대장의 광대한 종이 위에 기록되어 있는 …… 마지막 땅뙈기에 이르기까지 등록된 땅 전체를 소유하게 되리라. 그것은 거인의 명령에 따라 수행되는 거인의 일이다." 발자크, 『모데

실내, 흔적 577

스트 미뇽』, 레지스 메사크,『'탐정 소설' 과 <과학적 사고의 영향>』, 파리, 1929년, 461페이지에서 인용. [I 6a, 4]

"빅토르 위고는 서서 일한다. 그는 작은 책받침대 역할을 해줄 만한 오래된 가구를 찾지 못했기 때문에 의자와 두 개의 접책을 겹쳐 놓고 위에는 두꺼운 천을 덮은 다음 그 위에서 글을 쓴다.『성서』위에,『뉘른베르크 연대기』위에 이 시인은 팔꿈치를 대고 종이를 펼친다." 루이 윌바크,『동시대의 사람들』, 1883년(레이몽 에스콜리에,『본 사람들이 말하는 빅토르 위고』, 파리, 1931년, 352페이지에서 인용). [I 7, 1]

루이-필립 양식. "부풀어 오른 배腹가 모든 것에 만연해 있으며, 심지어 추시계에서조차도 ……." [I 7, 2]

묵시론적인 실내가 있다. 이 세기 중엽의 부르주아적 실내의 보완물 같은 것이 그렇다. 그것은 빅토르 위고에서도 찾아볼 수 있다. 그는 교령술의 계시에 대해 이렇게 쓰고 있다. "나는 강력한 계시에 의해 한때 인간으로서의 애처로운 자존심을 제지당한 적이 있다. 그것은 나의 작은 갱부의 램프 주위에 번개와 유성의 빛을 던졌다." 『명상시집』에서 그는 이렇게 말하고 있다.

"우리는 죽음을 연상시키는 이 공허함 속에서 무수한 소리에 귀를 기울인다.
우리는 어둠 속을 헤매며 듣는다.
어둠을 떨게 만드는 숨소리를.
그리고 때로는 끝을 알 수 없는 밤의 어둠에 빠져

> 우리는 영원의 창문이
>
> 무시무시한 빛으로 빛나는 것을 본다"

클로디우스 그리예,『교령술자 빅토르 위고』, <리옹/파리, 1929
년>, 52페이지와 22페이지에서 인용.   [I 7, 3]

1860년경의 주거에 대해. "그 아파트는 …… 앙주 가에 위치해 있
었다. 그것은 …… 융단, 문에 치는 커튼, 꽃 모양의 술이 달린 천,
이중 커튼으로 …… 장식되어 있다. 이들을 보고 있노라면 헐거 시
대에 이어 벽걸이 시대가 도래한 것처럼 생각될 정도이다." 루이즈
바이스,『공화정 시대의 유년기의 추억』, 파리, <1937년>, 212페
이지.   [I 7, 4]

유겐트슈틸의 실내가 그에 선행하는 실내와 맺고 있는 관계의
본질은 부르주아가 자신의 알리바이를 박물지Naturgeschichte(특
히 식물의 세계)에서 찾을 수 있는 한층 더 엉성한 알리바이를 통해
역사 속에 은폐하려는 데서 찾을 수 있다.   [I 7, 5]

방물 상자, 그리고 이전 세기의 부르주아 가정에서 가정용품을
덮었던 덮개와 씌우개는 저마다 흔적을 받아들이고 보존하기 위한
준비 수단이기도 했다.   [I 7, 6]

실내의 역사에 관해. 초기의 공장 공간들이 주택과 비슷한 양상
을 띤 것은 그것이 아무리 목적에 맞지 않고 위화감을 주더라도 다
음과 같은 점에서는 마음을 편안하게 해주는 측면을 갖고 있었기
때문이다. 즉 이러한 공간 안에서는 공장주를 풍경화의 첨경添景 인

물로 생각할 수 있을 뿐만 아니라 자기 기계 곁에서 자기 자신의 장래의 위대한 모습뿐만 아니라 기계의 장래의 위대한 모습도 함께 꿈꾸고 있는 모습으로 상상할 수 있도록 해준다는 점이 그것이었다. 기업가가 작업장과 분리되면 공장 건물의 이러한 성격도 사라진다. 자본은 또 기업가를 그의 생산 수단에서 소외시키고, 생산 수단의 장래의 위대한 모습을 그리는 것은 다시는 꿀 수 없는 꿈이 된다. 마이 홈의 탄생과 더불어 이러한 소외 과정이 완결된다.　　　[I 7a, 1]

"가구, 즉 실용과 장식용으로 우리를 둘러싸고 있는 여러 종류의 사물은 19세기 초기의 몇십 년 동안에는 아직 교육 정도가 낮은 계층에서 최상급의 교양 계층에 이르기까지 요구하는 바가 상대적으로 매우 소박하고 오래가는 것이었다. 이리하여 인격과 주변의 사물들이 '유착'하게 되었다. …… 그러나 이러한 상황은 사물이 세개의 다른 차원으로 세분화됨으로써 …… 중단되었다. 우선 종목별로 만들어진 사물의 다양성만으로도 각각의 사물과 긴밀한 …… 관계를 맺는 것이 어렵게 되었다. …… 집안의 집기를 손질하는 일이 말 그대로 물신을 모시는 의식이 되어버렸다는 주부들의 탄식에서 이 점을 확인할 수 있다. …… 종적 관계에서의 세분화 또한 횡적 관계에서의 세분화와 동일한 결과를 가져왔다. 유행의 변화는 주체와 객체가 서로에게 뿌리내려가는 과정을 단절시켜버린다. …… 세번째로는 …… 매일 우리가 보게 되는 사물이 우리에게 보여주는 스타일의 다양성." 게오르그 짐멜, 『화폐의 철학』, 라이프치히, 1900년, 491~494페이지.　　　[I 7a, 2]

흔적 이론에 관해. "그('항만장 …… 주변 해역의 일종의 부-해신海

580

神', 44/45페이지)가 보기에 관공서 건물의 신성화된 벽 바깥에서 현실과 싸우고 있는 사람들에 비해 보자면, 항구에 있는 선원 전부가 그렇겠지만 나 같은 사람은 그저 공문서의 등록 대상, 용지에 기입해야 할 대상에 불과했다. 게다가 그는 펜과 잉크를 들고 뭔가를 기록하는 사람이 가질 수 있는 온갖 인위적인 우월성까지도 과시하고 있었다. 그에게 우리는 필시 유령처럼 생각될 것이 틀림없었다. 뇌도, 근육도, 삶의 고민도 없는 그저 단순한 숫자들로 장부와 거대한 명부에 기입되고 나면 그만이었다. 거의 아무 데도 쓸 데가 없으며, 게다가 구제할 길이 없을 정도로 열등한 존재인 것이다." 조지프 콘래드, 『그림자의 선』, 베를린, <1926년>, 51페이지(|아래에 나오는| 루소의 문구와 비교해볼 것).   [I 7a, 3]

흔적 이론에 관해. 기계화에 의해 훈련은 생산 과정에서 쫓겨난다. 행정 기구의 발전 과정에서도 조직화의 증가는 비슷한 결과를 초래한다. 경험이 풍부한 관리가 훈련을 통해 획득할 수 있는 인지 상정은 더이상 결정적인 것이 아니게 된다. 콘래드가 『그림자의 선』에서 하고 있는 서술과 『고백록』의 한 구절을 비교해보면 이를 알 수 있다.   [I 8, 1]

흔적 이론에 관해. 18세기의 행정 관리. 루소는 베네치아의 프랑스 공사관 서기였을 때 프랑스인의 통행증 수수료를 폐지했다. "내가 통행증 수수료를 개혁했다는 소식이 알려지자마자 통행증을 얻기 위해 자칭 프랑스인들이라고 하는 사람들이 무리를 지어 몰려들기 시작했다. 그들은 횡설수설하면서 어떤 사람은 프로방스인이라고 말하고 또 어떤 사람은 피카르디인이라고도 하고 부르고뉴인이

라고도 했다. 나는 꽤 섬세한 귀로 그들의 억양을 구분해낼 수 있었기 때문에 결코 속지 않았다. |고대 베네치아| 금화를 지불하지 않은 이탈리아인은 단 하나도 없었을 것이며 또 이를 지불한 프랑스인 또한 단 한 명도 없었을 것이다." 장 자크 루소, 『고백록』, 일쉼 편, 파리, <1931년>, 2권, 137페이지.   [I 8, 2]

보들레르는 『가정 잡지』 1852년 10월호에 발표된 포의 「가구의 철학」의 불어 번역본 서론에서 이렇게 말하고 있다. "우리 중에서 한가로운 시간이 많이 남을 때 혼자서 모범적인 아파트, 이상적인 주거, rêvoir[30]를 마음에 그리며 감미로운 즐거움에 심취하지 않을 사람이 누가 있겠는가?" 샤<를> 보<들레르>, 『전집』, 크레페 편, 『포가 만들어낸 그로테스크하며 심각한 이야기들』, 파리, 1937년, 304페이지.   [I 8, 3]

J

[보들레르]

　"오직 너를 위해 즐겁게 내 자신의 바다를
노 저어가며
기묘한 방법으로 하늘로 날아오르고 싶어.
네게 이제까지 한 번도 불려지지 않은 **죽음**의 찬가를 불러주며."

피에르 롱사르, 「죽음의 찬가」, 『루이스 데 마줘르에게』[1]

"보들레르에게 문제가 되었던 것은 …… 분명 …… 이러한 것이었
으리라. '위대한 시인이 되는 것. 하지만 라마르틴, 위고, 뮈세 같
은 시인이 아니라 그와는 다른 위대한 시인이 되는 것.' 물론 보들
레르 본인이 의식적으로 이러한 말을 했다는 이야기는 아니지만
그것은 보들레르에게는 필연적인 것, 어쩌면 보들레르의 본질을
구성하는 것이었다. 그것이 그의 국시國是였다. …… 보들레르는
빅토르 위고를 주시하고 있었다. 그가 위고를 어떻게 생각하고 있
었는지를 추측하는 것은 불가능하지 않다. …… 보들레르는 위고
의 놀랄 만한 재능에 감탄을 금할 수 없었지만 그러한 감탄을 불순
한 점, 경솔한 점과 일일이 구분하면서 그처럼 젊고 매정한 관찰자
에게 충격을 주고, 그것을 통해 가르치고, 장래에 독자적인 예술로

이끌어줄 모든 것을 틀림없이 마음속에 기억해두었을 것이다.
…… 즉 그토록 위대한 예술가가 보들레르로 하여금 거둘 수 있도
록 남겨둔 …… 영광의 기회를 말이다." 폴 발레리, 「서문」(샤를
보들레르, 『악의 꽃』, 폴 발레리 서문, 파리, <1926년>, X, XII/XIV페이
지). 퐁시프 문제.[2]   [J 1, 1]

"1848년 혁명 이전의 몇 년 동안 사람들은 순수 예술인가 아니면
사회 예술인가를 놓고 망설였으며, '예술을 위한 예술'이 우위를
점한 것은 1852년이 한참 지난 이후의 일이다." C. L. 드 리프드,
『1825년에서 1865년까지 프랑스 시에 나타난 생시몽주의』, <할
렘, 1927년>, 180페이지.   [J 1, 2]

르콩트 드 릴은 『시가집』, 1855년의 서문에서 이렇게 쓰고 있다.
"증기나 전신電信에서 착상한 찬가나 송가는 나를 그다지 감동시
키지 못한다." C. L. <드> 리프드, 『1825년에서 1865년까지 프랑
스 시에 나타난 생시몽주의』, 179페이지.   [J 1, 3]

보들레르의 시 「의좋은 형제」와 제화업자인 사비니앙 라푸엥트의
생시몽주의적인 시 「거리」를 비교해볼 것. 후자의 시는 매춘만 다
루고 있는데, 말미에서는 몸을 망친 소녀의 젊은 날을 이렇게 회상
하고 있다.

> "오! 방탕으로 인해 얼마나 많은 꽃들이 채 피지도 못하고 져
> 버렸는지 차라리 모르는 편이 더 나으리.
> 방탕은 죽음처럼 예정보다 빨리 닥쳐와
> 18살 된 소녀가 벌써 늙어 뼈만 앙상하다.

샤를 보들레르(1855년). 나다르의 사진. 오르세 미술관, 파리.
© RMN.

......

그들을 불쌍히 여겨라! 불쌍히!

회심의 매력에 눈이 먼 그들의 천사 같은 얼굴을

거리의 모퉁이에서 부딪혔을 때는 말이다."

올랭드 로드리그, 『노동자의 사회시』, 파리, 1841년, 201페이지
<와> 203페이지. [J 1, 4]

몇몇 날짜들. 보들레르가 바그너에게 처음 편지를 보낸 날, 1860년
2월 17일. 바그너의 파리 콘서트, 1860년 2월 1일과 8일. 『탄호이
저』의 파리 초연, 1861년 3월 13일. 『유럽 평론』지에 보들레르의
바그너 론이 발표된 날짜?[3] [J 1, 5]

보들레르는 "'풍속화가들Peintres de moeurs'에 대한 대 연구"
를 계획하고 있었다. 크레페는 이와 관련해 "그림들 — 나의 커다
란, 유일한, 처음부터의 열정"이라는 보들레르의 말을 인용하고
있다.[4] 자크 크레페, 「보들레르의 조각들」(『메르퀴르 드 프랑스』, 46
년, 262권, 894호, 531페이지, 532페이지). [J 1, 6]

"보들레르는 …… 1852년까지도 아직 뒤퐁의 『가요』의 서문에서
'따라서 예술은 도덕과 유용성으로부터 분리될 수 없으며'라고
쓰고 있으며, '예술을 위한 예술파의 유치한 유토피아'에 대해 말
하고 있다.[5] …… 하지만 1852년 이후 곧 태도를 바꾼다. 이러한 사
회적 예술관은 아마 청년 시절의 교우 관계에 의해 설명될 수 있을
것이다. 뒤퐁은 '왕정 하에서 광적이리만큼 공화주의자였던' 보
들레르가 현실주의적이고 전달하기 쉬운 시를 생각하고 있던 시기

에 그의 친구였다." C. L. 드 리프드, 『1825년에서 1865년까지 프랑스 시에 나타난 생시몽주의』, <할렘, 1927년>, 115페이지.

[J 1a, 1]

보들레르는 2월 혁명|에 직접 가담했던 일|을 곧 잊어버렸다.° 이를 분명하게 보여주는 증거를 자크 크레페는「보들레르의 조각들」(『메르퀴르 드 프랑스』, 46년, 262권, 894호, 525페이지)에 발표한 바 있다. 벨랑제 신부의 『네이와 그곳의 여러 성城의 역사』에 대한 서평 형식의 이 글을 보들레르는 아마 친구인 공증인 앙슬의 의뢰로 쓴 것 같은데, 당시의 신문에 발표했던 것 같다. 보들레르는 이 글에서 "로마 시대부터 이 성이 극히 저속한 열정의 무대이자 희생자가 되었던, 즉 난장판과 파괴의 무대가 되었던 2월의 무시무시한 날들까지의" 이곳의 역사를 서술하고 있다.

[J 1a, 2]

나다르는 <1843~1845년에> 보들레르가 살던 피모당 호텔 근처에서 그를 만났을 때의 복장을 이렇게 묘사하고 있다. "반짝반짝 윤이 나는 장화 위에 바짓자락을 바짝 댄 검은 바지, |농민과 서민들이 입던| 조잡하고 헐렁한 옷, ─ 인부들이 주로 입는 청색 블라우스로 새로 주름을 빳빳하게 넣었다 ─ 머리 장식이라고는 선천적인 곱슬머리에다 길게 자란 검은 머리칼뿐, 흰색 셔츠는 반짝반짝거리는 데다 풀을 먹이지 않고 빳빳하게 깃을 세웠으며, 코 밑에는 털이 거뭇거뭇 나 있고 턱에는 구레나룻이 슬쩍 비치고 있었으며, 거기에 최신 스타일의 장밋빛 장갑. …… 이러한 차림에 모자는 쓰지 않은 채 보들레르는 어색한 발걸음으로 고양이처럼 신경질적인 동시에 맥없이, 마치 계란을 깨지 않도록 조심하며 걷는 것처럼 포

보들레르 587

석을 하나하나 골라가며 그가 사는 구역을 돌아다녔다." 피르맹 메이야르, 『지식인의 도시』, 파리, <1905년>, 362페이지에서 인용.　　　　　　　　　　　　　　　　　　　　　　　　　　[J 1a, 3]

보들레르는 — 억지로 여행에 보내진 이후[7]— 견문이 넓어졌다.
　　　　　　　　　　　　　　　　　　　　　　　　　　[J 1a, 4]

보들레르는 메리옹의 방문 후 1860년 1월 8일 풀레-말라시에게 이렇게 쓰고 있다. "그가 돌아간 후 나는 정신적으로나 신경적으로나 늘 미치는 데 필요한 모든 것을 갖추고 있는 제가 왜 미치지 않았는지를 생각해보았습니다. 진정 이에 대해 저는 하늘에 바리새인의 감사를 드렸습니다." 귀스타브 조프루아, 『샤를 메리옹』, 파리, 1926년, 128페이지에서 인용.　　　　　　　　　　　[J 1a, 5]

보들레르의 「1859년 살롱」, 6장[8]에서<.> 거기에는 메리옹과 관련해 "생의 영광과 고난 속에서 나이를 먹고 늙어온 수도首都의 심오하고도 복잡한 매력"이라는 표현이 나온다. 조금 뒤에서 이 문장은 이렇게 이어진다. "거대한 도시의 자연적인 장대함이 이보다 더 시적으로 묘사된 것을 나는 좀체 본 적이 없다. 쌓아올린 석재의 웅장함, '하늘을 가리키는' 종루들, 창공을 향해 동맹군인 연기를 뿜어내는 산업의 오벨리스크들, 수리 중인 기념 건조물의 경탄할 만한 비계가 건축의 탄탄한 본체에 역설적으로 아름답고 빼어난 건축으로서 붙어 있는 모습, 노여움과 원한을 잔뜩 품은 떠들썩한 하늘, 온갖 드라마가 감추어져 있다는 것을 떠올리게 함으로써 계속 확대되는 온갖 전망의 심오함, 그는 고통스럽지만 동시에 영광

588

스런 문명의 무대 장치를 구성하는 이 모든 복잡한 요소들 중 어느 것도 잊지 않았다. …… 그러나 잔혹한 악마가 하나 메리옹 씨의 두뇌를 스쳐 지나갔다. …… 그리고 바로 이 순간부터 단 하루 만에 강력한 예술가가 되어 극히 불안한 수도의 음울한 장대함을 묘사하기 위해 대양의 장중한 모험에 이별을 고한 이 특이한 해군 사관으로부터 우리를 안도시켜줄 수 있는 소식이 도착하기를 우리는 항상 불안한 마음으로 고대하고 있다."[9] 귀스타브 조프루아, 『샤를 메리옹』, 파리, 1926년, 125/126페이지에서 인용.   [J 2, 1]

출판업자인 들라트르는 보들레르의 해설을 붙여 메리옹의 동판화집을 간행할 계획이었다. 이 계획은 좌절되었다. 하지만 이전에 벌써 메리옹이 이 시인에게 걸맞은 글이 아니라 묘사된 기념 건조물들에 대한 현학적인 해설을 요구했기 때문에 시인은 의욕을 잃었다. 보들레르는 1860년 2월 16일 풀레-말라시에게 보내는 편지에서 이 일에 대해 불평을 늘어놓았다.   [J 2, 2]

메리옹은 <퐁뇌프>라는 자기 동판화 밑에 이런 시를 첨가했다.

　　　"최근의 칙령에 의해

　　　모두 새롭게 재단장된

　　　오래된 퐁뇌프의

　　　정확한 닮은 꼴 여기 잠들다.

　　　오, 박식한 의사들이여,

　　　솜씨 좋은 외과의들이여,

　　　왜 돌다리에게 해준 것을

　　　우리에게는 못 해주는가."

조프루아에 따르면 ─ 그는 분명 다른 판에 인쇄되어 있는 이 동판
화에서 이 문장을 따오고 있다 ─ 마지막 두 행은 "왜 돌다리石橋를
/상품화하는지 말해달라"였다고 한다. 귀스타브 조프루아, 『샤를
메리옹』, 파리, 1926년, 59페이지.   [J 2, 3]

메리옹의 판화에서 볼 수 있는 진기한 장면들. 「샹트르 가」. 전경의
정면 쪽, 거의 창문 하나 없는 건물 벽의 사람 키 높이의 위치에 포
스터가 하나 붙어 있는데, 거기에는 '해수욕'이라고 쓰여 있다<조
프루아, 『샤를 메리옹』, 앞의 책, 144페이지 참조>. ─ 콜레주 앙리 4
세. 이에 대해 조프루아는 이렇게 쓰고 있다. "이 콜레주와 정원 그
리고 이곳과 이웃해 있는 몇 채의 집들을 둘러싼 주위 공간은 텅 비
어 있었는데, 느닷없이 메리옹이 대양처럼 펼쳐진 파리를 대신해
이러한 공간을 산과 바다의 풍경으로 채워넣기 시작했다. 돛과 갑
판이 나타나고, 바닷새가 떼지어 날고, 이처럼 환(등)상적인 풍경
들이 극히 엄밀한 설계도 주위로, 창문들, 나무들이 심어져 있는
정원들에 의해 규칙적으로 뚫려 있는 높은 콜레주 건물들 주위로
…… 검게 그을린 지붕과 빼곡히 늘어서 있는 굴뚝과 정면이 하얀
주변의 집들을 둘러싸고 있다." 조프루아, 앞의 책, 151페이지. ─
해군성. 말과 전차와 돌고래가 무리지어 구름을 헤치고 해군성을
향해 나아가고 있다. 배와 바다뱀도 이 행렬에 합류하고 있다. 이
들 무리 속에는 인간의 형상을 한 몇몇 생물도 보인다. "이것은
…… 메리옹이 동판화로 만든 최후의 파리 풍경일 것이다. 그는 꿈
속에서 요새처럼 견고한 이 건물을 공격할 정도로 그를 괴롭혀온
이 도시에 이런 식으로 이별을 고하고 있는 것이다. 청춘이 꽃피던
시절, 먼 곳의 섬들로 출항하려고 했을 때 그는 이 해군성에서 젊은

퐁뇌프. 샤를 메리옹의 동판화(1853~1854년). [J 2, 3]을 보라.

기수로 복무하고 있었다." 조프루아, 앞의 책, 161페이지. ■산책
자■   [J 2a, 1]

베랄디는 이렇게 말한다. "메리옹의 제작 방법은 비길 데 없다. 특
히 단단하고 결연한 선의 아름다움과 자긍심이 우리 마음을 사로
잡는다. 그처럼 아름다운 직각 절단면은 이렇게 제작한다고 한다.
먼저 이젤 위에 동판을 세워놓고 팔을 뻗은 상태에서 동판화용 바
늘 침을 (검처럼) 잡고 위에서 아래로 천천히 손을 움직이면서 제작
한다는 것이다." 샤를 메리옹, 『파리 풍경 동판화집』, R. 카스티넬
리의 서문, 「샤를 메리옹」, [III]페이지에서 인용.   [J 2a, 2]

메리옹은 파리 풍경을 그린 22개의 동판화를 1852~1854년 사이
에 제작했다.   [J 2a, 3]

파리 특산품article de Paris은 언제 등장했을까?   [J 2a, 4]

콜레라를 다룬 도미에의 데생 한 점에 대한 보들레르의 말은 메
리옹의 몇몇 동판화에도 그대로 적용될 수 있을 것이다. "파리의 하
늘은 대재해나 정치적 대혼란을 겪을 때면 어김없이 나타나는 역설
적인 관례대로 맑게 개어 있다. 구름 한 점 없이 맑으며 폭염이 작열
하고 있다." 샤를 보들레르, 『도미에의 데생』, 파리, <1924년>, 13페
이지.[10] ■먼지, 권태■   [J 2a, 5]

'우울한 둥근 하늘 아래'는 샤를 보들레르, 『파리의 우울』, 파리
(시몬 판), 8페이지(「사람마다 키마이라를」)에 나온다.[11]   [J 2a, 6]

592

"보들레르의 철학적 · 문학적 …… 가톨리시즘은 신과 악마 사이에 거주할 수 있는 …… 중간적인 장소를 필요로 했다. '림보'라는 제목은 보들레르 시의 그러한 지리적 위치를 나타내고 있는데, 이를 통해 보들레르가 각 시의 순서를 어떤 식으로 정하려고 했는지를 한층 더 잘 이해할 수 있을 것이다. 그것은 여행의 순서, 좀더 구체적으로는 「지옥」, 「연옥」, 「천국」을 도는 단테의 세 개의 여행 후에 이어지는 네번째 여행의 순서를 따르고 있다. 이 피렌체 시인이 파리의 시인 속에서 계승되고 있는 셈이다." 알베르 티보데, 『프랑스 문학사 ― 1789년에서 현대까지』, 파리, <1936년>, 325페이지.   [J 3, 1]

알레고리적 요소에 대해. "디킨스는 …… 궁핍하게 살던 당시 몰래 숨어 들어가던 커피숍 중의 하나인 성 마틴 성당 골목길에 있던 커피숍에 대해 이렇게 말하고 있다. '그 커피숍에 대해서는 그것이 교회 근처에 있었으며 입구에는 COFFEE ROOM이라고 쓰여진 타원형의 유리 간판이 길 쪽을 향해 놓여 있던 것밖에 기억나지 않는다. 지금, 이와 전혀 다른 커피 룸에 들어가도 유리 위에는 같은 글자가 쓰여 있는 것을 볼 수 있는데, (당시 비참한 상태에서 자주 몽상에 잠겨 했던 대로) 뒤에서부터 이를 Moor Eeffoc라고 읽으면 핏속에까지 전율이 치솟는다.' Moor Eeffoc라는 이 야생의 언어는 모든 진정한 사실주의의 모토이다." G. K. 체스터튼, 『디킨스』 (명사들의 생애 총서 9권), 로랑 뒤퐁/마르탱 뒤퐁의 불역, 파리, 1927년, 32페이지.[12]   [J 3, 2]

디킨스와 속기술. "그는 알파벳을 전부 익힌 후 '일련의 끔찍한 것', 소위 관용 문자에 직면하게 된 경위를 이렇게 서술하고 있다. '그것은 이제까지 내가 알아온 문자 중 가장 전제적인 것이었다. 예를 들어 이제 막 만들어지기 시작한 거미집 같은 것은 **예측**을 의미하며, 필기 용구로 된 날아가는 불꽃과 같은 것은 **불리하다**는 의미였다.' 그런 다음 이렇게 결론을 내리고 있다. '거의 절망적이다.' 그러나 그의 한 동료가 '결코 그와 같은 속기 작가는 일찍이 없었다'고 결론을 내린 것은 의미심장하다." G. K. 체스터튼, 『디킨스』(명사들의 생애 총서 9권), 로랑 뒤퐁/마르탱 뒤퐁의 불역, 파리, 1927년, 40/41페이지. [J 3, 3]

발레리(『악의 꽃』의 서<문>, 파리, 1926년)는 보들레르에게서 '영원과 친밀성'이 결합되어 나타난다고 말한다(XXV페이지). [J 3, 4]

『'악의 꽃'의 저자 샤를 보들레르를 위한 변호론집』, 파리(1857년)에 실린 바르베 도르빌리의 변호론에서. 33페이지의 이 소책자에는 이 밖에도 뒬라몽, 아슬리노, 티에리의 변호론도 수록되어 있으며, 재판을 위해 보들레르가 자비로 인쇄한 것이다.[13] "시인은 다른 사람을 아연실색케 하지만 본인도 벌벌 떨며 창백한 카네포루스[14]처럼 공포로 인해 머리카락마저 곤두선 머리 위에 이고 나르는 이 소름끼치는 꽃바구니에서 나는 향내를 맡을 수 있도록 해주려고 했다. …… 그의 재능은 …… 그 자체가 데카당스의 온실에서 자라는 악의 꽃이다. …… 『악의 꽃』의 저자에게는 실제로 단테적인 어떤 것이 있지만 그것은 몰락하는 시대의 단테이며, 무신론자인 현대의 단테, 볼테르 이후에 찾아온 단테이다." W. T. 방디, 『동시대인들이 본 보들레르』, 뉴욕, <1933년>, 167/168페이지에서 인용.   [J 3a, 1]

『프랑스 시인선 — 프랑스 시 걸작선』, 외젠 크레페 편, 파리, 1862
년, 4권, 『현대 시인』 편에 들어 있는 고티에의 보들레르 해설. "우
리는 …… 『악의 꽃』을 읽으면 어쩔 수 없이 호손의 어느 이야기
(『라푸치니의 딸』)를 떠올리게 된다. …… 보들레르의 뮤즈는 어떤
독약도 듣지 않지만 안색에 핏기가 없고 창백한 안색이 그녀가 살
고 있는 생활 환경으로부터 어떤 영향을 받았는지를 금방 드러내
는 박사의 딸을 닮았다." W. T. 방디, 『동시대인들이 본 보들레르』,
뉴욕, <1933년>, 174페이지에서 인용.   [J 3a, 2]

발레리에 따른 포 미학의 주요 주제: 작문|구성|의 철학|원리|,[15]
인공적인 것artificiel에 관한 이론, 현대성의 이론, 별나고
exceptionnel 해괴한 것étrange에 관한 이론.   [J 3a, 3]

"따라서 보들레르에게 문제가 되었던 것은 아마 …… 아니 분명
…… 이러한 것이었으리라. '위대한 시인이 되는 것. 하지만 라마
르틴, 위고, 뮈세 같은 시인이 아니라 그와는 다른 위대한 시인이
되는 것.' 물론 보들레르 본인이 의식적으로 이러한 말을 했다는
이야기는 아니지만 그것은 보들레르에게는 필연적인 것, 어쩌면
보들레르의 본질을 구성하는 것이었다. 그것이 그의 국시國是였다.
자부심의 영역이기도 한 창조의 영역에서 두드러질 필요성은 삶
그 자체와 분리 불가능하다." 『악의 꽃』, 파리, 1928년, 폴 발레리
의 서문, X페이지.   [J 3a, 4]

레지스 메사크(<『'탐정 소설' 과 과학적 사고의 영향』, 파리, 1929년>, 421페이지)는 1852년 2월 1일자 『연극 주보』에 발표<된> '두 개의 어스름[16]' 이 1857년부터 연재되기 시작한 퐁송 뒤 테레이유의 『파리의 드라마』의 몇몇 구절에 어떤 영향을 미쳤는지를 지적하고 있다.   [J 3a, 5]

『파리의 우울』에는 원래 '고독한 산책자' 라는 제목을 붙일 계획이었다. 『악의 꽃』에는 '림보' 라는 제목을 붙일 생각이었다.
                                                                            [J 4, 1]

「젊은 문인들에게 주는 충고」에서. "내일의 작품에 대한 끈질긴 명상 속에서 살 생각이라면 매일 하는 일이 영감을 불러일으키는 데 기여할 것이다." 샤를 보들레르, 『낭만파 예술』(아세트 판, 3권), 파리, 286페이지.[17]   [J 4, 2]

보들레르는 "어렸을 때 어른들 책밖에는 읽지 못했는데, 그것이 다행인지 불행인지는 모르겠다"고 고백하고 있다. 샤를 보들레르, 『낭만파 예술』, 파리, 298페이지(「도의파道義波의 드라마와 소설」).
                                                                            [J 4, 3]

하이네에 관해<:> "그의 문학은 유물론적 감수성에 의해 오염되었다." 보들레르, 『낭만파 예술』, 파리, 303페이지(「이교도파」).
                                                                            [J 4, 4]

『파리의 우울』에서 「이교도파」로 잘못 넘어간 모티브. "왜 가난한 사람들은 구걸할 때 장갑을 끼지 않을까? 그렇게 하면 한 재산 모을 수도 있을 텐데 말이다." 보들레르, 『낭만파 예술』, 파리, 309페이지. [J 4, 5]

"머지않아 과학과 철학이 마치 형제처럼 손잡고 걸어가기를 거절하는 모든 문학은 살인과 자살의 문학이라는 것이 이해될 때가 올것이다." 보들레르, 『낭만파 예술』, 파리, 309페이지(「이교도파」의 마지막 문장). [J 4, 6]

이교도파의 품안에서 자란 사람에 대한 보들레르의 견해. "그의 영혼은 부단히 들뜨고 진정할 줄 모르는 채 세계를, 뭔가에 몰두해 있어 바쁜 세계를 싸돌아다닌다. 말하자면 매춘부처럼, 조형적일 것!, 조형적일 것!이라고 외치며 마치 매춘부처럼 싸돌아다닌다. 조형적일 것 ― 이 무시무시한 말을 들으면 소름이 오싹 돋는다." 보들레르, 『낭만파 예술』, 파리, 307페이지.[18] [J 22a, 2]를 참조할 것. [J 4, 7]

빅토르 위고의 초상에서 나오는 한 구절. 여기서 보들레르는 마치 판화가가 난외欄外에 자기 초상을 그려넣듯이 한 종속절에서 자기 초상을 끼워넣고 있다. "그가 바다를 그리면 어떠한 해양화도 그의 묘사를 따라가지 못한다. 대양의 표면의 물결을 헤치고 나가거나 또는 바다를 항해하며 포말을 일으키는 배들은 다른 화가들이 그린 어떠한 배들보다 더 사나운 투사 같은 모습, 나무와 철 그리고 범포帆布로 만들어진 기하학적·기계적 장치에서 불가사의하게 발산되는 의지와 동물성의 성격을 갖게 될 것이다. 인간에 의해 창조

된 괴물 같은 동물, 이것에 바람과 물결이 운동의 아름다움을 부여
해준다." 보들레르, 『낭만파 예술』, 파리, 321페이지(「빅토르 위고」).

[J 4, 8]

오귀스트 바르비에와 관련된 표현 하나. "영감을 얻은 사람들의
천부적 대범함." 보들레르, 『낭만파 예술』, 파리, 335페이지.

[J 4a, 1]

보들레르는 ― 방빌 론에서 ― 이 서정시인의 시의 특징을 묘사
하면서 모든 사항 하나하나가 본인의 시와 정반대라는 것을 보여준
다. "**신격화**라는 말은 시인이 영광과 빛의 혼합을 …… 묘사해야 할
때 펜에서 저항하기 힘들게 흘러나오는 말 중의 하나이다. 그리고 만
약 자신에 대해 말할 기회가 있더라도 서정시인은 책상 위에 몸을
웅크리고 …… 잘 떠오르지 않는 구절과 격투를 벌이거나 …… 하고
있는 자신의 모습을 묘사하지는 않을 것이다. …… 허름하고, 음침하
고, 난장판인 방에 있는 모습으로 묘사하지 않듯이 말이다. 자기가
죽은 모습을 그릴 때도 나무 관에 들어가 수의 속에서 썩어가는 모
습으로는 보여주려고 하지 않을 것이다. 그것은 거짓말하는 것이
다." 보들레르, 『낭만파 예술』, 파리, 370/71페이지.   [J 4a, 2]

보들레르는 방빌 론에서 신화를 알레고리와 함께 언급한 후 계속
해서 이렇게 말한다. "신화란 살아 있는 상형문자들의 사전이다."
보들레르, 『낭만파 예술』, 파리, 370페이지.   [J 4a, 3]

현대성과 악마성의 결합. "현대시는 동시에 회화, 음악, 조각, 아

라베스크 예술, 조소적인 철학, 분석적인 정신과도 관련되어 있다. …… 어쩌면 거기서 타락의 징조를 보는 사람들이 있을지도 모른다. 그러나 여기서는 이 문제를 상술하고 싶지 않다." 그럼에도 불구하고 몇 페이지 뒤에서는 베토벤, 마투린, 바이런, 포를 열거한 후 이렇게 쓰고 있다. "내가 말하고 싶은 것은 현대 예술에는 본질적으로 악마적인 경향이 내재되어 있다는 점이다. 그리고 인간의 그러한 지옥 같은 부분은 …… 나날이 증가하고 있는 듯하다. 마치 양계업자처럼 악마가 좀더 맛있는 먹거리를 마련하기 위해 가축 우리에서 끈질기게 우리 인류를 강제로 살찌우는 식으로 인공적으로 그러한 부분을 증대시키는 것을 즐기기라도 하듯이 말이다." 보들레르, 『낭만파 예술』, 파리, 373/374페이지. 악마성이라는 개념은 현대성이라는 개념이 가톨리시즘에 수렴될 때 등장한다.　　　　　　　　　　　　[J 4a, 4]

르콩트 드 릴에 대해. "로마에 대한 타고난 편애 때문에 그리스 시를 읽고 의당 느껴야 할 걸 일절 느낄 수 없었다." 보들레르, 『낭만파 예술』, 파리, 389/390페이지. 지하적 세계관. 가톨리시즘. [J 4a, 5]

보들레르에게서 현대성이 한 시대의 각인Signatur으로서뿐만 아니라 이 시대가 직접 고대를 자기 것으로 변형시킬 수 있도록 해주는 에너지로서도 나타나는 것은 아주 중요하다. 현대성이 맺게 되는 온갖 관계 중 고대와의 관계가 특히 중요하다. 따라서 보들레르는 위고가 "고대의 송가와 비극을 오늘날 우리가 알고 있는 시와 드라마로 변형시킬 …… 숙명"이었다는 것을 인정하고 있다. 보들레르, 『낭만파 예술』, 파리, 401페이지(「'레미제라블' 서평」). 보들레르가 보기에 이것은 바그너가 하는 기능이기도 했다.　　　　　　[J 5, 1]

천사가 불신자不信者를 징벌하는 몸짓. "종종 시인, 철학자가 제멋대로인 행복의 머리카락을 움켜쥐고 그것의 코끝을 피와 오물 속에 넣고 흔들어대며 '네 소행을 보라, 네 짓거리를 보라'고 말하는 것도 유용하지 않을까?" 보들레르, 『낭만파 예술』, 파리, 406페이지(「'레미제라블' 서평」).   [J 5, 2]

"교회 …… 아무도 쫄 권리도 없는 약국!" 보들레르, 『낭만파 예술』, 파리, 420페이지(「'보바리 부인' 서평」).   [J 5, 3]

"보바리 부인은 내부에 있는 더할 나위 없이 정력적이며 야심만만한 부분, 또한 몽상적인 부분에서 …… 남성으로 남아 있을 수 있었다. 제우스의 머리에서 완전 무장한 채 튀어나온 팔라스|아테나|처럼 이 색다른 양성 소유자는 매혹적인 여자의 몸 안에 남성적인 혼을 지닌 유혹의 힘을 모두 갖고 있었다." 이어 플로베르에 대해. "모든 **지적인** 여성들은 여성이라는 것을 이처럼 높은 수준까지 격상시키고 …… 또 완전한 존재를 구성하는 타산과 몽상이라는 두 가지 성격까지 갖도록 해준 데 대해 그에게 감사의 마음을 갖게 될 것이다." 보들레르, 『낭만파 예술』, 415페이지와 419페이지.
                          [J 5, 4]

"히스테리! 이 생리학적 수수께끼가 문학 작품의 기반과 본질을 이뤄서 안 될 이유라도 있는가? 의학 아카데미도 아직 풀지 못한 수수께끼를 말이다. 이것은 여성들에게서는 어떤 덩어리가 올라와 숨을 막히게 하는 느낌으로 나타나며, …… 신경질적인 남성의 경우에는 온갖 무기력 증세로, 뭐든 지나치게 한쪽으로 쏠리는 증

상으로 변형되어 나타난다." 보들레르,『낭만파 예술』, 418페이지
(「'보바리 부인' 서평」).   [J 5, 5]

「피에르 뒤퐁 론」에서. "어떤 당파에 속하든 …… 작업장의 먼지
를 마시고 …… 벼룩과 이 사이에서 잠자는 …… 이 병든 군중,
…… 태양이나 큰 공원의 그림자들에 슬픔 어린 시선을 오랫동안
보내며 …… 한숨지으며 쇠약해져가는 군중의 모습에 충격을 받지
않는 것은 불가능할 것이다." 보들레르,『낭만파 예술』, 파리, 198/
199페이지.   [J 5a, 1]

「피에르 뒤퐁 론」에서. "예술을 위한 예술파의 유치한 유토피아는
도덕 그리고 종종 정열조차도 배제해버리기 때문에 필연적으로 불
모일 수밖에 없었다. …… 종종 서툰 점도 있지만 그래도 시인이,
거의 언제나 위대한 시인이 하나 나타나 불타오르는 듯한 말로
1830년 반란의 신성함을 선언하고, 영국과 아일랜드의 비참함을
노래할 때 각운이 불충분해서 용어법冗語法이 사용되었음에도 불
구하고 문제는 정리되었으며, 이후 예술은 도덕과 유용성으로부
터 분리될 수 없게 되었다." 보들레르,『낭만파 예술』, 파리, 193페
이지. 이 구절은 바르비에에 관해 언급하고 있는 내용이다.[J 5a, 2]

"뒤퐁의 낙천주의, 인간은 태어나면서부터 선하다는 것에 대한 끊
임없는 믿음, 자연에 대한 열광적인 애정이 그의 재능의 가장 큰 부
분을 이룬다." 보들레르,『낭만파 예술』, 파리, 201페이지.[J 5a, 3]

"나는 …… 『탄호이저』, 『로엔그린』, 『방황하는 네덜란드인』에서

탁월한 구성법, 고대 비극의 구조를 연상시키는 질서와 배분의 정
신을 찾아냈다." 보들레르, 『낭만파 예술』, 파리, 125페이지(「리하
르트 바그너와 '탄호이저'」).   [J 5a, 4]

"주제 선택과 극화 방법에서 바그너가 고대에 접근한다면 표현에
서 보이는 열정적인 에너지에 의해 그는 오늘날 현대성의 본성을
가장 충실하게 대표하는 사람이기도 하다." 보들레르, 『낭만파 예
술』, 파리, 250페이지.   [J 5a, 5]

보들레르는 「철학적 예술」 ― 주로 알프레드 레텔을 다룬 논문 ―
에서 이렇게 서술하고 있다. "여기서는 장소, 실내 장식, 가구, 용
구(호가스를 보라) 등 모든 것이 알레고리, 암시, 상형문자, 수수께
끼이다." 보들레르, 『낭만파 예술』, 131페이지. 뒤이어 미슐레[19]가
|뒤러의|「멜랑콜리아 1」을 어떻게 해석하는지에 대해 언급하고
있다.   [J 5a, 6]

조프루아가 인용하고 있는 메리옹에 관한 부분[20]의 이문異文을
1862년의 「화가들과 동판화가들」에서 볼 수 있다. "최근 휘슬러라
는 미국의 한 젊은 예술가가 …… 템스 강변을 묘사한 …… 동판화
연작을 전시하고 있었다. 활대와 로프 같은 삭구들이 경이로운 모
습으로 뒤엉켜 있는 장면, 안개와 용광로와 소용돌이처럼 피어오
르는 연기가 어울려 이루는 혼돈스러운 모습, 거대한 수도가 불러
일으키는 깊고 복잡한 시적 정취. …… 완벽한 동판화가의 진정한
전형인 메리옹 씨가 이러한 호소에 응답하지 않을 리가 없었다.
…… 데생의 신랄함, 섬세함, 확실함을 통해 메리옹 씨는 과거의

동판화 제작자들이 만들어낸 모든 최고의 것을 연상시킨다. 거대한 도시의 자연적인 장대함이 이보다 더 시적으로 묘사된 것을 좀체 본 적이 없다. 쌓아올린 석재의 웅장함, '하늘을 가리키는' 종루들, 창공을 향해 동맹군인 연기를 뿜어내는 산업의 오벨리스크들, 수리 중인 기념 건조물의 경탄할 만한 비계가 건축의 탄탄한 본체에 역설적으로 아름답고 빼어난 건축으로서 붙어 있는 모습, 노여움과 원한을 잔뜩 품은 황량한 모습의 하늘, 그곳에는 '온갖' 드라마가 감추어져 있다는 것을 떠올리게 해서 점점 더 깊이 빠져들게 만드는 온갖 전망의 깊은 맛, 그는 고통스러운 동시에 영광스런 문명의 무대 장치를 구성하는 이 모든 복잡한 요소들 중 어느 하나도 잊지 않았다." 보들레르, 『낭만파 예술』, 파리, 119~121페이지.   [J 6, 1]

기에 대해. "바이람 축제, …… 이 축제가 한창일 때는 창백한 태양처럼 지금은 사라진 술탄의 영원한 권태를 엿볼 수 있다." 보들레르, 『낭만파 예술』, 파리, 83페이지.   [J 6, 2]

기에 대해. "전쟁, 사랑, 도박 등 깊고 격렬한 욕망이 인간의 심정의 오리노코 강처럼 흘러넘치는 곳에는 항상 우리의 관찰자가 정확하게 현장에 있다." 보들레르, 『낭만파 예술』, 파리, 87페이지.   [J 6, 3]

기 론의 잠언에서 볼 수 있는 루소의 대척자로서의 보들레르. "우리가 필요와 필수의 차원에서 빠져나와 사치와 쾌락의 차원으로 들어가자마자 자연은 이미 범죄를 부추기는 것밖에는 할 수 없게 되

는 것을 볼 수 있기 때문이다. 친족 살해나 식인 풍습을 만들어낸 것
도 바로 이 무오류의 자연이다." 보들레르, 『낭만파 예술』, 파리, 100
페이지.   [J 6, 4]

기 론에서 보들레르는 '속기하는 것은 매우 어렵다'고 말하고
있는데, 분명 매우 현대적인 이러한 발언은 그가 마차들의 움직임
을 정확하게 파악하고 있음을 보여준다. 보들레르, 『낭만파 예술』,
파리, 113페이지.   [J 6, 5]

기 론의 결론. "그는 모든 곳에서 현재의 삶 속에 존재하는 덧없고
일시적인 미를 탐구했는데, 독자들이 이렇게 말하는 것을 허락한
다면 우리는 그것의 특징을 **현대성**이라고 부를 수 있을 것이다. 종
종 기이하고 격렬하며 극단적인 면이 많지만 항상 시적인 그는 데
생 속에서 삶이라는 포도주의 쓴 맛 혹은 자극적인 풍미를 능숙하
게 응축해냈다." 보들레르, 『낭만파 예술』, 파리, 114페이지.

[J 6a, 1]

'현대적인 것'의 형상과 '알레고리'의 형상을 상호 연결시킬 것.
"고대 미술에서 순수한 기술art, 논리, 일반적인 기법 이외의 것을 찾
으려는 자에게 재앙 있으라! 그것에 너무 빠져들다 보면 …… 그로
인해 얻은 …… 특권을 포기하게 된다. 왜냐하면 우리의 독창성이라
는 것은 거의 모두 **시간**이 우리의 감각에 새겨놓은 각인에서 생겨나
기 때문이다." 보들레르, 『낭만파 예술』, 72페이지(「현대적 삶의 화
가」).[21] 그러나 보들레르가 말하는 특권은 매개된 형태로 고대적인
것에도 적용된다. 고대적인 것에 새겨진 시간의 각인이 고대적인 것

604

의 알레고리적 형상화를 두드러지게 하는 것이다.　　　　　[J 6a, 2]

「우울과 이상」에 대해 기 론에서의 다음과 같은 고찰. "현대성이 란 일시적인 것, 덧없는 것, 우발적인 것으로 예술의 절반을 차지 하는데, 다른 절반은 영원한 것, 변하지 않는 것이 차지하고 있다. …… **현대적인 것**이 도대체 고대적인 것이 될 수 있으려면 인간의 삶이 의도하지 않게 그것에 부여한 신비로운 아름다움을 고대적인 것으로부터 제거해야 한다. G 씨가 특히 몰두하고 있는 것이 바로 이러한 과제이다." 보들레르, 『낭만파 예술』, 파리, 70페이지. ― 다른 부분(74페이지)에서는 '외적 삶에 대한 **전설풍의 번역**'이라 고 말하고 있다.[22]　　　　　[J 6a, 3]

이론적 산문 속에 들어 있는 시의 테마. 「낭만주의의 일몰」. "댄디 즘이란 일몰이다. 기울어가는 태양처럼 댄디즘은 장려하지만 열 기가 없이 우수에 젖어 있다. 그러나 슬프다! 밀려오는 민주주의의 조류가 …… 날마다 이들 인간의 자부심의 최후의 대변인들을 집 어삼키고 있다"(『낭만파 예술』, 95페이지). ―「태양」. "다른 사람들 은 잠자고 있을 시각에 이 남자[기는 테이블 위에 몸을 웅크린 채 조금 전 사물에 던지고 있던 것과 똑같은 시선을 한 장의 종이에 던 지면서 연필, 펜, 붓을 검처럼 사용하며 컵의 물을 천장까지 튀기 고, 셔츠로 펜을 닦아, 바삐, 서둘러서 마치 이미지가 도망가지 않 을까 걱정하는 사람처럼 혼자 있으면서도 싸울 기세로 안달하고 있다"(『낭만파 예술』, 67페이지).　　　　　[J 6a, 4]

새로움. "아이는 모든 걸 새롭게 본다. 항상 도취되어 있다. 아이가 어떤 형태나 색깔을 흡수할 때의 기쁨만큼 사람들이 영감이라고 부르는 것과 닮은 것도 없을 것이다. …… 아이가 뭔가 새로운 것을 마주하게 되면 시선을 고정하고 동물처럼 황홀경에 빠져 그것을 응시하는 것은 이처럼 깊고 기쁨에 가득 찬 호기심 때문이라고 할 수 있다." 보들레르, 『낭만파 예술』, 파리, 162페이지(「현대적 삶의 화가」). 어쩌면 이것이 「외젠 들라크루아의 작품과 생애」 속에 들어 있는 아래의 난해한 촌평을 설명해줄 수 있을지도 모른다. "왜냐하면 아이는 일반적으로 성인에 비해 원죄에 훨씬 더 가깝기 때문이다" (『낭만파 예술』, 41페이지).   [J 7, 1]

태양. "떠들썩한 태양이 창유리를 공격하고 있다"(『낭만파 예술』, 65페이지). "대도시의 풍경이 …… 태양에게 따귀를 얻어맞았다" (『낭만파 예술』, 65/66페이지).   [J 7, 2]

「외젠 들라크루아의 작품과 생애」에서. "눈에 보이는 세계 전체는 이미지와 기호의 창고에 지나지 않는다." 보들레르, 『낭만파 예술』, 13페이지.   [J 7, 3]

기 론에서. "미는 …… 영원하며 불변적인 요소와 상대적이며 상황적인 요소로 만들어지며, 후자는 …… 시대, 유행, 도덕, 정열과 같은 것이다. 이 두번째 요소, 멋진 케이크의 훌륭하고 입에 닿는 감촉과 식욕을 북돋는 상피上皮 같은 이 두번째 요소가 없다면 첫번째 요소는 소화 불가능할 것이다." 보들레르, 『낭만파 예술』, 54/55페이지.   [J 7, 4]

새로움에 대해. "나 너만은 좋아하려만, 오 밤이여! 너에게 만약 귀에 익은 말 속삭여주는 저 별빛만 없다면!" 《악의》 꽃』, 파이 요 판, 139페이지(「집념」).[23]   [J 7, 5]

후일 유겐트슈틸에 꽃이 등장한 것은 『악의 꽃』이라는 제목에 있어 중요하다. 이 작품은 로마인들의 권태taedium vitae에서 유겐트 슈틸로 이어지는 중간 다리 역할을 하고 있다.   [J 7, 6]

포가 라틴 문화와 어떤 관계를 맺고 있는지를 해명하는 것은 중요할 것이다. 인공적인 것에 대한 관심에서 앵글로색슨 문화권에 눈을 돌렸듯이 작문|구성| 기술에 대한 관심은 — 최종 단계에서 — 그와 마찬가지로 그를 지속적으로 라틴적인 것으로 끌어갔다. 앵글로색슨 문화권이 포를 통해 최초의 단계에서 보들레르의 작문|구성|이론도 규정하고 있다. 이 이론이 최종 단계에서 라틴 문화에 의해 각인되고 있는지 그렇지 않은지는 그만큼 더 절박하게 탐구해야 할 문제가 되었다.   [J 7, 7]

「레스보스의 여인들」 — 쿠르베의 유화.   [J 7, 8]

보들레르에 따르면 자연은 범죄라고 하는 하나의 사치밖에는 모른다. 인공적인 것이 중요한 것은 바로 이 때문이다. 아이들이 원죄에 가장 가까이 있다는 견해를 해석하려면 이러한 생각을 참조할 필요가 있을지도 모르겠다. 본성상 |모든 것에서| 지나친 아이들이 악행을 저지르는 것을 피할 수 없기 때문이 아닐까? 근본적으로 보들레르는 존속 살인을 생각하고 있었다(『낭만파 예술』, 파리, 100페이지

참조).   [J 7a, 1]

고대 — 이것은 오직 작문|구성|의 규범만 제시할 수 있을 뿐이
다(기 론, 『낭만파 예술』, 72페이지 참조) — 로부터의 해방의 열쇠는
보들레르에게서는 알레고리적 해석 속에 있다.   [J 7a, 2]

보들레르의 낭송 방법. 그는 "도핀 가 어딘가에 있는 수수한 카페
에" 친구들 — 안토니오 바트리퐁, 가브리엘 당트라그, 말라시, 델
보 — 을 모이게 했다. " …… 시인은 우선 펀치를 주문했다. 그리
고 우리가 들을 자세가 되어 있다는 것이 느껴지자 …… 점잖을
빼며, 부드럽게, 플루트처럼 높고, 매끄럽게, 그러나 신랄한 목소
리로 「살인자의 술」이라든지 「송장」 등 극악무도한 시를 낭송했
다. 격렬한 이미지와 낭송 방법의 온화함, 부드러운 강세와 날카로
운 강세 사이의 대조는 실로 놀라운 것이었다." 쥘 르발루아, 『세
기 중엽 — 한 비평가의 회상록』, 파리, <1895년>, 93/94페이지.
                                                        [J 7a, 3]

" '나는 신부의 아들' 이라는 유명한 얘기라든지, 호두를 먹는 것이
즐거운 것은 유아의 뇌를 갉아먹는 것 같은 기분이 들기 때문이라
든지, 무더운 여름날 일부러 유리 끼우는 직공으로 하여금 무거운
유리를 등에 지고 7층까지 올라오게 만든 후 주문한 적이 없다고
말했다는 얘기 등 그는 온갖 비상식적인 언동을 늘어놓았는데, 아
마 재미로 꾸며낸 이야기였을 것이다." 쥘 르발루아, 『세기 중엽
— 한 비평가의 회상록』, 파리, 94/95페이지.   [J 7a, 4]

608

고티에에 관한 보들레르의 주목할 만한 발언(쥘 르발루아, 『세기 중엽 — 한 비평가의 회상록』, 파리, 97페이지에서 인용)<.> 샤를[24] 드 로방줄, 「발자크 작품의 역사의 마지막 장」, 『연극의 메아리』, 1846년 8월 25일호에는 다음과 같이 나와 있다. "그는 살찌고, 게으르고, 둔하며, 아무 생각도 없으며, 오세이지족[25]이 염주로 목걸이를 만들듯이 말을 실로 꿰어 묶을 뿐이다." [J 7a, 5]

보들레르가 투스넬에게 보낸 극히 주목할 만한 편지. "1856년 1월 21일, 월요일. 친애하는 투스넬. 귀형의 선물을 받고 꼭 감사의 말씀을 전해드리고 싶었습니다. 솔직히 말해서 죄송스럽지만 저는 귀형의 저서의 가치를 알지 못했습니다. …… 꽤 오래 전에 싫증을 느껴 책이라고 하는 것은 모두 물리쳐왔습니다. — 그리고 꽤 오래 전부터 이처럼 **절대적으로 유익하며 즐거운** 것을 읽어보지 못했습니다. — 매와 인간을 위해 사냥하는 다른 새들에 관한 장은 — 그 자체만으로도 — 하나의 작품입니다. — 거기에는 대가의 말을 연상시키는 말, 진리의 절규, 저항하기 힘든 철학적 어조를 띤 말들이 있습니다. 예를 들어 '모든 동물은 스핑크스이다'라는 말이나 유추와 관련해 '정신은 풍요롭고 단순한 원리에 의해 보호받으며 고요한 평온 속에서 휴식하고 있다'[이런, Je 대신 se의 오태는 표현, '이러한 정신에게 신이 임하시는 모든 것에서 신비로운 것은 하나도 없다!'는 등의 표현이 그렇습니다. …… 분명한 것은 귀형이 시인이라는 점입니다. 오래 전부터 저는 시인은 **최고로** 지적이어야 한다고, …… 상상력은 모든 능력 중에서 가장 **과학적인** 능력이라고 주장해왔습니다. 오직 상상력만이 **보편적 유추** 혹은 신비 종교가 **만물조응**이라고 부르는 것을 이해할 수 있기 때문입니

테오필 고티에(1854~1855년). 나다르의 사진. 오르세 미술관, 파리.
ⓒ RMN. [J 7a, 5]를 보라.

다. 그러나 그것을 인쇄하려고 하자 사람들은 제가 미쳤다고 말했습니다. …… 그럼에도 불구하고 절대 의심의 여지가 없는 것은 제게는 철학적인 정신이 있으며, 그것이 있기 때문에 사냥꾼도 박물학자도 아니지만 무엇이 진실인지, 심지어 동물학에서도 무엇이 진실인지를 알고 있다는 것입니다. …… 귀형의 저서를 읽기 시작했을 때부터 어떤 생각에 사로잡히게 되었습니다. ─ 그것은 귀형이 한 종파 속으로 흘러들어온 진정한 정신이라는 것입니다. 결국 ─ 귀형은 **푸리에**에게서 무엇을 얻었습니까? 아무것도 얻지 못했거나 극히 작은 것뿐입니다 ─ 푸리에 없이도 귀형은 지금의 귀형으로서 존재할 것입니다. **이성이 있는 사람**이라면 굳이 푸리에가 이 세상에 출현하는 것을 기다리지 않고도 자연이 **말**, 알레고리, 주형鑄型, 이렇게 표현해도 된다면 **부조 세공**이라는 것을 이해할 수 있을 것입니다. …… 귀형의 저서는 잠자고 있던 수많은 관념을 제 안에 불러일으켜 주었습니다. ─ 게다가 **원죄**에 대해, 또한 **어떤 관념에 따라 주조된 형태**에 대해서 말씀입니다만, 저는 종종 유해하고 혐오스러운 짐승들이 아마도 인간의 **나쁜 상념**에 생명을 불어넣은 것, 육체를 부여한 것 …… 에 불과한 것은 아닌가 하고 생각해왔습니다. ─ 따라서 **자연** 전체가 원죄에 가담하고 있는 셈이죠. 이렇게 허물없이 무례하게 말하는 저를 나쁘게 생각하지 마시고, 그리고 제가 귀형께 얼마나 헌신적인지를 알아주시기 바랍니다."[26] 앙리 코르디에, 『샤를 보들레르에 대한 촌평들』, 파리, 1900년, 5~7페이지. 이 편지의 중간 부분에는 투스넬의 진보 신앙과 조제프 드 메스트르에 대한 그의 비난에 대한 반박이 들어 있다.   [J 8]

"보들레르라는 이름의 기원. 조르주 바랄 씨가 이 문제에 관해『혁명 섭렵 평론』지에 쓴 내용이 여기 있다. 보들레르는 나에게 그의 이름의 어원에 대해 설명해주었는데, 그것은 bel이나 beau│두 단어 모두 아름답다는 의미│에서 유래한 것이 아니라 band나 bald에서 온 것이라고 했다. 그는 이렇게 말을 이었다. '내 이름은 너무 무시무시합니다. 사실 badelaire라는 것은 날은 짧고 넓으며, 칼날이 볼록하고 끝부분이 칼등 쪽으로 삐쳐 올라간 검을 말합니다. …… 이 검은 십자군 원정 이후에 프랑스에 들어와 1560년경까지 범죄자를 처형하는 데 사용되었습니다. 몇 년 전인 1861년에 퐁-오-샹주 부근에서 땅을 파다가 12세기에 그랑 샤틀레의 망나니가 사용하던 badelaire가 발견되었습니다. 이것은 클뤼니 박물관에 기탁되었습니다. 가서 한번 보십시오. 보기에도 무섭습니다. 나는 내 옆얼굴이 이 badelaire의 윤곽과 닮은 것을 보고 섬뜩해졌습니다.' ― '하지만 당신 이름은 Baudelaire이지 Badelaire가 아니지 않습니까.' ― '변형되어 Baudelaire가 됐을 뿐 결국 같은 것입니다'라고 보들레르는 말했다. ― '전혀 그렇지 않습니다. 당신의 이름은 Baud│화려하고 쾌활한│, Baudiment│화려하고 쾌활하게│, s'ébaudir│기쁘다│에서 온 것입니다. 당신은 친절하고 밝은 성격의 소유자입니다'라고 내가 말했다. ― '아뇨, 저는 짓궂고 슬픈 사람입니다.'" 루이 토마,『보들레르 섭렵』, 파리, 1912년, 23/24페이지.
[J 8a, 1]

쥘 자냉은 1865년『벨기에 독립보』에서 하이네의 멜랑콜리를 비난했다. 보들레르는 이를 반박하는 편지의 초안을 썼다. "보들레르는 멜랑콜리가 모든 진지한 시의 근원이라고 주장하고 있다."

루이 토마, 『보들레르 섭렵』, 파리, 1912년, 17페이지.　　[J 8a, 2]

한 아카데미 회원을 방문했을 때[27] 보들레르는 1858년에 나온 『선의 꽃』을 인용하면서 저자의 이름 ― 앙리Henry(Henri가 맞을 것같다) 보르도 ― 은 자기 필명이라고 말했다(L. 토마, 『보들레르 섭렵』, 파리, 1912년, 43페이지 참조).　　[J 8a, 3]

"생-루이 섬에서라면 어디서든 보들레르는 편안하게 느꼈다. 거리든 아니면 선창이든 마치 자기 방에 있는 것처럼 더없이 편안했다. 외출한다고 해도 이 섬 안에서라면 자기 집 울타리 밖으로 나가는 것이 아니었다. 그래서 사람들은 실내화를 신고 모자도 쓰지 않고 작업복으로 사용하는 블라우스를 입은 그를 만날 수 있었다." 루이 토마, 『보들레르 섭렵』, 파리, 1912년, 27페이지.　　[J 8a, 4]

1864년에 그는 이렇게 쓰고 있다. "내가 **절대 혼자**라면 (티베트나 일본의) 종교를 찾아 나설 겁니다. 『코란』은 너무 경멸하고 있는 데다, 죽게 되었을 때는 만인의 어리석음에 대한 나의 혐오감을 분명하게 표시하기 위해 그 최후의 종교를 버릴 것이기 때문입니다."[28] 루이 토마, 『보들레르 섭렵』, 파리, 1912년, 57/58페이지.　[J 8a, 5]

보들레르의 작품은 처음부터 대가다웠고 입장도 분명했다.
　　　　　　　　　　　　　　　　　　　[J 9, 1]

몇몇 연도들. 『악의 꽃』, 1857년, 1861년, 1866년.[29] 포, 1809/1849년. 보들레르가 포를 안 것은 1846년 말 무렵이다.　　[J 9, 2]

레미 드 구르몽은 아탈리의 꿈[30]과 「흡혈귀의 변신」 사이의 유사성을 지적했다. 마찬가지로 퐁텐도 위고의 「유령들」(『동방시집』)과 「가엾은 노파들」 간의 유사성을 밝히려고 노력했다. 위고. "슬프도다! 처녀들이 죽는 것을 얼마나 많이 보았는가! …… 무엇보다 한 형상이 ……"   [J 9, 3]

라포르그는 보들레르에 대해 이렇게 쓰고 있다. "그는 낭만주의의 온갖 대담한 시도가 끝난 후 최초로 이처럼 거친 직유들을 발견해 느닷없이 조화로운 시대의 한가운데 뛰어들어 거침없이 행동하게 되었다. 손에 잡힐 듯한 직유로 전면에 돌출되어 나온 느낌은 한마디로 아메리카적인 것을 닮았다. '자단紫丹, 사람을 당황하게 만들지만 기운을 불어넣는 모조품' 같은 식이다. '밤은 칸막이 벽 …… 처럼 두꺼워지고 있다!' (그 외에도 예는 많이 있다). …… <그녀의 발걸음은> 막대기 끝에 선 뱀 같다/머리맡의 뱀, 너의 머리카락은 대양, 너의 머리는 작은 코끼리처럼 부드럽게 흔들리고, 너의 몸은 돛의 활대 끝을 물에 드리운 가는 배처럼 기울고, 너의 타액은 쩍쩍 소리를 내며 빙하가 녹아 물이 불어난 강물처럼 너의 이빨까지 올라오고, 너의 목은 상아탑, 너의 이는 헤브론 언덕 위에 앉아 있는 양 떼들 — 이것은 『아가』의 직유의 미국식 응용이라고 할 수 있다." 쥘 라포르그, 『유고집』, 파리, 1903년, 113/114페이지(「보들레르에 관한 노트들」)[31](「J 86a, 2」 참조).   [J 9, 4]

"그의 청년 시절의 파란만장함과 그의 추억의 바다인 태양이 센 강 연안의 안개 속에서 슬픈 듯 고뇌에 잠긴 비잔틴풍의 비올라의 현을 늦추었다." 쥘 라포르그, 『유고집』, 파리, 1903년, 114페이지

(「보들레르에 관한 노트들」).   [J 9, 5]

『악의 꽃』 초판이 나왔을 때 보들레르는 36살이었다.   [J 9, 6]

1844년경 르 바바쇠르[32]가 묘사한 그의 모습. "|멋쟁이| 브뤼멜[33]
처럼 차려 입은 바이런."   [J 9, 7]

『소 산문시』는 보들레르 사후에 비로소 시집으로 정리되었다.
                                                  [J 9, 8]

"대중과 인연을 끊은 사람은 그가 처음이다." 라포르그, 『유고
집』, 파리, 1903년, 115페이지.   [J 9, 9]

"고양이 같은, 힌두교도 같은, 양키 같은, 주교 같은, 연금술사 같
은 보들레르. 고양이 같다 ─ '오 내 괴로움아, 얌전히, 좀더 조용
히 하라'로 시작되는 장중한 시 중에서 '사랑하는 이여'라고 말하
는 어투. 양키 같다 ─ 형용사 앞에 '매우'라는 말을 붙이는 것. 풍
경에 대한 퉁명스런 묘사 ─ 그리고 초보자가 거센 목소리로 읽는
'내 정신이여, 그대 가볍게 움직여'와 같은 구절. 웅변과 시적 자
만에 대한 그의 증오. '즐거움은 아른아른 지평선 저 너머로 스러
지리라/마치 ……' 그런 다음에는 어떤 표현? 보들레르 이전의
위고나 고티에, 그리고 다른 사람들이었다면 …… 아마 프랑스식
의 웅변조 직유를 사용했을 것이다. 하지만 보들레르는 양키식 직
유를 사용하며, 아무런 선입견 없이 공중에 머문다. '마치 공기의
요정이 무대 안쪽으로 사라지듯이.' 철선이나 무대 장치가 눈에

떠오른다. …… 힌두교도 같다 — 그의 시는 박학다식으로 유명
하며, 복잡함과 현란함을 자랑하는 르콩트 드 릴보다 더 인도적인
것에 가깝다. '정원이나 대리석 수반水盤 속에 눈물 흘리는 분수/
입맞춤, 아침저녁으로 재잘거리는 새들.' 진실된 사람도 큰 인물
도 아니지만 이 얼마나 애조 띤 감수성인가! 이 얼마나 모든 것을
향해 열린 감각인가! 이 얼마나 마술적인 목소리인가!" 쥘 라포르
그, 『유고집』, 파리, 1903년, 118/119페이지(「보들레르에 관한 노트
들」).[34]   [J 9a, 1]

『벨기에에 관한 저서의 개요<』> 중 분명하게 정리되지 않은 몇
구절 중의 하나. 27장 「말리네 시 산책」. "카리용으로 편곡된 세속적
멜로디. 겹치고 교차하는 멜로디들을 통해 나는 「라마르세예즈」에
나오는 몇몇 곡조를 구분할 수 있을 것 같은 생각이 들었다. 오합지
졸의 찬가라도 종루에서 들려오면 그래도 귀에 거슬리는 부분이 줄
어드는 모양이다. 망치로 잘게 나뉘어진 그것은 이제까지의 장중한
아우성이 아니라 어린아이 같은 우아함을 획득한 것처럼 들렸다. 마
치 대혁명이 하늘의 언어를 더듬거리며 말하는 법을 배운 것 같았
다." 보들레르, 『작품집』, 2권, Y.-G. 르 단텍 판, 725페이지.* [J 9a, 2]

벨기에 관련 저서 중 「분리된 노트」에서. "나는 쉽게 속는 사람이
아니다. 한 번도 그런 적이 없다! 나는 '파괴 만세!', '속죄 만세!',
'징벌 만세!', '죽음 만세!' 라고 말하듯이 '혁명 만세!' 라고 말한

* 항목 J에서 처음으로 벤야민은 Y-G. 르 단텍이 교정하고 주해한 샤를 보들레르의 『작
품집』, 2권, 파리, 1931/1932년(플레이아드 총서 1권, 7권)을 인용하고 있다. 이하 보들레
르, 『작품집』 등이라고 약기된 경우에는 이 르 단텍 판을 가리킨다 — 편집자 주.

다." 보들레르, 『작품집』, 2권, Y.-G. 르 단텍 판, 727/728페이지.[35]

[J 9a, 3]

『벨기에에 관한 저서의 개요』, 25장, 「건축 ─ 성당 ─ 신앙」. "브뤼셀, 성당 ─ 생 귀뒬 성당. 장대한 스테인드글라스. 심오한 영혼이 인생의 모든 사물에 부여할 때 사용할 것 같은 강렬하고 아름다운 색채." 보들레르, 『작품집』, 2권, Y.-G. 르 단텍 판, 722페이지 ─「애인들의 죽음」─ 유겐트슈틸 ─ 해시시.   [J 9a, 4]

"나는 혹시 보들레르는 …… 엉터리 배우 노릇과 심리적 전환을 통해 덴마크 왕자|햄릿|의 모험을 되살리려고 했던 것은 아닐까 자문해보았다. …… 그가 엘시노어[36]의 연극을 본인을 위해 공연했다고 하더라도 놀랄 일은 하나도 없을 것이다." 레옹 도데, 『햇불』, 파리, <1929년>, 210페이지(「보들레르」).   [J 10, 1]

"샤를 보들레르의 …… 내면 생활은 …… 행복감과 아우라 사이를 끊임없이 왔다 갔다 했던 것 같다. 그의 시들이 이중적 성격을 갖는 것은 이 때문으로, 한편으로 그의 시들은 밝은 행복감을 표현하는 반면 다른 한편으로는 권태 상태를 표현하고 있다." 레옹 도데, 『햇불』, 파리, 212페이지(「보들레르」).   [J 10, 2]

잔느 뒤발, 사바티에 부인, 마리 도브륀.[37]   [J 10, 3]

"보들레르는 어리석은 19세기 속에서 낯설어했다. 그는 르네상스 시대 사람이다. …… 이 점은 벌써 그의 초기 시에서부터 느껴지는데, 그것에는 롱사르의 시를 연상시키는 부분이 많다." 레옹 도데, 『횃불』, 파리, 216페이지(「보들레르: 불안과 '아우라'」).

[J 10, 4]

레옹 도데는 생트뵈브의 『보들레르』를 매우 부정적으로 평가하고 있다. [J 10, 5]

파리라는 도시를 묘사한 사람들 중에서 발자크는 말하자면 소박 파der Primitive였다. 그가 묘사한 인물들이 그들이 오가는 거리보다 큰 것이다. 보들레르는 건물들의 바다를 몇 층 높이의 파도와 더불어 불러낸 최초의 사람이다. 아마도 오스만과 관계 있을 것이다.[J 10, 6]

"보들레르baudelaire라는 것은 …… 일종의 단검이다. …… 폭 이 넓고 짧은 보들레르baudelair는 …… 양날인 데다 손잡이가 칼 끝에서 가깝기 때문에 일격에 확실하게 찌를 수 있다." 빅토르-에 밀 미슐레, 『영매의 형상들』, 파리, 1913년, 18페이지(「보들레르 혹 은 슬픈 점쟁이」). [J 10, 7]

"보들레르가 말하길 댄디는 끊임없이 숭고해지려고 해야 한다. 거 울 앞에서 생활하고 잠들어야 한다."[38] 루이 토마, 『보들레르 섭 렵』, 파리, 1912년, 33/34페이지. [J 10, 8]

한 시화 수첩에서 발견한 보들레르의 시 두 구절.
"팔뚝이 억센 고상한 여자, 긴 날들 내내
선도 악도 생각하지 않고 항상 잠자거나 꿈만 꾸는 여자.

자부심에 찬 듯 소매를 걷어 올린 모습은 고대풍.

내게는 이제 너무 더디 흐른 것 같은 이 10년 동안

달콤한 입맞춤을 완전히 습득한 내 입술이

수도사의 사랑을 소중히 간직한 내 입술이 너를.

방탕의 여사제, 나의 쾌락의 수녀여,

너는 항상 성스러운 빈 공간에 한 남자를 잘 간수하고 양분을

주는 일을

무시해왔다.

미덕이 치욕적인 보습의 날로

임신한 부인의 옆구리에 새겨넣을

무시무시한 흉터를

그토록 두려워 피할 뿐."

루이 토마, 『보들레르 섭렵』, 파리, 1912년, 37페이지.　　[J 10, 9]

"그는 고해하는 듯이 온화한 방식으로 자기에 대해 말하면서도 영
감을 받은 내색을 하지 않은 **최초의 사람**이다. 이 수도 파리를 매일
저주받는 사람들 중의 하나의 관점에서 이야기하는 것 또한 그가
처음이다(매춘의 바람에 흔들리며 거리에서 반짝거리고 있는 가스등,
레스토랑과 그곳의 환기구, 병원, 도박, 톱으로 켠 나무가 장작이 되어 정
원의 포석 위에 떨어지며 내는 소리, 화롯가, 고양이들, 침대, 스타킹, 술
주정뱅이, 현대적 제조법으로 만든 향수). 그것도 고귀하게 거리를 두
고 완벽하게. …… 의기양양해 하며 그렇게 하는 것이 아니라 자
기를 탓하며, 일에 미친 근면한 이 세기의 한가운데서 자기 상처
를, 자기의 태만을, 권태로운 무용성을 보여준 최초의 사람이기도

하다. 우리 문학 속에 쾌락 속의 권태를 우울한 침상이라는 기묘한 무대 장치와 함께 가지고 와서 …… 그것을 즐긴 최초의 사람이다. …… 화장품, 그리고 그것을 저녁놀에 하늘에까지 확대시킨다. …… 우울과 병(시적인 폐결핵이 아니라 신경병). 게다가 신경병이라는 말은 한 번도 쓰지 않고서 말이다." 라포르그, 『유고집』, 파리, 1903년, 111/112페이지.　　　　　　　　　　　　　　　[J 10a, 1]

"『악의 꽃』은 싹을 틔우고, 비밀스럽게 뿌리를 내려 많은 열매가 맺힌 가지를 길들인 신비로운 어둠 속에서 돌연 나타나 이파리는 들쑥날쑥인 데다 온갖 삶의 색깔로 수놓아진 수수한 화관을 장려하게 꽃피워 영광과 추문의 하늘 아래 사랑과 슬픔과 죽음의 짙은 향기를 퍼뜨리려 하고 있다." 앙리 드 레니에, 『샤를 보들레르, '악의 꽃'과 기타 시』, 파리, <1930년>, [18페이지].　　　[J 10a, 2]

"그는 추한 것에 항상 예의를 갖추었다." 쥘 라포르그, 『유고집』, 파리, 1903년, 114페이지.　　　　　　　　　　　　　　　　[J 10a, 3]

로제 알라르는 『보들레르와 '새로운 정신'』, 파리, 1918년에서 사바티에 부인에게 바친 시를 롱사르가 엘렌에게 바친 시와 비교하고 있다(8페이지).　　　　　　　　　　　　　　　　　　　[J 10a, 4]

"두 명의 작가가 보들레르에게 심오한 영향을 미쳤다. 아니 두 권의 책이라고 하는 쪽이 더 나을지도 모르겠다. …… 한 권은 카조트의 매력적인 책 『사랑하는 악마』이며, 다른 한 권은 디드로의 『수녀』이다. 그의 많은 시에서 찾아볼 수 있는 불안한 격렬함은 전자의 영향이며, …… 디드로에게서 보들레르는 레스보스의 수수한 제비꽃을 따온다."이 부분의 주석에는 아폴리네르 판 보들레르의 『시 작품』에 붙인 아폴리네르 본인의 설명 가운데 다음과 같은 부분이 인용되어 있다. "보들레르에게 카조트는 프랑스 혁명의 작가들의 정신과 에드가 포의 정신을 …… 결합시키는 영광을 가진 연결부호라고 봐도 아마 틀리지는 않을 것이다."로제 알라르, 『보들레르와 '새로운 정신'』, 파리, 1918년, 9/10페이지.[39]

[J 10a, 5]

"저低 라틴어[40]의 문학적 부패 속에서 …… 보들레르가 맛본 …… 만추의 맛."로제 알라르, 『보들레르와 '새로운 정신'』, 파리, 1918년, 14페이지.   [J 11, 1]

"보들레르는 …… 라신, 베를렌과 더불어 프랑스 시인들 중 가장 음악적인 시인이다. 그러나 라신이 바이올린 하나만 켤 줄 아는 데 비해 보들레르는 오케스트라 전체를 연주할 수 있다."앙드레 쉬아레스, 「서문」[샤를 보들레르, 『악의 꽃』, 파리, 1933년], XXXIV/V 페이지.   [J 11, 2]

"보들레르가 극도로 과묵하다면, 단테 이후 가장 과묵한 사람이라면 그것은 단테가 교리에 몰두했듯이 그가 항상 내면 생활에 몰두했기 때문이다."앙드레 쉬아레스, 「서문」[C. B., 『악의 꽃』, 파리, 1933년], XXXVIII페이지.   [J 11, 3]

"『악의 꽃』은 19세기의 「지옥」이다. 그러나 보들레르의 절망은 단테의 노여움을 훨씬 더 넘어선다." 앙드레 쉬아레스, 「서문」[C.
B., 『악의 꽃』, 파리, 1933년], XIII페이지.   [J 11, 4]

"운문에서 보들레르보다 더 뛰어난 예술가는 없다." 앙드레 쉬아
레스, 「서문」[C. B., 『<악의 꽃>』, 파리, 1933년], XXIII페이지.
                                                          [J 11, 5]

아폴리네르. "보들레르는 라클로와 에드가 포의 아들이다." 로제
알라르, 『보들레르와 '새로운 정신'』, 파리, 1918년, 8페이지에서
인용.   [J 11, 6]

「사랑에 관한 위안 잠언 선집」에는 추함에 대한 여담이 들어 있다
(『코르세르-사탕』, 1846년 3월 30일자). 연인은 천연두에 걸려 얼굴
에 곰보 자국이 남아 있지만 그것은 이후 애인의 행복을 이루는 것
이다. "만약 곰보 애인이 당신을 배신한다면 당신은 오직 곰보 여
성만이 당신을 위로해줄 수 있는 심각한 위험에 빠지게 될 것이다.
몇몇 정신에게, 다른 사람보다 호기심이 강하지만 지칠 대로 지친
정신에게 추함이 주는 즐거움은 한층 더 미묘한 감정, 즉 미지의 것
에 대한 갈망이나 불쾌한 것에 대한 취향에서 유래한다. 일부 시인
을 해부실이나 병원으로, 여자들을 공개 처형으로 내모는 것이
…… 바로 그러한 감정들이다. 이러한 사실을 이해하지 못하는 사
람을 나는 매우 안타깝게 생각한다. ─ 저음의 현이 한 줄 끊긴 하
프라고나 할까!" 보들레르, 『작품집』, 2권, Y.-G. 르 단텍 판, 621
페이지.   [J 11, 7]

'만물조응' 관념은 이미 「1846년 살롱」에 등장하는데, 거기서는 『크라이슬레리아나』의 한 구절이 인용되고 있다(『작품집』, 1권, 585 페이지, Y-G. 르 단텍의 주 참조).[41]   [J 11, 8]

보들레르의 말년의 작품에서 나타나는 공격적 가톨리시즘을 고찰할 경우 생전에 그의 작품이 거둔 성공이 얼마나 미미한 것이었는지를 염두에 두어야 한다. 이 때문에 보들레르는 이례적인 방법으로 완성된 작품에 자기를 맞추었다고 할까, 오히려 그것과 일체화시키기에 이르렀는지도 모른다. 그의 특수한 감수성은 시 창작 과정에서야 비로소 이론에 상당하는 것을 찾아냈다. 그러나 그것을 시인은 그 자체로, 무조건적으로, 어떠한 수정도 없이 그대로 자기 것으로 만들었다. 그리하여 그것들은 바로 독특한 공격성 속에서 이러한 유래의 흔적을 고스란히 담고 있다.   [J 11a, 1]

"그는 소 피처럼 붉은 넥타이와 장밋빛 장갑을 끼고 있었다. 그렇다, 1840년의 일이다. …… 몇 년 동안은 녹색 장갑을 끼기도 했다. 색깔은 복장에서 마지못해 사라져갔을 뿐이다. 보들레르 혼자 그러한 심홍색이나 연와색 넥타이를 한 것은 아니었기 때문이다. 또한 그 혼자 장밋빛 장갑을 낀 것은 아니었기 때문이다. 그의 특징은 검은색 복장으로 두 가지 효과를 조합해내는 데 있었다." 외젠 마르상, 『폴 부르제 씨의 지팡이와 필린트의 올바른 선택』, 파리, 1923년, 236/237페이지.   [J 11a, 2]

"고티에는 자기 이야기가 '대문자와 이탤릭'으로 가득 차 있다고 생각했다. 그는 마치 자기 목소리 속에서 어떤 외국인의 말을 들은 것처럼 자기가 말한 것에 놀란 …… 것처럼 보였다. 그러나 그의 여성들과 그의 하늘, 그의 향수香水들, 그의 향수鄕愁와 그의 그리스도교와 그의 악마, 그의 대양과 그의 열대는 누가 봐도 깜짝 놀랄 만큼 새로운 주제를 이루고 있었다는 점을 인정하지 않을 수 없다. …… 나는 …… 심지어 사람들이 그를 거미에 비유하도록 만드는 그의 어색한 걸음걸이도 비난할 생각이 없다. 그것은 서서히 구세계의 둥그런 우아함을 대신하게 될 네모진 몸짓의 시작이었다. 이 점에서도 그는 역시 선구자였다.” 외젠 마르상, 『폴 부르제 씨의 지팡이와 필린트의 올바른 선택』, 파리, 1923년, 239/40페이지.

[J 11a, 3]

“그의 몸짓은 고상하고, 느릿느릿하며, 몸과 완벽한 조화를 이루고 있다. 그의 예의바름은 꾸며낸 것처럼 보였다. 왜냐하면 보들레르는 18세기의 살롱을 보아온 노인의 아들로 그의 예의바름은 18세기의 유산이었기 때문이다.” 외젠 마르상, 『폴 부르제 씨의 지팡이와 필린트의 올바른 선택』, 파리, 1923년, 239페이지. [J 11a, 4]

보들레르의 브뤼셀에서의 데뷔에 대해서는 두 가지 설이 있다.[42] 조르주 랑시는 두 가지 설을 그대로 다 수록하고 있지만 기자인 타르디외의 설을 따르고 있다. 타르디외는 이렇게 쓰고 있다. “보들레르는 엄청나게 겁에 질려 이를 딱딱거리며 원고에 코를 박고 더듬더듬 읽으며 벌벌 떨었다. 그야말로 최악이었다.” 카미유 르모니에는 반대로 ‘훌륭한 달변가라는 인상’을 주었다고 말한다. 조르주 랑시, 『문학가들의 표정』, 브뤼셀, 1907년, 267페이지와 268페이지(「샤를 보들레르」). [J 12, 1]

"그는 …… 자기와 무관한 것을 이해해보려고 진지하게 노력해본 적이 결코 없었다." 조르주 랑시, 『문학가들의 표정』, 브뤼셀, 1907년, 274페이지(「샤<를> 보<들레르>」).　　　　　　　[J 12, 2]

"보들레르는 일에서만큼이나 사랑에서도 무능했다. 그는 글을 쓰듯 사랑했다. 즉 발작적으로, 그러다가 빈둥거리는 방탕아의 에고이즘에 다시 빠지고 만다. 그는 결코 인간사에 대한 자그마한 호기심도 또 인류의 진화에 대한 최소한의 의식도 보여주지 않았다. …… 따라서 그의 예술은 …… 편협하며 기괴한 죄를 지었다는 말을 듣게 되었다. 실로 이러한 단점들이 명석하며 누구나 이해할 수 있는 작품을 좋아하는 건전하고 성실한 정신의 소유자들을 그로부터 멀어지게 만들고 말았다." 조르주 랑시, 『문학가들의 표정』, 브뤼셀, 1907년, 288페이지(「샤를 보들레르」).　　　　[J 12, 3]

"당대의 다른 많은 작가들과 마찬가지로 그도 작가가 아니라 스타일리스트이다. 그가 사용하는 이미지들은 거의 언제나 부적절하다. 그는 어떤 시선에 대해 '나사송곳처럼 예리하다'고 말할 것이다. …… 그는 회한을 '마지막 여관'이라고 부를 것이다. …… 보들레르는 운문보다는 산문이 더 나쁜 작가이다. …… 그는 심지어 문법조차 모른다. 그는 이렇게 말한다. "Tout écrivain français ardent pour la gloire de son pays, ne peut pas, sans fierté et sans regrets, reporter ses regards."[43] 여기서 문법을 위반하고 있다는 것은 누가 봐도 분명할 뿐만 아니라 어이가 없을 정도이다." 에드몽 세레, 『현대 문학 연구』, 4권, 파리, 1886년, 288/289페이지(「보들레르」).　　　　　　　[J 12, 4]

"보들레르는 문학의 퇴폐의 징조가 아니라 지성 일반의 추락의 징조이다." 에드몽 셰레, 『현대 문학 연구』, 4권, 파리, 1886년, 291페이지(「샤<를> 보<들레르>」).   [J 12, 5]

브륀티에르는 보들레르가 고티에의 말대로 시의 새로운 영역을 열었다는 것은 인정한다. 이 문학사가가 보들레르에 대해 비판적으로 유보하고 있는 것 중에는 다음과 같은 것이 있다. "게다가 그는 분명 시인이었으나 그의 시작법은 한 가지 요소 이상을 결여하고 있었는데, 그를 잘 아는 사람들 말에 따르면 특히 직접 운문으로 생각하는 재주가 결여되어 있었다." F. 브륀티에르, 『19세기 프<랑스> 서정시의 발전』, 2권, 파리, 1894년, 232페이지(「상징주의」).
                    [J 12, 6]

브륀티에르(『19세기 프랑스 서정시의 발전』, 2권, 파리, 1894년)는 보들레르를 한편으로는 러스킨파와, 그리고 다른 한편으로는 러시아 소설가들과 대치시킨다. 그는 이들 두 가지 현상에서 보들레르가 주창한 '데카당스'에 저항하는 ― 이것은 너무나 당연하다 ― 입장을, 지나치게 교양을 갖춘 모든 것에 자연인의 원시적 단순함과 순진무구함을 대치시키는 흐름을 포착하고 있다. 바그너는 이처럼 정반대되는 경향들의 종합을 대변한다. ― 브륀티에르가 보들레르를 이처럼 비교적 긍정적으로 평가하는 것은 한참 뒤(1892년)의 일이다.   [J 12a, 1]

위고, 고티에에 대한 보들레르의 평가에 대해. "그는 여자를 다루듯이 이 대가들을 다룬다. 숭배하고 비난하는 것이다." U.-V. 샤틀

랭, 『보들레르, 사람과 시인』, 파리, 21페이지.   [J 12a, 2]

위고에 대한 보들레르의 평가. "그는 그저 명확하게 표현할 뿐이
다. 분명하고 명료한 문자는 말 그대로 옮기고, 이해하기 어렵고 막
연한 것으로 드러난 것은 그에 필수 불가결한 난해함으로 표현한
다." 샤틀랭은 이 문장(『보들레르, 사람과 시인』, 파리, 122페이지)을
인용하면서 보들레르는 아마 당시 위고의 '은밀한 말라르메주의'를
이해한 유일한 인물이었다고 말하는데, 맞는 말이다.   [J 12a, 3]

"폭염 속에서 채 60명도 되지 않는 사람들이 그의 영구차 뒤를 따
랐다. 방빌, 아슬리노는 금방이라도 소나기가 퍼부을 것 같은 하늘
아래서 아름다운 조사를 낭독했으나 아무도 들을 수 없었다. 신문
은 『위니베르스』지의 뵈이요를 제외하면 냉담했다. 모두가 그의
유해로 몰려갔으며, 억수같이 퍼붓는 빗속에서 친구들도 흩어져
갔다. 그의 적들은 …… 그를 '정신 나간' 사람 취급했다." U.-V.
샤틀랭, 『보들레르, 사람과 시인』, 파리, 16페이지.   [J 12a, 4]

만물조응의 경험과 관련해 보들레르는 가끔 스베덴보리를, 또 해
시시를 참고했다.   [J 12a, 5]

연주회에서의 보들레르의 모습. "예리하고 꿰뚫어 보는 듯한 두
눈이 독특한 광채로 빛나고 있었는데, 이러한 반짝임만이 껍질 속
에 응고되어버린 듯한 사람에게 생기를 불어넣어 주고 있었다."
로레당 라르셰, 『회상의 단편들』(「보들레르의 모피 목도리 ─ 완벽한
방빌」), 파리, 1901년, 6페이지.   [J 12a, 6]

라르셰는 보들레르가 처음 어떤 아카데미 회원, 즉 쥘 상도를 방문했을 때의 목격자이다. 라르셰는 보들레르가 들어간 직후 대기실로 들어갔다. "나는 …… 이른 시간에 도착했지만 이상한 것이 눈에 들어와 먼저 손님이 와 있다는 걸 알 수 있었다. 대기실의 양복걸이에 진홍색의 긴 모피 목도리, 당시 하층의 여공들이 좋아하던 셔닐 실로 짠 목도리가 하나 둘둘 말려 있었다." L. 라<르셰, 앞의 책>, 7페이지.   [J 12a, 7]

퇴폐의 풍경. "우리나라 대도시들을 보라. 안개처럼 피어오르는 담배 연기에 뒤덮여 있으며, 밑바닥 인생들은 술에 절 대로 절고, 상류층은 모르핀으로 파괴되고 있다. 바로 거기서 인류는 미쳐버렸다. 확신하건대 거기서는 시인보다 미치광이나 백치, 살인마가 더 많이 나올 것이다." 모리스 바레스, 『샤를 보들레르의 광기』, 파리, <1926년>, 104/105페이지.   [J 13, 1]

"이 시론을 마무리지으면서 나는 우리가 홉스를 모델로 구상해본 정부가 뭔가 강력한 치료 방법을 통해 이러한 원리들, 즉 시민들을 만들어내는 데는 무용하면서도 병자나 반란분자는 무수히 만들어내는 이러한 원리들의 확산을 제압하기 위해 부심할 것이라고 상상해보고 싶다. …… 그러나 현명한 전제 군주라면 숙고 끝에 바람직한 철학, 즉 **나중 일은 어떻게 되든 상관없다**라는 철학의 전통에 충실하게 개입을 자제할 것이라고 믿는다." 모리스 바레스, 『샤를 보들레르의 광기』, 파리, <1926년>, 103/104페이지.   [J 13, 2]

"보들레르는 아마 포를 통해 새로운 것을 느끼고 이해하고, 평생 그것에 숙달되기 위해 자기를 단련한 근면한 정신에 지나지 않을 지도 모른다." 모리스 바레스, 『샤를 보들레르의 광기』, 파리, 98 페이지.   [J 13, 3]

"너무 서둘러 이들 시인들을 그리스도교도로 칭송하는 것은 삼가 도록 하자. 전례나 천사나 사탄은 …… 생생함은 미사의 가치가 있다고 판단하는 예술가에게서는 연출에 불과하다."[44] 모리스 바레스, 『샤<를> 보<들레르>의 광기』, 파리, 44/5페이지.   [J 13, 4]

"그의 작품의 최고 부분은 우리를 압도한다. 그는 훌륭한 산문을 어려운 운문으로 옮기고 있다." 모리스 바레스, 『샤를 보들레르의 광기』, 파리, 54페이지.   [J 13, 5]

"금색과 은색으로 빛나는 씨앗처럼 하늘에 뿌려져 있으며 밤의 깊 은 어둠 속에서 빛나는 별들은 |보들레르에게서| 인간의 상상력의 격렬함과 강력함을 상징하는 것이다." 엘리자베트 쉔첼, 『포, 보들 레르 그리고 프랑스 상징주의자들에서의 자연과 자연 상징론』, 뒤 렌(라인란트), 1931년, 32페이지.   [J 13, 6]

"그의 목소리는 …… 화려하게 장식한 규방의 어둠 속에서 들려 오는 마차 소리처럼 희미했다." 모리스 바레스, 『샤를 보들레르의 광기』, 파리, 20페이지.   [J 13, 7]

"보들레르의 작품은 처음에는 그다지 풍요롭지 못한 것처럼 보일 지도 모른다. 일부 재사들은 그의 작품을 아지랑이로 덮인 우울한

곳을 애써 파 들어간 좁은 연못에 비유했다. …… 보들레르의 영
향은 …… 1856년 …… 『현대고답시집』에서 분명히 드러났다.
…… 3명의 인물이 두드러진다. …… 스테판 말라르메, 폴 베를
렌, 모리스 롤리나가 그들이다." 모리스 바레스, 『샤를 보들레르의
광기』, 파리, 61페이지, 63페이지, 65페이지.   [J 13, 8]

"그리고 패거리 언어가 당대의 하층 계급 사이에서 차지하는 위
치!" 모리스 바레스, 『샤를 보들레르의 광기』, 파리, 40페이지.
                                                    [J 13a, 1]

플로베르가 보들레르에게 보낸 편지. "당신은 육체를 노래합니다.
그것을 사랑하지 않으면서 음울하고 초연한 방식으로. 공감할 만
한 방식입니다. 아! 당신은 삶의 권태를 이해하고 있습니다, 당신
은!"[45] 모리스 바레스, 『샤를 보들레르의 광기』, 파리, 31페이지에
서 인용.   [J 13a, 2]

보들레르가 유베날리우스를 편애하는 것은 그가 최초의 도시 시
인 중의 하나인 것과 관련 있을지도 모른다. 아래의 티보데의 지적과
비교해볼 것. "도시 생활의 위대한 시대를 조사해보면 도시가 시인
과 그 밖의 다른 사람들에게 지적·정신적 생활을 더 많이 제공하면
할수록 시는 도시로부터 강하게 배제된다는 것을 알 수 있다. 그리스
세계에서 …… 그러한 삶이 알렉산드리아나 시라쿠사와 같은 거대
한 국제 도시를 중심으로 전개되고 있을 때 그러한 도시들로부터 전
원시가 탄생되었다. 아우구스투스의 로마가 이와 비슷한 지위를 차
지하자 마찬가지로 양치기의 시, …… 상쾌한 자연의 시가 베르길리

우스의 『전원시』와 『농경시』와 더불어 나타난다. 그리고 18세기에 프랑스에서도 파리의 삶이 …… 가장 화려하게 펼쳐지던 시기에 고대로의 회귀의 일부로 목가가 되돌아왔다. …… 보들레르적 도시주의의 필치(그리고 그 밖의 다른 보들레르적인 것)를 찾아볼 수 있던 유일한 시인은 아마도 몇몇 시기의 성 아망일 것이다." 알베르 티보데, 『내면의 작가들』, 파리, <1924년>, 7~9페이지.   [J 13a, 3]

"이 모든 낭만주의 시인들로부터 보들레르로 이동해 가면서 우리는 자연의 무대 배경에서 돌과 육체의 무대 배경으로 이동하게 된다. …… 이들 낭만주의자들에게서 …… 자연과의 친밀함의 일부였던 자연에 대한 종교적 경외가 보들레르에게서는 자연에 대한 혐오가 된다." [?]   [J 13a, 4]

뮈세에 대한 보들레르의 평. "첫 영성체에 알맞은 시기, 즉 매춘부와 비단 줄사닥다리|여자 방에 숨어들었다가 거기에서 도망치기 위한 도구|와 관련된 모든 것이 종교와 같은 효과를 내는 시기는 차치하더라도 나는 이 겉멋의 대가, 식사할 때 나누는 시시한 이야기에나 나올 법한 천국과 지옥 이야기를 남발하는 버릇없는 자식 같은 그의 뻔뻔함, 진흙탕 물처럼 계속 쏟아져 나오는 문법의 오류와 잘못된 운율법, 그리고 마지막으로 몽상이 예술 작품이 되는 과정을 전혀 이해하지 못하는 철저한 무능력을 도저히 참을 수 없었습니다."[46] 티보데는 이러한 평가를 인용한(『내면의 작가들』, 15페이지) 다음 이를 보들레르에 대한 브륀티에르의 평과 대조시키고 있다. "그는 |붙박이 가구가 있는| 싸구려 호텔의 사탄, 만찬장의 베엘제불에 불과하다."   [J 13a, 5]

"「지나가는 여인에게」와 같은 소네트, 이 소네트의 마지막 행[47])과 같은 시구는 …… 사람들이 함께 생활하지만 각자가 타인으로, 하지만 동시에 같은 곳을 지나가는 사람으로 사는 대도시 환경 속에서가 아니면 태어날 수 없다. 그리고 모든 수도 중에서도 오직 파리만이 그러한 존재를 자연스러운 과실로 만들어낸다." 알베르 티보데, 『내면의 작가들』, 파리, 22페이지(「보들레르」).   [J 14, 1]

"그는 슬픈 전리품 같은 분위기를 달고 다닌다. …… 기억의 두께라고 불러도 좋을 것이다. 그로 인해 그는 지속적인 기억 착오 속에서 사는 것처럼 보일 정도이다. …… 이 시인은 자기 안에 있는 살아 있는 지속durée을 달고 다니는데, 온갖 냄새가 이를 불러내어 …… 이것과 혼합된다. …… 이 도시 ……, 그것은 하나의 지속이며, 하나의 뿌리 깊은 삶의 형태이며, 하나의 기억이다. …… 그는 잔느 뒤발 같은 여성 …… 속에서 뭔가 태곳적의 밤과 같은 것을 사랑했으나 …… 그것은 앞서 말한 진정한 지속 즉 파리의 삶과 존재와 동체를 이루고 있는 …… 진정한 지속의 …… 상징에 불과하다. 이 수도 그 자체와 마찬가지로 추억의 덩어리, 끝없이 이어진 제방을 만들게 될 것처럼 보이는 주름투성이 노인들의 지속의 상징이다"(「가엾은 노파들」을 가리킨다). 알베르 티보데, 『내면의 작가들』, 파리, 24~27페이지(「보들레르」).   [J 14, 2]

티보데는 「송장」을 고티에의 『죽음의 희극』 그리고 위고의 「구더기의 서사시」와 비교하고 있다(앞의 책, 46페이지).   [J 14, 3]

티보데는 아주 정확하게 보들레르에게서는 고백과 신비화 사이에 일정한 상관 관계가 있다고 지적한다. 신비화 덕분에 고백해도 자존심에 상처를 입지 않을 수 있는 것이다. "루소의 『고백』이래 프랑스의 모든 개인적 문학은 부서진 전례용 가구, 뒤집어진 고해실로부터 나온 것처럼 보인다." 티보데, 『내면의 작가들』, 파리, 47페이지(「보들레르」). 신비화, 원죄의 한 형태. [J 14, 4]

티보데(『내면의 작가들』, 34페이지)는 브륀티에르가 보들레르를 "괴물 같고, 기괴하며, 이상한 색깔 때문에 원래의 기괴함이 한층 더 돋보이는 동양의 우상 같다"고 1887년에 말한 내용을 인용하고 있다. [J 14, 5]

1859년에 미스트랄의 『미레유』가 출간되었다. 보들레르는 이 책의 대성공에 크게 분개했다. [J 14, 6]

보들레르가 비니에게 보낸 편지. "이 책에 대한 찬사로 제가 받고 싶은 것은 단 하나뿐입니다. 독자들이 이 책이 단순히 시첩이 아니라 시작과 끝을 갖고 있다는 것을 깨닫게 되는 것이 그것입니다."[48] 티보데, 『내면의 작가들』, 파리, 5페이지에서 인용. [J 14, 7]

티보데는 보들레르 론을 센 강 우안의 라스티냐크 언덕[49]에 서서 좌안의 생-즈느비에느와 맞서보려는 병든 뮤즈에 관한 알레고리로 매듭짓고 있다(60/61페이지). [J 14, 8]

보들레르. "알프레드 드 비니를 예외로 한다면 프랑스의 위대한 시인 중 최악의 악문가." 티보데, 『내면의 작가들』, 파리, 58페이지(「보들레르」).   [J 14, 9]

풀레-말라시는 당시에는 파사주 미레스로 불리던 파사주 드 프랭
스에 부티크를 갖고 있었다.   [J 14a, 1]

"보라색 모피 목도리 위에 이제 막 백발이 되기 시작한 곱슬머리를
단정히 손질해둔 그는 어딘가 성직자 같은 용모를 하고 있었다."
샹플뢰리, 『청년 시절의 추억과 인물들』, 파리, 1872년(「보들레르
와의 만남」), 144페이지.   [J 14a, 2]

"그는 당시 그를 고립시킨 원인이 되었던 오해를 낳는 일에 전념했
는데, 항상 그것을 의식한 것은 아니었다. 그는 그러한 오해가 그
에게서 생겨나면 날수록 한층 더 그것에 전념했다. 사후에 간행된
그의 사적인 노트들은 이 점을 여실히 보여준다. …… 자기 자신
에 대해 말하기 시작하자마자 누구와도 비견될 수 없을 정도로 섬
세한 이 예술가는 어색해한다. 도대체 자존심이라고는 찾아볼 수
없는 것이다. 그러다가 결국 바보들을 놀라게 하려는 것이든, 분개
하게 만들려는 것이든, 아니면 결국 바보들쯤은 전혀 염두에 두지
않는다는 것을 알리기 위해서든 끊임없이 바보들과 씨름을 벌이고
만다." 앙드레 지드, 샤를 보들레르, 에두아르 펠레탕 판, 『악의
꽃』, 「서문」, 파리, 1917년, XIII/XIV페이지.   [J 14a, 3]

"'이 책은 내 여인들과 딸들과 누이들을 위해 쓴 것이 아니다' 라
고 그는 『악의 꽃』에 대해 말한다. 왜 굳이 그러한 사실을 경고하
는 걸까? 왜 그러한 말을 하는 걸까? 오! 간단하다. 모르는 척 슬쩍

'나의 여인들'이라는 표현을 삽입함으로써 부르주아 도덕에 맞서는 즐거움을 맛보기 위해서. 『내면의 일기』에서 '이것이 나의 여인들이나 딸들, 그리고 누이들을 욕되게 하지는 않으리라'라는 구절을 찾아볼 수 있는 것을 보면 그가 이러한 표현에 집착하고 있는 것을 알 수 있다." 앙드레 지드, 샤를 보들레르, 에두아르 펠레탕 판, 『악의 꽃』, 「서문」, 파리, 1917년, XIV페이지.[50]   [J 14a, 4]

"의문의 여지 없이 보들레르에 대해서만큼 극히 터무니없는 글이 많이 쓰여진 예술가도 없을 것이다." 앙드레 지드, 샤<를> 보<들>레르>, 에두아르 펠레탕 판, 『악의 꽃』, 「서<문>」, 파리, 1917년, XII페이지.   [J 14a, 5]

"『악의 꽃』은 프랑스 문학의 마술사, 순수 예술가, 완전무결한 작가라는 자부심대로 고티에에게 헌정되었다. — 아마 이런 말이 아닐까. 오해 말기 바란다. 내가 존경하는 것은 기교art이지 사상이 아니다. 나의 시들이 뛰어난 것은 운동이나 정념, 정신이 아니라 형태 때문이라고 바꿔 말할 수 있을 것이다." 앙드레 지드, Ch. B., 에두아르 펠레탕 판, 『악의 꽃』, 「서문」, 파리, 1917년, XI/XII페이지.   [J 14a, 6]

"작은 목소리로 지금 그는 우리들 한 사람 한 사람과 얘기를 나누고 있다." 앙드레 지드, Ch. B., 에두아르 펠레탕 판, 『악의 꽃』, 「서<문>」, 파리, 1917년, XV페이지.   [J 14a, 7]

르메트르는 원래 『주르날 데 데바』지의 '연극평'에 발표한 「보들

레르」 론에서 다음과 같이 서술하고 있는데, 그것은 크레페 판의
『유고와 미발표 편지』의 간행에 즈음해 쓰여진 것이다. "게다가
최악인 것은 이 불행한 인물이 이처럼 수수께끼 같은 노트들을 발
전시킬 능력이 전혀 없다는 생각이 든다는 것이다. 보들레르의
'사상pensées'은 대개는 거드름이나 피우며 꿍꿍대는 중얼거림
에 불과하다. …… 이보다 덜 철학적인 두뇌도 상상하기 힘들 것이
다." 쥘 르메트르, 『동시대인들』, 4권, 파리, 1895년, 21페이지(「보
들레르」). 명상하기![51]   [J 15, 1]

캘커타 행 이후. "귀국하자 그에게 7만 프랑의 유산이 들어온다. 2
년 만에 절반을 써버렸다. …… 이후 20년간 남은 3만 5천 프랑의
금리로 살아간다. …… 그런데 이 20년 동안 새로운 빚은 1만 프랑
이상 지지 않는다. 이러한 상황으로 볼 때 그가 네로처럼 방탕에 빠
진 것은 아니라고 판단해도 좋을 것이다!" 쥘 르메트르, 『동시대인
들』, 4권, 파리, 1895년, 27페이지.   [J 15, 2]

부르제는 레오나르도 |다빈치| 와 보들레르를 이렇게 비교한다.
"위험한 호기심으로 인해 관심이 생겨나고, 이 화가 혹은 시인의
수수께끼 앞에서 오랫동안 몽상에 잠기도록 유혹당한다. 오래 바
라보고 있으면 수수께끼는 비밀을 드러낸다." 폴 부르제, 『현대심
리론집』, 1권, 파리, 1901년, 4페이지(「보들레르」).   [J 15, 3]

"그는 다음과 같이 한편으로는 비극적이며 다른 한편으로는 감상
적일 정도로 장중한, 도저히 잊을 수 없는 단어로 시를 시작하는 것
에 탁월하다. '그대 슬기로운들 나에게 무엇하리?/그대는 오직 아

름답고 슬프기만 하여라! ……' 또다른 예. '시름겨운 내 가슴에/
비수처럼 파고든 너는. ……' 또다른 예. '생각에 잠긴 가축처럼
모래밭에 드러누워/그녀들은 바다 너머 수평선에 눈을 돌리고
……'" [52] 폴 부르제, 『현대심리론집』, 1권, 파리, 1901년, 3/4페이
지(「보들레르」).   [J 15, 4]

부르제는 뱅자맹 콩스탕, 아미엘, 보들레르에게서 일종의 친족 같
은 정신, 분석적인 정신에 의해 규정된 지성, 퇴폐의 각인이 찍힌
전형을 보고 있다. 「보들레르」론의 긴 보유補遺는 |콩스탕의| 『아
돌프』를 다루고 있다. 권태는 부르제에게서 분석적인 정신과 더불
어 퇴폐의 한 요소로 간주되고 있다. ─ 보들레르 론의 3장, 즉 마
지막 장인 「퇴폐론」은 말년의 로마 제국을 전거로 이러한 생각을
전개하고 있다.   [J 15, 5]

1849년인가 1850년. 보들레르는 기억에 의존해 블랑키의 얼굴을
그렸다(필립 수포, 『보들레르』, 파리 <1931년>, 도록 부분, 15페이지 참
조<)>).   [J 15, 6]

"그것들은 모두 기교들의, 고의적인 모순들의 총집합이다. 그러한
예를 몇 가지 지적해보기로 하자. 거기에는 현실주의와 이상주의
가 혼합되어 있다. 그것은 육체적 현실의 더할 나위 없이 불쾌한 세
부 사항을 과장하는 데서 즐거움을 느끼는 기술記述이며, 동시에
육체로부터 우리가 받는 직접적인 인상을 훨씬 능가하는 관념과
신앙의 세련된 표현이기도 하다. ─ 그것은 극히 심오한 쾌락의 추
구와 그리스도교적 금욕주의의 결합이다. '삶의 공포와 삶의 법열

法悅이라고 보들레르는 어딘가에서[53] 쓰고 있다. …… 또한 사랑에 있어서는 여성에 대한 경멸과 숭배의 결합이다. …… 여성을 노예로 간주하고, 짐승으로 보고 있으나, …… 그럼에도 불구하고 순진무구한 성모에게 바치는 것과 같은 찬사, 그와 같은 기도를 여성에게 바치고 있다. 혹은 차라리 여성을 모든 악의 덫으로 보면서 …… 그녀의 불길한 힘 때문에 여성을 숭배한다. 이뿐만이 아니다. 심지어 가장 격렬한 정열을 표현하려고 애쓰는 순간에도, 따라서 그에 알맞은 형태를 …… 전혀 예기치 못한 형태를 …… 즉 최대한의 냉정과 심지어 정열의 결여 그 자체를 연상시키는 형태를 추구하는 것에 전념할 때도 마찬가지이다. …… 악마를 믿거나 아니면 믿는 척한다. 악마는 교대로 또는 동시에 악의 아버지, 위대한 패자이자 위대한 희생자로 간주된다. 그리고 신자 …… 의 말에서 자신의 불신을 표현하며 기뻐한다. '진보'를 저주하고, 금세기의 산업 문명을 증오하지만 동시에 이 문명이 인간의 삶에 가져온 독특한 생동감을 즐긴다. 바로 이것이 보들레르주의가 본질적으로 전념하는 것이라고 나는 생각한다. 즉 항상 상반되는 두 계열의 감정을 …… 그리고 결국에는 대립적인 두 개의 세계관과 인생관, 즉 그리스도교적인 세계관·인생관과 다른 세계관·인생관을, 혹은 이렇게 표현해도 좋다면 과거와 현재를 연결하는 것이다. 이것은 의지(보들레르와 마찬가지로 나도 첫 글자를 대문자로 해둔다)의 걸작, 감정을 꾸며내는 솜씨의 결정판을 보여준다." 쥘 르메트르, 『동시대인들』, 4권, 파리, 1895년, 28~31페이지(「보들레르」).

[J 15a, 1]

르메트르는 보들레르가 처음 계획한 대로 퐁시프를 창조했다고 지

638

적한다.   [J 15a, 2]

'파괴를 위한 피투성이 연장' — 이 표현은 보들레르의 작품 어디
에 나오지? 「파괴」에 들어 있다.[51)]   [J 15a, 3]

"그를 '파리 스타일의 비관론자'의 완벽한 전형으로 간주할 수 있
을 것이다. 이전이었다면 이 두 단어를 조합하는 것이 왠지 어색했
을 것이다." 폴 부르제, 『현대심리론집』, 1권, 파리, 1901년, 14페
이지.   [J 15a, 4]

보들레르는 한때 H. 랑글루아의 『죽음의 춤』을 『악의 꽃』 2판의
표지 그림으로 사용하려고 생각했었다.   [J 15a, 5]

"이 사람 속에는 세 사람이 동시에 살고 있다. …… 이 세 명 모두
아주 현대적이지만 보다 현대적인 것은 그것들의 종합이다. 종교
신앙의 위기, 파리에서의 삶, 과학적인 시대정신, …… 이 세 가지
가 불가분하게 보일 정도로 긴밀하게 연결되어 있다. …… 신앙은
사라져버리겠지만 신비주의는 설령 지성에서 배제된다 하더라도
감각 속에는 계속 남게 될 것이다. …… 쾌락을 찬양하는 …… 데
전례 용어가 사용되고 있는 것을 …… 예로 들 수 있다. …… 또는
그가 「나의 프란체스카에의 찬가」라고 제목을 붙인 퇴폐기의 라
틴 문체로 적은 기이한 '산문' 작품을 예로 들 수도 있을 것이다.
다른 한편 그의 방탕아적인 취미는 파리로부터 이어받은 것이다.
그의 시 …… 도처에서 파리의 악의 무대 장치를 볼 수 있으며, 이
뿐만 아니라 가톨릭 전례의 무대 장치도 찾아볼 수 있다. 그가 이

외설적인 도시의 최악의 숙소들을 전전했으며, 그것이 얼마나 끔찍한 체험이었는지는 누구나 다 알고 있는 바이다. 분을 덕지덕지 찍어 바르고, 얼굴은 마치 연백의 가면을 쓴 것처럼 하고 입은 쥐를 잡아먹은 듯이 보이는 창녀들과 함께 값싼 정식을 먹었다. 사창가에서 자고, 아침 햇살이 비추면 색 바랜 커튼과 함께 몸을 판 여성의 얼굴이 한층 창백해지는 것을 보며 한심스러운 기분을 맛보았다. 그는 사유의 병을 치유해줄 수 있는 …… 무념무상의 경련을 …… 추구했다. 동시에 이 도시의 모든 거리에 멈춰 서서 이야기했다. …… 그는 문인 생활을 하며 …… 정신의 칼을 …… 연마했으나 다른 사람이었다면 오히려 정신이 무디어졌을 것이다." 폴 부르제, 『현대심리론집』, <1권>, 파리, 1901년, 7~9페이지(「보들레르」). [J 16, 1]

리비에르는 보들레르의 시작詩作 절차에 관한 일련의 적절한 주석을 제공해준다. "말들의 기묘한 행렬! 종종 피곤한 것처럼 …… 기어들어가는 목소리. '누가 알랴, 내가 꿈꾸는 새로운 꽃들이/갯벌처럼 씻겨진 이 흙 속에서/신비로운 생명의 양식 **찾아낼지** 어떨지?' 이렇게 말하는 반면 다음과 같은 부분도 있다. '시벨 여신도 그들을 사랑하여 녹음을 **북돋워**' …… 자기 생각대로 말하고 싶은 것을 모두 말해버리는 자신감에 차 있는 사람들과 마찬가지로 그도 처음에는 전혀 무관한 용어들을 찾는다. 그런 다음 그것들을 접근시켜 조정함으로써 그것들에 지금까지 알려지지 않은 성질을 주입한다. …… 그러한 시는 영감으로는 만들어질 수 없는 것이다. …… 그리고 마치 떠오르는 사고가 …… 사유가 시작될 때의 어둠에서 서서히 빠져나오듯이 시의 분출도 긴 잠재기의 완만함을 보유하고 있다. '눈초리가 올라간 당신의 눈빛을 좋아한다'고 말하는 식이다. …… 보들레르의 시는 하나하나가 하나의 운동이다. …… 그의 시는 모두 하나의 의미를 가진 악구이며, 물음이며, 상기이며, 헌사이다." 자크 리비에르, 『연구』, 파리, 14~18페이지.[55]　　　　　　　　　　　　　　[J 16, 2]

『표착물』에 실린 로프스의 표지 그림. 이것은 갖가지 알레고리를 보여준다. ―『악의 꽃』<2판>의 표지 그림으로 브라크몽의 동판화를 사용하려던 계획. 보들레르는 이 동판화를 이렇게 묘사하고 있다. "해골이 나무가 되어 양 발과 늑골은 줄기를 이루고, 십자로 뻗은 팔에서는 잎과 봉오리가 움터 나와 마치 정원사의 온실에서 볼 수 있는 것처럼 질서정연하게 배열된 작은 화분에 심어진 독초들을 지키고 있는 모습으로 할 것."[56]　　　　　　　　　　[J 16, 3]

수포의 괴상한 가설. "거의 모든 시가 정도 차는 있지만 판화나 그림에서 영감을 직접 얻고 있다. …… 유행에 영합했다고 할 수 있을까? 그는 혼자되는 것을 두려워했다. …… 마음이 약한 그는 의지할 곳을 찾지 않을 수 없었다." 필립 수포, 『보들레르』, 파리, <1931년>, 64페이지.　　　　　　　　　　　　　　[J 16a, 1]

"장년, 즉 체념할 나이가 되자 그는 이러한 유년기를 애석해하며 아쉬워하는 말은 한마디도 하지 않았다." 아르투르 홀리처, 「샤를보들레르」[『문학』, 12권], 14/15페이지.　　　　　　　　[J 16a, 2]

"이 이미지들은 …… 우리의 상상력을 어루만져주려고 하지 않는다. 그들은 뭔가를 강조할 때의 완곡한 목소리처럼 멀리서 들려오

펠리시앙 로프스가 디자인한 보들레르의 『표착물』 표지(1866년). [J 16, 3]을 보라.

고 주도면밀하다. …… 전혀 예상치 못했을 때 귓속말을 하듯 갑자기 시인이 바로 우리 곁에 다가와 이렇게 말한다. '기억하니? 내가 말하는 것을 기억하니? 어디서 그것을 같이 보았더라? 우리가 서로 알지도 못할 때 말이야.'" 자크 리비에르, 『연구』, 파리, 18/9페이지. [J 16a, 3]

"보들레르는 느끼는 것을 완전히 인정하지 않는 마음의 통찰력을 알고 있었다. …… 그것은 주저이며, 유보이며, 신중한 눈빛이다." 자크 리비에르, 『연구』, 파리, 21페이지. [J 16a, 4]

"어찌나 완벽하고 잘 계산된 시구인지 처음에는 각각의 시구에 완전한 의미를 부여하기가 주저될 정도였다. 일순간 희망이 일고, 시구의 의미의 깊이에 의혹이 생긴다. 그러나 기다리기만 하면 된다." 자크 리비에르, 『연구』, 파리, 22페이지. [J 16a, 5]

「어슴 새벽」에 대해. "「어슴 새벽」의 구절 하나하나가 ─ 귀에 거슬리는 소리 하나 찾아볼 수 없으며 경건한 마음이 담겨 있다 ─ 불행을 상기시킨다." 자크 리비에르, 『연구』, 파리, 29페이지.

[J 16a, 6]

"허약함으로 인해 황홀경에 빠지는 마음의 경건. …… 극히 무시무시한 사실들을 말하고 있지만 워낙 존중하는 마음이 강하기 때문에 거기에 미묘한 절도가 주어진다." 자크 리비에르, 『연구』, 파리, 27/28페이지. [J 16a, 7]

샹플뢰리에 따르면 보들레르는 「1845년 살롱」의 재고를 전부 사
들이려고 했다고 한다.   [J 16a, 8]

"얼굴을 바꾸는 것은 보들레르에게 도형수徒刑囚에게서처럼 식은
죽 먹기였다." 샹플뢰리, 『청년 시절의 추억과 인물들』, 파리,
1872년, 135페이지(「보들레르와의 만남」). — 쿠르베는 보들레르
의 초상화를 마무리지을 수 없다고 불만을 토로했다. 매일 다른 모
습이었기 때문이다.   [J 16a, 9]

보들레르는 흑맥주를 애호했다고 한다.   [J 16a, 10]

"보들레르가 좋아한 꽃은 데이지도, 카네이션도, 장미도 아니었
다. 먹이를 덮치기 직전의 뱀이나 잔뜩 웅크리고 있는 고슴도치처
럼 보이는 잎이 두꺼운 식물을 보고 그는 떨 듯이 기뻐하며 사로잡
히곤 했다. 비바람에 시달린 형태, 뚜렷한 형태, 바로 이것이 시인
의 이상이었다." 샹플뢰리, 『청년 시절의 추억과 인물들』, 파리,
1872년, 143페이지.   [J 16a, 11]

앙드레 지드는 『악의 꽃』, 「서문」에서 도스토예프스키와 마찬가지
로 보들레르도 본인에게 "원심적이고 붕괴시키는"<XVII페이지>
힘이 있으며, 그것이 창작력과 맞서고 있다는 것을 감지했다는 점
을 강조하고 있다.[57]   [J 17, 1]

"보들레르에게서 그러한 부알로 취향, 라신 취향은 허식에 그치는
것이 아니었다. …… 『악의 꽃』에는 '새로운 것에 대한 전율' 과는

다른 어떤 것이 있다. 전통적인 프랑스 시로의 회귀가 그것이다. …… 신경성 질환을 앓고 있었지만 보들레르의 정신은 온전했다." 레미 드 구르몽, 『문학 산책』, 2권, 파리, 1906년, 85/6페이지 (「보들레르와 아탈리의 꿈」).   [J 17, 2]

포는 이렇게 말한다(레미 드 구르몽, 『문학 산책』, 파리, 1904년, 371페이지에서 인용 ―「에드가 포와 보들레르에 대한 방주」). "어떤 행위에도 잘못이나 오류가 포함되어 있다는 확신은 종종 억제하기 힘든 힘, 어쩌면 유일한 힘이 되어 그러한 행위를 하도록 우리를 부추긴다."[58]   [J 17, 3]

르네 라포르그, 「보들레르의 실패」(파리, 1931년)의 구성. 보들레르는 어렸을 때 유모인가 어머니가 남편(첫번째 남편인가, 두번째 남편인가?)과 성관계를 갖는 것을 목격했다고 한다. 이런 식으로 사랑의 관계에서 3자의 위치에 놓이곤 했다. 그는 이러한 입장에 고착된 나머지 관음증자가 되었다. 아마도 그는 주로 관음증자로서 유곽을 들락거렸을 것이다. 시선에 대한 이러한 고착에서 그는 비평가가 되었으며, "어떤 것도 '간과' 하지 않기 위해" 객관성이 필요하다고 느끼게 되었던 것이다. 그는 병인을 분명하게 규정할 수 있는 유형의 환자에 속한다. "그러한 환자들에게 본다는 것은 독수리처럼 상공 위를 아주 안전하게 날며, 남자와 그리고 동시에 여자와 스스로를 동일시함으로써 일종의 전지전능을 실현하는 것을 의미한다. …… 그러한 자들은 절대적인 것에 대한 어떤 불길한 취향을 발전시켜, …… 순수한 상상력의 영역으로 도피함으로써 마음을 어디에 둘지를 잊어버리게 된다"(201페이지와 204페이지).

"보들레르는 본인은 몰랐지만 오피크[59]를 사랑했으며, 또한 ……
의붓아버지를 끊임없이 자극했던 까닭은 그에게서 사랑받기 위해
서였을 것이리라. …… 시인의 감성에 대해 잔느 뒤발이 오피크와
비슷한 역할을 담당했다면 우리는 왜 보들레르가 …… 성적으로
그녀에게 사로잡혔는가를 이해할 수 있을 것이다. 그렇다면 그러
한 결합은 …… 차라리 동성애적 결합에 해당하는 것으로 볼 수
있는데, 거기서 보들레르는 주로 수동적인 역할, 즉 여성의 역할을
맡았다." 르네 라포르그, 『보들레르의 실패』, 파리, 1931년, 175페
이지와 177페이지.[60]   [J 17, 5]

친구들은 종종 보들레르를 브뤼멜 전하라고 부르곤 했다. [J 17, 6]

허위에 대한 보들레르의 강박관념에 관해. "자발적, 직접적으로
진실을 표현한다는 것은 이처럼 섬세하며 고뇌로 가득한 의식에게
는 근친상간에 …… 성공하는 것과 동일한 것이 된다. 즉 단지 '양
식良識'만으로도 간단하게 실현될 수 있는 영역에서의 성공과 동
일한 것. …… 왜냐하면 정상적인 성욕이 억압되는 그러한 경우 **양
식**은 목표를 잃어버리고 말 운명이 되기 때문이다." 르네 라포르
그, 『보들레르의 실패』, 파리, 1931년, 87페이지.   [J 17, 7]

아나톨 프랑스 ― 『문학 생활』, 3권, 파리, 1891년 ― 의 보들레르
평. "숭배자와 친구들에 의해 만들어진 그에 관한 전설에는 악취
미의 흔적이 가득하다"(20페이지). "밤에 수상한 골목의 어둠 속에

서 만난 극히 가련한 여성도 그의 머릿속에서는 비극적인 위대함을 띤다. 일곱 명의 악마가 그녀들(!) 안에 들어 있으며, 신비로운 하늘 전체가 영혼이 위험에 빠진 이 죄 많은 여성들을 굽어보고 있다. 그는 극히 비열한 키스들은 영겁에까지 울려 퍼질 거라고 스스로에게 속삭이며, 이 한순간의 만남에 18세기 동안의 악마성을 덧붙인다"(22페이지). "그가 여자를 좋아하는 이유도 확실하게 영혼을 타락시키기 위해서일 뿐이다. 그는 결코 연인이 되어본 적이 없으며, 방탕도 극도로 불경한 것은 아니기 때문에 탕아조차도 될 수 없었다. 여성을 수단삼아 신을 배반하고 천사들을 비탄에 잠기게 할 수 있다고 생각하지 않았다면 그는 여성들에 대해서는 상관하지 않았을 것이다"(22페이지).   [J 17a, 1]

"근본적으로 그의 신앙은 반쪽짜리였다. 오직 그의 정신만이 완전히 그리스도교적인 것이었다. 마음과 지성은 텅 비어 있었다. 전하는 바에 의하면 어느 날 친구 중의 하나인 해군 사관이 아프리카에서 가져온 작은 신상神像을 그에게 보여주었다고 한다. 가난한 흑인이 나무에 새긴 괴물 같은 작은 두상이었다. — '너무 추하다'고 해군 사관이 말했다. 그리고 경멸하듯이 그것을 내팽개쳤다. — 그러자 보들레르가 불안한 듯 말했다. '조심해! 만약에 그것이 진짜 신이었다면 어떡할래!' 이제까지 그는 이처럼 심원한 말을 해본 적이 없었다. 그는 미지의 신들을 믿고 있었다. — 하지만 그가 그렇게 한 것은 신들을 모독하는 것을 즐기기 위해서였다." 아나톨 프랑스, 『문학 생활』, 3권, 파리, 1891년, 23페이지(「샤를 보들레르」).   [J 17a, 2]

1860년 2월 18일 풀레-말라시에게 보낸 편지.   [J 17a, 3]

"보들레르가 | 매독에 의한 | P. G. | 진행성 마비 | 였다는 가설은 그토록 수많은 반론이 있었음에도 불구하고 반세기를 넘어서까지 존속해왔으며 아직 이를 믿는 사람들이 많다. 그러나 그것은 조잡한, 쉽게 반증될 수 있는 오해에 근거하고 있으며, 사실이라는 근거는 하나도 없다. …… 보들레르의 죽음은 P. G.에 의한 것이 아니라 뇌연화증, 발작의 후유증, …… 뇌동맥 손상이 원인이다." 루이-앙투안-쥐스틴 코베르, 『보들레르의 신경병』, 보르도, 1930년, 42/43페이지. 레이몽 트리알도 어느 논문에서 '진행성 마비' 설에 반대하고 있다. 『보들레르의 병』, 파리, 1926년(69페이지 참조). 단그가 보들레르의 뇌질환이 매독의 결과임을 인정한 데 반해 코베르는 보들레르의 매독은 완전히 증명된 것은 아니라는 견해를 보이고 있다(46페이지 참조). 그는 41페이지에서 르몽과 부아브넬, 『문학적 천재』, 파리, 1912년에 들어 있는 설, 즉 "보들레르는 …… 뇌동맥경화로 죽었다" 라는 설을 인용하고 있다.   [J 17a, 4]

카바네스는 『의학 시평』, 1902년 11월 15일자에 발표한 논문 「보들레르의 새디즘」에서 보들레르는 '새디즘적인 미치광이' <727페이지>였다는 설을 옹호하고 있다.   [J 18, 1]

뒤 캉은 보들레르의 '인도' 여행에 대해 이렇게 서술하고 있다. "그는 영국군에게 가축을 납품하고 …… 코끼리를 타고 산책하면서 시를 지었다." 이 부분에는 다음과 같은 주석이 달려 있다. "사람들은 이 일화를 믿을 수 없다고 했지만 나는 이 얘기를 보들레르로부터 직접 들었으며 그것의 신빙성을 의심할 이유는 없다. 그러나 아마 공상이 앞선다는 결점은 있을 것이다." 막심 뒤 캉, 『문학적 회상』, 2권, 파리, 1906년, 60페이지. [J 18, 2]

테오필 고티에의 아래 발언은 중요한 작품을 간행하기 이전 보들레르의 평판이 어떠했는지를 잘 보여준다. "나는 보들레르도 페트뤼스 보렐과 같은 처지에 놓이게 될까 우려하고 있다. 젊었을 때 우린 이렇게 말하곤 했다. …… 위고는 조심해야 한다. 페트뤼스가 뭔가를 출판하기만 하면 즉시 그는 사라질 거라고. …… 지금은 보들레르를 무서운 존재로 보고, 그가 시를 출판하면 뮈세도 라프라드도 나도 연기처럼 사라질 거라고 말한다. 하지만 나는 전혀 그렇게 생각하지 않는다. 보들레르도 페트뤼스처럼 불발로 끝날 것이다." 막심 뒤 캉, 『문학적 회상』, 2권, 파리, 1906년, 61/62페이지.
[J 18, 3]

"보들레르에게는 작가로서 큰 결점이 하나 있었으나 본인은 그것은 눈치조차 못 채고 있다. 무식하다는 것이 그것이다. 그는 알고 있는 것에 대해서는 잘 알지만 알고 있는 것이 별로 없다. 역사, 생리학, 고고학, 철학 모두 그의 이해를 넘어선다. …… 그는 바깥 세상에는 거의 관심이 없었다. 혹시 그것을 보았는지는 몰라도 한 번도 연구한 적이 없는 것만은 분명하다." 막심 뒤 캉, 『문학적 회상』, 2권, 파리, 1906년, 65페이지. [J 18, 4]

보들레르에 대한 루이 르 그랑 학교 교사들의 평가. "재기발랄함. 몇 가지 잘못된 취향"(수사학 과목에서). "종종 제멋대로 행동함.

이 학생은 역사가 완전히 무익하다고 확신하고 있으며, 본인 입으로도 그렇게 말하고 있다"(역사학 과목에서). — 바칼로레아에 합격한 후 1839년 8월 11일 의붓아버지에게 보낸 편지. "시험은 그다지 잘 치지 못했습니다. 라틴어와 그리스어는 빼고요. — 이 두 과목은 아주 잘 봤습니다. — 그래서 겨우 붙었습니다."[61] 샤를 보들레르, 『라틴 시』, 쥘 무케 판, 파리, 1933년, 17페이지, 18페이지, 26페이지.   [J 18, 5]

펠라당, 「남녀 양성구유의 조형론」(『메르퀴르 드 프랑스』, 21권, 650페이지, 1910년)에 따르면 남녀 양성구유가 로제티나 번 존스에게서 나타난다.   [J 18, 6]

「예술가의 죽음」에 대한 에르네스트 세이에르의 견해(『보들레르』, 파리, 1931년, 262페이지). "이 시를 다시 읽으면서 나는 지금 데뷔하는 작가의 작품이었다면 별다른 주목을 받지 못했을 뿐만 아니라 솜씨가 매우 서툴다는 평가를 얻을 수밖에 없을 것이라고 중얼거리게 되었다."   [J 18, 7]

세이에르는 「허풍선이」를 보들레르의 전기를 위해 중요성이 충분히 평가되지 못한 자료로 보고 있다<앞의 책, 72페이지>. [J 18, 8]

"보들레르는 간간이 나타나는 이러한 서투름을 끝내 버리지 못할 것이다. 그러한 서투름은 위고 같은 시인의 현란한 기교와는 딴판이다." 에르네스트 세이에르, 『보들레르』, 72페이지.   [J 18a, 1]

예술에는 열정이 어울리지 않는다는 것에 대해 언급한 주요 구절들. 포에 대한 두번째 「서문」, 고티에 론.[62]   [J 18a, 2]

브뤼셀에서의 첫번째 강연은 고티에에 관한 것이었다. 카미유 르모니에는 이를 대가를 기리기 위해 행해진 미사에 비유하고 있다. 보들레르에게서는 "이상의 제단 앞에서 의식을 집전하는 문학의 추기경과 같은 엄숙한 기품!"이 느껴졌다고 한다. 세이에르, 『보들레르』, 파리, 1931년, 123페이지에서 인용.   [J 18a, 3]

"보들레르는 |위고의| 열렬한 제자라는 식으로 자기를 소개하고 플라스 루아얄의 살롱에 들어갔는데, 통상 손님들을 즐겁게 해서 보내는 재능이 뛰어났던 위고도 이 청년의 '인공주의적인' 성격과 파리에 대한 별난 편애는 이해할 수 없었다. …… 위고가 「1846년 살롱」을 읽지 않은 것은 분명했지만 그럼에도 불구하고 두 사람의 관계는 진심 어린 것이었다. 게다가 보들레르는 「우리 동시대인 몇 명에 대한 성찰」에서 위고에 대해 찬사를 아끼지 않았으며 커다란 깊이는 없으나 혜안을 보여주고 있다." 에르네스트 세이에르, 『보들레르』, 파리, 1931년, 129페이지.   [J 18a, 4]

세이에르가 전하는 바에 따르면(129페이지) 보들레르는 종종 루르크 운하를 따라 산책하는 것을 즐겼다고 한다.   [J 18a, 5]

보들레르의 외가 쪽 선조인 뒤페 가에 대해서는 알려진 것이 아무것도 없다.   [J 18a, 6]

< ">1876년에 클라델은 「돌아가신 스승의 집에서」라는 제목의 기사에서 …… 이 시인의 용모에서 풍기는 왠지 기분 나쁜 특징에 대해 언급하고 있다. …… 이 목격자가 전하는 바로는 밝게 보이려고 할 때보다 더 그가 침통해 보인 적도 없었다고 한다. 왜냐하면 그의 말은 사람을 불안하게 만드는 반면 그의 말이 가진 희극적 효과*vis comica*는 사람을 두려움에 떨게 만들기 때문이었다. 그는 흐느껴 우는 듯한 비통한 폭소 사이사이에, 그리고 듣는 사람들을 웃기기 위한 것이라는 핑계로 사후 세계에 관한 얘기를 꺼내서 사람들의 피를 얼어붙게 만들었다." 에르네스트 세이에르, 『보들레르』, 파리, 1931년, 150페이지.   [J 18a, 7]

인간의 얼굴은 별을 비추기 위해 만들어졌다는 구절은 오비디우스의 어떤 글에 나올까?[63]   [J 18a, 8]

세이에르는 보들레르가 쓴 것으로 추정되는 작자 미상의 시들은 모두 시간적屍姦的 성격을 갖고 있다고 지적하고 있다(152페이지).
                                        [J 18a, 9]

"마지막으로, 잘 알다시피 보들레르의 예술 속에는 정열情熱상의 이상異常이 자리를 하나, 적어도 여러 측면 중의 하나에서 차지하고 있는데, 레스보스가 그것이다. 다른 측면은 아직 도덕적 자연주의의 진보에 의해 인정받지 못하고 있다." 에르네스트 세이에르, 『보들레르』, 파리, 1931년, 154페이지.   [J 18a, 10]

보들레르가 아마 1838/40년경 리옹의 한 소녀에게 바친 소네트

「만약 내게 주목이 심어져 있는 아름다운 공원만 있다면……」의 마지막 행 — "그리고 너도 그것을 알고 있다. 빈틈없는 눈빛의 미녀여!" — 은 소네트 「지나가는 여인에게」의 마지막 행을 연상시킨다.

[J 19, 1]

『파리의 우울』 중의 시 「천직」, 특히 다음과 같은 세번째 아이의 얘기는 아주 중요하다. "(그는 ……) 한결 나직한 목소리로 이야기했다. — '그건 정말 기분이 이상하더라, 혼자 자지 않고 캄캄한 밤에 식모와 함께 같은 침대에서 잔다는 것 말야. …… 너희들도 할 수만 있거들랑 나처럼 한번 해봐, 그러면 알 거야!' 이런 신기한 사실을 폭로한 소년은 이야기를 하는 동안에도 아직껏 그가 느끼고 있던 일종의 황홀감에 두 눈을 크게 뜨고 있었으며, 석양 햇살은 그의 헝클어진 갈색 고수머리 사이로 미끄러지며 정열의 유황빛 아우라처럼 거기에 타오르고 있었다."[64] 이 구절은 죄에 대한 보들레르의 생각의 특징뿐만 아니라 공공연한 고백이 갖는 아우라의 특징을 잘 보여준다.

[J 19, 2]

1858년 1월 11일 보들레르가 어머니에게 보낸 편지(샤<를> 보<들레르>, 『라틴 시』, 무케 판, 파리, 1933년, 130페이지에서 인용). "『악의 꽃』에는 어머니와 관련되어 있다고 할까, 적어도 제게 이상하고 슬픈 추억으로 남아 있는 어머니의 미망인 시절로 거슬러 올라가는 저희의 옛날 생활에 대한 아늑한 추억을 암시하고 있는 시 두 편이 들어 있다는 것을 짐작하지 못하셨습니까? 하나는 「잊지 않고 있다, 도시(네이) 근처이다」라는 부분이며, 다른 하나는 뒤이어 오는 「당신도 질투하는 고상한 하녀(마리에트)」입니다. 내밀한 집안일을 싸구려로 팔아넘기는 것이 끔찍이도 싫기 때문에 이 두 편에는 제목도 붙이지 않았고 분명하게 알 수 있는 것은 암시조차 하지 않았습니다. ……"[65]   [J 19, 3]

보들레르는 산문으로 쓴 것을 운문으로 바꾸는 식으로 시를 썼다는 르콩트 드 릴의 견해를 피에르 루이스도 수용하고 있다. 피에르 루이스, 『전집』, 12권, LIII페이지, 「속 시학」, 파리, 1930년. 쥘 무케는 이러한 견해에 대해 샤<를> 보<들레르>, 『라틴 시』, 쥘 무케의 「서문」과 주, 파리, 1933년, 131페이지에서 다음과 같이 지적하고 있다. "르콩트 드 릴과 피에르 루이스는 『악의 꽃』의 **그리스도교적** 시인에 대한 반감에 사로잡혀 그에게 도대체 시적 **재능**이 있다는 것을 인정하지 않는다! ― 그런데 청년 시절 친구들의 증언에 의하면 보들레르는 '어떠한 주제라도' 유창한 운문을 몇천 줄이나 써내려가기 시작했다고 하는데, '운문으로 생각' 하지 않고서는 그러한 일은 전혀 불가능할 것이다. 그가 22살경에 먼저 「레스보스」라는 제목을 붙였다가 나중에 「림보」라는 제목을 붙인 시를 쓰기 시작했을 때 그는 그러한 재주를 일부러 자제했다. …… 시인이 이미 운문으로 다룬 바 있던 주제로 되돌아온 …… 『소 산문시』는 『악의 꽃』 이후 적어도 10년 후에 쓴 것이다. 보들레르가 운문을 창작하느라 고생했다는 것은 아마 본인이 …… 자작극처럼 퍼트린 전설일 가능성이 많다."   [J 19, 4]

레이몽 트리알, 『보들레르의 병』, 파리, 1926년, 20페이지에 따르면 최근 연구에 의해 선천성 매독과 후천성 매독은 상호 배제하는 것은 아니라는 사실이 밝혀졌다고 한다. 따라서 보들레르의 경우

후천성 매독이 아버지에게서 감염된 선천성 매독에 첨가된 셈이다. 후자는 두 아들과 아내의 반신불수로 나타났다고 한다.

[J 19a, 1]

보들레르, 1846년의 글. "산책자의 호기심 때문에 종종 어떤 소란에 휩쓸려 들어가게 된 여러분들은 혹시 순경이랄까, 시경의 경관이랄까 아니면 공중의 파수꾼이 공화주의자를 구타하는 것을 보고 종종 내가 느낀 것과 같은 기쁨을 맛본 적이 있는가? 만약 그렇다면 나와 마찬가지로 마음속으로 이렇게 말했으리라. '계속 때려라, 좀더 세게 때려라. …… 네가 때리는 놈은 예술과 향수香水의 적, **부엌 용구에 미친 놈이다. 와토의 적, 라파엘로의 적**'이라고."[66] R. 트리알, 『보들레르의 병』, 파리, 1926년, 51페이지에서 인용.

[J 19a, 2]

"…… 『악의 꽃』을 비판하기 위해 아편이나 잔느 뒤발을 언급하지 말 것." 질베르 메르, 「보들레르의 인격」(『메르퀴르 드 프랑스』, 21권, 1910년 1월 16일, 244페이지<>).　　　　[J 19a, 3]

"전기에 의존하지 않고 보들레르를 이해하기, 그것이 우리 방법의 본질적이고 최종적인 목표이다." 질베르 메르, 「보들레르의 인격」(『메르퀴르 드 프랑스』, 21권, 1910년 1월 16일, 244페이지).　[J 19a, 4]

"자크 크레페 씨는 마치 삶의 진지함이 작품의 가치를 보증하기라도 하는 것처럼, 어떤 사람을 동정하면 그의 삶과 작품을 사랑해야 되기라도 하는 것처럼 보들레르를 고찰하라는 것인가?" 질베르

메르, 「보들레르의 인격」(『메르퀴르 드 프랑스』, 21권, 1910년 2월 1
일자, 414페이지).   [J 19a, 5]

메르는 바레스의 '유례 드문 감수성'은 보들레르를 사숙한 결과
라고 쓰고 있다(417페이지).   [J 19a, 6]

1865년 앙슬에게 보낸 편지. "특별한 재능을 가진 사람도 얼마든
지 바보일 수 있습니다. 빅토르 위고는 그것을 충분히 증명해 보였
습니다. …… 태양 자체도 위고와 함께 있는 것에 질린 모양입니
다."   [J 19a, 7]

포. "'죽음의 숨결이 미의 숨결과 섞이지 않았다면 나는 사랑할 수
없을 것이다!'[67]라고 포는 분명하게 말할 것이다." 에르네스트 세
이에르, 『보들레르』, 파리, 1931년, 229페이지에서 인용. 세이에
르에 따르면 포는 15살 때 제인 스태너드 부인의 사후 비 오는 날
에도 종종 묘지에 가서 그녀의 무덤 옆에서 긴 밤을 지새우곤 했다
고 한다.   [J 19a, 8]

보들레르가 어머니에게 보낸 편지 중 『악의 꽃』에 대해 말한 부분.
"이 책 …… 은 …… 불길하며 차가운 아름다움을 갖고 있습니다.
이는 분노와 인내로 쓴 것입니다."[68]   [J 19a, 9]

1866년 2월 앙주 페크메자가 보들레르에게 보낸 편지. 편지에서
그는 특히 시인의 언어의 관능적인 융합에 탄복했다고 말하고 있
다(에르네스트 세이에르, 『보들레르』, 파리, 1933년, 254/5페이지 참

조).   [J 19a, 10]

보들레르는 위고에게는 '질문을 던지는 것을 좋아하는' 시적 성
격이 있다고 지적하고 있다.   [J 20, 1]

보들레르의 의지 박약과 마약이 이러저러한 상황에서 의지에 부
여해주는 전능 사이에는 아마 어떤 상관 관계가 있을 것이다. "이 몽
환경夢幻境의 건축가가 되어/나는 내 마음대로/보석의 지하도 아래/
길들여진 대양을 펼쳐놓는다."[69]   [J 20, 2]

보들레르의 내적 체험 ― "소네트「만물조응」에 정식화되어 있는
만물의 유사관계 **이론**을 너무 강조한 나머지 보들레르가 선호한
몽상들은 무시함으로써 이 소네트의 의미가 얼마간 왜곡되어왔다.
…… 그의 삶에는 비인격화의 시기, 자아 망각의 시기, '계시된 낙
원'과 교류하는 시기가 있었다. …… 말년에 …… 그는 자신의 정
신적 파멸을 '몽상 취향' 탓으로 돌리며 …… 꿈을 부인하게 된
다." 알베르 베겡, 『낭만주의의 혼과 꿈』, 마르세유, 1937년, 2권,
401페이지와 405페이지.   [J 20, 3]

테리브는 저서『고답파』중에서 보들레르의 수많은 시에서는 회화
혹은 판화가 결정적인 영향을 미치고 있다고 지적한다. 그는 그것
을 고답파의 특징적인 모습으로 간주한다. 더 나아가 그는 보들레
르의 시에서는 고답파적 경향과 상징파적 경향이 상호 침투하고
있는 것으로 보고 있다.   [J 20, 4]

"자연에 대해서조차도 이미 다른 사람들이 표명한 시각을 통해 상상하려는 성향." "「거녀巨女」는 미켈란젤로에게서, 「파리의 꿈」은 마르티니에게서, 「마돈나에게」는 한 스페인 예배당에 있는 바로크 상에서 나온 것이다." 앙드레 테리브, 『고답파』, 파리, 1929년, 101페이지.   [J 20, 5]

테리브는 보들레르의 '몇 가지 서투름'을 지적하면서도 '그것은 현재로서는 숭고함의 특징이 아닌가 하고 생각된다'라고 언급하고 있다. 앙드레 테리브, 『고답파』, 파리, 1929년, 99페이지.
[J 20, 6]

샤토루의 신문 전체를 살펴본 에르네스트 고베르는 「보들레르에 관해 날조된 일화」라는 제목으로 『메르퀴르 드 프랑스』, 1921년 5월 15일자의 '격주 시평'에 실린 글에서 보들레르가 샤토루에 머물 때 보수 신문에서 일했다는 이야기에 이의를 제기하고 있다. 그는 그러한 일화는 샤토루에 살던 보들레르의 친구 A. 퐁루아가 만들어낸 것이라고 보고 있다. 크레페는 퐁루아에게서 이 일화를 전해 들었다고 한다(『메<르퀴르> 드 프<랑스>』, 148권, 281/282페이지).   [J 20, 7]

보들레르에 관한 도데의 절묘한 말. "비밀의 문 같은 어투 ─ 이는 햄릿 왕자의 어투이기도 하다." 레옹 도데, 『엠마우스의 순례자들』(『네덜란드 통신』, 4권), 파리, <1928년>, 101페이지(「보들레르: 불안과 '아우라'」).   [J 20, 8]

"영혼의 심연에서처럼 사물의 안쪽에도 신비로운 존재, 영원이 존재한다는 것을 주장하는 내용을 …… 주제로 하는 것. 이로부터 시계에 대한 강박관념과 함께 선조에 대한 기억과 이전의 삶을 무한대로 연장해 자기 삶의 한계를 벗어나려는 욕구가 생겨난다." 알베르 베겡, 『낭만주의의 혼과 꿈』, 마르세유, 1937년, 2권, 403페이지.   [J 20a, 1]

『샤를 보들레르 시 작품집, 기욤 아폴리네르의 「서문」과 주』, 파리, '수집가 총서'의 「서문」에 대한 로제 알라르의 반론. 「서문」에서 아폴리네르는 보들레르가 현대적 정신을 창시했으나 그것의 발전에는 거의 기여한 바가 없다는 명제를 제출하고 있다. 그리고 "그의 영향은 소멸 중이다"라고 말한다. 이어 보들레르는 라클로와 포의 교차로라고 말하고 있다. 알라르의 반론은 이러하다. "우리 생각으로는 두 명의 작가가 보들레르에게 심오한 영향을 미쳤다. 아니 두 권의 책이라고 하는 쪽이 더 나을지도 모르겠다. …… 한 권은 카조트의 매력적인 책 『사랑하는 악마』이며, 다른 한 권은 디드로의 『수녀』이다." 이 부분에는 두 개의 주석이 달려 있다. "(1) 아폴리네르 씨는 그저 소네트 「홀린 사나이」의 마지막 줄에 관한 주에서 『사랑하는 악마』의 저자 이름만 들고 말 뿐이다. '보들레르에게 카조트는 프랑스 혁명의 작가들의 정신과 에드가 포의 정신을 …… 결합시키는 영광을 가진 연결부호라고 봐도 아마 틀리지는 않을 것이다.' (2) 아폴리네르 씨의 판에는 보들레르가 생트뵈브에게 보낸 편지에 첨부된 다음과 같은 시가 실려 있다.

　　　'…… 만인에게 알려진 외설적이며 비통한 얘기의 주인공인 『수녀』보다도 더 검고 푸른 눈을 하고.'

그리고 몇 줄 뒤에서는 "「레스보스」의 한 연의 최초의 초안을 볼 수 있다." 로제 알라르, 『보들레르와 '새로운 정신'』, 파리, 1918년, 10페이지.　　　　　　　　　　　　　　　　　　[J 20a, 2]

레옹 도데는 「보들레르: 불안과 '아우라'」에서 보들레르는 어느 정도 오피크와 어머니에 대해 햄릿 역할을 연기한 것은 아닌가 하는 질문을 던지고 있다.　　　　　　　　　　　　　[J 20a, 3]

비니가 「올리브 산」을 쓴 것은 부분적으로는 크게 영향을 받은 드 메스트르를 논박하기 위해서였다.　　　　　　　[J 20a, 4]

쥘 로맹(『선의의 사람들』, 2권, 『키네트의 범죄』, <파리, 1932년>, 171페이지)은 산책자를 '물결 속에 황홀한' 보들레르의 '능숙한 수영선수'에 비유하고 있다.[70]　　　　　　　　　　　[J 20a, 5]

"언제나 꽃피고 싶은 영원한 마음속에"라는 표현(「태양」)과 "우리 마음이 한 번 추수가 끝난 뒤에는/삶은 괴로움"(「언제나 이대로」)이라는 표현을 비교할 것.[71] 이러한 정식<들>은 꽃은 딜레탕트들을 만들고, 과실은 거장을 만든다는 보들레르의 고양된 예술 의식과 관계가 있다.　　　　　　　　　　　　　　　　[J 20a, 6]

뒤퐁 론은 편집자의 요청으로 쓴 것이다.　　　　[J 21, 1]

1839년경 사라에게 바친 시. 안에는 이러한 연이 들어 있다.
　　"구두를 얻기 위해 그녀는 영혼을 판다.

그러나 이 비열한 여자 옆에서 내가 위선자처럼

고결한 척했다가는 신이 웃었을 것이다.

사상을 팔아 작가가 되고 싶어하는 나이기에."[72]　　　[J 21, 2]

「못된 유리 장수」 ─ 라프카디오의 '무상無償의 행위'와 비교할

것.[73]　　　[J 21, 3]

"'희망과 용기에 가슴 부풀어

그 모든 야비한 장사치들을 힘껏 후려치던 날,

그리고 마침내 주가 되신 그날을! 회한은

창보다도 깊숙이 당신 옆구리를 파고들지 않았던가?'

즉 프롤레타리아 독재를 선언하기에 너무나 좋은 호기를 놓쳐버

린 것에 대한 회한이다!" 이런 식으로 세이에르(<『보들레르』, 파리,

1933년>, 193페이지)는 「성 베드로의 부인否認」에 대해 경망스런 주

석을 달고 있다.[74]　　　[J 21, 4]

세이에르(앞의 책, 216페이지)는

"너를 모독한 날에 죽어간 사포,

꾸며낸 예배와 의식을 비웃으며"[75]

에 대해 이렇게 촌평하고 있다. "전통 의식에 대한 모독과 모욕에 의

해 완전해지는 이 '엄숙한' 종교의 대상인 '신'은 악마일 수밖에 없

다는 것은 어렵지 않게 알 수 있다." 이 경우 '모독'은 젊은이에 대

한 사랑이 아닐까?　　　[J 21, 5]

1867년 9월 7일자 『라 뤼』에 게재된 쥘 발레스의 추도 기사 「보

들레르」에서. "그는 10년은 불후의 명성을 누리지 않을까?"(190페이지). "게다가 지금은 성구실이나 술집의 성서 엄수주의자들에게는 상황이 좋지 않은 때이다! 현대는 활기 넘치지만 의심이 깊은 시대이기 때문에 악몽 얘기나 무아경의 홍밋거리를 늘어놓는 정도로는 오랫동안 사람들을 붙잡아둘 수 없다. 보들레르가 시작했을 때만 해도 보들레르 말고 그러한 것을 계획할 만큼 선견지명이 있던 사람은 별로 없었다는 것이 지금 분명해지고 있다"(190/91페이지). "혼비백산한 사람들을 흉내 내려고 했던 이 교훈적 저술가, 프뤼돔을 놀래키려고 한 이 고전주의자는, 뒤솔리에 말대로 히스테리컬한 부알로에 불과하면서도 여기저기 카페를 돌아다니며 단테인 척했던 이 고전주의자는 왜 수사학 교수, 혹은 성의聖衣 장수가 되지 않았을까"(192페이지). 전혀 잘못된 개념으로 보들레르의 작품의 중요성을 평가하고 있음에도 불구하고 이 추도문에는 혜안이 담긴 지적이 꽤나 포함되어 있는데, 특히 보들레르의 모습에 대한 지적이 그렇다. "그에게는 신부 같은 분위기, 늙은 여자 같은 분위기, 서툰 연기자 같은 분위기가 있었다. 특히 서툰 연기자 같은 모습이 강했다"(189페이지). 이 추도문은 앙드레 비이, 『투쟁하는 작가들』, 파리, 1931년에 수록되어 있다. 『라 시추아시옹』에 처음 실렸다.   [J 21, 6]

보들레르가 별을 다루고 있는 주요 구절들(르 단텍 판). "나 너만은 좋아하련만, 오 밤이여! 너에게 만약 귀에 익은 말 속삭여주는 저 별빛만 없다면!/내가 찾고 있는 건 공허와 암흑, 그리고 벌거숭이이기에!"(「집념」, <1권>, 88페이지). ―「얼굴이 주는 기대」의 마지막 연(<1권>, 170페이지). "더부룩이 우거진/ …… 그것은 이 거대한 머리칼의 진정한 형제, 너처럼 짙다/별도 없는 밤, 어둔 밤이여!" ― "게다가 아무리 하늘 끝까지 둘러보아도 …… 별도 없고 태양도 흔적이 없다."「파리의 꿈」, <1권>, 116페이지. — "비록 하늘과 바다는 먹물처럼 검지만."「여행」, <1권>, 149페이지. — 이에 반해「베르트의 눈」을 참조. 이는 유일하게 중요한 예외(<1권>, 167페이지)로 필요하다면「델핀느와 이폴리트」(<1권>, 160페이지)나「여행」(<1권>, 146페이지)에 나와 있는 별과 에테르의 조합도 참조. 역으로「어스름 저녁」에서 별이 전혀 언급되지 않는 것은 매우 주목할 만하다.[76]

[J 21a, 1]

「즐거운 주검」은 부패에 관한 포의 꿈에 대한 답변에 해당될지도 모른다. "말하라, 아직도 무슨 고통이 남아 있는가를 ……"[77]

[J 21a, 2]

별에 대해 서술하고 있는 구절에는 비아냥거리는 어조가 들어 있다. "하늘의 아련한 별들/졸리는 눈꺼풀 감고"[78](「무덤」).   [J 21a, 3]

보들레르는 서정시 속에 성적 도착의 형상을 도입하고 있는데, 그는 그러한 대상을 거리에서 찾는다. 그런데 여기서 특징적인 것은 그의 가장 완성도 높은 연시 중의 하나인「지나가는 여인에게」중의 "실성한 사람처럼 몸을 뒤틀며"[79]와 같은 구절로 그렇게 하고 있다는 것이다.   [J 21a, 4]

대도시의 형상. 그곳 주민들은 대성당을 두려워한다. "우람한 숲이여, 너는 대성당처럼 나를 두렵게 한다"[80](「집념」).   [J 21a, 5]

「여행」의 7연. "이리 와서 취하라, 영원히 끝이 없는/이 오후의 신묘한 감미로움에!"[81] 하루 중 이 시간대를 강조하는 것이야말로 대도시에 특유한 것이라고 하면 너무 대담한 생각일까?　[J 21a, 6]

「발코니」의 열쇠가 되는 숨겨진 형상. 일몰 후 새벽을 꿈꾸는 연인들을 감싸는 밤은 별 없는 밤이다. "밤은 벽처럼 짙어져가고."[82]
[J 21a, 7]

「지나가는 여인」에게 보내는 시선을 이와 대조적인 게오르게의 시 「어떤 만남에 대해」와 비교할 것.
　　　"나의 눈길은 나를 가던 길에서 다른 곳으로 돌려놓았다
　　　……
　　　……
　　　……
　　　내 눈은 마법에 홀린 것 같은 포옹 속에서
　　　호리호리한 활처럼 젖혀진 달콤한 육체가 움직이는 것을 느끼고
　　　욕망에 젖어 끌려가 버렸다.
　　　당신의 눈 속에는 들어가지도 못하고."
　　슈테판 게오르게, 『송가, 순례, 알가발』, 베를린, 1922년, 22/3페이지.
[J 22, 1]

" '잔잔한 호수 위에 물결 같은 달이 보내는/하얀 달빛처럼 우리에게로 살며시 던져지는/요염한 여인의 야릇한 추파도.'[83] 이렇게 마지막 시는 시작되고, 베르크는 이 야릇한 추파에, 무방비 상태에서

664

마주 보는 사람의 눈에 주체할 수 없는 눈물이 흐르도록 하는 이 추파에 오랫동안, 탐욕스럽게 응답하고 있었습니다. 그러나 보들레르에게서와 마찬가지로 베르크에게서도 돈을 위해 파는 눈빛은 선사 시대의 세계에서 유래하는 것이 되었습니다. 대도시의 달인 아크등은 베르크에게서 고대의 잡혼 시대부터 유래하는 것처럼 보였습니다. 그는 이 아크등을 호수 위에 비치도록 하기만 하면 될 뿐, 그러면 이처럼 진부한 것은 먼 과거의 것이라는 것이 분명하게 드러납니다. 19세기의 상품이 신비로운 터부를 드러내는 것이죠. 베르크는 이러한 정신으로 『룰루』를 작곡했습니다." 비젠그룬트-아도르노, 「연주회용 아리아 '포도주'」(베르크의 작품)(빌리 라이히 편, 『알반 베르크: 베르크 본인의 글과 테오도르 비젠그룬트-아도르노 그리고 에른스트 크레넥의 논문 포함』, 빈/라이프치히/취리히, <1937년>), 106페이지. [J 22, 2]

메리옹의 판화에서 하늘은 어떻게 펼쳐져 있을까? [J 22, 3]

「어슴 새벽」은 |『악의 꽃』에서| 핵심적인 위치를 차지하고 있다. 아침 바람이 신화의 구름들을 흐트러뜨린다. 인간과 인간사가 속속들이 시선에 드러난다. 1848년 3월 혁명의 어스름이 이 시에서 밝아오고 있다(단 이것은 1850년 이후에 쓰여진 것이다). [J 22, 4]

알레고리와 신화의 대립을 명료하게 전개할 것. 보들레르가 한 걸음 한 걸음 옮겨놓을 때마다 항상 도사리고 있던 신화의 심연에 빠지지 않을 수 있었던 것은 알레고리의 재능 덕분이다. [J 22, 5]

"'군중은 심연'이기 때문에 빅토르 위고의 고독은 |군중으로| 넘쳐나는, 흘러넘치는 고독이 된다." 가브리엘 부누르, 「빅토르 위고의 심연」, 39페이지(『머쮜르』, 1936년 7월 15일자). 필자는 위고의 군중 체험의 수동적 성격을 강조하고 있다.　　　　　　　[J 22, 6]

괴테의 「야상夜想」. "불행한 별들이여, 내 얼마나 너희를 가엾이 여기는지/너희는 아름답고, 찬란하게 빛나며/난파된 뱃사공들을 기꺼이 비춰주건만/신으로부터도 인간으로부터도 아무 보답도 받지 못한다./왜냐하면 너희는 사랑하지 않으며, 사랑한 적도 없기 때문이다!/광대한 창공에서는 영원한 시간이/너희를 인도해준다./벌써 얼마나 긴 길을 여행해왔던가!/사랑하는 여자의 품에 안겨/내가 너희와 한밤중을 잊어버린 이후부터."[84]　　[J 22a, 1]

분명 회화의 쇠퇴 이전 조각의 쇠퇴가 아주 분명해졌던 시기에 나온 아래의 논법은 아주 시사적이다. 보들레르는 오늘날 영화의 관점에서 회화에 대해 말하는 것과 똑같은 내용을 회화의 관점에서 조각에 대해 지적하고 있다. "하지만 그림은 그것이 되고자 하는 것일 뿐이다. 따라서 그림 자체의 관점에서 그림을 볼 수밖에 없다. 그림을 보는 데는 한 가지 관점밖에 없는 것이다. 그것은 배타적이고 절대적이며, 따라서 화가의 표현은 그만큼 더 설득력이 있게 된다." 보들레르, 『작품집』, 2권, 128페이지(「1846년 살롱」). 바로 앞 페이지에는 이렇게 쓰여 있다(127/128페이지). "보는 사람은 조각상 주위를 돌면서 백 가지나 되는 다양한 관점을 고를 수 있다. 정확한 관점만 빼고." <[J 4, 7]을 참조할 것.>　　　　　　　　　[J 22a, 2]

1840년경의 빅토르 위고에 대해. "같은 시기에 그는 인간이 고독한 동물이라면 고독한 인간은 군중의 인간이라는 것을 차츰 깨닫게 된다[39페이지]. …… 보들레르에게 군중의 눈부신 삶에 대한 감각을 부여해주고 '다중multitude과 고독은 동등하고, 활동적이며 다산적인 시인에게서라면 상호 변환 가능한 말이다. ……' 라는 것을 가르쳐준 것은 빅토르 위고이다. 그럼에도 불구하고 위대한 우울의 예술가가 브뤼셀에서 '양도할 수 없는 개인적인 안락함을 얻기' 위해 마련한 고독과, 같은 순간 어두운 환상에 사로잡힌 저지섬의 성직자의 고독은 얼마나 큰 차이가 있었던가! …… 위고의 고독은 겉포장, 놀리 마 탕제레|날 잊지 마오|, 개인이 자신의 차이에 틀어박혀 있는 것이 아니다. 그것은 오히려 우주의 신비에의 참가이며, 원시적인 힘의 왕국에 들어가는 것이다"[40/41페이지]. 가브리엘 부누르, 「빅토르 위고의 심연」(『머쥐르』, 1936년 7월 15일자), 39~41페이지.   [J 22a, 3]

레미 드 구르몽이 『쥐디트 고티에』(파리, 1904년, 15페이지)에서 인용하고 있는 『지나간 날들의 목걸이』, 1권 속의 한 구절. "우리끼리 이야기를 나누던 중 초인종 소리가 들려왔다. 그리고 곧 정말 이상하게 생긴 사람이 소리도 없이 방 안으로 들어오더니 가볍게 목례를 했다. 그는 마치 성직자복을 입지 않은 사제처럼 보였다. '아! 보들라리우스군요!' 라고 아버지가 외쳤다. 그러면서 이 새로운 인물에게 손을 내밀었다." 이후 보들레르는 쥐디트의 별명인 '폭풍우'를 갖고 불길한 농담을 한다.   [J 23, 1]

디방 르 펠르티에르|동양풍의 카페 이름|에서 "테오도르 드 방빌은

보들레르가 사납게, 온화한 아슬리노 옆에 '화난 괴테처럼' 앉아 있는 모습을 보곤 했다." 레옹 도데, 『19세기의 어리석음』, 파리, 1922년, 139/40페이지. [J 23, 2]

L. 도데는 "마음씨 갸륵한 하녀 ……"와 "오, 죽음, 늙은 선장아 ……"에 대해 롱사르풍의 비상이라고 말한다(『19세기의 어리석음』, 140페이지 참조). [J 23, 3]

"아버지는 보들레르를 흘끔 본 적이 있는데, 그에 대한 인상을 이렇게 말씀하셨다. 즉 무례한 자들에게 둘러싸인 까다롭고 괴팍한 군주 같다고." 레옹 도데, 『19세기의 어리석음』, 파리, 1922년, 141페이지. [J 23, 4]

보들레르는 위고를 '경계가 없는 천재'라고 부른다.[85] [J 23, 5]

보들레르가 위고의 시와 맞짝을 이루는 시를 하나 쓰려고 할 때 위고의 시 중에서도 가장 통속적인 「유령들」을 선택한 것은 아마 우연이 아닐 것이다. 6편으로 이루어진 이 연작시의 1편은 이렇게 시작된다. "슬프도다! 처녀들이 죽는 것을 얼마나 많이 보았는가!" 세 번째 시는 이렇게 시작된다. "무엇보다 한 형상이. — 천사처럼 아름다운 스페인 여인이여!" 그런 다음 "그녀는 너무 무도회를 좋아했다. 그 때문에 죽었다"로 이어져 왜 그녀가 새벽에 감기에 걸려 결국 무덤에 묻히게 되었는가를 이야기한다. 여섯번째 시는 모리타트[86]의 결말과 비슷하다. "무도회의 즐거움에 마음이 동한 여인들이여/죽어서 불귀의 객이 된 이 스페인 소녀를 생각하라."[87] [J 23, 6]

「목소리」를 빅토르 위고의 「산정에서 들리는 것」과 비교할 것. 위고는 세상의 속삭임에 귀를 기울인다.

"머지않아 나는 혼란스럽게 베일에 가려져 있지만

이 목소리에 두 종류의 목소리가 섞여 있는 것을 구분할 것이다.

……

……

그리고 나는 이 두 가지 목소리를 깊은 웅성거림 속에서 구분해

냈다.

수면 아래서 교차하는 두 개의 흐름을 구분하는 것처럼.

하나는 바다로부터 들려오는 영광의 노래! 행복한 찬가이다!

그것은 파도의 목소리였다. 자기들끼리 이야기하고 있는 파도

들.

또다른 하나는 우리가 사는 지상으로부터 뿜어져 나오는 것으

로

슬펐다. 인간들의 속삭임이었다."

이 시는 첫번째 목소리의 화음과 대조를 이루는 두번째 목소리의 불협화음을 주제로 하고 있다. 이 시는 이렇게 끝난다.

"…… 왜 주는 ……

자연의 노래와 인류의 절규를 숙명적인 찬미가 속에 영원히

혼합해놓았을까?"   [J 23, 7]

바르베 도르빌리의 「샤를 보들레르 씨」에 들어 있는 몇몇 개별적인 고찰들. "나는 종종 아테네의 타이몬에게 아르킬로쿠스의 재능이 있었다면 인간의 본성에 대해 이런 식으로 썼을지도 모르며, 그

렇게 이야기하면서 동시에 그것을 비난했을 거라고 상상해보곤 한다!"(381페이지). "시적이라기보다는 조형적이며, 청동이나 석재처럼 잘라내고 다듬어낸, 그리하여 각 문장마다 나선 장식이나 길게 판 홈이 새겨진 말을 한번 떠올려보길 바란다"(378페이지). "이 심원한 몽상가는 …… 시가 예를 들어 칼리굴라나 헬리오가발루스의 두뇌와 마찬가지로 뛰어난 두뇌를 거치면 어떻게 될까 …… 라고 자문해보곤 했다"(376페이지). ― "따라서 『서동시집』에서 터키의 사탕팔이로 변신한 늙은 괴테처럼 …… 『악의 꽃』의 저자는 그의 사유를 위해서 극악한 사람, 불경스러운 자, 불신자가 된 것이다"(375/76페이지). 바르베 도르빌리, 『19세기, 작품과 사람』, 3권, 『시인들』, 파리, 1862년.   [J 23a, 1]

"한 비평가(『모니퇴르』지의 티에리 씨)가 최근 한 탁월한 시론 중에서 이렇게 언급했다. 즉 이 무자비한 시의 혈통을 찾아내려면 …… 단테까지 거슬러 올라가야 한다! …… 라고"(379페이지). 저자는 이러한 유비를 이런 식으로 인상적으로 자기 것으로 소화하고 있다. "단테의 뮤즈는 꿈꾸듯이 지옥을 보았으나 『악의 꽃』의 뮤즈는 포탄 냄새를 맡은 말처럼 콧구멍을 들어올려 지옥의 냄새를 맡는다!"(380페이지). 바르베 도르빌리, 『19세기, 작품과 사람』, 3권, 『시인들』, 파리, 1862년.   [J 23a, 2]

바르베 도르빌리는 뒤퐁에 대해 이렇게 쓰고 있다. "카인은 그러한 재능과 생각 면에서 유순한 아벨보다 우세하다. 거칠고 탐욕스러우며 시기심 많고 흉폭한 카인은 도시로 가서 축적된 분노의 찌꺼기들을 마시고, 그곳에 만연해 있는 잘못된 사상에 물들었다!"

바르베 도르빌리, 『19세기, 작품과 사람』, 3권, 『시인들』, 파리, 1862년, 242페이지(「피에르 뒤퐁 씨」).　　　　　　　　　　[J 23a, 3]

괴테의 「야상」의 원고에는 '그리스풍으로' 라는 주석이 달려 있다.　　　　　　　　　　　　　　　　　　　　　　　　[J 23a, 4]

보들레르는 1832년 열한 살 때 리옹 현지에서 견직물 직공들의 폭동을 목격했다. 당시 그로부터 받은 인상의 흔적이 그에게 남아 있는 것 같지는 않다.　　　　　　　　　　　　　　　　　[J 23a, 5]

"그|보들레르|가 변호사에게 제안하고 있는 논거 중의 하나는 매우 기묘하다. 그에게 '새로운 나폴레옹 체제는 먼저 전쟁을 고양한 후에 문예와 예술의 고양에 힘써야 하는' 것처럼 보이는 것 같다." 알퐁스 세셰, 『 '악의 <꽃>' 의 삶』, 파리, 1928년, 172페이지.
　　　　　　　　　　　　　　　　　　　　　　　[J 23a, 6]

'심연의' 감각은 '의미'로 규정되어야 한다. 그러한 감각은 항상 알레고리적이다.　　　　　　　　　　　　　　　　　[J 24, 1]

블랑키에게서 우주는 심연이 되었다. 보들레르의 심연에는 별이 없다. 그것을 우주로 정의해서는 안 된다. 신학의 이국적 심연은 더더욱 아니다. 그것은 세속화된 심연, 즉 지식과 의미들의 심연이다. 이것의 역사적 지표는 무엇인가? 블랑키에게서 심연의 역사적 지표는 기계론적 자연과학이다. 보들레르에게서 심연에는 새로움이라는 사회적 지표가 붙어 있는 것이 아닐까? 알레고리의 자의성이란 유행

의 자의성의 쌍둥이 형제가 아닐까?   [J 24, 2]

알레고리적 상상력의 작용과 만물조응 간에 어떤 상관 관계가 있
는지를 탐구해볼 것. 아무튼 이 두 가지는 보들레르 작품의 전혀 다
른 두 근원이다. 전자가 그의 시의 특질에 가장 크게 기여하고 있다
는 것은 분명하다. 의미들 간의 상관 관계는 직물의 상관 관계와 유
사할지도 모른다. 시인에게서 실을 잣는 행위와 직물을 짜는 행위를
구분할 수 있다면 알레고리적 상상력은 전자에 속한다. ― 다른 한편
이 경우 만물조응이 적어도 부차적인 역할을 담당하는 것도 불가능
하지는 않을 것이다. 어떤 말이 뭐랄까, 어떤 이미지를 불러일으키는
경우가 그러한데, 이때는 이미지가 말의 의미를 규정하는 경우도 있
을 수 있으며, 반대로 말이 이미지의 의미를 규정하는 경우도 있을
수 있다.   [J 24, 3]

빅토르 위고에게는 알레고리가 결여되어 있다.   [J 24, 4]

꽃은 영혼이 없을까? 『악의 꽃』이라는 제목에는 바로 이러한 의
미가 함축되어 있지 않을까? 다시 말해 꽃은 매춘부들의 상징일까?
아니면 꽃을 제자리로 되돌려놓기 위해 일부러 이런 제목을 붙인 것
일까? 이 점에 대해 『퐁텐블로 ― 풍경, 전설, 회상, 환상』(1855년)에
게재하기 위해 페르낭 데누아예에게 두 편의 「어스름」을 보냈을 때
첨부한 편지를 참조할 것.[88]   [J 24, 5]

장대한 시에 포가 전혀 무관심한 것. 그에게 있어 푸케[89] 한 사람
은 몰리에르 50인과 동등한 가치가 있다. 『일리아스』와 소포클레스

672

에도 그는 흥미가 없다. 이러한 관점은 예술을 위한 예술 이론에 완전히 부합할 것이다. 보들레르는 어떤 입장이었을까?   [J 24, 6]

페르낭 데누아예 편, 『퐁텐블로』(파리, 1855년)에 게재하기 위해 두 편의 「어스름」을 우편으로 보낸 것과 관련해. "친애하는 데누아예 씨, 당신의 작은 책을 위해 시, 그러니까 자연에 대한 시를 보내달라는 말씀이시죠? 숲이나 거대한 떡갈나무, 풀이나, 벌레나, 태양에 관한 시 말이죠? 하지만 귀하께서도 잘 알고 계신 바와 같이 저로서는 식물에게서 감동받거나 하는 일은 불가능하며, 제 영혼은 이 기묘한 신 종교를 받아들일 수 없습니다. …… 저는 **신들의 혼이 식물에 깃들어 있다**고는 결코 믿을 수 없습니다. …… 오히려 저는 쭉 생기 넘치는, 다시금 젊어지는 자연에 뭔가 통탄스럽고 참기 힘들며, 잔혹한 것 ― 뭔지는 모르지만 거의 파렴치에 가까운 무언가가 있다고 생각해왔습니다." A. 세셰, 『'악의 꽃'의 생애』, <아미앵, 1928년>, 109/10페이지에서 인용.   [J 24a, 1]

「맹인들」 ― 크레페는 『사촌형제의 구석 창문』에서 맹인들이 머리를 들고 있는 방법을 묘사하고 있는 구절을 이 시의 전거로 제시하고 있다. 호프만은 시선을 하늘로 향하고 있는 것으로 맹인이라는 것을 구분할 수 있다고 생각했다.[90]   [J 24a, 2]

루이 구달은 『레뷔 데 되 몽드』에 발표된 시를 근거로 1855년 11월 4일 보들레르를 이렇게 비판하고 있다. "사체 안치소와 도살장에서 바로 나온 것처럼 구토를 일으킬 듯이 냉담한 …… 시." 프랑수아 포르세, 『샤를 보들레르의 고뇌에 찬 생애』('위인의 로망 총서'

6), 파리, <1926년>, 202페이지.　　　　　　　　　　　　[J 24a, 3]

도르빌리와 아슬리노의 비평은 각각『조국』과『프랑스 평론』에서
게재를 거부당했다.　　　　　　　　　　　　　　　　[J 24a, 4]

　보들레르에 대한 발레리의 유명한 소견[91]은 근본적으로는 생트
뵈브가 보들레르의 변호사에게 보낸 다음과 같은 제안으로까지 거
슬러 올라간다. "시의 영역에서는 모든 것을 시의 소재로 취해왔습
니다. 라마르틴은 하늘을 취하고, 빅토르 위고는 대지를, 아니 대지
이상을 취했습니다. 라프라드는 숲을 취했습니다. 뮈세는 정념과 눈
부신 대향연을 취했습니다. 다른 사람들은 가정이나 전원생활 등을
취했습니다. 테오필 고티에는 스페인과 그곳의 선명한 색채를 취했
습니다. 그럼 무엇이 남아 있겠습니까? 보들레르가 취한 것. 그것은
어쩔 수 없이 그렇게 한 것입니다 ……." 포르셰,『샤<를> 보<들레
르>의 고뇌에 찬 생애』, <파리, 1926년>, 205페이지에서 인용.

　　　　　　　　　　　　　　　　　　　　　　　　[J 24a, 5]

　보들레르가 시를 최종적으로 수정한 것은 대부분 책상 앞에서가
아니었다는 포르셰의 지적은 상당히 개연성이 높은 말이다(포르셰,
109페이지를 참조).　　　　　　　　　　　　　　　[J 24a, 6]

　"어느 날 밤 댄스홀에 있는 시인을 본 샤를 몽슬레는 이렇게 말을
걸었다. '여기서 뭘 하고 계세요?' ― 그러자 보들레르는 이렇게
대답했다. '아니, 자넨가? 해골들이 지나가는 것을 보고 있었
네!'" 알퐁스 세셰,『'악의 꽃'의 삶』, <아미앵>, 1928년, 32페이

지.   [J 25, 1]

"그의 수입은 이렇게 산정되었다. 평생의 총 수입은 1만 6천 프랑을 넘지 않았다. 카튈 망데스는 |『악의 꽃』의| 저자는 …… 그의 문학적 노동에 대한 보수로서 일당 약 1프랑 70상팀을 받은 셈이라고 계산했다." 알퐁스 세셰, 『'악의 꽃'의 삶』, <아미앵>, 1928년, 34페이지.   [J 25, 2]

세셰에 따르면 보들레르가 '너무 파란' — 오히려 너무 맑은 — 하늘을 싫어했던 것은 모리셔스 섬에 머문 데 원인이 있다고 한다(세셰, 42페이지 참조).   [J 25, 3]

세셰는 도브륀 양에게 보낸 편지와 사바티에 부인에게 보낸 편지가 흡사하다고 말하고 있다(53페이지 참조).   [J 25, 4]

세셰에 따르면(65페이지) 보들레르와 더불어 샹플뢰리가 『살뤼 퓌블리크』지 창간에 참여했다고 한다.   [J 25, 5]

프라롱은 1845년경의 시기에 대해 이렇게 서술하고 있다. "우리는 일을 하거나 생각하거나 글을 쓰기 위해 책상을 사용한 적이 거의 없습니다. …… 저는 그|보들레르|가 거리를 걸어가다가 시구가 떠오르면 즉석에서 그것을 놓치지 않고 적어두는 것을 보았습니다. 그가 원고 용지를 앞에 두고 앉아 있는 것을 본 적은 없습니다"(세셰, 『'악의 꽃'의 생애』, 1928년, 84페이지에서 인용).   [J 25, 6]

카미유 르모니에는 『벨기에 생활』에서 브뤼셀에서 보들레르가 고티에에 관해 강연할 때의 모습을 이렇게 묘사하고 있다. "보들레르는 설교단에서 하는 아름다운 몸짓을 보여주는 등 마치 성직자 같은 인상을 주었다. 부드러운 천의 커프스가 수도복의 비장미로 흔들리고 있었다. 그는 거의 복음서를 전달하는 듯한 감동적인 목소리로 이야기를 전개하고 있었다. 교서를 읽는 주교처럼 전례풍의 목소리로 존경하는 스승에 대한 사랑을 표현하고 있었던 것이다. 분명 그는 바로 자기 자신에게 장대한 이미지로 가득 찬 미사를 주재하고 있었다. 그에게서는 이상의 제단 앞에서 의식을 집전하는 문학의 추기경 같은 엄숙한 기품이 느껴졌다. 말끔하게 면도한 새하얀 얼굴은 많은 빛을 들이기 위해 벽에 경사지게 뚫은 창에서 들어오는 빛 속에서 반농담半濃淡으로 보였다. 눈은 검은 태양처럼 움직이고 있는 것을 볼 수 있었다. 입에서는 얼굴의 생기와 온갖 표정 속에서 또다른 생기를 느낄 수 있었으며, 얇은 입은 말의 활로 당겨져 섬세하게 떨리고 있었다. 그리고 머리 전체가 높은 곳에서 질겁한 청중의 호기심을 내려다보고 있는 듯했다." 세셰, 『 '악의 꽃' 의 생애』, 1928년, 68페이지에서 인용.   [J 25, 7]

아카데미 프랑세즈에 입후보할 때 보들레르는 처음에는 스크리브의 공석을 겨냥했으나 나중에는 라코르데르의 공석으로 옮겼다.
                                                              [J 25a, 1]

고티에는 이렇게 말하고 있다. "보들레르는 다음절의 긴 단어를 선호했으며, 그러한 단어를 세 개 혹은 네 개 사용해서 시구를 만드는 경우가 많았는데 그렇게 만들어진 시구는 종종 매우 길어 보였으며, 이러한 시구들의 공명 방식 때문에 운율 또한 길어졌다." 알퐁스 세셰, 『'악의 꽃'의 생애』, <아미앵>, 1928년, 195페이지에서 인용. [J 25a, 2]

고티에. "그는 시에서 가능한 한 최대한도로 웅변을 배제했다." 알퐁스 세셰, 『'악의 꽃'의 생애』, 1928년, 197페이지. [J 25a, 3]

『라 레뷔』지에 발표한 한 논문에서 E. 파게는 이렇게 말하고 있다. "1857년 이래 우리나라에서 신경쇠약은 거의 줄어들지 않고 있으며 오히려 증가 중이라고 말할 수도 있을 것이다. 따라서 보들레르에게 아직 신봉자가 있다고 해서 롱사르 말대로 '놀라서는 안 된다.' ……" 알퐁스 세셰, 『'악의 꽃'의 생애』, 1928년, 207페이지. [J 25a, 4]

『피가로』는 귀스타브 부르댕이 |내무상인| 비요의 사주를 받아 쓴 기사를 게재했다(몇 호이지?). 비요는 ─ 판사 혹은 검사로서 ─ 최근 『보바리 부인』 재판에서 플로베르의 무죄 판결로 타격을 입은 상태였다. 며칠 후 티에리의 기사가 『모니퇴르』에 발표되었다. "왜 생트뵈브는 …… 『모니퇴르』의 독자들에게 『악의 꽃』에 대해 말하는 역할을 티에리에게 맡겼을까? 생트뵈브는 『보바리 부인』에 대해 쓴 기사로 인해 정부 내에서 생겨난 나쁜 인상을 지우기 위해서는 아주 신중하게 행동하지 않으면 안 된다고 판단했기 때문에 보들레르의 저작에 대해 언급하는 것을 거절한 것이다." 알퐁스 세셰, 『'악의 꽃'의 생애』, 1928년, 156/57페이지. [J 25a, 5]

부르댕의 기사에서 어떤 것에 대한 비방은 음험하게도 바로 비방하는 시에 대한 상찬으로 위장되어 있다. 보들레르가 다루는 주제를 지겨울 정도로 상세히 열거한 후 그는 이렇게 말한다. "그리고 이 모든 시 중에서도 특히 네 편, 「성 베드로의 부인」, 「레스보스」 그리고 「지옥에 떨어진 여자들」이라는 제목의 두 편의 시는 정념과 예술과 시에 관한 네 편의 걸작이다. ― 20세 시인의 상상력이라면 얼마든지 이러한 주제를 다룰 수 있다고 이해할 수 있지만 30세를 넘긴 사람이 이처럼 괴물 같은 책을 대중들에게 떠넘기는 걸 정당화시킬 수 있는 것은 아무것도 없을 것이다." 알퐁스 세세, 『'악의 꽃'의 생애』, 1928년, 158페이지에서 인용.[92]   [J 25a, 6]

에두아르 티에리의 『악의 꽃』 평(『르 모니퇴르』)에서. "과거의 피렌체 시인이 오늘날의 이 프랑스 시인을 보았다면 분명히 그에게서 자기와 똑같은 격정, 무서운 말과 냉혹한 이미지, 견고한 시구의 반향을 간파했을 것이다. …… 나는 그의 작품과 재능을 단테의 엄격한 보증에 맡기기로 한다."[93] 알퐁스 세세, 『'악의 꽃'의 생애』, 1928년, 160/61페이지에서 인용.   [J 26, 1]

보들레르는 자기 의뢰로 브라크몽이 디자인한 시집의 표지[94] 초안이 매우 불만족스러웠다. 시인은 아생트 랑글루아의 『죽음의 춤의 역사』에서 아이디어를 얻었다. 보들레르의 지시. "해골이 나무가 되어 양 발과 늑골은 줄기를 이루고, 십자로 뻗은 팔에서는 잎과 봉오리가 움터 나와 마치 정원사의 온실에서 볼 수 있는 것처럼 질서정연하게 배열된 작은 화분에 심어진 독초들을 지키고 있는 모습으로 할 것." 브라크몽은 어려움에 부딪힌 것이 분명하며, 게다가 해골의

골반을 꽃으로 덮어 가리고 팔을 가지 형태로 그리지 않은 것으로
보아 시인의 의도를 따르지 않은 것 같다. 보들레르의 말에 의하면
브라크몽은 '해골이 나무 상태로 되어 있다' 는 말이 무슨 의미인지
를 이해하지 못했으며 악을 꽃의 형태로 표현해도 좋은지 알지 못했
다(알퐁스 세세, 『'악의 꽃'의 생애』, <아미앵>, 1928년, 136/137페이지
에서 인용). 결국 브라크몽이 그린 시인의 초상화가 이 초안을 대신
하게 되었다. 풀레-말라시가 『악의 꽃』의 호화판 간행을 생각했던
1862년경에도 이와 비슷한 안이 다시 대두된다. 그는 브라크몽에게
책의 삽화를 맡겼는데, 그것은 분명 테두리 장식용 글자와 삽화로 구
성되어 있었다. 거기서는 상징적 글자 도안이 중요한 역할을 했다
(세세, 138페이지 참조). 브라크몽이 그대로 옮기는 데 실패한 주제는
로프스에 의해 『표착물』(1866년)의 표지로 채택되었다.   [J 26, 2]

　　『악의 꽃』의 서평을 써줄 것으로 보들레르가 믿었던 비평가들과
　　잡지들의 목록. 뷜로즈, 라코사드, 귀스타브 룰랑(『유럽 평론』), 고
　　즐랑(『르 몽드 일뤼스트레』), 생트뵈브(『모니퇴르』), 드샤넬(『주르날
　　드 데바』), 도르빌리(『조국』), 자냉(『르 노르』), 아르망 프레즈(『르 살
　　뤼 퓌블리크 드 리옹』), 귀탱게르(『라 가제트 드 프랑스』)(세세, 140페
　　이지에서).   [J 26, 3]

　　보들레르의 저작권 전체는 사후 경매에서 미셀 레비가 1,750프랑
　　에 구매한다.   [J 26, 4]

　　「파리 풍경」이라는 제목은 2판에 처음 나온다.   [J 26, 5]

보들레르가 거부한 브라크몽의 『악의 꽃』 표지 가안(1859~1860년). [J 26, 2]를 보라.

최종적으로 채택된 |『악의 꽃』이라는| 제목은 카페 랑블랭에서 이 폴리트 바부에 의해 제안되었다.   [J 26a, 1]

「에로스와 해골」. "이 시는 보들레르가 판화가 헨드릭 골치우스[95] 의 두 장의 작품에서 착상한 것이다." 알퐁스 세세, 『'악의 꽃'의 생애』, <아미앵>, 1928년, 111페이지.   [J 26a, 2]

「지나가는 여인에게」. "크레페 씨는 페트뤼스 보렐의 『샹파베르』 에 수록된 「아름다운 유대 여성 디나」의 한 구절에서 착상을 얻었 을지도 모른다고 암시하고 있다. …… '그처럼 전광석화처럼 돌연 히 나타나 우리를 매료시키고 순식간에 사라져간 사람을 결코 다 시 만날 수 없다는 것, …… 현세에서 그리고 영원히 함께 행복하도 록 …… 만들어진 두 인간이 영원히 헤어지게 된다 …… 는 것 …… 내게 그러한 생각은 가슴 저리는 슬픔이다.'" 알퐁스 세세, 『'악의 꽃'의 생애』, 108페이지에서 인용.   [J 26a, 3]

「파리의 꿈」에 대해. 이 시의 시인과 마찬가지로 콩스탕탱 기도 정 오가 되어야 겨우 일어난다. 보들레르에 의하면 ─ 1860년 3월 13 일 풀레-말라시에게 보낸 편지 ─ 그것이 이 시를 기에게 헌정한 이유라고 한다.[96]   [J 26a, 4]

보들레르는 『아이네이스』, 3권에서 「백조」의 착상을 얻었다고 말 한다. ─ 어디지?[97](세세, 104페이지 참조)   [J 26a, 5]

바리케이드의 우측에 붙을까 아니면 좌측에 붙을까. 부르주아 계급 대부분에게 있어 어느 쪽을 선택할 것인지는 종이 한 장 차이에 불과하다는 것은 아주 중요하다. 루이 나폴레옹이 등장하면서 처음으로 이러한 상황이 바뀐다. 보들레르는 — 그런데 이러한 일은 쉽게 할 수 있는 것이 아니다 — 피에르 뒤퐁의 친구가 되고, 프롤레타리아 측에 서서 6월 봉기에 참가하고, 게다가 노르망디파의 친구들인 센느비에르와 르 바바쇠르가 국민군garde nationale과 함께 있어도 불쾌한 기분이 들지 않을 수 있었다. — 이와 관련해 오피크 장군을 1848년에 콘스탄티노플 대사로 임명한 것이 당시 외무장관이던 라마르틴이었다는 것을 기억해낼 수 있을 것이다. [J 26a, 6]

초판 출간까지 『악의 꽃』 창작에 걸린 시간, 15년. [J 26a, 7]

브뤼셀의 한 약사가 풀레-말라시에게 한 제안. 『인공 낙원』을 200부 예약 구매하는 대신 책의 뒤페이지에 자기 약국에서 만든 해시시를 독자들에게 광고할 수 있게 해달라는 것이었다. 보들레르는 어렵지만 거절할 수밖에 없었다. [J 26a, 8]

1859년 2월 4일 도르빌리가 보들레르에게 보낸 편지. "천재적인 악한이여! 저는 시에서 귀하가 창녀나 매춘부[98]의 얼굴에 독을 내뱉는 성스러운 살무사라는 것을 알고 있습니다. 그러나 날개가 돋고 너무나도 아름다운 괴물로 변하자 살무사는 구름을 뚫고 하늘 위로 솟아올라 태양의 눈에까지 독을 뿌립니다!" 에르네스트 세이에르, 『보들레르』, 파리, 1931년, 157페이지에서 인용. [J 27, 1]

옹플뢰르에서 그는 침대 위에 유화를 두 개 걸어놓고 있었다. — 이

중 아버지가 그린 그림은 다른 그림과 대조를 이루도록 그린 것으로 연애하는 장면을 보여준다. 또다른 한 장은 옛날 화가의 것으로 성 앙투안의 유혹이 그려져 있다. 아버지가 그린 작품 한가운데에는 바쿠스 신을 모시는 무녀가 한 사람 보인다.　　　　　　[J 27, 2]

"상드는 사드만 못하다!"[99]　　　　　　　　　　　　　[J 27, 3]

"우리는 참회의 대가를 톡톡히 받아"[100] — 이를 보들레르가 편지 쓰는 습관과 비교해볼 것.　　　　　　　　　　　　　[J 27, 4]

세이에르는 다음과 같이 도르빌리를 인용하고 있다(234페이지). "포의 숨겨진 목표는 …… 당시의 상상력을 무너뜨리는 것이었다. 호프만에게는 그처럼 무시무시한 힘이 없었다." 아마 보들레르도 그처럼 무시무시한 힘을 갖고 있었을 것이다.　　　　　　[J 27, 5]

세이에르의 책 114페이지에서 찾아볼 수 있는 들라크루아에 대한 보들레르의 견해. "들라크루아는 성스러운 의미로든 아니면 지옥적인 의미로든 현대 여성의 영웅적인 발현을 표현하는 데 천부적인 재능을 갖춘 예술가이다. …… 그러한 색깔은 그것이 채색하는 대상으로부터 독립해 스스로 사고하는 것처럼 보인다. 전체적인 효과는 거의 음악적이다."[101]　　　　　　　　[J 27, 6]

푸리에는 그의 '세밀한 발견'을 너무 '과시적으로' 제시했다고 한다.[102]　　　　　　　　　　　　　　　　　　[J 27, 7]

세이에르는 무엇이 보들레르의 문학 일반의 기준인가를 밝히는 것이 자기 의도라고 밝히고 있다. "본서에서 특히 연구하려는 것은 삶의 체험을 통해 보들레르에게 강요된 이론적 결론들이다." 에르네스트 세이에르, 『보들레르』, 파리, 1931년, 1페이지.　　　[J 27, 8]

1848년의 기행. "'드 플로트가 체포되었을 때였지' 라고 그가 말했다. '그의 손에서 화약 냄새가 났기 때문이라고? 내 손의 냄새를 맡아봐!'" 세이에르, 『보들레르』, 파리, 1931년, 51페이지.

[J 27, 9]

세이에르(59페이지)가 나폴레옹 3세의 출현을 드 메스트르가 말한 의미로 '섭리적 관점에서'[103] 해석해야 한다는 보들레르의 요구를 "쿠데타에 대한 나의 분노. 얼마나 나는 충격을 받았던가! 또 하나의 보나파르트의 출현! 이 무슨 수치냐!" 라는 그의 또다른 견해와 대비해보고 있는 것은 당연하다. **두 문장** 모두 「벌거벗은 내 마음」에 나온다.[104]　　　[J 27a, 1]

세이에르의 저작에는 아카데미 데 시앙스 모랄 에 폴리티크의 의장인 저자의 입장이 속속들이 배어들어가 있다. 이를 잘 보여주는 기본 주제. "사회 문제는 정신 문제이다"(66페이지). 보들레르의 문장 하나하나에는 빠짐없이 저자의 주석이 달려 있다.　　　[J 27a, 2]

부르댕 — 비유메상[105]의 사위. 『피가로』는 1863년에 보들레르를 격렬하게 공격하는 퐁마르탱의 기사를 게재했다. 1864년에는 『소산문시』|에 수록된 산문시 6편|를 2회 게재한 후 이를 중단했다. 비

유메상은 이렇게 말했다. "당신의 시에는 모든 사람이 따분해하고 있습니다." 프랑수아 포르셰, 『샤를 보들레르의 고뇌에 찬 생애』 ('위인의 로망 총서' 6), 파리, <1926년>, 261페이지를 참조.

[J 27a, 3]

라마르틴에 대해. "얼마간 창녀 같고, 다소 매춘부 같습니다." 프랑수아 포르셰, 『샤를 보들레르의 고뇌에 찬 생애』('위인의 로망 총서' 6), 파리, 248페이지에서 인용.

[J 27a, 4]

빅토르 위고와의 관계. "그는 빅토르 위고에게 고티에 연구서의 「서문」을 써달라고 부탁한 적이 있으며, 내켜하지 않는 위고에게 억지로라도 그렇게 하도록 할 목적으로 일부 시를 헌사한 적도 있다." 프랑수아 포르셰, 『샤를 보들레르의 고뇌에 찬 생애』('위인의 로망 총서' 6), 파리, <1926년>, 251페이지.

[J 27a, 5]

『인공 낙원』이 1858년 『동시대 평론』에 처음 발표되었을 때의 제목. '인공의 이상에 대해.'

[J 27a, 6]

생트뵈브가 1862년 1월 20일자 『르 콩스티튀시오넬』에 발표한 논문.[106] 보들레르가 처음에는 스크리브의 공석을 겨냥해 아카데미 프랑세즈에 입후보했다가 라코르데르의 공석으로 바꿀 생각을 하고 있던 중 같은 해 2월 9일에 벌써 생트뵈브는 이렇게 조언한다. "아카데미는 그냥 놔두게. 충격을 받았다기보다는 그냥 놀랐을 뿐인 모양이네." 보들레르는 입후보를 철회한다. 프랑수아 포르셰, 『샤를 보들레르의 고뇌에 찬 생애』, 파리, 247페이지를 참조.

"이 혁신자에게는 새로운 아이디어가 전혀 없다는 점을 주목할 것. 비니 이후 프랑스 시인들에게서 새로운 아이디어를 발견하려면 쉴리-프뤼돔 때까지 기다려야만 했다. 보들레르는 낡고 고리타분하며 상투적인 것밖에는 다루지 않는다. 무미건조하고 상투적인 시인이다. 「축복」에서 예술가는 이 세상에서는 순교자이다. 「알바트로스」에서 시인은 현실에서 고난을 겪고 있다. 「등대」에서 예술가는 인류의 등불이다. …… 「송장」에는 '사람으로부터 짐승에 이르기까지 뭇 생명에게 …… 죽음과 피가 …… 그들을 기다리고 있다*unus est interitus hominum et jumentorum*' 라는 『전도서』[107]의 말밖에는 들어 있지 않다는 브륀티에르의 지적은 정말 맞는 말이다." 에밀 파게, 「보들레르」, 『라 레뷔』, 87호, 1910년, 619페이지. [J 28, 1]

"그에게는 전혀 상상력이 없는 것 같다. 영감이 놀라울 정도로 빈약하다." E. 파게, 「보들레르」, 『라 레뷔』, 87호, 1910년, 616페이지. [J 28, 2]

파게는 세낭쿠르와 보들레르를 비교하고 있다. ─ 전자의 편이었지만. [J 28, 3]

J.-J. 바이스(『동시대 평론』, 1858년 1월호<)>. "이 연은 …… 진흙탕 속에서 붕붕 소리를 내며 돌고 있는 팽이와 흡사하다." 카미유 베르니올, 「보들레르 이후 50년」(『파리 평론』, 24년, 1917년, 687페이

지)에서 인용.   [J 28, 4]

나르제오가 그린 보들레르의 초상화에 대한 퐁마르탱의 평. "이
판화 속의 얼굴은 험상궂고 음흉하며, 초췌하고 악의를 띠고 있다.
중죄 재판소의 주인공이거나 비세트르 병원 환자의 얼굴이다." [B
2a, 6]의 '막 목이 잘려나간 사람의 표정'이라는 피셔의 표현을 참
조할 것.   [J 28, 5]

1887년과 1889년 브륀티에르의 보들레르 평은 호의적이지 않다.
이것이 수정된 것은 1892년과 1893년의 일이다. 저작의 간행 연
도: 『비평의 문제들』(1887년 6월) — 『현대 문학론』(1889년) —
『속 현대 문학론』(1892년) — 『프랑스 서정시의 변천』(1893년).[108]
                                                               [J 28, 6]

보들레르의 말년의 용모. "전체적인 모습이 왠지 고갈된 듯한 느
낌을 주는데, 그것이 안타깝게도 예리한 눈빛과 대조를 이루고 있
었다. 특히 오래 전부터 통한만을 씹는 데 익숙해진 입가에는 독특
한 주름이 잡혀 있었다." 프랑수아 포르세, 『샤<를> 보<들레르>
의 고뇌에 찬 생애』('위인의 로망 총서' 6), 파리, <1926년>, 291페
이지.   [J 28, 7]

1861년. 자살 충동. 『동시대 평론』의 아르센 우세는 동지에 게재된
산문시 몇 개가 이미 『환상파 평론』에 발표되었다는 것을 알게 된
다. 게재는 중지된다.[109] — 『레뷔 데 되 몽드』는 기 론의 게재를 거
부한다.[110] — 『피가로』가 부르댕의 「편집자 노트」를 붙여 이를 게

재했다.[111]   [J 28, 8]

벨기에에서의 일차 강연. 들라크루아와 고티에.   [J 28a, 1]

내무성은 『인공 낙원』에 대해 검인을 거부한다(포르셰, 226페이지
참조). 어떻게 된 것일까?[112]   [J 28a, 2]

포르셰는 보들레르가 평생 명문가의 자제 같은 정신 자세를 고수
했다고 지적하고 있다(233페이지). 이와 관련해 다음 문장은 상당히
시사적이다. "모든 변화에는 파렴치한 것과 동시에 유쾌한 그 무엇,
배신과 불안한 구석이 있다. 이것만으로도 프랑스 혁명은 충분히 설
명된다"[113] 이러한 견해는 프루스트를 떠올리게 하는데 ― 그 역시
명문가의 자제였다. 역사적인 것이 사적인 것 속에 투영되어 있는 것
이다.   [J 28a, 3]

1848년 『인민의 대변자』[114] 사무실에서 보들레르와 프루동이 만났
다. 이 만남은 우연이었으나 두 사람은 뇌브-비비엔 가에서 저녁
을 함께 한다.   [J 28a, 4]

보들레르가 1848년에 ― 이후에 퐁루아가 편집장을 역임하게 되
는 ― 보수파 신문인 『앵드르의 대변인』지 창간에 가담했다는 가설
을 제기한 것은 르네 조아네이다. 이 신문은 카베냐크의 |대통령 선
거| 입후보를 지지했다. 보들레르의 가담은, 만약 그러한 일이 정말
있었더라도, 당시 아마 하나의 속임수였을지도 모른다. 샤토루 여행
은 보들레르에게는 비밀로 하고 앙슬을 통해 오피크가 경비를 지불

688

한 것이었다.   [J 28a, 5]

르 단텍에 따르면 「그러나 흡족지 않았다」의 두번째 3행 연구는 경
우에 따라서는 「레스보스」와 연결해서 생각해야 한다.   [J 28a, 6]

프라롱에 따르면 1843년에 『악의 꽃』의 시 대부분은 이미 쓰여져
있었다고 한다.   [J 28a, 7]

1845년 『영국 평론』지에 알퐁스 보르게르 번역으로 「황금 풍뎅
이」가 발표되었다. 다음 해 『라 코티디엥』지에 「모르그 가의 살인 사
건」의 번안이 제목의 머리글자만 딴 제목으로 발표되었으나 포의 이
름은 게재되지 않았다. 아슬리노에 따르면 보들레르에게 결정적이
었던 것은 『평화적 민주주의』에 게재(1847년)된 이사벨 뫼니에 번역
의 「검은 고양이」였다고 한다. 출판 시점(1848년 7월 15일)으로 판단
해볼 때 보들레르가 처음 번역한 포의 작품이 「최면의 계시」였다는
것은 의미가 깊다.   [J 28a, 8]

1855년. 조르주 상드에게 편지를 보내 마리 도브룅을 |상드가 극본
을 쓴 연극에| 기용해주도록 말을 넣는다.   [J 28a, 9]

"늘 매우 예의바르며, 매우 도도하며, 매우 부드러웠던 그의 내면
에는 수도사적인 부분과 병사적인 부분과 사교가적인 부분이 있었
다." 쥐디트 클라델, 『인물상』, 파리, 1879년, 외젠 크레페/자크 크
레페, 『샤를 보들레르』, 파리, 1906년, 237페이지.[115]   [J 29, 1]

「변호사를 위한 노트와 자료」에서 보들레르는 발자크가 『주보』의 이폴리트 카스티유에게 보낸 예술과 도덕성에 관한 편지를 언급하고 있다.[116)] 　　　　　　　　　　　　　　　　　　[J 29, 2]

리옹은 짙은 안개로 유명하다. 　　　　　　　　　　　　　　[J 29, 3]

1845년 분명 자살을 시도했다. 가슴에 칼을 꽂았다. 　　　[J 29, 4]

"내가 조금 유명해진 것은 한가했기 때문이다. 그것은 내게 커다란 희생을 치르게 하였다. …… 재산은 없는데 놀고 있으려니까 빚만 …… 늘어나 근심 걱정만 생기니 말이다. 그러나 이 때문에 커다란 덕도 보았다 …… 감수성과 사색이라는 면에서는 말이다. 다른 문인들은 거의 다 다짜고짜 덤비는 한심한 무리들이다." 포르세, <『샤를 보들레르의 고뇌에 찬 생애』, 파리, 1926년>, 116페이지에서 인용.[117)] 　　　　　　　　　　　　　　　　[J 29, 5]

1855년 11월 4일자 『피가로』지에는 『레뷔 데 되 몽드』에 |보들레르의| 시가 발표된 것을 다룬 루이 곤달의 기사가 실렸는데, 이를 계기로 미셸 레비는 풀레-말라시에게 『악의 꽃』의 출판을 양도하게 된다. 　　　　　　　　　　　　　　　　　　　　　[J 29, 6]

1848년 샹플뢰리 그리고 투뱅과 함께 『살뤼 퓌블릭』|을 발행| ─ 1호는 2월 27일, 채 두 시간도 안 걸려 편집했다. 거기에는 ─ 아마 보들레르가 쓴 것으로 여겨지는 ─ 다음과 같은 구절이 있다. "몇 몇 정신 나간 형제들이 인쇄기를 부수었다 …… 모든 기계는 신성

하다. 하나의 예술 작품처럼"(포르셰, 129페이지에서 인용). — '파괴를 위한 피투성이 연장'이라는 표현을 참조.　　　　　　[J 29, 7]

1849년.『앵드르의 대변인』 — 보들레르의 참가 여부는 확실하지 않다. 만약「목하의 상황」이라는 기사를 그가 쓴 것이라면 이 잡지의 보수적 발행인들에게 한 방 먹였다고 할 수 있을 것이다.　　[J 29, 8]

1851년. 뒤퐁, 라 샹보디와 함께『민중의 공화국, 민주 연감』의 '보들레르, 발행 책임자'가 되다. 여기서 그의 서명이 있는 것은 「술의 얼」뿐이다.　　　　　　　　　　　　　　　[J 29, 9]

1852년. 샹플뢰리, 몽슬레와 함께『연극 주보』에 기고.　[J 29, 10]

|보들레르의| 주소들.

1854년 2월	오텔 드 요르크, 생-탄느 가
5월	오텔 뒤 마록, 센 가
1858년	오텔 볼테르, 케 볼테르
1858년 12월	보트레이이 가 22번지
1859년 여름	오텔 드 디에프, 암스테르담 가

　　　　　　　　　　　　　　　　　　　　　　　　[J 29, 11]

보들레르는 27살 때 벌써 관자놀이 언저리의 머리가 하얗게 세었다.　　　　　　　　　　　　　　　　　　　　　[J 29, 12]

샤를 아슬리노,「보들레르, 일화집」(크레페, <『샤를 보들레르』, 파리>,

1908년, <279페이지 이하>에 전문 수록)에 수록되어 있는 아슬리노의 손수건 이야기.[118] 보들레르의 독설. 그의 '임기응변'의 도발적인 효과. 사람을 놀래키는 그의 버릇.   [J 29a, 1]

『르 모니퇴르』 1867년 9월 9일자에 게재된 고티에의 |보들레르| 추도문에서. "그는 인도 태생으로 영어에 능통하고, 에드가 포 번역으로 데뷔했다." 테오필 고티에, 『현대인의 초상』, 파리, 1874년, 159페이지.   [J 29a, 2]

고티에의 추도문은 거의 절반이 포 이야기에 할애되어 있다. 『악의 꽃』에 할애된 부분은 고티에가 호손의 이야기로부터 빌려온 은유들에 의지하고 있다. "우리는 Ch. 보들레르의 『악의 꽃』을 읽으면 어쩔 수 없이 호손의 어느 얘기 |『라푸치니의 딸』|를 떠올리게 된다. 그의 시에도 |호손의| 이야기에서와 똑같이 어둡고 금속적인 색채, 녹청색 나뭇잎과 머리를 어지럽게 만드는 냄새가 있다. 보들레르의 뮤즈는 어떤 독약도 듣지 않지만 안색에 핏기가 없고, 창백한 안색이 그녀가 살고 있는 생활 환경으로부터 어떤 영향을 받았는지를 금방 드러내는 박사의 딸을 닮았다." 테오필 고티에, 『현대인의 초상』, 파리 1874년, 163페이지.[119]   [J 29a, 3]

『낭만주의의 역사』에서 고티에는 보들레르의 성격을 이렇게 묘사하고 있다. 거의 진위가 의심스러운 일련의 은유에 가깝다. "각각의 시는 모든 것을 압축시키는 재능에 의해 수많은 면을 잘라낸 작은 크리스털 병 안에 들어 있는 한 방울의 에센스로 환원된다" 등등 (350페이지). 그의 분석 전체에 진부함이 배어 있다. "발자크처럼 그도 파리를 좋아했다. 또 가로등의 그림자들이 빗물이 고인 웅덩이를 피의 바다로 바꾸고, 오래되어 누렇게 변한 상앗빛 해골 같은 달이 들쑥날쑥한 지붕들의 검은 윤곽 위로 움직이는 시각에 각운을 찾아 음산하기 짝이 없는 파리의 수수께끼 같은 골목을 헤매고 다니는 일이 늘 있던 일이라고는 해도, 종종 담배 연기 가득한 술집의 유리 창문 앞에서 발길을 멈추고 술주정뱅이가 쉰 목소리로 부르는 노래나 창녀의 찢어지는 듯한 카랑카랑한 목소리에 귀를 기울인다고 해도, …… 갑자기 마음이 인도로 향하는 일이 한두 번은 아니었다." 테오필 고티에, 『낭만주의의 역사』, 파리, 1874년, 349페이지(「1830년 이후 프랑스 시의 발전」). 롤리나를 참조!   [J 29a, 4]

피모당 호텔의 내부. 찬장도, 식당 테이블도 없고 창문은 젖빛으로 불투명했다. 당시 보들레르에게는 고용인이 한 명 있었다.

[J 29a, 5]

1851년. 『의회 통신』에 새로운 시 발표. 생시몽계의 『정치 평론』에서 게재를 거부당했다. 포르셰는 아무리 해도 보들레르는 시를 발표할 수 있는 잡지를 선택할 수 없었을 것이라고 추정하고 있다(포르셰, 『샤를 보들레르의 고뇌에 찬 생애』, 파리, 1926년, 156페이지).

[J 30, 1]

1842년에 보들레르가 물려받은 유산은 7만 5천 프랑(1926년= 45만 프랑에 해당)에 달했다. 동료들 ─ 방빌 ─ 에게 그는 '아주 부자'로 통했다. 머지않아 그는 슬그머니 친가에서 멀어진다.   [J 30, 2]

포르셰의 멋진 표현(<『샤를 보들레르의 고뇌에 찬 생애』, 파리 1926년>, 98페이지)에 의하면 앙슬은 |루이-필립 치하의 제한 선거 제도의| 선거권 소유 계급의 화신이었다.   [J 30, 3]

1841년 역마차로, 마지막 남은 한 대로, 보르도로. — 살리스가 선장으로 있던 상선 '남해의 파케 호' 선상에서 만난 거친 폭풍우도 그의 작품에는 극히 미미한 흔적만 남긴 것 같다.   [J 30, 4]

1819년 보들레르의 부모가 결혼했을 때 어머니는 26세, 아버지는 60세였다.   [J 30, 5]

피모당 호텔에서 보들레르는 붉은거위 깃털 펜으로 글을 썼다.
                                                    [J 30, 6]

「최면의 계시」는 포의 작품에서 분명 그다지 중요한 작품이 아니지만 이 미국 작가가 살아 있을 때 보들레르가 번역한 유일한 단편소설이다. 1852년 『파리 평론』에 포의 전기 발표, 1854년 번역 작업 개시.   [J 30, 7]

잔느 뒤발이 보들레르의 최초의 연인이었다는 점을 분명히 해둘 것.   [J 30, 8]

보들레르는 오피크와 사이가 틀어져 있을 때 루브르 박물관에서 어머니와 만났다.   [J 30, 9]

필록센 부아예가 주최한 만찬회. 보들레르는 「송장」, 「살인자의 술」, 「델핀느와 이폴리트」를 낭독한다(포르셰, <『샤를 보들레르의 고뇌에 찬 생애』, 파리, 1926년>, 158페이지). [J 30, 10]

포르셰(98페이지)는 보들레르가 살리스, 앙슬, 오피크와 전형적인 방식의 만남을 가졌던 것을 지적하고 있다. [J 30, 11]

성性에 대한 선입견. 「어떤 괴물의 가르침」, 「뜨거운 사랑을 받고 있는 파렴치한 여자」, 「백치의 정부」, 「동성애 여자들」, 「축첩자蓄妾子」 등 쓰려고 했던 소설의 제목을 보면 이를 알 수 있다. [J 30, 12]

보들레르가 앙슬과 긴 대화를 나눌 때 종종 버릇없는 태도를 보인 것에 주목할 것. 이 점에서도 그는 명문가의 자제였다. 더욱이 결별의 편지를 보면 이를 더 분명하게 알 수 있다. "아마 엄격한 생활을 강요당하겠지만 그것이 훨씬 더 낫습니다."[120] [J 30, 13]

클라델은 언어의 관상학, 즉 단어들의 색채, 광원으로서의 특성, 마지막으로 도덕적 특성들에 관한 보들레르의 '고귀하고 탁월한 논술'을 언급하고 있다. [J 30a, 1]

1863년 3월 6일 |보들레르에게 보낸| 샹플뢰리의 편지는 이 두 사람이 편지들에서 어떤 어조로 이야기를 주고받았는지를 대강 엿볼 수 있게 해준다. 현재는 행방을 알 수 없는 한 편지에서 보들레르는 체면을 구실로, 보들레르와 포의 작품을 찬미하는 한 여성을 만나보라는 샹플뢰리의 제안을 거절했다. 그러자 샹플뢰리가 다음과 같이

답장을 했다. "저의 체면이 손상된다고 말씀하시지만 그러한 일은 없습니다. 그보다 훨씬 더 악명 높은 곳에 드나드는 일을 이제 삼가십시오. 제가 평소에 일하는 방식을 따라주십시오. 저처럼 열심히 일만 하려고 해보십시오. 저처럼 독립적으로 사십시오. 다른 사람에게 기댈 생각일랑 마십시오. 그런 다음이라면 체면 운운하셔도 됩니다./그러한 말은 제게 아무 의미도 없습니다. 다만 꾸민 것인 동시에 선천적인 귀형의 기행 때문에 굳이 이렇게 몇 자 적어 보내게 되었습니다"(E. 크레페/J. 크레페, <『샤를 보들레르』, 파리, 1906년>, 「보유補遺」, 341페이지). 보들레르는 당일 답장을 보낸다.[121]   [J 30a, 2]

1857년 8월 30일 위고가 보들레르에게 보낸 편지. 다음과 같이 『악의 꽃』을 수령한 것을 알리고 있다. "예술은 푸른 하늘과 마찬가지로 끝없는 영역입니다. 귀형이 그것을 증명했습니다. 귀형의 『악의 꽃』은 별처럼 빛이 나 눈이 멀 정도입니다." 크레페, 113페이지에서 인용. 진보에 대한 표현과 신념이 들어 있는 1859년 10월 6일의 |위고가 보들레르에게 보낸| 장문의 편지를 참조.   [J 30a, 3]

1860년 5월 14일 폴 드 몰렌느가 보들레르에게 보낸 편지. "귀형에게는 새로운 것에 대한 천부적인 재능이 있으며, 저는 항상 그것을 귀중하게 여기며 신성시하고 있다고 해도 좋을 정도입니다." 크레페, 413페이지에서 인용.   [J 30a, 4]

1866년 2월 11일~23일|율리우스력에 의하면| 앙주 페크메자가 부쿠레슈티에서 |보들레르에게| 보낸 편지. 시인에 대한 고평이 잘 드러나 있는 이 긴 편지에는 순수시에 관한 명확한 통찰이 들어 있

다. "다른 것을 말씀드리고 싶습니다. 이러한 종류의 시를 구성하는 음절들이 유추에 의해 그들 하나하나에게 부여된 기하학적인 형태나 미묘한 색채로 번역된다면 그러한 시구들은 페르시아산 카펫이나 인도산 숄의 부드러운 감촉과 아름다운 색조를 갖게 될 것이라고 확신합니다./제 생각이 귀형에게는 우습게 들리시겠죠. 하지만 저는 종종 귀형의 시를 그림으로 그려서 채색하고 싶은 기분이 들곤 합니다." 크레페, 415페이지에서 인용.　　　　　　　　　　　　　　[J 30a, 5]

1862년 1월 27일 비니가 보들레르에게 보낸 편지. "…… 이처럼 감미로운 봄의 향기로 가득한 꽃다발에 전혀 어울리지 않은 제목을 붙이는 것은 천부당만부당해 보입니다. 그리고 당신이 종종 햄릿의 묘지에서 피어오르도록 만드는 악취 풍기는 공기 때문에 당신이 얼마나 원망스러운지요." 크레페, 441페이지에서 인용.
　　　　　　　　　　　　　　　　　　　　　　　　[J 30a, 6]

1857년 11월 6일 보들레르가 황후에게 보낸 편지에서. "그러나 벌금은, 저로서는 이해할 수 없는 소송 비용이 더해져 가난한 시인의 지불 능력을 초과하고 있으며, …… 황후 폐하의 마음이 정신적인 고난이나 금전적인 고난에 대해서도 동정을 베푸시리라 확신하고 있습니다. 열흘간의 노심초사 끝에, 황후 폐하께서 자비를 베풀어 내무대신과 중재해주시길 이렇게 청원드리는 바입니다." [122] H. 파트리, 「'악의 꽃' 재판 후일담, 황후에게 보낸 보들레르의 미발표 편지」(『프랑스 문학사 평론』, 29년, 1922년, 71페이지).　　　　[J 31, 1]

쇼나르, 『회상록』, 파리, 1887년(크레페, 160페이지에서 인용)에서.

"보들레르는 옹플뢰르로부터 왜 그리 서둘러 도망갔는지를 이렇게 설명하고 있다. '나는 시골이 싫어. 특히 날씨가 좋을 때. 태양이 계속 비치면 짜증이 나. …… 아! 항상 변하고, 바람에 따라 울고 웃는, 더워지거나 습해지기를 수십 번 더 바꾼다 해도 하찮은 곡물에는 아무 영향도 미치지 않는 파리의 하늘에 대해 내게 이야기해 달라. …… 나는 어쩌면 풍경화가로서의 자네 신념에 상처를 주었는지도 모르네. 하지만 그래도 어쩔 수 없이 나는 자유롭게 흐르고 있는 물을 참을 수가 없다고 말할 수밖에 없군. 나는 물의 목에 칼을 채워 연안의 기하학적인 벽 안에 가둬두고 싶네. 내가 좋아하는 산책 장소는 루르크 운하의 제방이야'"(크레페, 앞의 책 160페이지에서 인용).   [J 31, 2]

크레페는 쇼나르의 이러한 증언과 |보들레르가| 데누아예에게 보낸 편지를 비교한 다음 결론삼아 이렇게 지적한다. "이 모든 것으로부터 어떤 결론을 내릴 수 있을까? 아마 간단하게 보들레르는 자기에게 없는 것만을 원하며, 자기가 있지 않은 곳만을 좋아하는 불행한 인종에 속한다는 결론밖에 없을 것이다." 크레페, 161페이지.   [J 31, 3]

보들레르의 진지함에 대해서는 많은 논란이 있었다. 크레페에게서도 아직 이러한 논쟁의 흔적을 찾아볼 수 있다(172페이지 참조).
                                                               [J 31, 4]

"아이들의 웃음은 꽃봉오리가 터지는 것과 같다. …… 이것은 식물적 기쁨이다. 따라서 그것은 대개 미소에 더 가까우며, 강아지가 꼬리를 흔들거나 고양이가 그르렁거리는 것과 유사하다. 그렇기는 하나 아이들의 웃음이 동물이 만족감을 표현하는 표정과 다른 이유는 이들의 웃음이 야심으로부터 완전히 자유롭지는 않은 데서 찾을 수 있다. 이것은 오직 인간의 어린 줄기들, 미숙한 사단들에게서만 독특하게 찾아볼 수 있는데도 말이다."「웃음의 본질에 대해」, 『작품집』, 2권, 르 단텍 판, 174페이지.   [J 31, 5]

그리스도는 분노를 알고, 눈물도 알고 있었다. 하지만 웃지는 않았다. 비르지니는 풍자하는 장면을 보아도 웃지 않을 것이다. 현자는 웃지 않으며 순진무구한 자도 웃지 않는다. "우스꽝스러운 것 comique은 저주받을 만한 요소로 악마적인 기원을 갖는다."「웃음의 본질에 대해」, 『작품집』, 2권, 르 단텍 판, 168페이지.   [J 31a, 1]

보들레르는 '의미 있는 우스꽝스러움'과 '절대적 우스꽝스러움'을 구별한다. 후자만이 고찰의 가치가 있는 것, 즉 그로테스크한 것이다.[123)   [J 31a, 2]

「1846년 살롱」에서의 현대의 남성복에 대한 알레고리적 해석. "현대적 영웅의 외피인 의복은 …… 우리 시대, 고뇌하는 현대, 연약한 검은 어깨에까지 영원한 슬픔의 상징을 걸쳐야 하는 현대의 필연적인 의복이 아닐까? 검은 의복이나 프록코트에는 보편적 평등의 표현이라는 그 나름의 정치적인 아름다움뿐만 아니라 공공 정신의 표현이라는 그 나름대로의 시적인 아름다움도 갖고 있다는 것에 주목할 것. ─ 대곡代곡꾼들, 정치적 대곡꾼들, 사랑의 대곡꾼들, 부르주아적 대곡꾼들 등 무한히 이어진 대곡꾼들의 행렬. 우리

는 모두 무언가의 매장을 축하하고 있는 것이다."『작품집』, 2권,
르 단텍 판, 134페이지.   [J 31a, 3]

포의 군중 묘사에서는 어느 것과도 비견할 수 없는 힘이 느껴진
다. 「도박꾼들의 클럽」이나 「일몰 후의 군중」 같은 제네펠더[124]의 초
기 석판화를 연상시킨다. "처음에는 저물어가는 태양과의 투쟁으로
희미했던 가스등 불빛도 이제 비로소 환해져 모든 것 위에 변덕스럽
게 화려한 빛을 던지고 있었다. 부근의 일대는 모두 어두웠지만 환하
게 빛나고 있었다. ― 테르툴리아누스[125]의 문체에 비유되어온 흑단
黑檀처럼 말이다."[126] 에드가 포, 『속 해괴한 이야기』, 샤<를> 보<들
레르> 번역, 파리, <1886년>, 94페이지. ■산책자■   [J 31a, 4]

"상상력imagination이란 공상fatasie이 아니다. …… 상상력은
…… 사물들 간의 내면적이며 은밀한 관계, 조응, 유사를 감지하
는 거의 신적인 능력이다."[127] <보들레르>, 「에드가 포에 관한 새
로운 노트」(『속 해<괴한> 이<야기들>』, 13/14페이지).   [J 31a, 5]

1862년경에 기획된 『악<의> 꽃』 호화판을 위해 브라크몽이 디자
인한 순전히 장식적인 글자 도안만으로 이루어진 책 장식. 딱 하나
밖에 없는 이 금속판은 후일 에이버리|뉴욕|에서 샹플뢰리 컬렉션
이 경매에 붙여졌을 때 나온다.   [J 31a, 6]

「몽상의 내리막길」[128] 중 위고의 군중관을 전형적으로 보여주는
두 구절.
          "이름도 없는 군중! 혼돈! 목소리, 눈, 발소리.

본 적 한 번 없는 자들, 전혀 모르는 자들.

모두 살아 있다! ─ 미국의 숲이나

벌집보다 귀에 와글거리는 도시."

아래의 구절은 위고의 군중 묘사를 마치 동판화용 조각칼로 새긴 것처럼 선명하게 보여준다.

"어둠이 이 무서운 꿈속에서 군중과 함께

다가와서는 한층 더 깊어지고 어두워지고 있었다.

그리고 눈으로는 도저히 깊이를 측량할 길 없는 이 영역들에서

사람들이 많아진 만큼 어둠도 깊어졌다.

모든 것이 애매모호해졌다. 단지

이따금 지나가는 미풍만이

마치 사람들의 거대한 밀집 장소를 내게 보여주기라도 하려는 듯

어둠 속 저 멀리에서 빛의 작은 계곡을 가르고 있다.

마치 불어가는 바람이 이리저리 흔들리는 파도 위에

흰 거품을 내거나 밀밭에 한 줄기 이랑을 만들듯이 말이다."

빅토르 위고『전집』,『시』, 2권(『동방시집』,『가을의 잎』), 파리, 1880년, 363페이지와 365/66페이지.   [J 32, 1]

쥘 트루바 ─ 생트뵈브의 비서 ─ 가 1866년 4월 10일 풀레-말라시에게 보낸 편지. "그런데 시인은 항상 이런 식으로 죽어가는군요! 사회라는 기계가 부르주아나 숙련공, 노동자 …… 를 위해 회전하고 조정되어도, 길들여지기를 거부하고 어떠한 속박도 견딜 수 없는 성격을 가진 사람들에게 최소한 자기 침대에서 죽는 데 필요한 것을 베풀 만한 자비로운 법은 결코 불가능한 겁니까? ─ '하지만

증류주가 있다'고 말할지도 모르겠습니다. — 그것이 어떻다는 거
죠! 당신, 부르주아 씨, 식료품점 주인이여, 당신도 그것을 마실 것
입니다. 당신도 시인만큼이나 아니 시인보다 더 많은 악덕을 갖고
있습니다. …… 발자크는 커피의 힘을 빌려 불타올랐으며, 뮈세는
압생트로 머리가 멍해져도 가장 훌륭한 시를 창작할 수 있었습니
다. 뮈르제는 바로 이 순간의 보들레르와 마찬가지로 요양소에서
홀로 죽어가고 있습니다. 그리고 이 작가들 중 사회주의자는 하나
도 없습니다!"(크레페, <『보들레르』, 파리, 1906년>, 196/197페이지에
서 인용). 문학 시장.   [J 32, 2]

쥘 자냉에게 보내는 공개 서한의 초안(1865년)에서 보들레르는 유
베날리우스, 루카누스, 페트로니우스를 호라티우스에 맞세우고
있다.   [J 32, 3]

쥘 자냉에게 보내는 공개 서한. "미에 대한 감정과 항상 불가분의
관계에 있는 멜랑콜리."『작품집』, 2권, 르 단텍 판, 610페이지.

[J 32, 4]

"서사적 의도는 …… 모두 예술에 대한 불완전한 감각에서 유래
한다." <보들레르>, 「에드가 포에 관한 새로운 노트」(『속 해괴한 이
야기』, 파리, <1886년>, 18페이지).[129] 여기서 순수시 이론 전체가 싹트
고 있다(부동화不動化!).   [J 32, 5]

크레페, <『보들레르』, 파리, 1906년>(155페이지)에 따르면 보들레
르가 남긴 데생의 대부분은 < '>불길한 정경'을 묘사한 것이라고

한다. [J 32a, 1]

"세계의 모든 서적 중 오늘날 성서를 제외하면『악의 꽃』이 가장 많이 출판되었으며 다른 언어로도 가상 많이 번역되었다." 앙드레 쉬아레스,『생존해 있는 세 명의 위인들』, 파리, <1938년>, 269페이지(「보들레르와 '악의 꽃'」). [J 32a, 2]

"보들레르의 생애는 일화를 위해서는 사막 지대나 다름없다." 앙드레 쉬아레스,『생존해 있는 세 명의 위인들』, 파리, <1938년>, 270페이지(「보들레르와 '악의 꽃'」). [J 32a, 3]

"보들레르는 기술하지 않는다." 앙드레 쉬아레스,『생존해 있는 세 명의 위인들』, 파리, 294페이지(「보<들레르>와 '악의 꽃'」).
[J 32a, 4]

「1859년 살롱」에서 신 그리스파에 대한 비판과 관련해 사랑의 신에 대한 격렬한 독설. "이 늙은 호색한을 위해 회화와 대리석이 …… 탕진되는 것을 보고 있는 게 너무 어처구니없지 않은가? …… 그는 마부의 가발처럼 짙은 곱슬머리를 하고 있다. 뒤룩뒤룩 튀어나온 뺨은 콧구멍과 눈을 압박하고 있다. 그의 몸은, 아니 그의 살은 정육점의 고리에 걸려 있는 비계처럼 통 속에 쑤셔넣은 다음 관을 끼우고 공기를 불어넣은 듯 보편적인 목가적 연애의 한숨에 부풀어오를 것이다. 그리고 산만 한 그의 등에는 나비 날개가 한 쌍 달려 있다." Ch. B.,『작품집』, 르 단텍 판, 파리, 2권, 243페이지.
[J 32a, 5]

"뭐든지 알고 있고, 무엇에 대해서도 논할 수 있으며, 편집자 모두가 …… 하나하나 돌아가면서 정치, 종교, 경제, 미술, 철학, 문학을 가르칠 수 있는 훌륭한 신문이 있다. 피사의 사탑처럼 미래 쪽으로 기울어져 있으며 인류라는 종의 행복이 만들어지고 있는 이 어리석음의 거대한 기념비 안에서. ……" Ch. B., 『작품집』, 르 단텍판, 파리, 2권, 258페이지(「1859년 살롱」)(『르 글로브』지를 말하는 건가?).[130]   [J 32a, 6]

리카르[131] 옹호와 관련하여. "모방은 유연하고 탁월한 정신들의 현기증이며, 종종 그들의 우월성의 증명이기도 하다." Ch. B., 『작품집』, 르 단텍 판, 파리, 2권, 263페이지(「1859년 살롱」). 자기 변명 *pro domo*이다!   [J 32a, 7]

"천진난만함 …… 에 항상 끼어드는 정체 모를 장난기." Ch. B., 『작품집』, 르 단텍 판, 파리, 2권, 264페이지(「1859년 살롱」). 리카르에 관해.[132]   [J 32a, 8]

「올리브 산」에서 비니는 메스트르에게 이렇게 반박하고 있다.
          "우리는 시대 저편에서
          냉혹한 지배자들이 위선의 현자를 끌고 나타나
          각 국민의 정신을 혼란시키고
          나의 속죄의 의미를 왜곡시킬 걸 안다."[133]   [J 33, 1]

"아마 레오파르디, 에드가 포, 도스토예프스키만이 행복의 그러한 결여, 비탄의 그러한 강력함을 경험했을 것이다. 이 세기는 다른

부분에서는 번영을 구가하고 다양하게 전개된 것처럼 보이지만 그 |보들레르| 주위의 세계는 사막 같은 무시무시한 모습을 하고 있다." 에드몽 잘루, 「보들레르 탄생 100년」, 77페이지(『주간 평론』, 30년, 27호, 1921년 7월 2일).   [J 33, 2]

"시를 분석의 방법으로 삼고 내성의 형식으로 만든 것은 보들레르뿐이다. 그러한 점에서 그는 플로베르나 클로드 베르나르와 같은 시대의 사람이다." 에드몽 잘루, 「보들레르 탄생 100년」(『주간 평론』, 30년, 27호, 1921년 7월 2일), 69페이지.   [J 33, 3]

잘루의 글에 나오는 보들레르가 다루는 주제들의 목록. "고독을 운명처럼 타고난 한 개인의 신경질적인 성마름, …… 인간의 조건에 대한 혐오와 종교나 **예술**을 통해 그것에 존엄성을 부여할 필요성, …… 자신을 잊거나 벌하기 위한 방탕벽, …… 여행, 미지의 것, 새로운 것에 대한 정열, …… 죽음을 연상시키는 것(어스름, 가을, 불길한 광경)에 대한 애착, …… 인공적인 것에 대한 숭배, 우울 속에서의 자기 만족." 에드몽 잘루, 「보들레르 탄생 100년」(『주간 평론』, 30년, 27호, 1921년 7월 2일), 69페이지. 여기서 오직 심리적인 사항만을 고찰하다가는 보들레르의 진정한 독창성에 대한 통찰을 놓치게 된다는 것을 분명하게 알 수 있다.   [J 33, 4]

1885년경의 로프스, 모로<,> 로댕에게 미친 『악의 꽃』의 영향.
                        [J 33, 5]

「만물조응」이 말라르메에게 미친 영향.   [J 33, 6]

리얼리즘, 이어 상징주의에 미친 보들레르의 영향. 모레아스는
『피가로』, 1886년 9월 18일자에 실린 상징파 선언 중에서 이렇게 말
하고 있다. "보들레르를 오늘날의 시 운동의 진정한 선구자로 보아
야 한다."   [J 33, 7]

클로델. "보들레르는 19세기가 진지하게 경험할 수 있던 유일한
정열, 즉 회한을 노래했다."『샤를 보들레르 사후 50년』, 파리,
1917년, 43페이지에서 인용.   [J 33, 8]

'단테적 악몽.'『샤를 보들레르 사후 50년』, 파리(메종 뒤 리브르),
1917년, 17페이지에 인용되어 있는 르콩트 드 릴의 말.   [J 33a, 1]

에두아르 티에리는『악의 꽃』을 미라보가 뱅센 형무소에서 쓴 송
가에 비유하고 있다(『샤를 보들레르 사후 50년』, 파리, 1917년, 19페이
지에서 인용<)>.   [J 33a, 2]

베를렌(어디지?).[13] "보들레르의 심오한 독창성은 …… 현대인을
강력하고 본질적인 방식으로 묘사하는 데 있다. …… 여기서 내가
말하는 현대인이란 육체적 측면에서의 현대인을 가리킬 뿐이다.
…… 감각은 자극되고 고양되어 있으며, 영혼은 괴로우리만치 섬
세하며, 뇌는 담배 연기로 질식할 듯하고, 피는 알코올로 타오르는
현대인. …… 이처럼 예민한 사람의 개성을 보들레르는 …… 전형
의 모습으로, 이렇게 표현해도 된다면 영웅의 모습으로 묘사한다.
다른 누구도, 심지어 하인리히 하이네조차 이처럼 개성을 강력하
게 강조한 적은 없었다."『샤를 보들레르 사후 50년』, 파리, 1917

년, 18페이지에서 인용.   [J 33a, 3]

발자크(『금색 눈의 여자』), 고티에(『모팽 양』), 들라투슈(『프라골레타』)에서의 레즈비언 테마.   [J 33a, 4]

마리 도브룅에게 바친 시, 「가을의 노래」, 「가을의 소네트」.
                                                             [J 33a, 5]

메리옹과 보들레르는 같은 해에 태어났다. 메리옹은 보들레르보다 1년 뒤에 죽었다.   [J 33a, 6]

프라롱에 따르면 보들레르는 1842~1845년경 루브르에 있는 그레코의 한 여성 초상에 매혹되었다고 한다(크레페, <『샤를 보들레르』, 파리, 1906년>, 70페이지에서 인용).   [J 33a, 7]

1846년 5월의 계획. 『루카누스의 사랑과 죽음』[135]   [J 33a, 8]

"22세가 되자마자 즉각 파리 7구의 구청 '사망과'에 자리가 났다고 의기양양하게 몇 번이고 말했다." 모리스 롤리나, 『작품의 끝』(귀스타브 조프루아, 『모리스 롤리나│1846~1903년│』), 파리, 1919년, 5페이지.   [J 33a, 9]

바르베 도르빌리는 롤리나를 포와 보들레르 사이에 위치시킨다. 그리고 롤리나를 '단테와 일족의 시인'이라고 말한다. 앞의 책, 8페이지.   [J 33a, 10]

롤리나는 보들레르풍의 시를 썼다.   [J 33a, 11]

「목소리」.[136] "심연의 가장 캄캄한 곳에서/나는 이상한 세계를 보고."   [J 33a, 12]

샤를 투뱅에 따르면 1847년 보들레르는 각각 센 가와 바빌론 가에 하나씩 주거지를 갖고 있었다. 월세 지불일에는 친구 집을 세번째 주거지로 해서 머무는 경우가 많았다[137](크레페, <『샤를 보들레르』, 파리, 1906년>, 48페이지에서 인용).   [J 34, 1]

옹플뢰르와 몇 개의 임시 주거지는 별도로 하고 크레페(47페이지)는 1842~1858년까지 보들레르의 주소를 14개 열거하고 있다.[138] 그는 탕플 구역, 생-루이 섬, 생-제르맹 구역, 몽마르트르 구역, 레퓌블리크 구역에 살았다.   [J 34, 2]

"문명 속에서 늙어간 대도시를, 보편적 삶의 가장 중요한 기록을 새겨놓은 대도시의 하나를 횡단하노라면 우리의 눈은 위로, **위쪽으로, 별들 쪽으로**[139] 이끌린다. 왜냐하면 광장에서, 교차로의 골목에서, 발 아래를 걸어가는 사람들보다 키가 큰 부동의 인물들이 침묵의 언어로 영광이나 전쟁이나 학문이나 순교의 장엄한 전설을 이야기할 것이기 때문이다. 끊임없이 열망해온 하늘을 가리키는 사람이 있는 반면 막 뛰쳐나온 땅을 가리키는 사람들도 있다. 그들은 과거에는 평생의 열정이었지만 지금은 그러한 열정의 상징이 된 것을, 연장, 검, 책, 횃불, **생명의 횃불을!** 과시하거나 혹은 응시하고 있다. 설령 당신이 인간 중에서도 가장 천하태평인 자일지라도, 가장 불행하거나 가장 비겁한 자일지라도, 거지이거나 은행원일지라도 돌의 망령은 몇 분 안에 당신을 지배하고, 과거의 이름으로 지상의 것이 아닌 사물들을 생각하라고 명령할 것이다./그것이 바로 조각의 신성한 역할이다." Ch. B., 『작품집』, 2권, 르 단텍 판, 274/5페이지(「1859년 살롱」). 보들레르는 여기서 조각은 마치 대도시에만 나타나는 것처럼 말하고 있다. 통행인을 방해하는 것이 조각이다. 이러한 묘사 속에는 뭔가 극히 예언적인 것이 들어 있다. 설령 조각 자체는 이러한 예언의 실현에 극히 미미하게 기여하겠지만 말이다. 도시에만 조각이 있다<?>   [J 34, 3]

보들레르는 '로망스적 풍경' [140]을 선호하지만 그것은 점점 더 화가들의 관심사에서 멀어지고 있다고 말한다. 그의 기술을 보면 그가 본질적으로 바로크적인 작품을 염두에 두고 있다는 것을 알 수 있다. "파리의 풍경화가들은 너무나도 초식동물적이다. 그들은 자진해서 폐허를 양식으로 삼는 경우가 없다. …… 나는 이를 애석하게 생각한다. …… 음침한 연못에 모습을 비추는 총안 있는 수도원을, 거대한 다리를, 현기증이 날 정도로 높이 솟은 니네베풍의 건조물을 말이다. 간단히 말해 이미 존재하지 않는다면 만들 필요가 있는 모든 것을!" Ch. B., 『작품집』, 2권, 르 단텍 판, 272페이지(「1859년 살롱」).[J 34, 4]

"상상력은 …… 삼라만상을 해체하고, 영혼의 가장 심오한 곳에서만 찾을 수 있는 규칙에 따라 모이고 배치되는 원료로 새로운 세계를 창조해내고, 새로운 것의 감각을 만들어낸다." Ch. B., 『작품집』, 2권, 226페이지(「1859년 살롱」).   [J 34a, 1]

특히 트루아용[141]과 관련해 화가들의 무지에 대해. "그는 그리고 또 그린다. 그리고 자기 영혼을 틀어막은 채 그리고 또 그리다가 마침내 유행 예술가와 닮아간다. ······ 모방자의 모방자는 또한 자신의 모방자를 찾아내고, 이런 식으로 점점 더 철저하게 자기 영혼을 틀어막은 채 **아무것도 읽지 않고,** 심지어 『완전한 요리사』조차 읽지 않고 각자가 유명해지려는 꿈을 좇는다. 이것을 읽으면 그렇게까지 돈벌이는 되지 않겠지만 영광의 길이 열릴지도 모르는데 말이다." Ch. B., 『작품집』, 2권, 219페이지(「1859년 살롱」). [J 34a, 2]

"군중 속에 있을 때의 즐거움은 증가된 수數에서 느끼는 향락의 신비로운 표현이다. ······ 수는 모든 것 속에 있다. ······도취도 하나의 수이다. ······ 대도시의 종교적 도취." Ch. 보들레르, 『작품집』, 2권, 626/27페이지(「화전」).[142] 인간의 역희석逆稀釋Depotenzie-rung![143]　　　　　　　　　　　　　　　　　　　　　　　　[J 34a, 3]

"아라베스크 문양은 가장 정신주의적인 디자인이다." Ch. 보들레르, 『작품집』, 2권, 629페이지(「화전」).[144]　　　　　　　　　　[J 34a, 4]

"나로서는 이렇게 말하고 싶다. 사랑의 최고의 유일한 즐거움은 **고통을 준다**는 확신에 있다고. 그리고 남녀는 태어나면서부터 고통 속에 모든 즐거움이 있다는 것을 알고 있다고." Ch. 보들레르, 『작품집』, 2권, 628페이지(「화전」).　　　　　　　　[J 34a, 5]

"볼테르는 우리의 불멸의 혼이 9개월 동안 똥과 오줌 사이에 머물러 있었다고 농담을 한다. ······ 적어도 그는 이런 식의 위치

710

설정[145]을 통해 사랑에 대한 신의 장난 혹은 비아냥거림을, 그리고 인간의 생식의 방식에서 원죄의 징조를 간파할 수 있었다. 사실, 우리는 배설 기관을 사용해야만 성교를 할 수 있다." Ch. B., 『작품집』, 2권, 651페이시(「벌거벗은 내 마음」). 여기에서 로렌스의 『채털리 부인』의 변호를 언급할 것.   [J 34a, 6]

보들레르에게서는 다음과 같이 매음賣淫이 그에게 행사하는 매력을 은근슬쩍 합리화하려는 태도의 맹아를 볼 수 있다. "사랑은 고매한 감정에서 유래할 수도 있다. 매음 취향이라고나 할까. 그러나 그것은 소유욕으로 말미암아 이내 타락하고 만다"(「화전」).[146] "인간의 마음속에는 매음에 대한 집요한[147] 취향이 깃들어 있어 거기서 고독에 대한 공포가 태어나는 것이다. …… 천재는 홀로 있기를 바란다. 그러므로 천재는 **외롭다**. 영광이란 **홀로** 머물러 있으면서 특별한 방법으로 매음하는 것이다."「벌거벗은 내 마음」,[148] 2권, 626<,> 661페이지.   [J 34a, 7]

1835년 카조트의 『사랑하는 악마』가 제라르 드 네르발의 서문과 함께 출판되었다. "오 내 사랑하는 마왕이여, 나는 그대를 숭배하노라"[149]는 분명히 보들레르가 카조트로부터 인용한 것이다. "보들레르의 시는 루이-필립 시대의 악마주의와는 완전히 무관한 악마주의적 어조를 띠고 있다." 클로디우스 그리예, 『19세기 문학에 있어서의 악마』, 리옹/파리, 1935년, 95/96페이지.   [J 35, 1]

1853년 12월 26일 어머니에게 보낸 편지. "그런데 저는 육체적 고통에는 아주 익숙해져 있기 때문에 해진 코트와 바람이 통할 정도로 나달나달해진 바지 안에 와이셔츠 두 벌을 그럴듯하게 겹쳐 입을 수 있습니다. 그리고 구멍이 난 구두에 짚이나 혹은 종이로 된 깔창을 부착할 수도 있기 때문에 저는 거의 정신적 고통밖에는 느끼지 않습니다. 그러나 고백하건대 옷이 더 찢어질까봐 걱정이 되어 갑작스럽게 움직이거나 너무 많이 걷는 것을 두려워하게 되었습니다." 샤<를> 보<들레르>, 『속 어머니에게 보낸 미간행 편지』, 자크 크레페의 「서문」과 주, 파리, 1926년, 44/45페이지. [J 35, 2]

공쿠르 형제는 1883년 6월 6일자 일기에서 어느 청년이 방문한 것을 전하고 있다. 이 청년으로부터 두 사람은 콜레주의 문학 청년들이 당시 두 파로 나뉘어 있다는 것을 알게 된다. 미래의 고등사범학생들은 아부[150]와 사르세[151]를 본보기로 삼고, 다른 이들은 에드몽드 공쿠르와 보들레르를 본보기로 삼고 있다는 것이었다. 『공쿠르 형제의 일기』, 6권, 파리, 1892년, 264페이지. [J 35, 3]

1860년 3월 4일 어머니에게 보낸 편지에는 메리옹의 동판화집에 대한 다음과 같은 기술이 있다. "표지에서 찾아볼 수 있는 추하고 거대한 상은 노트르담 사원의 외부를 장식하고 있는 상의 하나입니다. 배경은 위에서 내려다본 파리입니다. 이 남자는 도대체 어떻게 나락으로 떨어질 것 같은 높이에서 아무렇지도 않게 그림을 그릴 수 있는지, 저로서는 도저히 이해되지 않습니다." Ch. B., 『속 어머니에게 보낸 미간행 편지』, 자크 크레페의 「서문」과 주, 파리, 1926년, 132/33페이지. [J 35, 4]

『속 편지』(145페이지)에는 잔느에 대해 '불구자로 변한 늙은 미너'라고 표현하는 구절이 나온다.[152] ― 그는 자신의 사후 잔느에게 연금을 남기고 싶어했다.   [J 35, 5]

1859년 11월 17일 위고가 비유맹에게 보낸 편지에 들어 있는 다음 문장은 보들레르와 위고가 대립하게 되는 결정적인 계기가 된다. "저는 며칠 밤을 심연을 앞에 두고 제 운명을 몽상하며 지내고 있습니다. …… 그러다가 제가 할 수 있는 것이라고는 별이다! 별이다! 라고 외치는 것밖에는 없게 되었습니다." 클로디우스 그리예, 『교령술자 빅토르 위고』, 리옹/파리, 1929년, 100페이지.   [J 35, 6]

위고에 있어서의 군중. "예언자는 고독을 갈구한다. …… 그는 사막으로 생각하러 간다. 누구에 대해? 군중에 대해서." 위고, 『윌리엄 셰익스피어』, <2부, 6권>.   [J 35, 7]

저지 섬에서 기록한 교령술의 의례에서 볼 수 있는 알레고리. "마린-테라스[153]로 순수한 추상 개념들이 용케도 찾아왔다. 관념, 죽음, 소설, 시, 비평, 과장 같은 것들이 그것이다. 이러한 추상 개념들 …… 낮에 나타나는 것을 선호하는 데 반해 사자死者들은 밤에 찾아온다." 클로디우스 그리예, 『교령술자 빅토르 위고』, 리옹/파리, 1929년, 27페이지.   [J 35a, 1]

위고에게서 군중은 『징벌시집』(「순례단」, 4권, 『전집 ― 시 4』, 파리, 1882년, <397페이지>)의 '어둠의 심연'이라는 모습으로 나타난다.
　　"우리의 약탈자들, 우리의 무수한 폭군들이
　　누군가가 어둠의 심연 속에서 움직이고 있다는 것을 알게 된

날."   [J 35a, 2]

『악의 꽃』에 대해. "해시시나 아편에 의한 환각에 대한 직접적인
언급은 어디에도 없다. 이러한 점에서 자기 시의 철학적 구성에만
몰두하는 이 시인의 최고의 취미에 탄복하지 않을 수 없다." 조르
주 로덴바흐, 『선택된 사람들』, 파리, 1899년, 18/19페이지.

[J 35a, 3]

로덴바흐(19페이지)는 베겡과 마찬가지로 보들레르에게서 조응의
경험을 강조한다.   [J 35a, 4]

보들레르로부터 도르빌리에게. "귀형은 도발적인 태도로 성체를
받으면 안 됩니까?" 조르주 로덴바흐, 『선택된 사람들』, 파리,
1899년, 6페이지.   [J 35a, 5]

'노트르담의 화려한 부흥'을 둘러싸고 세 세대가 움직이고 있다
(조르주 로덴바흐, 『선택된 사람들』, 파리, 1899년, 6/7페이지). 소위 외
적인 서클을 형성하고 있는 제1세대는 빅토르 위고로 대표된다.
제2세대는 경건함이라는 내적인 서클을 형성하고 있다. 도르빌리,
보들레르, 엘로[154]가 이를 대표한다. 그리고 위스망스, 과이타,[155]
펠라당의 악마주의 그룹이 제3세대를 형성하고 있다.   [J 35a, 6]

"집이라는 것은 아무리 아름다워도 ― 아름답다는 것이 증명되기
전에는 ― 가로 몇 미터, 세로 몇 미터에 불과하다. ― 마찬가지로
문학도 값을 매길 수 없을 정도로 가장 중요한 소재이지만 아무튼

수많은 빈 칸을 메우는 것이다. 그리고 문학의 건축가는 그러한 이름만으로는 돈이 보장되는 것이 아니므로 얼마라도 주면 빨리 팔아야 한다." Ch. B.,『작품집』, 2권, 385페이지(「젊은 문인들에게 주는 충고」).   [J 35a, 7]

「화전」중의 노트.[156] "세네카에 의한『세레누스』묘사. 성 요한 크리소스토모스에 의한『스타게이루스』의 묘사.『아케디아*Acedia*(태만)』, 수도사들의 병. 권태." 샤를 보들레르,『작품집』, 2권, 632페이지.   [J 35a, 8]

샤를–앙리 이르슈는 위고와 비교하면서 보들레르를 이렇게 묘사하고 있다. "관념, 감각, 말을 명확히 이해하는 그가 온갖 기질에 적응하는 능력이 훨씬 뛰어나다 ……. 보들레르의 가르침이 오래 갈 수 있었던 것은 …… 눈앞에 바로 떠올려 생각해볼 수 있게 해주는 엄밀한 형태의 힘 덕분이다."『샤<를> 보<들레르> 사후 50년』, 파리, 1917년, 41페이지에서 인용.   [J 36, 1]

나다르는 회고록에서 1911년경 어느 신문 예약 구독업체의 사장이 보들레르의 이름이 위고, 뮈세, 나폴레옹의 이름과 비슷할 정도로 빈번하게 신문에 나온다고 말하더라는 이야기를 적고 있다(『Ch. B. 사후 50년』, 파리, 1917년, 43페이지 참조).   [J 36, 2]

크레페가 보들레르가 쓴 것으로 보고 있는『살뤼 퓌블리크』의 한 기사에는 다음과 같은 부분이 있다. "시민들은 …… 바르텔레미[157] 선생이나 장 주르네[158] 선생, 그외 형편없는 시에서 공화국을 노래하는 무리들을 믿지 않았으면 합니다. 황제 네로에게는 무능한 시인을 모두 원형경기장에 모이도록 해서 잔혹하게 채찍질하는 훌륭한 습관이 있었습니다." 크레페, <『샤를 보들레르』, 파리, 1906년>, 81페이지에서 인용.   [J 36, 3]

크레페가 보들레르가 쓴 것으로 보고 있는『살뤼 퓌블리크』의 한 기사에는 다음과 같은 부분이 있다. "지성인들이 늘어났다. 이제 비극은 그만. 로마사도 그만. 지금 우리는 브루투스보다 훨씬 더 위대하지 않은가. ……" 크레페, 81페이지에서 인용.   [J 36, 4]

크페레(82페이지)는 「샹플뢰리 씨의 노트」[159]에서 아래 부분을 인용하고 있다. "보들레르의 책에 대한 낭독, 기념식, 그리고 몇몇 인물들이 하룻밤 사이에 거머쥐는 명성이 그에게 주어진 후 세워진 기묘한 판테온 — 최근에는 이런 식으로 보들레르를 치켜세운 바 있다 — 에 아마 드 플로트도 브롱스키,[160] 블랑키, 스베덴보리 그리고 그 밖의 다른 사람들과 함께 낄 수 있을 것이다."   [J 36, 5]

"에드가 포의 작품은 — 몇 편의 아름다운 시를 빼면 — 보들레르가 혼을 불어넣은 예술의 육체에 해당된다." 앙드레 쉬아레스,『삶에 대해』, 파리, 1925년, 2권, 99페이지(「에드가 포에 관한 견해」).
                                                          [J 36, 6]

보들레르의 상상력 이론은 단시와 단편소설론과 마찬가지로 포에게서 영향을 받은 것이다. 예술을 위한 예술 이론은 표현 방식으로 볼 때 표절처럼 보인다.   [J 36, 7]

방빌은 조사弔辭에서 보들레르의 고전적 기법을 언급한다. [J 36, 8]

「천재라면 어떻게 빚을 갚을까」는 1846년에 나왔는데, 거기에는 '두번째 친구'라는 암호로 고티에의 모습이 다음과 같이 묘사되어 있다. "두번째 친구는 살찌고, 게으르고 둔했으며, 지금도 그러하다. 게다가 그에게는 사상이 없으며, 오세이지족이 염주로 목걸이를 만들듯이 말을 실로 꿰어 묶을 뿐이다." Ch. B.,『작품집』, 2권, 393페이지.[161]   [J 36a, 1]

위고. "나는 내 영혼 안의 심연에서 별이 반짝거리는 것을 느낀다." "*Ave, dea — moriturus te salutat.* 신이여, 인사드립니다. 머지않아 죽게 될 자가 당신께 인사드립니다." 쥐디트 고티에에게. 빅토르 위고,『선집 — 시와 운문극』, 파리, <1912년>, 404페이지.   [J 36a, 2]

　　카미유 르모니에는 보들레르가 브뤼셀에서 고티에를 주제로 한 강연을 묘사한 유명한 글에서 보들레르가 너무 노골적으로 고티에를 찬미하는 바람에 청중들이 점점 당황해하는 모습을 매혹적으로 그리고 있다. 청중들은 지금까지 독특한 비아냥거림을 섞어 말해온 것은 모두 일종의 미끼에 불과하다고 여기며 이제 그것은 접어두고 시에 대한 전혀 다른 관점으로 방향을 돌리기를 이제나 저제나 기다리고 있는 듯했다. 그리고 그러한 기대로 인해 청중은 조금도 움직일 수 없었다.   [J 36a, 3]

　　보들레르 — 카미유 펠레탕[162]이 좋아하는 시인. 로베르 드 본니에

르, 『오늘의 회상록』, 3권, 파리, 1888년, 239페이지는 그렇게 전하고 있다. [J 36a, 4]

로베르 드 본니에르는 『오늘의 회상록』, 3권(파리, 1888년, 287/288페이지)에서 『자유주의 평론』지의 편집장이 1864년 1월 19일에 텐에게 보낸 화가 난 듯한 내용의 편지를 공표했는데, 이 편지에서 편집장은 「천직」의 일부를 삭제할 수 있을지 교섭할 때 보들레르가 보인 완고함에 불만을 토로하고 있다. [J 36a, 5]

로덴바흐에게서 따온 아래의 한 구절은 도시 묘사에서 전형적으로 나타나는 뭔가를, 즉 고의적인 은유를 간파할 수 있도록 해준다.
"하늘 높이 날아가는 것을 꿈꾸는(!) 철鐵의 새인
풍향계들의 합창대가 슬픈 기억을 떠올리게 하는 이들 도시에서."
G. 투르케-밀네, 『보들레르가 프랑스와 영국에 미친 영향』, 런던, 1913년, 191페이지에서 인용. ― 파리의 현대성! [J 36a, 6]

「1846년 살롱」에서 일찍이 이 시기부터 보들레르의 예술정치(학)[163] 개념이 얼마나 명확했는지 알 수 있다. 12장 「절충주의와 회의에 대해」와 14장 「몇몇 회의주의자들에 대해」를 읽어보면 보들레르가 예술 창작을 몇 가지의 정점으로 연결지어야 할 필요성을 일찍부터 자각하고 있었다는 것이 분명해진다. 보들레르는 17장 「유파와 직인들에 대해」에서 세분화를 쇠약의 징후라고 말한다. 그리고 그는 다음과 같이 과거의 유파들을 칭송한다. "한쪽에는 유파들이 있고, 또다른 한쪽에는 해방된 직인들이 있다. …… 유파 즉 …… 회의의 불가능성." Ch. B.,『작품집』, 2권, 131페이지. 퐁시프를 참조할 것.

[J 36a, 7]

여자의 형상 하나와 남자의 얼굴 두 개가 그려신 종이 위에 옛날 필
체로 이렇게 적혀 있다.[164] "정말 흡사한 |오귀스트| 블랑키의 초
상, 1850년에, 아니면 1849년에 보들레르가 기억에 의존해서 그린
것이다." 펠리 고티에,『샤를 보들레르』, 브뤼셀, 1904년, LII페이
지에 복제한 그림이 실려 있다.   [J 37, 1]

"그는 놀라움을 끄집어내기 위해 자기 뇌를 **휘젓곤 했다**." 르콩
트 드 릴의 이 말은 쥘 클라르티의 제목이 없는 한 논문에 나오는 것
으로『묘』에 실린 이 글은 클라르티의 추도 기사를 거의 그대로 재
수록하고 있다.『샤를 보들레르의 묘』, 파리, 1896년, 91페이지. 시
의 종결 효과!   [J 37, 2]

> "오, 시인이여, 그대는 단테의 작품을 뒤집고
> 사탄을 찬양하며 신에게로 내려간다."

베르하렌의 시,「샤를 보들레르에게」의 마지막 연.『샤를 보들레
르의 묘』, 파리, 1896년, 84페이지.   [J 37, 3]

『샤를 보들레르의 묘』, 파리, 1896년에는 알렉상드르 우루소프의
논문「'악의 꽃'의 비밀 구조」가 실려 있다. 이는 |『악의 꽃』의| 다
양한 시군을 분명하게 구분하려는 시도로서, 이후에도 종종 이러
한 시도가 이루어진다. 이것은 근본적으로 잔느 뒤발에게서 착상
을 얻은 시를 선별하는 것에 기반하고 있다. 이러한 시도는 도르빌

리가 1857년 7월 24일 『조국』지에 발표한[165] 논문의 입장을 그대로 따르고 있는데, 이 논문에서 처음으로 『악의 꽃』에 '비밀스런 구조'가 있다고 주장되었다.   [J 37, 4]

"보들레르에게서는 무의식의 반향이 매우 크게 느껴진다. ― 그의 경우 문학 창작이 육체적 노력과 매우 근접하며, 정열의 연속적 흐름이 매우 강하고, 매우 길며, 고통을 수반하고 있다. ― 거기서 그의 심리적인 존재 전체는 육체적인 존재와 더불어 살아가고 있다." Ch. 보들레르, 『 '벌거벗은 내 마음' 과 '화전' 』, 귀스타브 한의 「서문」, 파리, 1909년, 5페이지.   [J 37, 5]

"만약 포가 보들레르에게 진정으로 영향을 주었다면 보들레르의 이야기 전개 구조의 …… 상상력들 속에서 그러한 흔적을 찾아볼 수 있어야 한다. 그러나 이 미국 단편소설가의 작품을 깊이 이해하면 할수록 그는 그러한 공상에서 멀어진다. …… 소설의 초안, 제목 …… 모두 …… 다양한 심리적 위기와 관련이 있다. 어떤 소설도 모험을 상정하고 있지 않다." Ch. 보들레르, 『 '벌거벗은 내 마음' 과 '화전' 』, 귀스타브 한의 「서문」, 파리, 1909년, 12/13페이지.   [J 37, 6]

한은 보들레르가 "자연이 제공하는 서정적 소재를 받아들이기를 거부하고 있다"는 것을 간과하고 있다. Ch. B., 『 '벌거벗은 내 마음' 과 '화전' 』, 귀스타브 한의 「서문」, 파리, 1909년, 15페이지.
                                                          [J 37, 7]

모클레르는 로댕이 폴 갈리마르를 위해 삽화를 넣은 『악의 꽃』에 대해 이렇게 쓰고 있다. "로댕이 시집을 만지작거리며 백 번도 넘게 손에 쥐었다가 내려놓기를 반복하고, 걸으면서 읽고 피곤에 지친 밤에도 갑자기 등불 앞에 책을 펴서는 어느 시 구절에 사로잡혀 펜을 쥔 것이 느껴진다. 그가 어디에서 눈을 멈추었는지, 책을 소중하게 다뤄야 한다는 걸 알면서도 어느 페이지를 만지작거리며 주름투성이로 만들었는지(!) 추측할 수 있다. 그에게 맡긴 것은 더럽혀지지나 않을까 걱정해야 할 미장본은 아니었다. 그러나 이 정도면 '나만의' 포켓판 보들레르라고 자신을 타일렀다." 샤를 보들레르, 『로댕의 삽화가 들어간 '악의 꽃'의 27편의 시』, 파리, 1918년, 7페이지(카미유 모클레르의 「서문」).   [J 37a, 1]

「사람마다 키마이라를」[166]의 마지막에서 2번째 연의 후반은 완전히 블랑키를 연상시킨다. "그리고 행렬은 내 옆을 지나 지평선의 대기 속으로 사라져갔다. 호기심 많은 인간의 눈이 미치지 못하는 이 유성의 둥근 표면 저쪽 너머로." Ch. B., 『작품집』, 1권, 412페이지.
                                                        [J 37a, 2]

화가 쥘 노엘에 대해. "그는 분명 하루하루의 진보를 자신에게 부과하는 부류에 속한다." 「1846년 살롱」, 『작품집』, 2권, 126페이지.
                                                        [J 37a, 3]

생트뵈브는 1857년 [??]월[167] 20일 보들레르에게 보낸 편지에서 『악의 꽃』에 대해 몇 마디 하는 가운데 이 책의 스타일에 대한 아래와 같은 표현을 생각해낸다. '기묘한 재능과 **겉멋을 부리는** 표현

의 포기.' 이 문장 바로 다음에 '세부적인 것을 **공들여 가다듬고,
무시무시한 것을 주제 삼아 페트라르카를 모방하고**' 라는 표현이
이어진다. 에티엔 샤라바이, 『아카데미 프랑세즈 입후보자로서의
A. 드 비니와 샤를 보들레르』, 파리, 1879년, 134페이지에서 인용.
[J 37a, 4]

"여러 면에서 귀하는 본인의 언동에 그다지 무게를 두지 않는 것처
럼 보입니다." 1862년 1월 27일 보들레르의 아카데미 입후보에 대
해 비니가 보들레르에게 쓴 편지. 에티엔느 샤라바이, 『아카데미
프랑세즈 입후보자로서의 A. 드 비니와 샤를 보들레르』, 파리,
1879년, 100/101페이지에서 인용. [J 37a, 5]

쥘 무케는 본인이 간행한 샤<를> 보<들레르>, 『되찾은 시, 마노
엘』(파리, 1929년)에서 보들레르의 시와 <G>. 르 바바쇠르, E. 프라
롱, A. 아르곤이 편집한 『운문집』[168]에 발표된 시의 관계를 검토하고
있다. 몇 군데인가 부합되는 부분이 확인되었다. 2부에 수록되어 프
라롱의 이름으로 서명되었으나 사실은 보들레르가 쓴 작품은 별도
로 하더라도 몇 개의 부합, 특히 「어느 호기심 많은 사나이의 꿈」과
아르곤[169]의 「꿈」 사이에서 찾아볼 수 있는 부합 관계는 중요하다.
[J 37a, 6]

『악의 꽃』의 시 중 이미 1843년 여름에 다 쓰여져 있던 것 — 23편
으로 알려져 있다 — 에는 「알레고리」, 「나는 잊지 않았네」, 「……
마음씨 갸륵한 하녀 …… 」, 「어슴 새벽」이 포함되어 있다. [J 38, 1]

"보들레르는 시를 공표하는 것을 약간 주저했다. 그는 프라롱, 프리바 당글몽, 피에르 드 파이스[170]라는 가명을 연속적으로 사용해서 시를 발표한다. 1847년 1월 1일 …… 에 발표된「허풍선이」에는 샤를 뒤페라고 서명되어 있다." 샤<를> 보<들레르>, 『되찾은 시』, 쥘 무케 판, 파리, 1929년, 47페이지.   [J 38, 2]

무케는 프라롱의 작품집에 들어 있는 아래의 소네트를 보들레르 작품으로 보고 있다.

> "그는 이름도 없는 매춘부에게서, 진구렁에서 태어났다.
> 어렸을 때부터 더듬더듬 은어를 지껄이고,
> 10살 때 하수구를 천민들 패거리로 더럽혔다.
> 어른이 되어서는 누이동생도 팔아버리고, 일은 뭐든지 잘하는 만능 재주꾼이 되었다.
> 등은 피곤에 지쳐 플라잉 버트리스[171]처럼 굽고,
> 온갖 악행으로 이르는 길을 모두 돌아다니고
> 눈빛 속의 거만함은 음흉함과 섞여
> 필요하다면 폭도들의 앞잡이 노릇도 한다.
>
> 밀랍을 먹인 실로 구두 밑창을 고쳐 붙이고
> 시트도 없는 그의 초라한 침대에서 지저분한 여자가
> 이 파렴치한 파리스|트로이의 왕자|에게 오쟁이 진 남편을 비웃는다.
>
> 가게 뒷방의 서민 웅변가인 그는
> 모퉁이의 야채 장수와 정치를 논한다.

여기 파리 토박이라는 놈이 있다."

샤를 보들레르, 『되찾은 시』, 쥘 무케 판, 파리, 1929년, 103/04페
이지.   [J 38, 3]

프루인트는 다음과 같은 것을 입증하려고 한다. "시의 음악성은
특수한 …… 기교적 특질로서 나타나는 것이 아니라 시인의 진정
한 에토스에 다름 아니다. …… 음악성이란 예술을 위한 예술이 시
에서 취하는 형태인 것이다." 카에탄 프루인트, 『보들레르의 시』,
뮌헨, 1927년, 46페이지.   [J 38, 4]

1851년 4월 9일자 『의회 통신』에 『림보』라는 제목으로 시들이 발
표된 것에 관해. "『1848년의 출판계』라는 소책자에는 다음과 같이
쓰여 있다. '오늘 『술집의 메아리』지에 『림보』라는 시집의 간행이
예고되어 있는 것을 볼 수 있다. 아마 의문의 여지 없이 사회주의
적인 시, 따라서 질 나쁜 시일 것이다. 너무 무지하기 때문인지 아
니면 너무 무지하지 않기 때문인지 아무튼 또 한 사람이 프루동의
제자가 되었다.'" 조르주 드코, 『샤를 보들레르』('현대의 서지론'
시리즈, 1권), 파리, 1868년, 12페이지.   [J 38, 5]

현대성 — 반고전(주의)적이며 고전(주의)적. 고전주의 시대와는
반대라는 의미에서 반고전(주의)적. 시대의 표현에 자기 흔적을 남
기는 시대의 영웅적인 위업이라는 의미에서 고전(주의)적. [J 38a, 1]

보들레르가 벨기에에서 푸대접받은 것과 그가 밀정이라는 평판
그리고 『피가로』에 게재된 빅토르 위고의 연회에 대한 공개 서한[172]

724

사이에는 분명 어떤 관계가 있다.   [J 38a, 2]

'심미 섭렵' [173)이라는 제목의 엄밀함과 우아함을 지적할 것.
                                                                [J 38a, 3]

푸리에의 가르침. "자연 속에는 신성함의 정도가 다른 몇몇 식물
들이 존재하며, …… 성스러움의 정도가 다른 몇몇 동물이 있다고
하지만 …… 또 섭리에 따라 몇몇 민족은 특정한 목적을 위해 준비
되었다고 결론내리는 것이 타당하다고는 하나 내가 여기에서 주장
하고 싶은 것은 규정 불가능한 분의 눈으로 보자면 모든 국민은 **동
등하게** 유용하다는 것입니다." Ch. B., 『작품집』, 2권, 143페이지
(「1855년 만국박람회」).   [J 38a, 4]

"하인리히 하이네가 말하는 '속 좁은 현대의 미학 교수들' 중의
하나." — "펜으로 인한 경련으로 마비된 손가락은 이미 **만물조응**
의 광대한 건반 위를 민첩하게 달릴 수 없다. …… 학문이여!" Ch.
B., 『작품집』, 2권, 145페이지(「1855년 만국박람회」).   [J 38a, 5]

"예술의 다양한 산물 중에는 항상 유파의 규칙이나 분석을 영원히
초월하는 뭔가 새로운 것이 있다!" Ch. B., 『작품집』, 2권, 146페
이지(「1855년 만국박람회」). 유행과의 유사성.   [J 38a, 6]

보들레르는 예술사의 진보라는 관념에 단자론적인 견해를 대치
시킨다. "상상력의 차원으로 옮겨놓고 생각해보면 진보 관념은 ……
이루 다 말할 수 없을 정도로 어리석어 보인다. …… 시나 예술 영역

에서는 계시자가 선구자를 갖고 있는 경우가 드물다. 어떠한 개화도 자발적이며, 개인적이다. 시뇨렐리는 정말 미켈란젤로의 친부였을까? 페루지노는 라파엘로를 함축하고 있었을까? 예술가는 오직 자기 자신에게만 의지한다. 다가올 시대에 자기 자신의 작품 말고는 달리 약속할 것이 하나도 없다." Ch. B., 『작품집』, 2권, 149페이지 (「1855년 만국박람회」).   [J 38a, 7]

진보 관념 일반에 대한 비판. "증기와 화학 성냥의 철학자의 제자들은 진보라는 것을 이렇게 이해하고 있다. 즉 그들의 눈에 진보는 무한한 연속의 형태로 보일 뿐이다. 그러나 무엇이 그것을 보증하는가?" Ch. B., 『작품집』, 2권, 149페이지(「1855년 만국박람회」).

[J 38a, 8]

"어느 날 발자크는 …… 고적하고 흰 서리로 뒤덮인 허술하고 가난한 농가들이 점점이 흩어져 있는 겨울 풍경을 그린 그림 앞에서 ― 그리고 가느다란 연기가 피어오르는 작은 집을 바라본 후 이렇게 외쳤다고 한다. '이 얼마나 아름다운가! 그런데 이 작은 오두막에서 이들은 무엇을 하고 있는 걸까? 무엇을 생각하며, 무엇을 걱정하는 것일까? 작황은 좋은 걸까? **혹시 빚 갚을 기일이 다가온 것은 아닐까?**' 드 발자크 씨를 비웃고 싶다면 비웃어라. 이 위대한 소설가의 마음을 이처럼 걱정과 괜한 지레짐작으로 떨게 한 화가가 누구인지는 모르지만 그는 이런 식으로 우리에게 …… 비평에 대해 훌륭한 교훈을 주었다고 생각한다. 나도 앞으로는 종종 나의 머릿속에서 뭔가를 암시하는 관념이나 몽상의 총량만으로 그림을 평가할 생각이다." Ch. B., 『작품집』, 2권, 147페이지(「1855년 만국박람회」).   [J 39, 1]

「1845년 살롱」의 결말. "**화가**, 우리가 찾는 진정한 화가란 현재의
삶에서 서사적인 측면을 잡아채 붓이나 연필로 넥타이를 매고 에
나멜 구두를 신은 우리 시대가 얼마나 위대하며 시적인지를 보여
주고 이해시키는 사람들이라고 할 수 있다. ― 다음 해에는 진정한
탐구자들이 **새로운 것**의 등장을 축복할 수 있는 특이한 즐거움을
우리에게 안겨다주기를 기원해본다!" Ch. B., 『작품집』, 2권, 54/
55페이지.   [J 39, 2]

"현대적 영웅의 외피인 의복은 …… 우리 시대, 고뇌하는 현대, 연
약한 검은 어깨에까지 영원한 슬픔의 상징을 걸쳐야 하는 현대의
필연적인 의복이 아닐까? 검은 의복이나 프록코트에는 보편적 평
등의 표현이라는 그 나름의 정치적인 아름다움뿐만 아니라 공공
정신의 표현이라는 그 나름대로의 시적인 아름다움도 갖고 있다는
것에 주목할 것. ― 대곡代哭꾼들, 정치적 대곡꾼들, 사랑의 대곡꾼
들, 부르주아적 대곡꾼들 등 무한히 이어진 대곡꾼들의 행렬. 우리
는 모두 무언가의 매장을 축하하고 있는 것이다/상복은 평등의 증
거이다. …… 이들 주름, 고통스러운 육체의 주위를 뱀처럼 휘감
고 있는 이들 주름에도 그 나름대로의 묘한 아름다움이 있는 것은
아닐까?/ …… 『일리아스』의 영웅들도 겨우 당신들의 발치밖에
미치지 못하기 때문이다. 오, 보트랭, 오, 라스티냐크, 오, 비로토
여, ― 그리고 당신, 오, 폰타나레스여,[173] 오늘날 우리 모두가 입고
있는 음침하고 헝클어진 프록코트를 입고 당신의 고통을 대중에게
굳이 말하지 않았던 이들이여! ― 그리고 당신, 오, 오노레 드 발자

크여, 당신이 당신 가슴에서 꺼낸 모든 인물들 중 가장 영웅적이고, 가장 특이하며, 가장 로맨틱하고, 가장 시적인 당신이여!" Ch. B., 『작품집』, 2권, 134페이지와 136페이지. 「1846년 살롱」(「현대적 삶의 영웅성에 대해」). 마지막 문장은 이 장의 결론이다.[175]

[J 39, 3]

"왜냐하면 라파엘로나 베로네세보다 뒤에 온 사람들의 자질을 폄하하려는 속이 훤히 들여다보이는 의도로 이 두 사람을 하늘 끝까지 칭찬하는 것을 들으면 …… 나는 **적어도** 그들의 자질과 동등한 자질(심지어 잠시 동안은 순전히 논의의 편의를 위해 그들의 자질이 열등하다는 것을 받아들일 용의도 있다)은 그것에 적대적인 분위기와 토양에서 발휘되어 승리를 거머쥔 만큼 그것보다 무한히 더 **훌륭한** 것은 아닌가 하고 자문해본다." Ch. B., 『작품집』, 2권, 239페이지 (「1859년 살롱」). 루카치는 말쑥한 테이블 하나 만드는 데도 미켈란젤로가 피에트로 대성당의 큐폴라를 설계하기 위해 필요했던 재능이 필요하다고 말하고 있다.

[J 39a, 1]

진보에 대한 보들레르의 태도가 항상 같지는 않았다. 「1846년 살롱」에서의 발언은 이후의 발언들과는 확연하게 구별된다. 특히 다음 부분이 그러하다. "행복을 추구하는 상투적인 수단과 동일한 수만큼의 미가 존재한다. 진보의 철학이 이를 명확하게 설명해준다. …… 낭만주의는 완벽한 실행에 있는 것이 아니라 시대의 도덕과 유사한 착상에 있다"(66페이지). 같은 논문에서 이런 발언도 볼 수 있다. "들라크루아는 예술에 있어 진보의 최종적인 표현이다"(85페이지). Ch. B., 『작품집』, 2권.

[J 39a, 2]

예술가의 창작에서 이론이 가진 의미를 보들레르가 처음부터 명확하게 이해한 것은 아니다. 「1845년 살롱」에서 화가 오수이예에 대해 이렇게 쓰고 있다. "그는 자기 예술에 대해 너무 상세하게 알고 있는 사람들 중의 하나가 아닐까? 그것은 정말 위험한 재앙이다." 샤를 보들레르, 『작품집』, 2권, 23페이지.   [J 39a, 3]

진보 사상에 대한 비판은 예를 들어 보들레르가 이를 소개하는 맥락과 관련해서는 필연적인 것이지만 이것과 진보 관념에 대한 보들레르 본인의 비판은 매우 주의 깊게 구별되어야 한다. **보들레르의 19세기 비판과 그의 삶이 잘 보여주는 19세기 비판**의 경우 특히 이것은 더 무조건적으로 해당된다. 페터 클라센이 그린 왜곡되고 극단적인 무지를 드러낸 보들레르 초상의 특징은 이 시인이 지옥의 늪의 색깔로 칠해진 세기를 배경으로 등장하는 데 있다. 클라센이 보기에 이 세기에서 칭찬할 만한 것은 교회의 관습밖에 없다. 즉 "신의 은총이 내린 왕국의 부흥을 나타내기 위해 성체가 번쩍번쩍 빛나는 무기들에 둘러싸여 파리 시내로 옮겨졌을 때"밖에는 떠오르지 않는다. "이것이 보들레르의 전 생애 중에서 본질적인 체험이었기 때문에 결정적인 체험이었을지도 모른다." 게오르게 서클의 영락한 범주를 이용해 이 시인을 이런 식으로 묘사하기 시작하는 것이다. 페터 클라센, 『보<들레르>』, 바이마르, <1931년>, 9페이지.
[J 39a, 4]

보들레르의 골족 기질. "유대 인종을 근절하기 위해 조직할 희한한 음모/유대인, **사서**이자 **속죄**의 증인." 샤를 보들레르, 『작품집』, 2권, 666페이지(「벌거벗은 내 마음」).[176] 셀린이 이 방침을 계승했다(익

살맞은 살인자들!). [J 40, 1]

"군대식 은유에 덧붙일 것. 전투 시인. 전위 문학. 군대식 은유를
이용하는 이러한 버릇은 전투적인 기질을 나타내는 것이 아니라
규율 지향, 다시 말하자면 부화뇌동, 타고난 노예 정신, 패를 지어
서밖에는 생각하지 못하는 벨기에적 기질을 나타낼 뿐이다." Ch.
보들레르,『작품집』, 2권, 654페이지(「벌거벗은 내 마음」).[177]
[J 40, 2]

"만약에 어떤 시인이 몇 사람의 부르주아를 자기 마구간에서 기를
수 있는 권리를 나라에 요구한다면 사람들은 깜짝 놀랄 것이다. 반
면 어떤 부르주아가 로스트로 요리된 시인을 요구한다 해도 사람
들은 극히 자연스럽게 받아들일 것이다." Ch. 보들레르,『작품
집』, 2권, 635페이지(「화전」).[178] [J 40, 3]

"이 책은 내 여인들과 딸들과 누이들을 위해 쓴 것이 아니다. ─
그러한 내용은 거의 없다." Ch. 보들레르,『작품집』, 2권, 625페이
지(「화전」).[179] [J 40, 4]

시대에 대한 보들레르의 위화감. "어느 살롱, 어느 술집, 어느 사
교계 모임에서 응석받이 아이들이 재기발랄한 말을 하는 것을 한 번
이라도 들어본 적이 있는지 말해다오"[217페이지에 나오는 "예술가는
오늘날 …… 단지 응석받이 아이들에 지나지 않는다"는 문장과 비교해볼
것]. "심오한 …… 생각을 하게 만들거나 몽상하게 만드는 말 …… 을
말이다! 만약 그렇게 말하는 것을 들었더라도 그것은 정치가나 철학

자가 아니라 분명 사냥꾼이나 뱃사공, 박제사 같은 기이한 직업을 가진 자일 것이다! 예술가 …… 는 절대 아니다." Ch. B.,『작품집』, 2권, 217페이지(「1859년 살롱」). 이것은 일종의 '놀라운 여행자'[180]의 환기이다.   [J 40, 5]

보들레르의 골족 기질. "가장 널리 받아들여지고 있는 의미에서의 프랑스인은 통속 희극에 죽고 못 사는 사람들을 의미한다. …… 상류 계급이든 하층 계급이든 모두 심오한 것이라고 하면 프랑스인은 점잔을 빼며 냅다 도망친다. 숭고한 것은 항상 그에게 폭동과 같은 효과를 초래하며, 그는 몰리에르조차 떨지 않고서는 펴보지 않는데, 그나마 그것도 남들이 몰리에르는 유쾌한 작가라고 설득했기 때문에 한번 펴본 것이다." Ch. B.,『작품집』, 2권, 111페이지(「1846년 살롱 — 오라스 베르네 씨에 대해」).   [J 40, 6]

보들레르는 「1846년 살롱」에서 '매력적인 일의 숙명적 법칙'을 숙지하고 있다. Ch. B.,『작품집』, 2권, 114페이지.   [J 40, 7]

'림보'라는 제목에 대해 「1846년 살롱」에 들어 있는 들라크루아의 「알제의 여자들」에 관한 다음 구절을 참조. "이 작은 실내시[181] …… 는 왠지 매춘부들의 역겨운 분 냄새를 강하게 풍기며, 그러한 냄새에 이끌려 우리는 **끝을 알 수 없는**[182] 슬픔의 림보로 향한다." Ch. B.,『작품집』, 2권, 85페이지.   [J 40, 8]

1845년 살롱에 출품된 드캉의 삼손 묘사[183]에 대해. "헤라클레스와 뮌히하우젠 남작[184]의 이 고대의 사촌." Ch, B.,『작품집』, 2권, 24

페이지.   [J 40a, 1]

"이처럼 프랑스는 보들레르가 보여준 바와 같이 본성에서 벗어나
국민과 국가의 우둔화와 '야만화'의 도구가 되었다." 페터 클라
센, 『보들레르』, 바이마르, <1931년>, 33페이지.   [J 40a, 2]

『세기들의 전설』, 3부, 38항('심연의 눈빛을 가진 남자가 지나갔다')
의 마지막 줄. "오, 심연의 것만 다루는 학자여!" 빅<토르> 위<고>,
『전집 ― 시 9』, 파리, 1883년, 229페이지.   [J 40a, 3]

"사색에 잠긴 사람의 옆얼굴에서 보이는 바위." 빅<토르> 위<고>,
『전<집> ― 시 9』, 파리, 1883년, 191페이지(『전원시군』, 12번, 「단
테」).   [J 40a, 4]

> "정상에 웅크리고 앉아 있는 음울한 스핑크스인 자연은
> 나락의 눈빛으로 몽상에 잠기며 돌로 바꾼다.
> 미증유의 재능을 지닌 마기|조로아스터교의 제사장|를,
> 사색에 잠긴 새하얀 조로아스터교도 무리를,
> 항성을 지키는 자들이나 천체를 탐구하는 자들을,
> 공포에 떠는 자들과 경탄하는 사람들을.
> ……
> ……
> 스핑크스 주위를 어둠이 요란스럽게 두르고 있다. ―
> 어제의 정신인 뉴턴과 고대의 메르쿠리우스가
> 교대로 응시한

그처럼 거대한 발을 들어올릴 수만 있다면

소름끼치는 발바닥 아래, 잘 보이지 않는 발톱 아래에서

사랑이라는 단어를 찾을 수 있으련만."

인간은 자기에게 속고 있다! 그는 자신에게는 모든 것이 어둡다고 생각하는 것이다. 『세기들의 전설』, 3부(「어둠」), 빅<토르> 위<고>, 『전<집> — 시 9』, 파리, 1883년, 164/5페이지, 시의 말미.

[J 40a, 5]

「밤이여! 밤이여! 밤이여!」의 결말.

"오, 묘지들이여! 내게는 어둠 속에서 소름끼치는 오르간 소리가 들린다.

그것은 어두운 자연의 온갖 절규와

온갖 암초의 웅성거림으로 이루어져 있다.

죽음은 가지들 사이에서 떨리는 건반의 것,

그리고 어떤 때는 흑색 또 어떤 때는 백색인 건반은

너의 묘비와 관."

빅<토르> 위<고>, 『전<집> — 시 9』, 161페이지, 『세기들의 전설』, 3부(「어둠」), 파리, 1883년. [J 40a, 6]

『세기들의 전설』, 3부 중 「폭포(: 강과 시인들)」나 「무관심」 — 전자는 라인 폭포에, 후자는 몽블랑에 바친 시이다 — 과 같은 시에서는 19세기의 자연관을 선명하게 이해할 수 있다. 이들 시에서는 알레고리적인 시선과 장식 도안적 시선이 독특한 방식으로 뒤섞여 있다. [J 40a, 7]

테오도르 드 방빌의 『나의 회상록』, 파리, 1882년(7장, 「샤를 보들레르」)에서. 두 사람의 최초의 만남. "날이 저물어 맑고 감미롭고 매혹적인 밤으로 가고 있었다. 우리는 뤽상부르 공원을 나와 바깥쪽 불르바르를 따라 걷고 있었다. 그런 다음 『악의 꽃』의 시인이 항상 호기심을 갖고 그곳의 움직임이나 신비로운 소란을 소중하게 간직해온 거리들로 들어섰다. 프리바 당글몽은 우리로부터 조금 떨어져서 묵묵히 걷고 있었다"(77페이지). [J 41, 1]

테오도르 드 방빌, 『나의 회상록』, 파리 1882년에서. "아프리카의 어느 나라였는지는 더이상 기억할 수 없지만 부모님이 보낸 그곳의 집에서 머물던 그는 곧 집 주인들의 케케묵은 정신에 싫증을 느끼게 된다. 그래서 혼자 살기 위해 산으로 올라간 그는 매우 젊고 키가 큰 유색인종 여자와 둘이서 생활하게 되었다. 프랑스어는 한마디도 할 줄 몰랐으나 그녀는 반짝반짝 닦은 큰 동 냄비에 특이한 냄새가 나는 라구 요리를 만들어주었다. 그리고 이 큰 냄비 주위로 벌거벗은 흑인 아이들이 시끌벅적 장난치며 춤을 추었다. 오! 그러한 스튜 이야기를 그는 얼마나 능숙하게 했던가, 그리고 얼마나 그것을 먹어보고 싶었던가!"(79페이지). [J 41, 2]

"그를 방문하러 처음 갔을 때 피모당 호텔에 있는 그의 방에는 사전이나 독립된 서재도 또 **필기도구를 갖춘 책상도** 없었으며, 게다가 찬장도 식당도 없어, 부르주아 아파트의 가구라고 여길 만한 것은 아무것도 없었다." 테오도르 드 방빌, 『나의 회상록』, 파리, 1882년, 81/82페이지. [J 41, 3]

734

조제프 드 메스트르는 "형이상학의 자부심과 오만을 역사적으로 반박한다". J. 바르베 도르빌리, 『조제프 드 메스트르, 블랑 드 생-보네, 라코르데르, 그라트리, 카로』, 파리, 1910년, 9페이지.

[J 41, 4]

"보들레르처럼 …… 악마를 알아보며, 비틀거리다가도 원래의 길로 되돌아와 다시금 신을 숭배하는 사람들도 있다. 그럼에도 불구하고 이들 선구자들에게 예를 들어 지금 우리가 살아가기 시작하고 있는 것 같은 신비로운 여명기에 요구되는 대로 인간의 능력을 완전히 포기하기를 요구하는 것은 부당할 것이다." 스타니슬라스 퓌메, 『우리의 보들레르』('황금 갈대 총서', 8권), 파리, 1926년, III 페이지.

[J 41, 5]

"이처럼 이 시집의 대성공은 이 1,500부에 초판 1,000부와 증쇄를 합하면 전부 2,790부 — 총 발매 부수 — 에 달한다. 빅토르 위고를 제외하면 오늘날의 시인 중 과연 누가 이와 비슷한 판매량을 자랑하겠는가?" A. 드 라 피블리에르/조르주 드코, 『샤를 보들레르』, '현대의 서지론' 시리즈 중 1권, 파리, 1868년. 『악의 꽃』, 2판에 관한 주

[J 41, 6]

포. 「시라노 드 베르즈라크는 점성술사인 아라고의 제자가 된다」 — 『공쿠르 형제의 일기』, 1856년 7월 16일에 들어 있는 말. "만약 에드가 포가 월터 스코트와 메리메에게서 왕좌를 빼앗고, 리얼리즘과 보헤미안주의가 완전히 승리를 거두고, 또한 나로서는 아무 할 말이 없는 일부 시들이 — 공정을 기하기 위해 이에 대해서는 침

묵해야 하리 — …… 정직한 사람들에 의해 진지하게 받아들여진
다면 그러한 사태는 이제 퇴폐의 차원을 넘어 난장판으로 치달을
것이다." 퐁마르탱, 『르 스펙타퇴르』, 1857년 9월 19일. 레옹 르모
니에, 『에드가 포와 1845년에서 1875년까지의 프랑스 비평』, 파
리, 1928년, 187페이지<와> 214페이지에서 인용.   [J 41a, 1]

알레고리에 관해. "헛된 무기처럼 내던진 맥 풀린 두 팔." [185]

[J 41a, 2]

스윈번도 예술은 도덕과 아무런 관계가 없다는 명제를 주장하고
있다.   [J 41a, 3]

"『악의 꽃』은 하나의 대성당이다." 에르네스트 레이노, 『Ch. 보들
레르』, 파리, 1922년, 305페이지(곤자그 드 레이놀드, 『샤를 보들레
르』에서 인용).   [J 41a, 4]

"보들레르는 아무리 사소한 말이라도 그것을 가다듬기 위해 절치
부심했다. …… 그에게서 예술이란 '일종의 결투로, 예술가는 지
기 전에 질겁하여 비명을 지른다.' [186]" 에르네스트 레이노, 『Ch. 보
들레르』, 파리, 1922년, 317/318페이지.   [J 41a, 5]

레이노는 보들레르와 고티에는 양립할 수 없다는 것을 인식하고
있다. 그는 이 문제에 대해 긴 장(310~345페이지)을 하나 할애하고
있다.   [J 41a, 6]

736

"보들레르는 사기꾼 같은 편집 주간들의 …… 요구에 따랐다. 그러한 무리는 사교계 인사나 아마추어, 신출내기 작가들의 허영심을 이용해 정기 구독을 신청하지 않으면 원고를 출판해주지 않았다." 에르네스트 레이노, 『Ch. 보들레르』, 파리, 1922년, 319페이지. — 보들레르의 행동은 이러한 사정에 대응하기 위한 것이라고 할 수 있었다. 그는 같은 원고를 몇몇 다른 잡지에 보낸 다음 그러한 사실을 알리지 않은 채 출판하도록 허락했다. [J 41a, 7]

1859년 보들레르의 고티에 론. "고티에가 …… 몰랐을 리 없다. 이 점은 고티에가 『악의 꽃』(3판)의 「서문」을 쓸 때 교묘하게 보들레르에게 그의 에세이에 대해 복수한 사실을 보아도 분명하게 확인할 수 있다." 에르네스트 레이노, 『Ch. 보들레르』, 파리, 1922년, 323페이지. [J 41a, 8]

"다른 측면에서 이 시대가 어떤 마법에 걸렸는지를 가장 논박하기 힘든 형태로 증거해주는 것은 발자크 이야기이다. …… 그는 …… 문체 하나를 자유자재로 구사하기 위해 평생 부심했으나 결코 성공할 수 없었다. …… [주] 아래의 사실을 보면 이 시대가 얼마나 지리멸렬했는가를 금방 알 수 있다. 즉 도처에 자유의 나무를 심은 것과 똑같은 열의로 라 로케트나 마자스 같은 감옥을 건설했던 것이다. 보나파르트파의 선전 활동은 가혹하게 억누르면서도 나폴레옹의 유해는 조국으로 송환된다. …… 파리의 중심부를 치워 거리들의 통풍을 원활하게 하면서도 요새들을 만들어 파리를 질식시킨다." 에르네스트 레이노, 『Ch. 보들레르』, 파리, 1922년, 287/88페이지. [J 41a, 9]

방빌은 고대 올림포스의 신들은 숲의 신이나 요정과 결혼한다는 것을 지적한 다음 이렇게 말하고 있다. "그의 경우 낭만주의의 대로 위에서 시시각각 엄청나게 불어나고 있는 모방자들 대열에 가담할 생각이 전혀 없었기 때문에 샤를 보들레르는 독창성에 이를 수 있는 길을 좌우로 살폈다. …… 어디에 운명을 걸까? 여간 난처한 것이 아니었다. 그러다가 그는 그리스도, 여호와, 마리아, 막달라 마리아, 천사들과 '천사들의 군단'이 그러한 시에서 넘쳐나지만 사탄은 결코 나타나지 않는다는 것을 깨달았다. …… 앞뒤가 맞지 않았다. 그는 이것을 교정하기로 결심했다. …… 빅토르 위고는 '악마 이야기la diablerie'를 어떤 오래된 전설의 환상적인 배경으로 삼은 바 있었다. 이와 달리 보들레르는 현대인, 즉 19세기의 인간을 **실제로** 지옥의 감옥에 가두어버렸다." 알시드 뒤솔리에, 『우리 문인들』, 파리, 1864년, 105/06페이지(「샤를 보들<레르> 씨」).

[J 42, 1]

"그는 분명 마녀 재판의 뛰어난 보고자가 되었을 것이다." 알시드 뒤솔리에, 『우리 문인들』, 파리, 1864년, 109페이지(「Ch. B. 씨」). 보들레르가 이 글을 읽었다면 분명 기뻐했을 것이다.   [J 42, 2]

뒤솔리에의 경우 세목에 대한 통찰력은 뛰어나지만 전체에 대한 조망은 완전히 결여되어 있다. "외설적인 신비주의, 혹은 이렇게 표현하는 것이 더 낫다면 신비적인 외설, 이미 서술한 바 있으므로 반복하는 셈이 되겠으나 바로 여기에 『악의 꽃』의 이중성이 있다." 알시드 뒤솔리에, 『우리 문인들』, 파리, 1864년, 112페이지.   [J 42, 3]

"말해야 할 것은 모두 말해야 한다. 설령 찬사라 할지라도 말이다. 따라서 나는 보들레르 씨의 시의 화랑에는 커다란 활력으로 넘쳐나며 세밀한 부분까지 극히 정확한 몇 점의 **파리 풍경**(나는 유화보다는 오히려 **동판화**라는 표현이 정확하며, 그것들의 특징을 더 나타내고 있다고 생각하지만)이 있다는 것을 인정한다." 알시드 뒤솔리에, 『우리 문인들』, 파리, 1864년, 112/113페이지(「메리옹」). [J 42, 4]

뒤솔리에의 저서에는 「지옥에 떨어진 여자들」과 관련해 『수녀』에 대한 언급이 들어 있다. ― 하지만 디드로는 언급되지 않는다.
[J 42, 5]

뒤솔리에의 또다른 평가(114페이지). <">그러나 '여기 시인이 있다' 라고 말할 수 있을까? 만약 연설가가 웅변가라면 그렇다고 할 수 있을 것이다." 보들레르에게서 운문과 산문이 어떤 관계를 맺고 있는지에 관한 전설들은 뒤솔리에에게까지 거슬러 올라간다. 충격!
[J 42, 6]

맺는 말. "보들레르 씨가 선천적으로 어떤 인물인지, 또한 우리들로 하여금 자신이 어떠한 인물로서 인식되어야 한다고 설득하고 있는지를 한마디로 말해야 한다면 나는 기꺼이 그를 히스테리컬한 부알로라고 부를 것이다. 1863년 5월 6일." 알시드 뒤솔리에, 『우리 문인들』, 파리, 1864년, 119페이지.
[J 42, 7]

폴 플랑바르가 레이노를 위해 본 보들레르의 별점. "보들레르의 심리의 수수께끼는 거의 전적으로 통상적으로는 좀체 연결될 수 없

는 이 두 가지 사항이, 위대한 창조의 영감과 도저한 비관론이 하나
로 결합되어 있는 데서 찾을 수 있다." 에르네스트 레이노, 『Ch. 보
들레르』, 파리, 1922년, 54페이지. 보들레르의 심리적 이율배반이 극
히 진부한 형태로 표현되어 있다.   [J 42, 8]

"그렇다고 해서 이것이 에르네스트 레이노 씨가 시사한 대로 드 레
놀 씨가 그렇게 한 것처럼 보들레르를 단테에 비교해야 한다는 이
야기일까? 시적 천재성을 문제 삼는 경우라면 그렇게까지 칭송
…… 할 수 없을 것이다. 철학적인 경향을 문제 삼는 경우라면 라
므네가 적절하게 지적한 것처럼 단테는 …… 그의 작품 속에 시대
에 훨씬 앞서 벌써 현대적인 견해를 도입한 반면 보들레르는 ……
중세의 정신을 완벽하게 표현하고 있으며, 따라서 시대에 뒤처진
다는 것만 언급하겠다. 따라서 솔직히 말한다면 그는 단테를 계승
하기는커녕 단테와는 처음부터 끝까지 다른 길을 걸었다." 폴 수
데, 「곤자그 드 레이놀드의 '샤를 보들레르' 서평」(『르 탕』, 1921
년 4월 21일, '서평' 란).   [J 42a, 1]

"『악의 꽃』의 신판들에 관한 광고가 실리거나 출간되기 시작되고
있다. 지금까지 시장에 나돌아 다니는 판은 6프랑짜리와 3프랑 50
짜리 두 개밖에 없었다. 그런데 이제 20수짜리 판이 나온 것이다."
폴 수데, 「보들레르 사후 50년」(『르 탕』, 1917년 6월 4일자).[187]

                                                          [J 42a, 2]

수데에 따르면 ─ 『보들레르 서간집』에 대한 서평(『르 탕』, 1917년
8월 17일자) ─ 보들레르는 25년 동안 1만 5천 프랑을 벌어들였다

고 한다. [J 42a, 3]

"무료하고 향수에 젖은 듯한 저 튼튼한 배들."[188] [J 42a, 4]

폴 데자르댕의 주장. "보들레르에게는 재기가 없다. 요컨대 그에
게는 감각밖에 없으며 사상은 전혀 없다." 폴 데자르댕, 「샤를 보
들레르」(『르뷔 블뢰』, 파리, 1887년, 22페이지). [J 42a, 5]

"보들레르는 대상을 생생하게 재현하지 않는다. 그는 이미지를 장
식하거나 묘사하는 것보다 추억 속에 잠기게 하는 것에 더 몰두한
다." 폴 데자르댕, 「샤를 보들레르」(『르뷔 블뢰』, 파리, 1887년, 23페
이지). [J 42a, 6]

수데는 그리스도교에 대한 보들레르의 변덕을 파스칼을 참조해
서 제거하려고 한다. [J 42a, 7]

카프카는 말한다. 응석은 사람을 계속 젊게 해준다고. [J 42a, 8]

"그런데 이 감각은 뒤이어 경악에 의해 무한대로 반복된다. ……
보들레르는 갑자기 그에게 가장 익숙한 것에서 뒤로 물러나 그것
의 정체를 파악하고는 극심한 공포에 사로잡힌다. …… 그는 **자신
으로부터 뒤로 물러난다.** 그는 스스로를 조금 더럽지만 완전히 새
롭고 놀랄 만큼 흥미로운 것으로 느낀다.
　　　'아아! 주여! 나에게 주옵소서.
　　　이 마음과 몸을 혐오 없이 바라볼 수 있는 힘과 용기를!'"[189]

폴 데자르댕, 「샤<를> 보<들레르>」(『르뷔 블뢰』, 파리, 1887년, 18페이지).
[J 42a, 9]

보들레르의 운명론. "12월의 쿠데타 때 그는 분개했다. '이 무슨 치욕이란 말인가.' 처음에는 그도 이렇게 절규했다. 그런 다음 사건들을 '섭리적 관점에서' 보게 되면서부터는 수도사처럼 복종했다." 데자르댕, 「샤를 보들레르」(『르뷔 블뢰』, 파리, 1887년, 19페이지).
[J 42a, 10]

보들레르는 — 데자르댕에 따르면 — 사드 후작의 감성을 얀세니우스의 교리들과 결합시켰다.
[J 43, 1]

"참다운 문명은 …… 회전 테이블 속에 있는 것이 아니다."[190] — 위고를 빗대어 하는 말.
[J 43, 2]

"무엇을 말하련가, 오늘 저녁 ……"[191]이라는 표현이 "극히 힘든 사색에 대해서도 분명한 재질이 있으면서도 견고하고 온기가 있으며 풍부한 색채에 무엇보다 독창적이며 인간적인 시를 배제하지는 않는 시인"의 작품으로 인용되고 있다. 샤를 바르바라, 『퐁 루즈의 살인자』, 파리, 1859년, 79페이지(이 소네트는 82/83페이지에 인용되고 있다).
[J 43, 3]

바레스. "그|보들레르|에게서는 아무리 사소한 단어라도 그가 최고 수준에 도달하기 위해 얼마나 노력했는지 엿볼 수 있다." 지드, 「보<들레르>와 파게 씨」, NRF, 1910년 11월 1일자, 513페이지에

서 인용.   [J 43, 4]

" ' …… 그|보들레르|에게는 운동과 상상력이 결여되어 있다'는
브륀티에르의 한 구절이 …… 우리에게 도움이 될 수 있을 것이다.
…… 그에게 운동과 상상력이 결여되어 있다는 것을 인정하도록
하자. …… 그러면 결국 여기 『악의 꽃』이 있는 이상 시인을 만드
는 것이 본질적으로 상상력인지 아닌지 하는 질문이 제기될 것이
다. 아니면 파게 씨와 브륀티에르 씨는 분명 운문으로 장황하게 늘
어놓은 것만을 시라고 부르고 싶어하는 이상 보들레르를 시인과는
다른 어떤 사람, 시인 이상의 어떤 사람, 시에서의 최초의 예술가
로 부르는 게 더 나은지 하는 문제가 제기될 것이다." 앙드레 지드,
「B와 파게 씨」, *NRF*(2권), 1910년 11월 1일자, 513/4페이지. ─
지드는 이와 관련해 보들레르의 '모든 능력의 여왕인 상상력'[192]
이라는 표현을 인용한 다음(517페이지) 시인이 이러한 사태를 의식
하지 못했음을 인정하고 있다.[193]   [J 43, 5]

"일부 비평가들을 당혹스럽게 한 용어들의 외견상의 부적절함, 라
신이 이미 자유자재로 구사해 보인 바 있는 교묘한 불명확성, ……
이미지와 관념, 말과 사물 사이의 간격, 간극, 바로 이곳이 시적 감
동이 찾아와 머물 수 있는 장소이다." A. 지드, 「B와 파게 씨」,
NRF, 2권, 1910년 11월 1일자, 512페이지.   [J 43, 6]

"지속적인 명성은 오직 후속 세대들에게 끊임없이 새로운 양분을
제공해줄 수 있는 작가들에게만 주어질 수 있다. 왜냐하면 각 세대
는 각기 다른 굶주림을 갖고 등장하기 때문이다." A. 지드, 「B와

파게 씨」, *NRF*, 2권, 1910년 11월 1일자, 503페이지.   [J 43, 7]

파게는 보들레르에게 운동이 결여되어 있는 것을 유감스러워했다. 지드는 '나는 움직임을 미워한다'[194]와 테두리 형식의 시[195]를 예로 들어 이렇게 쓰고 있다. "그의 예술의 최대의 새로움은 바로 시를 **부동화**해서 시의 깊이를 더하는 것이 아니었던가!" 지드, 「B와 파게 씨」, *NRF*, 2권, 1910년 11월 1일자, 507/8페이지.   [J 43, 8]

프루스트는 <폴 모랑,> 『탕드르 스톡』, <파리, 1921년[196]>, 15페이지의 「서문」에서 '축 늘어진 그녀의 양팔 ……' 이라는 시구에 대해 이렇게 언급하고 있다. — 그것은 『브리타니쿠스』[197]에서 인용한 것 같다. — 이미지의 문장紋章적 성격!   [J 43a, 1]

『탕드르 스톡』, 「서문」 중에서 보들레르에 대한 생트뵈브의 태도에 대해 프루스트가 내리고 있는 매우 예리한 판단.[198]   [J 43a, 2]

"이따금 북적거리는 군악대, …… 시민들 가슴 속에 얼마간 영웅적인 기분을"[199]이라는 시행에 대해 프루스트는 "이를 능가하는 것은 불가능해 보인다"고 지적하고 있다(<「보들레르에 대해」, *NRF*, 1921년 6월 1일호>, 646페이지).   [J 43a, 3]

"여기서는 보들레르의 작품에서 고대 도시들이 하고 있는 역할 그리고 이 고대 도시들이 그의 시 여기저기에서 떠올리게 하는 진홍색에 대해 이야기할 시간이 나에게는 없었다." 마르셀 프루스트, 「보들레르에 대해」, *NRF*, 1권, 1921년 6월 1일자, 656페이지

(VIII).   [J 43a, 4]

프루스트는 『앙드로마크』²⁰⁰⁾의 결말은 「여행」의 결말과 마찬가지로 완전 실패라고 보고 있다. 그는 두 작품의 결말이 극도로 단순한 것을 언짢아했다.   [J 43a, 5]

"수도라는 것이 인간에게 절대적으로 필요한 건 아니다." 드 세낭쿠르, 『오베르만』, 파리, <1901년>, 파스켈 판, 248페이지.²⁰¹⁾
                                                                [J 43a, 6]

"여성을 …… **침실** 속에 있는 모습으로, 보석과 향수 한가운데 있는 모습으로뿐만 아니라 화장품을 바르고 **속옷**을 걸치고, 드레스를 입고, **스칼럽**을 입을까 아니면 **꽃무늬로 가를 두른 치맛자락**을 입을까를 고민하는 모습으로 그린 것은 그가 처음이다. 그는 여성을 …… 짐승들, 즉 **코끼리, 원숭이, 뱀**에 비유한다." 존 샤르팡티에, 「영국 시와 보<들레르>」(『메르퀴르 드 프랑스』, 1921년 5월 1일자, CXLVII, 67페이지<)>).   [J 43a, 7]

알레고리에 대해. "그의 최대의 영광은 문체의 가능성 안에 위대한 명명자 아담에 의해서도 이름이 주어지지 않았던 계열의 사물이나 감각, 효과를 도입한 데 있다"라고 테오필 고티에는 [『악의 꽃』, 1863년 판²⁰²⁾서문에] 쓰고 있다. "그는 …… 정신 세계의 어둠 속에서 꿈틀거리고 있는 희망이나 후회, 호기심이나 공포에 **이름을 붙였다.**" 존 샤르팡티에, 「영국 시와 보들레르」, 1921년 5월 1일자, 『메르퀴르 드 프랑스』, CXLVII, 674페이지.   [J 43a, 8]

「여행에의 권유」는 메레주코프스키[203]에 의해 러시아어로 번역되어 집시풍 로망스인 「나의 사랑스런 사람이여」[204]가 되었다.

[J 43a, 9]

「건질 수 없는 것」과 관련해 크레페는 『상트페테르부르크의 야회 夜會』에서 다음 구절을 인용하고 있다(『악의 꽃』, 자크 크레페 판, 파리, 1931년, 449페이지). "인간이 단 한 번 건너는 저 강, **항상** 물을 부어놓아도 **늘** 비어 있는 저 다나이스의 통, 항상 독수리에게 뜯기면서도 늘 되살아나는 티튀오스의 간[205] …… 은 정말 설득력 있는 상형문자들로, 그것들을 오인하는 것은 있을 수 없다." [J 43a, 10]

『동시대 평론』의 편집장인 칼론에게 보낸 1859년 2월 11일자 편지. "죽음의 춤은 사람이 아니라 알레고리입니다. 대문자는 불필요하다고 생각합니다. 아주 잘 알려진 알레고리이기 때문입니다."[206] 『악의 꽃』, 크레페 판, 파리, 1932년, 459페이지. [J 44, 1]

「허망에의 사랑」에 관해. 알퐁스 드 칼론에게 보낸 편지.[207] " '**왕**' 이라는 단어는 추억을 탑들로 장식한 관에 비유하고 있는 이러한 은유를 독자들이 쉽게 이해할 수 있도록 해줄 것입니다. **성숙**의 여신, **다산**의 여신, **지혜**의 여신의 이마를 찡그리게 하는 탑들도 마찬가지입니다."[208] 『악의 꽃』, 자크 크레페 판, 파리, 1931년, 461페이지. [J 44, 2]

연작시 「꿈 해석」의 계획. "폐허의 징후들. 펠라스고이풍[209]의 거대한 건물들이 겹친다. 건물, 방, 신전, 복도, 계단, 골목, 망루, 각

등, 분수, 조상 — 금과 균열들. 하늘에 가까이 설치된 저수조에서 유래하는 습기. — 사람들과 국민들에게 어떻게 경고할 것인가? — 가장 머리 좋은 사람에게 귓속말로 전하자./기둥 하나가 저 위쪽에서 부러져 기둥의 양쪽 끝의 위치가 변했다. 아직 무너져 내린 것은 없다. 나는 출구를 찾을 수 없다. 나는 내려갔다가 다시 올라간다. 탑이 하나. — 미궁. 나는 결코 나갈 수가 없었다. 나는 영원히 무너지기 직전의 건물, 아무도 모르는 병으로 인해 잠식되어가는 건물에 살고 있다. — 나는 기분전환 삼아 이처럼 엄청난 양의 석재, 대리석 조각들, 조상, 벽들이 머지않아 서로 부딪치게 된다면 엄청난 뇌수와 사람들의 몸, 부서진 뼈들로 인해 크게 더럽혀지게 될 것이라고 머릿속으로 추측해본다. 나는 이처럼 끔찍한 사실을 꿈속에서도 보기 때문에 종종 차라리 잠들고 싶지 않다는 생각이 들 정도였다. 너무 지루해지지 않을 것이라는 것을 확신할 수만 있다면 말이다." 나다르, 『샤를 보들레르 비화』, 파리, 1911년, 136/37페이지[<보들레르, 『작품집』>, 르 단텍 판, 2권, 696페이지].[210]

[J 44, 3]

프루스트는 「발코니」에 대해 이렇게 말한다. "보들레르의 「발코니」의 시구 대부분도 이처럼 신비로운 인상을 줍니다"(644페이지). 이것은 위고와 대조를 이룬다. "빅토르 위고는 해야 할 일을 항상 훌륭히 해냅니다. …… 그러나 …… 만들고 있는 것 …… — 만질 수 없는 것을 만드는 경우에도 마찬가지입니다 — 을 누구나 쉽게 볼 수 있습니다." 마르셀 프루스트, 「보들레르에 대해」, *NRF*, 16호, 파리, 1921년, <643/644페이지>.

[J 44, 4]

테두리 시에 대해.[211] "보들레르의 세계는 시간의 기묘한 절단을 보여주는데, 추억에 남을 만한 날들만 모습을 나타내는 것이다. '어느 날 밤'[212] 등과 같은 표현이 자주 등장하는 이유는 이로써 설명될 수 있다." M. 프루스트, 「보<들레르><에> 대해」, *NRF*, 16호, 1921년 6월 1일자, 652페이지.   [J 44, 5]

1860년 3월 31일 메리옹이 나다르에게 보낸 편지. 메리옹은 나다르에게 사진을 찍히고 싶지 않다고 말하고 있다.   [J 44, 6]

"보들레르의 무대용 소도구들에 대해 말하자면, ······ 그것들은 지난 20년 동안의 우아한 귀부인들에게 교훈을 주는 데 도움이 될 수도 있을 것이다. ······ 그러한 귀부인들은 그토록 손에 넣고자 했던 소위 양식의 순수함 앞에서 다음과 같은 사실을 고찰할 수 있을 것이다. 여닫이 '커튼'이 달린 침대(「처벌시편」)나 온실과 같은 응접실(「여자 순교자」)이나 '은은한 향기 가득 찬 침대 그리고 무덤처럼 깊숙한 긴 의자'[213]나 진기한 꽃들이 놓여 있는 시렁[214]이나 '남포불 속절없이 사위어가고 난로만이 희미하게 방을 비추는' 장면(「처벌시편」)[215]밖에 그리지 않더라도 작가들 중 가장 위대하고 가장 뛰어난 예술가일 수 있다는 것을. 보들레르의 세계는 ······ 이따금씩 밖에서 향기로운 바람이 불어와 이 세계를 적시고, 매혹하지만 그것은 ······ '미지의 천국을 향해 열려진'(「|가난뱅이의| 죽음」) 혹은 '바다의 태양이 수천의 불빛으로 물들인'(「전생」) 주랑 덕분이다." M. 프루스트, 「보들레르에 대해」, *NRF*, 16권, 652페이지, 1921년 6월 1일자.   [J 44a, 1]

「처벌시편」에 대해. "이 시편들은 이 시집 중 가장 고고한 시들 사이에 다시 한 번 자리를 잡는다. 그것은 마치 폭풍우가 몰아치던 밤이 지나고 수정같이 맑은 파도가 위엄 있게 일며, 연달아 이어지는 물마루 사이를 헤치며 광대한 바다의 시야가 열리는 것과 비슷하다." 프루스트, 앞의 논문, 655페이지.   [J 44a, 2]

"어떻게 그는 특별히 레즈비언들에게 흥미를 갖게 되었을까. …… 비니가 여성들에게 화가 나 …… 여성의 수유의 비밀은 여성들이 심리 속에서 젖을 먹이기 때문이라고 생각하면서('항상 본심을 알 수 없는 이 반려자') 사랑을 배신당하고도 질투심에 사로잡혀 '여성은 고모라를, 남성은 소돔을 갖고 있다'²¹⁶⁾고 쓴 것은 쉽게 이해할 수 있을 것이다. 그러나 적어도 비니는 양성을 멀리, 불구대천의 적들로 떨어뜨려놓고 있다. …… 하지만 보들레르의 경우에는 그렇지 않다. …… 나는 내 작품의 마지막 장에서 …… 샤를 모렐이라는 무뢰한에게 고모라와 소돔의 이러한 '연결'을 위임해보았다(그러한 역할은 통상 그러한 무뢰한에게 할당되는 것 같다). 그런데 보들레르는 짐짓 그러한 인물인 것처럼 '가장' 했으며, 그러한 역할을 특권으로 여긴 것 같다. 왜 그가 그러한 역할을 선택했는지, 얼마나 잘 그러한 역할을 수행했는지 알 수 있다면 아주 흥미로울 것이다. 샤를 모렐이라면 얼마든지 그럴 수 있다고 충분히 납득갈 만한 것들도 『악의 꽃』의 저자에게 옮겨가면 도저히 불가해한 것이 된다." 마르셀 프루스트, 「보들레르에 대해」, *NRF*, 16호, 655/656페이지, 1921년 6월 1일자.   [J 44a, 3]

루이 메나르 ─ 루이 드 센비유라는 필명으로 이미 『해방된 프로메테우스』를 발표한 바 있다 — 는『철학·종교 평론』1857년 9월호에서 이렇게 쓰고 있다(『악의 꽃』, 크레페 판, 파리, 1930년,[217] 362/363페이지에서 인용). "그가 끊임없이 자기 영혼 속에는 해충이나 전갈이 있다고 말하고 자기는 온갖 악덕의 화신이라고 우겨도 그의 최대 결점은 지나치게 방종한 상상력에 있다는 것을 쉽게 알 수 있다. 이러한 결점은 젊었을 때 은둔한 채 세월을 보낸 학자들에게 일반적으로 나타난다. …… 사람들과 어울려 살게 되면 그도 생동감 넘치고 건전한 창작물을 창조하는 데 필요한 고도의 형식을 찾아낼 수 있을 것이다. 한 가정의 아버지가 되고, 자기 아이들에게도 읽혀도 좋을 책을 출판하게 될 것이다. 그때까지 그는 조프루아 생틸레르가 발육 정지라고 부른 것으로부터의 고통에 시달리는 1828년의 리세 학생 그대로일 것이다."   [J 45, 1]

피나르 씨[218]의 논고에서. "당신은 악에 대한 도취만 묘사한 것이 아니라 그에 따른 비참함과 치욕도 함께 묘사했다고 말할 것이오! 그렇다고 칩시다. 하지만 그것을 받아들여야 하는 다수의 독자들, 당신이 몇천 부를 인쇄해서 염가에 판매하기 때문에 그것을 손에 넣을 온갖 계층과 온갖 연령과 온갖 신분의 다양한 독자들이 과연 당신이 만족스러운 듯 말하는 해독제를 마시겠는가 말이오?"『악의 꽃』, 크레페 판, 파리, 1930년, 334페이지.   [J 45, 2]

1855년 11월 4일자『피가로』에 발표된 루이 구달의 글은 '대학의 어설픈 지식인들'에 대한 비판에 길을 열어주었다.『라 레뷔 데 되 몽드』지에 |보들레르의| 시가 몇 편 발표된 후에 그는 이렇게 썼다. "보들레르는 예상치 못하게 얻은 명성을 잃고 앞으로는 현대시

의 말라비틀어진 과실의 예로서나 인용될 것이다." 『악의 꽃』, 크레
페 판, 파리, 1930년, 306페이지.   [J 45, 3]

1850년 아슬리노는 보들레르의 집에서 필경사가 옮겨 적고, 두꺼
운 판지로 제본하여 도금한 4절판의 두 권짜리 시집을 보았다.
                                                                                   [J 45, 4]

크레페(『악의 꽃』, 크레페 판, 300페이지)는 1846년경 보들레르의 많
은 친구들이 그의 시를 암기하고 있었다고 말한다. 하지만 당시 발
표된 것은 3편에 불과했다.   [J 45, 5]

1852년 5월. "친구 Th. 베론에 의해 정리되어 간행된 조르주 뒤랑
의 내면적 시집 『림보』|의 간행|."   [J 45, 6]

『술집의 메아리』 2호에 나온 『림보』의 광고. "『림보』, 샤를 보들레
르 시집, 파리와 라이프치히에서 1849년 2월 24일 간행 예정."
                                                                                   [J 45, 7]

『유럽 평론』 1861년 12월 1일자에 발표된 르콩트 드 릴의 비평. 그
는 특히 '현대 산업의 발견들에 서툰 운韻을 입히는 괴벽'에 대해
말하고 있다. 보들레르의 작품에는 '오랜 명상의 각인이 강하게
찍혀 있다'고 보고 있다. 그의 이러한 비평에는 「지옥」이 큰 역할
을 하고 있다. 『악의 꽃』, 크레페 판, 385와 386페이지에서 인용.
                                                                                  [J 45a, 1]

1862년 9월 6일자 『스펙테이터』지에는 스윈번의 논평이 실려 있다. 필자는 그때 25세였다. [J 45a, 2]

드 레이놀드에게서 파리는 '보들레르적 지옥의 대기실'이다. 그의 『샤를 보들레르』 2부는 「예술과 작품」이라는 제목으로, 2장인 「파리의 환시」에서는 몇몇 시의 장황하고 평범한 의역 이외에는 아무것도 발견할 수 없다. [J 45a, 3]

비용와 보들레르. "전자에게서 우리는 신앙을 상실해가는 시대의 불길하며 신비로운 그리스도교를 발견할 수 있으며 후자에게서는 신앙을 되찾고자 하는 시대의 어떤 의미에서는 용도 변경된 그리스도교를 발견할 수 있다." 곤자그 드 레이놀드, 『샤를 보들레르』, 파리/주네브, 1920년, 220페이지. [J 45a, 4]

드 레이놀드는 15세기와 19세기를 도식적으로 비교하면서 이 두 세기를 극도의 리얼리즘이 극도의 이상주의와 병존하면서 불안과 비관론과 이기주의가 만연했던 데카당스의 시대로 보고 있다.

[J 45a, 5]

『그리스도를 모방해서』, 1권, 20절, 「고독과 정숙의 선호에 대해」. "*Quid potes alibi videre, quod hic non vides?* 여기서 눈에 들어오지 않는 것이 어떻게 다른 곳에서 보이겠는가? *Ecce caelum et terra et omnia elementa* 여기에는 하늘도 땅도 있고 모든 기본 요소가 있다. *nam ex istis omnia sunt facta* 왜냐하면 모든 사물은 그것으로 만들어지기 때문에."[219] [J 45a, 6]

말라르메는 「과거, 보들레르의 여백에」[220]에서 이렇게 기술하고 있다. "배후에서 움직이는 불꽃 제조업자 사탄의 뱅골 불꽃에 비춰진 이 흘러 넘쳐나는 눈물." 스테판 말라르메, 『여담』, 파리, 1897년, 60페이지.   [J 45a, 7]

1847년 12월 4일. "새해 벽두부터 새로운 종류의 글을 쓸 생각입니다. …… **소설**입니다. 여기서 어머님께 이 예술의 장중함, 아름다움, 그리고 무한한 가능성을 논증할 필요는 없겠죠." 샤<를> 보<들레르>, 『어머니에게 보낸 편지』, 파리, 1932년, 26페이지.
                                             [J 45a, 8]

1848년 12월 8일. "제발 제 소원을 들어주셨으면 하는 또다른 이유는 이 땅에서 폭동이 일어나지 않을까 심히 염려되며, 그때 땡전 한 푼 없는 거렁뱅이가 되는 것보다 더 한심한 것은 없기 때문입니다." Ch. B., 『어머니에게 보낸 편지』, 파리, 1932년, 33페이지.
                                             [J 45a, 9]

"제2제정 말기부터 오늘날까지 철학의 동향과 『악의 꽃』의 개화는 부합해왔다. 중요한 부분은 아직 어둠 속에 싸여 있으나 하루하루 점점 더 분명하게 밝혀지고 있는 한 작품의 기이한 운명은 이로써 설명된다." 알프레드 카퓌, 『르 골루아』, 1921년. 『악의 꽃』, 크레페 판, 1931년, 50페이지[221]에서 인용.   [J 46, 1]

1852년 3월 27일 어머니에게 보낸 편지에서 그는 일부 '서둘러서 휘갈겨버린 형편없는 기사들'에 대해 말하고 있다. <샤를 보들레

르>, 『어머니에게 보낸 편지』, 파리, 1932년, 39페이지.   [J 46, 2]

1852년 3월 27일. "아이를 낳는 것만이 유일하게 여자들에게 도덕적인 지성을 부여해줍니다. 지위도 아이도 없는 젊은 여성들에게는 교태, 무정, 우아한 방탕만 있을 뿐입니다."『어머니에게 보낸 편지』, 파리, 1932년, 43페이지.   [J 46, 3]

보들레르는 어머니에게 보낸 편지²²²⁾에서 카페와 더불어 독서실을 작업을 위한 피난처라고 쓰고 있다.   [J 46, 4]

1854년 12월 4일. "옷이 없으니 그냥 포기하고 잠이나 자야 한단 말입니까?"『어머니에게 보낸 편지』, 파리, 1932년, 74페이지(101페이지에서 그는 손수건을 몇 개 빌려달라고 어머니에게 부탁한다²²³⁾).   [J 46, 5]

1855년 12월 20일. 보들레르는 보조금을 신청한다는 생각을 이렇게 돌려 말하고 있다. "제 이름이 정부의 역겨운 서류 속에서 발견되는 일은 결코 없을 것입니다."『어머니에게 보낸 편지』, 83페이지.   [J 46, 6]

『악의 꽃』에 관한 문제의 구절이 들어 있는 1857년 7월 9일자 편지. "게다가 사람들에게 공포를 안겨다줄지도 모른다는 생각에 쩔쩔매며 교정 단계에서 3분의 1을 삭제했습니다."『어머니에게 보낸 편지』, 110페이지.   [J 46, 7]

『파리의 우울』은 1857년 한때 '밤의 시'라는 제목을 갖고 있었던 것 같다(111페이지, 1857년 7월 9일자 편지를 참조).   [J 46, 8]

마키아벨리와 콩도르세 론을 쓰려는 계획(『어머니에게 보낸 편지』, 139페이지).[224]   [J 46, 9]

1861년 5월 6일. "'그러면 신은!'이라고 말씀하시겠죠? 저는 진심으로(제가 얼마나 진지한지 저 말고는 아무도 모를 겁니다) 바깥의 보이지 않는 존재가 제 운명에 관심을 기울여주리라 믿고 싶습니다. 하지만 어떻게 하면 그렇게 믿을 수 있겠습니까?"『어머니에게 보낸 편지』, 173페이지.   [J 46, 10]

1861년 5월 6일. "나이 마흔이 되었는데도 고통을 느끼지 않고 중학교 때의 일이나 의붓아버지가 불어넣은 두려움을 떠올리는 것은 불가능합니다."『어머니에게 보낸 편지』, 파리, 1932년, 176페이지.   [J 46a, 1]

1861년 7월 10일 |『악의 꽃』의| 호화판 출간 계획과 관련해. "『악의 꽃』을 아이들에게 세뱃돈 대신 줄 어머니가 어디 있을까요? 아버지는요?"『어머니에게 보낸 편지』, 186페이지.   [J 46a, 2]

루브르에서의 작업으로 눈이 매우 피로해졌다고 한다. "양쪽 눈이 퉁방울눈처럼 새빨개졌습니다."『어머니에게 보낸 편지』, 191페이지.[225]   [J 46a, 3]

『레미제라블』에 대해 ― 1862년 8월 11일. "이 책은 역겹고 저급합니다. 이 점에 관해 저는 거짓말하는 재주가 있다는 것을 증명했습니다."『어머니에게 보낸 편지』, 212페이지.　　　　　[J 46a, 4]

1863년 6월 3일. 그는 파리에서 "저는 몇 달 동안 이 세상 어느 누구도 이보다 더 지루해할 수 없을 정도로 지루해하고 있습니다"라고 말하고 있다.『어머니에게 보낸 편지』, 218페이지.　　[J 46a, 5]

「어스름 저녁」의 말미. 뮤즈 자신도 시인으로부터 얼굴을 돌려 떠오르는 말을 그저 혼자 중얼거릴 뿐이다.　　　　　[J 46a, 6]

보들레르는『율리우스 카이사르 전』에 붙인 나폴레옹 3세의「서문」을 반박하는 글을 쓸 계획을 세운 적이 있다.　　　[J 46a, 7]

1865년 5월 4일자 편지에서 보들레르는 '『독일 평론』에 게재된 엄청나게 긴' 논문에 대해 언급하고 있다.『어머니에게 보낸 편지』, 260페이지.[226]　　　　　[J 46a, 8]

1866년 3월 5일. "혼자 있는 것보다 더 좋은 건 없습니다. 하지만 그것은 불가능합니다. **보들레르파**가 존재하는 듯합니다."『어머니에게 보낸 편지』, 301페이지.　　　　　[J 46a, 9]

1865년 12월 23일. "가령 한때 제게 있었던 젊음과 활기를 되찾을 수 있다면 사람들을 깜짝 놀라게 할 만한 책을 몇 권 써 저의 분노를 진정시켰을 겁니다. 저는 전 인류를 제 적으로 삼을 것입니다.

그것에 세상만사에 대해 제게 위안을 줄 수 있는 즐거움이 있을 듯 합니다."『어머니에게 보낸 편지』, 278페이지.   [J 46a, 10]

"사람들이 인생을 살아갈수록 …… 세간에서 '아름다움'이라고 부르는 것은 점점 더 중요성을 잃어갑니다. …… 그리하여 아름다움은 행복의 약속에 불과하게 되겠죠. …… 아름다움이란 선량함, 맹세에 대한 충실함, 계약 이행 시의 성실함, 모든 관계에 있어 이해의 명료함을 최대한으로 보장해주는 형태가 될 것입니다." 424페이지. 더욱이 조금 뒤에서는 「이교도파」와 관련하여 이렇게 말하는데, 앨범에 적어넣은 아래의 글은 실제로는 주석이다.[227] "내가 늙은 여자들, 즉 애인이나 남편, 아이들, 혹은 본인의 과오로 인해 큰 고통을 당했던 사람들에 대해 느끼는 저항하기 힘든 공감에 성적인 욕구는 전혀 포함되어 있지 않다는 것을 젊거나 할 뿐 경솔한 사람들에게 납득시키려면 어떠한 수단을 이용하는 것이 효과적일까?" Ch. 보들레르, 『전집』,[228] 르 단텍 판, 2권, 424/25페이지.
                [J 47, 1]

"오래 전부터 …… 나는 악몽을 꾸고 있는 듯, 내가 허공에서 굴러 떨어지면 책이나 철, 금이나 은으로 만들어진 우상들이 나와 함께 떨어져 나를 둘러싸고, 나와 부딪히고, 내 머리나 허리를 부수는 듯한 느낌이 들었다." Ch. 보들레르, 『전집』, 2권, 420/21페이지 (「이교도파」). 보들레르와 멕시코의 우상에 관한 일화를 참조할 것.[229]   [J 47, 2]

제2제정기 말엽 체제가 억압을 완화하자 예술을 위한 예술 이론은 위엄을 잃게 된다.   [J 47, 3]

'기 론'을 읽으면 이 예술가가 특히 보들레르를 매료시킨 것은 배경을 다루는 방법 때문이었음을 알 수 있다. 그의 방법은 연극에서 배경을 다루는 방법과 크게 다르지 않다. 그러나 무대 장식들과 달리 이들 그림은 가까이서 봐야 하는 것이기 때문에 보는 사람은 거리의 마력을 빼앗기게 되지만 그렇다고 해서 반드시 그것을 단념할 필요는 없을 것이다. 보들레르는 이 기 론에서 이 논문과 그 밖의 다른 부분에서 멀리 있는 것에 대해 던지고 있는 시선의 특징을 상세히 밝히고 있다. 보들레르는 다음과 같이 동방의 창녀들의 표정을 포착하고 있다. "육식동물처럼 시선을 지평선으로 향하고 있다. 초점을 잃은 모습도, 귀찮은 듯 멍하니 있는 모습도, 그러다가도 때로는 주의를 집중하는 모습도 육식동물과 똑같다." Ch. B., 『작품집』, 2권, 359 페이지.[230]   [J 47, 4]

「스스로를 벌하는 사람」에서는 보들레르 본인이 카랑카랑한 목소리로 말하고 있다.   [J 47, 5]

멀리 있는 것의 마력이 사라져버린 시선을 포착하려고 한 보들레르의 노력에는 결정적 가치를 부여할 필요가 있다(「허망에의 사랑」을 참조). 이와 관련해 나는 아우라를 지각되는 대상 속에서 깨어나는 시선의 거리의 아우라라고 규정한 바 있다.[231]   [J 47, 6]

멀리 있는 것의 마력이 사라져버린 시선. "사티로스의 암컷이나 물의 정령들이/지켜보는 눈 속에 눈을 잠글라치면." 「경고자」.

구상만 하고 쓰지는 못한 산문시 「세상은 끝나가고 있다」에 대해. 이 산문시의 주제는 아마 「화전, 22」의 다음 부분에서 가장 잘 다루어지고 있는 것으로 볼 수 있을 것이다. "세상은 끝나가고 있다. 세상이 존속할 수 있으리라는 유일한 이유는 현재 그것이 존재하고 있다는 점뿐이다. 이런 이유는, 그와 반대의 경우를 고하는 온갖 이유에 비하면, 특히 '세계는 앞으로 하늘 아래서 무엇을 할 것이 있겠는가' 라는 이유와 비교한다면 얼마나 약한 것인가. ─ 왜냐하면 비록 세상이 물질적으로 계속 존재한다고 하더라도 그것이 과연 존재라는 이름과 『역사 사전』의 기술에 어울리는 존재일까 의심하지 않을 수 없기 때문이다. …… 때때로 내 속에 예언자 같은 조소를 느끼는 나로서는 거기에서 결코 의사 같은 자비를 찾아볼 수 없으리라는 것을 알고 있다. 이 더러운 세상에서 길을 잃고 군중들에게 떠밀리는 나는 깊숙이 흘러간 세월을 뒤돌아볼 때 환멸과 고뇌만이 보일 뿐이요 앞으로는 …… 아무런 새로운 것도 없이 폭풍우밖에 안 보이는 그런 지쳐빠진 남자일 것이다. …… 아무래도 옆길로 샌 것 같다. …… 그러나 이들 페이지는 이대로 두도록 하자. ─ 내 노여움의 날짜를 적어두고 싶으니까." Ch. B., 『작품집』, 2권, 639, 641/642페이지. ─ 초고에서는 마지막 단어가 '노여움' 대신 '슬픔' 으로 되어 있다.   [J 47a, 2]

'세상은 끝나가고 있다' 로 시작되는 작품에는 묵시록적인 몽상과 뒤얽힌 형태로 제2제정기 사회에 대한 무서울 정도로 신랄한 비판이 들어 있다(이것은 여기저기서 니체의 '최후의 인간' 이라는 관념을 연상시킨다[232]). 이러한 비판은 부분적으로 예언적인 면모를 보여주기도 한다. 다가오고 있는 사회에 대해서는 이렇게 이야기하고 있다. "유토피아를 설파하는 자들의 잔인하고 모독적이고 반자연적인 어떠한 몽상도 진보의 이러한 확실한 결과에는 도저히 비견될 수 없을 것이다. …… 통치자들은 자신들의 지위를 고수하고, 질서의 환영을 만들어내기 위해 몹시 냉혹해진 현재의 인간들을 무서워 떨게 할 방법을 강구하지 않을 수 없을 것이다. …… 법은 — 만약에 이처럼 유복한 시대에도 법이라는 것이 존재할 수 있다면 말이지만 — 치부할 수 없는 모든 시민을 금치산자로 몰 것이다. …… 어쩌면 이러한 시대는 아주 가까이 다가와 있는지도 모른다. 아니 혹시 벌써 와 있지 않은지 누가 알겠는가. 그리고 우리가 숨을 쉬고 있는 환경이 어떻게 되어가는지 구분할 수 없는 것이 우리의 천성이 둔화되어버렸기 때문은 아닌지 누가 알겠는가." Ch. B., 『작품집』, 2권, 640/41페이지.

[J 47a, 3]

"요컨대 역사와 프랑스 국민 앞에 나폴레옹 3세의 위대한 영광이 증명하는 것은 누구든지 국가의 인쇄소와 전신 기관을 탈취한다면 거대한 국민 집단을 통치할 수 있다는 것이다. 이러한 일이 국민의 허용 없이 이루어질 수 있다고 믿는 놈이 있다면 그야말로 얼빠진 녀석이다!" Ch. B., 『작품집』, 2권, 655페이지(「벌거벗은 내 마음, 44」).

[J 48, 1]

"어렸을 때부터 이미 경험했던 **고독감**. 가족이 있는데도, 그리고 특히 친구들에게 둘러싸여서도 — 영원히 고독한 것이 나의 운명이라는 느낌." Ch. B., 『작품집』, 2권, 645페이지(「벌거벗은 내 마

760

음」).[233]   [J 48, 2]

"진리는 아무리 다면적이라고 하더라도 양면적이지는 않다." Ch. B., 『작품집』, 2권, 63페이지, 「1846년 살롱 — 부르주아에게」.

[J 48, 3]

"알레고리는 가장 아름다운 예술 장르 중의 하나이다." Ch. B., 『작품집』, 2권, 30페이지.   [J 48, 4]

"2급 …… 작품에 …… 하나의 각인을 부여할 수 있을 정도로 의지는 아주 탁월하고 항상 많은 결실을 맺는 능력이 된 것임에 틀림없다. …… 관람객은 노력을 맛보고, 눈은 땀을 마신다." Ch. B., 『작품집』, 2권, 「1845년 살롱」, <26페이지>.   [J 48, 5]

"진보 이념. 오늘날의 사이비 철학의 발명품으로서 **자연**이나 **신**의 보장도 없이 특허 등록된 이 어둠침침한 표시등, 현대의 이 랜턴은 모든 인식 대상에 어둠을 던지고 있다. 자유는 자취를 감추고, 징벌도 사라진다." Ch. B., 『작품집』, 2권, 184페이지, 「1855년 만국 박람회」.   [J 48, 6]

"어리석음은 아름다움의 장식품인 경우가 많다. 바로 이러한 어리석음이 사람들의 눈에 우중충한 연못의 저 어둠침침한 투명함, 열대 바다의 저 잔잔한 고요함을 주는 것이다." Ch. B., 『작품집』, 2권, 622페이지(「사랑에 관한 위안 잠언 선집」).[234]   [J 48, 7]

"최후의 일반적 규칙. 연애에서는 **달**이나 **별**들을 조심하라, 밀로의 비너스를 조심하라." Ch. B., 『작품집』, 2권, 624페이지(「사랑에 관한 위안 잠언 선집」).　　　　　　　　　　　　　　　[J 48, 8]

보들레르는 결코 요지Gehalt[235] 속으로 파고들어가는 것을 멈춰 본 적이 없다. 그의 시대가 그것을 사회적 입장이 즉각 드러날 수 있는 방식으로 서술하는 것을 허용하지 않았다. 오히려 그는 — 뒤퐁론들에서처럼 — 그것을 쉽게 포착될 수 있는 방식으로 서술하려고 할 때도 그리스도교적으로 방향을 설정한 이론적 논문의 경우에서처럼 그러한 요지를 놓치고 만다. 그럼에도 불구하고 언젠가 한번 그가 후자의 맥락에서 사용한 적이 있는 표현, 즉 "공영 전당포에서는 하프 하나에 얼마를 빌려줄 것인가"라는 표현은 사회에 자기를 증명할 수 있는 예술에 대한 그의 고집을 적절하게 표현해주고 있다. 인용은 Ch. B., 『작품집』, 2권, 422페이지, 「이교도파」에서.　　　[J 48, 9]

알레고리에 대해. "하늘에서 혹은 공중公衆의 어리석음에서 무엇을 기대하는가? 당신의 다락방에 프리아포스[236]와 바쿠스를 모시기 위한 제단을 쌓기에 충분한 재산? …… 우상들images에 대한 성상 파괴자들이나 무슬림들의 분노를 나는 잘 안다. 눈의 너무 큰 즐거움에 대한 성 아우구스티누스의 가책을 나는 모두 인정한다." Ch. B., 『작품집』, 2권, 422페이지와 423페이지(「이교도파」).

　　　　　　　　　　　　　　　　　　　　　　[J 48a, 1]

작가의 직업적 특징을 희생해서 시인의 제스처를 과장하는 것은 보들레르의 모습에서 중심적인 이미지를 구성하고 있다. 이러한 점에서 그는 직업상의 거래를 감추기 위해 용모를 성적인 대상 혹은 '애인'으로 꾸미는 창녀와 비슷하다. [J 48a, 2]

『표착물』의 시들이 프루스트의 장대한 이미지대로 보들레르의 시라는 대양 위에서 거품이 이는 물마루[237]라고 한다면 「파리 풍경」은 그의 시의 피난항이다. 특히 이 시들에서는 파리를 덮친 혁명의 폭풍의 반향 같은 것은 거의 찾아볼 수 없다. 이 점에서 이 시들은 40년 후의 하임의 시를 연상시키는데, 그의 시에서 이와 동일한 사태가 이번에는 의식되기에 이르지만 그로 인해 「라마르세예즈」는 땅속에 매장되어버리고 만다. 베를린의 겨울날 일몰을 묘사한 소네트 「베를린 3」의 마지막 두 3행 연구는 다음과 같다.

"가난한 자들의 묘지는, 검게, 요동치며, 묘석은 포개져 쓰러지고 있다.
망자들은 붉은 일몰을 바라본다.
각자의 구덩이에서. 그것은 강한 포도주 맛이 난다.

망자들은 벽을 따라 앉아서
옛날의 돌격가인 「라마르세예즈」에 맞춰
드러낸 측두골을 위해 그을음으로 얼룩진 챙 없는 모자를 짜고 있다."
게오르그 하임, 『문학 작품』, 뮌헨, 1922년, 11페이지. [J 48a, 3]

블랑키와 비교해볼 수 있도록 해주는 결정적인 시행. "땅 위는 축축한 토굴로 바뀌고." 「우울, 4」. [J 48a, 4]

자연의 부동화라는 관념은 세계대전 직전에 게오르그 하임에게서 아마 예감 넘치는 상상력의 피난처로서 나타난 것 같은데, 그의 이미지들을 보들레르의 우울은 아직 떠올려볼 수 없었다.

"그러나 대해大海는 정지된다. 파도 사이에서는
배들이 썩어 들어가며 시무룩하게 머물러 있다."

게오르그 하임, 『문학 작품』, 뮌헨, 1922년, 73페이지(「삶의 그림자」). [J 48a, 5]

1852년 이후 예술에 대한 보들레르의 이론적 입장이 1848년경과 확연히 다르다고 해서 그것을 발전의 산물로 보는 것은 큰 오류일 것이다(보들레르만큼 창작 활동에서 발전이 없던 예술가도 드물 것이다). 그러한 입장들은 이론적인 양극단을 대변하는 것으로서, 이 양극단의 변증법적 매개는 보들레르의 작품 전체에 의해 제공되었으나 그것을 그가 완전히 인식하고 있었던 것은 아니다. 그의 작품에서 찾아볼 수 있는 파괴적이며 정화적인 성격에서 그러한 매개를 찾아볼 수 있다. 이 예술은 파괴적이기 때문에 유용하다. 그것의 파괴적인 분노는 특히 물신적인 예술 개념을 겨냥하고 있다. 이를 통해 분노는 정화된 예술이라는 의미에서 '순수' 예술에 봉사한다. [J 49, 1]

『악의 꽃』의 처음의 시들은 모두 시인의 모습을 그리는 데 바쳐지고 있다. 그로부터 다름 아니라 시인의 직무라든지 사명 같은 것을 주장하는 것으로 보아 오히려 사회는 더이상 시인에게 그러한 것을 부여하고 있지 않다는 것을 읽어낼 수 있다. [J 49, 2]

보들레르의 시에서 '나' 라는 표현이 나오는 부분을 하나하나 추적하는 것은 아마 그의 시를 각 군으로 분류하는 하나의 방법이 될 수 있을 것이다. 『악의 꽃』의 처음 5편의 시에서 '나'라는 표현은 한 번밖에 나오지 않는다. 이어지는 시들에서도 '나'라는 표현이 나오지 않는 시는 드물지 않다. 하지만 더 중요한 것은 ─ 그리고 더 의식적으로 그렇게 했다고 할 수 있다 ─ 다른 시들, 예를 들어 「공덕」이나 「저녁의 하모니」 같은 몇몇 시에서 '나'라는 단어가 뒷전으로 물러나 있는 방식일 것이다.   [J 49, 3]

'아름다운 도로테'[238] ─ 그녀는 11살 된 동생을 되사와야만 했다.
[J 49, 4]

"내가 단언하건대 이제 분명 일초 일초가 힘차고 엄숙한 소리를 내며, 매초마다 괘종에서 튀어나오면서 외칠 것이다. ─ '내가 **삶**이다. 견딜 수 없는, 가혹한 **삶**이다!'라고."[239] Ch. B., 『작품집』, 1권, 411페이지(「이중의 방」).   [J 49, 5]

「1845년 살롱」의 「머리말을 대신한 몇 마디 말」에서. "우선 '부르주아'라는 이 무례한 호칭에 대해 우리는 이처럼 무해한 존재에게 몇 년 전부터 기를 쓰고 저주의 말을 퍼부어온 위대한 **예술가** 동업자들의 편견을 조금도 공유하고 있지 않다고 선언하는 것이 필요하리라. …… 그리고 마지막으로, 예술가들 중에는 부르주아가 많기 때문에 결국 이 계층에 고유한 어떠한 악덕의 특징도 규정하지 못하는 말은 폐지하는 것이 더 좋아 보인다." 『작품집』, 2권, 15/16페이지. 「1846년 살롱」의 서문 「부르주아에게」에서도 이와 비슷한 경향을 찾아볼 수 있다.   [J 49, 6]

레즈비언 여성이라는 형상은 보들레르의 영웅적인 모범 중의 하나이다[본인은 이것을 악마주의적인 언어로 표현하고 있다. 그것은 형이상학적이지 않은, 비판적인 언어로도 얼마든지 이해될 수 있다]. 19세기는 거리낌 없이 상품 생산 과정에 여성을 편입시키기 시작했다. 그와 함께 여성에 고유한 여성스러움이 위험에 처하고 시간이 흐르면 필연적으로 여성에게도 남성적 특징이 나타날 것이라고 이론가들은 한목소리를 냈다. 보들레르도 그러한 특징의 출현을 시인했다. 하지만 동시에 그는 그러한 특징을 경제의 지배로부터 해방시키려고 했다. 그리하여 그는 여성들에게서 나타나는 이러한 발전 경향이 가진 순수하게 성적인 측면만을 강조하기에 이른다. 레즈비언 여성이라는 모범은 기술 발전에 직면한 '현대성'의 양가적인 입장을 표현하고 있다[보들레르가 조르주 상드를 용서할 수 없었던 것은 아마 본인은 이러한 모범의 특징을 갖고 있으면서도 박애주의적인 신념을 따르느라 이를 통속화시켰기 때문일 것이다. 보들레르는 상드가 사드보다 못하다고 말하고 있다].[240]   [J 49a, 1]

원본에 대한 독점권이라는 개념은 보들레르 시대에는 오늘날만큼 널리 통용되거나 권위 있는 것으로 받아들여지고 있지 않았다. 보들레르는 종종 같은 시를 두 번, 세 번 발표하는 일도 있었으나 누구 하나 그에 대해 문제를 삼거나 하지는 않았다. 말년에 『소 산문시』를 발표할 때 처음으로 그러한 어려움에 부딪힌다.   [J 49a, 2]

보들레르는 17살 때부터 <문인?> 생활을 했다. 그가 자신을 '지성인'으로 규정했다거나, '지적인 문제'에 전념하고 있다고 생각했다고는 할 수 없을 것이다. 예술적인 생산품을 위한 등록 상표는 아직 고안되지 않았다(그런데 이러한 상황에서 남보다 두각을 나타내고 이채로워 보이려는 그의 거만한 욕망은 그에게 유리하게 작용했다<)>. 그는 부르주아를 비방하는 것에 반대했다. 예술가나 문인들은 부르주아를 비방한다는 깃발 아래 연대하고 있었지만 보들레르는 왠지 그것을 수상쩍어했다. 예를 들어 「바자르 본-누벨의 고전주의 미술전」에서 그는 이렇게 쓰고 있다(『작품집』, 2권, 61페이지). "부르주아는 과학적 개념을 거의 갖고 있지 않기 때문에 부르주아 예술가의 큰 목소리가 떠미는 곳으로 가버린다. — 이 목소리를 억누르면 식료품상도 E. 들라크루아를 헹가래 칠 것이다. 식료품상은 위대한 것, 존경해야만 하는 신성한 존재, 선한 의를 가진 인간*homo bonae voluntatis*이다!" 일 년 전, 즉 「1845년 살롱」의 「서문」에서는 이보다 더 상세하게 서술되어 있다.   [J 49a, 3]

보들레르의 기벽은 가면으로, — 아마 창피해서 그렇게 했다고 해야 할 것이다 — 그것으로 자기만의 삶의 방식, 그리고 어느 정도 까지는 삶의 이력이 가진 초-개인적 요구를 감추려고 했다. [J 50, 1]

세상의 흐름을 중단시키는 것 — 이것이 보들레르의 가장 깊은 곳에 자리 잡고 있던 결의였다. 여호수아의 결의[그렇다고 해서 예언자적인 결의였던 것은 아니다. 역행은 생각조차 않고 있었기 때문이다]. 그의 폭력성, 조급함, 분노는 이 결의에서 유래하는 것이었다. 세계의 심장을 찌르려고[또는 자기 노래로 <세계>를 잠들게 하려고] 끊임없이 반복해서 시도하는 것도 이 때문이다. 그가 자기 작품에서 죽음으로 하여금 서두를 것을 재촉하는 것도 이러한 결의 때문이다.

[J 50, 2]

「저녁의 하모니」와 그 밖의 테두리 시에 대해. 보들레르는 포에게
서 "동일한 시구 혹은 몇몇 시구의 반복, 멜랑콜리 혹은 고정관념
에 대한 집착을 모방한 문장의 집요한 반복"이 나타나는 것을 지적
하고 있다. 「에드가 포에 관한 새로운 노트」(『속 해괴한 이야기』, 파
리, <1886년>, 22페이지). 부동화!   [J 50, 3]

     " — 아아! 주여! 주옵소서,
        이 마음과 몸을 혐오 없이 바라볼 수 있는 힘과 용기를!"
이를 "댄디는 끊임없이 숭고함을 지향해야 한다. 그는 거울 앞에
서 살고 잠들어야 한다."『작품집』, 2권, 643페이지(「벌거벗은 내
마음, 5」)와 비교해볼 것. 앞의 시는 「시테르 섬으로의 여행」에 나오
는 구절이다.   [J 50, 4]

「파괴」(1855년 『레뷔 데 되 몽드』에 발표되었을 때의 제목은 「쾌감」
이었다!)의 결말은 경직된 동요의 이미지를 보여준다("경직된 동요의
이미지는/메두사의 방패 같다." 고트프리드 켈러, 『잃어버린 권리, 잃어
버린 행복』).   [J 50, 5]

「여행」 1연에 대해. 먼 곳을 꿈꾸는 것은 유년기이다. 여행자는
낯선 곳을 돌아다니지만 막상 먼 곳에 대한 믿음은 잃어버렸다.
                                                      [J 50, 6]

   보들레르 — 운명의 별이 먼 곳을 가리키는 우울한 사람. 그러나
그는 운명을 따르지 않았다. 먼 곳의 이미지들은 [그의 시에서는] 먼
옛날의 바다 혹은 파리의 안개 속에서 떠오르는 외딴섬으로서만 나

타난다. 이 외딴섬에 흑인 여성이 없는 경우는 드물다. 그리고 이 흑인 여성의 육체는 능멸당해 있는데, 이러한 형상 속에서 먼 곳에 있는 것이 보들레르가 가까이서 발견하는 것, 즉 제2제정기의 파리의 발 아래 굴복한다.   [J 50, 7]

|죽는 순간| 눈이 점점 더 흐릿해져가는 것이야말로 꺼져가는 가상의 원-현상이다.   [J 50, 8]

「가엾은 노파들」. "눈은 ……/밤중의 물 고인 웅덩이처럼 번득거리고."   [J 50, 9]

보들레르의 성마름은 그의 파괴적 소질의 일부를 이루고 있다. 이러한 발작들 속에서도 '시간의 기묘한 절단'을 간파하면 그것만으로도 진상에 한층 더 가까이 다가갈 수 있다.[241]   [J 50a, 1]

보들레르는 최고의 문장들에서 종종 거친 경우가 있다. ― 결코 낭랑하지 않다. 그러한 구절들에서 말투는 마치 나무랄 데 없는 고위 성직자의 몸동작이 인격과 따로 노는 일이 거의 없듯이 그의 경험과 따로 떨어지는 일이 없다.   [J 50a, 2]

알레고리 개념의 경우 19세기 초 1/3분기에 이르면 이미 전체적인 윤곽조차 제대로 보이지 않게 되었지만 오늘날 이 개념에 부여되고 있는 것과 같은 불쾌한 성격을 갖고 있지는 않았다. 샤를 마넹은 『글로브』 1829년 4월 11일자에서 『조제프 들로름의 시』[242]를 비평하면서 이런 표현으로 빅토르 위고와 생트뵈브를 연결시키고 있다.

"두 사람 모두 거의 끊임없이 비유, 알레고리, 상징을 이용하고 있다."『조제프 들로름의 생애, 시, 사상』, 파리, 1863년, 1권, 295페이지.   [J 50a, 3]

보들레르와 생트뵈브를 비교하는 것은 모티브와 시적 기교라는 좁은 한계 안에서만 가능하다. 왜냐하면 생트뵈브는 정감 어리며 정말 온화한 작가였기 때문이다. 샤를 마녱은 1829년 4월 11일자『글로브』에 쓴 글에서 정확하게 다음과 같이 지적하고 있다. "그의 영혼은 설령 동요한다 해도 곧장 평정을 되찾으며, 안에 축적되어 있던 선천적인 선량한 마음이 다시 표면으로 나타난다"(여기서 결정적인 것은 '선량한' 이라는 말이 아니라 '표면' 이라는 말이다!). "그가 우리에게 불어넣어 주는 관용의 마음과 공감도 분명 여기서 유래할 것이다."『조제프 들로름의 생애, 시, 사상』, 파리, 1863년, 1권, 294페이지.   [J 50a, 4]

생트뵈브의 형편없는 소네트(『위로』, 파리, 1863년, 262/3페이지). "나는 가을의 아름다운 일몰 때의 파리를 좋아한다." 그리고 이 시의 끝 부분은 이렇다. "그리고 나는 머릿속에서/파리를 아름다운 일몰 때의 이타카와 뒤섞으며 떠난다."   [J 50a, 5]

『글로브』1829년 4월 11일자에 실린『조제프 들로름의 시』에 관한 샤를 마녱의 서평. "행간의 휴지부가 유동적인 12음절 시구에는 분명 훨씬 더 엄격한 각운이 필요할 것이다."『조제프 들로름의 생애, 시, 사상』, 파리, 1863년, 1권, 298페이지.   [J 50a, 6]

조제프 들로름의 시인관. "이 지상에서 고뇌를 노래하는 선택된 사람들과 어울리고, 또한 그들을 모델로 삼아 똑같이 신음한다고 생각하면 비참함의 저 밑바닥에 있더라도 위로받을 수 있었으며 어느 정도 기분이 좋아지는 것을 느꼈다."『조제프 들로름의 생애, 시, 사상』, 파리, 1863년, 1권, 16페이지. 이 저서에는『오베르만』에서 차용한 제사題辭가 첨부되어 있다. 이러한 정황을 통해『오베르만』이 보들레르에게 미쳤을 수도 있는 영향이 제한적이었다는 것을 알 수 있다.   [J 51, 1]

샤를 마넹이 절반은 인정하고 절반은 유보적인 태도로 지적한 바에 따르면 생트뵈브는 "자못 노골적으로 표현하는 데 만족해하고, 일종의 추잡한 언어를 사용하는 데 …… 몰두해 있다. …… 제아무리 모진 말이라도, 가령 충격을 주는 말이라도 항상 그의 취향에 맞는 말만을 선택했다."『글로브』, 1829년 4월 11일자,『조제프 들로름의 생애, 시, 사상』, 파리, 1863년, 1권, 296페이지에서 인용. 그는 바로 다음 페이지(297페이지)에서 이 시인이「나의 뮤즈」라는 시에서 여자를 결핵 환자로 묘사한 것을 비난한다. "시인이 그의 뮤즈를 가난하고, 슬프며, 초라한 복장을 하고 있는 모습으로 그려도 우리는 크게 개의치 않을 것이다. 하지만 폐병이라니!" 보들레르에게서 폐병을 앓는 흑인 여자. "근처에 골짜기가 하나 파였는데,/거기서 소녀 하나가 항상 누더기를 빨고 있다"(「나의 뮤즈」, 1권, 93페이지)와 같은 시구에서 우리는 생트뵈브가 혁신을 어떻게 구상했는가를 간파할 수 있는데, 자살에 대한 다음과 같은 공상에서도 그것을 포착할 수 있다. "몇몇 지방 사람들이/ …… /바보 같은 얘기에 조소를 섞어/나의 검은 유해에 대해 오랫동안 수다를 떨다가/마침내 그것을 손수레

로 묘지로 옮길 것이다"(「계곡의 구멍」, 1권, 114페이지).　　　[J 51, 2]

생트뵈브가 생각하는 자기 시의 특징. "나는 …… 나만의 방식으로 독창적이려고, 즉 소박하고 부르주아적이려고 …… 노력했으며 …… 사생활에 속한 것들은 그것들 나름의 이름으로 부르려고 했으나 규방보다는 초가집이 더 좋다."『조제프 들로름의 생애, 시, 사상』, 파리, 1863년, 1권, 170페이지(「사상, 19」).　　　[J 51, 3]

생트뵈브에게서 감수성의 기준. "우리나라 시인들이 …… '로맨틱한 작은 숲' 이나 '우수에 젖은 호수' …… 라고 말하지 않고 그냥 '녹색의 작은 숲' 이나 '푸른 호수' 와 같이 말하게 된 이래 스타엘 부인의 제자들과 주네브파 사이에 경계심이 퍼져나갔다. 그리고 벌써 새로운 물질주의의 침략에 항의하는 목소리가 들려오고 있다. ─ 특히 단조로움을 싫어해서 나뭇잎이 녹색이라든지, 파도가 파랗다고 하는 식의 표현은 너무 쉽고 단순한 것으로 여기게 되었다. 아마 이 점에서 회화적인 것에 반대하는 자들은 자기 자신에게 속고 있는 것이리라. 나뭇잎은 사실 항상 녹색이 아니며, 파도도 항상 푸른 것만은 아니다. 오히려 자연에서는 …… 엄밀한 의미에서의 녹색도 파란색도 빨간색도 찾아볼 수 없다. 사물의 자연적인 색은 이름 없는 색인 것이다. …… 회화적인 것이란 텅 비어버릴 수 있는 그림물감 상자가 아니다." <생트뵈브, 『조제프 들로름의 생애, 시, 사상』, 파리, 1863년>, 166/167페이지, 「사상, 16」.　　　[J 51, 4]

"12음절 시구는 …… 일직선에다 딱딱하지만 번쩍번쩍 빛나는 금색의 핀셋과 상당히 닮았다. 그것은 외진 구석을 뒤지기 위한 것이 아니다. ― 현대시는 얼마간 곤충처럼 마디마디 나뉘어져 **연결되어** 있으나 곤충과 마찬가지로 날개가 있다.”『조제프 들로름의 생애, 시, 사상』, 파리, 1863년, 1권, 161페이지(「사상, 9」). [J 51a, 1]

조제프 들로름의 「사상, 6」에는 현대의 12음절 시구의 실례이자 선구자들로서 로트루,[243] 셰니에, 라마르틴, 위고, 비니의 일군의 시가 묶여 있다. 그는 ‘충족, 거대함, 충만함’을 이들의 시의 공통점으로 보고 있다. 전형적인 예는 다음의 로트루의 시구이다. “내가 직접 보았다. 평온하게 보이는 그들[그리스도교도들]이/**청동의 수소들 안에서 하늘을 향해 노래하는 것을**”(154페이지). [J 51a, 2]

“앙드레 셰니에의 시는 …… 어떤 의미에서는 풍경화로, 라마르틴이 이 풍경화의 하늘을 만들었다.”「사상, 8」, 『들로름』, 1권, 159/160페이지. [J 51a, 3]

생트뵈브는 1829년 2월의 「서문」에서 조제프 들로름의 시에 다소 정확한 사회적 지표를 부여하고 있다. 그는 들로름이 명문가 출신이라는 것도 중시하지만 그보다는 그의 빈곤과 그로 인해 당한 굴욕을 더 중시한다. [J 51a, 4]

나의 의도는 보들레르가 얼마나 19세기에 깊이 자리 잡고 있는가를 밝히려는 것이다. 그가 19세기에 남긴 흔적을 어떤 돌이 수십 년 동안 한곳에 있다가 어느 날 어딘가로 굴러갈 때 남기는 흔적처럼 분명하게, 있는 그대로 드러낼 것. [J 51a, 5]

보들레르의 독특한 중요성은 그가 최초로 그리고 가장 단호하게 자기 소외된 인간을 이 말의 이중적인 의미에서 — 즉 그러한 존재를 인지하는 동시에 그처럼 물상화된 세계에 맞서 그를 무장시켰다는 의미에서 — 사물에 구속된 상태ding-fest gemacht로 파악했다는 점에서 찾을 수 있다.[244]   [J 51a, 6]

보들레르적 의미에서 그리고 그가 살던 세기에 현대성에 형태를 부여하는 것만큼 고대 영웅의 사명에 근접하는 것은 없다. [J 51a, 7]

「1846년 살롱」(『작품집』, 2권, 134페이지)에서 보들레르는 자신이 속한 계급을 복장을 통해 묘사했다. 이러한 묘사를 통해 영웅성은 그것을 묘사하는 자에게 있지 결코 주제에 있지 않다는 것이 분명해진다. '현대적 삶의 영웅성'은 궤변 혹은 — 이렇게 말할 수 있을지 모르지만 — 완곡어법이다. 보들레르가 결코 벗어날 수 없었던 죽음의 관념은 그가 한 번도 가져보지 못한 지식을 만들기 위해 준비된 빈 주형이다. 영웅적 현대성이라는 그의 개념은 아마 무엇보다 먼저 이것, 즉 무시무시한 도발이었을지도 모른다. 도미에와의 유사성.

[J 52, 1]

보들레르의 가장 진실된 포즈gustus는 결국 휴식 중인 헤라클레스보다는 화장을 지운 무언극 배우의 포즈이다. 이러한 포즈는 운율 구조의 느슨함에서 다시 발견되는데, 이것을 그의 작시법ars poetica의 가장 소중한 요소로 보는 평론가들도 일부 있다.   [J 52, 2]

1866년 1월 15일자 편지. 『파리의 우울』에 대해. "마침내 저도 가까운 시일 안에 산책 도중에 만난 사건 하나하나에 음유시인적인 사유를 연결시키는 새로운 조제프 들로름을 보여줄 수 있으리라는 희망을 갖고 있습니다." 샤<를> 보<들레르>, 『서간집』, 파리, 1915년, 493페이지.[245]   [J 52, 3]

1866년 1월 15일 생트뵈브에게. "『조제프 들로름』의 몇 군데에는 류트, 리라, 하프, 여호와라는 단어가 너무 자주 나온다는 생각입니다. 파리를 노래한 시와는 어울리지 않습니다. 게다가 당신은 그것들을 모두 파괴하기 위해 등장한 것입니다."[246] Ch. B., 『서간집』, 파리, 1915년, 495페이지.   [J 52, 4]

보들레르가 단시, 특히 소네트에 대한 자기 이론을 설명하기 위해 1860년 2월 19일[247] 아르망 프레즈에게 보낸 편지에서 인용하고 있는 한 이미지는 다른 어떠한 서술보다도 더 메리옹의 하늘이 어떻게 보이는지를 압축적으로 보여준다. "지하실의 채광 환기창을 통해, 아니면 두 개의 굴뚝이나 인공 암벽들 사이로, 아니면 아케이드를 통해 하늘의 일부를 흘끔 볼 때가 산 위에서 보는 거대한 파노라마보다 무한에 대해 한층 더 깊은 생각을 가져다준다는 걸 알고 계십니까?" Ch. B., 『서간집』, 파리, 1915년, 238/9페이지.   [J 52, 5]

「외국의 몇몇 풍자화가들」 중 피넬리[248]에 관해. "누군가 신조어를 창조하기를, 이러한 종류의 모든 퐁시프[249]를, 예술가의 생활만이 아니라 작품 속에도 파고들어 태도나 행동 속에서 쉽게 찾아볼 수 있게 된 퐁시프를 고사시키게 될 운명을 가진 말을 만들어내길 바란다." Ch. B., 『작품집』, 2권, 211페이지.   [J 52, 6]

보들레르에게서 알레고리 개념의 사용이 항상 아주 확실한 것은 아니다. "아무리 조바심이 나도 결코 흔들림이 없는 낚시꾼의 낚싯줄과 팔 사이에 집을 만들고 있는 거미의 …… 알레고리." Ch. B., 『작품집』, 2권, 204페이지(「외국의 몇몇 풍자화가들」).   [J 52a, 1]

"천재는 결국 인정받는다"는 말에 대한 반대. Ch. B., 『작품집』, 2권, 203페이지(「외국의 몇몇 풍자화가들」).   [J 52a, 2]

가바르니[250]에 대해. "문인이 모두 그렇듯, 문인이었던 그도 얼마간 부패에 물들어 있다." Ch. B., 『작품집』, 2권, 199페이지(「프랑스의 몇몇 풍자화가들」).   [J 52a, 3]

「프랑스의 몇몇 풍자화가들」 중 콜레라를 그린 도미에의 데생에 대해. "파리의 하늘은 대재해나 정치적 대혼란을 겪을 때면 어김없이 나타나는 역설적인 관례대로 맑게 개어 있다. 구름 한 점 없이 맑으며 폭염이 작열하고 있다. …… 광장은 사람의 모습 하나 찾아볼 수 없이 펄펄 끓고 있다. 사람들로 가득 찼던 광장이 폭동 때문에 적막해졌을 때보다도 더 황량하다." Ch. B., 『작품집』, 2권, 193페이지.   [J 52a, 4]

1830년 3월 15일자 『글로브』에서 뒤베르지에 드 오란은 『위로』에 대해 이렇게 지적하고 있다. "포실리포 언덕[251]이 불르바르 당페르만큼 생트뵈브의 창작욕을 자극한 것은 아닌지 의심스럽다"(<생트뵈브, 『위로』, 파리, 1863년>, 114페이지에서 인용).   [J 52a, 5]

『조제프 들로름』과 『위로』에 대한 파르시의 비판. 이 글을 쓴 직후 7월 혁명에 참가한 이 투사는 투쟁 중에 쓰러졌다. "음탕함도 우리를 사로잡고 있는 열렬한 원리에 대한 열광이고 대담한 철학일 때는 시적일 수 있지만, 남몰래 하는 방탕이나 파렴치한 고백일 경우에는 그럴 수 없다. 이러한 상태는 항상 소박하게 결연한 자세로 걸어가야 하며, 열광을 또는 정념의 깊은 비탄을 필요로 하는 시인에게는 어울리지 않는다." 원고, J. A. 생트뵈브 편집, 『위로』, 『8월의 단상』, 파리, 1863년, 125페이지.   [J 52a, 6]

파르시의 생트뵈브 비판에서. "군중이 그에게 견디기 힘든 존재라고 한다면 공간의 광대함은 이보다 훨씬 더 그를 짓누른다. 전혀 시적이지 않은 상황이다. 그는 자연의 모든 것을 지배하고, 자연에 귀 기울이고, 자연을 이해하고, 자연의 장대한 광경을 있는 그대로 표현할 수 있을 정도의 자부심이나 너그러움을 보여주지 못했다." 이러한 비판에 생트뵈브는 '맞는 말이다'라고 결론을 내렸다(126페이지). J. A. 생트뵈브, 『위로』, 『8월의 단상』, |『생트뵈브 시집』, 2부|, 파리, 1863년, 125페이지.   [J 52a, 7]

장편소설Roman은 하나도 남기지 않음으로써 보들레르의 전 작품oeuvre은 문학적으로뿐만 아니라 도덕적 중요성까지 얻게 되었다.   [J 52a, 8]

중세의 알레고리들이 신들에 대한 추상追想Andenken인 것과 거의 흡사하게 보들레르에게서 그러한 역할을 할 수 있는 정신적 능력은 인간에 대한 '추상'이다. "보들레르는 19세기 인간에게 주어질 수 있던 유일한 내적 경험, 즉 회한을 주제로 삼았다"고 클로델은 언젠가 쓴 적이 있다.[252] 하지만 이것은 사태를 너무 장밋빛으로 보는 것이다. 회한 또한 이전에 성별화聖別化된 다른 내적인 경험들과 마찬가지로 사멸해버렸다. 보들레르에게 회한은 단지 하나의 추상일 뿐이다. 후회막급이나 미덕, 희망이나 심지어 고뇌와 마찬가지로 말이다. 이것들은 돌연 '음울한 무관심'[253]에 자리를 양보하는 순간 추월당하고 만다.   [J 53, 1]

보들레르는 1850년 이후 예술을 위한 예술 이론에 몰두하게 되는데, 알레고리를 시작詩作의 테두리로 만든 순간부터 있던 초연한 태도를 분명하게 받아들였다. 예술을 실존의 총체성 범주로 사용하는 것을 단념했던 것이다.   [J 53, 2]

손에 쥐어진 파편에 화들짝 놀란 듯한 시선을 떨구는 명상가는 알레고리가가 된다.   [J 53, 3]

시인으로서 보들레르가 자신이 설정한 계율, 통찰, 터부를 얼마나 철저하게 존중해야 했는지를, 그리고 다른 한편으로 그의 시 창작 작업의 과제가 얼마나 엄밀하게 규정되어 있었는지를 떠올려보면 보들레르의 영웅적인 면모가 떠오를 것이다. 보들레르의 시집만큼 시인이 시인으로서 우쭐대지 않으며 그러나 동시에 강력한 모습으로 등장하는 시집도 없다. 그가 반복해서 단테와 비교되는 이유 중의 하나를 여기서 찾을 수 있다.   [J 53, 4]

보들레르가 그토록 후기 라틴 문학, 특히 루카누스에게 매료된 이유는 이 문학이 신들의 이름을 알레고리적으로 사용한 용법에 있는 것 같다. 그러한 알레고리적 용법에 대해서는 우제너가 논하고 있다.[254]   [J 53, 5]

루카누스에게 있어 무시무시한 것: 테살리아의 마녀 에리크토, 사자死者 모독(<「내란」>, 5권, 507~569행), 폼페이우스의 머리에 대한 모독(8권, 663~691행), 메두사(9권, 624~653행).   [J 53, 6]

    '낭만주의의 낙일落日'[255]
    ─ 알레고리로서의 풍경.   [J 53, 7]

고대와 그리스도교가 알레고리적 시선의 역사적 테두리를 규정한다. 이 양자는 최초의 알레고리적 경험, 즉 중세 성기盛期의 알레고리적 경험에 영구적인 흔적을 남기고 있다. "알레고리적 시선의 기원은 죄에 시달리는 자연physis과 ─ 그리스도교가 이를 대변한다 ─ 판테온 속에 체현되어 있는 이보다 더 순결한 자연, 즉 신들의 자연natura deorum의 대결에서 찾을 수 있다. 르네상스와 더불어 이교도적인 것이, 반종교개혁과 더불어 그리스도교적인 것이 새롭게 되살아나자 양자의 대결 형태인 알레고리도 혁신되어야 했다"(<발터 벤야민>, 『독일 비극의 기원』, 1928년, 226페이지). 보들레르의 경우 이러한 정식을 뒤집으면 사태에 좀더 가까이 다가갈 수 있다. 그에게는 알레고리적 경험이 일차적인 것이었다. 그는 고대 세계뿐만 아니라 그리스도교적 세계에서도 자기의 시작詩作에서 ─ 고유한 실질 substrat sui generis을 가진 ─ 그러한 일차적 경험을 활용하는 데 필요한 것만 전유專有했다고 말할 수 있을 것이다.   [J 53a, 1]

배 혹은 자동 완구에 대한 집착은 보들레르에게서는 아마 불신, 그가 보기에 유기적인 세계가 불신되고 있다는 것을 보여주는 또다른 표현일 뿐이다. 여기서 새디스트적인 영감을 분명하게 볼 수 있다. [J 53a, 2]

"멜로드라마에 나오는 모든 불신자들, 즉 저주받고 영겁의 정죄를 받았으며, 숙명적으로 귀를 찢는 듯한 웃음소리가 두드러지는 자들은 모두 웃음의 순수한 정통성 안에 있다. …… 웃음은 악마적이다. 따라서 철저하게 인간적이다." Ch. B., 『작품집』, 2권, 171 페이지(「웃음의 본질에 대해」). [J 53a, 3]

몽상에 잠겨 있는 사람을 그러한 침잠의 심연에서 끌어내는 것이 충격이다. 중세의 성인전들은 인간의 한계를 넘어서는 지혜를 구하다 마술에 빠지게 된 사람들의 전형적인 충격 체험을 '지옥의 조소'로 인용하고 있다. "이 조소로 인해 물질의 침묵은 …… 극복된다. 바로 웃음 속에서 물질은 극히 기이한 분장을 하고 지나칠 정도로 넘쳐나는 정신성을 띠게 된다. 언어를 훨씬 넘어설 정도로 정신적인 것이 된다. 물질은 더욱 고양되어 결국 날카로운 웃음이 될 것이다" (『기원』, 227페이지). 이처럼 귀에 거슬리는 웃음은 보들레르의 특징을 잘 보여줄 뿐만 아니라 그의 귀에 집요하게 맴돌며 그를 계속 사고하게 만들기도 했다. [J 53a, 4]

웃음이란 산산조각 난 발음이다. [J 54, 1]

보들레르와 포는 이를 공유하고 있다. 이미지 기피와 경악surprise

이론에 대해. "알레고리들이 고리타분해지는 것은 사람을 놀래키는 성격이 알레고리의 본질을 이루고 있기 때문이다"(『독일 비극의 기원』). 바로크 시기에 계속 알레고리적인 출판물이 출간된 사실은 일종의 이미지 기피를 나타낸다. [J 54, 2]

경직된 동요와 이미지의 기피에 대해. "이와 동일한 경향이 바로크 서정시에서도 특징적으로 나타난다. 바로크 서정시에서는 '앞으로 나아가는 움직임은 보이지 않으며 내부로부터의 팽창'만이 있을 뿐이다. 침잠하는 것에 저항하려면 알레고리적인 것은 항상 새롭고 그리고 갑작스럽게 전개되어야 한다." 『기원』, 182페이지(인용 부분은 프리츠 슈트리히로부터). [J 54, 3]

알레고리의 도식을 3중의 가상적인 성격에 따라 형이상학적으로 규정할 수 있다면, 즉 "금지된 것을 규명할 때의 …… 자유의 가상,[256] 신자들의 공동체를 이탈할 때의 ─ 자립성의 가상, 악의 공허한 심연에서의 ─ 무한의 가상"(『기원』, 230페이지)으로 규정할 수 있다면 보들레르의 시군 전체를 이러한 개요에 적용시키는 것만큼 쉬운 일도 없을 것이다. 「악의 꽃」 시군은 첫번째 성격을, 그리고 「반항」 시군은 두번째 성격을 나타낸다고 할 수 있다. 그리고 세번째 성격은 어렵지 않게 「우울과 이상」 시군에서 찾아볼 수 있을 것이다. [J 54, 4]

바로크 시대에 경직된 동요를 나타내는 이미지는 "골고다 언덕의 황량한 혼란에서 찾아볼 수 있는데, 그것은 당시의 수많은 동판화나 묘사에 등장하는 알레고리적인 형상들의 도식에서 찾아볼 수"

(『기원』, 232페이지) 있다.   [J 54, 5]

「가을의 소네트」에 들어 있는 다음 시구를 보면 보들레르의 성마름의 정도를 알 수 있다. "태곳적 짐승들의 순박함을 빼놓고는/모든 것이 성가신 내 마음은."   [J 54, 6]

텅 빈, 실체가 사라진 체험. "끝으로 우리는 …… /리라의 자랑스러운 사제司祭,/ …… /목마르지도 않으면서도 마시고, 배고프지 않으면서도 먹었다!"「자정의 심문」.²⁵⁷⁾   [J 54, 7]

예술은 알레고리적 고찰 속에서는 말 그대로 노골적이며 엄격한 모습으로 나타난다.

> "준엄한 심판의 무서운 날이
> 닥쳐왔을 때
> 자비로운 심판을 받을 양이면,
>
> 수확물로 가득한 광을
> 심판관에게 보여야 하고
> 천사들이 가상嘉尙할 빛과 모양의
> 꽃들을 보여야 하리."

「몸값」.「밭 가는 해골」과 비교할 것.   [J 54, 8]

'시간의 기묘한 절단'에 관해,「경고자」의 마지막 연.

> "무엇을 꾸미건, 무엇을 바라건,
> 인간은 한시도 살 수가 없다.

이 성가신 독사란 놈의

경고를 받지 않고는."

「시계」, 「파리의 꿈」과 비교할 것.   [J 54a, 1]

웃음에 대해.

"감옥에 가득 찬 웃음소리에 취해

그의 이성은 기괴와 허망으로 이끌려 간다."

「외젠 들라크루아의 '옥중의 타소'에 부쳐」

"그의 웃음은, 그들을 태우나

우리를 얼게 하는 알렉토의

햇불 아래 비추인 멜모스나

메피스토의 찡그린 상이 아니었다."[258]

「오노레 도미에 씨의 초상을 위한 시」.   [J 54a, 2]

「베아트리체」의 구름으로부터의 조소.

"나는 거룩한 교향곡 속에

잘못 섞여든 불협화음이 아닌가?

나를 뒤흔들고 깨물어 뜯는

게걸스런 빈정거림 덕분에."

「스스로를 벌하는 사람」.   [J 54a, 3]

「아름다움」은 — 경직성을 보여준다. 그러나 알레고리가의 시선
이 주목하는 동요를 나타내지는 않는다.   [J 54a, 4]

물신에 관해.

"윤 나는 두 눈은 어여쁜 광석,

상징적인 야릇한 성질 속에

순결한 천사와 고대의 스핑크스 한데 섞이고

금과 강철, 빛과 금강석 한데 어울려,

쓸모없는 별처럼 영원히 반짝이는 건

아기 못 낳을 계집의 싸늘한 위엄."

「…… 옷을 입고 ……」.[259]   [J 54a, 5]

"언제까지나! 변함없이! 내 손은 그대의 무거운 갈기 속에

루비나 진주나 사파이어를 부리리라.

내 소원에 그대 결코 귀를 막지 않도록!"

「머리카락」.   [J 54a, 6]

보들레르는 수도에 사는 폐병쟁이 흑인 여자[260]를 마중 나감으로
써 살방디의 부탁으로 튀니스 행 배에 오른 뒤마보다도 프랑스의 식
민지 제국의 진상을 훨씬 더 깊이 이해할 수 있었다.   [J 54a, 7]

제2제정기의 사회.

"우쭐대는 망나니, 흐느끼는 순교자,

피로써 양념 치고 향내 내는 잔치,

전제 군주를 거세하는 권력의 독약,

그리고 윽박지르는 채찍을 사랑하는 백성들."

「여행」.   [J 55, 1]

구름. 「여행」, 4연 3절 참조.   [J 55, 2]

가을의 모티브. 「원수」, 「뜻밖의 일」, 「언제나 이대로」를 참조.
                                                                [J 55, 3]

「악마 연도連禱」의 악마는 '황천의 대왕' 이다. ─
          "금은의 노다지 파묻혀 잠자는
          깊은 보고寶庫를 밝은 눈으로 알아내는 그대."   [J 55, 4]

「아벨과 카인」과 관련해 그라니에 드 카사냐크의 하등 인간 이론.
                                                                [J 55, 5]

알레고리에 대한 그리스도교적 규정에 대해. 알레고리는 「반항」
에서는 아무 역할도 하지 않는다.   [J 55, 6]

알레고리에 관해. 「에로스와 해골: 구식의 장말章末 장식 컷」, 「알
레고리」, 「환상적인 판화」를 참조.   [J 55, 7]

          "하늘은 화창하고 바다는 잔잔했다.
          그러나 그 후부터, 아 슬프다! 모든 것이 내게는
          어둡고 피투성이, 그리고 두꺼운 수의에나 싸인 듯,
          내 마음은 알레고리 속에 파묻히고 말았다."
「시테르 섬으로의 여행」.   [J 55, 8]

          "나는 주역처럼 신경을 긴장시키고"

「일곱 늙은이」.   [J 55, 9]

영원히 동일한 것에 관해서는 「일곱 늙은이」를 참조. 뮤직홀의
여자 댄서들.   [J 55, 10]

알레고리의 목록: 예술, 사랑, **쾌락**, **후회**, **권태**, 파괴, 지금, 시간,
죽음, **공포**, 슬픔, 악, 진리, 희망, 복수, 증오, 존경, 질투, 사념.
                                                            [J 55, 11]

「건질 수 없는 것」 — 상징Emblem의 목록.   [J 55, 12]

알레고리들은 이 세기에 사람들이 하게 된 경험을 갖고 상품이
만들어내는 것을 대변한다.   [J 55, 13]

수면욕. "나는 정열을 미워한다/그리고 정신은 나를 아프게 한다"
「가을의 소네트」.   [J 55, 14]

    "더부룩이 우거진 ⋯⋯

    ⋯⋯ 이 거대한 머리칼의 진정한 형제, 너처럼 짙다

    별도 없는 밤, 어두운 밤이여!"
「얼굴이 주는 기대」.   [J 55, 15]

    "그의 넋이 빠져든 어지러운 층계를"
(「외젠 들라크루아의 '옥중의 타소'에 부쳐」).   [J 55, 16]

786

보들레르가 후기 라틴 문학에 대해서 느끼는 친근감은 중세 성기에 최초로 개화한 알레고리적인 것에 대한 그의 정열과 관련이 있을 것이다.   [J 55, 17]

보들레르의 사유의 힘을 철학적 여담을 기준으로 판단하려는 것 — 쥘 르메트르는 그렇게 하고 있다[261] — 은 오류이다. 보들레르는 철학자로서는 별로였으며 예술 이론가로서는 그보다 조금 나은 정도였다. 단 명상가로서는 비할 데 없이 탁월했다. 그의 모티브는 명상가에게서 전형적으로 나타나는 대로 스테레오 타입을 이루고 있다. 방해물을 물리칠 때의 단호함, 언제라도 이미지를 사유에 도움이 될 수 있도록 준비해두는 것이 그것이다. 명상가는 알레고리에 정통해 있다.   [J 55a, 1]

몇몇 기본적인 상황이 반복해서 보들레르를 매혹시킨 것은 멜랑콜리 증후군 중의 하나라고 할 수 있다. 그는 적어도 한 번은 주요 모티브 중의 하나로 돌아가야 한다는 강박관념에 사로잡혀 있었던 것 같다.   [J 55a, 2]

보들레르의 알레고리에는 그를 둘러싸고 있는 세계의 허울뿐인 조화를 붕괴시키는 데 필요한 폭력(성)의 흔적이 도사리고 있다.
                                                    [J 55a, 3]

경직된 동요는 블랑키의 세계관에서 우주의 상황 그 자체가 된다. 따라서 세상의 흐름은 하나의 거대한 알레고리로 나타나게 된다.
                                                    [J 55a, 4]

그런데 경직된 동요라는 표현은 아무런 발전도 없는 보들레르의 인생관을 환언한 말이다.   [J 55a, 5]

극히 세련된 감(수)성과 극히 집중된 명상 사이에 어떤 긴장 관계가 느껴지는 것이 보들레르의 특징이다. 이론적으로 이것은 만물조응설과 알레고리에 대한 편애에 반영되어 있다. 보들레르는 이 양자를 어떤 식으로든 관련시키려는 시도는 한 번도 하지 않았다. 그러나 양자는 관련되어 있다.   [J 55a, 6]

비참과 공포는 보들레르에게서는 알레고리적 시선에서 테두리를 마련하고 있지만 롤리나에게서는 특정한 장르의 주제가 된다(이 장르의 '예술의 아지트'는 카페 '검은 고양이'였다. 「살인자의 술」과 같은 시에서 이 장르의 모델을 찾을 수도 있을 것이다. 롤리나는 카페 '검은 고양이'의 붙박이 시인 중의 하나였다).   [J 55a, 7]

「웃음의 본질」에는 악마적으로 웃는 사람에 대한 이론이 들어 있다. 보들레르는 이 에세이에서 심지어 웃음은 근본적으로 악마적인 것이라고 주장하는 데까지 나아가고 있다. 당시 사람들은 그가 웃는 독특한 방식은 왠지 무시무시했다고 증언하고 있다.   [J 55a, 8]

알레고리적 의도에 포착된 것은 일상적인 삶의 연관에서 분리된다. 즉 분쇄되는 동시에 보존된다. 알레고리는 잔해를 붙잡는다. 보들레르의 파괴 충동은 손안에 들어오는 것을 폐기하는 것에는 일절 관심이 없다(그러나 「반항」을 참조하라[J 55, <6>]).   [J 56, 1]

바로크적 알레고리는 사체를 오직 외부로부터만 보지만 보들레르는 그것을 내부로부터 연상시킨다.   [J 56, 2]

보들레르가 신화를 비방하는 것을 보면 중세의 성직자를 연상시킨다. 그는 특히 볼이 포동포동한 큐피드를 싫어했다. 이러한 현상에 대한 혐오감은 베랑제에 대한 증오와 같은 뿌리를 갖고 있다.
                                                    [J 56, 3]

보들레르는 예술의 작업장 그 자체를 [혼란의 장]으로, 알레고리들이 종종 대변하는 '파괴의 도구' <로> 간주한다. 보들레르가 『악의 꽃』, 3판의 「서문」으로 계획하고 있던 노트에는 다음과 같은 구절이 있다. "협잡의 메커니즘을 …… 대중에게 폭로할 것인가? …… 대중에게 온갖 누더기와 화장과 도르래와 쇠사슬, 수정의 흔적과 지저분한 교정쇄를, 한마디로 말해 예술의 신전을 이루고 있는 온갖 끔찍스러운 것을 보여줄 것인가?" Ch. 보들레르, 『전집』, 1권, 582페이지.
                                                    [J 56, 4]

무언극 배우로서의 보들레르. "백지처럼 순결하고, 물처럼 담백하고, 영성체를 하고 있는 여인처럼 경건하고, 희생양처럼 무해한 나는 난봉꾼, 주정꾼, 불신자, 살인자로 간주된들 불쾌해하지 않으리." Ch. 보들레르, 『전집』, 1권, 582페이지(『악의 꽃』, 「서문」 초고에 대한 연구).
                                                    [J 56, 5]

『악의 꽃』과 『소 산문시』의 발표를 위해서만 해도 보들레르는 신문은 제쳐두고라도 25개가 넘는 잡지사에 알아본다.   [J 56, 6]

여성의 육체에 대한 바로크적 상술詳述:「아름다운 배」. 이것과 반대되는 것이 「그녀는 온통」이다.   [J 56, 7]

「고백」에서의 알레고리.
> "사람들 마음 위에 집을 세우는 것은 바보짓거리.
> 사랑도 미움도 모조리 깨져버린다.
> 마침내는 망각이 치롱 속에 집어던져
> 영원의 손에 돌려줄 때까지는!" 262)   [J 56, 8]

물신.
> "저주받은 존재여, 그윽한 나락에서
> 천국 꼭대기에 이르기까지 나밖에 또 누가 그대에게 답해주겠나!
> ......
> 흑옥 같은 눈동자의 우상이여, 청동 같은 이마의 대천사여!"
「그대에게 이 시구를 바치노라」. 263)   [J 56, 9]

> "미켈란젤로, 흐릿한 곳, 보아하니
> 그리스도의 무리 헤라클레스의 무리와 어울리고."
「등대」.   [J 56a, 1]

> "수천의 미로에서 되울려 오는 메아리 소리."
「등대」.   [J 56a, 2]

「돈에 팔리는 뮤즈」는 보들레르가 종종 시의 발표를 어느 정도

로 일종의 매음으로 보는지를 보여준다. [J 56a, 3]

"그대 가슴 속에 굳센 사상이 언제나 찾아들고
그대 기독교도의 피가 고동쳐 흐르기를."
「병든 뮤즈」. [J 56a, 4]

보들레르의 경우 그가 자기 계급을 배반했다는 것을 있는 그대로 보여주는 결정적인 증거는 정부 보조금을 절대 신청하지 않는 결벽증보다는 그가 저널리즘의 기질과 맞지 않는 데서 찾을 수 있다. [J 56a, 5]

알레고리는 예술과 마찬가지로 삶도 파편화와 잔해의 징후 속에서 바라본다. 예술을 위한 예술은 예술의 왕국을 세속적 삶의 바깥에 세운다. 양자 모두 조화로운 총체성이라는 이념을 포기하는 것에서 공통점을 찾을 수 있는데, 독일 관념론 학설뿐만 아니라 프랑스의 절충주의 학설에 따르면 예술과 세속적 삶은 상호 침투되는 것이다. [J 56a, 6]

포의 군중 묘사에 대해. 그것은 혼란스런 것에 대한 묘사가 혼란스러운 묘사와 동일하지 않다는 것을 보여준다. [J 56a, 7]

[남성의 성]의 이러한 갈보리 언덕에 있는 역참 하나하나를 꽃이 장식하고 있다. 그것이 바로 악의 꽃이다. [J 56a, 8]

『악의 꽃』은 유럽 전역에 파장을 미친 마지막 시집이다. 이전의

것으로는 오시안[264]과 하이네의 『노래의 책』이 있다.　　　[J 56a, 9]

고도 자본주의에서의 상품 생산의 변증법. 제품의 새로움에는 —
수요의 자극제로서 — 전례 없는 의미가 부여된다. 동시에 영원히 동
일한 것이 대량 생산의 형태로 나타난다.　　　[J 56a, 10]

블랑키의 우주론에서는 모든 것이 별을 중심으로 움직이고 있다.
그러나 보들레르는 자기 세계에서 별을 추방하고 있다.　　[J 56a, 11]

멀리 있는 것의 마력에 대한 포기가 보들레르 서정시의 결정적
요소이다. 이것은 「여행」의 1연에 탁월하게 표현되어 있다.
　　　[J 56a, 12]

보들레르가 임신을 얼마간은 불공정 경쟁으로 보고 있는 것은 남
성이라는 성의 희생의 길 중의 하나이다. 다른 한편 성적 불능과 불
임 사이에는 연대 관계가 있다.　　　[J 57, 1]

보들레르가 무대의 배경 그림에 매료되었다고 말하는 구절 — 어
디지? [Q 4a, 4]를 참조.　　　[J 57, 2]

보들레르의 파괴 충동은 손안에 들어오는 것을 폐기하는 것에는
일절 관심이 없다. 이것은 그의 알레고리 속에서 표현되며, 그것이
알레고리의 퇴행적 경향의 조건을 이룬다. 그러나 다른 한편으로 알
레고리는 다름 아니라 바로 그러한 파괴적 열광 속에서 예술이든 삶
이든 모든 '기존 질서'로부터 생겨나는 가상을 추방해야 한다. 그러

한 질서를 미화해서 견딜 만한 것으로 만드는 총체성 또는 유기적 전체라는 가상을 말이다. 그것이 알레고리의 진보적 경향이다.

[J 57, 3]

인간이 현실에서 주어진 것보다 한층 더 순수하고 순진무구하며 정신적인 삶을 동경하면서 그에 대한 담보를 자연 속에서 찾으려고 할 때마다 대개 그러한 담보는 어떤 식물이나 동물에서 발견된다. 그러나 보들레르에게서는 그렇지 않다. 그러한 삶에 대한 그의 꿈은 모든 지상의 자연과의 연결을 끊고 구름으로 향한다. 그의 많은 시가 구름을 모티브로 하고 있다(「풍경」에서 파리를 미화하고 있는 것은 두말할 필요도 없다). 따라서 구름을 모독하는 것이 가장 무시무시한 모독이다(「베아트리체」).

[J 57, 4]

우울이라는 관점에서 보면 매장당한 자는 역사의 '초월적 주체'이다.[265]

[J 57, 5]

보들레르의 경제적 비참은 그의 수난의 한 요소이다. 그것은 그의 성적 비참함과 하나가 되어 후세에 전해진 그의 이미지에 결정적인 특징을 부여했다. 속죄로서의 보들레르의 수난.

[J 57, 6]

보들레르의 고독을 블랑키의 고독과 맞짝을 이루는 것으로 강조할 것. 블랑키도 < '>영원히 외로운 운명'을 갖고 있었다(『내 마음, 12』를 참조).

[J 57, 7]

포에게서의 군중의 이미지. 포나 보들레르의 시대처럼 대도시가

가하는 물리적 위험 ― 대도시 자체가 직면하게 되는 위험은 말할
것도 없이 ― 의 세목들이 아직 완전히 알려져 있지 않은 경우 대도
시의 이미지는 어떻게 보일까? 군중은 그러한 위험들에 대한 예감을
표현하고 있다.   [J 57, 8]

　　보들레르의 독자는 남성들이다. 그를 유명하게 만든 것도 남성들
이다. 그가 몸값을 주고 구출한 것도 남성들이다.[266]   [J 57, 9]

　　보들레르에게 만약 시인들이 통상 다루는 주제밖에 없었다면 그
는 시 같은 것은 쓰지 않았을 것이다.   [J 57a, 1]

　　성적 불능에 대해. 보들레르는 '자신의 성적 불능에 격분한 미치
광이' 이다. 여성의 성적 욕구를 충족시켜줄 수 없다는 고통을 보들
레르는 동시대인들의 정신적 욕구를 방해하는 쪽으로 전화위복시켰
다. 본인도 이러한 연관성을 의식하고 있었다. 그것을 가장 잘 보여
주는 것이 아마 그의 독특한 유머일 것이다. 반항아의 쓸쓸한 유머가
그것으로, 그것은 당시 이미 등장하고 있던 건달들의 스스럼없는 유
머와는 한순간도 혼동될 수 없는 것이었다. 이러한 유형의 반응은 극
히 프랑스적인 것이다. 따라서 그것을 가리키는 'la rogne' 라는 말
을 다른 언어로 번역하는 것은 쉽지 않다.[267]   [J 57a, 2]

　　현대성이 고대와 궁극적으로 그리고 가장 내밀하게 유사성을 보
이는 것은 일과성 속에서이다. 『악의 꽃』이 오늘날까지 변함없는 공
감을 얻고 있는 것은 대도시가 최초로 이 시에 등장하면서 비로소
부각된 도시 풍경의 특정 측면과 관련이 있다. 그것은 전혀 예상치

못하던 것이었다. 보들레르가 시에서 파리를 환기시킬 때마다 느껴지는 것은 이 대도시가 대단히 취약하고 붕괴하기 쉽다는 것이다. 도시의 삶을 소재로 잠에서 깨어나는 자가 흐느끼며 우는 모습을 그리고 있는「어슴 새벽」만큼 그러한 점을 완벽하게 묘사하고 있는 시도 없을 것이다. 그러나 이러한 측면은 많든 적든「파리 풍경」의 시군 전체에 공통적으로 나타나고 있다. 도시의 투명성 속에 들어 있는 것이다. 예를 들어 그것은「태양」에서 훌륭하게 부각되며「백조」의 루브르 궁전에 대한 알레고리적 환기에서도 모습을 나타낸다.[J 57a, 3]

무언극 배우 얼굴 같은 보들레르의 모습에 대해. 쿠르베가 전하는 바에 의하면 그는 매일 다른 얼굴을 하고 있었다고 한다.[J 57a, 4]

로망스어 계통의 민족들에게서는 감수성이 세련되어도 감각적 파악 능력이 저하되지는 않는다. 그러나 독일 민족의 경우 감각적 향유 능력을 갈고닦을수록, 즉 점점 더 세련시킬수록 일반적으로 파악 기술이 쇠퇴하는 대가를 치러야 한다. 여기서는 향유 능력이 섬세해지면 그만큼 농도를 잃는다(「넝마주이의 술」중의 '술통 냄새'를 참조).[268]   [J 57a, 5]

보들레르 같은 사람의 탁월한 향유 능력은 안락함Gemütlichkeit과는 전혀 무관하다. 이처럼 감각적 향유가 편안함과 근본적으로 양립 불가능한 것이야말로 진정한 감각 문화의 결정적 특징이다. 보들레르의 스노비즘은 편안함에 대한 괴벽스러운 거부이며, 그의 '악마주의'는 때와 장소를 불문하고 편안함을 방해하려는 확고한 결의이다.   [J 58, 1]

메리옹이 그린 파리의 거리들은 깊은 굴들로, 이러한 굴들 저 위로는 구름이 떠다니고 있다. [J 58, 2]

보들레르는 자기 시를 위한 자리를 마련하려고 했으며 이를 위해 다른 사람들을 밀어내야만 했다. 그는 운을 고전주의적으로 운용함으로써 낭만주의자들의 몇몇 시작詩作상의 자유의 가치를 떨어뜨리고, 몇몇 파|단|면을 도입함으로써 의고전주의적인 12음절의 구격句格²⁶⁹⁾을 평가 절하시켜버렸다. 간단히 말해 그의 시에는 경쟁자들을 몰아내기 위해 특별한 예방 조치가 포함되어 있다. [J 58, 3]

아마 시장 지향적인 독창성을 생각해낸 최초의 인물은 보들레르일 것이다. 바로 이 때문에 그것은 당시 다른 어떠한 독창성보다 더 독창적일 수 있었다. 퐁시프를 창조함으로써 보들레르는 경쟁에서 흔히 동원되는 방법을 도입하기에 이른다. 그가 뮈세나 베랑제를 비방하는 것이나 빅토르 위고를 흉내 내는 것 모두 이와 관련이 있다.
[J 58, 4]

군중이 개인과 맺는 관계는 거의 저절로 이 두 시인 ─ 위고와 보들레르 ─ 에게서 은유로서 전개되는데, 이를 통해 이 두 시인의 상이한 발상법을 파악할 수 있다. 위고는 말 자체를 이미지들과 마찬가지로 파도처럼 밀려오는 군중으로 제시한다. 이와 반대로 보들레르의 경우 말은 고독한 사람을 대변하는데, 분명 그도 군중 속으로 사라지지만 머지않아 그래도 주의 깊게 보는 사람에게는 뚜렷한 용모를 가진 인간으로 나타난다. [J 58, 5]

사후 경직에 빠진 세계에 대해 진보 운운해서 어쩌잔 말인가? 보들레르는 이처럼 사후 경직에 들어선 세계의 경험이 포의 작품에서 비할 데 없이 강력한 힘으로 묘사된 것을 발견했다. 이를 통해 포는 그에게 어느 누구와도 바꿀 수 없는 존재가 되었다. 즉 포는 보들레르의 창작 활동과 노력이 정당성을 가질 수 있는 세계를 묘사해놓았던 것이다.   [J 58, 6]

보들레르가 미적으로 수난을 당했다는 견해는 세상에 유포되어 있는 보들레르 론 대부분에 에피날 판화적인 이미지를 부여해왔다. 잘 알려진 대로 이들 판화에는 종종 성자전에 나오는 이미지들이 그려져 있다.   [J 58a, 1]

보들레르가 걸은 성적 불능이라는 수난의 길이 사회에 의해 미리 제시된 수난의 길이 된 데에는 그에 합당한, 역사적 정황이 있었다. 오직 그렇게 생각할 때만이 그가 노잣돈으로 이 사회가 쌓아놓은 보물 중에서 고가의 옛날 동전을 받은 것을 이해할 수 있다. 알레고리가 그것으로, 앞면에는 해골이, 뒷면에는 명상에 몰두해 있는 멜랑콜리의 모습이 새겨져 있다.   [J 58a, 2]

보들레르에게서 별이 나오지 않는 것이야말로 그의 서정시가 가상의 해체를 지향하는 경향을 갖고 있다는 것을 가장 분명하게 보여주는 지표이다.   [J 58a, 3]

보들레르가 고티에와 맺고 있는 관계를 푸는 열쇠는 두 사람 중 후배[?]가 자신의 파괴적인 충동은 예술에서도 불가침의 한계를 갖고 있지 않다는 것을 다소간 분명하게 자각하고 있는 사실에서 찾아야 한다. 실제로 그러한 한계는 알레고리적 지향에는 버틸 수 없다. 게다가 이미 뒤퐁의 기존의 실천에 포함되어 있던 예술 개념에 대한 비판에 그에 못지않게 극단적인 보들레르 본인의 비판이 상응하지 않았다면 보들레르는 뒤퐁 론을 거의 쓸 수 없었을 것이다. 이러한 경향을 보들레르는 고티에를 인용하는 것으로 성공적으로 얼버무려 버렸다. [J 58a, 4]

소크라테스가 아테네 시장에서 말벗으로 삼은 한가한 사람이 산책자 속에서 되돌아오고 있다고 말할 수 있을 것이다. 다만 소크라테스만 없을 뿐. 그리고 그가 빈둥거릴 수 있는 것을 보장해주던 노예 노동도. [J 58a, 5]

사창가에서의 매춘에 대해. 보들레르의 삶과 작품에서 금지된 형태의 성이 얼마나 중요했는지를 고려해볼 때 매음굴이 그의 사적인 문헌이나 작품에서 아무런 역할도 하지 않는 것은 주목할 만하다. 이 영역에서는 「노름」과 같은 시의 맞짝이 없다. 매음굴은 「의좋은 형제」에서 단 한 번 언급될 뿐이다.[270] [J 58a, 6]

'군중Menge'은 산책자에게 '대중Masse'을 감추는 베일이다.
[J 59, 2]

위고의 시가 |교령술에서 이야기되는| 말하는 테이블을 모티브로 택한 것보다는 오히려 그가 그러한 현상을 앞에 두고 시를 짓곤 했다는 것이 더 주목할 만한 가치가 있다. 망명 중인 위고에게는 헤아

798

릴 수 없는, 끊임없이 몰려오는 영계靈界가 대중을 대신한다. [J 59, 3]

알레고리에 대한 일차적인 관심은 언어적인 것이 아니라 시각적인 것이다. "그림들, 나의 커다란, 유일한, 처음부터의, 열정."271)

[J 59, 4]

당시의 대변자들이나 이후의 문학사가들이 예술을 위한 예술을 규명하기 위해 생각해낸 정교한 정리定理는 결국 감수성이 시의 진정한 주제라는 소박하고 단출한 명제에 이르게 된다. 감수성은 본성상 고통에 시달리게 되어 있다. 만약 이러한 감수성이 에로티시즘에서 최고로 구체화되거나 가장 풍부하게 규정될 수 있다면 감수성의 절대적인 완성 ― 그것은 미화와 겹쳐지게 되지만 ― 은 수난 속에서 발견될 것이다. 바로 그것이 '미적 수난' 이라는 개념을 규정할 것이다. 미적인 것이라는 개념은 여기서 키에르케고르의 에로스학 Erotologie이 이 개념에 부여한 것과 완전히 동일한 의미로 등장한다.

[J 59, 5]

예술을 위한 예술의 시학은 고스란히 『악의 꽃』의 미적 수난 속으로 흘러들어간다. [J 59, 6]

'후광aurélo의 상실' 272)은 무엇보다 먼저 시인에게 영향을 미쳤다. 시인은 **시장에** 몸소 자신을 드러내도록 강요받는다. 보들레르는 이러한 역할에 철저했다. 그의 유명한 허언증虛言症은 광고 책략이었다. [J 59, 7]

뵈이요가 묘사한 파리의 새로운 음울함은 남성의 복장의 음울함과 함께 현대성의 이미지의 본질적인 한 요소로서 무대에 등장한다.

[J 59, 8]

보들레르에게서 신비화는 매춘부들이 하는 거짓말처럼 악마를 쫓아내기 위한 일종의 마술이다.

[J 59, 9]

보들레르에게서 상품 형태는 알레고리적 직관 형식의 사회적 내용으로 나타난다. 형식과 내용은 양자의 종합인 매춘부에게서 하나가 된다.

[J 59, 10]

보들레르는 대량 생산품의 의미를 발자크만큼이나 명확하게 간파하고 있었다. 라포르그가 말하는 보들레르의 '아메리카니즘'의 가장 확고한 기반은 바로 여기에 있다. 그는 '퐁시프'를 창조하려고 했다. 르메트르는 보들레르에게 그가 성공했음을 확인해준다.

[J 59a, 1]

보들레르가 처한 상황에 대한 발레리의 성찰에 관해. 보들레르가 시 창작에서 경쟁 관계에 직면한 것은 중요하다. 당연히 시인들 간의 경쟁은 태곳적부터 있어온 것이다. 그러나 1830년경부터 그러한 경쟁은 공개된 시장에서 승부가 가려지게 되었다. 획득해야 하는 것은 귀족이나 군주, 성직자의 후원이 아니라 시장에서의 승리였다. 서정시에게 이러한 조건은 다른 형태의 시들에게보다 불리했다. 서정시의 양식이나 유파들의 해체는 시인 앞에 '대중'이라는 형태로 나타난 그러한 시장의 보완물이다. 보들레르는 어떠한 양식에도 의존하

800

지 않았으며 어떠한 유파도 갖지 않았다. 그에게는 |양식이나 유파가 아니라| 개인들과 경쟁하고 있다는 것이야말로 진정한 발견이었다.

[J 59a, 2]

『악의 꽃』은 병기창으로 간주될 수 있을 것이다. 보들레르의 몇몇 시는 다른, 이전에 쓰여진 시를 파괴하기 위해 쓰여졌다.[J 59a, 3]

보들레르만큼 파리를 불편해한 사람도 없었다. 알레고리적 지향은 사물과의 **어떠한** 친밀함과도 무관하다. 알레고리적 의도에서 사물과 접촉하는 것은 사물에 폭력을 가하는 것을 의미한다. 이러한 지향에서 사물을 인식하는 것은 사물을 투시하는 것을 의미한다. 알레고리적 지향이 지배하는 곳에서 습관은 일절 형성되지 않는다. 어떤 사물이 이해되는 순간 상황은 알레고리적 지향에 의해 배제된다. 알레고리에 있어 사물과 상황은 부인복 가게에서 새로운 디자인이 한물가는 것보다 더 빠른 속도로 낡은 것이 된다. 그러나 낡은 것이 된다는 것은 낯선 것이 된다는 것을 의미한다. 우울은 현재의 순간과 막 지나간 순간 사이에 몇 세기의 시간을 놓아둔다. 지치지 않고 '고대'를 만들어내는 것이 바로 이 우울이다. 그리고 실제로 보들레르에게서 현대란 '최신의 고대'에 다름 아니다. 그에게서 현대는 오직 그리고 주로 그의 감수성의 대상으로만 그치는 것이 아니다. 현대는 정복의 대상이다. 현대는 알레고리적 시선이라는 테두리를 갖고 있다.

[J 59a, 4]

고대와 현대(성) 사이의 교감이 보들레르에게서는 유일하게 구성적인 역사관이다. 경직된 테두리를 가진 이것은 모든 변증법적 역

사관을 배제한다.   [J 59a, 5]

『악의 꽃』, 「서문」의 초고에 나오는 "그러한 내용은 거의 없다"[273)는 문장에 대해. 한 번도 가정을 이루지 못했던 보들레르는 시 속에서 '친밀하다' 는 단어에 이 단어가 전에는 결코 가져보지 못한 깊은 의미와 약속으로 가득한 어조를 부여했다. 그것은 마른 풀을 가득 싣고 천천히 앞으로 나아가는 짐수레와 같은 것으로, 시인은 평생 동안 포기해야만 했던 모든 것을 이 수레에 싣고 헛간으로 옮기는 것이다. 「만물조응」, 「<길 가는> 집시」, 「집념」을 참조할 것.   [J 60, 1]

"온갖 것이, 공포마저도 매혹으로 변하는 길거리에서"[274)라는 부분에 관해. 포의 군중 묘사보다 이것을 더 정형적으로 보여주는 예도 찾기 힘들 것이다.   [J 60, 2]

"마음씨 갸륵한 하녀"[275)라는 시구에 대해. 예상과는 반대로 "당신이 **새암하던**" 이라는 표현에 강조가 주어지는 것은 아니다. 말하자면 '새암' 이라는 부분에서 목소리가 얼버무려진다. 여기서 이처럼 이미 오래 전에 사라져버린 상황이 얼마나 덧없는지를 알 수 있다.   [J 60, 3]

「우울, 1」에 대해. '죽을 운명mortalité' [276)이라는 말에 의해 통계국과 등기소로 가득 찬 도시는 알아맞히기 그림에서처럼 우울 속에 묻혀 있다.   [J 60, 4]

매춘부는 알레고리의 승리로 얻을 수 있는 최고가의 전리품이다.

802

― 죽음을 의미하는 삶이 그것이다. 이러한 성질은 아무리 해도 매춘부에게서 사들일 수 없는 유일한 것으로, 보들레르에게는 오직 그것만이 중요하다. [J 60, 5]

19세기 중반 예술 생산의 조건들이 바뀌었다. 이러한 변화는 최초로 상품 형태가 예술 작품에, 대중의 형태가 예술의 감상자들에게 결정적으로 부과된 데서 찾을 수 있었다. 금세기에 오인의 여지 없이 분명하게 확인되고 있듯이 이러한 변화에는 서정시가 특히 취약했다. 보들레르가 바로 이러한 변화에 한 권의 시집으로 대응한 것이야말로 『악의 꽃』의 독특한 특징Signatur을 이룬다. 그것이 그의 삶에서 찾아볼 수 있는 영웅적 태도의 최상의 사례를 보여준다. [J 60, 6]

보들레르의 영웅적 태도는 니체의 영웅적 태도와 흡사하다. 보들레르가 가톨리시즘을 즐겨 인용한 것은 사실이지만 그의 역사적 경험은 니체가 '신은 죽었다' 라는 말로 확인했던 경험이다. 니체에게서 이러한 경험은 '새로운 일은 더이상 일어나지 않는다' 라는 명제 속에 우주론적으로 투영되어 있다. 니체에게서는 영겁회귀가 강조되는데, 인간은 그것에 영웅적 평정심으로 맞서야 한다. 보들레르에게서 문제가 되는 것은 오히려 '새로움' 으로, 영웅적인 분투로 영원히 동일한 것에서 그것을 전취戰取해야 한다. [J 60, 7]

보들레르가 최초의 사람 중의 하나로서 겪은 역사적 경험은 ― 그가 마르크스의 세대에 속하는 것은 우연이 아니었다. 마르크스의 주저는 보들레르가 죽은 해에 출판된다 ― 이후 보다 일반적이며 지속적인 것이 되어간다. 1848년 6월 자본에 의해 모습을 드러낸 특징들은 이후 지배자들 속에 한층 더 선명하게 각인된다. 보들레르의 시에 익숙해지려고 할 때 부딪히는 특별한 어려움은 보들레르의 시에 쉽게 빠지는 것과 표리부동의 관계에 있다. 간단히 말해 그의 시에는 고리타분한 것이 하나도 없다. 바로 이러한 사실이 보들레르의 시를 다루는 대부분의 책의 특징을 규정해왔다. 문예란에서 쓸 것을 부풀려서 쓴 것일 뿐인 것이다. [J 60a, 1]

보들레르는 특히 말년에, 그리고 자기 책이 그다지 성공을 거두지 못한 것을 보고 점점 더 판매에 매진한다. 그는 자기 작품에 매달렸으며, 그렇게 함으로써 전에 본인이 생각했던 바 그대로 시인에게는 매음이 불가피하다는 것을 몸소 처절하게 입증해 보였다. [J 60a, 2]

보들레르에게서는 바로크 시인들에게서처럼 엄청난 상투형을 만날 수 있다. [J 60a, 3]

아우라의 쇠퇴와 관련해 대량 생산 내에서 한 가지 사실이 특히 중요한 의미를 갖는다. 이미지의 대량 복제가 그것이다. [J 60a, 4]

성적 불능은 보들레르의 고독을 이해하는 데 관건이 되는 형상이다. 심연이 그를 동료들과 분리시키고 있다. 그의 시가 말하고 있는 것이 바로 **이** 심연이다. [J 60a, 5]

포가 묘사하는 군중, 즉 급작스럽게 그리고 끊임없이 움직이는 군중은 특히 리얼하게 묘사되었다고 보아도 좋을 것이다. 포의 묘사는 그 자체들로 고차원적인 진리를 담고 있다. 거기서의 군중의 움직임은 자기 일에 열심인 사람들의 움직임이라기보다 그들이 작동시키는 기계들의 운동이라고 할 수 있다. 포는 먼 장래를 예측하면서 이러한 기계들의 리듬에 따라 군중의 행동거지와 반응의 양식을 만들어낸 것 같다. 아무튼 산책자는 이러한 태도를 공유하지 않는다. 오히려 방해만 될 뿐이다. 이렇게 보면 산책자의 아랑곳하지 않는 태도는 생산 과정의 속도에 대한 무의식적 항의에 다름 아닐 것이다([D 2a, 1] 참조). [J 60a, 6]

안개는 고독한 자에게 위로로 나타난다. 안개는 그를 둘러싼 심연을 메운다. [J 60a, 7]

보들레르의 아카데미 회원 입후보는 하나의 사회학적 실험이었다. [J 61, 1]

국민군 병사 마이외에서 가브로슈를 거쳐 넝마주이, 비를로크, 라타프왈에 이르는 일련의 전형들.[277] [J 61, 2]

보들레르의 알레고리적 시선은 동시대의 어느 누구로부터도 이해받지 못했으며, 따라서 결국 아무런 주목도 받지 못했다. [J 61, 3]

불시의 포고나 뜬소문의 유포, 뜬금없는 비난과 생뚱맞은 역설은 모두 제2제정의 국시raison d'état로, 이것들이 나폴레옹 3세의 특징이었다. 이것들은 또한 보들레르의 이론적인 글들의 특징이기도 하다. [J 61, 4]

빅토르 위고에게서 우주적 전율은 우울에 빠진 보들레르를 사로잡고 있는 적나라한 공포와는 아무런 유사점도 없다. 위고는 영계가 아주 편안하게 느껴졌다. 그것은 그의 가정생활의 보완물이었다. 가정생활 자체에서도 무서운 것이 없지는 않았던 것이다.   [J 61, 5]

「가을의 노래, 1」의 숨겨진 의미. 가을은 '지금은 가을이다!' 라는 짧은 문장에서 한 번 언급되고 말 뿐이며 바로 이어지는 구절은 이 계절이 시인에게는 죽음의 전조 이외의 다른 의미는 갖고 있지 않다는 것을 말해준다. 가을은 시인에게 아무런 수확도 가져오지 않는다.
[J 61, 6]

연금 수령자의 태도로 보들레르는 부단히 부르주아 사회의 모델을 시험했다. 그는 어머니에게 의존했는데, 그것은 일부러 그렇게 한 것이라고는 할 수 없어도 아무튼 그의 의지에 따른 것이었다. 거기에는 정신분석학이 역설하는 원인뿐만 아니라 사회적 원인도 있었다.
[J 61, 7]

미궁은 언제나 그래도 아주 일찍 목적지에 도착하는 사람을 위한 바른 길이다. 산책자에게는 시장이 그러한 목적지이다.   [J 61, 8]

목적지에 도착하길 마다하는 사람이 택하는 길은 미궁의 형태를 취하기가 쉽다. 산책자에게는 시장이 그러한 목적지이다. 자신들이 어디로 가고 있는지를 알고 싶어하지 않는 계급의 경우에도 마찬가지이다. 게다가 이 계급이 그러한 우회로를 맘껏 즐기는 것을, 그리하여 죽음의 전율을 쾌락의 전율로 대체하는 것을 막을 것은 아무것도

없다. 제2제정기의 사회가 그러했다. [J 61, 9]

보들레르가 관심을 가졌던 것은 가시적이고 단기적인 수요가 아니라 잠재적이며 장기적인 수요였다.『악의 꽃』은 그가 이러한 수요를 정확하게 평가하고 있었다는 것뿐만 아니라 그에 덧붙여 그러한 평가의 정확함은 시인으로서의 그의 중요성과 분리 불가능하다는 것도 함께 증명해주고 있다. [J 61, 10]

매음의 가장 큰 매력 중의 하나는 대도시의 등장과 함께 비로소 나타나는 것 같다. 그것이 군중 속에서 그리고 군중을 통해 작동하는 것이 그것이다. 군중이 등장해야 비로소 매음이 도시의 넓은 지역으로 확산될 수 있다. 이전에 매음은 집에 갇혀 있던 것은 아닐지라도 아무튼 몇몇 거리에 국한되어 있었다. 군중이 등장함으로써 비로소 이러한 성적 대상은 무수히 많은 형태의 유혹 속에 동시에 투영될 수 있게 되었다. 이처럼 무수한 형태를 그러한 성적 대상 자체가 만들어낼 수 있었다. 게다가 돈으로 살 수 있다는 것 자체가 성적 자극이 될 수 있었다. 이러한 자극은 여성의 풍부한 공급이 이들의 상품적 성격을 강조함에 따라 점점 더 커진다. 후일의 뮤직홀은 소녀 댄서들을 똑같은 옷을 입혀 광고함으로써 대도시 주민의 충동적 삶에 대량 생산품을 확실하게 도입했다.[278] [J 61a, 1]

사실을 말하자면, 만약 부르주아의 지배가 어느 날 확고하게 굳어져버린다면 — 그러한 적은 한 번도 없었으며, 앞으로도 결코 그럴 수 없을 것이다 — 사유하는 사람에게 역사의 부침은 결국 아이들의 손에 들려 있는 만화경, 즉 한 번 돌릴 때마다 기존의 질서는 붕괴되고 새로운 질서가 나타나는 만화경 이상의 흥미를 끌지는 못할 것이다. 사실 지배 계급의 개념들은 어느 시대든 어떤 '질서'의 이미지가 지배할 수 있도록 해주는 거울들이었다.   [J 61a, 2]

『천체에 의한 영원』 중에서 블랑키는 진보 신앙에 대해 어떠한 증오심도 보이지 않았으나 그러한 신념에 조소를 보내며 말없이 건너뛰고 있다. 그렇다고 해서 그가 자신의 정치적 신조를 배신했다고는 할 수 없다. 블랑키 같은 직업 혁명가의 활동은 진보에 대한 신앙을 전제하는 것이 아니라 작금의 불의를 없애려는 단호한 결의만 전제할 뿐이다. 계급적 증오가 가진 어느 무엇과도 바꿀 수 없는 정치적 가치는 다름 아니라 혁명적 계급에게 진보에 관한 온갖 공론空論들에 대한 건강한 무관심을 심어주는 데 있다. 실제로 그것은 사방에 만연한 불의에 맞서 분연히 떨쳐 일어나거나 미래 세대의 삶을 개선하기 위해 떨쳐 일어나는 것만큼이나 인간의 존엄성에 어울리는 것이다. 그러한 것은 인간의 존엄성에 딱 어울리는 행동이다. 아니 동시에 정말 그렇게 해야 인간다운 것이다. 마지막 순간에 그때그때마다 다가오는 파국에서 인류를 구원하겠다는 단호한 결의가 이러한 분노와 함께 손에 손을 맞잡는다. 블랑키가 그러했다. 그는 항상 '나중에' 어떻게 할 것인가에 대한 계획을 세우는 것을 거부했다.

[J 61a, 3]

보들레르는 시인에게 더이상 어떠한 품위도 부여할 수 없게 되어버린 사회 속에서 시인의 품위를 요구하지 않을 수 없었다. 따라서 그의 풍채에는 어딘가 광대 같은 분위기가 감돈다.   [J 62, 1]

보들레르의 모습은 그의 명성과 일체가 되어 있다. 그의 삶의 이야기는 프티부르주아 독자 대중에게는 에피날 판화, 즉 삽화가 들어간 '탕아의 생애' 같다. 이러한 이미지는 보들레르의 명성에 크게 기여했다. ─ 하지만 이러한 이미지를 확산시킨 사람들 중 그의 친구가 되려는 사람은 거의 없었다. 그런데 이 이미지 위에 또다른 이미지가 하나, 즉 전자만큼 광범위하지는 않지만 보다 지속적인 영향을 미친 이미지가 겹치게 된다. 보들레르는 미적 수난을 짊어진 사람이라는 이미지가 그것이다.　　　　　　　　　　　　　　　　[J 62, 2]

키에르케고르에게서 심미가는 수난을 당할 운명이다. 「가장 불행한 사람」을 참조할 것.　　　　　　　　　　　　　　　[J 62, 3]

에로스와 성 *Sexus*이 태곳적부터 벌여온 언쟁을 조정하는 비밀의 방으로서의 묘.　　　　　　　　　　　　　　　　　　[J 62, 4]

보들레르에게서 별들은 상품의 알아맞히기 그림을 대변한다. 별들은 영원히 동일한 것이 대규모로 반복되는 것이다.　　　[J 62, 5]

보들레르는 빅토르 위고나 라마르틴 같은 사람들의 박애적인 이상주의는 갖고 있지 않았다. 또한 뮈세처럼 감정의 환희도 맘껏 다룰 수 없었다. 또한 고티에처럼 자기 시대를 즐기지도 못했으며 르콩트 드 릴처럼 자기 시대에 대한 허황된 꿈을 가져보지도 못했다. 또한 베를렌처럼 경건함으로 도피할 수도, 랭보처럼 장년에 대한 배반을 통해 서정적 고양이라는 청춘의 힘을 한층 고양시킬 수도 없었다. 보들레르는 자기 일에 관해서는 그토록 훤히 꿰뚫고 있으면서도 자기 시대에 대해서는 빠져나갈 구멍을 찾지 못해 쩔쩔맸다. 심지어 그가 당시의 무대를 위해 시로 지어낸 거대한 비극적 역할 — 즉 '현대(성)'의 역할 — 도 결국 그만이 연기할 수 있는 것이었다. 분명 보들레르는 이 모든 것을 알고 있었다. 그는 기행奇行을 너무 좋아했지만 그것은 무대 위에서의 진행을 따라가지 못하는 관객 앞에서 연기해야 하는 무언극 배우의 그것이었다. 게다가 관객이 따라오지 못한다는 것을 알고 있으며, 그것을 아는 만큼 무대에서 관객이 점점 더 따라오지 못하도록 연기하는 무언극 배우의 그것이었다.   [J 62, 6]

심리 경제에서 대량 생산품은 강박관념으로 나타난다[대량 생산품에 대한 자연적 수요 같은 것은 없다]. 신경증 환자는 이러한 강박관념을 자연의 순환 과정 속에서 온갖 관념들의 틈 속으로 억지로 집어넣을 수밖에 없다.   [J 62a, 1]

영겁회귀 사상은 역사적 사건 자체를 대량 생산품으로 만든다. 그러나 이 사상은 동시에 다른 관점에서 보면 — 혹은 이면에서 본다고 해도 좋을지 모르지만 — 그러한 사상이 돌연 현실성을 갖도록 만들어준 경제적 상황의 흔적을 띠고 있기도 하다. 그것은 연속적인 위기가 가속화됨으로서 삶의 조건의 안정성이 크게 약화되는 순간 표면으로 드러난다. **영겁**회귀 사상은 어떤 상황이든 영원(성)이 제공해줄 수 있는 것보다 훨씬 짧은 시간 안에 특정한 상황이 회귀한다는 것이 더이상 가능하지 않게 되었기 때문에 광채를 빛낼 수 있다. 일상의 성좌들은 아주 서서히 점점 덜 일상적인 것이 되기 시작했다. 그러한 성좌의 반복은 아주 서서히 점점 더 드물어져가며, 따라서 이제부터 우주적 성좌들에 만족해야지 달리 방법은 없다는 희미한 예감이 떠오를지도 모른다. 요컨대 습관이 일부 권리를 포기할 준비를 하기 시작한다. "나는 단명하는 습관을 사랑한다"[279]고 니체는 말한다. 그리고 벌써 보들레르는 평생 확고한 습관을 만들어낼 수 없었다. 습관은 경험Erfahrung의 테두리이며, 체험Erlebnis이 이 테두리를 해체한다.   [J 62a, 2]

「자신을 위한 쉼표」의 한 구절은 권태를 다루고 있다. 그것은 이런 문장으로 끝난다. "우리의 영혼은 죽음의 바다와 같다. 어떤 새도 이 바다를 건널 수 없다. 날아가는 새를 몰락과 파멸의 나락으로 떨어뜨리는 것이다." 쇠렌 키에르케고르 『이것인가/저것인가』, 예나, 1911년, 1권, 33페이지. "나는 달마저 싫어하는 끔찍한 묘지." 「우울, 2」참조.   [J 62a, 3]

멜랑콜리<,> 교만, 그리고 이미지들. "나의 고뇌는 나의 기사의 요새이다. 이 요새는 독수리 둥지처럼 산정에 있으며 구름 속에 우뚝 솟아 있다. 누구도 공격할 수 없다. 이 근거지에서 나는 현실 속으로 날아 내려와 먹이를 잡는다. 그러나 아래 머무는 일은 없다. 먹이는 이 성으로 옮겨온다. 내가 먹이로 잡아오는 것은 이미지들이다." 쇠렌 키에르케고르, 『이것인가/저것인가』, 예나, 1911년, 1권, 38페이지(「자신을 위한 쉼표」).   [J 62a, 4]

키에르케고르에서 '심미적'이라는 용어의 용법에 관해. 여자 가정교사를 들일 때 '아이를 잘 달래는지 심미적 관점도 함께' 고려한다. 쇠렌 키에르케고르, 『이것인가/저것인가』, 예나, 1911년, 1권, 255페이지(「윤작輪作」).   [J 63, 1]

블랑키의 여행. "시골이 지루해지면 수도로 여행한다. 조국이 지루해지면 외국으로 여행한다. 유럽에 권태를 느끼면 미국으로 여행을 간다 등등. 결국 사람들은 별에서 별로 끝없이 여행하려는 열렬한 희망 속에서 살아간다." 쇠렌 키에르케고르, 『이것인가/저것인가』, 예나, 1911년, 1권, 260페이지(「윤작」).   [J 63, 2]

권태. "권태의 무한성은 시선을 무한으로 깊은 나락의 심연에 던졌을 때 일어나는 현기증의 무한성이다." 키에르케고르, 『이것인가/저것인가』, 예나, 1911년, 260페이지 (「윤작」).   [J 63, 3]

키에르케고르에게서 미적 인간의 수난 그리고 추억에 그것이 근거를 갖고 있는 것에 대해. "추억은 특히 불행한 인간의 본래적 요소이다. …… 본인은 유아기라는 것은 전혀 가져보지 못했으면서도 지금 유아기에서 찾아볼 수 있는 멋진 것을 모두 발견하고는 지금 추억 속에서 어린 시절을 기억해내기 위해 끊임없이 공허한 과거를 응시하는 것밖에 모르는 사람을 생각해보면 정말 불행한 사람이 어떤 사람인지 제대로 알 수 있을 것이다." 쇠렌 키에르케고르, 『이것인가/저것인가』, 예나, 1911년, 1권, 203/204페이지(「가장 불행한 사람」).   [J 63, 4]

인류에 대한 혐오감을 인류의 얼굴에 침으로 뱉어줄 수 있는 책을 쓰려고 했던 보들레르의 의도는 키에르케고르의 어느 한 구절을, 즉 '이것인가 저것인가'라는 말을 "꼬마들이 유대인을 따라다니며 지르는 '헤프 헤프'[280]라는 소리와 마찬가지로 인류를 향해 외치는 감탄사"로 사용했다고 고백하는 구절을 연상시킨다. 키에르케고르,

『이것인가/저것인가』, 예나, 1913년, 2권, 133페이지(「인격의 완성에 있어 미적인 것과 윤리적인 것의 균등」).   [J 63, 5]

시간의 절단에 대해. "순간 속에 있다는 것, 그것이야말로 미적 실존을 가리키는 가장 적절한 표현이다. 미적인 삶을 사는 사람이 어찌할 바를 모른 채 엄청난 동요에 노출되는 것은 이 때문이다." 키에르케고르, 『이것인가/저것인가』, 2권, 196페이지(「인격의 완성에 있어 미적인 것과 윤리적인 것의 균등」).   [J 63, 6]

성적 불능에 대해. 19세기 중반경부터 부르주아 계급은 이 계급이 속박에서 풀어놓은 생산력의 미래에 대해 더이상 몰두하지 않는다(이와 함께 이 계급의 등장을 환영하고 이 계급의 이해관계와 자유나 정의에 대한 요구를 자신들의 그것과 동일시했던 모어나 캄파넬라의 위대한 유토피아의 맞짝들이 등장한다. ─ 벨라미나 무알랭과 같은 사람들의 유토피아가 그것으로, 여기서의 주요 관심사는 소비와 소비 자극이라는 개념을 수정하는 데 있다). 부르주아 계급이 자기 계급이 작동시킨 생산력의 미래에 대해 계속 몰두하려면 우선 이자라는 개념을 포기해야 했다. '안락함'은 19세기 중엽의 부르주아지가 무엇을 즐길 때 전형적으로 나타나는 태도지만 이것이 이 계급의 상상력의 쇠퇴와 밀접한 관련이 있으며, 또 이 '안락함'은 "우리 손에서 생산력이 앞으로 어떻게 발전해나갈지를 알 필요가 전혀 없다"는 홀가분한 마음과 하나를 이룬다는 것. ─ 이 두 가지 사실에는 아무런 의문의 여지가 없다. 아이를 가질 것이라는 꿈은 이 아이들이 앞으로 살거나 아니면 장래에 쟁취하기 위해 투쟁할 사태가 지금과는 전혀 다른 성격을 갖도록 하겠다는 꿈으로 고쳐되어 있지 않다면 별다른 자극이 될 수 없을 것이다. 아이들이 '더 나은 삶' 을 살 수 있도록 '인류를 개선 시키겠다' 는 꿈도 그것이 철저하게 아이들이 더 나은 본성으로 살 아가도록 구하겠다는 꿈과 동일한 것이 되지 않으면 그저 슈피츠베 크[281]적인 환상에 지나지 않을 뿐이다(바로 여기서 푸리에적인 유토피 아의 고갈되지 않은 요구를 찾을 수 있는데, 마르크스도 이를 인정한 바 있다[그리고 러시아에서 작용하기 시작했다]). 이러한 꿈이 인류의 생물 학적인 에너지의 살아 있는 원천이다. 반면 전자의 더 나은 인류를 갈망하는 꿈은 황새가 아이를 물어 오는 탁한 연못에 불과하다. 아이 들이 원죄에 가장 가까운 피조물이라는 보들레르의 절망적인 명제 는 이러한 명제에 관한 제법 괜찮은 보충 설명을 제공해준다.

[J 63a, 1]

죽음의 춤에 대해. "현대 예술가들은 그처럼 장대한 중세의 알레 고리들을 너무 소홀히 여기고 있다." Ch. B.,『작품집』, 2권, 257페 이지(「1859년 살롱」). [J 63a, 2]

성적 불능은 남성의 성Sexualität의 수난의 길의 기반을 이룬다. 천사 같은 여성의 이미지에 대한 보들레르의 집착이나 그의 페티시 즘 또한 이러한 성적 불능에서 유래한다. 따라서 켈러가 말하는 '시 인의 죄', [282] 즉 "비통한 대지는 결코 키우지 않는/감미로운 여성의 모습을 고안" 하는 죄를 보들레르는 범하지 않는다. 켈러의 여성들은 키마이라의 감미로움을 갖고 있다. 보들레르가 묘사하는 여성의 모 습들은 엄밀하다. 즉 프랑스적이다. 왜냐하면 그에게서 페티시즘적 요소와 천사적 요소는 켈러에게서 항상 그런 것과는 달리 일치하지 않기 때문이다. [J 64, 1]

814

"물론 마르크스와 엥겔스는 진보에 절대적 믿음을 보내는 관념론적인 태도를 비꼬았습니다(엥겔스는 푸리에가 역사에 대한 고찰 속에서 칸트가 태양계의 미래의 멸망을 도입한 것처럼 미래의 인류의 멸망을 도입한 것을 격찬하고 있습니다). 이와 관련해 엥겔스는 '인류의 무한한 개선 능력에 관한 이야기'도 비웃고 있습니다." 1938년 7월 18일 그레테 슈테핀에게 보낸 <헤르만> 둔커의 편지.   [J 64, 2]

시인의 사명이라는 신화적 개념은 도구라는 세속적 개념을 통해 규정되어야 한다. ─ 위대한 시인은 자기 작품에 대해 결코 단순히 생산자<의> 관계에 있지 않다. 그는 동시에 소비자<이기>도 하다. 물론 그는 대중과 반대로 그것을 자극이 아니라 도구로 소비한다. 이러한 도구적 성격은 교환가치에는 좀처럼 포함되지 않는 사용가치를 대변한다.   [J 64, 3]

「어스름 저녁」에 대해. 대도시는 진정한 황혼을 모른다. 어쨌든 인공 조명이 밤으로의 이행을 제거해버린다. 대도시 하늘에서 별이 사라지는 것도 이와 비슷한 정황에서 유래한다. 별이 나온들 누가 그걸 알겠는가? 칸트는 "내 가슴 속에는 도덕률이, 내 머리 위에는 별이 반짝이는 하늘이"[283]라는 표현으로 숭고함을 쉬운 말로 옮겨 적고 있지만 대도시에 사는 사람들로서는 이러한 생각을 떠올리기가 힘들 것이다.   [J 64, 4]

보들레르의 우울은 아우라의 쇠퇴에서 생겨난 고뇌이다. "화려한 봄도 이미 향기를 잃었다."[284]   [J 64, 5]

대량 생산이 아우라의 쇠퇴의 주된 경제적 원인이며, 계급투쟁이 주된 사회적 원인이다.   [J 64a, 1]

드 메스트르는 야만인에 대해 이렇게 말하는데, 그것은 루소를 겨냥한 성찰이다. "한순간만이라도 야만인을 응시한다면 이들의 몸의 외형에 …… 저주가 씌어 있는 것을 읽을 수 있을 것입니다. …… 그렇게 헌신적인 인종들을 무겁게 짓누르고 있는 무서운 손이 그들에게서 우리의 위대함을 나타내는 두 가지 변절적인 특징, 즉 선견지명과 개선 가능성을 지워버리고 있습니다. 야만인들은 열매를 얻기 위해 나무를 잘라버립니다. 이들은 방금 선교사가 맡긴 소를 쟁기에서 풀어 쟁기를 땔감 삼아 요리해버립니다." 조제프 드 메스트르, 『상트페테르부르크의 야회夜會』, 아티에 사 판, 파리, <1922년>, 23페이지(「두번째 대화」).   [J 64a, 2]

「세번째 대화」에서 기사(『상트페테르부르크의 야회』의 세 명의 대화자 중 한 사람). "나는 비싼 대가를 치르더라도 인류 전체에 충격을 가져다줄 수 있는 진리를 발견하고 싶습니다. 저는 그것을 느닷없이 선언할 것입니다." 조제프 드 메스트르, 『상트페테르부르크의 야회』, 아티에 사 판, 29페이지.   [J 64a, 3]

"특히 아주 흔한 다음과 같은 선입견을 주의하십시오. …… 어떤 책이 큰 명성을 얻으면 그러한 책에는 널리 알려져 있으며 합리적인 지식이 들어 있다는 믿음이 그것입니다. 제가 단언하건대 전혀 그렇지 않습니다. 대다수 사람들은 소수의 사람들이 먼저 표명한 견해에 따라 판단하며, 그렇게 할 수밖에 없습니다. 그들이 죽더라도 그러한 여론은 이후까지 살아남습니다. 새로운 책이 나오더라도 그 이외의 책을 읽을 시간이 없어집니다. 따라서 곧 그러한 책들은 막연한 명성에 따라 평가될 수밖에 없습니다." 조제프 드 메스트르, 『상트페테르부르크의 야회』, 아티에 사 판, 44페이지(「여섯번째 대화」).   [J 64a, 4]

"대지 전체는 끊임없이 피에 젖어들기 때문에 거대한 제단, 세상이 종말을 고하고 말이 근절될 때까지, 죽음이 죽을 때까지 모든 것이 끊임없이, 무제한으로, 쉼 없이 제물로 바쳐져야 하는 거대한 제단에 불과합니다." 드 메스트르, 『야회』, 61페이지(「일곱번째 대화. 전쟁」).   [J 64a, 5]

『상트페테르부르크의 야회』의 등장인물들. 기사는 볼테르의 영향을 받았으며, 원로원 의원은 신비주의자이며, 백작은 저자 자신의 견해를 대변한다.   [J 64a, 6]

"하지만 두 분 신사분은 신을 거침없이 비판하고, 신에게 그의 명령을 해명해줄 것을 요구하는 온갖 무례한 이론들이 이처럼 범람하고 있는 이유를 아십니까? 그러한 이론들은 **지식인**으로 불리는 대 군단에서 유래한 것으로, 우리는 금세기에 들어와 이들을 이들 본래의 위치, 즉 부차적인 위치에 묶어놓을 수 없었던 겁니다. 과거에 이들 **지식인**은 극소수였으며, 게다가 신앙심이 없는 자들은 이들 극소수 중의 소수뿐이었습니다. 지금은 너나 나나 지식인뿐입니다. 그것은 하나의 직업, 하나의 군중이며 하나의 민족입니다. 그리고 이들 사이에서는 예외가, 그것만으로도 개탄스러운 마당에 일종의 규칙이 되어버렸습니다. 온갖 곳에서 그들은 엄청난 영향력을 독점하고 있습니다. 그러나 이 세상에 확실한 것이 하나 있다면, 제 생각으로 그것은 인간들을 이끄는 것은 학문이 아니라는 것입니다. 그렇게 하기 위해 필요한 어떤 것도 학문에 의지해서는 안 됩니다. 정신이 나가지 않고서야 신이 아카데미들에게 신이 누구인지, 그리고 우리가 신에게 무엇을 헌신해야 할지를 가르쳐야 할 사명을 위임했다고는 믿을 수 없을 겁니다. 반드시 보존해야 할 진리의 수탁자이자 수호자로서 국민에게 선악이란 무엇인지, 도덕적·정신적 차원에서 진위란 무엇인지를 가르쳐주기에 적합한 사람들은 고위 성직자, 귀족, 국가의 고위 관리들입니다. 다른 자들에게는 이러한 문제를 논할 권리가 없습니다. 그들이 즐길 수 있는 것은 자연과학 정도입니다. 무엇이 불만이라는 거죠?"드 메스트르, 『상트페테르부르크의 야회』, 아티에 사 판, 파리, 72페이지 (「여덟번째 대화」). [J 65, 1]

재판 절차에 대해. "마호메트의 법이 지배하는 제국에서 관헌은 처벌해야 한다고 판단한 인물을 체포한 경우 즉시 현장에서 처벌하며 사형에 처하기도 합니다. 이러한 즉각적인 형 집행의 경우 이를 맹목적으로 찬미하는 자가 없었던 것은 아니지만 그럼에도 불구하고 이들 국민들이 야만적이고 신에게서 버림받았다는 많은 증거 중의 하나라고 할 수 있습니다. 우리들에게서는 절차가 전혀 다르죠. 먼저 범인을 체포해야 하며, 그런 다음 기소됩니다. 그런 후 자기 변호와 함께 특히 자신의 양심과 자신의 바깥일을 정리할 시간이 주어집니다. 그리고 그를 처벌하기 위한 실질적인 준비가 이루어집니다. 마지막으로 이 모든 것을 고려해 정해진 형 집행 장소로 그를 인도할 때까지 일정한 시간이 필요합니다. 처형대는 **제단**입니다. 따라서 그것을 특정 장소에 설치하거나 이동시킬 수 있는 것은 당국뿐입니다. 이처럼 순서가 천천히 진행되는 것은 조금 지나친 감은 있더라도 차라리 상찬할 만한 것으로서 무턱대고 중상모략하는 자가 없는 것은 아니지만 그래도 우리의 우월성을 보여주는 증거라고 아니할 수 없습니다." 드 메스트르, 『상트페테르부르크의 야회』, 아티에 사 판, 파리, 78페이지(「열번째 대화」).

[J 65, 2]

드 메스트르에게서 신은 무시무시한 신비*mysterium tremendum*로 나타난다.

[J 65, 3]

일곱번째 대화인 「전쟁」에는 '전쟁은 신성하다' 라는 표현으로 시작되는 일련의 문장이 있다. 이들 문장 중에서 가장 기발한 것 중의 하나. "전쟁은 위대한 장군들, 심지어 앞뒤 재는 것 없이 경솔한 맹장들에게조차 신의 가호가 주어진다는 점에서 신성합니다. 그들이 전투에서 총알에 맞는 경우가 거의 없으니 말입니다." 『상트페테르부르크의 야회』, 61/62페이지.

[J 65a, 1]

보들레르에게서는 죽음의 파괴적 성격과 목가적 성격 사이에, 또 피비린내 나는 성격과 위안적 성격 사이에 잠재적인 긴장 관계가 나타난다.

[J 65a, 2]

유겐트슈틸적 표현법은 보들레르에게서는 아직 진보적인 것이라고 보아야 한다.

[J 65a, 3]

'파괴를 위한 피투성이 연장'은 알레고리의 앞마당이다.

[J 65a, 4]

19세기의 역사주의야말로 보들레르의 현대(성) 탐구를 확연하게 부각시켜주는 배경이다(비유멩,[285] 쿠쟁[286]).　　[J 65a, 5]

역사적 가상Schein은 그것이 존재하는 한 자연을 최후의 피난처 삼아 살아가게 될 것이다. 역사적 가상의 최후의 화경火鏡인 상품은 자연 자체가 상품으로서의 성격을 띠게 될 때 승리를 축하하게 될 것이다. 매춘부 속에서 체현되는 것이 바로 자연의 이러한 상품으로서의 가상이다. "돈은 육욕을 부추긴다"고 하는데, 이러한 관용어 자체는 매음을 훨씬 넘어서는 어떤 사태의 윤곽을 극히 개략적으로 표현하고 있을 뿐이다. 상품 물신의 지배 하에서 여성의 섹스어필 sex-appeal은 많든 적든 상품의 매력appeal으로 물들게 된다. 따라서 포주들이 그들이 시장에 '물건'으로 팔고 있는 매춘부들과 맺고 있는 관계가 부르주아 계급의 성적 환상을 강력하게 자극하는 것은 우연이 아니다. 현대의 광고는 이와 다른 측면에서 여자의 유혹과 상품의 유혹이 얼마나 하나로 융합될 수 있는지 입증해준다. 과거에 — 사회적으로 — 생산력의 미래에 관한 상상력에 의해 동원되었던 성은 지금은 자본의 힘에 대한 상상력에 의해 동원되고 있다. [J 65a, 6]

새로운 것을 둘러싼 상황은 아마 산책자가 가장 잘 보여줄 것이다. 스스로 움직이고, 독자적인 혼을 가진 듯한Schein 군중이 새로움에 대한 그의 갈증을 해소시켜준다. 실제로 이 집단은 가상 이외에 아무것도 아니다. 산책자가 즐기는 이 '군중'은 70년 후 민족공동체

Volksgemeinschaft[287)]가 주조되는 빈 주형이다. 깨어 있다는 것, 기벽 嗜僻을 갖고 있다는 것에 그토록 큰 자부심을 갖고 있던 산책자도 그 후 수백만 명의 눈을 멀게 한 환영의 최초의 희생자였다는 점에서 동시대인들을 앞서고 있었다. [J 66, 1]

보들레르는 상품의 경험에 알레고리의 경험을 규범으로 부여함 으로써 상품의 경험을 이상화한다. [J 66, 2]

추억Erinnerung에 조응을 제공하는 것이 상상력Phantasie이라 면 추억에 알레고리를 바치는 것은 사유Denken이다. 추억은 상상 력과 사유를 대면시킨다. [J 66, 3]

새로운 제조 방식은 모조품들을 만들어내는데, 그와 동시에 가상 이 상품 속에 굳어지게 된다. [J 66, 4]

자연의 조응 이론과 자연에 대한 거부 사이에는 모순이 존재한 다. 인상이 추억 속에서 |개별적| 체험에서 분리되고, 그리하여 그러 한 인상 속에 갇혀 있던 경험이 해방되어 알레고리의 기반으로 전환 됨으로써 그러한 모순은 해소된다. [J 66, 5]

<슈테판> 게오르게는 '우울spleen과 이상idéal'을 '우수Trüb- sinn와 정신화Vergeistigung'로 번역했는데, 그리하여 보들레르의 이상의 본질적 의미를 정확하게 포착했다. [J 66, 6]

메리옹에게서는 파리의 위엄과 취약함이 잘 나타나 있다.[J 66, 7]

대도시에서 매음이 취해온 형상 속에서 여성은 상품뿐만 아니라 딱 맞는 의미에서 대량 생산품으로 나타난다. 화장으로 개인적 표정을 감추고 대신 직업적 표정을 꾸미는 것이 이를 잘 보여준다. 이러한 상황은 이어 똑같은 의상을 입은 뮤직홀 댄서들에 의해 한층 더 강조된다. [J 66, 8]

보들레르에게는 진보에 적대적인 태도를 취하는 것이 시에서 파리를 포착하기 위한 필수 불가결한 조건이었다. 그의 시와 비교해보면 이후의 모든 대도시의 서정시는 약해 보인다. 거기서는 다름 아니라 대도시라는 주제에 대한 유보가 결여되어 있는데, 보들레르에게서는 진보에 대한 광기 어린 적대감으로 인해 그러한 유보가 생겨난 것이다. [J 66a, 1]

보들레르에게서 고대의 상징으로서의 파리는 현대(성)의 상징으로서의 파리의 군중과 대조를 이룬다. [J 66a, 2]

『파리의 우울』에 대해. 3면의 사회면 기사는 대도시의 군중을 보들레르의 상상력 속에서 부풀려주는 효모이다. [J 66a, 3]

우울은 영구적 파국에 상응하는 감정이다. [J 66a, 4]

프롤레타리아가 대도시에서 하는 경험은 아주 특수한 것이다. 여러 모로 이와 비슷한 경험을 하는 것이 망명자이다. [J 66a, 5]

산책자에게 있어 그의 도시 ― 보들레르처럼 그곳에서 태어나는

경우라도 마찬가지이다 ― 는 이미 고향이 아니다. 산책자에게 그것
은 하나의 무대이다. [J 66a, 6]

보들레르는 매춘부에 대한 시를 매춘부의 입장에서 쓴 적이 한
번도 없다<(>이것과 반대인 브레히트, 『도시 거주자들을 위한 독본, 5』
를 참조).[288] [J 66a, 7]

|보들레르가 쓴| 1851년의 뒤퐁 『노래와 가요』의 「서문」. |보들레
르의| 1861년의 뒤퐁 론. [J 66a, 8]

저주받은 자의 성애학 ― 보들레르의 그것을 이렇게 불러도 좋을
것이다 ― 에서는 불임과 성적 불능이 결정적인 요소이다. 이것들**만**
이 성 생활에서 나타나는 잔혹하며 저속한 충동의 계기들에 순전히
부정적인 성격을 부여할 수 있다. 즉 그러한 성격을 생식 행위뿐만
아니라 평생에 걸쳐 지속되는 관계(즉 결혼) 속에서 잃어버리는 것이
다. 이처럼 장기적인 관점에서 제도화된 현실 ― 즉 자녀, 결혼 ― 은
만약 인간의 가장 파괴적인 에너지가 그러한 제도화에 관여하지 않
았다면 계속된다는 보장을 전혀 받을 수 없을 텐데, 그러한 이 에너
지가 그러한 현실의 항상성에 기여하는 정도는 다른 대부분의 에너
지보다 더 적은 것이 아니라 훨씬 더 크다. 그러나 그런 식으로 기여
하지만 이러한 관계는 오직 그러한 에너지가 현재의 세계에서 결정
적인 충동들의 움직임을 위해 일반적으로 가용한 한도 내에서만 정
당화될 수 있을 뿐이다. [J 66a, 9]

결혼의 사회적 가치는 결정적으로 그것의 지속성에 따라 달라진

다. 이러한 지속성 속에는 배우자 상호 간의 최종적이며 궁극적인, 그러나 평생 미뤄지는 '대결'이라는 관념이 내재되어 있기 때문이다. 결혼이 지속되는 한, 따라서 기본적으로는 평생 동안 배우자들은 이러한 대결을 피할 수 있을 것이다.   [J 67, 1]

상품과 알레고리의 관계. 역사적 가상의 자연적인 화경火鏡으로서의 '가치'는 '의미'를 능가한다. 그러한 가상을 없애버리기는 아주 어렵다. 게다가 그것은 최신의 가상이기도 하다. 바로크 시대에 상품의 물신적 성격은 아직 상대적으로 미발달된 상태였다. 상품 또한 생산 과정에 상흔 — 즉 생산자들의 프롤레타리아화 — 을 그토록 깊게 남기지는 않았다. 따라서 17세기에 알레고리적 시선은 하나의 양식을 형성하게 되었으나 19세기에는 더이상 그렇게 할 수 없게 되었다. 보들레르는 알레고리가로서는 고립되어 있었다. 그는 상품의 경험을 알레고리적 경험으로 환원시키려고 했다. 이는 좌절할 수밖에 없었다. 이와 함께 다음과 같은 점이 분명해졌다. 즉 그의 시도의 무자비함은 현실의 무자비함을 넘어설 수 없었다. 그의 작품에서 그의 분투가 병적 혹은 새디즘적인 느낌을 주는 것은 바로 이 때문이다. 다름 아니라 현실을 맞히지 못하기 때문에 그러한 느낌을 주는 것이다. — 머리카락 한 올 정도밖에 벗어나지 않긴 하지만 말이다.
                                                                [J 67, 2]

밤이 찾아오면서 미네르바의 올빼미가 (헤겔과 더불어) 비상하기 시작하고 횃불도 사라진 텅 빈 침대 앞에서 에로스가 (보들레르와 더불어) 옛날의 포옹을 곰곰이 생각하는 것은 같은 역사적 밤에 일어난 일이다.   [J 67, 3]

알레고리의 경험은 잔해를 고집하지만 그것은 본래는 영원히 덧없는 것에 대한 경험이다. [J 67, 4]

노동이 매음이 되는 순간 매음은 '노동'으로 인정해줄 것을 요구할 수 있다. 실제로 창부lorette[289]야말로 정부情婦로서의 가장假裝을 철저하게 포기한 최초의 매춘부이다. 이미 그녀는 시급時給을 받게 된다. 이로부터 '노동 임금'을 요구하는 데까지 나아가는 길은 그리 멀지 않을 것이다. [J 67, 5]

유겐트슈틸에서 이미 자연과 기술을 절대적으로 대립시키려는 부르주아적 경향이 작용하고 있다. 그리하여 후일 미래파는 기술에 파괴적이며 반-자연적 뉘앙스를 부여한다. 유겐트슈틸에서는 이러한 방향으로 작용하도록 규정되어 있는 힘이 생성 중이었다. 세계가 기술 발전에 의해 속박당하고 소위 탈-자연화된다는 관념은 유겐트슈틸의 대부분의 작품에 작용하고 있다. [J 67, 6]

매춘부는 노동력을 파는 것이 아니다. 그녀의 직업에는 쾌락을 제공하는 능력을 파는 것이라는 허구가 따라다닌다. 이것이 상품의 외연이 도달할 수 있는 최대한의 확대이기 때문에 매춘부는 처음부터 상품 경제의 선구자였다. 그러나 다름 아니라 상품으로서의 성격이 다른 측면에서는 그다지 발달하지 않았기 때문에 이러한 측면은 이후 시대처럼 그렇게 뚜렷하게 부각될 필요는 없었다. 실제로 예를 들어 중세의 매춘에서는 19세기에는 규칙이 되는 노골적인 성격 같은 것은 찾아볼 수 없었다. [J 67a, 1]

문장紋章과 광고 이미지 간의 긴장 관계를 통해 17세기 이래 사물의 세계에서 어떠한 변화가 일어났는지 가늠해볼 수 있을 것이다.

[J 67a, 2]

후각에 대한 강한 집착 — 보들레르도 이것을 알고 있었던 것 같다 — 에서 물신 숭배 비슷한 것을 추정해봐도 좋을 것이다.[J 67a, 3]

권태 속으로 들어가 그것을 우울로 변화시키는 새로운 효소가 자기 소외이다.

[J 67a, 4]

내면적 삶의 공동화. 반성Reflexion은 낭만주의에서 마치 놀이처럼 삶의 공간을 끊임없이 넓어지는 원환 속에서 계속 확대시키는 동시에 끊임없이 좁아지는 테두리 속으로 축소시키는데, 이러한 반성의 무한한 후퇴 중 보들레르에게 남아 있는 것은 제 모습을 비춰 보는 마음의 거울290)뿐이다. 그것을 그는 낡은 트럼프 카드의 하트 잭과 스페이드 퀸 사이의 대화291)의 이미지로 제시하고 있다. 후일 쥘 르나르는 이렇게 말하게 된다. "그의 마음은 …… 트럼프 카드 한가운데 있는 하트 에이스보다 고독하다."292)

[J 67a, 5]

이미지에 대한 알레고리적 상상과 해시시에 취한 동안 예속된 상태의 사유에 주어지는 이미지에 대한 상상 사이에는 극히 긴밀한 관계가 있는 것 같다. 후자에서는 상이한 창조의 재능이 작용하고 있다. 멜랑콜리적인 침잠이 하나이며, 아리엘 같은 영성靈性이 다른 하나이다.

[J 67a, 6]

「파괴」바로 뒤에 오게 됨으로써「여자 순교자」는 많은 의미를 함축하게 된 것 같다. 이 여인에게는 알레고리적 의도가 작용하고 있다. 즉 산산조각 나는 것이다.   [J 67a, 7]

「애인들의 죽음」에서는 조응이 알레고리적 지향이라는 날실 한 올 없이 시 전체를 누비고 지나간다. 3행 연구들에서는 — 인간의 얼굴에 떠오르는 구름 같은 형태로 — 흐느낌과 미소가 뒤섞이고 있다. 빌리에 드 릴아당은 이 시에서 — 보들레르에게 쓰고 있듯이(1861년 여름) — 보들레르의 '음악 이론' 이 응용된 것으로 보고 있다.
                                      [J 67a, 8]

「파괴」중의 악마에 관한 표현. "그놈을 삼킬라치면 …… 내 허파는 타는 듯하고/영원한 죄악의 욕망이 가슴을 가득 채운다." 욕망이 폐에 자리 잡고 있다는 말은 그것이 충족되지 않았다는 것을 상상할 수 있는 한 가장 대담하게 우회적으로 암시하는 것이라고 할 수 있다.「축복」의 "보이잖는/강"이라는 표현을 참조.   [J 68, 1]

보들레르의 모든 시 중「파괴」만큼 알레고리적 지향을 거침없이 정교하게 표현하고 있는 작품도 없다. '피투성이 연장' — 악마는 시인에게 그것을 응시할 것을 강요한다 — 은 알레고리의 앞마당이다. 알레고리는 흩어진 연장들로 사물의 세계를 어찌나 심하게 왜곡하고 뒤흔들어놓았는지 이러한 세계 중 단편들밖에 관조의 대상으로 남지 않게 되었다. 이 시는 불쑥 끝난다. 그리하여 이 시 자체가 단편적인 것이라는 인상 — 소네트인 만큼 이중으로 충격적인 인상 — 을 준다.   [J 68, 2]

「넝마주이의 술」을 생트뵈브의 「가브리올레 마차 속에서」(<『위
로』>, 파리, 1863년, 2권, 193페이지)와 비교할 것.

　　"광장의 이 가브리올레 마차 속에서 나는 관찰한다.

　　나를 태워다주는 남자를. 기계에 불과한 이 사람을.

　　흉측하고, 짙은 수염에, 긴 머리카락은 딱 달라붙어 있다.

　　비천함과 취기와 졸음이 술 취한 눈을 짓누르고 있다.

　　어떻게 인간이 이토록 비참해졌을까?라고 나는 생각한다.

　　그런 다음 좌석 반대쪽 구석으로 물러나 앉았다."

시인은 이어 자기 영혼이 마부의 영혼과 마찬가지로 너저분한 것
은 아닌가 하고 자문한다. 보들레르는 1866년 1월 15일 생트뵈브
에게 보낸 편지에서 이 시를 언급하고 있다.[293]　　　　[J 68, 3]

넝마주이는 인간의 빈곤을 가장 도발적으로 표현하고 있는 형상
이다. 그는 이중적 의미에서 룸펜프롤레타리아Lumpenproletarier이
다. 즉 넝마Lumpen를 몸에 걸치고 있으며 쓰레기Lumpen를 처리하
는 것이다. "여기 수도에서 하루 종일 쏟아낸 쓰레기를 줍는 일을 하
는 사람이 있다. 대도시가 버린 것, 잃어버린 것, 낭비한 것, 소홀히
한 것, **망가트린 것 모두를 그는 분류하고 수집한다**. 그는 방탕의
고문서, 폐기물의 잡동사니들을 열람한다. 제각각 구분해서 현명하
게 선별한다. 그는 수전노가 재산을 모으듯이 쓰레기를 모으는데, 이
들 쓰레기는 산업의 여신에 의해 수리되어 실용품이나 향락품이 된
다"(「포도주와 해시시에 대해」, 『작품집』, 1권, 249/50페이지). 넝마주
이를 그린 1851년의 이 산문의 묘사에서 알 수 있듯이 보들레르는
넝마주이에게서 자기 모습을 보고 있다. 시[294]에서 시인과의 유사성
을 한 번 더 찾아볼 수 있는데, 거기에는 그러한 유사성이 한층 더

828

직접적으로²⁹⁵⁾ 기술되어 있다. "고개를 휘저으며 비틀비틀/시인처럼 담벼락에 부딪치며 걸어오는 넝마주이/밀정密偵 따위는 제 신하처럼 조금도 개의치 않고/영광스런 계획 품은 가슴 속을 죄다 털어놓는 다." [J 68, 4]

「넝마주이의 술」이 쓰여진 것은 보들레르가 '미의 유용성'이라는 입장을 공언한 즈음이었다는 것을 뒷받침해줄 만한 자료는 상당히 많다²⁹⁶⁾(이 문제에 대해 이 이상으로 확실하게는 알 수가 없다. 이 시는 단행본으로 간행된 『악의 꽃』에 처음 발표되었기 때문이다. —「살인자의 술」은 1848년에 처음 발표되었다. —『술집의 메아리』지에!). '넝마주이' 시는 보들레르의 반동적인 심경 고백을 격렬하게 부인하고 있다. 이 시인에 관한 문헌들은 이 시를 간과하고 있다. [J 68a, 1]

"믿어줬으면 좋겠다. 성문 밖 근처의 술집들²⁹⁷⁾이 정부의 구조들에 가해질 수도 있을 충격을 효과적으로 막아주었다는 것을." 에두아르 푸코, 『발명가 파리 — 프랑스 산업의 생리학』, 파리 1844년, 10페이지. [J 68a, 2]

「넝마주이<의> 술」에 관해. "쪼깨 돈이 있지/피에르, 오늘 실컷 먹고 진창 놀아보는 게 어때/나? 알잖아, 월요일엔 항상/2차, 3차 가고 싶지/2수에 한잔 할 수 있는 싼 데를 알고 있어/아주 괜찮아/가서 한번 놀아보자구/입시 세관 쪽으로 가자구." H. 구르동 드 즈누이야크, 『1830~1870년 사이의 거리의 유행가』, 파리, 1879년, 56페이지. [J 68a, 3]

트라비에는 종종 넝마주이의 전형을 묘사했다.   [J 68a, 4]

「술의 얼」에서는 프롤레타리아의 아들이 '이 연약한 인생의 경기자'라는 표현으로 등장한다 — 현대(성)와 고대의 한없이 초라한 조응.   [J 68a, 5]

'시간의 절단'[298]에 대해. 「애인끼리의 술」이 은폐된 구성을 갖게 된 것은 아주 뒤늦게서야 예기치 않게 빛이 문제의 상황에 비추어진 데서 찾을 수 있다. 즉 연인들이 술집에서 잔뜩 취해 있던 것은 아침이다. '맑고 푸른 아침을 뚫고'라는 표현은 14행짜리 이 시의 7행에 있다.   [J 68a, 6]

"슬기로운 회오리바람의/날개 위에 둥실둥실 흔들리는"[299] 연인들의 상황에서 푸리에의 반향을 듣는 것은 그리 어렵지 않을 것이다. E. 실베를랭, 『팔랑스테르 사회학 사전』, 파리, 1911년, 433페이지에는 다음과 같은 기술이 들어 있다. "각 행성의 움직임을 측정해볼 때 어떤 순간에든 수백만 개의 장소를 통과하는 혹성계의 소용돌이는 우리가 보기에는 물질의 운동에 신의 정의가 작용하고 있다는 인증이다"(푸리에, 『구체론 혹은 실증론』, 320페이지).[300]   [J 68a, 7]

보들레르는 연聯을 만드는 것이 거의 불가능해 보이는 부분에서 연을 지어냈다. 예를 들어 「레스보스」 6연. "저 다른 나라의 하늘 언저리, 머나먼 곳에/아련히 떠오르는 빛나는 미소에 끌려/갈망하는 마음이 끊임없이 겪은 고뇌 …… !"와 같은 식이다.   [J 68a, 8]

830

구름에 대한 모독에 관해. "나는 보았다, 대낮인데도 내 머리 위/ 폭풍 품은 커다란 음산한 먹구름이/잔인하고 호기심 많은 난쟁이 같은/한 떼의 음란한 악마를 싣고 내려오는 걸."[301] — 이러한 구상은 메리옹의 동판화에서 직접적으로 유래한 것으로 생각된다. [J 69, 1]

프랑스 시에서는 대도시가 오로지 주민에 대한 직접적인 묘사를 통해서만 표현되는 경우는 드물다. 런던을 다룬 셸리의 시에서는 그러한 표현이 어느 누구도 필적할 수 없는 대단한 힘을 보여주고 있다[302](셸리의 런던이 보들레르의 파리보다 인구가 더 많지 않았을까?). 보들레르의 경우 셸리와 유사한 시선들은 그저 흔적들로서만 만날 수 있을 뿐이지만 실제로 그러한 흔적은 꽤나 많다. 하지만 「우울, 1」 에서처럼 오직 대도시가 주민을 어떠한 상태로 만드는지에만 초점을 맞추어 묘사한 시는 거의 없다. 이 시는 영혼을 빼앗긴 대도시의 대중과 절망적일 정도로 공허하고 소외된 개인의 존재가 어떻게 상호 보완 관계를 이루는지를 은밀한 방식으로 보여준다. 전자를 대변하는 것이 묘지와 포부르 — 도시 주민들로 이루어진 군중의 무리들 — 이며, 후자를 대변하는 것이 하트 잭과 스페이드 퀸이다. [J 69, 2]

대도시의 절망적인 쇠약함은 「우울, 1」의 1연에서 특히 통렬하게 느껴진다.   [J 69, 3]

『악의 꽃』의 서론격의 시[303]에서 보들레르는 극히 이례적인 방법으로 독자에게 다가간다. 그는 이들의 환심을 사려고 애쓰는데, 그렇다고 마음이 편한 것 같지는 않다. 보들레르는 음모단을 모으는 것처럼 독자를 자기 주위로 모으고 있다고 할 수 있을 것이다.   [J 69, 4]

공허하게 시간이 흘러가고 있다는 의식과 권태는 멜랑콜리의 톱니바퀴 장치를 계속 굴러가게 하는 두 개의 추이다. 이러한 점에서 「우울과 이상」 시군의 마지막 시와 「죽음」 시군은 서로 딱 맞아떨어진다.   [J 69, 5]

시 「시계」에서는 알레고리적인 처리가 특히 철저하게 이루어지고 있다. 상징들의 위계 속에서 특별한 위치를 차지하고 있는 시계를 중심으로 쾌락, 지금, 시간, 우연, 미덕, 회한이 모여 있다('공기의 요정'에 대해서는 「후회막급」에 나오는 '시시한 극장' 그리고 주막집에 대해서는 같은 시에 나오는 '주막집'을 참조할 것).   [J 69, 6]

「공감되는 공포」의 '저 얄궂은 납빛 하늘'은 메리옹의 하늘이다.
                                                        [J 69, 7]

시간의 절단, 특히 「시계」에 관해. 포의 「모노스와 우나의 대화」. "나의 두뇌 속에서 **무언가**가 발생한 것처럼 느껴진다. 어떠한 말로도 단순한 인간 지성에게는 막연한 개념조차 전달할 수 없을 것이다. 그것을 정신의 추의 진동으로 정의하는 것을 용서하기 바란다. 그것은 시간에 대한 인간의 추상 관념의 정신적 구체화였다. …… 동시에 나는 난로 위의 탁상시계나 거기에 있는 자들의 회중시계의 불규칙성을 측정했다. 그들 시계들의 소리가 내 귀 안 가득히 울려 퍼진다. 올바른 기준에서 조금이라도 벗어나면 …… 진실로 추상적 진리의 위반이 도덕관에 상처를 주는 것과 마찬가지로 마음에 거슬렸다"(에드가 앨런 포, 『속 해괴한 이야기』, <파리, 1886년>, 336/7페이지).[304] 이러한 기술은 인간이 우울 속에서 빠져들게 되는 완전히 공허한 시간

의 흐름에 관한 하나의 거대한 완곡어법일 뿐이다.   [J 69a, 1]

"…… 지평선에서/쾌락의 밤이 솟아오르고/허기도 뭣도 다 가라앉힐 때/수치도 뭣도 다 지워버릴 때"(「하루의 끝」). — 이것은 대도시의 밤하늘에 일어나는 사회적 분쟁의 번개이다.   [J 69a, 2]

"…… 그리고 내 밤을 장식하는 그대가, 빈정거리듯, 내 팔과 무한한 푸름을 떼어놓는 공간을/한결 늘리듯이 보이면 보일수록"(「나는 그대를 열렬히 사랑한다」).[305] 이에 관해 다음 문장을 병치해볼 것. "그리고 오비디우스가 별빛을 비추기 위해 만들어졌다고 믿었던 인간의 얼굴, 그것도 이제 미친 듯한 잔인성의 표정만을 나타내고 있거나(?!), 그렇지 않으면 일종의 죽음 속에 풀어져 있다"(『작품집』, 2권, 628페이지, 「화전, 3」).[306]   [J 69a, 3]

보들레르의 작품에 들어 있는 알레고리적인 것을 연구할 때 바로크적 요소에 너무 주목한 나머지 중세적 요소를 간과하는 것은 오류일 것이다. 그러한 중세적 요소를 묘사하기는 어렵다. 하지만 보들레르 작품의 몇몇 구절, 몇몇 시(「오노레 도미에 씨의 초상을 위한 시」, 「경고자」, 「밭 가는 해골」 — 의미를 거의 생짜로 드러내고 있는 시들 — 이 너무 많은 의미를 담고 있는 다른 것들과 현저한 대조를 이룬다는 점을 상기한다면 그것을 아주 쉽게 이해할 수 있을 것이다. 이러한 노출이 이들 구절이나 시에 푸케[307]의 초상화에서 발견할 수 있는 것과 같은 표현을 부여해준다.   [J 69a, 4]

지구를 바라보는 블랑키적 시선. "나는 하늘 높이서 둥근 땅덩이

내려다보나/내 몸을 가릴 한 채의 오막살이도 찾지 않는다"(「허무의
맛」). 시인은 우주 — 아니면 심연이라고 해도 좋을 것이다 — 를 거
처로 삼았기 때문이다.   [J 69a, 5]

　　다양한 표상들이 우울에 빠진 사람 앞을 천천히, 일종의 행렬을
지어 지나간다. 이러한 징후들의 복합체에서 전형적으로 나타나는
이미지는 보들레르에서는 그리 빈번하게 나타나지는 않는다. 「공감
되는 공포」에서 이러한 이미지를 볼 수 있다.
　　　　"거대하고 황량한 네 먹구름은
　　　　내 꿈 실어 가는 영구차."   [J 70, 1]

　　　　"그때에 불현듯 종소리 요란스럽게 일어
　　　　하늘 향해 무서운 아우성친다."
　　(「우울, 4」). 종소리들에게 습격당하는 하늘은 블랑키의 사색이
전개되는 하늘이기도 하다.   [J 70, 2]

　　　　"아득한 삶의 배경 뒤에서/심연의 가장 캄캄한 곳에서/나는 또
　　　　렷이 얄궂은 세계를 보고"
　　(「목소리」). 이것이 바로 『천체에 의한 영원』의 세계이다. 「심연」
의 "나는 모든 창 너머로 오직 무한을 보고"를 참조.   [J 70, 3]

　　「건질 수 없는 것」을 무케가 보들레르의 작품으로 보고 있는 시
「비 오는 날」과 함께 놓고 보면 보들레르의 창작욕을 자극하고 있는
것이 심연에 모든 걸 내맡기는 감정이라는 것과 함께 실제로 어디서
그러한 심연이 입을 벌리고 있는지가 아주 분명해진다. '센 강'이

834

나오는 것으로 봐서 「비 오는 날」의 무대가 파리라는 것을 알 수 있다. 거기에는 이런 표현이 있다. "지독한 악취 풍기는 안개 속에/파충류처럼 숨어서/자기 능력에 도취되어, 맹목적으로/고통스런 땅 위를 한발 한발 미끄러져 나간다"(『작품집』, 1권, 212페이지). 「건질 수 없는 것」에서 파리의 거리들의 이러한 이미지는 시의 말미(정확하게는 2부로 구성된 시의 1부 마지막 연)에서 '뚜렷한 상징'으로 묘사되고 있는 심연에 대한 알레고리적 환시Vision의 하나가 된다. "인광 번쩍거리는 커다란 눈으로/저희들밖에 비추지 않는 끈적끈적한 괴물들이 망보고 있는/ …… 난간도 없는 영원한 층층대를 …… /등불도 없이 내려가는 영벌永罰받은 사나이"(『작품집』, 1권, 92/93페이지).[308]
 [J 70, 4]

「건질 수 없는 것」이 제시하는 상징들의 목록과 관련해 크레페는 『상트페테르부르크의 야회』에서 다음 구절을 인용하고 있다(『악의 꽃』, 자크 크레페 판, 파리, 1931년, 449페이지). "인간이 단 한 번 건너는 저 강, **항상** 물을 부어놓아도 늘 비어 있는 저 다나이스의 통, **항상** 독수리에게 뜯기면서도 늘 되살아나는 티튀오스의 간 …… 은 정말 설득력 있는 상형문자들로, 이것들을 오해하는 것은 있을 수 없다."[309]
 [J 70, 5]

축복의 제스처. 피두스[310]에서 수직으로 팔을 들어올린 사람의 모습을 볼 수 있다(『차라투스트라』에서도?). ─ 뭔가를 들고 있는 사람의 제스처이다.
 [J 70, 6]

|『악의 꽃』, 2판| 에필로그 초고에서. "너의 마법의 포석은 쌓아올

려져 성채가 되고/괴상한 과장을 득의양양 떠벌리는 너의 조무래
기 연사들은/박애를 설교하고, 피로 가득 찬 너의 하수는/오리노
코 강처럼 지옥으로 흘러든다"(1권, 229페이지).   [J 70a, 1]

「축복」은 시인의 생애를 수난으로 묘사하고 있다. "그는 …… 십
자가의 길에서 노래하며 취한다." 이 시의 여기저기에는 아폴리네르
가 『학살당한 시인』에서 미친 듯이 날뛰는 속물들이 시인들을 살해
하는 것을 묘사할 때의 환상을 어렴풋이 떠올리게 하는 부분들이 있
다. "그리고 그의 밝은 정신은 저 멀리 번개처럼 번쩍여/성난 군중의
모습을 그에게 가려준다."   [J 70a, 2]

인류를 바라보는 블랑키적 시선(이것은 동시에 보들레르가 우주적
측면을 드러내는 보기 드문 시구 중의 하나이다). "오, 하늘! 자질구레
한 광막한 인류가/부글부글 끓어오르는 큰 냄비의 검은 뚜껑이여!"
(「뚜껑」).   [J 70a, 3]

'정다운 시선'³¹¹⁾(몇몇 초상화들의 시선에 다름 아닌 이것은 포를 연
상시킨다)을 향하게 하는 데 적합한 것은 뭐니 뭐니 해도 회상Souve-
nirs이다.   [J 70a, 4]

"하늘나라 가을걷이의 이 장엄한 저녁"(「뜻밖의 일」). — 가을의
승천.   [J 70a, 5]

"시벨 여신도 그들을 사랑하여 녹음을 북돋워."³¹²⁾ — 브레히트의
명역에 따르면 이렇다. "그들을 사랑하는 대지의 여신이 한층 푸르

름을 안겨준다." 여기에는 유기적인 것의 변천이 함축되어 있다.

[J 70a, 6]

「심연」은 보들레르에게서 블랑키의 환상vision에 해당된다.

[J 70a, 7]

"오, 구더기들이여! 귀도 없고 눈도 없는 음침한 무리들이여."³¹³⁾ ─ 여기에는 뭔가 기생충에 대한 공감 같은 것이 있다. [J 70a, 8]

눈을 조명을 받은 진열창에 비교하는 것. "네 눈은 진열창처럼 그리고/명절날 타오르는 촉대처럼 번쩍이고/빌려온 힘을 함부로 휘두른다"(「너는 온 누리인들 …… 끌어넣겠구나」).³¹⁴⁾   [J 70a, 9]

"…… 마음씨 갸륵한 하녀"라는 시구에 대해. 예상과는 반대로 첫번째 연의 "당신이 **새암하던**"이라는 표현에 강세가 주어지는 것은 아니다. **새암하던**이라는 부분에서 목소리가 얼버무려진다. 이처럼 목소리가 썰물 때처럼 쭉 빠져나가는 것은 극히 특징적이다(피에르 레리스의 논평).³¹⁵⁾   [J 70a, 10]

새디스트적 상상력은 기계적 구조물들로 향하는 경향이 있다. '사람 뼈대의 운치 알아보지 못하고'³¹⁶⁾ 운운하는 것을 볼 때 보들레르는 아마 골격을 일종의 기계 장치로 보는 것 같다. 「살인자의 술」에서는 이 점을 보다 분명하게 서술하고 있다. "쇠로 만든 기계와 같이/끄떡도 않는 고주망태 따위야/여름이고 겨울이고, 여태 한 번도/참다운 사랑이란 것 알지 못했다." 또한 "잔혹함에 가득 찬, 눈멀고

귀먹은 기계여!/어째서 너는 염치도 모르는가"(「너는 온 누리인들
…… 끌어넣겠구나 …… 」)에서는 더욱 현저하게 나타난다.   [J 71, 1]

'유행에 뒤처진' 것과 '인류의 기억이 미치지 못할 정도로 오래
된' 것은 보들레르에게게서는 아직 하나로 결합되어 있다. 시대에 뒤
처진 <사물들>은 고갈되지 않는 추억의 용기用器가 된다. 보들레르
의 시에 노파(「가엾은 노파들」) 혹은 지나간 세월(「명상」)이 등장하게
되는 것은 이 때문이다. 혹은 시인은 본인을 "유행에 뒤떨어진 가지
가지 물건들이 흩어져 있고/시든 장미로 가득 찬 오래된 규방"(「우
울, 2」)에 비유하기도 한다.   [J 71, 2]

모든 유기적 생명을 무기적인 것의 토대에 병합시키려고 하는 상
상력들 속에는 새디즘과 페<티>시즘이 얽혀 있다. "이제부터 너는,
오 물질이여!/어렴풋한 공포에 싸여 안개 자욱한 사하라 사막 저/안
쪽에서 졸고 있는 화강암에 지나지 않으리"(「우울, 2」). 살아 있는 물
질을 죽은 물질에 귀속시킨다는 생각은 동시에 줄곧 플로베르의 마
음을 사로잡은 생각이기도 했다. 그의 성 앙투안의 환상은 페<티>시
즘의 승리이며, <히에로니무스> 보스가 리스본의 제단에 승리를 축
하하기 위해 그려놓은 환상적인 그림들에 필적하는 것이다. [J 71, 3]

「어슴 새벽」은 병사兵舍의 마당에 울려 퍼지는 기상 나팔로 시작
된다. 따라서 나폴레옹 3세 시대에는 누구나 쉽게 이해할 수 있는 이
유들로 도시 내부가 병영들로 가득 차 있었다는 것을 상기할 필요가
있다.   [J 71, 4]

838

미소와 흐느낌은 인간의 얼굴에 떠오르는 구름의 형태로, 인간의 영성을 표현하는 데는 어느 것도 이것을 능가할 수 없다.   [J 71, 5]

「파리의 꿈」에서 생산력은 정지한 것 같다. 이 꿈의 풍경은 눈을 부시게 하는 음침하고 황량한 풍경의 신기루로, 그것은 「심연에서 부르짖었다」에서는 우주가 된다. "열기 없는 태양은 여섯 달 동안 하늘에 걸려 있고/나머지 여섯 달은 밤이 땅을 덮는다./그것은 극지보다 더한 불모의 나라/— 짐승도 없고, 시내도, 풀밭도, 수풀도 없다!"[317]   [J 71, 6]

「파리의 꿈」의 환등상은 만국박람회의 환등상을 연상시킨다. 거기서 부르주아지는 소유와 생산의 질서를 향해 "멈추어라, 너 정말 아름답구나"[318]라고 외친다.   [J 71, 7]

"시민들 가슴 속에 얼마간 영웅적인 기분을 북돋운다"에 대한 프루스트의 견해. "이를 능가하는 것은 불가능해 보인다."[319]
    [J 71a, 1]

"그것은 사람들의 **기운 되살아날 듯한**où l'on se sent revivre 금빛 황혼에."[320] 이 시행의 후반은 자체 내로 오그라들고 있다. 운율론적으로 그것이 말하고 있는 것과 상충되는 것이다. 보들레르에게 특징적으로 나타나는 시작법.   [J 71a, 2]

"후견인 말고 그의 이름 누가 알리."[321] — 이것은 포의 세계에서 유래한다(「사후의 회한」, 「즐거운 주검」).   [J 71a, 3]

『악의 꽃』 중 아이들에 대한 보들레르적인 견해에 반하는 유일한 부분은 시 「가엾은 노파들」의 1부 5연이다. "반짝이는 걸 보면 무엇에고 놀라고 웃는/소녀 같은 거룩한 눈을 그들은 지니고 있다." 아이들에 대한 이러한 견해에 이르기까지 시인은 아주 먼 길을 걸어왔다. 즉 노년을 경유해 여기에 다다른 것이다. [J 71a, 4]

보들레르의 작품 중 『악의 꽃』의 99번째 시와 100번째 시는 이스터 섬의 거대한 신상들처럼 서먹서먹하고 고독하게 떨어져 있다. 이 시들이 『악의 꽃』 중 가장 먼저 쓰여진 작품들 중의 하나라는 것은 이미 잘 알려져 있다. 보들레르 본인이 여담 삼아 어머니에게 어머니와 관련되어 있는 시라는 것을 알리고 있으며, 이들 시에는 아무 제목도 붙이지 않았다. 그처럼 은밀한 연관성을 어떠한 형태로든 사람들에게 알리는 것이 불쾌했기 때문이다. 이들 시를 두드러지게 하는 것은 죽음을 연상시키는 목가적인 분위기이다. 이 두 편의 시, 특히 처음 시에서는 보들레르에게서는 거의 찾아보기 힘든 평온함의 숨결이 감돌고 있다. 두 편 모두 아버지가 없는 가정의 이미지를 보여준다. 그러나 아들은 아버지 역할을 대신하기는커녕 오히려 그것을 비워두고 있다. 첫번째 시에서 저편으로 기울어져가는 태양은 아버지의 상징으로, 그것의 시선은 — "신기로운 하늘에 크게 열린 눈처럼" — 어머니와 아들이 나눠 먹는 저녁을 멀리 떨어진 곳에서 질투도 하지 않고 지켜보고 있다. 두번째 시에서 아버지가 없는 가정의 이미지는 식탁이 아니라 묘지 주변에서 환기된다. 온갖 가능성들로 가득한 삶의 답답함은 이 시에서 죽음이라는 밤의 냉기로 완전히 대체된다. [J 71a, 5]

「파리 풍경」은 도시의 변형과 함께 시작된다. 이러한 점에서 이 시군의 첫번째 시와 두번째 시, 그리고 경우에 따라서는 세번째 시가 하나가 되어 효과를 산출하고 있다.「풍경」에서 도시는 하늘과 마주 보고 있다. 도시에서 시인의 지평에 등장하는 것은 '노래하고 지껄 이는 공장이나 굴뚝, 종루' 뿐이다.「태양」에는 이것에 포부르가 첨 가된다.「파리 풍경」의 이 첫 3편의 시 어디에도 도시의 대중이 들어 가 있지 않다. 네번째 시는 루브르 궁을 환기시키는 것으로 시작한 다. 하지만 그것은 ― 2연의 중간 부분에서 ― 즉각 대도시의 나약함 을 탄식하는 것으로 넘어간다.   [J 72, 1]

"근엄하고 박식한/어느 늙은 화가가/ ······ /아름다움 불어넣은 그림"[322] ― 아름다움에는 정관사가 붙어 있기 때문에 매정하고 '정 취가 결여되어 있는' 것처럼 보인다. 미는 그 자체의 알레고리로 되 었다.   [J 72, 2]

「안개와 비」[323]에 대해. 도시는 산책자에게 낯선 것이 되어버렸 다. 모든 침대가 그에게는 '모험의 잠자리' 이다(보들레르가 밤을 보 낸 수많은 숙소들).   [J 72, 3]

시「안개와 비」가「파리 풍경」에 수록된 것을 두고 의외로 생각 할 수도 있을 것이다. 시골의 이미지에 가깝기 때문이다. 그러나 이 미 생트뵈브는 이렇게 기술하고 있다. "오, 불르바르 주변의 평원은 얼마나 슬픈가!"(「평원, 10월」) ― 보들레르는 1866년 1월 15일자 편지에 서 생트뵈브와 반대로 이에 대해 언급하고 있다.[324]) 보들레르의 시에서 풍경은 실제로 안개에 잠긴 도시의 풍경이다. 그것은 권태가 위에다 수놓기를 가장 좋아하는 자수천이다.   [J 72, 4]

「백조」는 현대와 고대 사이를 왔다 갔다 하며 흔들리는 요람 같
다. 보들레르는 노트에서 이렇게 기술하고 있다. "서정적인 또는 몽
환적인 희극미를 위하여, 무언극을 위해 한 화면을 구상하고 …… 전
체를 이상하고 환상적인 분위기 속에 ― **축제일**의 분위기 속에 적실
것. 또 뭔가 달래주는 분위기가 나도록 할 것"(「화전, 22」). 여기에서
말하는 축제일들이란 회귀의 날들이다.[325]   [J 72, 5]

"몹쓸 악마들은 대기 속에서"[326]에 관해. 이 악마들은 게오르그
하임의 「도시의 악마들」에 재등장한다. 하임에서 악마들은 전보다
훨씬 더 폭력적으로 된다. 그러나 사업가와의 유사성[327]을 부정하기
때문에 의미는 줄어든다.   [J 72, 6]

> 하임의 시 「도시의 악마들」의 마지막 연.
> "그러나 악마들은 거대하게 성장한다.
> 이마의 뿔들은 하늘을 빨갛게 찢어놓는다.
> 지진이 도시들의 깊은 곳에서 굉음을 울린다.
> 불꽃보다 밝게 타오르는 악마들의 발굽 주위에서."
> 게오르그 하임, 『문학 작품집』, 뮌헨, 1922년, 19페이지.   [J 72a, 1]

"오, 그대를 열렬히 사랑한다, 밤의 궁륭과 같이."[328] ― 이 시에
서만큼 성Sexus이 에로스에 맞서 끝까지 저항하는 모습이 분명하게
그려진 시도 없다. 이와 반대로 성이 에로스와 결합될 때 얼마만큼
큰 힘이 상상력에 부여되는지를 알려면 이 시를 「행복한 동경」[329]과

842

비교해보아야 한다.   [J 72a, 2]

「가을의 소네트」는 보들레르의 에로틱한 경험의 근저에 자리 잡고 있는 정신 상태를 주저주저하면서도 명확하게 보여준다. "모든 것이 성가신 내 마음은/ …… /그 끔찍한 비밀을 그대에게 보이고 싶지가 않다/ …… /나는 정열을 미워한다. …… /우리는 그저 조용히 사랑하자."이 시구들은 모두 괴테가 『서동시집』에서 천국의 미녀들과 이들을 노래하는 시인들을 이용해 에로티시즘의 이미지를 일종의 천국에서 찾아볼 수 있는 성으로 환기시키고 있는 구절에 멀리서 화답하고 있는 것처럼 보인다. "천녀들은 시인에게 보답하는 것이 좋을 것이다/**부드럽고** 순종적으로/그와 함께 사는 것이 좋다/그러면 선한 자들은 모두 만족한다."[330]   [J 72a, 3]

제2공화정에 대한 마르크스의 견해. "진실 없는 정열, 정열 없는 진실, 영웅적 행위 없는 영웅, 사건 없는 역사. 발전은 동일한 긴장과 이완의 부단한 반복으로 권태를 느끼게 하는바, 달력만을 유일한 추진력으로 삼고 있는 것처럼 보인다. …… 만약 역사의 어떤 페이지가 온통 회색으로 칠해지는 경우가 있다면 아마 그것은 바로 이 제2공화정 시대일 것이다."칼 마르크스, 『루이 보나파르트의 브뤼메르 18일』, 라자노프 편, 빈/베를린, <1927년>, 45/46페이지.[331]   [J 72a, 4]

보들레르의 과민한 자질의 양극단은 똑같이 하늘로 상징된다. 납덩어리 같은, 구름 한 점 없는 하늘은 물신에 속박당한 감수성을 상징하며, 구름의 형상들은 정신화된 감수성의 상징이다.   [J 72a, 5]

1851년 12월 3일(루이 보나파르트의 쿠데타 다음날) 엥겔스가 마르크스에게 보낸 편지. "적어도 오늘만큼은 이 바보는 자유입니다. …… 브뤼메르 18일 밤 그의 선조처럼 전혀 거리낌 없이 그의 어리석음을 사방팔방에 보여주지 않고는 견딜 수 없을 것입니다. 아무런 저항도 없을 때 벌어질 수 있는 끔찍한 광경입니다!"³³²⁾ 칼 마르크스, 『루이 보나파르트의 브뤼메르 18일』, 라자노프 편, 빈/베를린, 9페이지.   [J 73, 1]

1851년 12월 11일 엥겔스가 마르크스에게 보낸 편지. "만약 이번에 프롤레타리아가 하나로 단결해 투쟁하지 않는다면" 그것은 "프롤레타리아가 자기의 …… 무력함을 충분히 알고, 새로 힘을 결집할 때까지는 숙명론적인 체념으로 공화정, 제정, 왕정복고 그리고 새로운 혁명 하는 식으로 다시 시작된 순환에 복종할 준비가 되어 있기 때문입니다." 마르크스, 『브뤼메르 18일』, 10페이지.
                                          [J 73, 2]

|1848년| "5월 15일은 주지하다시피 단지 블랑키와 그의 동지들, 즉 프롤레타리아당의 진정한 지도자들인 혁명적 공산주의자들을 우리가 고찰하는 전 기간에 걸쳐서 공적 무대에서 떠나게 만들었을 뿐이다." 칼 마르크스, 『브뤼메르 18일』, 라자노프 편, 28페이지.³³³⁾   [J 73, 3]

미국의 망령들의 세계는 포의 군중 묘사에 파고들어가 있다. 마르크스는 공화정에 대해 이렇게 말한다. 유럽에서는 "부르주아 사회의 정치적 변혁 형태일 뿐 예컨대 북미의 미국에서처럼 부르주아 사

회의 보수적인 생활 형태가 아니라는 것을 입증해주었다. 미국에서
는 …… 계급들이 아직 고정되지 않은 채 …… 현대적 생산 수단이
…… 상대적으로 부족한 두뇌나 노동력을 보충해준다. 끝으로 ……
물질적 생산의 열광적이고 싱싱한 운동이 과거의 망령들의 세계를
쓸어버릴 시간도 기회도 주지 않았다." 칼 마르크스, 『브뤼메르 18
일』, 30페이지.[334] 마르크스가 미국의 공화정을 설명하기 위해 망령
들의 세계를 끌어들이고 있는 것은 주목할 만하다.   [J 73, 4]

　군중이 베일이라면 저널리스트는 이 베일을 몸에 두른다. 즉 수
많은 |인간| 관계를 마치 동일한 수만큼의 베일인 양 활용해 유혹적
인 방식으로 두르는 것이다.   [J 73, 5]

　1850년 3월 10일의 혁명적인 보궐선거에서 파리는 사회민주당 의
원만을 국민의회에 보냈다. 하지만 "마지막으로 4월의 보궐선거
에서 외젠 쉬가 선출된 것은 3월 선거의 의미를 감상적으로 약화시
키는 주해 역할을 했다." 칼 마르크스, 『브뤼메르 18일』, 68페이
지.[335]   [J 73, 6]

　「어슴 새벽」에 대해. 마르크스는 나폴레옹 3세를 "밤에 결정하여
낮에 실행하는 것이 아니라 낮에 결정하여 밤에 실행하는 유의 사
람"이라고 평하고 있다. 마르크스, 『브뤼메르 18일』, 라자노프 편,
79페이지.[336]   [J 73a, 1]

　「어슴 새벽」에 대해. "'쿠데타 소문이 파리 전체를 가득 메우고 있
다. 밤사이에 군대가 수도를 점령할 것이라고, 다음날 아침이면 각

종 명령이 떨어질 것이라고 한다.'" 1851년 9월과 10월의 유럽의 일간 신문들에서 인용. 마르크스, 『브뤼메르 18일』, 105페이지에서 인용.[337]   [J 73a, 2]

마르크스는 파리의 프롤레타리아트의 지도자들을 '바리케이드의 수장들'이라고 불렀다. 『브뤼메르 18일』, 113페이지.[338] [J 73a, 3]

라마르틴의 시는 앙드레 셰니에가 그린 풍경화 위에 하늘을 만들어주었다(J 51a, 3)는 생트뵈브의 말을 마르크스의 말과 비교해볼 것. "새로이 생겨난 분할지는 사회와 조화를 이루었고, 자연의 힘에 의존했으며, 위에서 자신들을 보호해주는 주권에 복종했기 때문에 자연히 종교적이었던 한편, 빚에 쪼들리고 사회나 주권과도 반복하여 자신의 좁은 한계 밖으로 내팽개쳐진 분할지는 자연히 비종교적으로 된다. 하늘은 방금 손에 넣은 조그마한 땅뙈기에 대한 아주 훌륭한 보너스였고, 그것이 날씨를 좌우하는 만큼 더욱 그러했다. 그러나 하늘이 분할지의 대체물로 강요되자마자 그것은 즉각 모욕으로 된다." 마르크스, 『브뤼메르 18일』, 122페이지.[339] 이처럼 생트뵈브의 비유를 마르크스의 이러한 구절과 연관시켜봄으로써 라마르틴이 그의 시에서 끌어내고 있는 정치적 영향력의 본질과 지속성 문제를 풀 수 있는 열쇠를 찾을 수 있을 것이다. 이와 관련해 포크로브스키가 보고한 바 있는 라마르틴과 러시아 대사 사이의 교섭을 참조할 것.[340]
[J 73a, 4]

시인의 모습 속에 들어 있는 영웅적인 것의 양의성. 시인에게는 부랑자가 다 된 군기 빠진 졸병과 같은 부분, 낙오하여 약탈을 일삼는 군인 같은 부분이 있다. 이들의 Fechten은 종종 부랑자들이 은어로 사용하는 fechten[341]이라는 의미를 연상시킨다.　　　　　[J 73a, 5]

제2제정의 기생적인 인간들에 대한 마르크스의 발언. "햇수를 잘못 계산하지 않기 위해 분 단위로 계산한다." 마르크스, 『브뤼메르 18일』, 126페이지.[342]　　　　　[J 73a, 6]

보들레르가 바라보는 시인의 이미지 속에 감추어져 있는 영웅적인 것에 대한 개념의 양의성. "'나폴레옹 이념'의 절정은 …… **군대**의 우위이다. 군대는 분할지 농민들의 명예가 걸린 문제였다. 군대는 영웅이 된 농민들 자신이었다. …… 그러나 이제 프랑스 농민들이 자기 재산을 지키기 위해 싸워야 하는 적은 …… 징세관이다. 이제 분할지는 더이상 이른바 조국 속에 있지 않고 저당 등기부 속에 있다. 군대 그 자체도 이제 더이상 농민 청년들 사이에 피어나는 꽃이 아니라 농촌 룸펜프롤레타리아트의 늪에서 피어나는 악의 꽃이다. 군대도 대부분 대역병들로 구성되어 있다. …… 제2의 보나파르트 자신이 나폴레옹의 대역에 지나지 않듯이 …… 이것에서 알 수 있듯이 **모든** '나폴레옹 이념'은 미발전된, 생기발랄한 분할지의 관념이다. 노쇠한 분할지가 보기에 그것은 망발이다." 마르크스, 『브뤼메르 18일』, 라자노프 편, 122/23페이지.[343]　　　　　[J 74, 1]

악마주의에 대해. "콘스탄츠 공회에서 청교도들이 교황들의 방탕한 생활에 대해 불평을 쏟아놓고 도덕 개혁의 필요성을 역설했을 때 피에르 드 아이이 추기경은 그들을 향해 이렇게 호통쳤다. '지금으로서는 오로지 악마만이 가톨릭교회를 구할 수 있다. 그런데도 너희는 천사를 바라는가.' 프랑스 부르주아지도 쿠데타 후에 이렇게 외쳤다. 지금으로서는 오로지 12월 10일 회의 수장만이 부르주아 사회를 구할 수 있다! 지금으로서는 오로지 도둑질만이 재산을 구할 수 있고, 거짓 맹세만이 종교를 구할 수 있으며, 사생아만이 가족을 구할 수 있고, 무질서만이 질서를 구할 수 있다!라고." 마르크스, 『브뤼메르 18일』, 라자노프 편, 124페이지.[344]   [J 74, 2]

"12월 10일 회의. 이 상층부가 어떠한 패거리인가를 일목요연하게 알고 싶다면 베롱-크레벨이 그들의 도덕 설교가이고 그라니에 드 카사냐크가 그들의 사상가라는 것을 음미해보는 것이 좋을 것이다." 마르크스, 『브뤼메르 18일』, 라자노프 편, 127페이지.[345]

[J 74, 3]

한 에필로그의 초고[346]에 들어 있는 '바리케이드를 위해 쌓아올려진 마법의 포석들'이라는 표현은 보들레르의 시가 사회적 주제를 직접 다루려는 경우에 봉착하게 되는 한계를 잘 보여준다. 그는 이들 포석을 옮기는 사람들에 대해서는 아무것도 알려주지 않는다. 「넝마주이의 술」에서 그는 이러한 한계를 초월할 수 있게 된다.   [J 74, 4]

「넝마주이의 술」의 마지막 부분.
    "하느님은 뉘우침에 사로잡혀 잠을 만드셨는데,
    인간은 술을 덧붙였다. 이 거룩한 태양의 아들은."
신과 인간의 대립은 1857년부터 시작된다.[347]   [J 74a, 1]

<「1846년 살롱」의> 마지막 장(18장, 「현대적 삶의 영웅성에 대해」)

에서는 자살이 참으로 독특하게 '특수한 정열'로 — 언급되는 모든 정열 중에서 유일하게 어느 정도 중요성을 갖는 것으로서 — 제시된다. 그것은 열정의 영역에서 현대(성)가 행한 장대한 정복을 대변한다. "오이테 산 꼭대기의 헤라클레스, 우티카의 카토, 그리고 클레오파트라, …… 이들 말고 옛날 그림에서 어떠한 자살을 볼 수 있는가?" Ch. B., 『작품집』, 2권, 133/134페이지. 이런 식으로 자살은 현대성의 정수로서 나타난다.

[J 74a, 2]

보들레르는 「1846년 살롱」 18장에서 "누구나 입는 상복 같고 주름이 잔뜩 잡힌 프록코트"(136페이지)에 대해 말하고 있는데, 이보다 조금 앞서서는 "비탄을 표시하기 위해 철 따라 고용인에게 내리는 이 제복"에 대해 언급하고 있다. "이들 주름, 먹음직스러운 고기 주위에서 놀고 있는 뱀과도 같은 이들 주름에는 나름대로의 묘한 우아함이 있지 않을까?"(134페이지). Ch. B., 『작품집』, 2권.

[J 74a, 3]

1882/83년에 라팔로 만에서 보낸 겨울에 대해 니체는 이렇게 기술하고 있다. "오전 중에는 조아글리로 가는 멋진 길을 따라 남쪽 방향으로 올라가곤 했는데, 옆에는 소나무 숲이 펼쳐져 있었고 바다가 한눈에 내려다보였다. 오후에는 …… 라팔로 만을 한 바퀴 돌고 …… 포르트피노까지 갔다. 이 장소와 경치는 황제 프리드리히 3세가 매우 좋아했다고 해서 그런지 내 마음에도 쏙 들었다. …… 오전과 오후 두 차례의 산책 도중 『차라투스트라』 1부 전체를 구상했다. 무엇보다 차라투스트라 그 사람이, 하나의 유형으로 떠올랐다. 좀더 정확히 말하면 차라투스트라가 나를 덮친 것이다." 프리드리

히 니체,『차라투스트라는 이렇게 말했다』, 크뢰너 판, 라이프치히, XX페이지와 XXI페이지. 이것과 토로 요새에 대한 기술을 대비해볼 것.[348]   [J 74a, 4]

니체는 그의 '정오의 철학' — 영겁회귀설 — 을 기준으로 그의 이전의 사고 단계를 여명의 철학과 오전의 철학으로 구분한다. 그 또한 '시간의 절단'과 커다란 구분들을 알고 있었다. 따라서 시간에 대한 이러한 통각이 유겐트슈틸의 한 요소는 아닌가 하는 질문을 던지게 된다. 만약 그렇다면 유겐트슈틸이 입센을 통해 연극의 가장 위대한 기술자Techniker 중 하나를 만들어내게 되었다는 것을 훨씬 더 잘 이해할 수 있을 것이다.   [J 74a, 5]

노동이 점점 더 매음과 비슷해져감에 따라 그만큼 더 매음을 노동으로 바라보고 싶어진다. — 사실 이미 오래 전부터 창녀들의 은어에서는 그렇게들 말해왔다. 양자의 이러한 접근은 실업이 늘어나면서 급속도로 진행되었다. "계속 웃어라keep smiling"[349]라는 말은 사랑의 시장에서 '웃으며 유혹하는' 매춘부들의 방식을 노동 시장에 도입한 것이다.   [J 75, 1]

자연과의 관계를 통해 노동 과정의 특징을 규정하게 되면 거기에는 반드시 사회 체제가 각인되게 된다. 즉 **본래** 인간이 착취당하지 않는다면 자연의 착취 운운하는 **비본래적**인 말을 할 필요가 없을 것이다. 그러한 말은 '가치'는 오직 원료를 인간 노동의 착취에 기반한 질서 속에 편입시킬 때만이 얻을 수 있다는 가상을 강화시킨다. 이러한 착취가 종말을 고한다면 노동 자체도 인간에 의한 자연의 착취라

850

는 성격을 벗어던질 것이다. 그렇게 되면 노동은 푸리에에게서 조화를 이룬 인간들의 정념적 노동의 기반을 이루는 아이들의 놀이를 모델로 해서 이루어질 것이다. 놀이를 더이상 착취당하지 않는 노동의 규준으로 확립한 것은 푸리에의 위대한 공적 중의 하나이다. 이처럼 놀이에 의해 생기가 불어넣어진 노동은 가치의 창출이 아니라 자연의 개선을 지향한다. 이처럼 자연에 대해서도 푸리에의 유토피아는 실제로 아이들의 놀이 속에서 실현되어 있는 모델을 제시한다. 모든 장소가 여인숙Wirtschaften³⁵⁰⁾으로 변한 지상의 이미지가 그것이다. 여기서 이 말의 이중적인 의미가 전모를 드러내는 것이다. 즉 모든 장소가 인간에 의해 가공되고, 그를 통해 유용하고 아름다운 것이 된다. 그러나 모든 장소가 마치 길가의 여관처럼 모든 인간에게 개방되어 있다. 그러한 이미지에 따라 정돈된 지상이라면 "행동이 꿈의 누이가 아닌 이 세상"³⁵¹⁾의 일부가 안 될 것이다. 그러한 지상에서라면 행위는 꿈과 자매지간일 것이다.   [J 75, 2]

　패션은 그때그때마다 감정 이입의 수용 가능한 한계를 정한다.
　　　　　　　　　　　　　　　　　　　　　　　　　　　　[J 75, 3]

　노동이 **놀이**로 전개되려면 최고도로 발전한 생산력이 전제되는데, 이것은 오늘날에 와서야 비로소 인류의 것이 되었지만 그것들의 가능성과는 반대 방향 즉, **전시**戰時를 위해 동원되고 있다. 그럼에도 불구하고 생산력이 발달되지 않은 시대에도 19세기 이래 지배적인 것이 된 견해, 즉 자연의 착취라는 잔혹한 견해는 결코 결정적인 것이 아니었다. 모권제를 주창한 바호펜이 잘 보여주고 있듯이 자연의 지배적인 이미지는 아이에게 젖을 먹이는 어머니의 이미지였기 때문에 자연의 착취라는 이러한 이미지는 어디에도 등장할 수 없었다. 어머니의 모습을 한 자연의 이러한 이미지는 역사의 온갖 변천에도 불구하고 살아남았다. 그러나 많은 어머니들 본인이 상업적인 이익을 위해 아들의 삶을 희생시키는 계급의 앞잡이가 되었던 시대에는 당연히 이러한 자연의 이미지가 한층 더 애매모호해질 수밖에 없었다. 여러 가지 증거가 시사해주는 대로 상대가 장군이었다고 해서 어머니의 재혼이 보들레르에게 더 견디기 쉬웠던 것은 아니다. 아마도 이 결혼은 이 시인의 충동의 진화에서 일정한 역할을 담당했을 것이다. 매춘부가 그의 충동의 규범적인 이미지가 된 데는 이러한 결합이 일정한 역할을 했다. 물론 매춘부는 원래 상품의 가상을 둘러쓴 자연의 화신이었다. 매춘부는 심지어 현혹하는 힘을 강화시켜주기도 했다. 왜냐하면 그녀와의 거래에서는 손님의 쾌락에 맞춰 그녀 자신도, 설령 그런 척하는 것이라고 해도 쾌락을 느껴야만 계약이 이루어지기 때문이다. 다시 말해 이러한 거래에서는 그녀 쪽에서나 손님 쪽에서 향락의 능력 그 자체가 가치로서, 그리고 착취의 대상으로 나타난다. 그러나 다른 한편으로 여기에서는 왜곡된 형태, 나아가 실태보다 과장된 형태로 누구에게나, 어떤 상대건 가리지 않고 기꺼이 몸을 맡기려는 태도의 이미지가 나타나 있다. 세상 물정 모르고, 표상 속에서 길을 잃은 욕정의 화신인 바로크 시인 로헨슈타인은 딱 보들레르를 연상시키는 방식으로 이러한 이미지를 포착하고 있다. "천 가지 장식으로 몸을 꾸미고 거기 있는 아름다운 여인은/수많은 남자들이 실컷 먹어도 부족하지 않는 식탁/영원히 물이 흐르는 마르지 않는 샘/그렇다 달콤한 사랑의 우유이다. 백 개의 관에서 동시에/부드러운 꿀이 흘러나오는"(다니엘 카스페르스 폰 로헨슈타인, 『아그리피나』, 라이프치히, 1724년, 33페이지). 어머니와 자식의 관계를 지배하고 있는 선택의 '내세', 그리고 매춘부와 손님의 관계를 지배하고 있는 관계의 '이승' 은 단 한 지점에서만 접촉한다 이 한 점이 보들레르의 충동의 상황을 특징짓고 있다([X 2, 1]. 매음에 대한 마르크스의 견해를 참조).   [J 75a]

「행복한 동경」에 들어 있는 시구 — "어떠한 먼 거리도 너를 애먹이지는 못한다. 너는 멀리 날아올라 황홀한 듯 다가온다." — 는 아우라의 경험을 기술하고 있다. 애인의 눈 속에서 있으면서 사랑하는 남자를 끌어당기는 거리야말로 더 좋은 자연|본성|에 대한 꿈이다. 아우라의 쇠퇴와 — 계급투쟁에서 방어적인 입장을 취함으로써 발생하는 — 더 좋은 자연|본성|에 대한 꿈의 퇴화는 같은 것이다. 따라서 아우라의 쇠퇴와 성적 능력의 쇠퇴도 결국에는 같은 것이다.
                                                                                                 [J 76, 1]

『천체에 의한 영원』 중 "새로운 것은 항상 오래된 것이며, 오래된 것은 항상 새로운 것이다"[352]라는 표현은 보들레르가 기록한 우울의 경험과 정확히 일치한다.   [J 76, 2]

『천체에 의한 영원』의 "우리와 똑 닮은 사람들은 존재한다. …… 이들 분신들도 살과 뼈가 있으며, 바지나 외투 또는 크리놀린 스커트를 입고 머리를 묶어 올리고 있다"는 표현을 「일곱 늙은이」와 비교해볼 수 있을 것이다.

> "내 불안한 심정 비웃는 자여,
>
> 그리고 나와 같은 전율에 사로잡히지 않는 자여, 생각해보라,
>
> 그토록 노쇠는 하였을망정

그토록 망측한 일곱 괴물은 불멸의 형상을 지니고 있었다는 걸!

나는 죽지 않고도 여덟째를 바라볼 수 있었을까.
냉혹하고, 빈정 맞은, 숙명의 쌍둥이를,
저 자신의 아들이자 아비인 메스꺼운 불사조를?
— 그러나 나는 그 지옥 같은 행렬에 등을 돌렸다."
시의 마지막 행에서 환기하고 있는 "괴물 같은 가없는 바다 위에
서 너울너울 춤을 추었다"는 『천체에 의한 영원』의 뒤죽박죽된 우주
에 해당된다.[353]   [J 76, 3]

"집들은 안개 때문에 한층 더 높아 보이고,
물이 불어난 내의 양 둑같이 보일 때."[354]
메리옹풍의 이미지. 브레히트에게서도 이와 비슷한 이미지를 찾
아볼 수 있다.   [J 76, 4]

블랑키는 음울한 아이러니를 통해 결코 개선되지 않을 자연 속에
서 '개선된 인류'가 무슨 의미가 있는지를 보여준다.   [J 76, 5]

라마르틴의 산업의 그리스도가 세기말에 다시 나타난다. 예를 들
어 베르하렌의 「출발」.
"그러면 온갖 악, 광기의 시대,
도시를 들끓이고 있는 거대한
악덕의 통들이 무슨 문제리.
언젠가 안개와 어둠 깊은 곳에서
새로운 그리스도가 빛과 더불어 출현해

그를 향해 인류를 들어올려

　　신성新星의 빛으로 인류에게 세례를 하기만 한다면."[355]

　　보들레르는 이러한 낙관주의에 한 번도 사로잡히지 않았다. 그것
이 파리를 묘사할 때 큰 행운을 가져다주었다(쥘 데스트레, 「도시로
향하는 열차」, 『노이에 차이트』, 21권 2호, 슈투트가르트, 1903년, <571페
이지에서 인용><).>　　　　　　　　　　　　　　　　　[J 76, 6]

　　프롤레타리아가 부르주아 계급에 대해 행하는 역사 재판에서 보
들레르는 증인이지만 블랑키는 감정인이다.　　　　　　　[J 76a, 1]

　　만약 보들레르가 역사의 법정에 소환된다면 그는 수많은 발언 중
단을 감수해야 할 것이다. 그에게는 여러 모로 낯설고 많은 측면에서
이해하기 힘든 이해관계가 이 법정에서의 질문을 규정하고 있기 때
문이다. 이에 반해 블랑키는 본인이 진술하는 건에 대해 이전부터 숙
달되어 있었다. 그렇기 때문에 이러한 문제를 심리할 때 감정인으로
서 출석할 수 있는 것이다. 따라서 보들레르와 블랑키가 역사의 법정
에 소환된다고 해도 같은 의미를 갖지는 않게 된다(N 11, 3]을 참조).
　　　　　　　　　　　　　　　　　　　　　　　　　　　[J 76a, 2]

　　서사시적 계기의 포기. 즉 법정은 방적실이 아니다. 또는 이렇게
말하는 것이 더 나을 것이다. 즉 심리란 행해지는 것이지 보고되는
것이 아니다.　　　　　　　　　　　　　　　　　　　　[J 76a, 3]

　　유물론적 역사가가 과거에 대해 갖는 관심은 항상 부분적으로는
과거 중 이미 지나가버린 것, 더이상 존재하기를 그친 것, 본질에서

는 이미 죽은 상태에 있는 것에 대한 열렬한 관심이다. 전체와 관련해 이러한 조건을 확인하는 것은 이러한 현상의 어떤 부분을 인용(생명을 부여)하더라도 항상 필수불가결한 전제 조건이 된다. 요컨대, 특정한 역사적 관심의 정당성을 증명하는 데 유물론적 역사 서술가의 가장 독특한 점이 있는데, 그렇게 하려면 이때 다루는 대상이 전체적으로, 즉 실제적으로 그리고 되돌릴 길 없이 '역사에 속한다'는 사실을 제대로 보여주어야 한다.   [J 76a, 4]

단테와의 비교는 보들레르에 대한 초기의 수용이 얼마나 곤혹스러웠는가를 실례로 보여주는 동시에 드 메스트르의 말을, 즉 어떤 저자에 대한 최초의 평가는 이후의 평가 속에 그대로 계승된다는 말을 예증해주기도 한다.[356]   [J 76a, 5]

단테와의 비교 이외에도 데카당스라는 개념이 보들레르 수용에서 핵심적인 단어로 부각되고 있다. <바르베> 도르빌리, 퐁마르탱, 브뤼네티에, 부르제에서 그러한 모습을 찾아볼 수 있다.   [J 76a, 6]

유물론적 변증법가에게 있어 불연속성은 지배 계급(따라서 무엇보다 부르주아지)의 전통을 규제하는 이념인 반면 연속성은 피억압자들(따라서 무엇보다 프롤레타리아)의 전통을 규제하는 이념이다. 프롤레타리아는 부르주아 계급보다 더 느린 속도로 삶을 영위한다. 프롤레타리아 투사들이 보여준 모범적인 사례나 이들의 지도자들의 식견이 낡아빠지는 일은 없다. 아무튼 그것들은 부르주아 계급의 |중요한 역사적| 시대와 위대한 인물들보다 훨씬 더 느리게 낡은 것이 된다. 유행의 물결은 밀집해 있는 피억압자 대중에 부딪혀 부서

진다. 그에 반해 지배 계급의 동향은 일단 지배 권력을 잡으면 일종의 유행 같은 기미를 띠게 된다. 특히 지배자들의 이데올로기는 본성상 피억압자들의 이념보다 훨씬 더 가변적이다. 왜냐하면 피억압자들의 이념과 마찬가지로 그때그때마다의 사회적 투쟁 상황에 적응해야 할 뿐만 아니라 그러한 상황을 근본적으로 조화로운 것으로 미화해야 하기 때문이다. 이러한 일은 기괴하고 돌출적인 방법으로 이루어질 수밖에 없다. 그것은 유행이라는 말의 완전한 의미에서 유행같은 것이다. 부르주아 계급의 위대한 인물을 '구원한다'는 것은 특히 그들이 이처럼 이들의 가장 취약한 영역에서 어떤 작업을 하고있는 것으로 파악하고, 권력자들에게는 전혀 도움이 되지 않기 때문에 아무런 주목도 받지 못하고 묻혀버린 것을 끌어내고 인용하는 것을 가리킨다. 보들레르와 블랑키를 대면시키는 것은 빛을 가리고있는 말[357]을 제거하는 것을 의미한다.   [J 77, 1]

시인들에 의한 보들레르 수용은 이론가들에 의한 수용과 쉽게 구분할 수 있다. 이론가들은 단테와의 비교와 데카당스 개념에 매달리고, 시인들은 예술을 위한 예술이라는 금언과 만물조응 이론에 매달린다.   [J 77, 2]

파게는 보들레르가 큰 영향을 미칠 수 있던 비밀은 신경쇠약이 만연한 데서 찾을 수 있다고 보고 있다(어디서지?).   [J 77, 3]

넝마주이의 비틀거리는 갈지자 모양의 걸음걸이[358]는 반드시 알코올의 영향 때문만은 아니다. 왜냐하면 그는 항상 걷다가는 멈춰 서서 쓰레기를 줍고, 그것을 등에 진 광주리에 던져 넣어야 하기 때문이다.   [J 77, 4]

블랑키에게서 역사는 무한의 시간 속에 채워넣어지는 지푸라기
이다.   [J 77a, 1]

"나는 멈춰 선다. 갑자기 피곤함을 느꼈기 때문이다. 전방은 내리
막길처럼 보인다. 눈 깜빡할 사이에 굴러 떨어질지도 모른다. 사방
이 심연. — 감히 안을 들여다볼 엄두가 나지 않는다." 니체, <『저
작집』, 그로스옥타브와 클라인옥타브 판>, 12권, 223페이지(칼 뢰
비트, 『니체의 동일자의 영겁회귀 철학』, 베를린, 1935년, 33페이지에서
인용).   [J 77a, 2]

현대(성)의 무대에서 활약하는 영웅은 사실 무엇보다 배우이다.
그는 분명히 「일곱 늙은이」에서 "배우의 넋과 같은 배경을 이루어"
"주역³⁵⁹⁾처럼 신경을 긴장시키고" 나타난다.   [J 77a, 3]

「축복」 속의 시인의 모습은 유겐트슈틸에서 나오는 모습이다. 시
인은 말하자면 전라로 나타난다. 그는 조제프 들로름의 모습을 보여
준다.   [J 77a, 4]

마넹(J 50a, 4)이 생트뵈브의 장점으로 찬양하고 있는 선천적 선
량함, 한마디로 말해 순박함은 조제프 들로름의 성직자 같은 태도의
보완물이다.   [J 77a, 5]

초상화를 보면 보들레르의 관상이 아주 일찍부터 노인의 특징을

858

띠고 있었다는 것을 알 수 있다. 특히 이것은 그렇게도 자주 그의 표정이 고위 성직자의 표정과 닮았다고 지적되어온 근거가 된다.

[J 77a, 6]

발레스는 (후일 수데가 그러했던 것처럼) 아마 보들레르의 '고리타분함'에 끊임없이 불평을 늘어놓았던 최초의 인물이었을 것이다 ([J 21, 5]).[360]

[J 77a, 7]

알레고리에는 수수께끼는 많으나 신비감은 전혀 없다. 수수께끼는 하나의 단편으로, 그와 딱 맞는 또다른 단편과 결합해 하나의 전체를 이룬다. 다른 한편 신비감은 태곳적부터 베일의 이미지로, 먼 곳에 있는 것의 오랜 공범자인 베일의 이미지로 표현되어왔다. 이 먼 곳에 있는 것은 베일에 싸여 나타난다. 바로크 회화는 예를 들어 르네상스 회화와 달리 베일과는 전혀 관계가 없다. 오히려 바로크 회화는 베일을 여봐란 듯이 찢어버리고, 특히 천장화가 잘 보여주듯이 먼 하늘조차 깜짝 놀랄 정도로 가까이 끌어당긴다. 이로부터 인간의 지각의 아우라에 대한 포화도는 역사의 흐름 속에서 부단히 변동해왔다는 것을 알 수 있다(바로크 시대에 예배 가치와 전시 가치 사이의 갈등은 종교 예술의 한계 안에서 다양한 형태로 전개되었다고 말할 수 있을 것이다). 아무리 이러한 변동을 해명하는 것이 필요하다고는 하나 알레고리적 표현에 치우치는 시대는 아무래도 아우라의 위기를 경험하게 될 것 같다고 추정해보는 것도 큰 무리는 아닐 것이다.[J 77a, 8]

보들레르는 '아카데미에 의해 제안된 서정시의 주제들' 중 '알제리 또는 정복하는 문명'을 언급하고 있다. Ch. B., 『작품집』, 2권,

593페이지(「비유멩 씨의 정신」). 먼 곳에 대한 모독.　　　　　[J 78, 1]

심연에 대해. "공간의 깊이, 시간의 깊이의 알레고리." Ch. B.,『작
품집』, 1권, 307페이지(『인공 낙원』, 4, 「신인」).　　　　　[J 78, 2]

알레고리적 파편화. 해시시에 도취된 상태에서 듣는 음악은 보들
레르에게서 "시 전체가 마치 생명을 얻은 사전처럼 뇌 속에 들어가
는" 것처럼 나타난다. Ch. B.,『작품집』, 1권, 306페이지.　　　[J 78, 3]

바로크 시대에 이전까지만 해도 알레고리의 부수적인 일부였던
것, 즉 우의적 요소Emblem가 극도로 발전한다. 유물론적 역사가에
게서 알레고리의 중세적 기원은 여전히 해명을 필요로 하는 데 반해
알레고리의 바로크적 형태를 이해할 수 있는 단서는 마르크스 본인
에게서 찾을 수 있다.『자본』에는 이렇게 쓰여 있다(함부르크, 1922
년, 1권, 344페이지). "결합된 작업 기계는 …… 총 과정이 연속적이면
연속적일수록, 즉 원료가 첫번째 단계로부터 마지막 단계까지 옮겨
가는 사이의 중간이 적어지면 적어질수록, 다시 말해 원료를 하나의
생산 단계로부터 다음의 생산 단계로 나아가게 하는 일을 인간의 손
대신에 기구 그 자체가 하게 되면 될수록 그것은 점점 완전한 것이
된다. 매뉴팩처에서는 갖가지 특수 과정의 고립화가 분업 그 자체에
의해 주어진 원리라고 한다면 그것과는 반대로 발달한 공장에서는
연속성이 여러 특수 과정을 지배한다."[361] 전체보다는 그러한 전체의
생산 과정의 붕괴에 의해 발생하는 파편이나 부분들에 의미를 부여
하는 바로크적 수법을 이해할 수 있는 열쇠를 아마 여기서 찾을 수
있을지도 모르겠다. 바로크 시대의 우의적 요소는 생산 과정의 단계

들에서 나와 파괴 과정의 기념비들이 된 반제품으로 생각해볼 수 있을 것이다. 마르크스에 따르면 이러한 노동 과정의 각각의 단계를 특징짓는 '중단'은 어떤 때는 이곳에서 다른 때는 저곳에서 생산을 정지시킨 30년 전쟁 시대에는 거의 무한대로 연장될 수 있었다. 하지만 바로크 시대의 우의적 요소 — 이것의 가장 중요한 담보물은 해골이었다 — 의 진정한 승리는 인간 자체를 이러한 절차에 편입시킨 데 있다. 바로크적 알레고리에 등장하는 해골은 구원을 위한 역사 과정의 반제품으로, 그러한 과정을 실현하는 것이 사탄에게 맡겨지는 한 언제든지 중단될 수 있다.   [J 78, 4]

보들레르의 경제적 파멸은 당시 소비를 규정하고 있던 상황에 맞선 돈키호테적인 투쟁의 결과이다. 한 사람 한 사람의 소비자는 직인職人에 대해서는 주문자로 나타나지만 시장에서는 구매자가 된다. 시장에서 그는 자신의 개인적 소망은 그것을 생산하는 데 아무런 영향도 미치지 않았음에도 불구하고 그러한 상품들의 재고를 줄이는 데 일정한 역할을 한다. 보들레르는 그러한 개인적 소망을 복장의 선택에서 관철시켰을 뿐만 아니라 — 의류업은 모든 산업 부문 중에서 가장 최근까지도 각각의 소비자를 주문자로서 고려해야만 하는 부문이다 — 가구와 기타 다른 일용품에까지 확대시켰다. 그리하여 그는 그다지 성실하다고 할 수 없는 골동품상에게 목덜미를 잡히는 꼴이 되고 마는데, 이 남자는 보들레르에게 고가구나 그림을 제공했으나 그중 몇 개는 가짜로 판명되었다. 이러한 거래에서 떠안게 된 빚이 이후 평생에 걸쳐 무거운 짐이 되어 그를 짓눌렀다.   [J 78a, 1]

결국 알레고리가 환기하는 경직된 동요의 이미지는 역사적인 이미지이다. 그것은 싸움 중에 돌연 정지한 채, 우열을 가리기 힘든 투쟁 속에서 돌로 화한 고대와 그리스도교의 힘을 보여준다. 병든 뮤즈에게 바친 시에서 보들레르는 그의 소망이 가진 키마이라적인 성격은 전혀 드러내지 않는 완벽한 시행 속에서 뮤즈의 건강함의 이상적인 이미지로서 확고한 어떤 것, 실제로는 뮤즈의 곤혹감을 가리키는 표현을 고안해냈다. "바라노니, …… / …… 그대 기독교도의 피가 고동쳐 흐르기를/옛날의 말소리의 흘러내리는 선율처럼."[362]

[J 78a, 2]

보들레르의 시에서 알레고리가 시마다 자체가 새롭고 독창적인 각인Signatur을 남겨놓고 있음에도 불구하고 중세적 기층基層이 바로크적 요소 밑에 있는 것처럼 느껴진다. 이것은 베졸드가 "중세 휴머니즘에서의 고대의 신들의 생존"[363]이라고 부른 것으로 이루어져 있다. 알레고리란 이러한 생존을 위한 유통 형식이다. [J 79, 1]

생산 과정이 사람들과 단절되는 순간 그들에게는 창고가 열린다. — 백화점이라는 형태로. [J 79, 2]

댄디즘 이론에 대해. 의류업은 손님이 아직 개인으로서 다루어지는 마지막 부문이다. 12벌의 연미복 이야기.[364] 주문자의 역할은 점점 더 영웅적인 것이 된다. [J 79, 3]

산책자가 시장에 모습을 드러내는 한 그의 산책도 상품의 성쇠를 그대로 따르게 된다. 그랑빌은 종종 그의 데생에서 어슬렁거리는 상품의 모험을 그리곤 했다. [J 79, 4]

"밤일에 녹초가 되어"³⁶⁵⁾에 관해. — 생시몽주의자들 사이에서 공장 노동은 성행위라는 측면에서 조명된다. 노동의 즐거움이라는 이념은 생식의 쾌락이라는 이미지에 따라 구상된 것이다. 20년 후 이러한 관계는 역전된다. 즉, 성행위 자체가 산업 노동자를 무겁게 짓누르는 재미없는 행위의 특징을 띠게 된다.   [J 79, 5]

'만물조응'에 포함되어 있는 경험을 단순히 공감각(색청色聽이나 음시音視)과 관련해 심리학 실험실에서 행해져온 몇 가지 실험에 대응하는 것으로 생각하는 것은 오류일 것이다. 보들레르의 경우 중요한 것은 익히 알려져 있는 반응들 — 즉 문학자연하는 또는 정통한 체하는 예술 비평이 온갖 야단법석을 피워온 반응들 — 이라기보다는 그러한 반응이 일어날 수 있도록 해주는 매체였다. 추억Erinnerung이 바로 이 매체로서, 보들레르에게서 그것은 비범한 밀도를 갖고 있었다. 조응하는 감각적 데이터들은 추억 속에서도 조응한다. 이것들은 추억들로 충만한데, 이들 추억은 어찌나 밀도 있게 다가오는지 이 세상이 아니라 훨씬 더 넓은 '전생'³⁶⁶⁾에서 유래하는 것처럼 보인다. 그러한 경험이 그러한 경험을 한 사람을 바라볼 때의 '정다운 눈'³⁶⁷⁾이 암시하는 것도 이 전생이다.   [J 79, 6]

명상가Grübler를 사색가Denker로부터 근본적으로 구분해주는 것. 명상가는 어떤 사항에 대해 숙고할 뿐만 아니라 그러한 사항에 대한 숙고를 숙고한다. 명상가란 이미 거대한 문제에 대한 해결책을 손에 넣었으면서도 그것을 망각한 사람이라고 할 수 있다. 이처럼 그는 사항 자체에 대해 명상하기보다는 그러한 사항에 대한 과거의 숙고를 명상하는 것이다. 따라서 명상가의 사유에는 추억의 흔적이 남아 있게 된다. 명상가와 알레고리가는 **동일한** 유의 사람들이다.

[J 79a, 1]

"**의회 내의 질서파**는 …… 다른 사회 계급들과의 투쟁에서 자기 자신의 통치, 즉 의회적 통치의 모든 조건을 제 손으로 파괴한 반면 **의회 밖의 부르주아 대중**은 …… 그들 자신의 신문을 야만적으로 학대함으로써 보나파르트로 하여금 자신들이 말하는 부분과 글 쓰는 부분, 즉 정치가와 문필가를 …… 탄압하고 말살할 계기를 만들어주었다. 부르주아 대중의 이 모든 행동은 강력하고 무제한적인 정부의 보호 아래에서 안심하고 그들의 사적인 업무에 몰두하기 위한 것이었다." 칼 마르크스, 『루이 보나파르트의 브뤼메르 18일』, 라자노프 편, 빈/베를린, <1927년>, 100페이지.[368]   [J 79a, 2]

보들레르는 블랑키가 음모가들의 세계에서 그랬던 것처럼 당시의 문학계에서 철저하게 고립되어 있었다.

[J 79a, 3]

상품 진열, 특히 신유행품점<들>의 증가와 더불어 상품이 점점 더 뚜렷하게 모습을 드러낸다. 물론 보들레르가 아무리 섬세한 감수성의 소유자라고 해도 만약 이러한 사태의 전개가 '우리의 의지라는 귀금속' [369] 위를, 혹은 그의 상상력의 광맥 위를 마치 자석처럼 지나가지 않았다면 그러한 사건을 결코 기록하려고 하지 않았을 것이다. 실제로 그의 상상력의 지배적인 모델인 알레고리는 상품 물신에 완벽하게 상응하는 것이었다.

[J 79a, 4]

현대적 영웅의 제스처. 넝마주이에 예시되어 있다. "비틀거리는 걸음걸이",[370] 뭔가를 할 때는 반드시 고독에 빠지는 것, 대도시의 쓰레기와 폐기물에 대한 관심(보들레르,「현대적 삶의 영웅성에 대해」, 2권, 135페이지, <"삶의 광경 ……">을 참조)   [J 79a, 5]

유기체의 기계적 측면을 드러내는 것이 새디스트들의 끈질긴 경향이다. 새디스트들은 인간이라는 유기체|=인체|를 기계의 이미지들로 대체하는 것을 목표로 하고 있다고 할 수 있을 것이다. 사드는 자동 기계들automaten에 매료된 시대의 아이이다. 그리고 라 메트리[371]의 '인간기계' 론은 기요틴을 암시하고 있으며, 이 기요틴은 초보적인 방식으로나마 '인간기계' 론의 주장이 옳다는 것을 입증해 보였다. 정치와 관련해 보들레르의 전거였던 조제프 드 메스트르는 보들레르의 냉혹한 환상 속에서는 사드 후작의 근친이다.   [J 80, 1]

명상가의 추억은 죽은 지식의 무질서한 더미에 두루 미친다. 이러한 추억에서 인간의 지식은 조각조각 이어 붙인 것과 같다. ― 특히 이 말의 함축적인 의미 그대로 그렇다. 즉 퍼즐을 맞추는 데 쓰이는, 멋대로 잘라진 조각들의 뒤범벅과 같다. 명상을 혐오하는 시대도 퍼즐 속에서 명상의 제스처는 유지해왔다. 그것은 특히 알레고리가의 제스처이다. 그는 맘대로 처리하는 방법을 아는 잡다한 재료의 더미Fundus 여기저기서 단편을 떼어내 그것을 다른 단편 옆에 놓은 다음 그것들이 맞는지, 즉 이것의 의미가 옆에 있는 것의 이미지에 맞는지 또는 옆에 있는 것의 이미지가 옆에 있는 것의 의미에 맞는지를 검토한다. 결과를 미리 아는 것은 절대 불가능하다. 왜냐하면 양자 간에는 어떠한 자연적 매개도 존재하지 않기 때문이다. 그런데 이것은 상품과 가격의 경우에도 마찬가지다. 마르크스에 따르면 상품이 의기양양해하며 늘어놓는 '형이상학적 좀스러움' [372)]은 무엇보다 가격 결정을 둘러싼 말도 안 되는 궤변에 불과하다. 상품에 가격이 어떻게 붙여지는지는 제조 과정에서도, 이후 상품이 시장에 들어가서도 결코 완전하게 예상할 수 없다. 알레고리적으로 존재하는 대상의 경우에도 상황은 똑같다. 알레고리가의 명상이 그것에 어떤 의미를 부여할지는 꿈에서도 생각할 수 없는 것이다. 그리고 대상이 일단 그러한 의미를 받아들이더라도 언제든지 그러한 의미는 다른 의미로 교체될 수 있다. 의미가 유행하고 사라지는 속도는 거의 상품의 가격 변동만큼이나 급격하다. 실제로 상품의 의미가 가격이며, 상품이 상품으로 존재하는 한 그 이외의 의미를 갖지는 않는다. 따라서 알레고리가는 상품을 갖고 뛰어난 솜씨를 발휘하게 된다. 산책자로서 그는 상품의 혼에 감정을 이입한다. 알레고리가로서 그는 상품이 시장에 등장할 때 붙여지는 '가격표' 속에서 명상의 대상 ─ 즉 의미를 간파한다. 이러한 최신의 의미를 통해 그가 통달하게 되는 세계가 그렇다고 해서 더 친밀해지는 것은 아니다. 언뜻 가격 속에서 평화롭게 잠들어 있는 것처럼 보이는 상품의 혼 속에서는 지옥이 미쳐 날뛰고 있다. [J 80, 2/J 80a, 1]

페<티>시즘에 대해. "돌의 상징Sinnbild 중 오직 차갑고 바싹 마른 지상의 가장 눈에 띄기 쉬운 형상만이 눈에 들어오는 일도 얼마든지 있을 수 있을 것이다. 그러나 움직이지 못하는 덩어리가 우울증에 걸린 사람이 사용하는 본래 신학적인 개념, 7가지 대죄 중의 하나를 암시하고 있다고 얼마든지 생각해볼 수 있으며, 그것은 결코 도저히 있을 수 없는 일이 아니다. 아케디아*acedia*|태만|라는 개념이 바로 그것이다." <발터 벤야민>, 『독일 비극의 기원』, <베

릴린, 1928년>, 151페이지.   [J 80a, 2]

'자연의 착취'([J 75, 2])에 대해. 자연의 착취가 항상 인간 노동의
토대로 간주되어온 것은 아니다. 니체가 보기에 데카르트가 '과학자
의 여러 가지 발견을 인간이 자연을 겨냥한 군사 작전에서 얻은 성
과로 비유했던' 최초의 철학적 물리학자였다는 것은 당연히 주목할
만한 사실이었다. 칼 뢰비트, 『니체의 동일자의 영겁회귀 철학』, 베
를린, 1935년, 121페이지에서 인용(<니체, 『저작집』, 그로스옥타브와
클라인옥타브 판>, 13권, 55페이지).[373]   [J 80a, 3]

니체는 헤라클레이토스를 '대기권이 없는 천체'로 부른다. 뢰비
트, 『니체의 철학』, 110페이지(10권, 45페이지 이하)에서 인용.

                                                          [J 80a, 4]

기와 니체 사이의 커다란 관상학적 유사성을 강조할 것. 니체는
"**무**가 반영되어 있는 저 불길하고 처량하며 경직된 눈빛"을 인도적
인 비관주의 탓으로 돌리고 있다(뢰비트, 『니체의 철학』, 108페이지. —
15권, 162페이지).[374] 이것과 보들레르가 기의 작품에 등장하는 동방
의 창녀의 시선을 묘사하는 부분([J 47, 4])을 비교할 것. 그것은 지평
선을 향하고 있다. 거기서는 시선을 고정하고 뭔가에 몰두해 있는 시
선과 깊은 눈이 초점을 잃고 있는 시선이 하나로 용해되어 있다.

                                                          [J 80a, 5]

현대(성)의 각인으로서의 자살에 대해. "그리스도교는 아무리 탄
핵해도 지나치지 않을 것이다. 왜냐하면 그리스도교는 **니힐리즘**

의 행위, 자살을 끊임없이 방해함으로써 …… 이미 진행 중일지도 모를 …… **순화를 위한** 위대한 허무주의 운동의 **가치를** …… 평가 절하시켰기 때문이다." 뢰비트, 『니체의 철학』, 108페이지(<15권, 325페이지와 186페이지>)[375]에서 인용.   [J 81, 1]

심연과 "나는 잠이 두렵다. 커다란 구멍이 누구나 두렵듯이"[376]에 대해. 니체의 말. "잠에 빠지는 자의 공포를 아는가. — 발끝까지 공포가 덮쳐온다. 땅이 무너지고 꿈이 시작되기 때문에." <니체>, 『차라투스트라』, 크뢰너 판, 라<이프>치<히>, 215페이지.[J 81, 2]

'풍부한 머리카락'을 「얼굴이 주는 기대」의 마지막 행 "별도 없는 밤, 어둔 밤이여!"와 비교해볼 것.[377]   [J 81, 3]

불르바르 신문의 상보詳報는 나중에 주식 정보지가 된다. 프티 프레스|소신문|는 거리의 소문에 그에 상응하는 역할을 부여함으로써 이러한 주식 정보지를 향한 길을 준비한다.   [J 81, 4]

군중이 산책자에게 현실을 가리듯이 공모가들은 음모가에게 현실을 가린다.   [J 81, 5]

알레고리에서의 이미지 기피에 대해. 그것은 종종 보들레르를 속여 알레고리적 이미지들이 가진 효과의 일부를 빼앗아간다. 보들레르의 알레고리 사용법에서 특히 하나가 누락되어 있다. 런던에 대한 셸리의 장대한 알레고리, 즉 독자에게 런던을 지옥으로 제시하고 있는 『피터 벨 3세』의 3부[378]를 떠올려보면 이를 쉽게 이해할 수 있을 것이다. 이 시의 결정적인 효과는 대부분 알레고리를 **포착하는** 셸리의 손놀림이 생생하게 느껴지는 데서 유래한다. 보들레르에게는 바로 이처럼 포착하는 손놀림이 빠져 있다. 이 현대적 시인이 알레고리와 얼마나 멀리 떨어져 있는가를 생생하게 보여주는 이러한 포착이 알레고리 속에 극히 직접적인 현실을 병합할 수 있도록 해주었다. 이것이 얼마나 직접적으로 일어날 수 있는가는 셸리의 시가 가장 잘 보여준다. 이 시에는 집달리, 변호사, 사기꾼과 그 밖의 다른 유형들이 등장한다. 이들의 고풍스러운 성격을 강조해주는 알레고리는 이들에게 확고한 버팀목을 마련해준다. 예를 들어 보들레르의 「어슴새벽」에 등장하는 사업가에게는 그러한 버팀목이 결여되어 있다.[379] ― 셸리는 알레고리를 지배하고 있지만 보들레르는 알레고리에 지배당하고 있다.   [J 81, 6]

  군중이 점점 더 결정적으로 시야에 들어올수록 개성 그 자체는 영웅적인 윤곽을 띠게 된다. 보들레르의 영웅관은 바로 여기서 기원을 찾을 수 있다. 위고에게서 중요한 것은 고립된 개인 그 자체가 아니라 민주적인 시민들citoyen이다. 이것은 이 두 시인이 근본적으로 대립하고 있음을 암시한다. 이러한 대립을 해소하려면 그것이 반영하는 가상을 파괴하는 것이 전제 조건이다. 이 가상은 군중 개념에서 발생한다. 군중을 구성하는 다양한 계급을 도외시한다면 군중 그 자체는 아무런 일차적인 사회적 의미도 갖지 못할 것이다. 이차적 의미는 그때그때마다 군중이 형성될 때의 상황에 의존한다. 극장의 관중 <,> 군대, 어떤 도시에 사는 주민 등은 그 자체로서는 특정 계급에 속하지 않는 군중의 형태를 <띤다>. 자유 시장은 이러한 군중을 급속도로 그리고 거대한 규모로 증대시킨다. 그렇게 되면 이제 상품 하나

하나가 상품의 잠재적인 고객들로 이루어진 군중을 자기 주위로 집결시키기 때문이다. 전체주의 국가들은 바로 이러한 군중을 모델로 받아들였다. 민족공동체Volksgemeinschaft는 각 개인들에게서 이들을 소비자들로 이루어진 군중 속으로 남김없이 일체화시키려는 시도를 방해하는 모든 것을 근절시키려고 한다. 이처럼 탐욕스러운 노력 중에 독점 자본의 앞잡이가 되는 국가가 그래도 직면하게 되는 유일하게 화해할 수 없는 적대자는 혁명적 프롤레타리아이다. 혁명적 프롤레타리아는 이 계급의 현실을 통해 군중의 가상을 추방한다. 바로 이 때문에 위고도 또 보들레르도 직접적으로 프롤레타리아트 측에는 설 수 없었다.   [J 81a, 1]

여주인공의 등장에 대해. 보들레르의 고대는 로마 제국 시대의 고대를 말한다. 고대 그리스가 그의 세계에 등장하는 것은 오직 한 군데뿐이다. 물론 그것은 다른 무엇으로도 대체할 수 없는 것이기는 하다. 그에게 그리스는 현대에까지 전해질 만한 가치가 있으며 또한 그것이 가능한 여주인공의 이미지를 제공해준다. 그리스인의 이름이 그의 가장 긴 시 중의 하나인 「델핀느와 이폴리트<」>380)의 제목 <?>이 되고 있다. 여주인공들에게는 레즈비언 <연인>의 특징이 <각인되어> 있다.   [J 81a, 2]

"이처럼 시인의 생각도 변덕스러운 우여곡절 끝에 과거 혹은 미래의 광대한 시야들로 흘러든다. 그러나 이 하늘은 너무 넓기 때문에 구석구석까지 맑을 수는 없으며, 기온도 역시 높기 때문에 뇌우가 발생한다. 산책자는 슬픔의 베일에 가린 이 넓은 지역을 바라보며 히스테리의 눈물, *hysterical tears*이 복받쳐 오르는 것을 느낀다."

Ch. B., 2권, 536페이지(「마르셀린 데보르드-발모르」).　　[J 82, 1]

「넝마주이의 술」에 관해. '밀정'이 화제에 오르는 걸로 보아 넝마주이는 바리케이드로 돌아가 싸우는 것을 꿈꾸고 있다는 것을 알 수 있다.　　[J 82, 2]

"도시. 나는 하루살이로, 분명 현대적인 이 대도시에 그다지 불만이 많지는 않은 시민이다. 가구나 집의 외관에서도 또 도시 계획에서도 익히 알려진 취향은 모두 회피되기 때문이다. 여기서는 미신의 어떠한 기념물의 흔적도 찾아볼 수 없을 것이다. 도덕도 언어도 마침내 가장 단순한 표현에 이르게 된다! 서로 알 필요가 없는 이들 몇백만 명의 사람들이 교육을 행하고, 일을 하며, 나이를 먹는 방식이 너무나 비슷하기 때문에 이들의 인생은 분명 — 몇몇 어리석은 통계들이 주장하는 — 대륙의 민족들보다 몇 배나 더 짧다." 아르튀르 랭보, 『작품집』, 파리, 1924년, 229/30페이지(『착색판화집』). '현대'의 탈주술화!　　[J 82, 3]

"죄인들은 환관처럼 혐오스럽다." 아르튀르 랭보, 『작품집』, 파리, 1924년, 258페이지(『지옥에서 보낸 한철』 — 「나쁜 혈통」).
　　[J 82, 4]

보들레르를 예로 들어 유겐트슈틸은 피로에서 유래했다는 것을 보여주려고 시도해볼 수도 있을 것이다. — 보들레르의 경우 이러한 피로는 화장을 지워버린 무언극 배우가 보여주는 피로이다. [J 82, 5]

이 작품에서 현대(성)는 식기 세트 혹은 광학 기구에 붙어 있는 상표와 같다. 이 상표는 아무리 오래가더라도 그것을 사용하는 회사가 언젠가 도산하면 낡은 인상을 주게 된다. 그러나 자기 작품에 상표를 찍는 것이 보들레르의 분명한 의도였다. '퐁시프를 창조할 것',[381] 그것이 그의 의도였다. 아마 보들레르에게 그의 작품을 통해 이러한 사태, 상품 경제에서 가장 세속적인 사태를 모방하고 흉내 냈다는 것보다 더 큰 영예는 없을 것이다. 아마 이것이 보들레르의 최대의 성취일 것이다. 동시에 그것은 그토록 커다란 영속성을 유지하면서도 신속하게 낡은 것이 되도록 하려는 그의 의식적인 노력을 규정하는 것이기도 하다.   [J 82, 6/J 82a, 1]

음모가의 활동을 일종의 기분전환으로 간주해볼 수도 있을 것이다. 제2제정의 단조로움과 공포가 그와 비슷한 활동을 낳았다고 할 수 있다.   [J 82a, 2]

다양한 생리학[382]은 산책자가 시장에서 탈취해온 최초의 전리품이었다. 말하자면 그는 아스팔트 위로 식물 채집을 나간 것이다.
                                            [J 82a, 3]

현대(성)에게 고대는 잠자는 동안 덮치는 알프[383] 같다.   [J 82a, 4]

영국은 이전 세기 말 무렵까지 사회적 인식의 고등 학교였다. 바르비에는 그곳에서 『나사로』라는 연작시를 들고 왔으며, 가바르니는 연작 『런던에서 무료로 볼 수 있는 것』과 희망을 잃어버린 궁핍한 사람 토마 비르로크라는 인물을 들고 왔다.   [J 82a, 5]

"차분한 눈빛의 아우구스투스와 단정한 얼굴의 트라야누스 사이에서

오 너희들, 신전들 위에, 오 너희들, 주랑들 위에,

무궁의 푸른 하늘에서 미동도 없이 반짝이는 것은

굽이 닳은 부츠를 신은 로베르 마케르!"

빅토르 위고, 『징벌시집』, 샤르팡티에 사 판, 파리, 107페이지
(「예찬」).[384]   [J 82a, 6]

"그는 본인 생각과 달리 …… 『악의 꽃』이라는 제목을 붙였는데,
그것은 잘못된 제목이며, 유감스럽게도 지엽적이며 그의 천재적
인 재능의 자유로운 발휘가 가진 보편성을 과도하게 특이한 것으
로 좁히고 있다." 앙리 바타이유, 「보들레르」(『코모에디아』, 1921
년 1월 7일자).   [J 82a, 7]

'귀청이 찢어질 듯한 거리',[385] 그리고 이와 유사한 표현에 대해
당시 차도는 거의 대부분이 포장용 황석荒石으로 포장되었다는 것
을 잊어서는 안 된다.   [J 82a, 8]

니사르는 『퇴폐기의 라틴 시인』 초판(1834년) 「서문」에서 이렇게
서술하고 있다. "어떤 필연성으로 인해 …… 인간의 정신이 이처
럼 기묘한 탈진 상태에 이르는지를 밝혀볼 생각이다. 그러한 상태
에서는 아무리 풍부한 상상력의 소유자라 해도 진정한 시를 위해
서는 아무것도 할 수 없게 되며, 언어를 파괴해서 빈축을 살 힘밖에
는 남지 않게 된다. …… 마지막으로 우리 시대의 시와 루카누스 시
대의 시의 유사성에 대해 언급하기로 한다. …… 문학이 인간의 정

신을 지배하는 나라에서는 정치조차도 …… 모든 진보적인 것에 목소리를 보태며 …… 비평은 …… 문학적인 동시에 도덕적인 의무 …… 이다." D. 니사르, 『퇴폐기의 라틴 시인에 관한 풍속과 비평 연구』, 파리, 1849년, 1권, X페이지와 XIV페이지. [J 83, 1]

보들레르가 — '기분 나쁠 정도로 삐쩍 마른' — 여성을 이상형으로 삼고 있는 것에 대해. "그러나 그것은 본질적으로는 현대 여성, 자전거가 발명되기 이전의 프랑스 여성이다." 피에르 콤, 「보들레르에 관한 한담閑談」(『라 누벨 레뷔』, 파리, 1899년, 119권, 669페이지). [J 83, 2]

니사르는 파이드루스[386)]가 "구상적 표현 대신 추상적 표현을 젠 체하며 연속적으로 사용하는 것"을 퇴폐의 징후로 비난하고 있다. "…… 예컨대 긴 목이라고 하지 않고 목의 길이*colli longitudo*라고 표현하는 것이다." D. 니사르, 『퇴폐기의 라틴 시인에 관한 풍속과 비평 연구』, 파리, 1849년, 1권, 45페이지. [J 83, 3]

출생률 저하와 불임 문제에 관해. "지도 이념이 없다면, 목표가 없다면 장래에 대한 낙관적인 예측도, 비약도 있을 수 없다." 쥘 로맹, 『너 하기 나름』, 파리, <1939년>, 104페이지. [J 83, 4]

'미지의 밑바닥'[387)]에 관해. 이것을 기존에 알려져 있는 것에 대한 튀르고의 장대한 구절과 비교해볼 것. "가장 단순한 것을 발견하기가 오히려 가장 어렵다고는 하나 '지구는 둥글다. 그러므로 서쪽으로 나아가다보면 육지와 만날 것이다'라고 말했다고 해서 콜럼버스를 존경하는 것은 아니다. ─ 하지만 불굴의 혼을 특징짓는 것은 어떤 추론을 믿고 미지의 바다에 몸을 맡길 때 보여준 자신감이다. **미지의 진리**가 그토록 큰 용기를 불어넣어 준 이 사람에게 천부적인 재능이나 진리에 대한 열정은 어떠한 것이었을까!" 튀르고, 『저작집』, 2권, 파리, 1844년, 675페이지(「사색과 단편들」).   [J 83, 5]

낭비에 의한 영락은 빈곤의 특수한 한 형태이다. 결코 단순한 극도의 빈곤이 아니다. "욕구를 충족시키려면 매우 복잡하고 풍부하게 분절화된 방법들 전체가 동원되어야 하는 사회의 한가운데서 발생할 때 빈곤은 낭비에 의한 영락이라는 독특한 성격을 …… 띤다. 이러한 체계에서 아무런 맥락 없이 개별적인 조각들을 차용함으로써 빈곤은 …… 항상적이며 점잖은 시정책으로는 어떻게 해볼 수 없는 욕망에 종속되게 된다." 헤르만 로체, 『소우주』, 3권, 라<이프>치<히>, 1864년, 271/272페이지.   [J 83a, 1]

더이상 도구를 사용하는 것이 아니라 기계를 조작하게 된 노동자에 관한 로체의 고찰은 그런 식으로 해서 생겨난 상품에 대한 소비자의 행동을 조명하는 데 적합하다. "완성된 생산물을 보면 그것의 형태의 모든 윤곽에서 노동자가 투입한 노동력과 세련화의 흔적을 발견할 수 있다. 이에 반해 기계 노동에 인간이 관여할 수 있는 것은 수동 조작 …… 정도로, 그러한 조작은 직접적으로는 아무것도 만들어내지 못하며, 그저 어떻게 되어 있는지 알 수 없는 메커니즘에 눈에 보이지 않는 어떤 성과를 낳는, 이유를 알 수 없는 계기를 부여할 뿐이다." 헤르만 로체, 『소우주』, 3권, 라<이프>치<히>, 1864년, 272/3페이지.   [J 83a, 2]

자기의 의미로부터 철저하게 분리된 기호로서의 알레고리. 이것은 예술에서 의미하는 것과 의미되어지는 것이 일체가 되는 미적 가상에 대한 반대자의 위치를 차지하고 있다. 이러한 퉁명스러움을 잃으면 알레고리는 권위도 모두 잃게 된다. 풍속화의 경우가 그러하다. 풍속화는 알레고리들에 '생명'을 불어넣지만 그렇게 하자마자 그것은 갑자기 꽃처럼 바로 시들어버린다. 슈테른베르거는 바로 이러한 사태를 지적한 바 있다(『파노라마』, <함부르크, 1938년>, 66페이지). 생명이라는 "겉으로는 생생해진 알레고리, 불 콩 요리를 위해 지속성도 엄격한 효력도 다 포기해버린 알레고리"[388]는 당연히 풍속화의 창조물로 나타난다. 유겐트슈틸에서는 이와 역방향의 과정이 시작된 것 같다. 알레고리는 다시 퉁명스러움을 획득한다.   [J 83a, 3]

로체의 상기 소견에 대해. 하릴없는無爲 자, 생산에 관해서는 아무것도 모르는 산책자는 시장(가격)에 정통한 사람이 되고 싶어한다.
    [J 83a, 4]

"아폴리네르의 『학살당한 시인』의 「박해」와 「살해」 장에는 시인의 살해에 관한 유명한 묘사가 들어 있다. 출판사 건물이 습격당해 시집은 분서당하고, 시인은 매를 맞아 죽는다. 그리고 같은 장면이 같은 시각에 지구 전역에서 벌어진다. 아라공에게서는 '상상력'이 이러한 잔학 행위를 예감하고 동료들에게 최후의 십자군으로 집결해줄 것을 호소하고 있다." 발터 벤야민, 「초현실주의」(『문학세계』, 5권 7호, 1929년 2월 15일).   [J 84, 1]

"오래 전부터 가장 강력한 시적 언어의 시대였던 세기, 즉 19세기가 과학에서도 결정적인 진보의 세기이기도 했던 것은 결코 우연의 일치는 아니다." 장-리샤르 블로크, 「실용적 언어, 시적 언어」(『프랑스 백과사전』, 16권, 16-50, 13페이지). 과학에 의해 이전에 차지하고 있던 위치에서 쫓겨난 시적 영감의 힘들이 어떻게 상품 세계 속으로 밀고 들어갈 수밖에 없었는지를 제시할 것.   [J 84, 2]

J.-R. 블로크가 제기하고 있는 과학의 발전과 시적 언어 문제에 관해. 세니에의 「발명」을 참조.
"모든 예술이 통합되었다. 인간 과학은
이처럼 시의 채석장을 넓히지 않고는
지배 영역을 넓힐 수 없다!
우주를 정복하려면 얼마나 긴 노동이 필요하겠는가!
……
바다의 품에서 나온 우리의 이아손들의 눈에는
새로운 키벨레와 수백 개의 다양한 세계.
이 얼마나 풍부한 장면들이, 숭고한 이미지들이,
우리 시대를 위해 마련된 이들 위대한 대상으로부터 태어났는가!"   [J 84, 3]

「일곱 늙은이」에 대해. 이 시가 보들레르의 전체 작품œuvre 속에서 고립되어 있다는 사실 하나만으로도 보들레르 작품 속에서 이 시가 일종의 열쇠 같은 위치를 차지하고 있다는 가정은 전혀 개연성이 없는 것만은 아닐 수 있다. 이러한 사실이 지금까지 알려지지 않았던 것은 이 시와 관련해 순수하게 서지학적인 주석이 실패한 것과 관련이 있을지도 모른다. 그러나 그와 관련된 논거는 그리 먼 곳에 있지 않다. 이 시는『인공 낙원』의 특정 구절에 상응하고 있다. 그런데 동시에 이 시의 철학적 사정射程을 해명해주는 것도 이 구절이다.

[J 84, 4]

「일곱 늙은이」에 관해『인공 낙원』의 아래 구절은 결정적인 단서가 된다. 이 구절은 이 시에 대한 착상을 얻은 것을 해시시에 귀착시킬 수 있도록 해준다. "그러나 외계와 우연적인 상황에 좌우되고 그로부터 암시를 받는 생각들의 연속을 퍽도 잘 설명해주는 **갈피를 잡을 수 없다**라는 말은 해시시의 경우 더욱 진실되고 더욱 무서운 진실성을 갖고 있다. 해시시에 있어서 추리는 물결 흐르는 대로 떠가는 표류물에 불과하고 생각들의 연속은 **훨씬 더** 가속도가 붙고 더 **갈피를 잡을 수 없다.**" 1권, 303페이지.[389]

[J 84a, 1]

블랑키와 보들레르의 비교. 이것의 일부는 브레히트의 표현에서 따왔다. 블랑키의 패배는 보들레르 — 즉 프티부르주아의 승리였다. 블랑키는 패배했고, 보들레르는 승리해왔다. 블랑키는 비극적 인물로 등장한다. 그의 배신에는 비극적 위대함이 있다. 내부의 적에 의해 그는 패배한 것이다. 보들레르는 희극적 인물로 등장한다. 즉 승리를 알리는 울음소리로 배신의 시간을 알리는 수탉으로.[390]

[J 84a, 2]

나폴레옹 3세가 카이사르라면 보들레르는 카틸리나[391] 같은 불평분자였다.

[J 84a, 3]

보들레르는 넝마주이의 빈곤과 부랑자에 대한 조소, 기식자의 절망을 하나로 결합하고 있다.   [J 84a, 4]

산문시 「후광의 상실」의 중요성은 아무리 높이 평가해도 지나치지 않다. 특히 이와 관련해 충격 체험에 의해 아우라가 위협받는다는 점을 부각시키는 점에서 참으로 적절하다고 할 수 있다(아마 이러한 관계는 간질에 관한 은유들을 통해 해명될 수 있을 것이다). 더 나아가 특히 결정적인 것은 이 작품의 결말인데, 아우라를 과시하는 것은 이제부터는 엉터리 시인이나 할 짓이라는 것이다. ― 마지막으로 이 시가 중요한 것은 이 시가 마차의 왕래로 인해 대도시 주민이 처하게 되는 위험을 오늘날의 자동차의 위험보다 더 큰 것으로 묘사하고 있기 때문이다.   [J 84a, 5]

카틸리나는 보들레르에게서 댄디 중의 하나로 등장한다.[392]
                                    [J 85, 1]

창녀에 대한 사랑은 상품에 대한 감정 이입의 신격화이다.
                                    [J 85, 2]

「명상」을 유겐트슈틸적인 시로 제시할 것. '덧없는 인생'[393]을 프리츠 에를러풍[394]의 알레고리로 묘사할 것.   [J 85, 3]

보들레르의 「살롱」들에서 간파할 수 있는 풍속화에 대한 증오는 골수 유겐트슈틸풍의 감정이다.   [J 85, 4]

보들레르를 둘러싸고 퍼지고 있는 전설 중에는 이런 것도 있었다.

즉 그가 갠지스 강을 건너는 동안 발자크를 읽었다는 것이다. 앙리 그라팽, 「귀스타브 플로베르의 시적 신비주의」(『파리 평론』, 1912년 12월 1일자와 15일자, 852페이지).   [J 85, 5]

"인생에 참다운 매력은 단 하나밖에 없다. 노름의 매력이 그것이다. 그러나 따든 잃든 도대체 우리에게 관심이 없다면?"『전집』, 2권, 630페이지(「화전」).[395]   [J 85, 6]

"상업은 본질상 **악마적**이다. …… 상업은 악마적이다. 왜냐하면 그것은 이기주의의 한 형태이며, 더구나 가장 야비하고 가장 치사스런 형태이기 때문이다."『전집』, 2권, 664페이지(「벌거벗은 내 마음」).[396]   [J 85, 7]

"사랑이란 무엇인가. 자신에서 벗어나려는 욕구이다. …… 예술에 정진하면 할수록 정욕을 덜 느낀다. …… 성교란 타인 속에 들어가려는 욕망인데, 예술가는 결코 자기 자신에서 나오지 않는다."『전집』, <2권>, 655페이지와 663페이지.   [J 85, 8]

"내가 조금 유명해진 것은 한가했기 때문이다. 그것은 내게 커다란 희생을 치르게 하였다. …… 재산은 없는데 놀고 있으려니까 빚만 …… 늘어나 근심 걱정만 생기니 말이다. 그러나 이 때문에 커다란 덕도 보았다. …… 감수성과 사색이라는 면에서는 말이다. 그리고 댄디즘과 딜레탕티즘의 능력이라는 면에서는 말이다. 다른 문인들은 거의 다 다짜고짜 덤비는 한심한 무리들이다."『전집』, 2권, 659페이지(「벌거벗은 내 마음」).[397]   [J 85, 9]

"왜냐하면 이건 다 아는 사실이지만 일을 하는 쪽이 노는 쪽보다 덜 따분하니까 말이다."『전집』, 2권, 647페이지(「벌거벗은 내 마음」).[398] [J 85, 10]

죽음의 춤에 대해([K 7a, 3]. 헉슬리가 이에 대해 언급한 내용을 참조). "파리의 인쇄업자인 기요 마르샹이 1485년『죽음의 춤』의 초판본을 장식한 목판화는 이러한 죽음의 춤 그림 중 가장 유명한 그림, 즉 1424년에 파리의 이노상 묘지의 회랑벽들을 장식한 그림들에서 따왔다는 것은 거의 확실하다. ······ 40번씩이나 산 자들을 찾으러 되돌아오는 주검은 원래 사신死神이 아니라 사자死者이다. 밑에 씌어진 시구들은 남자들의 춤이냐 여자들의 춤이냐에 따라서 이 인물을 사자 혹은 여자 사자라고 불렀다. ······ 게다가 그것은 아직 해골이 아니고 배가 터져 열린 채 살이 그대로 붙은 시체이다. 이 대무용수가 홀바인의 조각이 보여주는 것 같은 그런 해골이 되려면 아직 1500년경까지 기다려야 한다." J. 호이징가,『중세의 가을』, 뮌헨, 1928년, 204페이지와 205페이지.[399] [J 85a, 1]

알레고리에 대해. "『장미 이야기』에 나오는 환대, 감미로운 눈, 가장, 욕설, 위험, 수치, 공포 같은 등장인물들은 다양한 덕이나 죄를 인간의 모습으로 그려내는 철저하게 중세적인 재현 방법과 연결되어 있다. 이것들은 알레고리들, 아니 그보다는 오히려 절반은 진짜라고 믿는 신화적인 것이라고 할 수 있다." J. 호이징가,『중세의 가을』, 뮌헨, 1928년, 162페이지.[400] [J 85a, 2]

「도발분자의 형이상학」에 대해. "그다지 많은 선입견을 갖고 있지 않더라도 『염분에 얽힌 비화들』[『파리 극단의 염분에 얽힌 비화들』] 을 읽고 보들레르가 이것의 일부를 집필했다는 것에 당혹감을 느 낄지도 모르겠다. 본인은 젊을 때의 치기로 저지른 이 일을 인정하 지 않을지 몰라도 크레페 주장대로 그가 실제로 집필자 중의 하나 라고 믿기에 충분한 이유가 있다. 그렇다면 이처럼 거의 공갈에 가 까운 일을 저지른 것이 과연 모든 성공을 증오한 보들레르의 모습 이란 말인가? 이것은 이 위대한 대시인도 전 생애에 걸쳐 『비화』에 서 『벨기에의 매혹』에 이르기까지 종종 독주머니를 비울 필요가 있었다고 생각해볼 수 있다." 장 프레보스트, 앞서 언급한 작품[401] 에 대한 서평, *NRF*, 1939년 5월 1일, 27권 308호, 888페이지.

[J 85a, 3]

「독자에게」에 관해. "루소의 『고백록』의 처음 6권에는 …… 그러 한 주제 자체에 고유한 장점이 있다. 즉 문학이나 사교계에 대한 편 견에 사로잡혀 있지 않는 독자라면 누구나 공범이 되는 것이다." 앙드레 몽글롱, 『프랑스의 전기 낭만주의』, 2권, 『감수성이 풍부한 영혼들의 스승』, 그르노블, 1930년, 295페이지.   [J 86, 1]

드 메스트르의 중요한 한 구절에는 알레고리가 등장하는데, 거기 서 우리는 알레고리의 악마적 기원 그리고 나중에 보들레르가 알레 고리를 바라보는 견해와 동일한 관점도 찾아볼 수 있다. 뿐만 아니라 생 마르탱 또는 스베덴보리의 신비주의에 의거한 만물조응도 등장 한다. 그리고 이 만물조응이 알레고리에 대적함으로써 사안의 진상 이 분명해진다. 여기서 말하는 한 구절이란 『상트페테르부르크의 야 회』의 「여덟번째 대화」로, 내용은 다음과 같다. "우주가 지진으로 흔들려 거대한 자연사 박물관처럼 되었다고 상상해본다면 우주에 관해 완벽하달 정도로 정확한 관념을 가질 수 있을 것입니다. 전시실 입구는 열린 채 망가져 있습니다. 창문은 더이상 찾아볼 수 없습니다. 서랍들은 몽땅 떨어져 있습니다. 일부는 경첩에 걸려 있지만 떨어지기 직전입니다. 일부 패류는 광물실로 굴러 들어가고, 벌새 집은 악어 머리 위에 놓여 있습니다. 하지만 미친 사람이 아니라면 과연 누가 본래의 의도를 의심하거나 건물이 이런 식으로 보이도록 지어졌다고 믿겠습니까? …… 질서는 무질서만큼이나 확연히 드러납니다. 그리고 이 거대한 자연의 신전을 거니는 눈은 손쉽게 재앙을 불러오는 요인이 산산조각 내고, 휘저어놓고, 더럽히고, 위치를 뒤바꾸어놓은 모든 것을 원상태로 복귀시킵니다. 그리고 이뿐만이 아닙니다. 좀더 자세히 들여다보면 이미 수리하는 손길이 미쳤다는 것을 알 수 있을 것입니다. 몇 개의 들보는 지탱되고 있고, 잔해들 사이로 통로가 만들어져, 전체가 혼란한 가운데에서도 다수의 **비슷한 것들**이 벌써 자리를 되찾아 서로 접촉하고 있습니다."[402]   [J 86, 2]

보들레르의 작시법에 관해. 그의 작시법에도 원래 라신이 했다고 하는 말, 즉 '산문을 아슬아슬하게 스쳐 지나갈 것, 단 날개로'라는 말이 적용되어왔다.   [J 86, 3]

보들레르의 「시테르 섬으로의 여행」에 관해.
　　　"시테르는 거기 있다. 슬픔에 잠겨, 기진맥진해, 바보같이.
　　　사랑이라는 꿈의 죽음의 해골, 쾌락의
　　　벌거벗은 두개골 ……
　　　　　……

이미 이슬과 백리향을 마시는 벌꿀도 없다.

단지 하늘만 변함없이 푸를 뿐."

빅토르 위고, 『명상시집』/「세리고」.   [J 86a, 1]

시는 표현 능력이라는 이론 ― "다른 인간들은 고뇌 속에서 침묵
하지만/신은 내게 얼마나 괴로운지를 말할 힘을 주셨거늘."[403] ― 은
라마르틴의 1849년의 『명상시집』 '1판'[404] 「서문」에서 특히 결정적
인 형태로 정식화되어 있다. 독창적인 가능성에 대한 진정한 숙고는
두말할 필요도 없고 '무슨 대가를 치르더라도 독창성을 추구하는
것' 이 시인을, 특히 보들레르를 단순한 표현의 시학으로부터 보호해
준다. 라마르틴은 이것을 이렇게 표현한다. "나는 누구도 모방하지
않는다. 나 자신을 위해 나 자신을 표현할 뿐. 그것은 예술이 아니라
나 자신의 마음의 위로였을 뿐이다. …… 나는 유령이나 신 말고는
이곳저곳에 이 시들을 적어놓을 사람은 있을 수 없다고 생각했다."
프랑스 대작가 총서, 『라마르틴』, 2권, 파리, 1915년, 365페이지.

[J 86a, 2]

보들레르의 '거친 직유' 에 대한 라포르그의 소견(J 9, 4])에 관해
뤼프는 이렇게 서술하고 있다. "그러한 직유의 독창성은 **날것과 같
은 성격**에 있다기보다 벽이라든지 뚜껑, 무대 뒤 같은 이미지의 인
공적인, 즉 **인간적인** 성격에 있다. '만물조응' 은 보통 시인들이, 우
리를 자연으로 돌려보내는 시인들이 제시하는 것과는 정반대 의미
로 이해된다. 보들레르는 불굴의 성향에 따라 우리를 다시 인간이라
는 이념으로 이끈다. 심지어 인간적인 영역에서도 어떤 이미지를 통
해 묘사를 확대하고 싶은 경우 그는 자연에 의지하기보다는 오히려

자연과는 다른 어떤 인간의 발현 중에서 이미지를 선택하는 경우가 많다.

　　　　　"굴뚝이며 종루며, 저 도시의 **돛대**들을."[405]

마르셀-A. 뤼프, 「'악의 꽃'의 건축에 대해」(『프랑스 문학사 평론』, 37권 3호, 1930년 7~9월호, 398페이지). 메리옹의 묘사 중에 나오는 '하늘을 가리킨다'라는 표현과 비교해볼 것.[406] ― 라티에가 산책자를 산업 활동으로 개종시키는 과정에서도 이와 동일한 모티브가 별 다른 악의 없이, 심리학적 용어로 바뀐 채 나타난다.　　　　[J 86a, 3]

바르비에의 시 「뉴캐슬의 광부들」의 8연은 이렇게 끝난다.

　　　　　"그리고 마음속 깊은 곳에서 집의 편안함과

　　　　　아내의 푸른 눈을 몽상하는 수많은 자들

　　　　　심연의 태내에서 영원의 묘를 발견한다."

오귀스트 바르비에, 『단장과 시』, 파리, 1841년, 240/241페이지. ― 1837년에 간행된 것으로 영국에 대한 인상을 전하고 있는 바르비에의 시집 『나사로』에서 발췌. 인용된 시구를 「어스름 저녁」의 마지막 두 행과 비교해볼 것.　　　　[J 87, 1]

직업적 음모가와 댄디는 현대적 영웅이라는 개념 속에서 만난다. 이 영웅은 자기 혼자서, 본인의 모습 그 자체를 통해 하나의 비밀결사 전체를 대변한다.　　　　[J 87, 2]

발레스 세대에 대해. "별 하나 찾아볼 수 없는 제2제정의 하늘 아래서 믿음도 또 위대함도 결여된 미래를 …… 마주 보면서 성장한 세대." 헤르만 벤델, 「쥘 발레스」(『디 노이에 차이트』, 슈투트가르트,

1912년, 31권 1호, 105페이지).   [J 87, 3]

<">궁정인은 …… 언제 태만하지 않고 또 생각에 잠기지 않을까
……." 라 브뤼에르.   [J 87, 4]

「연구」에 관해. "육체는 슬프다, 아! 그리고 나는 모든 책을 읽었
다." 말라르메, 「바다의 미풍」(말라르메, 『시집』, 파리, 1917년, 43페
이지).   [J 87, 5]

무위에 관해. "무위가 영구히 이어진다고, …… 게다가 이 무위에
깊은 증오가 수반되어 있다고 상상해보십시오." <보들레르>,
1847년 12월 4일 토요일, 어머니에게 보낸 편지, 『어머니에게 보
낸 편지』, 파리, <1932년>, 22페이지.   [J 87, 6]

보들레르는 '몇 년씩이나 언제나 중요한 일을 다음날로 미뤄버리
는 버릇'에 대해 말하고 있다[어디지?].[407]   [J 87, 7]

비젠그룬트(1935년 6월 5일자 편지)가 '엄밀한 의미에서의 현대
Moderne'라고 규정한 초기의 고도 자본주의.   [J 87, 8]

무위에 관해. 보들레르의 악마주의는 — 그토록 중시되어왔으나
— 부르주아 사회가 이 무위의 시인을 향해 던진 도전을 받아들이는
이 시인 나름의 방법일 뿐이다. 그것은 사회의 최하층에서 발생하는
파괴적이며 파렴치한, 대개는 망상에 가까운 |노력하지 않고 거저 얻
겠다는| — 단순한 바람들을 이치에 맞게 반복한 것에 불과하다.[408]

무위에 대해. "헤라클레스도 …… 일을 했다. …… 그러나 그의 인생 행로의 목적은 실제로는 언제나 고귀한 무위의 삶이었다. 그렇기 때문에 그도 올림포스에 들어갈 수 있었던 것이다. 교육과 계몽의 발명자인 이 프로메테우스는 그렇지 않다. …… 그는 인간을 노동으로 유혹했기 때문에 원하든 그렇지 않든 지금도 일을 해야만 한다. 지금쯤 아마 물리도록 지루해하고 있을 것이며, 결코 사슬에서 풀려날 수 없을 것이다." 프리드리히 슐레겔, 『루신데』, 라<이프>치<히>, 34/35페이지(「무위에 관한 목가」).　　　　　　[J 87a, 1]

"그리고 나는 나 자신에게 …… 이렇게 말했다. '오, **무위**여, **무위**여! 너는 무구와 감격의 생명을 기르는 공기이다. 너를 마시는 것은 행복한 자들, 너를 소유하고 키우는 자는 행복하다. 너 성스러운 보석이여! 낙원의 추억 중 아직까지 우리에게 남아 있는 신성성의 유일한 단편이여." 슐레겔, 『루신데』, 29페이지(「무위에 관한 목가」).　　　　　　[J 87a, 2]

"근면과 유용성은 불타는 검으로 인간이 낙원으로 돌아가는 것을 막는 죽음의 천사들이다. …… 그리고 이 세상 모든 곳에서 우월한 자와 열등한 자를 나누는 것은 무위에 대한 권리이며, 그것이야말로 귀족 본래의 원리이다." 슐레겔, 『루신데』, 라이프치히, 32페이지.　　　　　　[J 87a, 3]

"보들레르의 무거운, 마치 전류로 충전된 듯한 말투." 쥘 르나르,

『<미발표> 일기 <1887~1895년>』, 파리, 갈리마르, <1925년>, 7
페이지.   [J 87a, 4]

   "그 동안에 몹쓸 악마들은 대기 속에서
   사업가처럼 부스스 잠을 깨어."[409]
이 부분에서 포의 군중 묘사를 떠올려보는 것도 무리는 아닐 것
이다.   [J 87a, 5]

「지나가는 여인에게」에서 군중이 호명되는 것도, 묘사되는 것도
아니듯 「노름」에서도 도박에 필요한 도구는 등장하지 않는다.
                                                          [J 87a, 6]

   카베나 푸리에, 혹은 멀리까지 떠돌아다니는 생시몽주의적인 유
토피아주의자들과는 달리 블랑키 하면 우리는 그가 오직 파리에 있
는 것으로만 상상할 수 있다. 게다가 본인 또한 스스로와 자신의 과
업을 오직 파리에서만 수행되는 것으로 제시하고 있다. 대도시에 관
한 프루동의 견해는 이와는 정반대이다!([A 11a, 1][410]).   [J 87a, 7]

   『파리의 넝마주이』, 1884년 판을 위해 피아가 쓴 「서문」에서 발
췌. 이 글은 보들레르의 작품과 급진 사회주의 사이에 존재하는 연관
관계들을 간접적으로 입증하고 있다는 점에서 중요하다. "이 참혹하
지만 유익한 드라마는 …… 민중 사이에서 일어난 똑같은 변화 ……
에 앞서 나의 사유를 논리적으로 끝까지 밀고 나간 것에 불과했다.
나의 최초의 희곡인 『과거의 혁명』에서 나는 공화주의 사상을, 『뱃
사람 앙고』에서는 민주공화주의 사상을, 『두 명의 자물쇠 장수』, 『디

오게네스』,『넝마주이』에서는 사회민주주의 사상을 발전시켜본 바 있다. 하지만 항상 이상을 추구하는, …… 89년의 대의를 보완하는 것을 …… 목표로 하는 진보적인 사상이었다. …… 과연 민족의 통일은 이룩되었다. …… 정치적 통일 역시 이루어졌다. …… 그러나 사회의 통일을 이룩하는 일이 남아 있다. 태어날 때 숨쉰 공기 말고는 아무런 공통점도 갖고 있지 않은 두 계급이 아직 존재한다. …… 상호 존중과 사랑 말고는 이 두 계급을 결합시킬 수 있는 것은 아무것도 없다. 얼마나 많은 부유한 프랑스 남자가 가난한 프랑스 여자와 결혼할까? 문제는 그것이다. …… 장의 이야기로 돌아가보기로 하자. …… 나는 이 드라마를 옥중에서 구상했다. 왕정에 대해 공화정 측이 복수했다는 이유로 나는 44년에 투옥된 바 있다. 그렇다. 이것은『돈키호테』나『로빈슨 크루소』와 같은 다른 민중의 항의처럼 옥중의 산물이다. 장은 이러한 불멸의 명작들과 적어도 이러한 점을 공유하고 있다. 나는 이 작품을 이것의 형뻘인『디오게네스』가 상연되던 날 밤에 구상했다. 그리고 이『디오게네스』는 내가 철창 뒤에 있을 때 만들어졌다. 사유를 똑바로 거슬러 올라감으로써 견유학파에서 넝마주이가 떠오른 것이다. 철학자의 각등에서 천민의 촛불이 떠오른 셈이다. 통은 등에 짊어지는 바구니를 암시하고 아테네인들의 담담함은 파리의 열의를 암시해주었다. 장은 파리의 디오게네스였으며, 디오게네스는 아테네인들의 장이었다. 내 정신의 선천적 경향으로 인해 나는 민중으로 향했던 것이다. 민중의 대의에 끌린 것이다. 나의 시학은 항상 나의 정치학과 일치했기 때문에 저자와 시민 citoyen이 분리되는 일은 없었다. 내가 생각하기에 예술이란 …… 예술을 위한 예술이 아니라 인류를 위한 예술이기 때문에 민중에 다다라야 한다. 예술은 실제로 주권자를 따라야 한다. 우선 신들부터 시

작해 왕, 귀족들, 부르주아들을 거쳐 마침내 민중을 따라야 하는 것이다. 그리고 이러한 목표를 위한 이니셔티브는 『자물쇠 장수』에서는 그와 관련된 근본 원리에 도달하고 『넝마주이』에서는 중심重心에 이른다. 부르주아 예술이 『에르나니』, 『뤼 블라』와 그 밖의 다른 왕비를 좋아하는 사람들에게서 …… 빛났던 반면 …… 공화파 예술은 …… 다른 왕조, 즉 넝마주이의 왕조를 선포하고 있던 것은 바로 이 때문이다. …… 그리고 |루이-필립 왕조에 맞서| 승리를 거둔 이후 2월 24일 정오 '넝마'의 드라마가 승리한 채 무장한 민중 앞에서 무료로 상연되었다. 이 기념할 만한 상연 동안 연기자는 …… 등에 짊어진 바구니 속에서 왕관을 발견한다. 이 얼마나 멋진 하루였던가! 필설로 다 할 수 없는 효과였다! 작가도 연기자도 감독도 관객들도 모두 일제히 일어나 「라마르세예즈」의 노래에 맞춰 손뼉을 쳤다. 마치 포성이 울리는 듯한 소리였다. …… 나는 장의 탄생과 생애를 이야기했다. 이번에는 그의 죽음에 대해. 장은 공화국과 마찬가지로 12월의 쿠데타로 돌연히 사라지고 만다.[411] 이 드라마는 작가와 더불어 영광스럽게도 유죄 판결을 받았다. 그러나 작가는 이 드라마가 런던에서, 브뤼셀에서 파리를 제외한 모든 곳에서 박수갈채를 받는 것을 볼 수 있었다. 이처럼 가족에 기초한 사회에서, 게다가 근친상간의 권리 청구인 『르네』, 간통의 권리 청구인 『안토니』, 사창가의 권리 청구인 『로라』가 활개를 치며 돌아다니는 마당에 가족의 권리 청구인 『장』은 가족과 사회의 구세주들에 의해 금지된 것이다." 펠릭스 피아, 『파리의 넝마주이』, 5막 드라마, 파리, 1884년, IV∼VIII페이지.

[J 88; J 88a, 1]

고전적인 산책로corso — 즉 아케이드 — 에 보들레르는 단 한 번

890

도 생각이 미치지 않았던 모양이다. 그러나 「파리 풍경」의 마지막을 장식하는 「어슴 새벽」의 서정시적인<?> 약도에서는 아케이드의 전범을 찾아볼 수 있다. 이 시의 중심 부분은 9개의 2행 연구로 구성되어 있는데, 번갈아가며 운을 맞추고 있는 이 부분은 앞의 연구들뿐만 아니라 뒤의 연구들과도 분명하게 구분되어 있다. 독자는 마치 쇼윈도가 늘어서 있는 갤러리를 걷듯 이 시를 지나간다. 모든 쇼윈도에는 적나라한 빈곤의 말끔한 이미지가 전시되어 있다. 이 시는 두 개의 4행 연구로 <끝>나는데, 이 두 연구는 각각 지상의 사물과 천상의 사물을 묘사함으로써 마치 벽기둥처럼 대칭을 이루고 있다.[412)]

[J 88a, 2]

보들레르는 도박이 가진 지옥 같은 시간을 실제로 도박을 하다가 알게 되었다기보다는 우울이 그를 사로잡고 있던 시기에 알게 되었다.

[J 88a, 3]

"넝마주이의 광주리를 통해 보는 파리는 보잘것없다. …… 이 바구니 안에 파리 전체가 들어 있다고 생각해보라. ……" 피아, 『넝마주이』. <장> 카수, 『1848년』, 파리, <1939년>, 13페이지에서 인용.

[J 88a, 4]

시테 도레[413)]는 넝마주이들의 본거지였다.   [J 88a, 5]

카수가 그려 보이는 블랑키의 초상. "블랑키는 미사여구나 아무런 감상 없이 행동할 운명이었다. 주어진 상황에서 철저하게 현실적이며 진실된 것을 이해할 수 있었기 때문이다. 하지만 무명이고 가난한 데다 기회도 그렇게 만만치 않아 그의 행동은 아무 쓸모없이 돌발적으로 폭력을 사용하는 데로 내몰릴 수밖에 없었으며, 결국 감옥에 갇히게 되었다. 본인도 순전히 준비를 위한 상징적인 태도 밖에는 취할 수 없으며, 어둠과 쇠창살 안에서 인내할 수밖에 없는 운명이라는 것을 알고 있었다. 그리고 그의 삶 전체가 그렇게 흘러 갔다. 그러는 사이에 그는 핏기 없는 안색에 험상궂은 눈빛을 한 노인이 되었다. 그러나 그가 패배하는 일은 없을 것이다. 그러한 일은 있을 수 없다." 장 카수, 『1848년』, 파리, <1939년>, 24페이지.

[J 89, 1]

위고에 관해, 동시에 「가엾은 노파들」에 관해(카수가 이 두 가지에 관해 언급한 것은 아니다). "왜냐하면 실제로 그것이 낭만주의 세기의 새로움이었기 때문이다. 신들의 식탁에 파렴치하게 사티로스가 출현하고, 이름도 없고 실존 가능성도 없는 존재들, 즉 노예, 흑인, 각종 기형 인간들, 거미, 쐐기풀이 공공연하게 등장했던 것이다." 장 카수, 『1848년』, 파리, 27페이지(여기서 영국에서의 아동 노동에 대한 마르크스의 묘사를 떠올려볼 수도 있을 것이다).[414]

[J 89, 2]

아마 「풍경」에서 48년의 반향과 당시의 노동 신비주의의 메아리를 듣는 것은 불가능하지 않을 것이다. 그리고 이와 관련해 장 레이노의 『지상과 천국』을 두고 카수가 새로 만들어낸 아래의 표현을 떠올려보는 것도 얼마든지 가능할 것이다. "작업장은 별의 높이까지 커져 영원을 침범한다." 장 카수, 『1848년』, 파리, 47페이지. [J 89, 3]

프레지에, 『대도시 주민 중 위험한 계급<과 그들에 대한 개선법에

대해』>, 파리, 1840년, 2권, 347페이지. "넝마주이의 급여는 노동자의 급여와 마찬가지로 산업의 번영과 불가분의 관계에 있다. 산업은 자연과 마찬가지로 자기 자신의 잔해와 함께 재생산된다는 고귀한 특권을 갖고 있다. 이러한 특권은 사회의 중간층이나 최상층의 부의 장식이 되는 동시에 최하층에도 삶의 수단을 마련해주기에 인류에게 그만큼 더 소중한 것이라고 할 수 있다." 카수, 『1848년』, 73페이지에서 인용.   [J 89, 4]

"아무튼 단테는 48년의 이러한 사람들의 불변의 모델이었기 때문이다. 그들은 기회만 있으면 단테의 말, 단테의 에피소드를 끄집어냈다. 그리고 단테와 마찬가지로 추방당할 운명이며, 유랑하는 조국을 짊어지고, 예언적인 메시지를 지니고, 망령과 목소리를 동반자로 삼고 있다." 장 카수, 『1848년』, 파리, 111페이지.   [J 89a, 1]

카수. 도미에의 모델들에 관해. "초라한 긴 코트를 입고, 등을 구부린 채 판화를 쳐다보고 있는 사람들의 실루엣, 그들은 모두 장 자크의 고독한 산책자의 후예들인 보들레르적 인물들이다." 장 카수, 『1848년』, 파리, 149페이지.   [J 89a, 2]

보들레르의 '마음의 고결함'과 새디즘 사이에 존재하는 것으로 추정할 수 있는 연관성 문제와 관련해 뱅퇴이유 양에 대한 프루스트의 묘사를 참조할 필요가 있는데, 아무리 봐도 프루스트는 이것을 일종의 자화상으로 구상했던 것 같다. "그런데 뱅퇴이유 양과 같은 새디스트는 참으로 순수한 감상가이고 타고난 미덕가이기 때문에 그런 사람에게는 관능의 쾌락조차도 무엇인가 나쁜 것이고, 악인의 특권처럼 여겨지는 것이다. 그리고 그들이 잠시 관능의 쾌락에 빠져보려고 결심할 때 그들은 악인의 껍질을 쓰고, 또 자기의 공범자에게도 그것을 덮어씌우려고 하는데, 이리하여 한순간 동안 겁내기 잘하는 민감한 영혼으로부터 비인간적인 열락悅樂의 세계로 도망친다고 하는 환상을 품는 것이다." 마르셀 프루스트, 『스완네 집 쪽으로』, 1권, 236페이지.[415] — 여기서 또한 보들레르의 에로티시즘에 대한 아나톨 프랑스의 지적을 상기해보는 것도 좋을 것이다. 하지만 당연히 과연 모든 새디즘이 이러한 형태로 구조화되는 건지 얼마든지 질문해볼 수 있을 것이다. 왜냐하면 프루스트가 새디즘과 연관시키는 악의 개념은 의식(성)을 배제하는 것처럼 보이기 때문이다. 인간들끼리의 성적 관계는 (동물의 경우와는 반대로) 의식(성)을 포함하고 있으며, 따라서 정도 차는 있지만 어느 정도는 새디즘 또한 포함하고 있을 것이다. 성행위에 관한 보들레르의 고찰은 따라서 프루스트의 이런 식의 변호보다 더 커다란 무게를 갖고 있을지 모른다.   [J 89a, 3]

넝마주이와 마르크스가 『자본』의 「현대 매뉴팩처」 장(코르쉬 편, <베를린, 1932년>, 438페이지)에서 묘사한 영국의 상황을 비교해볼 것.   [J 89a, 4]

산타 마리아 델 아레나에 있는 조토의 알레고리화에 대해 프루스트는 이렇게 서술하고 있다. "그러나 나는 나중에 가서 그러한 벽화의 특별한 아름다움 …… 은 거기서 상징이 큰 비중을 차지하고 있는 데서 연유한다는 것을 이해했는데, 그처럼 상징화된 관념은 그것만으로 표현되는 것이 아닌 이상 상징이 아니라 현실의 것으로서, 실제로 몸에 입고 있는 것 내지는 구체적으로 가공된 것으로서 그려지기 때문에 이런 사실은 작품의 의미에 무엇인가 더욱 즉물적이고 명확한 것을 부여하고 작품의 가르침에 무엇인가 더욱 구체적이고 마음을 움직이는 것을 주고 있다는 것을 이해했다. 가없은 저 부엌데기의 경우도 그녀의 배를 잡아당기는 무게 때문에 끊임없이 주의력이 배로 향하는 것은 아닐까." 마르셀 프루스트, 『스완네 집 쪽으로』, 1권, 파리 121/122페이지.[416]   [J 90, 1]

보들레르의 예술 이론에서 충격Chock의 모티브는 운율법의 규준으로만 작용하는 것이 아니다. 오히려 보들레르가 예술 작품에서 경악surprise의 중요성에 관한 포의 주장을 자기 것으로 할 때마다 거기서도 동일한 모티브가 작용하고 있다. ― 다른 관점에서 보자면 충격의 모티브는 알레고리가를 명상으로부터 깜짝 놀래켜 일으키는 '지옥의 조소'[417] 속에서 나타난다.   [J 90, 2]

정보란, 광고란, 문예란에 대해. 하릴없는 무리[418]에게는 센세이션이 주어져야 한다. 상인에게는 고객이, 서민에게는 세계의 이미지가 주어져야 한다.   [J 90, 3]

「파리의 꿈」에 관해. 크레페(<보들레르, 『악의 꽃』, 『전집』>, 파리 1930년,[419] 코나르 사 판, 463페이지)는 알퐁스 드 칼론에게 보낸 편지[420]에 들어 있는 한 구절을 인용하고 있다. "운동은 일반적으로 소리를 함축하고 있습니다. 그래서인지 피타고라스는 음악을 운동 중인 천체에서 유래하는 것으로 귀결시키고 있을 정도입니다. 그러나 꿈은, 가르고 해체시키는 꿈은 새로움을 창조합니다." 크레페는 이어 1858년 11월 『프랑스 평론』에 에르네스트 엘로가 「환상 문학의 장르에 대해」라는 제목으로 발표한 기사를 인용하고 있다. 보들레르도 이 기사를 알고 있었다. "상징의 영역에서 미는 삶과 반비례 관계이다. 따라서 박물학자는 자연을 이런 식으로, 즉 먼저 동물계, 다음으로 식물계, 마지막으로 광물계 순서로 분류한다. 생명의 질서에 따르는 것이다. 시인이라면 우선 광물계, 다음으로 식물계, 마지막으로 동물계로 분류해야 한다고 말할 것이다. 미의 질서에 따르는 것이다." [J 90, 4]

「시계」에 대해 크레페(코나르 사 판, 450페이지)는 이렇게 말한다. "『연구자·수집가 통신』지의 통신원인 Ch. Ad. C 씨는 (1905년 9월 30일자에서) 보들레르가 괘종시계의 바늘을 떼어내고 숫자판에 '네가 생각하는 것보다 늦다!' 라고 썼다고 보고하고 있다." [J 90a, 1]

새로움과 익숙한 것에 관해. "내 꿈의 하나는 …… 어느 바닷가 풍경과 그곳이 과거 중세 시대였을 때의 과거를 종합하는 것이었다. …… 바다는 고딕풍이 되고, …… 불가능한 것에 도달하기를 바라면 닻을 줄 여기곤 한 꿈, 이미 수차 이 꿈을 꾼 듯한 생각이 들었다. 그러나 과거 안에서 증가하거나 새로운 것에 친근한 감이 드는 것은 잠든 사이에 사람이 상상하는 것의 특징인지라 나는 잘못 생각할 줄 여겼다." 마르셀 프루스트, 『게르망트네 쪽으로』, 1권, 파리, 1920년, 131페이지.[421] [J 90a, 2]

프루스트에게서 철저하게 보들레르를 연상시키는 것. 이것과 특히 메리옹에 대한 보들레르의 해설[422]을 비교할 것. 프루스트는 역에 대해 이렇게 말하고 있다. "발베크 행 기차를 타려면 가야만 하는 생-라자르 역의 차고처럼 유리로 지붕을 덮은 거대한 차고, 그것은 배를 가른 도시의 동굴 위에 강렬한 참사의 홍조로 험악한 널따란 하늘을 펼치고 있는데, 거의 현대의 파리의 하늘을 그린 듯싶은 만테냐나 베로네세의 그림의 하늘을 상기시키고, 그런 하늘의 동굴 아래서는 열차의 출발이나 '십자가의 건립' 같은 엄청나고도 장엄한 일밖에는 행해지지 않을 것 같은 느낌이 든다." 마르셀 프루스트, 『꽃 피는 아가씨들의 그늘에』, 파리, 2권, 222페이지.[423]   [J 90a, 3]

프루스트는 「독자에게」의 '강간과 ……' 구절을 아래와 같은 독특한 주석과 함께 <인용하고> 있다(<『갇힌 여인』, 2권, 파리>, 1923년, 241페이지).[424] "보들레르의 경우 적어도 본심은 아니라고 생각해도 무방해. 그런데 도스토예프스키는 ……." 문제는 후자의 '살인에 대한 몰두'이다. 이 모든 문장은 알베르틴과 나누는 대화 중에 나온다.   [J 90a, 4]

「지나가는 여인에게」에 관해. "알베르틴이 내 방에 돌아왔을 때, 그녀는 검은 견수자 드레스를 입고 있어서 여느 때보다 더 창백하게 보였다. 탁한 공기와 사람들로 북적거리는 환경, 방탕한 품행으로 인해 핼쑥해져 있었고, 안색이 좋지 않은 데다 눈이 붉은 뺨으로 인해 밝게 물들어 있기 때문에 더더욱 불안한 듯 보이는 파리 여성 같았다." 마르셀 프루스트, 『갇힌 여인』, 파리, 1923년, 1권, 138페이지.[425]   [J 90a, 5]

메리옹은 사진과의 경쟁에서는 얼마든지 버틸 수 있다는 듯한 모습을 보여준다. 도시의 이미지들과 관련된 한 판화가가 이러한 태도를 취할 수 있었던 것은 아마 그가 마지막이라고 할 수 있을 것이다. 중세의 흔적이 도처에 남아 있는 파리에 대해 쓰면서 슈탈은 원래 주교성이 있던 오래된 토지에 대해 이렇게 서술하고 있다. "그곳에 너무 거대한 건물들이 들어서고, 다음으로는 정원을 끼고 집들이 하나하나 늘어서게 되면서 …… 막다른 골목들이 늘어갔다. 여기서 사진은 전혀 쓸모가 없다. 그래서 위대한 판화가 메리옹의 동판화에 도움을 청하게 된 것이다." 프리츠 슈탈, 『파리』, 베를린, <1929년>, 97페이지.

[J 91, 1]

메리옹의 「퐁-오-샹주」의 인적 없는 배경은 오히려 '인구 과잉 상태인 파리'의 모습을 간파할 수 있게 해준다. 그러한 배경에서 창 한 개 — 혹은 두 개분의 폭을 가진 집들, 폭은 좁으면서 높기만 한 집들을 볼 수 있기 때문이다. 그러한 집들의 창문의 공동은 마치 눈빛처럼 보는 이를 잡아끈다. 그것은 이 시대의 가난한 사람들을 그린 그림에 종종 무리지어 등장하며 메리옹의 판화에 나오는 병영 같은 주택에서처럼 한곳으로 밀쳐넣어진 채 벌벌 떨고 있는 아이들의 축 처진 퀭한 눈빛을 연상시킨다.

[J 91, 2]

퐁뇌프에 대한 메리옹의 시[426]와 "il se porte comme le pont neuf"[427]라는 아주 오래된 파리 사람들의 어법을 비교할 것.

[J 91, 3]

보들레르는 전원과 녹지와 들판을 끔찍이도 혐오했으나 그럼에도 불구하고 다음과 같은 특성을 갖고 있었다. 즉 아마 보들레르만큼 대도시를 일상적이며, 자연스러우며, 얼마든지 받아들일 수 있는 것으로 바라보고 싶은 마음이 없던 사람도 없으리라는 것이다.[428]

[J 91, 4]

보들레르로 대변되는 것과 같은 유형의 비사회적 인간을 아직 부르주아의 지배를 위한 공범자로 이용할 수 없었던 부르주아 계급과 동시대인이었던 것은 그에게 큰 행운이었다. 부르주아의 지배 장치에 허무주의를 병합하게 되는 것은 20세기까지 유보되었다. [J 91, 5]

"나는 벽과 거리와 범죄밖에 보지 못하는 도시 거주자들이 왜 신앙심이 옅은지를 안다." 장 자크 루소, 『고백록』, 일쉼 편집, 파리, <1931년>, 4권, 175페이지.   [J 91, 6]

어느 도시가 현대적인지 아닌지의 여부를 가리는 기준이 되는 것은 기념비의 부재 여부이다("뉴욕은 기념비가 없는 도시이다." 되블린) ─ 메리옹은 파리의 병영풍 주택을 현대(성)의 기념비로 만들었다.

[J 91a, 1]

보들레르는『일뤼스트라시옹』지 1852년 4월 17일자에 『속 해괴한 이야기』중의 한 편을 게재할 때 첨부한 서론에서 포의 관심 영역의 특징을 밝히면서 특히 "현세의 특이한 이들이나 천민에 대한 분석"을 그러한 예들 중의 하나로 들고 있다(샤<를> 보<들레르>,『전집』, 크레페 판, 번역『속 해괴한 이야기』, 파리, 1933년, 378페이지). 이러한 표현은 블랑키가 소위 알아맞히기 그림 같은 이미지로『천체에 의한 영원』에 첨부한 자화상과 놀라울 정도로 통하는 면이 있다. "블

랑키는 …… 자기가 시대의 '천민'이라는 걸 인정했다." 모리스 도
망제, 『벨-일에서의 블랑키』, 파리, 1935년, 140/141페이지. [J 91a, 2]

메리옹의 「퐁-오-샹주」에 관해. "악명 높은 로마의 임대 주택은
정면이 3∼5미터로 서양에는 아직 없고 미국의 불과 몇몇 도시에
서나 볼 수 있을 정도의 높이였다. 베스파시아누스 치하의 카피트
리움 언덕에서는 지붕 높이가 이미 산의 정상에 달해 있었다. 그리
고 이처럼 대대적인 장려한 도시에 무서운 빈곤과 풍속의 퇴폐가
만연해, 페디멘트와 지붕 뒤쪽 사이의 지하실이나 뒤뜰에 이미 새
로운 원시인이 태어났다. …… 디오도루스[129]는 로마에서 매우 높
은 층에 더러운 방을 빌린 폐위된 파라오의 이야기를 하고 있다."
오스발트 슈펭글러, 『서양의 몰락』, 2권, 파리, 1933년, 143페이
지.   [J 91a, 3]

출산율 저하에 관해. "큰 전기轉機는 다름 아니라 상당한 교양을 갖
춘 주민들이 일상적으로 굳이 아이를 가져야 할 '이유'를 곰곰이
생각하기 시작하는 순간에 나타나기 시작한다. …… 바로 거기서
교묘한 출산 기피가 시작된다. …… 그것은 로마 시대에 엄청난 규
모로 자행되었다. ─ 처음에는 물질상의 빈곤을 근거로 댔으나 곧
어떠한 근거도 불필요해졌다." 오스발트 슈펭글러, 『서양의 몰
락』, 2권, 1부, 파리, 1933년, 147페이지, 146페이지를 참조할 것.
농민들은 자신들이 선조와 후손들로 이루어진 하나의 연쇄 고리의
한 연결 고리라는 감정을 갖고 있다.   [J 91a, 4]

『악의 꽃』이라는 제목에 관해. "소박한 시대에, 1824년까지만 해

도 시집의 제목은 저자가 다루는 장르를 나타낼 뿐이었다. 송가라든지 서간체의 시, 가벼운 시, 영웅시, 풍자시 같은 식이었다. 오늘날 제목은 하나의 상징이다. 이것보다 더 정제精製될 수는 없다. 저자에게 서정시적 의도가 있다면 자기 시집에『선율』이라든지『서곡』…… 과 같은 뉘앙스를 가진 음향적이고 음악적인 제목을 붙인다. 만약 자연애호가라면 오히려『원예가 연감』…… 에서 제목을 고를 수 있을 것이다. 그리하여 예를 들어『마른 잎』이라든지 ……『편도 가지』…… 같은 제목이 나올 수 있을 것이다.『야자나무』나『실편백扁柏』…… 도 있다. 그리고 꽃이 있다.『한낮의 꽃』,『프로방스의 꽃』,『알프스의 꽃』,『들꽃』같은 식이다. 샤를 루앙드르,「문학 통계 — 1830년 이후의 시」(『레뷔 데 되 몽드』, 30권, 파리, 1842년 6월 15일자, 979페이지). [J 92, 1]

「일곱 늙은이」의 원래 제목: '파리의 유령들.'[430] [J 92, 2]

"평등을 헌법의 원리로 선언하는 것은 처음부터 사유에 있어서는 진보뿐만 아니라 위험도 함께 촉진하는 것이었다(막스 호르크하이머,「유물론과 도덕」,『사회 연구』, 1933년, 2호, 188페이지). 이러한 위험의 영역에는 포의 군중 묘사에 들어 있는 터무니없는 단조로움도 포함된다. 7명의 똑같은 노인이 나타난다는 환각 역시 같은 성격의 것이다. [J 92, 3]

사물은 상품이 되어야 비로소 인간을 서로 소외시킬 수 있다. 가격을 통해서 그렇게 작용하는 것이다. 상품의 교환가치, 즉 상품의 등가성의 토대에 대한 감정 이입 — 그것이 결정적이다(교환가치를

생산하는 노동이 진행되는 시간의 절대적인 질적 등가성은 센세이션의
야한 빛깔을 두드러지게 해주는 희끄무레한 배경이다). [J 92, 4]

우울에 관해. 1853년 9월 16일 블랑키가 라캉브르에게 보낸 편지.
"사자들의 진정한 제국에서 온 소식이 우리가 검역받고 있는(!) 죽
은 사람들의 영혼의 왕국의 이 음침한 현관에서 온 소식보다 분명
흥미로울 것입니다. 출구를 찾는 거미처럼 병甁의 바닥에서 전전
긍긍 맴돌고 있는 유폐자의 존재보다 더 비참한 것은 없을 것입니
다." 모리스 도망제, 『벨-일에서의 블랑키』, <파리, 1935년>, 250
페이지. [J 92, 5]

벨-일에서의 탈출 시도가 무위로 돌아간 후 블랑키는 한 달 동안
'샤토 푸케' [431]라는 지하 감옥에 갇힌다. 도망제는 "한시간 한시간
이, 일분 일분이 지긋지긋하고 견디기 힘들게 이어져 마치 두개골
을 망치로 후려치는 것 같았다"고 말하고 있다. 모리스 도망제,
『벨-일에서의 블랑키』, 238페이지. [J 92a, 1]

아래의 바르비에의 시를 「풍경」의 몇 군데와 비교할 것(생트뵈브,
『동시대의 초상』, 2권, 파리, 1882년, 234페이지 [「브리소와 오귀스트 바
르비에」]).
　　　"뭐라 필설로 다할 수 없는 행복이다, 이 얼마나 기쁜가,
　　　신성의 살아 있는 광선이 되어
　　　하늘 저 높은 곳에서, 하늘의 궁륭에서
　　　저 아래 세상에서 부단히 이는 먼지를 보는 것은.
　　　세계의 빛나는 각성이 있을 때마다

새처럼 몇천 개의 태양이 노래하는 걸 듣는 것은!

오, 아름다운 사물들과 더불어 살아가는 것은 얼마나 행복한
가!

굳이 원인을 찾지 않고도 행복할 수 있다는 것은 얼마나 감미
로운가!

이 얼마나 감미로운가, 더 좋기를 바라지 않고 마음 편할 수
있는 것은,

그리고 하늘을 지치게 할 필요가 전혀 없는 것은!" [J 92a, 2]

K

〔꿈의 도시와 꿈의 집, 미래의 꿈들, 인간학적
허무주의, 융〕

"멋쟁이셨던 선친은 파리에 다녀오신 적이 있다."
칼 구츠코브, 『파리에서 온 편지』, 라이프치히, 1842년, 1권, 58페이지.

"온갖 책이 한데 섞여 있으며
제목마저 지워져 한 덩어리가 되어버린 도서관."
피에르 마비유 박사, 「'민중의 편견 예찬'에 붙이는 서문」
(『미노토르』, 2권, 1935년 겨울호 6호, <2페이지>).

"하늘의 어둡고 둥근 천장을 향해 어둡고 둥근 지붕을 우뚝 세운 팡테옹."
퐁송 뒤 테레이유, 『파리의 드라마』, 1권, 9페이지.[1]

개인의 삶뿐만 아니라 세대들의 삶에서도 관철되고 있는 하나의
단계적 과정으로서의 각성. 잠이 이러한 과정의 최초의 단계이다.
어떤 세대의 유년기의 경험은 꿈의 경험과 여러 가지 면에서 공통
점을 갖고 있다. 이러한 유년기의 경험의 역사적 형태가 꿈의 형상
이다. 어느 시대든 이러한 꿈을 향한 측면, 즉 어린아이 같은 측면을
갖고 있다. 이전 세기에 이러한 측면은 아케이드에서 아주 분명하
게 나타난 바 있다. 그러나 이전 세대들의 교육이 전통 속에서, 즉
종교적인 가르침 속에서 그러한 꿈을 해석해준 데 반해 오늘날의
교육은 아이들의 기분전환 정도밖에 되지 않는다. 프루스트가 하나

905

의 전례 없는 현상으로서 나타날 수 있었던 것도 그가 속한 세대가 애상Eingedenken[2]을 위한 신체적 · 자연적 보조 수단을 모두 잃어버리게 됨으로써 이전 세대보다 더 가여운 상태로 방치된 채 고독하고 산만하며, 병적인 방식으로만 아이들의 세계를 소유할 수 있게 되었기 때문이다. 내가 아래에서 제시하려고 하는 것은 각성의 기법에 대한 시론이다. 즉, 애상의 변증법적 혹은 코페르니쿠스적 전환을 인식하려는 시도이다.   [K 1, 1]

    역사를 바라보는 시각에서의 코페르니쿠스적 전환은 이러하다. 즉 지금까지는 '과거에 존재했던 것'을 고정점으로 보고, 현재는 일일이 손으로 하나하나 확인하면서 인식을 이러한 고정점 쪽으로 끌어오려고 노력하는 것으로 생각되어왔다. 그런데 이제 이러한 관계를 역전시켜, 과거에 존재했던 것은 변증법적 전환, 각성된 의식이 돌연 출현하는 장이 되어야 한다. 앞으로는 정치가 역사에 대해 우위를 차지하도록 해야 한다. 사실들Fakten은 바로 지금 우리 앞에서 처음 일어난 것이 될 것이며, 그리고 그것을 확인하는 것이 바로 상기가 할 일이다. 실제로 각성이라는 것은 이러한 상기의 규범적인 경우라고 할 수 있다. 즉 우리와 가장 가까이 있는 것, 가장 흔한 것, 가장 자명한 것을 상기하는 데 성공하는 경우이다. 프루스트가 아침에 채 잠에서 깨어나지 않은 상태에서 가구를 실험적으로 재배치한다는 얘기를 통해 말하고자 하는 것, 블로흐가 체험된 순간의 어두움이라고 말한 것[3]은 바로 여기 역사적인 것의 차원에서, 집단적으로 일어나는 것과 하등 다르지 않다. 옛날에 존재했던 것에 대한 아직 의식되지 않은 지식이 존재하는데, 이러한 지식의 촉구는[4] 각성의 구조를 갖고 있다.   [K 1, 2]

변증법에 대한 참으로 독특한 경험이 있다. 생성과 관련해 '점진적인' 것은 모두 부정하고, 표면상으로는 '발전'처럼 보이는 모든 것이 세부적인 것에 이르기까지 매우 정밀하게 조합된 변증법적인 전환이라는 것을 분명하게 밝히는 절박한 경험, 극적인 경험이란 바로 꿈에서 깨어나는 것이다. 중국인들은 종종 민담이나 소설에서 이러한 과정의 근저에 놓여 있는 변증법적인 도식을 극히 적절하게 표현해왔다. 역사를 연구하는 새로운 변증법적 방법은 현재를 깨어 있는 세계, 즉 우리가 과거에 존재했던 것이라고 부르는 꿈이 실제로 가리키는 세계로 경험하기 위한 기법이다. 과거에 존재했던 것을 꿈의 상기를 통해 철저하게 경험하는 것durchmachen! — 따라서 상기와 각성은 극히 긴밀하게 관련되어 있는 셈이다. 즉 각성은 애상의 변증법적, 코페르니쿠스적 전환이다.   [K 1, 3]

19세기는 개인 의식은 점점 더 반성 속으로 침잠하면서 그러한 성향을 유지한 데 반해 집단 의식은 점점 더 깊은 잠에 빠진 시대 Zeitraum(시대의 꿈Zeit-traum)이다. 그러나 잠자고 있는 사람 — 이 점에서는 광인도 마찬가지다 — 이 자기 몸을 통해 대우주로 여행을 떠나고, 예를 들어 맥박이나 내장의 움직임, 심장의 고동소리, 근육의 감각 등 내부의 소리나 느낌들(이러한 것들은 건강한, 깨어 있는 사람들에게서는 건강의 부단한 물결 속에서 하나로 합류될 것이다)이 잠자고 있는 사람의 부단히 예민해지는 내부 감각 속에 환상과 꿈의 이미지들을 만들어내서 내부 감각이 이것들을 해석하고 설명하게 되듯이 꿈을 꾸는 집단에게서도 상황은 이와 비슷해, 이들은 아케이드를 통해 자기 내면으로 침잠해 들어갔다. 패션과 광고, 건축물이나 정치 속에서 19세기를 그러한 집단의 꿈의 형상들의 귀결로

해석하려면 이들 집단을 아케이드 속에서 추적해야 한다.   [K 1, 4]

잠과 잠에서 깨어 있는 것|각성|을 상반된 것으로 대치시키는
것은 인간의 경험적인 의식 형태를 문제 삼는 경우에는 전혀 타당
하지 않으며 오히려 무한히 다양한 구체적인 의식 상태 — 다시 이
러한 상태는 매우 다양하게 존재하는 중추의 각성도가 여러 단계로
나뉘어져 있는 것에서부터 비롯된다 — 에 자리를 양보한다는 것은
정신분석의 암묵적 전제 조건 중 하나이다. 잠과 잠에서 깨어남|각
성|에 의해 여러 가지 무늬가 새겨지고 얼룩덜룩해지는 의식의 상
태를 개인에서 집단으로 전용할 필요가 있다. 물론 개인에게는 외
적인 많은 것들이 집단에게는 아주 내적인 것이 된다. 개인의 내면
에는 장기臟器들의 감각, 즉 병에 걸렸는지 아니면 건강한지 하는 느
낌이 있는 것처럼 집단의 내면에는 건축이나 패션, 아니 이뿐만 아
니라 날씨도 포함되어 있다. 하지만 이처럼 무의식의 무정형의 꿈
의 형상 속에 머무는 한 그것들은 소화 과정이나 호흡 등과 하등 다
를 바 없는 자연 과정에 그치게 된다. 집단이 정치를 통해 그것들을
내 것으로 만들고, 그것들로부터 역사가 생성되기 전까지 그것들은
영원히 동일한 것의 순환 속에 머물게 된다.   [K 1, 5]

"앞으로 과연 누가 아버지에게 상속받은 집에서 살까? 과연 누가
세례받은 교회에서 기도할까? 갓난아기가 첫울음 소리를 내고, 마
지막 한숨을 내쉰 방을 누가 알까? 젊은 날 끊임없이 뭔가에 매여
사는 어둡고 긴 인생에 그나마 한 줄기 서광이 되어주었던 몽상 속
으로 빠져들곤 했던 창가에 지금 누가 이마를 기대고 있을까? 아,
인간의 영혼에서 환희의 근원이 빠져나가고 말았다!" 루이 뵈이

요, 『파리의 향기』, 파리, 1914년, 11페이지.   [K 1a, 1]

우리가 이 시대에는 아이들이었다는 사실은 이 시대의 객관적인 이미지 속에 포함되어 있다. 이 세대를 만들어내려면 그렇게 하지 않으면 안 되었다. 다시 말해서 우리는 꿈과의 연관 속에서 어떤 목적론적인 계기를 탐구하는 것이다. 여기서 말하는 계기는 기다리는 것을 말한다. 꿈은 조용히 깨어나기를 기다리고 있으며, 잠자고 있는 사람은 단지 눈이 떠질 때까지만 죽음에 몸을 맡긴 채 교묘하게 꿈의 손아귀에서 빠져나올 순간만을 기다리고 있는 것이다. 꿈을 꾸고 있는 집단도 마찬가지인데, 이러한 집단에게 아이들은 잠에서 깨어나기 위한 행복한 계기를 마련해준다. ■ 방법 ■   [K 1a, 2]

유년 시절의 과제: 새로운 세계를 상징적 공간 속에 조립해 넣기. 어른들은 결코 할 수 없는 일, 즉 새로운 것을 재인식하는 것을 아이들은 할 수 있기 때문이다. 어렸을 때 기관차를 보았기 때문에 우리에게 이 기관차는 벌써 상징적 성격을 갖고 있다. 하지만 우리 아이들에게 그것은 그저 탈것일 뿐이다. 우리들 자신은 이 탈것에서 단지 새롭고, 세련되고, 모던하며 대담한 면만 보고 있지만 말이다. 클라게스[5] 같은 반동적 사상가들이 자연의 상징 공간과 기술의 상징 공간 사이에 세우려고 했던 대립만큼 천박하고 궁색한 것은 없을 것이다. 진정 새로운 모든 자연의 형상에는 ― 근본적으로는 기술 또한 그러한 형상 중의 하나이다 ― 새로운 '이미지들'이 대응하고 있다. 모든 유년 시절은 이처럼 새로운 형상들을 발견해 그것을 인류의 이미지의 보고寶庫 속에 통합시킨다. ■ 방법 ■   [K 1a, 3]

전문가라면 지금의 건축 양식의 선구로 인정할 만한 건물들도 깨어 있지만 건축을 보는 눈은 전혀 갖고 있지 않은 사람의 감각에는 결코 선구적이라는 인상을 주지 않으며 오히려 유행에 뒤쳐지고 꿈속에서 본 것 같은 인상만을 주는 것은 참으로 주목할 만하다(오래된 기차역의 홀이나 가스 제조소, 다리).　　　　　　　[K 1a, 4]

"19세기: 개인주의적 경향과 집단주의적 경향이 기묘하게 뒤엉켜 있는 세기. 이 세기는 이전의 어떤 시대와도 달리 모든 행위에(자아에도, 국민에도, 예술에도) '개인주의적'이라는 딱지를 붙이지만 지하의 감춰진 곳에서는, 즉 쉽게 무시되는 일상의 영역에서는 마치 뭔가에 취한 것처럼 집단적인 뭔가를 위한 온갖 요소를 만들어내지 않을 수 없었다. …… 우리가 전념해야 할 것은 바로 이러한 소재, 즉 잿빛 건물, 시장, 백화점, 박람회장이다." 지크프리트 기디온, 『프랑스의 건축』, 라이프치히/베를린, 15페이지.　　　[K 1a, 5]

19세기의 꿈의 집합들의 현상 형식들을 무시해서는 안 된다. 그러한 형식들은 과거의 다른 어떤 세기보다도 더 이 집단을 결정적으로 특징짓고 있을 뿐만 아니라 — 동시에 그러한 형식들이 올바르게 해석된다면 실천적인 면에서도 극히 중요할 것이다. 우리가 항해에 나서고자 하는 바다와 우리가 떠나려는 해안을 인식할 수 있도록 해줄 것이기 때문이다. 따라서 한마디로 말해 19세기에 대한 '비판'은 바로 여기서 시작되어야 한다. 즉 기계론이나 기계 숭배가 아니라 도취적인 역사주의나 가식적인 습관을 비판해야 한다. 그럼에도 불구하고 후자 속에는 그나마 진정한 역사적 존재의 신호가 감추어져 있는데, 초현실주의자들이 최초로 그러한 신호를 포착

910

한 바 있다. 이러한 신호를 해독하는 것, 여기서는 바로 그것을 시도해볼 생각이다. 그리고 초현실주의의 혁명적 · 유물론적인 토대야말로 19세기는 바로 이러한 진정한 역사적 존재의 신호 속에서 경제적 토대를 최고도로 표현하고 있다는 것을 충분히 보장해주고 있다.   [K 1a, 6]

기디온의 명제에서 한발 더 나가기 위한 시도. 그는 이렇게 말한다. "19세기에는 건축이 하위 의식의 역할을 한다."[6] 하지만 이렇게 말하는 것이 더 낫지 않을까? 신체적인 과정의 역할이라고. 그런 다음 이 과정 주위에 마치 생리적인 과정이라는 틀 주위에 꿈이 몰려들듯 곧 '예술적인' 건축물들이 몰려들게 된다고 말이다.   [K 1a, 7]

자본주의는 꿈을 수반한 새로운 잠이 유럽을 덮친 하나의 자연현상으로, 이러한 잠 속에서 신화적 힘들이 재활성화되었다.
[K 1a, 8]

처음에는 잠에서 깨어나려고 뒤척이다가 오히려 깊은 잠에 빠지게 된다.   [K 1a, 9]

"그런데 우리가 이 지적인 운동 전체를 조사해보았을 때 현재를 상세하고 철저하게 논한 사람이 오직 스크리브[7] 하나뿐이라는 사실은 놀라운 일이다. 나머지 사람들은 모두 자기 자신의 시대를 움직이고 있는 힘에 관심을 기울이기보다는 오히려 과거에 대해 왈가왈부하느라 바쁘다. …… 게다가 절충주의 학설이 힘을 얻어오는 곳도 과거 ― 철학사 ― 였다. 그리고 마지막으로 문학사도 마찬가지인데, 비평은 문학사의 보고를 비유멩에게서 발견했다고 하지만 막상 비평은 당대의 고유한 문학적 삶 속으로 깊이 파고들어 가지는 못했다." 율리우스 마이어, 『현대 프랑스 회화사』, 라이프치히, 1867년, 415/16페이지.   [K 2, 1]

아이가(그리고 성인이 된 남자의 어렴풋한 기억 속에서) 어머니의 옷자락에 매달려 있었을 때 얼굴을 파묻었던 그때의 옷 주름 속에서 발견한 것 ─ 이 작업에서는 바로 그것을 담아야 한다. ■패션■
[K 2, 2]

변증법적 방법에 있어 중요한 것은 대상이 처한 그때그때의 구체적인 역사적 상황을 정확하게 평가하는 것이라고 말한다. 그러나 그것만으로는 충분하지 않다. 대상에 **관심**을 갖게 된 구체적인 역사적 상황을 정확하게 평가하는 것 또한 그에 못지않게 중요하기 때문이다. 그리고 그러한 상황은 항상 관심 자체가 해당되는 대상 속에서 사전에 형성되는 방식 속에 들어 있다. 그러나 그것은 무엇보다 그러한 관심이 자기 자체 속에서 대상을 구체화하고, 과거의 존재에서 '지금 존재'(즉 각성하고 있는 존재!)라고 하는 보다 고차원적인 구체화로서 상승했다고 느끼는 방식 속에 들어 있다. 물론 '지금 존재한다는 것'(이것은 '지금 바로 이때'가 지금 존재한다는 것이 아니라 단속적이며 간헐적으로 '지금 존재한다'는 것이다)이 왜 그 자체로 이미 보다 고차원적인 구체화인지 ─ 이러한 질문을 변증법적 방법은 진보 이데올로기의 내부에서는 해결할 수 없다. 그것은 진보 이데올로기를 모든 점에서 극복한 역사관에 의해서만 가능하다. 이러한 역사관에 의해서만 현실의 점진적인 농축(통합)이라는

912

말을 할 수 있으며, 이러한 농축 속에서만 모든 과거(그때가 오면)는 그것이 존재했던 순간보다 한층 고차원적인 정도의 현실성을 갖게 된다. 과거가 어떻게 이처럼 고차원적인 현실성의 모습을 띠게 될지는 이미지에 의해 결정된다. 즉 과거가 이미지로 이해되고 또한 이미지 속에서 이해되는 방식에 의해 결정된다. 그리고 과거의 모든 연관들이 이처럼 변증법적으로 관철되고 재현재화되고 있는지의 여부가 현재의 행위의 진리를 검증하게 된다. 즉 과거에 존재했던 것 속에 감춰져 있는 폭약(이것의 진정한 모습이 **패션**이다)에 점화하는 것이다. 이런 식으로 과거에 존재했던 것에 접근하는 것은 이제까지처럼 그것을 역사학적인 방식으로 다루는 것이 아니라 정치적인 방식, 즉 정치적 범주로 다루는 것을 의미한다. ■패션■

[K 2, 3]

임박한 각성은 그리스인들의 목마처럼 꿈이라는 트로이 안에 놓여 있다.

[K 2, 4]

상부구조는 이데올로기라는 이론. 무엇보다 마르크스는 단지 상부구조와 하부구조 사이의 인과 관계만을 확인하려고 했던 것처럼 보인다. 그러나 상부구조의 이데올로기들은 여러 관계들을 왜곡되고 비틀린 형태로 반영한다는 발언 자체가 이미 그것을 훨씬 넘어서 있다. 즉 문제는 이것이다. 하부구조가 사고나 경험의 소재라는 점에서 어느 정도 상부구조를 규정하고 있다 하더라도 그러한 규정이 단순한 반영과 같은 것이 아니라면 도대체 그것을 — 그러한 규정의 발생 원인은 완전히 제외한다고 하더라도 — 어떻게 특징지어야 하는가? 하부구조의 표현으로서가 정답이다. 상부구조는 하부구조의 표현이다. 사회의 존재를 규정하는 경제적 조건들은 상부구조에서 표현된다. 이것은 잠자고 있는 사람의 경우 가득 찬 위장이 꿈의 내용을 인과적으로 '조건지을' 지 몰라도 그것을 반영하는 것이 아니라 표현하는 것과 완전히 동일하다. 집단은 처음부터 자기들의 삶의 조건을 표현한다. 이들은 꿈속에서 그것을 표현하며 잠에서 깨어남으로써 그것을 해석한다.   [K 2, 5]

유겐트슈틸 — 야외와 맞서보려고 한 최초의 시도. 예를 들어 『짐플리치시무스』의 삽화에서 이를 특징적으로 보여주는 전형을 하나 발견할 수 있는데, 이들 삽화는 숨 한번 돌리려 해도 얼마나 신랄해져야 하는지를 명료하게 보여준다. 다른 한편 유겐트슈틸은 광고가 대상을 일부러 밝게 표현하거나 따로 부각시켜 묘사하는 방법에서 만개할 수 있었다. 실내의 정신에서 야외가 이런 식으로 탄생한 것은 역사철학적 상황에 대한 유겐트슈틸의 감각적 표현이다. 즉 유겐트슈틸은 깨어 있으면서 꾸는 꿈이다. ■광고■   [K 2, 6]

기술이 항상 반복적으로 자연을 새로운 측면에서 드러내주듯이 만약 인간에게 적용된다면 기술은 인간의 가장 근원적인 감정들, 즉 불안, 갈망하는 이미지들을 항상 새롭게 바꿀 것이다. 본서에서 나는 근원의 역사에서 19세기의 한 부분을 잡아 떼내볼 생각이다. 근원의 역사에서 본 유혹적이며 위협적이기까지 한 모습이 분명하게 드러나는 것은 기술의 초창기, 19세기의 주택 양식에서이다. 이것은 시간적으로 좀더 가까이 있는 것 속에서는 아직 모습을 드러내지 않고 있다. 하지만 동시에 그것이 다른 영역에서보다 기술에서 한층 더 선명하게 나타나는 것도 기술의 자연적인 원인 때문이다. 오래된 사진이 왠지 으스스한 기분을 안겨주는 반면 오래된 판화는 그렇지 않는 것도 바로 이 때문이다.　　　　　　　　[K 2a, 1]

　　비르츠의 그림 「달아난 목이 생각한 것과 본 것」과 그가 이 그림에 대해 부연하고 있는 설명에 대해. 이 최면술적인 경험에서 가장 먼저 주의를 기울여야 할 점은 의식이 죽음 속에서 그럴듯한 사기를 친다는 점이다. "이 얼마나 기이한 일인가! 머리는 여기 단두대 아래 있는데 아직도 저 위에, 몸의 일부를 형성하면서 몸통에서 그것을 떨어뜨릴 일격을 기다리는 중이라고 믿고 있는 것이다." A. J. 비르츠, 『문학 작품집』, 파리, 1870년, 492페이지. 여기 비르츠의 설명에서 찾아볼 수 있는 것과 똑같은 착상에서 비어스는 참수형에 처해진 폭도에 관한 멋진 이야기의 영감을 얻었다. 이 폭도는 죽는 순간에 도주해서 형리로부터 자유의 몸이 된다.[8]　　　　　　[K 2a, 2]

　　패션의 조류이든 세계관의 조류이든 모두 저마다 잊혀진 것과의 낙차를 갖고 있다. 이러한 낙차는 상당히 강해 통상 집단만이 이러한 흐름에 몸을 맡길 수 있다. 프루스트에게서 일어났듯이 개인 ― 선구자 ― 은 그러한 격류에 산산조각 나버리고 만다. 다시 말해 프루스트가 개인으로서 애상이라는 현상 속에서 직접 체험한 것을 우리는 ― 이렇게 말할 수 있을지 모르지만 아무튼 태만으로 인해 우리들이 몸소 겪어보지 않은 벌로 ― (19세기와 관련해) '조류'라든지, '패션', '동향'으로서 경험하지 않으면 안 된다.[9]　　　　[K 2a, 3]

　　패션은 건축과 마찬가지로 체험된 순간의 어둠 속에 존재하며, 집단의 꿈-의식에 속해 있다. 이러한 의식은, 예를 들어 광고에서 깨어난다.   [K 2a, 4]

"프로이트의 여러 요소 중 다름 아니라 부르주아가 아직 계몽주의
적이며 유물론적이었던 시대에서 유래한 것들을 학문의 파쇼화가
어떤 식으로 변화시켜야 했는지를 살펴보는 것은 …… 참으로 흥
미로울 것이다. 융에게서 …… 무의식적인 것은 …… 더이상 개
인적인 것이 아니며, 따라서 개개인에 …… 있어 후천적인 상태가
아니며, 오히려 현재 속에서 계속 되살아나는 원초적인 인간성의
보고寶庫이다. 그것은 억압이 아니라 성공한 회귀이다." 에른스트
블로흐, 『우리 시대의 유산』, 취리히, 1935년, 254페이지.
                                                            [K 2a, 5]

마르크스에 따른 유년기의 역사적 지표. (인류의 유년기에서 유래
하는 예술인) 그리스 예술에서 규범적 성격을 끌어내면서 그는 이렇
게 말한다. "어떤 시대건 시대 특유의 성격은 자연적 진실성을 지닌
채 어린이의 본성 속에서 되살아나지 않는가?"[10] 막스 라파엘,[11] 『프
루동, 마르크스, 피카소』, 파리, <1933년>, 175페이지에서 인용.
                                                            [K 2a, 6]

생산의 속도를 선두로 삶의 속도가 엄청나게 가속화되고 있다는
것은 100년도 더 전에 분명하게 드러난 바 있다. 게다가 기계라는
형태로 역력히 나타난 바 있다. "인간이 작업을 하기 위해서 동시에
사용할 수 있는 노동 용구의 수는 그의 자연적인 생산 용구[곧 그 자
신의 육체 기관]의 쉬로 말미암아 한정되어 있다. …… 그러나 제니
방적기는 처음부터 12~18개의 방추로 방적하며 양말 편직기는 한

916

꺼번에 수천 개의 바늘로 짜기도 한다. 하나의 공작 기계가 동시에 운전하는 도구의 수는 한 명의 노동자가 사용하는 수공업 도구를 협소하게 국한시키는 유기체적인 한계로부터 처음부터 해방되어 있는 것이다." 칼 마르크스, 『자본』, 1권, 함부르크, 1922년, 337페이지.[12] 기계 노동의 속도는 경제의 속도에 여러 가지 변화를 가져왔다. "이 나라에서 중요한 것은 가능한 한 최단 기간 안에 큰 부를 축적하는 것이다. 과거라면 할아버지가 시작한 상점을 손자 때 털어먹는 일은 거의 있을 수 없었다. 하지만 세상은 이제 그러한 방식으로 돌아가지 않는다. 사람들은 기다리지 않고, 인내하지 않고 즐기고 싶어하는 것이다." 루이 레니에 랑프랑키, 『파리 여행 또는 이 수도의 인간과 사물의 소묘』, 파리, 1830년, 110페이지.   [K 3, 1]

동시성이란 새로운 생활 양식의 토대 역시 기계제 생산에서 생겨났다. "각각의 부서를 맡고 있는 기계는 바로 다음 기계에 원료를 인도하고 이들 기계는 전체가 동시에 작동하기 때문에 생산물은 형성 과정의 여러 단계 위에 있는 동시에 어떤 생산 공정에서 다른 생산 공정으로 계속해서 이동하게 된다. …… 지금 여러 종류의 각각의 작업 기계와 그들 그룹으로부터 편성된 시스템인 연결 작업 기계는 전 공정이 연속적으로 이루어질수록, 즉 원료가 공정의 처음 단계부터 마지막 단계까지 중단되지 않고 이동하면 할수록, 인간의 손을 대신해서 메커니즘 그 자체가 원료를 한 생산 공정에서 다음 생산 공정으로 운반하면 할수록 완전한 것이 된다. 매뉴팩처에서는 각각의 공정을 독립시키는 것이 분업 그 자체에 의해 부과되는 원리라면 그에 비해 발달한 공장에서는 각 공정의 연속성이 지배적인 것이다." 칼 마르크스, 『자본』, 1권, 함부르크, 1922년, 344페이지.[13]

[K 3, 2]

영화: 오늘날의 기계 속에 예시적으로 들어 있는 모든 직관 형식과 속도, 리듬을 풀어놓은 것Auswicklung<귀결Auswirkung의 오기?>이다.[14] 따라서 현대 예술의 모든 문제는 영화와 관련해서만 최종적으로 정식화될 수 있다고 해도 과언이 아니다. ■선구자■

[K 3, 3]

유물론적 분석을 행하고 있는 아래의 소품은 이 분야에서 쓰여진 대부분의 글보다 더 커다란 가치가 있다. "플로베르의 문장이 굴착기가 내는 간헐적인 소리를 내며 들어 올렸다가 다시 내려놓는 이처럼 무거운 소재, 우리는 그것을 사랑한다. 왜냐하면 누군가도 쓰고 있듯이 플로베르가 밤에 켜둔 램프는 선원들에게 등대와 같은 효과를 가져다준다고 한다면 그의 '입'에서 쏟아지는 문장들은 땅속을 파고들어가는 데 사용되는 기계의 규칙적인 리듬이라고 할 수 있기 때문이다. 집요하게 따라다니는 이 리듬의 박동을 느낄 수 있는 사람들은 행복하다." 마르셀 프루스트, 『연대기』, 파리, <1927년>, 204페이지(「플로베르의 '문체'에 대해」).   [K 3, 4]

마르크스는 상품의 물신적 성격을 다루는 장에서 자본주의의 경제 세계가 얼마나 양의적으로 — 이러한 양의성은 자본 관리의 강화에 의해 한층 더 증가된다 — 보이는지를 명료하게 보여준다. 예를 들어 인간의 노고를 덜어주는 것이 아니라 착취를 강화시키는 기계를 통해. 우리가 19세기와 관련하여 다루게 될 현상들의 이중적 성격은 일반적으로 이것과 연관되어 있지 않을까? 지각에 있어

918

도취가 가진 의미, 사고에 있어 허구가 가진 의미라고 할 수 있지 않을까? 이것은 이전에는 전혀 알지 못했던 것이다. 율리우스 마이어의 『1789년 이후의 프랑스 현대 회화사』(라이프치히, 1867년, 31페이지)에는 특징적으로 이렇게 서술되어 있다. "전반적인 대 변동 속에서 어떤 한 가지마저 더불어 잃어버리게 되었는데, 그것은 예술에는 큰 손실이었다. 삶과 현상 사이의 소박하고, 따라서 확연한 조화가 그것이었다." [K 3, 5]

영화의 정치적 의미에 대해. 만약 노동자 계급에게 단순히 보다 바람직한 질서를 만들자고 부추기고 말았다면 사회주의는 결코 등장하지 않았을 것이다. 마르크스는 노동자 계급이 더 나은 삶을 누릴 수 있는 질서에 관심을 가질 수 있도록 배려했으며, 또 이 질서를 정당한 것으로 제시하고 있는데, 바로 이것이 이 운동의 힘과 권위의 원천을 이루고 있다. 그런데 예술에서도 사정은 이와 동일하다. 어느 때건, 설령 아무리 유토피아적인 시점時點이라도 고급 문화가 대중의 마음을 사로잡는 것이 아니라 오히려 이들 가까이에 있는 문화가 대중을 획득한다. 그런데 어려움은 다름 아니라 양심에 전혀 거리낌 없이 고급 문화라고 주장할 수 있는 예술 형태를 찾아내는 데 있다. 하지만 부르주아지의 아방가르드가 선전하고 있는 어떠한 것에서도 이러한 일은 결코 일어날 수 없다. 이 점에서 베를의 주장은 정확하다. "혁명이라는 말을 둘러싼 혼란 ─ 레닌주의자들에게 이것은 프롤레타리아에 의한 권력의 획득을 의미하며, 다른 사람들에게서는 기존의 정신적 가치의 전복을 의미한다 ─ 은 피카소를 혁명가로 내세우고 싶어한 초현실주의자들의 욕망을 통해 충분히 드러난 바 있다. …… 피카소는 그들을 실망시킨다. …… 어떤 화가가 회화에 '혁명을 일으켰다'고 해서, 패션에 '혁명을 일으킨' 푸아레와 같은 복식 디자이너나 의학에 '혁명을 일으킨' 어떤 의사보다 더 혁명적인 것은 아니기 때문이다." 엠마뉘엘 베를, 「최초의 팸플릿」(『유럽』, 75호, 1929년, 401페이지). 대중들은 예술 작품(대중들에게 이것은 실용품의 연장선상에 있다)에서 뭔가 마음을 따뜻하게 해줄 수 있는 것을 적극적으로 구한다. 그러한 점에서 가장 불붙기 쉬운 것이 증오의 불꽃이다. 그러나 증오의 불꽃은 타오르면서 겉은 태울 수 있을지 몰라도 예술을 소비할 때 느낄 수 있는 '마음의 위안'은 가져다주지 않는다. 그에 비해 키치는 100퍼센트, 절대적이고 순식간에 소비되는 성격을 가진 예술이라고밖에 할 수 없다. 따라서 키치와 예술은 표현의 성별화性別化된 형식에서 통일시키기 불가능한 대립을 이루고 있다. 이에 반해 앞으로 생성될 살아 있는 형식에서는 왠지 마음을 따뜻하게 해주는 것, 유용한 것, 궁극적으로는 기쁨을 주는 것을 포함해 '키치'를 변증법적으로 자기 자체 내에 수용함으로써 대중에게 가까이 다가가면서 키치를 극복할 필요가 있다. 오늘날 이러한 과제를 감당할 수 있는 것은 아마 영화뿐일 것이다. 아무튼 이 과제는 영화와 가장 밀접하게 관련되어 있다. 그리고 이미 이를 인식하고 있는 사람이라면 누구나 추상 영화의 자만에 — 설령 이러한 영화의 온갖 시도들이 아무리 중요하다고 하더라도 — 제동을 걸고 싶을 것이다. 그는 영화를 하늘이 주신 거처로 삼고 있는 키치를 위해 금렵기를, 자연보호구역을 요청할 것이다. 이처럼 19세기가 키치라는 기묘한, 그때까지는 잘 알려져 있지 않았던 재료 속에서 축적해온 요소를 폭발시킬 수 있는 것은 오로지 영화뿐이다. 그러나 추상(화)은 영화의 정치적 구조에서와 마찬가지로 다른 특히 현대적인 표현 수단(조명 장치, 도시 계획 등)에

서도 위험한 것이 될 수 있다.　　　　　　　　　　　　[K 3a, 1]

　　현대 예술의 형식 문제는 한마디로 말해 이렇게 정식화할 수 있을 것이다. 즉 기계 장치, 영화, 기계 제조나 현대 물리학 등에서 우리가 아무것도 하지 않더라도 여기저기 나타나서는 우리를 압도하기에 이른 형식들의 세계는 과연 언제, 어떤 식으로 자기 내부의 자연Natur을 우리에게 분명하게 드러내 보여줄까? 이러한 형식들 혹은 이러한 형식들로부터 발생하는 형식들이 자연의 형식들로 우리에게 분명하게 드러나는 사회 상태에는 언제 도달하게 될까? 물론 이것은 기술의 변증법적 본질 중의 한 계기만을 드러낼 뿐이다(그것이 어떤 계기인지는 말하기 어렵다. 기술의 본질 중에는 종합은 아니더라도 반정립은 포함되어 있기 때문이다). 아무튼 기술 속에는 또다른 계기도 하나 자리하고 있다. 즉 자연에는 이질적인 목표를 자연과는 소원하고 적대적인 수단을 통해, 자연으로부터 해방되어 자연을 정복하려는 수단을 통해 실현하려는 것이 바로 그것이다.　[K 3a, 2]

　　그랑빌에 대해<:> "거리에서 경험하는 미성숙한 환상과 트럼프 점쟁이나 점성술사에게서 얻어낸 비술秘術에 대한 지식, 공공연히 환상의 동식물과 인류에게 시달리는 지식 사이에서 그는 원초적인 시처럼 불가사의한 영역에서 무한의 상상력으로 가득 찬 삶을 살았다. …… 그랑빌은 아마 모든 삽화가 중에서 미숙한 환상의 삶에 이치에 맞는 조형적 형태를 부여한 최초의 인물이었을 것이다. 그렇다고는 하지만 이러한 외관 아래서는 사람들을 낭패에 이르게 하고 불안에 빠지게 하며, 때로는 상당히 불쾌한 불안감을 조장하는 이루 다 말할 수 없는 슬픔flebile nescio quid이 나타난다." 막-

오를랑, 「선구자 그랑빌」(『그래픽 기술 공예』, 44호, 1934년 12월 15일, 20/21페이지). 이 소론은 <그랑빌>을 초현실주의, 특히 초현실주의 영화(멜리에스, 월트 디즈니)의 선구자로 소개하고 있다.

[K 4, 1]

본능적인 무의식과 망각의 무의식 사이의 대조. 전자는 주로 개인적인 것이며, 후자는 주로 집단적인 것이다. "무의식의 또다른 부분은 나이가 들어감에 따라 혹은 생활을 통해 습득된 많은 것들에 의해 형성된다. …… 이것들은 한때 인식되었지만 확산되면서 망각 속에 들어가버린 것들이다. …… 이 무의식은 해저를 연상시키는 광대한 것으로, 거기에서는 온갖 문화와 연구, 정신과 의지의 온갖 진행 방식, 온갖 사회적 저항, 온갖 투쟁 시도들이 부정형의 용기 속에 한데 모여 있다. …… 개인들의 정열과 관련된 요소들은 후퇴하고, 소멸해간다. 외적 세계에서 끄집어내어진, 많든 적든 변형되고 소화된 것들밖에 남아 있지 않다. 이 무의식은 외적 세계로 인해 성립된다. …… 사회생활에서 탄생한 이 부식토는 사회들에 속해 있다. 인류라든지 개인과는 무관하며 인종과 시대만이 그것의 유일한 지표이다. 어둠 속에서 이루어지는 이 거대한 작업은 특히 중요한 시기나 사회적 대격동기에 꿈이나 사상이나 결단의 형태를 취하여 다시 나타난다. 이것은 모든 민족과 모든 개인이 축적해온 거대한 공유 재산이다. 혁명이나 전쟁은 열병처럼 이 무의식을 최대한으로 활성화한다. …… 개인의 심리학이 이제 시대에 뒤떨어진 것이 된 이상 화산 활동의 리듬이나 지하수의 흐름의 일종의 박물지histoire naturelle라고도 할 수 있는 것의 힘을 빌려야만 한다. 지구의 표면에 있는 것 중 과거에 지하에 존재하지 않았던 것은 하나도 없다(물, 흙, 불). 지성 중에 과거 심층에서 소화되고 순환되지 않았던 것은 하나도 없다." 피에르 마비유 박사, 「'민중의 편견 예찬'에 붙이는 서문」(『미노토르』, 2권 6호, 1935년 겨울, 2페이지). [K 4, 2]

"이제 막 지나가버린 것은 항상 파국에 의해 절멸되어버린 듯한 인상을 줍니다." 비젠그룬트, 편지, <1935년 6월 5일자>.[15] [K 4, 3]

청춘 시절에 대한 앙리 보르도의 회상에 대해. "결국 19세기는 20세기를 예고하는 모습 하나 보이지 않은 채 그냥 지나가버렸다." 앙드레 테리브, 「서평란」(『르 탕』, 1935년 6월 27일). [K 4, 4]

> "네 눈에 붉게 타오르는 잉걸불
> 너는 빛난다, 거울처럼.
> 발은 있는가, 날개는 있는가?
> 검은 허리를 가진 나의 증기 기관차여!
> 보라, 물결치는 갈기를
> 들어보라, 놈의 울음소리를
> 놈은 대포와 천둥 같은
> 굉음을 내며 달린다."
>   후렴구
> "너의 말에 귀리를 먹여라!
> 안장을 얹고 고삐를 달고 기적을 울리며 자, 출발이다!
> 다리 위, 아치 아래에서는 뛰어가라.
> 산도 들도 계곡도 넘어

너를 당해낼 말은 없으리."

피에르 뒤퐁, 「증기 기관차 기관사들의 노래」, 파리(파사주 뒤 케
르).   [K 4a, 1]

"어제 노트르담 사원의 탑에서 이 터무니없는 도시를 내려다보았
다. 이 도시에 최초로 집을 지은 사람은 누구였을까? 마지막 집이
붕괴될 때는 언제일까? 파리의 지면이 테베나 바빌론의 지면처럼
보이게 될 때는 언제일까?" 프리드리히 폰 라우머, 『1830년 파리
와 프랑스에서 온 편지』, 라이프치히, 1831년, 2권, 127페이지.

[K 4a, 2]

뒤베리에의 신도시 계획에 대한 데크탈의 주석. 이것은 신전에 관
한 것이다. 뒤베리에 본인이 "나의 신전은 한 사람의 여성이다"라
고 말하고 있는 것은 중요하다. 이와 반대로 데크탈은 이렇게 쓰고
있다. "신전에는 남자의 궁전과 여자의 궁전이 있다고 생각한다.
남자는 밤에 여자가 있는 곳으로 가면 되는 것이고 여자는 낮에 남
자가 있는 곳에 와서 일을 하면 되는 것이다. 이 두 궁전 중간에 진
정한 의미의 신전을 만들도록 하자. 남자가 모든 여자와 그리고 여
자가 모든 남자와 교류할 수 있는 장소가 되도록 하자. 거기에서 남
녀 커플은 떨어져 쉬거나 혼자 일을 해서는 안 된다. …… 신전은
양성구유兩性具有를 이루어야 한다. 즉 남자와 여자를 함께 대표해
야만 한다. …… 도시도, 왕국도 그리고 지역 전체도 동일한 방식
으로 분할되어야 한다. 그리하여 남자의 반구와 여자의 반구가 완
성될 것이다." 앙리-르네 달마뉴, 『생시몽주의자들 1827~1837
년』, 파리, 1930년, 310페이지.   [K 4a, 3]

924

생시몽주의자들의 파리. 『100과 1의 책』에 실어주었으면 하고 샤를 뒤베리에가 『주창자』지에 보낸 원고 초고(『100과 1의 책』에는 실리지 못했다)에서. "우리는 우리의 믿음에서 영감을 얻어 최초의 도시에 인간의 형태를 부여할 수 있기를 희망한다." "선한 신은 그가 보낸 인간의 입을 통해 말했다. …… 파리여! 너의 강가와 너의 성벽 안에 나는 나의 새로운 선물의 표시를 새길 것이다. …… 너의 왕들과 민중들은 모든 세기의 완만한 진행과 더불어 나아가다 마침내 훌륭한 광장에서 멈춰 섰다. 나의 도시의 머리는 바로 거기서 쉬게 될 것이다. …… 너의 왕들의 궁전이 도시의 이마가 될 것이다. …… 키 큰 마로니에 나무들을 도시의 턱수염으로 보존해두자. …… 그리고 머리의 정수리에서 나는 오래된 그리스도교 사원들을 일소시켜버릴 것이다. …… 그리고 이 산뜻한 광장에 나는 수목의 모발을 마련해줄 것이다. …… 나의 도시의 흉부 위쪽에 모든 정열이 갈라섰다가 합류하는 공감의 중심에, 고뇌와 환희가 진동하는 곳에 나의 신전을 세울 것이다. …… 거인의 명치이다. …… 룰과 샤이오의 언덕이 옆구리가 될 것이다. 거기에는 은행과 대학, 시장과 인쇄소를 배치할 것이다. …… 거인의 왼팔은 센 강가 쪽으로 뻗도록 할 것이다. 그것은 …… 파시의 반대쪽으로 뻗치게 될 것이다. 기술자들 무리가 보지라르를 향해 펼쳐지는 거대한 상반신을 구성하게 될 것이다. 그리고 이공계 전문학교를 전부 모아 앞팔을 만들자. …… 그리고 그것들 사이에 …… 모든 리세를 모아 나의 도시가 가슴에 품도록 하자. 이 가슴의 왼쪽에는 대학이 자리 잡도록 하자. …… 거인의 오른팔은 힘의 상징으로서 생-우앙 역까지 쭉 뻗도록 하자. …… 이 팔은 소규모 공장이나 아케이드, 갤러리나 상점가로 채우기로 하자. …… 오른쪽 대퇴부와 다리는 온갖 종류의 큰 공장 시설로 만들자. 오른발은 네이에 걸치도록 하자. …… 좌측 대퇴부는 호텔의 긴 열을 이루어 외국인들에게 제공될 것이다. 왼쪽 다리는 불로뉴 숲까지 다다를 것이다. …… 나의 도시는 막 떠나려고 하는 사람의 모습을 하고 있다. 양 다리는 청동으로 되어 있으며 돌과 철로 된 두 개의 도로를 밟고 있다. 여기서는 …… 운송수단과 교통수단들이 만들어질 것이다. 여기서는 온갖 탈것들이 속도를 겨루고 있다. …… 양 무릎 사이에는 타원형 조마장調馬場이 있으며, 양 다리 사이에는 거대한 경마장이 있다." 앙리-르네 달마뉴, 『생시몽주의자들 1827~1837년』, 파리, 1930년, 309/10페이지. 이 초고의 착상은 앙팡탱까지 거슬러 올라간다. 앙팡탱은 해부도를 단서로 미래 도시를 설계하려고 했다.   [K 5]

　　"하지만 아니다, 오리엔트가 제군을 부르고 있다.

　　가서 그곳의 사막을 비옥한 평야로 바꾸자.

　　새로운 도시의 탑들을

　　하늘 높이 세우자."

F. 메나르, 「미래는 아름답다」(『새로운 신앙 ― 바로, 뱅사르의 노래와 상송 …… 1831~1834년』, 파리, 1권, 1835년 1월 1일, 81페이지). 사막이라는 모티브에 대해서는 루제 드 릴의 「산업가의 노래」와 펠리시앙 다비드의 『사막』을 비교해볼 것.   [K 5a, 1]

2855년의 파리. "파리는 직경 120킬로미터에 달하는 도시이다. 베르사유와 퐁텐블로는 주변의 다른 많은 구역 속에 둘러싸인 채 그다지 한적하지 않은 몇 개의 구區에 수령 2,000년에 달하는 나무들에서 뿜어져 나오는 상쾌한 향기를 불어넣는다. 2850년 전쟁 이래 프랑스 국민이 된 중국인들을 위한 정기 시장이 된 세브르에는 …… 파고다가 몇 개 세워져 거기에서 은은히 방울 소리가 울려 퍼지며, 중앙에는 과거의 세브르 도기 공장이 명품 도기 공장으로 재건되어 그대로 남아 있다." 아르센 우세, 「미래의 파리」 (『19세기의 파리와 파리 사람들』, 파리, 1856년, 459페이지).   [K 5a, 2]

콩코르드 광장의 오벨리스크[16]에 대한 샤토브리앙의 말. "사막의 이 오벨리스크가 살육자들의 광장에서 룩소르의 침묵과 고독을 다시 드러낼 때가 올 것이다." 루이 베르트랑, 「샤토브리앙 론」, 『르 탕』, 1935년 9월 18일자에서 인용.   [K 5a, 3]

생시몽은 "스위스의 산 하나를 나폴레옹을 꼭 닮은 동상으로 바꾸어 한 손에는 사람들이 사는 마을을, 다른 쪽에는 호수를 들고 있도록 하자"고 제안했다. 파리에 있던 구스타프 폰 쉴라브렌도르프 백작이 당시의 사건이나 인물에 대해 언급한 보고에서 인용[칼 구스타프 요흐만, 『성유물 ─ 요흐만 유고집』, 하인리히 초케 편, 1권, 헤힝겐, 1836년, 146페이지].   [K 5a, 4]

『웃는 남자』 중의 밤의 파리. "이 어린 부랑아는 잠든 도시의 뭐라 말할 수 없는 정념에 어찌할 바를 몰랐다. 쥐 죽은 듯이 고요한 개 밋둑과 같은 도시의 침묵에는 현기증이 느껴졌다. 이 모든 혼수 상태에는 악몽이 한데 뒤섞여 있다. 이들 잠든 자들은 하나의 군중을 이루고 있다"[17]R. 카이유아, 「파리 ─ 현대의 신화」(NRF, 25권 284호, 1937년 5월 1일, 691페이지에서 인용).   [K 5a, 5]

"집단의 무의식은 …… 세계적인 사건들이 뇌와 교감신경의 구조속에 침전된 것이므로 …… 우리의 일시적인 의식적 세계상에 대치되는 일종의 무시간적인, 영원한 세계상을 구성하게 된다." C. G. 융, 『현대의 영혼의 문제』, 취리히/라이프치히/슈투트가르트, 1932년, 326페이지(「분석심리학과 세계관」).   [K 6, 1]

융은 의식을 ― 때로는! ― "우리의 프로메테우스적인 획득물"로 부른다. C. G. 융, 『현대의 영혼의 문제』, 취리히/라이프치히/슈투트가르트, 1932년, 249페이지(「삶의 전환」). 더욱이 다른 문맥에서는 이렇게 말한다. "비역사적인 것은 프로메테우스의 죄에 견줄 만한 죄이다. 현대인은 이러한 의미에서 죄를 짓고 있다. 따라서 보다 높은 의식을 갖는 것은 죄이다." 앞의 책, 404페이지(「현대의 인간의 영혼의 문제」).   [K 6, 2]

"프랑스 혁명이라는 기억할 만한 시대 이래 심적인 것이 …… 점점 더 큰 매력을 발휘하면서 일반적인 의식의 전면에 등장하게 되었다는 것에 대해서는 아무런 의문도 없을 것이다. 노트르담 사원에서 이성의 여신을 제단에 바치는 상징적인 행위는 서양 세계에서는 그리스도교 선교사들이 보탄[18] 신의 화신으로 추앙받는 떡갈나무를 베어 쓰러뜨리는 것만큼 중요한 의미를 갖고 있었던 것처럼 보인다. 왜냐하면 당시나 지금이나 모독죄를 범하는 자에게 하늘에서 보복의 번개가 내리치는 일은 없기 때문이다." C. G. 융, 『현대의 영혼의 문제』, 취리히/라이프치히/슈투트가르트, 1932년, 419페이지(「현대의 인간의 영혼의 문제」). 역사적인 경계선을 그은 이 두 가지 행위에 대한 '보복'은 오늘날 동시에 이루어지고 있는 것처럼 보

인다! 나치즘이 한쪽의 보복에 착수하고, 융이 다른 한쪽의 보복에
착수하고 있다.   [K 6, 3]

아직 거지가 하나라도 존재하는 한 신화 또한 여전히 존재한다.
[K 6, 4]

"게다가 광장의 건설 방법에 독창적인 개선안이 도입되었다. 행정
당국은 주문에 따라 조립식으로 만들어진 광장을 사들였다. 각양
각색의 판지로 만든 수목과 호박단으로 만든 꽃들이 이들 오아시
스에서 큰 역할을 하고 있으며, 나뭇잎들 사이에는 하루 종일 노래
를 부르는 인공 새를 숨겨놓는 등 온갖 배려를 아끼지 않았다. 이리
하여 자연 속의 쾌적한 요소는 보존되었으며, 어울리지 않는 것과
정돈되지 않은 것은 제거되었다." 빅토르 푸르넬, 『새로운 파리와
미래의 파리』, 파리, 1868년, 252페이지(「미래의 파리」).   [K 6, 5]

"오스만 씨의 사업은, 적어도 초기에는 일군의 색다른 혹은 거창한
계획이 쏟아져 나오도록 만들었다. 예를 들어 건축가 에라르 씨는
1855년에 불르바르 생-드니와 불르바르 드 세바스트폴의 교차 지
점에 육교를 설치할 계획을 발표했다. 이 육교에는 갤러리들이 딸
려 있어 일련의 연속적인 정사각형을 이루고 있는데, 이 정사각형
의 각각의 측면에서는 두 개의 불르바르가 교차해서 모퉁이를 만
들고 있다. J. 브람 씨는 1856년에 일련의 석판화로 도시 철도, 특
히 파리의 도시 철도 계획을 제시했다. 이것은 철로를 지탱하는 둥
근 지붕 구조와 보행자를 위한 측면 보도, 이들 측면 보도들의 입체
교차를 가능케 해주는 육교로 이루어져 있었다. …… 이와 거의

비슷한 시기에 한 변호사가 「상무 대신에게 보내는 편지」를 써서 보행자가 …… 마차를 부르거나 우산을 쓰지 않아도 되도록 보행자를 보호하기 위해 도로를 길게 따라 텐트를 쳐줄 것을 요구했다. 얼마 후에는 한 건축가가 …… 노트르담 사원과 조화를 이루도록 시테 섬 전체를 고딕풍으로 재건할 것을 제안했다." 빅토르 푸르넬, 『새로운 파리와 미래의 파리』, 파리, 1868년, 384~386페이지.   [K 6a, 1]

푸르넬의 「미래의 파리」라는 제목의 장에서. "카페에도 …… 1급, 2급, 3급이 있으며, …… 각각의 등급에 따라 룸, 테이블, 당구대, 거울, 장식품과 금박의 수가 용의주도하게 규정되어 있다. …… 거리에도 주인용과 하인용이 있으며, 번듯한 집에는 주인용 계단과 하인용 계단이 따로 있었다. …… 병영의 정면 벽 위에는 얕은 부조浮彫가 새겨져 있는데, …… 거기에는 이마에 환한 위광이 빛나는 '공공 질서'의 상징이 전선의 보병의 모습으로 '분권화'의 상징인 100개의 머리를 가진 괴물 히드라를 때려눕히는 그림이 빛나고 있었다. …… 50개의 불르바르를 마주 보고 있는 병영들의 50개의 창문 앞에 배치된 초소에서 망원경으로 들여다보면 15~20킬로미터 떨어진 곳에 있는 50개의 성문에 서 있는 50명의 보초가 보였다. …… 몽마르트르 언덕 위에는 거대한 전기 시계로 장식된 돔이 세워져 있었는데, 이 시계는 양쪽에서 볼 수 있었으며 사방에서 초침소리를 들을 수 있었다. 그리고 이 도시의 모든 시계의 표준시 역할을 했다. 오랫동안 추구해온 위대한 목표가 마침내 달성된 것이다. 즉 파리를 실용품이 아니라 화려하고 진귀한 것, 유리로 덮인 박람회 도시로 만들고자 했던 목표, …… 외국인에겐 경탄과 선망의 대상이 되지만 그곳에 사는 사람들에게는 견딜 수 없는 도시로 만들려는 목표 말이다." V. 푸르넬, 앞의 책, 235~237페이지, 240/241페이지.　　　　　　　　　　　　　　　　　　　[K 6a, 2]

Ch. 뒤베리에의 생시몽주의적 도시에 대한 푸르넬의 비판. "뒤베리에가 …… 상궤를 벗어나 집요하게 계속 주장하고 있는 이처럼 무모한 은유에 따른 설명을 계속 들을 이유는 없을 것이다. 그는 자기의 독창적인 배치 계획이 진보라는 미명 하에 파리라는 도시를 중세 시대로, 즉 모든 분야의 산업과 상업이 동일한 구역에 갇혀 있던 중세 시대로 되돌려놓을 수도 있다는 것은 눈치조차 채지 못한다." 빅토르 푸르넬, 『새로운 파리와 미래의 파리』, 파리, 1868년, 374/75페이지(「오스만 씨의 선구자들」).　　　　　　　[K 7, 1]

"우리가 특히 열망하며, 우리와 같은 기후에서 가장 필요한 것처럼 보이는 기념물에 대해 얘기해보도록 하자. …… 온실Jardin d'hiver[19]이 바로 그것이다! …… 도시의 중심 근처에 로마의 콜로세움처럼 도시에 사는 사람들 대부분을 수용할 수 있는 광대한, 매우 광대한 용지를 조명이 부착된 거대한 반구로 둘러싸도록 하자. 그것은 오늘날의 런던의 수정궁이나 파리의 중앙시장과 비슷할 것이다. 열주는 주철로 하면 되고, 토대를 설치하기 위해서는 단지 몇 개의 초석만 있으면 된다. …… 아! 온실이여, 우리의 신 유토피아의 주민들을 위해 그대로부터 얼마나 많은 편리함을 이끌어낼 수 있을까! 그러나 이와 반대로 파리라는 대도시에 사람들은 둔중하고 꼴사납고 추한 돌 기념물을 세워놓고는 아무도 어찌해야 할지를 모르고 있다. 올해[20] 이곳에서는 우리 예술가들의 그림들이 역광을 받고 불타는 듯한 태양 광선에 그대로 방치되어 그을리게 되었다." F. A. 쿠튀리에 드 비엔, 『현대적인 파리 — 저자가 신 유토피아라고 명명한 모델 도시의 계획』, 파리, 1860년, 263~65페이지. [K 7, 2]

꿈의 집에 대해. "거리의 경우 남쪽 나라 사람들은 모두 집들의 실외가 실내보다 더 '사람 사는 냄새가 나도록 해야 한다'고 생각하기 때문에 거주자의 사생활이 이처럼 노출되는 것은 오히려 그들의 주거에 은밀한 장소 같은 가치를, 이방인들의 호기심을 불러일으키는 가치를 부여하게 된다. 축제 때도 똑같은 인상을 받기는 마찬가지이다. 이때는 모든 것이 맘껏 거리로 쏟아져 나오기 때문에 밖으로 나오지 않는 것이 오히려 신비로운 힘을 얻게 된다." 아드리앵 뒤파사주, 「시장의 회화」(『그래픽 기술 공예』, 1939년). [K 7, 3]

건축에서 나타난 사회적 분화(카페에 대한 푸르넬의 기술[K 6a, 2] 참조. 혹은 앞계단과 고용인이 사용하는 뒷계단의 분화를 생각해보라)를 패션에서 나타난 사회적 분화와 비교할 수 있지 않을까?[K 7a, 1]

인간학적 허무주의에 대해서는 [N 8a, 1]의 셸린이나 벤[21]에 대한 기술을 참조할 것. [K 7a, 2]

"15세기는 …… 주검이나 두개골, 해골이 파렴치하게도 인기를 끌었던 시대였다. 회화, 조각, 문학, 연극에서 죽음의 춤Danse Macabre이 범람했다. 15세기의 예술가에게 교묘하게 처리된 죽음에 대한 멋진 호소death-appeal는 오늘날의 멋진 섹스어필sexappeal과 마찬가지로 인기를 얻기 위한 확실한 비결이었다." 올더스 헉슬리, 『겨울의 항해, 중미 <여행>』, 파리 <1935년>, 58페이지.

[K 7a, 3]

몸의 내면에 대해. "이 모티브와 이에 대한 상세한 논증은 이미 요하네스 크리소스토무스의 『여자와 미에 대해』(B. 드 몽포콩 편, 『저작집』, 파리, 1735년, 12권, 523페이지)까지 거슬러 올라간다. 오동 뒤 클뤼니는 인간의 아름다움이 단지 표면적인 것에 불과하다는 것을 밝히면서 그것을 잔인하게 분석하고 있다. '육체의 아름다움은 온전히 피부 껍질에 있을 뿐이다. 따라서 만일 사람들이 보이오티아의 스라소니처럼 투시 능력을 갖고 있어 피부 밑에 것을 볼 수 있다면 여자들을 보기만 해도 구역질이 날 것이다. 여자의 우아함은 단지 뱃속의 찌꺼기와 피, 그리고 체액과 담즙일 뿐이다. 콧구멍 속에 숨겨져 있는 것과 목과 뱃속에 든 것을 생각해보라. 더러운 것 투성이가 아니냐. 토해놓은 것이나 똥 같은 것은 손가락 끝으로도 만지기 싫어하는 우리가 어떻게 똥주머니 자체를 우리의 팔 안에 껴안고 싶어하겠는가?'"<(>클뤼니의 오동, 『문집』, 3권, 미뉴 판, 133권, 556페이지). J. 호이징가, 『중세의 가을』, 뮌헨, 1928년, 197페이지에서 인용.[22]

[K 7a, 4]

정신분석 이론에 따라 본 상기. "프로이트의 후기 연구들은 이러한 견해[즉 억압 개념]를 확대시킬 필요가 있다는 것을 분명하게 확인해주었다. …… 억압 메커니즘 …… 은 …… 우리의 자아가 심적 메커니즘에 주어지는 특정한 요구에 충분히 대처하지 못할 때 나타나는 중요한 과정의 …… 특수한 사례이다. 이보다 더 일반적인 방어 과정은 강렬한 인상들을 지워버리지는 않는다. 단지 간직해놓을 뿐이다. …… 기억과 상기를 일부러 조금 거칠게 대립시켜보면 이러한 사태를 좀더 분명하게 이해할 수 있을 것이다. 즉 기억의 기능(즉 필자는 '망각'의 영역과 '무의식적인 기억'의 영역을 동일시하고 있다. 130페이지)은 인상을 보호하는 것인 데 반해 상기는 그것의 해체를 지향하고 있다. 기억은 본질적으로 보수적이며, 상기는 파괴적이다." 테오도르 라이크, 『급습당한 심리학자』, 라이덴, 1935년, 130~132페이지.[23]   [K 8, 1]

"예를 들어 우리는 누군가 가까운 친척의 죽음을 체험하게 되는데 …… 그때 가장 깊은 고통을 느낀다고 믿는다. …… 그러나 고통의 깊이라는 것은 우리가 고통을 다 극복했다고 생각할 때 비로소 분명하게 드러난다." '잊혀진' 고통은 고착되고, 확산된다. 프루스트에게서 할머니의 죽음을 참조. "체험한다는 것은 너무나 강렬해서 바로 받아들이지 못했던 인상을 마음속으로 극복하는 것을 말한다." 프로이트적 의미에서의 체험에 대한 이러한 규정은 보통 사람들이 '어떤 것을 체험했다'고 말할 때의 의미와는 전혀 다른 것이다. 테오도르 라이크, 『급습당한 심리학자』, 라이덴, 1935년, 131페이지.   [K 8, 2]

기억의 내용으로 무의식 속에 간직해둔 것. 프루스트는 이렇게 말한다. "매우 생동감 넘치는 무의식의 창조자인 잠, …… 거기에는 우리가 어렴풋이 접하고 만 사실들이 새겨지며, 잠든 손이 여태껏 헛되이 찾던 맞열쇠를 꽉 쥐고 있는 잠." 마르셀 프루스트, 『갇힌 여인』, 파리, 1923년, 2권, 189페이지.[24]   [K 8, 3]

프루스트의 비의지적 기억mémoire involontaire을 보여주는 고전적인 구절 ― 마들렌 과자가 화자에게 어떤 영향을 미치는지를 묘사하는 순간의 서곡을 이룬다. "이렇듯 한밤중에 깨어나 오랫동안 회상할 때 나의 머리에는 …… 일종의 빛나고 있는 벽의 일부가 떠오를 뿐이었다. …… 사실 말해서 누가 묻기라도 한다면 나로서는 콩브레에는 다른 것도 포함되어 있었고, 또다른 시간도 존재했다고 대답할 수 있었으리라. …… 그러나 콩브레에 대하여 내가 무엇을 생각해내든 그것은 의지적인 기억, 지성의 기억에 의해 주어진 것에 지나지 않을 것이고, 이러한 종류의 기억이 주는 과거의 정보는 사실 과거의 어떤 것도 보존하고 있지 않으므로 나에게는 전혀 그 외의 콩브레를 생각해낼 마음이 일어나지 않으리라. …… 우리의 과거도 이와 마찬가지이다. 과거는 억지로 환기하려 해보아야 헛수고일 뿐이며, 지성의 영역 바깥, 그 힘이 미치지 못하는 곳에 우리가 꿈에도 생각하지 못한 …… 어떤 물질적인 대상 안에 숨어 있다. 그러한 대상을 우리가 죽기 전에 만나거나 만나지 못하거나 하는 건 우연에 달려 있다." 마르셀 프루스트, 『스완네 집 쪽으로』, 1권, 67~69페이지.[25]   [K 8a, 1]

한밤중에 어두운 방에서 잠에서 깨어나 방향을 가늠하려고 하는 모습을 그린 고전적인 구절. "그것은 어쨌든 이러한 상황에서 잠에서 깼을 때 정신은 내가 어디에 있는지를 알려고 몸부림치지만 쉽게 알 수가 없고, 내 주위에서는 모든 것이, 사물, 고장들, 세월이 어둠 속에서 빙글빙글 맴돈다. 너무 잔 나머지 몸은 움직일 수 없을 정도로 저려왔으나 몸의 피로도에 따라 손발의 위치를 짐작하고, 그로부터 벽의 방향이나 가구의 자리를 추측해서 지금 있는 집을 재구성하여 그것에 이름을 붙인다. 몸의 기억, 갈빗대, 무릎, 어깨에 대한 기억은 지금까지 몸이 누워 잠들었던 방들을 하나하나 그려 보여주었으나 그러는 동안 몸의 주위에서는 눈에 보이지 않는 벽이 잇따라 떠오른 방 모양에 따라 장소를 바꿔가며 어둠 속을 선회한 다. 그리고 내 사고가 …… 과연 이 집인가 아닌가를 확인하기도 전 에 …… 그것 — 내 몸 — 은 방마다에 대해 침대의 종류, 문의 위치, 창문의 밝기, 복도의 위치 등을 내가 거기서 잠들었을 때 그리고 잠 에서 깼을 때 다시 발견했던 상념과 더불어 회상한다." 마르셀 프루 스트, 『스완네 집 쪽으로』, 1권, 15페이지.[26]　　　　　　　　　　[K 8a, 2]

　　프루스트는 심한 피로감이 밀려와 깊은 잠에 빠졌던 밤에 대해 이렇게 말한다. "아무튼 푹 든 잠은 땅속 깊이 감춘 잠의 갱도坑道, 어제의 반영도, 기억의 희미한 빛도 이미 내부의 독백을 밝히지 못 하는 화랑에 우리를 내려 보내려고(만일 독백이 그치지 않는다면), 우 리 몸의 응회암과 흙을 잘 파내어서, 우리 근육이 파 들어가서 얽힌 뿌리를 비틀어 새 삶을 호흡하는 곳에 어린 시절에 놀던 정원을 발 견케 한다. 이 정원을 다시 보려면 나그네 길을 떠날 필요 없이, 되 찾고자 내부로 파고들어가야 한다. 전에 지상을 덮었던 것은 이제 위에 있지 않고 밑에 있다. 죽은 도시를 방문하려면 여행만으로는 족하지 않고 발굴이 필요하다." 이 문장은 어렸을 때 지냈던 장소를 찾아가도록 하는 지시에 대해 서술한 것이다. 그러나 이 말은 의지 적 기억과 반대되는 우회적인 말로서 그 나름대로의 의미를 지닌다. 마르셀 프루스트, 『게르망트네 쪽으로』, 1권, 파리, 1920년, 82페이 지.[27]　　　　　　　　　　　　　　　　　　　　　　　　[K 9, 1]

936

프루스트의 작품을 보들레르의 작품과 결합시켜볼 것. "프랑스 문학의 걸작 중의 하나인 제라르 드 네르발의 『실비』에는 『무덤 저편의 회상록』과 마찬가지로 …… 마들렌 과자 맛과 같은 종류의 감각이 들어 있다. …… 마지막으로 보들레르의 경우 이런 어렴풋한 추억은 더욱 수두룩하고 분명 전자의 경우보다 훨씬 더 우연적이기 때문에, 따라서 내 생각으로는 결정적인 것이다. 여기서 충분한 시간을 두고 고르고 골라서 가령 여자 냄새, 그녀의 머리카락, 유방의 냄새에서 '한없이 둥근 천궁'이나 '돛과 돛대 들어찬 항구'를 떠올리는 영감 풍부한 유추를 의도적으로 찾아내는 사람은 시인 본인이다. 나는 이와 비슷한 방식으로 전치된 감각이 밑바닥에 숨어 있는 보들레르의 시편을 상기시키려고 애쓰면서 그처럼 고귀한 문학적 계열 속에 나 자신을 위치시킴으로써 추호의 망설임 없이 착수하려는 작품에는 노력을 기울일 만한 가치가 있다는 확신을 품으려는 즈음 …… 계단을 다 내려온 나는 …… 자신이 향연의 한가운데 서 있는 사실을 문득 깨달았다." 마르셀 프루스트, 『되찾은 시간』, 파리, 2권, <1927년>, 82/83페이지.[28]　　　　　　　　　　[K 9, 2]

"인간은 표면에서만 인간일 뿐이다. 피부를 벗겨내어 해부해보라. 거기서는 기계가 모습을 드러낼 것이다. 그러면 너는 도저히 설명할 수 없는 물질 속으로 사라져버리고 말 것이다. 네가 알고 있는 모든 것과는 전혀 이질적인, 그러나 그럼에도 불구하고 매우 중요한 물질 속으로 말이다." 폴 발레리, 『노트 B, 1910년』, <파리>, 1930년, 39/40페이지.　　　　　　　　　　[K 9, 3]

나폴레옹 1세의 꿈의 도시. "나폴레옹은 처음에 카루셀 광장에 세우려고 시도했다가 실망스런 결과로 끝나고 만 시도가 잘 보여주듯 원래 개선문을 시내 어딘가에 세울 생각이었으나, 광대한 토지를 자기 마음대로 할 수 있는 파리의 서부 어딘가에 베르사유를 포함하고 있는 국왕의 파리를 능가하는 황제의 파리를 건설하자는 퐁텐의 제안을 받아들였다. 아브뉘 데 샹젤리제 언덕과 센 강 사이에 …… 현재 한쪽 구석에 트로카데로가 세워져 있는 높은 곳에 '12명의 국왕과 이들의 종자들을 위한 궁전'이, …… '이제까지 존재했던 것 중에서 가장 아름다운 도시, 게다가 앞으로도 가장 아름다운 도시'가 건설될 예정이었다. 개선문이 이 도시의 최초의 건축물로 구상되었다." 프리츠 슈탈, 『파리』, 베를린, <1929년>, 27/28페이지.   [K 9a, 1]

L
〔꿈의 집, 박물관, 분수가 있는 홀〕

꿈의 집의 세련된 변형태. 그로피우스의 파노라마관에 들어갔을 때 받은 인상이 이렇게 기술되어 있다. "헤르쿨라네움[1]풍으로 장식되어 있는 방에 발을 들여놓자 방 한가운데에 조개를 상감 세공해 만든 수반水盤이 있었는데, 거기서 뿜어져 나오는 작은 분수가 지나가는 사람들의 발길을 잠시 붙잡는다. 그곳으로부터 정면에 있는 작은 계단으로 곧장 올라가면 유쾌한 느낌을 주는 독서실이 나오는데, 거기에는 특히 외부 손님들에게 이 관을 소개하는 책들이 전시되어 있다." 에리히 스텡거, 『베를린에 있는 다게르의 디오라마』, 베를린, 1925년, 24/25페이지. 불워의 소설.[2] 유적의 발굴은 언제 시작되었는가? 카지노의 로비 등은 꿈의 집의 이러한 우아한 변형태 중의 하나이다. 왜 실내의 분수가 몽상을 자극하는지를 검토해볼 것. 그러나 무심코 찾아간 사람이 이러한 꿈의 세계로 들어가는 문턱을 넘어서자마자 얼마나 큰 경악감과 숭고함에 휩싸이게 되는지를 빠

짐없이 헤아리려면, 폼페이와 헤르쿨라네움은 한 세대 전에야 발굴되었으며, 게다가 이 두 도시를 용암이 삼켜버려 멸망했다는 사실에 대한 상기에는 대혁명에 대한 상기가 은밀하게, 하지만 그런 만큼 더 밀접하게 결합되어 있다는 것을 이해해야 할 것이다. 왜냐하면 급작스런 대변혁이 앙시앵레짐 양식에 종지부를 찍자 사람들은 땅 속에서 파낸 것을 서둘러 영광스러운 공화국의 양식으로 삼았으며, 종려나무 잎 무늬나 |코린트식 기둥머리의| 아칸서스 잎 장식, 소용돌이 무늬가 이전 세기의 로코코 회화와 중국풍의 장식 양식을 대체하게 되었기 때문이다. ■고대■   [L 1, 1]

"그러나 마법의 지팡이를 한 번 휘둘러 프랑스인들을 단번에 고대인으로 바꾸려고 하는 사람들이 있다. 수많은 당치 않은 발상들은 미네르바[3]가 뭐라 하든 자기 서재에 틀어박혀 있는 몽상가들의 이러한 변덕과 관련되어 있다." 프리드리히 요한 로렌츠 마이어, 『프랑스 공화력 4년의 파리로부터의 단편들』, 함부르크, 1797년, 1권, 146페이지. ■고대■   [L 1, 2]

집단의 꿈의 집들: 아케이드, 온실, 파노라마, 공장, 밀랍 인형 박물관, 카지노, 역.   [L 1, 3]

생-라자르 역: 칙 하고 증기를 내뿜으며 경적을 울리는 후작부인으로, 시계의 눈빛을 갖고 있다. "현대인에게는 역이 바로 꿈의 공장이다"라고 자크 드 라크르텔은 말한다(「파리인들의 꿈」, *NRF*, 1927년). 정말 그렇다. 자동차와 비행기로 대표되는 시대인 오늘날 어두워진 플랫폼에 아직도 깃들어 있는 것은 희미한 격세유전적 공포뿐이며, 풀먼식 차량⁴⁾을 배경으로 이루어지는 이별과 재회의 진부한 희극은 플랫폼을 시골을 배경으로 한 연극의 무대로 삼고 있다. 고대 그리스의 진부한 멜로드라마가 다시 한 번 우리들 눈앞에서 펼쳐지는 셈이다. 오르페우스와 에우리디케, 그리고 헤르메스가 역에 나타난 것이다. 헤르메스 같은 차장이 신호판을 들고 오르페우스의 축축한 눈빛을 찾으면서 출발 신호를 알리면 산처럼 쌓인 트렁크 아래에 있던 에우리디케 앞에 아치형의 가파른 험로가 나타나 그녀는 이를 통해 땅속으로 사라진다. 이별의 상흔, 그것은 그리스 항아리 위에 그려진 신들의 몸 위를 갈지자로 달리고 있는 금들처럼 아프다.   [L 1, 4]

　실내 공간이 외부로 나간다. 그것은 마치 부르주아지가 자기의 안정된 행복을 너무나 확신하는 나머지 집의 정면 따위는 무시하고 내 집은 어느 쪽에서 잘라 보더라도 모두 다 정면이라고 선언하는 것과 비슷하다. 전 세기 중엽에 지어진 베를린의 집에서 특히 이러한 정면을 많이 볼 수 있다. 출창⁵⁾이 밖으로 나와 있는 것이 아니라 니치⁶⁾처럼 안쪽으로 들어와 있다. 거리가 방이 되고, 방이 거리가 된다. 지나가다가 멈춰 서 이러한 집을 보는 사람은 말하자면 그러한 출창 안에 있게 되는 셈이다. ■산책자■   [L 1, 5]

　꿈의 집에 대해. 신전으로서의 아케이드. 부르주아적인 아케이드들에서 볼 수 있는 어둠침침한 시장bazar에 단골로 다니는 사람에 대해. ― 그러한 사람들은 "파사주 드 로페라에 들어서면 거의 대부분 그러한 곳은 자기가 올 곳이 아니라고 느끼게 될 것이다. 왠지 거북한 생각이 드는 것이다. 그래서 한시라도 빨리 벗어나고 싶을 것이다. 아무래도 있기가 편치 않은 것이다. 하지만 조금만 더 있으면 마치 신전에라도 들어간 것처럼 주인이 된 듯한 느낌을 가질 수 있을 것이다."『100과 1의 책』, 10권, 파리, 1833년, 71페이지 (아메데 케르멜,「파리의 아케이드들」).   [L 1, 6]

계단에 각양각색의 유리창이 끼워지기 시작한 것에 대해 ─ 게다가 이 계단의 바닥은 밀랍으로 반질반질하게 닦여 있는 경우가 많았다! ─ 알퐁스 카르는 이렇게 쓰고 있다. "계단은 지금까지 친구와 소통하고 왕래하기 위한 수단이라기보다 적이 집 안으로 침입하는 것을 막는 군사적 구축물로 간주되어왔다." 알퐁스 카르, 『300페이지』, 신판, 파리, 1861년, 198/199페이지.   [L 1, 7]

집은 "항상 새로운 공식을 수용하기가 가장 어려운 것"은 집이라는 것을 보여주어 왔다. 지크프리트 기디온,『프랑스의 건축』, <베를린, 1928년>, 78페이지.   [L 1, 8]

아케이드는 아무런 외부도 없는 집이거나 통로이다. ─ 꿈처럼.
                                          [L 1a, 1]

집단의 꿈의 집의 가장 두드러진 형태가 박물관이다. 박물관에는 한편으로는 학문적인 연구와, 다른 한편으로는 '악취미를 가진 꿈결 같은 시대'의 요청에 부응하는 변증법이 존재한다는 것을 강조하고 싶다. "거의 모든 시대가 각각의 내적인 성향에 따라 특정한 건축 분야를 특별히 발전시키는 것 같다. 고딕 시대는 대성당을, 바로크 시대는 궁전을 말이다. 그리고 19세기 초에는 회고적인 성향이 강했기 때문에 과거에 푹 빠질 수 있었다. 박물관이 그것이었다." 지크프리트 기디온, 『프랑스의 건축』, 36페이지. 과거에 대한 이러한 갈망은 나의 분석의 주요한 대상과 비슷한 측면을 갖고 있다. 나의 분석의 관점에서 볼 때 박물관 내부는 거대한 크기로 확대된 실내이다. 1850~1890년 사이에 박람회가 박물관을 대신하게 된다. 양자의 이데올로기적 토대를 비교해볼 것.　　　　　　[L 1a, 2]

"19세기는 모든 새로운 창작물에, 어떤 영역이든 그것을 역사적인 것으로 보이도록 만드는 가면을 씌워버렸다. 건축의 영역이든 산업의 영역이든 사회의 영역이든 전혀 상관이 없었다. 여러 가지 새로운 구성의 가능성이 소개되었지만 사람들은 그것들에 불안감을 느껴 그것들을 부주의하게 무대의 배경으로 떠밀어내 버렸다. 산업의 거대한 집단적인 기구도 만들어졌으나 생산 과정의 이점이 소수에게만 돌아감으로써 이 기구의 의미는 완전히 변질되어버리고 말았다. 모든 것을 역사적인 것으로 만들어버리는 이러한 가면은 19세기의 이미지와 구분하기 힘들 만큼 밀접하게 연결되어 있다. 이를 부정할 수는 없을 것이다." 지크프리트 기디온, 『프랑스의 건축』, 1/2페이지.　　　　　　[L 1a, 3]

코르뷔지에의 작품은 '집'이라는 신화적 조형(화)의 종점에 서 있는 것 같다. 아래의 내용을 참조할 것. "집은 왜 가능한 한 가볍게, 떠 있는 듯이 만들어져야 하는가? 왜냐하면 오직 그렇게 할 때만이 선조 대대로 숙명적으로 전해 내려온 기념비적인 장대함에 종지부를 찍을 수 있기 때문이다. 지주와 하중의 경합이 실제의 필요에서든 아니면 상징적으로 과도하게 강조되어서든 (바로크) 버팀벽에 의해 그 나름대로의 의미를 갖는 한 하중도 정당화될 수 있다. 오늘날 — 외벽에 하중이 가해지지 않는 건축의 경우 — 장식적으로 강조된 지주와 하중의 경합은 애처로운 익살극이다"(미국의 마천루). 지크프리트 기디온, 『프랑스의 건축』, 85페이지.   [L 1a, 4]

코르뷔지에의 '현대 도시'는 대로변에 지어진 또다른 단지라고 할 수 있다. 단 지금은 도로에 차가 달리고 이 단지의 한가운데에는 비행기가 착륙할 수 있도록 되어 있는 등 모든 것이 바뀌었다. 19세기를 향해 유익한 시선,[7] 형태와 거리를 만들어내는 시선을 던지기 위해서는 이곳에 서서 **봐야** 할 것이다.   [L 1a, 5]

"궁상맞은 노동자 주택은 최후의 기사의 성이다. 이러한 것이 존재하고 또 이러한 형태를 하고 있는 것은 토지에 대한 권리를 둘러싼 각각의 지주들의 이기적인 피비린내 나는 싸움 때문으로, 이러한 투쟁 과정에서 토지는 갈기갈기 찢기고 산산조각 나버린다. 그리하여 우리는 성곽의 **형태**까지 과거 그대로 — 주위를 벽으로 둘러싼 안마당까지도 — 재현되는 것을 보고도 전혀 놀라지 않는 것이다. 소유자는 다른 소유자와 격리되는데, 결국 이것이 전체 중에서 우연히 남은 자들만이 살아남게 되는 이유 중의 하나를 설명해준다." 아돌프 베네, 『새로운 집 — 새로운 건축』, 라이프치히, 1927년, 93/94페이지.   [L 1a, 6]

꿈의 집으로서의 박물관. "우리는 부르봉 왕가에서부터 벌써 집안의 선조를 기리고 프랑스의 과거의 역사의 영광과 의의를 재인식되도록 하는 것을 얼마나 중시해왔는가를 살펴보았다. 그리하여 그들은 루브르의 천장에도 프랑스 문화의 발전과 역사의 중요한 국면을 그려넣도록 했다." 율리우스 마이어, 『현<대> 프<랑스> 회화<사>』, 라이프치히, 1867년, 424페이지.   [L 1a, 7]

1837년 6월 베르사유 역사박물관이 ― 프랑스의 영원한 영광을 위해 ― 개관했다. 끝없이 이어진 여러 관들을 그저 둘러보는 것만으로도 거의 2시간이나 걸린다. 전투와 회의 장면들. 화가들로는 고스, 라리비에르, 앵, 드베리아, 제라르, 아리 셰페 등. |전에는 박물관에서 그림들을 수집했으나| 지금은 본말이 전도되어 박물관을 위해 그림이 그려지게 되었다.   [L 2, 1]

박물관과 실내 공간의 밀접한 관계Verschränkung. 샤브리야 (1882년, 앙비귀 극장장)는 어느 날 '아케이드 드 로페라의 시계 바로 위에 있던' 밀랍 인형관을 통째로 상속받았다(아마 오래된 아르트코프 미술관이었을 것이다). 샤브리야의 친구 중에는 재능 있는 도안 화가가 하나 있었는데 보헤미안인 이 남자는 당시 집이 없었다. 그에게 좋은 생각이 떠올랐다. 이 인형관의 밀랍 작품들 중에는 외제니 황후가 아미앵의 병원에 수용되어 있는 콜레라 환자들을 병문안하는 장면을 묘사한 것들이 있었다. 오른쪽에는 환자들에게 미소 짓는 황후가, 왼쪽에는 하얀 모자를 쓴 간호사들이 있었으며, 중앙의 철제 침대에는 청결하고 깨끗한 이불을 뒤집어 쓴 햄쑥하게 마른 병자들이 누워 있었다. 박물관은 한밤중에 문을 닫았다. 도안 화가는 생각했다. 콜레라 환자를 살며시 들쳐 업고 나와 바닥에 눕힌 후 자기가 침대 안에 눕는 것만큼 쉬운 일도 없을 것이라고 말이다. 샤브리야는 그렇게 하도록 허락했다. 밀랍 인형에는 아무런 관심도 없었기 때문이다. 그리하여 이제 막 호텔에서 내쫓겨난 이 예술가는 이후 6주 동안이나 콜레라 환자의 침대에서 밤을 보내고, 매일 아침 간호사들의 상냥한 눈길과 금발의 머리를 늘어뜨린 황후의 미소를 받으면서 눈을 떴다. 쥘 클라르티, 『파리의 삶, 1882년』, 파리, <1883년>, 301페이지 이하에서 인용.   [L 2, 2]

"나는 한밤중까지 미술관에 갇혀 있으면서, 이처럼 금지된 시간에 한 여자의 초상화를 희미한 랜턴 불빛에 비추어가며 마음껏 천천히 바라보는 남자들을 열렬히 사랑한다. 당연히 그들은 이후 그 여자에 대해 우리보다 훨씬 더 많은 것을 알게 될 것이 틀림없다." 앙드레 브르통, 『나자』, 파리, <1928년>, 150페이지. 하지만 왜? 이 그림을 매개로 미술관이 완벽하게 실내로 전환되었기 때문이다.

[L 2, 3]

아케이드의 꿈의 집은 성당에서 다시 만날 수 있다. 아케이드의 건축 양식이 종교 건축으로까지 파급되는 셈이다. 노트르담 드 로레트에 대해. "이 건물 내부의 취미가 극히 고상하다는 것에 대해서는 더이상 논할 여지가 없다. 다만 그것이 **성당** 내부답지 않을 뿐. 화려한 천장은 아마 이 세상에서 가장 화려한 무도회용 홀을 장식하고도 남을 것이다. 젖빛과 색색의 유리 구슬이 달린 우아한 청동 램프들은 이 도시에서 가장 우아한 카페에서 가져다놓은 것 같다." S. F. 라르스<?>, 「파리에서 온 편지」(『유럽 ― 교양 세계의 연대기』, 1837년, 2권, 라<이>프<치>히와 슈투트가르트, 209페이지<>).   [L 2, 4]

"신축 중이지만 채 완성되지 못한 극장의 경우 그것들은 특정한 양식에 속한 것 같지는 않다. 분명 주변에 개인 주택들을 지어 개인적인 편리함과 공공성을 결합시킬 생각인 모양이다. 그렇게 되면 극장들은 결국 온갖 것을 넣을 수 있는 엄청난 용기容器, 거대한 캡슐 이외의 다른 것은 될 수 없을 것이다." 『그렌츠보텐』, 1861년, 2분기 3권, 143페이지「1861년의 파리의 예술전」.   [L 2, 5]

아케이드를 분수가 있는 홀로 생각할 것. 사람들은 한가운데 전설적인 샘, 파리의 가장 깊은 곳에서 솟아 나오는 아스팔트 위의 샘물이 있는 아케이드의 신화를 우연히 만나고 싶어한다. '샘물에서 퍼 올린 맥주'를 광고하는 술집도 이러한 샘물의 신화에 기대고 있다. 병이 낫는 것 또한 얼마나 하나의 통과의례, 하나의 과도적인 체험인지는 환자들이 말하자면 병의 치료를 위해 들어가는 고전적인 유보실遊步室에서 생생하게 드러난다. 이러한 홀도 파사주이다.[8] 현관에 있는 분수를 참조하라.   [L 2, 6]

누구나 한 번쯤 꿈속에서 문이 닫히지 않아 흠칫 놀랐던 체험을 해보았을 것이다. 좀더 정확하게 말하면 그러한 문들은 닫혀 있는 것처럼 보이지만 실제로는 그렇지 않다. 이러한 현상을 나는 꿈속에서 강렬한 형태로 알게 되었다. 꿈속에서 나는 친구와 함께 있었는데 우측에 있던 한 집의 1층 창문에서 유령이 나왔던 것이다. 우리가 앞으로 걸어가자 유령은 모든 집 안에서 나와 우리 뒤를 쫓아왔다. 유령은 모든 벽을 그대로 통과했으며, 항상 똑같은 높이로 우리를 따라왔다. 꿈속에서 나는 눈이 보이지 않았으나 유령은 보였다. 우리가 아케이드들을 통과해가며 만들어나가는 통로 또한 근본적으로는 이러한 유령의 길과 비슷해 거기서는 문도 저절로 열리고

벽들도 아무 소용이 없게 된다.   [L 2, 7]

본래 밀랍 인형은 인간성이라는 가상이 전도되는 모습을 보여주는 무대이다. 즉 밀랍 인형 속에서 인간의 안색이나 피부색 등 표피적인 것이 너무 완벽하게, 또는 비길 데 없이 충실하게 표현되기 때문에 인간의 가상의 이러한 재현 자체가 전도된다. 그러면 인형은 다름 아니라 인간의 내부와 의상 간의 무시무시하고, 교묘한 매개를 체현하게 된다. ■패션■   [L 2a, 1]

꿈의 집으로서의 밀랍 인형 박물관에 대한 묘사. "마지막 층계참을 돌아가자 조명이 휘황한 큰 홀이 하나 보였다. 안에는 말하자면 사람 하나 없었다. 다만 입구는 왕후들, 크리놀린 스커트 차림의 여성들, 제복 입은 하인들, 거인들로 가득했다. 부인은 더이상 들어가지 않았으며, 동행한 남자도 움직이지 않고 어색한 즐거움에 빠져 있었다. 두 사람은 계단에 앉았고, 남자는 부인에게 어렸을 때 아무도 살고 있지 않지만 폭풍우가 몰아치는 날이면 종종 모든 창문마다 불이 켜지는 악명 높은 성 이야기를 읽고 얼마나 무서웠는지 이야기해주었다. 거기 무엇이 있었는데? 거기에 무엇이 앉아 있었는데? 불빛은 어디서 나오고 있었는데? 불빛은 무엇을 비추고 있었는데? 몸은 코니스[9]에 의지하고 머리는 말로 형언할 수 없는 이 홀의 창유리에 바짝 들이민 채 그러한 만남이 이루어지는 방 안을 들여다보는 것을 그는 꿈꾸었다." 에른스트 블로흐, 「육체와 밀랍 인형」(『프랑크푸르터 차이퉁』, <1929년 12월 19일자>).   [L 2a, 2]

"125번: 카스탄의 미궁. 세계를 여행하는 사람들이나 예술가들은 이곳에 들어서는 순간 스페인의 코르도바에 있는 웅장한 모스크의 거대한 기둥 숲 속에 들어간 것은 아닌가 하고 생각하게 될 것이다. 코르도바의 모스크에서 아치가 연달아 이어져 있듯이 여기서는 기둥들이 원근법을 그리며 죽 늘어서 있어 마치 가로수 길 같은 전경은 끝도 없어 다 돌아볼 수 없는 것처럼 보였다. 그러다가 돌연 어떤 광경을 하나 보게 되었는데, 그것이 우리를 바로 그 유명한 그라나다의 알람브라 궁전 한가운데로 데려다주었다. 거기서 우리는 알람브라의 벽지 모양으로 위에 '알라는 알라다' [10]라고 쓰여 있는 것을 보았다. 우리는 또 벌써 한 정원, 알람브라의 오렌지 나무 정원 안에 서 있게 되었다. 그러나 방문객은 이 정원에 다다르기까지 무수한 미로에서 시행착오를 반복해야만 한다."「카스탄의 밀랍 인형 목록」(『프랑크푸르터 차이퉁』의 발췌문에서). [11]   [L 2a, 3]

"낭만파의 성공으로 1825년경 현대 회화의 상거래가 생겨났다. 이전에는 회화 애호가들은 직접 화가의 자택으로 찾아갔었다. 지루, 쉬스, 비낭, 베르비유 같은 회화 도구상들이 중개 역할을 시작했다. 최초의 상설점은 1829년 구필에 의해 개설되었다." 뒤베크/데스프젤, 『파리의 역사』, 파리, 1926년, 359페이지.   [L 2a, 4]

"오페라 극장은 제2제정기의 대표적인 창조물 중의 하나이다. 160개의 기획안 중 무명의 젊은이였던 샤를 가르니에의 것이 채택되었다. 1861~1875년 사이에 건설된 그의 극장은 권세를 과시하는 장소로서 구상되었다. …… 그것은 제정기의 파리가 득의양양하게 자기 모습에 반하는 무대였다. 최근 갑작스럽게 권력을 쥐거나 재력을 모은 계급들이 등장하면서 코스모폴리탄적인 요소가 혼합된 새로운 사교계가 형성되었는데, 새로운 이름으로 그것을 불러야 했다. 그것은 더이상 궁정Court이라고는 불리지 않으며 대신 파리의 명사들le Tout Paris이라고 불리게 되었다. …… 도회지의 사교 생활의 중심으로 구상된 극장, 이것 또한 새로운 발상이며, 시대의 징표였다." 뒤베크/데스프젤, 앞의 책, 411/412페이지.

[L 2a, 5]

실제로 존재하는 도시 파리 안에 꿈의 도시 파리, 즉 아직까지 실행되지 않은 온갖 건축 계획, 거리 계획, 공원 녹지 계획, 거리 이름의 체계들의 집합으로서의 파리를 끼워넣어 볼 것.   [L 2a, 6]

아스클레피오스[12]의 신전으로서의 아케이드, 분수가 있는 홀. 온천. 치료 과정(계곡 속의 광천이 샘솟는 홀로서의 아케이드 — 슐스-타라스프나 라가츠[13]에 이것이 있다). 19세기의 풍경의 이상으로서의 '계곡'.

[L 3, 1]

자크 파비앙, 『꿈속의 파리』(파리, 1863년)에서 생-마르탱 문과 생-드니 문의 이전에 대해 이렇게 보고하고 있다. "포부르 생-마르탱과 포부르 생-드니의 꼭대기에 있어도 여전히 사람들의 감탄은 줄어들 줄 모른다." 이러한 방법으로 이 두 문을 둘러싸고 움푹 들어가 있던 지역은 원래의 높이를 되찾을 수 있었다.   [L 3, 2]

사체 공시소의 사체들을 유포油布로 머리까지 완전히 덮자는 제안. "문 앞에 줄지어 서 있는 대중에게는 알지도 못하는 사체의 **벌거벗은 주검**을 원하는 만큼 살펴보는 것이 허용되었다. …… 점심 시간이면 주머니에 손을 꽂은 채 담배 파이프를 입에 물고 입가에는 미소를 지으며 사체 공시소에 나와 정도 차는 있지만 부패해버린 남녀의 알몸을 들여다보며 음란한 농담을 던지는 노동자들도 언젠가 도덕이 존중되는 날이 오면 그날부터는 이처럼 보기 드문 연출 장면에 흥미를 잃게 될 것이다. 과장하는 것이 아니다. 사체 공시소에서는 매일 이처럼 추잡한 장면이 연출되고 있다. 사람들이 무리를 지어 웃거나 혹은 담배를 피우거나, 큰 소리로 수다를 떠는 것이다." 에두아르 푸코, 『발명가 파리 ― 프랑스 산업의 생리학』, 파리, 1844년, 212/213페이지.   [L 3, 3]

1830년경인가, 아니면 아마 그보다 조금 전의 것이었을 한 동판화에는 묘사가들이 황홀경에 빠져 일에 몰두하고 있는 모습이 여러 가지 형태로 그려져 있다. 설명문에는 '미술관에서 영감을 얻는 사람들'이라고 쓰여 있다. 판<화>실.   [L 3, 4]

베르사유 미술관의 탄생에 대해. "드 몽탈리베 씨는 필요하다고 결정된 수만큼의 회화를 빨리 구입하고 싶어했다. 닥치는 대로 그림을 구했으나 의회가 낭비라고 비난하자 싸게 구입할 수밖에 없었다. 절약이 시대의 풍조였다. …… M이라는 문자를 보면 일부러 …… 센 강가나 고물상점에서 조잡한 그림들을 사들인 것이 드 몽탈리베 씨 본인인 것처럼 …… 생각될지 모르지만 실은 그렇지 않았다. 당시 화단의 거물들이 이 추악한 거래에 빠져 있었다. …… 베르사유 미술관에 있는 모사품이나 모작품은 업자가 되어 예술을 고물로 거래하는 지도적 예술가들의 탐욕을 잘 보여주는 극히 한심한 증거이다. …… 비즈니스와 산업이 예술의 높이까지 올라가

기로 결심했음에도 불구하고 예술가는 그를 유혹하기 시작한 화려
함에 대한 욕구를 충족시키기 위해 예술을 투기에 팔아 넘겨 예술
의 전통을 장사 나부랭이로 왜소화시켜 타락시켜버렸다." 후자는
[1837년경] 화가들이 본인들이 주문받은 일을 제자들에게 떠넘긴
일에 관한 언급이다. 가브리엘 펠랭, 『아름다운 파리의 추악함』,
파리, 1861년, 85페이지, 87~90페이지.   [L 3, 5]

지하의 파리에 대해. 오래된 하수도. "이 이상한 기하학적 도형과
가장 비슷한 모양을 상상하려면 숲처럼 얽혀 있는 동방의 기묘한
문자를 캄캄함 배경에 대본다고 상상하는 것이 좋다. 그처럼 묘한
모양의 문자는 언뜻 보기에는 복잡하고 고르지 못한 것 같지만 모
퉁이와 모퉁이에서 또는 끝과 끝에서 서로 연결되어 있다." 빅토르
위고, 『전집 — 소설 9』, 파리, 1881년, 158/159페이지(『레미제라
블』).[14]   [L 3a, 1]

하수도<:> "온갖 종류의 유령이 그곳의 길고 인적이 없는 거리 밑
의 복도로 드나들고 있었다. 도처에 썩는 냄새와 독기가 가득 차 있
었다. 안에 있는 비용[15세기의 대시인으로 도둑의 한패이기도 해서 감
옥 생활도 자주 했대이 밖에 외로이 있는 라블레[16세기의 대시인으
로 호탕 무쌍한 술꾼이기도 했대와 이야기를 주고받는 통기 구멍이
여기저기 있었다." 빅토르 위고, 『전집 — 소설 9』, 파리, 1881년,
160페이지(『레미제라블』).[15]   [L 3a, 2]

빅토르 위고, 파리의 하수도 시설 공사가 봉착한 문제들에 대해.
"파리라는 도시는 곡괭이에도 괭이에도 시추 기계에도 대항하는,

952

즉 온갖 인력에 완강하게 저항하는 지층 위에 세워져 있다. 파리라는, 놀라운 역사적 형성물이 쌓아 포개져 있는 지질학적 형성물만큼 파기 힘들고 뚫기 어려운 것도 없다. 어떤 식으로든 일을 시작해서 충적층沖積層 속으로 진행시켜나가면 …… 곧 지하의 저항에 차례차례 부딪히게 된다. 묽은 점토가 있기도 하고, 물이 솟기도 하고, 단단한 바위가 있기도 하고, 전문 과학 용어로 개자芥子라고 불리는 부드럽고 깊은 진흙도 있다. 극히 얇은 점토막과 아담 이전의 바다에 살던 굴 껍데기를 흩뿌린 편암층이 다섯 층으로 되어 있는 석회암 층을 곡괭이는 무진 애를 쓰면서 전진한다." 빅토르 위고, 『전집 — 소설 9』, 파리, 1881년, 178/79페이지(『레미제라블』).[16]

[L 3a, 3]

하수도<:> "파리는 …… 시궁창을 '구린내 나는 구멍'이라고 불렀다. …… '구린내 나는 구멍'은 전설뿐만 아니라 위생에 있어서도 마찬가지로 혐오스러운 것이었다. 도깨비 요괴가 무프타르의 하수도의 구린내 나는 둥근 천장 밑에 갇혀 있었다. 마르무제 일파[루이 15세 시대에 음모를 꾀하다가 실패한 청년 귀족의 일당]의 사체는 바르세유의 하수도에 던져졌다. …… 모르텔르리 가의 하수도 입구는 페스트가 발생하는 곳으로 유명했다. …… 브륀조는 일[하수도 조사]의 실마리를 만들어주었으나 그 뒤에 이루어진 광범위한 개조 사업이 단행되기 위해서는 콜레라의 유행이 필요했다." 빅토르 위고, 『전집 — 소설 9』, 파리, 1881년, 166과 180페이지(『레미제라블』, 「리바이어던의 창자」).[17]

[L 3a, 4]

1805년에 브륀조가 하수도로 내려갔다. "브륀조가 지하의 그물눈

같은 길의 첫 번째 연결 마디를 겨우 넘었을 때 20명 중 8명은 더 이상 앞으로 나아갈 것을 거부했다. …… 사람들은 가까스로 앞으로 나아갔다. 하강용 사다리가 3피트나 진창에 잠기는 일이 흔히 있었다. 등잔불은 가스에 싸여서 잘 타지 않았다. 이따금 기절한 인부가 밖으로 들려 나왔다. 군데군데에 절벽이 있었다. 지반은 허물어지고 돌 마루는 움푹 파여서 하수도는 낡은 우물처럼 되어 있었다. 이제는 단단한 디딜 자리 같은 것은 찾을 수 없었다. 갑자기 한 인부가 수렁에 빠졌다. 그를 구해내는 데 무척 힘이 들었다. 푸르크루아[18세기 말에서 19세기 초까지 활동한 화학자이자 정치가]의 충고에 따라 군데군데 충분히 소독한 장소에는 송진을 묻힌 삼베 부스러기를 가득 넣은 커다란 바구니를 놓고 불을 붙여 갔다. 벽 곳곳에는 종기 비슷한 묘한 버섯 같은 것이 뒤덮고 있었다. 숨도 쉴 수 없는 그 속에서는 돌조차 병들어 있는 것 같았다. …… 군데군데에, 그 중에서도 특히 재판소 밑 하수구 속에는 옛날의 지하 감방 비슷한 데가 있었다. …… 이러한 감방 중의 하나에는 무쇠 목고리가 매달려 있었다. 브륀조 일행은 그것들을 모두 막아버렸다. …… 파리 지하의 하수도 전반에 걸친 조사는 1805년부터 1812년까지 7년이 걸렸다. …… 이 지하굴의 공포에 필적할 만한 것은 어느 것도 없다. …… 그것은 동굴이었고, 무덤 구덩이였다. 정신적인 눈에는 그러한 구멍의 어둠을 통해서 예전에는 화려했던 것들의 쓰레기 속에 과거라고 하는 저 눈먼 두더지가 방황한 듯이 보이는 것이다. 그것이, 거듭 말하지만 바로 '옛날'의 하수구였다." 빅토르 위고, 『전집 — 소설 9』, 파리, 1881년, 169~171, 173/174페이지(『레미제라블』, 「리바이어던의 창자」).[18]   [L 4, 1]

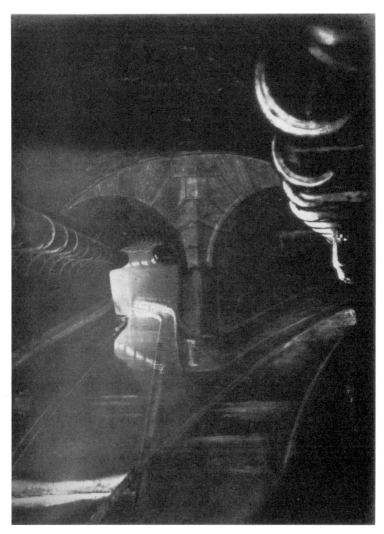

파리의 하수도들(1861~1862년). 나다르의 사진.
프랑스 국립박물관 제공. [L 4, 1]을 보라.

해저에서 보석상을 운영하고 있는 게르슈테커 상회에 대해.[19] "우리는 해저 보석 상점이 들어서 있는 홀로 들어갔다. 견고한 대지로부터 그토록 멀리 떨어져 있는 것이 가능하리라고는 아무도 믿을 수 없을 것이다. 거대한 돔이 …… 전기로 조명된 쇼윈도가 휘황찬란하게 빛나는 점포가 즐비하게 늘어서 있고 고객들도 흘러넘치는 등 활기 넘치는 쇼핑센터 전체를 덮고 있다." 레오 클라르티, 『기원에서 서기 3000년까지의 파리』, 파리, 1886년, 337페이지(「1987년」). 아케이드의 종언이 시작된 순간에 이러한 이미지가 재등장하는 것은 상당히 특징적이다. [L 4, 2]

프루동은 쿠르베의 그림에 남다른 관심을 표하면서 ("행동하는 도덕"이라는) 모호한 규정을 통해 자기 방식대로 해석한다. [L 4, 3]

코흐는 광천鑛泉에 대해 너무 불충분하게 지적하고 있다. 그는 마리아 루도비카에게 바친 괴테의 칼스바트 시와 관련해 이렇게 쓰고 있다. "괴테에게서 이 '칼스바트 시'는 본질적으로 지질학이 아니라 …… 그렇지 않았더라면 가까이 다가갈 수 없었을 후작부인이라는 인물에게서 치유력이 나온다는 생각과 감정을 나타내고 있다. 온천 생활의 친밀함이 고귀한 부인과의 …… 동료애를 만들어주었다. 따라서 …… 온천의 비밀에 대해 생각해보면 …… 후작부인이 가까이 있다는 것만으로도 …… 건강을 되찾을 수 있다는 것이다." 리하르트 코흐, 『광천의 마력』, 슈투트가르트, 1933년, 21페이지.
[L 4, 4]

여행을 떠나면 통상 부르주아들도 이 계급에 따라다니는 여러 가지 굴레를 벗어버릴 수 있으리라는 착각을 하게 되는데, 온천 휴양지에 오게 되면 부르주아지는 상류 계급에 속해 있다는 의식을 한층 강화시키게 된다. 거기서 봉건 계층과 접촉할 기회가 많기 때문만은 아니다. 모르낭은 이보다 좀더 기본적인 사정을 하나 지적하고 있다. "파리에는 분명 이곳보다 많은 군중이 있지만 그들은 이쪽 군중처럼 동질적이지 않다. 왜냐하면 파리의 군중을 구성하는 불쌍한 사람들은 대부분 제대로 식사를 하지 못하거나 아예 한 끼도 먹지 못하고 있기 때문이다. …… 하지만 바덴바덴에서 그러한 일은 전혀 없다. 바덴바덴에 있는 이상 누구나 행복하다." 펠릭스 모르낭, 『온천 휴양지에서의 삶』, 파리, 1855년, 256/257페이지.

[L 4a, 1]

광천수를 마시는 방에서 생각에 잠겨 여기저기 왔다 갔다 하는 것을 잘 이용하고 있는 것은 특히 예술품 알선업이다. 예술 작품을 통해 갈고 닦은 명상적인 태도는 서서히 진열된 상품을 앞에 둔 듯한 탐욕적인 태도로 바뀌게 될 것이기 때문이다. "**광천수 마시는 홀** 앞이나 …… 이러한 이탈리아-그리스-독일풍의 열주들이 늘어서 있는 **프레스코화**로 장식된 회랑 아래를 산책한 다음 안으로 들어가 …… 잠깐 신문을 읽은 후 미술품 값을 깎고, 수채화를 쳐다보고 가볍게 한잔 한다." 펠릭스 모르낭, 『온천 휴양지에서의 삶』, 파리, 1855년, 257/258페이지.

[L 4a, 2]

샤틀레의 지하 감옥.[20] "생각만으로도 민중들 사이에 공포를 불러일으키는 이 감옥은 …… 전장에 나간 아들들의 영광을 다루고 있기 때문에 모든 극장 중에서도 민중이 가장 신나서 찾아가곤 했던

한 극장에 초석을 빌려주었다." 에두아르 푸르니에, 『파리의 거리
들의 기록과 전설』, 파리, 1864년, 155/156페이지. 여기서 말하는
것은 샤틀레 극장으로서 원래는 서커스 극장이었다.　　　[L 4a, 3]

메리옹의 『파리 풍경 동판화집』의 개정판 속표지에는 의미심장한
돌이 하나 그려져 있는데, 이 돌의 나이는 딱지가 앉은 외피나 균열
을 보면 잘 알 수 있다. 이 돌에는 이 연작의 제목이 새겨져 있다.
"뷔르티는 조개 껍데기나 석회암 속에 박혀 있는 이끼의 흔적을 보
면 이 돌이 몽마르트르의 채석장에서 찾아볼 수 있는 파리의 원시
적인 지층의 표본에서 나온 것이라는 것을 분명하게 알 수 있다고
지적하고 있다." 귀스타브 조프루아, 『샤를 메리옹』, 파리, 1826
년, 47페이지.　　　　　　　　　　　　　　　　　[L 4a, 4]

「너그러운 노름꾼」에서 보들레르는 지옥의 도박장에서 악마와 만
난다. "눈부실 정도로 밝은 지하의 한 처소로 내려갔는데, 그곳은
파리의 지상의 어떠한 상류층의 주거에서도 유사한 예를 찾아볼
수 없을 정도로 사치스럽고 세련되었다." 샤를 보들레르, 『파리의
우울』, 파리(R. 시몬 판), 49페이지.[21]　　　　　　　[L 4a, 5]

문은 통과의례와 관련되어 있다. "아무리 문이라는 것이 암시만
되고 말지라도 사람들은 그것을 통과한다. ― 땅 위에 꽂은 두 개의
막대기 사이, 종종 서로 안쪽으로 기울어진 두 개의 막대기 사이라
고 해도 좋고 아니면 나뭇가지를 두 갈래로 쪼개 사이를 벌린 것이
라고 해도 좋다. 아니면 …… 활처럼 둥글게 휜 자작나무 가지 사이
라고 해도 좋다. …… ― 항상 문제가 되는 것은 적의로 가득 찬

······ 영역으로부터 벗어나 어떠한 더러움으로부터도 몸을 분리시켜 병이나 죽은 자의 망령과 획을 긋는 것이다. 그들은 좁은 통로를 통해서는 뒤를 쫓아올 수 없기 때문이다." 페르디난트 노아크, 「개선 행진과 개선문」(『바르부르크 문고 강연』, 5권, 라이프치히, 1928년, 153페이지). 아케이드에 들어서는 사람은 누구나 문-길Tor-Weg을 정반대 의미로 지나간다[22](아니면 차라리 자궁 속 세계로 들어간다고 할 수 있다).   [L 5, 1]

K. 마이스터의 『로마인들의 언어와 종교에서 나타나는 집의 문턱』(『하이델베르크 과학 아카데미 논문집, 철학-역사 편』, 1924~1925년도, 3권, 하이델베르크, 1925년)에 따르면 그리스인들에게 — 타민족에서는 거의 볼 수 없다 — 문턱은 로마들인에게서와 마찬가지로 매우 중요하다. 이 논문은 본질적으로 숭고함이 높은 곳에 있는 것(원래 높은 곳에 받들어진 것)으로서 성립되는 문제를 다루고 있다.
                                    [L 5, 2]

"그럼에도 불구하고 이 도시가 본질적이기도 하면서 산만한 등장인물로 나오는 새로운 작품이 끊임없이 출현하며, 파리라는 이름이 거의 모든 작품의 제목 속에 모습을 드러내고 있는 것을 보면 대중이 그러한 경향을 선호하고 있음을 알 수 있다. 이러한 상황에서는 각각의 독자의 마음속에서 자기가 아는 파리만이 파리가 아니라는 은밀한 생각이 굳어지지 않을 수 없을 것인데, 그것은 이제야 인정되고 있다. 자기가 아는 파리는 심지어 진정한 파리가 아니며 찬란하게 비쳐지고는 있으나 그저 평범한 무대장치에 불과하고 그것을 만든 도구는 결코 모습을 보이지 않을 것이며 오히려 그러한 장치가 또 하나의 파리, 진짜 파리, 포착할 수 없는 밤의 환상 같은, 환영 같은 파리를 감춰버린다고 생각할 수 있다."로제 카이유아, 「파리 — 현대의 신화」(*NRF*, 25권 284호, 1937년 5월 1일, 687페이지).   [L 5, 3]

"도시에도 숲 속과 마찬가지로 동굴이 있어서, 그 속에는 도시에 사는 가장 악질적이고 무시무시한 것들이 도사리고 있다."빅토르 위고, 『레미제라블』, 3부<『전집 — 소설 7』, 파리, 1881년, 306페이지>.[23]   [L 5, 4]

백화점과 박물관은 여러 모로 관련이 있으며, 이 양자 사이에서 상점bazar이 연결 고리 역할을 하고 있다. 박물관에는 예술 작품이 모이는데, 이것이 예술 작품을 상품에 가까운 것으로 만든다. 따라서 이러한 상품이 대량으로 제공되면 지나가는 사람은 분명히 이러한 상품의 일부에 자기를 동화시켜야 하리라고 생각하게 될 것이다.
                                                          [L 5, 5]

"죽은 자들의 도시인 페르-라셰즈 …… 고대 세계의 사자死者들의 도시를 본떠서 만든 이곳을 묘지라고 부르는 것은 적합하지 않다. 돌로 만든 사자들의 집이 있으며, 북방의 그리스도교 풍습과는 반대로 죽은 자를 살아 있는 자로 표현하는 무수한 입상이 세워져 있는 등 현실 속의 도시처럼 만들어져 있는 이 시설은 아무리 봐도 살아 있는 자들의 도시의 연속으로 구상된 것이기 때문이다"('페르-라셰즈' 라는 이름은 이 땅의 소유자로서 루이 14세의 청죄사제였던 사람에게서 유래한다. 설계는 나폴레옹 1세가 했다). 프리츠 슈탈, 『파리』,

베를린, <1929년>, 161/162페이지. [L 5a]

M

[산책자]

"아편처럼 강렬하게 마음을 사로잡는 풍경."
말라르메[1]

"과거에 결코 쓰여진 적이 없는 것을 읽는다."
호프만슈탈[2]

"그리고 나는 자신의 지리를 알기 위해 여행한다."
어느 광인(마르셀 레자, 『광인의 예술』, 파리, 1907년, 131페이지에서)

"다른 땅에 있는 것은 모두 파리에 있다."
빅토르 위고, 『레미제라블』(『전집』, 파리, 1881년. 『소설 7』, 30페이지. 「파리를 보라, 이 사람을 보라」장에서)[3].

그러나 거창한 추억들, 역사적 전율. — 이처럼 하찮은 것들을 그(산책자)는 기꺼이 여행객들에게 넘겨준다. 그러면 여행객들은 군대식의 암호로 *genius loci*[4]에 접근할 수 있다고 믿는다. 우리 친구라면 차라리 침묵을 지킬 것이다. 그의 발자국 소리가 가까이 다가오는 것만으로도 장소는 벌써 생기를 찾으며 묵묵히, 무념무상의 상태로 친밀하게 다가가기만 해도 그는 벌써 눈짓을 받아 장소가 지시하는 대로 따른다. 노트르담 드 로레트 성당 앞에 서면 그의 구두 바닥이 기억한다. 여기가 바로 옛날 마르티르 가에서 몽마르트르 언덕으로 올라가는 승합마차에 예비

마를 매던 곳이라는 것을. 심지어 그는 종종 주변의 집 지키는 개들처럼 어떤 입구의 냄새를 맡거나 포석을 촉감으로 알기 위해 발자크나 가바르니가 살던 집이나 습격이 있었던 장소, 뿐만 아니라 바리케이드가 설치되어 있던 곳에 대한 모든 지식을 포기해버리는 일도 있다.   [M 1, 1]

거리는 산책자를 아주 먼 옛날에 사라져버린 시간으로 데려간다. 산책자에게는 어떠한 거리도 급경사를 이루고 있다. 거리는 그를 |신화적인| 어머니의 나라들까지는 아니더라도 어떤 과거로 데리고 가는데, 이 과거는 산책자 본인의 것, 사적인 것이 아닌 만큼 그만큼 더 매혹적인 것으로 다가올 수밖에 없다. 그럼에도 이 과거는 항상 어떤 유년 시절의 시간 그대로이다. 그런데 왜 자신이 전에 살았던 유년 시절의 시간일까? 아스팔트 위를 걸어가는 그의 발자국은 경이로운 반향을 불러일으킨다. 포석 위에 쏟아지는 가스등 불빛은 이러한 이중의 땅 위에 양의적인 빛을 던지고 있다.   [M 1, 2]

오랫동안 정처 없이 거리를 쏘다니는 사람은 어떤 도취감에 휩싸인다. 한 발자국씩 걸을 때마다 걷는 것 자체가 점점 더 큰 추력을 얻게 된다. 그에 반해 즐비하게 늘어서 있는 상점, 자그마한 바bistro나 웃음을 던지는 여자들의 유혹의 힘은 점점 더 작아지며, 다음 골목, 저 멀리 으슥하게 우거진 나뭇잎들, 어떤 거리의 이름 등의 자력磁力에는 점점 더 저항하기 힘들게 된다. 곧 배가 고파온다. 그러나 허기를 가라앉힐 수 있는 수백 가지의 가능성이 있지만 그는 개의치 않는다. 금욕적인 동물처럼 그는 미지의 구역을 배회하다가 결국 지칠 대로 지쳐 자기 방으로, 그의 방이지만 왠지 서먹서먹하고 그를 차갑게 맞이하는 방으로 돌아와 쓰러지듯 잠에 빠진다.

[M 1, 3]

산책자라는 유형을 만든 것은 파리였다. 로마가 아닌 것이 이상하다. 그렇다면 이유는? 로마에서는 꿈에서조차 일부러 닦아놓은 길을 따라가지 않는가? 그리고 로마에는 신전, 담이나 벽으로 둘러싸인 광장들, 국민적인 성소聖所들이 너무 많기 때문에 하나하나의 포석, 상점 간판, 계단 그리고 문으로 통하는 길을 지나갈 때마다 걸어가는 사람들의 꿈속에 그것들이 모조리 들어가는 것이 불가능하지 않을까? 이탈리아인들의 국민성 또한 이와 많이 관련되어 있을지도 모른다. 왜냐하면 파리를 산책자들의 약속의 땅으로, 또는 호프만슈탈이 이전에 부른 대로 하자면 '진짜 삶만으로 만들어진 풍경'으로 만든 것은 이방인들이 아니라 바로 파리 토박이들 본인이었기 때문이다. 풍경Landschaft — 실제로 파리는 산책자에게는 풍경이 된다. 또는 좀더 정확하게 말하면, 산책자에게 있어 이 도시는 변증법적 양극으로 분극되어간다. 파리는 그에게 풍경으로 펼쳐지는 동시에 방으로서 그를 감싸는 것이다.   [M 1, 4]

거리를 쏘다니다가 추억에 잠겨 도취에 빠지곤 하는 산책자는 눈앞에 감각적으로 나타나는 것뿐만 아니라 종종 단순한 지식, 죽은 데이터까지 마치 몸소 경험하거나 직접 체험해본 것처럼 자기 것으로 만들어버린다. 이처럼 몸으로 느낀 지식은 무엇보다 구전에 의해 한 사람에서 다른 사람에게 전해진다. 그러나 이러한 지식은 19세기가 지나는 동안 거의 정신이 아득해질 정도로 방대한 양의 문헌 속에 정착하게 되었다. '파리의 거리란 거리, 집이란 집'은 모두 그려낸 르푀브 이전에도 도시 풍경은 꿈을 꾸는 듯한 게으름뱅이를 위한 첨경添景으로 계속 그려지고 있었다. 이러한 문헌들을 연구하는 것은 제2의 삶, 벌써 전적으로 꿈꾸는 것에만 몰두하는 두번째 삶을 사는 것이었다. 그리고 산책자가 그러한 책들에서 알아낸 것은 아페리티프를 마시기 전에 하는 오후 산책 때 분명한 형태와 형상을 드러냈다. 그렇다면 만약 그가 옛날 파리에 최초로 승합마차가 달리던 시절 이곳에서 두 마리 말이 끄는 마차에 세번째로 예비마를 매었다는 사실을 알았다면 노트르담 드 로레트 성당 뒤쪽의 급경사를 구두 바닥으로 한층 더 강렬하게 느끼지 않았을까.

[M 1, 5]

열정적인 산책자는 매우 매력적인 도덕적 성향을 갖고 있다는 것을 이해하도록 노력해야 한다. 우리가 다루게 될 다른 수많은 분야에서와 마찬가지로 이 산책자에 대해서도 진짜 전문가처럼 보이는 경찰은 1798년(?) 10월 파리의 한 밀정의 보고서에서 다음과 같이 지적하고 있다. "빼곡하게 밀집된 사람들 사이에서, 다시 말해 생면부지인 개인들이 군중 속으로 몸을 감추고 누가 뭐라 해도 얼굴을 붉히지 않는 상태에서 선량한 풍속을 상기시키고 유지하기란 거의 불가능하다." 아돌프 슈미트, 『혁명 동안의 파리의 상태』, 3권, 예나, 1876년에서 인용. 산책자가 철학적 산보자의 유형에서 완전히 벗어나 불안한 듯 사회의 황야를 배회하는 부랑아의 모습을 띠게 된 경우를 포는 「군중 속의 인간」에서 최초로 결정적인 형태로 묘사했다.

[M 1, 6]

해시시를 피울 때 두 가지 것이 겹쳐지고 포개지는 중층 현상重

層現象들을 유사성 개념으로 파악할 것. 어떤 얼굴이 다른 얼굴과 닮았다는 말은 두번째 얼굴의 어떤 모습이 첫번째 얼굴 — 그렇다고 첫번째 얼굴의 원래 생김새가 달라지거나 하지는 않은 채 — 속에도 나타난다는 것을 의미한다. — 이런 식으로 다른 얼굴 생김새가 나타날 가능성에는 따로 어떤 기준이 있는 것이 아니며, 따라서 무한하다. 유사성이라는 범주는 깨어 있는 의식에서는 단지 아주 한정된 의미밖에는 갖고 있지 않으나 해시시의 세계에서는 무제한적인 의미를 갖는다. 즉 해시시의 세계에서는 모든 것이 얼굴인 것이다. 거기서는 모든 것이 신체적인 박진감을 갖게 되며, 그러한 정도가 어찌나 강렬한지 얼굴의 경우에서와 마찬가지로 겉으로 드러나는 특징을 얼마든지 찾아낼 수 있다. 그러한 상황에서는 하나의 문장(각각의 단어는 두말할 필요도 없다)조차도 얼굴을 갖게 되며, 이 얼굴은 해당 문장과 정반대되는 문장의 얼굴과 비슷해 보인다. 이런 식으로 모든 진리는 분명히 그와 정반대되는 것을 가리키는데, 이러한 사태로부터 의심이라는 것이 설명된다. 진리는 살아 있는 것이 되지만 이처럼 진리가 살아 있을 수 있는 것은 오직 명제와 반-명제가 상호 교환됨으로써 서로의 사고의 대상이 되는 리듬 속에서뿐이다.[5]   [M 1a, 1]

  "파리의 거리의 도덕적 분위기에 대해" 발레리 라르보는 이렇게 서술하고 있다. "교제는 항상 평등하다거나 그리스도교적인 우애라는 허구 속에서 시작된다. 이러한 군중 속에서 하층민은 상류 인사 행세를 하고 상류 인사는 하층민인 척한다. 도덕적인 면에서 두 계층 모두 위장하고 있다. 세계의 다른 수도들에서는 이러한 위장이 외양을 넘어서는 일은 거의 없으며, 사람들은 분명하게 차이를 고수하면서 이교도나 야만인들로부터 확실하게 자신을 구별하고자 노력한다. 이곳 파리에서는 가능한 한 최대한으로 차이를 없애버린다. 바로 여기서 파리의 거리들에서 찾아볼 수 있는 도덕적으로 기분 좋은 분위기가 비롯되며, 군중의 저속함, 무관심, 단조로움도 너그럽게 보아 넘길 수 있는 매력이 생겨난다. 그것이 파리의 우아함이며, 파리의 미덕이다. 자비심. 고결한 군중 ……." 발레리 라르보, 「파리의 거리와 얼굴. 샤-라보르드의 화집을 위해」, 『코메르스』, 8호, 1826년 여름호, 36/37페이지. 이러한 현상에 그리스도교적인 미덕의 색채를 그토록 자신 있게 부여하는 것이 과연 옳은 것일까, 아니면 혹시 여기서 작용하고 있는 것은 어쩌면 도취의 유사화, 중복, 동류화로서, 그것이 이 도시의 거리들에 있어 사회적인 자기 현시욕을 능가하고 있는 것은 아닐까? 여기서 「단테와 페트라르카」라는 해시시 경험을 인용해야 할지도 모르겠다.[6] 그리고 인권 선언 속에 침투되어 있는 도취의 경험의 정도를 측정해야 할지도 모르겠다. 이 모든 것을 고려해볼 때 그리스도교 운운은 이것과는 전혀 상관이 없는 말이다.　　　　　　　　　　　　　　　　　　[M 1a, 2]

'공간이 행상들이 팔러 다니던 통속 문학의 삽화Kolportage[7]처럼 바뀌는 현상'이야말로 산책자의 기본적인 경험이다. 이 현상은 — 다른 측면에서 보자면 — 19세기 중엽의 실내에서도 나타나고 있으므로 산책의 황금시대도 같은 시기가 아닐까 하는 추측을 피할 수 없다. 이러한 현상 덕분에 잠재적으로는 오직 이 공간 안에서만 일어날 수 있는 모든 것을 동시에 지각할 수 있다. 이 공간이 산책자에게 눈짓하며 자신 안에서 대체 무슨 일이 일어났는지를 묻는다. 물론 이러한 현상과 앞서 말한 삽화가 어떻게 관련되어 있는지는

좀더 자세히 규명되어야 할 것이다.[8] ■역사■　　　　　　　　[M 1a, 3]

　　1839년 5월 17일 영국 대사관이 개최한 무도회는 분명 공간의 진짜 가장무도회였던 것이 틀림없다. "이 무도회를 장식하기 위해 정원과 온실의 온갖 화려한 꽃들 외에도 1,000~1,200송이의 장미가 주문되었다. 객실에는 800송이밖에 놓을 수 없었다고 한다. 하지만 벌써 이 이야기만 듣고도 당신은 신화 속에서나 나옴직한 호화찬란한 모습을 연상할 수 있을 것이다. 정원은 하나의 천막 지붕으로 덮여 마치 담소 살롱salon de conversation 같았다. 이 얼마나 멋진 살롱인가! 온갖 꽃들로 가득한 화사한 화단은 거대한 화분 같아 그것을 한번 본 사람은 누구나 찬탄을 금치 못했다. 오솔길의 모래는 새로운 천으로 덮어버렸는데, 흰색 공단 구두를 위한 배려에서였다. 우묵하게 들어간 철제 벤치를 치우고 대신 중국 원산의 돋을무늬 비단과 문직紋織으로 된 긴 소파를 놓았다. 원탁 테이블 위에는 책과 화집이 놓여 있었다. 이 거대한 규방에서 잠시 휴식을 취할 수 있는 것만으로도 멋진 경험이었다. 이곳까지 마법의 노래 같은 오케스트라 소리가 침투해 들어왔으며, 춤추고 싶어 안달이 난 어린 여자 아이들과 약간의 야식을 먹으러 온 얌전한 젊은 여성들이 이 규방을 둘러싼 세 개의 꽃의 회랑 안을 행복한 그림자처럼 지나가는 것이 보였다. ……" H. 달메라스, 『루이-필립 <치하의> 파리 생활』, <파리, 1925년>, 446/447페이지. 위의 이야기는 지라르댕 부인이 들려준 것이다. ■실내■ 오늘날 표어는 혼합Verschränkung이 아니라 투명성이다(코르뷔지에!).　　　　　　　　　　　[M 1a, 4]

　　통속적인 행상본의 삽화의 원칙이 주요 회화까지 잠식하고 있는 모습. "카탈로그에서 전투 장면을 묘사하기 위해 화가가 선택한 순간을 조명하기 위해 사용될 예정이었지만 그러한 목적을 달성하는 데 실패한 대 회전會戰에 관한 보고에는 통상 그러한 보고를 인용한 원래의 저서의 출전이 붙게 된다. 예를 들어 흔히 괄호 안에 넣어진 채 다음과 같은 내용이 첨부된다.『스페인 원정』, 쉬세 장군 저 ─ 『나폴레옹 장군보와 공보』. ─『가제트 드 프랑스』, 제 …… 호 등. ─『프랑스 혁명사』, M. 티에르 저, …… 권, …… 페이지. ─『승리와 정복』, …… 권, …… 페이지 등." 페르디난트 폰 갈,『파리와 파리의 살롱들』, 올덴부르크, 1844년, 1권, 198/199페이지.   [M 2, 1]

삽화적인 시선이라는 범주는 산책자에게는 기본적인 것이다. 그는 쿠빈이『이면』을 저술할 때와 같이 자기 꿈을 이미지들에 딸린 텍스트처럼 묘사한다.   [M 2, 2]

해시시를 피우면 회화에서 알게 된 몇 가지를 재현한다. 감옥, 탄식의 다리,[9] 길게 끌리는 옷자락 같은 계단 등이 그것이다.

[M 2, 3]

산책할 때는 공간적으로나 시간적으로 아득히 먼 것[10]이 풍경과 순간 속으로 침입해 들어온다는 것은 잘 알려져 있다. 이러한 상태의 진정 도취적인 단계에 이르게 되면 행복한 산책자의 혈관 속에서는 피가 고동치고 심장은 시계처럼 똑딱거리며 외면뿐만 아니라 내면으로도 모든 것이 19세기에(물론 그 이전에도) 큰 인기를 끌었던 '기계 장치 그림' 중의 하나에서 상상해볼 수 있는 것과 같은 상태가 된다. 전경에는 피리를 부는 목동이 있으며, 이 양치기 곁에서는 두 명의 아이가 피리 소리에 맞춰 몸을 흔들고, 멀리 뒤쪽에는 두 명의 사냥꾼이 사자의 뒤를 쫓고 있으며, 마지막으로 저 멀리 있는 배경에는 기차가 때마침 철교 위를 달리고 있는 그림 말이다(샤퓌/겔리, 『자동 인형의 세계』, 파리, 1928년, 1권, 330페이지).   [M 2, 4]

산책자의 태도 ─ 제2제정 하에서의 중간 계급의 정치적 태도의 축도.   [M 2, 5]

거리의 교통량이 끊임없이 증가하고 있는 상황에서 카페의 테라스에서 귀에 대고 소리를 지르지 않아도 대화를 나눌 수 있게 된 것은 결국 도로의 '매캐덤식 포장' 덕분이었다.   [M 2, 6]

산책자의 될 대로 되라는 식의 태도laisser-faire는 심지어 이 시대의 혁명적인 철학 학설 속에조차 그와 정반대되는 원리를 끌어들였다. "우리는 모든 물리적·도덕적 현상을 만유인력의 법칙으로 귀납시키려는 키마이라적인 자만심(즉 생시몽의 주장)에 실소를 금할 수 없다. 단 이때 우리는 그러한 주장이 결코 산발적인 것은 아니었으며, 오히려 역학적인 물리학이 초래한 혁명적인 자연 법칙의 영향 하에 자연의 역학을 통해 사회적 삶, 아니 더 나아가 사건 일반에서도 그와 동일한 역학이 작용하고 있다는 것을 증명하려 한 자연철학적 사조가 등장할 수 있었다는 것은 너무 쉽게 잊어버린다." <빌리> 스퓔러, 『생시몽주의』, 취리히, 1926년, 29페이지.   [M 2, 7]

산책의 변증법. 한편으로 이 남자는 모든 사람들과 모든 것이 자기를 주시하고 있다고 느끼고 있다. 정말 용의자 그 자체라고 할 수 있다. 다른 한편으로는 전혀 사람들 눈에 띄지 않는 숨어 있는 존재. 아마 「군중 속의 인간」에서 전개되고 있는 것이 바로 이 변증법일 것이다.   [M 2, 8]

"도시의 시골로의 변형 이론. 이것이 바로 …… 모파상에 관한 저의 미완성 논문의 주요 테제였습니다. …… 거기서는 도시를 사냥터로서 문제 삼고 있으며, 전반적으로 사냥꾼이라는 개념이 중요한 역할을 하고 있습니다(예를 들어 제복 이론. 모든 사냥꾼은 똑같아 보입니다)." 1935년 6월 5일 비젠그룬트의 편지.   [M 2, 9]

프루스트에게서 산책의 원리. "그러한 모든 문학에 대한 관심과는 전혀 무관하게 그것과는 아무런 관련도 없이 느닷없이 하나의 지붕, 자갈 위에 반사되는 태양의 빛, 길의 내음이 어떤 특별한 기쁨을 주어 발걸음을 멈추게 했다. 뿐만 아니라 내가 걸음을 멈춘 것은, 나보고 붙잡으러 오라고 유혹하는데도 아무리 내가 보려 해도 발견하지 못하는 그 무엇을, 내가 보고 있는 것의 건너편에 숨겨두고 있는 성싶어서이기도 했다."『스완네 집 쪽으로』, <1권, 파리, 1939년, 256페이지>.[11] — 이 구절을 보면 풍경Landschaft에 대한 오랜 낭만주의적인 감정이 해체되고 새로운 낭만주의적인 견해가 등장하고 있는 것을 분명하게 알 수 있는데, 도시가 산책의 진정 성스러운 땅이라는 것이 사실이라면 그것은 오히려 |농촌의| 풍경Landschaft이라기보다는 차라리 도시 풍경Stadtschaft처럼 보인다. 아무튼 이를 본론에서 보들레르(생전에 수많은 아케이드가 있었음에도 불구하고 그의 작품에서는 아케이드에 대한 묘사를 찾아볼 수 없다) 이후 처음으로 묘사해보기로 한다.   [M 2a, 1]

972

따라서 산책자는 자기 방 안을 산책한다. "가끔 요하네스는 외출을 허락해줄 것을 요청했으나 대개는 거절당했다. 대신 종종 아버지는 손을 잡고 방 안을 여기저기 산책하자고 제안했다. 처음엔 빈약한 대안처럼 느꼈으나 …… 실제로 거기에는 완전히 다른 어떤 것이 숨겨져 있었다. 요하네스는 제안을 받아들였다. 어디로 갈지를 결정하는 것은 전적으로 요하네스에게 맡겨졌다. 그래서 두 사람은 |상상 속에서| 요하네스가 원하는 대로 문을 나와 가까운 별장으로 가거나 혹은 멀리 해안가로 나서거나, 거리를 왔다 갔다 하기도 했다. 왜냐하면 아버지는 뭐든지 할 수 있었기 때문이다. 방 안을 왔다 갔다 하는 동안 아버지는 두 사람에게 보이는 모든 것에 대해 이야기해주었다. 두 사람은 지나가는 사람들에게 인사를 했으며, 마차 몇 대가 두 사람 옆을 시끄럽게 지나갔다. 그로 인해 아버지의 목소리가 들리지 않을 때도 있었다. 과자 가게 아줌마가 파는 설탕에 조린 과일은 이전 어느 때보다도 맛있어 보였다. ……" 이것은 키에르케고르의 초기 텍스트 중의 하나에 들어 있다. 에두아르트 가이스마르 편집, 『쇠렌 키에르케고르』, 괴팅겐, 1929년, 12/13페이지. 이 문장 속에는 '내 방 일주 여행'[12]이라는 도식을 푸는 열쇠가 들어 있다.
[M 2a, 2]

"산업가는 품질을 평가하면서 아스팔트 위를 지나간다. 노인은 조심스럽게 아스팔트를 찾아 가능한 한 오랫동안 더듬어가며 행복한 모습으로 지팡이 소리를 울리며 도로를 걸어가면서, 처음 이곳에 인도를 만드는 공사 현장을 직접 본 적이 있다며 자랑스러운 듯 추억에 잠긴다. 시인은 …… 시구를 중얼거리면서 느릿느릿 무관심한 듯 생각에 잠겨 걸어간다. 주식 중개인은 최근의 밀가루값 인상

확률을 계산하면서 지나간다. 서두르는 자는 거기서 발을 삐끗한
다." 알렉시스 마르탱, 「아스팔트의 생리학」(『르 보엠』, 1권 3호,
1855년 4월 15일, 편집 주간 샤를 프라디에).   [M 2a, 3]

거리를 **삶의 터전**으로 만드는 파리 사람들의 기술에 관해. "생-
토노레 가를 지나 돌아오는 도중 우리는 무엇이든 닥치는 대로 이
용하는 파리의 거리 산업의 훌륭한 사례와 맞부딪히게 되었다. 어
느 곳에선가 포석을 보수하고 관을 부설하는 작업을 하고 있었는데,
그로 인해 도로 한가운데는 출입금지 구역이 되어 조금 높게 올라
와 있었으며 돌로 덮여 있었다. 이러한 곳의 한가운데에 어느새 거
리의 행상들이 자리 잡고는 대여섯 명의 소매상인이 문방구나 문고
본, 철제 도구, 램프의 갓이나 양말대님, 자수 놓은 옷깃, 그 외 자질
구레한 장신구들을 팔고 있었다. 그뿐만이 아니라 버젓하게 고물상
이 분점을 개설하고는 고물이 다 된 잔들이나 접시며 유리잔 등을
납작한 돌 위에 펼쳐놓고 있었다. 이러한 장사는 도로가 단기간 차
단되는 것에 곤란을 겪기는커녕 오히려 그로부터 이익을 얻고 있는
것이다. 그들은 마치 전화위복의 명인들 같다." 아돌프 슈타르, 『5년
후』, 올덴부르크, 1857년, 1권, 29페이지<.>[13]

70년 후에도 나는 불르바르 생-제르맹과 불르바르 라스파유의
모퉁이에서 똑같은 경험을 했다. 파리 사람들은 거리를 실내로 바
꾸어버렸다.   [M 3, 1]

"파리 자체에서도 말 그대로 시골 속을 거닐 수 있다는 것은 너
무 멋진 일이다." 칼 구츠코브, 『파리에서 온 편지』, 라이프치히,
1842년, 1권, 61페이지<.> 이와 함께 이 모티브의 다른 측면이 드러

난다. 왜냐하면 산책이 파리를 완벽하게 하나의 실내로, 즉 각 구역 quartier은 하나하나의 방이 되며 작은 방들은 실제 방들처럼 문턱으로 분명하게 구분되지 않는 하나의 집으로 바꿀 수 있는 면도 있으나 다른 한편 이 도시 또한 산책자에게 모든 문턱을 잃고 주변 풍경처럼 전개될 수도 있기 때문이다.   [M 3, 2]

하지만 결국 혁명만이 도시에 자유로운 공기를 불어넣는다. 혁명의 옥외성屋外性Pleinasmus. 혁명은 도시의 마력을 빼앗는다. 『감정 교육』 속에 이미 코뮌이 있다. 내전 때 거리의 이미지.   [M 3, 3]

실내로서의 거리. (게네고 가와 센 가 사이에 있는) 파사주 뒤 퐁뇌프에 대해. "부티크들은 옷장과 비슷하다." 『파리의 신 풍경 또는 19세기 초 파리의 풍속과 습관 관찰』, 파리, 1828년, 1권, 34페이지.
                                                                [M 3, 4]

튈르리 궁전의 정원. "바나나 나무 대신 가스등이 심어진 거대한 사바나." 폴-에르네스트 드 라티에, 『파리는 존재하지 않는다』, 파리, 1857년. ■가스■   [M 3, 5]

파사주 콜베르. "이 아케이드를 비추는 대형 촛대는 사바나 한가운데 있는 야자나무를 닮았다." ■가스■ 『100과 1의 책』, 10권, 57페이지, 파리, 1833년(아메데 케르멜, 「파리의 아케이드들」).   [M 3, 6]

파사주 콜베르의 조명. "나는 규칙적으로 늘어선 채 강렬하면서도 부드러운 빛을 발산하고 있는 둥근 크리스털 유리들에 경탄을 금치 못했다. 우주 공간을 방랑하기 위해 전투 대형으로 출발 신호를 기다리고 있는 혜성들이 바로 이런 모습이 아닐까?"『100과 1의 책』, 10권, 57페이지<.>

이런 식으로 도시가 별의 세계로 변형되는 것에 대해서는 그랑빌의『또다른 세계』와 비교해볼 것. ■가스■ [M 3, 7]

1839년에는 산책 나갈 때 거북이를 데리고 가는 것이 우아해 보였다. 이것은 아케이드를 어떤 속도로 산책했던가를 파악할 수 있게 해준다. [M 3, 8]

귀스타브 클로댕은 이렇게 말해야만 했으리라. "필레|소나 양 따위의 허리 윗부분의 고기, 안심|가 필레가 아니라 샤토브리앙|비프 스테이크의 일종|이 되어버리는 날, 아리코 드 무통|양고기 스튜|이 나바랭|양고기 스튜|으로 불리게 되는 날, 괘종시계 밑의 손님이『모니퇴르』지를 찾는다는 말을 전달하기 위해 카페의 웨이터가 '『모니퇴르』, 괘종시계 밑!' 이라고 외치는 날 파리는 정말 폐위당할 것이다!" 쥘 클라르티,『파리의 삶, 1896년』, 파리, 1897년, 100페이지. [M 3, 9]

"거기 …… 아브뉘 데 샹젤리제 …… 에는 1845년부터 온실 ─ 이 있었다. 파티나 무도회, 콘서트를 위한 많은 홀을 갖춘 이 거대한 온실은 여름에도 문을 열기 때문에 '겨울 정원' 이라는 이름은 전혀 어울리지 않는다." 계획적인 배치를 통해 방과 야외의 자연을 이렇게 조합시킨 것을 볼 때 이것은 인간의 마음 깊숙한 곳에 자리 잡고 있는 몽상을 향한 성향, 즉 아마 태만이 인간사에서 얼마나 강한 힘을 갖고 있는가를 입증해줄 수도 있을 성향을 이런 식으로 충족시켜줄 수 있을지도 모르겠다. 볼데마르 자이파르트,『1853년과 1854년의 파리 견문록』, 고타, 1855년, 130페이지.   [M 3, 10]

레스토랑 '트루아 프레르 프로방소|프로방스의 삼형제|'의 메뉴판. "요리는 36페이지, 포도주는 4페이지 — 각 페이지가 얼마나 길던지, 작은 폴리오판에 활자가 빼곡히 채워져 있으며 자세한 설명도 딸려 있다." 이 메뉴판은 우단으로 장정되어 있다. 전채 요리만도 20종류, 스프가 33종류, "소고기 요리가 46종류에 달하며 이 중 비프스테이크가 7종류, 안심 요리가 8종류나 된다". "사냥한 들새 요리가 34종류, 야채 샐러드가 47종류, 스튜 요리가 71종류." 율리우스 로덴베르크,『햇빛과 등불 아래의 파리』, 라이프치히, 1867년, 43/44페이지. 식단의 산책.   [M 3a, 1]

꿈을 꾸면서 오후를 저녁의 망 속에 잡아가두는 최고의 기술은 이런저런 계획을 세워보는 것이다. 계획을 세우는 산책자. [M 3a, 2]

"코르뷔지에의 집들은 공간적이지도 않으며 그렇다고 조형적이지도 않다. 바람이 집 안을 뚫고 지나간다! 공기가 구성 요소가 된다! 따라서 중요한 것은 공간도 조형성도 아니며 오직 관계(성)와 상호 침투뿐이다! 단지 분할할 수 없는 하나의 공간밖에 존재하지 않는다. 내부와 외부의 구별이 없어진다." 지크프리트 기디온,『프랑스의 건축』, <베를린, 1928년>, 85페이지.   [M 3a, 3]

거리는 집단의 거처이다. 집단은 영원히 불안정하며 영원히 유동적인 존재로, 자택에서 사방의 벽으로 보호받고 있는 개인만큼이나 집의 벽들 사이에서 많은 것을 경험하고 체험하고, 인식하고 생각한다. 이러한 집단에게 반짝반짝 빛나는 에나멜 간판은 부르주아의 응접실에 걸린 유화만큼이나 멋진 — 어쩌면 더 나은 — 벽장식이며, '벽보 금지'가 붙어 있는 벽은 집단의 필기대, 신문 가판대는 서재, 우편함은 청동상, 벤치는 침실의 가구이며, 카페의 테라스는 가사를 감독하는 출창出窓이다. 노상의 노동자들이 웃옷을 걸쳐놓는 난간은 현관이며, 안마당에서 옥외로 이어지는 출입구는 시민들에게는 깜짝 놀랄 만큼 긴 복도로, 이것은 노동자들에게는 도시의 내실로 들어가는 입구이다. 노동자들 입장에서 보면 아케이드는 응접실이었다. 거리는 다른 어느 곳에서보다도 더 이 아케이드에서 대중에게 가구를 구비한 편안한 실내로 모습을 드러낸다. [M 3a, 4]

19세기의 파리에서 일어나고 있는 거리와 주거의 도취적인 상호 침투 — 특히 산책자의 체험에서 — 에는 예언적인 가치가 있다. 왜냐하면 이러한 상호 침투가 새로운 건축 기술을 냉정한 현실로 만들 것이기 때문이다. 기디온은 가끔 아래와 같은 사실에 주의를 환기시키고 있다. "익명의 기술자가 도입한 세부적인 기술, 예를 들어 |철도와 도로의| 수평 건널목이 건축물의 일부가 되기도 한다(즉 저택의 일부로 사용되기도 한다)." S. 기디온, 『프랑스의 건축』, <베를린, 1928년>, 89페이지.   [M 3a, 5]

"위고는 『레미제라블』에서 포부르 생-마르소를 멋지게 묘사하고 있다. '사람들이 지나다니는 것을 보면 그곳은 인적이 드물지도 않고, 집과 한길이 있는 것을 보면 황량한 벌판도 아니고, 시골 신

작로처럼 길에 수레바퀴 자국이 나고 풀이 돋은 것을 보면 도회지
도 아니고, 집들이 꽤 높은 것을 보면 시골 마을도 아니다. 그렇다
면 대체 어떤 곳일까? 그곳은 사람은 살고 있지만 아무도 없는 듯
이 보이는 곳이었으며, 소리 없이 적적하건만 역시 누군가 있는 그
런 곳이었다. 그것은 대도시의 큰길이요 파리의 한 거리인데도, 밤
이 되면 숲속보다 더 을씨년스럽고 묘지보다 더 음산했다.'"[14] 뒤
베크/데스프젤, 『파리의 역사』, 파리, 1926년, 366페이지.

[M 3a, 6]

"마지막 승합마차가 1913년 1월 라 빌레트—생-쉴피스 구간을 달
렸다. 말이 끄는 마지막 시가 철도 마차는 같은 해 4월 팡탱—오페
라 구간을 달렸다." 뒤베크/데스프젤, 앞의 책, 463페이지.

[M 3a, 7]

"1828년 1월 30일 최초의 승합마차가 바스티유부터 마들렌까지의
불르바르들을 잇는 노선을 달렸다. 운임은 25 혹은 30상팀이며,
마차는 손님이 원하는 곳에서 정차했다. 좌석은 18~20개 정도였
으며 노선은 두 구간으로 나뉘어 있었는데, 생-마르탱 문이 갈림
길이었다. 이 발명품의 인기는 대단했다. 1829년 이 회사는 15개
의 노선을 증설했으며, 트리시클레|삼륜마차|, 에코세즈|스코틀랜
드 부인|, 베아르네즈|베아른 귀부인|, 담 블랑슈|흰 옷의 귀부인|
같은 라이벌 회사들이 뛰어들면서 경쟁이 한층 더 치열해졌다." 뒤
베크/데스프젤, 앞의 책, 358/59페이지.   [M 3a, 8]

"한밤중인 1시가 지나서야 모임은 파했다. 인적이라고는 거의 찾

아볼 수 없는 파리의 거리를 처음으로 보았다. 불르바르들에서는 거의 사람을 만나지 못했으며, 낮에는 인파를 헤치며 앞으로 나가야 하던 증권거래소의 비비엔 가에서는 사람의 그림자도 찾아볼 수 없었다. 들리는 소리라고는 내 발자국 소리와 분수의 졸졸거리는 물소리뿐이었는데, 낮이라면 이 분수 근처에서는 귀가 먹먹해질 정도로 와글대는 소음에서 벗어날 도리가 없었을 것이다. 팔레 루아얄 근처에서 순찰대를 만났다. 병사들은 일렬로 줄을 지어 거리의 양쪽 건물 벽을 따라, 동시에 습격받지 않도록 혹은 습격받았을 때 서로 도울 수 있도록 5~6보 간격을 두고 전진하고 있었다. 이것을 보고 막 파리에 체류하게 되었을 때 밤에 파리의 거리를 여러 명이 걸어갈 때는 이런 식으로 가고, 혼자 가야 할 경우에는 반드시 마차를 이용하도록 충고받은 것이 떠올랐다." 에두아르트 데 브리엔트, 『파리에서 온 편지』, 베를린, 1840년, 248페이지.

[M 4, 1]

승합마차에 대해. "마부가 마차를 멈추면 승객은 올라타기 쉽도록 만들어놓은 작은 계단의 발판을 몇 개 올라가 14~16개의 좌석이 좌우로 길게 늘어서 있는 차 안을 둘러보고 나서 자리를 잡는다. 승객이 타자마자 바로 마차는 다시 움직이기 시작했다. 차장이 신호줄을 잡아당겼기 때문이다. 차장은 승객이 한 사람 탈 때마다 투명한 문자판의 바늘을 딸깍 소리를 내며 하나 앞으로 올렸다. 이런 식으로 요금 집계를 확인했다. 주행 중에 승객은 천천히 지갑을 꺼내 차비를 지불했다. 차장에서 멀리 떨어져 앉아 있는 경우 차비는 승객의 손에서 손으로 전달되었다. 한껏 멋을 부린 부인이 청 블라우스를 입은 노동자로부터 돈을 받아 앞으로 전달하기도 했다. 모든 것이 원활하고, 관습대로, 막힘없이 이루어진다. 내릴 때는 차장이 다시 줄을 잡아당겨 마차를 세웠다. 파리에서는 드물지 않은 언덕 길을 올라갈 때 마차 속도는 느려진다. 따라서 남자들은 마차가 멈추지 않아도 타고 내리는 일이 자주 있었다." 에두아르트 데브리엔트, 『파리에서 온 편지』, 베를린, 1840년, 61/62페이지.   [M 4, 2]

"벨로시페드[15]가 하나둘씩 보이기 시작한 것은 1867년 만국박람회 이후로, 그런 다음 몇 년 후에 대유행하더니 그만큼 단명으로 끝나고 말았다. 집정 정부[16] 시대에는 일부 앵크르와야블족[17]이 **벨로시페르**|급행 승합마차|라는 무겁고 조잡하게 만든 벨로시페드를 타고 다니는 걸 볼 수 있었다는 것을 기억할 수 있을 것이다. 1804년 5월 19일 보드빌 극장에서 『벨로시페르』라는 제목의 연극이 공연되었는데, 이 연극에서는 다음과 같은 노래가 불려졌다.

> 어유로운 속도의 편으로
> 거의 서두르는 법이 없는 마부 여러분,
> 여러분은 날랜 벨로시페르보다
> 먼저 도착하고 싶다고 생각한 적이 있는가?
> 그렇다면 속도를 겨루기보다
> 능숙하게 달리는 방법을 익혀라.

그러나 1868년 초부터 벨로시페드가 유행하면서 곧 공공 산책로 도처에서 물결을 이루게 되었다. 벨로시페드 애호가들이 뱃놀이를 하는 사람들을 대신했다. 체육관과 벨로시페드 동호회가 생겼으며, 애호가들의 실력을 향상시키기 위한 경기가 개최되었다. …… 오늘날 벨로시페드는 사라지고 잊혀졌다." H. 구르동 드 즈누이야크, 『세기를 가로질러 본 파리』, 5권, 파리, 1882년, 288페이지.   [M 4, 3]

산책자에게 독특한 우유부단함. 기다리는 것이 가만히 움직이지
않고 명상에 잠겨 있는 사람의 원래 상태인 것처럼 의구심은 산책
자의 본래 상태인 것 같다. 실러의 비가 중에 '나비의 의심 많은 날
갯짓' [18]이라는 구절이 나온다. 이것은 날개를 달고 하늘을 나는 것
과 해시시에 도취되었을 때 전형적으로 나타나는 의구심 많은 느낌
사이에 어떤 연관이 있다는 것을 암시하고 있다.   [M 4a, 1]

산책자의 전형으로서의 E. Th. A. 호프만.『사촌 형제의 구석 창
문』(1822년)은 산책자의 유언이다. 호프만이 프랑스에서 대성공을
거둔 것은 바로 이 때문이다. 그곳에서는 이러한 유형을 특히 잘 이
해해왔기 때문이다. 그의 전집의 마지막 5권(브로트하크?)[19]에 대한
전기적인 주석에는 이렇게 쓰여 있다. "호프만은 야외의 자연을 편
안하게 느낀 적이 한 번도 없었다. 그에게는 인간, 인간과의 소통,
인간에 대한 관찰, 그리고 단순히 인간을 보고 있는 것, 그것보다 더
중요한 것은 없었다. 여름에는 산책 나갈 때마다 ― 날씨가 좋으면
매일 저녁 무렵 산책을 나갔다 ― …… 사람들이 있는지 없는지, 있
다면 어떤 사람들이 있는지를 살펴보기 위해 그가 둘러보지 않는
술집이나 찻집을 찾기란 쉬운 일이 아니었다."   [M 4a, 2]

메닐몽탕. "형편없는 월급 때문에 자식과 아내들이 영원히 궁핍한
생활을 강요받고 있는 이 거대한 구역과 차이나 가 그리고 이와 인
접해 있거나 교차하고 있는 거리, 예를 들어 파르탕 가나 변덕스러
운 모습에 깜짝 놀랄 오르필라 가 등 엄청나게 꼬불꼬불 구부러져

982

있거나 길이 갑자기 꺾이며, 울타리는 거칠게 깎은 널빤지로 이어져 있으며, 정자에는 사람의 그림자도 보이지 않으며, 완전히 자연으로 되돌아가 야생의 잡초로 무성한 황폐해진 정원들이 흩어져 있는 거리들은 왠지 사람의 마음을 달래주는 독특한 적막감을 자아내고 있다. …… 광활하게 펼쳐진 하늘 아래 있는 시골의 오솔길로, 이곳을 지나는 사람들은 대부분 이미 뭔가를 먹고 한잔 한 듯한 얼굴을 하고 있다." J.-K. 위스망스, 『파리인들 소묘』, 파리, 1886년, 35페이지. 「차이나 가」. [M 4a, 3]

디킨스. "그는 여행을 떠나면, 심지어 스위스 산중에 있을 때도 편지로 …… 시도 때도 없이 …… 거리의 번화함이 결여되어 있는 것을 불평했는데, 그것은 그의 문학 창작에 있어 없어서는 안 되는 것이었다. 1846년 로잔에서 그의 가장 위대한 소설 중의 하나(『돔비와 아들』)를 쓰고 있을 때도 '거리가 없는 것이 내게 얼마나 괴로운 일인지, 말로는 이루 다 표현할 수 없습니다'라고 편지에 쓰고 있다. '거리들은 저의 뇌에 뭔가를, 뇌가 작용하려면 없어서는 안 될 뭔가를 제공해주는 것 같습니다. 1주일에서 2주일 정도라면 불편한 외지에 있더라도 훌륭한 작품을 쓸 수 있습니다. 그런 다음 기운을 내 다시 시작하려면 런던에서 하루 정도만 지내면 충분합니다. 그러나 고혹적인 거리의 불빛 하나 없는 이곳에서 매일매일 글을 쓰기란 보통 힘든 일이 아닙니다. …… 저의 작중 인물들은 주위에 군중이 없으면 도대체 움직이려고 하지를 않는 것 같습니다. …… 제노바에는 …… 적어도 2마일 정도 계속되는 거리가 있어 밤이면 그곳 거리들의 빛 속을 걸을 수 있었습니다. 그래서 매일 밤 북적거리는 그곳의 극장을 찾곤 했죠.'"[20] <프란츠 메링>, 「찰스 디킨스」,

『디 노이에 차이트』, 슈투트가르트, 1912년, 30권 1호, 621/22페이지.   [M 4a, 4]

빈곤에 대한 간략한 묘사. 아마 센 강 다리 밑의 정경일 듯. "한 집시 여인이 머리를 앞으로 떨어뜨리고 다리 사이에 빈 지갑을 놓은 채 자고 있다. 블라우스는 장식 핀으로 덮여 있는데, 태양빛으로 반짝거리며 빛나고 있다. 브러시 2개, 날을 드러낸 나이프, 닫힌 찬합 등 소지품과 화장 도구는 어찌나 가지런히 정돈되어 있는지 외관상 이처럼 질서정연해 보이는 모습은 그녀 주위에 거의 내밀함에 가까운, 실내 같은 느낌을 만들어내고 있었다." 마르셀 주앙도, 『파리의 이미지들』, 파리, <1934년>, 62페이지.   [M 5, 1]

"「나의 멋진 배」라는 노래가 대유행했다. …… 이것은 모든 파리 토박이들을 바다 사나이로 바꾸고 그들에게 뱃놀이를 꿈꾸도록 한 일련의 뱃사공들의 노래의 시초가 되었다. …… 화려함이 광채를 더하는 풍요로운 베네치아에서는/금색의 주랑이 수면에 반짝 빛나며/대리석으로 만든 대궁전들은/예술의 걸작이나 값진 보석으로 장식된 작품을 과시하지만/나에게는 곤돌라밖에 없다/새처럼 살아가자/새는 좌우로 흔들면서 날갯짓을 한다/수면 위를 스치듯이." H. 구르동 드 즈누이야크, 『1830~1870년 사이의 거리의 유행가』, 파리, 1879년, 21/22페이지.   [M 5, 2]

"' ─ 이처럼 큰 냄비 안에서 지독한 냄새를 풍기며 끓고 있는 이 지저분한 스튜는 뭐죠?' …… 라고 한 촌스러운 남자가 문지기 노파에게 말한다. ─ '음, 그건 말이죠, 선생님, 아스팔트를 끓이고

있는 거라우. 우리의 불쌍한 불르바르를 포장한다고 하는데, 그까
짓 포장 같은 건 안 해도 되지 않겠수! …… 정원을 걷는 것처럼 땅
위를 걸을 때는 산책이 그리 유쾌하지 않았기라도 한 모양이구
려.'"『대도시 ― 파리의 신 풍경』, 파리, 1844년, 1권, 334페이지
(「아스팔트」).   [M 5, 3]

최초의 승합마차에 대해. "벌써 '레 담 블랑슈'라는 경쟁자가 등
장했다. …… 이 마차는 전체가 흰색으로 칠해져 있다. 마부도 흰
색 …… 옷을 입고 발로는 '흰 옷의 귀부인이 당신을 쳐다보고 있
다 ……'²¹⁾는 노랫가락이 흘러나오는 주름상자를 돌리고 있었다."
나다르, 『내가 사진가였을 때』, 파리, <1900년>, 301/02페이지
(「1830년 전후」).   [M 5, 4]

뮈세는 바리에테 극장 뒤에 있으며 산책자들이 발을 들여놓는 일
이 좀체 없는 불르바르의 일부를 언젠가 한번 동인도 제도라고 부
른 바 있다.   [M 5, 5]

산책자는 시장의 관찰자이다. 그의 지식은 경기 동향에 관한 비
밀스러운 학문과 밀접한 관련이 있다. 그는 소비자의 왕국으로 파
견된 자본가들의 스파이이다.   [M 5, 6]

산책자와 대중. 이에 대해 보들레르의 「파리의 꿈」에서 배울 것
이 아주 많다고 해도 좋을 것이다.   [M 5, 7]

산책자의 무위無爲는 분업에 반대하는 시위이다.   [M 5, 8]

아스팔트는 처음엔 보도로 이용되었다.   [M 5, 9]

"몇 시간을 돌아다녀도 시의 경계가 끝나는 초입에도 이르지 못하
며 교외의 전원이 가까이 있다는 것을 추측할 만한 어떤 단서도 찾
아볼 수 없는 런던과 같은 도시는 참으로 독특한 곳이다. 엄청나게
많은 것이 집중되어 있으며, 250만 명의 사람이 한군데 몰려 있는
바람에 이 250만 명의 힘은 100배로 표출되고 있다. 이러한 집중이
런던을 세계 상업의 수도로 끌어올렸으며, 거대한 부두를 만들고
수천 척의 배를 불러들여 템스 강을 언제나 새까맣게 뒤덮고 있도
록 만들 수 있었다. …… 그러나 이 모든 것을 위해 치러야 했던 희
생을 인식하게 된 것은 훨씬 이후의 일이었다. 이 대도시의 포장된
대로 위를 며칠만 돌아다녀보아도 …… 이곳 런던 사람들이 문명
의 온갖 경이를 실현하기 위해 인간성의 최고의 부분을 희생해야
했다는 것을 처음으로 깨닫게 된다. …… 노상의 혼잡함이 벌써
어떤 불쾌감, 인간의 본성과는 전혀 맞지 않는 불쾌감을 느끼게 한
다. 서로 밀고 밀리며 지나쳐 가는 온갖 계급과 신분의 수만 명의
사람들, 이들은 똑같은 특성, 능력을 갖고 있으며 너나없이 행복해
지는 것에 관심을 가진 똑같은 인간들이 아닐까? 이들은 모두 결국
똑같은 수단과 방법으로 행복을 얻으려고 노력하고 있는 것이 아
닐까? 그런데도 이들은 뭐 하나 공통된 것 없는 것처럼, 서로 뭐 하
나 관련도 없는 것처럼 각자의 길을 재촉하며 지나쳐 간다. 이들 사
이에 이루어진 유일한 합의는 보도의 우측으로 걸어가야 하며, 그
렇게 함으로써 바삐 지나가는 양쪽 군중의 흐름을 멈추게 하지 말
아야 한다는 암묵적인 것뿐이다. 누구 하나 다른 사람에게 눈길을
주는 일이 없다. 잔인할 정도의 무관심, 각자는 개인적인 관심 속

에 무정하게 고립되어 있다는 느낌은 이들 개개인이 좁은 공간에 몰리면 몰릴수록 점점 더 불쾌하고 치욕적인 것이 된다. 개개인의 이러한 고립, 이처럼 편협한 이기심이 모든 곳에서 우리가 살고 있는 이 사회의 기본 원리라는 것을 알고 있다고 해도 그것이 런던이라는 대도시의 혼잡함 속에서만큼 부끄러운 줄도 모르고 그대로 생생하게, 또 의식적으로 드러나고 있는 곳도 없을 것이다." 프리드리히 엥겔스, 『영국 노동자 계급의 상태』, 2판, 라이프치히, 1848년, 36/37페이지(「대도시」). [M 5a, 1]

"내가 이해하기로 보헤미안들이란 사는 것이 문제이고, 그들을 둘러싼 상황이 신화이며, 재산은 수수께끼에 휩싸여 있는 개인들의 계층을 가리킨다. 그들에게는 도대체 정해진 거처도, 공인된 안식처도 없다. 어디에도 속해 있지 않지만 어디에서든 만날 수 있다! 평생 번번한 직업 한번 가진 적 없지만 50가지 일에 종사한다. 이들 대부분은 아침에 눈떴을 때 어디서 저녁을 먹을 것인지 알 수가 없다. 오늘은 부자일지 몰라도 내일은 굶주린다. 가능하면 정직하게 살아가려고 하지만 그것이 불가능하면 전혀 다르게 산다." 아돌프 데느리/그랑제, 『파리의 보헤미안들』(랑비귀-코미크 극장. 1843년 9월 27일 상연), 파리(『연극 주보』), 8/9페이지. [M 5a, 2]

> "그때 생-마르탱 문을 가로질러
> 낭만적인 **승합마차**가 번개처럼 지나갔다."

[레옹 고즐랑, 『승합마차의 승리 — 영웅적인 희극시』, 파리, 1828년, 15페이지. [M 6, 1]

"바이에른에 최초로 독일 철도가 건설될 계획이라는 발표가 있자 에를랑겐 대학 의학부는 …… 이러한 소견을 표명했다. 급속한 움직임은 …… 뇌질환을 초래할 것이며, 고속으로 기적을 울리며 달려가는 열차를 보는 것만으로도 그런 병이 생길 수 있기 때문에 적어도 철로 양쪽에 높이 5피트의 판자 울타리를 설치해야 한다." 에곤 프리델, 『현대 문화사』, 3권, 뮌헨, 1931년, 91페이지.   [M 6, 2]

"1845년경부터 …… 이미 유럽 각지에는 철도와 증기선이 존재했는데, 이처럼 새로운 교통수단은 찬미의 대상이 되었다. …… 여행지의 사진들, 여행지로부터의 편지, 여행 소설 등은 작가와 독자들 모두에게서 사랑받는 장르가 되었다." 에곤 프리델, 『현대 문화사』, 3권, 뮌헨, 1931년, 92페이지.   [M 6, 3]

다음과 같은 관찰은 당대의 문제 제기 방식의 특징을 전형적으로 보여준다. "강이나 호수를 배로 여행하면 몸은 활발한 움직임을 멈춘다. …… 피부는 완전히 탄력을 잃고 모공은 활짝 열린 채 주위 환경의 발산물이나 증기를 빨아들인다. 피는 …… 흉강이나 복강에만 일제히 몰려 …… 말단의 손발까지 흘러가는 것이 여간 어렵지 않게 된다." J.-F. 단셀, 『여행이 인간과 인간의 질병에 미치는 영향에 대해 — 특히 상류 사회 인사들을 위한 저작』, 파리, 1846년, 92페이지(「호수나 강에서의 선상 유람에 대해」).   [M 6, 4]

산책자와 구경꾼badaud[22] 사이의 주목할 만한 차이. "하지만 산책자와 구경꾼을 혼동하지 않도록 하자. 둘 사이에는 미묘한 차이가 있다. …… 순수한 산책자는 …… 항상 자기 개성을 충분히 확보하고 있다. 반대로 구경꾼은 외부 세계에 열광하고 도취되기 때문에 그들의 개성은 외부 세계에 흡수되어 사라지고 만다. 구경거리에 정신이 빼앗긴 구경꾼은 비인격적인 존재가 된다. 그는 더이상 하나의 인격un homme이 아니다. 그는 공중公衆, 군중이다. 독특한 성질을 갖고 있으며, 쉽게 불타오르는 소박한 영혼을 소유하고 있으며 쉽게 환상에 사로잡히는 진짜 구경꾼은 바르고 성실한 마음을 가진 사람들의 찬사를 받을 만하다." 빅토르 푸르넬, 『파리의 거리에서 볼 수 있는 것들』, 파리, 1858년, 263페이지(「파리의 거리들에서의 산책자의 오디세이아」).　　　　　　　　　　[M 6, 5]

산책자의 환(등)상: 얼굴에서 |보행자의| 직업과 가계와 성격을 읽어낼 수 있다고 생각하는 것.　　　　　　　　　　　　　[M 6, 6]

1851년²³⁾ 아직 파리―베네치아 사이에는 정기 우편마차가 다니고 있었다.　　　　　　　　　　　　　　　　　　　　　[M 6, 7]

공간이 행상본의 삽화처럼 보이는 현상에 대해. "신비감은 ― 다 빈치의 신비의 비결을 이해한 오딜롱 르동은 이렇게 쓰고 있다 ― 항상 애매한 것, 즉 2중, 3중의 측면을 갖도록 만들어 어떤 측면을 어렴풋이 추측할 수 있도록 하는 것(묘사된 이미지 속에서 이미지를 연상시키는 것)에서 유래하며, 이들 형태는 보는 사람의 정신 상태에 따라 변화한다. 모든 사물은 다름 아니라 현상하기 때문에 그만큼 더 암시적이다." 레이몽 에스콜리에, 「예술가」(『그래픽 기술과 공예』, 1935년 6월 1일, 47호, 7페이지)에서 인용.　　　　[M 6a, 1]

밤의 산책자. "곧, 아마, …… 밤에 돌아다니는 일은 없어질지도 모른다. 30년 혹은 40년 정도 유행한 후 분명 없어질 것이다. …… 인간은 때때로 휴식을 취할 수 있다. 그에게는 쉬거나 멈춰 서는 것은 허용되지만 잠잘 권리는 없다." 알프레드 델보, 『파리의 시간』, 파리, 1866년, 200페이지와 206페이지(「오전 2시간」). ― 밤 생활이 크게 확대되었다는 것은 델보에 따르면(163페이지) 가게가 벌써 밤 10시까지 문을 열고 있었다는 사실을 통해 분명하게 알 수 있다.

[M 6a, 2]

바레, 라데, 데퐁텐의 보드빌 『뒤를리에프 씨 또는 파리의 미화를 위한 소 풍자 희극』(1810년 6월 9일 보드빌 극장에서 상연. 파리, 1810년)에서 파리는 뒤를리에프 씨가 만든 일종의 무대 모형 형태로 풍경 속에 삽입되어 있다. 코러스는 "거실 안에다 파리 전체를 갖다 놓은 것은 얼마나 멋진가"(20페이지)라고 단도직입적으로 노래한다. 플롯은 건축가인 뒤를리에프와 화가인 페르디낭 사이의 내기를 중심으로 전개된다. 만약 뒤를리에프가 파리의 모형 중 어떤 것이든 '미화' 하는 것을 빼놓게 되면 그의 딸 빅토린은 즉각 페르디낭 차지가 된다. 그렇지 않으면 페르디낭은 다시 2년을 기다려야 한다. 연극이 끝날 무렵 뒤를리에프는 파리의 '가장 아름다운 장식품' 인 황후 폐하 마리 루이즈를 잊어버렸다는 것이 드러난다.

[M 6a, 3]

도시는 미로에 대한 인류의 오랜 꿈의 실현이다. 산책자는 이렇게 해서 실현된 현실도 모른 채 이러한 현실을 따른다. 그것을 모른 채 말이다. ― 하지만 다른 측면에서 보면 그의 행동을 합리화하며,

산책자의 행동과 모습을 추적하고 있는 엄청난 양의 문헌들의 확고한 토대를 이루고 있는 진부한 명제, 즉 산책자는 사람들의 골상학적인 외양을 관찰해 걷는 모습이나 체격, 표정에서 사람들의 <?> 국적이나 신분, 성격이나 운명을 읽어낸다는 명제만큼 어리석은 것도 없을 것이다. 이처럼 근거가 빈약한 명제들이 널리 퍼지는 것을 볼 때 산책자의 모티브를 덮으려는 관심이 얼마나 절박한 것인지를 알 수 있을 것이다.   [M 6a, 4]

산책자는 막심 뒤 캉의 「여행자」에서는 여행자의 옷을 입는다.
"― 발길을 멈추는 것이 두렵다. 그것이 내 삶의 본능.
......
사랑은 나를 너무나 공포에 떨게 만든다. 나는 사랑하고 싶지 않다.
― 그러면 앞으로! 앞으로! 아, 가여운 가난한 자여,
다시 너의 슬픈 길을 걸어가 너의 운명에 따르라!"
막심 뒤 캉, 『현대의 노래』, 파리, 1855년, 104페이지.   [M 7, 1]

석판화. 「승합마차 마부와 경쟁하는, 길목에서 손님을 태우는 마차의 마부」. 판<화>실.   [M 7, 2]

1853년에 벌써 파리의 몇몇 주요 지점에서의 탈것의 왕래에 관한 공식 통계가 나오고 있다. "1853년 파리에는 31개의 승합마차 노선이 운영 중이었으며, 극히 일부를 제외한 이들 노선에는 전부 현재의 버스와 동일한 글씨로 행선지가 표시되어 있었다는 것은 주목할 만하다. '마들렌―바스티유' 노선은 이미 지금의 노선 E와

동일했다." 폴 다리스트, 『불르바르의 삶과 세계(1830~1870년)』, 파리, <1930년>, 196페이지.   [M 7, 3]

승합마차의 환승역에서 좌석에 대한 권리를 계속 가지려면 승객은 번호순으로 부를 때 대답을 해야만 했다(1855년).   [M 7, 4]

" '압생트 주²⁴⁾를 한잔 하는 시간heure de l'absinthe' 의 전성기는 …… 소규모 신문 …… 의 융성기와 때를 같이 하고 있었다. 과거 진지한 대신문밖에 없었을 때 …… 그러한 시간 같은 것은 없었 다. 압생트 주가 유행한 것은 파리의 신문들의 가십과 문예란의 논 리적인 귀결이다." 가브리엘 기유모, 『보헤미안』(「파리의 인상」), 파리, 1867년, 72페이지.   [M 7, 5]

루이 뤼린, 『파리, 13구』(파리 1850년)는 이 구역의 고유한 표정 에 관한 가장 주목할 만한 증언 중의 하나이다. 이 책은 문체 면에서 독특한 특징을 갖고 있다. 즉 이 구역을 의인화하고 있는 것이다. "13구²⁵⁾가 사랑에 따른 온갖 악덕들을 다 준비해놓았을 때만 인간은 사랑하는 것에 몰두한다"(216페이지)라는 표현을 어렵지 않게 찾아 볼 수 있다.   [M 7, 6]

디드로의 "거리는 얼마나 아름다운가!"는 산책의 연대기 기록자 들이 애호하는 말이다.   [M 7, 7]

산책자의 전설에 대해. "나는 스쳐 지나가며 엿듣게 된 말 한 마디 를 단서로 하나의 대화를, 하나의 인생을 재구성할 수 있다. 억양

하나만으로도 이제 막 밀치며 옆얼굴을 잠깐 본 사람에게 |7가지|
대죄 중의 하나의 이름을 갖다 붙이기에 충분하다." 빅토르 푸르
넬, 『파리의 거리에서 볼 수 있는 것들』, 파리, 1858년, 270페이지.
[M 7, 8]

1857년에는 아직 새벽 6시에 파베-생-탕드레 가에서 베네치아로
떠나는 마차가 있었다. 베네치아까지는 6주가 걸<렸>다. 푸르넬,
『파리의 거리에서 볼 수 있는 것들』, 273페이지 참조. [M 7, 9]

승합마차 안에는 승객의 수를 나타내는 문자판이 있었다. 무슨
용도일까? 승차권을 파는 차장에게 승객이 얼마인지를 알려주는 용
도였다. [M 7, 10]

"주목할 만한 것은 …… 승합마차가 마차를 타려고 다가오는 모든
사람들의 기분을 완화시키고 진정시키는 것처럼 보였다는 것이다.
여객旅客 덕분에 먹고사는 사람들은 …… 대체로 거칠고 난폭한
것으로 알려져 있으나 …… 유독 승합마차를 모는 사람들만은, 실
제로 오직 이들만이 그러한 행동의 흔적을 보이지 않는다. 마치 이
무거운 차에서 초겨울에 마멋이나 거북이를 동면시키는 힘과 비슷
하게 마음을 진정시키며 잠을 부르는 나른한 감응력이라도 흘러나
오기나 하는 듯이 말이다." 빅토르 푸르넬, 『파리의 거리에서 볼
수 있는 것들』, 파리, 1858년, 283페이지(「길목에서 손님을 기다렸다
가 태우는 마차의 마부, 대여마차 마부, 승합마차 마부」). [M 7a, 1]

"『파리의 비밀』이 출판되었을 때 수도의 몇몇 구역 사람들은 이 소

설의 등장인물인 토르티야르, 라 슈에트, 로돌프 왕자가 실제로 존
재한다는 것을 조금도 의심하지 않았다." 샤를 루앙드르, 『현대의
전복적인 사상』, 파리, 1872년, 44페이지.   [M 7a, 2]

승합마차를 만들자는 최초의 제안은 파스칼에게서 유래하는데,
루이 14세 때 실현되었다. 물론 다음과 같은 독특한 제한 규정이
붙어 있었다. "병사, 시동, 하인 그리고 인부나 노동자를 포함한 그
밖의 다른 일꾼들도 유개 사륜마차에는 탈 수 없다." 1828년에 승
합마차가 도입되는데, 한 포스터에는 이에 대해 이렇게 쓰여 있었
다. "이들 마차는 …… 특별히 새로 고안된 경적을 울려 마차의 도
착을 알린다." 외젠 도리아크, 『프랑스 산업의 일화들』, 파리,
1861년, 250페이지와 281페이지.   [M 7a, 3]

거리의 유령 중에 '랑베르'라는 자가 있다. ― 가공의 인물로 어
쩌면 산책자일지도 모른다. 아무튼 그가 출몰하는 장소는 불르바르
로 한정되어 있다. '이보게, 랑베르!'라는 후렴이 딸린 유명한 노래
가 있었다. 델보는 『낮의 라이언족』, <파리, 1867년>에서 이 후렴에
한 구절을 할애하고 있다(228페이지).   [M 7a, 4]

델보는 『낮의 라이언족』에 들어 있는 「말을 탄 가난한 사람」이
라는 장에서 도시 풍경 속의 시골 사람을 이렇게 묘사한다. "이 말
탄 사람은 가여운 자로 이런저런 형편 때문에 걸어갈 수가 없어, 다
른 사람이라면 길을 물을 테지만 보시를 구하며 길을 가고 있다.
…… 갈기는 거칠고 털도 시골 당나귀처럼 지저분한 비루먹은 말을
탄 …… 이 걸인의 모습은 …… 오랫동안 내 기억 속에, 내 눈앞에.

생생하게 남아 있다. …… 그는 죽었다. ― 불로소득 생활자로서."
알프레드 델보, 『낮의 라이언족』, 파리, 1867년, 116/177페이지. 「말
을 탄 가난한 사람」.   [M 7a, 5]

미식에 대한 유혹을 초월한 파리 사람들의 새로운 자연 감정을
강조하며 라티에는 이렇게 쓰고 있다. "꿩 한 마리가 잎이 무성한
집 앞에서 …… 숲의 대부호처럼 …… 방문객들을 맞기 위해 ……
금과 루비 색 관모와 꼬리 깃털을 …… 햇빛에 반짝거릴 것이다."
폴-에르네스트 드 라티에, 『파리는 존재하지 않는다』, 파리, 1857년,
71/72페이지. ■그랑빌■   [M 7a, 6]

"강조하지만 구경꾼을 만들어내는 것은 결코 가짜 파리가 아니다.
산책자 …… 즉 보도와 쇼윈도 앞에서는 보잘것없고 하잘것없으
며, 호객꾼들에는 이골이 나 있으며, 10상팀의 감동에는 물릴 대로
물려 있으며, 포석, 삯마차, 가스등 이외에는 아무것도 모르던 사
람이 …… 경작자, 포도 재배자, 모직업자, 설탕 제조업자, 철강업
자가 되었다. 그는 자연의 교훈을 눈앞에 보면서도 이미 막연해하
지는 않는다. 그에게는 식물의 발아도 포부르 생-드니에서 사용
중인 제조 공정과 무관해 보이지 않게 되었다." 폴-에르네스트 드
라티에, 『파리는 존재하지 않는다』, 파리, 1857년, 74/75페이지.
                                                              [M 8, 1]

동시대 사회의 타락을 규탄하는 『저주받은 세기』(파리, 1843년)
라는 팸플릿에서 알렉시스 뒤메닐은 유베날리우스를 흉내 낸 픽션
을 이용하고 있다. 불르바르에서 군중들이 갑자기 굳어지며, 이 순

간 한 사람 한 사람의 생각과 목표가 기록된다는 것이 그것이다
(103/104페이지).   [M 8, 2]

"도시와 농촌의 대립은 …… 개인이 분업에 종속되며 또한 강제적
으로 어떤 특정한 일을 강요받게 되는 상황의 가장 노골적인 표현
이다. 이러한 복종은 도시 사람들은 편협한 도시 동물로, 농촌 사
람들은 편협한 시골 동물로 만들어버렸다"(<칼 마르크스/프리드리
히 엥겔스, 『독일 이데올로기』>, 마르크스 엥겔스 문서보관소, 라자노프
편, 1권, 프랑크푸르트 암 마인, <1928년>, 271/2페이지).[26]   [M 8, 3]

개선문 앞에서. "1두 이륜 유개 마차, 승합마차, 이롱델, 급행 승합
마차, 시타딘, 흰 옷의 귀부인, 그리고 어떤 이름으로 불리건 온갖
공공 교통수단이 거리들을 부단히 오르내리고 있다. 여기에 무수
히 많은 위스키, 베를리네스, 카로스,[27] 남녀 승마자를 추가해야 할
것이다." L. 렐스타프, 『1843년 봄의 파리』, 라<이프>치<히>, 1844
년, 1권, 212페이지. 저자는 행선지를 깃발에 써놓은 마차에 대해
서도 서술하고 있다.   [M 8, 4]

1857년경(H. 드 펜의 『안에서 본 파리』, 파리, 1859년, 224페이지 참
조) 승합마차의 지붕 위 좌석에 여성은 앉지 못하도록 되어 있었
다.   [M 8, 5]

"신부 카를로스 에레라로 변신한 천재 보트랭은 뤼시앵 드 뤼방프
레를 위한 결혼 지참금을 마련하기 위해 공공 운송 기업에 전 자금
을 투자했는데, 이를 보면 그가 파리 사람들이 곧 공공 운송에 열광

996

_ Quinze centimes un bain complet ..... parole, c'est pas payé !....

파리의 승합마차. 오노레 도미에의 석판화(1856년). 사진 설명은 이렇다.
"전신욕에 단돈 15상팀! 이런 완전 공짜 아냐" [M 8, 5]를 보라.

하리라는 것을 예견하고 있었던 셈이다." 「낭만주의 시대의 파리
산책: '파리 국립도서관 및 역사기념건조물사업국' 전에 즈음하
여 간행」, [1908년, 포에트, 보르페르, 클루조, 앙리오], 28페이지.
                                                    [M 8, 6]

"귀로 듣지 않고 눈으로 보는 사람은 보지 않고 듣는 사람보다
…… 훨씬 더 불안하다. 이러한 원리는 분명 대도시의 사회학을 이
해하는 데 중요한 요소를 갖고 있다. 청각의 작용보다 시각의 작용
이 훨씬 더 우세한 것이 …… 대도시 인간관계의 특징이다. 바로 여
기서 …… 다른 무엇보다 공공 운송수단이 발달한 원인을 찾을 수
있다. 19세기에 승합마차, 철도, 전차가 등장하기 전까지는 ……
몇 분 동안 혹은 몇 시간씩 말 한마디 없이 서로 멍하니 쳐다볼 수
있거나 쳐다보아야만 하는 일은 있을 수 없었다." G. 짐멜, 『상대
주의 철학 논집 — 철학적 교양을 위해』, 파리, 1921년, 26/27페이
지(「감각사회학 시론」). 짐멜이 여기서 불안하고 불안정한 상태와
연관시키고 있는 이 사태는 다른 측면에서는 일정하게 통속 관상
학과 관련되어 있다. 이러한 관상학과 18세기의 관상학의 차이를
연구할 것.   [M 8a, 1]

"파리는 …… 『콩스티튀시오넬|입헌|』지의 헌 신문을 유령에게
입혀서 열렬한 왕당파인 기인奇人 코드뤽-뒤클로를 만들어내고 있
다." 빅토르 위고, 『전집 — 소설 7』, 파리, 1881년, 32페이지(『레
미제라블』, 3부).[28]   [M 8a, 2]

빅토르 위고에 대해. "그에게 있어 오전은 꼼짝 않고 일하는 시간

으로 할애되어 있다. 오후는 거리를 헤매는 일에 할당된다. 그는 승합마차의 지붕 위 좌석, 그가 이름 붙인 바대로 하자면 **이동식 발코니석**을 좋아했는데, 거기서는 마음 내키는 대로 대도시의 온갖 측면을 연구할 수 있었다. 그는 귀청이 터질 것 같은 파리의 소음이 자신에게는 바다와 똑같은 효과를 가져다준다고 주장한다." 에두아르 드뤼몽, 『청동상 혹은 눈의 조상』, 파리, <1900년>, 25페이지(「빅토르 위고」).   [M 8a, 3]

각 구역들은 별개의 존재였다. 금세기 중엽까지만 해도 생-루이 섬에서는 평판이 좋지 않은 딸이 있으면 미래의 신랑감은 구역 밖에서 구해야 한다고 사람들은 입을 모았다.   [M 8a, 4]

"오 밤이여! 오 서늘한 어둠이여! ······ 수도의 돌 많은 미궁 속에서, 빛나는 별이여, 켜지는 등불이여, 그대들은 자유의 여신이 올리는 불꽃이로다!" 샤를 보들레르, 『파리의 우울』, 일쉼 편, 파리, 203페이지(22번째 시「어스름 저녁」).[29]   [M 8a, 5]

가에탕 니에포비에, 『서유럽의 대도시에 관한 생리학적 연구 ― 파리』, 파리, 1840년, 113페이지에서 볼 수 있는 1840년경의 승합마차들의 이름 ― 파리지엔, 이롱델, 시타딘, 비질랑|조심성 많은 여자|, 아글레아, 델타.   [M 8a, 6]

화가들 안에 펼쳐져 있는 풍경으로서의 파리. "노트르담-드-로레트 가를 지나갈 때는 머리를 들고 이탈리아풍의 건물 상부를 장식하고 있는 테라스 중의 하나에 시선을 향하도록 하라. 그러면 보도에서 7층 높이에 있는 하늘을 배경으로, 들판에 세워놓은 허수아비를 닮은 마네킹 인형 같은 어떤 것이 나타나는 것을 알아차리게 될 것이다 ……. — 먼저 무지개의 일곱 색깔이 무질서하게 뒤섞여 있는 실내복, 듣도 보도 못한 형태의 긴 바지, 뭐라 설명하기조차 힘든 슬리퍼가 눈에 들어올 것이다. 이처럼 우스꽝스런 옷 안에 한 젊은 화가가 숨어 있는 것이다."『우리 도시 파리』, 파리, <1854년>, 191/92페이지(알베리크 스콩, 「노트르담-드-로레트 가」).　　　　[M 9, 1]

메리옹의 작품이 주는 인상에 대해 조프루아는 이렇게 말하고 있다. "그런 식으로 재현된 사물들은 보는 사람들에게 그것들을 꿈꿀 수 있는 가능성을 제공해준다." 귀스타브 조프루아, 『샤를 메리옹』, 파리, 1826년, 4페이지.　　　　　　　　　　　　　[M 9, 2]

"승합마차, 이 마차의 리바이어던, 그리고 번개 같은 속도로 종횡무진하고 있는 이토록 많은 마차들!" 테오필 고티에[에두아르 푸르니에, 『해체된 파리』, 2판, 테오필 고티에 씨의 「서문」, 파리, 1855년, IV페이지](이 「서문」은 — 아마 1판에 대한 서평으로 — 1854년 1월 21일자 『모니퇴르 위니베르셀』지에 실렸다. 이것은 『19세기의 파리와 파리 사람들』, 파리, 1856년에 수록된 고티에의 「폐허의 모자이크들」이라는 텍스트와 완전히 혹은 부분적으로 동일하다).　　　　　　[M 9, 3]

"요컨대 극히 이질적인 시대의 요소들이 도시 속에서 공존하고 있다. 18세기 건물에서 나와 16세기 건물로 들어가면 시간의 언덕을 내려가는 셈이 된다. 이 건물 바로 옆에는 고딕 시대의 교회가 서 있는데, 그러면 우리는 시간의 저 밑바닥으로 들어가며, 몇 걸음

더 걸어가면 유령 회사 범람 시대의 거리에 들어서게 된다. ……
시간의 산을 넘어가는 것이다. 도시에 들어서는 사람이면 누구나
극히 먼 과거도 오늘날의 사건들과 연결되어 있는 꿈의 망 속에 있
는 듯이 느끼게 된다. 건물은 시간의 어떤 층에서 유래하든 다음 건
물과 이어져 하나의 거리가 태어난다. 그리고 어떤 거리가 — 이
거리가 예를 들어 괴테 시대의 것이어도 상관이 없다 — 가령 빌헬
름 시대에서 유래하는 다른 거리로 흘러들어가서 하나의 구역이
생긴다. …… 도시의 정점은 광장이다. 사방팔방에서 이 광장으로
수많은 거리들이 흘러들어올 뿐만 아니라 거리의 역사들도 합류한
다. 이들 거리는 광장으로 흘러들어오자마자 즉시 주위를 빙 둘러
싼다. 그리고 광장의 가장자리는 선창가와 비슷해 광장의 외적인
형태만으로도 벌써 이 광장에서 펼쳐진 역사에 관한 정보를 알 수
있다. …… 정치적 사건 속에서는 전혀 혹은 거의 표현되지 않은
일들이 도시에서는 전개된다. 도시는 극히 섬세한 악기로서, 엄청
난 덩치에도 불구하고 살아 있는 역사의 공기의 진동에 에올리언
하프처럼 반응한다." 페르디난트 리옹, 『생물학적으로 본 역사』,
취리히/라이프치히, <1935년>, 125/126페이지, 128페이지(「도시
에 관한 노트」).   [M 9, 4]

델보는 산책 중에 파리 사회의 여러 사회 계층을 마치 지질학자가
지층을 읽어내듯 별 어려움 없이 읽어낼 수 있다고 생각한다.

[M 9a, 1]

문인 — "그에게 가장 비통한 현실은 실제의 광경이 아니다. 그것
은 연구이다." 알프레드 델보, 『파리의 이면』, 파리, 1860년, 121페

이지.   [M 9a, 2]

"산책에 나서는 사람은 위험한 상황에 처하게 될 것을 걱정하거나
도시의 규칙에 너무 신경을 쓸 필요는 없을 것이다. 산책하다 재미
난 생각이 떠오르거나 특이한 가게를 발견하면 차도를 가로지르게
되는 것은 당연한 일로, 그로 인해 위험 ─ 우리 부모의 부모들은
아마 이러한 위험을 상상조차 할 수 없었을 것이다 ─ 에 직면하거
나 하는 일은 없을 것이다. 그러나 오늘날에는 수없이 조심하고,
시계視界를 확인하고, 경시청에 조언을 구하지 않고서는, 어리둥절
해하며 이리 밀리고 저리 밀리는 군중과 뒤섞이지 않고서는 ─ 이
들을 위해 반짝거리는 금속으로 미리 길을 표시해두었다 ─ 차도
를 횡단할 수 없다. 머릿속에 떠오르거나 아니면 거리의 광경을 보
다가 촉발되었을지도 모르는 기발한 생각을 정리하려고 해도 차의
경적에 귀를 먹고, 시끄럽게 떠드는 사람들 때문에 머리가 멍해지
고 …… 창문 밖으로 흘러나오는 강연, 정치에 관한 이런저런 이
야기들, 단편적인 재즈 음악 소리들로 인해 그러한 생각이 사라지
게 된다. 게다가 예전이었다면 산책자의 형제격이 되는 구경꾼들
이 보도를 느릿느릿 걷다가 어디에서든 멈춰 서서 사람들의 물결
에 부드러움과 평온함을 가미해주었겠지만 그러한 것이 없어지고
말았다. 지금 사람들의 물결은 급류를 이뤄 사람들은 넘어지거나
떠밀리거나 내던져지거나 혹은 한쪽에서 다른 쪽으로 휩쓸려가게
된다." 에드몽 잘루, 「최후의 산책자」(『르 탕』, 1936년 5월 22일).
                                                              [M 9a, 3]

"어떤 식이든 강요 없이 떠날 것 그리고 오른쪽으로 돌 것인가 아

니면 왼쪽으로 돌 것인가 하는 단순한 사실이 이미 본질적으로 시적인 행동인 것처럼 자기 영감을 그대로 따를 것." 에드몽 잘루, 「최후의 산책자」(『르 탕』, 1936년 5월 22일).　　　　　[M 9a, 4]

"디킨스는 …… 로잔에서 살 수 없었다. 왜냐하면 소설을 쓰려면 끊임없이 어슬렁거릴 수 있는 있는 광대한 미로 같은 런던의 거리가 필요했기 때문이다. …… 토마스 드 퀸시는 …… 보들레르에 따르면 '대도시의 소용돌이를 지나가면서 쉬지 않고 명상하는 일종의 소요파, 거리의 철학자'였다." 에드몽 잘루, 「최후의 산책자」(『르 탕』, 1936년 5월 22일).　　　　　[M 9a, 5]

"테일러,[30] 그리고 그의 협력자들과 후계자들은 '산책과의 전쟁'에 대한 강박증에 사로잡혀 있다." 조르주 프리드만, 『진보의 위기』, 파리, <1936년>, 76페이지.　　　　　[M 10, 1]

발자크에 있어서의 도시적인 것. "그에게서 자연은 물질의 오의奧義로서 마술적인 형태로 나타난다. 그에게 있어 자연은 인간의 여러 가지 힘이나 분투의 반영으로서 상징적인 형태로 나타난다. 대양의 노도 속에서 그는 '인간의 온갖 힘의 고양'을 느끼며, 꽃의 화려한 자태와 색채에서 사랑에 대한 동경의 암호 문자를 읽어낸다. 자연은 그에게 항상 자연과는 다른 무언가를 의미한다. 정신을 암시하는 것이다. 그와 정반대의 움직임을 그는 간파하지 못한다. 즉 인간이 자연 속으로 다시 잠기거나 혹은 별, 구름, 바람과 구원이 하나로 울려 퍼진다는 것을 알지 못했다. 그는 너무 인간적 실존의 긴장에 몰두해 있었다." 에른스트 로베르트 쿠르티우스, 『발자크』, 본, 1923년, 468/469페이지.   [M 10, 2]

"발자크는 …… 현대 사회의 생존 경쟁으로 인해 대도시 주민들이
받아들이지 않을 수 없게 된 삶, 즉 뭔가에 쫓기듯이 서둘러야 하고
때 아니게 파멸에 이르는 삶을 살았다. …… 발자크의 인생은 한
창조적인 정신이 그러한 삶을 공유하고 그것을 자기 삶으로 살아
간 최초의 실례를 보여준다." 에른스트 로베르트 쿠르티우스, 『발
자크』, 본, 1923년, 464/465페이지. 속도 문제에 관해서는 다음 구
절을 참조할 것. "시와 예술은 …… '사물을 신속하게 직관하는'
것에서 비롯된다. …… 『세라피타』에서는 신속함이 예술가의 직
관의 본질적인 특징으로 소개되고 있다. '신속한 지각이 번갈아가
며 캔버스 위에서처럼 영혼 속에 들어오는 이 내면의 시선, 세상에
서 가장 대조적인 풍경들.'" 에른스트 로베르트 쿠르티우스, 『발
자크』, 본, 1923년, 445페이지.   [M 10, 3]

"만약 신이 …… 개개인의 운명을 용모physionomie 속에 박아넣
었다고 한다면 …… 손이 그러한 용모 자체를 요약하지 않을 리가
있을까? 손이 인간의 행동 전체를 포괄하며 또 인간의 행동 전체의
유일한 표현 수단인 이상 말이다. 수상술手相術이 탄생하게 된 것은
이 때문이다. …… 손금을 보고 어떤 사람의 삶의 사건들을 예언
하는 것은 …… 병사에게 싸움에 나가게 될 것이라든지, 변호사에
게 변론을 맡게 될 것이라든지, 구둣방 주인에게 구두나 부츠를 만
들게 될 것이라든지, 농부에게 밭에 거름을 주고 갈게 될 것이라고
말하는 것과 마찬가지로 전혀 기이한 별난 재주가 아니다. 좀더 깜
짝 놀랄 만한 예를 들라고? 천재성은 어느 누구의 눈에도 아주 분

명하게 드러나는 것으로, 만약 그가 파리를 산책하고 있다면 아무리 무지한 사람이라도 위대한 예술가가 지나가고 있다는 것을 바로 꿰뚫어 볼 수 있다. …… 파리의 정체, 사회적 정체를 관찰하는 대부분의 사람들은 통행자가 다가오는 것을 보면 그의 직업을 알아맞힐 수 있다." 오노레 드 발자크, 『사촌 퐁스』(『전집』, 18권, 『파리 생활 정경』, 6권, 파리, 1914년, 130페이지).　　　　[M 10, 4]

"사람들이 사랑이라 일컫는 것은, 뜻밖에 나타나는 사람이나 옆을 지나가는 사람에게 시와 자비를 송두리째 바치는 이 영혼의 거룩한 매음, 이 형언할 수 없는 향연에 비하면 얼마나 작고, 제한되고, 또 얼마나 약한 것이랴!" 샤를 보들레르, 『파리의 우울』(R. 시몬 편), 16페이지(「군중」).[31]　　　　[M 10a, 1]

"운율도 없고 운도 없으면서 음악적이고, 넋의 서정적인 움직임에도, 몽상의 파동에도, 의식의 비약에도 넉넉히 어울릴 만한 부드럽고도 고르지 않은 시적 산문을, 야심만만한 젊은 날에 꿈꾸지 않은 자 누가 있으리오!/그처럼 끈덕진 이상이 생기는 것은 무엇보다 자주 드나드는 대도시 생활에, 이 속에서 사는 숱한 사람들 상호 간의 복잡한 교섭에 기인하는 것이오." 샤를 보들레르, 『파리의 우울』(R. 시몬 편), 1/2페이지(「아르센 우세에게」).[32]　　　　[M 10a, 2]

"촛불에 밝혀진 창보다 더 그윽하고, 더 신비롭고, 더 풍부하고, 더 어둑하고, 더 눈부신 것은 없다." 샤를 보들레르, 『파리의 우울』(R. 시몬 편), 62페이지(「창」).[33]　　　　[M 10a, 3]

"예술가는 영원한 진리를 구하지만 자기 주위에서 이어지고 있는 영원에 대해서는 눈길도 주지 않는다. 바빌론 사원의 원주들에는 찬탄을 금치 않지만 공장 굴뚝은 경멸한다. 이 둘의 선에 무슨 차이가 있단 말인가? 석탄불로 동력을 얻던 시대가 끝나면 오늘날 우리가 사원의 원주들의 잔해에 경탄을 금치 못하듯 최후에 남은 굴뚝의 잔해에 경탄을 금치 못하게 될 것이다. …… 작가들은 증기라면 그토록 질색이지만 그러다가는 엉뚱한 것을 칭찬하게 될 것이다. …… 벵갈 만에 갈 수 있을 때까지 기다리지 않고도 작가들은 얼마든지 가까이에 있는 것에 대해 일상적인 호기심을 품어볼 수 있을 것이다. 동역의 짐꾼은 콜롬보의 쿨리 못지않게 생동감이 있을 것이다. 마치 이제 막 멀리서 도착한 듯이 집의 현관을 나서는 것, 이미 살고 있는 세계 속에서 하나의 세계를 발견하는 것, 마치 싱가포르에서 온 배에서 막 내려 자택 현관의 매트도 또 같은 층 사람들의 얼굴도 한 번도 본 적이 없는 것처럼 하루를 시작하는 것, …… 그렇게 하면 지금까지 눈길도 주지 않았던 현재의 인류가 모습을 분명하게 보일 것이다." 피에르 앙프, 「문학, 사회의 이미지」(『프랑스 백과사전』, 16권, 「현대 사회의 예술과 문학」, 1, 64페이지).

[M 10a, 4]

체스터튼은 디킨스가 거리와 맺고 있는 관계를 특징짓기 위해 영어 은어의 우회적인 표현법을 화제의 실마리로 삼고 있다. |집 밖으로 내쫓긴 채| 잠긴 문 앞에 서 있는 사람을 일컬어 '그는 **거리로 나갈** 열쇠를 갖고 있다|내쫓겼다|' 라고 말하는 식이다. "디킨스 본인이 …… 더할 나위 없이 신성하며 진지한 의미에서 **거리로 나갈** 열쇠를 갖고 있는 것이다. …… 그의 영역은 인도였으며, 가로등은

그의 별, 보행자들은 그의 주인공들이었다. 그는 자기 집의 가장 깊은 곳에 있는 문을 열 수 있다. 양쪽으로 집들이 줄지어 서 있고 별들로 지붕을 이은 비밀스런 아케이드로 통하는 문을 말이다!" G. K. 체스터튼, 『디킨스』(명사들의 생애 총서, 9권), 로랑 뒤퐁과 마르탱 뒤퐁이 영어에서 불어로 번역함, 파리, 1927년, 30페이지.[34)]

[M 11, 1]

어렸을 때의 디킨스. "힘든 일을 마치고 나면 그는 여기저기 돌아다니는 일 외에는 특별히 할 일이 없었으므로 런던의 절반을 걸어다녔다. 사색에 잠기기를 좋아하는 아이로, 특히 자신의 슬픈 운명에 생각이 사로잡혀 있었다. …… 학자연하는 사람들이 그러는 것처럼 관찰에 심혈을 기울이는 일은 없었다. 공부할 겸 해서 번화가인 채링 크로스를 유심히 바라보거나, 산수 연습 삼아 홀본의 가로등을 헤아리거나 하지는 않았다. 하지만 부지불식중에 그는 이 모든 장소를 불행한 어린 영혼 속에서 전개되는 기괴한 드라마 속의 장면들로 만들었다. 홀본의 가로등 아래 있는데도 마음은 어둠 속에 있는 듯했고, |번화가인| 채링 크로스에서 늘 괴로움을 인내하고 있었다. 그리하여 그에게 그 후까지도 그러한 장소들은 오직 전장에서만 찾아볼 수 있는 흥미를 지니게 되었다." G. K. 체스터튼, 『디킨스』(명사들의 생애 총서, 9권), 로랑 뒤퐁과 마르탱 뒤퐁이 영어에서 불어로 번역함, 파리, 1927년, 30/31페이지.[35)]   [M 11, 2]

산책자의 심리에 대해. "두 눈을 감으면 누구에게나 떠오르는 좀처럼 잊혀지지 않는 광경은 가이드북의 지침대로 바라보았던 광경이 아니라 당시에는 전혀 주목하지 않았던 광경, 어떤 과오나 사랑,

쓸데없는 근심 등 전혀 다른 것을 생각하다가 그냥 지나쳤던 장소의 광경들이다. 지금 우리에게 그러한 배경이 보이는 것은 당시에는 그것들이 보이지 않았기 때문이다. 이런 식으로 디킨스는 정신 속에 사물들을 새겨넣는 것이 아니라 오히려 사물들에 자기 정신을 새겨넣는다." G. K. 체스터튼, 『디킨스』(명사들의 생애 총서, 9권), 로랑 뒤퐁과 마르탱 뒤퐁이 영어에서 불어로 번역함, 파리, 1927년, 31페이지.[36]   [M 11, 3]

디킨스. "1846년 5월 그는 스위스로 도망가 로잔에서 『돔비와 아들』을 쓰려고 시도했다. …… 일이 손에 잡히지 않았다. 그는 이를 두고 특히 그토록 좋아했던 런던이 그리워서 견딜 수 없고, '거리가 없다는 것, 엄청나게 몰려다니는 사람들이 없는 것' 때문이라고 털어놓고 있다. …… '내 작품의 인물들은 군중에 둘러싸여 있지 않으면 무기력에 빠져버리고 마는 것 같다.'" G. K. 체스터튼, 『디킨스』, 로랑 뒤퐁과 마르탱 뒤퐁이 영어에서 불어로 번역함, 파리, 1927년, 125페이지.[37]   [M 11a, 1]

"『듀나난 부자의 여행』에는 이 두 시골 사람이 파리를 그들이 원래 가려고 했던 베네치아라고 생각하도록 속아 넘어가는 장면이 있다. 모든 감각이 혼란스러워지는 도취의 장소로서의 파리." S. 크라카우어, 『자크 오펜바흐와 그의 시대의 파리』, 암스테르담, 1937년, 283페이지.[38]   [M 11a, 2]

뮈세의 지적에 따르면 불르바르들을 경계로 '동인도 제도'가 시작된다(오히려 극동이라고 해야 하지 않을까?)(S. 크라카우어, 『오펜바

1008

흐』, 105페이지 참조).³⁹⁾   [M 11a, 3]

크라카우어는 "사람들은 불르바르에서 강한 적의를 가진 자연을
만나게 된다. …… 자연은 민중과 마찬가지로 화산 같았다"라고 쓰
고 있다. S. 크라카우어, 『자크 오펜바흐』, 암스테르담, 1937년,
107페이지.⁴⁰⁾   [M 11a, 4]

추리 소설에 대해. "도시의 이러한 변모는 페니모어 쿠퍼의 **초원**
이나 **숲**을 도시의 경관 속에 옮겨놓았기 때문이라는 것을 이미 확
인된 사실로 받아들일 필요가 있다. 쿠퍼의 초원이나 숲에서 꺾인
나뭇가지는 모두 불안이나 희망을 의미하며, 모든 나무줄기 저편
에는 적의 총이나 모습도 보이지 않고 소리도 내지 않는 복수자의
활이 숨겨져 있다. 발자크를 선두로 모든 작가들에게는 이러한 요
소를 쿠퍼로부터 차용한 흔적이 분명하게 남아 있으며, 그에게 빚
진 것을 충실하게 되돌려준다. A. 뒤마의 『파리의 모히칸족』과 같
은 유형의 작품 — 제목이 모든 걸 말해주고 있다 — 은 아주 흔하
다." 로제 카이유아, 「파리 — 현대의 신화」(*NRF*, 25권 284호, 1937
년 5월 1일자, 685/686페이지).   [M 11a, 5]

쿠퍼의 영향 덕분에 이 소설가(뒤마)는 도시를 배경으로 사냥꾼
이 온갖 경험을 할 수 있는 여지를 마련해줄 수 있게 되었다. 이것은
추리 소설의 성립에 일정한 의미를 갖고 있다.   [M 11a, 6]

"파리, 좀더 일반적으로는 대도시에 대한 환(등)상적인 재현은
…… 상상력을 너무나 압도해 과연 실제로 그것이 정확한지를 묻

는 일이 없을 정도이며 그러한 재현은 고스란히 책에 의해 만들어진 것임에도 불구하고 집단적인 정신 환경의 일부 …… 를 이룰 정도로 널리 확산되어 있다는 주장은 얼마든지 수용할 수 있을 것이다." 로제 카이유아, 「파리 — 현대의 신화」(*NRF*, 25권 284호, 1937년 5월 1일자, 684페이지). [M 12, 1]

"포부르 생-자크는 파리에서 가장 미개한 포부르 중의 하나이다. 왜 그럴까? 성이 4개의 성벽으로 둘러싸여 있는 것처럼 이 구역은 4개의 병원으로 둘러싸여 있으며, 이 4개의 병원이 관광객의 발길이 멀어지도록 만들기 때문이 아닐까? 어떤 간선도로와도 연결되어 있지 않으며 어떤 중심가와도 이어지지 않아 …… 마차의 통행이 극히 드물기 때문이 아닐까? 그래서인지 마차가 한 대 멀리서 보일라치면 제일 먼저 그것을 본 운 좋은 개구쟁이는 양손을 입 위에 동그랗게 모으고 크게 외쳐서 포부르 주민들 모두에게 그러한 사실을 알린다. 대서양 해안에서 수평선에 돛이 보이면 그것을 다른 사람들에게 알리는 것과 똑같이 말이다." A. 뒤마, 『파리의 모히칸족』, 1권, 파리, 1859년, 102페이지(25장, 「여기에서는 포부르 생-자크의 미개인들이 문제다」. 이 장에서 묘사되는 것은 이 포부르의 어느 집에 피아노가 도착한 장면에 불과하다. 어느 누구도 그것이 악기라는 것을 감조차 잡지 못하지만 모두 '마호가니제의 거대한 가구'[103페이지]를 보고 황홀해한다. 왜냐하면 이 구역에서는 마호가니제 가구를 거의 보지 못했기 때문이다). [M 12, 2]

『파리의 모히칸족』 광고 전단지의 첫 줄. "파리 — 모히칸족! …… 알렉상드르 뒤마에서 나오는, 전등이 왔다 갔다 하는 심연의 가장 자리에서 부딪힌 생면부지의 두 거인이 상대방에게 누구냐고 묻듯이 전혀 조화를 이루지 못하는 두 이름." [M 12, 3]

『파리의 모히칸족』, 3권(파리, 1863년)의 표지 그림, [당페르<지옥>가라는] '원시림.' [M 12, 4]

"이 얼마나 훌륭한 신중함인가? 이 얼마나 대단한 정성, 교묘한 책략, 교활한 술책인가! 쫓아오는 적을 따돌리기 위해 걸어가면서 발자국을 지우는 미국의 야만인도 신중함에 있어 이렇게까지 교묘하고 이렇게까지 세밀하지는 않다." 알프레드 네트망, 『연재소설 연구』, 1권, <파리, 1845년>, 419페이지. [M 12, 5]

파리의 굴뚝을 본 비니의 감상(미스 코크란, 『명사들과 나』, <런던, 1902년>. L. 세세, 『A. 드 비니』, 2권, <파리, 1913년>, 295페이지에서 인용). "나는 이 굴뚝들이 너무 좋다. …… 암, 그렇고 말고. 파리의 굴뚝 연기가 내게는 숲과 산의 고독보다 더 아름답다." [M 12, 6]

발레리(『악의 꽃』, 1928년, 폴 발레리, 「서문」, XX페이지)처럼 추리소설을 포의 방법적인 천재성과 관련시켜 고찰해보는 것도 좋을 것이다. "어떤 활동의 전 영역을 내다볼 수 있는 지점에 도달한다는 것은 필연적으로 다수의 가능성을 지각한다는 것을 의미한다. …… 따라서 이처럼 방법을 확실하게 터득하고 있던 포가 …… 여러 장르의 창시자, 즉 과학, 현대적인 우주 창세의 시, 범죄 탐정 소설, 문학 속에 병적인 심리 상태를 도입한 최초의 …… 사례를 제시한 것은 놀랄 만한 일이 아니다." [M 12a, 1]

「군중 속의 인간」과 관련해 발자크 혹은 이폴리트 카스티유가 1846년 10월 4일자 『라 스맹』지에 쓴 기사에 나오는 문장(메사크, <『'탐정 소설'과 과학적 사고의 영향』, 파리, 1929년>, 424페이지에서 인용). "신세계의 한 미개인이 파충류, 맹수, 적대적인 부족을 뚫고 나가는 것처럼 사회 속에서 법률이나 함정, 공모자의 배신을 뚫고 나가는 이 인물에게서 눈을 뗄 수 없다." [M 12a, 2]

「군중 속의 인간」에 관해. 불워<-리턴>은 그의 『외젠 아람』(4부 5장)에 나오는 대도시의 군중에 대한 묘사를 "더할 나위 없이 뛰어난 사람이든 아니면 극히 평범한 사람이든 인간이라면 누구나 다른 사람에게 알려지는 것을 꺼리는 비밀을 갖고 있다"라는 괴테의 말을 이용해 편곡하고 있다. 게다가 불워에게서는 도시와 농촌이 대립하고 있지만 이미 도시 쪽이 유리한 위치를 차지하고 있다.

[M 12a, 3]

추리 소설에 대해. "미국식의 영웅 판타지에서는 인디언적인 성격이 주도적인 역할을 담당하고 있다. …… 인디언식의 입문식만이 엄격한 미국식 훈련의 매몰참이나 잔혹함과 경합할 수 있다. …… 미국인이 실제로 바라는 모든 것에서 우리는 인디언을 흘끗 볼 수 있다. 특정한 목표에 대한 비상한 집중력, 집요한 추격 의지, 아무리 힘든 고난이 닥쳐도 굽히지 않는 불굴의 힘 등 인디언의 전설적인 미덕이 완벽하게 진가를 발휘하는 것이다." C. G. 융, 『현대의 영혼의 문제』, 취리히/라<이>프치<히>/슈투트가르트, 1932년, 207페이지(「영혼과 대지」). [M 12a, 4]

『벨기에에 관한 저서의 개요』의 2장인 「거리의 모습」. "억수같이 퍼붓는 비로 건물의 정면이나 인도가 씻겨 내리고 있다. 전 국민적 조병躁病, 전 세계적 조병. ······ 가게에는 진열장이 없다. 상상력이 풍부한 민족일수록 중요한 의미를 지니는 산보가 브뤼셀에서는 불가능하다. 볼 만한 것이 하나도 없으며, 길은 걷는 것은 불가능하기 때문이다." 보들레르, 『작품집』, 2권, <파리, 1932년>, Y. G. 르단텍 편, 709/710페이지.   [M 12a, 5]

르 브르통은 "짧은 웃옷을 입은 모히칸족과 프록코트를 입은 이로쿼이족이 너무 많이 나온다"고 발자크를 비난한다. 레지스 메사크, 『'탐정 소설'과 과학적 사고의 영향』, 파리, 1929년, 425페이지에서 인용.   [M 13, 1]

『파리의 비밀』의 첫 페이지들에서. "미국의 월터 스코트인 쿠퍼가 미개인들의 잔인한 습속이나 생생한 시적인 말, 적으로부터 도망가거나 적을 쫓을 때 사용하는 무수히 많은 술책을 생생하게 묘사하고 있는 감탄할 만한 부분을 우리 모두가 읽고 있다. ······ 우리는 쿠퍼에 의해 그토록 훌륭하게 묘사된 미개인 부족과 마찬가지로 문명 세계로부터 그리 멀리 떨어져 있지 않은 다른 다양한 미개인들의 삶을 그린 삽화 몇 개를 독자들 눈앞에 보여주려고 한다." 레지스 메사크, 『'탐정 소설'』, 파리, 1929년, 425페이지에서 인용.   [M 13, 2]

『파리의 모히칸족』의 시작 부분에 나오는 산책과 추리 소설 사이의 주목할 만한 연관성. "처음부터 살바토르는 시인 장 로베르에게 이렇게 말한다. '소설을 쓰고 싶다구요? 그렇다면 르사주, 월터 스코트, 쿠퍼를 선택하시오. ……' 그런 다음 『천일야화』의 등장인물들처럼 그들은 종이 한 장을 바람에 날리고는 그것이 반드시 소설의 소재가 있는 곳으로 그들을 데려가줄 것이라고 믿고 그것을 따라갔는데, 정말 그런 일이 일어났다." 레지스 메사크, 『'탐정 소설'과 과학적 사고의 영향』, 파리, 1929년, 429페이지.　　　[M 13, 3]

'연재소설에서 만연하게 된' 쉬와 발자크의 아류에 대해. "여기서는 쿠퍼의 영향이 어떤 때는 직접적으로, 다른 때는 발자크나 그 밖의 다른 모방자들을 매개로 해서 나타난다. 폴 페발은 1856년의 『황금빛 칼들』부터 시작해 대평원의 풍속, 나아가 주민들까지 파리의 배경 속으로 대담하게 옮겨다놓았다. 우리는 거기서 모히칸이라는 이름의 놀랄 만한 재주를 가진 개, 파리의 교외에서 벌이는 사냥꾼들 간의 미국식 결투, 토와라는 이름의 아메리칸 인디언이 파리 한가운데 마차 안에서 4명의 적을 죽이고 머리 껍질을 벗기는데, 어찌나 민첩하게 해치우는지 마부조차 알아차리지 못하는 장면을 볼 수 있다. 이후 『연미복』(1863년)에서는 '…… 파리 한가운데 쿠퍼의 미개인들이 출현한다! 대도시라는 곳은 신세계의 숲만큼 신비로운 곳이 아닐까. ……'라는 등 발자크가 애호하는 비교를 남발한다." 그리고 주석에서는 이렇게 덧붙이고 있다. "'우리나라의 진흙 호수의 휴런족, 빈민굴의 이로쿼이족'의 두 부랑아인 에샬로와 시밀로가 등장하는 2장과 19장도 참조할 것." 레지스 메사크, 『'탐정 소설'과 과학적 사고의 영향』, 비교문학 잡지 총서, 59권, 425/426페이지.　　　[M 13, 4]

"서로 싸우고 있는 중인 적대 관계에 놓인 부족이 이리저리 짜낸 책략들이 미국의 숲 한가운데 조장해놓은 공포의 시, 쿠퍼가 그토록 멋지게 이용했던 이 공포의 시가 파리에서의 삶의 극히 미세한 부분에까지 달라붙어 있다. 보행자, 가게, 마차들, 교차로에 서 있는 사람 등에 말이다. 페이라드의 목숨을 지킬 것을 위임받은 이들 '산전수전 다 겪은 무리'에게는 모든 것이 강렬한 관심의 대상이 된다. 쿠퍼의 소설 속에서 나무줄기, 비버의 보금자리 댐, 돌, 들소 가죽, 움직이지 않는 카누, 수면에 늘어진 나뭇잎들이 그런 것처럼 말이다." 발자크,「얼마면 사랑이 노인에게 돌아갈까」.[41]

[M 13a, 1]

산책자의 모습 속에는 이미 탐정의 모습이 예시되어 있다. 산책자는 그의 행동 스타일을 사회적으로 정당화해야 한다. 이를 위해서는 무심한 모습이 그럴듯하게 보이도록 하는 것보다 더 안성맞춤인 것도 없을 것이다. 하지만 실제로 그러한 무심함의 이면에는 아무것도 모르는 범죄자로부터 한시라도 눈을 뗄 수 없는 감시자의 긴장된 주의력이 숨어 있다.

[M 13a, 2]

보들레르의 마르셀린 데보르드-발모르 론의 말미에는 그녀의 시 속의 정원의 풍경을 거니는 '산보자promeneur'가 나온다. 그의 앞에 과거와 미래의 모습이 펼쳐진다. "그러나 이 하늘은 너무 넓기 때문에 구석구석까지 맑을 수는 없으며 기온 역시 높기 때문에 …… 산보자는 슬픔의 베일에 가린 이 넓은 지역을 바라보며 히스테리의 눈물, hysterical tears이 복받쳐 오르는 것을 느낀다." 샤를 보들레르,『낭만파 예술』(「마르셀린 데보르드-발모르」). 이 정원의 산보자는 더이상 '즐기면서 산책할' 수가 없다. 그는 도시의 그늘 아래로 도피한다. 그는 산책자flaneur가 된다.   [M 13a, 3]

쥘 클라르티는 노년의 빅토르 위고에 대해, 즉 그가 피갈 가에 살 때의 이야기를 들려주는데, 당시 위고는 승합마차의 지붕 위 좌석에 앉아 파리를 둘러보는 것을 좋아했다고 한다. 그는 위에서 거리의 분망함을 내려다보는 것을 좋아했다고 한다(레이몽 에스콜리에, 『본 사람들이 말하는 빅토르 위고』, 파리, 1931년, 350페이지. ― 쥘 클라르티, 「빅토르 위고」를 참조).   [M 13a, 4]

"우리 시대의 가장 강력한 펜에 의해 쓰여진 「군중 속의 인간」이라는 제목의 타블로[42] …… 를 기억하는가? 어느 카페의 창문 뒤에서 병상에서 갓 일어난 한 남자가 홀로 군중을 바라보며 즐거워하면서 그의 주위에서 일렁거리는 온갖 생각에 참여하고 있다. 죽음의 불안에서 막 빠져나온 이 남자는 삶의 싹이나 발산물이라면 무엇이든 즐겁게 호흡한다. 거의 모든 걸 망각할 지경에까지 이르렀기 때문에 그는 이제 기억을 되찾아 모든 것을 기억하기를 열렬히 원한다. 그러다가 결국, 얼핏 인상만 엿보고 말았는데도 순식간에 매료된 미지의 인물을 찾아 군중을 비집고 나아간다. 호기심은 숙명적이며 저항하기 어려운 정념이 되었다." 보들레르, 『낭만파 예술』, 파리, 61페이지(「현대적 삶의 화가」).   [M 14, 1]

앙드레 르 브르통은 이미 그의 저서 『발자크, 사람과 작품』, <파리, 1905년>에서 ― '고리대금업자, 대리인, 은행가' 같은 ― 발자크 작품 속의 등장인물들을 모히칸족과 비교하고 있다. 그들은 파리의 토박이들보다 모히칸족을 더 닮았다(레미 드 구르몽, 『문학 산책』, 두번째 시리즈, 파리, 1906년, 117/118페이지. ─「발자크의 스승들」을 참조할 것). [M 14, 2]

보들레르의 「화전」 속의 한 구절. "인간은 …… 언제나 …… 야만 상태에 있는데! 문명 사회에서 나날이 벌어지는 충돌이나 분쟁에 비하면 숲과 들판의 위험이 무엇이겠는가? 인간이 불르바르에서 제 밥이 될 사람을 옭아매든, 미지의 숲 속에서 제 먹이를 창으로 찌르든 그는 영원한 인간, …… 즉 가장 완전한 맹수가 아닌가?"[43] [M 14, 3]

라페는 (석판화에?) 에코세즈 사 마차와 트리시클레 사 마차를 묘사했다. [M 14, 4]

"발자크가 관찰할 수 있는 자유로운 공간을 확보하기 위해 지붕을 들어내거나 벽에 구멍을 뚫고 있을 때 …… 당신은 문에다 대고 귀동냥을 하고 있다. …… 한마디로 말해서 …… 당신은 소설을 쓰기 위해 우리 이웃인 영국인들이 거드름을 피우며 범죄 조사 police detective라고 부르는 행동을 하고 있는 것이다!" 이폴리트 바부, 『샹플뢰리 씨 사건의 진상』, 파리 1857년, 30페이지. [M 14, 5]

도시 거주자의 골상 연구를 위해 개개인의 얼굴 생김새의 특징을 정확하게 구분하는 것도 한번 해볼 만한 가치가 있을 것이다. 예를 들어 보행자를 위해 설치된 보도는 차도를 따라서 나 있다. 따라서 도시 거주자는 극히 일상적인 일로 보도를 걸어가고 있을 때 끊임없이 마차를 타고 그를 앞질러 갈지도 모르는 경쟁자를 보아야 한다. 보도는 분명히 마차나 말을 타고 가는 사람들을 위해 만들어졌다. 언제였을까? [M 14, 6]

"완벽한 산책자에게 있어 수많은 사람들 속에, 물결처럼 왔다 갔다 하는 사람들 한가운데 거처를 마련한다는 것은 무한한 기쁨이다. …… 집 밖에 있으면서도 모든 곳에서 자기 집 안에 있는 듯한 느낌을 받는 것. 세계를 보고, 세계의 중심에 있으면서도 세계로부터 숨어 있는 것. 이러한 것들은 독립심 강하고 열정적이며 공평한(!!) 정신의 소유자들의 극히 사사로운 즐거움 중의 하나겠지만 세 치 혀로 그것을 표현하기란 아무래도 요령부득이다. 관찰자는 모든 곳에서 익명성을 즐기는 **군주**이다. …… 보편적 삶을 사랑하는 사람은 마치 거대한 축전지 같은 군중 속으로 들어간다. 또 우리는 그를 이 군중 자체만큼이나 거대한 거울에 비유해볼 수도 있을 것이다. 또는 의식이 부여된 만화경, 한 번 움직일 때마다 다양한 삶을, 삶의 모든 요소의 명멸하는 우아함을 재현하는 만화경에 비유해볼 수도 있을 것이다." 보들레르, 『낭만파 예술』, 파리, 64/65페이지(「현대적 삶의 화가」). [M 14a, 1]

1908년의 파리. "군중, 마차에 익숙해져 거리를 선택하는 것에 별다른 어려움을 겪지 않는 파리 토박이들은 아직도 일정한 보조로, 심지어 크게 신경 쓰지 않고도 먼 거리를 걸어다닐 수 있었다. 일반적으로 …… 아무리 교통수단이 풍부하다고 해도 300만 명이 넘는 사람들이 원하는 곳은 어디든 갈 수 있으며 거리 같은 건 아무래도 상관없다고 생각할 정도는 아직 아니었다." 쥘 로맹, 『선의의 사람들』, 1권, 『10월 6일』, 파리, <1932년>, 204페이지.   [M 14a, 2]

『10월 6일』의 17장인 「소년의 대 여행」(176~184페이지)에서 로맹은 루이 바스티드가 몽마르트르를 거쳐 카르푸 오르드네르부터 퀴스틴 가까지 걸어가는 모습을 이렇게 묘사하고 있다. "그에게는 수행해야 할 임무가 있다. 특정한 길을 가고, 뭔가를 운반하고, 또는 무엇을 전달하라는 명령을 받았던 것이다"(179페이지). 로맹은 이러한 여행 겸 놀이 중에 산책자의 몽상이 빠져들기 쉬운 몇 가지 풍경 — 특히 산 위에 선술집이 있는 몽마르트르의 알프스 같은 풍경 — 을 묘사하고 있다.   [M 14a, 3]

산책자의 격언. "획일화된 현대 세계에서 우리가 가야 할 곳은 바로 여기, 표면 아래 깊숙한 곳이다. 낯선 느낌과 신선한 충격, 극히 오싹한 이국적인 정서가 모두 여기 있다." 다니엘 알레비, 『파리의 마을들』, 파리, <1932년>, 153페이지.   [M 14a, 4]

쥘 로맹의 『키네트의 범죄』(『선의의 사람들』, 2권)에서는 대부분의 산책자를 따라다니는 고독의 음화陰畵 같은 것을 볼 수 있다. 아마 우정이야말로 이러한 고독을 타파할 정도로 충분히 강하다는 것이 로맹의 명제 중 설득력을 가진 부분이라고 할 수 있을 것이다. "내 생각으로는 어떤 사람과 친구가 되는 것은 항상 이런 식이다. 사람들은 세계의 어느 한 순간, 어쩌면 세계의 어떤 덧없는 비밀, 아직 어느 누구도 본 적이 없으며 아마 앞으로 아무도 다시 보지 못하게 될 환영 속에 함께 머문다. 설령 그것이 극히 보잘것없는 것이어

도 상관이 없다. 예를 들어 우리처럼 두 명의 사람이 산책하고 있다
고 가정해보자. 갑자기 구름 사이로 해가 비쳐 한 줄기 햇살이 벽의
꼭대기를 비춘다. 그러자 벽의 꼭대기는 한순간 뭔가 굉장히 독특
한 것으로 변한다. 두 사람 중 한쪽이 다른 한 사람의 어깨를 치자
그도 얼굴을 들어 그것을 쳐다본다. 그러고는 이해한다. 벽의 꼭대
기에 생긴 것은 이내 사라진다. 그러나 두 사람은 그것이 한때 그곳
에 있었다는 것을 영원히 *in aeternum* 기억할 것이다." 쥘 로맹, 『선
의의 사람들』, 2권, 『키네트의 범죄』, <파리, 1932년>, 175/176페이
지.   [M 15, 1]

말라르메. "거의 매일 그는 자신을 붙잡고 놓아주지 않는 그저 그
런 삶에서 최종적으로 벗어나기 위해 다리 위에서 선로로 뛰어내
려 기차 아래 깔리고 싶다는 유혹에 사로잡힌 채 플라스 드 유럽과
퐁 드 유럽을 지나다니곤 했다고 한다. — 조지 무어[a]에게 이 이야
기를 털어놓은 것으로 전해진다." 다니엘 알레비, 『파리의 마을
들』, 파리, <1932년>, 105페이지.   [M 15, 2]

미슐레는 이렇게 쓰고 있다. "나는 두 장의 포석 사이를 비집고 나
와 있는 힘없는 잡초처럼 자랐다"(알레비, 『파리의 마을들』, 14페이
지에서 인용).   [M 15, 3]

위고에게서 대중의 존재 방식의 원형으로서의 웅성거리는 숲.
"『레미제라블』의 탁월한 장에는 다음과 같은 구절이 들어 있다. '지
금 이 거리에서 일어난 일도 나무들을 놀라게 하지는 못했다. 큰 나
무며, 잡목이며, 히드며, 멋대로 엉킨 나뭇가지며, 키 큰 식물이며,

모두 깊은 정적에 잠겨 있었다. 멋대로 돋아난 야생 식물들은 자기 눈에 보이지 않는 가운데 나타난 것을 똑똑히 본다. 인간 이하에 존재하는 것이 안개를 통해 인간 저쪽에 있는 것을 식별한다.' "[45] 가브리엘 부누르, 「빅토르 위고의 심연」, 49페이지(『머쉬르』, 1936년 7월 15일자). ■ 게르슈테커의 한 구절 ■   [M 15, 4]

<">집을 싫어하는 큰 병에 대한 연구. 병인. 병세의 점진적인 악화." 샤를 보들레르, 『작품집』, 르 단텍 판, 2권, <파리, 1932년>, 653페이지(「벌거벗은 내 마음」).[46]   [M 15, 5]

두 편의 「어스름」에 첨부해 페르낭 데누아예에게 보낸 편지. 그는 그것을 자신의 『퐁텐블로』지(파리, 1855년)에 게재했다. "해지기 전의 어스름녘에 제게 엄습해온 몽상의 거의 전부를 묘사한 시 두 편을 보냅니다. 숲 한가운데 있어도, 성구실과 성당을 연상시키는 둥근 천장 안에 틀어박혀 있어도 저는 우리의 놀라운 도시들을 생각하며, 지붕 꼭대기 위로 울려 퍼지는 경이로운 음악은 인간의 탄식의 번역으로 들립니다." A. 세세, 『'악의 꽃'의 삶』, 파리, 1928년, 110페이지에서 인용. ■ 보들레르 ■   [M 15a, 1]

포에서 볼 수 있는 군중에 대한 초기의 고전적인 묘사. "지나가는 사람들 대다수는 확신에 찬 비즈니스맨 같은 태도로 오직 군중을 헤치고 나갈 궁리만 하고 있는 것 같았다. 이맛살을 찌푸리고, 눈은 번뜩이고 있었다. 옆의 보행자들에게 떼밀려도 기분 나쁜 기색 하나 없이 옷매무새를 가다듬고 다시 갈 길을 서두른다. 하지만 어떻게 해야 할지 쩔쩔매며, 핏발이 선 얼굴을 하고, 마치 무수히 많은 사람들로 둘러싸여 더더욱 혼자라는 느낌이라도 드는 양 혼자 중얼거리며 끊임없이 몸짓 손짓을 해대는 사람들도 있었는데, 이러한 부류들도 꽤 되었다. 발걸음이 방해받으면 이러한 사람들은 갑자기 중얼거리던 것을 그만두지만 몸짓 손짓은 한층 더 요란해지고, 건성으로 과장된 웃음을 지으며 길을 가로막고 있는 사람들이 지나가기를 기다렸다. 떼밀리면 떼민 자에게 극진하게 인사하는데, 이처럼 혼란스런 상황에 쩔쩔매는 것 같았다." 포, 『속 해괴한 이야기』, Ch. B. 역, 파리, <1886년>, 89페이지.[47]   [M 15a, 2]

"문명 사회에서 나날이 벌어지는 충돌이나 분쟁에 비하면 숲과 들판의 위험이 무엇이겠는가? 인간이 불르바르에서 제 밥이 될 사람을 옭아매든, 미지의 숲 속에서 제 먹이를 창으로 찌르든 그는 영원한 인간, …… 즉 가장 완전한 맹수가 아닌가?" 샤를 보들레르, 『작품집』, 르 단텍 편, 2권, <파리, 1932년>, 637페이지(「화전」).[48]   [M 15a, 3]

프랑스 위에 겹쳐진 고대의 이미지와 극히 현대적인 미국의 이미지가 몇몇 텍스트에서 바로 옆에 자리를 함께하고 있는 것을 발견할 수 있다. 발자크는 외판원에 대해 이렇게 쓰고 있다. "봐라! 이 얼마나 멋진 검투사며, 투기장이며, 무기인가. 외판원과 세상과 그의 말을! 용감한 바닷사람들인 외판원들은 몇 마디 말만 싣고 얼어붙은 바다로, 이로쿼이족의 나라로, 프랑스로 50, 60만 프랑을 낚으러 가기 위해 배에 오른다!" H. 드 발자크, 『명사 고디사르』, 칼망-레비 판, 파리, 5페이지.   [M 15a, 4]

보들레르의 군중 묘사, 포의 것과 비교할 것.

> "도랑, 불결한 것들이 흘러가는 음산한 곳.
> 거품을 내면서 하수구의 비밀들을 옮기며
> 유독한 물결로 집들에 부딪치고
> 계속 흘러가서는 센 강을 진흙으로 누렇게 변색시켜 오염시
> 킨다.
> 보행자의 무릎까지 물결을 튀긴다.
> 미끄러운 보도에선 모든 이들이 팔꿈치로 밀치며
> 제멋대로 난폭하게 사람들에게 진흙을 튀기며
> 서둘러 어디론가 가고 있다.
> 부근은 온통 진흙투성이에다 물로 흥건하고, 하늘은 어둡다
> 무시무시한 에스겔이 꿈꾼 것이 바로 이처럼 어두운 풍경이
> 었던가!"

Ch. B., 『작품집』, 1권, <파리, 1931년>, 211페이지(잡시편, 「비 오
는 날」).   [M 16, 1]

탐정 소설에 관해.

> "서명도 하지 않고, 어떠한 모습도 남기지 않고
> 거기에 있지도 않고, 아무것도 말하지 않는 자,
> 그러한 자를 어떻게 잡을 수 있다는 건가!
> 흔적을 지워라!"

브레히트, 『시작詩作』, <4-7[2집], 베를린, 1930년>, 116페이지(『도
시 거주자들을 위한 독본』, I).   [M 16, 2]

보들레르에게서의 군중. 이들은 산책자 앞에 베일처럼 드리워져

있다. 고립되어 있는 자의 최신 마취제이다. ─ 두번째로, 대중은 개인의 모든 흔적을 지워버린다. 추방된 자의 최신 은신처이다. 마침내 도시의 미궁 속에서 가장 새롭고 가장 불가해한 미궁이 된다. 대중에 의해 이제까지 알려지지 않았던 지하 세계의 모습이 도시의 이미지 속에 새겨진다.   [M 16, 3]

산책의 사회적 기반은 저널리즘이다. 문인은 자기를 팔기 위해 산책자로 시장에 나간다. 정말 그렇다. 하지만 이러한 식의 표현으로 산책의 사회적 측면이 전부 헤아려지는 것은 결코 아니다. 마르크스는 이렇게 말한다. "모든 상품의 가치는 각 상품의 사용가치 속에 구현된 노동량에 의해, 즉 그것을 생산하기 위해 사회적으로 필요한 노동 시간에 의해 결정된다는 것을 우리는 알고 있다"(마르크스,『자본』, 코르쉬 편, <베를린, 1932년>, 188페이지).[49] 저널리스트는 마치 본인도 이러한 사실을 알고 있는 듯이 산책자로 행동한다. 그의 특수한 노동력을 사회적으로 생산하는 데 필요한 노동 시간은 실제로 상당히 많다. 그는 불르바르에서 보내는 한가한 시간을 노동 시간의 일부처럼 보이도록 신경을 씀으로써 노동 시간을 몇 배로 늘리며, 이와 함께 본인의 노동가치도 몇 배로 증가시킨다. 그의 눈에 그리고 종종 원고 청탁자의 눈에도 이러한 가치는 정말 멋지게 보인다. 물론 그의 사용가치의 생산에 필요한 노동 시간을 불르바르에서 보냄으로써, 그리하여 결국 그러한 사실을 공표함으로써 이를 일반적이고 공적인 평가에 맡길 수 있는 특권적인 상태에 있지 않다면 그럴 수 없을 것이다.   [M 16, 4]

신문은 정보의 홍수를 초래하는데, 아무 효용이 없을수록 그만큼 그러한 정보는 더 도발적이다(그러한 정보를 이용하려면 독자는 모든 곳에 출몰할 수 있어야만 한다. 그리고 실제로 독자가 모든 곳에 출몰한다는 환상이 만들어진다). 이러한 정보들이 사회적 존재와 현실적으로 어떠한 관계를 맺는가는 이 정보 산업이 주식 시장의 이해 관계에 종속되어 있는 것 속에, 그리고 그 쪽으로 방향을 맞추고 있는 것 속에 이미 포함되어 있다. ― 정보 산업의 발전과 함께 정신 노동은 마치 자본이 점점 더 **모든** 물질적 노동을 자신에게 종속시키듯이 기생적으로 **모든** 물질적 노동에 의존하게 된다.   [M 16a, 1]

대도시 거주자들은 거의 대다수가 눈으로 직접 보지는 못한 채 목소리만 듣는 옆 사람에게 불안감을 갖고 있다는 짐멜의 적절한 지적[50]은 골상학<정확하게 말하면 생리학>의 근원에 어쨌든 다른 무엇보다 이러한 불안감을 떨쳐버리고, 그것을 무시하고픈 갈망이 숨겨져 있다는 것을 암시하고 있다. 그렇지 않다면 이 소책자들에 들어 있는 공상적인 주장들이 독자들의 흥미를 유발시키기는 어려웠을 것이다.   [M 16a, 2]

도시에 대한 새로운 경험을 자연에 대한 오랜 전통적인 경험의 틀 안에서 처리하려는 시도. 원시림과 바다의 도식이 다양하게 제시되었다(메리옹이나 퐁송 뒤 테레이유).   [M 16a, 3]

흔적과 아우라. 흔적은 흔적을 남긴 것이 아무리 멀리 떨어져 있더라도 가까이 있는 것Nähe의 현상이다. 아우라는 설령 그것을 불러일으키는 것이 아무리 가까이 있더라도 멀리 있는 것Ferne의 현상이다. 흔적 속에서는 우리가 사물을 소유한다. 아우라에서는 사물

이 우리를 자기 것으로 만든다.   [M 16a, 4]

> "나는 특히 과거의 습관에 충실하면서
> 거리를 서재로 바꾸고 싶다.
> 몽상을 하며 무턱대고 걷다보면
> 나도 모르게 포장 인부들 사이에 있었던 적이 얼마나 많았던
> 가!"

바르텔레미, 『파리 — G. 들레세르 씨에게 바치는 풍자화』, 파리,
1838년, 8페이지.   [M 16a, 5]

"르 브르통은 발자크에게서는 종종 파리인들보다는 고리대금업자
나 소송 대리인, 은행가들이 오히려 냉혹한 모히칸족처럼 보인다
고 말하며 페니모어 쿠퍼와의 교우가 『고브세크』의 저자에게는
그다지 유익한 것이 아니라고 믿고 있다. 그럴지도 모르지만 이를
증명하기란 어렵다." 레미 드 구르몽, 『문학 산책』, 2번째 시리즈,
파리, 1906년, 117/118페이지(「발자크의 스승들」).   [M 17, 1]

"대도시 교통은 밀고 밀리며, 복잡하게 뒤엉켜 있어 …… 심리적
으로 거리를 두지 않으면 …… 견디기 힘들지 않을까. 터무니없이
많은 사람들과 서로 몸을 부딪치는 것은 지금의 도시 문화가 ……
초래한 것이지만 만약 교통의 성격이란 그런 것이라도 객관화된
내적인 경계와 유보가 생겨나지 않았다면 …… 인간을 완전히 절
망시키게 될 것이다. 이 모든 관계는 명백한 화폐성 혹은 다양하게
가장된 화폐성을 띠고 있어 이것이 인간들 사이에 어떤 종류의
…… 기능적인 거리를 만들며, 이러한 거리가 너무나도 혼잡한 짧

은 간격에 대한 …… 내적인 방어가 되고 있다." 게오르그 짐멜, 『화폐의 철학』, 라이프치히, 1900년, 514페이지.　　　　　[M 17, 2]

라 아르프 가 45번지에 있는 공시인 사무소에서 발행하는 대중 신문인 『산책자』(1848년 5월 3일에 발행된 신문이 1호이자 마지막 호 였을 것이다)의 서론. "요즘 담배를 뻐끔뻐끔 피우며 …… 밤의 쾌락 을 꿈꾸면서 산책을 나간다는 것은 우리에게는 1세기는 뒤떨어진 것처럼 보인다. 우리는 다른 시대의 습관을 그대로 이어가려는 자 들을 이해하지 못하는 것은 아니지만 그래도 산책할 때는 시민으로 서의 권리나 의무를 생각할 수 있으며, 또 그렇게 해야 한다. 시대는 궁핍하여 우리의 모든 사고, 우리의 모든 시간을 필요로 하고 있다. 산책을 하자, 그러나 애국자로서 산책하자"(J. 몬테귀). 저널리즘의 술책 중의 하나로 말과 의미가 따로 놀게 하는 수법의 초기의 표본.
　　　　　[M 17, 3]

발자크에 관한 일화. "어느 날 발자크는 친구 한 명과 함께 불르바 르에서 누더기를 걸친 거지가 지나가는 것을 바라보게 되었는데, 친구는 발자크가 손으로 자기 옷소매를 만지는 것을 보고 놀랐다. 거지의 팔꿈치께서 입을 벌리고 있는 찢어진 부분이 자기 소매인 것 같은 느낌이 들었던 것이다." 아나톨 세르프베르/쥘 크리스토 프, 『H. 드 발자크의 '인간희극'의 레퍼토리』, 파리, 1887년, VIII 페이지(폴 부르제의 「서문」).　　　　　[M 17, 4]

"관찰은 특히 상상(력)에 의해 이루어진다"[51]는 플로베르의 지적 에 관해. 발자크의 환시visionäre 능력. "무엇보다 먼저 이러한 환시자의 능력은 직접적으로 발휘되는 것이 아니라는 점을 지적하는 것이 중요하다. 발자크에게는 삶을 즐길 수 있는 시간이 없었다. ……그는 몰리에르와 생시몽처럼 일상적으로 친밀한 접촉을 통해 인간을 연구 …… 할 여유가 전혀 없었다. 그는 삶을 둘로 나누어 밤에는 글을 쓰고, 낮에는 잠을 잤다"(X페이지). 발자크는 '회상적 통찰(력)'에 대해 말하고 있다. "아무래도 그는 경험에서 주어진 것을 재빠르게 파악해 그것을 소위 몽상의 도가니 속에 던져넣는 것 같다." A. 세르프베르/J. 크리스토프,『'인간희극'의 레퍼토리』, 파리, 1887년(부르제의「서문」, XI페이지). [M 17a, 1]

상품으로의 감정 이입은 근본적으로 교환가치 그 자체로의 감정 이입이다. 산책자는 이러한 감정 이입의 달인이다. 그는 돈으로 살 수 있다는 개념 자체를 산책으로 이끈다. 백화점이 그의 발길이 향하는 최후의 행선지이듯이 그의 모습을 마지막으로 구현하고 있는 것이 샌드위치맨이다. [M 17a, 2]

데 제생트⁵²⁾는 생-라자르 역 근처의 맥주 홀에서 이미 영국에 와 있는 듯한 느낌을 받았다. [M 17a, 3]

산책자에게서 볼 수 있는 감정 이입의 도취와 관련해 플로베르의 뛰어난 한 구절을 예로 들 수 있을 것이다. 이 문장은 아마『보바리 부인』에 전념하고 있을 때 쓴 것일 것이다. "오늘 예를 들어 남자인 동시에 여자로, 사랑하는 남자인 동시에 사랑받는 여인으로서 나는 가을 오후에 말을 타고 노란 나뭇잎들 아래를 산책했는데, 나는 또한 말이며, 나뭇잎이며, 바람이며, 사람이 내뱉는 말들이며,

심지어 사랑에 빠진 사람들의 눈을 거의 감게 만든 붉은 태양이기도 했다.[53] ……" 앙리 그라팽, 「귀스타브 플로베르의 시적 신비주의 <와 상상력>」(『파리 평론』, 1912년 12월 15일).   [M 17a, 4]

산책자에게서 찾아볼 수 있는 감정 이입의 도취(이것은 보들레르에게서도 발견된다)에 대한 플로베르의 아래의 글을 보라. "나는 역사의 여러 시대에서 나의 모습을 아주 분명하게 본다. …… 나는 나일 강에서는 뱃사공이었으며, 포에니 전쟁 때는 로마의 뚜쟁이[??]였으며, 다음으로 수부라에서는 그리스인 수사학자였으나 거기에서 빈대들의 밥이 되었다. 십자군 원정 중에는 시리아 해안에서 포도를 너무 많이 먹은 나머지 죽고 만다. 나는 해적, 수도사, 곡예사, 마부 그리고 아마 동양의 황제였으며, 게다가 ……."[54] 그라팽, 앞의 책, 624페이지에서.   [M 17a, 5]

I

"지옥은 런던과 빼닮은 도시,
사람들은 우글우글, 연기로 가득 찬 도시,
온갖 종류의 파멸한 자들이 여기 있다.
즐거움이라고는 거의 또는 전혀 없는 곳.
정의 같은 건 존재하지도 않으며 배려는 더더욱 없다.

II

캐슬과 같은 자가 있는 반면 캐닝 같은 사람도 있다.[55]
코베트 같은 놈도 있는 반면 캐슬레이 같은 놈도 있다.
온갖 종류의 도적 떼가

온갖 술수를 동원해

덜 오염된 집단을 함정에 빠뜨리려 하고 있다.

III

거기에는 자기 두뇌를 잃어버린

아니면 팔아먹은＊＊＊도 있다. 어느 쪽인지 누가 알리.

그는 천천히 걸어다닌다. 꼽추 도깨비처럼

거의 사기처럼 가냘프지만

점점 부자가 되고 험상궂어져간다.

IV

거기에는 대법관의 재판소가 있고, 왕이 있고,

생업을 이어가는 서민이 있다.

북 치고 장구 치는 격으로 자기들끼리

도둑의 대표자들을 뽑은 도둑 일당이 있다.

군대가 있으며 국채國債가 있다.

V

이 국채는 교묘하게 고안된 종이돈이다.

이것의 의미는 매우 단순하다.

'꿀벌들이여. 밀랍은 그냥 갖고, 꿀은 우리에게 주라.

그리고 하늘에 태양이 빛나는 여름엔 꽃을 심자.

겨울을 대비해서.'

VI

거기서는 혁명이 자주 거론되었다.

그리고 폭정으로 흐를 가능성이 높다.

독일 병사들 — 병영 — 혼란 —

소동 — 복권 — 광란 — 현혹 —

진Gin — 자살 — 감리교도 있다.

VII

세금도 있다. 와인에, 빵에

그리고 고기에, 맥주에, 치즈에, 차에 세금이 부과된다.

이 세금으로 순수한 애국자들이 길러지고 있다.

이놈들은 술에 취해 비틀거리며 침대 안에 들어가기 전에

다른 무리들의 열 배는 술을 들이붓고 있다.

......

IX

변호사 — 재판관 — 나이 든 고주망태가 거기에 있다.

또한 집달리 — 상급 재판소 참사관 —

주교 — 크고 작은 사기꾼도 있다.

엉터리 시인 — 중상모략문을 쓰는 작가 — 주식 투기꾼 —

전쟁의 영예에 휘둘린 남자들도 있다.

X

부인들에게 다가가 농락하고, 넋을 잃고 바라보며, 선웃음을

짓는 것을

업으로 삼는 작자들도 있다.

여성들 중의 신성한 것이 모두

잔혹하게도 허영심에 가득 차고, 유약하며, 비인간적인 것이

되어

미소와 흐느낌 사이에서 십자가에 매달릴 때까지 말이다."

셸리, 『피터 벨 3세』

3부. 「지옥」, 브레히트의 초<고>에서.   [M 18]

　　군중관에 관해 아래 문장은 시사하는 바가 크다. 『사촌 형제의 구석 창문』에서도 방문객은 여전히 사촌 형제가 번잡한 시장을 바라보는 것은 다채로운 색깔들을 즐기기 위해서일 뿐이라고 생각한다. 그러다가 결국 질리겠지 하고 그는 생각한다. 이와 비슷한 내용을, 거의 같은 시기에 고골리는 『사라진 문서』에서 코노토파의 연말 대목장과 관련해 쓰고 있다. "거리에는 어찌나 많은 사람들이 왔다 갔다 하는지 그곳을 보고 있노라면 눈앞이 아찔할 지경이었다." 『러시아 유령 이야기』, 뮌헨, <1921년>, 69페이지.   [M 18a, 1]

　　티소는 사치스럽게 사용되고 있는 말馬에 과세할 것을 제안하면서 이렇게 근거를 제시한다. "밤낮 없이 파리의 거리들에서 2만 대의 자가용 마차가 일으키는 견디기 힘든 소음, 건물의 끊임없는 진동, 그 결과 파리의 수많은 주민들이 겪어야 하는 불쾌감과 불면증은 당연히 보상받아야 한다." 아메데 드 티소, 『파리와 런던의 비교』, 파리, 1830년, 172/173페이지.   [M 18a, 2]

1032

산책자와 진열장. "우선 불르바르의 산책자들이 있는데, 이들은 모든 삶을 마들렌 교회와 짐나즈 극장 사이에서 보내고 있다. 매일 이들이 이 좁은 지역에 되돌아와서는 — 결코 이곳을 벗어나지 않는다 — 쇼윈도를 꼼꼼히 바라보거나 카페 문 앞에 앉아 있는 손님들을 이리저리 뜯어보거나 …… 하는 것을 볼 수 있다. 그들은 화랑의 구필이나 드포르주가 새로운 동판화나 새로운 그림을 진열했는지, 바르브디엔의 가게가 항아리나 군상의 위치를 바꿨는지를 알려줄 수 있을 것이다. 이들은 사진관이란 사진관은 전부 외우고 있으며, 간판의 순서를 하나도 빼놓지 않고 나열할 수 있다." 피에르 라루스, 『대백과사전』, 파리, <1872년>, 8권, 436페이지.

[M 18a, 3]

『사촌 형제의 구석 창문』의 시골적 성격에 대해. "무례하고 포악한 적이 이 나라에 홍수처럼 몰려든 그 불행한 시대 이래" 베를린 사람들의 풍속은 개선되었다. "여기를 보라, 친애하는 사촌 형제여. 예전과 반대로 지금은 시장이 안락함과 도덕적인 평온함을 연상시키는 우아한 모습을 하고 있지 않은가." E. T. A. 호프만, 『선집』, 14권, 슈투트가르트, 1839년, 238페이지와 240페이지.　　　[M 19, 1]

샌드위치맨은 산책자의 최후의 육화이다.　　　[M 19, 2]

『사촌 형제의 구석 창문』의 시골적 성격에 대해. 사촌 형제는 방문자에게 '보는 기술의 몇 가지 원칙'을 가르쳐주려고 한다.

[M 19, 3]

1838년 7월 7일 G. E. 구라우어는 하이네에 관해 바른하겐에게 이렇게 쓰고 있다. "그는 봄에 심한 눈병에 걸렸습니다. 지난번에 만났을 때 그와 함께 불르바르를 일부 걸어보았습니다. 참으로 독특한 그러한 거리의 화려함과 활력에 저는 아낌없는 찬탄을 보낼 뿐이었습니다. 그러자 이에 맞서 하이네는 세계의 중심인 이곳에 뒤섞여 있는 끔찍한 면만을 강조했습니다." 군중에 대한 엥겔스의 발언을 참조할 것. 하인리히 하이네, 『대화』, 후고 비버 편, 베를린, 1926년, 163페이지.   [M 19, 4]

"비할 데 없는 활기, 사람과 물건들의 왕래, 활력이 넘치는 이 도시는 동시에 이상하게도 그와 반대로 한가하기 짝이 없는 사람과 빈둥거리는 사람, 구경꾼을 가장 많이 볼 수 있는 도시이기도 하다." 피에르 라루스, 『대백과사전』, 파리, <1872년>, 8권, 436페이지(「산책자」항<목>).   [M 19, 5]

헤겔이 1827년 9월 3일 파리에서 아내에게 보낸 편지. "거리를 걷고 있노라면 사람들은 베를린에 사는 사람들과 똑같아 보인다오. ─ 모두 베를린에서와 똑같은 옷을 입고 있고, 얼굴 생김새들도 거의 비슷하다오. ─ 같은 광경이기는 하지만 한 가지 다른 것은 사람들이 조밀한 군중을 이루고 있는 것이라오." 『헤겔 왕복 서간집』, 칼 헤겔 편, 라<이프>치<히>, 1887년, 2부, 257페이지(『전집』, 19권, 2부).   [M 19, 6]

런던

이곳은 광대한 공간에다 너무 넓게 펼쳐져 있어

1034

이롱델로 이곳을 지나가려면 하루가 걸린다.

그리고 저 멀리까지, 세월이 흐르는 대로 제멋대로 세워놓은

집들, 궁전들, 높은 기념 건조물들이 빼곡히 들어차 있다.

산업의 종탑인 시커먼 긴 굴뚝이

항상 입을 벌리고 뜨거운 배에서

하늘을 향해 길게 연기를 내뿜는다.

거대한 흰 돔과 고딕풍 첨탑이

증기 속에서 벽돌 더미 위로 떠오른다.

접안할 수 없는 강, 파도가 높게 이는 강이

굽이 굽이치며 검은 진흙을 실어 나르는데

무시무시한 지옥의 강을 연상시킨다.[56]

거대한 교각을 가진 대규모 다리는

로도스 섬의 거인 같아서 이 다리의 아치 아래를

수천 척의 배가 지나갈 수 있다.

조수가 악취를 내뿜고, 항상 파도를 일렁이며

세계의 부를 싣고 오간다.

작업 중인 건설 현장, 열려 있는 가게들은

안에 우주라도 담을 수 있다.

저 위에는 변덕스러운 하늘, 구름에 구름이 겹쳐

태양은 시체처럼 얼굴에 수의를 두르고 있으며

종종 유독한 공기가 넘쳐나는 가운데

광부처럼 검은 얼굴을 내민다.

그리하여 결국 칙칙한 물건들이 엄청나게 쌓여 있는 이곳에서

거무튀튀한 국민은 묵묵히 살고 또 죽어가고 있다.

수백만의 존재가 숙명적인 본능에 따라

선에 의해 또 악에 의해 돈을 좇고 있다.

　보들레르의 바르비에 론, 메리옹에 대한 묘사, 「파리 풍경」의 시들과 비교해볼 것. 바르비에의 시에서는 두 가지 요소, 즉 대도시에 대한 '묘사'와 사회적 요구를 확실하게 구분해야 한다. 보들레르에게서 이미 이러한 요소들은 흔적밖에는 찾아볼 수 없으며, 하나로 결합해 전혀 이질적인 제3의 요소로 일체화되어 있다. 오귀스트 바르비에, 『단장短章과 시』, 파리, 1841년, 193/194페이지. ─ 이 시는 1837년의 『나사로』연작 시편에 들어 있다.　　　　　　　　[M 19a, 1]

　메리옹에 관한 보들레르의 텍스트를 바르비에의 「런던」과 비교해보면 '수도 중 가장 불안한'[57]이라는 어두운 이미지, 즉 파리의 이미지는 바르비에와 포의 텍스트에 의해 강하게 규정된 것이 아닐까 하는 의문이 생긴다. 실제로 런던은 산업 발전에서는 파리보다 앞섰기 때문이다.　　　　　　　　　　　　　　　　　　[M 19a, 2]

　루소의 '두번째 산책'의 시작 부분. "한 인간으로서 처할 수 있는 가장 가혹한 상황에 놓인 내 영혼의 일상을 묘사하려는 계획을 세웠던 나는, 그러한 일을 실행하는 데 머릿속이 완전히 자유로운 상태에서 아무런 저항과 장애를 받지 않고 생각들을 흘러가는 대로 내버려두면서 하는 산책들과, 그러한 산책 중에 샘솟듯 떠오르는 몽상들을 충실히 기록하는 것보다 더 솔직하고 확실한 방법은 없으리라고 생각했다. 이 고독과 명상의 시간은 하루 중 다른 것에 마음 뺏기지 않고 방해도 받지 않은 채 오롯이 나 자신으로 돌아갈 수 있는 유일한 시간이다. 그러므로 나는 그러한 시간이야말로 자연이 원했던 것이라고 분명히 말할 수 있다."[58] 장-자크 루소, 『고독한 산책자의 몽상』, 자크 드 라크르텔의 서문인 「에르메농빌에서의 10일」이 붙어 있음, 파리, 1926년, 15페이지. 이 구절은 명상과 무위 사이의 연결 고리를 대변하고 있다. 결정적인 것은 루소가 벌써 — 무위도식하며 — 자기를 즐기고 있지만 태도를 외부로 전환시키지는 못했다는 점이다.   [M 20, 1]

"런던 브리지. 얼마 전 런던 브리지를 건너다가 내가 좋아하는 것, 즉 풍부하고 묵직하며 복잡한 수로의 광경을 바라보기 위해 멈춰섰다. 수로는 진주 광택 나는 돛들로 가득 차고, 여기저기 진흙으로 인해 탁해져 있었으며 수많은 배들이 복잡하게 뒤얽혀 있었다. …… 나는 턱을 괴었다. …… 보는 즐거움이 일종의 갈증과 같은 힘으로 완전히 나를 사로잡았다. 나는 빛이 즐겁게 물길 위에서 희롱하는 것에 눈길을 고정하고 있었으나 그것의 풍요로움을 다 맛보기란 도저히 불가능했다. 그러나 나는 등 뒤에서 눈이 보이지 않는 맹인 무리가 끝도 없이 걸어가며 또다른 강물을 형성하며 지나가고 있는 것을 느낄 수 있었다. 영원히 삶에 직접적으로 필요한 것을 찾아서 말이다. 이들 무리는 각자가 독자적인 존재, 즉 각자에 고유한 이력, 고유한 신, 장점과 단점, 독백이나 운명을 가진 독자적인 존재들의 무리처럼 보이지는 않았다. 오히려 무의식적으로, 내 몸 어딘가 깊숙한 곳에서, 내 눈의 어두운 그늘 속에서, 뭔지 모르지만 똑같은 허공으로 빨려 들어가는 **똑같은 알갱이**들의 흐름처럼 생각되었다. 나는 이들이 묵묵히 급류를 이루어 단조롭게 다리를 건너가는 소리를 듣고 있었다. 자부심과 불안이 한데 뒤섞여 이토록 고독을 느낀 적은 없었다." 폴 발레리, 『죽은 것들』, <파리, 1930년>, 122~124페이지.   [M 20, 2]

산책에는 다른 무엇보다 무위에 의해 얻는 것이 노동에 의해 얻는 것보다 더 가치가 있다<?>는 생각이 깔려 있다. 산책자는 잘 알려진 대로 '탐구Studien' 하는 것이다. 이에 대해 19세기에 라루스는 이렇게 말한 바 있다. "두 눈은 크게 뜨고 귀는 쫑긋 기울인 채 군중이 보는 것과는 전혀 다른 것을 찾는다. 그저 나오는 대로 내뱉는 말은 한마디라도 그에게는 전혀 꾸며낼 수 없으며 직접 삶에서 파악해야 하는 인물의 특징 중의 하나를 드러내준다. 그처럼 천진하게 주의를 기울이고 있는 그의 얼굴 모습은 화가에게 그리기를 꿈꾸어오던 표정을 제공해줄 수 있을 것이다. 다른 모든 사람들 귀에는 아무것도 아닐 소음도 음악가의 귀에 닿으면 화성을 떠올리게 해줄 것이다. 몽상에 빠진 사색가, 철학자에게도 이러한 외부의 자극은 유익할 것이다. 폭풍우가 바다의 물결을 휘젓듯이 그것은 그의 관념을 뒤섞고 뒤흔들 것이다. …… 천재들은 대부분 위대한 산책자들이었다. 단, 근면하고 지적으로 풍요로운 산책자들이었다. …… 종종 예술가나 시인들은 가장 한가하게 보일 때가 가장 일에 몰두하고 있는 때일 경우가 많다. 금세기 초에 어떤 사람이 날씨가 어떻든 즉 눈이 오든 태양이 비치든 하루도 빼놓지 않고 빈 시의 성벽을 돌아다니는 것을 볼 수 있었다. 베토벤이 바로 그였다. 그의 명교향곡을 종이에 옮겨 적기 전에 산책하면서 머릿속으로 악상을 반복하고 있는 중이었다. 그에게 세상이라는 것은 존재하지 않았다. 그를 만나면 사람들은 존경의 인사를 건넸지만 괜한 짓이었다. 그는 아무것도 보고 있지 않았던 것이다. 마음이 딴 데 가 있었기 때문이다." 피에르 라루스, 『대백과사전』, 파리, <1872년>, 8권, 36페이지('산책자' 항<목>).   [M 20a, 1]

파리의 지붕 아래. "평원처럼 높이가 비슷한 지붕들로 이루어져 있는 파리의 이 사바나들은 사람들로 우글거리는 심연들을 덮고 있다." 발자크, 『도톨가죽』, 플라마리옹 판, 95페이지. 파리의 지붕 풍경들에 대한 긴 묘사의 끝 부분.   [M 20a, 2]

프루스트의 군중 묘사. "둑을 따라 걷고 있는 사람들은 마치 배의 갑판에 있기라도 하듯 하나같이 몹시 몸을 흔들거리며(왜냐하면 그들은 한쪽 다리를 쳐드는 동시에 무의식적으로 한쪽 팔을 흔들고 눈을 두리번거리고, 어깨를 곧바로 펴고, 몸의 오른쪽에서 한 동작을 즉시 왼쪽의 균형 동작으로 상쇄하고, 그 얼굴을 빨갛게들 하고 있었으니까), 같은 쪽에서 걷고 있는 사람들이나 반대쪽에서 걸어오는 사람들과 부딪치지 않게, 슬그머니 상대를 바라보고, 그러면서도 상대를 거들떠보지도 않는 것처럼 하려고 보고도 안 본 체하면서, 그러다가 상대에게 부딪치거나 충돌하거나 하는 것은, 서로 겉으로 경멸을 나타내나 그 속으로는 서로 상대에게 비밀스런 호기심을 품고 있기 때문이고, 군중에 대한 그러한 애정 ─ 따라서 공포 ─ 은, 남들을 기쁘게 하려는 때에도, 놀라게 하려는 때에도, 멸시하는 걸 나타내려는 때에도, 모든 인간에게 있어서 가장 강한 동기 중의 하나이다." 마르셀 프루스트, 『꽃피는 아가씨들의 그늘에』, 파리, 3권, 36페이지.[59]   [M 21, 1]

아르망 드 퐁마르탱이 1857년 9월 19일자 『스펙타퇴르』지에 발표한 『속 해괴한 이야기』에 대한 평에는 이 책 전체의 성격을 묘사하기 위해 쓰여졌으나 사실은 「군중 속의 인간」에 대한 분석이라면 맞춤할 만한 구절이 하나 들어 있다. "인간을 숫자로밖에 보지 않고,

그리하여 결국 숫자에 인간의 생명이나 혼이나 힘과 같은 것을 부여하기에 이르는 인정사정없는 민주주의와 미국적인 냉혹함은 바로 거기서, 게다가 깜짝 놀랄 만한 형태로 표현되어 있다." 그러나 이 문장은 오히려 앞서 간행된 『해괴한 이야기<』>에 적용될 수 있지 않을까?(그리고 「군중 속의 인간」은 어디 들어 있지?) 보들레르, 『전집』, 『속 해괴한 이야기』 번역, 크레페 편집, 파리, 1933년, 315페이지. ― 이 평은 근본적으로는 호의적이지 않다.   [M 21, 2]

프루스트에게서(물론 이름이 바뀌어져 있다) 일종의 올빼미 생활을 좋아하는 기질을 찾아볼 수 있다. "'정말 재미있는걸!' 하고 생각하면서 사실은 죽도록 따분한 야회를 마치고 나서 용기를 내서 누군가를 깨우러 가서 야회 망토를 걸친 채 잠시 머리맡에 서 있다가 결국 아무것도 할말이 없기 때문에 문득 밤도 이슥하다는 사실을 깨닫고는 그만 집으로 돌아가서 자고 마는 귀부인의 변덕이 약간 있는 데다가, 진정한 이지의 실체를 모르기 때문에 그렇게 된다는 것을." 마르셀 프루스트, 『되찾은 시간』, 파리, 2권, 185페이지.[60]
[M 21a, 1]

19세기 건축의 가장 독특한 특징을 보여주는 건축상의 과제들, 즉 역, 박람회 홀, 백화점(기디온에 따르면 이렇다)은 모두 집단적인 관심사를 대상으로 하고 있다. 이러한 건축물<,> 기디온의 말로는 '사람들이 깔보는 일상적인' 건축물에 산책자는 매력을 느낀다. 이러한 건축물들에서 거대한 군중이 역사의 무대에 등장하는 것을 예견할 수 있다. 그것들은 마지막까지 남은 사적 인간들이 기꺼이 자기를 드러낼 수 있도록 해주는 상궤를 벗어난 틀을 이루고 있다([K

1a, 5] 참조). [M 21a, 2]

N

[인식론에 관해, 진보 이론]

"**시대**가 사람들보다 더 흥미롭다."
오노레 드 발자크, 『문예 비평』, 루이 뤼메의 「서문」, 파리, 1912년,
103페이지[기 드 라 폰느라이예, 『콜리니 제독 전』].

"의식의 개혁은 자기 자신에 대해 꿈을 꾸고 있는 상태에서 세계를 ……
깨울 수 있을 **때에만** 이루어질 수 있습니다."
칼 마르크스, 『역사 유물론 ─ 초기 저작집』,
라이프치히, <1932년>, 1권, 226페이지
(「루게에게 보낸 마르크스의 편지」, 크로이츠나흐에서, 1843년 9월).

우리가 다루게 될 영역에서 인식은 오직 번개의 섬광처럼 이루어진다. 텍스트는 그런 후에 길게 이어지는 천둥 소리 같다. [N 1, 1]

다른 사람들의 시도를 자극상 북극으로 향하는 항로에서 배가 일탈하는 것과 같은 항해에 비유할 수 있을 것이다. **이러한** 북극을 찾아낼 것. 다른 사람들에게는 항로로부터의 일탈인 것이 내게는 나의 항로를 결정하기 위한 자료가 된다. ─ 나는 다른 사람들에게는 탐구의 '기본 경로'를 교란시킬 뿐인 시간의 미분소를 나의 계산의 근거로 삼는다. [N 1, 2]

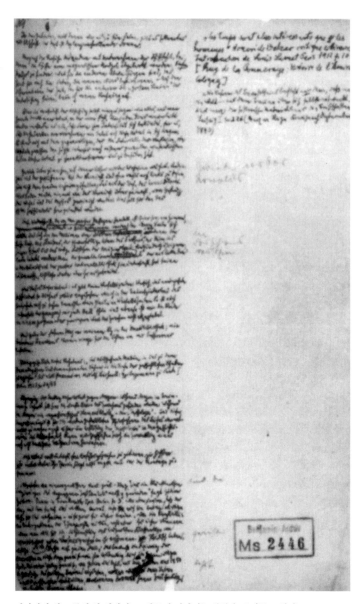

벤야민의 원고 중의 한 페이지. N 항목이 시작되는 부분을 보여주고 있다.

이 저술의 방법적인 측면 자체에 대한 몇 가지 언급. 어떻게 하면 특정한 순간에 생각하고 있는 모든 것을 진행 중인 프로젝트에 어떠한 대가를 치르더라도 통합시킬 수 있을까. 이 프로젝트의 강도를 그런 식으로 증명하든 아니면 사유들이 처음부터 이 프로젝트를 텔로스로서 내포할 수 있도록 하는 형태든 말이다. 지금 생각하고 있는 작업도 이와 마찬가지인데, 이것은 반성의 간격들을, 즉 이러한 작업 중 가장 철저하게 바깥으로 향해 있는 가장 본질적인 부분들 간의 상호 간격의 특징을 규정하고 보존하는 것을 목표로 하고 있다.   [N 1, 3]

이제까지 오직 광기만이 횡행했던 영역을 경작할 수 있는 지대로 만들 것. 원시림 깊은 곳에서 유혹하고 있는 공포에 굴복하지 않도록 이성으로 연마된 도끼를 들고 우왕좌왕하지 말고 곧장 앞으로 돌진해나갈 것. 어떠한 토지든 이성에 의해 언젠가 경작 가능한 토지로 변모시켜야 하며, 광기와 신화의 착오의 뿌리를 제거해야 한다. 여기서는 19세기라는 토지에 대해 이러한 작업이 이루어져야 한다.   [N 1, 4]

파리의 아케이드들을 다루는 이 노트들은 둥근 천장 위에 펼쳐진 구름 한 점 없는 푸른 하늘 아래의 야외에서 시작되었다. 그러나 이 노트들은 몇백만 장의 나뭇잎, 몇 세기에 걸쳐 쌓인 먼지에 파묻혀버렸다. 이들 나뭇잎에는 근면이라는 상쾌한 미풍이 불어오는가 하면, 연구자의 답답한 한숨이 닿기도 하며, 팔팔한 정열의 폭풍우가 몰아치는가 하면 호기심이라는 한가한 산들바람으로 흔들리기도 한다. 왜냐하면 파리의 국립도서관 열람실의 아케이드 위에 걸려 있는 그림 속의 여름 하늘이 열람실 위로 황홀한, 어두운 천장을 펼치고 있기 때문이다.　　　　　　　　　　　　　　　　　　[N 1, 5]

이 작업을 지탱시켜주는 파토스: 쇠망의 시대 같은 것은 없다. 『비극』에 관한 작업에서 17세기를 살펴보려고 했던 만큼이나 19세기를 철저하게 긍정적으로 보려는 시도. '쇠망의 시대' 따위 운운은 믿지 말 것. 그렇기 때문에 나에게는 (시의 경계 바깥에 있는) 모든 도시가 똑같이 아름다우며, 또 어떤 언어가 더 가치 있고 다른 언어는 가치가 덜하다는 이야기는 받아들일 수 없다.　　　　　　[N 1, 6]

그런 다음 국립도서관의 내 자리를 마주 보고 있는 유리로 된 넓은 공간. 그것은 한 번도 깨지지 않은 주문呪文이며, 내가 마술을 걸 때마다 나오는 형상들이 발을 딛고 있는 처녀지이다.　　　[N 1, 7]

이러한 시도가 갖고 있는 교육적 측면. "우리들 내부에 있는 이미지를 창조하는 매질媒質을 교육시켜 역사의 그늘의 심연을 입체경적으로, 다차원적으로 볼 수 있도록 할 것." 이것은 루돌프 보르하르트의 말이다. 『단테 서설』, 1권, 베를린, 1923년, 56/57페이지.
　　　　　　　　　　　　　　　　　　　　　　　　　　[N 1, 8]

이 작업의 기조를 이루는 동향은 아라공과 관련해 다음과 같은 점에서 구별된다. 아라공이 꿈의 영역에 머무르기를 고수하는 반면 여기서는 각성이 어떠한 상황에서 이루어지는지를 밝혀내려고 한다. 아라공에게서는 인상주의적인 요소 ― '신화' ― 가 남아 있으며 이러한 인상주의 때문에 그의 저서[1]에서는 명확한 형태를 갖추

지 못한 철학적 사유의 요소들이 저변에 깔려 있는 데 반해 이 프로
젝트에서는 '신화'를 역사의 공간 속으로 해체하려고 한다. 물론 이
것은 과거에 대해 아직 채 의식되지 않은 지식을 일깨우는 것에 의
해서만 가능하다.   [N 1, 9]

이 작업에서는 인용 부호 없이 인용하는 기술Kunst을 최고도로
발전시켜야 한다. 그와 관련된 이론은 몽타주 이론과 극히 밀접하
게 연관되어 있다.   [N 1, 10]

"몇몇 숭고한 취미의 매력을 제외한다면 이전 세기의 예술적 주
름 장식들은 곰팡내 나는 것이 되었다"라고 기디온은 말한다. 기디
온, 『프랑스의 건축』, 라<이프>치<히>/베를린, <1928년>, 3페이지.
하지만 그러한 주름이 우리에게 매력을 주는 것, 그것은 그것들이
우리 삶에 매우 중요한 소재를 포함하고 있음을 증명해준다. ― 물
론 현대의 건축에 있어 철골 건축이 현대 건축의 구조를 선취함으
로써 중요한 소재를 내포하게 된 만큼 이 주름 장식이 중요하지 않
을지도 모른다. 최초로 쇠망의 징조를 나타낸 순간의 부르주아지의
계급적 상황을 인식하는 데, 또는 이렇게 말해도 좋다면, 비추어 보
는 데 중요한 소재라는 것은 분명하다. 어쨌든 정치적으로 매우 중
요한 소재이다. 초현실주의자들이 이러한 것들에 집착해온 것뿐만
아니라 현재의 패션에서 이를 제멋대로 도용하고 있는 걸 보아도
이를 잘 알 수 있다. 다시 말해 기디온이 1850년경의 건물들로부터
오늘날의 건물의 특징을 어떻게 간파해야 하는지 가르쳐주고 있듯
이 이와 똑같이 당시의 삶 <그리고> 외견상으로는 부차적이고, 지
금은 사라져버린 듯한 형식들로부터 오늘날의 삶, 오늘날의 형식들

을 읽어내려는 것이다.   [N 1, 11]

"바람이 춤추고 있는 에펠 탑의 계단, 아니 더 좋은 예로서 트랑스보르되르 다리 위에서 우리는 현대 건축의 미학과 관련된 근본적인 체험을 할 수 있다. 공중에 매달려 있는 가느다란 철망 사이로 온갖 것들이, 즉 배, 바다, 집들, 돛대들, 풍경, 항구가 흘러간다. 그것들은 명확한 윤곽을 잃고 흘러가는 가운데 한데 뒤얽혀 회전하고 동시에 하나로 뒤섞인다." 지크프리트 기디온, 『프랑스의 건축』, 라<이프>치<히>/베를린, 70페이지. 이와 마찬가지로 오늘날 역사가들도 과거의 가장 현실적인 양상들을 그의 망 속에 포착하려면 가느다랗지만 튼튼한 뼈대를 — 철학적 뼈대를 — 세워야 한다. 하지만 새로운 철골 건축이 — 여기서도 역시 기디온, 61~63페이지의 도<판>을 참<조할 것> — 제공해준 도시의 장대한 풍경이 오랫동안 오직 노동자와 기술자들에게만 주어졌듯이 여기서 최초의 양상들을 찾아내려는 철학자 역시 자립적인, 현기증을 타지 않는, 필요하다면 고독한 노동자가 되어야 한다.   [N 1a, 1]

바로크 시대에 관한 책에서 17세기에 현대의 빛을 비춘 것과 마찬가지로, 하지만 그보다 더 명확하게, 19세기에 관해 그러한 작업을 수행할 것.   [N 1a, 2]

문화사적 변증법을 위한 작은 방법적 제안. 어떤 시대든 다양한 '영역'을 특정한 관점에 따라 이분법으로 나누는 것은 아주 쉽다. 예를 들어 한쪽에는 어떤 시대의 '결실이 많고', '미래를 내포한', '생동감 넘치는', '적극적인' 부분이 놓이며, 다른 한쪽에는 쓸데없

고, 낡은, 쇠퇴해가는 부분을 놓는 식으로 말이다. 게다가 이처럼 적극적인 부분의 윤곽은 그것을 소극적인 것과 대조시킬 때 보다 분명하게 드러날 수 있다. 그러나 다른 한편 모든 부정적인 것|소극적인 것|은 생동감 넘치는 것, 적극적인 것의 윤곽을 드러내게 하는 밑바탕이 됨으로써 비로소 가치를 갖게 된다. 따라서 이처럼 일단 배제된 부정적인 부분에 다시 새롭게 구분법을 적용해 이러한 관점(기준이 아니다!)의 전환을 통해 그러한 부분에서도 새롭게 적극적인, 즉이전과는 전혀 다른 의미를 가진 부분이 출현하도록 하는 것은 결정적인 중요성을 가진다. 이런 식으로 무한대로 계속된다. 과거 전체가 어떤 아직 알려지지 않은 역사의 복원Apokatastasis[2] 속에서 현재 속에 참여할 때까지 말이다.   [N 1a, 3]

돌출한 것, 다른 식으로 표현하면, 모든 사물 속에 들어 있는 어떤 최고의 생生의 파괴 불가능성. 쇠망의 예언자들에 맞설 것. 분명 『파우스트』를 영화화하는 것은 괴테에게는 모욕이 아닐까? 문학으로서의 『파우스트』와 영화 『파우스트』 사이에는 하나의 세계|만큼이나 큰 차이|가 존재하지 않을까? 분명 그렇다. 그러나 다른 한편 『파우스트』의 형편없는 영화화와 고급스러운 영화화 사이에도 하나의 세계|만큼이나 큰 차이|가 존재하지 않을까? 중요한 것은 '큰' 차이가 아니다. 오직 변증법적 대조만이 문제인데, 그것은 종종 뉘앙스의 차이와 착각을 일으킬 정도로 비슷해 보이지만 바로 거기서 생은 항상 새롭게 태어난다.   [N 1a, 4]

브르통과 르 코르뷔지에를 한데 어우르는 것 ― 그것은 인식|이라는 화살|이 순간의 심장을 쏠 수 있도록 오늘날의 프랑스 정신을

활처럼 당기는 것을 의미한다. [N 1a, 5]

마르크스는 경제와 문화 간의 인과적인 연관성을 드러냈다. 여기서 문제가 되는 것은 표현의 연관이다. 문화가 어떻게 경제에서 성립하는가가 아니라 문화 속에서 경제가 어떻게 표현되는가를 서술할 것. 다시 말해 경제 과정을 눈에 보이는 원-현상으로, 즉 아케이드에서 벌어지는 모든 삶(따라서 19세기에 벌어지는 모든 삶)의 현상이 그곳으로부터 발생하는 원-현상으로서 파악하려고 시도해볼 것. [N 1a, 6]

기본적으로 최초의 산업 제품, 최초의 산업 건축물, 최초의 기계뿐만 아니라 최초의 백화점, 광고 등의 표현으로서의 성격을 다룰 이 연구는, 따라서 두 가지 의미에서 마르크스주의에 중요하다. 첫째, 마르크스의 학설이 성립된 환경이 그것이 가진 표현으로서의 성격을 통해 ─ 즉 단순히 인과적 연관성을 통해서만이 아니라 ─ 이 학설 자체에 어떠한 영향을 미쳤는가를 인식할 수 있도록 해줄 것이다. 두번째로, 하지만 동시에, 마르크스주의 또한 어떠한 특징들에서 동시대의 물질적 생산물이 가진 표현으로서의 성격을 공유하고 있는지를 보여줄 것이다. [N 1a, 7]

이 프로젝트의 방법: 문학적 몽타주. 말로 할 건 하나도 없다. 그저 보여줄 뿐. 가치 있는 것만 발췌하거나 재기발랄한 표현을 자기 것으로 만드는 것 같은 일은 일절 하지 않는다. 누더기와 쓰레기들을 목록별로 정리하는 것이 아니라 유일하게 가능한 방법으로 그것들이 정당한 권리를 찾도록 해줄 생각이다. 즉 그것들을 재인용하

는 것이다.   [N 1a, 8]

　현실에 대한 논평(여기서는 논평, 상세한 해석이 중요하기 때문이다)은 텍스트에 대한 논평과는 전혀 다른 방법을 필요로 한다는 것을 항상 염두에 둘 것. 전자에서 기초적인 학문이 되는 것이 신학인 반면 후자에서는 문헌학이다.   [N 2, 1]

　진보 이념을 자체 내에서 무효화해온 역사 유물론을 제시하는 것을 이 프로젝트의 방법론적 목표 중의 하나로 봐도 좋을 것이다. 바로 여기에 역사 유물론이 부르주아적 사유 습관과 명확하게 분리되는 충분한 이유가 있다. 역사 유물론의 기본 개념은 진보가 아니라 현실성을 불러일으키는 것Aktualisierung이다.   [N 2, 2]

　역사적 '이해Verstehen'란 기본적으로 이해되는 것의 존속으로 파악될 수 있을 것이다. 따라서 '작품의 존속'이나 '명성'에 대한 분석 속에서 인식되어온 것을 역사 일반의 토대로 봐도 좋을 것이다.   [N 2, 3]

　이 프로젝트는 어떻게 쓰여졌는가. 우연이 발을 디딜 수 있는 좁은 발판이나마 제공해주면 계단을 한단 한단 올라가는 식으로, 그리고 위험하게 높은 곳에 올라가면서 현기증을 일으키지 않으려고 (그러나 동시에 주위에 펼쳐지는 파노라마를 완벽하게 맛보는 것을 맨 뒤로 미루어두기 위해) 한순간도 주위를 둘러보아서는 안 되는 사람과 비슷하게.   [N 2, 4]

'진보' 개념의 극복과 '쇠망의 시대'라는 개념의 극복은 동일한
사항의 양면일 뿐이다.   [N 2, 5]

결국 역사 유물론에서 인식되어야 할 중심적인 문제. 마르크스
주의적 역사 이해는 무조건 역사의 시각성|구상성|Anschaulichkeit
을 희생시켜야만 비로소 획득될 수 있는 것일까? 아니면 어떤 방식
으로 시각성을 높이는 것과 마르크스주의적 방법을 관철시키는 것
을 결합시킬 수 있을까? 이러한 길로 나가기 위한 첫번째 단계는 몽
타주 원리를 역사 속에 도입하는 것이 될 수 있을 것이다. 즉 극히 작
은, 극히 정밀하고 잘라서 조립할 수 있는 건축 부품들로 큰 건물을
세우는 것이다. 실로 자그마한 개별적 계기들에 대한 분석을 통해 전
체 사건의 결정체를 찾아내는 것이다. 따라서 역사에 대한 통속적
자연주의와 단절할 것. 역사의 구성을 그 자체로서 파악할 것. 논평
의 구조로서. ■ 역사의 찌꺼기 ■   [N 2, 6]

비젠그룬트는 키에르케고르를 인용한 다음 이런 논평을 붙이고 있
다. "'이미지적인 것에서 출발하더라도 신화적인 것에 대해 상술
한 것과 동일한 고찰에 도달할 수 있다. 즉 반성의 시대에 이미지적
인 것이 반성적인 기술記述 속에서 그토록 드문드문 그리고 쉽게
흘려보아 넘길 수 있는 형태로만 부각되고, 또 대홍수 이전의 화석
처럼 의구심을 말끔히 씻어내는 어떤 다른 존재 형태가 존재했음
을 상기시킬수록 아마 사람들은 이미지적인 것이 어떻게 한때 그
토록 큰 역할을 할 수 있었을까 의아해할지도 모르겠다.' 키에르케
고르는 이어지는 문장에서 그것이 '이상하다'는 생각을 거부한다.
그것은 오히려 변증법, 신화, 이미지 사이의 관계에 관한 가장 심

오한 통찰을 예고한다. 왜냐하면 자연이 언제나 생동감 있고 현존하는 것으로서 변증법 속에서 관철되는 것은 아니기 때문이다. 변증법은 이미지 속에서 정지되며, 역사적으로 가장 새로운 것 속에서 최근에 사라진 것으로서의 신화를, 근원의 역사로서의 자연을 인용한다. 따라서 실내의 이미지들처럼 변증법과 신화를 전혀 구분할 수 없도록 만드는 이미지들이 바로 '대홍수 이전의 화석'인 셈이다. 그것들을 벤야민의 표현을 빌려 변증법적 이미지라고 불러도 좋을 것이다. 알레고리에 대한 그의 적확한 규정은 알레고리를 역사적 변증법과 신화적 자연의 형상으로 파악하는 키에르케고르의 알레고리적 의도에도 적용될 수 있다. 이 규정에 따르면 '알레고리 속에서 관찰자는 경직된 원-풍경으로서의 역사의 히포크라테스적 모습*facies hippocratica*(임종의 표정)을 마주하게 된다'." 테오도르 비젠그룬트-아도르노, 『키에르케고르』, 튀빙겐, 1933년, 60페이지.[3] ■ 역사의 찌꺼기 ■   [N 2, 7]

현대의 기술 세계와 신화의 태곳적 상징 세계 간에 조응 관계가 작용하고 있다는 것은 멍하니 넋을 잃고 있는 관찰자나 부정할 수 있을 것이다. 물론 처음에 기술적으로 새로운 것은 가장 새로운 것처럼 보인다. 그러나 바로 다음에 이어지는 어린아이와 같은 상기 속에서 그것의 양상을 바꾼다. 어떠한 유년기든 인류에게 위대한 것, 다른 무엇으로도 바꿀 수 없는 것을 제공해준다. 어떠한 유년기든 기술적 현상들에 대한 흥미, 온갖 종류의 발명이나 기계 장치에 대한 호기심을 통해 기술의 성취들을 오래된 상징 세계와 연결시킨다. 자연의 영역에서 처음부터 이러한 연결을 갖고 있지 않은 것은 하나도 없다. 단, 자연에 있어 이러한 연결은 새로움이라는 아우라

속에서가 아니라 익숙한 것이라는 아우라 속에서 만들어진다. 즉, 상기나 유년기, 꿈속에서. ■각성■   [N 2a, 1]

과거 속의 어떤 근원의 역사와 관련된 계기 — 이것 역시 기술의 결과인 동시에 조건이다 — 는 이제까지와는 달리 교회와 가족이라는 전통에 의해 은폐되지 않을 것이다. 오래된 선사 시대적 두려움이 벌써 우리 부모들 주위의 세계를 에워싸고 있다. 왜냐하면 우리는 더이상 전통에 의해 부모들의 세계와 연결되어 있지 않기 때문이다. 상징화된 관습적 세계들은 점점 더 빠른 속도로 붕괴되고, 그러한 세계들 속에 들어 있던 신화적인 것은 점점 더 급속도로, 무지막지하게 보다 분명한 모습을 드러내고 있다. 이와는 완전히 다른 상징화된 관습적 세계들을 빨리 만들어 붕괴되고 있는 세계에 맞서야 한다. 현실적인 근원의 역사라는 관점에서 보면 기술의 가속화된 속도는 이렇게 보인다. ■각성■   [N 2a, 2]

과거가 현재에 빛을 던지는 것도, 그렇다고 현재가 과거에 빛을 던지는 것도 아니다. 오히려 이미지란 과거에 있었던 것이 지금Jetzt과 섬광처럼 한순간에 만나 하나의 성좌를 만드는 것을 말한다. 다시 말해 이미지는 정지 상태의 변증법이다. 왜냐하면 현재가 과거에 대해 갖는 관계는 순전히 시간적·연속적인 것이지만 과거에 있었던 것이 지금에 대해 갖는 관계는 변증법적인 것이기 때문이다. 즉 진행적인 것이 아니라 이미지 적인 것이며<,> 비약적인 것이다. — 변증법적 이미지만이 진정한(즉 태곳적 이미지가 아니다) 이미지이다. 그리고 우리가 이러한 이미지들을 만나는 장소, 그것이 언어이다. ■각성■   [N 2a, 3]

1054

괴테의 진리 개념에 대해 기술한 짐멜의 서술4)을 연구하면서
『비극』이라는 저서에서의 나의 기원 개념은 이러한 괴테의 기본 개
념을 자연 영역에서 역사 영역으로 엄밀하고 또 이론의 여지 없이
옮겨놓았다는 점을 분명하게 알 수 있었다. 기원 — 그것은 원-현상
이라는 개념을 이교도적인 관점에서 파악한 자연의 맥락에서 유대
교적으로 파악한 역사의 맥락 속으로 도입한 것이다. 그런데 이『아
케이드 프로젝트』에서 나도 그러한 기원을 탐구할 생각이다. 즉 파
리의 아케이드들의 형성과 변천의 기원을 시작부터 쇠퇴기까지 추
적해 그러한 기원을 경제적 사실들 속에서 파악해보려고 한다. 하
지만 인과 관계라는 관점, 즉 원인으로서 보는 경우 그러한 사실들
은 결코 원-현상이 될 수 없다. 오직 내발적 발전 — 오히려 전개
Auswicklung라고 하는 편이 더 나을지도 모르지만 — 에 따라 아케
이드의 일련의 구체적 · 역사적 형태들을 자신 속에서 출현시킬 때
만이 원-현상들이 될 수 있다. 마치 식물의 잎이 경험적인 식물계의
온갖 풍요로움을 스스로 펼쳐 보이듯이 말이다.   [N 2a, 4]

"그토록 가깝고도 먼 이 시대를 연구하면서 나는 자신을 국부마취
수술을 하는 외과의에 비유한다. 감각이 없는, 마치 죽은 것과 같
은 부위를 수술하고 있지만 환자는 살아 있으며 아직 말할 수 있
다." 폴 모랑, 『1900년』, 파리, 1931년, 6/7페이지.   [N 2a, 5]

이미지를 현상학의 '본질(성)'과 구별해주는 것이 바로 이미지
들이 갖고 있는 역사적 지표이다(하이데거는 현상학을 위해 역사를
추상적으로, '역사성Geschichtlichkeit'을 통해 구원하려고 시도했지만
허사로 끝났다5)). 그러한 이미지들은 소위 관습Habitus이나 양식 등

'정신과학적' 범주들과는 분명하게 구분되어야 한다. 즉 이미지들이 역사적 지표를 갖고 있다는 말은 단순히 이미지가 특정 시대에 고유한 것이라는 것뿐만 아니라 무엇보다 특정 시대에만 해독 가능하게 된다는 것을 의미한다. 게다가 이처럼 '해독 가능'하게 된다는 것은 이미지의 운동이 내부에서 어떤 위기적kritisch 지점에 도달한 것을 말한다. 모든 현재는 이 현재와 동시적인 이미지들에 의해 규정된다. 모든 지금은 특정한 인식이 가능한 지금인 것이다. 이 지금 속에서 진리에는 폭발 직전의 시간이 장전된다(이러한 폭발이 바로 지향intentio의 죽음으로, 따라서 이러한 죽음과 동시에 진정 역사적 historisch 시간, 진리의 시간이 탄생하는 것이다). 과거가 현재에 빛을 던지는 것도, 그렇다고 현재가 과거에 빛을 던지는 것도 아니다. 오히려 이미지란 과거에 있었던 것이 지금과 섬광처럼 한순간에 만나 하나의 성좌를 만드는 것을 말한다. 다시 말해 이미지는 정지 상태의 변증법이다. 왜냐하면 현재가 과거에 대해 갖는 관계는 순전히 시간적·연속적인 것이지만 과거에 있었던 것이 지금에 대해 갖는 관계는 변증법적인 것이기 때문이다. 시간적인 성질이 아니라 이미지적인 성질을 갖는 것이다. 변증법적 이미지만이 진정 역사적 이미지이다. 즉 태곳적 이미지가 아니다. 해독된 이미지, 즉 인식 가능한 지금 속에서의 이미지는 모든 해독의 기반을 이루는 위기적이며 kritisch, 위험한 순간의 각인을 최고도로 띠고 있다.   [N 3, 1]

'시대를 초월한 영원한 진리'와 같은 개념과는 단호히 결별할 것. 그러나 진리라고 하는 것은 ─ 마르크스주의에서 주장하는 것처럼 ─ 단순히 인식의 시대적 함수일 뿐만 아니라 동시에 그것은 인식하는 것과 인식되는 것 모두 속에 감추어져 있는 시대의 핵

Zeitkern과 연결되어 있기도 하다. 따라서 영원한 것은 어쨌든 이념이라기보다는 오히려 옷 주름이라고 할 수 있다.   [N 3, 2]

이 『아케이드 프로젝트』의 역사를 발전 과정에 입각해 약술할 것. 이 프로젝트에 있어 본래부터 중요했던 것: 유물론적 역사 기술이 전통적인 역사 기술보다 훨씬 더 나은 의미에서 이미지로 넘쳐난다는 것을 입증해줄 수 있는 것은 하나도 포기하지 말 것. [N 3, 3]

『아케이드 프로젝트』에 대한 에른스트 블로흐의 발언. "역사가 스코틀랜드-야드|런던 경시청| 배지를 과시하고 있군.<"> 이 프로젝트가 — 원자핵 파괴 방법과 비슷했다 — 얼마나 고전적 역사학의 '옛날 옛적'에 묶여 있던 역사의 거대한 힘을 해방시켜줄지를 내가 설명하자 블로흐가 대화 중에 그렇게 말했다. 사태를 '실제 있던 그대로wie es eigentlich gewesen war' 보여주는 역사|학|는 이 세기의 가장 강력한 마취제였다.   [N 3, 4]

"진리가 우리로부터 도망가는 일은 없을 것이다"라고 켈러[6]는 에피그램의 한 구절에서 말하고 있다. 이 프로젝트의 서술에서는 이런 식으로 정식화되는 진리 개념과 결별할 것.   [N 3a, 1]

'19세기의 근원의 역사' — 만약 이 말을 근원의 역사에 상응하는 갖가지 형식들을 19세기의 재고품에서 재인식해야 한다는 의미로 이해한다면 이러한 제목은 아무런 흥미도 끌지 못할 것이다. 19세기가 이 근원의 역사의 본래 형식으로서 묘사되었을 때에만, 즉 근원의 역사 전체가 이 지나간 세기에 고유한 이미지들 속에서 집합의 형태로 그려졌을 때에만 비로소 19세기의 근원의 역사라는 개념은 의미를 가질 수 있다. [N 3a, 2]

각성이란 꿈 의식Traumbewußtsein이라는 테제와 깨어 있는 의식이라는 안티테제의 진테제가 아닐까? 그렇다면 각성의 순간이란 '인식 가능성의 지금'과 동일한 것이 아닐까? 이 순간 사물들은 진정한 — 초현실주의적인 — 모습을 하게 된다. 따라서 프루스트에게서는 인생 최고의 변증법적인 단절점, 즉 각성의 순간에 생애 전체에 대해 쓰기 시작하는 것이 그토록 중요한 것이다. 프루스트는 깨어나고 있는 어떤 사람의 공간에 대한 묘사에서부터 |『잃어버린 시간을 찾아서』를| 시작한다. [N 3a, 3]

"내가 이처럼 어떤 작가의 전기에서 나타나는 모순점을 강조하는 것은 …… 그의 사유가 연속되었다고 해도 개별적으로 파악한 사고의 논리와 다른 논리를 가진 몇몇 사실까지 무시할 수는 없기 때문이다. 왜냐하면 그가 아무리 소중한 생각을 갖고 있더라도 …… 노동자를 겨누고 있는 경찰과 대포가 있으며, 전쟁이 임박해 있으며, 파시즘이 벌써 맹위를 떨치고 있다 …… 는 극히 간단하고 단순한 사실들을 앞에 두고도 끝까지 고수할 수 있는 것은 하나도 없기 때문이다. …… 그러한 사실들에 자신의 생각들이 따르도록 하는 것이 인간의 존엄성에 부합하는 것이지 설령 아무리 교묘한 것이라고 할지라도 자기 생각에 이들 사실을 굴복시키는 것이 그런 것이 아니다." 아라공, 「알프레드 드 비니에서 아브데엥코까지」(『코뮌』, 2권, 1935년 4월 20일, 808/09페이지). 그러나 내가 나의 과거에 반론을 제기하면서 다른 사람의 과거와 연속성 — 물론 그러한 연속성은 코뮤니스트인 그와는 상충될 것이다 — 을 설정해보는 것은 얼마든지 가능할 것이다. 이 경우에는 아라공의 연속성과 그렇게 해볼 수 있을 텐데, 그는 바로 이 논문에서 『파리의 농부』를 부인하고 있다. "그리고 대부분의 친구들과 마찬가지로 나는 불완전한 것, 괴물 같은 것, 살아남을 수 없는 것, 이루어질 수 없는 것을 선호했다. …… 나는 그들과 똑같았다. 오류의 반대보다는 오류 쪽이 더 좋았다"(807페이지).   [N 3a, 4]

변증법적 이미지 속에서 과거의 어떤 특정한 시대에 존재했던 것은 항상 동시에 '고래로 존재해온 것'이기도 하다. 그러나 그 자체로서 그것은 매번 특정한 시대에만 출현한다. 즉 인류가 눈을 비비며 바로 이러한 꿈의 이미지를 그 자체로 인식하는 시대에만. 바로 이 순간 역사가가 그러한 꿈의 이미지에 관한 해몽Traumdeutung의 과제를 받아들이는 것이다.   [N 4, 1]

자연의 책이라는 표현은 현실적인 것을 하나의 텍스트처럼 읽을 수 있다는 것을 시사한다. 여기서 19세기의 현실도 바로 이렇게 다뤄야 한다. 우리는 이미 일어난 일들의 책을 펼친다.   [N 4, 2]

프루스트가 자기의 인생 이야기를 잠에서 깨어나는|각성| 장면부터 시작하는 것과 마찬가지로 모든 역사 기술은 깨어나는 것|각성|에서부터 시작해야 한다. 다른 것은 일절 다뤄서는 안 된다. 따라서 이 『아케이드 프로젝트』는 19세기로부터의 각성을 다룰 것이다.   [N 4, 3]

잠에서 깨어날 때의 꿈의 여러 가지 요소들을 평가하고 이용하는 것이야말로 변증법의 공준이다. 그것은 사상가에게는 모범이 되며, 역사가에게는 반드시 따라야 하는 것이 되어야 한다.   [N 4, 4]

라파엘은 그리스 예술의 규범적 성격에 대한 마르크스주의적인 견해를 수정하려고 한다. "그리스 예술의 규범적 성격이 …… 역사적으로 설명될 수 있는 사실이라면 …… 어떠한 특수한 조건이 각각의 예술의 부흥기를 가져오고, 따라서 이들 부흥기가 …… 그리스 예술의 …… 어떤 특수한 요소를 모델로 …… 받아들였는가를 …… 규정해야 한다. 그리스 예술 전체가 규범적 성격을 가진 것은 아니기 때문이다. 각각의 부흥기는 …… 각자에 고유한 역사를 갖고 있다. …… 고대에 '규범'이라는 추상적 개념이 생겨난 시기를 제시할 수 있는 것은 역사적 분석뿐이다. …… 개념은 르네상스, 즉 원시 자본주의에 와서야 비로소 만들어졌으며 이후 …… 고전주의에 의해 수용되었는데, 고전주의는 …… 역사적 순서에 따라 이 규범에 위치를 지정하기 시작했다. 마르크스는 역사 유물론의 가능성들을 충분히 고려해 더이상 그러한 길을 따라가지 않았다." 막스 라파엘, 『프루동, 마르크스, 피카소』, 파리, <1933년>, 178/79페이지.
[N 4, 5]

형식들의 진보나 성공이 그러한 형식의 사회적 내용의 **투명도**에 비례하는 것이야말로 (예술 형식과 반대로) **기술적** 조형 형식의 특이함이다(그래서 유리 건축이 등장한 것이다).   [N 4, 6]

마르크스가 말한 중요한 구절. "따라서 예술 자체의 영역 내에서 예술의 일정한 종류의 중요한 형상들은 다만 예술 발전의 미발전 단계에서만 가능하다는 것은 …… 예컨대 서사시에 관해서는 …… 인정되고 있다. 만약 예술 자체의 영역 내에서의 각종 예술 분야들 사이의 관계에서 그렇다고 한다면 예술 영역 전체와 사회의 일반적 발전과의 관계에서도 그러하다는 것은 더더욱 놀랄 일이 아니다. ……" 막스 라파엘, 『프루동, 마르크스, 피카소』, 파리, <1933년>, 160페이지에서 인용한 마르크스의 말로 출전은 따로 표시되어 있지 않다(아마『잉여가치 학설사』, 1권?).[7]   [N 4a, 1]

마르크스주의 예술 이론. 때로는 허풍을 치기도 하고, 때로는 스콜라적이다.   [N 4a, 2]

A. 아스투라로, 『역사 유물론과 일반 사회학』, 제노바, 1904년(『디 노이에 차이트』, 슈투트가르트, 23권 1호, 62페이지에 실린 에르빈 사보의 서평에서)이 제안한 상부구조의 단계적 순서. ─ "경제. 가족과 친족. 법률. 전쟁. 정치. 도덕. 종교. 예술. 과학."   [N 4a, 3]

'사회적 힘'에 대한 엥겔스의 기묘한 발언. "사회적 힘은 일단 그것의 본성이 파악되면 협동한 생산자들 수중에서 악마적인 지배자의 태도를 버리고 순종적인 하인으로 모습을 바꿀 수 있다"(!)[8] 엥겔스, 『공상에서 과학으로 사회주의의 발달』, 1882년.   [N 4a, 4]

『자본』 2판에 대한 마르크스의 후기. "연구는 소재를 자세히 탐구하여 상이한 발전 형태를 분석하고, 그러한 발전 형태들의 내적 관련을 찾아내야만 한다. 이 일이 완성된 뒤에야 비로소 그에 상응하여 현실적 운동이 서술될 수 있다. 이것이 성공하여 이제 소재의 생명 활동이 관념적으로 반영되면 마치 선험적 구성이 이루어진 것처럼 보일 수도 있을 것이다." 칼 마르크스, 『자본』, 1권, 베를린, <1932년>, 코르쉬 편, 45페이지.[9]   [N 4a, 5]

18세기가 끝난 후의 시대를 역사적으로 연구하는 데 따르는 특별한 어려움을 서술할 것. 거대 신문의 등장 이후 자료가 엄청나게 늘어났다.   [N 4a, 6]

미슐레는 민중을 기꺼이 '야만인'이라고 부르려 했다. ─ "야만인, 맘에 든다. 쓰도록 하자." ─ 그리고 민중 작가들에 대해서는 이렇게 말한다. "그들은 더할 수 없이, 때로는 과도하게 세부적인 것을 사랑하고 그것에 완전히 빠져든다. 알브레히트 뒤러의 고결한 어색함 혹은 채 기교를 다 감추지 못한 장 자크 루소의 지나친 세련미가 나오는 것은 다 이 때문이다. 이처럼 면밀한 세부 사항에 의해 전체가 훼손되는 것이다. 그러나 그들을 너무 탓해서는 안 된다. 수액이 …… 풍부하기 때문이다. 이 수액은 …… 잎, 열매, 꽃 등 모든 것을 단번에 만들어내려고 하며, 잔가지들을 휘게 하고 구부린다. 고생인 줄 모르고 열심인 이런 이들의 단점들은 종종 나의 책에도 등장하는데, 거기에서는 장점이라고는 찾아볼 수 없다. 하지만 아무 상관 없지 않은가!" J. 미슐레, 『민중』, 파리, 1846년, XXXVI/XXXVII페이지.   [N 5, 1]

1935년 8월 5일 비젠그룬트로부터의 편지. "당신이 주장하고 계신 '꿈'의 계기 ─ 즉 변증법적 이미지 속의 주관적인 것으로서의

'꿈'의 계기 — 와 꿈을 모델로 보는 견해를 화해시키려고 시도하는 가운데 저는 다음과 같은 몇 가지 문장을 정식화할 수 있었습니다. …… 사물에서 사용가치가 추상화되면|사라지면| 소외된 사물은 공동화되며, 암호화되어 여러 가지 의미들을 불러일으키게 됩니다. 주관성은 소망이나 불안과 같은 지향들을 이들 사물 속에 주입함으로써 그러한 의미를 탈취합니다. 그리고 사용가치에서 벗어난 사물들이 주관적 지향의 이미지 역할을 담당하게 되면서 이러한 이미지들은 태고의 영원한 이미지로 나타납니다. 변증법적 이미지는 소외된 사물들과 그곳에 주입된 의미들이 한데 섞인 성좌로, 죽음과 의미 사이의 차이가 소실되는 순간에 정지합니다. 사물은 가상 속에서 최신의 것으로 각성되지만 다른 한편 죽음이 그러한 여러 가지 의미를 가장 오래된 것으로 변모시킵니다." 이러한 고찰과 관련해 19세기에는 기술의 진보로 인해 사용가치를 가진 새로운 물품들이 점점 더 통용되지 않게 되면서 '공동화된' 사물의 숫자가 전례 없을 정도로 빠른 규모와 속도로 증대했다는 점을 염두에 둘 것.

[N 5, 2]

"비평가는 …… 어떠한 형태의 이론적·실천적 의식도 단서로 삼을 수 있으며, 현존하는 현실의 **독특한** 형태로부터 진정한 현실의 당위와 최종 목적을 전개해나갈 수 있습니다." 칼 마르크스, 『역사 유물론 — 초기 저작집』, 1권, 란트슈트/마이어 편, 라이프치히, <1932년>, 225페이지(「루게에게 보낸 마르크스의 편지, 크로이츠나흐에서, 1843년」). 여기서 마르크스가 말하는 단서를 반드시 직전의 발전 단계와 결부시킬 필요는 없다. 훨씬 이전에 지나간 시대들과 관련해서도 얼마든지 그렇게 할 수 있는데, 물론 그러한 시대들의 당위와 최종 목적은 다음에 찾아올 발전 단계에 대한 고려가 아니라 현재 지금의 시대 자체에 고유한 것으로, 그리고 역사의 최종 목적의 선행 형태로서 서술되어야 한다.   [N 5, 3]

엥겔스는 이렇게 말하고 있다(마르크스/엥겔스, 『포이에르바흐론. 유고집』, 마르크스 엥겔스 기록 보관소, 라자노프 편, 1권, 프랑크푸르트 암 마인, <1928년>, 300페이지). "법은 종교와 마찬가지로 자체에 고유한 역사를 갖고 있지 않다는 것을 잊지 말 것." 법과 종교에 대해 타당한 것은 문화에 대해서는 한층 더 타당하다. 계급 없는 사회의 생활 형식을 문화적으로 도야된 인류라는 이미지에 따라 구상하는 것은 터무니없을 것이다.   [N 5, 4]

"우리의 표어는 …… 의식의 개혁은 도그마에 의해서가 아니라 자기 자신에게도 불명확한 의식에 대한 분석에 의해 이루어져야 한다는 것이 되어야 합니다. 그러한 의식이 종교적인 것으로 나타나든 아니면 정치적인 것으로 나타나든 말입니다. 세계는 오랫동안 어떤 것에 대한 꿈을 간직해왔으며, 그러한 꿈을 실제로 소유하려면 그것에 대한 명철한 의식을 소유하기만 하면 된다는 것이 드러날 것입니다." 칼 마르크스, 『역사 유물론 ─ 초기 저작집』, 란트슈트/마이어 편, 라이프치히, <1932년>, 1권, 226/227페이지(「루게에게 보낸 마르크스의 편지, 크로이츠나흐에서, 1843년 7월」).

[N 5a, 1]

인류는 화해하는 가운데 과거와 결별해야 한다. ─ 그리고 그러한 화해의 한 형태가 기꺼움이다. "오늘날의 독일 체제, … 세계 전람회에 출품된 구체제의 하찮음 … 이는 **진정한 주인공**이 죽고 없는 세계 질서의 **희극 배우**일 뿐이다. 역사는 철저하고, 낡은 등장인물을 무덤으로 보낼 때에 많은 국면을 통과한다. 세계사적 등장인물의 최종 단계는 희극이다. 아이스킬로스의 『쇠사슬에 묶인 프로메테우스』에서 이미 한 번 비극의 형태로 치명적 부상을 입은 바 있는 그리스인의 신들은 루키아노스의 대화편에서 또 한 번 **희극**이라는 형태로 죽어야 했다. 왜 역사의 진행이란 이러한가? 인류로 하여금 자신의 과거와 **즐겁게** 이별하도록 하기 위해서이다." 칼 마르크스, 『역사 유물론 ― 초기 저작집』, 란트슈트/마이어 편, 라이프치히, <1932년>, 1권, 268페이지(「헤겔 법철학 비판 서설」).[10] 초현실주의는 희극 속에서의 19세기의 죽음이다.   [N 5a, 2]

마르크스(마르크스/엥겔스, 『포이에르바흐 론. 유고집』, 마르크스 엥겔스 기록 보관소, 1권, 프랑크푸르트 암 마인, <1928년>, 301페이지). "정치의 역사, 법의 역사, 학문의 역사 등등, 예술의 역사, 종교의 역사 등은 존재하지 않는다."   [N 5a, 3]

『신성 가족』에서는 베이컨의 유물론에 대해 이렇게 말하고 있다. "물질은 시적 · 감각적 광휘에 둘러싸인 채 인류 전체를 향해 웃음을 짓는다."   [N 5a, 4]

"의식주, 가정의 일상사, 민법, 오락, 교제 등 대다수 개인들에게서는 항상 삶의 주된 관심사였던 일상생활의 수많은 사실들을 아주 불완전한 방식으로만 다룬 것을 유감스럽게 생각한다." 샤를 세뇨보스, 『프랑스 국민의 진정한 역사』, 파리, 1933년, XI페이지.

[N 5a, 5]

발레리의 말을 주목할 것*ad notam.* "진정 보편적인 것의 특성은 다산성에 있다."[11]   [N 5a, 6]

야만(성)은 가치들의 보고라는 문화의 개념 그 자체 속에 내재되어 있다. 이 개념은 가치들을 만들어내는 생산 과정으로부터는 독립되어 있지 않지만 모든 가치들이 존속할 수 있도록 해주는 생산 과정으로부터는 독립되어 있는 것으로 간주된다. 이러한 방식으로 가치들은 후자(?)의 과정의 숭배에 봉사한다. 그것이 아무리 야만적인 것이더라도 마찬가지다.   [N 5a, 7]

문화라는 개념은 어떻게 생겨났는지, 각각의 시대에 어떤 의미를 가졌었는지, 어떤 욕구에 상응해 형태지워졌는지를 조사할 것. 그것이 '문화재' 전체를 의미하는 한 그것이 최근에 등장한 것이라는 점이 드러날 것이다. 예를 들어 중세 초기에 고대의 소산에 대한 섬멸전에 나섰던 성직자들에게서는 아직 그러한 개념을 찾아볼 수 없었다.   [N 6, 1]

미슐레 — 어디서 인용하더라도 독자로 하여금 인용된 문장이 들어 있는 저서를 잊게 만드는 저자.   [N 6, 2]

|프랑수아 마르크 루| 나비유의 『법적 자선 사업에 대해』, 프레지에의 『위험한 계급』 등 사회 문제와 자선 문제에 관한 최초의 저술들은 특히 공들여 장정되었다는 점을 강조할 것.   [N 6, 3]

"라파르그 같은 식견 있는 유물론자에게 있어 경제 결정론은 '역사의 모든 문제의 열쇠가 될 수 있는 절대 완벽한 도구'가 아니었다는 사실은 아무리 강조해도 지나치지 않을 것이다." 앙드레 브르통, 『초현실주의의 정치적 입장』, 파리, (1935년), 8/9페이지.

[N 6, 4]

어떠한 역사적 인식이라도 균형을 잡고 멈춰 서 있는 저울의 이미지로 상상해볼 수 있을 것이다. 저울의 한쪽 접시에는 과거의 사건이, 다른 한쪽 접시에는 현재의 인식이 놓인 저울의 이미지로 말이다. 앞 접시에는 아무리 많은 사실을 모아놓아도 결코 너무 많다는 느낌이 들지 않는 데 반해 후자의 접시에는 몇 개의 묵직한, 무게감이 느껴지는 분동分銅만 올려놓아도 충분하다.   [N 6, 5]

"산업 시대에 …… 철학이 취할 수 있는 유일하게 위엄 있는 태도는 …… 신중함이다. 마르크스와 같은 사람이 말하는 '과학성'은 철학이 체념해야 한다는 것이 아니라 …… 저급한 현실의 지배가 타파될 때까지 철학이 신중을 기해야 한다는 것을 의미한다." 후고 피셔, 『칼 마르크스 그리고 그가 국가 및 경제와 맺고 있는 관계』, 예나, 1932년, 59페이지.   [N 6, 6]

엥겔스가 유물론적 역사관과 관련해 '고전성'을 강조하는 것은 가볍게 보아 넘길 문제가 아니다. 그는 발전이 변증법적으로 이루어진다는 것을 입증하기 위해 "현실의 역사 과정 자체가 제공하는 법칙"에 호소한다. "어떠한 계기도 완전한 성숙, 즉 고전성으로 나아가는 발전 도상 위의 한 점으로 바라보아야 한다." 구스타프 마이어, 『프리드리히 엥겔스』, 2권, 『엥겔스와 유럽 노동자 운동의 흥기』, 베를린, <1933년>, 434/5페이지에서 인용.　　　　　[N 6, 7]

1893년 7월 14일 메링에게 보낸 엥겔스의 편지. "국가 제도, 법 체계 등등 각각의 특수 분야의 이데올로기적 표상들이 자립적인 역사를 갖고 있는 듯한 가상, 외관. 이 가상이 무엇보다도 대부분의 사람들의 눈을 멀게 합니다. 루터와 칼뱅이 공식 가톨릭을, 헤겔이 피히테와 칸트를, 루소가 그의 공화주의적인 『사회계약론』으로 입헌군주적인 몽테스키외를 간접적으로 '극복' 했다고 하더라도 그것은 어디까지나 신학, 철학, 국가학 내부에 머문 채 진행되는 하나의 과정에 불과하며, 이러한 사유 영역의 역사 안에서의 한 단계를 나타내는 것일 뿐 결코 그러한 사고 영역을 한 발자국도 벗어나지 않습니다. 게다가 여기에 자본주의적 생산이 영원불변하며 최종적인 것이라는 부르주아의 환상이 추가되면서 중농주의자들과 애덤 스미스가 중상주의를 극복한다 하더라도 그것은 사상의 승리로만 간주될 뿐입니다. 즉 변화된 경제적 사실들이 사상에 반영된 것이 아니라 언제 어느 때나 존재하는 사실적 조건들에 대한 올바른 통찰이 마침내 획득된 것으로 간주되는 것이죠."[12] 구스타프 마이어, 『프리드리히 엥겔스』, 2권, 『엥겔스와 유럽 노동자 운동의 흥기』, 베를린, 450/51페이지.　　　　　[N 6a, 1]

"슐로서[13]는 이러한 비난[까다롭게도 도덕적으로 엄격하다는 비난에 대해 아마 이렇게 응답할 수 있을 텐데, 이렇게 반론을 제기하지 않았을까. 즉 일반적으로 인생 그리고 역사는 소설이나 단편소설과는 달리 피상적인 삶의 기쁨이 아니라 감각이나 정신의 기쁨을 가르친다고. 그리고 인생과 역사를 알게 됨으로써 인간에 대한 격한 경멸이 아니라 세계에 대한 엄정한 견해, 그리고 삶에 대한 엄격한 원칙을 받아들일 수 있을 것이라고. 또 최소한 자기의 내면적 삶을 척도로 외적인 삶을 평가할 줄 알았던 세계와 인간에 대한 평가자들 중 가장 위대한 사람들, 즉 셰익스피어, 단테, 마키아벨리 같은 사람들에게 세계의 본질은 항상 그처럼 진지함과 엄격함을 권면하는 것처럼 보였다고 말이다." G. G. 게르비누스, 『프리드리히 크리스토프 슐로서』, 라<이프>치<히>, 1861년[『독일 추도 연설문집』, 루돌프 보르하르트 편(뮌헨, 1925년), 312페이지].   [N 6a, 2]

구전口傳과 복제 기술Vervielfältigung 사이의 관계를 살펴볼 것. "구전과 …… 글로 써서 전달하는 것 일반 사이의 관계는 펜으로 문장을 옮겨 적는 것과 인쇄를 통한 복제의 관계, 책의 연속적인 필사가 단번에 인쇄하는 경우와 맺고 있는 관계와 동일하다." [칼 구스타프 요호만, 『언어에 대해』, 하이델베르크, 1828년, 259/60페이지(「시의 퇴보」).[14]   [N 6a, 3]

로제 카이유아, 「파리 ─ 현대의 신화」(*NRF*, 25권 284호, 1937년 5월 1일, 699페이지)는 대상이 되는 파리를 좀더 자세히 해명하기 위해 이루어져야 할 연구의 목록을 열거하고 있다. 1) 파리에 대한 19세기 이전의 묘사(마리보, 레티프 드 라 브르통). 2) 파리와 지방의 관계를 둘러싼 지롱드파와 자코뱅파 사이의 논쟁. 파리의 혁명의 날들의 전설. 3) 제정기와 왕정복고기의 비밀경찰. 4) 위고, 발자크, 보들레르의 파리 풍속 묘사*peinture morale*. 5) 파리에 대한 객관적 묘사. 뒬로르, 뒤 캉. 6) 비니, 위고(『무서운 해』에 나오는 |파리 코뮌에

의해| 초토화된 파리)<,> 랭보.   [N 7, 1]

　침착함Geistesgegenwart과 변증법적 유물론의 '방법' 사이의
관계를 확정할 것. 사실에 입각한 행동의 최고 형식 중의 하나인 침
착함 속에는 항상 변증법적 과정이 들어 있다는 것을 입증하는 것
만으로는 불충분하다. 그보다 훨씬 더 결정적인 점은 변증법적으로
생각하는 사람은 역사를 위기의 성좌로서밖에는 보지 않는다는 점
이다. 그는 이러한 성좌의 전개를 사유 속에서 추적하면서 항상 그
것을 다른 방향으로 돌리려고 비약을 준비하고 있다.   [N 7, 2]

　"혁명은 아마 하나의 이야기histoire라기보다는 하나의 드라마이
　며, 혁명의 파토스는 혁명의 진실성만큼이나 절대적인 조건이다."
　블랑키(조프루아, 『유폐자』, 파리, 1926년, 1권, 232페이지에서 인용).
                                                    [N 7, 3]

　여러 해 동안 한 권의 책 속 여기저기서 문득 인용한 구절 하나
하나, 슬쩍 언급하고 지나가버리고 만 표현들에 예민하게 귀를 기
울일 필요가 있다.   [N 7, 4]

　역사 이론을 에드동 잘루[15]가 「사적인 일지」(『르 탕』, 1937년 5월
23일)에 번역해서 실은 그릴파르처[16]의 말과 대조시켜볼 것. "미래
를 읽어내는 것은 어렵지만 과거를 **순수하게** 바라보는 것은 훨씬
더 어렵다. 내가 **순수하다**고 말하는 것이란 회고적인 시선 속에 이
후에 일어난 것을 하나도 개입시키지 않는 것을 말한다." 시선의
'순수함'이라는 것은 도달하기 어렵다기보다 도저히 도달할 수 없

는 것이다. [N 7, 5]

유물론적 역사가에게 중요한 것은 어떤 역사적 사태의 구성 Konstruktion을 통상 '재구성Rekonstruktion'이라고 부르는 것과 가능하면 최대한 엄밀하게 구분하는 것이다. 감정 이입이라는 형태를 취하는 '재구성'은 단층적이다. '구성'은 '파괴'를 전제한다.
[N 7, 6]

과거의 한 단편이 현재의 현실성Aktualität과 관계되려면 양자 간에 어떤 연속성도 있어서는 안 된다. [N 7, 7]

어떤 역사적 정황Tatbestand의 전사前史와 후사後史는 그러한 정황에 대한 변증법적 기술 덕분에 그러한 정황 자체 속에서 나타난다. 이뿐만이 아니다. 변증법적으로 기술된 모든 역사적 상황 Sachverhalt은 분극화되어 그러한 상황의 전사와 후사가 대결하는 힘의 장이 된다. 그렇게 될 수 있는 것은 현실성이 그러한 상황에 개입하기 때문이다.[17] 그리고 역사적 정황은 항상 새로운 형태로 전사와 후사로 분극화되며, 결코 동일한 방식을 따르지 않는다. 그리고 이러한 분극화는 자기 외부, 즉 현실성 자체 안에서 이루어진다. 아폴론 분할[18]에 의한 선분의 분할이 스스로의 분할은 자기 외부에서 경험하듯이 말이다. [N 7a, 1]

역사 유물론은 균질적인 역사 서술도 또 연속적인 서술도 지향하지 않는다. 상부구조가 하부구조에 반작용하는 사실로부터 균질적인 역사, 예를 들어 균질적인 경제사는 균질적인 문학사나 균질적인 법학사와 마찬가지로 존재하지 않는다는 것이 분명해진다. 다른 한편 과거의 다종다양한 시대가 역사가의 현재에 의해 취급되는 정도가 크게 다르기 때문에(종종 최근의 과거에조차 전혀 손이 닿지 않는 경우가 있다. 현재는 과거를 '정당하게 평가'하지 않는다) 역사 서술의 연속성은 실현될 수 없다.　　　　　　　　　　　[N 7a, 2]

　　과거에 현재가 충돌하면서 과거가 현재를 삼켜버린다. [N 7a, 3]

　　위대하고 매우 감동적인 예술 작품의 향수란 *ad plures ire*(보다 많은 사람들 쪽을 향한다).[19]　　　　　　　　　　　　　[N 7a, 4]

　　유물론적 역사 기술은 과거로 하여금 현재를 위기 상태에 처하도록 만든다.　　　　　　　　　　　　　　　　　　　[N 7a, 5]

　　발레리가 "까다롭고 세련된 독자의 저항으로 지체되고 그러한 저항으로 가득 찬 독서"라고 부른 것에 견디는 것이 나의 의도이다. 샤를 보들레르, 『악의 꽃』, 「폴 발레리의 서문」, 파리, 1928년, XIII페이지.　　　　　　　　　　　　　　　　　　　　[N 7a, 6]

　　나의 사고와 신학의 관계는 압지壓紙와 잉크의 관계와 같다. 나의 사유는 신학에 흠뻑 젖어 있다. 그러나 압지를 기준으로 본다면 쓰여진 것은 무엇 하나 남지 않는다.　　　　　　　　　[N 7a, 7]

　　사건Geschehen을 전사와 후사로 분극하는 것이 현재이다.
　　　　　　　　　　　　　　　　　　　　　　　　[N 7a, 8]

역사의 미완결성이라는 문제에 관한 1937년 5월 16일자 호르크하이머의 편지. "역사가 완결되지 않았다는 주장은 그러한 미완결성 속에 완결성이 포함되어 있지 않는 한 관념론적인 것에 불과합니다. 과거의 부정不正은 이미 저질러졌으며, 완결된 것입니다. 희생자들은 실제로 살해당한 것입니다. …… 역사의 미완결성을 정말 진지하게 받아들인다면 최후의 심판을 믿을 수밖에 없습니다. …… 어쩌면 이 미완결성과 관련해 긍정적인 것과 부정적인 것 사이에 차이가 있으므로 과거의 부정不正이나 공포, 고뇌만이 회복 불능일지도 모릅니다. 이미 행해진 정의, 환희, 일은 시간과 이와 다른 관계를 맺고 있습니다. 왜냐하면 그것들이 가진 긍정적 성격은 그러한 것들이 쉽게 사라지기 때문에 대부분 부정되기 때문입니다. 이것은 다른 무엇보다 개인의 존재에 적용됩니다. 개인의 존재에 있어 죽음에 의해 봉인되는 것은 행복이 아니라 불행입니다." 이러한 사유 경로에 대한 교정책은 역사는 단순히 하나의 과학일 뿐만 아니라 동시에 그리고 그에 못지않게 애상의 한 형식이기도 하다는 고찰에서 찾을 수 있다. 과학이 '확인'한 것을 이러한 상기는 수정할 수 있다. 애상은 미완결된 것(행복)을 완결된 것으로, 완결된 것(고뇌)을 미완결된 것으로 바꿀 수 있다. 이것이 신학이다. 그러나 애상에 있어 우리는 역사를 철저하게 비신학적으로 파악하는 것을 금지하는 것을 경험하게 된다. 역사를 직접 신학적 개념으로 기술해서는 안 되는 것처럼 말이다.   [N 8, 1]

용에게서 원형적 이미지 론이 분명히 퇴행적인 기능을 하고 있다는 것은 「분석심리학과 시적 예술 작품의 관계에 대해」라는 에세이의 다음 부분에서 분명히 드러난다. "창조 과정이라는 것은 ……

원형을 무의식 속에서 활성화하고, …… 그것을 완성된 작품 형태로 만드는 것을 의미한다. 태고의 이미지에 형태를 부여하는 것은 어떤 의미에서는 그것을 현재의 언어로 번역하는 것이다. …… 바로 여기에 예술의 사회적 의미가 있다. …… 예술은 시대정신에 가장 결여되어 있는 형상들을 출현시킨다. 현재에 불만족스러운 예술가의 동경은 …… 무의식 속에 있는 원형적 이미지, 즉 시대정신의 일면성을 …… 보완하는 데 가장 적합한 이미지까지 거슬러 올라간다. 예술가의 동경은 이러한 이미지를 파악하며, 이를 의식에 접근시킨다. 그리고 이미지들도 동시대의 인간들이 각자의 파악 능력에 맞게 받아들일 수 있을 때까지 계속 형태를 바꾸어나간다." C. G. 융, 『현대의 영혼의 문제』, 취리히/라이프치히/슈투트가르트, 1932년, 71페이지. 따라서 비교적秘敎的인 예술 이론은 원형을 '시대정신'이 '받아들이도록' 만드는 것을 목표로 하게 된다.   [N 8, 2]

지금은 누구나 바로 알 수 있는 것이겠지만 가장 먼저 표현주의에 의해 폭발적 형태로 드러난 요소들 중의 하나가 융의 저작에서 뒤늦게, 그러나 그것만으로도 강력한 효과를 발휘하고 있다. 의사들 특유의 니힐리즘이 그것으로, 벤의 작품에서도 이를 만날 수 있으며, 그리고 셀린에게서도 추종자를 발견할 수 있다. 이 니힐리즘은 내장이 그것을 다루는 의사들에게 준 쇼크에서 생겨난 것이다. 융 자신은 심적인 것에 대한 관심의 증대는 표현주의의 영향에서 기인한다고 말하면서 이렇게 쓰고 있다. "원래 예술은 항상 일반적인 의식의 임박한 전환을 사전에 직관적으로 파악하는 것이지만 표현주의 예술은 이러한 전환을 예언자적으로 선취했다"(『현대의 영혼의 문제』, 취리히/라<이프>치<히>/슈투트가르트, 1932년, 415페이지, 「현대의 인간의 영혼의 문제」). 이와 관련해 루카치가 표현주의와 파시즘 사이에 존재하는 것으로 확인한 관계를 간과하지 말 것([K 7a, 4]를 참조). [N 8a, 1]

"전통, 잎을 흔드는 바람처럼 이따금씩
우리가 모아들이는 정처 없이 떠도는 우화."
빅토르 위고, 『사탄의 최후』, 파리, 1886년, 235페이지. [N 8a, 2]

쥘리앙 방다[20]는 『세기의 규율』에서 퓌스텔 드 쿨랑주[21]의 말을 인용하고 있다. "어떤 시대를 다시 살고 싶다면 그 시대 이후에 일어난 것에 대해 알고 있는 것을 잊어버려라." 이것이 역사학파의 역사 기술의 은밀한 대헌장 magna carta으로, 방다가 이렇게 덧붙인다고 해도 설득력이 없기는 마찬가지다. "퓌스텔은 역사에 있어 어떤 시대의 역할을 이해하기 위해서는 이러한 태도만으로 족하다고는 결코 말하지 않았다." [N 8a, 3]

시간이 공간 속에서 세속화되는 것과 알레고리적 지각 사이에 어떤 관계가 있는지 하는 문제를 추적할 것. 아무튼 전자는 블랑키의 최후의 저서에서 확실해지는 것처럼 19세기 후반의 '자연과학적 세계상' 속에 내재되어 있다(하이데거에게서의 역사의 세속화).[22] [N 8a, 4]

괴테는 시민적 교양의 위기가 도래하는 것을 보고 있었다. 그는 『빌헬름 마이스터』에서 이에 맞서고 있다. 그는 첼터[23]와 주고받은 편지에서 이러한 위기의 특징을 묘사하고 있다. [N 8a, 5]

빌헬름 폰 훔볼트는 언어로 중점을 옮겼으며 마르크스와 엥겔스는 자연과학으로 옮겼다. 언어 연구도 경제적 기능을 갖고 있다. 전자가 전 세계적 교역을 배경으로 등장한 반면 자연과학 연구는 생산 과정을 배경으로 등장했다.   [N 9, 1]

학문의 방법의 특징은 새로운 대상으로 인도하면서 새로운 방법을 발전시키는 데 있다. 이것은 예술에서 형식의 특징이 새로운 내용으로 인도하면서 새로운 형식을 발전시키는 것과 똑같다. 하나의 예술 작품에는 하나의 형식, **오직** 하나의 형식밖에 없다는 것, 또한 하나의 연구에는 하나의 방법, **오직** 하나의 방법밖에 없다는 것은 외면적인 견해에 지나지 않는다.   [N 9, 2]

'구원' 개념에 대해. 개념이라는 돛에 불어오는 절대적인 것의 바람(바람의 원리는 순환적이다). 돛의 각도는 상대적이다.   [N 9, 3]

무엇으로부터 현상들은 구원받을 것인가? 현상들이 악평을 '얻거나' 경시되는 상태로부터 구원해내야 하지만 그것이 전부는 아니다. 아니 오히려 흔히 그러한 현상들이 전승되는 특정한 방식, 즉 '유산으로 찬양되는' 것으로 대변되는 파국으로부터도 구원받아야 한다. ─ 현상은 안에 내재되어 있는 균열을 분명하게 밝힘으로써 구원받을 수 있다. ─ 파국인 전승이 존재한다.   [N 9, 4]

역사는 항상 동일하다는 견해, 반복에 불과하다는 가상을 쫓아버리는 것이야말로 변증법적 경험에 가장 고유한 것이다. 진정한 정치적 경험은 이러한 가상으로부터 절대적으로 자유롭다. [N 9, 5]

변증법적으로 사유하는 사람에게 있어 중요한 것은 돛이 세계사의 바람을 맞도록 하는 것이다. 이들에게서 사유하는 것이란 돛을 올리는 것을 의미한다. 어떻게 돛을 올릴 것인가가 중요하다. 말이 그의 돛이다. **어떻게** 돛을 올릴 것인가, 그것이 말을 개념으로 만든다.
                                                                    [N 9, 6]

변증법적 이미지는 한순간에 빛나는 이미지이다. 따라서 인식 가능성으로서의 지금 한순간에 빛나는 이미지로서 과거에 있었던 것은 포착될 수 있다. 이런 식으로 — 오직 이런 식으로만 — 구원은 항상 다음 순간에는 구원받을 수 없는 것으로서 소실되는 이미지에 의해서만 이루어질 수 있다. 이와 관련해 요호만에 대한 나의 머리말에 들어 있는 비유적인 문장을 참조할 것. 나는 거기서 과거의 정상에서 일순간에 빛나는 견자見者의 시선에 대해 말한 바 있다.[20]
                                                                    [N 9, 7]

변증법적으로 사유하는 사람이란 돛이 역사의 바람을 맞도록 하는 사람을 가리킨다. 돛은 개념이다. 그러나 돛을 자유롭게 조종하는 것만으로는 충분하지 않다. 중요한 것은 돛을 세우는 기술이다.
                                                                    [N 9, 8]

진보 개념은 파국이라는 이념 속에서 근거를 마련해야 한다. '지금까지 했던 대로다' 라는 식의 생각은 **파국을 부른다**. 파국이란 앞으로 닥쳐오는 것이 아니라 그때 이미 존재하는 것이다. 스트린드베리는 이렇게 — 『다마스쿠스로』에서? — 말한다. 지옥은 앞으로 다가올 어떤 것이 아니다. — 지금 여기서의 삶이 지옥이다.

[N 9a, 1]

유물론적 탐구에서는 결론을 무디게 내리는 것이 바람직하다.

[N 9a, 2]

구원에는 단단하게, 겉으로는 거칠게 보일 정도로 움켜잡는 것이 반드시 필요하다.

[N 9a, 3]

변증법적 이미지란 분석 대상에 대한 괴테의 요구, 즉 진정한 종합을 제시하라는 요구에 부응할 수 있는 역사적 대상의 형식이다. 그것이 역사의 원-현상이다.

[N 9a, 4]

찬양이나 옹호는 역사의 진행에서 나타나는 혁명적 계기들을 은폐시키려고 하는 것이다. 내심으로는 연속성을 만들어내려는 것이다. 작품의 여러 요소 중 오직 후대에 미칠 영향이 포함되어 있는 요소들만 중시한다. 전통이 단절되는 장소들, 따라서 전통을 벗어나려는 사람에게 발판을 제공해주는 낭떠러지와 모서리들은 피하려고 한다.

[N 9a, 5]

역사 유물론은 역사에 있어 서사시적 요소를 포기해야 한다. 역사 유물론은 시대를 물화된 '역사의 연속성'으로부터 분리시킨다. 그러나 동시에 시대의 균질성을 폭파한다. 그것은 시대에 파편들을, 즉 현재를 뒤섞는다.

[N 9a, 6]

진정한 예술 작품이라면 반드시 작품 속으로 빠져들려는 사람을 향해 마치 밝아오는 아침녘 바람처럼 상쾌한 바람이 불어오는 장소를 갖고 있다. 이로부터 종종 진보와는 전혀 무관한 것으로 간주되어 온 예술이 진보에 대한 진정한 규정에 기여할 수 있다는 것이 드러난다. 진보는 시대의 경과의 연속성이 아니라 그러한 연속성에 대한 간섭 속에 있다. 바로 여기서 진정 새로운 것이 여명의 차갑고 상쾌한 바람과 함께 비로소 감지되는 것이다.   [N 9a, 7]

유물론의 입장에 선 역사가에게 있어 그와 관련된 모든 시대는 그가 문제 삼고 있는 시대의 전사前史일 뿐이다. 바로 그렇기 때문에 그에게 역사 속에 반복이라는 가상은 존재하지 않는다. 왜냐하면 역사의 흐름 중 이 역사가에게 가장 중요한 계기들은 그것들이 '전사'라는 지표인 덕분에 역사가의 현재 자체의 계기가 되며, 이 현재를 파국으로 규정할 것인가 아니면 승리로 규정할 것인가에 따라 구체적인 성격이 변하기 때문이다.   [N 9a, 8]

역사의 진보와 마찬가지로 학문의 진보도 항상 그때그때의 일보만이 진보이며 2보도 3보도 n+1보도 결코 진보가 아니다. 즉 만약 후자가 학문의 영위Betrieb에 속할 뿐만 아니라 학문의 집적Corpus에도 속한다고 가정한다면 말이다. 그러나 사실 그렇게는 되지 않는다. 왜냐하면 변증법적 과정 속의 모든 단계는 (― 역사 과정 자체의 모든 단계와 마찬가지로 ―) 설령 선행하는 단계에 의해 조건지어진다고 해도 근본적으로 새로운 취급을 요구하는 근본적으로 새로운 전회轉回를 가져오기 때문이다. 따라서 학문의 방법의 특징은 새로운 대상으로 인도하면서 새로운 방법을 발전시키는 데 있다. 이것은 예술에서 형식의 특징이 새로운 내용으로 인도하면서 새로운 형식을 발전시키는 것과 똑같다. 하나의 예술 작품에는 하나의 형식, **오직** 하나의 형식밖에 없다는 것, 또한 하나의 연구에는 하나의 방법, **오직** 하나의 방법밖에 없다는 것은 외면적인 견해에 지나지 않는다. [N 10, 1]

역사의 기본 개념에 대한 규정들. 파국 — 기회를 놓친 것. 위기의kritisch 순간 — 현 상태status quo를 지속할 수 없는 것. 진보 — 최초의 혁명적 조치. [N 10, 2]

역사의 대상을 역사적 흐름의 연속성으로부터 떼어내는 작업이 요구되는 것은 그것의 단자론적 구조가 그렇게 요구하기 때문이다. 이 구조는 떼어내진 대상에서 비로소 드러난다. 그리고 역사적 대결이라는 형태로 그렇게 되는데, 바로 이러한 대결이 역사적 대상의 내부(말하자면 내장)를 구성하며 역사의 모든 힘과 관심사가 새롭게 되살아난 규모로 이러한 대결에 합류한다. 이러한 구조 덕분에 역사적 대상은 자기 내부에 이 자체에 고유한 전사와 후사가 재현되어 있는 것을 발견한다(예를 들어 보들레르의 전사는 이 연구가 보여주고 있듯이 알레고리에 있으며, 후사는 유겐트슈틸에 있다). [N 10, 3]

인습적인 역사 기술 그리고 '찬양'과 대결하려면 감정 이입(그릴파르처, 퓌스텔 드 쿨랑주)에 대한 논박을 토대로 삼을 것. [N 10, 4]

생시몽주의자 바로는 유기적 시대époques organiques와 비판적 시대époques critiques를 구분한다.[25] 비판적 정신에 대한 비방은 부르주아 계급의 승리 직후, 즉 7월 혁명 직후에 시작된다.

[N 10, 5]

유물론적 역사 기술의 파괴적 또는 비판적 계기는 역사적 대상이 비로소 구성될 수 있도록 해주는 역사의 연속성을 분쇄하는 데서 진가를 발휘한다. 실제로 역사의 연속적 흐름 속에서 역사의 하나의 대상을 겨냥하는 것은 불가능하다. 실제로 역사 기술은 안이하게 태곳적부터 역사의 연속적 흐름에서 대상을 골라내는 방법을 사용해왔다. 그러나 거기에 원칙 같은 것이 있을 리 없었고, 궁여지책에 불과한 것이었다. 그리고 언제나 대상을 감정 이입을 통해 새롭게 만들어낸 연속성 속에 편입시키려는 생각뿐이었다. 이에 반해 유물론적 역사 기술은 대상을 무작위적으로 선택하지 않는다. 대상을 붙잡는 것이 아니라 흐름에서 떼어낸다. 준비 작업도 훨씬 폭넓게 이루어지고, 사건은 훨씬 더 본질적인 것이다.   [N 10a, 1]

[왜냐하면] 유물론적 역사 기술의 파괴적 계기는 전승되는 것뿐만 아니라 전승의 계승자까지 위협하는 위기의 성좌들에 대한 반응으로 파악되어야 하기 때문이다. 유물론적 역사 기술은 이러한 성좌에 맞선다. 거기에 그것의 현재성Aktualität이 있으며, 그러한 위기에 맞서 유물론적 역사 기술의 침착함을 증명해야만 한다. 이러한 역사 기술은 엥겔스의 표현을 빌리면 '사고의 영역을 벗어나는' 것을 목표로 해야 한다.   [N 10a, 2]

사고에는 사유의 운동뿐만 아니라 정지도 필요하다. 사고가 긴장들로 가득한 성좌에서 정지할 때 변증법적 이미지가 나타난다.

사고의 운동의 고비인 것이다. 그러한 고비는 결코 임의적인 것이 아니다. 한마디로 변증법적으로 대립하는 것들 간의 긴장이 가장 팽팽한 곳에서 그것을 찾아야 한다. 따라서 유물론적 역사 기술에서 구성되는 대상 그 자체가 변증법적 이미지가 된다. 그것은 역사적historisch 대상과 동일하다. 이것이 역사의 흐름의 연속성으로부터 그러한 대상을 떼어내는 것을 정당화한다.   [N 10a, 3]

어떤 시대든 반드시 거론되어온 그리고 최근에는 융에 의해 다시금 거론된 바 있는 근원의 역사의 원형은 역사에서 자연을 가상의 고향으로 제시하면 할수록 가상을 그만큼 더 현혹적으로 만든다.
[N 11, 1]

역사를 기술하는 것이란 연도에 관상Physiognomie을 부여하는 것을 가리킨다.   [N 11, 2]

역사가를 둘러싸고 있으며 역사가 본인도 지금 관여하고 있는 사건은 은현隱顯 잉크로 쓰여진 텍스트로서 그의 기술의 기초가 된다. 그가 독자에게 제시하는 역사는 말하자면 이러한 텍스트 속에서 인용되었으며, 이러한 인용문들만이 누구나 이해할 수 있는 방식으로 제시된다. 따라서 역사를 기술한다는 것은 역사를 **인용하는** 것이다. 그런데 인용이라는 개념 속에는 그때그때의 역사적 대상을 그것의 관련성으로부터 떼어내는 작업이 포함되어 있다. [N 11, 3]

역사 유물론의 기본 학설에 대해. (1) 인식이 대상의 구원으로 이루어질 때 그것이 역사의 대상이 된다. (2) 역사Geschichte는 이

1082

야기들Geschichten이 아니라 이미지들 속으로 해체된다. (3) 변증
법적 과정이 실현될 때 우리는 단자와 관련되게 된다. (4) 유물론적
역사 기술은 진보 개념에 대한 내재적 비판을 수반하고 있다. (5) 역
사 유물론의 절차를 지탱하고 있는 것은 경험, 상식, 침착함, 변증법
이다(단자에 대해서는 [N 10a, 3]을 참조).   [N 11, 4]

현재는 과거의 대상 중 어디서 그러한 대상의 전사와 후사가 나
뉘어져 그러한 대상의 핵심을 둘러쌀지를 결정한다.   [N 11, 5]

19세기의 서적들과 관련해 오직 마르크스주의만이 위대한 문헌
학을 실천할 수 있다는 것을 실례를 들어 증명할 것.   [N 11, 6]

"가장 빨리 계몽된 지역들이 과학이 가장 많이 진보했던 곳은
아니다." 튀르고, 『저작집』, 2권, 파리, 1844년, 601/02페이지(「인간
정신의 연속적 진보에 관한 두번째 담화」)(1750년). 이러한 생각은 후
일의 문헌들에서, 마르크스에게서도 일정한 역할을 한다. [N 11, 7]

진보 개념은 19세기에 부르주아 계급이 권력을 굳혀가면서 본
래 그것이 가졌던 비판적 기능을 점점 잃어갈 수밖에 없었다(이 과
정에서 자연도태 이론이 결정적 역할을 했다. 자동적으로 진보가 이루어
진다는 관념을 대중화시켰던 것이다. 그 결과 진보 개념이 인간 행위의
전 영역으로 확산되는 데도 기여했다). 튀르고에게서 진보 개념은 아
직 비판적 기능을 갖고 있었다. 무엇보다 역사의 퇴행적 운동에 주
의를 기울이는 것을 가능하게 해주었다. 튀르고는 독특하게도 진보
는 무엇보다 수학 연구의 영역에서 보장된다고 본다.   [N 11a, 1]

"사람들의 의견이 연속적으로 쏟아져 나오는 것은 얼마나 멋진 광경인가! 나는 거기서 인간 정신의 진보를 찾아보았지만 보이는 것이라곤 인간 정신의 오류의 역사뿐이었다. 수학 연구에서 첫발을 내디뎠을 때는 그토록 확실했던 인간 정신의 발자취는 왜 그 밖의 다른 영역에서는 그토록 휘청거리며, 왜 그토록 헤매는 것일까? …… 견해와 오류의 이처럼 완만한 진전에서 …… 자연이 새로 자라나는 식물의 줄기에 부여하는 최초의 잎, 최초의 잎집들이 줄기보다 먼저 땅속에서 얼굴을 내밀고, 다른 잎집이 나오면서 하나하나씩 말라가다가 마침내 줄기 자체가 드러나면서 꽃이나 열매로 왕관을 쓰는 모습을 보는 듯했다. 여기서 뒤늦게 완성되는 진리의 모습을 볼 수 있다." 튀르고, 『저작집』, 2권, 파리, 1844년(「인간 정신의 연속적 진보에 관한 두번째 담화」), 600/601페이지.   [N 11a, 2]

튀르고에게서는 그래도 아직 진보의 한계 *limes*가 존재한다. "최근 …… 최초의 인간들이 맹목적 본능에 이끌려 도착한 지점에 완성[26]이라는 형태로 되돌아가야만 했다. 바로 그것이 이성의 최고의 노력이라는 것을 모르는 사람이 있을까?" 튀르고, 앞의 책, 610페이지. 마르크스에게서도 이러한 한계가 존재한다. 나중에는 사라져버린다.   [N 11a, 3]

이미 튀르고에게서 진보 개념은 과학을 규범으로 삼고 있으며, 예술을 교정책으로 삼고 있다는 것이 분명해진다(기본적으로 심지어 예술도 무조건 퇴보라는 개념으로 파악될 수 있는 것은 아니다. 요호만의 논문도 이러한 견해를 무조건적으로 밀어붙이고 있는 것은 아니다). 물론 튀르고는 예술에 치외법권적 지위를 부여하지만 오늘날과는 전혀 다른 방식으로 그렇게 한다. "자연과 진리에 대한 인식은 자연과 진리와 마찬가지로 무한하다. 우리에게 기쁨을 주는 것이 목적인 예술은 우리와 마찬가지로 한계가 있다. 현대는 모든 과학에 있어 부단히 새로운 발견을 생성시킨다. 그러나 시, 회화, 음악에는 각각 언어의 특징이나 자연의 모방, 우리 기관들의 한정된 감각에 의해 결정되는 하나의 고정점이 있다. …… 아우구스투스 황제 시대의 위인들은 바로 그러한 지점에 도달했으며, 아직까지 우리들의 모델이 되고 있다." 튀르고, 『저작집』, 2권, 파리, 1844년(「인간 정신의 연속적 진보에 관한 두번째 담화」), 605/06페이지. 이런 식으로 예술의 독창성을 강령적으로 포기하고 있는 것이다! [N 12, 1]

"미술에는 시대와 더불어 완성될 수 있는 취향의 요소들이 존재한다. 예를 들어 광학에 의거하는 원근법. 그러나 지방색, 자연의 모방, 감정의 표현 그 자체는 어느 시대나 변하지 않는다." 튀르고, 『저작집』, 2권, 파리, 1844년(「세계사에 관한 두번째 담화 초안」), 658페이지. [N 12, 2]

진보관에 대한 전투적 견해. "진리의 진보를 방해하는 것은 오류가 아니다. 나태함, 완고함, 인습을 존중하는 정신, 인간의 게으름을 조장하는 모든 것이 진리의 진보를 방해한다. ― 고대 그리스의 여러 민족이나 공화국들에서는 심지어 가장 평화적인 예술의 진보조차 지속적으로 반복되는 전쟁과 뒤섞이곤 했다. 한 손으로는 예루살렘의 성벽을 세우고, 다른 한 손으로는 전투에 나서야 했던 유대인과 비슷한 상황이었다. 이들의 정신은 항상 활발하게 움직이며, 사기는 항상 충천되어 있고, 하루가 다르게 계몽은 속도를 더해갔다." 튀르고, 『저작집』, 2권, 파리, 1844년(「사유와 단편」), 672페이지.　　　　　　　　　　　　　　　　　　　　　　[N 12, 3]

　　다음과 같은 튀르고의 말 속에는 침착함이 정치적 범주로 멋지게 표현되어 있다. "어떤 것들은 그것들이 특정한 상황 속에 존재한다는 것을 우리가 인식하기 전에 이미 몇 차례는 변화한다. 그렇기 때문에 우리는 항상 사건을 너무 늦게 감지하게 된다. 정치는 항상 소위 현재를 예측할 필요가 있다." 튀르고, 『저작집』, 2권, 파리, 1844년, 673페이지(「사유와 단편」).　　　　　　　　[N 12a, 1]

　　"19세기에 풍경은 완전히 모습이 바뀌었으나 …… 적어도 흔적으로는 오늘날에도 볼 수 있다. 풍경의 변화는 철도에 의해 초래되었다 …… 산과 터널, 협곡과 고가, 급류와 케이블카, 하천과 철교 …… 이러한 것들이 서로 융합되어 있는 곳이면 어디서든지 이러한 역사적 풍경의 초점이 존재한다. …… 이 모든 것은 각자에게 고유한 특이성 속에서 자연은 기술 문명의 승리의 한가운데서도 익명의 것과 미완성된 것 속으로 물러서지는 않으며, 다리나 터널 그 자체의 순수한 구조만이 풍경의 지표가 되는 것은 아니며, 또 강이나 산은 기술 문명이라는 승자에게 패배한 하인이 아니라 오히려 우호적인 힘으로서 붙어 있다는 것을 입증해주고 있다. …… 산들의 벽으로 만들어진 터널 문을 지나가는 철도는 자기 고향으로 되돌아가는 듯하다. 자기 자신을 만든 소재가 쉬고 있는 고향으로 말이다." 돌프 슈테른베르거, 『파노라마 혹은 19세기의 풍경』, 함부르크, 1938년, 34/35페이지.　　　　　　　　　　[N 12a, 2]

진보 개념은 특정한 역사적 변화를 측정하기 위해 척도로 사용되는 것이 아니라 역사의 전설적인 시작과 끝 사이의 긴장을 측정해야 하게 된 순간부터 비판적 역사 이론과 상충되게 되었다. 다시 말해 진보라고 하는 것이 역사의 흐름 전체를 나타내는 표식 Signatur이 되자마자 진보 개념은 비판적 문제 설정보다는 무비판적 실체화로 이어지게 된다. 구체적으로 역사를 고찰하는 경우 그것이 적어도 진보라고 하는 것 ─ 어떠한 것이라도 좋다 ─ 을 시야에 넣으려고 하는 만큼은 퇴보에 대해서도 명료하게 윤곽을 그리고 있는 것을 보면 이를 알 수 있다(예를 들어 튀르고나 요흐만).

[N 13, 1]

진보 개념의 비판가로서의 로체. "인류는 똑바로 진보한다는 주장은 누구나 기꺼이 받아들이고 있는데, 이에 반해 …… 역사는 나선형 ─ 다른 사람들은 외파선이라는 말을 선호할지도 모르겠다 ─ 을 그리며 회전한다는 것을 발견하기까지는 오랫동안 좀더 신중한 고찰이 필요했다. 단적으로 말해 역사라는 것은 대체적으로 기분을 고양시켜주기는커녕 압도적으로 비감 어린 인상을 준다는 것인데, 이러한 고백에서는 여러 가지를 고려한 완곡어법을 없지 않아 찾아볼 수 있다. 선입견에 사로잡히지 않은 눈이라면 언제나 얼마나 많은 문화재와 삶의 독특한 아름다움들을 나타내는 재화들이 …… 사라져 다시는 되돌아오지 못했던가를 개탄하면서 놀라지 않을 수 없을 것이다." 헤르만 로체, 『소우주』, 3권, 라<이프>치<히>, 1864년, 21페이지.

[N 13, 2]

진보 개념의 비판가로서의 로체. "교육이 인류의 각 세대에게 순차적으로 배분되며, 후세대일수록 채 보상받지 못한 앞세대의 노력이나 때로는 불행에서 거둔 과실을 향유할 수 있다고 생각할 수 있을지도 모르나 그것은 결코 …… 분명하지가 않다. 다만 인류가 전체적으로 진보하면 그만일 뿐 각 시대와 개별적 인간들의 요구는 무시해도 좋으며, 그들의 불운에 대해서는 눈을 돌릴 필요가 없다는 주장은 설령 고귀한 감정에서 나온 것이라 해도 역시 신중하지 못한 열광에 불과할 뿐이다. …… 이전에는 불완전한 상황 때문에 고통을 겪었던 사람들의 마음속에서 행복과 완전함이 증가하지 않는 한 진보는 …… 있을 수 없다." 헤르만 로체, 『소우주』, 3권, 라<이프>치<히>, 1864년, 23페이지. 진보 이념을 역사의 흐름 전체에까지 확대할 수 있다는 생각이 자기만족적인 부르주아 계급에 고유한 것이라면 로체는 방어에 내몰린 부르주아 계급의 망설임을 대변한다. 그에 반해 "나는 다가올 세기의 인류를 사랑한다"고 말한 횔덜린과 이를 비교할 것.[27]   [N 13, 3]

한번 생각해볼 만한 가치가 있는 말. "인간의 심정에서 가장 주목할 만한 특징 중의 하나는 …… 한 사람 한 사람은 그렇게까지 자아에 대한 욕구가 강한 데 반해 어떠한 현재도 도대체 미래에 대해서는 아무 질투심도 느끼지 않는다는 것이다." 이처럼 질투심을 느끼지 않는다는 것은 우리가 품고 있는 행복의 상념의 깊은 곳까지 우리가 살고 있는 시대가 스며들어 있다는 것을 가리킨다. 우리는 우리가 호흡해온 공기 속에서, 더불어 살아온 사람들 속에서만 행복이라는 것을 생각할 수 있다. 다시 말해 행복의 상념 속에는 구원의 관념이 공명하고 있다. ― 바로 이 점을 앞의 기묘한 사태는 가르쳐준다. 이러한 행복은 우리 자신이 과거에 처해 있던 암담함과 고독에 기반을 두고 있다. 즉 우리의 삶은 역사적 시간 전체를 응축시키기에 충분한 힘을 가진 근육이다. 또는 다시 다른 표현을 빌리자면, 역사적 시간에 대한 진정한 개념은 철저하게 구원의 이미지에 바탕을 두고 있다(앞의 말은 로체, 『소우주』, 3권, 라<이프>치<히>, 1864년, 49페이지에 들어 있다).   [N 13a, 1]

종교적 역사관에서의 진보 사상에 대한 부인. "아무리 발버둥쳐 보아도 역사는 자체의 고유한 차원에 들어 있지 않은 목표는 달성할 수 없다. 그러니 유구한 역사를 온통 진보로 바라보려는 식의 수고는 그만두는 것이 좋을 것이다. 진보는 그런 식으로 이루어지는 것이 아니라 높은 곳을 향하려고 노력하는 중 이러저러한 지점에서만 이루어지게끔 정해져 있기 때문이다." 헤르만 로체, 『소우주』, 3권, 라<이프>치<히>, 1864년, 49페이지.   [N 13a, 2]

로체에게서 나타나는 진보 사상과 구원 사상의 연결. "지나간 세대의 노동은 오직 뒷세대들에게 도움이 될 뿐 막상 본인들에게는 되돌릴 길 없는 소진으로 끝나버리는 것이 무한으로 지속된다라는 생각을 거부하지 않는 한 세계의 의미는 무의미로 전도될 것이기 때문이다"(50페이지). "세계 자체가 아무리 역사적 발전 전체를 동원하더라도 그저 이해 불가능한 헛된 소음에 불과한 것처럼 보이지 않는 한" 그러한 일은 있을 수 없다. "······ 아무리 신비적인 방식이라 하더라도 역사의 진보는 지나간 세대를 위해서도 일어난다. 바로 이러한 확신이 있음으로 해서 비로소 우리는 인류라는 말을 — 항상 사용해온 대로 — 사용할 수 있는 것이다"(51페이지). 로체는 이를 '보존과 반환의 ······ 사상'이라고 부른다.   [N 13a, 3]

베른하임[28]에 따르면 문화사는 콩트의 실증주의로부터 발전되어 나온 것이다. 벨로흐[29]의 『그리스 역사』(<1권>, 2판, 1912년)는 베른하임에 의하면 콩트의 영향을 잘 보여주는 교과서 같은 책이다. 실증주의적인 역사 기술은 "국가나 정치적 사건을 …… 무시하며, 이와 반대로 사회 전체의 지적 발전이야말로 역사의 유일한 내용이라고 본다. …… 그리하여 문화사가 …… 유일하게 연구할 만한 가치가 있는 역사 연구의 대상으로까지 격상되는 것이다!" 에른스트 베른하임, 『중세의 시간관이 정치와 역사 기술에 미친 영향』, 튀빙겐, 1918년, 8페이지.   [N 14, 1]

"'시제라는 논리적 범주는 사람들이 믿는 만큼 동사를 지배하지는 않는다.' 이상하게 들릴지도 모르지만 미래의 표현은 인간 정신에서 과거나 현재의 표현과 동일한 차원에 위치해 있는 것 같지는 않다. …… '미래 시제는 종종 독자적인 표현을 갖지 못하며, 설령 갖더라도 복잡한 표현에서 그럴 수 있을 뿐이며 현재 시제나 과거 시제와는 전혀 다르다.' …… '선사 시대의 인도유럽어가 한 번이라도 진정한 미래 시제를 가진 적이 있었다고 생각할 근거는 전혀 없다.……' (메이에)." 장-리샤르 블로크, 「실용적 언어, 시적 언어」(『프랑스 백과사전』, 16권, 16~50, 10페이지).   [N 14, 2]

문화 개념과 고전 관념론에서 말하는 자율적 영역 사이에는 이율배반이 존재한다고 지적하는 짐멜은 매우 중요한 사태를 건드리고 있다. 고전 관념론에서는 세 가지 자율적인 영역이 상호 분리되어 있기 때문에 문화 개념을 따로 구상하지 않아도 되었다. |인간의| 야만적 상태를 그토록 자주 언급해온 문화 개념을 말이다. 문화 이

념에 대해 짐멜은 이렇게 말한다. "본질적인 것은 미적 · 과학적 · 도덕적 …… 심지어 종교적 성취가 저마다 갖고 있는 자율적 가치가 문화 이념에 의해 지양된다는 점이다. 그리고 이 모든 것을 자연 상태를 극복해가는 인간 본성의 발전을 위한 요소나 초석으로 편입시키는 것이다." 게오르그 짐멜, 『화폐의 철학』, 라<이프>치<히>, 1900년, 476/477페이지.   [N 14, 3]

"한 시대에 고유한 교양이 전 인류에 침투하거나 또는 적어도 가장 뛰어난 교양의 주역이던 한 민족 전체에 침투된 시대는 역사에 한 번도 없었다. 교양에 의해 세련된 생활을 하고 …… 부르주아적 질서의 혜택을 맘껏 누리는 한편으로 다른 한편에서는 온갖 단계와 양태의 윤리적 조야함, 지적인 우둔함, 육체적 비참함이 항상 병존해왔다." 헤르만 로체, 『소우주』, 3권, 라<이프>치<히>, 1864년, 23/24페이지.   [N 14a, 1]

"전체적으로 볼 때 어딜 가나 교양이 없는 사람들이 있기 마련이므로 그러한 사람들이 아무리 많더라도 극히 소수의 교양층이 항상 더 높은 수준을 향해 분투 중이라면 그것만으로도 충분히 진보라고 할 만하다"라는 견해에 로체는 이런 질문으로 반박하고 있다. "그러한 전제에서라면 어떻게 인류가 **같은** 역사를 살아왔다고 말할 수 있겠는가?" 로체, 『소우주』, 3권, 25페이지.   [N 14a, 2]

"지난 시대의 교양이 전승되는 방법은", 로체에 의하면, "거의 대부분 역사의 영위가 지향하는 목표와는 정반대 방향으로 일직선으로 되돌아온다. 다시 말해 문화의 본능을 형성하는 쪽으로 나가는

데, 이것은 관습이나 도덕의 요소를 계속해서 취해 그것들이 생기를 잃게 만들고 자발성을 빼앗아버린다"(28페이지). 따라서 "과학의 진보가 …… 그대로 인류의 진보는 아니다. 진보라는 것이 있을 수 있다면 그것은 오직 집적된 진리 내용이 증가함에 따라 그러한 내용에 인류가 참여하는 정도도 증가하고 또 그것에 대한 통찰의 명확도도 함께 증가하는 경우에만 존재할 수 있다." 로체, 앞의 책, 29페이지.   [N 14a, 3]

인류에 관한 로체의 말. "인류는 인류 자체의 생성에 대한 의식을 갖고 또 과거의 상태를 상기하면서 이러한 모습으로 성장해왔다고는 할 수 없다." 로체, 앞의 책, 31페이지.   [N 14a, 4]

로체의 역사관에는 슈티프터[30]와 유사한 부분이 있어 보인다. "개인들의 무질서한 의지는 실현될 때는 항상 자의성과는 무관한 보편적 조건에 의해 제약을 받는데, 이러한 조건은 정신 생활 일반의 법칙 혹은 확고한 자연의 질서에 바탕을 두고 있다." 로체, 앞의 책, 34페이지.   [N 14a, 5]

『얼룩돌』에 붙인 슈티프터의 「서문」과 다음 문장을 비교해볼 것. "우선 커다란 결과는 항상 커다란 원인에서 기인하지 결코 작은 원인에서 기인하지 않는다는 점을 분명한 것으로 받아들이도록 하자."『율리우스 카이사르 전』, 1권, 파리, 1865년(「나폴레옹 3세」).
                                                        [N 14a, 6]

보들레르가 해시시에 도취되어 있는 자의 시간 의식을 특징짓기 위해 만들어낸 표현은 혁명적 역사의식에 대한 규정에도 적용할 수 있을 것이다. 보들레르는 해시시의 효과에 완전히 도취된 어느 날 밤에 대해 이렇게 기술하고 있다. "내게 아무리 길게 느껴졌더라도 …… 밤은 단지 몇 초 동안밖에 지속되지 않는 것처럼, 심지어 영원 속에는 아무런 자리도 없는 것처럼 느껴졌다."<보들레르, 『저작집』, 르 단텍 판, 파리, 1931년>, 1권, 298/299페이지.[31]　　　[N 15, 1]

어떤 시대든 산 사람들은 자기들이 역사의 정오에 있다고 생각한다. 그들에게는 과거를 위해 향연을 베풀 의무가 있다. 역사가는 죽은 자들을 연회에 초대하기 위해 보내지는 사자使者이다.

[N 15, 2]

역사적 문헌에 힘을 부여하는 식이요법. 지금 막 덮쳐오고 있는 불행이 얼마나 오랜 기간 동안에 걸쳐 준비된 것인가 — 이를 동시대인들에게 알리는 것이야말로 역사가가 진정 바라는 바가 되어야 할 것이다 — 를 인식하는 순간 동시대인은 자기 자신이 갖고 있는 힘을 한층 더 잘 알게 된다. 그에게 이러한 것을 가르쳐주는 역사는 그를 슬프게 만드는 것이 아니라 오히려 강하게 만든다. 또 그러한 역사는 슬픔에서 생겨나는 것이 아니다. 이는 플로베르가 이렇게 고백할 때 염두에 두고 있던 역사와는 다른 것이다. "카르타고를 되살아나게 하려면 얼마나 큰 슬픔이 필요한지를 아는 사람은 거의 없을 것이다." 순수한 호기심은 슬픔에서 발생하며, 슬픔을 깊게 한다.　　　[N 15, 3]

최악의 의미에서의 '문화사적' 고찰의 예. 호이징가는 중세 말기의 전원시에 나타나 있는 하층 민중의 삶을 고려해야 한다고 하면서 이렇게 말한다. "15세기 예술과 문학에 나타나기 시작한 누더기를 걸친 가난뱅이에 대한 관심도 …… 똑같은 맥락에 속한다. 달력의 세밀화들은 수확기 농부들의 닳아 해진 무릎들을 기꺼이 묘사한다. 그림들도 거지들의 남루한 누더기들을 즐겨 그린다. …… 바로 여기서 렘브란트의 동판 에칭 판화와 무리요의 비렁뱅이 아이들을 거쳐, 슈타인렌의 거리의 전형들에 이르게 될 하나의 전통이 시작된다." J. 호이징가, 『중세의 가을』, 뮌헨, 1928년, 448페이지.[32] 당연히 여기서 문제가 되는 것은 오히려 아주 특수한 현상이다.

[N 15, 4]

"과거는 문학 텍스트 속에 빛에 의해 감광건판 위에 새겨지는 상에 비유될 수 있는 자체의 이미지를 남겨놓는다. 미래만이 그러한 음화를 완벽하게 드러내는 효력을 가진 현상액을 갖고 있다. 마리보나 루소의 많은 글들에는 최초의 독자들로서는 완전히 해독할 수 없는 신비로운 의미가 들어 있다." 앙드레 몽글롱, 『프랑스의 전기 낭만주의』, 1권, 『전기 낭만주의의 영웅들』, 그르노블, 1930년, XII페이지.

[N 15a, 1]

위고에게서는 진보를 배반하는 비전을 찾아볼 수 있다. 위고, 「불타는 파리」(『무서운 해』).

"뭐라고, 모든 걸 희생하라고! 뭐라고! 곡물 창고까지 말이야!
뭐라고! 새벽을 맞이하는 배며,
끝을 알 수 없는 이상의 ABC이며, 진보라는 영원한 독자가
턱을 괴고 몽상하는 도서관이라고 ……"

[N 15a, 2]

지향해야 할 문체에 대해. "친숙한 말mots familiérs을 통해 문체는 독자의 마음에 새겨지고 침투한다. 이 덕분에 위대한 사상은 관인官印을 찍은 금이나 은과 마찬가지로 널리 통용되며, 진짜로 수용될 수 있다. 그것은 자기 사색을 가장 느끼기 쉬운 것으로 만들려는 사람에 대한 신뢰를 고무시켜준다. 왜냐하면 사람들은 그런 식으로 공통의 언어를 사용할 때에만 어떤 사람이 인생이나 사물을 이해하며, 사물에 정통해 있는지를 알아볼 수 있기 때문이다. 게다가 이러한 말은 문체를 솔직한 것으로 만든다. 그러한 말은 표현된 사고나 감정을 저자가 오랫동안 저작해왔으며, 그것을 철저하게 자기 것으로, 일종의 습관이 될 정도로 자기 것으로 만들었으며, 극히 통상적인 표현들만으로도 오랜 구상 끝에 이제는 완전히 자연스러운 것이 된 관념을 표현하기에 충분하게 되었다는 것을 보여준다. 결국 그런 식으로 말하면 그만큼 더 말하는 것에 믿음이 가게 된다. 왜냐하면 말과 관련해 친근감 있는 말보다 더 명확한 것은 없으며, 명확함이야말로 진리에 전형적인 특징, 종종 진리와 혼동될 정도로 전형적인 특징 중의 하나이기 때문이다." 적어도 진짜처럼 보이기 위해서라도 명료해야 한다는 충고처럼 교묘한 것은 없다. 평이하게 써야 한다는 충고는 통상 원한의 그늘을 깊게 드리우고 있지만 이런 식으로 표현하면 최고의 권위를 갖게 된다. J. 주베르,[33] 『저작집』, 파리, 1883년, 2권, 293페이지. 「문체에 대해」, 99번.   [N 15a, 3]

문체에 관한 주베르의 지침의 변증법을 발전시킬 수 있는 사람은 정말 가치 있는 문체론을 손에 넣게 될 것이다. 주베르는 한편으로는 친숙한 말을 사용하도록 권하면서도 다른 한편으로는 <">오직 현재의 우리의 풍습에 관한 사항밖에 표현하지 않는<"> 특수한 언어language particuliére는 피하라고 말하고 있다(「문체에 대해」, 99번, <앞의 책, 286페이지>).   [N 16, 1]

"모든 아름다운 표현은 한 가지 이상의 의미 작용을 할 수 있다. 어떤 아름다운 표현이 저자가 사용한 의미보다 더 아름다운 의미를 가진 경우 그것을 받아들여야 한다." J. 주베르, 『저작집』, 파리, 1883년, 2권, 276페이지(「문체에 대해」, 17번).   [N 16, 2]

정치경제학을 염두에 두면서 마르크스는 무엇보다 "정치경제학의 요소 중 어떤 현상을 그러한 현상의 표상으로 단순하게 재생산하는 요소"를 '통속적 요소'로 정확하게 특징짓고 있다. 코르쉬, 『마르크스』, <사본>, 2권, 22페이지에서 인용. 이러한 통속적 요소를 다른 학문들에서도 거론할 것.   [N 16, 3]

마르크스의 자연 개념. "헤겔에서는 …… '물리적 자연도 마찬가지로 세계사에 개입'하지만 마르크스는 자연을 처음부터 사회적 범주 속에서 파악한다. 물리적 자연이 직접 세계사에 개입하는 것이 아니라 간접적으로, 즉 처음부터 인간과 자연뿐만 아니라 동시에 인간과 인간 사이에서 진행되는 물질 생산 과정으로서 개입한다. 혹은 철학자들도 알기 쉽게 말하면 이렇다. 마르크스의 엄격한 사회과학에서는 순수한, 인간의 모든 행위에 앞서 존재하는 자연(경제적인 능산적 자연*natura naturans*)은 모든 곳에서 물질적 생산으로서의 자연(경제적인 소산적 자연*natura naturata*)에 의해, 즉 인간의 사회적 행위에 의해 매개되고 변형되는 자연, 따라서 이와 동시에 현재와 미래를 변화시키고 변형시킬 수 있는 자연에 의

해 대체된다." 코르쉬, 앞의 책, 3권, 3페이지.[30]　　　　　　[N 16, 4]

코르쉬는 헤겔의 정반합의 세 단계의 움직임을 마르크스의 용어로
다음과 같이 재정식화한다. "헤겔의 '모순'은 사회 계급들 간의
투쟁으로 대체되며, 또 변증법적 '부정'은 프롤레타리아로, 변증
법적 '종합'은 프롤레타리아 혁명으로 대체된다." 코르쉬, 앞의
책, 3권, 45페이지.　　　　　　　　　　　　　　　　[N 16, 5]

코르쉬가 보는 유물론적 역사관의 한계. "물질적 생산 방식이 변하
면 물질적 토대와 정치적 · 법률적 상부구조, 그리고 그에 상응하
는 사회적 의식 형태 사이의 매개 체계도 바뀐다. 따라서 **경제와
정치**, 혹은 **경제와 이데올로기**의 관계와 같은 관계들, **계급과 계
급투쟁** …… 같은 일반적 개념에 관한 유물론적 사회 이론의 일반
적인 언명은 …… 각각의 시대에 따라 각기 다른 의미를 갖게 되며
현재의 부르주아 사회에 관해 마르크스가 표명한 언명의 형태로서
만 타당성을 가질 수 있다. 엄밀하게 말해 오직 이 사회에 대해서만
타당하다. …… 오직 **경제와 정치** 영역이 형식적으로는 완전히 분
리되어 있으며 노동자가 국가의 공민으로서 자유롭고 동등한 권리
를 갖고 있는 현재의 부르주아 사회에서만 경제 영역에서 노동자
들이 사실상 지속적으로 자유를 빼앗기고 있다는 학문적 증명은
이론적 발견으로서의 성격을 가질 수 있다." 코르쉬, 3권, 21/22페
이지.　　　　　　　　　　　　　　　　　　　　　[N 16a, 1]

코르쉬는 '언뜻 모순되어 보이지만 마르크스 학문의 최종적인, 그
리고 가장 완성된 형식에는 정확하게 들어맞는 견해'를 이렇게 진

술하고 있다. "마르크스의 유물론적 사회 이론에서는 부르주아 사회학자들이 자립적인 영역으로 …… 다루고 있는 다양한 사회적 관계 전체가 객관적인 …… 내용상 이미 역사학과 경제학에 의해 탐구되고 있다. **이러한 의미에서 마르크스의 유물론적 사회과학은 사회학이 아니라 경제학이다.**" 코르쉬, 앞의 책, 3권, 103페이지.

[N 16a, 2]

자연의 변덕에 대한 마르크스의 말(코르쉬, 앞의 책, 3권, 9페이지). "심지어 다양한 인종처럼 자연발생적으로 나타난 인류의 상이함도 역사적으로 해소될 수 있으며, 또 그렇게 되어야만 한다."[35]

[N 16a, 3]

코르쉬가 생각하는 바의 상부구조론. "경제적 '토대'와 법률적 · 정치적 '상부구조' 그리고 …… 그에 '상응하는' 의식 형태들 사이에 존재하는 …… 모든 관계, 모든 연관의 특성을 규정하려면 이런 식으로 일반적인 형식을 취하는 한 '변증법적' 인과 관계라는 철학적 개념 규정도, '상호 작용'이라는 관점을 도입한 자연과학적 '인과 관계' 개념도 충분하지 않다. 20세기의 자연과학은 특정한 영역에 관여하는 연구자가 바로 그러한 영역에서 확정해야 하는 '인과' 관계는 보편적 인과성 개념 혹은 인과율의 형태로 정의되는 것이 아니라 각각의 독자적인 영역에 따라 '특수'한 것으로서 규정되어야 한다는 것을 배웠다.*[*필립 프랑크, 『인과 법칙과 그것의 한계』, 빈, 1932년 참조]. …… 마르크스와 엥겔스가 획득한 성과의 …… 중요한 점은 새로운 원칙을 이론화한 데 있는 것이 아니라 한편으로는 실천적인 면에서 근본적으로 중요하며 다른 한편으로는 이론적으로 극히 난감한 일련의 문제들에 그러한 원칙을 구체적으로 적용한 데 있다.*[*이것에 해당되는 것으로는 예를 들어 1857년의 「서설」(779페이지)의 마지막 부분에 암시적으로 제시되어 있는 물음, 즉 사회생활의 다양한 영역의 '불균등 발전'에 대한 물음을 들 수 있을 것이다. 물질 생산의 발전과 예술 생산의(혹은 다양한 예술 장르 상호 간의) 불균등 발전, 혹은 미국의 교양과 유럽의 교양의 관계, 혹은 법적 관계로 파악해볼 경우의 생산 관계의 불균등 발전 등이 그것이다. 앞서 문제로 제기하고 만 연관 관계를 과학적으로 좀더 엄밀하게 규정하는 것은 현재로서는 아직 뒤로 미뤄야 할 과제이다. …… 그러나 중요한 것은 그것을 어떻게 이론화할 것인가가 아니라 마르크스의 저서에 함축되어 있는 원칙들을 계속 적용하고 검증하는 것이다. 그러나 이때 무엇보다 마르크스가 사용한 표현에 너무 집착해서는 안 된다. 그는 지금 우리가 검토 중인 관계들을 묘사할 때 예를 들어 '토대'와 '상부구조'의 관계 혹은 '상응 관계' 등의 용어를 사용하고 있지만 그러한 표현을 단순히 비유적으로 사용하는 경우가 많기 때문이다. …… 지금 열거한 어떤 경우에도 마르크스의 개념 — 이후의 마르크스주의자 중에서는 소렐과 레닌이 이를 가장 명확하게 이해하고 있었다 — 은 새로운 교조적 속박으로서 의도된 것이 아니었다. 즉 유물론적인 탐구가 특정한 순서에 따라 반드시 충족시켜야 하는 선험적으로 주어진 조건이 아니라 오히려 교조적인 것과는 전혀 거리가 먼 연구와 행동의 안내인 것이다." 코르쉬, 『칼 마르크스』, 사<본>, 3권, 93~96페이지.[36]   [N 17]

유물론적 역사관과 유물론 철학. "마르크스주의의 아류들은 마르크스와 엥겔스가 …… 부르주아 사회의 규명 …… 에만 사용했으며, 다른 역사 시대에 적용하는 경우에는 그에 상응해 좀더 정교하게 가다듬어 사용했던 유물론적 역사 …… 관의 정식을 이처럼 특수한 적용에서, 또는 일반적으로 모든 역사적 맥락에서 분리시켜 소위 '역사 유물론'으로부터 보편적인 …… 사회학적 이론을 만들어내고 말았다. 유물론적 사회 이론의 …… 이러한 단순화로부터 다음과 같은 생각에 이르기까지는 고작 한 걸음밖에 되지 않았다. 즉 마르크스의 역사학과 경제학을 일반적인 사회철학뿐만 아니라 심지어 자연이나 사회까지도 포함해 …… 모든 걸 포괄하는 보편적인 유물론적 세계관으로 보강하는 것이 오늘날 다시 한 번, 바로 지금 필요하다는 생각이 그것이다. 그러한 생각은 18세기의 철학적 유물론의 진정한 …… 내용이 이후의 발전을 통해 도달한 과학적 …… 형태를 다시금 ― 마르크스의 말을 빌리자면 ― '물질에 관한 유물론자들의 철학적 허튼소리'로 되돌려놓는 결과를 가져올 뿐이다. 유물론적 사회과학은 …… 결코 …… 그러한 종류의 철학적 근거를 필요로 하지 않는다. 마르크스가 이룩한 …… 이처럼 극히 중요한 진보는 이후 …… '정통파' 마르크스 해석자들에게서도 간과되어왔다. …… 그들이 본인들의 철학적 후진성을 의식적으로 철학에서 과학으로 발길을 돌린 마르크스의 이론 속으로 …… 다시 끌어들인 것은 바로 이 때문이다. 마르크스-정통파의 이러한 역사적 운명은 거의 그로테스크한 형태로 나타난다. 즉 수정주의자들의 공격을 물리치다가 결국 모든 중요한 점에서는 적의 관점에 다다르게 되는 것이다. 예를 들어 이러한 경향의 지도적 대변인인 플레하노프는 마르크스주의의 토대가 될 수 있는 '철학'을 열심히 찾던 끝에 마침내 마르크스주의를 '일종의(포이에르바흐에 의해 신학적 첨가물이 제거된) 스피노자주의'로 제시하려는 생각에

이르게 된다." 코르쉬, 앞의 책, 3권, 29~31페이지.³⁷⁾   [N 17a]

코르쉬는 베이컨의 『노붐 오르가눔』을 인용하고 있다. "*Recte enim veritas temporis filia dicitur non auctoritasa*(당연히 진리는 시간의 딸이지 권위의 딸은 아니기 때문이다)." 베이컨은 이러한 권위 중의 권위, 즉 **시대**에 새로운 부르주아 계급의 경험 과학이 중세의 도그마적 학문보다 우월한 근거를 두었다." 코르쉬, 앞의 책, 1권, 72페이지.³⁸⁾   [N 18, 1]

"진리는 구체적이어야 한다는 헤겔의 과장된 요청을 **적극적으로** 이용하기 위해 마르크스는 그것을 **특정화**라는 합리적 원칙으로 바꿔놓고 있다. …… 본래의 관심은 …… 역사상 특정한 사회들을 모든 사회 일반에 공통되는 특징들로부터 **구분해주고**, 따라서 그러한 특수한 사회들의 **발전**의 토대가 되는 구체적 특징을 찾아내는 데 있다. …… 따라서 …… 엄밀한 사회과학은 부르주아 사회의 실제의 역사적 형태의 특징을 일부 추상하거나 아니면 이와 다른 몇 가지 특징을 자의적으로 선택해 고수하는 방식으로 일반 개념을 만들 수는 없다. 엄밀한 사회과학이 부르주아 사회라고 하는 특수한 사회 형태에 포함되어 있는 일반성을 인식할 수 있다면 그것은 오직 부르주아 사회와는 전혀 다른 사회 체제에서 등장한 역사적 조건, 그리고 부르주아 사회를 엄밀하게 설정하는 특정한 조건 아래서 현재의 형태에 이르도록 실질적으로 변형시켜 이 사회를 출현시킨 역사적 조건을 모두 정밀하게 탐구하는 것에 의해서만 가능하다. …… 따라서 사회과학에서 유일하게 정밀한 법칙은 발전의 법칙 이외에는 없다." 코르쉬, 앞의 책, 49~52페이지.

진정한 개념의 보편사는 메시아니즘적인 것이다. 현재 사람들이 생각하고 있는 바의 보편사는 반계몽주의자들의 것이다.   [N 18, 3]

인식 가능한 지금 이 시간은 잠에서 깨어나는 순간이다(융이라면 꿈에서 깨어나는 일이 없도록 할 것이다).   [N 18, 4]

생트뵈브는 레오파르디에 대한 인물평에서 이렇게 단언하고 있다. "문예 비평이라는 것은 우리가 오래 전부터, 게다가 가까이에서 배경이나 주변 정황을 모두 알고 있는 주제를 다룰 때에야 비로소 진정한 가치와 독창성을 충분히 발휘할 수 있다고 …… 확신한다." C. A. 생트뵈브, 『동시대의 초상』, 4권, 파리, 1882년, 365페이지. 이와 반대로 다음과 같이 생각해보는 것도 중요하다. 즉 여기서 요청되고 있는 조건 중 몇 가지가 결여되어 있는 경우 그것이 과연 어떤 의미를 가질 수 있는가 하는 질문이 그것이다. 텍스트 자체의 섬세한 뉘앙스를 읽어내는 감각이 결여되어 있으면 감상자는 한층 더 주의 깊게 예술 작품의 기저에 놓여 있는 사회 상황 속에서 극히 미세한 사실을 찾으려고 들 것이다. 또 극히 섬세한 음영에 둔감하다면 작품의 윤곽을 보다 분명하게 확정할 수 있는 재주 덕분에 다른 비평가보다 어떤 점에서는 탁월한 솜씨를 발휘할 수도 있다. 섬세한 감각이 항상 분석의 재능과 결합되어 있는 것은 아니기 때문이다.   [N 18a, 1]

기술의 발전에 대한 비판적 견해는 상당히 일찍부터 있어왔다.

『기술론』의 저자(히포크라테스?)는 이렇게 말한다. "내가 생각하기에 지성의 …… 욕망은 미지의 것 속에서 무엇인가를 하나 발견하는 데 있다. **아무것도 발견하지 못하는 것보다는 그래도 뭔가를 발견하는 편이 낫다면 말이다.**" 레오나르도 다빈치. "아무것도 먹지 않고 머물 수 있는 시간만큼 잠수하기 위한 나의 방법을 어떻게 그리고 왜 글로 쓰지 않는가? 출판도 하지 않고 공표도 하지 않는 것은 인간들이 이를 악용하기 때문이다. 바닷속에서 배 밑에 구멍을 낸 다음 배를 침몰시켜 선원을 몰살하는 데 내 방법이 사용될 수도 있기 때문이다." 베이컨 …… "『신 아틀란티스』에서 그는 …… 특별히 선출된 위원회에게 새로운 발명 중 어느 것은 공표하고, 어떤 것은 비밀로 놔둘지를 결정하는 책임을 위임했다." 피에르-막심 쉴, 『기계주의와 철학』, 파리, 1938년, 7페이지와 35페이지. ― "폭격기는 레오나르도 다빈치가 하늘을 나는 인간에게서 기대했던 것을 상기시켜준다. 그가 하늘로 날아오른 것은 '산정에서 눈을 찾은 다음 도시로 가져와 한여름의 열기로 찌는 듯한 거리의 도로 위에 뿌리기 위해서였다'." 앞의 책, 95페이지.   [N 18a, 2]

전통의 연속성은 가상에 지나지 않을지도 모른다. 그러나 이처럼 영속적인 것처럼 보이는 가상의 영속성이 전통에 연속성을 부여해준다.   [N 19, 1]

(드 포르그 씨에게 보낸 |귀에 드| 발자크의 편지에서) 인용한 한 문장에 대한 프루스트의 생각. 그는 이 문장을 몽테스키우에게서 빌려온 것 같은데, 몽테스키우에게 프루스트는 이렇게 말하고 있다(그가 인용하려고 했던 부분에는 도저히 의미가 통하지 않는 오기나 오식이

있었던 모양이다). "보름 전에 이미 그것을[즉 이 인용 부분을] 교정쇄
에서 빼버렸습니다. …… 제 책은 분명 그다지 많이 읽히지는 않을
것입니다. 따라서 귀형에게서 인용한 글이 빛이 바래거나 하는 일
은 없을 겁니다. 게다가 저는 귀형에 대한 배려보다는 문장 그 자체
를 생각해서 그것을 삭제했습니다. 왜냐하면 실제로 모든 아름다
운 문장에는 운명으로 정해진 행선지에서 기다리고 있는 사람 이
외에는 어떠한 수용자에게도 양도 불가능한 불가침의 권리가 있다
고 생각하기 때문입니다." 『마르셀 프루스트 서한 전집』, 1권, 『로
베르 드 몽테스키우에게 보낸 편지』, 파리, 1930년, 73/74페이
지.[39]   [N 19, 2]

'문화'라는 관념 속에 들어 있는 병적인 요소는 우연히 들어간 5
층 건물의 골동품점의 거대한 창고가 『도톨가죽』의 주인공인 라파
엘에게 준 감동에서 극명하게 드러난다. "미지의 남자는 우선 비교
했다. …… 문명, 종교, 우상, 걸작, 왕족들, 방탕, 이성 그리고 광기
가 빼곡히 채워져 있는 세 개의 진열실을, 각자가 하나의 세계를 표
상하게 되어 있는 다면 거울에 비교했다. …… 이처럼 많은 나라나
개인이 실재한다는 것은 그것들이 사라진 후에도 남는 이들 인간적
인 담보물들에 의해 증명되겠지만 그것을 본 청년의 감각은 결국
점점 마비되어갔다. …… 가구, 발명품, 유행품, 예술 작품, 폐물의
이러한 대해大海는 그를 위해 끝없이 시를 만들어냈다. …… 그는 온
갖 기쁨에 매달렸으며, 온갖 고뇌를 붙잡고, 온갖 생활 양식을 습득
했다. …… 그리고 그처럼 조형적이고 공허한 자연의 모상模像에 자
기 삶과 감정을 아낌없이 바치고 있었다. …… 그는 사라져버린 50
세기분의 잔해 앞에서 가슴이 답답해져오는 것을 느꼈으며, 인간이

1104

생각해낸 온갖 것을 앞에 두고 기분이 안 좋아졌으며, 사치와 예술의 결정타를 맞은 기분이었다. …… 한 방울의 기체 안에 천지창조를 압축해 넣는 현대 화학의 변덕과 마찬가지로 영혼은 쾌락이나 …… 사유를 급속하게 압축시켜 끔찍한 독극물을 증류하고 있는 것은 아닐까? 많은 인간들이 갑자기 내면의 존재 속으로 깊숙이 주입되는 이런저런 도덕적 산酸의 전격적인 작용에 의해 사멸해버리는 것은 아닐까?" 발자크, 『도톨가죽』, 플라마리옹 판, 파리, 19페이지, 21/22페이지, 24페이지.   [N 19, 3]

포시용의 몇 가지 테제는 나름대로 그럴듯하다. 물론 유물론적 예술 이론의 관심은 그러한 그럴듯함을 추방하는 데 있지만 말이다. "물론 형태의 생명의 상태에는 사회생활의 상태가 뒤섞이지는 않는다. 미술 작품을 지탱하는 시간은 자신의 원칙과 형태적 특성으로 미술 작품을 한정하지 않는다"(93페이지). "고딕식 대성당이 발전하는 데 카페 왕조, 주교단 그리고 도시 사람들이 보여준 연합 활동은 사회 세력의 협동이 얼마나 결정적인 영향을 미치는지 증명해준다. 그러한 연합 활동이 제아무리 강력하다 해도 어떤 정적인 문제를 해결하고 다양한 가치관의 관계를 융합시키기엔 역부족이다. 바이외 사원의 북측 종루 아래 직각으로 교차하는 서까래의 이맞돌을 넣은 석공이나 …… 생-드니 대수도원의 성가대석을 만든 사람, 이들은 모두 시간을 해석하는 역사가들이 아니라 확고한 것들을 탐구하는 계산가들이었다(!!). 아주 동질적인 환경을 최대한 면밀하게 연구하거나 극히 긴밀하게 엮인 상황들의 다발을 찾는다 해도 우리는 랑 대성당에 있는 탑들이 어떻게 구성되었는지 알 수 없다"(89페이지). 먼저 환경 이론과 생산력 이론의 차이, 그리고 두번째로는 작품의 '재구성'과 작품에 대한 역사적 해석의 차이를 보여주기 위해 이러한 고찰을 한층 더 진전시킬 필요가 있을 것이다(앙리 포시용, 『형태의 생명』, 파리, 1934년).　　　　　　　　　　　　　　　[N 19a, 1]

기법에 대한 포시용의 견해. "오히려 이와 반대로 기술은 우리의 시각과 연구로 하여금 동일한 관점 중에서 가능한 한 최대한 많은 대상과 다양성을 끌어안을 수 있도록 해주는 관측소 같은 것이다. 이는 기법이 여러 가지 의미로 파악될 수 있기 때문이다. 다시 말해 우리는 그것을 하나의 살아 있는 힘, 혹은 하나의 역학, 나아가 단순한 즐거움으로 생각할 수 있다. 기법은 우리에게 '기능'의 자동성도 아니고 호기심도 아니고 일종의 '요리술'도 아니었다. 그것은 활동으로 충만한 시이며, …… 변형의 수단이었다. 기술적인 현상을 관찰한다는 것이 확인 가능한 어떤 객관성을 보장할 뿐만 아니라 **미술가에게 그랬던 것과 동일한 용어로 동일한 각도에서 문제를 제기함으로써 우리를 문제의 핵심으로 이끄는 것처럼 보였다**." 저자가 이탤릭으로 강조하고 있는 구절은 근본적으로 오류이다. 포시용, 『형태의 생명』, 53페이지.[41]　　　　　　　　　　　　　　[N 19a, 2]

"이처럼 어떤 양식이 스스로를 규정하고 있을 때 …… 이러한 활동을 사람들은 가장 일반적이고 가장 모호한 의미에서 '진화'라고 표현한다. 생물학 분야에서는 이 개념이 조심스럽게 검토되고 섬세하게 사용되는 반면 고고학에서는 그것을 하나의 편리한 틀이나 하나의 분류 방식처럼 받아들이곤 한다. 나는 다른 글에서 이 개념이 내포할 수 있는 위험성에 대해 이미 지적한 바 있다. …… 이 개념은 실제와 달리 일방통행에 의해 조화로운 성질을 띨 수 있고,

'과도기적' 상황을 설명하기 위한 미봉책으로서 과거와 싸우는 미래를 보는 것과 같은 의심스러운 경우에 사용될 수 있으며, 창조자들의 혁명적 에너지에 자리를 내줄 수 없는 성질을 갖고 있다." 앙리 포시용, 『형태의 삶』, 파리, 1934년, 11/12페이지.   [N 20]

O

〔매춘, 도박〕

시도 때도 없이 방황했기 때문에 도처에서 거리의 이미지를 자기 나름의 의미로 바꿔 해석하는 것에 익숙해지지 않았을까? 그는 아케이드를 카지노로, 즉 감정이라는 빨강, 파랑, 녹색의 칩을 여자들에게, 갑자기 나타난 여자의 얼굴 — 과연 얼굴을 돌릴까? — 혹은 아무 말 없는 입 — 과연 말을 걸어올까? — 에 내기로 거는 도박장으로 바꾸어버리지 않는가? 도박대의 녹색 천 위에서 모든 숫자로부터 도박꾼을 응시하고 있는 것 — 즉 행운 — 이 이곳 아케이드에서는 모든 여자의 몸에서 성적인 키마이라가 되어 그에게 눈짓을 보내온다. 그의 '타입'이란 환영幻影으로서 말이다. 그것은 바로 이 순간 적중시키려고 하는 숫자, 암호에 다름 아니다. 숫자, 암호 형태로 행운이 그것의 이름을 부르는 것이다. 그러나 바로 다음 순간 행운은 다른 암호로 넘어가버리지만 말이다. …… 그의 타입 — 그것은 룰렛 판의 36개 칸 중 지금 바로 돈을 건 칸과 같은 것으로, 호색을 탐하는 남자의 눈은 룰렛의 상아 구슬이 빨강 혹은 검정 칸에 멈추듯이 저절로 그것에 빨려 들어간다. 그는 터질 듯 불룩해진 지갑을 들고 팔레 루아얄을 나와 창녀를 부른다. 그리고 그녀의 품안에서 다시 한 번 숫자와 짝짓기한 것을 자축한다. 그처럼 숫자에 돈을 거는 행위를 통해 돈과 재산이 모든 중력에서 해방되어 운명의 패에 의해 그에게 떨어진 것은 마치 여자가 순조롭게 포옹에 응해준 것과 같다. 사창가와 도박장에 존재하는 희열은 완전히 동일한 것으로, 가장 죄가 무거운 희열이기 때문이다. 즉 쾌락을 운명의 장으로 만드는 것이다. 어떠한 종류의 것이든 관능적 쾌락으로 신학적 죄 개념을 규정할 수 있다는 생각은 세상 물정 모르는 관념론자들이나 맘대로 공상하도록 내버려두기로 하자. 진정한 외설 행위의 근저에는 다름 아니라 기본적으로 이런 식으로 신과 함께하는 삶의 경로로부터 쾌락을 훔쳐내는 것이 자리 잡고 있다. 신이 그러한 삶과 맺는 계약은 이름 속에 들어 있기 때문이다. 그러한 이름 자체가 벌거벗은 쾌락의 절규인 것이다. 이 냉정한 것, 그 자체로서는 아무런 운명도 존재하지 않는 이것 — 즉 이름 — 의 적으로는 매춘에서는 신을 대신하며, 미신 속에서 무기고를 만드는 운명 만한 것이 없다. 따라서 도박과 매춘부에게는 운명의 여러 가지 모습을 만들어내는 미신이 존재하는데, 모든 음란하고 난잡한 쾌락을 운명의 쓸데없는 참견과 운명의 색욕으로 가득 채워 쾌락조차도 운명이 앉아 있는 왕좌 앞에 무릎을 꿇게 만든다.   [O 1, 1]

"이 세기의 20년대 살롱 데 제트랑제에 대한 추억을 떠올려보면 당대 최대의 도박사로 사회 전체를 떠들썩하게 만든 헝가리의 훈

야디 백작의 우아한 얼굴 모습과 기사 같은 자태가 눈에 선하다. …… 혼야디의 운은 오랫동안 경이로운 것이었다. 어떤 도박장 주인도 그의 공격을 당해낼 재간이 없었으며, 그가 딴 돈은 거의 200만 프랑에 달했다. 언행은 놀라울 정도로 조용하며 매우 품위가 있었다. 몇천 프랑이 앞에 놓이는 카드 한 장이나 굴러가고 있는 주사위 하나에 걸려 있는 경우에도 그는 오른손을 프록코트의 가슴 쪽에 질러 넣은 채 침착한 모습을 잃지 않았다. 그러나 그의 시중을 드는 하인이 입이 가벼운 한 친구에게 털어놓은 바에 의하면 주인의 신경은 다른 사람들로 하여금 그렇게 믿도록 만들고 싶어한 것만큼 강철처럼 강한 것은 아니며, 더 나아가 판세가 위험해졌을 때 초조한 나머지 손톱으로 가슴을 어찌나 세게 눌러댔는지 다음날 아침까지 피가 몰린 흔적이 그대로 남아 있는 경우도 자주 있었다고 한다." 그로노프 장군, 『위대한 세계로부터』, 슈투트가르트, 1908년, 59페이지.[2]   [O 1, 2]

파리에서 블뤼허 장군이 도박하는 모습에 대해서는 그로노프의 저서 『위대한 세계로부터』<앞의 책, 54~56페이지>를 볼 것. 돈을 잃자 그는 프랑스 은행에 10만 프랑을 도박 자금으로 대출해줄 것을 강요했다. 이것이 스캔들을 일으키자 그는 파리를 떠나야 했다. 블뤼허는 팔레 루아얄 113번지의 도박장에 죽치고 들어앉아 있었는데 체류하는 동안 600만 프랑을 잃었다. 그가 파리를 떠날 때 그의 모든 토지는 이미 저당잡혀 있는 상태였다. 파리는 전쟁 배상금으로 지불한 액수보다 더 많은 수입을 |1814년의| 점령기 동안 벌어들인 셈이다.   [O 1, 3]

팔레-루아얄의 갤러리. 「113번지로의 외출」이라는 제목의 수채화 중의 일부.
화가 미상(1815년). [O 1, 3]을 보라.

19세기에 부르주아들이 도박을 하게 되었다고 말할 수 있는 것은 앙시앵레짐과 비교해보았을 경우뿐이다.   [O 1, 4]

아래 이야기는 개인적으로 정해진 부도덕과는 달리 **공공연한** 부도덕이 얼마나 자체 안에, 기분을 전환시켜주는 냉소주의 안에 그러한 부도덕에 대한 교정책을 내포하고 있는지를 아주 설득력 있게 보여준다. 당시 프랑스에서 가난한 교사 생활을 하던 칼 베네딕트 하제가 집으로 보낸 『여행지, 파리로부터의 편지』에 실려 있는 내용이 그것이다. "퐁뇌프 근처를 지나갈 때 무릎까지 걷어 올려 속으로 허벅지와 복부를 덮고 있는 빨간 실크 판탈롱이 선명하게 보이는 얇은 모슬린 옷을 입은 한 창녀가 덕지덕지 화장을 한 얼굴로 이쪽으로 잔걸음치며 다가왔습니다. 그녀는 '저기, 저기, 있잖아요, 오빠, 젊은 데다, 외국인이니까, 분명 이게 필요할 거예요'라고 말하며 내 손에 종잇조각 하나를 건네고는 군중들 속으로 모습을 감추더군요. 나는 그렇고 그런 곳의 주소를 건네받았다고 생각하면서 종잇조각을 쳐다보았습니다. 아 글쎄, 거기에 뭐라고 쓰여 있었는지 아세요? 온갖 병을 최단기간에 고친다고 하는 의사의 광고더군요. 참으로 황당했습니다. 모든 재앙의 근원인 여자한테서 그러한 병에서 벗어날 수 있는 수단을 건네받다니요." 칼 베네딕트 하제, 『여행지, 파리로부터의 편지』, 라<이프>치<히>, 1894년, 48/49페이지.
                                                         [O 1, 5]

"최근 여성들의 정조가 어떤지를 물어올 사람이 있다면 내 대답은 오직 한 가지뿐이다. 극장의 커튼과 흡사하다는 것이 그것이다. 왜냐하면 여자들의 속치마는 매일 밤 한 번, 아니 세 번은 올려지기 때문이다." 오라스 드 비엘-카스텔 백작, 『나폴레옹 3세 치세에 대한 회고』, 파리, 1883년, 2권, 188페이지.   [O 1a, 1]

"제비hirondelles — 창문에서 손님을 끄는 여자들." 레빅-토르카, 『파리 — 방탕아』, 파리, 1910년, 142페이지. 아케이드의 2층 창문들은 남자들이 '제비'라고 부르는 천사들이 둥지를 틀고 있는 합창대석이다.   [O 1a, 2]

패션의 '완전히 닫힌 실내적 성격'(L. 뵈이요의 말. "파리에서는 탁한 냄새가 난다"). 아라공이 말하는 속치마 속의 '청록색 어스름빛'. 몸통의 아케이드로서의 코르셋. 그것은 오늘날의 이러한 바깥 세계와는 터무니없이 다른 것이다. 지금은 싸구려 매춘부들 사이에서 당연시되는 것 — 옷을 벗지 않고 일을 치르는 것 — 이 당시에는 가장 품위 있는 것이었던 모양이다. 사람들은 '치마를 걷어 올린' 여자를 좋아했던 것 같다. 헤셀은 여기서 베데킨트의 관능성의 근원을 찾을 수 있으리라고 추측하고 있다. 그가 보기에 바깥 세계에 대한 베데킨트의 파토스는 허세에 불과하다. 그렇지 않은 것이 있을까? ■패션■   [O 1a, 3]

매춘에서 돈의 변증법적 기능에 대해. 돈은 쾌락을 사는 것이지만 동시에 수치심의 표현이 된다. 카사노바는 한 화류계 여자에 대해 "나는 그녀에게 뭔가 나름대로 대가를 치르지 않고 자리를 떠나는 것이 불가능하다는 것을 알고 있었다"라고 말하고 있다. 이처럼 기묘한 발언은 그가 매춘의 가장 은밀한 메커니즘을 알고 있었다는 것을 말해준다. 상대가 정해진 요금밖에 지불하지 않는다고 한다면 어떤 여자도 매춘부가 되려고 결심하지 않을 것이다. 또한 상대가 규정된 금액에 몇 퍼센트 더 얹어줌으로써 나타내고자 하는 감사의 마음도 매춘부에게는 충분한 기반처럼 보이지는 않을 것이다. 그렇다면 남자들에 대해 갖고 있는 무의식적 지식에 기초해 매춘부는 어떤 식으로 계산할까? 이 문제는 화폐가 여기서 단순히 지불 수단이라거나 혹은 선물이라고 생각하는 한 이해할 수 없다. 물론 매춘부의 사랑은 돈으로 사는 것이다. 하지만 손님의 수치심은 그렇지 않다. 수치심은 일이 진행되는 15분 동안을 위해 숨을 곳을 찾으며, 가장 상냥한 것에서 그러한 곳을 구한다. 돈이 그것이다. 사랑의 유희의 형태가 여러 가지이듯 지불 방법도 각양각색이다. 느려터지거나 아니면 잽싸며, 은밀하거나 아니면 노골적이거나. 이는 도대체 무엇을 의미할까? 사회라는 신체에 수치심으로 붉어진 상처가 생기면 사회는 돈을 분비해 그것을 치유한다. 상처는 금속 딱지로 덮인다. 자기를 수치스럽게 생각하지 않는 싸구려 쾌락은 교활한 난봉꾼에게 맡겨두자. 물론 카사노바는 이보다 훨씬 더 잘 알고 있었다. 처음에는 뻔뻔스럽게 동전 한 닢을 책상 위에 던져도 보겠지만 수치심을 느끼면서부터는 그것을 감추기 위해 동전 100닢을 더 얹어주게 된다는 것을. [O 1a, 4]

"천박함이 …… 이루 비할 데 없이 뻔뻔스럽게 표현되는 춤이 바로 프랑스에서 흔하게 추는 카드리유이다. 춤추는 사람들이 몸짓, 손짓으로 모든 사람들의 섬세한 감정에 깊은 상처를 주지만 그럼에도 불구하고 현장에 있는 경찰 요원에 의해 홀에서 추방당할 걱정을 할 정도로까지 노골적으로 나가지는 않는 방식으로 추는 춤이 바로 캉캉이다. 이와 반대로 춤추는 방식 때문에 모든 이들의 도덕적 감정이 짓밟히게 되어 마침내 오랫동안 주저하던 끝에 경관이 그러한 춤을 추고 있는 사람들에게 통상 하는 말대로 '좀더 품위 있게 춤을 추시오. 그렇지 않으면 여기에서 나가서야 합니다' 라는 말로 예의를 지키도록 주의를 주어야겠다고 생각하는 경우 이러한 단계적인 고양, 더 정확하게는 '이처럼 한층 더 심해지는 품위 저하' 는 샤워라고 불린다./ …… 야수와 같은 추잡함 …… 때문에 경찰의 지령이 내려지기에 이르렀다. …… 즉 남성들은 그러한 무도회에서 가면을 써서는 안 되지만 분장은 해도 좋다는 것이다. 이러한 지령은 한편으로는 얼굴을 가려 신원을 알 수 없게 됨으로써 한층 더 야비한 짓을 하도록 하는 유혹에 빠지는 것을 막고, 다른 한편으로는 ― 이것이 주된 이유이다 ― 만약 한창 춤을 추고 있는 도중 파리에서 가장 비난받을 만한 행위를 함으로써 경관에 의해 홀에서 추방당하게 된 경우 그가 누구인지 신원을 확인해 다시는 홀에 발을 들여놓지 못하도록 하기 위한 조처였다. …… 이와 달리 여성들은 가면을 쓰지 않고 나타나서는 안 되었다." 페르디난트 폰 갈, 『파리와 파리의 살롱들』, 올덴부르크, 1844년, 1권, 209페이지와 213/14페이지. [O 1a, 5]

현재와 19세기 중엽의 에로틱한 행위의 범위의 비교. 오늘날 사교계에서 에로티시즘을 둘러싼 유희에 대한 논의는 품위 있는 여성이 절도를 잃지 않고 어느 정도 관계까지 진행해도 괜찮을지 하는 문제를 둘러싸고 진행되고 있다. 불륜의 묘미를 구체적인 사실을 예로 들지 않고 서술하는 것은 극작가가 가장 선호하는 소재이다. 사랑이 사회와 벌이는 결투가 판가름나는 영역이 바로 아주 넓은 의미에서의 '자유' 연애의 영역이다. 하지만 19세기의 40년대, 50

1116

년대, 60년대에는 사정이 완전히 달랐다. 페르디난트 폰 갈이 그의 저서 『파리와 파리의 살롱들』, 올덴부르크, 1844/45년, <1권, 225~231페이지>에서 보고하고 있는 '하숙집' 이야기만큼 이것을 생생하게 보여주는 것도 없을 것이다. 그에 따르면 이러한 하숙집 대부분에서는 미리 알려주기만 하면 묵는 손님 이외의 사람도 저녁식사를 할 수 있었는데, 거기에는 통상 매춘부가 자리를 함께했다고 한다. 이 매춘부는 거기에서는 여염집 규수처럼 보여야 하며, 또한 실제로 가면을 확 벗어 던져버릴 듯한 분위기도 아니었고 오히려 품위 있고 상냥한 태도로 무한대로 겹겹이 자기를 포장하는 쪽을 더 좋아했다. 이러한 가식을 풀어버리는 데는 매우 까다로운 책략의 게임들이 따랐는데, 그것은 결국 이들의 몸값을 올려놓았다. 당연히 이러한 상황에서 알 수 있는 것은 성적인 것에 대해 모른 척하며 점잔을 빼는 것이 아니라 가면에 대한 이 시대의 이상한 열중이다.

[O 2, 1]

가면에 대한 이상한 열중의 또다른 예. "매춘에 관한 통계로부터 영락한 매춘부는 자연에 의해 아직 자기가 엄마가 될 가치가 있는 사람이라고 인정받는 것에서 스스로 위안받으려 한다는 것을 알 수 있다. 이러한 바람은 엄마가 된다는 영예에 수반되는 무거운 짐이나 체형이 망가져버리는 것을 꺼리는 태도와 모순되는 것이 아니다. 따라서 그녀는 기꺼이 중간의 길을 택해 임신한 척하며 임신 2개월, 혹은 3개월이라고 말하고 다닌다. 당연히 3개월 이상이라고 말하는 경우는 없다." F. Th. 피셔, 『패션과 시니시즘』, 슈투트가르트, 1879년, 7페이지. ■패션■

[O 2, 2]

매춘에서는 기술의 혁명적 측면이 표현된다(창조적 측면 그리고 발견적 측면은 물론 상징적 측면까지). "마치 연애가 따르는 자연의 법칙이 사회의 법칙보다 더 전제적이며, 증오할 만한 것이 아니었던 것처럼! 새디즘의 형이상학적인 의미는 인간의 반항은 머지않아 자연을 소환해 법칙을 바꾸도록 요구할 수 있을 정도로 강력해질 수 있을 것이라는 희망에 있다. ― 왜냐하면 여성들이 임신에 따른 시련이나 출산과 중절에 따른 위험과 고통을 견디는 것을 더이상 바라지 않는 이상 인간이 지상에서 영속하려면 자연은 다른 어떤 수단을 고안하지 않으면 안 될 것이기 때문이다." 엠마뉘엘 베를, 「최초의 팸플릿」(『유럽』, 75호, 405/406페이지). 사실은 이렇다. 사랑에 대한 성의 반란은 광적인, 망상적인 쾌락 욕구에서만 기인하는 것이 아니다. 이러한 반란은 자연을 이러한 욕구에 적합하고 부합할 수 있는 것으로 만드는 것 또한 목표로 하고 있기도 하다. 매춘(특히 19세기 말엽에 파리의 아케이드들에서 행해진 냉소적인 형태로서의 매춘)을 사랑과 반대되는 것으로서가 아니라 사랑의 몰락으로 생각하는 경우 여기서 문제시되는, 혹은 그것을 초월한 <원문대로> 특징들은 한층 더 분명하게 드러날 것이다. 그렇게 되는 경우 이러한 퇴폐와 타락의 혁명적인 측면은 마치 저절로 그러한 것처럼 아케이드들의 몰락<?>의 혁명적인 측면과 부합하게 될 것이다.   [O 2, 3]

아케이드에 있는 암컷들의 동물 생태 분포. 매춘부, |회색 작업복을 입은 천하고 바람기 있는| 젊은 여공, 마녀 같은 늙은 가게 주인, 행상, 장갑 가게 장수, 아가씨들demoiselle. 맨 뒤의 '아가씨'들은 1830년경 여장한 방화범을 가리키는 말이었다.   [O 2, 4]

1830년경. "팔레 루아얄은 공원의 의자를 빌려줌으로써 루이-필립에게 3만 2천 프랑의 수익을 안겨주고, 도박장 경영권 임대료로 국고에 550만 프랑을 벌어다줄 정도로 여전히 유행하고 있다. …… 팔레 루아얄의 도박장들은 그랑주-바틀리에 가의 세르클 데 제트랑제 그리고 리슐리외 가의 프라스카티와 경쟁하고 있다." 뒤베크/데스프젤, 『파리의 역사』, 파리, 1926년, 365페이지.

[O 2, 5]

통과의례. — 죽음, 탄생, 결혼, 성인 되기 등과 관련된 의식을 민속학에서는 이렇게 부른다. 현대의 삶에서 이러한 이행들은 점점 퇴색해가고, 체험할 수 없는 것이 되어가고 있다. 다른 세계로 향한 문턱을 넘는 경험Schwellenerfahrung은 좀체 찾아보기 힘들게 되었다. 아마 잠드는 것이 우리에게 남아 있는 유일한 그러한 경험일 것이다(따라서 잠에서 깨는 것도 마찬가지이다). 마지막으로 꿈이 계속 형태를 바꾸듯 오락의 고조와 저조, 사랑의 성적인 역할 변화도 문턱들을 큰 파도처럼 넘나들고 있다. 아라공은 말한다. "인간은 바로 상상력의 문 앞에 서 있는 것을 얼마나 좋아하는지!"(『<파리의>농민』, <파리, 1926년>, 74페이지). 연인과 친구들은 바로 이러한 상상력의 문의 문턱뿐만 아니라 문턱 일반으로부터 힘을 빨아들이고 싶어한다. 그러나 매춘부들은 반대로 이러한 꿈의 문의 문턱을 좋아한다. — 문턱이라는 것은 경계선Grenze과는 분명하게 구분되어야한다. 문턱은 일종의 영역이다. 변화, 이행, 조수 등의 의미가 'schwellen'이라는 말에 포함되어 있는데, 어원 연구는 이러한 의미들을 간과해서는 안 된다.[3] 그러나 다른 한편 이 말이 그러한 의미를 갖게 된 직접적인 구조적·의식적儀式的 맥락을 확정할 필요가 팔레 루아얄 북동쪽에 있는 열주랑 아래 카페 데 자뵈글이 있었다. "그곳에서는 맹인 병원Hospital des Quinze-Vingts의 6명 남짓 되는 맹인들이 귀가 멍멍할 정도로 시끄러운 음악을 저녁 6시부터 새벽 1시까지 계속해서 연주하고 있었다. — 이러한 지하 가게는 저녁부터 새벽까지만 손님에게 개방되어 있었기 때문이다. 허가증을 가진 라이스나 프뤼네들이 선호하는 영업 장소였다. 이 불순한 세이렌들은 적어도 오늘날 헤르쿨라네움의 사창가처럼 슬프고, 어둡고, 적막하기까지 한 거대한 이 쾌락의 시장에 움직임이나 생명을 불어넣는 공헌을 하고 있다." 『파리의 카페의 역사 — 어느 방탕자의 회상에서 발췌』, 파리, 1857년, 7페이지.   [O 2a, 2]

"1836년 12월 31일 한밤중에 경찰의 명령으로 모든 도박장이 폐쇄되었다. 프라스카티에서는 작은 폭동이 일어났다. 이미 1830년부터 불르바르에게 왕좌를 빼앗긴 팔레 루아얄은 그것으로 치명타를 입었다." 뒤베크/데스프젤, 『파리의 역사』, 파리, 1926년, 389페이지.   [O 2a, 3]

"탈마, 탈레랑, 로시니, 발자크"는 에두아르 구르동, 『밤의 풀 베는 사람들』, 파리, 1860년, 14페이지에서 노름꾼으로 인용되고 있다.   [O 2a, 4]

"나는 도박에 대한 정열은 다른 모든 정열을 포함하고 있기 때문에 모든 정열 중에서도 가장 고귀한 것이라고 주장한다. 주사위 던지

기에서 행운이 이어진다면 나는 도박을 하지 않는 남자가 몇 년간 맛볼 수 있는 기쁨보다 훨씬 더 큰 기쁨을 맛볼 수 있다. 나는 정신으로 즐긴다. 다시 말해 가장 생생하고 섬세한 방법으로. 당신들은 내가 손안에 들어온 황금만을 이득으로 보고 있다고 생각하는가? 그렇다면 당신들은 잘못 생각한 것이다. 나는 황금이 가져다주는 환희들을 진짜 이득으로 바라보며, 그것들을 내다보고 실로 한껏 즐기고 있는 것이다. 번개처럼 생생하고 타는 듯한 이들 환희는 싫증나기에는 너무 빨리 스쳐 지나가며, 지루해하기에는 너무 다양하다. 나는 단 한 번뿐인 인생에서 백 번의 인생을 살아간다. 내가 여행한다면 그것은 전기의 불꽃 같을 것이다. …… 내가 주먹을 꽉 쥐고, 은행의 지폐를 움켜쥐고 있는 것은 다름 아니라 시간의 가치를 꿰뚫고 있어 타인들처럼 허비할 수 없기 때문이다. 한 가지 쾌락을 얻는다면 천 가지의 다른 쾌락을 잃게 될 것이다. …… 나에게는 정신의 향락이 있기 때문에 다른 쾌락은 필요하지 않다." 에두아르 구르동, 『밤의 풀 베는 사람들』, 파리, 1860년, 14/15페이지. 인용문은 라 브뤼에르의 것이다! | 실러의 | 『발렌슈타인』에 나오는 "만약 그것이 가능하다면 나는 이미 더이상 내가 원하는 대로 할 수 없네"[4]라는 말과 비교해볼 것.   [O 2a, 5]

"도박장 경영권 임대차 계약을 맺고 있는 도박장은 그랑주-바틀리에 가 6번지에 있는 메종 세르클 데 제트랑제, 리슐리외 가 103번지에 있는 메종 리브리(이곳은 프라스카티로 알려져 있다) 그리고 몽블랑 가 40번지에 있는 메종 뒤낭, 마리보 가 36번지에 있는 메종 마리보, 탕플 가 110번지에 있는 메종 파포스, 도피네 가 36번지에 있는 메종 도피네, 팔레 루아얄 내에서는 9번지(24번지까지), 129

번지(137번지까지), 119번지(102번지부터 계속된다), 154번지(145번지부터 계속된다)였다. 이렇게나 많이 있었지만 도박꾼의 입장에서는 이것들만으로는 부족하다고 느꼈다. 투기꾼들이 다른 가게를 열었는데, 경찰이 이 모든 시설을 항상 철저하게 감시할 수는 없는 노릇이었다. 에카르테, 부요트, 바카라 등의 도박이 행해졌다. 모든 악덕의 부끄럽고 그로테스크한 잔해와 같은 늙은 여자들이 …… 도박장을 관리하고 있었다. 자칭 장군의 미망인이라고 말하는 그녀들은 도박판의 **자릿세**를 나눠 갖는 자칭 대령들에 의해 보호받고 있었다. 이러한 상태는 도박장 경영 임대차 제도가 폐지된 1837년까지 이어졌다." 에두아르 구르동, 『밤의 풀 베는 사람들』, 파리, 1860년, 34페이지.   [O 3, 1]

구르동이 전하는 바에 의하면 몇몇 도박장에서 도박을 하는 것은 거의 여자들뿐이었다고 한다. 앞의 책, 55페이지 이하.   [O 3, 2]

"파리 시의 한 기마 헌병이 겪은 이야기는 우리가 자주 가는 클럽에서 나온 이야기이다. 그는 좀체 운이 찾아오지 않은 한 도박꾼의 집의 문앞에 무슨 행운을 가져다주는 부적처럼 배치되어 있었다. 마치 파티의 손님이라도 맞이하기 위해 거기 서 있는 것처럼 하고 있던 이 훌륭한 병사는 새벽 1시경 갑자기 |도박장의| 녹색 테이블의 슬픈 희생자가 모습을 드러내었을 때 거리나 집이 너무 조용한데 크게 놀랐다. 다른 밤과 마찬가지로, 그리고 행운의 부적의 염력에도 불구하고 도박꾼은 크게 잃었다. 그는 초인종을 울린다. 아무도 나와 문을 열어주지 않는다. 다시 초인종을 누른다. 잠자고 있는 수위실에서는 아무런 기색도 없다. 문은 무정하다. 안달이 나

고, 화가 난 데다 그렇지 않아도 도박에서 돈을 잃어 기분이 좋지 않은 임차인은 수위를 깨우기 위해 지팡이로 창문을 깬다. 그때까지 한밤중의 광경을 그저 바라보고만 있던 헌병은 지금이야말로 나서야 할 때라고 생각한다. 몸을 숙여 소란을 피우고 있는 남자의 멱살을 잡아 말에 태운 다음 지루했던 보초를 중단할 수 있는 적당한 구실을 찾은 헌병은 서둘러 말을 몰아 수용소로 돌아왔다. …… 도박꾼은 사정사정했으나 수용소 침대에서 밤을 보내야만 했다." 에두아르 구르동, 『밤의 풀 베는 사람들』, 파리, 1860년, 181/82페이지.   [O 3, 3]

팔레 루아얄에 대해. "전임 경시청장인 메를랭은 호사와 온갖 음란하고 추잡한 향락이 난무하던 이 왕궁을 병사兵舍로 개조해 이처럼 수치스러운 인류의 종자들로부터 성적으로 몸을 합칠 수 있는 장소를 폐쇄시킬 것을 제안했다." F. J. L. 마이어, 『프랑스 공화력 4년의 파리로부터의 단편들』, 함부르크, 1797년, 1권, 24페이지.
                                                      [O 3, 4]

몽마르트르의 뜨내기 여자Loretten들에 대해 델보는 이렇게 쓰고 있다. "그들은 여자들이 아니다. ─ 밤들이다." 알프레드 델보, 『파리의 이면』, 파리, 1860년, 142페이지.   [O 3, 5]

오직 운명에 의해서만 간파할 수 있는 화폐의 특정한 구조가 있는 것은 아닐까? 또 오직 화폐를 통해서만 간파할 수 있는 운명의 특정한 구조가 있는 것은 아닐까?   [O 3, 6]

은어[5]의 교수들. "가진 것이라곤 도박에 있어 확률과 숫자의 연속성, 패, 그때그때마다 다른 색깔의 칩에 돈을 거는 방법에 대한 완벽한 경험뿐인 그들은 개점 때부터 폐점 때까지 도박장에 진을 치고 있으며, 메종 보랄이라는 별명을 가진 부요트의 소굴에서 밤을 지새운다. 초보자나 새로운 참가자가 다가오길 기다리는 것이다. …… 기묘한 이 교수들은 훈수를 하거나 지금까지의 패에 대해 몇 마디 하거나, 나아가 앞으로의 패를 예상하거나, 다른 사람을 대신해서 게임을 하기도 한다. 잃었을 경우 운이 나쁜 것을 탓하거나, 선에게 도박 자금의 절반을 빼앗기는 르페라는 패의 탓으로 돌리거나, 13일이라 운이 안 좋았기 때문이라거나, 금요일이라 재수가 없었기 때문이라는 식으로 책임을 돌린다. 돈을 땄을 경우 맡은 돈을 굴릴 때 미리 뗀 몫과는 별개로 수수료를 받는다. 이러한 방법을 '까치에게 먹이를 준다'라고 불렀다. 이러한 일에 종사하고 있는 사람들은 몇 개의 계층으로 나뉘어져 있었다. 앙시앵레짐기에는 모두 대령이나 후작이었던 귀족들, 대혁명 시에 지위가 상승한 평민들 그리고 마지막으로 50상팀만 주면 무엇이든 해주던 무리들이 있었다." 알프레드 마르키제, 『옛날의 도박과 도박꾼들(1789~1837년)』, 파리, 1917년, 209페이지. 이 저서에는 도박을 뜯어먹고 사는 데 있어 귀족 계급과 군대가 어떤 역할을 했는지에 대한 귀중한 정보가 담겨 있다.
[O 3a, 1]

팔레 루아얄. "3층에 살고 있는 사람들은 대부분 비교적 품위 있는 계급의 몰락한 여자들femmes perdues이다. …… 4층과 다락방 뒤쪽의 '천국'에는 낮은 계급의 여자들이 살고 있었다. 생계 때문에 이들은 시의 중심부, 즉 팔레 루아얄이나 트라베르시에르 가와

그곳 주변에 살아야만 했다. …… 팔레 루아얄에 사는 사람은 600
~800명 정도일 것이다. ― 그러나 그것과는 비교도 할 수 없이 엄
청나게 많은 사람들이 저녁이 되면 그곳을 산책했다. 그곳에서 한
가하게 어슬렁거리는 사람들을 만날 수 있었기 때문이다. 저녁이
되면 그들은 마치 낮 동안 팔레에 전세 1두 이륜 마차들이 늘어서
있듯이 생-토노레 가와 주변 거리들에 줄을 지어 서 있다. 하지만
팔레 루아얄로부터 멀어짐에 따라 이들의 숫자도 점점 줄어든다."
J. F. 벤첸베르크, 『파리 여행 서간』, 도르트문트, 1805년, 1권, 261
페이지와 263페이지. 저자는 몰락한 여자들의 수를 '약 1만 명'으
로 보았다. "혁명 이전 경찰의 한 조사에서는 2만 8천 명이었다."
앞의 책, 261페이지.   [O 3a, 2]

"다른 여자들에 대해서와 마찬가지로 그녀에 대해서도 악덕은 항
상 제 할 일을 다했다. 그녀의 추한 얼굴에 섬세함을 부여해 욕망을
부추기게 했던 것이다. 변두리에서 태어난 독특한 애교를 하나도
잃지 않는 거리의 여자는 화려한 장신구와 화장을 사용해 대담하
게 더해진 매력 덕분에 도깨비 같은 화장이나 화려한 드레스에 의
해서만 활기를 되찾을 수 있는 마비된 애욕의 주인들, 무감각해진
감성의 소유자들의 식욕을 돋우는 매력적인 여자로 변해갔다." J.-
K. 위스망스, 『파리인들 소묘』, 파리, 1886년, 57페이지. 「뜨내기
여자들」.   [O 3a, 3]

"부르주아지가 언젠가 부의 분배라는 현상을 이해하리라고 기대
하는 것은 불가능할 것이다. 왜냐하면 기계에 의한 생산이 발달함
에 따라 소유는 점점 더 개인이 아니라 주식회사라는 몰개인적인

집단의 소유 형태를 띠게 되어 이러한 회사의 지주들도 결국 증권 거래소의 소용돌이 속에 휘말리게 되기 때문이다. …… 주식들은 어떤 사람들에게는 손해를, 또 어떤 사람들에게는 이익을 가져다 주는데, 이처럼 손해와 이익을 보는 방식이 어찌나 도박과 흡사한지 실제로 주식 거래는 '도박'으로 불릴 정도이다. 현대의 경제 발전 전체는 자본주의 사회를 점점 더 거대한 국제적인 도박장으로 바꿔가고 있는 경향이 있는데, 부르주아는 그들로서는 전혀 알 길이 없는 사건들로 인해 돈을 따거나 잃거나 한다. …… '불가해한 것'이 도박장과 마찬가지로 부르주아 사회에서도 군림하고 있다. …… 예측할 수 없는, 일반인에게는 알려지지 않는, 겉으로는 우연처럼 여겨지는 원인에 의해 성공이나 실패가 결정되기 때문에 부르주아는 도박꾼과 같은 정신 상태에 빠지기 쉽다. …… 자본가는 재산을 주식에 투자하지만, 주가와 배당의 등락의 원인은 자본가로서는 알 길이 없다. 그리하여 그는 전문 도박꾼이 된다. 그러나 도박꾼은 …… 미신을 지극히 맹신하는 인종이기도 하다. 도박장의 단골은 항상 운명의 세 여신을 불러낼 수 있는 마법의 주문을 갖고 있다. 예를 들어 파도바의 성 안토니우스나 다른 천상의 성령에 대한 기도를 중얼거리는 자가 있는가 하면, 특정한 색깔로 돈을 땄을 때만 돈을 건다는 사람도 있으며 또한 왼손으로 토끼발을 꼭 쥐고 있는 사람도 있다. 자연에 있어 불가사의한 것이 야생 동물들을 둘러싸고 있듯이 사회에서는 불가사의한 것이 부르주아를 둘러싸고 있다." 폴 라파르그, 「신앙의 원인들」, 『디 노이에 차이트』, 24권 1호, 슈투트가르트, 1906년, 512페이지.   [O 4, 1]

아돌프 슈타르는 쉬카르라는 사람이 댄스홀인 발 마비유에서 캉캉 춤을 리드하며 춤을 추었다고 하면서 그것도 두 명의 경관의 감시 하에 추었다고 주장한다. 이 두 경관의 임무라고는 이 남자의 춤을 감시하는 것뿐이었다. 이에 대해서는 — 볼데마르 자이파르트는 『1853년과 1854년의 파리 견문록』(고타, 1855년, 136페이지)에서 상세한 출전을 들지 않고 인용하고 있다 — 다음과 같은 주장을 참 조할 것. "짐승이 다 된 파리 사람들의 야수성을 그나마 부족하면 부족한 대로 최대한 억제할 수 있는 것은 경찰력의 우위뿐이다."

[O 4, 2]

팔레 루아얄에 모습을 드러낸 기인, — 덥수룩한 수염을 기른 일종 의 원시인 — 그의 이름은 코드뢱-뒤클로였다.　　　　[O 4, 3]

"운을 시험한다는 것은 평범한 쾌락이 아니다. 몇 달, 몇 년, 아니 두려움과 희망으로 가득 찬 전 생애를 한순간에 맛볼 수 있다는 것 은 도취되지 않고는 견딜 수 없는 쾌락이다. 9학년 학급을 맡은 그 레피네 선생이 교실에서 '인간과 정령'이라는 우화를 우리에게 들 려주었을 때 나는 아직 채 10살도 되지 않은 나이였다. 그러나 나 는 그 우화를 어제 들은 것보다 훨씬 더 또렷하게 기억하고 있다. 어느 정령이 한 어린아이에게 작은 실타래를 하나 주며 '이 실은 네 생명의 실이다. 받아라. 시간이 너를 위해 흘러갔으면 하고 생 각할 때는 실을 잡아당겨라. 이 실타래를 빨리 푸느냐 아니면 천천 히 푸느냐에 따라 너의 일생은 빠르게, 아니면 느리게 흘러갈 것이 다. 실타래에 손을 대지 않는 한 너는 평생 같은 시간에 머물러 있 을 것이다.' 아이는 실타래를 받았다. 그리고 우선 어른이 되기 위 해, 그런 다음에는 사랑하는 약혼자와 결혼하기 위해, 아이를 키우기 위해, 직업이나 이익, 명예를 얻기 위해, 걱정거리로부터 빨리 벗어나거나, 슬픔이나 나이가 듦에 따라 찾아오는 병을 피하기 위해, 그리고 마지막으로, 맙소사! 성가신 노년을 단축하기 위해 실을 잡아당겼다. 그 결과 아이는 정령의 방문을 받은 후 4개월 하고 6일밖에는 살지 못했다. 정말 그렇다. 도박이란 바로 이처럼 운명이 평상시라면 오랜 시간이 흘러야만, 아니 오랜 세월이 흘러야만 만들어낼 수 있는 무수히 많은 변화를 한순간에 초래하려는 기술이 아니고 무엇이겠는가? 다른 사람들에게서는 완만한 생애에 흩어져 있는 무수한 감정들을 한순간에 긁어모으는 기술이 아니고 무엇이겠는가? 전 생애를 몇 분 안에 살아내는 비결이 아니고 무엇이겠는가? 요컨대 앞서 말한 정령의 실타래가 아니고 무엇이겠는가? 도박이란 운명과의 백병전이다. …… 인간은 돈을 건다. ― 돈, 즉 즉각적인 무한의 가능성에. 아마 도박꾼이 지금 넘기고 있는 트럼프나 굴러가는 구슬은 그에게 공원이나 정원이나 밭, 광대한 숲, 하늘 높이 솟아 있는 첨탑을 가진 성을 가져다줄 수 있을지도 모른다. 그렇다. 조용히 굴러가는 작은 구슬에는 몇 헥타르의 양질의 토지와 조각을 한 굴뚝들이 루아르 강에 그림자를 드리우고 있는 슬레이트 지붕의 대저택이 포함되어 있는 것이다. 그처럼 작은 구슬에 예술의 보고寶庫, 산해진미, 호화로운 보석, 세계 최고의 미인, 그리고 마음, 그렇다 어느 누구도 감히 돈으로 살 수 있다고 생각조차 못했던 사람의 마음에 이르기까지 ― 요컨대 지상의 모든 장식, 모든 명예, 모든 우아함, 모든 힘이 들어 있는 것이다. 아니, 그뿐만이 아니다. 그처럼 작은 구슬에는 그 이상의 것이 내포되어 있다. 그러한 모든 것에 대한 꿈이 담겨 있는 것이다. 그런데도 도박을 하지 말라고? 도박이 무한한 희망만 가져다준다면,

질투의 눈의 미소만 보여준다면 사람들은 도박을 그토록 열광적으로 사랑하지는 않았을 것이다. 그러나 도박은 다이아몬드의 손톱을 갖고 있다. 무시무시한 존재인 것이다. 자기 맘대로 비참함과 모욕을 안겨준다. 그렇기 때문에 사람들이 도박에 열광하는 것이다. 위험에 대한 매혹이 모든 위대한 정념의 밑바닥에 존재하는 것이다. 어지럽지 않은 쾌락은 없다. 쾌락은 공포가 섞여 있을 때만 비로소 인간을 도취시킨다. 도박보다 더 두려운 존재가 있을까? 그것은 주기도 하고 동시에 빼앗기도 한다. 그렇게 하는 이유는 우리의 이유가 아니다. 그것은 벙어리, 장님, 귀머거리이다. 그것은 전능하다. 그것은 신이다. …… 도박에는 신자와 성인들이 있다. 이들은 도박이 약속하는 것 때문이 아니라 도박 그 자체를 위해 도박을 사랑하고, 도박에 의해 쓰러질 때도 도박을 찬양한다. 잔혹하게도 전 재산을 빼앗겨도 그것을 자기 탓으로 돌리지 도박을 원망하지는 않는다. 즉 '운이 나빴다'라고만 말한다. 그들은 자기를 탓할 뿐 신을 모독하는 말을 내뱉는 일은 없다." 아나톨 프랑스, 『에피쿠로스의 정원』, 파리, 15~18페이지.   [O 4a]

베로는 포괄적인 부연 설명을 통해 매춘부에 대한 행정적인 조치가 법적인 조치보다 유효하다는 것을 변호하려고 한다. "따라서 법의 성역은 지저분한 소송에 의해 공중의 면전에서 더럽혀지거나 하지는 않을 것이다. 그리고 범죄는 경시청의 특령에 의해 독단적이기는 하지만 처벌될 수 있을 것이다." F. F. A. 베로, 『파리의 매춘부와 매춘부 단속』, 파리/라이프치히, 1839년, 2권, 50페이지.
                                                        [O 5, 1]

"매춘부의 기둥서방은 …… 잘생긴 청년으로, 힘이 세고 건장하며, 상대를 발로 차는 격투기에도 뛰어나며, 세련된 옷차림을 하고, 샤워와 캉캉을 우아한 솜씨로 출 줄 알고, 비너스 숭배에 몸 바친 소녀들을 돕고, 곤란한 일이 닥치면 대신 나서서 해결해주며, 어떻게 하면 그녀들의 존경을 받으며 또 어떻게 하면 그녀들이 예의 바르게 행동하도록 만들지를 훤히 꿰차고 있다. …… 이리하여 |특령 이래| 태곳적부터 돋보이는 세련된 복장과 모범적인 행동, 사회에 대한 공헌을 아끼지 않았던 개인들로 이루어진 하나의 계층이 역경에 몰리게 되었다."『미남 테오도르 캉캉 저. 파리에 5만 명의 도둑이 증가했다. 또는 매춘부에 관한 경시청장의 특령에 반대하는 수도의 전前 정부情夫 일동의 항의문』, F. F. A. 베로, 『파리의 매춘부와 매춘부 단속』, 파리/라이프치히 1839년, 2권, 109/110페이지, 113/114페이지에서 인용[이 전단지는 그것을 인용하고 있는 베로의 작품이 나오기 직전에 배포되었다]. [O 5, 2]

1830년 4월 14일에 시행된 경찰의 매춘부 규제령.
"제1조. …… 매춘부는 하시라도, 어떠한 경우에도 불문곡직하고 아케이드, 공원, 불르바르에 모습을 나타내서는 안 된다.
제2조. 매춘부les filles publiques|공창公娼|는 인가 시설에서만 매춘 행위를 할 수 있다.
제3조. 독립 매춘부les filles isolées|사창私娼|, 즉 인가 시설에서 일하지 않는 매춘부는 가로등이 켜진 후에만 이러한 시설에 나갈 수 있다. 곧장 시설로 향해야 하며, 간소하고 얌전한 복장을 해야 한다. ……
제4조. 매춘부는 같은 날 밤에 한 인가 시설에서 다른 인가 시설로

가서는 안 된다.

제5조. 독립 매춘부는 인가 시설을 나와 밤 11시까지는 집으로 돌아가야 한다. ……

제7조. 인가 시설은 입구에 등불로 표시를 해두어야 하며, 초저녁에는 입구를 관리하는 늙은 여자를 문앞에 세워두어야 한다.

망갱의 사인."

F. F. A. 베로, 『파리의 매춘부와 매춘부 단속』, 파리/라이프치히, 1839년, 2권, 133~135페이지.   [O 5, 3]

경찰 공안반에 주어진 포상금. 21세 이하의 매춘부를 적발했을 때 3프랑. 미등록 유곽을 적발했을 때 15프랑. 미성년자를 고용하고 있는 매춘 시설을 적발했을 때 25프랑. 베로, 『매춘부』, <2권>, 138/139페이지.   [O 5, 4]

새로운 매춘부 규제령에 관한 본인의 제안에 대한 베로의 설명. (1) 문앞에 서 있는 늙은 여자에 관해. "제2조는 이 여자가 문 밖으로 나가는 것을 금하고 있다. 왜냐하면 종종 대담하게 밖으로 나가 보행자들을 낚아채는 경우가 있기 때문이다. 나는 이들 포주들이 팔이나 옷을 잡아끌어, 말하자면 시설에 억지로 들어가게 만드는 것을 이 두 눈으로 똑똑히 보았다." (2) 매춘부를 이용한 장사의 금지와 관련해. "나는 또 매춘부를 장식품 판매인, 내의류 판매인, 향수 판매인 등처럼 배치해놓은 상점이나 부티크의 개업을 금한다. 이들 상점이나 부티크에서 일하는 여성들은 지나다니는 사람들에게 신호를 보낼 수 있도록 문이나 창문을 열어놓는다. …… 그 밖에 이보다 더 교묘한 여자들도 있는데, 이들은 문이나 창문을 오히려 닫아두지만 커튼이 쳐 있지 않은 유리창 너머로 신호를 보내거나 아니면 안과 밖의 연락이 용이하도록 커튼의 틈을 살짝 남겨두기도 한다. 이들 중 일부 여자들은 남자가 지나갈 때마다 가게의 정면을 두드리는데 그러면 남자들은 소리가 나는 쪽으로 고개를 돌리게 된다. 여자들은 계속하여 신호음을 보내는데, 이 부티크들은 모두 아케이드 안에 있는 만큼 누구에게나 그러한 소리가 들리게 되므로 사태는 점점 더 점입가경으로 치닫게 된다." F. F. A. 베로, 『파리의 매춘부와 매춘부 단속』, 파리/라이프치히, 1839년, 2권, 149/50페이지와 152/153페이지. [O 5a, 1]

베로는 공인된 매춘 시설이 수없이 많은 것에 대해 찬성을 표시하면서 이렇게 말한다. "제13조. 성년에 달한 기혼 혹은 미혼의 모든 여성은 자기 소유의 가구가 있으며 최저 2실의 적당한 공간만 있으면 그리고 기혼자의 경우에는 배우자의 허가 및 거주하는 집의 소유자나 임차인의 허가를 얻으면 …… 매춘 시설의 주인이 될 수 있으며, 시설 인가증을 취득할 수 있다." 베로, 『파리의 매춘부』, 2권, 156페이지. [O 5a, 2]

베로는 어떤 여자도, 가령 미성년자라도 원하면 매춘부로 등록할 수 있도록 해야 한다고 제안한다. 그의 설명. "당신의 의무감은 이 젊디젊은 애들을 끊임없이 감독할 것을 명하고 있다. …… 이 애들을 되돌려 보내는 것은 결국 잔인하게 방치한 후에 뒤이어 발생하는 모든 책임을 당신이 진다는 것을 의미한다. …… 따라서 이들이 등록하도록 한 다음 당국의 철저한 보호와 감시 하에 두도록 해야 한다. 겨우 혼인 적령기에 이른 이들을 퇴폐적인 환경 속으로 되돌려 보내기보다는 이들을 맞이하기 위해 특별히 마련된 시설에서 규칙적으로 생활하도록 만들자. …… 그녀들의 양친에게 통보하라. 그들은 딸들의 문란한 생활을 다른 사람에게 보이지 않아도 되고, 관청에서 양심적으로 비밀을 지켜준다는 것을 알게 되면 그녀들을 인수하는 것에 동의할 것이다." 베로, <앞의 책>, 2권, 170/71페이지.   [O 5a, 3]

"경찰이 …… 특히 이름이 알려진 공인 매춘 시설의 여주인 중의 몇 명에 대해 …… 만찬회나 무도회, 연주회를 열 때 에카르테를 할 수 있는 작은 탁자를 몇 개 놓아두는 것을 허가해줄 수 없는 것일까? 적어도 이러한 장소에서 사기꾼들은 철저하게 감시받게 될 것이다. 그러한 것은 다른 클럽|도박장|에서는 전혀 불가능하다. …… 왜냐하면 경찰의 힘은 …… 거기까지는 …… 전혀 미치지 못하기 때문이다." F. F. A. 베로, 『파리의 매춘부와 매춘부 단속』, 파리/라이프치히, 1839년, 2권, 202페이지.   [O 6, 1]

"파리의 많은 젊은 여성들의 미덕에 위기가 닥치는 시기가, 연중 특정한 시기가 있다. 경찰의 조사에 따르면 이 기간 동안 인가된 매춘 시설이나 그 밖의 다른 장소에서 무면허로 몸을 파는 여자들이 1년의 다른 나머지 시기를 합친 것보다 훨씬 더 많이 눈에 띈다고 한다. 종종 이처럼 방탕이 주기적으로 변동하는 원인에 대해 물어보았으나 이 문제에 대해 대답할 수 있는 사람은 없었다. 관청도 마찬가지였다. 따라서 내 자신의 관찰에 의지할 수밖에 없었으며 끈기 있게 노력한 결과 마침내 …… 이처럼 매춘이 증가하는 ……

진정한 원리를 찾아낼 수 있었다. 새해, 공현제|1월 6일|, 성모와
관련된 축일이 다가오면 소녀들은 선물을 주거나 받고, 아름다운
꽃다발을 보내고 싶어한다. 또 새로운 드레스나 유행하는 모자를
갖고 싶어한다. 그리고 이를 위해 필요한 금전적인 수단이 결여되
어 있기 때문에 …… 며칠간 매춘에 종사해서 필요한 자금을 확보
하는 것이다. …… 바로 이것이 특정한 시기나 특정한 축제일에
즈음하여 방탕한 행동이 증가하는 이유이다. F. F. A. 베로, 『파리
의 매춘부와 매춘부 단속』, 파리/라이프치히, 1839년, 1권, 252~
254페이지.   [O 6, 2]

경시청에서 실시 중인 의료 검진에 반대하는 의견. "예루살렘 가에
서 경시청을 향하고 있는 여자, 혹은 거기서 나오는 여자는 모두 매
춘부라는 낙인이 찍힌다. …… 정기적으로 수치심을 맛보는 것이
다. 검진 날이면 항상 경시청 주변에는 이 가엾은 여자들을 기다리
고 있는 수많은 남자들로 가득하다. 진료소에서 해방되어 나오는
여성들은 건강하다는 진단을 받았다는 것을 아는 것이다." F. F. A.
베로, 『파리의 매춘부』, 1권, 189/90페이지.   [O 6, 3]

매춘부들은 노트르담 드 로레트 부근의 구역에 살고 싶어한다. 왜
냐하면 그곳은 새로 만든 구역으로, 새로 지은 집의 첫번째 세입자
로서 싼 임대료로 세들어 살 수 있기 때문이다.   [O 6, 4]

"다른 종류의 유혹을 맛보고 싶은가? 튈르리 궁, 팔레 루아얄 또는
불르바르 데지탈리앵에 가보라. 그곳에서 의자에 걸터앉아 발은
다른 의자에 얹은 채 옆자리를 비워두고 누군가를 기다리는 도시

의 세이렌을 여러 명 만날 수 있을 것이다. 이런 식으로 정부를 자석처럼 끌어당기는 것이다. …… 신유행품점도 …… 여자를 밝히는 무리들에게 여러 가지 방편을 제공한다. 거기서 장밋빛, 녹색, 황색, 라일락 또는 체크 무늬 등의 모자 값을 흥정한다. 가격을 정하고 당신의 주소를 알려준다. 그러면 다음날 정해진 시간에 모자만이 아니라 이 모자를 앞세우고 섬세한 손길로 박사薄紗, 리본 그리고 부인들이 너무 좋아하는 갖가지 방울술로 장식한 모자를 쓴 여인이 당신 앞에 나타나는 걸 볼 수 있을 것이다." F. F. A. 베로, 『파리의 매춘부: 서론을 대신하여 — 세계의 모든 민족들의 매춘에 관한 역사적인 소묘』(M. A. M이 씀), 1권, CII/CIV페이지(「서문」).   [O 6a, 1]

"항상 똑같은 지역을 매춘부들이 오가기 때문에 일종의 환상이 생겨 이들이 무한대로 증가하는 것처럼 보이는 바람에 처음에는 매춘부들의 수가 엄청나게 많은 것처럼 믿기 쉽다. 이러한 착각을 불러일으키는 또 하나의 상황이 있다. 하룻밤에만도 매춘부들이 여러 차례 옷을 갈아입는 것이 그것이다. 좀더 눈여겨보게 되면 8시에는 우아하고 호화로운 옷을 입었던 여자가 9시가 되면 바느질하는 여자처럼 차리고 나타나고, 9시에는 시골 처녀의 모습을 하고 나타나며 때로는 이와 반대로 한다는 것을 간과하는 것은 그리 어렵지 않다. 평소에 매춘부들이 모이는 파리의 모든 지점에서 그렇다. 예를 들어 생-마르탱 문과 생-드니 문 사이의 대로변을 걸어가는 매춘부를 하나 따라가보라. 지금은 깃털 모자를 쓰고 비단 드레스를 입고, 거기에 숄을 걸치고 있다. 그녀는 생-마르탱 가에 가서 오른쪽으로 걸어가 생-드니 가와 인접해 있는 작은 거리로 접어들어서는 주변에 널린 사창가 중의 한곳으로 들어간다. 그리고 얼마 지나지 않아 바느질하는 소녀 또는 시골 처녀의 모습을 하고 그곳을 나온다." F. F. A. 베로, 『파리의 매춘부』, 파리/라이프치히, 1839년, 1권, 51/52페이지. ■패션■   [O 6a, 2]

테오도르 바리에와 랑베르 티부스트 공저 『대리석상의 여자들』, 노래를 곁들인 5막 희곡으로 초연은 파리의 보드빌 극장에서 1853년 5월 17일에 있었다. 1막에서 주연들은 그리스인으로 등장하며, 나중에 대리석상의 여자들 중의 하나(마르코)를 향한 사랑 때문에 목숨을 잃는 주인공 라파엘은 여기서는 대리석 조각가인 피디아스이다. 이 1막의 대미는 조각들의 미소로 끝나는데, 이들은 영예를 가져다주겠다고 약속한 피디아스는 거들떠보지도 않으면서 돈을 가져다주겠다고 약속한 고르기아스에게 미소를 지으며 고개를 돌린다.   [O 7, 1]

"보세요. …… 파리에는 두 종류의 여성이 있습니다. 두 종류의 집이 있는 것처럼 말이죠. …… 장기간 임대차 계약을 맺어야만 들어갈 수 있는 부르주아의 집, 그리고 한 달에 얼마 하는 식으로 정해진 액수를 지불해야 살 수 있는 모든 가구가 완비된 셋집이 그것입니다. …… 어떻게 구분할까요? …… 간판으로 알 수 있습니다. …… 그런데 말이죠, 의상은 여성에 있어 간판에 해당됩니다. …… 게다가 또 어떤 옷들은 어찌나 많은 것을 말해주는지 주름장식의 맨 윗단에서 '집 세 놓음. 가구 완비'라고 쓰어 있는 광고를 읽을 수 있을 것 같은 느낌이 들 때도 있습니다." 뒤마누아르/Th. 바리에, 『요란스러운 의상, 1막 희극』, 파리, 1856년, 28페이

1136

지.   [O 7, 2]

1830년경 에콜 폴리테크니크의 고수대의 별명: "가보트|16~19
세기의 2박자 무곡|, 보드빌, 멜로드라마, 제피루스. 1860년경의 별
명: 브랭 다무르|사랑의 칼날|, 퀴스 드 님프|님프의 허벅다리|(피네,
<『에콜 폴리테크니크의 역사』, 파리, 1887년>, 212페이지).   [O 7, 3]

부를리에는 도박장 영업을 재인가해 거기서 얻은 수입으로 오페라
극장 ― "증권거래소처럼 호화로운" ― 과 병원을 짓자고 제안했
다. 루이 부를리에, 『도박 비판자에게 보내는 서한』, 파리, 1831년
(VII페이지).   [O 7, 4]

다른 무엇보다 도박장에서 환전해줄 때 시세보다 더 높은 금리를
적용하는 방식으로 불법 영업을 하고 있던 도박장 임대업자 베나
제를 고발하는 아래와 같은 문서가 제출되었다. 루이 부를리에:
「대의원 여러분께 보내는 청원서」, 파리[갈레리 도를레앙], 1839년
6월 30일. 부를리에는 전에 이 도박장의 종업원이었다.   [O 7, 5]

> "증권거래소의 매장에서도 우리 도박장의 입회소에서처럼
> 사람들이 와서 도박을 하고 운에 도전합니다.
> '31'에서는 빨강과 검정이, 증권거래소에서는 등락이
> 잃고 따는 것을 결정합니다.
> ……
> 그런데 이처럼 증권 거래의 도박과 우리의 게임이 꼭 닮았는
> 데도

왜 주식은 허가하고 도박은 금지하는 겁니까?"
루이 부블리에, 『도박장 경영권 임대차 계약을 금지하는 법률에
대해 의회에 보내는 몇 편의 시』, 파리, 1837년, <5페이지>.
[O 7, 6]

'도박장' 이라는 제목이 붙은 1852년의 한 대형 판화(석판화)의 한
가운데에는 표범인지 호랑이인지의 우의화가 하나 그려져 있는데,
이 짐승의 가죽을 마치 깔개처럼 룰렛 테이블이 절반 이상 덮고 있
다. 판<화>실.
[O 7a, 1]

"뜨내기 여자들은 사는 구역에 따라 각기 다른 가격이 매겨진다.
싼 곳에서 비싼 곳 순으로 말하면 그라몽 가, 엘데 가, 생-라자르
가와 쇼세-당탱 가, 포부르 뒤 룰." 폴 다리스트, 『불르바르의 삶과
세계(1830~1870년)』, 파리, <1930년>, 255/256페이지.
[O 7a, 2]

"여자들은 주식 거래가 이뤄지는 동안 안에 들어갈 수 없었으나 장
외에서는 증권거래소 주변에 집단으로 모여 그날의 위대한 운명의
계시를 초조하게 기다리는 모습을 볼 수 있었다." 『파리에서 보낸
8일』, 파리, 1855년 7월, 20페이지.
[O 7a, 3]

"13구에는 진정으로 사람을 사랑하기 시작했을 때 죽어가는 여
성들이 있다. 이들은 매춘부로서의 마지막 한숨을 사랑에 바치고
있는 것이다." 루이 뤼린, 『파리의 13구』, 파리, 1850년, 219/220페
이지. 이것은 2년 후에 출판된 『춘희』의 공식을 멋지게 보여준다.[6]

왕정복고 시대. "도박을 하는 것은 결코 창피한 일이 아니었다. …… 거의 언제나 도박에 빠져 있는 병사들이 나폴레옹 전쟁을 통해 이리저리 오가는 바람에 도박열이 해외로까지 확산되어나갔다." 에곤 세자르 콘테 코르티, 『홈부르크와 몬테카를로의 마술사』, 라이프치히, <1932년>, 30페이지.   [O 7a, 5]

1838년 1월 1일. "금지령이 내려지자 팔레 루아얄에 있던 프랑스의 노름판 물주들 중 베나제와 샤베르는 바덴바덴과 비스바덴으로 가고, 다른 많은 종업원들은 피르몽, 아헨, 스파 등으로 갔다." 에곤 세자르 콘테 코르티, 『홈부르크와 몬테카를로의 마술사』, 라이프치히, 30/31페이지.   [O 7a, 6]

M. J. 뒤코 (드 곤드랭), 『증권거래소에서는 어떻게 파산하는가』, 파리, 1858년에서. "정당한 권리를 공격할 생각은 추호도 없으므로 중개업자가 오로지 그것에만 힘을 기울여야 하는 진지한 증권 거래에 대해서는 비판할 것이 하나도 없다. 나의 비판은 특히 가짜 거래에 따른 수수료나 …… |정기 거래의 결제 기일을 연장해주고| 고리대금보다 높은 수수료를 받는 고가의 이월 거래를 대상으로 한다"(7페이지). "증권 거래에서는 상당한 운이 뒤따른다고 해도 주식 중개인이 취하는 엄청난 중개 수수료를 감당할 수 있을 만큼의 행운은 존재하지 않는다. …… 라인 강 연안(홈부르크와 비스바덴)에 도박 시설이 두 개 있는데, 거기에서는 '30과 40'이라는 도박을 100프랑당 62.5상팀이라는 싼 수수료로 할 수 있다. 이는 주

식 중개인의 수수료와 이월 거래에 따른 수수료를 전부 합친 것의 고작 32분의 1밖에 되지 않는다. 증권거래소에서 주식의 등락에 돈을 거는 것처럼 '30과 40'에서는 빨강과 검정에 돈을 건다. 하지만 후자에서는 빨강과 검정이 나올 확률이 완전히 동일하기 때문에 약자가 강자의 뜻대로 움직이지 않으며 부정도 일절 불가능하다는 점에서 전자와 차이가 있다."<16페이지>. [O 7a, 7]

지방에서 주식을 거래하려면 '가장 중요한 주식의 가격 변동'에 대한 정보를 파리에서 얻을 필요가 있었다. "…… 이를 위해 급사急使와 전서구傳書鳩가 사용되었다. 당시 곳곳에 풍차가 있던 프랑스에서 가장 많이 사용하던 방법은 물방앗간에서 물방앗간으로 신호를 보내는 것이었다. 만약에 이러한 물방앗간 중의 한 곳의 창문이 열려 있으면 주가가 상승 중이라는 것을 의미했는데, 바로 옆 물방앗간에서 이러한 신호를 받아 다음 물방앗간으로 계속 전달했다. 창문이 닫혀 있으면 시세가 하락 중이라는 의미로 이러한 신호는 앞에서와 동일한 방법으로 물방앗간에서 물방앗간을 거쳐 수도에서 지방으로 전해져갔다." 하지만 블랑 형제는 ─ 법적으로는 정부만이 사용할 수 있던 ─ 광학 문자 전보를 사용하기로 했다. "1834년의 어느 날씨 좋은 날 블랑 형제의 대리인의 의뢰로 파리 체신청의 전보 담당이 H라는 문자를 보르도에 보냈는데, 그것은 국채의 금리가 상승 중이라는 의미였다. 이러한 문자를 기입하면서 다른 사람이 해독하지 못하도록 H 뒤에 변칙 기호를 하나 첨가했다." 이 방법으로도 문제가 발생했기 때문에 블랑 형제는 다른 방법을 병행했다. "예를 들어 프랑스의 3부 이자짜리 국채 금리가 최저 25상팀 상승한 경우 블랑 형제의 파리 대리인인 고스망이라는 인물이 장갑을 넣은 소포를 투르에 있는 기부라는 전보계원에게 보냈다. 그리고 수신자란에는 일부러 그를 장갑이나 양말 제조업자로 기입했다. 이와 반대로 금리가 최소한 25상팀 정도 하락한 경우 고스망은 양말이나 넥타이를 보냈다. 이 소포의 수신자란에는 문자 혹은 표시가 적혀 있었는데, 그것을 받은 기부는 바로 해독 방지 문자나 표시를 덧붙여 보르도 행 관청 전보에 첨부해서 그것을 보냈다." 이 방식은 약 2년간 원활히 기능했다. 1837년의 『가제트 데 트리뷔노』의 기사에서. 에곤 세자르 콘테 코르티, 『홈부르크와 몬테카를로의 마술사』, 라이프치히, <1932년>, 17~19페이지.

[O 8, 1]

『19세기의 어떤 집의 난롯가에서 두 소녀가 나누는 야한 얘기』, 로마/파리, 그란가초, 바체 & Cie 출판사. 몇 가지 재미있는 표현. "아, 엉덩이와 질膣. 정말 단순한 말이지만 얼마나 깊은 의미를 갖고 있냔 말야. 있잖아, 나 좀 봐, 내 엉덩이와 질, 어때, 엘리셴?"(12페이지). "신전에는 제물을 바치는 사제를, 엉덩이에는 불목하니로서 검지손가락을, 클리토리스에는 부제副祭로서 두 개의 손가락을. 이렇게 해서 나는 올 것이 오길 기다리고 있지. '내 엉덩이를 찾았으면, 시작해봐, 응." 두 소녀의 이름은 엘리제와 린다미네이다.[7]

[O 8, 2]

르콩트는 패션 분야의 여성 통신원인 콩스탕스 오베르에 대해 다음과 같이 말하고 있는데, 그녀는 『르 탕』지에서 중요한 지위에 있었으며, 기사에 대한 보수는 그녀가 기사에서 다룬 회사에서 내놓은 의류로 지불되었다. "펜은 매일 벌고 싶어하는 수입의 규모를 결정할 수 있는 진짜 자본이 되어갑니다. 파리 전체가 손을 뻗으면 뭐든지 손에 넣을 수 있는 하나의 시장bazar이 되는 셈이죠." 쥘 르콩트, 『반 엥겔곰의 편지』, 앙리 달메라스 편, 파리, 1925년, 190페이지. 르콩트가 쓴 편지는 1837년에 브뤼셀의 『앙데팡당』지에 발표되었다.   [O 8a, 1]

"도시에서 화려한 포로로 지내기를 강요받는 인간은 회상réminiscence이라고 불리는 정신적 능력에 의해 원초의 주거였던 전원에 체류하는 것, 혹은 적어도 간소하고 조용한 정원을 갖는 것을 희망해볼 수 있다. 그의 눈은 장사로 인한 피곤함이나 응접실 램프의 뜨거운 빛에서 벗어나 자연에서 편히 쉬고 싶어한다. 오수에서 발산되는 악취에 끊임없이 시달려온 그의 후각은 꽃의 향기를 원하고 있다. 수수한 제비꽃 화단에 황홀함을 느끼게 될 것이다. ……이러한 행복 …… 이 주어지지 않을 경우 그는 환상을 끝까지 밀고 나가 창문 테두리를 공중 정원으로, 수수한 누옥의 난로를 풀과 꽃들이 흩뿌려진 화단으로 변모시키기까지 한다. 그것이 도시의 인간이며, 그것이 꽃이나 전원에 대한 그의 정열의 원천이다. ……이러한 것을 생각한 나는 수많은 직물기를 설치해서 자연의 꽃들을 모방한 도안을 짰다. …… 이러한 종류의 숄의 판매 상황은 실로 경이적이었다. 숄은 제조되기 전부터 미리 팔려나갔다. 주문이 끊이지 않았다. …… 숄에 있어 눈부신 이 시기, 제조업의 황금시대는 그리 오래가지 않았지만 프랑스에 파크트로스 강과 같은 흐름을 가져왔다. 그리고 이 흐름은 주요 수원이 외국에 있었기 때문에 더더욱 풍요로웠다. 놀랄 만한 판매량도 판매량이었지만 그것이 어떤 순서로 퍼져갔는지를 아는 것도 …… 흥미로울지 모른다. 내

1142

가 예측한 대로 파리는 자연의 꽃무늬가 새겨진 숄은 그다지 많이 소비하지 않았다. 오히려 지방에서의 수요가 많았는데 주문량은 수도로부터 거리와 비례했다. 그리고 외국의 경우에는 프랑스로부터의 거리에 비례했다. 이 숄의 전성 시대는 아직 끝나지 않았다. 유럽의 끝에 떨어져 있는 나라에 나는 변함없이 물품을 보냈으나 캐시미어처럼 보이게 만든 숄은 한 장도 보내지 않았다. …… 파리가 자연의 꽃무늬 숄을 **무시한** 사실에서 …… 파리를 취향의 중심지로 인정하면서도 이런 말을 할 수는 없을까. …… 파리로부터 멀어지면 멀어질수록 자연의 취미나 감정에 가까이 다가간다고. 다른 표현을 빌리면 취향이라는 것과 자연적인 것 사이에는 아무런 공통점도 없을뿐더러 서로 배제하고 있다고 말이다." 캐시미어 숄 제조업자 J. 레이, 『숄의 역사를 위한 연구』, 파리, 1823년, 201/202페이지, 204~206페이지. 국<립>도<서관> 소장본의 속 표지에는 꽤 오래된 필적의 메모가 들어 있다. "언뜻 시시해 보이는 듯한 소재를 다룬 본 연구는 …… 문체의 정확성과 우아함과 함께 또 『아나르카르시스의 여행』에 필적할 만한 박식함이 두드러져 보인다."   [O 8a, 2]

비더마이어기와 왕정복고기에 꽃무늬가 유행했던 것은 대도시의 성장에 대한 무의식적인 불쾌감과 관련이 있지 않을까?
                                                        [O 8a, 3]

"루이-필립 왕정 초기에 여론은 …… [오늘날의 여론이 증권거래소를 두고 그러한 것처럼] 도박에 대해 반대하는 견해를 표명했다. …… 국가가 그로부터 연간 2,000만 프랑의 수익을 얻고 있었음에도 불구하고 하원은 폐지를 결의했다. …… 지금 파리의 증권 거래가 정부에 가져다주는 연간 수익은 2,000만 프랑과는 한참 거리가 멀다. 그러나 대신 주식 중개인들, 무면허 중개인들,⁸⁾ 이월 거래로 …… 종종 이자를 20% 이상 끌어올리는 고리대금업자들에게는 최저 1억 프랑의 돈을 벌게 해주고 있다. ─ 이 1억 프랑의 돈은 세상물정 모르고 서로 뜯어먹으려다 (주식 중개인들에게) 고스란히 돈을 갖다 바치는 앞뒤 모르는 4,000~5,000명의 주식꾼들에게서 징수한 것이다." M. J. 뒤코 (드 곤드랭), 『증권거래소에서는 어떻게 파산하는가』, 파리, 1858년, V/VI페이지.   [O 9, 1]

증권거래소는 7월 혁명 때에는 야전 병원과 탄약 제조소로 이용되었다. 산탄 제조에는 포로가 동원되었다. 트리코텔의 『증권거래소 내의 몇몇 장면의 소묘』, <파리, 1830년>을 참조. 증권거래소는 보고寶庫로 사용되기도 했다. 튈르리 궁에서 약탈한 은그릇들을 이곳에 옮겨다놓았던 것이다.   [O 9, 2]

25~30일에 걸쳐 짠 숄이 있었다.   [O 9, 3]

레이는 프랑스제 캐시미어 숄이 더 좋다고 주장한다. 그것은 다른 무엇보다 새롭다는 이점을 갖고 있다. 인도제는 그렇지 않다. "이 |인도제| 숄이 목격해온 온갖 환락이나 그것이 애써 가려온 온갖 관능적인 ─ 더이상은 말하지 않겠다 ─ 장면에 대해 굳이 나까지 말할 필요가 있을까? 우리 프랑스의 얌전하고 조신한 여성들은 그토록 큰 만족감을 안겨주는 숄의 **전력**을 알게 된다면 적잖이 당황할 것이다!" 그럼에도 불구하고 필자는 모든 숄은 이미 인도에서

사용된 바 있다는 견해에 동조할 생각이 없다. 그러한 견해는 "중국에서 나오는 차 잎은 이미 한 번은 우려졌다"는 말과 마찬가지로 잘못된 것이다. J. 레이, 『솔의 역사를 위한 연구』, 파리, 1823년, 226/227페이지. [O 9, 4]

솔이 프랑스에 처음 나타난 것은 |나폴레옹의| 이집트 원정[9] 후의 일이다. [O 9, 5]

> "앞으로, 나의 누이들이여, 자, 밤에도 낮처럼 돌아다닙시다.
> 몇 시든, 어떤 대가를 치르든 사랑을 해야 합니다.
> 이 지상에서 그렇게 하는 것이 우리의 숙명입니다.
> 가정과 정숙한 부인을 지키기 위해."

A. 바르비에, 『단장과 시』, 『나사로』, 파리, 1837년, 271페이지(리프드, 『<1825년에서 1865년까지> 프랑스 시에 나타난 생시몽주의』, <할렘, 1927년>, 125페이지에서 인용). [O 9, 6]

『파리의 우울』의 16번째 시인 「시계」에서는 도박꾼의 시간 개념과 비교할 수 있는 시간 개념과 마주치게 된다. [O 9, 7]

패션이 관능적인 삶에 미치는 영향에 관한 에두아르트 푹스의 멋진 지적(『유럽 민족의 캐리커처들』, 2권, <뮌헨, 1921년>, 152페이지). "제2제정기의 여인들은 '나는 그를 사랑합니다'라는 식으로는 말하지 않았다. 이렇게 말했다. '지금 나는 그에 대한 생각에 빠져 있어요J'ai un caprice pour lui.'" [O 9, 8]

J. 펠코크는 캉캉 춤을 추면서 허공을 향해 높이 차 올리는 다리를 그린 다음 '받들어 총!'이라는 제목을 붙여놓았다(에두아르트 푹스, 『유럽 민족들의 캐리커처』, 2권, 171페이지<>). [O 9a, 1]

"전前 세기의 30년대에 출간된 수많은 도색 석판화는 등장하자마자 바로 직접적인 성애 묘사를 좋아하는 사람들을 위해 외설적인 것으로 바뀌어갔다. …… 30년대 말 이러한 유희는 점점 유행하지 않게 된다." 에두아르트 푹스, 『중세에서 현대까지 삽화로 보는 풍속의 역사, 부르주아 시대』, 별권, 뮌헨, 309페이지. [O 9a, 2]

에두아르트 푹스는 "대략 1835년에서 1840년경 나온 것으로 추정되는, 에로틱한 삽화가 들어간 매춘부 목록의 출현"에 대해 기술하고 있다. "문제의 목록은 20장의 에로틱한 칼라 석판화로 되어 있으며, 각 석판화 아래에는 매춘부들의 주소가 인쇄되어 있다." 이목록에서 처음 열거된 7개의 주소 중 5개는 서로 다른 아케이드로 되어 있다. 에두아르트 푹스, 『중세에서 현대까지 삽화로 보는 풍속의 역사, 부르주아 시대』, 별권, 뮌헨, 157페이지. [O 9a, 3]

엥겔스는 독일의 유랑 견습공들에게 밀고당해(그들 사이에서 엥겔스의 선동은 그륀의 입장을 약화시킨 것 이외에는 거의 성공을 거두지 못했다) 경찰의 밀정에게 추적당하고 있을 때 마르크스 앞으로 다음과 같은 글을 보낸다. "지난 14일 동안 나를 추적하고 있는 괴상망측한 놈들이 정말 경찰의 끄나풀이라면 …… 경시청은 최근 몽테스키외나 발렌티노, 프라도 등의 댄스홀 입장권을 제법 나누어주어야 했을 겁니다. 나는 정말 아름다운 |천하고 바람기 있는| 젊은

여공들을 몇몇 알게 되고, 큰 즐거움을 맛볼 수 있었던 것에 대해
|경시청장인| 들레세르 씨에게 감사하고 있습니다."[10] 구스타프 마이어, 『프리드리히 엥겔스』, 1권, 『젊은 시절의 프리드리히 엥겔스』(2판), 베를린, <1933년>, 252페이지에서 인용.   [O 9a, 4]

엥겔스는 1848년 프랑스의 포도주 산지를 여행하다 다음과 같은 것을 발견했다. "와인 하나하나가 취기가 도는 정도가 모두 다릅니다. 불과 몇 병의 와인만으로도 뮈사르의 카드리유에서 라마르세예즈까지, 캉캉 춤의 격렬한 환희에서 혁명적 열기가 주는 거친 열광까지 모든 단계의 뉘앙스를 맛볼 수 있습니다!" 구스타프 마이어, 『프리드리히 엥겔스』, 1권, 『젊은 시절의 프리드리히 엥겔스』, 베를린, 319페이지에서 인용.[11]   [O 9a, 5]

"1856년에 카페 드 파리가 문을 닫으면서부터 제2제정기에는 카페 앙글레가 루이-필립 치하에서 카페 드 파리가 가졌던 것과 동일한 …… 중요성을 갖게 되었다. 높은 흰색 건물인 이 카페의 복도는 복잡하게 얽혀 있었으며, 수많은 라운지나 별실이 각 층에 마련되어 있었다." S. 크라카우어, 『자크 오펜바흐와 그의 시대의 파리』, 암스테르담, 1937년, 332페이지.   [O 9a, 6]

"프랑스의 공장 노동자들은 아내나 딸이 매춘하는 것을 X번째의 노동 시간으로 불렀는데, 말 그대로였다." 칼 마르크스, 『역사 유물론』, 란츠후트와 마이어 편, 라<이프>치<히>, <1932년>, 318페이지.   [O 10, 1]

"사진관은 …… 요청하면 외설적인 사진을 찍은 모델의 주소를 가르쳐주었다." 가브리엘 펠랭, 『아름다운 파리의 추악함』, 파리, 1861년, 1권, 153페이지. 이러한 사진관에서는 한 사람씩 찍은 외설적인 사진은 밖에 걸려 있었으며, 여럿이 함께 찍은 외설 사진은 내실에 놓여 있었다. [O 10, 2]

1849년 8월 26일자 『르 카리카튀리스트』지에 실린 댄스홀. 살롱 뒤 소바주, 살롱 다폴롱, 샤토 데 브루야르(『1848년 공화정 하의 파리』, 파리 시 주최 전, 파리, 1909년, 40페이지). [O 10, 3]

"노동 시간에 대한 규제는 …… 살인적이고도 내용이 없으며, 동시에 그 자체가 대공업 체제에 부적당한 유행의 변덕에 대한 최초의 합리적 제어이다." 이에 대한 주석. "존 벨러스John Bellers는 '유행의 불안정성'이 미치는 이러한 작용을 이미 1699년에 규탄한 바 있다"(「빈곤, 산업, 화폐, 식민지, 부도덕에 관한 시론」, 9페이지). 칼 마르크스, 『자본』, 코르쉬 편, 베를린, <1932년>, 454페이지.[12]

[O 10, 4]

「폴린 양이 대표로 작성하고 수도의 식품점, 술집 주인, 카페 주인, 식료품상 등의 추천문을 첨부해 경시청장에게 보내는 매춘부들의 청원서……」에서. "이 장사는 그 자체가 불행히도 비참한 것임에도 불구하고 세금 한 푼 내지 않는 다른 여자들이나 고귀하신 부인들과의 경쟁으로 전혀 타산이 맞지 않게 되었습니다. 아니면 그들이 캐시미어 숄을 받는 데 반해 우리는 현금을 받는다고 해서 특별히 우리가 더 비난받을 이유가 있습니까? 샤르트[13]는 모든 사람들

1148

에게 개인의 자유를 보장하고 있습니다. 만약 경시총감님께 드리는 저희의 청원이 받아들여지지 않는다면 …… 법정에 청원하겠습니다. 그렇지 않으면 골콘다[14]로 가는 편이 낫겠습니다. 그곳에서는 우리와 같은 여자들이 국민을 구성하는 44개의 구분 계층 중의 하나를 이루고 있으며, 이들이 진 의무란 왕 앞에서 춤을 추는 것뿐이랍니다. 그러한 정도의 서비스라면 우리도 경시청장이 원하신다면 얼마든지 응할 용의가 있습니다." 프리드리히 폰 라우머, 『1830년의 파리와 프랑스로부터의 편지』, 라<이프>치<히>, 1831년, 1권, 206/07페이지. [O 10, 5]

주르네의 『시집』 서문의 필자는 이렇게 말하고 있다. "여러 종류의 바느질 일을 하는 작업장이 있는데, 그곳에서는 …… 일이 없는 부인이나 여자들이 일급 40상팀을 받고 …… 건강을 …… 해치고 있다. 이 불쌍한 여자들은 거의 대부분이 …… 하루에 벌어들이는 몇 푼 안 되는 수입에 의지해야만 했다." 장 주르네, 『조화로운 시와 노래』, 파리, 주베르 만국 서점, 파사주 뒤 소몽 2번지와 저자의 집에서 발매, 1857년 6월, LXXI페이지(발행자의 서문). [O 10, 6]

「마르티르 가의 보도」는 가바르니의 작품에 대한 설명은 많이 인용하고 있으나 |콩스탕탱| 기에 대해서는 아무것도 언급하지 않고 있다. 그러나 아마 아무래도 아래의 묘사는 그를 직접 모델로 하지 않았을까? "그녀들이 아스팔트를 걸어가는 모습을 보고 있는 것은 즐거움이었다. 마치 소풍을 가기라도 하듯 드레스 한쪽 끝을 무릎까지 걷어 올리고 있었는데, 그러자 아라비아산 준마처럼 가늘고 탱탱한 다리가 태양빛을 받아 빛나기 시작했다. 그리고 사랑스러운

떨림과 초조함이 가득한 발끝에는 비할 수 없이 세련된 구두가 신겨져 있었다! 그러한 다리가 도덕적인지 그렇지 않은지에 대해 누가 관심이나 있으랴! …… 누군들 그들이 가는 곳으로 함께 가고 싶지 않으리." 알프레드 델보, 『파리의 이면』, 파리, 1860년, 143/144페이지(「파리의 보도」).   [O 10a, 1]

가닐은 국영 복권의 수익 일부를 일정한 연령에 도달한 도박사들의 연금으로 사용하자고 제안했다.   [O 10a, 2]

복권 판매상에 대해. "그들의 가게에는 반드시 두세 개의 출구와 몇 개의 구획된 방이 있다. 한편으로는 도박업과 고리대금업이 한데 섞여 있어 장사를 쉽게 하기 위해서였고, 다른 한편으로는 겁이 많은 고객의 편리를 위해서였다. 이처럼 비밀로 가득 찬 작은 방들에서는 남편과 아내가 바로 옆방에 앉아 있어도 그러한 사실은 상상조차 못하는 일도 드물지 않았다. 누구나 혼자서만 방을 교묘하게 사용하고 있다고 생각하고 있었다." 칼 구스타프 요흐만, 『성유물』, 하인리히 초케 편, 2권, 헤힝겐, 1837년, 44페이지(「도박」).
[O 10a, 3]

"신자를 만들어내는 것이 신비에 대한 신앙이라면 실로 세계에는 분명 신앙심 깊은 신자들보다 신앙심 깊은 노름꾼들이 훨씬 더 많을 것이다." 칼 구스타프 요흐만, 『성유물』, 하인리히 초케 편, 2권, 헤힝겐, 1837년, 46페이지(「도박」).   [O 10a, 4]

1820년 과학 아카데미에서 발표된 푸아소프의 「파리의 도박장에서 영업 중인 도박이 도박판 주인에게 가져다주는 승리의 확률에 관한 보고서」에 의하면 도박에서 얻는 연간 수익은 카드 도박인 '31'의 경우 2억 3,000만(도박판 주인의 몫은 276만) 프랑, 룰렛의 경우 1억(도박판 주인의 몫은 500만) 프랑이었다. 칼 구스타프 요흐만, 『성유물』, 하인리히 초케 편, 2권, 헤힝겐, 1837년, 51페이지 (「도박」)를 보라. [O 10a, 5]

도박은 천사의 대군이 연주하는 음악에 대한 지옥의 화창話唱이다. [O 10a, 6]

알레비의 『프루프루』에 대해. "희극 『대리석상의 여자들』이 고급 매춘부가 지배하는 시대를 열었다면 『프루프루』는 이 시대의 종언을 알리고 있다. …… 프루프루는 …… 자기 삶이 헛되고 헛된 것이었다는 생각에 짓눌려 무너져 내리면서, 결국 다 죽어가는 몸으로 가족에게 돌아가고 만다." S. 크라카우어, 『자크 오펜바흐와 그의 시대의 파리』, 암스테르담, 1937년, 385/386페이지. 『대리석상의 여자들』은 전년도에 초연된 『춘희』에 대한 논박이었다.[15]

[O 10a, 7]

"도박꾼은 본질적으로 전능하고 싶은 나르시시즘적이고 공격적인 바람을 추구한다. 이러한 바람은 — 그것이 확연하게 에로틱한 바람과 직접 연결되어 있지 않는 한 — 에로틱한 바람보다 훨씬 더 큰 시간적인 확장 반경을 갖는 것을 특질로 갖고 있다. 성교에 대한 직접적인 갈망은 나르시시즘적이며 공격적인 전능에 대한 갈망보다 본질적으로 더 빨리 오르가슴에 의해 충족될 수 있다. 그런데 성

기에 의한 섹스가 항상, 혹은 가장 바람직했던 경우에조차도 불만
족의 찌꺼기를 남기는 것은 아래의 세 가지 사실 때문이다. 첫째 나
중에 성기기에 예속되는 전前-성기적 갈망이 성교에서 모두 회수
될 수 없다는 것이 그것이다. 둘째, 오이디푸스 콤플렉스의 관점에
서 보면 대상은 항상 대용품이라는 점이다. 이 두 가지 …… 사실
에 덧붙여 …… 무의식적인, 비대화된 공격성을 충분히 발산시킬
수 없다는 것이 불만족을 만들어낸다는 점을 추가할 수 있을 것이
다. 성교로 인해 해소될 수 있는 공격성은 극도로 길들여져 있다.
…… 이러한 이유에서 무엇보다 자신이 전능하다고 하는 나르시
시즘적이며 공격적인 허구는 곤경에 빠지게 되는 것이다. 그렇기
때문에 도박으로 해소될 수 있다고 보고 있는 것이다. 소위 영원한
가치를 갖는 쾌락의 메커니즘을 경험한 자는 '지속을 추구하는 신
경증적인 갈망'(파이퍼)에 사로잡히는 정도가 높을수록, 또한 전-
성기적 고착으로 인해 그러한 갈망을 보통의 섹스로 충족시킬 수
있는 정도가 낮을수록 그러한 메커니즘의 포로가 되기 쉽다. 또한
프로이트에 따르면 인간에게서 성욕은 감퇴해가는 기능이라는 인
상을 받게 되나 공격적이고 나르시시즘적인 경향에 관해서는 결코
그렇게 말할 수 없다는 점도 반드시 고려해야 한다." 에드문트 베
르글레, 『도박꾼의 심리』(『이마고』, 22권 4호, 1936년, 438~440페
이지).   [O 11, 1]

"도박은 쾌락 원칙을 사고나 갈망이 전능하다는 생각과 함께 포기
하지 않아도 되는 ─ 즉 현실 원칙이 쾌락 원칙에 비해 어떠한 우
위성도 갖지 않는 ─ 유일한 기회를 제공한다. 전능하다는 유치한
허구를 이처럼 고집스럽게 고수하는 태도 속에는 어린아이에게 현

실 원칙을 '물들이는' 권위에 대한 사후적인 공격성이 들어 있다. 이러한 무의식적 공격성은 도박에서는 사고가 전능하다는 것을 행위로 확인하는 것, 억압된 노출욕을 사회적으로 허용된 범위 내에서 체험하는 것과 일체가 되어 쾌락의 3요소를 이룬다. 이러한 쾌락의 3요소는 벌의 3요소, 즉 상실에 대한 무의식적 갈망, 무의식적이며 호모섹슈얼적인 지배욕, 사회에 대한 비방으로 이루어져 있는 벌의 3요소에 대응하고 있다. …… 어떠한 도박도 가장 깊은 부분에는 무의식의 매저키스트 같은 흑심을 갖고 사랑을 강요하려는 욕구가 자리 잡고 있다. 그렇기 때문에 도박꾼은 결국 항상 잃게 되어 있다." 에드문트 베르글레, 『도박꾼의 심리』(『이마고』, 22권 4호, 1936년, 440페이지).   [O 11, 2]

도박꾼의 심리(학)에 대한 에른스트 짐멜의 견해에 관한 소개. "악순환*circulus vitiosus*에 빠져 손실이 이익이 되고 이익이 다시 손실이 되는 상황이 될 때까지 충족을 모르는 욕망은, 끝없이 스스로를 수태시키고 자기 자신을 스스로의 안쪽에서 밀어내며 무한으로 고양되는 가운데 항문으로의 출산이라는 환상 속에 빠지는 나르시시즘적인 충동에서 생겨나는 것이며, 나아가 아버지와 어머니를 대신하고 머지않아 그것을 능가하려는 항문 출산의 환상에서 생겨나는 것이다.' 따라서 도박에 쏟는 열정은 요컨대 나르키소스가 자기 자신에게서 발견하는 양성애의 이상을 선호하는 성벽을 충족시켜준다. 다시 말해 남성적인 것과 여성적인 것, 능동적인 것과 수동적인 것, 새디즘과 마조히즘 사이의 타협을 형성하는 것을 목표로 하고 있으나 최종적으로는 성기적 리비도냐 아니면 항문적 리비도냐는 아직 미해결된 결정으로 귀착하게 되는데, 이를 해결

하기 위해 도박꾼은 빨강과 검정이라는 익히 알려진 상징적인 색
깔로 기를 쓰고 있는 것이다. 이처럼 도박에 대한 열정은 자기애의
충족에 도움이 되는데, 여기서 게임은 전희, 돈을 따는 것은 오르
가슴, 잃는 것은 사정射精이며, 배변이며, 거세가 된다.'" 에드문트
베르글러, 『도박꾼의 심리』(『이마고』, 22권 4호, 1936년, 409/410페
이지. 에른스트 짐멜, 「도박꾼의 정신분석」([『국제정신분석회보』, 6권,
1920년, 397페이지]에서 인용).   [O 11a, 1]

푸리에의 말에 따르면 타히티 섬이 발견되고, 대규모 산업이 성적
자유와 양립할 수 있는 질서의 실례가 된 <이래> 부부 간의 노예제
는 참기 힘든 것이 되었다.   [O 11a, 2]

성욕은 인간 '의' 감퇴해가는 기능이라는 프로이트의 추정에 대
해 브레히트는 쇠퇴기의 부르주아가 몰락기의 봉건 계급과 얼마나
다른지를 이렇게 지적하고 있다. 즉 부르주아 계급은 모든 일에서
스스로를 인류 일반의 정수로 느끼며, 따라서 자기 계급의 몰락을
인류의 사멸과 동일시한다(참고로 이러한 동일시가 부르주아 계급에
서의 성욕의 의심할 여지 없는 위기에 일정한 역할을 하고 있다고 할 수
있다). 이에 반해 봉건 계급은 온갖 특권을 통해 스스로를 별개의 계
급으로 느끼고 있었는데, 실제로도 그러했다. 이 때문에 몰락기에도
일정하게 우아함과 태평함을 보일 수 있었다.   [O 11a, 3]

매춘부에 대한 사랑은 상품에 대한 감정 이입의 신격화이다.
                                                            [O 11a, 4]

"파리 시장이여! 체제 속에서 전진해

망쟁과 벨렘의 좋은 사업을 계승하라.

비천한 프뤼네[10]들을 위한 성으로

악취 풍기는 쓸쓸하고 어두운 구역을 만들어주라."

바르텔레미, 『파리 ― G. 들레세르 씨에게 바치는 풍자화』, 파리,

1838년, 22페이지.   [O 12, 1]

　　도시의 성문 주변의 보금자리Lungen<(?)>에 자리 잡고 있던 싸
구려 매춘에 대한 묘사. 이는 뒤 캉의 것으로서, 기가 그린 많은 수
채화의 그림 설명으로 쓰면 맞춤할 것이다. "입구를 막고 있는 선반
과 문을 밀고 들어가면 대리석 탁자나 목제 탁자가 놓여 있고 가스
등으로 불을 밝힌 술집이 나온다. 파이프에서 뿜어져 나오는 연무
저편으로 헐린 건물의 잔해를 치우는 노무자들, 토목공, 짐수레꾼의
모습이 보인다. 거의 대부분이 술에 흠뻑 취해 있었으며 압생트 병
을 눈앞에 놓고 비참해 보일 정도로 그로테스크한 외모의 여자들과
말을 나누고 있다. 그녀들은 한결같이 빨간 목면을 걸치고 있었는
데, 그것들은 아프리카의 흑인 여자들에게라면 소중할지 몰라도 이
곳에서는 지방의 작은 여관에서 커튼을 치는 데나 어울리는 것이었
다. 그녀들이 걸치고 있는 것은 도저히 드레스라고는 할 수 없으며
벨트도 없고, 크리놀린 위에 치렁치렁 뒤집어쓴 상의가 전부였다.
파렴치할 정도로 어깨를 드러내고 있으며 옷자락은 무릎까지밖에
오지 않는 이 옷 때문에 그녀들은 뾰족한 머리끝, 기름기로 번들거
리는 주름투성이 얼굴에 치매에라도 걸린 듯 우둔해 보이는 뚱뚱하
고 겉늙은 어린아이 같은 모습을 하고 있었다. 경찰관이 등록부를
확인하면서 점호를 하자 그녀들은 일어서 대답을 했는데, 꼭 서커

스의 개처럼 아첨을 떨었다." 막심 뒤 캉, 『파리 — 기관, 기능, 생명』, 3권, 파리, 1872년, 447페이지(「매춘」).   [O 12, 2]

"도박 …… 의 통념은 …… 다음 판이 이전 판에 좌우되지 않는데 있다. …… 도박은 어떠한 유리한 상황이나 선례도 강력하게 부정한다. …… 그러한 것은 과거의 업적을 생각나게 하는 것으로 바로 이 점에서 도박은 일과 다르다. …… 도박은 …… 일의 버팀목으로서 근엄함, 배려, 주의, 법률, 권력 등을 만들어낸 이처럼 무거운 과거를 거부한다. …… 다시 시작해서 …… 보다 더 잘 해내리라는 생각은 …… 일에 실패했을 때 종종 샘솟는다. …… 그러나 그것은 …… 쓸데없는 생각이다. …… 실패작 위를 비틀거리며 걸어가면서 해야 한다." 알랭, 『사고와 시대』, 1권, 파리, 1927년, 183/184페이지(「도박」).   [O 12, 3]

나중에 영향을 미치지 않는다는 것이 체험Erlebnis의 특징을 규정하는데, 이것은 도박에서 확실하게 표현되고 있다. 도박은 봉건 시대에는 기본적으로 생산 과정에 직접 관여하지 않은 봉건 계급의 특권이었다. 19세기에 접어들면서 시민 계급이 도박을 하게 된 것은 새로운 사건이었다. 특히 나폴레옹의 군대는 원정 도중 부르주아지에게 도박을 전하는 매개자가 되었다.   [O 12a, 1]

도박꾼의 도취에 있어 시간이라는 요소가 가진 의미는 아나톨 프랑스와 같은 방법으로 이미 구르동에 의해 평가된 바 있다. 그러나 이 두 사람은 모두 돈을 좀 벌었다 싶으면 이내 바로 다 털리고 마는 이익을 두고 도박꾼이 느끼는 기쁨에 대해 시간이 어떠한 의미를 갖고 있는지 하는 점밖에는 생각하지 않았다. 즉 그러한 기쁨은 아직 정해지지 않은 무한의 사용 가능성을 갖고 있으며, 그리고 무엇보다 그러한 사용 방법으로서 오로지 하나의 현실적인 가능성을 상상 속에서 그려봄으로써 몇백 배로 된다. 그러나 시간이라는 요소가 도박의 진행 과정 그 자체에 있어 어떠한 의미를 갖고 있는지에 대해서는 구르동도 프랑스도 고려하지 않았다. 실제로 도박에 의한 기분전환이라는 요소에는 특유한 사항이 얽혀 있다. 도박이 기분전환으로서 작용하는 경향은 단판 승부의 요소가 금방 드러날수록, 또한 패의 수가 적을수록, 그리고 판을 바꾸며 패를 돌리는 시간이 짧을수록 강해진다. 달리 표현하면 단판 승부의 요소가 클수록 승부는 빨리 끝난다. 이러한 사정은 도박꾼의 본래의 '도취'가 무엇인지를 확정하는 경우에 결정적인 의미를 가진다. 이러한 도취는 도박의 특성에서 유래하는 것으로, 도박이라는 것은 전혀 관련 없는 성좌를 잇달아 하나하나 제시하고 그것이 그때마다 도박꾼의 완전히 새롭고 고유한 반응에 호소함으로써 재기발랄함을 자극하는 것이다. 이것은 가능한 마지막 순간에 돈을 거는 도박꾼의 습관에 반영되어 있다. 그것은 또한 동시에 순수하게 반사적인 반응의 여지밖에 남지 않은 순간이기도 하다. 이러한 도박꾼의 반사적인 반응에서는 우연을 '해석'하고 있을 시간이 없다. 오히려 도박꾼이 우연히 반응하는 방식은 바로 슬개골 반사의 경우 망치로 두드리면 무릎이 반응하는 것과 마찬가지이다. [O 12a, 2]

미신을 믿는 사람은 어떤 암시에 주의를 기울인다. 도박꾼은 그것에 주의를 기울이기 전에 반응한다. 이길 수 있는 승부를 사전에 예상할 수 있었음에도 불구하고 그러한 찬스를 사용하지 않았던 것에 대해 비전문가라면 오늘 '느낌이 좋았기' 때문에 다음 번에는 대담하고 신속하게 돈을 걸면 된다는 식으로 해석한다. 그러나 실제로 이 도박꾼이 좋은 기회를 사용하지 않았던 것은 도박꾼에게 우연이 일으킬 반사적인 반응이 일어나지 않았다는 것을 나타내는 징후이다. 즉 이러한 '다음 번'은 그것이 발생하지 않은 경우에만 명확하게 의식된다. [O 13, 1]

도박꾼에 의해 준비되는 미래는 오직 그의 의식에 떠오르지 않았던 미래뿐이다. [O 13, 2]

도박이 비난받는 가장 뿌리 깊은 이유는 가장 숭고한 대상으로 향하게 되면 인간을 인간 이상의 높이로 고양시키는 인간의 자연스러운 재능이 가장 저열한 대상 중의 하나, 즉 돈으로 향하게 되면 인간 그 자체를 저열하게 만들기 때문일 것이다. 여기서 문제가 되는 재능은 침착함이다. 그것이 최고의 형태로 나타난 것이 수 읽기 Lesen로, 그것은 어떤 경우에나 예언적이다. [O 13, 3]

도박에서 돈을 딴 사람에게서 볼 수 있는 특유의 행복감의 특징은 도박을 하는 시간이 아니라면 이 세상에서 가장 무거우며 가장 큰 고민거리인 돈과 부가 운명에 의해 가장 행복한 포옹에 대한 응답으로 주어진다는 사실을 통해 알 수 있다. 이것은 남자에 의해 더할 나위 없는 만족감을 얻은 여자의 사랑의 증표에 비교할 수 있을 것이다. 도박꾼은 여자를 만족시킬 도리가 없는 인간의 유형이다. 돈 후안은 도박꾼이 아니었을까? [O 13, 4]

"알프레드 카퓌와 같은 인간의 정신에서 발산되는 안이한 낙관
주의 시대에 세간에서는 뭐든지 운 탓으로 돌리는 풍조가 있었다."
가스통 라조, 「사건이란 무엇인가」(『르 탕』, 1939년 4월 16일). ― 도
박은 사건들에 충격이라는 성격을 부여해, 그것을 경험의 연관성들
로부터 벗어나도록 해주기 위한 수단이다.[17] 선거 결과나 전쟁의 발
발 등에 대해 내기를 거는 것도 우연은 아니다. 부르주아지의 경우
특히 정치적 사건은 도박대 위에서의 판세와 같은 형태를 띠기 쉽
다. 그러나 프롤레타리아의 경우 그렇게까지는 그렇지 않다. 오히려
프롤레타리아는 정치적인 사건 속에서 항상적인 것을 인식하는 경
향이 있다.   [O 13, 5]

이노상 묘지가 창녀들의 호객 장소로서 사용된 것. "게다가 이 장
소는 15세기의 파리 사람들에게는 1789년의 우울한 팔레 루아얄
의 음산한 예시에 다름 아니었다. 매장과 시체 발굴이 끊임없이 이
루어지고 있는 한가운데서도 그곳은 늘 공공 산책로요 만남의 장
소였다. 납골당 옆에는 작은 가게들이 있었고, 궁륭형 회랑 밑에서
는 창녀들을 볼 수 있었다." J. 호이징가, 『중세의 가을』, 뮌헨,
1928년, 210페이지.[18]   [O 13a, 1]

점술용 카드가 도박용 카드보다 오래된 것은 아닐까? 트럼프 게
임은 점치는 기술이 퇴화한 것이라고 할 수 있지 않을까? 미래를 미
리 아는 것은 트럼프 게임에서도 결정적인 것이기 때문이다.
                                                       [O 13a, 2]

돈이라는 것은 숫자에 생명을 불어넣으며, 대리석상의 여자들

([O 7, 1]을 보라)에게 생명을 불어넣는다. [O 13a, 3]

그라시안의 격언, 즉 "모든 일에서 시간을 자기편으로 만드는 기술을 익힐 것"이라는 격언을 오랫동안 품고 있던 소망을 이룬 사람보다 더 잘, 그리고 더 고맙게 이해하는 사람도 없을 것이다. 이 격언과 주베르가 그러한 시간에 부여한 멋진 규정을 비교해볼 것. 주베르는 도박꾼의 시간을 다음처럼 대비를 통해 *per contrarium* 규정하고 있다. "영원한 것에도 시간은 존재한다. 그러나 그것은 지상의 또는 세속의 시간이 아니다. …… 그것은 아무것도 파괴하지 않으면서 이룩한다." J. 주베르, 『성찰』, 파리, 1883년, 2권, 162페이지. [O 13a, 4]

도박에서 보이는 영웅적인 요소에 대해. 그것은 보들레르의 「도박」에서 도출되는 필연적인 귀결과 비슷할 것이다. "도박대 옆에 있으면 언제나 내 마음을 스쳐가곤 하는 생각. …… 만약 유럽의 도박대에서 해마다 탕진되는 힘과 열정을 다 모았다면 그것으로 로마의 민중과 로마의 역사를 만들어내기에 충분하지 않았을까? 그러나 바로 그것이 문제이다! 왜냐하면 누구나 다 로마인으로 태어나지만 부르주아 사회는 그를 탈-로마화하고자 하며, 그렇기 때문에 도박이나 사교 게임이나, 소설, 이탈리아 오페라나 사치스런 신문, 카지노, 차 모임이나 복권, 편력 기간과 외국 여행 기간, 사열식과 호위병의 열병식, 각종 의식이나 표경表敬 방문, 게다가 몸에 꼭 맞는 15벌에서 20벌의 양복 ─ 이 옷을 입거나 벗는 데 드는 시간은 유익한 낭비로 간주된다 ─ 을 갖추게 된 것이다. 이 모든 것이 남아도는 힘을 아무도 모르게 날려버리기 위해 도입된 것이다!" 루드비히 뵈르

1160

네, 『전<집>』, 함<부르크>/프<랑크푸르트>, 1862년, 3권, 38/39페이지(「도박꾼들의 연회」). [O 13a, 5]

"그러나 도박장이 문을 열기를 초조해하면서 기다리고 있는 남자의 혼 속에 어떠한 열광과 어떠한 힘이 잠들어 있는지 아는가? 아침의 도박꾼과 저녁의 도박꾼 사이에는 천하태평인 남편과 사랑하는 미녀의 창문 아래서 정신을 잃는 애인 사이에 존재하는 것과 똑같은 차이가 있다. 아침만 되면 가슴속에서 용솟음치는 정열과 욕구가 소름이 오싹 끼치는 모습으로 나타난다. 바로 이때 진정한 도박꾼의 모습, |도박에서 확률에 따른 자기 나름의| 수의 채찍에 너무나 심하게 맞은 나머지 먹는 것도, 잠자는 것도, 생활하는 것도, 생각하는 것도 잊어버린 도박꾼의 모습을 놀라운 눈으로 바라볼 수 있을 것이다. …… 저주받은 이 시간이 찾아오면 당신들은 무서울 정도로 침착한 시선, 사람을 사로잡는 표정, 카드를 살짝 들고 탐욕스럽게 들여다보는 시선을 만날 수 있을 것이다. 이리하여 도박장에는 개장 시간에만 숭고한 분위기가 감돈다." 발자크, 『도톨가죽』, 파리, 플라마리옹, 7페이지. [O 14, 1]

매춘은 온갖 유형의 여자 시장을 연다. [O 14, 2]

도박에 대해. 어떤 사람이 운명의 속박에 덜 묶이면 묶일수록 바로 다음 판에 의해 그만큼 덜 규정된다. [O 14, 3]

충격을 가져오는 체험의 이상은 파국이다. 이것은 도박에서 아주 분명하게 드러난다. 잃은 것을 되찾기 위해 판돈을 점점 키우면

서 도박꾼은 절대적인 파멸로 향하게 된다.   [O 14, 4]

P

〔파리의 거리들〕

> "파리의 거리들을 짧게 노래했으니Ai miser rime
> 어떻게 노래했는지 한번 들어보게나."

> 기요의 『파리의 거리들의 노래』(에드가 마르퀴즈의 서문, 주석, 용어 해설이 딸림,
> 파리, 1875년)의 시작 부분(둘째 줄의 첫 단어는 원본에는
> |Ai가 아니라| A라고 되어 있다).

> "역사 속으로 들어갈 때마다 우리는 흔적을 남긴다*Quacumque ingredimus*
> *in aliquam historiam vestigium ponimus*." [1]

파리는 활발한 도시, 항상 움직이고 있는 도시로 불린다. 그러나 도시 구조가 가진 생명력 못지않게 중요한 것은 거리나 광장, 극장의 이름에 숨겨져 있는 저항하기 힘든 강력한 힘으로, 이러한 힘은 아무리 지리적 장소가 변하더라도 계속 유지된다. 루이-필립 시대에 아직 불르바르 뒤 탕플에 즐비하게 늘어서 있던 소극장들이 하나 둘 철거되어 다른 구역 — 지구secteur라는 단어를 사용하기에는 왠지 내키지 않는다 — 에 새로 출현하는 경우를 얼마나 자주 보아왔던가? 또 몇 세기 전 처음으로 거리가 생길 때 지주의 이름을 따서 지은 명칭이 오늘날까지 아직 거리의 이름으로 남아 있는 경우가 얼마나 많던가? '샤토 도château d'eau' 라는, 아주 오래 전에 없어진 분수의 이름이 지금까지도 파리의 여러 구區의 이름으로 남

아 있다. 유명한 선술집조차 그와 비슷한 양상을 보이며 시내 곳곳에 작은 존재로나마 불멸성을 확보해왔다. 로셰 드 캉칼, 베푸르, 트루아 프레르 프로방소처럼 문학사상 불멸의 이름을 가진 술집은 더 말할 나위도 없을 것이다. 어떤 이름이 미식가들 사이에 침투하자마자, 예를 들어 바텔이나 리슈 같은 이름이 유명해지자마자 즉시 파리는 교외에 이르기까지 프티 바텔이나 프티 리슈로 넘쳐나게 된다. 거리와 이름은 이런 식으로 움직이는데, 이러한 이름들이 종종 전혀 다른 방향으로 전환되어 상호 충돌하기도 한다.   [P 1, 1]

그런 다음에는 시대의 사건과 무관한 소 광장들. 이것들은 돌연히 출현하지만 이름이 붙여지지는 않는다. 이들 광장은 방돔 광장이나 그레브 광장처럼 심혈을 기울여 계획된 것이 아니며, 세계사의 비호를 받지도 못했다. 이들 광장은 세기의 요구에 미처 부응하지 못하고, 잠에서 아직 깨어나지 못한 듯 시대에 뒤떨어져 하나 둘 군락을 형성해온 집들로 둘러싸여 있다. 이러한 광장들에서 발언권을 가진 것은 나무이다. 아무리 작은 나무라 할지라도 짙은 그늘을 드리우고 있다. 그러나 시간이 흐르면서 이들 나뭇잎들은 가스등 불빛을 진한 녹색의 젖빛 유리처럼 차단하며, 지금 막 싹을 틔운 잎들은 밤이 되면 이 대도시에 봄이 찾아왔음을 자동적으로 알린다.

[P 1, 2]

유럽 구역Quartier de l'Europe은 이미 1820년의 계획 단계에서부터 유럽 각국의 수도들의 이름이 붙여진 형태로 존재하고 있었다.

[P 1, 3]

1805년 2월 4일 황제의 칙령에 따라 건물에 번호가 매겨졌다. 번지수를 매기려는 시도는 이전에도 있었으나 ─ 1726년 1월 ─ 격심한 저항이 있었다. 집주인들은 측문에는 번호를 매겨도 좋으나 정문에는 붙일 수 없다고 선언했다. 프랑스 혁명에 의해 이미 구역별로 가옥에 번호를 매기는 제도가 도입되어 있었다. 몇몇 구역에서는 번호가 1,500~2,000개에 달했다.   [P 1, 4]

마라가 암살당한 후 몽마르트르는 몽-마라로 개명되었다. [P 1, 5]

파리의 거리들에 이름을 붙이는 데 있어 성인Saint들의 역할은 프랑스 혁명 동안 갑자기 분명해졌다. 생-토노레 가, 생-로슈 가, 생-탕투안 가는 한동안 오노레 가, 로슈 가, 앙투안 가로 불렸으나 그대로 지속될 수 없었다. 프랑스인들이 듣기에는 견디기 힘든 발음상의 삐걱거림이 있었기 때문이다.   [P 1, 6]

"언젠가 한 혁명관이 파리를 세계 지도로 바꾸자고 제안한 적이 있다. **모든** 거리나 광장의 이름을 바꾸고, 세계의 유명한 장소나 사물에서 따온 이름을 새롭게 붙이자고 한 것이다." 한번 떠올려보는 것도 좋을 것이다. 그러면 이 도시의 시각적 · 음성적 이미지가 만들어내는 놀랄 만한 인상에 의해 거리에 깃들어 있는 이름이 얼마나 중요한지를 인식할 수 있을 것이다. 핑커톤/메르시에/C. F. 크레이머, 『1806년 이래 프랑스 제국의 수도 풍경들』, 1권, 암스테르담, 1807년, 100페이지(핑커톤이 집필한 8장, 「신어新語의 도입」). [P 1, 7]

거리에 이름을 붙이는 데는 독특한 기쁨이 있다.   [P 1, 8]

"두 개의 감옥, 한 개의 거리, 한 개의 구역 전체에 붙여진 라 로케트La Roquette라는 이름은 과거 그곳에 사람이 살지 않던 시절 대량으로 심어진 식물의 이름*Eruca sativa*에서 유래한다." 라 그랑 로케트는 오랫동안 사형을 선고받은 자들이 상고심 판결을 기다리는 감옥이었다. 막심 뒤 캉, 『파리』, 3권, 264페이지.   [P 1, 9]

거리의 이름에 내재되어 있는 감각성. 그것은 시민이 필요하다면 아직도 느낄 수 있는 유일한 감각성이다. 길모퉁이에 대해<,> 보도의 연석에 대해, 포장 도로의 구조에 대해 우리가 무엇을 알고 있는가? 우리는 돌이 얼마나 따뜻한지, 얼마나 더럽혀져 있는지, 맨발로 돌의 모퉁이를 느껴본 적이 없을뿐더러 뒹굴어봤을 때 아픈지 어떤지 포석 사이의 요철을 조사해본 적도 없다.   [P 1, 10]

"오스테를리츠 다리Pont d'Austerlitz! 그처럼 매혹적인 이름은 내게 전쟁과는 전혀 다른 것을 떠올리게 했다. 사람들이 내게 계속 주장해오고 나도 형식상 받아들이고 있는 것과는 반대로 오르테를리츠 전투는 이 다리에서 이름을 따온 것이다. 내 머릿속에서 이를 위한 하나의 설명이 만들어졌다. 그것은 나의 몽상에 기반한 것으로 나는 꿈 많던 초등학생이었을 때 특정 단어를 들으면 거기에 맞는 어떤 맛을 떠올렸던 것으로 어렴풋이 기억하고 있다. 그러한 설명은 나의 비밀스런 언어 같은 성격을 띠고 있는데, 어렸을 때 나는 그것을 남몰래 간직하고 있었다. 여기서 말하는 설명이란 다음과 같다. 전쟁이나 십자군, 혁명이 일어난 시절 영웅들은 전투를 끝낸 저녁, 군기를 들고 천지가 생겨났을 때부터 있어온 이 다리로 가서 오스테를리츠를 한 잔 엄숙하게 비웠던 것이다. 오스테릴리츠는 강자들의 음료로 우리 선조인 골족에게는 그저 꿀물에 지나지 않았지만 좀더 쓰고 탄산수도 훨씬 더 많이 들어 있었다." 샤를 빌드락, 『파리의 다리들』.[2]   [P 1a, 1]

플라스 뒤 마룩[3]에 대한 여담. 도시와 실내, 도시와 옥외만이 상호 교차할 수 있는 것은 아니다. 그러한 교차는 그보다 훨씬 구체적으로 일어날 수 있다. 벨비유에 플라스 뒤 마룩이 있다. 어느 일요일 오후 우연히 임대 아파트가 죽 늘어서 있는 황량한 돌산을 만났다. 그것은 내게 모로코의 사막처럼 느껴졌을 뿐만 아니라 동시에 식민지 제국주의의 기념비 같은 인상을 받았다. 그곳에서는 어떠한 장場의 광경이 알레고리적인 의미와 교차하고 있었는데, 그렇다고 해서 그것이 벨비유의 중심부에 있다는 사실에는 전혀 변함이 없었다. 그러나 그런 식의 비전을 떠올리는 것은 대부분의 경우 마약의 도움이 없이는 불가능하다. 그런데 이 경우 실제로 거리의 이름들도 지각의 영역을 한층 더 풍부하게 해주고 다층적으로 만들어주는 도취제와 같은 속성을 가진다. 거리의 이름이 우리들을 이러한 상태로 유도하는 힘을 환기력vertu vocatrice이라고 부를 수 있을 것이다. ─ 그러나 그것만으로는 부족하다. 왜냐하면 여기에서는 연상이 아니라 이미지들의 상호 침투가 결정적인 역할을 하기 때문이다. 몇몇 병리 현상을 이해하려면 반드시 이러한 사실을 상기해야 한다. 몇 시간 동안이나 밤거리를 배회하며, 집에 돌아올 줄 모르는 병을 가진 사람은 아마 그러한 힘에 이끌리기 때문일 것이다.   [P 1a, 2]

장 브뤼네, 『메시아주의, 파리의 일반 조직』|『파리의 전체 구성』, 1부, 파리, 1858년|에 나오는 거리의 이름들. 불르바르 데 피낭시에

르/불르바르 데 조아예르/불르바르 데 코메르샹/불르바르 데 파브리캉/불르바르 데 메탈리에르/불르바르 데 텡튀리에르/불르바르 데 생프리뫼르/불르바르 데 제튀디앙/불르바르 데 제크리뱅/불르바르 데 라르티스트/불르바르 데 자드미니스트라퇴르/ — 카르티에 루이 14(이 이름에 대한 상세한 설명에 대해서는 32페이지, 생-마르탱 문과 생-드니 문의 '미화'를 보라)/콩펙시용/플라스 드 렉스포르타시용/뤼 드 라 세라미크/뤼 데 라 카르토나주.[4]   [P 1a, 3]

"나는 파리를 지도로, 삯마차를 선생으로 표현한 지리학의 제안을 읽어보았다. 과연 일리가 있다. 나는 파리를 한 권의 로마력보다는 지도 한 장으로 보는 편이 좋다고 생각하며, 거리에 붙여질 성자들의 이름은 억양이나 유용성 면에서 이제까지 도시의 이름에 대한 대안으로 제안되어온 도시의 이름들과는 비교할 수 없을 만큼 탁월하다. 그렇게 된다면 포부르 생-드니는 포부르 **발랑시엔**으로 불리며, 포부르 생-마르소는 포부르 드 마르세유가 될 것이다. 또한 플라스 드 그레브는 플라스 드 투르 혹은 플라스 드 부르주 등으로 불리게 될 것이다." 메르시에, 『새로운 파리』, 5권, 75페이지.

[P 1a, 4]

임뫼블 앵뒤스트리엘[5]'가 — 이것은 언제 생긴 것일까?   [P 1a, 5]

100년 전 미국식으로 거리를 분할하는 체계를 지지하는 의외의 논거. "도덕과 문예를 가르치는 가엾은 교수들이여! 당신들의 이름이 길모퉁이의 포석 위에 작게 검은 글씨로 쓰여져 있다. 이 보석상의 이름은 수많은 불빛처럼 빛나고 있다. 그것은 마치 태양처럼 빛

난다. 판매 중이지만 고가이다." 메르시에, 『새로운 파리』, 4권, 74/
75페이지.   [P 1a, 6]

> 거리의 이름의 이론에 관해. "고유 명사도 개념으로 작용하는 것이
> 아니라 순수하게 발음상으로 작용한다. …… 쿠르티우스의 표현
> 을 빌리면(65페이지) 고유 명사는 '아무것도 쓰여지지 않은 용지'
> 로, 프루스트라면 이것에 감각들을 채워넣을 수 있을 것이다. 왜냐
> 하면 그것은 아직 언어에 의해 합리화되어 있지 않기 때문이다."
> 레오 슈피처, 『문체 연구』, 뮌헨, 1928년, 2권, 434페이지.[P 1a, 7]

'거리Straße/rue'를 이해하려면 그보다 오래된 '길Weg/che-
min'과 대조시켜 윤곽을 잡아야 한다. 양자는 신화적 본성에 따라
확연히 구별된다. 길에는 헤맬지도 모른다는 공포가 수반되어 있다.
유목민의 족장을 족장으로 만드는 것에는 이러한 공포가 던진 빛이
반향되어 있는 것이 틀림없다. 예측하지 못한 곳에서 방향을 바꾸
고 길을 정해야 하는 등의 일에서는 심지어 오늘날에도 고독한 방
랑자들에게서 먼 옛날 유목민들에게 주어졌던 지침의 힘을 찾아볼
수 있다. 그러나 거리를 걷는 자에게는 외견상 어떠한 지시도, 표시
도 필요하지 않은 것처럼 보인다. 인간은 헤매는 가운데 거리에 몸
을 맡기는 것이 아니라 단조로운, 그러나 매혹적으로 쭉 뻗어나간
아스팔트의 기나긴 띠에 굴복하는 것이다. 그러나 미궁은 이러한
두 개의 공포의 종합, 즉 단조로운 방황을 나타낸다. ■고대■
                                                         [P 2, 1]

내부에 있는 것이 우리를 얼마나 인도하게 만드는지를 알고 싶

다면 흡사 매춘부의 가랑이처럼 어두운 거리로 취한 듯 들어서야
한다. ■고대■   [P 2, 2]

그렇다고 하더라도 도시에서 이름이 얼마나 큰 위력을 갖는지는
그러한 이름이 지하철 구내의 미궁에 등장할 때 비로소 분명해진다.
혈거인들의 왕국의 영지 — 그곳에서는 솔페리노, 이탈리아, 로마,
콩코르드, 그리고 나시옹이라는 이름이 등장한다. 이러한 이름 모두
가 저 위 지상에서는 |거리의 이름이 되어| 서로 교차하며, 밝은 하늘
아래 한 덩어리가 된다는 것을 사람들은 믿으려고 하지 않을 것이
다. ■고대■   [P 2, 3]

거리의 이름이 가진 진정한 표현적 성격은 거리의 이름을 규격
화하기 위해 제안된 개명안과 원래의 거리 이름을 비교해보면 보다
확연하게 알 수 있다. 예를 들어 파리의 거리에 프랑스의 도시나 지
방의 이름을 붙이자고 한 퓌줄의 제안을 살펴보자. 그는 지리상의
상호 관계나 인구, 강과 산맥을 고려하면서, 특히 강이나 산맥의 이
름을 몇 개의 구역을 관통해서 달리는 긴 도로에 붙일 것을 제안하
고 있다. 이것은 모두 "여행자가 파리에서 프랑스의 지리를 익히고,
또한 역으로 프랑스 속에서 파리의 지리를 익힐 수 있도록 하나의
전체적인 그림을 제시해주기 위한 것이었다". J. B. 퓌줄, 『18세기
말의 파리』, 파리, 1801년, 81페이지. ■산책■   [P 2, 4]

"17개의 시의 문에서 제국의 가도街道가 시작된다. …… 이들 이
름 전체에서 통일성을 찾아보려고 해도 허사일 뿐이다. 라 빌레트
와 생-우앙 옆에 앙티브나 툴르즈, 바젤을 들고 나와 도대체 어떻

게 하자는 것인가? …… 분명하고 알기 쉽게 할 생각이었다면 각각의 문에 그쪽 방향에서 가장 멀리 떨어진 프랑스의 도시 이름을 붙이면 되었을 텐데 말이다." E. 드 라베돌리에르, 『새로운 파리의 역사』, 5페이지.   [P 2, 5]

"몇 가지 바람직한 도시 정책은 제정기에 시작되었다. 1800년 11월 3일 칙령에 따라 거리의 이름 전체가 재검토되었다. 프랑스 혁명 때 고안된 우스꽝스러운 이름 대부분이 사라졌다. 정치가의 이름은 거의 전부 군대에서 사용하는 이름으로 교체되었다." 뤼시앙 뒤베크/피에르 데스프젤, 『파리의 역사』, 파리, 1926년, 336페이지.   [P 2, 6]

"1802년 몽블랑 가, 쇼세 당탱과 같은 이곳저곳의 구역에서 약 3~4인치 높이의 보도가 만들어졌다. 그런 다음 거리의 중앙에서 배수구를 제거하기 시작했다." 뤼시앙 뒤베크/피에르 데스프젤, 『파리의 역사』, 파리, 1926년, 336페이지.   [P 2, 7]

"1805년 프로쇼⁹⁾의 제안으로 새로운 방식에 따라 건물에 규칙적인 번호가 매겨졌는데, 이것이 지금까지 통용되고 있다. 즉, 센 강에서 시작해 혹은 강의 흐름을 따라 우측은 짝수 번호로, 좌측은 홀수 번호로 나누는 방식이 이용되었다. 숫자는 흰색으로, 강과 평행한 거리에서는 적색 바탕에, 강 쪽으로 직행하는 거리는 검은색 바탕에 새겨넣었다." 뤼시앙 뒤베크/피에르 데스프젤, 『파리의 역사』, 파리, 1926년, 337페이지.   [P 2, 8]

1830년경. "쇼세 당탱은 금융업계의 벼락부자들 구역이었다. 파리 서부의 이들 구역은 모두 평판이 좋지 않았다. 당시 도시 계획가들은 파리가 살페트리에르 병원 방향으로 발전해나갈 것으로 생각하고 있었다. 오늘날의 도시 계획가들이라면 이러한 견해에 신중한 반응을 보였을 것이다. …… 쇼세 당탱의 토지는 2만~2만 5천 프랑으로도 좀처럼 사려는 사람이 나타나지 않았다." 뒤베크/데스프젤, 『파리의 역사』, 파리, 1926년, 364페이지.   [P 2a, 1]

7월 왕정. "정치적인 기억을 불러일으킬 만한 거리 이름은 대부분 없애버린 반면 7월 29일 가처럼 어떤 날을 기념하기 위한 거리의 이름들이 생겨났다." 뒤베크/데스프젤, 『파리의 역사』, 파리, 1926년, 389페이지.   [P 2a, 2]

"파리의 거리나 광장, 골목길, 막다른 길의 이름만큼 우스꽝스럽고 일관성이 없는 것도 아마 없을 것이다. 그러한 이름들 중 그나마 제법 아름다운 구역 중의 하나에서 아무렇게나 몇 개를 골라본다면 그것들이 얼마나 일관성이 결여되고 엉뚱한지를 금방 간파하지 않을 수 없을 것이다. 나는 크루아-데-프티-샹 가를 지나온다. 플라스 데 빅투아르를 가로지른다. 뷔드-구세 가로 접어들어 그곳에서 아케이드 데 프티-페레로 간다. 여기서 팔레-에갈리테⁷⁾까지는 단 한 발자국이면 된다. 이 얼마나 잡탕인가! 첫번째 이름은 예배의 대상과 전원 풍경을 연상시키고, 두번째 이름은 군사적 승리를, 세번째 이름은 잠복, 그리고 네번째는 어떤 수도원에 주어진 별명에 대한 추억, 마지막 이름은 무지와 음모와 야심이 번갈아가며 남용되어왔음을 나타내고 있다." J. B. 퓌줄, 『18세기 말의 파리』, 파리, 1801년, 73/74페이지.   [P 2a, 3]

"포부르 생-탕투안에 있는 플라스 드 바스티유에서 두 발자국만 가도 아직 '나는 파리로 간다'는 표현이 사용되고 있다. …… 이 교외 지구에는 고유의 풍습과 관습이랄까, 심지어 독자적인 언어가 존재한다. 시 당국은 파리의 다른 모든 포부르에서와 마찬가지로 이 포부르의 가옥에도 번호를 매겼다. 그러나 이 포부르의 주민 누군가에게 주소를 물으면 차갑고 공식적인 번지가 아니라 집에 붙어 있는 이름으로 대답할 것이다. …… 예를 들어 이 집은 '샴 왕의 집', 저 집은 '금의 별'과 같은 식이다. '두 자매의 관館'도 있고, '예수의 이름'이라는 것도 있다. 그 외에 '꽃바구니', '성령', '편안한 분위기', '사냥꾼의 오두막', '좋은 씨앗' 등의 이름도 있다." 지그문트 엥글렌더, 『프랑스 노동자 연맹의 역사』, 함부르크, 1864년, 3권, 126페이지.   [P 2a, 4]

아마도 프랑스 혁명기의 것으로 보이는 거리 이름의 변경 제안서로부터의 발췌. "어떤 사람이 …… 거리나 골목길에 미덕과 고결한 감정을 나타내는 이름을 붙이자고 제안했으나 그러한 도덕적 명칭의 목록으로는 파리에 있는 엄청난 숫자의 거리를 전부 소화해내기에 터무니없이 부족하다는 것을 깨닫지 못했다. …… 이 제안에는 거리 이름의 배치에서 일정한 규칙이 있는 것을 알 수 있다. 예를 들면 **정의** 가나 **인정** 가는 당연히 **행복** 가와 연결되어 있으며 …… **성실** 가는 …… 파리 전체를 가로지르고 있어 가장 아름다운 구역들로 갈 수 있게 되어 있었다." J. B. 퓌줄, 『18세기 말의 파리』, 파리, 1801년, 83/84페이지.   [P 2a, 5]

거리의 이름이 가진 마력에 대해. 델보는 모베르[8] 광장에 대해 이 렇게 말하고 있다. "이곳은 광장이 아니다. ― 단지 커다란 진창일 뿐이다. 어쩌나 오물로 넘쳐나는지 13세기의 이름을 말하려면 입 이 더러워질 정도이다. ― 이름이 오래되어서가 아니라 그것이 진 창 냄새를 내뿜어 …… 후각을 불쾌하게 만들기 때문이다." A. 델 보, 『파리의 이면』, 파리, 1866년, 73페이지.   [P 2a, 6]

"어느 도시에 도착하자마자 가장 먼저 외관을 보고 모든 것을 판단 하는 외국인이 이처럼 일관성도 없고 하찮은 도시의 이름을 읽게 되면 도시에 사는 사람들의 관념도 그에 못지않게 맥락이 결여된 조잡한 것이라고 생각할 수밖에 없다는 지적은 일리가 있는 말이 다. 게다가 몇몇 거리의 이름이 저속하거나 외설적이라는 것을 알 게 되면 이 외국인이 이 도시 주민들까지 부도덕적인 사람들로 여 기게 되리라는 것은 더 말할 나위도 없다." J. B. 퓌줄, 『18세기 말 의 파리』, 파리, 1801년, 77페이지.   [P 3, 1]

특히 '모베-갸르송 가', '티르-부댕 가', '모베즈-파롤 가', '팜- 상-테트 가', '샤 키 페쉬 가', '쿠르토-빌랭 가'[9] 같은 이름은 합 리성 면에서 불쾌하기 짝이 없었다. 자기 제안을 들어보려고도 하 지 않는 사람들은 한번 그곳에 살아봤으면 좋겠다고 퓌줄은 말한 다.   [P 3, 2]

"남프랑스에 사는 사람이 파리의 몇몇 구역의 이름이 자기가 태어 난 곳이나 아내가 태어난 작은 마을, 유년 시절을 보낸 마을의 이름 으로 되어 있는 것을 발견한다면 얼마나 기쁠까?" J. B. 퓌줄, 『18

세기 말의 파리』, 파리 1801년, 82페이지.   [P 3, 3]

"신문팔이는 영업 구역의 특성에 따라 신문을 선별하는데, 주변 지구끼리도 미묘한 차이를 보이기 때문에 이를 구분할 줄 알아야 한다.『민중』을 읽는 거리街가 있는 반면『개혁』만을 원하는 거리가 있으며, 이 두 거리를 마주 보며 연결하고 있는 거리에서는『국민의회』혹은『단결』밖에는 사서 읽지 않는다. 현명한 신문팔이라면 벽 전체를 덕지덕지 장식하고 있는 의원 입후보들의 공약을 보고 이러한 정치 걸식자들이 각 구에서 몇 표를 얻게 될지를 파악할 수 있어야 한다."A. 프리바 당글몽,『알려지지 않은 파리』, 파리, 1861년, 154페이지. ■ 산책자 ■   [P 3, 4]

도시는 — 그렇지 않았더라면 극소수의 말, 즉 특권적인 등급의 말들에게만 가능했을 것을 — 모든 말 혹은 최소한 대부분의 말에게 접근 가능한 것으로 만들어주었다. 즉 이름을 귀족의 지위로 격상시켜준 것이다. 이러한 언어 혁명은 가장 일반적인 것, 즉 거리에 의해 수행되었다. — 도시는 거리의 이름에 의해 말의 우주가 된다.
                    [P 3, 5]

'이미지를 자유자재로 구사하는' 빅토르 위고의 '힘'에 대해. "그의 작업 절차에 대해 확실하게 알고 있는 몇 가지 사실 덕분에 우리는 내적인 환기 능력이 그에게서는 다른 사람들에게서보다 훨씬 더 강력한 힘을 발휘하고 있다고 단언할 수 있습니다.『레미제라블』에서 그가 장발장이 도망칠 때 지나갔던 파리의 구역을 기억만으로, 메모 하나 하지 않고 묘사할 수 있었던 것은 바로 이 때문입니다. 그러한 묘사는 거리 하나하나, 집 한채 한채가 매우 정확합니다." 폴 부르제<,>『주르날 데 데바』에 실린 빅토르 위고 추도문[「여론 앞의 빅토르 위고」, 파리, 1885년, 91페이지].   [P 3, 6]

「1200년 모습 그대로의 티르샤프 가, 1863년」이라는 동판화에 대해. 판<화>실.   [P 3, 7]

1830년의 한 동판화에는 불르바르 생-드니에 있는 한 나뭇가지 위에 어떤 남자가 앉아 있는 모습이 그려져 있다.   [P 3, 8]

1865년 세즈 가와 코마르탱 가 모퉁이에 있는 불르바르 데 카퓌신에 최초의 'refuge', 즉 '안전지대'가 설치되었다.   [P 3a, 1]

"어릿광대들이 사체 공시소 문 쪽으로 가서 우스꽝스런 얼굴을 하는 것, …… 광대들이 …… 익살스러운 무언극을 보여주러 오는 것, 군중이 …… 사체 다섯 구가 나란히 늘어선 것을 지켜본 후 둥글게 모여 광대들의 저속한 얘기를 듣고 배꼽을 잡고 웃는 것 …… 바로 이러한 것을 나는 괘씸한 짓이라고 부른다 …… !" 빅토르 푸르넬, 『파리의 거리에서 볼 수 있는 것들』, 파리, 1858년, 355페이지(「사체 공시소」).   [P 3a, 2]

도시에 나오는 유령. "쇠퇴기의 낭만주의는 …… 전설을 만들어 은근히 흡족해하고 있다. 사람들 말로는 남장을 한 조르주 상드가 여장을 한 라마르틴과 함께 말을 타고 파리 시내를 쏘다니는 동안 뒤마는 지하실에서 다른 사람들에게 소설을 쓰게 하고, 자기는 위층

에서 여배우들과 샴페인을 마시고 있었다고 한다. 이러한 이야기
는 여기서 그치지 않는다. 뒤마는 실제로는 존재하지 않았다는 이
야기도 있다. 그는 수수께끼 같은 존재로 편집자들이 짜고 만들어
낸 회사의 이름이라고 한다." J. 뤼카-뒤브르통, 『알렉상드르 대★
뒤마의 생애』, 파리, <1928년>, 141페이지.　　　　　　[P 3a, 3]

"여기 …… 『은어 사전』을 …… 간행한다. 이에 대해 나는 ……
세바스티앵 메르시에의 『파리의 풍경』에 대해 사람들이 말했던
것과 똑같은 것을 말하고 싶다. 즉 이것은 길거리에서 생각하고 경
계석 위에서 쓰여졌다고 말이다." 알프레드 델보, 『은어 사전』, 파
리, 1866년, III페이지.　　　　　　　　　　　　　　[P 3a, 4]

품위 있는 구역에 대한 아름다운 묘사. "이들 수도원을 떠올리게
하는 거리들에는 고귀함이 깃들어 마치 넓고 장대한 평화와 은신
의 수도원 안에 들어와 있는 것 같은 느낌을 준다." 폴-에르네스트
라티에, 『파리는 존재하지 않는다』, 파리, 1857년, 17페이지.

　　　　　　　　　　　　　　　　　　　　　　　[P 3a, 5]

1860년경 파리에서 아직 다리를 통한 양안의 교통은 충분히 이루
어지고 있지 않았다. 양안을 잇고 있는 것은 다름 아닌 나룻배였
다. 나룻배의 이용 요금은 2수였다. 따라서 웬만해서 프롤레타리
아는 이 배를 이용할 수 없었다(P.-E. 라티에, 『파리는 존재하지 않는
다』, 파리, 1857년, 49/50페이지로부터).　　　　　　　[P 3a, 6]

"위고에게서 방돔 광장의 기념비, 개선문 그리고 앵발리드는, 이

렇게 표현할 수 있을지 모르지만, 함께 걷고 있다. 이 세 기념 건조
물 사이에는 역사적·정치적, 그리고 실제적·문학적 관계가 있
다. 오늘날에는 …… 이 세 경계주의 지위가 바뀌고, 관계 또한 변
했다. 방돔 광장의 기념비는 비용의 뜻에 반해 사라진 것이나 마찬
가지가 되고 말았다. 그리고 팡테옹이 이를 대신하게 되었다. 특히
위고가 이 팡테옹을 ― 이렇게 말할 수 있을지 모르겠지만 ― 위
인들에게 되돌려주는 데 성공한 이후에는 한층 더 그렇게 되었다.
오늘날의 3대 기념 건조물은 개선문과 팡테옹과 앵발리드이다."
샤를 페기, 『전집, 1873~1914년』, 『산문집』, 파리, 1916년, 419
페이지(「백작 빅토르-마리 위고」). [P 3a, 7]

"진짜 파리는 본래 검고, 진창에다 고약한 냄새가 나는 도시로 사
방이 비좁은 거리들로 얽혀 있으며 …… 골목길이나 막다른 길, 정
체를 알 수 없는 길, 악마라도 나올 것 같은 미로들로 넘쳐나고 있
다. 칙칙한 건물의 우뚝 솟은 지붕들은 구름에라도 닿을 듯 치솟아
있기 때문에 푸른 하늘 한점 볼 수 없다. 그나마 북쪽 하늘이 적선
이라도 하는 양 이 거대한 수도에 푸른 하늘을 보여주곤 하지만 말
이다. …… 원래의 파리는 이리저리 방황하는 삶이 버거운 무리들
이나 환상에 사로잡힌 괴상망측한 인간들이 하룻밤에 3상팀으로
묵을 수 있는 빈민 소굴로 가득 차 있다. …… 그곳에서는 암모니아
냄새가 진동하는 가운데 …… 천지창조 이래 한 번도 정돈해본 적
이 없는 침대들 위에 수백, 수천 명의 호객꾼, 성냥팔이, 아코디언
악사, 꼽추, 장님, 절름발이, 난쟁이, 앉은뱅이, 싸우다가 코가 물
어뜯긴 자, 곡예사, 중년의 광대, 칼 먹는 차력사, 상품 따먹기 막대
를 이빨 끝에 올려놓고 떨어뜨리지 않기 위해 몸의 균형을 유지하

는 곡예사 등이 머리에 머리를 맞대고 잠을 청하고 있다. …… 기어 다니는 어린아이, 바스크인인지 엄청나게 덩치가 큰 남자와 그 밖의 온갖 인종들, 20번째 환생한 엄지손가락 톰, 손이나 팔에서 푸릇푸릇한 나무가 자라 매년 가지나 잎이 매달리는 식물인간, 걸어 다니는 해골, 빛으로 만들어진 투명인간 …… ― 가만히 귀를 기울이면 사각사각거리는 소리가 들린다 ― …… 그리고 사람 못지않게 영리한 오랑우탄, 프랑스어로 말하는 괴물 등이 있다." 폴-에르네스트 드 라티에, 『파리는 존재하지 않는다』, 파리, 1857년, 12페이지와 17~19페이지. 위고의 데생과 오스만의 파리관을 이와 비교해볼 것.   [P 4, 1]

기조 정권 하에서의 공화파계 반대 세력의 운명. "툴르즈의 『해방』지는 한 보수적인 인물이 철창 속에서 썩고 있는 정치범들의 처지를 탄식하는 다른 사람의 말을 듣고 했다는 말을 이렇게 인용하고 있다. '그 작자들의 등에 버섯이 자라기 시작하면 나도 그들을 불쌍하게 여길 것이오.'" 장 스케를리치, 『1830~1848년까지 정치시詩와 사회시를 통해 본 프랑스의 여론』, <로잔, 1901년>, 162/163페이지.   [P 4, 2]

"『파리』라고 하는 이 마법의 제목을 붙이기만 하면 연극이든 잡지든 책이든 성공은 따논 당상이다." 테오필 고티에, 「서문」(첫번째 문장)(『19세기의 파리와 파리 사람들』, 파리, 1856년, I페이지<)>.
                                                    [P 4, 3]

"세계는 파리가 피우고 버린 시가 꽁초들을 줍고 있을 뿐이다." 테

오필 고티에, 「서문」(『19세기의 파리와 파리 사람들』, 파리, 1856년),
III페이지.   [P 4, 4]

"오래 전에 어떤 사람이 샹젤리제에 조각상들을 가득 세우자는 제
안을 한 적이 있다. 아직 그렇게 하기 위해 적절한 때가 도래하지
않았다." Th. 고티에, 「철학적 연구」(『<19세기의> 파리와 파리 사람
들』, <파리, 1856년>), 27페이지.   [P 4, 5]

"지금부터 30년 전 …… 하수도는 …… 여러 군데가 옛날 상태 그
대로였다. 대개 거리는 지금은 가운데가 높지만 그 무렵에는 가운
데가 움푹했다. 도로나 네거리의 경사가 끝나는 곳, 즉 경사가 시
작되는 지점에서는 흔히 커다란 네모난 사각 뚜껑을 볼 수 있었는
데, 지나다니는 군중의 발길에 닳아 뚜껑의 철이 반들거렸다. 미끄
러워지기 쉬웠기 때문에 특히 마차에게는 위험했으며, 실제로 말
들이 넘어지기도 했다. …… 1832년에는 많은 도로에 옛날 그대로
의 고딕식 하수도가 아직도 거리낄 것 없이 아가리를 벌린 채 있었
다. 덮개가 달린 거대한 돌로 만들어진 구멍으로, 경계석으로 둘레
를 두른 것도 있어 기념물의 뻔뻔스러움을 감추고 있었다." 빅토르
위고, 『전집 ― 소설 9』, 파리, 1881년, 181페이지(『레미제라
블』).[10]   [P 4a, 1]

루이 16세 치하의 징세 청부인들의 벽에 대해. "파리를 둘러싸고
있는murant 있는 벽mur이 파리에 대고 투덜거리게murmurant
만들고 있다."   [P 4a, 2]

1180

마야르는 사체 공시소에 관한 전설로서 E. 텍시어의 다음과 같은 전언(『파리의 풍경』, 1852년)을 인용하고 있다. "이 건물에는 서기가 살고 있었는데 …… 가족과 함께였다. 서기의 딸이 자기 방에 피아노를 갖고 있어 일요일 밤이 되면 필로도나 뮈사르의 리토르넬로 선율에 따라 친구들에게 춤을 추게 하지는 않았는지 누가 알겠는가." 그러나 마야르에 따르면 1852년에 이 사체 공시소에는 서기가 살고 있지 않았다고 한다. 피르맹 마야르, 『사체 공시소에 관한 역사적 · 비판적 탐구』, 파리, 1860년, 26/27페이지에서 인용. 마야르 본인이 설명하고 있듯이 이 전언은 1830년 레옹 고즐란이 연재소설식으로 전해준 이야기에서 유래한다.   [P 4a, 3]

"모베르 광장, 저주받은 이 광장은 마그누스 알베르투스Magnus Albertus라는 이름을 감추고 있다."『우리 도시 파리』(루이 뤼린, 「거리들을 지나」) <파리, 1854년>, 9페이지.   [P 4a, 4]

메르시에의 『새로운 파리』, 1800년, 4권, 56페이지가 전하는 바에 의하면 "뿔나팔을 부는 수상한 자들이 …… 실로 불길한 소리를 내고 있었다. 그것은 물을 파는 나팔 소리가 아니었다. 그들이 내는 애처롭고 기품 있는 소리는 공포의 팡파레라고 할 수 있을 정도로 대부분 방화의 위협이었다. ─ 메르시에는 이렇게 말하고 있다 ─ 그들은 술집에 있으면서 한 구역에서 다른 구역으로 신호를 교환하고 있었다. 이런 식으로 화답하는 소리는 하나의 중심에서 조율되는데, 이러한 소리들이 강해지면 뭔가 사건이 일어날 것을 예상할 수 있었다. 오래 들어봐도 아무것도 이해할 수 없지만 이러한 요란스러움 전체에 반란의 신호가 들어 있었다. 이러한 공모가 시끄

럽게 행해진다고 해서 덜 음험하다거나 하는 일은 없었다. 화재가
발생했을 때의 신호는 한층 더 빠르고 한층 더 성급했으며 한층 낭
랑하게 울려 퍼졌다. 셀레스틴 수도원에 화재가 발생했을 때는
…… 전날의 피리 소리에 망치로 머리를 얻어맞은 듯 귀가 멍했다.
한번은 채찍을 내리치는 소리에 귀가 멍해진 후 불행한 일이 발생
한 적도 있었으며, 다른 때는 상자를 두드리는 소리도 났다. 이처
럼 매일같이 요란스럽게 울려 퍼지는 경고 소리에 사람들은 떨고
있었다." 에두아르 푸르니에, 『파리의 거리들의 수수께끼』, 파리,
1860년, 72/73페이지(「파리의 몇 가지 소음에 대해」).   [P 4a, 5]

C. 부글레, 『사회주의 예언자들의 경우』(파리, 1918년)에 실린 에세
이 「프랑스와 독일의 지적 동맹」(123페이지)에는 파리의 거리들에
대한 뵈르네의 말이 인용되어 있다. 이들 영광의 거리의 "포석들
은 맨발이 아니고서는 밟아서는 안 된다".   [P 5, 1]

아브뉘 라셸은 몽마르트르 묘지로 이어져 있다. 다니엘 알레비는
이 점에 대해 "비극 여배우 라셸은 이곳의 선구자이며 수호 여신이
다"라고 쓰고 있다(『파리의 마을들』, 파리, <1932년>, 276페이지).

[P 5, 2]

"순례자들의 왕래가 얼마나 중요했는가는 — 당시 많은 사람들이
성유물을 경배하러 여행에 나섰다 — 로마 시대에 만들어진 옛 거
리의 두 부분이 그러한 순례의 주요 목적지에 따라 이름이 붙여졌
던 것만 보아도 쉽게 알 수 있다. 북쪽의 거리는 투르의 대성당을
따라 생-마르탱으로 불렸으며, 남쪽의 거리들은 스페인의 야고 디

콤포스텔라를 따라 생-자크로 불리게 되었다." 프리츠 슈탈, 『파리』, 베를린, <1929년>, 67페이지.   [P 5, 3]

파리의 구역들은 각자에 고유한 삶을 갖고 있다는 것을 슈탈(『파리』, 28페이지)은 파리의 몇몇 기념 건조물을 언급하면서 여러 가지 형태로 정식화해서 확인해주고 있다(그가 언급하고 있는 것은 개선문이지만 노트르담 혹은 노트르담 드 로레트도 얼마든지 예로 들 수 있을 것이다). 이들 기념 건조물은 중요한 거리들의 배경으로서 구역의 중심을 이루며, 동시에 각 구역의 중심에서 파리라는 도시 그 자체를 대표하고 있다. 슈탈은 이렇게 말한다. "모든 기념 건조물은 하인을 두고 …… 마치 영주처럼 선발대와 수행원들을 거느리고 등장한다. 기념 건조물은 이러한 수행원들의 존재에 의해 정중하게 뒤로 물러나는 거리들과 구분된다. 이리하여 기념 건조물은 이러한 건물 주위에 몰려드는 것처럼 보이는 한 지구를 지배하는 중핵이 된다."   [P 5, 4]

옮긴이 주

■옮긴이 주

'옮긴이 주'에 대한 일러두기

1. 약어

- *GS* : 발터 벤야민, 『전집 *Gesammelte Schriften*』, 전 7권(프랑크푸르트, 주어캄프, 1972~1989년)
- [R.T.] : 롤프 티데만(Rolf Tiedemann), 독일어판 5권 편집자(프랑크푸르트, 주어캄프, 1982년)
- [J.L.] : 장 라코스트(프랑스어본 번역자), 『파리, 19세기의 수도 *Paris, capitale du XIX siècle*』(파리, 에디시옹 뒤 세르프, 1989년)
- *SW* : 발터 벤야민, 『선집 *Selected Writings*』
    1권 : 1913~1926(케임브리지, 매사추세츠, 하버드 대학 출판부)
    2권 : 1927~1934(케임브리지, 매사추세츠, 하버드 대학 출판부)
    3권 : 1935~1938(케임브리지, 매사추세츠, 하버드 대학 출판부)
    4권 : 1938~1940(케임브리지, 매사추세츠, 하버드 대학 출판부)

2. 이 책에서 자주 인용되는 일부 국역본의 경우 독자들의 편의를 위해 아래에서 상세한 서지 사항을 제공한 후 옮긴이 주에서는 페이지만 표시하기로 한다.

- 보들레르, 『악의 꽃』, 정기수 역, 정음사, 1968년(이 책에는 『악의 꽃』 이외에도 소산문시인 『파리의 우울』, 『인공 낙원』, 「화전」과 「벌거벗은 내 마음」을 포함하고 있는 『내면의 일기』 등도 들어 있다. 다만 「봉화」는 「화전」으로 제목을 바꾸었다).
- 마르셀 프루스트, 『스완네 집 쪽으로』, 이정 역, 삼성출판사, 1975년.
    『꽃피는 아가씨들의 그늘에』, 김창석 역, 정음사, 1985년.

1187

『게르망트네 쪽으로』, 김창석 역, 정음사, 1985년.

『소돔과 고모라』, 김창석 역, 정음사, 1985년.

『갇힌 여인』, 김창석 역, 정음사, 1985년.

『사라진 알베르틴』, 김창석 역, 정음사, 1985년.

『되찾은 시간』, 김창석 역, 정음사, 1985년.

- 빅토르 위고, 『레미제라블』, 송면 역, 동서문화사, 2002년.
- 마르크스, 『자본』, 김영민 역, 이론과 실천, 1987년.
- 마르크스 · 엥겔스, 『칼 마르크스 · 프리드리히 엥겔스 저작 선집』, 김세균 감수, 박
  종철 출판사, 1991~1997년.
- 호이징가, 『중세의 가을』, 최홍숙 역, 문학과 지성, 1988년.

3. 수고로 남아 있는 『아케이드 프로젝트』(*GS*, V, 79~989페이지)의 대부분을 차지하는 〈노트와 자료들〉의 경우 무제본의 상태인 426장의 노란색 종이로 구성되어 있는데, 각 페이지는 14×22cm의 크기의 4절판으로 접혀 있다. 이 중 1면과 3면은 벤야민의 작은 글씨로 촘촘히 채워져 있으며, 2면과 4면은 비어 있다. 이 노트는 주제로 다루고 있는 항목별로 알파벳 순서에 따라 36개의 묶음Konvolt으로 나뉘어져 있다. 각 묶음의 제목과 각 묶음 내에 기재된 각 항목의 순서는 벤야민 본인의 것이다. 각 항목의 순서와 관련해 소문자 a(예를 들어 [A 1a, 1]에서처럼)는 4절판의 3페이지를 가리킨다. '세부 항목'에서 해당되는 제목이 없는 철자들은 아마 벤야민이 묶음을 더 만들 계획이었음을 보여준다.

4. 상이한 묶음들의 제목들 또는 아무런 묶음도 없는 항목들에 대한 벤야민 본인의 상호 참조(■ ■으로 표시되어 있다) 이외에도 원고의 많은 인용문과 성찰에는 32가지의 다양한 약호 체계(사각형, 삼각형, 원, 가로 십자선, 세로 십자선. 게다가 사용한 잉크와 색깔도 여러 가지이다)가 사용되고 있는데, 책으로 출간된 텍스트에서는 찾아볼 수 없다. 이러한 약호들은 벤야민이 조르주 바타이유에게 맡겼다가 1981년에 국립도서관의 바타이유 문서고에서 발견된 원고들과 관련되어 있는 것이었다. 이 원고들에는 벤야민이 1937~1938년부터 집중적으로 작업해오고 있던 보들레르에 관한 저서를 어떻게 써나갈지에 대한 자세한 구상이 들어 있다. 거기에는 묶음들(J항목이 60%가 넘는다)에서 해독된 사항들이 보들레르에 관한 저서 전체의 각각의 주제를 대변하는 일군의 제목 아래 분류되어 있다. 그런 다음 약 절반 정도의 자료들이 1938년의 논문 「보들레르에게서 제2제정 하의 파리」를 작성하는 데 사용되었다.

5. 각 묶음들은 두 단계에 걸쳐, 즉 1928년 가을 또는 겨울부터 1929년 말까지 그리고 1934년 초부터 1940년 5월까지 (순서대로 연속적으로 작성되었다기보다는) 동시에 작성되었다. 독일어판 편집자인 롤프 티데만은 벤야민이 1935년 6월과 1937년 12월에 만든 원고의 페이지들의 사진 복사본들을 근거로 각 항목을 작성한 날짜를 좀더 구체적으로 추정하고 있다(*GS*, V, 1262). 각 묶음 속에서 각 항목은 대략 연대기적 순서를 따르고 있다(일부 항목은 좀더 일찍 쓰여져, 나중에 수정되거나 다른 묶음들의 원고로 전사되었다).

〈개요들〉

1935년 개요

1) magasin de nouveautés의 역어로, 이러저런 특수 업종의 상품 전체를 정선해서 파는 상점을 가리키는 용어였다. 이러한 상점 중 최초로 피그말리온이 1793년에 파리에서 문을 열었다. 'nouveauté'는 '새로움' 또는 '새 것'을 의미하며, 복수형인 'nouveautés'는 현재의 '팬시 상품'을 의미한다. 말 그대로 '새로운 물건들을 파는 가게'라는 뜻으로, '신품점'이라는 번역도 가능할 것이다. 20세기 초 개항과 더불어 '서양西洋의 것=새로운 것'이던 시절의 일본어와 이를 차용한 한국어 역어로는 '양품점', '양장점', '양화점' 등의 번역어가 사용된 바 있다. 하지만 이 프로젝트의 맥락에서는 그러한 역어는 어울리지 않을 것 같아 일단 신유행품점이라고 번역해본다. 참고로 이상도 그의 시에서 '마가쟁 누보테'라는 용어를 불어 원어 그대로 사용하고 있다.
2) 오노레 드 발자크, 「파리의 불르바르들의 역사와 생리학」, 조르주 상드, 오노레 드 발자크, 외젠 쉬 등, 『파리의 악마』, 2권(파리, 1846년), 91페이지.[R.T.]. [A 1, 4]를 보라.
3) 칼 뵈티허, 「우리 시대의 건축 방식에의 응용이라는 관점에서 본 그리스적 건축 양식과 게르만적 건축 양식의 원리」(1846년 3월 13일자 연설), 『칼 뵈티허 탄생 100주년 기념 논총』(베를린, 1906년), 46페이지.[R.T.]. [F 1, 1]을 보라.
4) 스위스 산중의 양치기의 오두막집을 가리킨다.
5) 지그프리드 기디온, 『프랑스의 건축』(라이프치히, 1928년), 3페이지.[R.T.]
6) '에콜 폴리테크니크'는 이공계 학교를, '에콜 데 보자르'는 미술 학교를 가리킨다.

7) 파울 쉐르바르트, 『유리 건축』(베를린, 1914년).[R.T.]

8) 쥘 미슐레, 「미래로! 미래로!」, 『유럽』, 19, 73호(1929년 1월 15일).[R.T.]

9) 1820~1830년 독일, 오스트리아, 스칸디나비아 등지에서 발생한 미술상의 서민적 양식을 가리킨다. 『프리겐데 브레타』지의 정치 만화에 등장하는 두 주인공의 이름 'Biederman'과 'Bummelmaier'의 합성어로서 무취미한 실리주의자를 의미한다. 특히 가구, 실내 장식 등의 분야에서 사용된 말로, 이 시기의 가구는 단순하고 우미하여, 소재의 아름다움을 살린 간결하고 실용적인 디자인과 밝은 색조가 특색이며, 가구가 놓일 실내도 간소하게 만들어졌다. 이러한 경향은 1830년대 후반 이후 프랑스에서 일어난 제2 로코코 또는 루이-필립 양식이 유행할 때까지 계속되었다.

10) 칼 마르크스와 프리드리히 엥겔스, 『독일 이데올로기』, 2부.

11) 장 파울, 『레바나 또는 교육론』(1807).

12) A. J. 비르츠, 「사진」, 『문학 작품집』(파리, 1870년), 309페이지 이하.[R.T.]. [Y 1, 1]을 보라.

13) 페르디낭 랑글레와 에밀 방데뷔르크, 『청동왕 루이와 생시몽주의자: 루이 11세의 패러디』(팔레-루아얄 극장, 1832년 2월 27일 초연). 테오도르 뮈레, 『연극을 통해 본 역사 1789~1851년』(파리, 1865년), 3권, 191페이지에서 인용.

14) 실제로는 에르네스트 르낭이었다. [G 4, 5] 그리고 [G 13a, 3]을 보라.

15) 지그문트 엥글렌더, 『프랑스 노동자 연맹의 역사』(함부르크, 1864년), 4권, 52페이지.[R.T.]

16) 마르크스, 『자본』, 1권, 89페이지.

17) 자코모 레오파르디, 『패션과 죽음의 대화』(1827).

18) 샤를 보들레르, 「여자 순교자」, 『악의 꽃』, 110페이지.

19) 독일판 아르누보 운동의 양식과 경향을 가리키는 이름으로 1896년부터 뮌헨에서 발행되고 있던 미술 잡지 『유겐트』에서 유래한 것으로 종래 공예의 모방적 경향에 대한 반동이라 규정해도 좋다. 유겐트슈틸은 리드미컬한 곡선의 변화와 구성을 통해 꽃과 잎 등의 식물적 요소를 추상화, 양식화하는 점에서 특징을 찾을 수 있다. 선구자는 벨기에의 건축가 반 데 벨데를 들 수 있다.

20) 보들레르, 「백조」, 앞의 책, 86페이지.

21) 베르길리우스, 『아이네이스』, 6권, 126행. 벤야민은 라틴어에서 인용하고 있다. '아베르누스 호수'는 사후 세계의 입구를 가리킨다.

22) 보들레르, 「여행」, 앞의 책, 132페이지.

23) 보들레르, 『전집』, 클로드 피슈와 편집(파리, 1976년), 2권, 27페이지.[R.T.]

24) 『나이 든 한 라이언족의 고백』(파리, 1888년), 4페이지. 이 책은 출판 연도나 장소도 표시되지 않은 채 오스만 남작에 의해 익명으로 출판되었다.[R.T.]

25) 라파르그의 비유에 대해서는 [O 4, 1]을 보라.[R.T.]

26) 막심 뒤 캉, 『파리 — 19세기 후반의 기관, 기능, 생명』, 전 6권(파리, 1869~1875년).[R.T.]. 발터 벤야민, 『샤를 보들레르: 고도 자본주의 시대의 서정시인』, I, 589~590페이지를 보라.

27) 작자 미상, 『사막, 파리 — 오스만화된 어떤 사람의 예레미야 애가』(파리, 1868년).[R.T.]

28) 바리케이드전 전술에 대한 엥겔스의 비판은 [E 1a, 5]에 발췌되어 있다.[R.T.]

29) 이 노래는 피에르 뒤퐁에게서 따온 것이다. [a 7, 3]을 보라.

30) 프레데릭 르 플레, 『유럽의 노동자들: 유럽 노동 인구의 노동 · 가정생활 및 도덕적 조건에 관한 연구. 고찰 방법에 대한 개요가 앞에 붙어 있음』(파리, 1855년).[R.T.]

30) 「1939년 개요」의 135페이지와 주 13을 보라.

31) [C 2a, 8]을 보라.

1939년 개요

1) [S 1a, 2]를 보라. 이러한 정식은 쇼펜하우어에서는 나오지 않는다.[R.T.]

2) 칼 마르크스와 프리드리히 엥겔스, 『신성 가족』(1845).

3) 샤를 푸리에, 『4개의 운동 또는 일반적 운명론』(1808).

4) 토니 무알랭, 『2000년의 파리』(파리, 1869년). [C 5a, 3]을 보라.

5) 알퐁스 투스넬, 『새의 세계: 정념 동물학』, 1권(파리, 1853년), 20페이지. [W 8a, 2]를 보라.

6) 기욤 아폴리네르, 「학살당한 시인」(1916).

7) 프리드리히 니체, 『차라투스트라는 이렇게 말했다』(1891).

8) 마르셀 프루스트, 『스완네 집 쪽으로』, 245페이지. '카틀레야 하기faire catleya'라는 표현은 성행위를 가리키는 스완의 완곡어법이다.

9) 헨릭 입센의 희곡 『건축가 솔네스』(1892)의 결론에 대한 언급이다. 이 절 전체를 통해 프랑스어로 쓴 원본에서 벤야민은 유겐트슈틸을 가리키기 위해 인용 부호 안에 '모던 스타일'이라는 표준어를 사용하고 있다.

10) 보들레르의 『악의 꽃』에 나오는 시의 하나.

11) 1840년대 파리에서 유행한 염가본 다큐멘터리 통속 문학으로 통상 『……의 생리학』이라는 제목을 갖고 있었다. 벤야민, 『샤를 보들레르: 고도 자본주의 시대의 서정시인』을 참조하라.

12) spleen(우울)은 1745년에 영어에서 차용되었다. idéal(이상)은 1578년에 라틴어 *idealis*에서 차용되었다.

13) 분명 이전의 개요를 수정하고 있다(111페이지를 보라).

14) 루이-오귀스트 블랑키, 『무장 봉기 지침: 천체에 의한 영원』(파리: 프랑스 백과전서회, 1972년), 167~169페이지. [D 7], [D 7a]를 보라. 벤야민은 1937년 말에 블랑키의 이 텍스트를 처음 알게 되었다.

〈노트와 자료들〉

A 아케이드, 신유행품점, 신유행품점 점원

1) 아르튀르 랭보, 「떨이」, 『착색판화집』.[R. T.]

2) 라 피유 도뇌르는 '시녀', 라 베스탈은 '무녀', 르 파주 앵콩스탕은 '변덕쟁이 시동', 르 마스크 드 페는 '철가면', 르 프티 샤프롱 루즈는 '작은 붉은 두건', 라 프티 나네트는 '소녀 나네트', 라 쇼미에르 알레망은 '독일의 농가', 오 맘루크는 '맘루크 기병', 오 코앵 드 라 뤼는 '길모퉁이'라는 뜻이며, 오 시-드방 죈 옴므는 '젊은이', 오 자름 드 베르테르는 '베르테르의 문장紋章'이라는 뜻이다.

3) 그리스 신화에 나오는 인물. 주피터와 세레스 사이의 딸로 플루토에게 납치되어 저승의 여왕이 되었다.

4) 파사주 뒤 케르는 팔레-루아얄 밖에서 유리로 지붕을 덮은 최초의 아케이드였다. 이 아케이드는 1799년, 이보다 더 호화스러운 파사주 데 파노라마보다 일 년 앞서 문을 열었다.

5) 미레스는 19세기의 대표적인 금융가였다.

6) 19세기 프랑스 고전극의 명배우.

7) 증권거래소 중 비공식 거래를 위해 할당된 공간으로 통상적으로는 주식의 암거래를 가리킨다.

8) 실제로는 20만 프랑의 오기이다.

9) 말 그대로 번역하면 '겨울 정원'이라는 뜻이다.

10) 베푸르 시실리엔은 '1282년 부활절에 벌어진 시칠리아에서의 프랑스인 대학살', 르 솔리테르는 '은자隱者', 라 피유 말 가르데는 '말괄량이', 르 솔다 라부뢰르는 '노동자-군인', 르 프티 생-토마는 '꼬마 성인 토마', 르 가뉴-드니예는 '날품팔이꾼'을 의미한다.

11) 직무에 따라 나뉜 노동자 그룹인 각 세리에 할당되는 홀을 가리킨다.

12) 코드뢱-뒤클로(1842년에 사망했다). 뒤마는 그를 '현대의 디오게네스'라고 부른 바 있는데, 그는 보들레르의 단편극(『이데올뤼스』)에서 소크라테스의 패거리로 등장한다.

13) 나폴레옹의 이집트 원정은 1798∼1799년에 있었다.

14) '욕망의 아케이드'라는 뜻이다.

15) 바느질 등의 일을 하는 여자들로 몸이 헤픈 여자들을 가리켰다.

16) 11∼12세기에 스페인에 살았던 유대 시인.

17) 시인의 아내를 가리킨다.

18) 19세기 프랑스의 범죄자

19) '잘린 칼'이라는 뜻으로 아마 'épicier(식료품 장수)'에 대한 말놀이처럼 보인다. épée와 sciée의 두 단어 모두에서 마지막 글자인 e가 잘라내졌다. 따라서 이 간판은 '잘린 칼'이라는 조크가 되었다.

20) 발자크의 작품의 주요한 3가지 분야 중의 하나.

21) 프랑스의 노동자 출신 정치인

22) 우르스는 '곰', 베르제르는 '목자', 크르와상은 '초승달', 퓌-키-파를은 '말하는 우물', 그랑 위를뢰르는 '커다란 외침'을 의미한다.

23) 소몽은 '연어', 랑크르는 '닻'을, 그랑-세르프는 '큰사슴'을 의미한다.

24) 로마 시대에 파리를 부르던 이름인 루테티아로부터. [C 1, 6]을 참조.

25) 'les amours de passage.' 직역하면 '파사주의 사랑'이라는 뜻이지만 동시에 '한 때 스쳐 지나가는 사랑'이라는 의미를 동시에 갖고 있다.

26) G. K. 체스터튼, 『찰스 디킨스』(1906년, 복각판. 뉴욕, 쇼켄, 1965년), 119∼120페이지. 여기서 인용된 6번째 문장이 벤야민이 이용한 번역본에서는 이렇게 되어 있다. "Chaque boutique, en fait, éveillait en lui l'idée d'une nouvelle."

27) 『혁명기 동안 그리고 교회 안에서의 정의에 대해』, 3권, 1858년.

28) 부시코는 백화점 경영자이자 박애주의자였다.

29) 보들레르, 「너그러운 노름꾼」, 『파리의 우울』(『악의 꽃』, 259페이지).

30) 보들레르, 「화전, 2」(『악의 꽃』, 426페이지).

B 패션

1) 라이너 마리아 릴케, '다섯번째 비가', 『두이노의 비가』, 『릴케 전집』, 2권, 김재현 역, 책세상, 465페이지. 마담 라 모르Madame La mort는 우리말로는 '죽음 부인'으로 서 비본질적이고 소외된 죽음을 의인화한 것이다.

2) 알퐁스 카르(1808~1890). 저널리스트이자 소설가. 『르 피가로』(1839)의 편집자이 며 풍자 잡지인 『말벌』을 창간했다. 작품으로는 『나의 정원 일주 여행』(1845)이 있다.

3) 테오도르 W. 아도르노의 방주旁註: "나라면 반혁명들이라고 생각할 것이다."[R.T.]

4) '이리스의 부채'와 「달 — 자화상」은 그랑빌의 『또다른 세계』(1844)에 등장한다. '가스등으로 비춰진 밤거리로 나타나고 있는 …… 은하수'는 의문의 여지 없이 「행성 들 간의 다리」라는 제목의 판화를 가리키는 것일 것이다.[R.T.]

5) 꼬마 유람 철도는 '유원지 등지에서 비탈진 레일 위를 차를 타고 질주하는 소형 철 도'를 가리킨다.

6) 발터 벤야민, 『독일 비극의 기원』, GS, I, 294페이지를 참조하라.[R.T.]

7) 보라색은 통상 성직자를 상징하는 색깔로 알려져 있다.

8) 기욤 아폴리네르, 「학살당한 시인」(13절).

9) 빅토르 푸르베는 아르누보 경향의 디자이너였다.

10) [N 3, 2]를 참조하라.[R.T.]

11) 산티아고 데 콤포스텔라는 스페인 북쪽 끝에 있는 성지이자 주요 순례지로 프랑 스어로는 생 자크 드 콤포스텔라로 불린다.

12) 『포르티치의 벙어리 딸』은 D. F. E. 오베르의 오페라이다. 이 작품에 나오는 이중 창 「조국을 위해 희생한 사랑」은 브뤼셀에서 1830년 혁명의 신호로 사용되었다고 한 다.

13) 호가스(1697~1764)는 런던 태생으로 금은세공사 밑에서 수업한 후, 판화와 삽화 기술을 습득하고 당시의 거장 손힐을 사사했다. 사회적 지위를 얻기 위해 초상화 제작 에 몰두하여 일가를 이루고 다시 새로운 시도로서 교훈적 테마를 주제로 한 작품을 제작했다. 작품으로는 「매춘부의 편력」(1732), 「서서크의 시장」(1733), 「탕아의 편력」 (1735), 「당대 결혼 풍속」(1745) 등이 있다. 날카로운 사회 관찰을 바탕으로 당시의 시 대상을 풍자한 그의 작품은 변화가 풍부한 주제의 전개와 생생한 표현으로 높은 평가

를 받았다.

14) 독일의 동물학자인 A. E. 브렘(1829~1884)은 『동물들의 삶』, 전 6권(1864~1869) 의 저자였다. 프란츠 헤셀의 친구인 헬렌 그룬트에 대해서는 헤셀, 『베를린 산책』의 불어본(『베를린의 산책로들』, 그르노블, 그르노블 대학 출판부, 1989), pp. 17ff에 붙인 J. M. 팔미에르의 서문을 보라.[J.L.]

15) 여자들이 스커트를 펼치기 위해 사용한 테를 가리키는데, 주로 고래뼈가 이용되었다.

16) 'lorette'는 저널리스트인 네스토르 로크플랑이 1840년에 몸이 가벼운 여인들을 가리키기 위해 처음 사용한 용어로, 이들의 대다수는 노트르담 드 로레트Notre-Dame de Lorette 주변의 재건축 구역에 몰려 살았다.

17) 19세기 프랑스령 알제리에서 편성된 보병을 가리킨다.

18) '쇼세 당탱'은 금융·상공업자들이 몰려 살던 센 강 우안의 고급 주택가.

19) 센 강 좌안의 귀족 계급의 주택지.

20) 1851년 12월 2일에 일어난 루이 나폴레옹의 쿠데타에 대한 언급. 12월 2일과 크리놀린 스커트는 모두 반동(주의)의 승리를 대변한다.

21) 여기서 괴테의 『파우스트』, 1부, 2038~2039행에 나오는 메피스토펠레스의 연설의 반향을 느낄 수 있다.

22) 앙리 포시용, 『형태의 삶』, 강영주 역, 학고재, 62페이지.

23) 끈으로 턱 밑에서 매는 모자를 가리킨다.

24) 원래 『사회 연구』, 6(1937)에 게재되었던 이 논문은 GS, II, 497페이지의 주 50에 실려 있다.[R.T.]. 「수집가와 역사가로서의 에두아르트 푹스」, 『발터 벤야민의 문예이론』, 반성완 역, 민음사, 303페이지.

C 태고의 파리, 카타콤베, 폐허, 파리의 몰락

1) 베르길리우스, 『아이네이스』, 6권, 126행. 벤야민은 라틴어에서 인용하고 있다.

2) 기욤 아폴리네르, 『시 작품집』, 파리, 갈리마르, 1956년, 39페이지(「알코올」).[R.T.]

3) 이들 초현실주의 뮤즈들 중의 일부의 신원은 좀더 정확하게 식별될 수 있다. 루나는 달을 가리킨다. 케이트 그리너웨이(1846~1901)는 동화책의 삽화로 유명한 영국의 화가였다. 모르스는 죽음을 가리킨다. 클레오 드 메로드(1875~1966)는 화류계의 전형을 보여주는 프랑스의 무용가이자 배우였다. 둘시네아는 돈키호테의 연인으로 이상화된 여인의 이미지를 대변하는 인물이었다. 리비도는 프로이트에 관한 암시

를 담고 있었다. 베이비 케이덤은 홍보와 광고를 대변하는 인물이었다. 프리데리케 캠프너(1836~1904)는 독일의 시인이자 사교계의 명사였다. 두 개의 다른 '뮤즈들의 목록' ([F°, 4]와 [F°, 10]을 보라)과 비교해보면 둘시네아는 입센의 헤다 가블러의 변형태이며, 벤야민은 괴테의 친구 중의 하나이자 화가인 안젤리카 카우프만(1741~1807)을 추가할 생각이었다는 것을 알 수 있다. 아마 가장 초기의 것으로 보이는 또다른 목록은 「파리의 아케이드들」([h°, 1])에서 발견된다.[J.L.]. 레즈비언 예술가인 게슈비츠 백작의 딸은 프랑크 베데킨트의 『대지의 영혼Erdgeist』과 『판도라의 상자』에 나오는 등장인물 중의 하나로, 이 두 희곡은 알반 베르크의 미완의 오페라 『룰루』에 영감을 제공한 바 있다. 팁세의 정체는 미스터리로 남아 있다. 벤야민은 초현실주의의 어머니는 아케이드eine Passage였다고 쓰고 있는데, 여기서 그가 이 독일어 명사의 여성형을 이용해 말놀이를 하고 있는 것을 알 수 있다.

4) 다나에는 그리스 신화에 나오는 아르고스의 왕 아크리시오스와 라케다이몬의 딸이다. 아크리시오스는 딸의 아들(외손자)의 손에 죽는다는 신탁을 받자 고민 끝에 바다의 외딴 섬에 무쇠 탑을 쌓은 다음 다나에를 안에 가두어버린다. 어느 날 제우스는 탑 안에 있는 다나에를 발견하고는 황금 빗물로 변신하여 그녀의 두 무릎 사이로 스며들어 교접交接하여 페르세우스가 태어나게 되는데, 결국 아크리시오스는 외손자 페르세우스의 손에 죽게 된다.

5) 팔레스타인, 이집트, 이탈리아, 로마에 대해 자세히 알고 있었으며, 특히 그리스에 대해 소상히 알고 있어 『그리스 안내』를 썼다. 주로 그는 미신, 신앙, 신화 등을 포함해 주요 도시와 주변 지역의 역사와 지지地誌를 개략적으로 묘사하고 있으며, 풍경의 묘사는 별로 없으나 자연 현상을 상세히 설명했고, 뒤에 가서는 산물과 사회생활을 개관하고 있다. 또 모든 종교적 유물, 가령 올림피아와 델포이의 신앙, 아테네의 옛 영광 또는 역사적 싸움터, 기념물, 특히 예술적인 기념물을 사랑했다. 그의 기술의 정확성은 유물에 의해서 확증되고 있다.

6) 뉘생장은 『사촌 여동생 베트』의 등장인물. 뒤 틸레는 『세자르 비로토』의 금융 자본가이며 오라스 비앙숑은 『인간희극』 중의 『고리오 영감』에 등장하는 인물로 후일 유명한 의사가 된다. 세자르 비로토는 기업가로 성실한 상인의 전형이며, 고프세크는 『고프세크』의 주인공으로 고리대금업자의 전형이었다.

7) 카쿠스는 로마 신화에서 사람을 잡아먹는 거인으로 등장하며, 트로포니오스는 건축가였으며 사후에는 '트로포니오스의 신탁소'로 불리게 된 동굴에서 신탁을 내렸다고 한다.

8) 이 문장은 벤야민의 독일어 번역으로 실려 있다. 프랑스어 원본에 대해서는 *GS*, V, 1326페이지를 보라.

9) '사랑의 우물'이라는 뜻이다.

10) 괴테의 『파우스트』의 2부 1막(6264 이하의 행)을 언급하고 있다. 여기서 파우스트는 헬렌의 트로이를 발견할 수 있도록 해줄 수 있는 비밀을 찾아 어머니들 — 막연히 신화 속의 인물들로만 규정되고 있다 — 을 방문한다.

11) volets은 빛 막이 창, 덧문, 겉창을 가리킨다.

12) [H 1a, 3]을 참조하라.

13) 벤야민이 유년 시절에 다녔던 베를린의 파노라마관이다.

14) '기적 골목'이라는 뜻으로 걸식하는 사람들이나 도둑 등이 모이는 장소였다.

15) 빅토르 위고, 『레미제라블』, 206페이지.

16) 『체험으로 겪은 파리』, 파리, 1930년. [C 9a, 1]을 보라.

17) 센 강 우안의 탕플 지구에 인접해 있는 고지대로 교수대나 시체 투기 장소로 유명하다.

18) 엔니우스는 로마의 시인이었다.

19) 위고, 『레미제라블』, 1363~1364페이지.

20) 앞의 책, 1582~1584페이지(번역을 크게 바꾸었다).

21) 보들레르, 「백조」, 『악의 꽃』, 86페이지.

D 권태, 영겁회귀

1) 야콥 반 호디스(한스, 다비드존), 『세상의 끝』, 1911년, 『시 전집』, 취리히, 1958년, 446페이지(「비탄」).[R.T.]

2) 요한 페터 헤벨, 『작품집』, 프랑크푸르트 암 마인, 1968년, 1권, 393페이지.[R.T.]

3) 『육필들』이라는 컬렉션(파리, 1863년)에 들어 있다.[J.L.]

4) 『보바리 부인』에 나오는 인물로 약사인 그는 부르주아의 전형을 대변한다.

5) 콜론 가 — 전에 파사주 데 콜론이었다가 1798년에 가로로 개조되었다 — 는 증권거래소 근처에 위치해 있었다.[J.L.]

6) 아무런 출전도 밝히지 않은 프랑스어로 인용하고 있다. 수많은 모험lieu des aventures은 「최초의 초고」의 [F°, 18]에서는 bien des aventures로 되어 있다.

7) 1830년 혁명을 가리킨다.

8) Schleppe는 '질질 끌다'라는 의미를 갖고 있다.

9) 갈레리 뒤 테르모메트르는 '온도계 갤러리', 갈레리 뒤 바로메트르는 '기압계 갤러리'라는 의미를 갖고 있다.

10) [B°, 4](「최초의 초고」)의 주석을 참조하라. 카뤼스는 후기 낭만주의 사상가로 의사이자 화가이기도 했다.

11) 사하라 사막에서 지중해 연안으로 부는 열풍을 가리킨다.

12) 페르디난트 하르데코프, 『시 전집』, 취리히, 1963년, 50페이지 이하를 보라.[R.T.]. 또 [B°, 5](「최초의 초고」)도 참조하라.

13) 다다이즘을 따르던 여성 시인.

14) 대중을 가리킨다.

15) 테베 성을 쌓은 신화 속의 인물.

16) 프랑스어에서 temps은 '시간'이라는 의미와 '날씨'라는 의미를 동시에 갖고 있다.

17) 앙드레 지드, 「마르셀 프루스트의 사후 '즐거움과 나날들'을 읽으며」.

18) *dolce far niente*: '달콤한 무위'라는 의미의 이탈리아어. 에피날 판화대중적인 채색 판화의 이미지들: 프랑스 남동부에 있는 에피날 시에서 생산되던 감상적인 종교 포스터들. 장 라코스트는 모그레비는 마르드뤼스가 번역한 『천일야화』의 「알라딘과 마술 램프」에 나오는 마술사 마그레뱅이 아닐까 하고 제안하고 있다. *SW*, 1권, 419페이지에 들어 있는 「나폴리」를 참조할 것.

19) 이 구절은 독일어로 일부 말놀이를 포함하고 있다. sich die Zeit vertreiben/austreiben이라는 표현은 die Zeit laden/zu sich einladen과 정반대 의미를 갖고 있다.

20) 라이언족은 '호기 부리는 남자'를 가리킨다.

21) 강댕은 젊은 선멋쟁이를 가리킨다.

22) 프티 크르베는 '맵씨꾼, 멋쟁이'를 가리킨다.

23) 드로게르는 트럼프 게임에서 진 사람이 한번 '죽어야' 하는 벌을 받는 것을 가리킨다.

24) 오펜바흐의 오페레타, 『파리 토박이의 삶』에 나오는 한 장면을 묘사하고 있다.

25) 퍼그 혹은 칼린으로 납작한 검은색 코에 털이 짧은 소형 애완견을 말한다.

26) 샤를 보들레르, 「악마 연도」, 『악의 꽃』, 122페이지.

27) 이 구절과 관련해 이보다 조금 앞서 쓴 다른 이본이 벤야민의 『왕복 서간집』, 549페이지에 들어 있다(벤야민은 이 편지에서 '희귀한 것을 발견했다'고 선언하고 있다).

28) Gründerjahre: 1870~1871년의 프랑스-프로이센 전쟁 직후 앞뒤를 가리지 않는 금융 투기가 붐을 이루던 시기를 가리킨다.

29) 이 문장은 계속해서 이렇게 이어진다. "여기서 말하는 사람은 결코 '예언자'가 아니다. 사람들이 종교의 창시자라고 부르는 병과 권력에의 의지의 소름 끼치는 잡종과는 전혀 무관하다."

E 오스만식 도시 개조, 바리케이드전

1) 게리뇽 에르상은 18세기 프랑스의 화가이다.

2) 프랑스 혁명 당시 토지를 사들인 악덕 상인들을 가리킨다.

3) 프리드리히 엥겔스, 「마르크스의 '프랑스에서의 계급투쟁, 1848~1850년'에 붙이는 서설」.

4) 마르크스, 『프랑스에서의 계급투쟁』, 『칼 마르크스 · 프리드리히 엥겔스 저작 선집』, 2권, 16페이지.

5) 벤야민은 경제학자인 프레데릭 바스티아가 라마르틴에게 보낸 공개 서한에서 인용하고 있는데, 그에 따르면 후자는 실제로는 푸리에를 인용하고 있다.[R.T.]

6) 입체감이 있다는 의미.

7) [E 5a, 6]을 참조하라.

8) [E 9, 1]과 비교해보라.

9) aqueduc과 archiduc(대공)을 이용한 말놀이.

10) 19세기 프랑스의 대표적인 풍자화가로 아메데 드 노에 공작(1819~1879)의 가명이다.

11) 기셀라 프로인트, 『사진과 부르주아 사회 : 예술 사회학 연구』, 뮌헨, 1968년, 67페이지.[R.T.]

12) 상사 재판소를 가리킨다.

13) 이 글은 계속해서 이렇게 이어지고 있다. "그리고 카오스를 파괴하는 가운데 그는 황제의 재원을 형성했다."

14) 1888년에 출판된 이 대중적인 유토피아 소설(『거꾸로 바라보며 : 2000~1887년』)의 14장에서 에드워드 벨라미는 험상궂은 날씨에 보도와 가로의 구석들을 둘러싸기 위해 길게 드리워진 방수포에 대해 묘사하고 있다.

15) 1833년 7월 대중의 저항에 굴복해 파리 시 인근에 요새를 건축할 계획을 포기한 이후 정부는 불법으로 화약과 무기를 제조했다는 누명을 씌워 몇몇 개인들(여기에는

에콜 폴리테크니크의 학생 4명도 포함되어 있었다)을 체포하는 것으로 복수했다. 이들은 12월에 방면되었다. G. 피네, 『에콜 폴리테크니크의 역사』(파리: 보드리, 1887년), 214~219페이지.

16) '동요', '격동'이라는 의미를 갖고 있다.

17) 니콜라 샤를레(1792~1845). 프랑스의 화가로 나폴레옹 군대를 찬미했는데, 19세기의 수십 년 동안 그의 그림은 인기의 절정을 구가했다.

18) 드니 라페(1804~1860). 프랑스의 삽화가. 도미에의 급우였다. 전투 장면을 묘사한 석판화로 가장 잘 알려져 있다.

19) 아래의 [E 10a, 3]을 보라.

20) 오노레 드 발자크, 『고리오 영감』, 박영근 역, 민음사, 396페이지(번역은 수정했다).

21) 프랑스 동부의 아르크-에-스낭에 건설하려고 했으나 미완성으로 끝난 이상 도시를 가리킨다.

22) 클로드-니콜라 르두(1736~1806). 프랑스의 건축가. 쇼의 이상 도시를 설계했는데, 그는 이를 아르크-에-세낭의 제염소를 확대한 형태로 구상했다.

23) 메조틴 토요판은 동판화 기법의 일종을 가리킨다.

24) corps simples. 이것은 동시에 '단순한 몸체, 단체' 등으로도 번역될 수 있다.

25) 크로이소스는 리디아의 마지막 왕으로 대부호를 상징한다.

26) 프리드리히 엥겔스, 「주택 문제」, 『칼 마르크스 · 프리드리히 엥겔스 저작 선집』, 4권, 236페이지.

F 철골 건축

1) 원고에는 'gas'로 되어 있으나 독일어판에서는 '유리'로 읽도록 교정되어 있다.

2) 아블뢰hableur, '허풍 떨기 좋아하는 수다쟁이'에서 나온 말이다. 그랑빌의 판화집인 『또다른 세계』에 나오는 인물 중의 하나이다.

3) 스틱스는 저승과 이승을 가르는 강으로, 카론이라는 뱃사공이 사자를 저승으로 데려가준다.

4) '철로'를 가리키는 독일어 Eisenbahn은 말 그대로 '철길'을 의미한다. 이 말은 1820년경부터 사용되기 시작했는데, 기차역Eisenbahnhof(이후에는 간단하게 Bahnhof로 바뀌었다)과 달리 강철 레일이 철을 대체한 이후에도 계속 그대로 사용되었다.

5) 칼 마르크스, 『자본』, 1권, 439~440페이지. 마지막 문장의 '도구의 체형'은

'Korperform des Werkzeugs'(말 그대로 하면 신체의 형태)를 번역한 것으로, 벤야민 본인이 이 용어를 그런 식으로 삽입해놓았다.

6) "더 많은 빛을!"은 괴테가 임종할 때 한 마지막 말이다.

7) 독일어 할레Halle와 영어 홀hall은 '지붕을 씌운 공간'을 의미하는 게르만어에서 유래하는 것으로, 이것은 다시 '씌우다, 감추다'를 의미하는 인도유럽어의 어원으로 거슬러 올라갈 수 있다. '홀hall'은 '지옥hell'과 어원이 같다. 이보다 앞선 시기에 홀은 방과 달리 바람이나 태양을 피하기 위해 설계된 널찍하고 반쯤은 개방된 구조(지붕은 기둥이나 원주들로 지탱했다)였다.

8) 실제로도 기계관Palais des Machines으로 알려진 이것은 1889년 만국박람회를 위해 엔지니어인 콩타맹, 피에롱, 샤르통이 지은 것이었다.[J.L.] 전거가 제시되어 있지 않은 인용문은 독일어로 되어 있다.

9) 1835년 7월 28일 불르바르 드 탕플을 따라 국민의회가 퍼레이드를 벌이는 동안 코르시카 출신의 음모가인 주세페 피에스키가 루이 나폴레옹을 암살하려 했으나 실패로 끝났다. 그의 '지옥의 기계' — 동시에 발사되도록 몇 정의 총을 묶어 만든 도구 — 는 17명을 죽였다.

10) 북프랑스에 있는 지명을 가리킨다.

11) 마이어베어는 오페라 작곡가인 야콥 베어(1791~1864)의 가명이다. 베를린에서 태어난 그는 1826년에 파리에 정착해 프랑스 스타일로 작곡했다.

12) 빅토르 위고, 『파리의 노트르담』, 정기수 역, 민음사, 12페이지(번역을 수정했다).

13) 앞의 책, 258페이지(번역을 수정했다).

14) 1855년의 박람회를 위해 비엘과 바로가 샹젤리제에 건설했다.[J.L]

15) 쉬롭셔에 있는 콜부룩데일의 주철 다리는 T. F. 프라차드가 건설했다.[J.L]

G 박람회, 광고, 그랑빌

1) 19세기 초에 로마로 이주한 독일 출신의 화가 집단을 가리킨다.

2) 한스 마카르트(1840~1884). '빈 예술가들의 왕자'로 불렸으며 아카데믹한 역사적 상징학에 기반한 그의 미술은 매우 장식적이었고 신화적인 주제에 의존하고 있었다.

3) 훔볼트의 최후의 저작이자 가장 위대한 저작인 『코스모스』(전 5권, 1845~1862년)는 유럽의 거의 모든 언어로 번역되었다. '사라져가는 쌍둥이 별'은 1권과 3권에서 논의되고 있다.

4) 1867년은 오펜바흐의 『제롤스타인 공작 부인』이 최고의 흥행을 거둔 해로, 앙리 메

이야크와 루도비크 알레비가 대본을 썼다.

5) 1850년 처음에 런던 건축 위원회에 의해 설계안이 거부되자 팩스턴은 그것을 『런던 뉴스』에 발표했으며, 그의 기발한 발상에 대한 대중의 반응이 너무 압도적이어서 위원회도 항복할 수밖에 없었다.

6) la réclame은 '광고'라는 의미이다.

7) 이 광고는 벤야민의 독일어 번역으로 실려 있다. 프랑스어 원본은 GS, V, 1327~1328페이지에 실려 있다.

8) 칼 마르크스, 『자본』, 1권, 89페이지.

9) 앞의 책, 91페이지.

10) 앞의 책, 89페이지.

11) 수정궁은 1936년 런던 남부에 있는 시든햄의 대화재 때 파괴되었다.

12) 필리어스 바넘(1810~1891). '지상 최대의 사기꾼'이자 '야바위의 왕자', '광고의 아버지' 등으로 불렸던 미국의 흥행사이자 사업가, 연설가로 주로 서커스 사업에 종사했다. 1871년에 브루클린에서 '지상 최대의 쇼'를 개막했다.

13) 제2차 아편전쟁(1856~1860) 말기에 영국과 프랑스의 동맹군은 북경을 점령해 중국 황제의 여름 궁전(원명원圓明園)을 불태워버렸다.

14) 1819년 1월 13일자 칙령은 프랑스 산업 제품을 '루브르의 방과 갤러리'에 공개적으로 전시할 것을 명령하고 있는데, 전시회 간격은 4년 주기를 넘지 말아야 했다. 심사 위원회가 정부로부터 보상금을 받을 전시업자를 결정했다.

15) 즉 1801년.

16) 안젤리카는 줄기를 식용으로 하는 미나리과 식물을 말한다.

17) 『파리의 비밀』(1842~1843)은 엄청난 성공을 거둔 외젠 쉬의 소설이었다.

18) 휴 월폴, 『요새』, 1932년, 248, 247페이지. [G 10, 1]에서 언급되고 있는 '거대한 하숙집'에 대한 묘사는 239페이지에 들어 있다. 벤야민은 독일어로 된 텍스트를 인용하고 있는데(제목은 영어로 되어 있다), 역자는 알려져 있지 않다.

19) 루이-필립을 암살하려다 실패한 '피에스키 기계' 사건의 주모자로 『레미제라블』에도 그의 이야기가 나온다.

20) 사냥감을 가리켜주는 개.

21) 마르크스, 『자본』, 359페이지.

22) 빅토르 위고, 『레미제라블』, 1415페이지.

23) 국제노동자협회(제1인터내셔널)는 1864년 9월에 창립되었으며, 이 조직의 총평

의회 사무국은 런던에 있었다.

24) 마르크스, 『자본』, 1권, 89페이지. '감각적인 동시에 초감각적'은 'sinnlich übersinnlich'의 번역어이다.

25) 독일의 노르트라인베스트팔렌 주에 있는 광공업 도시인 아헨의 프랑스어 이름으로 브뤼셀과 파리를 잇는 교통의 요지로 발달하였다.

26) J. W. 괴테, 「야상」, 『시 전집』, 취리히, 1961년, 339페이지.[R.T.]. [J 22a, 1]을 보라.

27) '풍부한 머리카락을 가진'이라는 뜻의 그리스어 동사 komao에서 만들어진 조어로서 '머리카락이 탐스러운 모양'이라는 의미이다.

28) *SW*, 2권, 85~90페이지를 보라(「해시시에 대한 나의 두번째 인상의 주요 양상들」). 또 아래의 [I 2, 6], [M 1a, 1] 그리고 [M 1a, 3]도 함께 참조하라.

H 수집가

1) 1857년 12월 30일 어머니에게 보낸 편지.

2) 닥터 미라클Mirakel과 자동 기계 인형인 올랭피아는 자크 오펜바흐의 오페라인 『호프만 이야기』(1881)에 나온다. 닥터 미라클은 죽음의 수호신으로 해석되어왔다.

3) 베를린에 있는 백화점.

4) 파사주 뒤 퐁뇌프를 가리킨다. 『테레즈 라캥』은 1867년에 처음 발간되었다.

5) 누구를 가리키는지가 확실하지 않다.

6) [R 1, 3]을 참조하라.

7) 플라톤, 『파에드로스』, 247c.

8) 보들레르, 『인공 낙원』(『악의 꽃』, 343~344페이지).

9) 이 책은 1864년에 발간되었다.

10) 하지만 수집가의 독특한 시선Blick에 대해서는 아래의 [H 2, 7]과 [H 2a, 1]을 참조하라.

11) 디킨스, 『골동품점』(런던: 헤론 북스, 1970년), 16페이지(1장).

12) 테오도르 W. 아도르노, 「디킨스의 '골동품점'에 대해: 하나의 강의」, 『문학론집』. 아도르노의 이 에세이는 『프랑크푸르터 차이퉁』지(1931년 4월 18일), 1~2페이지에 최초로 발표되었다. 디킨스에서 인용한 구절들은 각각 12장과 1장에 들어 있다.

13) 16세기를 가리킨다.

14) 발자크의 『절대의 탐구』의 주인공.

15) 발자크의 동일한 제목의 작품의 주인공. 알렉상드르 뒤 소메라르(1779~1842)는

프랑스의 고고학자로 1830년대에 프랑스의 공예품을 수집했는데, 그의 컬렉션은 1832년에 오텔 클뤼니에 기증되었다. 샤를 소바제오(1781~1860)는 프랑스의 고고학 자이자 파리 오페라 극장의 바이올리니스트로 1830년대에 광대한 컬렉션을 수집했는 데, 특히 르네상스 시기의 물품과 예술품이 많았다. 그의 수집품은 1856년에 루브르 박물관에 기증되었다. 자카즈의 신원은 확인할 수 없다.

16) 요한 호이징가, 『중세의 가을』, 285~286페이지(번역을 수정했다).

17) 이 단편에서 '분산'은 'Zerstreung'을, '침잠', '침잠해서 사유하는 것'은 'Tiefsinn'을, '패치워크'는 'Stückwerk'를 번역한 용어이다.

18) 마르셀 프루스트, 『되찾은 시간』, 282페이지. 수집가가 기억과 사물들의 세계와 맺는 관계에 대해서는 「최초의 초고」에 들어 있는 [Q°, 7]을 보라.

I 실내, 흔적

1) Mobiliar는 동시에 가구를 의미하기도 한다.

2) 토템 상을 그리거나 새겨서 집 앞 등에 세우는 기둥.

3) 딜리장스는 '승합마차', 바공 가르니는 '가구가 구비된 객차', 바공 농 가르니는 '가구가 구비되어 있지 않은 객차'를 가리킨다.

4) 고대 로마의 종교에서 집의 신神을 가리킨다.

5) 실내, 생물, 일상적인 풍경과 같은 친숙한 소재를 묘사하는 화풍을 가리킨다.

6) 터키와 이집트에서 고관에게 주어지던 칭호.

7) 이슬람 세계에서 가까운 친척 이외의 일반 남자들의 출입이 금지된 장소.

8) [I 4a, 2]를 보라. 쉬의 소설 『파리의 비밀』에서 잔혹한 악당 페랑 — 배신을 일삼는 수도승이 그의 공모자이다 — 은 크레올 세실리의 농간에 의해 목숨을 잃는다.

9) Spieß는 창으로서, Spießbürger는 말馬도 없이 창만으로 무장한 중세의 가난한 민병에서 유래한 말이다.

10) 자크-에밀 블랑슈, 『나의 모델이 되었던 사람들』, 파리, 1929년, 117페이지. 벤야민이 프랑스어에서 잘못 인용하고 있는 바레스의 말은 이렇다. 'Un conteur arabe dans la loge de la portiere(수위실에 있는 아라비아의 이야기꾼).' [R.T.]

11) 이 문장 전체는 1828년 1월에 있은 벤야민의 두번째 해시시 체험을 기록한 내용을 번안한 것이다. SW, 2권, 85~90페이지를 보라.

12) GS, VI, 567페이지를 보라(여기서 이 구절은 에른스트 블로흐의 것으로 되어 있다).

13) 드레스의 부풀린 소맷부리를 가리킨다.

14) 쿠션은 있으나 등받이나 팔걸이가 붙어 있지 않은 긴 의자.

15) 도끼와 창이 함께 붙어 있는 중세의 무기의 일종.

16) 고대 로마의 정원에 붙어 있던 넓은 홀.

17) 고대 로마의 남녀용 하의.

18) 고대 그리스에서 비극 배우가 키를 크게 보이기 위해 신었다.

19) 인용문은 각각 보들레르, 「처벌시편」, 「순교자」, 「처벌시편」에서 따온 것이다.

20) '닫힌, 폐쇄적인, 고루한' 이라는 의미이다.

21) 터키 궁전의 밀실에서 왕의 관능적 욕구를 충족시키기 위해 대기하는 궁녀들을 지칭하는 말.

22) 입센의 『건축가 솔네스』(1892)에서 솔네스 부인은 화재로 가족의 영지가 파괴될 때까지 남편 몰래 일곱 개의 인형을 감추어두는데, 이것은 솔네스로 하여금 한층 더 행복한 가족을 위해 집을 짓는 일을 다그치게 만든다.

23) 루이 장 네포뮈센 르메르시에(1771~1840). 희곡 작가이자 시인으로 낭만주의에 맞서서 고전 비극을 옹호했다. 프랑스 역사극의 비조로 알려져 있다.

24) 루이-필립의 통치는 '중도 정치 시대Juste Milieu'로 알려지게 된다. 1831년 연설에서 그는 이렇게 선언했다. "우리는 평화를 소중히 여겨야 합니다. 전쟁을 도발할 수 있는 모든 것을 피해야 합니다. 국내 정치의 경우 우리는 중도 정치를 유지하기 위해 전력을 기울일 것입니다." 도미에, 『120개의 대 석판화』, 찰스 F. 도무스 편, 뉴욕, 도버, 1978년, xi페이지에서 인용.

25) 마르크스, 『1844년 경제학·철학 수고』.

26) 베르사유 근처에 있는 다소 기괴한 집으로 발자크는 이 집을 1838년에 지은 다음 1840년에 떠났다.

27) 발자크의 친구인 문학가.

28) 보들레르, 『파리의 우울』(『악의 꽃』, 241페이지).

29) '생활을 쾌적하게 하는 것' 이라는 뜻이다.

30) 신조어로 '꿈속의 집' 이라는 뜻이다.

J 보들레르

1) 피에르 롱사르, 『전집』, 2권(파리, 플레이아드 총서, 1976년), 282페이지.[R.T]

2) 퐁시프poncif: 진부한 것, 상투적인 것, 진부한 작품, 클리셰cliche. 보들레르는 노

트에서 이렇게 말하고 있다. "새로 평범한 작품poncif을 지어내는 것, 그것이 곧 천재이다. 나도 평범한 작품을 하나 지어내야겠다." 보들레르,「화전, 20」,『내면의 일기』(『악의 꽃』, 434페이지). 또 보들레르의 「1846년 살롱」의 10절도 함께 참조하라.

3) 보들레르의 논문「리하르트 바그너와 파리에서의 '탄호이저'」가 발표된 날은 1861년 4월 1일이었다.

4) 보들레르,「벌거벗은 내 마음, 69」,『내면의 일기』(『악의 꽃』, 455페이지). "회화 작품images에 대한 예배를 찬미할 것(나의 커다란, 유일한, 처음부터의 열정)." ma primitive passion은 '원시적 열정'이지만 동시에 처음부터의 열정으로도 번역될 수 있다. 보들레르의 이 노트는 그림들images이 아이였을 때의 그에게 얼마나 중요했는지를 보여주는 것으로 읽을 수도 있을 것이다. 그의 아버지는 미술 애호가이자 아마추어 화가였다(보들레르가 여섯 살 때 사망했다).

5) 피에르 뒤퐁의『가요』는 1851년에 출판되었다. 보들레르는 1852년 3월 5일 후견인인 앙슬에게 전 해 12월에 있었던 루이 나폴레옹의 쿠데타는 "저를 물리적으로 정치에서 멀어지게 했습니다"라고 쓰고 있다.

6) 보들레르는 3일 동안 지속된 1848년 2월의 바리케이드전에 참가했었다.

7) 보들레르를 '파리의 시궁창'에서 구해내고자 또 돈을 물 쓰듯이 탕진해버린 데 대한 벌로 계부인 오피크 장군은 그를 캘커타 행 배에 태워버렸다. 1841년 6월에 출발해 희망봉에서 허리케인을 만나 죽다 살아나는 등 항해를 계속하다가 보들레르는 레위니옹 섬에서 하선해 1842년 2월 프랑스로 되돌아갔다.

8) 사실은 6장이 아니라 7장이다.

9) '하늘을 가리키는montrant du doigt le ciel 종루들'이라는 표현은 워즈워스의 시「소풍Excursion」의 한 행(6권, 19행)을 번역한 것인데, 다시 이 시행 자체가 콜리지의 글에서 인용한 것이다.

10) [J 52a, 4]를 보라.

11) 보들레르,「사람마다 키마이라를」,『파리의 우울』(『악의 꽃』, 225페이지).

12) G. K. 체스터튼,『찰스 디킨스』(1906년, 복각판, 뉴욕: 쇼켄, 1965년), 47페이지. 디킨스가 공장에서 검은 구두약 통에 딱지를 붙이던 어린 시절을 가리킨다. 벤야민이 인용한 불어본에는 '이 야생의 언어'는 '이 바로크적 단어Ce mot baroque'로 번역되어 있다.

13) 1857년 8월『악의 꽃』발간 후 보들레르와 출판업자들은 공중도덕 위반 혐의로 기소당해 유죄 판결을 받았다. 이들은 벌금형과 함께 시집에서 6편의 시를 삭제할 것을

명령받았다. 판결문에 따르면 이미지들이 "현실을 외설적으로 그리고 있다"는 이유에서였다.

14) 고대 그리스 축제에서 공양물을 바구니에 담아 머리에 이고 운반했던 젊은 처녀를 가리킨다.

15) philosophy of composition: 포에게는 동일한 제목의 글이 있는데, composition은 '작문'으로도 또 '구성'으로도, philosophy 또한 '철학'으로도 또 '원리'로도 번역 가능하다.

16)「어스름 저녁」과「어슴 새벽」을 가리킨다.

17)「젊은 문인들에게 주는 충고」.『낭만과 예술』은 원래 1869년에 최초로 발간된 보들레르의 전집 3권으로 발간되었다. 제목은 분명히 편집자들이 붙인 것이다.

18) 이 구절은 보들레르가 la plastique(조형적인 것, 조형적 형태, 세련된 형태)로 대변되는 몇몇 고전적인 미 관념을 얼마나 혐오하는지를 잘 보여준다.

19) 아래서 말하는 책은 쥘 미슐레,『16세기의 프랑스 역사』(1855)를 가리킨다.

20) [J 2, 1]을 참조하라.

21) 보들레르는 여기서 니체가『반시대적 고찰: 삶을 위한 역사의 유용성과 무용성에 대해』의 2부에서 행하고 있는 골동품상에 대한 비판을 예견하고 있다. 보들레르에서 인용한 문장 다음에 이어지는 구절에서 벤야민은 변증법적 과정을 "고대적인 것에 새겨진 ……" 하는 문장으로 상술하고 있다.

22)「우울과 이상」은『악의 꽃』의 첫번째 시군을 이루고 있다.

23) 보들레르,『악의 꽃』, 77페이지.

24) 정확하게는 스포엘베르슈(Spoelberch)이다.

25) 미국의 인디언 부족을 가리킨다.

26) 보들레르는 알퐁스 투스넬의 저서『동물의 정신』을 1부 증정받은 바 있었다.

27) 보들레르는 1861년 말 아카데미 프랑세즈의 회원이 되려고 했으나 성공하지 못했는데, 그렇게 하려면 40명이나 되는 정회원을 의무적으로 일일이 방문해야 했다. 입후보를 철회하기 전까지 그는 약 절반 정도의 회원을 방문했다.

28) 1864년 11월 13일 앙슬에게 보낸 편지.

29) 1866년이 아니라 1868년의 오기이다.

30) 라신의 극『아탈리』(1691), 2막 5장에서 주인공인 아탈리가 돌아가신 어머니 제자벨에 대해 꾼 꿈을 가리킨다.

31) 이 글에서 언급하고 있는 내용은『악의 꽃』에 들어 있는 보들레르의 시「발코니」

와 「춤추는 뱀」을 가리킨다.

32) 보들레르의 친구로 시인이자 작가였다.

33) 유럽 상류 사회에서 '멋쟁이 브뤼멜Beau Brumel'로 불리어진 전설적인 멋쟁이 조르주 브뤼멜(1778~1849)을 가리킨다.

34) 인용은 각각 「명상」, 「상승」, 「시계」, 「풍경」에서 한 것이다.

35) 「벨기에의 궁핍」을 가리킨다.

36) 헬싱괴르는 덴마크의 항구 도시로 『햄릿』의 무대가 된 고성 크론보리 성이 있다.

37) 세 명 모두 보들레르가 사랑했던 여인들이다.

38) 보들레르, 「벌거벗은 내 마음, 5」(『악의 꽃』, 440페이지).

39) [J 20a, 2]를 참조하라.

40) 고전 라틴어 이외의 라틴어를 가리킨다.

41) 보들레르는 E. T. A. 호프만의 『극히 산만한 생각』 중 음악에 관한 '크라이슬러의 논문들'에서 인용하고 있는데, 이 글은 저자의 대중적 대변인인 요하네스 크라이슬러의 이름을 따서 이렇게 불리고 있다.

42) 보들레르는 브뤼셀에서의 5차례 공개 강연 중 첫 강연을 1864년 5월 2일에 가졌다. 이 강연은 반응이 좋았지만 나머지 4회 강연은 참담한 실패로 끝났다.

43) 이 문장을 보들레르의 의도를 고려하면서 읽으면 "조국의 영광을 위해 열심인 어떤 프랑스 작가라도 자부심과 애석함 없이는 …… 시선을 돌릴 수 없을 것이다. ……"라고 읽어야 하지만 문자 그대로 읽으면 "…… 시선을 돌릴 수 있다고는 볼 수 없다"라는 부분 부정의 의미가 되어버린다.

44) 이것은 앙리 나바르의 유명한 말에 대한 말놀이이다. 1593년 앙리 4세로 프랑스의 왕위에 오르게 되자 가톨릭으로 개종하면서 그는 "파리는 미사의 가치가 있다Paris vaut bien une messe"라고 말했다.

45) 1857년 7월 13일자 편지.

46) 1860년 2월 18일 아르망 프레즈에게 보낸 편지.

47) "여기서 멀리 떨어진 저승에서밖에는! 너무 늦었다! 영영 못 만나리!
그대 사라진 곳 내가 모르고, 내가 가는 곳을 그대 모르니,
오, 나는 그대를 사랑했을 터인데! 오, 그런 줄 알고 있었을 그대여!"(92~93페이지).

48) 1861년경 12월 16일경. 이 책은 『악의 꽃』 2판을 가리킨다.

49) 발자크의 『고리오 영감』의 말미에 주인공인 라스티냐크가 센 강 우안의 페르 라셰즈 묘지의 높은 곳에서 파리를 내려다보며 파리를 향해 일 대 일 승부를 선언하는

장면이 있는데, 이것을 가리킨다.

50) 지드는 보들레르의 『악의 꽃』을 위한 「서문」의 초고에서 인용한다. 보들레르의 '일기'에 나오는 구절에 대해서는 「화전, 17」을 보라.

51) [J 55a, 1]을 참조하라.

52) 인용은 「슬픈 연가」, 「흡혈귀」, 「지옥에 떨어진 여자들」에서.

53) 보들레르, 「벌거벗은 내 마음, 73」(『악의 꽃』, 456페이지). 르메트르의 텍스트에는 horreur이 아니라 degout로 되어 있다.

54) 보들레르, 「파괴」, 『악의 꽃』, 110페이지.

55) 인용은 보들레르, 「원수」(35페이지), 「길 가는 집시」(36페이지), 「가을의 노래」(64페이지)에서. 모두 『악의 꽃』에 수록되어 있다.

56) 1859년 5월 16일 나다르에게 보낸 편지. 이 문장은 계속해서 이렇게 이어진다. "'죽음의 춤'의 역사에 관한 아생트 랑글루아의 책을 여기저기 들추어보다가 이러한 생각이 떠올랐습니다." 또 [J 26, 2]도 참조하라.

57) 지드가 인용한 글은 보들레르의 개인 일기에 들어 있는 한 문장을 가리킨다. 「화전, 1」(『악의 꽃』, 425페이지)를 보라.

58) 에드가 앨런 포, 「심술궂은 어린 악마」.

59) 보들레르의 의붓아버지.

60) 라포르그는 이렇게 쓰고 있다. "수인囚人의 수동적 역할, 즉 여성의 역할."

61) 편집자들은 이 편지를 쓴 날짜를 8월 13일로 추정하고 있다.

62) 「에드가 포에 관한 새로운 노트」는 실제로는 포에 관한 보들레르의 세번째 에세이로 1857년에 출간된 번역본 2권의 서문으로 사용되었다. 고티에 론은 1859년에 발표되었다.

63) 오비디우스, 『변신 이야기』, 1권, 84~86행.[J. L.] 보들레르, 「화전, 3」을 보라.

64) 보들레르, 「천직」, 『파리의 우울』(『악의 꽃』, 264페이지).

65) 1827년에 아버지가 돌아가신 후 보들레르는 얼마간 어머니 그리고 하녀인 마리에트와 파리 근교에 있는 네이의 한 집에서 살았다.

66) 보들레르, 「1846년 살롱」.

67) "Je ne pouvais aimer …… que si la mort melait son souffle a celui de la Beaute." 세이에르는 전거를 밝히지 않고 이렇게 인용하고 있다. 아마 「작문(구성)의 원리(철학)」에 나오는 한 구절을 각색한 것 같다. "모든 우울한 주제 중 무엇이 …… 가장 우울한가? 죽음이 그것이다. …… 그리고 이 가장 우울한 주제는 언제 …… 가장

시적일까? 미와 가장 긴밀하게 결합될 때 그렇다. 아름다운 여인의 …… 죽음은 … 세계에서 가장 시적인 주제이다. ― 그리고 그러한 주제에 가장 적합한 입술은 사랑하는 사람을 잃은 연인의 입술이다."

68) 보들레르, 『서간집』, 파리, 갈리마르, 1973년, 1권, 410페이지(1857년 7월 9일 카롤린 오피크에게 보낸 편지).[R.T.]

69) 보들레르, 『전집』, 파리, 플레이아드, 1976년, 1권, 102페이지(「파리의 꿈」).[R.T.]

70) 보들레르, 「상승, 3」, 『악의 꽃』, 30페이지.

71) 보들레르, 「태양」(84페이지), 「언제나 이대로」(53페이지). 모두 『악의 꽃』에 수록되어 있다.

72) 보들레르, 『전집』, 1권, 203페이지(Je n'ai pas pour maitress). [R.T.]. 사라는 보들레르의 최초의 연인이었다.

73) 보들레르, 「못된 유리 장수」, 『파리의 우울』(『악의 꽃』, 227~229페이지). 1914년에 나온 지드의 소설 『교황청의 지하실』에는 독실한 늙은 바보를 무자비하게 살해하는 라프카디오에 의해 실천되고 있는 무상의 행위 이론을 찾아볼 수 있다.

74) 보들레르, 「성 베드로의 부인」, 『악의 꽃』, 120페이지.

75) 보들레르, 「레스보스」, 앞의 책, 138페이지.

76) 보들레르, 「집념」(77페이지), 「파리의 꿈」(100페이지). 모두 『악의 꽃』에 수록되어 있다.

77) 보들레르, 「즐거운 주검」, 앞의 책, 74페이지.

78) 보들레르, 「무덤」, 앞의 책, 73페이지.

79) 보들레르, 「지나가는 여인에게」, 앞의 책, 92페이지.

80) 보들레르, 「집념」, 앞의 책, 77페이지.

81) 보들레르, 「여행」, 앞의 책, 131~132페이지.

82) 보들레르, 「발코니」, 앞의 책, 50페이지.

83) 보들레르, 「고독한 사람의 술」, 앞의 책, 116페이지. 테오도로 W.-아도르노의 『알반 베르크』에 들어 있는 보들레르에 관한 구절 그리고 베르크에 관한 구절과 비교해 보라.

84) J. W. 괴테, 「야상」.

85) "C'est un génie sans frontiére"(「나의 몇몇 동시대인들에 대한 고찰」).

86) 살인이나 재난을 주제로 한 거리의 연예인들의 노래를 가리킨다.

87) 위고, 『시집』, 190페이지, 192페이지, 193페이지(『동방 시집』이라는 제목이 붙은

연작 시집).

88) 아래의 [J 24a, 1]을 참조하라.

89) 프리드리히 드 라 모트 푸케(1777~1843). 독일의 낭만파 작가로 요정 이야기인 『운디네』(1811)는 큰 인기를 끌어 E. T. A. 호프만에 의해 오페라로 각색되었다.

90) [T 4a, 2]를 참조하라.

91) [J 1, 1]을 보라.

92) 부르댕의 기사는 티에리의 우호적인 지적이 있기 9일 전인 1857년 7월 5일 그의 장인의 신문에 실렸다. 보들레르에게 이러한 비난이 가해진 것은 최소한 부분적으로 나마 보수적인 신문인 『르 피가로』에 책임이 있다는 의견이 제시되어왔다. [J 27a, 3]을 참조하라.

93) 아마 지옥의 문 위에 새겨진 경고문을 가리키는 것 같다. *"Lasciate ogne speranza voi ch'intrate*여기 들어오는 자 모든 희망을 버려라." 단테의 「연옥」, 3곡 중에서.

94) [J 16, 3]을 참조하라.

95) 헨드릭 골치우스(1558~1617)는 네덜란드의 바로크 시기의 화가이자 판화가.

96) 「파리의 꿈」은 기에게 헌정되었다.

97) 『악의 꽃』의 서문을 위한 보들레르의 세번째 초안의 끝 부분을 보라. '베르길리우스(『앙드로마크』에 관한 군데 전부).'

98) 이 두 단어는 도르빌리의 편지에서는 각각 Gouges, garces로 되어 있지만 벤야민은 세이에르의 인용에서 g …… g ……로 생략되어 있는 그대로 인용하고 있다.

99) 보들레르, 『전집』, 1권, 68페이지(「파리의 꿈」).[R.T.]. '「위험한 관계」에 대한 서평」으로부터. "Sand est inférieure a Sáde." [J 49a, 1]을 참조하라.

100) 보들레르, 『전집』, 1권, 5페이지(「독자에게」).[R.T.]. 「독자에게」의 5행.

101) 보들레르, 「1855년 만국박람회」.

102) 보들레르, 『전집』, 2권, 132페이지(「나의 몇몇 동시대인들에 대한 고찰」).[R.T.]. 보들레르의 「빅토르 위고, 3」에서 이러한 견해를 찾아볼 수 있는데, 인용 부호 안의 내용은 보들레르의 것이다. 벤야민의 원문에는 인용 부호가 없으며 대신 불어 원문으로 되어 있다.

103) 1852년 3월 20일 보들레르가 풀레-말라시에게 보낸 편지에서 세이에르가 인용한 것을 벤야민은 불어 원문 그대로 인용하고 있다. 원문에는 인용 부호가 없다.

104) 보들레르, 「벌거벗은 내 마음, 8」(『악의 꽃』, 441페이지).

105) 장 비유메상(1812~1879). 프랑스의 언론인으로 『피가로』지를 창간했는데, 이

신문은 처음에는(1854) 주간지로, 그리고 이후부터는(1866) 일간지로 발간되었다.

106) 생트뵈브의 논문 「임박한 아카데미 선거에 대해」에는 보들레르를 "모범적인 후보, 멋진 젊은이"라고 다소 생색을 내듯이 언급한 구절이 들어 있다.

107) 『외경』, 40절 8장.

108) 연도들이 틀렸다. 『비평의 문제들』(2판)은 1889년에, 『현대 문학론』은 1892년에, 『속 현대 문학론』은 1895년에, 그리고 『프랑스 서정시의 변천』은 1894년에 발간되었다.[R. T.]

109) 이것은 1861년이 아니라 1862년 가을의 일이며, 아르센 우세는 『동시대 평론』이 아니라 『라 프레스』의 편집장이며, 산문시가 게재된 것 또한 『라 프레스』이다.

110) 그러한 사실이 없다.

111) 1863년 11~12월호에 실렸다.

112) 보들레르는 『인공 낙원』 간행 두 달 후인 1860년 8월 18일에 풀레-말라시에게 "퐁마르탕 씨에 대해 사용한 도덕의 대단한 광기라는 말 때문에 내무성이 검인을 거부했다"고 쓰고 있다. 『인공 낙원』에 수록된 「아편 흡입자」 5장 말미에 나오는 토마스 드 퀸시 추도 노트 중에서 논적 퐁마르탕을 공격하기 위해 그러한 표현을 사용하고 있으나 '검인'에 대한 상세한 사항은 불명확하다. 서점에서 판매하는 서적에는 검인이 불필요했다. 보들레르는 그것을 필요로 하는 행상 판매의 허가를 내무성에 신청하였으나 거부당했다.

113) 보들레르, 「벌거벗은 내 마음, 7」(『악의 꽃』, 440페이지. 번역을 바꾸었다). 이 항목의 마지막 문장은 벤야민 본인의 글로는 이렇게 되어 있다. "Das Historische ins Intime projiziert."

114) 『인민의 대변자Représentant du peuple』는 프루동이 운영하던 일간지였다.

115) 이 출전 표기는 잘못되어 있다. 이는 크레페 부자의 『보들레르』에 채록되어 있는 쥐디트 클라델의 아버지, 레옹 클라델의 「돌아가신 스승의 집에서」에 나오는 한 구절을 가리킨다. 「돌아가신 스승의 집에서」는 저자 본인에 의해 수정되고 확대된 형태로 중편 소설 「뒤크스」가 되며, 후일 『인물상』(1879년)에 수록된다.

116) 보들레르, 『전집』, 1권, 194페이지.[R. T.]. 문제의 노트들은 『악의 꽃』에 대한 재판에 대비해 보들레르가 준비해둔 것이다.

117) 보들레르, 「벌거벗은 내 마음, 60」(『악의 꽃』, 452페이지. 번역을 크게 수정했다).

118) 외젠 크레페, 『샤를 보들레르』, 파리, 레옹 바니에, 1906년, 288~289페이지. 함께 불르바르를 걷다가 보들레르가 오후 5시라는 이른 시간에 저녁을 먹고 싶다고 하

자 마침 코감기 기운이 있던 아슬리노는 먼저 사는 곳에 가서 손수건을 하나 더 가져 올 수 있다는 조건 하에 좋다고 동의했다. 그러자 보들레르는 저녁을 먹는 동안 지금 갖고 있는 손수건으로도 두세 번은 충분히 코를 풀 수 있다고 항의하면서 손을 내밀며 '보여줘 봐'라고 소리쳤다.

119) [J 3a, 2]를 참조하라.

120) 보들레르, 『서한집』, 파리, 갈리마르, 1973년, 1권, 30페이지(어머니에게 보내는 편지로 아마 1845년 파리에서 쓴 것 같다).[R.T.]

121) 보들레르는 1863년 3월 4일자 편지에서 이렇게 쓰고 있다. "그렇다면 정말 당신은 당신 자신의 체면도 구길 수 있는 사교 모임에서 제 체면도 훼손시키길 원하는 것입니까?" 여성 찬미자는 화가인 프레데리크 오코넬로, 보들레르는 「1846년 살롱」과 「1859년 살롱」에서 그에 대해 언급하고 있다.

122) 이 편지를 보낸 결과 벌금은 300프랑에서 50프랑으로 줄어들었다.

123) 보들레르, 「웃음의 본질에 대해, 5」의 끝 부분에 나오는 구절이다.

124) 알로이스 제네펠더(1771~1834). 체코 태생으로 석판화(1796)와 컬러 석판화(1826)를 발명했다. 뮌헨에 있는 왕립 바이에른 인쇄소의 지도 검사관이었다.

125) 북아프리카 카르타고 태생으로 서방 교회 최초의 교부였다. 신학에 관한 많은 저작을 남겼는데, 특히 문장가로서 교회의 신학과 법률을 위해 뛰어난 술어를 남긴 것으로 알려졌다. 특히 "불합리하기 때문에 나는 믿는다"라는 말로 유명하다.

126) 에드가 앨런 포, 「군중 속의 인간」.

127) 콜리지의 『문학 평전』(1817) 속에 들어 있는 상상력imagination과 환상fancy 사이의 고전적인 구분을 참조하라.

128) 『가을의 잎』에 수록되어 있는 시이다.

129) 문제의 구절은 실제로는 포의 「시학의 원리」로부터 인용한 것이다.

130) 문제의 잡지는 『르 시에클』이다.

131) 루이-구스타브 리카르(1823~1873). 19세기 프랑스의 대중적인 초상화가로 고티에, 보들레르, 나다르의 격찬을 받았다.

132) "Ce … je ne sais quoi de malicieux."

133) 알프레드 드 비니, 『전집』, 1권, 파리 1883년, 252~253 페이지.[R. T.]

134) 베를렌, 『샤를 보들레르』, 2권에 들어 있다.

135) 『르 무브망』지 견본 호에 보들레르 뒤파이스 저, 『루카누스의 사랑과 죽음』의 광고가 나온 것을 가리키는데, 이 저서는 쓰여지지 않았다.

136) 보들레르,『악의 꽃』, 149페이지.

137) 크레페가 인용한 투뱅의 증언에서는 '월세 지불일'이라는 표현이 '빚을 지불할 기한이 다가오면'으로 되어 있다.

138) 실제로 크레페가 열거하고 있는 것은 13개이다.

139) 이 강조 표시는 벤야민의 발췌에서는 강조되어 있지 않으나 보들레르의 원문에서는 이탤릭체로 되어 있다. 뒤에 나오는 「생명의 횃불」에서도 마찬가지이다.

140) 원문에는 인용 부호가 없지만 보들레르로부터의 인용이다.

141) 콩스탕 트루아용(1813~1865). 19세기 프랑스의 풍속화가로 바르비종파의 일원이었으며 동물화로 유명했다.

142) 보들레르, 「화전, 1」,『내면의 일기』에 들어 있다. 보들레르는 '향락'과 '도취'에 대해 모두 ivresse라는 단어를 사용하고 있다.

143) 독일어로는 Depotenzierung이라고 한다. potenzieren은 '희석시키다'를 의미하는 유사요법 용어 중의 하나이다.

144) 「화전, 6」에 들어 있다(번역을 수정했다).

145) 분뇨로 둘러싸인 자궁에 태아, 따라서 영혼이 머물러 있다는 것을 가리킨다.

146) 「화전, 1」에 들어 있다(번역을 수정했다).

147) inamovible. 단 1938년 이후에는 '저항하기 힘든invincible'으로 해독되고 있다.

148) 「벌거벗은 내 마음, 65」(번역을 수정했다).

149) 보들레르, 「홀린 사나이」,『악의 꽃』.

150) 에드몽 아부(1828~1885). 프랑스의 소설가, 희곡 작가, 저널리스트.

151) 프란시스크 사르세(1827~1899). 프랑스의 저널리스트이자 희곡 비평가.

152) 『샤를 보들레르 서한 선집』, 159페이지(1860년 10월 11일자 편지를 보라).

153) 위고가 망명하고 있던 영국령 저지 섬에 살던 집의 이름을 가리킨다.

154) 에르네스트 엘로(1828~1885). 프랑스의 철학자이자 비평가로 저서로는『문체』(1861),『철학과 무신론』(1888)이 있다.

155) 스타니슬라스 과이타(1861~1897). 이탈리아 태생의 프랑스 시인이자 신비주의자로, 한때 모리스 바레스의 추종자였다. 『길 위의 새들』(1881),『검은 뮤즈』(1883) 등의 시집이 있다.

156) 「화전, 14」.

157) 오귀스트 바르텔레미(1796~1867). 프랑스의 풍자시 작가.『네메시스』라는 주간지를 편집했는데, 이 잡지는 1831~1832년에 루이-필립 정부를 공격했다. 1824~

1834년에 조제프 메리와 협력했다.

158) 장 주르네(1799~1861). 푸리에주의를 추종하는 전도사 겸 시인으로 약국을 그만두고 20년이 넘는 세월 동안 달랑 배낭과 옷 몇 가지만을 들고 열정적 개인주의를 설교하면서 세상을 주유했다. 나다르가 사진으로 찍은 바 있다.

159) 벤야민의 원문에는 인용 부호가 표시되어 있지 않다.

160) 조제프 브롱스키(1778~1853). 폴란드 태생의 수학자이자 철학자로 『메시아주의: 철학과 종교의 최종적 통합』(1831~1839)이라는 저서가 있다.

161) 보들레르의 논문은 처음에는 1845년 11월 24일자 『르 코르세르-사탕』지에, 그리고 1년 후에는 『메아리』지에 재수록되었다.

162) 카미유 펠레탕(1846~1915). 프랑스의 언론인이자 정치가로 급진 사회당의 기관지인 『라 쥐스티스』의 초대 편집장을 역임했다. 피에르 펠레탕의 아들이다.

163) '예술 정치(학)'는 Kunstpolitik의 번역어이다.

164) 마르셀 뤼프는 보들레르, 『전집』(파리: 쇠이유, 1968년), 50페이지(이 페이지 전체를 복사해서 실어놓았다)에서 이 글을 풀레-말레시가 쓴 것으로 추정하고 있다.

165) 사실은 『조국』지가 게재를 거부했기 때문에 같은 해 8월에 간행된 소책자 『'악의 꽃'의 저자 샤를 보들레르를 위한 변호론집』에 수록되었다.

166) 보들레르의 산문시 중의 하나이다. 그리스 신화에서 키마이라는 사자의 머리, 산양의 몸, 뱀의 꼬리를 갖고 있으며 입에서 불을 뿜어내는 괴물이지만 이를 가리키는 프랑스어 chimere는 보통 명사로서 '망상', '도중에 깬 꿈' 등을 의미한다.

167) 7월로 추정된다.

168) 1843년에 파리에서 발간되었다.

169) 오귀스트 도종의 가명으로 발칸 반도 출신의 프랑스 외교관이자 학자인 그는 불가리아와 알바니아의 시를 번역했다.

170) 처음 두 사람은 보들레르의 친구이고 세번째는 보들레르 자신의 필명이다.

171) 고딕 건축에서 부벽扶壁과 주 건물 사이를 연결하는 벽받이.

172) 1864년 4월 14일자 『피가로』지에 보들레르가 무기명으로 발표한 「셰익스피어 탄생 기념제 — '피가로'지 편집장에게 보내는 공개 서한」을 가리킨다. 보들레르는 이 글에서 같은 해 4월 23일에 망명 중인 위고를 명예 의장으로 추대할 예정이던 셰익스피어 탄생 기념제에 위고와 민주주의를 찬미하려는 의도가 숨어 있다고 고발하고 있다. 결국 정부에 의해 연회의 금지가 결정되었는데, 보들레르의 이 기사가 도화선이 되었다고 볼 수 있다.

173) 1868년 아슬리노와 방비유에 의해 사후에 발간된 보들레르의 비평집 제목.

174) 네 명 모두 발자크의 작품에 나오는 인물들이다.

175) [J 31a, 1]을 참조하라.

176) 「벌거벗은 내 마음, 83」에 들어 있다(번역을 수정했다). '골족 기질' 은 음탕하고 상스러운 말이나 야비한 농담을 일삼는 것을 좋아하는 취향을 가리킨다.

177) 「벌거벗은 내 마음, 41」(번역을 수정했다). '패를 지어서' 는 'en societe' 의 번역어이다.

178) 「화전, 17」에 들어 있다(번역을 수정했다).

179) 「화전, 17」에 들어 있다.

180) 「여행」, 『악의 꽃』에 나오는 표현.

181) 실내화室內畵인 「알제의 여자들」을 가리킨다.

182) 롤프 티데만은 이 '끝을 알 수 없는insondés' 은 벤야민의 것이라고 지적하고 있다.

183) 정확하게는 9점의 데생으로 이루어진 「삼손 이야기」를 가리킨다.

184) 허풍선이 남작을 가리킨다.

185) 보들레르, 『전집』, 1권, 152페이지(「지옥에 떨어진 여자들: 델핀느와 이폴리트」, 11행). [R.T.]

186) 보들레르, 『파리의 우울』의 3번째 시 「예술가의 고백 기도」.

187) 불어 번역자에 따르면 이 기사는 1917년 6월 4일자 『르 탕』지에서는 발견되지 않는다.[R.T.]

188) 「화전, 11」.

189) 보들레르, 「시테르 섬으로의 여행」, 59/60행, 『악의 꽃』.

190) 보들레르, 「벌거벗은 내 마음, 59」, 『내면의 일기』.

191) 보들레르, 『악의 꽃』의 42번째 시(무제).

192) 「1855년 만국박람회, 예술」의 2장.

193) 보들레르의 글은 「1859년 살롱」에 들어 있다. 지드는 보들레르의 시 창작에서는 비판적 능력이 중요하다는 점을 강조하고 있다.

194) 「아름다움」, 7행, 『악의 꽃』.

195) Rahmengedicht. 「발코니」, 「멋진 배」, 「여행에의 권유」처럼 같은 시구가 규칙적으로 반복되고 몇 줄을 테두리로 묶는 것과 같은 형식의 시를 가리킨다.

196) 정확하게는 1920년이다.

197) 라신 작의 비극. 보들레르의 「지옥에 떨어진 여자들」에 들어 있는 시구에 대해서 는 [J 41a, 2]를 참조하라.

198) "생트뵈브의 경우 어찌나 어리석은지 과연 그렇게 어리석게 구는 것이 가짜로 꾸미고 하는 것인지 아니면 겁이 나서 그러는 것인지 의문이 들 정도이다. 그는 격려 한번 해본 적이 없으면서도 …… 보들레르에게 아주 잘해주었다고 생각하고 있다."

199) 프루스트는 『악의 꽃』의 「가엾은 노파들」의 53/56행에서 인용하고 있다(번역을 바꾸었다).

200) 라신 작의 비극.

201) 에티엔 피에 드 세낭쿠르, 『오베르만』, 231페이지(52번째 편지). 세낭쿠르는 실 제로는 '인간 본성에 따라'라고 썼다.

202) 정확히는 1864년 판이다.

203) 드미트리 메레주코프스키(1865~1941). 러시아 작가로 프랑스 상징주의를 러시 아에 도입했다. 1917년에 파리에 정착했으며 작품으로는 비평집, 역사 소설, 전기, 희 곡 등이 있다.

204) 직역하면 「나의 비둘기여」가 된다. 번역본은 첫 행이 제목을 대신하고 있다.

205) 티튀오스는 그리스 신화의 거인으로 아폴론에 의해 살해된 후 림보의 바닥에서 두 마리의 독수리에게 간을 쪼이고 있다.

206) 『악의 꽃』에 들어 있는 시 「죽음의 춤」의 52행 '죽음의 춤danse macabre'을 'Danse macabre'로 대문자로 시작하지 않도록 주의를 주고 있다.

207) 1860년 3월경의 편지로 추정된다.

208) 「허망에의 사랑」의 3절 "나는 혼잣말로 중얼거린다. '아 아름다워라! 그리고 묘 하리만치 신선하다!/육중한 왕성王城의 탑처럼 묵직한 추억이/그녀 머리에 관을 씌우 고 복숭아처럼 멍든 그녀 마음은/몸뚱이와 더불어 무르익어 능숙한 사랑을 기다린 다"에 관한 설명이다.

209) 펠라스고이족은 그리스의 고대 주민들로 거석 건조물을 남겼다.

210) 나다르가 보들레르의 산문시군을 그의 저서 중에서 소개한 것인데, 나다르의 원 고 해독은 지금으로서는 부정확한 것으로 판명되고 있다.

211) 사실 프루스트는 이 부분에서 테두리 형식의 시를 문제 삼고 있지는 않다.

212) 보들레르, 『악의 꽃』, 32번째 시(무제)의 12행. J 묶음의 뒤에서 계속 이어지는 단 편들에서 여러 차례 언급되는 프루스트의 '시간의 기묘한 절단'이라는 말은 'un étrange sectionnement du temps'의 번역어이다.

213) 보들레르, 「애인들의 죽음」, 1/2행, 『악의 꽃』(번역을 바꾸었다).

214) 앞의 시, 3행.

215) 「보석」, 29/30행, 「처벌시편」.

216) 비니의 시 「삼손의 분노」에서 인용한 문장들이다.

217) 정확히는 1931년이다.

218) 『악의 꽃』 재판 담당 검사.

219) 켐피스의 토마스, 『그리스도를 모방해서』, 켐피스의 토마스, 『전집』, 7권, 프라이부르크, 1904년, 38페이지(「고독과 정숙의 선호에 관하여」).[R.T.]

220) 『여담』, 첫번째 글.

221) 정확히는 51페이지.

222) 1852년 3월 27일자 편지.

223) 1857년 2월 8일자 편지.

224) 1859년 11월 15일경에 쓴 것으로 추정된다.

225) 1861년 9월 1일자 편지.

226) 4월, 6월, 7월호에 게재된 아르튀르 아르노의 이 논문(「에드가 포: 인간, 예술가, 작품」)은 보들레르의 번역에 대해 언급하고 있다.

227) 발췌는 두 개 모두 보들레르가 프랑신 르두 부인을 위한 시화집에 적어넣은 것에서 인용한 것으로 날짜는 1851년 8월 26일로 되어 있다. 「이교도파」의 집필 시기와 가깝다는 이유로 양자의 관련성이 지적되고 있다.

228) 이하에서와 마찬가지로 정확하게는 『작품집』을 가리킨다.

229) [J 17a, 2]를 참조하라.

230) 「현대적 삶의 화가」, 12장 「여자들과 창녀들」을 보라.

231) *GS*, I, 647n을 보라.[R. T.]

232) 니체의 '최후의 인간' 론은 『차라투스트라는 이렇게 말했다』의 「차라투스트라의 서문」 5절에 들어 있다.

233) 보들레르, 「벌거벗은 내 마음, 12」(번역을 크게 바꾸었다). 주는 이렇게 계속되고 있다. "그럼에도 불구하고 삶과 쾌락에 대한 매우 극히 생생한 관심."

234) 빠진 문장을 보충해 넣었다.

235) '요지Gehalt'는 괴테에서 따온 용어이다. 벤야민, *GS*, II, 105페이지(내적 형식으로서의 요지Gehalt) 그리고 IV, 107페이지(형식과 내용Inhalt의 통일로서의 요지 Gehalt)를 보라.

1218

236) 그리스 신화에 나오는 풍요의 신.

237) [J 44a, 2]를 보라. 『표착물』은 1866년에 출판되었다. 「파리 풍경」은 『악의 꽃』의 두번째 시군을 이룬다.

238) 『파리의 우울』의 25번째 시인 동일한 제목의 산문시에 나오는 인물.

239) 아편에 의한 환각에서 깨어나는 것에 대해 묘사하고 있다.

240) 「'위험한 관계'」 서평」(1864년경)에서 이렇게 말하고 있다. 『전집』, 뤼프 편집, 644페이지. 그리고 [J 27, 3]에 대한 주를 참조하라.

241) [J 44, 5]를 보라.

242) 생트뵈브의 작품이다.

243) 장 드 로트루(1609~1650). 프랑스의 극작가. 코르네유와 함께 리슐리외 재상의 '5명의 시인' 중의 하나였다. 작품으로는 『생 주네』(1646), 『방슬라』(1647)가 있다.

244) 번역 과정에서 말놀이 효과가 사라져버렸다. "ding-fest gemacht …… gegen verdinglichte Welt."

245) 생트뵈브에게 보낸 편지이다.

246) 편지는 계속해서 이렇게 이어진다. "진심입니다. 저를 용서해주시길! 저는 방랑하고 있습니다. 아마 감히 당신에게 이렇게 말할 수 있었던 적은 없었던 것 같습니다."

247) 정확히는 2월 18일이다.

248) 바르톨로메오 피넬리(1781~1835). 이탈리아의 화가이자 판화가로 보헤미안이었다.

249) 퐁시프에 대해서는 [J 1, 1]의 주를 보라.

250) 가바르니(1804~1866). 쉴피스 쉬발리에의 가명. 프랑스의 삽화가이자 풍자화가로 파리의 여러 가지 삶의 모습을 그린 그림들로 가장 유명하다.

251) 나폴리 인근의 경치 좋은 별장 지대를 가리킨다.

252) 인용문은 아마 벤야민이 독일어로 번역한 것 같다. [J 33, 8]의 불어 원문에 의한 인용과 다소 다르다.

253) 보들레르, 「우울, 2」, 76행, 『악의 꽃』. 'Andenken'에 대해서는 「초기의 초고」의 [O°, 76]을 보라.

254) 헤르만 우제너, 『신들의 이름: 종교적 개념 형성론 시론』, 본, 1896년.[R. T.]

255) 『표착물』에 들어 있는 한 시의 제목이기도 하다.

256) '가상'은 Schein의 번역어이다.

257) 『악의 꽃』에 첨가된 시로 번역을 약간 수정했다.

258) 알렉토는 그리스 신화에 나오는 복수의 세 여신 중의 하나. 멜모스는 아일랜드 작가 C. R. 매튜린의 『방랑자 멜모스』(1820)의 주인공. 메피스토는 메피스토펠레스로 괴테의 『파우스트』에 의해 통속화된 악마를 가리킨다.

259) 『악의 꽃』의 27번째 시.

260) 『악의 꽃』의 「백조」에 등장하는 흑인 여자.

261) [J 15, 1]을 보라.

262) 『악의 꽃』. 번역을 약간 바꾸었다.

263) 보들레르, 『악의 꽃』의 39번째 시로 제목이 따로 없다.

264) 오시안. 3세기경의 인물로 스코틀랜드의 고지 지방에 살았으며, 부친인 영웅 핀이나 고프린을 노래한 시를 썼다고 전한다. 호메로스나 영역 성서를 연상시키는 격조 높고 낭만적인 서사시에 속한다. 오시안이라는 이름은 1765년 영국 시인 J. 맥퍼슨이 그의 시를 수집하여 영역본인 『고지 지방에서 수집한 고대 시가 단장』(1760), 『핑갈』(1762), 『테모라』(1763) 등 3권을 발표함으로써 알려지게 되었다. 이에 관하여 S. 존슨은 맥퍼슨의 자작시라고 단정하는 등 논의가 많았으나 오늘날에는 맥퍼슨이 옛 자료에 의거해 저작한 것은 확실하지만 대부분은 그의 창작이라고 보고 있다. 이들 시는 우울한 낭만적 정서를 담고 있으며 18세기 후반의 풍조에 영입되어 많은 사람들이 애송하였다. 독일의 헤르더, 괴테, 실러 그리고 영국의 워즈워스, 프랑스의 샤토브리앙 등 낭만파 시인들에게 큰 영향을 끼쳤다.

265) 후일의 에드문트 후설의 철학을 암시하고 있다.

266) 벤야민은 『중앙공원』(23번째 글)에서 [J 57a, 2]에서 인용되고 있는 문장들뿐만 아니라 이러한 생각들은 친구인 출판업자이자 서적상 아드리엔 모니에의 것이라는 점을 적시하고 있는데, 벤야민은 그와 함께 보들레르에 관해 몇 차례 대화를 가졌던 것이 분명하다. *GS*, I, 673페이지를 보라.

267) 인용문의 출처에 대해서는 앞의 주 265를 보라. 'la rogne' 라는 말은 '짜증', '화', '역정' 등을 의미한다.

268) 벤야민은 『중앙공원』(25번)에서 이 구절과 이어지는 구절에서의 '안락함'에 관한 언급은 베르톨트 브레히트에게서 온 것이라고 지적하고 있다.

269) 통상 알렉산더격 시행으로 알려져 있다.

270) 독일어 원본에서 여기서의 항목 번호는 [J 58a, 6]에서 곧장 [J 59, 2]로 넘어간다. [J 59, 1]은 없다.

271) [J 1, 6]을 보라.

272) 이것은 동시에 『파리의 우울』의 46번째 산문시의 제목이기도 하다. 'Perte d'aurélo'는 또한 '아우라의 상실'로도 번역될 수 있다.

273) 『악의 꽃』, 「서문」의 초고라는 말은 잘못된 것으로 이 문장은 「화전, 17」 중에 나온다. [J 40, 4]을 보라. 보들레르가 『악의 꽃』의 서문 1차 초고와 2차 초고에서 사용하고 있는 것은 실제로는 이것 앞에 나오는 글에 들어 있는 문장이다("이 책은 내 여인들과 딸들과 누이들을 위해 쓴 것이 아니다").

274) 보들레르, 『전집』, 1권, 89페이지(「가엾은 노파들」).[R. T.]

275) 『악의 꽃』의 100번째 시로 제목이 달려 있지 않다.

276) 이 말은 동시에 사망률이라는 의미도 갖고 있다.

277) 마이외와 넝마주이(철학자−넝마주이chiffonnier philosophe)는 화가인 샤를 트라비에스 드 빌리예(1804~1859)가 창조한 인물들로 보들레르는 「프랑스의 몇몇 풍자화가에 대해」에서 그에 대해 논하고 있다. 토마 비를로크는 가바르니가 창조한 인물이며, 보나파르트주의자인 라타프왈은 도미에가 창조한 인물이다. [b 1, 9]를 보라. 파리의 부랑아인 가브로슈는 위고의 『레미제라블』에 나오는 등장인물이다.

278) [J 66, 8]을 보라.

279) 프리드리히 니체, 『즐거운 지식』(4권, 295번).[R.T.]

280) '이스라엘은 망했다'는 의미로 19세기에 반유대주의자들에 의해 사용되었다.

281) 칼 슈피츠베크(1808~1885). 독일의 풍경화가이자 풍속화가로 소시민의 생활을 풍자와 유머를 곁들여 그렸다. 비이더마이더 양식과 관련되어 있었다.

282) 고트프리트 켈러, 「죽음과 시인」, 『작품집』, 1권, 취리히, 1971년, 385페이지.[R.T.]

283) 칸트의 실천 철학의 기본 명제로 그의 묘비에 새겨져 있는 것으로 알려져 있다.

284) 보들레르, 『전집』, 피슈와 편집, 1권, 76페이지(「허무의 맛」).[R.T.]

285) 아벨 비유멩(1790~1870). 작가이자 정치가. 아카데미 프랑세즈의 서기를 역임했으며 『몽테스키외 찬가』(1816), 『핀다로스의 천재 시론』(1859) 등의 저서가 있다.

286) 빅토르 쿠쟁(1792~1867). 프랑스의 철학자이자 정치가. '절충주의' 학파를 이끌었다. 『칸트의 철학』(1842), 『철학 통사』(1863) 등의 저서가 있다.

287) 1920년대 초부터 나치들이 유행시키기 시작한 용어로, 나치즘을 암시하고 있다.

288) 베르톨트 브레히트, 『전집』, 전 8권, 프랑크푸르트 암 마인, 1967년, 4권, 271~273페이지(「나는 똥이다」).[R.T.]

289) 'lorette'는 저널리스트인 네스토르 로크플랑이 1840년에 몸이 가벼운 여인들을

가리키기 위해 처음 사용한 용어로, 이들의 대다수는 노트르담 드 로레트Notre-Dame de Lorette 주변의 재건축 구역에 몰려 살았다.

290) 「건질 수 없는 것」, 『악의 꽃』.

291) 「우울, 1」의 말미, 『악의 꽃』. [J 69, 2]를 참조하라.

292) 쥘 르나르, 『미발간 일기, 1887~1895년』, 파리, 1925년, 11페이지.[R.T.].

293) 보들레르, 『서한집』, 2권, 584페이지.[R.T.].

294) 보들레르, 「넝마주이의 술」, 『악의 꽃』.

295) '시인처럼 담벼락에 부딪치며 걸어오는 넝마주이' 라는 표현으로.

296) 이 시는 세 차례의 변화를 겪는데, 『악의 꽃』에는 제3군에 수록된다. 이 3군에 관한 한 이 기술은 거의 맞다.

297) 입시세入市費가 붙지 않는 술을 마실 수 있는 술집이 파리의 입시 세관 바깥쪽에 많았다.

298) '시간의 절단' 에 대해서는 [J 44, 5]를 참조하라.

299) 「애인끼리의 술」.

300) 실베를랭은 이러한 기술 직전에 푸리에가 이후 동지들의 집단이라고 명명한 협동체를 처음에는 '소용돌이' 라고 불렀다고 기술하고 있다.

301) 「베아트리체」.

302) [M, 18]을 참조하라.

303) 「독자에게」를 가리킨다.

304) 포, 「모노스와 우나의 대화」 'mental pendulous pulsation' 이라는 구절은 벤야민이 사용한 보들레르의 번역에서는 'Vibration du pendule mental' 로 나와 있다.

305) 『악의 꽃』의 24번째 시로 제목이 없다.

306) 「화전, 3」(번역을 수정했다).

307) 장 푸케(1416?~1480). 프랑스 화가로 루이 11세의 궁정 화가였다. 퐁텐플로파에 속해 있었으며, 특히 『프랑스와 연대기』의 사본 삽화로 유명했다.

308) 보들레르, 「되찾은 시: 젊은 시절의 작품, 소네트」, 쥘 무케의 서문과 주, 파리, 1929년, 57~59페이지.[R.T.].

309) 보들레르, 『전집』, 1권, 『악의 꽃. 표착물』, 자크 크레페 편, 2판, 파리, 1930년, 449페이지.[R.T.]. [J 43a, 10]과 완전히 동일한 인용이다.

310) 피두스(1868~1948). 유겐트슈틸 경향의 독일의 건축가이자 디자이너인 휴고 회페너의 가명.

311)「만물조응」에 나오는 구절에 대한 암시.

312) 보들레르,「길 가는 집시」,『전집』, 1권, 18페이지.[R.T.]

313)「즐거운 주검」(번역을 수정했다).

314) 보들레르,『악의 꽃』, 25번째 시(무제).

315) [J 60, 3]을 참조하라.

316)「주검의 춤」,『악의 꽃』.

317)「심연에서 부르짖었다」. 번역을 약간 수정했다.

318) 괴테,『파우스트』, 11,582행.

319) [J 43a, 3]을 참조하라.

320) 보들레르,『전집』, 1권, 91페이지(「가엾은 노파들」). ─ 강조는 벤야민의 것이다.[R.T.]

321) 보들레르,『전집』, 1권, 90페이지(「가엾은 노파들」).

322) 보들레르,『전집』, 1권, 93페이지(「밭 가는 해골」).[R. T.]

323)「파리 풍경」 중의 시.

324) 보들레르,『서한집』, 2권, 585페이지.[R.T.]

325) 벤야민은 보들레르의 '축제일grands jours' 을 '돌아오는 날들Tage der Wieder-kehr' 로 해석하고 있다.

326) 보들레르,『전집』, 1권, 94페이지(「어스름 저녁」).[R.T.]

327)「어스름 저녁」에는 '사업가처럼' 이라는 표현이 나오는데, 그러한 표현을 통해 악마와 사업가의 유사성을 표현하고 있다.

328)『악의 꽃』, 24번째 시(무제).

329) 괴테,「행복한 동경」,『서동시집』.

330) 괴테,「낙원의 글」,『서동시집』. 롤프 티데만의 지적대로 강조는 벤야민의 것이다.

331) 마르크스,『루이 보나파르트의 브뤼메르 18일』,『마르크스 · 엥겔스 저작 선집』, 2권, 342페이지.

332) 칼 마르크스와 프리드리히 엥겔스,『왕복 서한집 1846~1895』, 50페이지. 문제의 '바보' 는 막 국민의회와 최고 행정 재판소를 해산했으며, 1년 후에 황제 나폴레옹 3세임을 선포한 루이 보나파르트를 가리킨다. 브뤼메르 18일(1799년 11월 9일)은 나폴레옹 1세가 쿠데타를 일으킨 날로, 이날 그는 집정부와 500인 위원회를 전복시킨다.

333) 마르크스, 『루이 보나파르트의 브뤼메르 18일』, 『마르크스 · 엥겔스 저작 선집』, 2권, 295페이지.

334) 앞의 책, 296페이지.

335) 앞의 책, 335페이지.

336) 앞의 책, 346페이지.

337) 앞의 책, 372페이지.

338) 앞의 책, 379페이지.

339) 앞의 책, 388페이지.

340) [d 12, 2]를 참조하라.

341) fechten. '검으로 싸우다' 라는 뜻과 '구걸하다' 라는 뜻을 동시에 갖고 있다.

342) 앞의 책, 392페이지.

343) 앞의 책, 388페이지.

344) 앞의 책, 389페이지.

345) 앞의 책, 392페이지. 마르크스는 이 부분에 이런 주를 붙이고 있다. "발자크는 자신의 『사촌 여동생 베트』에서 『르 콩스티튀시오넬』지의 소유주인 베롱 박사를 본떠 만든 인물인 크레벨을 통해 파리의 방탕하기 그지없는 속물을 묘사하고 있다."

346) 보들레르, 『전집』, 1권, 192페이지(「1861년판을 위한 에필로그 초안들」).[R.T.]

347) 정확하게는 1854년이다.

348) 프리드리히 니체, 『이 사람을 보라』. 토로 요새에 대해서는 1939년의 「개요」의 결론을 보라.

349) 원문 자체가 영어로 되어 있다.

350) Wirtschaft는 '절약, 경제' 라는 의미와 '기숙' 이라는 의미를 갖고 있다. 또 '농지' 와 '식당, 여인숙' 이라는 이중적 의미를 함께 갖고 있다. 보들레르는 『인공 낙원』의 결론 부분에서 인생은 주막auberge이라고 말하고 있다.

351) 보들레르, 『전집』, 1권, 122페이지(「성 베드로의 부인」).[R.T.]

352) 오귀스트 블랑키, 『천체에 의한 영원』, 파리, 1872년, 74페이지.[R.T.]

353) 앞의 책, 74페이지.[R.T.]

354) 보들레르, 『전집』, 1권, 87페이지(「일곱 늙은이」).[R.T.]

355) 에밀 베르하렌, 『사방의 시골로 뻗어나간 도시』, 파리, 1904년, 119페이지(「도시의 영혼」).[R.T.]

356) [J 64a, 4]를 참조하라.

357) 『마가복음』, 4장 21절을 참조하라.

358) [J 79a, 5]를 참조하라.

359) '영웅'으로도 번역될 수 있다.

360) 실제로는 [J 21, 6]이다.

361) 마르크스, 『자본』, 1권, 359~360페이지.

362) 「병든 뮤즈」.

363) 프리드리히 폰 베졸트, 『중세 휴머니즘에서의 고대의 신들의 지속』, 본/라이프치히, 1922년.[R.T.]

364) 전거를 추적할 수 없다.

365) 보들레르, 『전집』, 1권, 104페이지(「어슴 새벽」).[R.T.]

366) 『악의 꽃』에 동일한 제목의 시가 있다.

367) 「만물조응」에 나오는 표현이다.

368) 마르크스, 『루이 보나파르트의 브뤼메르 18일』, 『마르크스 · 엥겔스 저작 선집』, 2권, 367페이지.

369) 「독자에게」 중에 나오는 표현이다.

370) 'pas saccadé'라는 표현은 보들레르에 대한 나다르의 묘사에 나온다. 벤야민, GS, 1권, 583페이지의 주 35를 보라.[R. T.]. 나다르의 글은 1867년 9월 10일자 『피가로』지에 게재되었다.

371) 쥘리앵 라 메트리(1709~1751). 프랑스의 의학자이자 유물론 철학자. 저서로는 『영혼의 자연사』(1745)가 있다.

372) 마르크스, 『자본』, 1권, 76페이지.

373) 니체, 『그리스인들의 비극 시대의 철학』

374) 니체, 『권력에의 의지』, 31번째 글.

375) 앞의 책, 247번째 글.

376) 보들레르, 「심연」. 니체, 「가장 고요한 시간」, 『차라투스트라는 이렇게 말했다』.

377) [J 21a, 1]을 참조하라.

378) [M 18]을 참조하라.

379) '사업가'가 나오는 것은 사실은 「어스름 저녁」이다.

380) 「처벌시편」의 시 「지옥에 떨어진 여자들」의 부제이다.

381) 「화전, 20」. [J 1, 1]에 대한 주를 참조하라.

382) 1840년대 파리에서 유행한 염가본 다큐멘터리 통속 문학으로 통상 『……의 생리

학』이라는 제목을 갖는다. 벤야민, 『샤를 보들레르: 고도 자본주의 시대의 서정시인』
을 참조하라.

383) 알프Alb는 악몽을 꾸게 하는 요정을 가리킨다.

384) 로베르 마케르는 19세기 프랑스의 풍자화에 나오는 인물로 사기꾼의 전형이다.

385) 보들레르, 「지나가는 여인에게」에 나오는 표현.

386) 1세기경 로마의 우화 작가.

387) 「여행」의 마지막 행.

388) 『창세기』, 25장 29~34절에서 이야기되고 있는 야곱과 에사오 이야기를 참조하라.

389) 「벌거벗은 내 마음」에 수록된 「해시시의 시」의 4장, 「신-인」을 참조하라.

390) [J 84a, 2], [J 84a, 3], [J 84a, 4]에서의 본래의 궤도를 벗어난 논의에 대해서는 브레히트, 『전집』, 8권, 408~410페이지(「보들레르 시의 아름다움」)를 참조하라.[R.T.]

391) 카틸리나는 몰락 귀족 출신으로, BC 78년 검찰관, BC 68년 치안관, BC 67~66년 아프리카 총독을 역임했다. 이후 여러 차례 콘술에 입후보했으나 거듭 낙선하자 국가 전복 음모를 꾸미다 발각되어 에트루리아로 도피, 추격한 정부군과 싸웠으나 패전하여 죽었다. 그의 음모 사건은 공화정 말기 로마 사회의 부패와 타락을 단적으로 말해주는 사건으로서, 당시 집정관이던 키케로의 탄핵 연설(BC 63)이나 역사가 살루스티우스의 작품 『카틸리나의 음모』로 유명하다.

392) 보들레르, 『전집』, 2권, 709페이지.[R.T.]. 「현대적 삶의 화가」의 9장인 「댄디」의 시작 부분을 보라.

393) 보들레르, 「명상」, 『악의 꽃』에 나오는 표현.

394) 프리츠 에를러(1868~1940). 독일 유겐트슈틸의 탁월한 그래픽 아티스트. 뮌헨 예술가 극장의 무대 디자이너였다. '고의적인 독창성'을 추구한다는 이유로 칸딘스키의 비판을 받았다.

395) 「화전, 8」(번역을 바꾸었다).

396) 보들레르, 「벌거벗은 내 마음, 75」를 보라.

397) 보들레르, 「벌거벗은 내 마음, 60」을 보라.

398) 보들레르, 「벌거벗은 내 마음, 18」을 보라.

399) 요한 호이징가, 『중세의 가을』, 175~176페이지(번역을 약간 바꾸었다).

400) 앞의 책, 139페이지(번역을 약간 바꾸었다).

401) 1844년 파리에서 발간된 책의 제목으로 라셀과 같은 여배우, 프랑수아 퐁사르와

같은 극작가 등을 풍자하고 있다. 이 책을 1938년에 복간한 자크 크레페는 보들레르도 이 책의 저자 중의 하나라고 주장했다.

402) 조제프 드 메스트르, 『전집』(리옹, 1884년), 5권, 102페이지 이하.[R.T.]

403) 괴테, 『타소』, 5막 5장(3432행 이하).[R.T.]

404) 사실은 재판이다.

405) 보들레르, 「풍경」. 강조는 뤼프의 것이다.

406) [J 2, 1]을 참조하라.

407) 1863년 12월 31일 어머니에게 보낸 편지.

408) 이것은 벤야민이 불어로 쓴 텍스트이다.

409) 보들레르, 『전집』, 1권, 94페이지(「어스름 저녁」).[R.T.]

410) 프루동이 인용되고 있는 것은 실제로는 [A 11a, 2]이다.

411) 1848년 루이 나폴레옹을 대통령으로 선출한 선거. 그는 다른 모든 후보의 표를 합친 것보다 2배나 더 많이 득표를 했다.

412) 「어슴 새벽」의 주요 부분은 9개의 2행 연구로 이루어져 있다. 따라서 두 개의 4행 연구로 끝난다는 기술은 사실로 인정하기 어렵다.

413) 시테 도레cite Dorée('도금된 도시' 라는 뜻으로 한때 이 땅의 소유자였던 도레 Doré 박사의 이름에서 따온 것이다)는 1848년 전국적 규모의 작업장에서 일하는 노동자들이 점거했던 곳으로, 이후 서서히 타락의 소굴로 바뀌어간다.[J.L.]

414) 마르크스, 『자본』, 1권의 「현대의 매뉴팩처」 장을 참조할 것.

415) 마르셀 프루스트, 『스완네 집 쪽으로』, 176페이지. 프루스트는 이 구절에서 계속하여 악을 규정하고 있는데, 그는 어떤 사람이 야기한 고통에 무관심한 것을 악으로 보고 있다. 이와 관련해 벤야민이 언급하고 있는 아나톨 프랑스의 주에 대해서는 [J 17a, 1]을 보라.

416) 프루스트, 『스완네 집 쪽으로』, 91/92페이지.

417) 벤야민, 『독일 비극의 기원』. [J 53a, 4]를 보라.

418) 벤야민은 후일 Müßiggänger(하릴없는 무리)를 지우지 않고 위에다 Spekulant(생각이 많은 자들)라고 쓴다.[R.T.]

419) 정확하게는 1931년이다.

420) 1860년 3월 중순경이다.

421) 프루스트, 『게르망트네 쪽으로』, 133페이지.

422) 「1859년 살롱」에 들어 있다. 메리옹에 관한 구절에 대해서는 [J 2, 1]을 보라.

423) 프루스트, 『꽃피는 아가씨들의 그늘에』, 222페이지

424) 프루스트, 『갇힌 여인』, 368페이지.

425) 프루스트, 『갇힌 여인』, 96페이지(번역을 크게 수정했다).

426) [J 2, 3]을 참조하라.

427) '그는 정정하다' 또는 '그는 원기 왕성하다' 라는 의미이다.

428) 벤야민은 이 부분을 불어로 썼다.

429) 기원전 1세기 후반의 역사가로 시칠리아 섬 출신의 그리스인이었다.

430) 「일곱 늙은이」는 1859년에 써서 「파리의 유령들」이라는 연작시의 일부로 발표되었다.

431) 벨-일 감옥의 별관을 가리킨다.

K 꿈의 도시와 꿈의 집, 미래의 꿈들, 인간학적 허무주의, 융

1) 벤야민은 여기서 레지스 메사크, 『'탐정 소설' 과 과학적 사고의 영향』, 파리, 1929년, 420페이지에서 인용하고 있다.[R.T.]

2) Eingedenken. 벤야민이 전치사eingedenk('기억하고 있다')와 동사gedenken('생각하다' , '기억하다')를 합쳐서 만든 신조어. 이 동사형 명사는 Erinnerung('상기')보다 더 적극적인 의미를 갖고 있다.

3) 프루스트에게서 이와 관련된 구절로는 [K 8a, 2]를 보라. '체험된 순간의 어두움' 에 대해서는 에른스트 블로흐, 『희망의 원리』를 보라.

4) Förderung. 이것은 채광에서 '위로 퍼 올리다' , '지상으로 끌어올리다' 라는 의미를 갖고 있다. 하이데거와 마찬가지로 벤야민은 여기서 과거에 있던 것Gewesenen 안에 들어 있는 고어 동사wesen를 갖고 말놀이를 하고 있다. 그는 과거에 있던 것 Gewe-senen 속의 존재Wesen를 인용하려고 하는 것이다. 현재를 과거에 있었던 것의 가장 내밀한 본질로 '증류' 하는 힘에 대해서는 [D°, 6]을 참조하라.

5) 루드비히 클라게스(1872~1956). 독일의 철학자로 게오르게 서클의 일원이었다. 『꿈의식에 관해』(1919), 『코스모스적인 에로스 론』(1922), 『영혼의 적수로서의 정신』(1929~1932)이 있다.

6) 지크프리트 기디온, 『프랑스의 농부들』, 라이프치히/베를린, 1928년, 3페이지.[R.T.]

7) 외젠 스크리브(1791~1861). 통속 희곡 작가. 부르주아 계급의 편견이나 선입견을 주제로 한 300편이 넘는 희곡과 오페라 대본을 단독 또는 공동으로 집필했다.

8) 암브로즈 비어스의 단편소설, 「아울 크릭 브리지에서 일어난 일」, 1891년 출판(비

1228

어스의 단편집『생의 한가운데』에 실린 한 단편)에 대한 언급.

9) 벤야민은 프루스트의 체험Erlebnis을 우리의 경험Erfahrung과 대비시키고 있다 ("프루스트가 …… 체험한 것을 우리는 …… 경험한다"). 벤야민이 보기에 전자는 순간의 경험이다. 후자는 시간이 계속되면서 이어지는 오랜 경험으로, 노동과 전통의 열매이다. 경험은 다양한 체험들로 형성된다(GS, I, 1183). [m 1a, 3] 그리고 [m 2a, 4]와 비교해보라.

10) 칼 마르크스,「정치경제학 비판 서문」, 473페이지.

11) 라파엘(1889~1952)은 벤야민과 동시대의 프랑스 비평가이자 미술사가로 게오르그 짐멜과 하인리히 뵐플린의 제자였다. 1932~1939년 동안 파리에 체류했다.

12) 마르크스,『자본』, 1권, 430페이지.

13) 앞의 책, 437페이지.

14) 벤야민이 여기서 Auswicklung이라고 썼는지 아니면 Auswirkung이라고 썼는지는 확실하지 않다.

15) 테오도르 아도르노가 벤야민에게 보낸 이 편지는 보관되어 있지 않다. 하지만 벤야민의『한 줌의 도덕』, 29절을 보라.[R.T.]

16) 오벨리스크는 원래 람세스 2세가 이집트의 도시 룩소르에 세운 것이었다. 1831년에 파리의 콩코르드 광장으로 옮겨졌다. 혁명 광장이라는 이름 하에 이 광장은 1793~1795년 사이에 기요틴 처형 장소로 쓰였다.

17) 문제의 잠든 도시는 실제로는 영국 해안의 웨이마우스 옆에 있는 멜콤비 레지스를 가리킨다.

18) 북유럽 신화에 나오는 아사 신족神族의 최고신으로 통상 '오딘'으로 불린다.

19) '온실溫室'이라는 말의 원어jardin d'hiver는 '겨울 정원'이라는 의미를 갖고 있다.

20) 당시에 열린 미술전을 가리킨다.

21) 루이 페르디낭 셀린(1896~1961)은 루이 데투슈의 가명으로 소설가인 그는 동시에 의사로 광적인 반유대주의자였다. 작품으로는 후대에 큰 영향을 미친『밤의 끝으로의 여행』(1932)과『외상 죽음』(1936) 등이 있다. 고트프리트 벤(1886~1956)은 독일의 표현주의에서 출발한 시인으로 의사였다.

22) 요한 호이징가,『중세의 가을』, 170페이지.

23) 여기서 '기억'은 Gedächtnis의 역어이며, '상기'는 Erinnerung의 역어이다.

24) 마르셀 프루스트,『갇힌 여인』, 328페이지.

25) 마르셀 프루스트,『스완네 집 쪽으로』, 53~54페이지.

26) 앞의 책, 15~16페이지.

27) 프루스트, 『게르망트네 쪽으로』, 82페이지.

28) 프루스트, 『되찾은 시간』, 230~231페이지(번역을 수정했다). 『무덤 저편의 회상록』은 샤토브리앙의 작품이다. 보들레르의 앞의 구절은 「머리털」에, 뒤의 구절은 「이방의 향기」에 들어 있다(모두 『악의 꽃』에 수록되어 있다).

L 꿈의 집, 박물관, 분수가 있는 홀

1) 나폴리에서 약 8km의 해안에 위치한 고대 도시의 유적. 번영을 구가했으나 63년의 지진으로 큰 피해를 입은 후 79년 폼페이와 함께 베수비오 화산의 폭발로 매몰되었다. 그리스인의 식민에 의해 생긴 도시로 추정된다. 발굴은 18세기에 시작되었으나 본격적인 발굴은 1927년 이후에야 이루어졌다. 아직 상당 부분이 현재의 레지나 시에 묻혀 있다. 이 도시는 폼페이와는 달리 그리스식 도시 양식에 의해 지어졌고, 상업 도시가 아니라 고급 주택지였던 것으로 보이며, 또 폼페이보다 도시 구성 면에서 다양성이 있고, 현대적이었던 것으로 추정된다.

2) 에드워드 조지 불워-리턴의 『폼페이 최후의 날』(1835)을 가리킨다.

3) 고대 그리스와 로마 신화에서의 '학문의 신.'

4) 침대가 있는 호화스러운 특별 차량.

5) 집 위층에서 밖을 내다보기 위해 불쑥 나온 창을 가리킨다.

6) 꽃병 따위를 놓는 벽의 오목한 부분을 가리킨다.

7) 이 항목 그리고 그 밖의 다른 부분에서 '시선'은 Blick의 번역어이다.

8) 고대 그리스의 아스클레피오스의 신전에서 행해지던 아기를 점지받는 의식을 가리키는 것 같다(IL 3, 1]을 보라). 아기를 가지려는 사람은 의술의 신이 꿈속에서 전하는 계시를 받을 목적으로 이 신전 안에서 잠을 자곤 했다. 종종 이러한 성소들에는 극장, 체육관, 목욕탕 등의 시설이 갖추어져 있기도 했다. 다른 한편 벤야민은 여기서 노트르담 근처에 있는 오텔-디외 같은 파리의 병원을 언급하고 있을 수도 있는데, 고전 양식의 거대한 이 건물에는 내부 정원, 장식용 정원, 프레스코화들과 함께 정원 둘레에는 홍예랑이 있는 긴 회랑이 있었다.

9) 서양식 건축 벽면에 수평의 띠 모양으로 돌출된 부분을 가리키며, 돌림띠라고 부르기도 한다.

10) '신은 위대하다'는 뜻이다.

11) 카스탄의 판옵티콘은 베를린의 소위 린덴 아케이드 또는 카이저 갈레리 안에 위

치해 있다가 1888년에 길 건너편으로 옮겨간다.

12) 의술의 신.

13) 모두 스위스에 있는 온천들이다.

14) 빅토르 위고, 『레미제라블』, 1996페이지.

15) 앞의 책, 1998페이지.

16) 앞의 책, 2012~2013페이지.

17) 앞의 책, 2003페이지와 2014페이지.

18) 앞의 책, 2005페이지와 2008페이지, 2010페이지.

19) [I 4a, 1]과 [R 2, 2]를 참조하라.[R.T.]

20) [C 5a, 1]을 참조하라.

21) 샤를 보들레르, 『파리의 우울』(『악의 꽃』, 259페이지. 번역을 수정했다).

22) 즉 그는 유령의 세계로 되돌아간다([L 2, 7]과 비교해보라). Tor-Weg은 통로로서의 문턱 또는 문턱으로서의 통로를 의미한다.

23) 빅토르 위고, 『레미제라블』, 1201페이지.

M 산책자

1) 말라르메, 「옛날에, 보들레르의 바깥에」, 『여담』.

2) 후고 폰 호프만슈탈, 「문과 죽음」(1894), 『전집』, 헤르베르트 슈타이너 편, 1952년, 220페이지.[R.T.]

3) 빅토르 위고, 『레미제라블』, 953페이지.

4) 지령地靈, 수호신, 어떤 곳의 분위기나 기풍 등을 가리킨다.

5) 원고에는 'Um sich zu denken'으로 되어 있다. 논란의 여지가 있지만 decken(서로 일치시키기 위해서)을 denken으로 잘못 쓴 것 같다. 그래야 첫번째 문장의 Über-decken('겹치다', '일치하다')과도 조화를 이루는 것 같다.[R.T.]

6) 「마르세유에서의 해시시」, SW, 2권, 677페이지. 이 단편과 『아케이드』의 그 밖의 다른 곳에서의 '도취된'은 rauschaft의 번역어이다.

7) 행상 문학이라는 뜻으로 특히 염가본 서적이나 잡지 등 통속적인 대중본을 취급했다.

8) 마지막의 세 개의 문장은 벤야민의 두번째 해시시 체험을 기록한 내용을 번안한 것이다. GS, VI, 564페이지를 보라. 또 [I 2, 6], [I 2a, 1], [R 2a, 3] 그리고 [Gº, 5]를 참조하라.

9) 베네치아에 있는 다리로, 죄수가 법정에서 이 다리를 지나 형무소로 끌려갔다고 한다.

10) '공간적으로나 시간적으로 아득히 먼 것'은 Länder-und Zeitfernen의 번역어인데, 이 말을 좀더 직역에 가깝게 '지리적으로 또 시간적으로 멀리 떨어진 곳'으로 옮길 수도 있을 것이다. 문제는 시공간적으로 '겹치는 것이다'([M 1a, 1]).

11) 마르셀 프루스트, 『스완네 집 쪽으로』, 191페이지.

12) 『내 방 일주 여행 Voyage autour de ma chambre』은 1794년 조제프 드 메스트르의 형인 자비에르 드 메스트르가 출판한 작품의 제목이다. 이 작품은 피에몬트 군대의 병사로서 토리노의 감옥에 갇혀 있을 때 정신적 여행에서 보상을 찾아야 했던 시절의 경험을 묘사하고 있다.

13) 이 인용문은 확인되지 않는다.[R.T.]

14) 위고, 『레미제라블』, 693페이지.

15) 두 발로 땅을 차서 달린 초기의 세발 자전거.

16) 집정 정부란 1795~1799년 사이에 프랑스 정부를 통치한 집행 기구를 가리킨다.

17) 이 시기 옷차림과 화술로 멋을 부리고 다닌 일군의 젊은이들을 부르던 이름이다.

18) '나비의 의심 많은 날갯짓'에 대해서는 J. F. 실러, 『전집』(뮌헨, 1965년), 1권, 229페이지를 보라. "의심 많은 날갯짓으로 나비는……" 또 벤야민의 첫번째 해시시 체험과 두번째 체험도 함께 참조하라. GS, VI, 560, 562.[R.T.]

19) 호프만의 『선집』, 11~15권은 1839년 슈투트가르트의 브로트하크 출판사에서 출판되었다. 율리우스 에두아르트 히치히의 글에서 인용한 아래의 글은 15권, 32~34페이지에 들어 있다.[R.T.]

20) 찰스 디킨스, 『서한집』, 캐슬린 틸로트손 편, 4권(옥스퍼드: 옥스퍼드 대학 출판부, 1977년), 612~613페이지(1846년 8월 30일 존 포스터에게 보낸 편지).

21) 『흰 옷의 귀부인』은 3막의 코믹 오페라로 1825년 12월 10일 오페라 코믹 극장에서 초연되었다.

22) 부질없이 거리의 구경거리를 좋아하는 사람을 가리킨다.

23) 보다 정확하게는 1857년이다. [M 7, 9]를 보라.[R.T.]

24) 압생트 주는 도수가 아주 강하고 환각 작용까지 일으키는 술로서, 19세기에 많은 예술가와 작가들이 애용했으나 여러 가지 부작용으로 인해 20세기 초에 판매가 금지되었다.

25) 1859년 전, 즉 파리가 12개의 시 선거구밖에 포함하고 있지 않을 때 '13구'는 불

법적인 밀회를 즐기기 위한 장소에 붙여진 이름이었다.[J.L.]

26) 칼 마르크스와 프리드리히 엥겔스, 『독일 이데올로기』.

27) 위스키는 경 이륜 마차, 카로스는 호화로운 4인용 4륜 승합마차를 가리킨다.

28) 위고, 『레미제라블』, 955페이지. 또 [O 4, 3]도 함께 보라.

29) 보들레르, 『파리의 우울』(『악의 꽃』, 249페이지).

30) 프레드릭 윈슬로우 테일러(1856~1915). 작업 과정의 능률을 최고로 높이기 위하여 시간 연구와 동작 연구를 기초로 노동의 표준량을 정하고 작업량에 따라 임금을 지급하는 테일러 시스템을 고안했다. 저서로는 『과학적 관리의 원리』(1911)가 있다.

31) 보들레르, 『파리의 우울』(『악의 꽃』, 232페이지).

32) 앞의 책, 221페이지.

33) 앞의 책, 270페이지.

34) G. K. 체스터튼, 『찰스 디킨스』(1906년. 복각판. 뉴욕: 쇼켄, 1965년), 44~45페이지.

35) 앞의 책, 45~46페이지. 'drifting'은 벤야민의 텍스트에서 flaner로 번역되어 있다.

36) 앞의 책, 46페이지.

37) 앞의 책, 178~179페이지(1846년 존 포스터에게 보낸 편지를 인용하고 있다).

38) 오펜바흐의 한 오페레타에 대해 묘사하고 있다.

39) 알프레드 드 뮈세의 평에 대해서는 「불르바르 드 그랑」, 뮈세, 『전집』, 파리, 쇠이유, 1964년, 896페이지를 보라.[J.L.]

40) 두번째 문장은 추가된 것이다.

41) 발자크, 『매춘부의 영광과 불행』, 2부, 『전집』, 15권, 파리, 1913년, 310페이지 이하.[R.T.]

42) 원래는 포의 단편을 가리키나 보들레르는 '그림'을 의미하는 '타블로'라는 말을 사용하고 있다.

43) 보들레르, 「화전, 21」. [M 15a, 3]을 보라.

44) 조지 무어(1852~1933). 아일랜드 태생의 작가로, 당시 파리에 머무르고 있었다.

45) 위고, 『레미제라블』, 1625페이지. 게르슈테커의 문장에 대해서는 [I 4a, 1]과 [R 2, 2]를 보라.

46) 보들레르, 「벌거벗은 내 마음, 36」.

47) 포, 「군중 속의 인간」.

48) 보들레르, 「화전, 21」.

49) 마르크스, 『자본』, 1권, 271페이지.

50) [M 8a, 1]을 보라. 1840년대 파리에서 유행한 염가본의 다큐멘터리 문학에 대해서는 벤야민, 「샤를 보들레르: 고도 자본주의 시대의 서정시인」을 보라. 또 [J 82a, 3]도 보라.

51) "바로 여기에 예술적 관찰과 과학적 관찰의 큰 차이가 있습니다. 전자는 무엇보다 직관적이며 상상력에 의해 인도됩니다." 귀스타브 플로베르, 『왕복 서한집』, 파리, 코나르, 1926~1954년, 4권, 230페이지(1853년 6월 6~7일 루이즈 콜레에게 보낸 편지).

52) 위스망스의 소설 『거꾸로』의 주인공.

53) 1853년 12월 23일 루이즈 콜레에게 보낸 편지. 『보바리 부인』의 2부 9장을 보라.

54) 1866년 9월 29일 조르주 상드에게 보낸 편지.

55) 셸리, 『시 작품』, 토마스 허친슨과 G. M. 매튜스 편(1905년. 복각판. 런던: 옥스퍼드 대학교 출판부, 1970년), 350~351페이지. 벤야민은 브레히트의 번역본 원고에서 인용하고 있는데, 영어본과 비교해보면 일부 오역이 발견된다. 예를 들어 캐슬Castle 이라는 인명은 Schloss(城)로, 캐닝Canning이라는 인명은 Kanalisation으로 오역되어 있다. 번역에서는 영어 원문을 따랐다.

56) 베르길리우스, 『아이네이스』, 6권, 296행 이하에 대한 암시. "여기서 지옥의 아케론으로 향한 길이 시작된다. 온갖 찌꺼기로 가득한 거대한 소용돌이는 펄펄 끓어오르며 코키투스로 소용돌이치는 모래를 토해내고 있다."

57) 보들레르, 「1859년 살롱」, 8부.

58) 장-자크 루소, 『고독한 산책자의 몽상』, 김중현 역, 한길사, 39페이지(번역을 수정했다).

59) 프루스트, 『꽃피는 아가씨들의 그늘에』, 364페이지.

60) 프루스트, 『되찾은 시간』, 302페이지.

N 인식론에 관해, 진보 이론

1) 루이 아라공, 『파리의 농부』, 파리, 1926년을 가리킨다.[R.T.]. 과거에 대한 채 의식되지 않은 지식에 대해서는 [K 1, 2]를 보라.

2) '모든 것의 복원.' 유대교의 묵시론적, 스토아적, 신플라톤주의적, 영지주의적 전통에서 유래한 이 개념은 원래 특수한 성좌의 재출현을 가리키는 말이었다.

3) 아도르노, 『키에르케고르』. 키에르케고르에서 인용한 구절은 『아이러니란 무엇인

가』에 들어 있다. 아도르노가 인용하고 있는 벤야민의 글에 대해서는 벤야민, 『독일 비극의 기원』을 보라. *facies hippocratica*는 동시에 데스마스크를 가리킨다.

4) 게오르그 짐멜, 『괴테』, 라이프치히, 1913년, 특히 56~61페이지. 또 벤야민, *GS*, I, 953~954페이지를 보라. '기원'은 Ursprung의 번역어이다.

5) 마르틴 하이데거, 『존재와 시간』, 2부 5장을 보라. '지향*intentio*의 죽음'으로서의 진리에 대해서는 벤야민, 『독일 비극의 기원』을 보라. 변증법적 이미지 속의 시간에 대해서는 「최초의 초고」의 [Q°, 21]을 보라.

6) 이 문장은 켈러의 제사들에서는 찾을 수 없다.[R.T.]. 고트프리드 켈러(1919~1890)는 스위스의 독일계 시인이자 작가로 1846년에 최초로 시를 발표했다. 『녹색의 하인리히』(1854~1855), 『마르틴 살란더』(1886)와 그 밖의 다른 작품이 있다. 벤야민은 1927년에 쓴 한 중요한 에세이에서 켈러를 다루고 있다.

7) 이 구절은 칼 마르크스와 프리드리히 엥겔스, 『전집』, 베를린, 1964년, 13권, 649페이지 이하에 수록되어 있는 「'정치경제학 비판' 서문」에 들어 있다.[R.T.]. 국역본은 『마르크스·엥겔스 저작 선집』, 2권, 471페이지.

8) 롤프 티데만은 벤야민은 원고에서 'aus dämonischen Herrschern' 대신 정말 '이상하게도' 'und dämonischen Herrschern'이라고 쓰고 있다고 알려주고 있다. 그렇다면 문제의 문장은 이렇게 읽힐 것이다. "사회적 힘들은 …… 협동한 생산자들과 악마적인 지배자의 수중에서 순종적인 하인으로 모습을 바꿀 것이다."

9) 마르크스, 『자본』, 1권, 25페이지. 마르크스는 **연구**와 **서술**을 구분한다.

10) 강조 표시는 벤야민에 의해 추가된 것이다.

11) 폴 발레리, 「보들레르의 위상」. [I 5a, 5]를 보라.

12) 『마르크스·엥겔스 저작 선집』, 6권, 554페이지.

13) 프리드리히 크리스토프 슐로서(1776~1861)는 19세기 독일의 자유주의 역사가로 저서로는 19권으로 된 『독일 민족을 위한 세계사』(1843~1857)가 있다.

14) 요흐만의 「시의 퇴보」에 대한 벤야민의 서문은 *GS*, II, 572~585페이지에 들어 있다.

15) 에드몽 잘루는 20세기 프랑스의 문예 비평가이자 작가이다.

16) 프란츠 그릴파르처는 오스트리아의 극작가이자 시인이다.

17) [N 7a, 8]을 보라.

18) 'apoll<i>nischen Schnitt'라는 벤야민의 언급이 무엇을 가리키는지는 모호하다. 프랑스어 번역자는 이것을 'section d'or'('황금 분할')로 옮기고 있는 반면 이탈리아

번역자들은 'taglio di Apelle'('아펠레스 분할')로 옮기고 있는데, 여기서 아펠레스는 BC 4세기의 그리스의 화가들로, 가는 선을 좀더 가는 다른 색깔의 선으로 가르는 경연에서 승리한 사람들을 가리켰다.

19) 이 구절(말 그대로는 '많은 사람들에게 가다')은 '죽다'를 의미한다. 예를 들어 페트로니우스에서는 이런 구절이 나온다. *Tamen abiit ad plures*("이제 그는 많은 사람들을 대동하고 가버렸다." 이 구절은 『사티뤼콘』, 42장에 나온다).

20) 쥘리앙 방다(1867~1956)는 프랑스의 철학 비평가로 저서로는 『베르그송주의』(1912)와 『영원성의 종말』(1929) 등이 있으며, 특히 지식이론으로 널리 알려져 있다.

21) 퓌스텔 드 쿨랑주는 19세기 프랑스의 역사학자이다.

22) 블랑키의 최후의 저서는 『천체에 의한 영원』이었다. [D 5a, 1] 그리고 그 아래의 단편들을 보라. 『존재와 시간』, 3절에서 하이데거가 제시하는 문제사Problemgeschichte의 개요가 철학자에 대한 여기서의 벤야민의 언급과 관련되어 있는 것 같다.

23) 칼 프리드리히 첼터(1758~1832)는 독일의 작곡가로 괴테와 실러의 시로 작곡을 했다. 괴테와 주고받은 편지는 6권에 달한다.

24) 벤야민, *GS*, II, 578페이지를 보라.[R.T.]

25) [U 15a, 4]를 보라.

26) 벤야민은 '성찰reflection' 대신 '완성perfection'이라고 쓰고 있다. 라틴어 리메스는 '경계', '한계'라는 의미를 갖고 있다.

27) 프리드리히 횔덜린, 『전집』, 슈투트가르트, 1954년, 6권, 92페이지(1793년 9월에 아우에게 보낸 편지).[R.T.]

28) 에른스트 베른하임(1850~1942)은 독일의 중세사가로, 사학 방법론으로도 유명하다. 그의 『역사학 입문』은 역사학 연구 입문서로 널리 읽히고 있으며, 20세기 초 독일 정통파 사학의 전형이라는 평가를 받고 있다.

29) 벨로흐는 독일의 고대사학자이다.

30) 아달베르트 슈티프터(1805~1868)는 오스트리아의 작가로 일상의 작은 현상들이 경이로운 현상들보다 자연의 원리들을 더 잘 드러낸다고 믿었다. 작품으로는 서문 「조용한 법칙」으로 유명한 『얼룩돌』(1853)과 괴테의 교양 소설의 전통을 계승한 장편 『늦여름』이 있다. 1918년에 벤야민이 쓴 짧은 에세이의 주제이기도 하다.

31) 보들레르, 「해시시의 시」, 『인공 낙원』(『악의 꽃』, 338페이지. 번역을 수정했다). 보들레르는 여기서 익명의 여인의 편지를 인용하고 있다고 주장하고 있다.

32) 요한 호이징가, 『중세의 가을』, 368~369페이지.

33) 조제프 주베르(1754~1824)는 사상가이자 모럴리스트로, 디드로와 샤토브리앙의 동료였다. 그는 프랑스 대혁명의 초기에는 고향인 몽티냑에서 치안위원으로 참여했으나 1792년부터는 정치에서 물러난다. 그의 일기에서 발췌한 『사상들』이 1838년에 최초로 발간된다.

34) 코르쉬는 헤겔의 『역사철학 강의』, 「총 서문」, 2, i, a에서 인용하고 있다.

35) 코르쉬는 마르크스와 엥겔스, 『저작집』, 베를린, 1927~1930년, 1권, V부, 404페이지(『독일 이데올로기』)에서 인용하고 있다.

36) 코르쉬는 『정치경제학 비판』(1859)의 서문에서 인용하고 있다.

37) 코르쉬는 『독일 이데올로기』의 몇몇 구절들 그리고 게오르그 플레하노프의 『마르크스주의의 기본 문제』에서 인용하고 있다.

38) 베이컨으로부터의 인용은 『노붐 오르가눔』의 1권에 들어 있다.

39) 이 인용문은 귀에 드 발자크의 1634년 3월 7일자 편지에 들어 있다. "그리고 저는 눈이나 영혼에서 탐욕스럽지 않기 때문에 당신의 공작들의 에메랄드 색깔을 보석공들이 만든 에메랄드만큼이나 높이 평가합니다." 프루스트, 『서한집 2권: 1896~1901년』, 필립 콜브 편, 파리, 플롱, 1976년. 프루스트의 편지의 날짜는 편집자에 따르면 1896년 4월 중순경이다. 문제의 책은 『즐거움과 나날들』이다.

40) 앙리 포시용, 『형태의 삶』, 126~127페이지, 강영주 역, 1999년, 학고재.

41) 앞의 책, 53페이지.

○ 매춘, 도박

1) '파사주의 새'는 passage를 이용한 말놀이를 포함하고 있는데, 이것은 말 그대로 '파사주의 새'이기도 하지만 동시에 '철새'라고도 번역될 수 있다. 즉 파사주 안에서 이루어지는 사랑은 한번 지나가고 마는 일과적인 사랑이라는 말놀이를 포함하고 있다.

2) 이 구절은 『그로노프 장군의 회상과 회고: 병영, 궁정, 클럽, 사교계에서의 일화들. 1810~1860년』, 1권(뉴욕: 스크리브너와 벨포드, 1889년), 122~123페이지(「파리의 '살롱 데 제트랑제'」). 이 텍스트는 원래 영어로 쓰여졌다. 이 '살롱 데 제트랑제'에 대해서는 「최초의 초고」의 [L°, 19]를 보라. 벤야민이 말하는 '세브리 후작'은 그로노프가 말하는(120~121페이지) 리브리의 오기인 것처럼 보인다.

3) Schwelle. 영어의 'sill'과 동일한 어근을 갖고 있는 이 단어의 어근은 '마루', '구조적 지지대', '밑받침대' 등의 의미를 갖고 있다. 지금까지의 정보에 따르면 이 말은 어

원학적으로는 schwellen과는 무관하다.

4) 프리드리히 실러, 『발렌슈타인의 죽음』(1막 4장). 라 브뤼에르에서의 인용은 [J 87, 4]를 보라.

5) langue verte. 알프레드 델보, 『은어 사전』에 수록되어 있는 파리의 속어. 이 책은 1865년에 파리에서 출간되었다. [P 3a, 4]를 보라.

6) [O 10a, 7]을 보라.

7) 첫번째 문장은 그대Dir라는 편안한 2인칭 호격 형태를 사용하고 있다. ' ' 부호 안에 들어 있는 다른 문장은 형식적인 형태Sie를 사용하고 있다.

8) 공식적인 중개인agents de change과 구분되는 이들 '장외 중개인courtiers de la coulisse'은 허가를 받지 못했다. '증권거래소에 몰려든 군중들의 외곽 — 무대의 양 옆(프랑스어로는 coulisse로 불렸다) — 에서 거래하는 습관' 때문에 그러한 이름이 붙었다.

9) 즉 1798~1799년의 나폴레옹의 이집트 원정을 가리킨다.

10) 마르크스와 엥겔스, 「1846년 11~12월의 편지」.

11) [a 4, 1]과 비교해보라. [E 9a, 6]의 주를 보라.

12) 마르크스, 『자본』, 1권, 544페이지.

13) 루이 18세가 1814년에 공표한 시 헌장을 가리킨다.

14) 인도에 있는 전설상의 부유한 나라.

15) 『대리석상의 여자들』은 1853년에, 『프루프루』는 1869년에 공연되었다.

16) 고대의 고급 매춘부들을 가리킨다.

17) 이 항목에서 '사건들'은 Ereignisse의 번역어이다. '경험의 연관성'은 Erfahrungs-zusammenhängen의 번역어이다(이것은 '경험의 연속성'을 암시한다).

18) 요한 호이징가, 『중세의 가을』, 180페이지.

P 파리의 거리들

1) 벤야민은 전거를 밝히지 않고 라틴어에서 인용하고 있다.

2) 파리에서 1930년경에 출간되었다.

3) '모로코 광장'이라는 뜻이다.

4) 불르바르 데 피낭시에르=금융업자 불르바르/불르바르 데 조아예르=보석상 불르바르/불르바르 데 코메르상=상인 불르바르/불르바르 데 파브리캉=제조업자 불르바르/불르바르 데 메탈리에르=금속업자 불르바르/불르바르 데 텡튀리에르=염색업자

불르바르/불르바르 데 생프리뫼르=인쇄업자 불르바르/불르바르 제튀디앙=학생 불르바르/불르바르 데 제크리뱅=작가 불르바르/불르바르 데 라르티스트=예술가 불르바르/불르바르 데 자드미니스트라퇴르=행정관 불르바르/카르티에 루이 14=루이 14세 구역/뤼 드 라 콩팩슝=기성복 가/플라스 드 렉스포르타슝=수출 광장/뤼 드 라 세라미크=도자기 가/뤼 데 카르토나주=판지 장정裝丁 가.

5) '산업 아파트'라는 뜻이다.

6) 당시 센 지사였다.

7) 크루아-데-프티-샹=작은 밭의 십자가/플라스 데 빅투아르=승리 광장/팔레-에갈리테=평등궁.

8) 모베르 광장의 이름은 즈느비에브 수도원의 2대 수도원장인 장 오베르(12세기)에서 유래하는데 이 광장은 16~18세기까지는 형장으로 사용되었으며 19세기 전반에는 파리의 걸식자들의 소굴로 사창가나 조잡한 술집들이 모여 있었다. 이러한 역사적 사실과 '악'을 의미하는 '모mau'가 결합되어 이러한 견해가 나온 것 같다.

9) 모베-갸르송=깡패/티르-부댕=소시지 제조업자/모베즈-파롤=욕설/팜-상-테트=목 없는 여자/샤 키 페쉬=고기 잡는 고양이/쿠르토-빌랭=뚱땡보 추남.

10) 빅토르 위고,『레미제라블』, 2014~2015페이지.